CTET

CENTRAL TEACHER ELIGIBILITY TEST

पेपर-1

(कक्षा I से V)

- बाल विकास एवं शिक्षण शास्त्र
- भाषा-I हिंदी ✦ भाषा-II अंग्रेजी
- गणित ✦ पर्यावरण अध्ययन

टीम प्रभात

प्रभात एग्जाम
www.prabhatexam.com

प्रकाशक

प्रभात एग्जाम

प्रभात प्रकाशन प्रा. लि. का उपक्रम

4/19 आसफ अली रोड, नई दिल्ली-110002

फोन— 23289555 • 23289666 • 23289777 • हेल्पलाइन/ 7827007777

इ-मेल : prabhatbooks@gmail.com ❖ वेब ठिकाना : www.prabhatexam.com

मूल्य

चार सौ पचानवे रुपए

अ.मा.पु.स. 978-93-5488-709-3

मुद्रक

संजय प्रिंटर, साहिबाबाद

———— ★ ————

CTET
CENTRAL TEACHER ELIGIBILITY TEST
PAPER -1 (CLASS : I - V)
by Team Prabhat

ISBN 978-93-5488-709-3

₹ 495.00

विषय-सूची

केंद्रीय शिक्षक पात्रता परीक्षा

पेपर-I (कक्षा-I-V)

हल प्रश्न-पत्र, अगस्त-2023 परीक्षा तिथि-20-08-2023

भाग – I : बाल विकास व शिक्षण शास्त्र

निर्देश : निम्नलिखित प्रश्नों के उत्तर देने के लिए सही/सबसे उचित विकल्प चुनिए।

1. निम्नलिखित कथनों को पढ़िए तथा सही विकल्प का चयन कीजिए-

अभिकथन (A) : शिक्षार्थियों के बीच समालोचनात्मक चिंतन को सुगम बनाने के लिए शिक्षकों को उन्हें विविध परिस्थितियों और विभिन्न दृष्टिकोणों से अवगत कराना चाहिए।

कारण (R) : जब विद्यार्थी विविध मदभेदों के बीच बातचीत में संलग्न होते हैं तो वे समालोचनात्मक और रचनात्मक रूप से सोचने की अपनी क्षमताओं को सीखते और समृद्ध करते हैं।

(a) (A) सही है, परन्तु (R) गलत है।
(b) (A) और (R) दोनों सही हैं, परन्तु (R), (A) की सही व्याख्या नहीं है।
(c) (A) और (R) दोनों गलत हैं।
(d) (A) और (R) दोनों सही हैं तथा (R), (A) की सही व्याख्या है।

2. निम्नलिखित में से अधिगम का प्राथमिक लक्ष्य कौन-सा होना चाहिए?

(a) समालोचनात्मक चिंतन का विकास
(b) समकक्षियों के साथ प्रतिस्पर्धा
(c) तथ्यों को रटना
(d) यंत्रवत् याद करने के पूर्वाभ्यास में उत्कृष्ट बनना

3. विद्यार्थियों की सीखने की शैलियों में विविधता-

(a) को शिक्षण-अधिगम प्रक्रिया में बाधा और अवरोध के रूप में देखा जाना चाहिए।
(b) को शिक्षण-अधिगम प्रक्रिया के दौरान ध्यान में नहीं रखा जाना चाहिए।
(c) को महत्त्व दिया जाना चाहिए और मानव विविधता के प्रतिबिंब के रूप में देखा जाना चाहिए।
(d) की उपेक्षा की जानी चाहिए और सीखने की शैलियों में एकरूपता लाने का प्रयास किया जाना चाहिए।

4. बच्चे सबसे प्रभावी ढंग से तब सीखते हैं यदि कोई अवधारणा-

(a) तर्कसंगत से अनुभवजन्य की ओर बढ़ती है
(b) जटिल से सरल की ओर बढ़ती है
(c) सामान्य से विशिष्ट की ओर बढ़ती है
(d) अमूर्त से मूर्त की ओर बढ़ती है

5. निम्नलिखित में से कौन-सी प्रक्रिया अधिगम के दौरान योगदान नहीं देती है?

(a) गैर-प्रासंगीकरण (b) वैचारिकता
(c) संगठन (d) वर्गीकरण

6. बच्चों में समस्या-समाधान कौशल को बढ़ाने के लिए निम्नलिखित में से कौन-सा प्रभावी तरीका है?

(a) उन्हें बुद्धि मंथन करने और सहज अनुमान लगाने के अवसर देना
(b) उन्हें समस्याओं का तैयार समाधान उपलब्ध कराना
(c) स्वतंत्र चिंतन को हतोत्साहित करना और घोषणात्मक ज्ञान पर ध्यान केंद्रित करना
(d) कठिन समस्याओं से बचने के लिए उन्हें प्रोत्साहित करना

7. अनुभवात्मक अधिगम किस पर बल देता है?

(a) एक प्रक्रिया के बजाय अधिगम को एक उत्पाद के रूप में देखने पर
(b) आलोचनात्मक प्रतिबिंबन के महत्त्व पर
(c) बच्चों के अधिगम पर शिक्षक के नियंत्रण पर
(d) सीखने में पुनर्बलन की भूमिका पर

8. निम्नलिखित कथनों को पढ़िए तथा सही विकल्प का चयन कीजिए-

अभिकथन (A) : शिक्षकों को सार्थक वातावरण बनाना चाहिए जिसमें सभी बच्चों की सक्रिय भागीदारी और संलग्नता हो।

कारण (R) : सभी बच्चे आंतरिक रूप से सीखने के लिए प्रेरित होते हैं और सीखने में सक्षम होते हैं।

(a) (A) सही है, परन्तु (R) गलत है।
(b) (A) और (R) दोनों सही हैं, परन्तु (R), (A) की सही व्याख्या नहीं है।
(c) (A) और (R) दोनों गलत हैं
(d) (A) और (R) दोनों सही हैं तथा (R), (A) की सही व्याख्या है।

9. लेव वायगोत्सकी के अनुसार, ... बच्चों के संकल्पनात्मक योग्यताओं के विकास में महत्त्वपूर्ण भूमिका निभाता है।

(a) मानकीकृत पाठ्यक्रम
(b) सामाजिक अलगाव
(c) मूर्त पुरस्कार
(d) सहकर्मी सहयोग

10. लेव वायगोत्सकी के सिद्धांत के अनुसार, आंतरिक वाक्-

(a) बच्चों के लिए अपनी सोच को नियंत्रित करने का एक तरीका है।
(b) विकासात्मक देरी का संकेत है।
(c) बच्चों के लिए एक काल्पनिक दोस्त के साथ संप्रेषण करने का एक तरीका है।
(d) संज्ञानात्मक अपरिपक्वता का प्रतीक है।

11. चार वर्ष की अपर्णा कहती है कि एक बटन जिंदा है क्योंकि यह उसकी शर्ट को एक साथ बाँधने में मदद करता है। जीन पियाजे के अनुसार, उसकी सोच की विशेषता है-

(a) परिकल्पित-निगमनात्मक चिंतन
(b) केंद्रीयन
(c) पारगमनात्मक तर्क
(b) जीववादी चिंतन

12. शैशवावस्था में समाजीकरण की .... संस्थाएँ प्रमुख रूप से महत्त्वपूर्ण हैं, जबकि प्रारंभिक बाल्यावस्था में समाजीकरण की .... संस्थाएँ भी महत्त्वपूर्ण हो जाती हैं।

(a) माध्यमिक; तृतीयक
(b) माध्यमिक; प्राथमिक
(c) तृतीयक; माध्यमिक
(d) प्राथमिक, माध्यमिक

13. लेव वायगोत्सकी के अनुसार-
(a) भाषा विकास, संज्ञानात्मक विकास को सुगम बनाता है।
(b) भाषा विकास और संज्ञानात्मक विकास एक-दूसरे से स्वतंत्र रूप से विकसित होते हैं।
(c) सामाजिक कारक भाषा विकास को प्रभावित करते हैं, परंतु संज्ञानात्मक विकास को नहीं।
(d) संज्ञानात्मक विकास, भाषा विकास को सुगम बनाता है।

14. लॉरेंस कोह्लबर्ग के नैतिक तर्क के किस स्तर पर, बच्चे आमतौर पर मानते हैं कि लोगों को समाज की अपेक्षाओं पर खरा उतरना चाहिए और "अच्छे" तरीकों से व्यवहार करना चाहिए ?
(a) पूर्व-संक्रियात्मक स्तर
(b) पारंपरिक स्तर
(c) उत्तर-संक्रियात्मक स्तर
(d) पूर्व-पारंपरिक स्तर

15. निम्नलिखित कथनों को पढ़िए तथा सही विकल्प का चयन कीजिए-
अभिकथन (A) : शिक्षकों और साथियों जैसे अधिक जानकार अन्य लोगों के साथ बातचीत, शिक्षार्थियों को उनकी समझ और कौशल विकसित करने में मदद करने के लिए आवश्यक समर्थन और मार्गदर्शन प्रदान कर सकती है।
कारण (R) : सामाजिक संपर्क सीखने और विकास का एक प्रमुख घटक है।
(a) (A) सही है, परन्तु (R) गलत है।
(b) (A) और (R) दोनों सही हैं, परन्तु (R), (A) की सही व्याख्या नहीं है।
(c) (A) और (R) दोनों गलत हैं।
(d) (A) और (R) दोनों सही हैं तथा (R), (A) की सही व्याख्या है।

16. 'अधिगम के लिए आकलन' का मुख्य लक्ष्य क्या है ?
(a) विद्यार्थी के प्रदर्शन की तुलना एक मानक या तय पैमाने से करना
(b) विद्यार्थियों को प्रतिपुष्टि प्रदान करना जिसका उपयोग उनके अधिगम में सुधार के लिए किया जा सकता है
(c) उन विद्यार्थियों की पहचान करना जिन्हें 'धीमे सीखने वालों' के रूप में वर्गीकृत किया जा सकता है
(d) विद्यार्थी के प्रदर्शन का मूल्यांकन करना और ग्रेड देना

17. किस आयु में बच्चे शब्दों के खेल में शामिल हो सकते हैं और ऐसे चुटकुलों और पहेलियों को पसंद कर सकते हैं जिनमें शब्दों का खेल शामिल हो ?
(a) सात वर्ष (b) तीन वर्ष
(c) बारह वर्ष (d) एक वर्ष

18. कैरल गिलिगन ने कोह्लबर्ग के नैतिक विकास के सिद्धांत की आलोचना की है-
(a) केस अध्ययन को अनुसंधान पद्धति के रूप में उपयोग करने के लिए।
(b) आनुवंशिक कारकों को पर्याप्त महत्त्व न देने पर।
(c) सामाजिक संज्ञानात्मक दृष्टिकोण से।
(d) नारीवादी दृष्टिकोण से।

19. जीन पियाजे के अनुसार पूर्व-संक्रियात्मक चिंतन की मुख्य विशेषताओं में से एक .... है जो किसी स्थिति के एक पहलू पर ध्यान केंद्रित करने और दूसरों की उपेक्षा करने की प्रवृत्ति को संदर्भित करता है।
(a) पारगमन
(b) विकेंद्रीयन
(c) कारण – परिणाम का विश्लेषण (कारण कार्य संबंध)
(d) केंद्रीयन

20. प्रतिभावान बच्चों को शिक्षित करने का उपागम जो उन्हें असामान्य रूप से तीव्र गति से पाठ्यचर्या के माध्यम से आगे बढ़ाता है, क्या कहलाता हैं ?
(a) विसर्जन
(b) त्वरण (गतिवर्द्धन)
(c) विभेदित निर्देशन
(d) संवर्धन

21. डिस्ग्राफिया-
(a) एक मनोवैज्ञानिक विकार है जिसकी विशेषता ध्यान का अभाव और आवेगशील व्यवहार है।
(b) एक तंत्रिकीय विकार है जिसकी विशेषता अक्षरों और आकारों को बनाने में कठिनाई है।
(c) एक भाषण विकार है जिसकी विशेषता हकलाना और उच्चारण में त्रुटियाँ करना है।
(d) एक गतियुक्त विकार है जिसकी विशेषता स्थूल पेशीय बाधिता है।

22. शिक्षक जो समावेशी कक्षाओं की दिशा में काम कर रहे हैं. उन्हें चाहिए कि वे-
(i) पाठ्यचर्या में अनुकूलन करें
(ii) विविध दृष्टिकोणों को शामिल करें
(iii) अपने स्वयं के अंतर्निहित पूर्वाग्रहों की जाँच करें
(iv) विविधता को एक बाधा के रूप में देखें
उपर्युक्त में से कौन-से सही हैं ?
(a) (ii), (iii), (iv)
(b) (i), (iii), (iv)
(c) (i), (ii), (iii), (iv)
(d) (i), (i), (ii)

23. हावर्ड गार्डनर के अनुसार, एक दर्शनशास्त्री के पास .... प्रकार की बुद्धि और मूर्तिकार के पास .... प्रकार की बुद्धि की मात्रा अधिक होती है।
(a) अंतर्वैयक्तिक, भाषिक
(b) अंत: व्यक्ति दिक्स्थान
(c) भाषिक; अंतर्वैयक्तिक
(d) दिक्स्थानः अंत: व्यक्ति

24. निम्नलिखित में से स्वलीनता वाले विद्यार्थियों की विशिष्ट विशेषता कौन-सी है ?
(a) संवाद कौशलों का उच्च स्तर
(b) बार-बार दोहराव और आवर्ती व्यवहार
(c) कल्पना को तथ्य से अलग करने की श्रेष्ठ क्षमता
(d) उन्नत सामाजिक-भावनात्मक पारस्परिकता

25. निम्नलिखित में से कौन-सा स्थूल गतिक कौशल है ?
(a) एक कागज पर एक बड़े आयत को रूपरेखा के अनुसार काटना
(b) एक कागज पर वृत्त को रूपरेखा के अनुसार काटना
(c) बुनाई
(d) तैरना

26. भौतिक वृद्धि और विकास, विकास के .... और .... सिद्धांतों का पालन करते हैं।
(a) विभेदीकरण (सरल से जटिल); एकीकरण (जटिल से सरल)
(b) समीपस्थ (अवरोही); शीर्षगामी (आंतरिक से बाहरी)
(c) एकीकरण (सरल से जटिल); विभेदीकरण (जटिल से सरल)
(d) शीर्षगामी (अवरोही); समीपस्थ (आंतरिक से बाहरी)

27. प्रारंभिक बाल्यावस्था में वृद्धि .... और सोच .... है, जबकि मध्य बाल्यावस्था में वृद्धि .... और सोच .... है।
(a) धीमी, तार्किक, स्थिर है, आत्मकेंद्रित
(b) स्थिर है, तार्किक धीमी, आत्मकेंद्रित
(c) धीमी, कुछ हद तक आत्मकेंद्रित; स्थिर है, तार्किक
(d) स्थिर है, कुछ हद तक आत्मकेंद्रित; धीमी, तार्किक

28. निम्नलिखित में से कौन-सा एक ऐसे प्रश्न का उदाहरण है जिसमें विद्यार्थियों को अपनी सोच पर विचार करने की आवश्यकता होती है ?
(a) कक्षा की शुरुआत से क्रियाओं के उपयोग के बारे में आपकी समझ कैसे बदली है ?

(b) आप क्रिया को वर्तमान काल में कैसे बदल सकते हैं?

(c) वाक्य में संज्ञा और क्रिया के बीच क्या संबंध है?

(d) क्रिया की परिभाषा क्या हैं?

29. निम्नलिखित में से कौन-सा विफलता के लिए आंतरिक आरोपण का एक उदाहरण है?

(a) मैं परीक्षा में फेल हो गया क्योंकि मेरे दोस्त मेरा ध्यान भटका रहे थे।

(b) शिक्षक के पक्षपाती होने के कारण मुझे अच्छे अंक नहीं मिले।

(c) मुझे निम्न ग्रेड प्राप्त हुआ क्योंकि शिक्षक कठोर तरीके से आँकते हैं

(d) मैं परीक्षा में फेल हो गया क्योंकि मैंने पर्याप्त पढ़ाई नहीं की।

30. निम्नलिखित कथनों को पढ़िए तथा सही विकल्प का चयन कीजिए-

अभिकथन (A) : बहुत कम उम्र में, दुनिया भर में अधिकांश संस्कृतियों में लड़कियाँ गुड़िया को खिलौने के रूप में चुनती हैं जबकि लड़के कारों के साथ खेलना पसंद करते हैं।

कारण (R) : बच्चे किसी विशेष संस्कृति की अपेक्षाओं के आधार पर एक लड़के या लड़की के लिए क्या उपयुक्त माना जाता है, इसके बारे में जानकारी व्यवस्थित करते हैं और उसके अनुसार व्यवहार करते हैं।

(a) (A) सही है, परन्तु (R) गलत है।

(b) (A) और (R) दोनों सही हैं, परन्तु (R), (A) की सही व्याख्या नहीं है।

(c) (A) और (R) दोनों गलत हैं।

(d) (A) और (R) दोनों सही हैं तथा (R), (A) की सही व्याख्या है।

भाग – II : गणित

निर्देश : निम्नलिखित प्रश्नों के उत्तर देने के लिए सही/सबसे उचित विकल्प चुनिए।

31. संगीता एक साबुन खरीदना चाहती है, जिसका मूल्य ₹10 हैं। उसके पास एक पाँच रुपए का सिक्का, 2 एक रुपए के सिक्के और 5 पचास पैसे के सिक्के हैं। उसे साबुन खरीदने के लिए और कितनी धनराशि की जरूरत है?

(a) ₹ 2.00 (b) ₹ 1.50
(c) ₹ 2.50 (d) ₹ 0.50

32. रूबीना ने कार से 16:50 बजे अपनी यात्रा शुरू की और उसी दिन 21:15 बजे समाप्त की। यात्रा पूरा करने में लिया गया समय है-

(a) 3 घंटे 35 मिनट

(b) 4 घंटे 25 मिनट

(c) 4 घंटे 35 मिनट

(d) 3 घंटे 25 मिनट

33. एक वर्ग की भुजा 5 cm है। यदि इस वर्ग की भुजा दुगुनी कर दी जाए, तो नया क्षेत्रफल कितने गुना हो जाएगा?

(a) 4 गुना (b) 3 गुना
(c) 8 गुना (d) 2 गुना

34. बढ़ते हुए क्रम में भिन्नों के समूह का चयन कीजिए-

(a) $\frac{1}{3} < \frac{1}{4} < \frac{1}{2}$ (b) $\frac{1}{3} < \frac{1}{4} < \frac{1}{2}$
(c) $\frac{1}{3} < \frac{1}{4} < \frac{1}{2}$ (d) $\frac{1}{3} < \frac{1}{4} < \frac{1}{2}$

35. प्रियदर्शिनी ने 4.8 kg बादाम, 2500 किशमिश और 3.5 kg काजू को मिला दिया तथा इस मिश्रण के बराबर-बराबर तीन दर्जन पैकेट बना दिए। प्रत्येक पैकेट का भार क्या है?

(a) 500 g (b) 300 g
(c) 650 g (d) 250 g

36. 5 – 5 + 5 – 5 + 5 – 5, ……., के विषम संख्या पदों का योगफल है-

(a) 5 (b) –5
(c) 15 (d) 0

37. निम्नलिखित में से कौन-सी व्यवस्था संख्याओं को अवरोही क्रम में निरूपित करती हैं?

(a) 10.5, 1.50, 1.05, 1.055, 1.005, 0.155

(b) 10.5, 1.05, 1.055, 1.50, 1.005, 0.155

(c) 10.5, 1.50, 1.055, 1.05, 1.005, 0.155

(d) 1.05, 1.005, 1.50, 1.055, 10-5, 0.155

38. 'एक सौ लाख' को निम्नलिखित रूप में भी जाना जाता है-

(a) एक मिलियन (b) एक करोड़
(c) एक बिलियन (d) दस करोड़

40. 100 में एक पूर्ण संख्या जोड़ी जाती है और फिर वही संख्या 100 में से घटा दी जाती है। इस प्रकार प्राप्त हुई दोनों संख्याओं का योगफल है-

(a) 100 (b) 50
(c) 200 (d) 0

40. निम्नलिखित में से कौन-सा 3630 का एक गुणनखण्ड नहीं है?

(a) 9 (b) 5
(c) 11 (d) 3

41. निम्नलिखित में से कौन-सा कथन सत्य नहीं है?

(a) यदि एक समांतर चतुर्भुज के सभी कोण बराबर हों, तो वह एक आयत बन जाता है।

(b) यदि एक समचतुर्भुज के सभी कोण बराबर हों, तो वह एक वर्ग बन जाता है।

(c) यदि एक पतंग के सम्मुख कोण बराबर हों, तो वह एक आयत बन जाती है।

(d) यदि एक आयत की सभी भुजाएँ बराबर हों, तो वह एक वर्ग बन जाता है।

42. नीचे दिए गए पैटर्न में लुप्त संख्या क्या है?
1, 6, 15, ………, 45, 66, 91

(a) 25 (b) 32
(c) 36 (d) 28

43. निम्नलिखित तालिका को पढ़िए :

रक्त समूह	विद्यार्थियों की संख्या
A	9
B	6
O	12
AB	3
कुल	30

सबसे अधिक और सबसे कम पाए जाने वाले रक्त समूहों का अनुपात क्या है?

(a) 3 : 1 (b) 4 : 1
(c) 1 : 4 (d) 1 : 3

44. निम्नलिखित समूहों में से किसमें सभी त्रि-आयाम आकृतियाँ हैं?

(a) घन, घनाभ, गोला, बेलन

(b) घन, घनाभ, वृत्त, त्रिभुज

(c) घन, घनाभ, अर्ध- वृत्त, शंकु

(d) घन, घनाभ, वृत्त, शंकु

45. अम्मिनी 36 सर्वसम वर्गों को अलग-अलग प्रकार के आयतों में व्यवस्थित कर रही है। वह इन वर्गों द्वार अलग-अलग प्रकार के कितने आयत बना सकती है?

(a) छ: (b) पाँच
(c) आठ (d) चार

46. आकलन के बारे में निम्नलिखित में से कौन-सा कथन सही नहीं है?

(a) मानक – संदर्भित आकलन हमें बताता है कि मानक-संदर्भित एक विद्यार्थी अपने प्रदर्शन में अन्य विद्यार्थियों की तुलना में कहाँ खड़ा/खड़ी है।
(b) मानदंड – संदर्भित आकलन नैदानिक परीक्षण और उपचारात्मक शिक्षण में उपयोगी है।
(c) मानक – संदर्भित आकलन नैदानिक परीक्षण और उपचारात्मक शिक्षण में उपयोगी है।
(d) मानदंड – संदर्भित आकलन विद्यार्थियों की अधिगम में निपुणता का मूल्यांकन करना है।

47. अधिक-कम, लम्बा-छोटा, दूर-समीप, बड़ा-छोटा, आदि अवधारणाएँ–
(a) महत्त्वपूर्ण पूर्व-संख्या (प्री-नम्बर) अवधारणाएँ हैं
(b) सीधे शब्दों में अंग्रेजी भाषा विशेषण हैं।
(c) तुलना के लिए अस्पष्ट शब्द हैं।
(d) विलोम शब्द हैं, जो गणित सीखने के लिए आवश्यक नहीं हैं।

48. गणितीय अधिगम सामग्री–
A. सूत्र के प्रदर्शन में शिक्षकों की मदद करती है।
B. स्वत: अधिगम में विद्यार्थियों की मदद करती है।
C. निर्देश देने में शिक्षकों की मदद करती है।
D. कक्षा में अधिगम वातावरण का निर्माण करने में मदद करती है।
सही विकल्प चुनिए–
(a) B और C (b) B और D
(c) C और D (d) A और B

49. निम्नलिखित कथनों में से कौन-सा सही नहीं है?
(a) विद्यार्थियों की त्रुटियों को अनदेखा कर देना चाहिए क्योंकि त्रुटियों की ओर इशारा उनको प्रेरणाहीन करेगा।
(b) गणित में त्रुटियाँ शिक्षकों को उनके पाठ की योजना बनाने में मदद करती हैं।
(c) विद्यार्थियों की त्रुटियाँ उनके सोचने की प्रक्रिया (चिंतन) के बारे में जानकारी देती हैं।
(d) गणित में त्रुटियाँ अधिगम का हिस्सा होती हैं।

50. राष्ट्रीय पाठ्यचर्या रूपरेखा, 2005 के अनुसार, कक्षाओं के ऊपर किए गए शोध बताते हैं कि लड़कियों को गणित में 'विशेषज्ञता ' के योग्य न मानकर उनका काफी व्यवस्थित अवमूल्यन होता है जबकि वे गणित में अच्छा प्रदर्शन करती हैं। इसका सबसे उपयुक्त कारण क्या है?
(a) लड़कों में गणितीय क्षमताएँ जन्मजात हैं।
(b) समाज की लिंग संबंधी धारणाएँ इस मान्यता की ओर ले जाती हैं कि लड़के समस्या समाधान की ज्यादा नवीन कार्यविधियाँ उपयोग करते हैं और इसलिए उन्हें बेहतर अवधारणात्मक समझ होती है।
(c) गणित में लड़कियों का खराब प्रदर्शन उनके गणित के प्रति प्रचलित भय के कारण होता है।
(d) गणित, अपनी प्रकृति द्वारा ही, पुरुष प्रधान विषय हैं।

51. एक शिक्षिका गणित कक्षा में रोल प्ले (भूमिका निर्वाह) विधि का उपयोग करती है। उसका उद्देश्य है–
(a) अनुशासन बनाए रखना।
(b) बच्चों का मनोरंजन।
(c) बच्चों को व्यस्त रखना।
(d) विचारों का बहिर्वेशन।

52. कक्षायी शोध यह दर्शाते हैं कि अधिकांश विद्यार्थी गणित को उसी कक्षा में जो अन्य विषय वे पढ़ते हैं, उनसे अधिक कठिन समझते हैं। गणित की प्रकृति का निम्नलिखित में से कौन-सा पहलू इस भय को बढ़ाता है?
(a) गणित में प्राथमिक अवधारणाओं की अमूर्त प्रकृति
(b) गणित में किसी समस्या का समाधान करने के लिए कई अलग-अलग प्रणालियों की व्यापकता
(c) गणित का विस्तृत ज्ञान भंडार
(d) गणित में दिए गए प्रश्नों के अनेक उत्तर होने की व्यापकता

53. निम्नलिखित में से किसने गणितीय खगोल विज्ञान के क्षेत्र में काम किया है?
(a) महावीर (b) रामानुजन
(c) आर्यभट्ट (d) भास्कर I

54. एक सब्जी बेचने वाला पालक ₹ 60 प्रति किग्रा बेच रहा था। सोनू ने 350 ग्राम पालक लिया जिसके लिए सब्जी बेचने वाले ने सोनू से ₹21 (₹ 6+ ₹ 6+ ₹ 6 + ₹ 3) लिए। सब्जी बेचने वाले द्वारा प्रयोग में लाए गए इस गणितीय कौशल के सम्बन्ध में निम्नलिखित में से कौन-सा/से कथन सत्य है/हैं?
A. यह गणितीय कौशल अस्पष्ट है।
B. यह कौशल कक्षा में गणितीय प्रश्नों को हल करने के लिए लाभदायक नहीं है।
C. ऐसे कौशल गणितीय प्रश्नों को हल करने के वैकल्पिक तरीकों को विकसित करने में सहायक होते हैं।
सही विकल्प चुनिए–
(a) केवल C (b) केवल B
(c) A और B (d) केवल A

55. निम्नलिखित में से कौन-सी परिस्थिति यह दर्शाती है कि बच्चे ज्ञान का निर्माण स्वयं कर रहे हैं?
(a) शिक्षिका ने श्यामपट्ट पर अधूरे पहाड़े लिखे हैं और बच्चे उन पहाड़ों को श्यामपट्ट पर लिखकर पूरा कर रहे हैं।
(b) बच्चों को हस्तकौशल सामग्री जैसे संख्याओं के ग्रिड, आयताकार सारणियों में व्यवस्थित गोटियाँ दी गई हैं और वे इनका प्रयोग कर गुणन के पैटर्न खोज रहे हैं। :
(c) कक्षा का सर्वोत्तम छात्र/छात्रा पहाड़ों को ऊँचे स्वर में पढ़ रहा/रही है और बाकी के विद्यार्थी उसके पीछे-पीछे दोहरा रहे हैं।
(d) बच्चे एक साथ पहाड़ों का कविता-पाठ कर रहे हैं।

56. निम्नलिखित में से कौन-से कथन गणित की प्रकृति के बारे में सबसे उपयुक्त हैं?
A. यह बच्चे को सृजनात्मक बनने में सहायता करता है।
B. यह बच्चे की कल्पना को पोषित करने में सहायता करता है।
C. यह निगमनात्मक विवेचन (तर्क) पर आधारित है।
D. यह हमेशा अभिसारी होता है।
सही विकल्प चुनिए–
(a) A और B (b) A और C
(c) A, B और C (d) B और C

57. बच्चों में गणितीय अभिरुचि को विकसित करने के लिए, एक अध्यापिका निम्नलिखित गतिविधियाँ अपनी कक्षा में करवाती है। इनमें से वह चुनिए जो उसके उद्देश्य को पूरा करने में प्रभावी नहीं है।
(a) उन्होंने अपनी कक्षा में एक गणितीय कोना बनाया है जहाँ पर विद्यार्थी विभिन्न गणितीय गतिविधियाँ कर सकते हैं।
(b) वह कक्षा में गणितीय पहेलियाँ और जादुई वर्ग हल करने के लिए देती है।
(c) वह हमेशा उस विद्यार्थी की प्रशंसा करती है जो कक्षा में सत्रान्त परीक्षा में सबसे अधिक अंक प्राप्त करता/करती है।
(d) वह बच्चों को भारतीय गणितज्ञों और उनके योगदानों के वीडियो दिखाती है।

58. राष्ट्रीय शिक्षा नीति (NEP) 2020 के अनुसार, देश-भर में विभिन्न विषयों में ओलिंपियाड और प्रतियोगिताएँ .... होंगी।
(a) कम
(b) हतोत्साहित
(c) सरल
(d) मजबूत

59. निम्नलिखित में से कौन-सा प्राथमिक विद्यालय के शिक्षार्थी को भिन्न $\frac{2}{3}$ और $\frac{4}{6}$ के बीच तुल्यता की कल्पना करने में मदद करने का सबसे उपयुक्त तरीका है?

(a) कैलकुलेटरों का उपयोग
(b) भिन्न डिस्क का उपयोग
(c) विभाजन (भाग) विधि का उपयोग
(d) लघुतम समापवर्त्य विधि का उपयोग

60. संख्या बोध विकसित करने में उपकरना (सबिटाइजिंग) एक महत्त्वपूर्ण भूमिका निभाती है। निम्नलिखित में से कौन-सा उदाहरण है जो विद्यार्थी में उपकरना के कौशल का प्रदर्शन करता है ?
(a) विद्यार्थी संख्या 5 की पहचान 4 के परवर्ती के रूप में करता है।
(b) विद्यार्थी संख्या 4 की पहचान 5 में से 1 निकालने के रूप में करता है।
(c) विद्यार्थी संख्या 6 की पहचान 5 में 1 जोड़ने के रूप में करता है।
(d) विद्यार्थी एक पासा उछालता है और बिना बिन्दुओं (डॉट्स) को गिने यह बताने में सक्षम है कि यह चार है।

भाग – III : पर्यावरण अध्ययन

निर्देश : निम्नलिखित प्रश्नों के उत्तर देने के लिए सही। सबसे उचित विकल्प चुनिए।

61. 24 g/nl घनत्व और 6 ml आयतन वाली वस्तु का द्रव्यमान क्या होगा ?
(a) 144 g (b) 143 g
(c) 146 g (d) 142 g

62. निम्नलिखित कथनों को पढ़िए तथा सही विकल्प का चयन कीजिए-
अभिकथन (A) : दाब लगाने पर, गैस को आसानी से संपीडित किया जा सकता है।
कारण (R) : जब हम किसी गैस पर दबाव लगाते हैं, तो गैसीय कणों के बीच अंतरा-अणुक स्थान कम हो जाता है और यह आसानी से संपीडित हो जाती है।
(a) (A) सही है, परन्तु (R) गलत है।
(b) (A) और (R) दोनों सही हैं, परन्तु (R), (A) की सही व्याख्या नहीं है।
(c) (A) गलत है, परन्तु (R) सही है।
(d) (A) और (R) दोनों सही हैं तथा (R), (A) की सही व्याख्या है।

63. निम्नलिखित कथनों A और B पर विचार कीजिए-
कथन A : मनाली में, ढालू छतों वाले मजबूत बाँसों के खम्भों पर बने ऊँचे उठे हुए लकड़ी के घर बनाए जाते हैं।
कथन B : मनाली में बारिश बहुत होती है और बर्फ भी पड़ती है।
सही विकल्प चुनिए-
(a) A सही है, परन्तु B गलत है
(b) A और B दोनों गलत हैं
(c) A गलत है, परन्तु B सही है
(d) A और B दोनों सही हैं

64. स्तम्भ A और स्तम्भ B का मिलान कीजिए-

स्तम्भ A	स्तम्भ B
A. जीरा	**I.** कील की तरह दिखता है।
B. केसर	**II.** दक्षिणी अमेरिका से उत्पत्ति
C. मिर्च	**III.** पीले रंग का
D. लौंग	**IV.** छोटा परन्तु खुशबूदार

(a) A -IV, B-I, C-III, D-II
(b) A-III, B-IV, C-I, D-II
(c) A-I, B-III, C-II, D-IV
(d) A-IV, B-III, C-II, D-I

65. बंगाल की खाड़ी का तटवर्ती राज्य/केन्द्र - शासित प्रदेश है-
(a) तेलंगाना (b) केरल
(c) ओडिशा (d) कर्नाटक

66. जंगलों के बारे में निम्नलिखित कथनों पर विचार कीजिए-
A. कुडुक भाषा में 'तोरांग' का मतलब जंगल है।
B. झारखंड में, ग्राम परिषद् (पंचायत) लॉटरी के माध्यम से यह तय करती है कि किस परिवार को कृषि के लिए कितनी भूमि मिलेगी।
C. जंगल अधिकार कानून, 2007 उन लोगों को अधिकार दिलाता है जो कम-से-कम 15 वर्षों से जंगलों में रह रहे हैं।
D. मिजोरम में लगभग तीन-चौथाई लोग जंगलों से जुड़े हुए हैं।
इनमें सही कथन हैं :
(a) A और D (b) A और B
(c) B और C (d) A और C

67. पौधों के निम्नलिखित मुख्य कार्यों पर विचार कीजिए-
A. भोजन का उत्पादन और भंडारण करना
B. पौधे को शक्ति और सहारा देना
C. पौधे के अन्य भागों को जड़ों से जल और खनिज का स्थानांतरण करना तने का/के मुख्य कार्य है/हैं-
(a) A, B और C
(b) केवल A और B
(c) केवल B और C
(d) केवल B

68. काँसा (ब्राँज) एक मिश्रधातु है जिसे निम्नलिखित में से किन्हें पिघलाकर बनाया जाता है ?
(a) जिंक और टिन
(b) ऐलुमिनियम और जिंक
(c) टिन और कॉपर
(d) कॉपर और जिंक

69. निम्नलिखित में से हाथियों के बारे में सही कथन चुनिए-
A. तीन महीने के हाथी के बच्चे का वजन सामान्यतः लगभग 100 किलोग्राम होता है।
B. वयस्क हाथी एक दिन में 200 किलोग्राम से अधिक पत्तियों और झाड़ियों को खा सकता है।
C. हाथी बहुत अधिक आराम नहीं करते हैं; वे दिन में दो से चार घण्टे ही सोते हैं।
D. हाथी कीचड़ और पानी से खेलना पसन्द करते हैं।
(a) C और D (b) A और C
(c) B और D (d) A और B

70. बिहार राज्य के लोगों के लिए निम्नलिखित में से मधुमक्खी पालन कार्यक्रम आरम्भ करने के वर्ष की सर्वश्रेष्ठ अवधि चुनिए-
(a) अगस्त से अक्टूबर
(b) अप्रैल से जून
(c) अक्टूबर से दिसम्बर
(d) फरवरी से अप्रैल

71. रामा प्रत्येक शाम को अपने दोस्तों के साथ क्रिकेट खेलता है। वह क्रिकेट खेलने में कौन-सी ऊर्जा का उपयोग करता है ?
(a) ध्वनि ऊर्जा,
(b) मांसपेशियों की ऊर्जा
(c) प्रकाश ऊर्जा
(d) रासायनिक ऊर्जा

72. निम्नलिखित में से कौन-सी असम में खाए जाने वाले चावलों की एक सामान्य किस्म है जो पकने के बाद चिपचिपे (स्टिकी) हो जाते हैं ?
(a) पोन्नी चावल
(b) बोम्बा चावल
(c) बोरा चावल
(d) अरबोरीयो चावल

73. जब हम ईंधन जलाते हैं तो हमें प्राप्त होती है/होते हैं-

(a) प्रकाश एवं ध्वनि ऊर्जा
(b) यांत्रिक एवं प्रकाश ऊर्जा
(c) केवल प्रकाश ऊर्जा
(d) ऊष्मा एवं प्रकाश ऊर्जा

74. साँपों के बारे में निम्नलिखित कथनों पर विचार कीजिए तथा निम्नलिखित में से गलत कथन को चिह्नित कीजिए-
(a) वे अपने शिकार को चबाकर खाते हैं।
(b) जहरीले साँपों के डसने वाले दाँत होते हैं।
(c) वे अपने भोजन (शिकार) को पूरा निगल जाते हैं।
(d) साँपों के दाँत नुकीले होते हैं।

75. गुजरात के सापेक्ष, उत्तर प्रदेश और आंध्र प्रदेश की क्रमशः स्थितियाँ हैं-
(a) उत्तर-पश्चिम, दक्षिण-पूर्व
(b) उत्तर-पूर्व, दक्षिण-पूर्व
(c) उत्तर-पश्चिम दक्षिण-पश्चिम
(d) उत्तर-पूर्व, दक्षिण-पश्चिम

76. अनीता परिवार थीम को पढ़ाने के लिए एक इकाई योजना तैयार करती है। निम्नलिखित में से कौन-सा उसकी इकाई योजना का शीर्षक होगा ?
(a) परिवार : संबंध, लिंग भूमिकाएँ, व्यवसाय, बदलते समय में सामाजिक-सांस्कृतिक इकाई के रूप में
(b) परिवार : एक परिवार के भीतर संबंध
(c) परिवार घुमंतु परिवार
(d) परिवार के प्रकार : एकल और संयुक्त

77. श्रीमती शीतल ईवीएस की विभिन्न अवधारणाओं को समझाने के लिए प्राथमिक कक्षाओं में कहानियों और कविताओं का उपयोग करना पसंद करती हैं। उनके द्वारा कहानियों और कविताओं के प्रयोग का सबसे उपयुक्त तर्क है-
A. ईवीएस के पाठ्यक्रम को पूरा करना साथ ही साथ विद्यार्थियों का स्कूल में आने से पहले इनको सुना होना।
B. विद्यार्थियों को अपनी कविताओं और कहानियों को लिखने के लिए प्रोत्साहित करना।
C. विद्यार्थियों को भाषा और संस्कृति में विविधता के बारे में जागरूक बनाना।
D. पाठों को अधिक संवादात्मक, सुखद और दिलचस्प बनाना।
सही विकल्प चुनिए-
(a) A, C और D (b) B, C और D
(c) B और C (d) A और B

78. निम्नलिखित में से कौन-सा विकल्प कक्षा I से V तक ईवीएस पढ़ाने का एक मुख्य उद्देश्य है ?
(a) शिक्षार्थियों को कक्षा के अधिगम को स्कूल के बाहर के जीवन से जोड़ने में मदद करना
(b) विषय की मूल अवधारणाओं की गहन समझ विकसित करना
(c) स्वतंत्र रूप से व्यावहारिक क्रियाकलापों को करने के लिए कौशल प्राप्त करना
(d) विद्यार्थियों को मिडिल स्तर पर विज्ञान पढ़ने के लिए तैयार करना

79. निम्नलिखित कथनों को पढ़िए तथा सही विकल्प का चयन कीजिए-
अभिकथन (A) : ईवीएस के सीखने को अवलोकन, पहचान, वर्गीकरण, आदि से संबंधित प्रक्रिया कौशल के लिए उन्मुख होने की आवश्यकता है।
कारण (R) : विभिन्न प्रक्रिया कौशल प्राप्त करने के माध्यम से, ईवीएस के सीखने के परिणामों को हासिल करने की संभावना होती है।
(a) (A) सही है, परन्तु (R) गलत है।
(b) (A) और (R) दोनों सही हैं, परन्तु (R), (A) की सही व्याख्या नहीं हैं।
(c) (A) गलत है, परन्तु (R) सही है।
(d) (A) और (R) दोनों सही हैं तथा (R), (A) की सही व्याख्या है।

80. एक ईवीएस शिक्षक को योगात्मक मूल्यांकन के लिए प्रश्न पत्र तैयार करते समय .... पर जोर देना चाहिए।
(a) प्रश्न पत्र की लंबाई और कुल अंक
(b) प्रश्न पत्र के कुल अंक और सामग्री कवरेज
(c) प्रश्न पत्र की लंबाई और उद्देश्य
(d) प्रश्न पत्र की सामग्री कवरेज और उद्देश्य

81. एक ईवीएस शिक्षक कक्षा में एक प्रयोग प्रदर्शित करता है, जिसमें एक अंडा पानी के गिलास में डूब जाता है, लेकिन पानी में नमक मिलाने पर तैरता है। विद्यार्थियों की पूछताछ के लिए वह निम्नलिखित में से कौन-सी सबसे उपयुक्त व्याख्या दे सकता है ?
(a) अलग-अलग मात्रा में नमक के साथ प्रयोग करें और उसका अवलोकन करें।
(b) आप उच्च कक्षाओं में सही कारण सीखेंगे।
(c) प्रत्येक विद्यार्थी को पानी में विभिन्न वस्तुएँ डालकर स्वयं निष्कर्ष निकालने दें।
(d) पानी के घनत्व के कारण अंडा तैरता है।

82. कक्षा III के विद्यार्थियों के लिए ईवीएस में निम्नलिखित में से कौन-सा सीखने का परिणाम (अधिगम प्रतिफल) नहीं है ?
(a) कक्षा की दिशाओं की पहचान करना
(b) कुछ स्थानीय, इनडोर, आउटडोर खेलों में नियमों का अवलोकन करना
(c) अच्छे और बुरे स्पर्श पर अपनी राय व्यक्त करना
(d) देखे गए/अनुभव किए गए मुद्दों पर आवाज उठाना और समाज की प्रथाओं से संबंधित करना जैसे संसाधनों के स्वामित्व में भेदभाव

83. आपको कक्षा III से V तक के अपने विद्यार्थियों के लिए ईवीएस पाठ्य-पुस्तकों का चयन करना है। इस उद्देश्य के लिए निम्नलिखित में से कौन-सा मानदंड सबसे उपयुक्त है ?
(a) पाठ्य-पुस्तक बाल उन्मुख होनी चाहिए तथा लिंग, जाति, वर्ग और धर्म के आधार पर किसी भी रूढ़िवादिता या अपमानजनक व्यवहार से रहित होनी चाहिए।
(b) पाठ्य-पुस्तक को सचित्र और विद्यार्थियों के लिए आकर्षक होना चाहिए।
(c) पुस्तक में चित्र बड़े और रंगीन होने चाहिए।
(d) भाषा सरल और विद्यार्थियों के मानसिक स्तर के अनुसार होनी चाहिए।

84. निम्नलिखित कथनों को पढ़िए तथा सही विकल्प का चयन कीजिए-
अभिकथन (A) : प्राथमिक स्तर पर ईवीएस में विषयों के बजाय थीम हैं।
कारण (R) : विषयों की तुलना में थीम आधारित ईवीएस सीखना शिक्षकों और विद्यार्थियों के लिए आसान है।
(a) (A) सही है, परन्तु (R) गलत है।
(b) (A) और (R) दोनों सही हैं, परन्तु (R), (A) की सही व्याख्या नहीं है।
(c) (A) गलत है, परन्तु (R) सही है।
(d) (A) और (R) दोनों सही हैं तथा (R), (A) की सही व्याख्या है।

85. एक शिक्षिका ईवीएस शिक्षण के लिए अपने विद्यार्थियों के साथ तुल्यकालिक (सिन्क्रोनस) सम्प्रेषण का चयन करना चाहती है। वह निम्नलिखित में से किसे चुनेगी ?
(a) वीडियो कॉन्फ्रेंसिंग, ऑनलाइन चैट सत्र, फोन कॉल
(b) त्वरित संदेश, ब्लॉग, टेली-कॉन्फ्रेंसिंग
(c) फोन कॉल, प्री-रिकॉर्डेड वीडियो, टेली-कॉन्फ्रेंसिंग
(d) ई-मेल, सोशल मीडिया पोस्ट, फोन कॉल

86. यदि थीम यात्रा : रेलवे स्टेशन ईवीएस में एक सामुदायिक संसाधन के उपयोग को दर्शाता है, तो निम्नलिखित में से कौन पूरा करेगा - थीम भोजन : .... ?
(a) किसान (b) दुकानदार
(c) कृषि फार्म (d) जंगल

87. ईवीएस शिक्षण के दौरान, एक शिक्षक का बयान/प्रश्न जो विद्यार्थियों को स्वयं या अपने साथियों की प्रतिक्रियाओं से उत्तर को विस्तृत करने के लिए प्रोत्साहित करता है-

(a) परीक्षण और त्रुटि
(b) चेनिंग
(c) खोजपूर्ण प्रश्न
(d) कंडीशनिंग

88. आप ईवीएस के विद्यार्थियों के लिए व्यावहारिक गतिविधियों को प्रोत्साहित करना चाहते हैं। निम्नलिखित में से कौन-सी क्रिया सबसे उपयुक्त है?

(a) एक चार्ट पर विभिन्न पौधों के भागों का चित्र बनाना
(b) उपलब्ध सामग्री से ईवीएस किट विकसित करना
(c) ग्लोब से नक्शा पढ़ना
(d) विभिन्न देशों के सिक्के एकत्रित करना

89. ईवीएस के लिए रचनात्मक आकलन ...... है।

A. सीखने के लिए आकलन
B. सीखने का आकलन
C. अधिगम के रूप में आकलन
D. सीखने के बारे में आकलन

सही विकल्प चुनिए-

(a) B और C
(b) A और C
(c) C और D
(d) A और B

90. निम्नलिखित कथनों को पढ़िए तथा सही विकल्प का चयन कीजिए-

अभिकथन (A) : ईवीएस में क्षेत्र भ्रमण प्रभावी शिक्षणशास्त्रीय रणनीति हैं।

कारण (R) : क्षेत्र भ्रमण वस्तुओं, घटनाओं और स्थानों की याददाश्त को बढ़ावा देती हैं।

(a) (A) सही है, परन्तु (R) गलत है।
(b) (A) और (R) दोनों सही हैं, परन्तु (R), (A) में सही व्याख्या नहीं है।
(c) (A) गलत है, परन्तु (R) सही है।
(d) (A) और (R) दोनों सही हैं तथा (R), (A) की सही व्याख्या है।

भाग – IV : भाषा–I हिन्दी

निर्देश: निम्नलिखित प्रश्नों के उत्तर के लिए सही। सबसे उपयुक्त विकल्प चुनिए।

91. पठन के तरीकों का, पाठक को क्या करना चाहिए, से मिलान कीजिए-

	पठन के तरीके		पाठक को क्या करना चाहिए
A.	**अनुमान**	**i.**	**लेखक कैसे लिखते हैं, इसके आधार पर यह सुनिश्चित करना चाहिए कि लेखक क्या महसूस करते हैं।**
B.	**निष्कर्ष निकालना**	**ii.**	**अपरिचित शब्दों को समझने के लिए पाठ्य सामग्री के कुछ हिस्सों से मदद लेनी चाहिए।**
C.	**संदर्भ से जोड़कर अर्थ निकालना**	**iii.**	**शीर्ष कथन या प्रस्तावना पर ध्यान देते हुए यह देखना चाहिए कि सूचनाएँ किस तरह से संरचित की गई हैं।**
D.	**गहन पठन**	**iv.**	**पाठ्य वस्तु में भाषा का किस तरह से प्रयोग किया गया है, इस पर ध्यान केन्द्रित करना चाहिए।**
E.	**पाठ्य वस्तु के संयोजन की पहचान**	**V.**	**पाठ्य सामग्री किस बारे में है, यह जानने के लिए शीर्षकों और चित्रों का प्रयोग करना चाहिए।**

(a) A-ii, B-i, C-iii, D-iv, E-v
(b) A-i, B-iv, C-v, D-ii, E-iii
(c) A-iv, B-iii, C-ii, D-i, E-v
(d) A-v, B-i, C-ii, D-iv, E-iii

92. उस युक्ति का चयन कीजिए जो नीचे दिए गए उदाहरण से मेल खाती है।

'मैं भाषा पर ध्यान केन्द्रित रखती हूँ, मैं इस बात का ध्यान रखती हैं कि वह सही हो।'

(a) स्व-निरीक्षण
(b) पुनरावृत्ति करना (दोहराना)
(c) पर - भाषा-व्यवहार (ट्रांस्लैंग्युजिंग)
(d) याद करना

93. कक्षा II के विद्यार्थी एक कविता गा रहे हैं- "यह मेरी नाक है, ये मेरे कान।" यह कविता गाते समय वे शरीर के जिस अंग का नाम लेते हैं, उस अंग को स्पर्श भी करते हैं। अध्यापिका किस विधि का प्रयोग कर उन्हें सिखा रही है?

(a) समग्र भौतिक प्रतिक्रिया
(b) सम्प्रेषणात्मक भाषा शिक्षण
(c) विभिन्न दर्शन ग्राही
(d) श्रव्य-भाषिक

94. विद्यार्थी पिछली इकाई से शब्द लेकर पाँच प्रश्नों के उत्तर समूह में देने का काम कर रहे हैं। वे अपने सवालों को दूसरे समूहों के साथ अदला-बदली करते हैं और सवालों के उत्तर देने की कोशिश करते हैं। यह किसका उदाहरण है?

(a) पठन आकलन
(b) पृष्ठ-पोषण (फीडबैक)
(c) सहपाठी आकलन
(d) स्व-आकलन

95. मुझे यह काम बहुत ही पसंद है - जब अध्यापिका मुझे एक कार्ड देती है, जिस पर कोई शब्द या वाक्य लिखा होता है। मैं उससे संबंधित अभिनय करती हूँ और समूची कक्षा उस शब्द/वाक्य के बारे में अनुमान लगाती हैं। शिक्षार्थी की प्राथमिकताओं के साथ शिक्षार्थी की टिप्पणी की पहचान कीजिए।

(a) जब मैं कार्ड से वाक्य को याद करती हूँ तो मुझे भाषा अच्छी तरह से याद रहती है।
(b) जब मैं सुनती हूँ तो मुझे भाषा अच्छी तरह से याद रहती है।
(c) जब मैं गति-बोधक तरीके से संलग्न रहती हूँ तो मुझे भाषा अच्छी तरह से याद रहती है।
(d) जब मैं देखती हूँ तो मुझे भाषा अच्छी तरह से याद रहती है।

96. निम्नलिखित कथनों को पढ़िए तथा सही विकल्प का चयन कीजिए-

अभिकथन (A) : विद्यालय में प्रवेश करने वाले सभी बच्चे अपनी आयु अनुसार भाषा के सक्षम प्रयोगकर्ता होते हैं।

तर्क (R) : भाषिक और सांस्कृतिक विविधता के कारण वे अपनी योग्यताओं का प्रदर्शन नहीं कर पाते हैं।

(a) (A) सही है, परन्तु (R) गलत है।
(b) (A) और (R) दोनों सही हैं, परन्तु (R), (A) की सही व्याख्या नहीं है।
(c) (A) गलत है, परन्तु (R) सही है।
(d) (A) और (R) दोनों सही हैं तथा (R), (A) की सही व्याख्या है।

97. कक्षा V का मंजीत अपने अध्यापक से अलग शैली में बात करता है, अपने मित्रों से कुछ अलग तरह से और एक दो वर्षीय बच्चे से

कुछ अलग तरह से बात करता है। इसका तात्पर्य यह हुआ कि मंजीत जानता है कि सामाजिक स्थितियों में भाषा का प्रयोग किस तरह से करना है। भाषा के इस गुण को किस रूप में जाना जाता है ?

(a) उपयोगितावादी
(b) अर्थगत
(c) वाक्गत
(d) प्रकृतिवादी

98. एक माँ ने इस बात की ओर ध्यान दिया कि उसकी बच्ची कभी-कभी ऐसे शब्द बोल जाती है जो न तो उसने कभी किसी वयस्क से सुने हैं और न ही अपने भाई-बहनों से सुने हैं। इस बात को लेकर वह भ्रमित है, क्योंकि उसका मानना है कि बच्चे अपने परिवार और आस-पास के परिवेश में लोगों का अनुकरण करके भाषा सीखते हैं। उसका यह मत किससे प्रतिध्वनित (मेल खाना) होता है ?

(a) रचनावाद
(b) व्यवहारवाद
(c) बहुभाषावाद
(d) सहजवाद (प्राकृतवाद)

99. कौशलों के उस समूह को क्या कहेंगे जो बच्चे औपचारिक पठन निर्देश शुरू करने से पहले विकसित कर लेते हैं और जो बाद के अकादमिक कौशलों के लिए बुनियाद प्रदान करता है ?

(a) उद्गामी गुणधर्म
(b) उद्गामी पाठ्यचर्या
(c) उद्गामी साक्षरता
(d) उद्गामी (इमरजेंट) समाधान

100. एक दादी/नानी अपने घर में छोटे बच्चों को पुस्तकों से कहानियाँ पढ़कर सुनाना पसंद करती है। इस तरह से वह उन्हें पुस्तकों व नए विचारों से परिचित करवाती है, और बच्चे भी इस प्रक्रिया में सक्रिय रूप से संलग्न रहते हैं। इस तकनीक को किस रूप में जाना जाता है ?

(a) संभाषिक पठन (b) साझा पठन
(c) सस्वर पठन (d) मॉडल पठन

101. पठन सिखाने का वह उपागम जिसमें मूल तत्त्वों जैसे वर्णों और स्वनिम से शुरू किया जाता है और जिसमें बच्चों को यह सिखाया जाता है कि समग्र रूप से पठन सीखने से पहले स्वनिम को शब्दों से मिलाया जाता है, इस उपागम को क्या कहेंगे ?

(a) समग्र भाषा उपागम
(b) अधोमुखी (बॉटम-अप) उपागम
(c) संरचनात्मक उपागम
(d) शीर्ष- अधोमुखी (टॉप-डाउन) उपागम

102. निम्नलिखित कथनों को पढ़िए तथा सही विकल्प का चयन कीजिए-

अभिकथन (A) : ध्वन्यात्मक वर्तनी के प्रयोग से सही वर्तनी लिखना सीखने की योग्यता मंद पड़ जाती है।

तर्क (R) : जब बच्चे पारंपरिक वर्तनी के स्थान पर अपनी 'आविष्कृत' वर्तनी का उपयोग करते हैं, तब यह सही वर्तनी लिखने की उनकी योग्यता को मंद नहीं करती है।

(a) (A) सही है, परन्तु (R) गलत है।
(b) (A) और (R) दोनों सही हैं, परन्तु (R), (A) की सही व्याख्या नहीं है
(c) (A) गलत है, परन्तु (R) सही है।
(d) (A) और (R) दोनों सही हैं तथा (R), (A) की सही व्याख्या है।

103. नई भाषा सीखते समय, बहुत से विद्यार्थी भाषा के अद्वितीय उच्चारण संबंधी नियमों के कारण भाषा बोलते समय प्रायः आत्मविश्वास की कमी का सामना करते हैं इस समस्या को दूर करने का तरीका क्या है ?

(a) काउन्सलर के साथ विशेष वाक् थेरेपी सत्र आयोजित किए जाएँ और ड्रिल के माध्यम से अभ्यास किया जाए।
(b) कक्षा में ऐसे खेलों जैसी गतिविधियों का प्रयोग किया जाए जिसमें मौखिक अन्तः क्रियाएँ अधिक हों।
(c) जब-जब उन्हें समस्या आए, उनकी गलती में सुधार किया जाए।
(d) बच्चे कक्षा में सस्वर वाचन करें।

104. कक्षा III की अध्यापिका अपने शिक्षार्थियों को नई शब्दावली से परिचित करवा रही है। निम्नलिखित में से कौन-सा नई शब्दावली सिखाने का प्रभावशाली तरीका है ?

(a) अध्यापिका स्थिति विशेष के अनुसार उस शब्द का अर्थ समझाने की कोशिश करे।
(b) अध्यापिका बच्चों को शब्दों की ठोस परिभाषा बताए।
(c) अध्यापिका श्यामपट्ट पर शब्द का अर्थ लिखे और शिक्षार्थियों को उसे याद करने के लिए कहे।
(d) अध्यापिका शब्दों के विलोम शब्द बताए और बच्चों की भाषा में उन शब्दों के अर्थ बताए।

105. भाषा सीखना किससे संबंधित है ?

(a) उत्पाद (b) प्रक्रिया
(c) कौशल (d) अर्जन

निर्देश : निम्नलिखित काव्यांश को पढ़कर पूछे गए प्रश्नों (प्र.सं. 106 से 111) में सही। सबसे उपयुक्त उत्तर वाले विकल्प को चुनिए।

आया समय, उठो तुम नारी,
युग-निर्माण तुम्हें करना है।
आजादी की खुदी नींव में,
तुम्हें प्रगति पत्थर भरना है।
अपने को कमजोर न समझो,
जननी हो संपूर्ण जगत की, गौरव हो।

106. कविता का मुख्य स्वर है-

(a) स्वतंत्रता (b) स्त्री-शक्ति
(c) गौरव गाथा (d) युग-निर्माण

107. कविता के अनुसार स्वतंत्रता प्राप्ति में स्त्री की भूमिका .... है।

(a) अप्रासंगिक (b) नगण्य
(c) औसत (d) संज्ञान योग्य

108. स्त्री के लिए किस 'विशेषण' का प्रयोग नहीं किया गया है ?

(a) गौरव (b) अबला
(c) सबला (d) नींव

109. स्त्री की निर्माणकारी शक्ति का भाव कविता की किस पंक्ति में निहित है ?

(a) कमजोर न समझो।
(b) जननी हो संपूर्ण जगत की।
(c) युग-निर्माण तुम्हें करना है।
(d) आजादी की खुदी नींव।

110. कविता के अनुसार स्त्री को-

(a) जननी के रूप में ही रहना होगा।
(b) स्वयं की शक्ति को पहचानना होगा।
(c) गौरव गान करते रहना होगा।
(d) पत्थर भरने का कार्य ही करना होगा।

111. 'जननी हो संपूर्ण जगत की ....।' पंक्ति में कौन-सा अलंकार है ?

(a) यमक (b) रूपक
(c) अनुप्रास (d) उपमा

निर्देश : निम्नलिखित गद्यांश को पढ़कर पूछे गए प्रश्नों (प्र.सं. 112 से 120) में सही। सबसे उपयुक्त उत्तर वाले विकल्प को चुनिए।

अपने स्वार्थ या संस्कृति के कारण सामान्य व्यवहार में हम कितनी ही बार सबसे धन्यवाद बोलते हैं। तो यह कृतज्ञता सिर्फ उन्हीं तक सीमित क्यों ? हमें मानव जन्म देने और जलवायु, भोजन, ऊर्जा जैसे बहुत सी प्रकृति के लिए भी क्यों नहीं ? हम ईश्वर से संवाद करें कि वह हमारे हृदय में पवित्रता, सद्गुणों के प्रकाश को आलोकित करें। दुखों के कारण तो हमारे विकार हैं, बुराइयाँ हैं। हर बुराई अज्ञान के अंधकार में फैलती है। प्रकाश होते ही उसका सामर्थ्य खत्म हो जाता है। सुख-दुख दोनों ही हमारे कर्मों के फल हैं। हमें समझना चाहिए कि बिना दुख भोगे, भोगे, सुख नहीं पाया जा सकता है। मानवीय पुरुषार्थ करते रहें, मन की कोठरी को स्वच्छ रखें, जहाँ जरूरत हो, प्रायश्चित भी अवश्य करें। कौन जाने कब किस रूप में प्रभु किस

माध्यम से सहायक हो जाएँ। ईश्वर के प्रति आभार प्रकट करना एक ऐसा अचूक तरीका है जो हमें असंतुष्टि और ईर्ष्या जैसी निकृष्ट बातों से ऊपर उठाता है और यही हमारे जीवन का मूलभूत लक्ष्य है।

112. गद्यांश के अनुसार सबसे धन्यवाद कहने का कारण नहीं हैं–
(a) स्वभाव (b) संस्कृति
(c) दया (d) स्वार्थ

113. 'हर बुराई अज्ञान के अंधकार में फैलती है।' से तात्पर्य है–
(a) अज्ञानता के कारण बुराइयाँ फैलती हैं।
(b) अँधेरा सब बुराइयों की जड़ है।
(c) अज्ञानी व्यक्ति बुराइयाँ फैलाता है।
(d) अँधेरा होते ही बुराइयाँ फैल जाती हैं।

114. 'सुख-दुख' का कारण है–
(a) कर्म (b) दुर्भाग्य
(c) प्रारब्ध (d) भाग्य

115. गद्यांश के अनुसार प्रायश्चित के साथ-साथ मानव को क्या करना चाहिए?
(a) दुख भोगना (b) पुरुषार्थ
(c) सुख भोगना (d) सफाई करना

116. 'मन की कोठरी को स्वच्छ रखें, से तात्पर्य है–
(a) मन के अनुसार कार्य करना
(b) मन से बुरे भावों का निष्कासन
(c) मन सब विकारों का कारण है
(d) मन को नियंत्रण में रखना

117. जीवन का मुख्य लक्ष्य है–
(a) ईर्ष्या से ऊपर उठना
(b) ईश्वर के प्रति आभार प्रकट करना
(c) ईश्वर के प्रति अनासक्ति
(d) ईश्वर की भक्ति करना

118. 'स्वार्थ' का विलोम है–
(a) परोपकार (b) स्वार्थपरायणता
(c) निःस्वार्थ (d) प्रयोजन

119. 'मानवीय' शब्द में प्रत्यय है–
(a) इय (b) ईय
(c) य (d) वीय

120. कौन-सा शब्द युग्म समूह से भिन्न है?
(a) अंधकार- अँधेरा (b) ज्ञान-अज्ञान
(c) शुद्ध-अशुद्ध (d) सुख-दुख

PART – IV : Language II–English

Ques. (121-128): Directions: Answer the following questions by selecting the correct/ most appropriate option.

121. A mother asked the teacher of Class II how it was possible for her child to sometimes say thing that she had never heard any adults or siblings say. How is it possible?
Which one of the following is the apt answer to this question?
(a) A child learns language when we reinforce the development of the child's language.
(b) The human brain is innately wired to learn language.
(c) As per the constructivist approach, children can invent new languages.
(d) Children learn language only by imitating adults.

122. A technique used to facilitate early literacy, which involves an adult and a child looking at a book together while the adult asks questions and encourages a dialogue, followed by switching roles so that the child asks questions to the adult, is called:
(a) Dialogic reading
(b) Shared reading
(c) Story telling
(d) Model reading

123. A teacher can develop the listening skills of language learners by:
(a) creating opportunities for learners to listen to a variety of language sources and people and engaging in other listening activities.
(b) focusing only on listening skills without associating them with other language skills.
(c) making the learners listen to everything they hear passively,
(d) speaking continuously to learners both within the classroom and outside.

124. Read the following statements and choose the correct option:
Assertion (A): Accuracy in language is most important at the primary level.
Reason (R): Grammar is an integral part of the primary curriculum.
(a) (A) is true, but (R) is false.
(b) Both (A) and (R) are true, but (R) is not the correct explanation of (A).
(c) (A) is false, but (R) is true.
(d) Both (A) and (R) are true and (R) is the correct explanation of (A).

125. Theoretical positions and beliefs about the nature of language, the nature of language learning, and the applicability of both to pedagogical settings is:
(a) Approach (b) Content
(c) Technique (d) Syllabus

126. Formative evaluation is:
(a) carried out at a pre-specified or particular stage in the course.
(b) related to ongoing development and improvement.
(c) not subjected to change.
(d) what is happening in the teaching-learning process.

127. While planning lessons for young learners, the teacher decided to focus on the Total Physical Response (TPR) method. Which one of the following should be used to include TPR in the lesson?
(a) Must add some listening activity in class.
(b) Choose activities that help them stay in their seats and work in pairs or groups.
(c) Must keep activities aside and instead ask questions and motivate them to respond.
(d) Must ensure to add some bodily activities in class.

128. Which approach to grammar encourages the belief that learning a language is a matter of learning rules?
(a) Communicative
(b) Inductive
(c) Grammar Translation
(d) Deductive

129. A teacher is planning to give a free writing task to learners in Class V. Which one of the following should be focused on most by the teacher?
(a) Both fluency and accuracy of the content
(b) Fluency of the content
(c) The handwriting of the learner
(d) Accuracy of the content

130. Top-down means "attend to the overall meaning'. What does 'bottom-up' mean?

(a) Focus on the words and phrases of the text
(b) Focus on pre-reading
(c) Focus on asking short answer type questions
(d) Focus on the gist of the text and abstract ideas

131. Which among these is the primary responsibility of the language teacher?
(a) Grouping learners into different classes
(b) Selecting suitable content for teaching
(c) Instructing the learners
(d) Identifying the learner's communicative needs

132. A young child picks up a book, holds it right side up, and turns the pages. These activities demonstrate:
(a) emergent properties
(b) emergent curriculum
(c) emergent solution skills
(d) emergent literacy skills

133. Read the following statements and choose the correct option:
Assertion (A) : Learners acquire languages since they are genetically predisposed to do so and the environment does not play any role in it.
Reason (R): The learner-centered classroom environment has a great impact on language acquisition.
(a) (A) is true, but (R) is false.
(b) Both (A) and (R) are true, but (R) is not the correct explanation of (A).
(c) (A) is false, but (R) is true.
(d) Both (A) and (R) are true and (R) is the correct explanation of (A).

134. A way to teach reading that emphasises understanding the meaning of words from the context in which they appear is:
(a) Whole language approach
(b) Bottom-up approach
(c) Structural approach
(d) Communicative approach

135. The ability to think and talk about language is:
(a) Emergent literacy
(b) Proficiency
(c) Metalinguistic ability
(d) Phonological awareness

Directions: Read the passage given below and answer the questions that follow (Q. Nos. 136 to 142) by selecting the correct/ most appropriate option.

Father would dress himself for court in a brightly coloured dhoti, a matching white shirt with an equally black bright white turban and a neat black coat. The paraphernalia to court would include a cloth bundle containing court papers and a basket containing hot coffee with tumblers and plates for tiffin given by my mother or sisters-in-law.

The younger advocates of his time were great admirers of my father and used to listen to him with rapt attention whenever he rose to address the court. His arguments were forceful, coherent, cogent, compulsive and conclusive. The arguments would go on till about lunchtime and even the English judge used to take down notes of his points.

One client was particular that my father alone should argue his case. On the day my mother died, this case happened to be on the cause list. My mother was alive when my father left for 10 a.m. that morning and he had told my brother that he would return as soon as the case was over. Unfortunately, she died within an hour of his departure.

With some difficulty, the news was conveyed through an advocate in court. My father, however, continued his arguments without showing any emotions. Only after concluding the case did he get back home to the room where my mother's body lay and stood in stoic silence.

136. Father was very particular about dressing:
(a) as he was rich enough to buy good clothes.
(b) to impress his family.
(c) as he wanted to follow the proper dress code.
(d) to impress the judges.

137. Which of the following statements are true/false?
A. Father avoided eating in the court canteen.
B. He liked to drink hot tea during the day.
C. He carried case files wrapped in a cloth.
Choose the correct option:
(a) C and A are true, but B is false.
(b) B and C are true, but A is false.
(c) A and B are false, but C is true.
(d) A and B are true, but C is false.

138. Which of the following statements is wrong?
(a) He argued his cases logically and persuasively.
(b) Only a few were jealous of his popularity.
(c) He was the preferred lawyer of some clients,
(d) Young advocates wanted to learn from him.

139. Which of the following statements true/false?
A. Even the judges recognised his legal acumen.
B. He preferred his legal obligations to family obligations.
Choose the correct option:
(a) Both A and B are true.
(b) B is true and A is false.
(c) Both A and B are false.
(d) A is true and B is false.

140. 'His arguments were forceful, <u>coherent</u>, ...'
Choose the word similar in meaning to the underlined one.
(a) witless
(b) crazy
(c) calculating
(d) reasonable

141. '.............. a bundle <u>containing</u> court papers.'
The underlined word is a/an :
(a) Adjective
(b) Verb
(c) Adverb
(d) Noun

142. '<u>One client was particular</u> that my father ....'
The underlined expression is a/an clause.
(a) Adjective (b) Noun
(c) Adverb (d) Principal

Directions: Read the passage given below and answer the questions that follow (Q. Nos. 143 to 150) by selecting the correct/ most appropriate option.

Dorothy lived in the midst of the great Kansas prairies (grasslands) with Uncle Henry, who was a farmer, and Aunt Em, who was the farmer's wife. Their house was small, for the lumber to build it had to be carried by wagon from many miles afar. There were four walls, a floor and a roof, which made one room; and this room contained a rusty looking cooking stove, a cupboard for the dishes, a table, three or four chairs, and the beds.

Uncle Henry and Aunt Em had a big bed in one corner, and Dorothy a little bed in another corner. There was no garret at all, and no cellar - except a small hole dug in the ground, called a cyclone cellar, where the family could go in case of those great whirlwinds arose, mighty enough to crush any building in its path. It was reached by a trapdoor in the middle of the floor, from which a ladder led down into the small, dark hole.

When Dorothy stood in the doorway and looked around, she could see nothing but the great gray prairie on every side. Not a tree nor a house broke the broad sweep of flat, country that reached to the edge of the sky in all directions. The sun had baked the ploughed land into a gray mass, with little cracks running through it. Even the grass was not green, for the Sun had burned the tops of long blades until they were the same gray tops colour to be seen everywhere. Once the house had been painted, but the Sun blistered the paint and the rains washed it away, and now the house was as dull and gray as everything else.

143. Which one of the following statements is true?

(a) She lived in a small and shabby house.
(b) Uncle Henry had a big farm.
(c) Uncle Henry's house was freshly painted.
(d) Dorothy's parents were rich farmers.

144. Which one of the following statements is true?

(a) Dorothy slept in a big wooden bed.
(b) It was made of wood, as wood was easily available.
(c) There was no tall tree near the house.
(d) The house was a comfortable brick house.

145. Study the following statements:

A. In the vast grassland, Uncle Henry's was the only house.
B. There was sun-baked gray grass all around.
C. In the middle of the prairies was a green field ploughed by uncle Henry.

Choose the correct option:

(a) A and C are right, but B is wrong.
(b) B and C are right, but A is wrong.
(c) A and B are wrong, but C is right.
(d) A and B are right, but C is wrong.

146. Study the following statements:

A. Uncle Henry had a tractor trolley in which wood was carried.
B. The wood for the house was carried from far away.

Choose the correct option:

(a) Both A and B are right.
(b) B is right and A is wrong.
(c) Both A and B are wrong.
(d) A is right and B is wrong.

147. Which of the following statements are true (T) and which ones are false (F)?

A. The fear of a cyclone loomed large on the family.
B. They had built a shelter for protection against wind and rain.
C. Around the house there was nothing to reduce the impact of a storm.
D. Their drawing room had only three or four chairs.

Choose the correct option:

(a) FFTT (b) TTTF.
(c) TFTF (d) FTFT

148. '........... with Uncle Henry, <u>who was a farmer</u>.' The underlined word is a/an .... clause.

(a) Adjective (b) Noun
(c) Adverb (d) Principal

149. 'a cupboard <u>for</u> the dishes.'
The underlined word is a/an ....

(a) Adverb
(b) Preposition
(c) Article
(d) Conjunction

150. There was no <u>garret</u> at all.
The underlined word nearly means the same as a ....

(a) toilet
(b) study
(c) pantry
(d) loft

उत्तर (हल/संकेत)

भाग – I : बाल विकास व शिक्षण शास्त्र

1. (d) शिक्षक द्वारा बालकों को नए-नए तथ्यों की जानकारी दी जानी चाहिए, जो उनके चिन्तन को प्रेरित करे तथा बालकों को जिज्ञासु बनाए। शिक्षक ही बालकों को बाल्यावस्था से ही चिन्तन हेतु प्रेरित करता है। वह कक्षा के प्रत्येक विद्यार्थी को विविध दृष्टिकोणों तथा परिस्थितियों से अवगत कराते हुए उनका सामना करने में सक्षम बनाती है और उनमें चिंतन विकास की यह प्रक्रिया उन्हें अपनी क्षमताओं को समृद्ध करके रचनात्मक रूप से सोचने के योग्य बनाती है।

2. (a) अधिगम एक व्यापक प्रक्रिया है जो अभ्यास, अनुभव और चिंतन के परिणामस्वरूप व्यवहार, ज्ञान और कौशल में परिवर्तन को संदर्भित करती है। संसार के सभी कार्य अपने आप में एक समस्या के रूप में होते हैं और किसी भी समस्या का समाधान प्राप्त करने के लिए उस समस्या पर सोचना पड़ता है और अधिगम बालक में समालोचनात्मक चिंतन को विकसित कर उसके व्यवहार और व्यक्तित्व को संशोधित करता है।

3. (c) विद्यार्थियों की सीखने की शैलियों में विविधता के अंतर्गत क्षमतायें, समुदाय, पृष्ठभूमि और सीखने की शैलियों की एक विस्तृत श्रृंखला शामिल है। अत: कक्षा में विविधता को समायोजित करने के लिए शिक्षक द्वारा अधिक समावेशी तरीकों की ओर ध्यान देना चाहिए जो सभी छात्रों के लिए समान सीखने के अवसर प्रदान करे। लेकिन इसका मतलब प्रत्येक छात्र के लिए व्यक्तिगत पाठ तैयार करना नहीं है, बल्कि छात्रों की विविधता सम्बन्धी जरूरतों का ध्यान रखते हुए उन्हें विभिन्न प्रकार की सामग्रियों, गतिविधियों और मूल्यों से अवगत कराना है।

4. (c) बच्चे सबसे प्रभावी ढंग से तब सीखते हैं जब शिक्षक सभी बच्चों की जरूरतों को समझते हुए और बातचीत के माध्यम से अधिगम को सुगम बनाकर सिखाने का प्रयास करता है तथा छात्रों की सुविधानुसार अन्वेषण और चर्चा के अवसर प्रदान करके सामान्य से जटिल या विशिष्ट अवधारणाओं को समझने की ओर ध्यान केन्द्रित करता है।

5. (a) गैर-प्रासंगिकता का अधिगम के दौरान कोई योगदान नही होता है। यह सीखने से संबंधित मनोविज्ञान से लिया गया एक शब्द है, जो किसी विषय को उसके सामान्य या अपेक्षित संदर्भ से अलग करने की प्रक्रिया है। इसके अंतर्गत केवल लक्षित कौशल पर ध्यान केंद्रित करने के बजाय शब्दों को डिकोड करने की क्षमता या संबंधित संज्ञानात्मक कौशल से अलग वाक्यों के प्रमुख तत्त्वों की पहचान की जाती है।

6. (a) समस्या-समाधान कौशल विकास बच्चों में स्वयं की विचार प्रक्रियाओं के बारे में जागरूकता और समझ में सुधार करता है। समस्या-समाधान के लिए चरणबद्ध दृष्टिकोण की आवश्यकता होती है। समस्या/कथन को समझना, उसे हल करने के लिए आवश्यक जानकारी की पहचान और अनावश्यक जानकारी को

दिमाग से समाप्त करना समस्या-समाधान प्रक्रिया के प्रारंभिक चरण हैं। छात्रों में समस्या सुलझाने की क्षमता विकसित करने के लिए शिक्षक विचार-मंथन गतिविधियाँ शुरू कर सकते हैं इसके अंतर्गत वे छात्रों को कुछ समस्याओं से परिचित कराकर और उन्हें संसाधित करने के लिए उन्हें पर्याप्त समय देकर समस्या से सम्बंधित हल का सहज अनुमान लगाने के लिए प्रेरित कर सकते हैं।

7. (b) अनुभवात्मक अधिगम का अर्थ है अनुभव या अवलोकन पर आधारित ज्ञान। अनुभवात्मक अधिगम आलोचनात्मक प्रतिबिम्बन/चिंतन के माध्यम से छात्रों में जिज्ञासा जगाकर उन्हें चिंतनशील प्रक्रिया में शामिल होने के लिए प्रेरित करता है। किसी भी नई जानकारी को आत्मसात करने और असंतुलन की स्थिति को हल करने के लिए आलोचनात्मक चिंतन आवश्यक है। आलोचनात्मक चिंतन बालक को अधिक आत्म-जागरूकता विकसित करने, निरंतर सीखने में संलग्न रहने और अपने अभ्यास में सुधार करना सिखाता है।

8. (d) प्रश्न में दिए गए कथन (A) एवं कारण (R) दोनों सही हैं क्योंकि बच्चों की सक्रिय भागीदारी एवं संलग्नता के लिए कक्षा का वातावरण बहुत महत्त्व रखता है जो बच्चों को सीखने के लिए प्रेरित करता है। जब छात्रों के पास सीखने के आंतरिक उद्देश्य होते हैं तब वे बाहरी पुरस्कार के लिए कार्य नहीं करते बल्कि गतिविधि में दिलचस्पी लेते हैं और आत्म संतुष्ट होते हैं तथा अपने काम में अर्थ जोड़ने, नए विषयों की खोज करने की भावना रखते हैं।

9. (d) वायगोत्सकी साथियों के साथ बातचीत को कौशल और रणनीति विकसित करने का एक प्रभावी तरीका मानते हैं। उनका सुझाव है कि शिक्षकों को सहकारी/ सहयोगात्मक शिक्षण का उपयोग करना चाहिए ताकि कम सक्षम बच्चे योग्य साथियों के सहयोग से अधिक सीखने के क्षेत्र में अधिक विकास कर सकें।

10. (a) वायगोत्सकी के अनुसार, जब बच्चे भाषा की मदद से अपने स्वयं के कार्यों को निर्देशित करते हैं, लेकिन वह भाषा दूसरों के लिए श्रव्य नहीं है, उसको आंतरिक भाषण कहेंगे। आंतरिक भाषण उप-स्वर भाषण है जो स्वयं के लिए निर्देशित और अनुकूलित होता है।

11. (d) चार वर्ष की अपर्णा का बटन को जिन्दा कहना उसके जीववादी चिंतन को दर्शाता है। जीववाद एक विश्वास है, जो मानता है कि निर्जीव वस्तुएँ कार्य करने में सक्षम हैं और उनमें सजीव गुण होते हैं। जैसे कोई बच्चा यह विश्वास करे कि फुटपाथ पागल था और उसने उन्हें नीचे गिरा दिया, या कि आकाश में तारे चमकते हैं क्योंकि वे खुश हैं।

12. (d) शैशवावस्था में समाजीकरण की प्राथमिक संस्थाएं तथा प्रारंभिक बाल्यावस्था में समाजीकरण की माध्यमिक संस्थाएं महत्त्वपूर्ण हैं। बच्चों के प्राथमिक समाजीकरण के लिए माता-पिता और परिवार जिम्मेदार है। जबकि विद्यालय में मानदंडों, मूल्यों और व्यवहार पैटर्न को आत्मसात करने की प्रक्रिया को प्रारंभिक बाल्यावस्था में समाजीकरण कहा जाता है।

13. (a) वाइगोत्सकी के अनुसार भाषा संस्कृतियों और समुदायों में भिन्न होती है, इसलिए सोच/संज्ञानात्मक विकास अनुभूति भी भिन्न होती है। इसलिए, भाषा दूसरों के साथ बातचीत के लिए आवश्यक है तथा यह सामाजिक-सांस्कृतिक मानसिक प्रक्रियाओं के विकास के लिए भी महत्त्वपूर्ण है। दूसरी ओर, वाइगोत्सकी के सामाजिक-सांस्कृतिक सिद्धान्त के अनुसार सामाजिक अन्त:क्रिया से बालक की सोच व व्यवहार में निरन्तर बदलाव लाता है जो एक संस्कृति से दूसरे में भिन्न तो हो सकता है लेकिन किसी बालक का संज्ञानात्मक विकास उसके अन्य व्यक्तियों से अन्तर्सम्बन्धों पर ही निर्भर करता है।

14. (a) कोह्लबर्ग ने नैतिक चिंतन की तीन अवस्थाएं बताई हैं, जिन्हें पुन: दो-दो चरणों में विभाजित किया गया है-

1. रूढ़ि-पूर्व अवस्था में चिंतन- यह नैतिक चिन्तन का सबसे निचला चरण है। इस चरण में क्या सही और गलत है, पर बाहर से मिलने वाली सजा और उपहार का प्रभाव पड़ता है।

2. रूढ़िगत चिन्तन – यह कोह्लबर्ग के नैतिक विकास के सिद्धांतों की दूसरी अवस्था है। इस अवस्था में लोग एक पूर्व आधारित सोच से चीजों को देखते हैं। जैसे देखा गया है कि अक्सर बच्चों का व्यवहार उनके मां-बाप या किसी बड़े व्यक्ति द्वारा बनाए गए नियमों पर आधारित होता है। इस अवस्था में बालक सामाजिकता के गुणों को धारण करता है। वह समझने लगता है कि कौन-सा व्यवहार उसके या समाज के हित में है या नहीं। किशोर सोचते हैं कि समाज अच्छे से चले तथा कानून द्वारा बनाए गए दायरे के अंदर रहे। इस स्तर पर लोग विश्वास, दूसरों का ख्याल रखना, दूसरों के साथ निष्पक्ष व्यवहार को अपने नैतिक व्यवहार का आधार मानते हैं।

3. रूढ़ि से ऊपर उठकर नैतिक चिन्तन- यह कोह्लबर्ग के नैतिक विकास के सिद्धांतों की तीसरी अवस्था है। इस स्थिति में वैकल्पिक रास्ते खोजे जाते हैं और फिर अपना एक व्यक्तिगत नैतिक व्यवहार का रास्ता ढूंढा जाता है।

15. (d) प्रश्न में दिए गए कथन एवं कारण दोनों सही हैं तथा कारण (R) कथन (A) की सही व्याख्या है। अधिगम सामाजिक संपर्क के माध्यम से होता है- जब अधिगम सक्रिय प्रतिक्रिया और साथियों तथा विशेषज्ञों के बीच आदान-प्रदान के अवसर प्रदान करता है, तो यह निष्क्रिय रूप से सुनने, पढ़ने की तुलना में अधिक प्रभावी होता है।

16. (b) अधिगम में आकलन का मुख्य लक्ष्य छात्र के सीखने के बारे में मान्य, विश्वसनीय और उपयोगी जानकारी एकत्र करना है, जिसका उपयोग अधिगम के परिणामों के संबंध में विद्यार्थी की प्रगति और उपलब्धि की निगरानी के लिए किया जा सकता है। यह शिक्षार्थी के ज्ञान, समझ, कौशल और मूल्यों को विकसित करने के लिए एक उपकरण के रूप में उपयोग करने में मदद करता है जिसे वे अपने व्यवहार में प्रतिबिंबित करने में सक्षम होते हैं। यह छात्रों की क्षमताओं, आवश्यकताओं को ध्यान में रखता है।

17. (*) प्रीस्कूलर यानि 3-4 साल के बच्चों के किसी चुटकुले या वाक्य की तुलना में किसी अजीब चीज़ (चौकोर पहियों वाली एक कार, धूप का चश्मा पहने एक सुअर) वाली तस्वीर पर हंसने की अधिक संभावना होती है। चित्रों और ध्वनियों के बीच असंगति (एक घोड़ा जो बकरी की तरह मिमियाता है) भी इस आयु वर्ग के लिए मजेदार है। इसके अलावा जैसे-जैसे वे शारीरिक कार्यों के बारे में अधिक जागरूक हो जाते हैं, बाथरूम में पानी में खेलना उन्हें आनंद देता हैं। लेकिन जैसे-जैसे बच्चे किंडरगार्टन यानि 4-5 साल के बीच या उससे आगे बढ़ते हैं, उन्हें बुनियादी शब्दों के खेल और सरल चुटकुले सुनाने में आनंद आने लगता है और वे वही चुटकुले बार-बार दोहराते हैं।

18. (d) कैरोल गिलिगन के अनुसार लॉरेंस कोह्लबर्ग का नैतिक सिद्धांत पुरुषों के प्रति पक्षपाती है। उनका कहना है कि उनका सिद्धांत केवल पुरुषों का अध्ययन करके तैयार किया गया था और इसमें किसी महिला के सोचने के तरीके या व्यवहार के पैटर्न को ध्यान में नहीं रखा गया था। गिलिगन मानती है कि कोह्लबर्ग का नैतिक विकास का सिद्धान्त लिंग भिन्नता को पर्याप्त रूप से नही अपनाता है। कोह्लबर्ग के अध्ययन में भाग लेने वाले प्रमुखत: पुरुष ही थे अत: उनके सिद्धान्त में देखभाल दृष्टिकोण को सम्मिलित नहीं किया गया था। गिलीगन के अनुसार कोह्लबर्ग के मन में महिलाओं के प्रति द्वेष भावना थी। अत: उनके नैतिक विकास के अवस्था सिद्धान्त में पुरुषों के अधिकारों तथा नियमों को महिलाओं के विकास की अपेक्षा उच्च अवस्था का माना गया। गिलिगन तर्क देती हैं कि महिलाएँ पुरुषों की अपेक्षा पारस्परिक सम्बन्धों पर अधिक जोर देती हैं तथा दूसरों की भलाई की जिम्मेदारी लेती हैं। अत: गिलीगन ने महिलाओं को सुनने तथा पुन: चिन्तन करने के पश्चात् एक नए मनोविज्ञान के निर्माण में सहायता की है।

19. (d) जीन पियाजे के संज्ञानात्मक विकास के सिद्धांत में, पूर्व-संक्रियात्यक अवस्था में विकास का मुख्य गुण विचार/सोच में केंद्रीकरण होता है। इस अवस्था में, शिशु अपनी इंद्रियों के साथ-साथ वस्तुओं के साथ शारीरिक संबंधों का उपयोग करके दुनिया के बोध का निर्माण करते हैं। इस अवस्था में बालक सम्पर्क में आई हुई वस्तुओं पर अधिक ध्यान देता है तथा स्थानांतरण प्रक्रियाओं और गतिशील स्थितियों की अपेक्षा स्थिर स्थितियों एवं वस्तुओं की मानसिक प्रतिमा बनाता है।

20. (d) प्रतिभावान बच्चों को शिक्षित करने का ऐसा उपागम जो उन्हें तीव्र गति से पाठ्यचर्या के माध्यम से आगे बढाता है, संवर्धन कहलाता है। जिसका उपयोग एक बच्चे को प्राप्त होने वाले सभी अतिरिक्त सीखने के अवसरों का वर्णन करने के लिए किया जाता है, चाहे वह स्कूलों द्वारा प्रदान किया गया हो (नियमित क्लबों या विशिष्ट यात्राओं या गतिविधियों के रूप में) या माता-पिता के द्वारा प्रदान किया गया हो। इन्हें पाठ्यक्रम से नहीं जोड़ा जा सकता।

21. (b) डिसग्राफिया एक तंत्रकीय विकार है जिसमें लिखने में परेशानी महसूस होती है। डिसग्राफिया को ट्रांसक्रिप्शन के रूप में भी जाना जाता है जिसमें हमें लिखने, टाइपिंग और वर्तनी को लेकर चुनौतियों का सामना करना पड़ता है।

22. (d) समावेशी कक्षा में विशेष तथा सामान्य छात्र साथ-साथ अध्ययन करते हैं। शिक्षक को बालकों की वैयक्तिक विशेषताओं के ज्ञान के साथ विशेष आवश्यकता वाले बालकों की पहचान तथा उसके अनुसार कक्षा शिक्षण की व्यवस्था करनी चाहिए। यदि किसी पाठ के शिक्षण में विशेष तथा सामान्य बालकों को साथ-साथ शिक्षा देने में कठिनाई प्रतीत हो इसके लिए कमजोर छात्रों के लिए विशेष कक्षा पृथक से आयोजित की जानी चाहिए। कक्षा के स्तर, बालकों की रुचि, विषयवस्तु की जटिलता, बालकों की वैयक्तिक विभिन्नता, विशेष समस्या को दृष्टि में रखते हुए लोचदार शिक्षण होना चाहिए। कक्षा शिक्षण में मौखिक, व्याख्यान प्रणाली, प्रश्नोत्तर कला, आदि के असफल रहने पर क्रियात्मक शिक्षण प्रभावशाली सिद्ध होता है। क्रियात्मक शिक्षण में छात्र करके सीखते हैं।

23. (b) गार्डनर अमेरिका के संज्ञानात्मक मनोवैज्ञानिक थे। इनसे पहले सभी लोग यह मानते थे कि बुद्धि सिर्फ एक ही प्रकार की होती है। परन्तु हावर्ड गार्डनर ने बताया कि किसी भी चीज को समझने या समझाने के कई अलग-अलग तरीके हो सकते है। इन्होंने बहुबुद्धि का सिद्धान्त दिया। जिसे हम गार्डनर का बहुबुद्धि सिद्धान्त कहते है। उनके अनुसार दार्शनिक और धर्म नेता आदि खुद के बारे में अधिक जानने वाले होते है और उनकी बुद्धि अन्त: व्यक्ति प्रकार की होती है जबकि ऐसे व्यक्ति जो मानसिक बिम्बो को बनाते तथा उनका परिमार्जन करते है, जैसे- विमान चालक, चित्रकार, वास्तुकार आदि उनकी बुद्धि दिक्स्थान प्रकार की होती है।

24. (b) स्वलीनता एक न्यूरोडेवलपमेंटल डिसऑर्डर है। इसके अंतर्गत संचार, सामाजिक संपर्क और व्यवहार सम्बन्धी परेशानी देखने को मिलती है। रोगी अक्सर दोहराव, प्रतिबंधित और रूढ़िबद्ध व्यवहार पैटर्न/ रुचियों का प्रदर्शन करते हैं। यह आमतौर पर बचपन में प्रकट होता है। सेंटर फॉर डिजीज कंट्रोल एंड प्रिवेंशन (सीडीसी) के अनुसार, स्वलीनता से लड़कियों की तुलना में लड़के अधिक प्रभावित होते हैं और पुरुष व महिला अनुपात 5:1 होता है।

25. (d) स्थूल गत्यात्मक कौशल ऐसी गतिविधि है जो बच्चा अपने हाथों, पैरों, टांगों या अपने पूरे शरीर के साथ करता है। रेंगना, दौड़ना, तैरना और कूदना स्थूल गत्यात्मक कौशल हैं।

26. (b) विकास के शीर्षगामी सिद्धांत के अनुसार, विकास की दिशा ऊपर (सिर) से नीचे (पैर) की ओर होती है। शीर्षगामी विकास लम्बवत रूप में सिर से पाँव की ओर होता है। सबसे पहले बालक अपने सिर और भुजाओं की गति पर नियंत्रण करना सीखता है और उसके बाद टाँगों पर। जबकि, समीपस्थ सिद्धांत के अनुसार, विकास की दिशा शरीर के केंद्र (धड़, रीढ़) से शुरू होती है और बाहर की ओर (हाथ और पैर तक) जाती है। उदाहरण के लिए भ्रूण की रीढ़ की हड्डी बाहरी उंगलियों, पैर की उंगलियों आदि से पहले विकसित होती है।

27. (d) प्रारंभिक बाल्यावस्था स्थिर और समान वृद्धि की अवधि के रूप में जानी जाती है। यद्यपि विकास दर निरंतर और एक समान होती है जबकि बच्चे का सोचने का तरीका काफी हद तक आत्मकेंद्रित होता है इस स्थिति में बच्चे दूसरे व्यक्ति के दृष्टिकोण से देखने में असमर्थ होते है। बच्चा मानता है कि दूसरे लोग भी बिल्कुल वैसा ही देखते, सुनते और महसूस करते हैं जैसा वह करता है। दूसरी ओर मध्य बाल्यावस्था में वृद्धि धीमी होती है। इस अवस्था में संज्ञानात्मक कौशल का विस्तार जारी रहता है क्योंकि ठोस जानकारी से निपटने के दौरान विचार प्रक्रियाएं अधिक तार्किक और व्यवस्थित हो जाती हैं। इस उम्र में बच्चे अतीत, वर्तमान और भविष्य जैसी अवधारणाओं को समझते हैं, जिससे उन्हें योजना बनाने और लक्ष्यों की दिशा में काम करने की क्षमता मिलती है।

28. (b) प्रश्न में दिए गए विकल्पों में "आप क्रिया को वर्तमान काल में कैसे बदल सकते हैं" विद्यार्थियों को अपनी सोच पर विचार करने का अवसर देता है। इस तरह से विचार करने को चिंतनशील होना कहा जाता है। चिंतनशील सोच, आलोचनात्मक सोच प्रक्रिया का एक हिस्सा है जो विशेष रूप से जो हुआ है उसके बारे में विश्लेषण करने और निर्णय लेने की प्रक्रियाओं को संदर्भित करता है। डीवी के अनुसार चिंतनशील सोच किसी विश्वास या ज्ञान के अनुमानित रूप, उस ज्ञान का समर्थन करने वाले आधारों और उस ज्ञान को आगे ले जाने वाले निष्कर्षों पर एक सक्रिय, निरंतर और सावधानीपूर्वक विचार है। सीखने की स्थितियों के दौरान शिक्षार्थी सक्रिय रूप से चिंतनशील सोच में भाग लेकर अपने सीखने के बारे में जानते हैं और उसे नियंत्रित करते हैं- वे क्या जानते हैं, उन्हें क्या जानने की आवश्यकता है, और वे उस अंतर को कैसे पाट सकते हैं, इसका आकलन करते हैं।

29. (a) प्रश्न में दिए गए विकल्पों में "मैं परीक्षा में फ़ेल हो गया क्योंकि मेरे दोस्त मेरा ध्यान भटका रहे थे" कथन आंतरिक आरोपण का उदाहरण है। आंतरिक आरोपण यह मानने की प्रक्रिया है कि व्यक्तिगत कारक किसी व्यक्ति के व्यवहार का कारण या किसी घटना का कारण हैं। आंतरिक आरोपण, जिसे डिस्पोजल एट्रिब्यूशन के रूप में भी जाना जाता है, में किसी घटना या व्यवहार के लिए सीधे किसी व्यक्ति को दोषी ठहराया जाता है।

30. (d) प्रश्न में दिए गए कथन (A) और कारण (R) दोनों सही है और कारण (R) कथन (A) की सही व्याख्या करता है। लड़कियों द्वारा खेलने के लिए गुड़िया और लड़कों द्वारा कार का चुनाव गर्भ में सेक्स हार्मोन के संपर्क के कारण भी हो सकता है, जिसका लिंग-संबंधी अन्य व्यवहारों पर असर पड़ता है। हालाँकि, वैज्ञानिकों का कहना है कि जैसे-जैसे बच्चे बड़े होते हैं, समाज की अपेक्षाएँ लिंग प्राथमिकताओं पर निर्भर होती हैं। लैंगिकता कम उम्र में ही कई मायनों में बच्चों को प्रभावित करती है, जिससे उनकी विकासशील पहचान बनती है। उदाहरण के लिए, माता-पिता द्वारा लड़कियों को गुड़िया और लड़कों को ट्रक जैसे खिलौने दिलाया जाना बच्चों को शुरुआती लिंग-आधारित संदेश देता है।

भाग – II : गणित

31. (d) साबुन का विक्रय मूल्य = 10.00 रुपए

संगीता के पास कुल रुपए = पाँच रुपए का एक सिक्का = 5.00 × 1 = 5.00

एक रुपए के दो सिक्के = 1.00 × 2 = 2.00

0.50 के पाँच सिक्के = 0.50 × 5 = 2.50

अत: संगीता के पास कुल रुपए =

5 + 2 + 2.50 = 9.50 रुपए

संगीता को साबुन खरीदने के लिए धनराशि की आवश्यकता होगी

विक्रय मूल्य – धन राशि

= 10.00 = 9.50 = 0.50 रुपए

अत: विकल्प (d) सही उत्तर है।

32. (b) रूबीना के द्वारा कार से यात्रा शुरू करने का समय = 16:50 बजे

यात्रा समाप्त करने का समय = 21:15 बजे

अत: यात्रा में पूरा करने में लगा समय

= 21:15 – 16:50

= 4 घंटे 25 मिनट

अत: विकल्प (b) सही उत्तर है।

33. (b)

दिया है-

वर्ग की भुजा = 5 सेमी

प्रयुक्त आवधारणा

वर्ग का क्षेत्रफल = भुजा^{2}

गणना

⇒ वर्ग का क्षेत्रफल = $5^2 = 5 \times 5$

⇒ वर्ग का क्षेत्रफल = 25 वर्ग सेंटीमीटर

⇒ जब वर्ग की भुजा दुगुनी हो जाती है।

⇒ वर्ग की भुजा = 2 × 5 = 10 सेंटीमीटर

⇒ वर्ग का क्षेत्रफल = $10^2 = 10 \times 10$

⇒ वर्ग का क्षेत्रफल = 1000 वर्ग सेंटीमीटर

⇒ वर्ग के क्षेत्रफल में हुए गुणा वृद्धि = $\frac{100-25}{25} = \frac{75}{25} =$ 3 गुना

अत: भुजा को दुगुना करने पर वर्ग के क्षेत्रफल में वृद्धि की संख्या 3 गुना है।

34. (c) $\frac{1}{4} < \frac{1}{3} < \frac{1}{2}$

अत: विकल्प (c) सही उत्तर है।

35. (b)

बादाम का वजन = 4.8 kg = 4800 ग्राम

किशमिश का वजन = 250 ग्राम = 2500 ग्राम

काजू का वजन = 305 kg = 3500 ग्राम

कुल वजन = 4800 ग्राम + 2500 ग्राम + 3500 ग्राम = 10,800 ग्राम

पैकेट की संख्या = 3 दर्जन

= 3 × 12 = 36 पैकेट

प्रत्येक पैकेट का वजन = $\frac{10,800 \text{ ग्राम}}{36}$

= 300 ग्राम

अत: विकल्प (b) सही उत्तर है।

36. (a)

5 – 5 + 5 – 5 + 5 – 5 … के विषम संख्या पदों का योगफल है— 5

अत: विकल्प (a) सही उत्तर है।

37. (c) निम्नलिखित संख्या व्यवस्था क्रम में अवरोही क्रम में विकल्प (c) निरूपित करती है। क्योंकि दिए गए संख्या क्रम का अवरोही क्रम है—

10.5, 1.50, 1.055, 1.05, 1.005, 0.155

अत: विकल्प (c) सही उत्तर है।

38. (b) एक सौ लाख को 1 करोड़ के रूप में भी जाना जाता है।

39. (c) $N_1 = 100 + x$

$N_2 = 100 - x$

$N_1 + N_2 = 200$

अत: विकल्प (c) सही उत्तर है।

दूसरी विधि

(100 + x) + (100 – x)

= 100 + x + 100 – x

= 200

अत: विकल्प (c) सही है।

40. (a)

गुणनखंड पूर्णांकों की वह सूची होती है जिन्हें हम समान रूप से 3630 में विभाजित कर सकते हैं। 3630 के कुल 24 गुणनखंड है जिनमें 3630 सबसे बड़ा गुणनखंड है और इसके अभाज्य गुणनखंड 2, 3, 5, 11 हैं। 3630 के सभी गुणनखंडों का योग 9576 है।

3630 के सभी गुणनखंड—

1, 2, 3, 5, 6, 10, 11, 15, 22, 30, 33, 55, 66, 110, 121, 165, 242, 330, 363, 605, 726, 1210, 1815 और 3630

3630 के अभाज्य गुणनखंड—2, 3, 5, 11

3630 के अभाज्य गुणनखंड—$2^1 \times 3^1 \times 5^1 \times 11^2$

3630 के गुणनखंडों का योग = 9576

अत: विकल्प (a) 9,3630 का एक गुणनखंड नहीं है।

41. (b) दिए गए विकल्पों में से कथन (b) यदि एक समचतुर्भुज के सभी कोण बराबर हों, तो वह एक वर्ग बन जाता है। कथन सत्य नहीं है।

42. (d) पैटर्न में लुप्त संख्या = ?

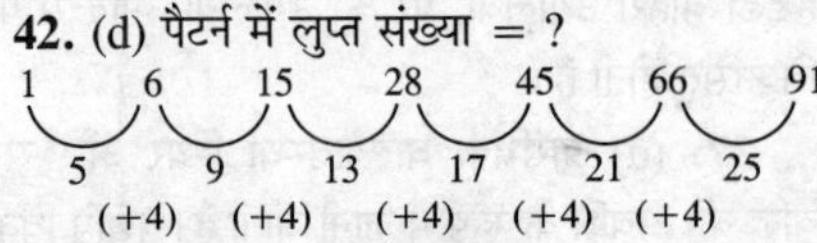

अत: लुप्त संख्या = 28 है।

अत: विकल्प (d) सही उत्तर है।

43. (b) सबसे अधिक रक्त समूहों की संख्या = 12

सबसे कम रक्त समूहों की संख्या = 3

अत: रक्त समूहों का अनुपात = 12:3 = 4:1

अत: विकल्प (b) सही उत्तर है।

44. (a) घन, घनाभ, गोला, बेलन आदि सभी त्रिआयामी आकृतियाँ हैं।

45. (b) माना कि 36 सर्वसम वर्ग को एक साथ रखने पर

(i) …….36

(ii)

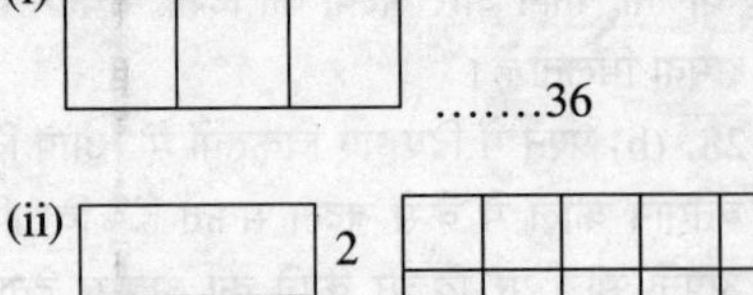

(iii)

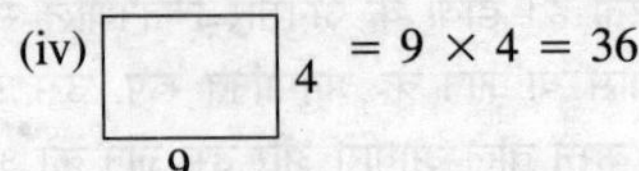

(iv) = 9 × 4 = 36

4

9

(v)

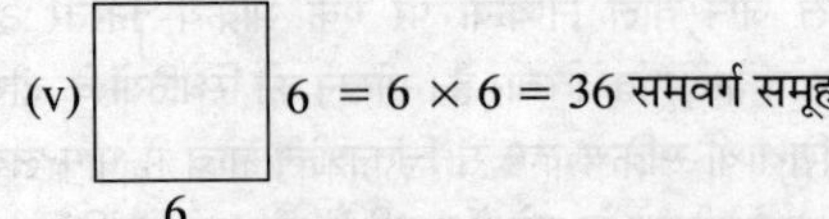

अत: अम्मिनी 36 सर्वसम वर्गों को अलग-अलग कर पाँच प्रकार से आयत बना सकती है।

अत: विकल्प (b) सही उत्तर है।

46. (b) आकलन एक शैक्षिक कार्य के लिए शिक्षार्थियों की प्रतिक्रियाओं के बारे में जानकारी एकत्र करने, व्याख्या करने की एक प्रक्रिया है।

यह उद्देश्यों को साकार करने में अंतराल का निदान करने और छात्रों को उनकी प्रगति के बारे में प्रतिक्रिया प्रदान करने के लिए आवश्यक मापन करने और भविष्य में अधिगम के लिए प्रेरित करने और मार्गदर्शन करने में मदद करता है।

प्रमुख बिंदु

एक मानदंड-संदर्भित आकलन एक प्रकार का आकलन है जो परीक्षण के परिणामों का उपयोग उस प्रकार के व्यवहार के बारे में एक कथन देने के लिए करता है, जो उस अंक वाले व्यक्ति को प्रदर्शित करने की संभावना है।

- विद्यालय शिक्षकों द्वारा लिखित अधिकांश परीक्षाएँ और प्रश्नोत्तरी मानदंड-संदर्भित परीक्षण है।
- एक मानदंड संदर्भित परीक्षण वह है जो परीक्षण को शुरू करने से पूर्व छात्रों के शैक्षणिक प्रदर्शन की तुलना एक पूर्व निर्धारित बेंचमार्क या मानदंड से करता है।
- यह नैदानिक परीक्षण और उपचारात्मक शिक्षण में सहायक है।

मानक संदर्भित आकलन—

- इसका उपयोग पूर्व निर्धारित सहकर्मी समूह में एक छात्र के प्रदर्शन की तुलना दूसरों से करने के लिए किया जाता है।
- यह समान आयु या कक्षा स्तर के चयनित सहकर्मी समूह के प्रदर्शन परिणामों के साथ अंकों की तुलना करके निर्धारित किया जाता है।
- यह व्यक्तियों की उनकी सापेक्ष स्थिति के संदर्भ में तुलना करने के लिए उपयोगी है।
- अत: हम निष्कर्ष निकालते हैं कि मानदंड-संदर्भित आकलन नैदानिक परीक्षण और उपचारात्मक शिक्षण में उपयोगी है, यह कथन सही नहीं है क्योंकि इसमें दो छात्रों की स्थिति की तुलना करना शामिल है।

अत: विकल्प (b) सही कथन नहीं है।

47. (a) अधिक-कम, लम्बा-छोटा, दूर-समीप, बड़ा-छोटा आदि अवधारणाएँ महत्त्वपूर्ण पूर्व संख्या (प्री-नम्बर) अवधारणाएँ हैं।

48. (b) गणितीय अधिगम सामग्री स्वत: अधिगम में विद्यार्थियों की मदद करती है और कक्षा में अधिगम वातावरण का निर्माण करने में मदद करती है।

अत: विकल्प (b) सही उत्तर है।

49. (a) गणित में त्रुटियाँ शिक्षकों को उनके पाठ की योजना बनाने में मदद करती है। विद्यार्थियों की त्रुटियाँ उनके सोचने की प्रक्रिया (चिंतन) के बारे में जानकारी देती है। गणित में त्रुटियाँ अधिगम का हिस्सा होती हैं परन्तु विद्यार्थियों की त्रुटियों की ओर इशारा करना उनको प्रेरणाहीन करेगा। कथन सही नहीं है। बल्कि विद्यार्थियों

की त्रुटियों को अनदेखा नहीं करना चाहिए और न ही उनकी त्रुटियों को उन्हें बताने से बचना चाहिए, बल्कि उनकी त्रुटियाँ बताने पर वह प्रेरित होकर सवालों का जबाव सही-सही दे सकता है। अत: विद्यार्थियों को उनकी त्रुटियों के तरफ इशारा करते रहना चाहिए।

50. (b) राष्ट्रीय पाठ्यचर्या रूपरेखा, 2005 के अनुसार, कक्षाओं के ऊपर किए शोध बताते हैं कि लड़कियों को गणित में 'विशेषज्ञता' के योग्य न मानकर उनका काफी व्यवस्थित अवमूल्यन होता है, जबकि वे गणित में अच्छा प्रदर्शन करती है। इसका सबसे उपयुक्त कारण यह है कि—'समाज की लिंग संबंधी धारणाएँ इस मान्यता की ओर ले जाती हैं कि लड़के समस्या-समाधान की ज्यादा नवीन कार्यविधियाँ उपयोग करते हैं और इसलिए उन्हें बेहतर अवधारणात्मक समझ होती है।'

51. (d) एक शिक्षिका गणित कक्षा में रोल प्ले (भूमिका निर्वाह) विधि का उपयोग करती है। उसका उद्देश्य है—विचारों का बहिर्वेशन।

52. (a) कक्षायी शोध यह दर्शाते हैं कि अधिकांश विद्यार्थी गणित को उसी कक्षा में जो अन्य विषय के पढ़ते हैं, उनसे अधिक कठिन समझते हैं। गणित की प्रकृति का गणित में प्राथमिक अवधारणाओं की अमूर्त प्रकृति ही इस भय को बढ़ाती है।

53. (c) आर्यभट्ट ने मुख्यत: गणितीय खगोल विज्ञान के क्षेत्र में कार्य किया था। उनके कुछ खोज कार्य कालांतर में खत्म भले ही हो गए हों, परंतु ज्यादातर खोज कार्य वर्तमान समय में भी जीवंत हैं।

54. (a) एक सब्जी बेचने वाला पालक ₹ 60 प्रति किग्रा बेच रहा था। सोनू ने 350 ग्राम पालक लिया जिसके लिए सब्जी बेचने वाले ने सोनू से ₹ 21 (₹ 6 + ₹ 6 + ₹ 6 ₹ 3) लिए। सब्जी बेचने वाले द्वारा प्रयोग में लाए गए इस गणितीय कौशल के संबंध में यह कथन सत्य है कि ऐसे कौशल गणितीय प्रश्नों को हल करने के वैकल्पिक तरीकों को विकसित करने में सहायक होते हैं।

अत: विकल्प (a) केवल कथन (C) सही है।

55. (b) बच्चों को हस्तकौशल सामग्री जैसी संख्याओं के ग्रिड, आयताकार सारणियों में व्यवस्थित गीटियाँ दी गई हैं और वे उनका प्रयोग कर गुणन के पैटर्न खोज रहे हैं। परिस्थिति यह दर्शाती है कि बच्चे ज्ञान का निर्माण स्वयं कर रहे हैं।

56. (a) गणित की प्रकृति के बारे में सबसे उपयुक्त कथन है कि—

(i) यह बच्चे को सृजनात्मक बनने में सहायता करता है।

(ii) यह बच्चे की कल्पना को पोषित करने में सहायता करता है।

अत: विकल्प (a) - कथन (A) तथा कथन (B) सही हैं।

57. (c) बच्चों में गणितीय अभिरुचि को विकसित करने के लिए, एक अध्यापिका अनेक गतिविधियाँ अपनी कक्षा में करवाती हैं। वह हमेशा उस विद्यार्थी की प्रशंसा करती है जो कक्षा में सत्रांत परीक्षा में सबसे अधिक अंक प्राप्त करता है/करती है। यह गणितीय अभिरुचि को विकसित करने के उद्देश्य को पूरा करने में प्रभावी नहीं है। क्योंकि सत्रान्त परीक्षा में सबसे अधिक अंक प्राप्त करना विभिन्न कारकों पर निर्भर करता है। जबकि बच्चों में सीखने और समझने एवं पाठ के बोध होने की प्रक्रिया 'एक क्रमिक एवं सतत प्रक्रिया' होती है।

58. (d) राष्ट्रीय शिक्षा नीति (NEP) 2020 के अनुसार, देशभर में विभिन्न विषयों में ओलिंपियाड और प्रतियोगिताएँ मजबूत होंगी।

59. (b) प्राथमिक विद्यालय के शिक्षार्थी को भिन्न $\frac{2}{3}$ और $\frac{4}{6}$ के बीच तुल्यता की कल्पना करने में मदद करने का सबसे उपयुक्त तरीका है—भिन्न डिस्क का उपयोग करना। क्योंकि भिन्न-भिन्न डिस्क का उपयोग करने से दो संख्याओं का दो भिन्नों के बीच का तुलनात्मक अध्ययन किया जा सकता है। अत: भिन्न डिस्क का उपयोग दो या दो से अधिक संख्याओं या भिन्नों के बीच तुल्यता के लिए किया जाता है।

अत: विकल्प (b) सही उत्तर है।

60. (d) संख्या बोध विकसित करने में उपकरना (सबिटाजिंग) एक महत्त्वपूर्ण भूमिका निभाती है। विद्यार्थी एक पासा उछालता है और बिना बिन्दुओं (डॉट्स) को गिने वह बताने में सक्षम है कि यह चार है। यह उदाहरण जो विद्यार्थी में उपकरना के कौशल को प्रदर्शन करता है।

भाग - III : पर्यावरण अध्ययन

61. (a) **अवधारणा—**

घनत्व किसी पदार्थ के आयतन की प्रति इकाई द्रव्यमान है।

घनत्व = द्रव्यमान/आयतन

दिया हुआ है—

घनत्व = 24 ग्राम/मिली.

आयतन = 6 मिली.

व्याख्या—द्रव्यमान के मान के समीकरण को हल करने के लिए

द्रव्यमान = घनत्व × आयतन

= 24 ग्राम/मिली. × 6 मिली.

= 144 ग्राम

इस प्रकार 24 ग्राम/मिली. के घनत्व और 6 मिली. के आयतन वाली वस्तु का द्रव्यमान 144 g है। अत: विकल्प (a) सही उत्तर है।

62. (b) अभिकथन (A): दाब लगाने पर गैस को आसानी से संपीड़ित किया जा सकता है।

कारण (R): जब हम किसी गैस पर दबाव लगाते हैं, तो गैसीय कणों के बीच अंतराअणुक स्थान कम हो जाता है और यह आसानी से संपीडित हो जाती है।

अत: अभिकथन (A) और कारण (R) दोनों ही सही हैं और कारण (R) अभिकथन (A) की सही व्याख्या है।

अत: विकल्प (b) सही उत्तर है।

63. (b) कथन (A) : मनानी में, ढ़ालू छतों वाले मजबूत बाँसों के खम्भों पर बने ऊँचे उठे हुए लकड़ी के घर बनाए जाते हैं।

कथन (B) : मनाली में बारिश बहुत होती है और बर्फ भी पड़ती है।

अत: कथन A और कथन B दोनों गलत हैं, क्योंकि भारत में सर्वाधिक वर्षा मासिनराम में होती है और ढ़ालू वाले क्षेत्रों में ढ़ालू छत वाले मजबूत बाँसों के खम्भों पर बने ऊँचे उठे हुए लकड़ी के घर नहीं बनाए जाते क्योंकि ढ़ालू वाले क्षेत्र में मिट्टी की कटाई तीव्र गति से होती है। अत: लकड़ी के बने घरों के बह या ढ़ह जाने की संभावना अधिक होती है। अत: कथन A और कथन B दोनों ही गलत है। अत: विकल्प (b) सही उत्तर है।

64. (a)

स्तम्भ A	**स्तम्भ B**
(A) जीरा	(iv) छोटा परन्तु खुशबूदार
(B) केसर	(iii) पीले रंग का
(C) मिर्च	(ii) दक्षिणी अमेरिका से उत्पत्ति
(D) लौंग	(i) कील की तरह दिखता है

65. (a) बंगाल की खाड़ी का तटवर्ती राज्य/केन्द्र शासित प्रदेश ओड़िशा है।

66. (a) जंगलों के बारे में निम्नलिखित कथन सही हैं—

(A) कुडुक भाषा में 'तोरांग' का मतलब जंगल है।

(B) मिजोरम में लगभग तीन-चौथाई लोग जंगलों से जुड़े हुए हैं।

अत: कथन (A) और कथन (D) सही हैं।

इसलिए विकल्प (a) सही उत्तर है।

67. (c) पौधों के तने का मुख्य कार्य निम्नलिखित है—

(i) पौधे को शक्ति और सहारा देना।

(ii) पौधे के अन्य भागों को जड़ों से जल और खनिज का स्थानांतरण करना।

अत: पौधों के तने का मुख्य कार्य के संदर्भ में कथन (B) और (C) सही उत्तर है।

अत: विकल्प (c) सही उत्तर है।

68. (c) काँसा (ब्रोन्ज) एक मिश्रधातु है जिसे टिन और कॉपर को पिघलाकर बनाया जाता है।

69. (a) हाथियों के बारे में निम्नलिखित कथन सही हैं—

(c) हाथी बहुत अधिक आराम नहीं करते हैं, वे दिन में दो से चार घंटे ही सोते हैं।

(d) हाथी कीचड़ और पानी से खेलना पसंद करते हैं।

अत: उपर्युक्त कथनों में से कथन (C) और (D) सही हैं। इसलिए विकल्प (a) सही उत्तर है।

70. (c) बिहार राज्य में लोगों के लिए मधुमक्खी पालन कार्यक्रम आरंभ करने के लिए वर्ष की सर्वश्रेष्ठ अवधि अक्टूबर से दिसम्बर होता है क्योंकि इस समय रानी मधुमक्खी के प्रजजन करने का उपयुक्त समय होता है।

अत: विकल्प (c) सही उत्तर है।

71. (b) रामा प्रत्येक शाम को अपने दोस्तों के साथ क्रिकेट खेलता है। वह क्रिकेट खेलने में अपने शरीर के माँसपेशियों की ऊर्जा का उपयोग करता है क्योंकि क्रिकेट के खेल में चाहे बल्लेबाजी करना हो, या गेंदबाजी या फिर क्षेत्र रक्षण सभी में शारीरिक ऊर्जा का उपयोग करना पड़ता है। अत: रामा क्रिकेट खेलने के दौरान अपने माँसपेशियों की ऊर्जा का उपयोग करता है।

72. (c) 'बोरा चावल' असम में खाए जाने वाले चावलों की एक सामान्य किस्म है जो पकने के बाद चिपचिपे (स्टिकी) हो जाते हैं।

73. (d) जब हम ईंधन जलाते हैं तो हमें ऊष्मा ऊर्जा के साथ-ही-साथ प्रकाश ऊर्जा की भी प्राप्ति होती है। अत: विकल्प (d) सही उत्तर है। जब हम ईंधन जलाते हैं तो हमें ऊष्मा एवं प्रकाश ऊर्जा की प्राप्ति होती है।

74. (a) साँपों के बारे में निम्नलिखित कथन सत्य हैं—

(i) साँपों के दाँत नुकीले होते हैं।

(ii) जहरीले साँपों के डसने वाले दाँत होते हैं।

(iii) साँप अपने भोजन या शिकार को पूरा निगल जाते हैं। क्योंकि साँप अपने शिकार को चबाकर नहीं खा सकते हैं। अत: साँपों के बारे में कथन (a) गलत कथन है। साँप अपने शिकार को चबाकर नहीं खाते बल्कि वे अपने भोजन या शिकार को पूरा निगल ही जाते हैं। अत: विकल्प (a) गलत कथन है।

75. (b) गुजरात के सापेक्ष, उत्तर प्रदेश और आंध्र प्रदेश की क्रमश: स्थितियाँ हैं—उत्तर-पूर्व और दक्षिण-पूर्व।

अत: विकल्प (b) सही उत्तर है।

76. (a) अनीता परिवार थीम को पढ़ाने के लिए एक इकाई योजना तैयार करती है। अनीता की इकाई योजना का शीर्षक होगा—परिवार, संबंध, लिंग, भूमिकाएँ, व्यवसाय, बदलते समय में सामाजिक-सांस्कृतिक इकाई के रूप में।

अत: विकल्प (a) सही उत्तर है।

77. (a) श्रीमती शीतल ईवीएस की विभिन्न अवधारणाओं को समझाने के लिए प्राथमिक कक्षाओं में कहानियों और कविताओं का उपयोग करना पसंद करती हैं। उनके द्वारा कहानियों और कविताओं के प्रयोग का सबसे उपयुक्त तर्क है—

(A) ईवीएस के पाठ्यक्रम को पूरा करना साथ-ही-साथ विद्यार्थियों का स्कूल में आने से पहले इनको सुना होना।

(B) विद्यार्थियों को भाषा और संस्कृति में विविधता के बारे में जागरूक करना।

(C) पाठों को अधिक संवादात्मक, सुखद और दिलचस्प बनाना।

अत: विकल्प (a) सही उत्तर है।

78. (a) कक्षा I से V तक ईवीएस पढ़ाने का एक मुख्य उद्देश्य है कि शिक्षार्थियों को कक्षा के अधिगम को स्कूल के बाहर के जीवन से जोड़ने में मदद करना है। अत: विकल्प (a) सही उत्तर है।

79. (d) अभिकथन (A): ईवीएस के सीखने को अवलोकन, पहचान, वर्गीकरण आदि से संबंधित प्रक्रिया कौशल के लिए उन्मुख होने की आवश्यकता है।

कारण (R): विभिन्न प्रक्रिया कौशल प्राप्त करने के माध्यम से, ईवीएस के सीखने के परिणामों को हासिल करने की संभावना होती है।

अत: अभिकथन (A) और कारण (R) दोनों सही हैं तथा (R), (A) की सही व्याख्या है।

अत: विकल्प (d) सही उत्तर है।

80. (d) एक ईवीएस शिक्षक के योगात्मक मूल्यांकन के लिए प्रश्न-पत्र तैयार करते समय प्रश्न-पत्र की सामग्री कवरेज और उद्देश्य पर जोर देना चाहिए।

अत: विकल्प (d) सही उत्तर है।

81. (d) एक ईवीएस शिक्षक कक्षा में एक प्रयोग प्रदर्शित करता है जिसमें एक अंडा पानी के गिलास में डूब जाता है, लेकिन पानी में नमक मिलाने पर तैरता है। विद्यार्थियों की पूछताछ के लिए वह व्याख्या देता है कि—पानी के घनत्व के कारण अंडा तैरता है।

82. (c) अच्छे और बुरे स्पर्श पर अपनी राय व्यक्त करना कक्षा III के विद्यार्थियों के लिए ईवीएस में सीखने का परिणाम (अधिगम प्रतिफल) नहीं है।

83. (a) आपको कक्षा III से V तक के विद्यार्थियों के लिए ईवीएस पाठ्यपुस्तकों का चयन करना है। इस उद्देश्य के लिए सबसे उचित मानदंड यह है कि—पाठ्यपुस्तक बाल-उन्मुख होनी चाहिए तथा लिंग, जाति, वर्ग और धर्म के आधार पर किसी भी रूढ़िवादिता या अपमानजनक व्यवहार से रहित होनी चाहिए।

84. (a) अभिकथन (A): प्राथमिक स्तर पर ईवीएस में विषयों के बजाय थीम है।

कारण (R): विषयों की तुलना में थीम आधारित ईवीएस सीखना शिक्षकों और विद्यार्थियों के लिए आसान है।

अत: कथन A सही है, परन्तु कथन (R) गलत है।

अत: विकल्प (a) सही उत्तर है।

85. (a) एक शिक्षिका ईवीएस शिक्षण के लिए अपने विद्यार्थियों के समय एक तुल्यकालिक (सिन्क्रोनस) सम्प्रेषण का चयन करना चाहती है तो वह वीडियो कॉन्फ्रेंसिंग, ऑनलाइन चैट सत्र, फोन कॉल इत्यादि माध्यम को चुनेगी।

86. (a) यदि थीम यात्रा, रेलवे स्टेशन ईवीएस में एक सामुदायिक संसाधन के उपयोग को दर्शाती है तो थीम भोजन, किसान को दर्शाएगा। अत: विकल्प (a) सही उत्तर है।

87. (c) ईवीएस शिक्षण के दौरान, एक शिक्षक का बयान प्रश्न जो विद्यार्थियों को स्वयं या अपने साथियों की प्रतिक्रियाओं से उत्तर को विस्तृत करने के लिए प्रोत्साहित करता है—खोजपूर्ण प्रश्न कहलाता है।

88. (b) आप ईवीएस के विद्यार्थियों के लिए व्यावहारिक गतिविधियों को प्रोत्साहित करना चाहते हैं, तो उपलब्ध सामग्री से ईवीएस किट विकसित करने की क्रिया के लिए विद्यार्थियों को प्रोत्साहित करना चाहेंगे।

अत: विकल्प (b) सही उत्तर है।

89. (b) ईवीएस के लिए रचनात्मक आकलन सीखने के लिए आकलन और अधिगम के रूप में आकलन है।

अत: विकल्प (b) सही उत्तर है।

90. (d) अभिकथन (A): ईवीएस में क्षेत्र भ्रमण प्रभावी शिक्षणशास्त्रीय रणनीति है।

कथन सही है।

कारण (R): क्षेत्र भ्रमण वस्तुओं, घटनाओं और स्थानों की याददाश्तता को बढ़ावा देती है। उपर्युक्त कथन भी सही हैं।

अत: अभिकथन (A) और कारण (R) दोनों सही हैं तथा कारण (R) अभिकथन (A) की सही व्याख्या है।

अत: विकल्प (d) सही उत्तर है।

भाग – IV : भाषा – I हिन्दी

91. (d)

(A)	अनुमान	(v)	पाठ्य-सामग्री किस बारे में है, यह जानने के लिए शीर्षकों और चित्रों का प्रयोग करना चाहिए।
(B)	निष्कर्ष	(i)	लेखक कैसे लिखते हैं, इसके आधार पर यह सुनिश्चित करना चाहिए कि लेखक क्या महसूस करते हैं।
(C)	संदर्भ से जोड़कर अर्थ निकालना	(ii)	अपरिचित शब्दों को निकालना, समझने के लिए पाठ्य सामग्री के कुछ हिस्सों से मदद लेनी चाहिए।
(D)	गहन पठन	(iv)	पाठ्य वस्तु में भाषा का किस तरह से प्रयोग किया गया है, इस पर ध्यान केन्द्रित करना चाहिए।
(E)	पाठ्य वस्तु के संयोजन की पहचान	(iii)	शीर्ष कथन या प्रस्तावना पर ध्यान देते हुए यह देखना कि सूचनाएँ किस तरह से संरचित की गई हैं।

92. (a) "मैं भाषा पर ध्यान केन्द्रित रखती हूँ, मैं इस बात पर पूरा ध्यान रखती हूँ कि वह सही हो।" यह स्व-निरीक्षण का उदाहरण है।

93. (a) कक्षा II के विद्यार्थी एक कविता गा रहे हैं—"यह मेरी नाक है, ये मेरे कान।" यह कविता गाते समय वे शरीर के जिस अंग का नाम लेते हैं, उस

अंग को स्पर्श भी करते हैं। अध्यापिका समग्र भौतिक प्रतिक्रिया विधि का प्रयोग कर उन्हें सिखा रही है।

94. (c) विद्यार्थी पिछली इकाई से शब्द लेकर पाँच प्रश्नों के उत्तर समूह में देने का काम कर रहे हैं। वे अपने सवालों को दूसरे समूहों के साथ अदला-बदली करते हैं और सवालों के उत्तर देने की कोशिश करते हैं। यह 'सहपाठी आकलन' का उदाहरण है।

95. (c) "मुझे यह काम बहुत ही पसंद है, जब अध्यापिका मुझे एक कार्ड देती है जिस पर कोई शब्द या वाक्य लिखा होता है। मैं उससे संबंधित अभिनय करती हूँ और समूची कक्षा उस शब्द/वाक्य के बारे में अनुमान लगाती है।" शिक्षार्थी की प्राथमिकताओं के साथ शिक्षार्थी की टिप्पणी—जब मैं गति-बोधक तरीके से संलग्न रहती हूँ तो मुझे भाषा अच्छी तरह से याद रहती है की पहचान कराती है।

96. (a) अभिकथन (A): विद्यालय में प्रवेश करने वाले सभी बच्चे अपनी आयु अनुसार भाषा के सक्षम प्रयोगकर्ता होते हैं।

कथन सही है।

तर्क (R): भाषिक और सांस्कृतिक विविधता के कारण वे अपनी योग्यताओं का प्रदर्शन नहीं कर पाते हैं।

कथन गलत है।

अत: कथन (A) सही है, परन्तु कथन (R) गलत है।

अत: विकल्प (a) सही उत्तर है।

97. (a) कक्षा V का मंजीत अपने अध्यापक से अलग शैली में बात करता है, अपने मित्रों से कुछ अलग तरह से और एक दो वर्षीय बच्चे से कुछ अलग तरह से बात करता है। इसका तात्पर्य यह हुआ कि मंजीत जानता है कि सामाजिक स्थितियों में भाषा का प्रयोग किस तरह से करना है। भाषा के इस गुण को उपयोगितावादी रूप में जाना जाता है।

98. (b) व्यवहारवाद।

एक माँ ने इस बात की ओर ध्यान दिया कि उसकी बच्ची कभी-कभी ऐसे शब्द बोल जाती है जो न तो उसने कभी वयस्क से सुने हैं और न ही अपने भाई-बहनों से सुने हैं। इस बात को लेकर वह भ्रमित है, क्योंकि उसका मानना है कि बच्चे अपने परिवार और आस-पास के परिवेश में लोगों का अनुकरण करके भाषा सीखते हैं। उसका यह मत व्यवहारवाद से प्रतिध्वनित होता है या मेल खाता है।

99. (c) कौशलों के उस समूह को 'उद्गामी साक्षरता' कहते हैं, जो बच्चे औपचारिक पठन निर्देश शुरू करने से पहले विकसित कर लेते हैं और जो बाद के अकादमिक कौशलों के लिए बुनियाद प्रदान करता है।

100. (a) संभाषिक पठन।

एक दादी/नानी अपने घर में छोटे बच्चों को पुस्तकों से कहानियाँ पढ़कर सुनाना पसंद करती है। इस तरह से वह उन्हें पुस्तकों व नए विचारों से परिचित करवाती हैं, और बच्चे भी इस प्रक्रिया में सक्रिय रूप से संलग्न रहते हैं। इस तकनीक को 'संभाषिक पठन' के रूप में जाना जाता है।

101. (c) संरचनात्मक उपागम

पठन सिखाने का वह उपागम जिसमें मूल तत्वों जैसे वर्णों और स्वनिम से शुरू किया जाता है और जिसमें बच्चों को वह सिखाया जाता है कि समग्र रूप से पठन सीखने से पहले स्वनिम को शब्दों से मिलाया जाता है, इस उपागम को 'संरचनात्मक उपागम' कहते हैं।

102. (c) अभिकथन (A): ध्वन्यात्मक वर्तनी के प्रयोग से सही वर्तनी लिखने के कारण सीखने की योग्यता मंद पड़ जाती है।

उपयुक्त कथन असत्य है।

तर्क (R): जब बच्चे पारंपरिक वर्तनी के स्थान पर अपनी 'आविष्कृत' वर्तनी का उपयोग करते हैं, तब यह सही वर्तनी लिखने की उनकी योग्यता को मंद नहीं करती है।

उपयुक्त कथन सत्य है।

अत: अभिकथन (A) गलत है, परन्तु तर्क (R) सही है।

अत: विकल्प (c) सही उत्तर है।

103. (d) बच्चे कक्षा में सस्वर वाचन करें। नई भाषा सीखते समय, बहुत से विद्यार्थी नियमों के कारण भाषा बोलते समय प्राय: आत्मविश्वास की कमी का सामना करते हैं। इस समस्या को दूर करने का सबसे कारगर तरीका यह है कि बच्चे कक्षा में जोर-जोर से सस्वर वाचन करें।

104. (a) अध्यापिका स्थिति विशेष के अनुसार उस शब्द का अर्थ समझाने की कोशिश करें।

कक्षा III की अध्यापिका अपने शिक्षार्थियों को नई शब्दावली से परिचित करवा रही है। नई शब्दावली सिखाने का सबसे प्रभावशाली तरीका यह है कि अध्यापिका स्थिति विशेष के अनुसार उस शब्द का अर्थ समझाने की कोशिश करें।

105. (c) कौशल

भाषा सीखना 'कौशल' से संबंधित है।

106. (b) स्त्री-शक्ति।

'आया समय, उठो तुम नारी,
युग-निर्माण तुम्हें करना है।
आजादी की खुदी नींव में,
तुम्हें प्रगति पत्थर भरना है।
अपने को कमजोर न समझो,
जननी हो संपूर्ण जगत की, गौरव हो।

कविता का मुख्य स्वर स्त्री-शक्ति है। अत: विकल्प (b) सही उत्तर है।

107. (d) संज्ञान योग्य।

कविता के अनुसार स्वतंत्रता प्राप्ति में स्त्री की भूमिका संज्ञान योग है।

108. (b) अबला

स्त्री के लिए 'अबला' विशेषण का प्रयोग नहीं किया गया है।

109. (c) युग-निर्माण तुम्हें करना है।

प्रस्तुत कविता में स्त्री की निर्माणकारी शक्ति का भाव कविता के इस पंक्ति में—"आया समय, उठो तुम नारी, युग-निर्माण तुम्हें करना है।" निहित है।

110. (b) स्वयं की शक्ति को पहचानना होगा। प्रस्तुत कविता के अनुसार स्त्री को स्वयं की शक्ति को पहचानना होगा।

111. (b) रूपक

प्रस्तुत कविता की पंक्ति, 'जननी हो संपूर्ण जगत की ....।' पंक्ति में रूपक अलंकार है।

112. (c) दया।

गद्यांश के अनुसार सबसे धन्यवाद कहने का कारण 'दया' नहीं है।

113. (a) "अज्ञानता के कारण बुराइयाँ फैलती हैं।"

प्रस्तुत गद्यांश के माध्यम से कहा गया है कि—'हर बुराई अज्ञान के अंधकार में फैलती है।' से तात्पर्य है कि—'अज्ञानता के कारण बुराइयाँ फैलती हैं।'

अत: विकल्प (a) सही उत्तर है।

114. (a) कर्म।

प्रस्तुत गद्यांश के माध्यम से बताया गया है कि 'सुख-दुख' का कारण हमारे कर्म हैं। वस्तुत: सुख-दुख दोनों ही हमारे कर्मों का फल हैं।

115. (b) पुरुषार्थ।

गद्यांश के अनुसार प्रायश्चित के साथ-साथ मानव को पुरुषार्थ भी करना चाहिए। मन की कोठरी को साफ रखना चाहिए क्योंकि कौन जाने कब और किस रूप में प्रभु किस माध्यम से सहायक हो जाएँ।

116. (b) मन के बुरे भावों का निष्कासन।

प्रस्तुत गद्याश में 'मन की कोठरी को स्वच्छ रखें' से तात्पर्य है कि मन से बुरे भावों का निष्कासन करें।

117. (b) ईश्वर के प्रति आभार प्रकट करना।

प्रस्तुत गद्यांश के अनुसार जीवन का मुख्य लक्ष्य ईश्वर के प्रति आभार प्रकट करना है।

यह एक ऐसा अचूक तरीका है जो हमें असंतुष्टि और ईर्ष्या जैसी निकृष्ट बातों से ऊपर उठाता है और यही हमारे जीवन का मूलभूत लक्ष्य है।

118. (c) नि:स्वार्थ।

'स्वार्थ' का विलोम शब्द है—नि:स्वार्थ

119. (b) मानवीय शब्द में ईय प्रत्यय है।

मानव + ईय = मानवीय।

120. (a) अंधकार-अंधेरा।

शब्द-युग्म समूहों में अंधकार-अंधेरा भिन्न है क्योंकि दोनों का समान अर्थ है। अर्थात दोनों समानार्थक शब्द हैं जबकि ज्ञान का विपरीतार्थ शब्द अज्ञान है। शुद्ध का विपरीतार्थक शब्द अशुद्ध है। सुख का विपरीतार्थक शब्द दुख है।

अत: विकल्प (a) सही उत्तर है।

PART-IV : Language II-English

121. (c) According to constructive approach children are very creative when they came to invent new words in language. They tend to recreate their knowledge into their schemas. On the foundation of his learning child creats new words.

122. (a) Such interactive learning are reading is called dialogic reading. Dialogic reading encourage the learning skill in a child.

123. (a) Listening is one of the four core skills of language acquisition. Other three skills are speaking, reading and writing. By creating opportunities for learners to listen to a variety of language sources and people, a teacher can develop the listening skills of language learners or children.

124. (d) Since the primary level is the formative period of childrens learning process, so it most important ot have accuracy in language. Grammer is also an integral part of the primary curriculum.

Both (A) and (R) are true and (R) is the correct explanation of (A).

125. (a) Such a theory is referred as an 'Approach' to a language learning. The approach usually includes a set of ideas or beliefs and principles.

126. (d) In formative evaluation the teachers or instructor has the opportunity to monitor and evaluate the learning of students and gather feedback to improve their teaching.

127. (d) Total physical response method was developed by James Asher. It is a method of teaching a language or vocabulary concepts by using physical movements to react to verbal input.

128. (d) Deductive approach is a teacher-centred method. In this approach, teacher give rulers to learners, then examples and then practices. Deductive approach is very useful to teach the grammar to students.

129. (a) While giving a free writing task to learner in Class V, the teacher must ensure the fluency and accuracy of the content.

130. (a) The word bottom up refers focus on the words and phrases.

131. (d) The language teachers primary responsibility is to identify the learners communicative needs.

132. (b) Emergent curriculum indicates that the books are written as per the interest of the students or learners.

133. (c) Assertion (A) is false as we know that environment plays a very crucial role in learning any language. Reason (R) is true that learn-centered classroom environment has a great impact on language acquisition.

134. (a) In this approach, learning is seen as a whole entity and meaning are drawn from the context in which they appear.

135. (c) Metalinguistic ability is to reframe the language structure. The learners may think or modify the language as received by the situation.

136. (c) Father wanted to follow the proper dresscode.

137. (a) Father liked to drink hot coffee rather than tea.

138. (b) Nowhere has been mentioned in the given passage that a few people were jealous of his popularity.

139. (a) According to author the English judge used to take down notes of his points. From authors mothers death incident we learn that his father preferred his legal obligation to family obligation.

140. (d) Reasonable is the similar to forceful and coherent.

141. (a) The underlined word containing is an adjective.

142. (d) The underlined expression is a Principal clause also known as independent clause which can exist without a subordinate clause.

143. (a) She lived in a room in a small house that was full of wasteful and dirty items.

144. (c) Statement (c) is true.

145. (d) Statement (c) is incorrect thus the answer is option (d).

146. (b) Uncle Henry had not any tractor trolley for carring the wood.

147. (d) A and C statements are false, while B and D statements are true.

148. (a) An adjective modifies noun or pronoun. 'Who was a farmer' is referring or tells us about uncle Henry.

149. (b) For is a preposition.

150. (d) The garret means loft. Loft is a buildings upper storey or elavated area in a room directly under the roof.

❑❑❑

बाल विकास एवं शिक्षण शास्त्र

1 बाल विकास

विकास एक सार्वभौमिक प्रक्रिया है। जो संसार के प्रत्येक जीव में पाई जाती है। विकास की यह प्रक्रिया गर्भधारण से लेकर मृत्यु-पर्यन्त किसी-न-किसी रूप में चलती रहती है। इसकी गति कभी तीव्र और कभी मन्द होती है। मानव विकास का अध्ययन मनोविज्ञान की जिस शाखा के अन्तर्गत क्रिया जाता है, उसे बाल-मनोविज्ञान कहा जाता है परन्तु अब मनोविज्ञान की यह शाखा 'बाल-विकास' कही जाती है।

बाल विकास का अर्थ

बाल विकास, मनोविज्ञान की एक शाखा के रूप में विकसित हुआ है। इसके अन्तर्गत बालकों के व्यवहार, स्थितियाँ, समस्याओं तथा उन सभी कारणों का अध्ययन किया जाता है, जिनका प्रभाव बालक के व्यवहार पर पड़ता है।

बाल मनोविज्ञान की परिभाषाएँ निम्नलिखित हैं-

1. **जेम्स ड्रेवर के अनुसार**- ''बाल मनोविज्ञान, मनोविज्ञान की वह शाखा है जिसमें जन्म से परिपक्वावस्था तक विकसित हो रहे मानव का अध्ययन किया जाता है।''
2. **क्रो और क्रो के अनुसार**- ''बाल मनोविज्ञान वह वैज्ञानिक अध्ययन है जो व्यक्ति के विकास का अध्ययन गर्भकाल के प्रारम्भ से किशोरावस्था की प्रारम्भिक अवस्था तक करता है।''
3. **हरलॉक के अनुसार**- ''आज बाल-विकास में मुख्यत: बालक के रूप व्यवहार, रुचियों और लक्ष्यों में होने वाले उन विशिष्ट परिवर्तनों की खोज पर बल दिया जाता है, जो उसके एक विकासात्मक अवस्था से दूसरी विकासात्मक अवस्था में पदार्पण करते समय होते हैं। बाल-विकास में यह खोज करने का भी प्रयास किया जाता है। कि यह परिवर्तन कब होते हैं, इसके क्या कारण हैं और यह वैयक्तिक हैं या सार्वभौमिक।''

उपर्युक्त परिभाषाओं के आधार पर कहा जा सकता है कि बाल विकास मनोविज्ञान की वह शाखा है, जिसमें विभिन्न विकास अवस्थाओं में मानव के व्यवहार में होने वाले क्रमिक परिवर्तनों का वैज्ञानिक अध्ययन किया जाता है।

बाल विकास की आवश्यकता

बाल विकास अनुसन्धान का एक क्षेत्र माना जाता है। बालक के जीवन को सुखी और समृद्धिशाली बनाने में बाल-मनोविज्ञान का योगदान प्रशंसनीय है। मनोविज्ञान की इस शाखा का केवल बालकों से प्रत्यक्ष या अप्रत्यक्ष रूप से सम्बन्ध है, जो बालकों की समस्याओं पर विचार करते हैं और बाल मनोविज्ञान की उपयोगिता को स्वीकार करते हैं। समाज के विभिन्न लोग बाल-मनोविज्ञान से लाभान्वित हो रहे हैं, जैसे- बालक के माता-पिता तथा अभिभावक, बालक के शिक्षक, बाल सुधारक तथा बाल-चिकित्सक आदि।

अत: बाल-मनोविज्ञान की एक व्यावहारिक उपयोगिता यह भी है कि यह बालकों के समुचित निर्देशन के लिए व्यावहारिक उपाय बता सकता है। हम निर्देशन के द्वारा ही बालकों की क्षमताओं और अभिव्यक्तियों का उचित रूप से लाभ उठा सकते हैं। व्यक्तिगत निर्देशन में बालक की व्यक्तिगत कठिनाइयों और दोषों तथा उसकी प्रवृत्तियों और उसके व्यक्तित्व से सम्बन्धित विकारों को दूर करने के उपायों की जानकारी बाल-मनोविज्ञान से प्राप्त होती है।

बाल विकास का क्षेत्र

बाल-विकास का क्षेत्र दिन-प्रतिदिन बढ़ रहा है। बाल विकास विषय के क्षेत्र के अन्तर्गत जिन समस्याओं अथवा विषय सामग्री का अध्ययन किया जाता है वह निम्न प्रकार की हो सकती है-

1. **वातावरण और बालक**- बाल-विकास में इस समस्या के अन्तर्गत दो प्रकार की समस्याओं का अध्ययन किया जाता है। प्रथम यह कि बालक का वातावरण पर क्या प्रभाव पड़ता है? द्वितीय यह कि वातावरण बालक के व्यवहार, व्यक्तित्व तथा शारीरिक विकास आदि को किस प्रकार प्रभावित करता है? अत: स्पष्ट है कि बालक का पर्यावरण एक विशेष प्रभावकारी क्षेत्र है।
2. **मानसिक प्रक्रियाएँ**- बाल विकास में बालक की विभिन्न मानसिक प्रक्रियाओं का अध्ययन भी किया जाता है जैसे- प्रत्यक्षीकरण, सीखना, कल्पना, स्मृति, चिन्तन, साहचर्य आदि। इन सभी मानसिक प्रक्रियाओं का अध्ययन दो समस्याओं के रूप में किया जाता है। प्रथम यह कि विभिन्न आयु स्तरों पर बालक की यह विभिन्न मानसिक प्रक्रियाएँ किस रूप में पाई जाती हैं, इनकी क्या गति है आदि। द्वितीय यह कि इन मानसिक प्रक्रियाओं का विकास कैसे होता है तथा इनके विकास को कौन से कारक प्रभावित करते हैं।
3. **बालकों की वैयक्तिक भिन्नताओं का अध्ययन**

   बाल विकास में वैयक्तिक भिन्नताओं तथा इससे सम्बन्धित समस्याओं का अध्ययन भी किया जाता है। व्यक्तिगत भेदों की दृष्टि से निम्नलिखित तथ्यों का अध्ययन किया जाता है-शरीर रचना सम्बन्धी भेद, मानसिक योग्यता सम्बन्धी भेद, सांवेगिक भेद, व्यक्तित्व सम्बन्धी भेद, सामाजिक व्यवहार सम्बन्धी भेद तथा भाषा विकास सम्बन्धी भेद आदि।
4. **बालक-बालिकाओं का मापन**- बाल-विकास के क्षेत्र में बालकों की मानसिक और शारीरिक मापन तथा मूल्यांकन से सम्बन्धित समस्याओं का अध्ययन भी किया जाता है। मापन से तात्पर्य है कि इन क्षेत्रों में उसकी समस्याएं क्या हैं और उनका निराकरण कैसे किया जा सकता है?
5. **बाल व्यवहार और अन्त:क्रियाएँ**- बाल विकास के अध्ययन क्षेत्र में विभिन्न प्रकार की अन्त:क्रियाओं का अध्ययन भी होता है।

बालक का व्यवहार गतिशील होता है तथा उसकी विभिन्न शारीरिक और मानसिक योग्यताओं और विशेषताओं में क्रमिक विकास होता रहता है। अतः स्वाभाविक है कि बालक और उसके वातावरण में समय-समय पर अन्तःक्रियाएँ होती रहें। एक बालक की ये अन्तःक्रियाएँ सहयोग, व्यवस्थापन, सामाजिक संगठन या संघर्ष, तनाव और विरोधी प्रकार की भी हो सकती हैं। बाल-मनोविज्ञान में इस समस्या का भी अध्ययन होता है कि विभिन्न विकास अवस्थाओं में बालक की विभिन्न अन्तःक्रियाओं में कौन-कौन से और क्या-क्या क्रमिक परिवर्तन होते हैं तथा इन परिवर्तनों की गतिशीलता किस प्रकार की है?

6. **विशिष्ट बालकों का अध्ययन-** जब बालक की शारीरिक और मानसिक योग्यताओं और विशेषताओं का विकास दोषपूर्ण ढंग से होता है तो बालक के व्यवहार और व्यक्तित्व में असमान्यता के लक्षण उत्पन्न हो जाते हैं। बाल विकास में इन विभिन्न असमानताओं व इनके कारणों और गतिशीलता का अध्ययन होता है। विशिष्ट बालक की श्रेणी में निम्न बालक आते हैं- शारीरिक रूप से अस्वस्थ रहने वाले बालक, पिछड़े बालक, अपराधी बालक एवं समस्यात्मक बालक आदि।
7. **समायोजन सम्बन्धी समस्याएँ-** बाल विकास में बालक के अनेक प्रकार की समायोजन-समस्याओं का अध्ययन भी किया जाता है। साथ ही इस समस्या का अध्ययन भी किया जाता है कि भिन्न-भिन्न समायोजन क्षेत्रों (पारिवारिक समायोजन, संवेगात्मक समायोजन, शैक्षिक समायोजन, स्वास्थ्य समायोजन आदि) में भिन्न-भिन्न आयु स्तरों पर बालक का क्या और किस प्रकार का समायोजन है। इस क्षेत्र में कुसमायोजित व्यवहार का भी अध्ययन किया जाता है।
8. **अभिभावक बालक सम्बन्ध-** बालक के व्यक्तित्व विकास के क्षेत्र में अभिभावकों और परिवार की महत्वपूर्ण भूमिका है। अभिभावक-बालक सम्बन्ध का विकास, अभिभावक, बालक सम्बन्धों के निर्धारक, पारिवारिक सम्बन्धों में ह्रास आदि समस्याओं का अध्ययन बाल-विकास मनोविज्ञान के क्षेत्र के अन्तर्गत किया जाता है।

इस प्रकार हम कह सकते हैं कि गर्भावस्था से किशोरावस्था तक की सभी समस्याएँ बाल-विकास की परिसीमा या क्षेत्र में आती हैं।

बाल विकास की अवस्थाएं (शैशवावस्था, बाल्यावस्था, किशोरावस्था) एवं इनके अन्तर्गत होने वाले विकास

मानव का विकास निश्चित अवस्थाओं में होता है। विकास की प्रत्येक अवस्था की विशेषताएं होती हैं। मनोवैज्ञानिकों ने अपनी सुविधानुसार विकास को विभिन्न अवस्थाओं में बांटकर उनमें होने वाले परिवर्तनों और विशेषताओं को पहचानकर यह स्पष्ट कर दिया, कि बालक का विकास एक अवस्था से दूसरी अवस्था में अचानक नहीं होता, बल्कि विकास की गति स्वाभाविक रूप से क्रमशः होती रहती है। इन्हें मुख्य रूप से तीन अवस्थाओं में बांटा गया है-

* शैशवावस्था (जन्म से 5 वर्ष तक)
* बाल्यावस्था (5 से 12 वर्ष)
* किशोरावस्था (12 से 18 वर्ष)

विभिन्न अवस्थाओं में शारीरिक विकास
(Physical Development in different stages)

शैशवावस्था में शारीरिक विकास
(Physical Development in Infancy)

शैशवावस्था जीवन की सबसे महत्वपूर्ण अवस्था है। शिशु का शारीरिक विकास जन्म में पूर्व गर्भावस्था से ही प्रारम्भ होता है। जन्म के बाद शैशवावस्था में विकास में दो सोपान हो जाते हैं।

* जन्म से 3 वर्ष
* 3 वर्ष से 5 वर्ष

1. **भार (Weight)** जन्म के समय और पूरी शैशवावस्था में बालक का भार बालिका से अधिक होता है। जन्म के समय बालक का भार लगभग 7.15 पौंड और बालिका का भार लगभग 7.13 पौंड होता है। पहले 6 माह में शिशु का भार दुगुना और एक वर्ष के अन्त में तिगुना हो जाता है।
2. **लम्बाई (Length)** शैशवावस्था में 3 वर्ष तक बच्चों के विकास की गति अत्यधिक तीव्र होती है। जन्म के समय शिशु की लम्बाई औसत रूप से 50 सेमी होती है। प्रथम वर्ष के अन्त में वह 67 से 70 सेमी. दूसरे वर्ष के अन्त तक 77 सेमी. से 82 सेमी. तक होती है तथा 6 वर्ष तक लगभग 100 सेमी. से 110 सेमी. लम्बा हो जाता है।
3. **सिर व मस्तिष्क (Head and brain)** नवजात शिशु की सिर की लम्बाई उसके शरीर के कुल लम्बाई की 1.4 होती है। पहले 2 वर्षों में सिर बहुत तीव्र गति से बढ़ता है तथा उसका भार शरीर के भार के अनुपात से अधिक होता है।
4. **हड्डियां (Bones)** नवजात शिशु की हड्डियां छोटी और संख्या में 270 होती हैं। सम्पूर्ण शैशवावस्था में ये छोटी, कोमल, लचीली होती हैं।
5. **मांसपेशियां (Muscles)** शिशु की मांसपेशी का भार उसके शरीर के कुल भाग का 23% होता है। यह भार धीरे-धीरे बढ़ता चला जाता है। उसकी भुजाओं का विकास तीव्र गति से होता है। प्रथम दो वर्षों में भुजाएं दुगुनी और टांगें डेढ़ गुनी हो जाती हैं। छः वर्ष की आयु तक मांसपेशियों में लचीलापन होता है।
6. **अन्य अंग (Other organs)** छठे माह में दूध के दांत निकलने प्रारम्भ हो जाते हैं। सबसे पहले नीचे के अगले दांत निकलते हैं और एक वर्ष की आयु तक उनकी संख्या 8 हो जाती है। लगभग 4 वर्ष की आयु तक दूध के सभी दांत निकल आते हैं। नवजात शिशु का सिर शरीर की अपेक्षा बड़ा होता है। जन्म के समय हृदय की धड़कन कभी तेज व कभी धीमी होती है। जैसे-जैसे हृदय बड़ा होता है, धड़कन में स्थिरता आती जाती है। शिशु के आन्तरिक अंगों (पाचन अंग, फेफड़ा, स्नायु मंडल, रक्त संचार अंग, जनन अंग और ग्रन्थियां) का विकास तीव्रगति से होता है। शैशवावस्था के प्रथम तीन वर्ष विकास काल के होते हैं। अन्तिम तीन वर्षों में बच्चा मजबूती प्राप्त करता है।

बाल्यावस्था में शारीरिक विकास
(Physical Development in Childhood)

बाल्यावस्था जीवन का अनोखा काल होता है। ये अवस्था 6 से 12 वर्ष तक मानी जाती है। बाल्यावस्था के प्रथम तीन वर्षों में (6 से 9 वर्ष) शारीरिक

विकास तीव्रगति से होता है और बाद के तीन वर्षों में इस विकास में स्थिरता आ जाती है।

1. **भार (Weight)** इस अवस्था में बालक के भार में वृद्धि होती है। 9 या 10 वर्ष की आयु तक बालकों का भार बालिकाओं से अधिक होता है। इसके बाद बालिकाओं का भार अधिक होना प्रारम्भ हो जाता है।
2. **लम्बाई (Length)** बाल्यावस्था में शरीर की लम्बाई कम बढ़ती है। इन सब वर्षों में लम्बाई 2 या 3 इंच ही बढ़ती है।
3. **हड्डियां (Bones)** इस अवस्था में प्रथम 4–5 वर्षों में हड्डियों की संख्या में वृद्धि होती है। 10–12 वर्ष की आयु में हड्डियों का दृढ़ीकरण होता है।
4. **दांत (Teeth)** बाल्यावस्था के आरम्भ में दूध के दांत गिरने लगते हैं और उनकी जगह पर स्थायी दांत निकलने लगते हैं। 12–13 वर्ष की अवस्था तक सभी स्थायी दांत निकल आते हैं।
5. **मांसपेशियां (Muscles)** मांसपेशियों का भार 8 वर्ष तक कुल भार का 27% हो जाता है। बालिकाओं की मांसपेशियां बालकों की अपेक्षा अधिक विकसित होती है।
6. **अन्य अंगों का विकास (Development of other organs)** बाल्यावस्था में मस्तिष्क आकार और तौल की दृष्टि से पूर्ण विकसित हो जाता है। बाल्यावस्था में सिर के आकार में क्रमश: परिवर्तन होता रहता है। इस अवस्था में बच्चों के लगभग सभी अंगों का पूर्ण विकास हो जाता है तथा वह अपनी शारीरिक गति पर नियंत्रण रखना सीख जाते हैं।

किशोरावस्था में शारीरिक विकास
(Physical Development in Adolescence)

किशोरावस्था जीवन का सबसे कठिन काल है। ये परिवर्तन की अवस्था कहलाती है। किशोरावस्था में बालक तथा बालिकाओं का विकास तीव्र गति से होता है। बालकों में तीव्रतम वृद्धि का समय 14 वर्ष की आयु तक तथा बालिकाओं में 11 से 18 वर्ष की आयु तक होता है।

1. **आकार एवं भार**– इस अवस्था में लम्बाई तेजी से बढ़ती है। बालक की लम्बाई 18 वर्ष की आयु तक तथा बालिका की लम्बाई 16 वर्ष की आयु तक बढ़ती है। इस अवस्था में बालकों का भार बालिकाओं की अपेक्षा अधिक होता है।
2. **सिर व मस्तिष्क (Head and Brain)** इस अवस्था में सिर व मस्तिष्क का विकास जारी रहता है। 15 या 16 वर्ष की आयु में सिर लगभग पूर्ण विकसित हो जाता है एवं मस्तिष्क का भार 1200 और 1400 ग्राम के मध्य में होता है।
3. **हड्डियां (Bones)** हड्डियों में पूर्ण मजबूती आ जाती है और कुछ छोटी हड्डियाँ एक दूसरे से जुड़ जाती हैं।
4. **अन्य अंगों का विकास (Development of other organs)** इस अवस्था में आँख, कान, नाक, त्वचा, स्वाज्ञानेन्द्रियों व कर्मेन्द्रियों का पूर्ण विकास हो जाता है। मांसपेशियों का विकास तीव्रगति से होता है। मस्तिष्क का विकास लगभग पूर्ण हो जाता है।
5. **विभिन्न ग्रन्थियों का विकास**– किशोरावस्था में विभिन्न परिवर्तनों का आधार, अन्त:स्त्रावी ग्रन्थियां होती हैं, जिनमें पिट्यूटरी, थायरॉयड, एड्रीनल ग्रन्थियां मुख्य हैं। इन ग्रन्थियों के स्त्राव शारीरिक, मानसिक और भावात्मक विकास को प्रभावित करते हैं। इस अवस्था में बच्चे खेलकूद तथा अन्य क्रियाओं में अधिक सक्रिय हो जाते हैं। वे अपने काम स्वयं करने लगते हैं। दूसरों पर निर्भर नहीं रहते हैं।

किशोर/किशोरियों को शिक्षा देते समय भी उनकी शारीरिक अभिवृद्धि और परिवर्तनों को ध्यान में रखना चाहिये। किशोरावस्था जीवन का वह समय है जब हड्डियाँ बड़ी शीघ्रता से बढ़ती व विकसित होती है। अत: उनके स्वास्थ्य का विशेष ध्यान रखना चाहिये तथा उनके अनुकूल उचित शारीरिक शिक्षा की व्यवस्था करनी चाहिए।

वंशानुक्रम का अर्थ व परिभाषाएँ
(Meaning and Definition of Heredity)

साधारणतया जैसे माता-पिता होते हैं, वैसी ही उनकी सन्तान होती हैं। उसे अपने माता-पिता के शारीरिक और मानसिक गुण प्राप्त होते हैं। बालक को न केवल अपने माता-पिता से वरन् उनसे पहले के पूर्वजों से भी अनेक शारीरिक और मानसिक गुण प्राप्त होते हैं। इसी को हम वंशानुक्रम, वंश-परम्परा, पैतृकता, आनुवांशिकता आदि नामों से पुकारते हैं।

बुडवर्थ के शब्दों में– ''वंशानुक्रम में वे सभी बातें आ जाती हैं, जो जीवन का आरम्भ करते समय, जन्म के समय नहीं वरन् गर्भाधान के समय, जन्म से लगभग नौ माह पूर्व, व्यक्ति में उपस्थित थी।''

जेम्स ड्रेवर के अनुसार– ''माता-पिता की विशेषताओं का सन्तानों में हस्तान्तरण होना वंशानुक्रम है।''

उपर्युक्त विद्वानों के मतों से स्पष्ट होता है कि वंशानुक्रम की धारणा अर्मूत होती है। इसको हम व्यक्ति के व्यवहारों एवं विशेषताओं के द्वारा ही जान सकते हैं। अत: मानव व्यवहार का वह संगठित रूप, जो छात्र में उसके माता-पिता और पूर्वजों द्वारा हस्तान्तरित होता है, को हम वंशानुक्रम कहते हैं।

वंशानुक्रम की प्रक्रिया (Process of Heredity)– मानव शरीर कोषों (cells) का योग होता है। शरीर का आरम्भ केवल एक कोष से होता है, जिसे संयुक्त कोष (zygote) कहते हैं। यह कोष 2, 4, 8, 16, 32 और इसी क्रम में संख्या में आगे बढ़ता है। संयुक्त कोष दो उत्पादक कोषों का योग होता है। इनमें से एक कोष पिता का होता है, जिसे 'पितृकोष' (sperm) और दूसरा माता का होता है, जिसे 'मातृकोष' (ovum) कहते हैं। 'उत्पादक कोष' भी 'संयुक्त कोष' के समान संख्या में बढ़ते हैं।

पुरूष और स्त्री के प्रत्येक कोष में 23–23 गुणसूत्र (chromosomes) होते हैं। इस प्रकार संयुक्त कोष में 'गुणसूत्रों' के 23 जोड़े होते हैं।

1. **संयुक्त कोष (Zygote)**– ये गाढ़े एवं तरल पदार्थ साइटोप्लाज्म का बना होता है। साइटोप्लाज्म के अन्दर एक नाभिक (न्यूक्लियस) होता है, जिसके भीतर गुणसूत्र (क्रोमोसोम्स) होते हैं।
2. **गुणसूत्र (Chromosomes)**– प्रत्येक कोशिकाओं के नाभिक में डोरों की समान रचना पाई जाती है, जिनको क्रोमोसोम्स कहा जाता है। ये गुणसूत्र सदैव जोड़ों में पाए जाते हैं। एक संयुक्त कोष में गुणसूत्रों के 23 जोड़े होते हैं। जिसमें आधे पिता द्वारा प्राप्त होते हैं और आधे माता द्वारा। प्रत्येक गुणसूत्र में छोटे-छोटे तत्व होते हैं, जिनको 'जीन्स' कहते हैं।
3. **पित्रैक (Gene)**– एक गुणसूत्र के अन्दर वंशानुक्रम के अनेक निश्चयात्मक तत्व पाये जाते हैं, जिनको पित्रैक (जीन) कहा जाता है। जैसा कि एनास्टासी ने लिखा है– ''पित्रैक वंशानुक्रम की विशेषताओं का वाहक है, जो किसी न किसी रूप में सदैव स्थानांतरित होता है।''

वंशानुक्रम के सिद्धान्त और नियम
(Law and Theories of Heredity)

विभिन्न विद्वानों द्वारा की गयी खोजों को हम सिद्धान्त एवं नियम मानते हैं। इनका वर्णन निम्नलिखित है-

1. **बीजकोष की निरन्तरता का नियम (Law of continuity of Germ Plasm)**– इस नियम के अनुसार बालक को जन्म देने वाला बीजकोष कभी नष्ट नहीं होता। इस नियम के प्रतिपादक बीजमैन का कथन है- ''बीजकोष का कार्य केवल उत्पादक कोषों (Germ Cells) का निर्माण करना है, जो बीजकोष बालक को अपने माता-पिता से मिलता है, उसे वह अगली पीढ़ी को हस्तान्तरित कर देता है। इस प्रकार बीजकोष पीढ़ी दर पीढ़ी चलता रहता है।''
2. **समानता का नियम (Law of Resemblance)** इस नियम के अनुसार जैसे माता-पिता होते हैं, वैसी ही उनकी सन्तान होती हैं। इस नियम को स्पष्ट करते हुए सोरेनसन ने लिखा है-''बुद्धिमान माता-पिता के बालक बुद्धिमान, साधारण माता-पिता के बालक साधारण और मन्दबुद्धि माता-पिता के बालक मन्दबुद्धि होते हैं। इसी प्रकार शारीरिक रचना की दृष्टि से भी माता-पिता के समान होते हैं।'' यह नियम भी अपूर्ण है क्योंकि प्राय: देखा जाता है कि काले माता-पिता की संतान गोरी या मंदबुद्धि माता-पिता की संतान बुद्धिमान होती हैं।
3. **विभिन्नता का नियम (Law of Variation)** इस नियम के अनुसार बच्चे अपने माता-पिता के बिल्कुल समान न होकर कुछ भिन्न होते हैं। इसी प्रकार एक ही माता-पिता के बच्चे एक-दूसरे के समान होते हुए भी बुद्धि, रंग और स्वभाव में एक-दूसरे से भिन्न होते हैं।

   भिन्नता का नियम प्रतिपादित करने वालों में डार्विन तथा लैमार्क ने अनेक प्रयोगों और विचारों द्वारा यह मत प्रकट किया है कि उपयोग न करने वाले अवयव तथा विशेषताओं का लोप आगामी पीढ़ियों में हो जाता है। नवोत्पत्ति तथा प्राकृतिक चयन द्वारा वंशक्रमीय विशेषताओं का उन्नयन होता है।
4. **प्रत्यागमन का नियम (Law of Regression)** इस नियम के अनुसार बालक में अपने माता-पिता के विपरीत गुण पाए जाते हैं। 'प्रत्यागमन' शब्द का अर्थ विपरीत होता है। जब बालक माता-पिता से विपरीत विशेषताओं वाले विकसित होते हैं, तो यहाँ पर प्रत्यागमन का सिद्धान्त लागू होता है। जैसे- मन्दबुद्धि माता-पिता की सन्तान का प्रखर बुद्धि होना। इस नियम के सन्दर्भ में विद्वानों ने निम्न धारणाएँ प्रस्तुत की हैं- यदि वंश सूत्रों का मिश्रण सही रूप से नहीं हो पाता है तो विपरीत विशेषताओं वाले बालक विकसित होते हैं।

   जागृत और सुषुप्त दो प्रकार के गुण वंश को निश्चित करते हैं। विपरीत विशेषताएँ सुषुप्त गुणों का परिणाम होती हैं।
5. **अर्जित गुणों के संक्रमण का नियम (Inheritance of Acquired Traits)** इस नियम के अनुसार माता-पिता द्वारा अपने जीवन-काल में अर्जित किये जाने वाले गुण उनकी सन्तान को प्राप्त नहीं होते हैं। इस नियम को अस्वीकार करते हुए विकासवादी लेमार्क ने लिखा है- ''व्यक्तियों द्वारा अपने जीवन में जो अर्जित किया जाता है, वह उनके द्वारा उत्पन्न किए जाने वाले व्यक्तियों को संक्रमित करता है।'' लैमार्क ने जिराफ की गर्दन का लम्बा होना परिस्थितिवंश बताया, लेकिन अब वह वंशानुक्रमीय हो चुका है।
6. **मेण्डल का नियम**– इस नियम के अनुसार, वर्णसंकर प्राणी या वस्तुएं अपने मौलिक या सामान्य रूप की ओर अग्रसर होती हैं। इस नियम को चेकोस्लावाकिया के मेण्डल नामक पादरी ने प्रतिपादित किया था। उसने अपने बगीचे में बड़ी और छोटी मटरें बराबर संख्या में मिलाकर बोई। उगने वाली मटरों में सब वर्णसंकर जाति की थी। मेण्डल ने इस वर्णसंकर मटरों को फिर बोया और इस प्रकार उसने उगने वाली मटरों को कई बार बोया। अन्त में उसे ऐसी मटरें मिलीं, जो वर्णसंकर होने के बजाय शुद्ध थी। जैसा कि निम्नलिखित रेखाचित्र से स्पष्ट है-

   मेण्डल का मटरों पर प्रयोग

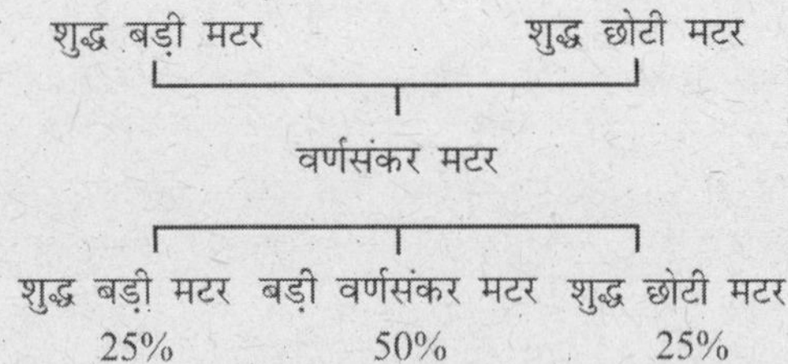

इस प्रकार से मेण्डल ने चूहों पर भी प्रयोग किए और पूर्व निष्कर्षों को प्राप्त किया। आपने सफेद और काले चूहों को एक साथ रखा। इनके समागम से पहले काले चूहे उत्पन्न हुए। फिर वर्णसंकर चूहों को एक साथ रखा गया, इनसे सफेद एवं काले दोनों ही प्रकार के चूहे उत्पन्न हुए।

मेण्डल के प्रयोगों से निम्न निष्कर्ष प्राप्त होते हैं-

* मेण्डल का नियम प्रत्यागमन को स्पष्ट करता है।
* बालक में माता-पिता की ओर से एक-एक गुणसूत्र आता है।
* गुणसूत्र की अभिव्यक्ति संयोग पर निर्भर करती है।
* एक ही प्रकार के गुणसूत्र अपने ही प्रकार की अभिव्यक्ति करते हैं।
* जागृत गुणसूत्र अभिव्यक्ति करता है, सुषुप्त नहीं।
* कालान्तर में यह अनुपात 1:2, 2:4, 1:2, 1:2 होता जाता है।

बाल विकास पर वंशानुक्रम का प्रभाव
(Influence of Heredity on child Development)

बालक के व्यक्तित्व के प्रत्येक पहलू पर वंशानुक्रम का प्रभाव पड़ता है। मनोवैज्ञानिकों ने वंशानुक्रम के प्रभाव को रोकने के लिए विभिन्न प्रयोग किए और यह सिद्ध किया कि बालक का विकास वंशानुक्रम से प्रभावित होता है। वंशानुक्रम निम्नलिखित प्रकार से बाल-विकास को प्रभावित करता है-

1. **तन्त्रिका तन्त्र की बनावट (Structure of Nervous system)**– तन्त्रिका तन्त्र में प्राणी की वृद्धि, सीखना, आदतें विचार और आकांक्षाएं आदि केन्द्रित रहती हैं। तन्त्रिका तन्त्र बालक में वंशानुक्रम से ही प्राप्त होती है। इससे ही ज्ञानेन्द्रियाँ, पेशियाँ तथा ग्रन्थियाँ आदि प्रभावित होती हैं। छात्र की प्रतिक्रियाएँ तन्त्रिका तन्त्र पर निर्भर करती हैं। अत: हम बालक के

तन्त्रिका तन्त्र के विकास को सामान्य, पिछड़ा एवं असामान्य आदि भागों में बांट सकते हैं। बालक का भविष्य तन्त्रिका तन्त्र की बनावट पर भी निर्भर करता है।

2. **मूल प्रवृत्तियों पर प्रभाव (Effect on Instincts)**– मूल प्रवृत्तियाँ बालक के व्यवहार को शक्ति प्रदान करती हैं। इसको हम देख नहीं सकते बल्कि व्यक्ति के व्यवहार को देखकर पता लगाते हैं कि कौन सी मूल प्रवृत्ति जागृत होकर व्यवहार का संचालन कर रही है? मैक्डूगल महोदय ने इनका पता लगाया था और इनको जानने के लिए उन्होंने प्रत्येक मूल प्रवृत्ति के साथ एक संवेग को भी जोड़ दिया, जो मूल प्रवृत्ति का प्रतीक होता है। संवेग को देखकर ही मूल प्रवृत्ति का पता लगाया जा सकता है। मूल प्रवृत्तियाँ एवं सहयोगी संवेग निम्नवत् हैं–

मूल प्रवृत्ति	संवेग
1. निवृत्ति	घृणा
2. पलायन	भय
3. युयुत्सा	क्रोध
4. जिज्ञासा	आश्चर्य
5. आत्मगौरव	सकारात्मक आत्मानुभूति

3. **बुद्धि पर प्रभाव (Effect on Intelligence)**– मनोवैज्ञानिकों ने अपने प्रयोगों में यह स्पष्ट कर दिया है कि वंशानुक्रम के द्वारा ही छात्र में बुद्धि आती है। अत: बुद्धि को जन्मजात माना जाता है। 'स्पियरमैन' ने बुद्धि में विशिष्ट एवं सामान्य तत्वों को वंशानुक्रम की देन माना है। बालक की बुद्धि वंशानुक्रम से ही निश्चित होती है।

4. **स्वभाव का प्रभाव (Effect of Nature)**– बालक के स्वभाव का प्रकटीकरण उनके माता-पिता के स्वभाव के अनुकूल होता है। यदि बालक के माता-पिता मीठा बोलते हैं तो उसका स्वभाव भी मीठा बोलने वाला ही होता है। इसी प्रकार से क्रोधी एवं निर्दयी स्वभाव वाले माता-पिता के बालक भी निर्दयी एवं क्रोधी ही होते हैं। शैल्डन महोदय ने मानव स्वभाव का अध्ययन कर उसे तीन भागों में बांटा है:
   (1) **सोमेटोटोनिया (Somatotonia)**– इस प्रकार के स्वभाव के व्यक्ति महत्वाकांक्षी, क्रोधी, निर्दयी, सम्मानप्रिय और दृढ़ प्रतिज्ञ आदि विशेषताओं वाले होते हैं।
   (2) **विसेरोटोनिया (Viscerotonia)**– इस स्वभाव के व्यक्ति समाजप्रिय, आराम पसन्द, हँसमुख और स्वादिष्ट भोजन में रुचि रखने वाले होते हैं।
   (3) **सेरेब्रोटोनिया (Cerebrotonia)**– इस स्वभाव के व्यक्ति चिन्तनशील, एकान्तप्रिय, नियन्त्रण पसन्द एवं विचारशील होते हैं।

5. **शारीरिक गठन (Physical Structure)**– बालक का शारीरिक गठन एवं शरीर की बनावट उसके पूर्वजों पर निर्भर करती है। कार्ल पियरसन ने बताया है कि माता-पिता की लम्बाई, रंग एवं स्वास्थ्य आदि का प्रभाव सन्तान पर पड़ता है। 'क्रेश्मर' महोदय ने एक अध्ययन कर शारीरिक गठन के आधार पर सम्पूर्ण मानव जाति को तीन भागों में बाँटा है–
   (1) **पिकनिक (Picnic)**– इस प्रकार का व्यक्ति शरीर से मोटा, कद में छोटा, गोल-मटोल और अधिक वसा युक्त होता है। उसका सीना चौड़ा लेकिन दबा हुआ तथा पेट निकला हुआ होता है।
   (2) **ऐथलैटिक (Athletic)**– इस प्रकार का व्यक्ति शारीरिक क्षमताओं के आधार से युक्त होता है जैसे- सिपाही या खिलाड़ी।
   (3) **ऐस्थेनिक (Asthenic)**– इस प्रकार का व्यक्ति दुबला-पतला और शक्तिहीन शरीर का होता है तथा यह संकोची स्वभाव का होता है। यह लोग किसी भी प्रकार से अन्य लोगों को प्रभावित नहीं कर पाते हैं।

6. **व्यावसायिक योग्यता पर प्रभाव (Effect on vocational Ability)**– बालकों में माता-पिता की व्यावसायिक योग्यता की कुशलता भी हस्तान्तरिक होती है। 'कैटेल' ने 885 अमेरिकन वैज्ञानिकों के परिवारों का अध्ययन कर पाया कि उनमें से 2/5 व्यवसायी वर्ग, 1/2 भाग उत्पादक वर्ग और केवल 1/4 भाग कृषि वर्ग के थे। अत: स्पष्ट है कि व्यावसायिक कुशलता वंश पर आधारित होती है।

7. **सामाजिक स्थिति पर प्रभाव (Effect on Social Status)**– जो लोग वंश से अच्छा चरित्र, गुण या सामाजिक स्थिति सम्बन्धी विशेषताओं को लेकर उत्पन्न होते हैं, वे ही सामाजिक प्रतिष्ठा प्राप्त करते हैं। 'विनसिप महोदय का मत है कि ''गुणवान एवं प्रतिष्ठित माता-पिता की सन्तान ही प्रतिष्ठा प्राप्त करती है।''

वातावरण (पारिवारिक, सामाजिक, विद्यालयी, संचार माध्यम)

'वातावरण' के लिए 'पर्यावरण' शब्द का भी प्रयोग किया जाता है। पर्यावरण दो शब्दों से मिलकर बना है–

'परि + आवरण'। 'परि' का अर्थ है- 'चारों ओर' एवं 'आवरण' का अर्थ है- 'ढकने वाला'।

वातावरण के अर्थ को अधिक स्पष्ट करने के लिए कुछ परिभाषाएँ निम्नलिखित हैं–

1. **वुडवर्थ के शब्दों में**- ''वातावरण में सब बाह्य तत्व आ जाते हैं जिन्होंने व्यक्ति को जीवन आरम्भ करने के समय से प्रभावित किया है।''
2. **जिस्बर्ट के शब्दों में**- ''वातावरण वह हर वस्तु है जो किसी अन्य वस्तु को घेरे हुए है और उस पर सीधे अपना प्रभाव डालती है।''

बाल-विकास पर वातावरण का प्रभाव

(Influence of Environment on Child Development)

बालक के व्यक्तित्व के प्रत्येक पहलू पर भौगोलिक, सामाजिक और सांस्कृतिक वातावरण का प्रभाव पड़ता है। वंशानुक्रम के साथ-साथ वातावरण का भी प्रभाव बालक के विकास पर पड़ता है।

वातावरण के प्रभाव निम्नलिखित हैं–

1. **मानसिक विकास पर प्रभाव**– गोर्डन का मत है कि उचित सामाजिक और सांस्कृतिक वातावरण न मिलने पर मानसिक विकास की गति धीमी हो जाती है। बालक का मानसिक विकास सिर्फ बुद्धि से ही निश्चित नहीं होता है। बल्कि उसमें बालक की ज्ञानेन्द्रियाँ, मस्तिष्क के सभी भाग एवं मानसिक क्रियाएँ आदि सम्मिलित होती हैं। अत: बच्चे वंश से कुछ लेकर उत्पन्न होता है, उसका विकास उचित वातावरण से ही हो सकता है। वातावरण से बालक की बौद्धिक क्षमता में तीव्रता आती है और मानसिक प्रक्रिया का सही विकास होता है।

2. **शारीरिक अन्तर पर प्रभाव**- फ्रेंच बोन्स का मत है कि विभिन्न प्रजातियों के शारीरिक अन्तर का कारण वंशानुक्रम न होकर वातावरण है।
3. **शिक्षा पर प्रभाव**- बालक की शिक्षा बुद्धि, मानसिक प्रक्रिया और सुन्दर वातावरण पर निर्भर करती है। शिक्षा का उद्देश्य बालक का सामान्य विकास करना होता है। अत: शिक्षा के क्षेत्र में बालकों का सही विकास उपयुक्त शैक्षिक वातावरण पर ही निर्भर करता है। प्राय: यह देखने में आता है कि उच्च बुद्धि वाले बालक भी सही वातावरण के बिना उच्च शिक्षा प्राप्त नहीं कर पाते हैं।
4. **व्यक्तित्व विकास पर प्रभाव**- कूले का मत है कि व्यक्तित्व के निर्माण में वंशानुक्रम की अपेक्षा वातावरण का अधिक प्रभाव पड़ता है। व्यक्ति का विकास आन्तरिक क्षमताओं का विकास करके और नवीनताओं को ग्रहण करके किया जाता है इन दोनों ही परिस्थितियों के लिए उपयुक्त वातावरण को उपयोगी माना गया है। कूल महोदय ने यूरोप के साहित्यकारों का अध्ययन कर पाया कि उनके व्यक्तित्व का विकास स्वस्थ वातावरण में पालन-पोषण के द्वारा हुआ।
5. **सामाजिक गुणों का प्रभाव**- बालक का सामाजीकरण उसके सामाजिक विकास पर निर्भर होता है। समाज का वातावरण उसे सामाजिक गुण एवं विशेषताओं को धारण करने के लिए उन्मुख करता है। न्यूमैन, फ्रीमैन एवं होलिंजगर ने 20 जोड़े बालकों का अध्ययन किया। आपने जोड़े के एक बालक को गाँव में और दूसरे बालक को नगर में रखा। बड़े होने पर गाँव के बालक में अशिष्टता, चिन्ताएँ, भय, हीनता और कम बुद्धिमता सम्बन्धी आदि विशेषताएँ पाई गईं, जबकि शहर के बालक में शिक्षित व्यवहार, चिन्तामुक्त, भयहीन एवं निडरता और बुद्धिमता सम्बन्धी विशेषताएँ पाई गईं। अत: स्पष्ट है कि वातावरण सामाजिक गुणों पर भी प्रभाव डालता है।
6. **बालक पर बहुमुखी प्रभाव**- वातावरण, बालक को शारीरिक, मानसिक, सामाजिक, संवेगात्मक आदि सभी अंगों पर प्रभाव डालता है। बालक का सर्वागीण या बहुमुखी विकास तभी हो पाता है जब उसे अच्छे वातावरण में रखा जाए। यह वातावरण ऐसा हो, जिसमें बालक की वंशानुक्रमीय विशेषताओं का सही प्रकाशन हो सके। भारत एवं अन्य देशों में जिन बालकों को जंगली जानवर उठा ले गये और उनको मारने के स्थान पर उनका पालन-पोषण किया। ऐसे बालकों का सम्पूर्ण विकास जानवरों जैसा था, बाद में उनको मानव वातावरण देकर सुधार लिया गया। अत: स्पष्ट है कि वातावरण ही बालक के सर्वागीण विकास में सहायक होता है।

बालक के विकास को प्रभावित करने वाले वातावरणीय कारक

(Environment Factors Affecting Child Development)

बालक के विकास को प्रमुख रूप से आनुवांशिकता तथा वातावरण प्रभावित करते हैं। इसी प्रकार कुछ विभिन्न कारक और भी है, जो बालक के विकास में या तो बाधा पहुँचाते हैं या विकास को अग्रसर करते हैं। ऐसे प्रभावी कारक निम्नलिखित हैं-

1. **बालकों के लालन-पालन या संरक्षण की दशाएँ (conditions of childs care)** बालक के विकास पर उसके लालन-पालन तथा माता-पिता की आर्थिक स्थितियाँ अत्यधिक प्रभाव डालती हैं। परिवार की परिस्थितियों तथा दशाओं का बालक के विकास पर हमेशा प्रभाव पड़ता है। बालक के लालन-पालन में परिवार का अत्यधिक महत्व होता है। बालक के जन्म से किशोरावस्था तक उसका विकास परिवार ही करता है। स्नेह, सहिष्णुता, सेवा, त्याग, आज्ञापालन एवं सदाचार आदि का पाठ परिवार से ही मिलता है। परिवार मानव के लिये एक अमूल्य संस्था है। बालक के विकास में परिवार एक अहम संस्था की भूमिका अदा करता है। बालक के लालन-पालन में परिवार के शैक्षणिक कार्य निम्नलिखित हैं-

(1) मॉण्टेसरी के अनुसार सीखने का प्रथम स्थान माँ की गोद है। बालक की सभी मूल-प्रवृत्तियों का शोधन धीरे-धीरे परिवार के सदस्यों द्वारा ही होता रहता है।

(2) परिवार बालक की मानसिक एवं भावात्मक प्रवृत्ति के विकास में महत्वपूर्ण भूमिका निभाता है। यदि परिवार का वातावरण वैज्ञानिक या साहित्यिक है तो बालक का झुकाव वैसा ही होगा।

(3) अनुकूलन का पाठ बालक परिवार से ही सीखता है क्योंकि परिवार के सदस्य एक दूसरे से समायोजन कर अपनी समस्याएँ हल करते हैं।

(4) परिवार बालक में स्वस्थ आदतों के निर्माण में सहायक होता है। बाल्यावस्था से किशोरावस्था तक बालक कुछ न कुछ आदतें परिवार में रहकर अन्य सदस्यों से सीखता है।

(5) बालक को व्यावहारिक जीवन की शिक्षा भी परिवार से ही मिलती है।

(6) परिवार बालक के सामाजीकरण का आधार है। बालक स्वयं सामाजिक जीवन की क्रियाओं तथा सामाजिक गुणों को यहीं से सीखता है।

(7) परिवार में रहकर बालक अपने बड़ों के प्रति सम्मान का भाव तथा आज्ञापालन की भावना को ग्रहण करता है। परिवार के सभी सदस्यों से वह कर्तव्यपरायणता, आत्मसंयम तथा अनुशासन की शिक्षा प्राप्त करता है।

इस प्रकार बालक के लालन-पालन में परिवार का योगदान सराहनीय है।

2. **सामाजिक वातावरण एवं उसका प्रभाव**

(Social Environment and Its Effect)- बालक को प्रभावित करने में परिवार का वातावरण अपनी भूमिका का निर्वहन करता है। समाज द्वारा बालकों पर विभिन्न प्रकार के प्रभाव पड़ते हैं। विद्यालय में अनेक परिवारों से आये बालक अपने साथ अलग-अलग वातावरणीय सोच लेकर आते हैं। परन्तु विद्यालय का वातावरण एक सुनिश्चित; अनुशासित एवं शिक्षा हेतु संगठित वातावरण होता है। कहीं-कहीं तो बाहर का वातावरण विद्यालय के वातावरण से पूर्णत: विरोधी होता है। वैसे वातावरण का क्षेत्र अत्यन्त व्यापक है। वातावरण को हम दो भागों में विभाजित कर सकते हैं-

(1) **आन्तरिक वातावरण**- आन्तरिक वातावरण जन्म से पूर्व ही अपना प्रभाव डालना आरम्भ कर देता है। गर्भावस्था बालक के विकास की दृष्टि से अत्यन्त महत्वपूर्ण समय है।

(2) **बाह्य वातावरण**- बालक के बाह्य वातावरण के अन्तर्गत जाति, समाज, राष्ट्र तथा उसकी संस्कृति को लिया जा सकता है। इस प्रकार के वातावरण की परिस्थितियाँ प्रत्येक देश में प्रत्येक काल में एक पीढ़ी से दूसरी पीढ़ी को हस्तान्तरित होती रहती हैं। परिवार में यह कार्य माता-पिता अपने बच्चों को पूर्ववत् चले आए रीति-रिवाज, भाषा, संस्कृति, साहित्य, जातीय जीवन दर्शन आदि

का पाठ व्यवहार द्वारा सिखाते हैं, जबकि विद्यालय बालकों में राष्ट्रीयता एवं मूल्यों का विकास आदि के भाव विकसित करता है।

3. **विद्यालय की आन्तरिक स्थितियों का प्रभाव- (Effect of Internal Situations of School)–**

बालक जब विद्यालय में प्रवेश लेता है तो विद्यालय में अधिक सुलभ साधनों की अपेक्षा रखता है। यहाँ हम उन बिन्दुओं पर चर्चा करेंगे, जिनसे बालक शिक्षा की ओर उन्मुख होता है-

(1) **विद्यालय का वातावरण-** शिक्षकों का व्यवहार बालकों के प्रति अति सरल, सौम्य एवं स्नेहमयी होना चाहिए। विद्यालय का भवन, साफ, स्वच्छ तथा सुविधाओं से युक्त होना चाहिए। एक शिक्षक पर बीस या पच्चीस तक बालकों की संख्या होनी चाहिए। एक अच्छे विद्यालय में पठन-पाठन की सामग्री, बालकों के खेलने के सुन्दर खिलौने, बाग-बगीचे आदि भौतिक संसाधन होने चाहिए जिससे बालक विद्यालय के प्रति आकर्षित हो सकें।

(2) **समय विभाजन चक्र-** विद्यालय में बड़े छात्रों की अपेक्षा छोटे आयु वर्ग के छात्रों के समय विभाजन चक्र में अधिक अन्तर रहता है। छोटे बच्चों की पाठशाला प्रातः 9:30 से 12:30 तक ही संचालित करना चाहिए। इस अवधि में अल्प भोजन, विश्राम, स्वास्थ्य निरीक्षण तथा प्रार्थना सभा आदि के लिये समय नियत किया जाये। विद्यालयी शिक्षा के अन्तर्गत बाल-विकास में निम्नलिखित अभिकरण पर्याप्त सहायता पहुँचा रहे हैं-

4. **संचार माध्यमों का प्रभाव (Effect of Mass-Media)–** मानव समाज में अपने समुदाय एवं अन्य व्यक्तियों के प्रति निरन्तर अन्तः प्रतिक्रियाएँ करता रहता है। इस अन्तः प्रतिक्रिया का व्यापक आधार है- संचार एवं सम्प्रेषण। संचार पर ही सभी प्रकार के मानव सम्बन्ध आधारित होते हैं। संचार की प्रक्रिया सामाजिक एकता एवं सामाजिक संगठन की निरन्तरता का आधार है। इसके विकास एवं विभिन्न समाजों के मध्य संचार की स्थापना पर सामाजिक प्रगति निर्भर करती है। जिस देश में जितने प्रबल एवं अत्याधुनिक संचार साधन उपलब्ध हैं, वह देश उतना ही अधिक विकसित कहा जाता है

5. **जनसंचार के माध्यम (Media of Mass Communication)-** इसमें ऐसे माध्यम भी शामिल हैं, जो जनसंचार के आधुनिक साधनों का उपयोग करते हैं जैसे-रेडियो, टेलीविजन, सिनेमा, समाचार-पत्र और विज्ञापन आदि। भारत में सूचना और प्रसारण मन्त्रालय के पास जन-संचार की विशाल व्यवस्था है, जिसके क्षेत्रीय तथा शाखा कार्यालय सम्पूर्ण देश में फैले हुए हैं।

6. **कक्षा-कक्ष में जनसंचार माध्यमों की उपयोगिता–** कक्षीय परिस्थितियों में अधिकतम शिक्षण अधिगम की प्रभावशाली परिस्थितियाँ उत्पन्न करने के लिए शिक्षा तकनीकी के जनसंचार माध्यमों का प्रयोग एक उत्तम साधन है। हमारे देश के विद्यालयों में कुछ नवीन विधियों जैसे-फिल्म, फिल्म-पट्टिकाएँ, प्रोजेक्टर, रेडियो आदि का प्रयोग किया जाने लगा है।

❏❏

2 अधिगमः अर्थ, प्रकृति, प्रकार एवं विशेषताएं

अधिगम का अर्थ एवं परिभाषा
(Meaning and Definition of Learning)

अधिगम या सीखना एक बहुत ही सामान्य और आम प्रचलित प्रक्रिया है। जन्म के तुरन्त बाद से ही व्यक्ति सीखना प्रारम्भ कर देता है और फिर जीवनपर्यन्त कुछ न कुछ सीखता ही रहता है। सामान्य अर्थ में 'सीखना' व्यवहार में परिवर्तन को कहा जाता है। (Learning refers to change in behaviour) परन्तु सभी तरह के व्यवहार में हुए परिवर्तन को सीखना या अधिगम नहीं कहा जा सकता।

वुडवर्थ के अनुसार- ''नवीन ज्ञान और नवीन प्रतिक्रियाओं को प्राप्त करने की प्रक्रिया, सीखने की प्रक्रिया है।''

गेट्स एवं अन्य के अनुसार- ''अनुभव और प्रशिक्षण द्वारा व्यवहार में परिवर्तन लाना ही अधिगम या सीखना है।''

क्रो एवं क्रो के अनुसार- ''सीखना या अधिगम आदतों, ज्ञान और अभिवृत्तियों का अर्जन है।''

क्रॉनवेक के अनुसार- ''सीखना या अधिगम अनुभव के परिणाम स्वरूप व्यवहार में परिवर्तन द्वारा व्यक्त होता है।

मॉर्गन और गिलीलैण्ड के अनुसार- ''अधिगम या सीखना, अनुभव के परिणांम स्वरूप प्राणी के व्यवहार में कुछ परिमार्जन हैं, जो कम से कम कुछ समय के लिए प्राणी द्वारा धारण किया जाता है।''

जी.डी. बोआज के अनुसार- ''सीखना या अधिगम एक प्रक्रिया है जिसके द्वारा व्यक्ति विभिन्न आदतें, ज्ञान एवं दृष्टिकोण अर्जित करता है जो कि सामान्य जीवन की माँगों को पूरा करने के लिए आवश्यक है।''

ऊपर की परिभाषाओं एवं अनेक अन्य मनोवैज्ञानिकों द्वारा दी गई लगभग समान परिभाषाओं का यदि एक संयुक्त (analysis) विश्लेषण किया जाए, तो सीखने का स्वरूप बहुत कुछ स्पष्ट हो जाता है। इस तरह के विश्लेषण करने पर हम निम्नांकित निष्कर्ष पर पहुँचते हैं।

(i) **सीखना व्यवहार में परिवर्तन को कहा जाता है (Learning is the change in behaviour) :** प्रत्येक सीखने की प्रक्रिया में व्यक्ति के व्यवहार में परिवर्तन होता है। अगर परिस्थिति ऐसी है जिसमें व्यक्ति के व्यवहार में परिवर्तन नहीं होता है, तो उसे हम सीखना नहीं कहेंगे। व्यवहार में परिवर्तन एक अच्छा एवं अनुकूली (adaptive) परिवर्तन भी हो सकता है या खराब में कुसमंजित (Maladaptive) परिवर्तन भी हो सकता है।

(ii) **व्यवहार में परिवर्तन अभ्यास या अनुभूति के फलस्वरूप होता है (The change in behaviour occurs as a function of practice or experience):** सीखने की प्रक्रिया में व्यवहार में जो परिवर्तन होता है, वह अभ्यास या अनुभूति के फलस्वरूप होता है।

(iii) **व्यवहार में अपेक्षाकृत स्थायी परिवर्तन होता है (There is relatively permanent change in behaviour):** ऊपर दी गयी परिभाषाओं में इस बात पर विशेष रूप से बल डाला गया है कि सीखने में व्यवहार में अपेक्षाकृत स्थायी परिवर्तन होता है।

अधिगम की प्रकृति
(The Nature of Learning)

अधिगम एक मानसिक प्रक्रिया है जिसमें मानसिक प्रक्रियाओं की अभिव्यक्ति व्यवहारों द्वारा होती है। मानव व्यवहार अनुभवों के आधार पर परिवर्तित और परिमार्जित होते रहते हैं। अतः अधिगम प्रक्रिया में दो तत्व निहित होते हैं। परिपक्वता और पूर्व अनुभवों से लाभ उठाने की योग्यता। अधिगम पूर्व अनुभव द्वारा व्यवहार में प्रगतिशील परिवर्तन है। अधिगम की क्रिया जीवन में सदा और सर्वत्र चलती रहती है, बालक परिपक्वता की ओर बढ़ता हुआ अपने अनुभवों से लाभ उठाता हुआ, वातावरण के प्रति जो उपर्युक्त प्रतिक्रिया करता है वही अधिगम होता है।

मनोवैज्ञानिकों ने अधिगम की प्रकृति, प्रक्रिया कोई व्यक्ति कैसे सीखता है यदि इसको समझने के लिए ढेर सारा साहित्य इकट्ठा किया है। जब हम अधिगम की विभिन्न परिभाषाओं का विश्लेषण करते हैं तो अधिगम की प्रकृति के सन्दर्भ में निम्न बिन्दु स्पष्ट होते हैं-

(1) अधिगम की क्रिया द्वारा व्यवहार में परिवर्तन होता है।
(2) व्यवहार में जो परिवर्तन होता है वह कुछ समय तक बना रहता है, और अगर आलोप हो जाए तब भी व्यक्ति द्वारा कुछ प्रयासों के पश्चात फिर वह परिवर्तन हो जाता है।
(3) व्यवहार में परिवर्तन पूर्व अनुभवों पर आधारित होता है।
(4) अधिगम द्वारा व्यवहार में जो परिवर्तन आता है वह बाह्य रूप से दिखाई देने वाला या न दिखाई देने वाला हो सकता है।
(5) अधिगम द्वारा हुए व्यवहारों में होने वाले परिवर्तनों में परिपक्वता नशावृत्ति, थकान, तथा मूल प्रवृत्तियात्मकक व्यवहार शामिल नहीं होते।
(6) एक बार व्यवहार में परिवर्तन होने के पश्चात् नवीन परिस्थिति में उस परिवर्तित व्यवहार का संशोधन हो सकता है।
(7) अधिगम के द्वारा व्यक्ति के ज्ञानात्मक, भावात्मक तथा मनोक्रियात्मक क्षेत्रों में व्यवहारों का विकासात्मक परिवर्तन होता है।
(8) अधिगम व्यक्ति में सामाजिक या असामाजिक दोनों प्रकार के व्यवहार पैदा कर सकता है।
(9) अधिगम त्रुटि रहित या त्रुटिपूर्ण हो सकता है।

अधिगम की विशेषताएँ
(Characterstics of Learning)

अधिगम की प्रकृति को निम्न रूप में वर्णित किया जा सकता है

1. **अधिगम के फलस्वरूप व्यवहार में स्थायी परिवर्तन होते हैं-** व्यक्ति अपने अनुभवों के आधार पर सीखता है जैसे एक शिशु जिसका आग के बारे में कोई पूर्व अनुभव नहीं है वह आग की तरफ उत्सुकता से बढ़ता है वह उसे पकड़ने का प्रयास करता है जिससे वह जलन अनुभव करता है और इस अनुभव के आधार पर दुबारा आग को पकड़ने का प्रयास नहीं करेगा और यह व्यवहार परिवर्तन ही अधिगम है।

2. **संपूर्ण जीवन ही अधिगम है-** व्यक्ति जन्म से लेकर मृत्यु तक वातावरण के साथ सक्रिया-अन्तक्रिया करता रहता है जिसके फलस्वरूप वह जीवन-पर्यन्त अधिगम करता है।
3. **अधिगम के फलस्वरूप जो परिवर्तन होते हैं वह स्थायी होते हैं-** अधिगम द्वारा व्यवहारों में परिवर्तन होते हैं जिनका स्वरूप स्थायी होता है अगर किसी व्यक्ति ने साइकिल चलाना सीखा है और कई वर्षों तक नहीं चलाई फिर भी वह थोड़े अभ्यास के बाद साइकिल पुनः चला पता है।
4. **अधिगम एक समायोजन की प्रक्रिया है-** व्यक्ति हर हालत में अपने वातावरण में समायोजित होने का प्रयास करता है जिसके फलस्वरूप वह अपने व्यवहारों में संशोधन, नए व्यवहारों को ग्रहण करता है। ताकि वह अपनी समायोजित अवस्था में रह सके।
5. **अधिगम की प्रक्रिया सार्वभौमिक है-** प्रत्येक जीवित प्राणी अधिगम करता है। मनुष्य में अधिगम की क्षमता सर्वाधिक होती है।
6. **अधिगम व्यक्तिगत और सामाजिक दोनों ही हैं-** अधिगम एक व्यक्तिगत कार्य है। प्रत्येक व्यक्ति स्वयं ही सीखने की प्रक्रिया से होकर निकलता है परन्तु व्यक्ति सामाजिक वातावरण में रहकर भी बहुत कुछ सीखता है।
7. **अधिगम विकास की प्रक्रिया है-** अधिगम द्वारा व्यक्ति का निरन्तर विकास होता है। हर अवस्था पर व्यक्ति अपने भविष्य के विकास के लिए नए लक्ष्य बनाता है और उन्हें प्राप्त करने का प्रयास करता है और इन्हीं प्रयासों के फलस्वरूप उसके विकास की प्रक्रिया चलती रहती है।
8. **अधिगम को प्रत्यक्ष रूप से नहीं देखा जा सकता है-** अधिगम के बारे में जानने के लिए व्यक्ति के व्यवहारों का अध्ययन करना पड़ता है क्योंकि अधिगम को देखा नहीं जा सकता बल्कि व्यक्ति के व्यवहारों में हुए परिवर्तनों के उसके बारे में पता लगाया जा सकता है।
9. **अधिगम उद्देश्यपूर्ण एवं विवेकपूर्ण होता है-** सीखने में सफलता निश्चित उद्देश्यों की उपस्थिति में ही संभव है। सीखना एक विवेकपूर्ण कार्य है। बिना बुद्धि या विवेक के सीखने की प्रक्रिया संतोषजनक ढंग से नहीं चलती।
10. **अधिगम स्थानान्तरणीय है-** एक प्रकार की परिस्थिति में सीखे गए कौशलों अथवा समस्या के समाधानों का उपयोग व्यक्ति मिलती-जुलती दूसरी परिस्थितियों में कर लेता है, अर्थात अधिगम का स्थानान्तरण हो जाता है। इस प्रकार अधिगम स्थानान्तरणीय है।
11. **अधिगम उत्तेजना तथा अनुक्रिया के मध्य एक संबंध है-** किसी उत्तेजना के साथ सही अथवा वांछित अनुक्रिया का संबंध स्थापित करना ही अधिगम है।
12. **अधिगम ज्ञानात्मक, भावात्मक व मनोक्रियात्मक पक्ष से संबंधित है-** मनुष्य जो कुछ सीखता है उसका क्षेत्र ज्ञानात्मक, भावात्मक व मनोक्रियात्मक होता है क्योंकि वह ज्ञान का संग्रह करता है, भावनाओं को ग्रहण करता है तथा क्रियाओं को करने हेतु दक्षताओं को भी संकलित करता है।

अधिगम का प्रकार (Types of Learning)

अधिगम के प्रकार को बताना एक चुनौतीपूर्ण कार्य ही है क्योंकि इसका वर्गीकरण अनेक आधारों पर किया जा सकता है।

- अधिगम के क्षेत्र में आधार पर अधिगम के प्रकार
- अधिगम प्रक्रिया में घटित होने वाली दशाओं के आधार पर अधिगम
- कठिनाई के स्तर पर आधारित अधिगम प्रकार

अधिगम के क्षेत्र के आधार पर अधिगम के प्रकार

अधिगम ज्ञानात्मक, भावात्मक व मनोक्रियात्मक क्षेत्रों से संबंधित रहता हैं। इसी आधार पर अधिगम के निम्न प्रकार देखे जा सकते हैं-

1. **संवेदन गति अधिगम (Sensory Motor Learning)**

   इस अधिगम में कौशल अर्जन सम्बन्धी ज्ञान आता है और व्यक्ति द्वारा विभिन्न प्रकार की कुशलता अर्जित की जाती है। जैसे तैरना, साइकिल चलाना, टाइपिंग इत्यादि। इस प्रकार के अधिगम में तीन चरण होते हैं-

   (i) **ज्ञानात्मक (Cognitive Phase)–** इस चरण में व्यक्ति सीखे जाने वाले कौशल के बारे में सैद्धान्तिक ज्ञान प्राप्त करता है। वह कौशल के अभ्यास करने की योजना बनाता है वह संभावित त्रुटियों के सन्दर्भ में विश्लेषण करता है।

   (ii) **दृढ़ीकरण (Fixation)–** इस चरण में सही व्यवहार प्रारूपों का तब तक अभ्यास किया जाता है जब तक कि गलत अनुक्रिया की संभावना शून्य नहीं हो जाती। यह स्थिति दृढ़ीकरण कहलाती है।

   (iii) **स्वचलित स्थिति (Autonomous Phase)–** इस चरण में किसी कौशल में कार्य करने की गति में वृद्धि करने की आवश्यकता होती है। यह चरण कौशल में पूर्ण निपुणता का द्योतक है। इस स्थिति में व्यक्ति निपुणता के कारण किसी कार्य को यन्त्रवत रूप में करता है।
2. **गामक अधिगम (Motor Learning)–** गामक अधिगम में बालक विकास की प्रारम्भिक अवस्थाओं में शरीर के अंगों के संचालन एवं गति पर नियंत्रण करना सीखता है।
3. **बौद्धिक अधिगम (Intellectual Learning)–** इसके अन्तर्गत ज्ञानोपार्जन सम्बन्धी समस्त क्रियाएं आती हैं। जो निम्नलिखित हैं–

(i) **प्रत्यक्षीकरण अधिगम (Perceptual Learning)–** इसमें बालक प्रत्यक्ष ज्ञानात्मक स्तर पर ज्ञानेन्द्रियों की सहायता से सम्पूर्ण परिस्थिति को देखकर व सुनकर प्रतिक्रिया करता है वह सीखता है।

(ii) **प्रत्ययात्मक अधिगम (Conceptual Learning)–** इस प्रकार के सीखने में उसे तर्क, कल्पना और चिन्तन का सहारा लेना पड़ता है।

(iii) **साहचर्यात्मक अधिगम (Associative Learning)–** प्रत्ययात्मक अधिगम इसी अधिगम की सहायता से सम्पन्न होता है। इस प्रकार का अधिगम स्मृति के अन्तर्गत आता है।

(iv) **रसानुभूतिपरक अधिगत (Appreciation Learning)–** इस प्रकार के सीखने में बालक में संवेगात्मक या भावुकतापूर्ण वर्णन या घटना से प्रभावित होकर मूल्यांकन करने अर्थात गुण- दोष विवेचना करने तथा सौन्दर्य बोध की क्षमता आ जाती है।

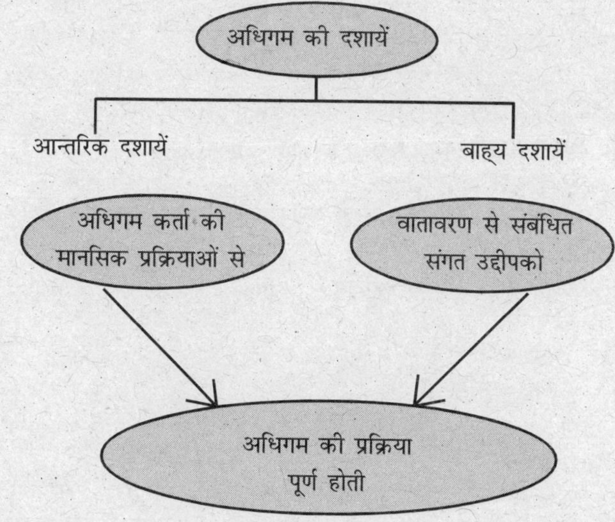

अधिगम प्रक्रिया में घटित होने वाली दशाओं के आधार पर अधिगम के प्रकार-

अधिगम प्रक्रिया में घटित होने वाली दशाओं के आधार पर निम्न प्रकार के अधिगम देखने को मिलते हैं-

1. **स्मृति अधिगम**- इस प्रकार के अधिगम में बालक अर्थपूर्ण तथ्यों को स्मृति में धारण करता है वह यंत्रवत तरीके से तथ्यों को याद करता है।
2. **चिन्तन स्तर अधिगम**- इस प्रकार के अधिगम में बालक अपने समक्ष प्रस्तुत की गई समस्या के समाधान के लिए प्रेरित होता है। वह समस्या समाधान हेतु सीखे गए तथ्यों, नियमों एवं सिद्धांतों का विश्लेषण करके नियम आदि बनाता है।
3. **समझ स्तर अधिगम**- इस अधिगम में बालक तथ्यों का बोध करता है व उन्हें समझने का प्रयास करता है विभिन्न तथ्यों में अंतर करता है उनका वर्गीकरण करता है आदि। बोध द्वारा प्राप्त अनुभव बालक की स्मृति का स्थायी अंग बन जाते हैं तथा वह समस्या समाधान में इन तथ्यों का प्रयोग कर पाता है।
4. **सरल अधिगम**- बालक जब स्वत: ही स्वतंत्र रूप से कार्य करते हुए कुछ सीख जाता है, तो उसे स्वतंत्र अधिगम कहते हैं।
5. **स्वायत्ता अधिगम**- इस प्रकार के अधिगम में बालक प्राकृतिक रूप में सीखता है। वह अपनी अंतदृष्टि के आधार पर समस्याओं का विश्लेषण कर उन्हें सुलझाता है।
6. **आकस्मिक अधिगम**- यह अधिगम अनायास ही घटित हो जाता है। इसमें अधिगम कर्ता न तो सचेत होता है और न ही उसके द्वारा अधिगम हेतु किसी प्रकार का प्रयास किया जाता है।
7. **कठिन अधिगम**- कठिन अधिगम में संगठित एवं जटिल प्रक्रियाएं शामिल होती हैं। इस अधिगम में कठिनता का स्तर बढ़ता ही जाता है। इसमें बालक को ज्ञान एवं क्रिया में सामन्जस्य करना होता है। जैसे संगीत में सुर, लय एवं ताल को सीखना तथा उसके बाद राग एवं अलाप आदि कठिन प्रक्रियाओं को सीखना।
8. **उद्देश्यपूर्ण अधिगम**- इस प्रकार के अधिगम में जानबूझ कर एवं सचेत प्रयास करने पड़ते हैं। इसमें उद्देश्यों का पहले ही निर्धारण कर लिया जाता है। यह एक संगठित अधिगम होता है।

कठिनाई के स्तर पर आधारित अधिगम के प्रकार

गेने (Gagne) ने अपनी पुस्तक The Conditions of Learning में अधिगम के आठ भेद बताये हैं, जिसे वह निष्पादन परिवर्तन कहता है। गेने द्वारा बताये गये अधिगम के भेदों को कठिनता के स्तर के आधार पर एक क्रम में रखा जा सकता है। गेने के अनुसार अधिगम के ये आठ भेद निम्नलिखित हैं-

1. **संकेतक अधिगम (Signal Learning)**– यह एक प्रकार का रूढ़िगत अनुकूलन है। इसमें एक संकेत विशेष से अधिगम हो जाता है। जैसे पावलोव के प्रयोगानुसार घण्टी रूपी उद्दीपन से लार स्त्राव की अनुक्रिया का घटित होना।
2. **उद्दीपन अनुक्रिया अधिगम (Stimulus Response Learning)**– इस प्रकार के अधिगम में बालक किसी विभेदकारी उद्दीपन के प्रति एक-एक सही अनुक्रिया सीख लेता है। थार्नडाइक के बिल्ली के प्रयोग द्वारा इसे समझा जा सकता है।
3. **शाब्दिक साहचर्य अधिगम (Verbal Association Learning)**– शाब्दिक संयोजन, शाब्दिक शृंखलाओं का अधिगम है।
4. **शृंखला अधिगम (Chain Learning)**– इस प्रकार के अधिगम में अलग-अलग उद्दीपन अनुक्रियाओं के मध्य एक संयोजन स्थापित किया जाता है तथा उनके मध्य एक सम्बन्ध स्थापित कर सम्बन्धों की एक शृंखला सी बन जाती है।
5. **विभेदन अधिगम (Discrimination Learning)**– इस अधिगम के अन्तर्गत बालक भिन्न-भिन्न उद्दीपनों के प्रति अनुकूलन से भिन्न-भिन्न प्रकार की अनुक्रियाऐं करना सीख जाता है तथा उसमें एक जैसे उद्दीपनों में भेद करने की एवं उनके अनुसार अनुक्रिया करने की क्षमता आ जाती है।
6. **सम्प्रत्यय अधिगम (Concept Learning)**– यह अधिगम विभेदन पर आधारित है। इस अधिगम में बालक में उद्दीपनों के प्रत्ययों के अनुसार अनुक्रिया करने की क्षमता आ जाती है।
7. **नियम अधिगम (Rule Learning)**–इस अधिगम को महाप्रत्यय अधिगम भी कहते हैं क्योंकि नियम की शाब्दिक रूप में भी अभिव्यक्ति संभव है। इस अधिगम में बालकों द्वारा विचार का समायोजन किया जाता है।
8. **समस्या समाधान अधिगम (Problem Solving Learning)**–इस अधिगम में बालक पूर्व में सीखे गए नियमों का संयोग खोजता है तथा उनका प्रयोग नवीन समस्यात्मक परिस्थितियों को हल करने के लिये करता है। यह अधिगम नियम अधिगम का प्राकृतिक विस्तार है।

अधिगम को प्रभावित करने वाले सामान्य कारक (General Factors Affecting Learning)

शिक्षार्थी सम्बन्धी कारक (Factors Related with Learner)

शिक्षार्थी सम्बन्धी कारकों को निम्न रूप में निर्दिष्ट किया जा सकता है-

(1) **बालक स्वयं**- बालक किसी भी सीखने की प्रक्रिया की धुरी है। बालक शिक्षण-अधिगम की प्रक्रिया का आधार है, इसलिए किसी भी स्तर पर बालक के प्रति अज्ञानता सीखने की प्रक्रिया को व्यर्थ व कोरी कल्पना कर देगी। इसलिए अधिगम के लिए यह आवश्यक है कि बालक की रुचियों, आवश्यकताओं, शारीरिक एवं मानसिक क्षमताओं का पूर्ण ज्ञान शिक्षक को होना चाहिए।

(2) **बुद्धि**- बुद्धि सीखने को प्रभावित करने वाला एक प्रमुख कारक है। इसको हम एक सामान्य कक्षा में भी अनुभव कर सकते हैं।

(3) **आयु**- आयु और अधिगम के विषय में शृंखलाबद्ध अध्ययनों के उपरान्त यह पाया गया है कि एक निश्चित सीमा तक सीखने की क्षमता उम्र के साथ बढ़ती है जिसके बाद यह कुछ समय तक स्थित रहती है व अंत में सीखने की क्षमता में बढ़ती उम्र के साथ कमी आती है, इस प्रक्रिया को समझने के लिए विकास के चक्र को ध्यान देना आवश्यक है।

(4) **सीखने की इच्छा**- सीखने की इच्छा का सीधा संबंध सीखने की मात्रा से होता है। यह माना जाता है कि किसी भी विषय पर पकड़ बनाने के व्यक्ति में सीखने के लिए अंदर से इच्छा होनी चाहिए जो उसे उस विषय के बारे में जानने के लिए अभिप्रेरित करती रहे। और यह अभिप्रेरणा व्यक्ति की आवश्यकताओं रुचियों द्वारा निर्धारित होती है और इनके विकास में शिक्षक की अहम भूमिका होती है। एक बुद्धिमान शिक्षक अपने छात्रों को केवल ज्ञान प्रदान नहीं करता बल्कि उन्हें सीखने के लिए अभिप्रेरित करता है, जीवन के वृहद विषयों के संबंध में रुचियों का विकास करता है।

(5) **मार्गदर्शन**- आमतौर पर प्रयास एवं त्रुटि को सीखने की विधि माना जाता है। जहाँ व्यक्ति एक नये कार्य से परिचित होता है तो वह प्रयास करता है और असफल होने पर पुन: नयी विधि अपनाता है और कुछ प्रयासों और त्रुटियों के पश्चात वह उस कार्य को करने की सही विधि विकसित कर लेता है। पर व्यावहारिक रूप में एक छात्र काफी समय इस प्रक्रिया में बर्बाद करता है और वह असफलता का सामना करने पर वह तनाव और हताशा महसूस करता है। एक शिक्षक छात्रों को सही मार्गदर्शन देकर उनका समय व उनमें तनाव व हताशा को उत्पन्न होने से बचा सकता है।

(6) **शैक्षिक पृष्ठभूमि**- शिक्षार्थी की शैक्षिक पृष्ठभूमि उसके सीखने को प्रभावित करती है। शैक्षिक दृष्टि से बालक सामान्य रूप या विशिष्ठ रूप में पिछड़े हो सकते हैं। कुछ छात्र सामान्यत: सभी विषयों में पिछड़े होते हैं जिन्हें सामान्य पिछड़ेपन की श्रेणी में रखा जाता है वहीं कुछ बालक किन्हीं विशिष्ठ विषयों में पिछड़े होते हैं जो विशिष्ठ पिछड़ेपन की श्रेणी में आते हैं, अगर एक बालक एक विषय में पिछड़ा है तो उसे विषय के नए प्रत्ययों को समझने में दिक्कत आती है और यदि कोई बालक प्रतिभाशाली है तो उसे उस विषय को सीखने में आसानी रहती है। इस प्रकार शैक्षिक पृष्ठभूमि आगे सीखने में योगदान देती है।

(7) **अभिप्रेरणा**- अभिप्रेरणा का सीखने में बहुत योगदान होता है, कोई भी अर्थपूर्ण अधिगम अभिप्रेरणा के अभाव में नहीं हो सकता। मनुष्य का मस्तिष्क ज्ञान को स्पंज की भांति नहीं सोख सकता, कुछ सीखने के लिए उसे सक्रिय गतिविधियों में लिप्त रहना होता है। और इन गतिविधि यों के लिए अभिप्रेरणा का होना आवश्यक है इसके अभाव में गतिविधि रुक जाती है जिसके फलस्वरूप अधिगम भी रुक जाता है।

(8) **बालक का स्वास्थ्य**- एक स्वस्थ्य शरीर में स्वस्थ्य मन विकसित होता है। सीखने की पहली शर्त है कि अधिगमकर्ता शारीरिक व मानसिक रूप से स्वस्थ हो। एक कुपोषित, विकलांग अधिगमकर्ता अपनी समस्त क्षमताओं के अनुसार अधिगम करने में असफल होते हैं। अगर कोई बालक संवेगात्मक रूप से संतुलन में नहीं है तो उसका अधिगम भी प्रभावित होगा। सीखने में बालक की रुचि, दृष्टिकोण अवधान, शारीरिक व मानसिक स्वास्थ्य सीधे तौर पर अधिगम से सम्बन्धित रहते हैं।

(9) **बालक की मनोवृत्ति**- अनुकूल या सकारात्मक मनोवृत्ति किसी भी क्षेत्र में सफलता पाने के लिए आवश्यक होती है। अधिगम के प्रति सकारात्मक मनोवृत्ति बालक को अधिक उत्साही और सक्रिय बनाती है, यदि छात्र का किसी विषय के प्रति सकारात्मक सोच है तो वह उस विषय में शिक्षक द्वारा दिए गए ज्ञान को पूरी दिलचस्पी से ग्रहण करेगा। परंतु यदि वह किसी विषय के प्रति नकारात्मक मनोवृत्ति रखता है तो वह उस विषय से नफरत करेगा। इसलिए अधिगम को प्रभावी बनाने के लिए यह आवश्यक है शिक्षक अधिगम गतिविधियों के प्रति छात्रों में सकारात्मक मनोवृत्ति को विकसित करने में सहायता प्रदान करें।

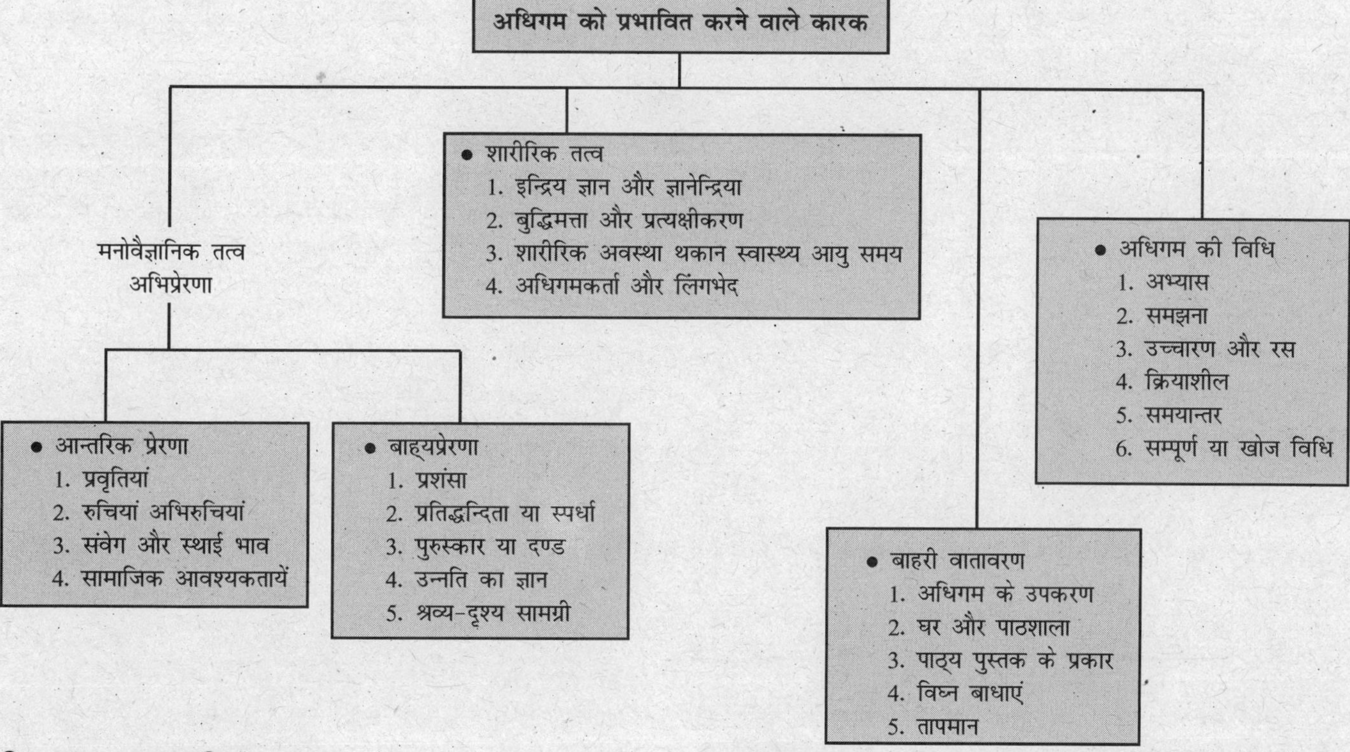

शिक्षक सम्बन्धी कारक
(Factors Related with Teacher)

1. **शिक्षक का व्यवहार**- शिक्षक के व्यवहार का भी छात्रों के अधिगम पर प्रभाव पड़ता है। यदि कोई शिक्षक बहुत ही मित्रवत व्यवहार द्वारा छात्रों को अधिगम के लिए प्रेरित करता है तो निश्चित ही उन छात्रों में अधिगम प्रभावी तरीके से होता है क्योंकि वह शिक्षक को अपने मित्र की तरह मानते हैं व भयमुक्त वातावरण में अपनी समस्याओं से शिक्षक को अवगत करा कर मार्गदर्शन लेते हैं दूसरी ओर यदि शिक्षक का व्यवहार कठोर व भय पैदा करने वाला हो तो छात्र अपनी समस्याओं को शिक्षक से नहीं बताते जिसके फलस्वरूप वह पिछड़ जाते हैं अत: इस प्रकार हम कह सकते हैं कि शिक्षक के व्यवहार का अधिगम में महत्वपूर्ण योगदान होता है।

2. **विषय का ज्ञान**- शिक्षक का अपने विषय में विस्तृत ज्ञान, अनुभव आदि का अधिगमकर्ता के अधिगम करने की क्षमता से संबंधित रहता है। शिक्षक विषय सामग्री को छात्रों की योग्यता, रुचि, आयु आदि के अनुकूल बना कर अधिगम को प्रभावी बनाने में सहायक होता है परन्तु वह यह सब तभी कर सकता है जब उसे अपने विषय पर पकड़ हो।

3. **व्यक्तिगत विभिन्नताओं का ज्ञान**- शिक्षक से अपेक्षा रखी जाती है कि वह प्रत्येक बालक-बालिका के व्यक्तित्व का सर्वांगीण विकास में सहायक हो, किन्तु यह कार्य तब तक सम्भव नहीं है जब तक शिक्षक को व्यक्तिगत विभिन्नताओं का ज्ञान न हो। व्यक्तिगत विभिन्नताओं का ज्ञान होने पर शिक्षक बालकों के अनुरूप ही अधिगम अनुभवों का चयन कर सकता है। व्यक्तिगत विभिन्नताओं का ज्ञान प्राप्त करने में सहायक

होता है। और इस ज्ञान के द्वारा वह अधिगम को प्रभावी बना कर नियोजित कर सकता है।

4. **शिक्षण विधि-** शिक्षण विधियों का प्रयोग शिक्षक द्वारा विषय संबंधी नियोजन ज्ञान को छात्रों तक पहुंचाने के लिए किया जाता है। शिक्षण विधियां भी कई प्रकार की होती हैं पर मुख्यत: इन्हें दो श्रेणी में रखा जाता है। शिक्षक केन्द्रित व छात्र केन्द्रित। अधिगम इस बात पर निर्भर करता है कि सीखने की कैसी विधि का प्रयोग किया जा रहा है। शिक्षक द्वारा सिखाने के लिए यदि रुचिकर तथा आनंददायक विधियों का प्रयोग किया जाता है तो छात्र उस पाठ में अधिक रुचि लेकर सीखते हैं।
5. **मनोविज्ञान का ज्ञान-** शिक्षा में बालक द्वारा अधिगम क्रियाएँ करवाकर उसके व्यवहार में अपेक्षित परिवर्तन लाए जाने के प्रयास किए जाते हैं। इसलिए शिक्षक को जहां एक ओर अपने विषय का ज्ञान होना चाहिए वहीं उसे बाल मनोविज्ञान का भी ज्ञान होना चाहिए। यह माना जाता है कि शिक्षा बालक की अन्तर्निहित शक्तियों का विकास है। अन्तर्निहित शक्तियों की पहचान और उसके विकास की सभ्यताओं का ज्ञान मनोविज्ञान द्वारा ही प्राप्त किया जा सकता है। बालक की अधिगम क्रियाओं में उसकी बुद्धि, अभियोग्यता, अभिवृत्ति, अभिरुचि और आकांक्षा स्तर का अत्यधिक महत्व होता है। इनका पर्याप्त ज्ञान मनोविज्ञान से प्राप्त कर अधिगम क्रियाओं को प्रभावी बनाया जा सकता है।
6. **शिक्षक का व्यक्तित्व-** अधिगम प्रक्रिया में शिक्षक की भूमिका अतुलनीय है। शिक्षक का व्यक्तित्व भी अधिगम को प्रभावित करते हैं। अधिगम की प्रक्रिया में सामाजिक अधिगम भी महत्वपूर्ण होता है बहुत सारी बातें शिक्षक अपने व्यवहार द्वारा ही छात्रों को सिखा सकता है। यदि छात्र शिक्षक के व्यक्तित्व से प्रभावित होते हैं तो वह उसका अनुकरण करने लगते हैं जिससे वह उस शिक्षक के गुणों को आत्मसात करते हैं।

वातावरण सम्बन्धी कारक
(Factors Related with Environment)

1. **कक्षा-कक्ष वातावरण-** कक्षा-कक्ष ही वह स्थान है जहां शिक्षक और छात्रों के मध्य अन्त:क्रिया होती है और शिक्षा के उद्देश्यों की प्राप्ति के लिए प्रयास किये जाते हैं। कक्षा-कक्ष का वातावरण अधिगम अनुकूल होना चाहिए छात्रों के बैठने की उचित व्यवस्था, प्रकाश, हवा, आदि की उचित व्यवस्था अधिगम में सहायक होती है। कक्षा-कक्ष में उचित स्थानों पर डिस्प्ले बोर्ड, छात्रों के लिए बोर्ड, श्यामपट्ट, दृश्य-श्रव्य साधनों की व्यवस्था होनी चाहिए इन भौतिक तत्वों के अलावा कक्षा का मनोवैज्ञानिक वातावरण भी अधिगम के अनुरूप होना चाहिए, कक्षा-कक्ष किसी प्रकार का भय, घबराहट आदि को छात्रों में व्याप्त न होने देकर उन्हें अधिगम के प्रति अभिप्रेरित करता है।
2. **सीखने का समय व थकान-** सीखने का समय सीखने की क्रिया को प्रभावित करता है, जैसे जब छात्र विद्यालय आते हैं तब उनका मन तरोताजा व उनमें स्फूर्ति होती है जो घण्टों के बीतने के साथ कम होती है और वे थकान अनुभव करने लगते हैं। प्रात: वह सुगमता से सीखते हैं व दोपहर तक उनकी सीखने की क्रिया मन्द हो जाती है। अत: सीखने के समय के अनुरूप छात्रों के कठिन विषयों का ज्ञान प्रात:काल में व आसान व रुचिकर विषयों का ज्ञान बाद में देकर अधिगम में उनकी सक्रियता को बनाया रखा जा सकता है।

अधिगम के सिद्धान्त

सीखना या अधिगम एक बहुत ही व्यापक एवं महत्वपूर्ण शब्द है। मानव में सीखने की प्रक्रिया जन्म से लेकर मृत्यु-पर्यन्त तक पाई जाती है। दैनिक जीवन में सीखने के अनेक उदाहरण दिए जा सकते हैं। सीखना मनुष्य की एक जन्मजात प्रकृति है। प्रतिदिन प्रत्येक व्यक्ति अपने जीवन में नये अनुभवों को एकत्र करता रहता है, ये नवीन अनुभव, व्यक्ति के व्यवहार में वृद्धि तथा संशोधन करते हैं। इसलिए यह अनुभव तथा इनका उपयोग ही सीखना या अधिगम करना कहलाता है। इस इकाई में आप अधिगम के विभिन्न परिप्रेक्ष्य, अवधारणा, सिद्धांतों तथा इनका विभिन्न अधिगम परिस्थितियों में अनुप्रयोग का अध्ययन करेंगे तथा साथ ही जीन पियाजे, ब्रुनर, वैगोत्स्की, रोजर्स तथा चॉम्स्की द्वारा प्रतिपादित अधिगम के सिद्धांत तथा उनके शैक्षिक निहितार्थ का भी अध्ययन कर उनके शैक्षिक निहितार्थों को जान पायेंगे।

अधिगम के सिद्धान्त

सीखने के आधुनिक सिद्धान्तों को निम्नलिखित श्रेणियों में विभक्त किया जा सकता है-

(अ) व्यवहारवादी साहचर्य सिद्धान्त
(Behavioural Associationist Theories)
(ब) ज्ञानात्मक एवं क्षेत्र संगठनात्मक सिद्धान्त
(Congnitive Organisation Theory)
(स) मानवतावादी (Humanistic Approach)
(द) निर्मितवादी उपागम (Constructivistic Approach)

विभिन्न उद्दीपनों के प्रति सीखने वाले की विशेष अनुक्रियाएं होती हैं। इन उद्दीपनों तथा अनुक्रियाओं के साहचर्य से उसके व्यवहार में जो परिवर्तन आते हैं उनकी व्याख्या करना ही पहले प्रकार के सिद्धान्तों का उद्देश्य है। इस प्रकार के सिद्धान्तों के प्रमुख प्रवर्तकों में थोर्नडाइक, वाटसन और पैवलोव तथा स्किनर के नाम विशेष रूप से उल्लेखनीय हैं। थोर्नडाइक द्वारा प्रतिपादित विचार प्रणाली को संयोजनवाद (Connectionism) के नाम से जाना जाता है, वहां वाटसन और पैवलोव तथा स्किनर की प्रणाली को अनुबन्धन या प्रतिबद्धता (Conditioning) का नाम दिया गया है।

व्यवहारवादी साहचर्य सिद्धांत
(Behavioural Associationist Theories)

थॉर्नडाइक ने सीखने की व्याख्या करते हुए कहा है कि जब कोई उद्दीपक (stimulus) व्यक्ति के सामने दिया जाता है तो उसके प्रति वह अनुक्रिया (respponse) करता है। अनुक्रिया सही होने से उसका संबंध (connection) उसी विशेष उद्दीपक (stimulus) के साथ हो जाता है। इस संबंध को सीखना (learning) कहा जाता है तथा इस तरह की विचारधारा को संबंधवाद (Connectionism) की संज्ञा दी गयी है। थार्नडाइक के अधिगम के सिद्धांत को प्रयास एवं त्रुटि का सिद्धांत तथा संबंधवाद के नाम से जाना जाता है।

आई.पी. पैवलव (I.P. Pavlov) एक रूसी शरीर-वैज्ञानिक (physiologist) थे जिन्होंने अपनी जीवन-वृत्ति (career) हृदय के कार्यों के अध्ययन से शुरू की परन्तु बाद में उन्होंने पाचन क्रिया (digestion) के दैहिकी (physiology) का विशेष रूप से अध्ययन करना प्रारम्भ किया और उनका यह अध्ययन इतना महत्वपूर्ण एवं लोकप्रिय हुआ कि 1904 में इसके लिए उन्हें नोबल पुरस्कार (Nobel Prize) भी दिया गया। संयोग से पैवलव ने सीखने के एक सिद्धांत का भी प्रतिपादन किया जिस अनुबन्धित अनुक्रिया सिद्धान्त (conditioned response theory) कहा जाता है।

पैवलव ने अपने सीखने के सिद्धान्त का आधार अनुबन्धन (conditioning) को माना है। पैवलव के सीखने के इस अनुबन्धन सिद्धान्त को शास्त्रीय

अनुबन्धन सिद्धान्त (classical conditioning theory) या प्रतिवादी अनुबन्धन सिद्धान्त (Respondent conditioning theory) या टाइप-एस (Type-S) अनुबन्धन भी कहा जाता है।

क्लासिकल अनुबन्धन में प्रतिमान की शुरुआत एक उद्दीपक (stimulus) तथा इससे उत्पन्न अनुक्रिया के बीच के संबंध से होता है।

पैवलव के अनुसार जब कोई स्वाभाविक एवं उपर्युक्त उद्दीपक को जीव के सामने उपस्थित किया जाता है तो वह उसके प्रति एक स्वाभाविक अनुक्रिया (natural response) करता है। जैसे गर्म बर्तन को छूते ही हाथ खींच लेना तथा भूखा होने पर भोजन देखकर मुंह में लार आना, कुछ ऐसी अनुक्रियाओं (responses) के उदाहरण हैं। जब इस स्वाभाविक एवं उपयुक्त उद्दीपक के ठीक कुछ सेकेण्ड पहले एक दूसरा तटस्थ उद्दीपक (netural stimulus) बार-बार उपस्थित किया जाता है तो कुछ प्रयास (trials) के बाद उस तटस्थ उद्दीपक द्वारा ही स्वाभाविक अनुक्रिया (लार आना या हाथ खींच लेना जो सिर्फ स्वाभाविक उद्दीपक के प्रति होती थी) उत्पन्न होने लगती है। पैवलव का यह निष्कर्ष कि यदि तटस्थ उद्दीपक (neutral stimulus) को किसी उपयुक्त एवं स्वाभाविक उद्दीपक (neutral stimulus) के साथ बार-बार दिया जाता है तो तटस्थ उद्दीपक के प्रति व्यक्ति वैसी ही अनुक्रिया (responses) करना सीख लेता है जैसा कि वह उपयुक्त एवं स्वाभाविक उद्दीपक के प्रति करता है। यह निष्कर्ष एक प्रयोग पर आधारित है।

स्किनर

स्किनर (1938) द्वारा प्रतिपादित सिद्धान्त नैमित्तिक अनुबंधन, सक्रिय अनुबन्धन या क्रिया प्रसूत अनुबन्धन भी कहा जाता है। यह प्राचीन अनुबंधन की अपेक्षा अधिक उपयोगी तथा व्यावहारिक है। प्राचीन अनुबंधन में वांछित व्यवहार उत्पन्न करने के लिए सम्बन्धित उद्दीपक पहले प्रदर्शित किया जाता है। इसके विपरीत सक्रिय अनुबंध की अवधारणा यह है कि प्राणी को वांछित उद्दीपक या परिणाम प्राप्त करने या कष्टदायक उद्दीपक से बचने के लिए प्रत्याशित, उचित या सही अनुक्रिया (व्यवहार) पहले स्वयं प्रदर्शित करना होता है। अर्थात् उद्दीपक या परिस्थित के निमित प्राणी द्वारा किया जाने वाला व्यवहार ही परिणाम का स्वरूप निर्धारित करता है। इसी कारण इसे नैमित्तिक अनुबंधन कहते हैं (Hulseet. al. 1975)। इसी आधार पर इसे संक्रियात्मक या क्रिया प्रसूत अधिगम (Operant learning) भी कहा जाता है (Hilgard and Bower, 1981)। पोस्टमैन एवं इगन (1967) ने भी लिखा है कि नैमित्तिक अनुबंधन में धनात्मक पुनर्बलन (S +) का प्राप्त होना या नकारात्मक पुनर्बलन (S–) से बचना इस बात पर निर्भर करता है कि किसी अधिगम परिस्थिति में प्रयोज्य कैसा व्यवहार (उचित/अनुचित) करता है।

दूसरे प्रकार के सिद्धान्त सीखने को उस क्षेत्र में, जिसमें सीखने वाला और उसका परिवेश शामिल होता है, आये हुये परिवर्तनों तथा सीखने वाले द्वारा इस क्षेत्र के प्रत्यक्षीकरण किये जाने के रूप में देखते हैं। ये सिद्धान्त सीखने की प्रक्रिया में उद्देश्य (Purpose), अन्तर्दृष्टि (Insight) और सूझबूझ (Understanding) के महत्व को प्रदर्शित करते हैं। इस प्रकार के सिद्धान्तों के मुख्य प्रवर्तकों में वर्दाईमर (Werthemier), कोहलर (Kohler), और लेविन (Lewin) के नाम उल्लेखनीय हैं।

मानवतावादी परिप्रेक्ष्य में सीखना
(Learning in Humanistic Perspectives)

मानव एक जागृत प्राणी है, वह जीवन भर सीखता रहता है और अपने सीखे हुए ज्ञान को आने वाली पीढ़ी को स्थानान्तरित करता रहता है।

मासलो: मनावैज्ञानिक मास्लो (1968) और रोजर (1983) ने बताया कि मनुष्य अपनी आकांक्षा आवश्यकताओं के आधार पर सीखता है। इसके लिए मजबूत धारणा, आत्मसम्मान तथा आत्म यथार्थीकरण का होना अति आवश्यक है। मनुष्य को उच्च स्तर पर पहुंचने हेतु सही दिशा या मार्ग का ज्ञान होना परम आवश्यक है। मास्लो के अनुसार जब व्यक्ति की बुनियादी आवश्यकता की पूर्ति हो जाती है तथा वह उनसे संतुष्ट हो जाता है तब वह अपनी उच्च आकांक्षाओं, आत्मसम्मान और यथार्थीकरण के बारे में सोचेगा। उनका सिद्धान्त इस बात पर निर्भर करता है कि व्यक्ति क्या अपील कर रहा है अर्थात् वह किस वस्तु की कमी महसूस कर रहा है। जैसे-एक छात्र जो थका, भूखा, प्यासा, चिन्तित, डरा हुआ है, वह पूर्ण रूप से सीखने में अपनी शक्ति नहीं लगा सकता। जबकि दूसरा छात्र पूर्ण रूप से सुरक्षित व स्वस्थ है, वह उस छात्र की अपेक्षा अधिक सीख पायेगा।

रोजर: रोजर ने बताया कि छात्रों की आवश्यकता के अनुसार उन्हें सीखने का स्वतंत्रतापूर्वक मौका दिया जाए और अध्यापकों से उनके व्यक्तिगत संपर्क अच्छे होने चाहिए और अध्यापक को छात्रों की भावनाओं को पहचानकर उनके साथ घुल-मिल जाना चाहिए। अध्यापक द्वारा छात्र की पसन्द को ध्यान में रखते हुए उनके उचित मार्गदर्शन दिया जाना चाहिए। एक वयस्क सीखने वाले द्वारा इन सिद्धान्तों का पालन किया जाना चाहिए। जैसे-सक्रिय, आत्म-निर्देशित, समस्या-केंद्रित, अनुभव से संबंधित, प्रासंगिक रूप में आवश्यक, आन्तरिक रूप से प्रेरित, प्रभावशाली तरीके से सीखने का वातावरण उसमें होना आवश्यक है, तभी अधिगम अधिक होगा।

अधिगम का सर्जनवादी परिप्रेक्ष्य
(Constructivism Perspective of Learning)

शिक्षण शास्त्र की परिधि में सबसे प्रचलित शब्द सर्जनवाद है। सर्जनवाद मूलतः 'मानव कैसे सीखता है' से सम्बंधित एक सिद्धांत है जो अवलोकन तथा वैज्ञानिक पद्धति पर आधारित है। इसके अनुसार कोई भी व्यक्ति इस संसार के सन्दर्भ में जो भी ज्ञान अथवा अवधारणा का विकास करता है वह स्वयं के अनुभव पर ही आधारित होता है। किसी भी ज्ञान का आधार उसके स्वयं का ही अनुभव होता है। अर्थात् अनुभव ही ज्ञान की कुंजी होती है। यदि कोई व्यक्ति किसी कार्य को पूरा करता है तो उसे किसी न किसी प्रकार का अनुभव प्राप्त होता है और यही अनुभव उस व्यक्ति के लिए ज्ञान सृजन का आधार होता है। सृजनवाद को अर्थ निर्माण के ऐसे सिद्धांत के रूप में देखा जा रहा है जो ज्ञान की प्रकृति और सीखने की प्रक्रिया का स्पष्टीकरण देता है। अधिगम की इस व्याख्या के अनुसार, ''व्यक्ति अपनी नई समझ अथवा ज्ञान की रचना अथवा निर्माण, जितना वह जानते एवं मानते हैं और जिन विचारों, घटनाओं एवं गतिविधियों के संपर्क में आते हैं, दोनों संवादो के माध्यम से करते हैं। (रिचर्डस)। ज्ञान को यहाँ जिस प्रकार से देखा जा रहा है उसे दोहराव की शुरुआत करने की बजाय विषय में संलिप्त होकर प्राप्त किया जाता है। (करोल और लोबास्की)। सृजनवादी स्थितियों में अधिगम गतिविधियाँ सक्रिय भागीदारी, पूछताछ, समस्या समाधान और अन्यों साझेदारी से विभूषित होती हैं। तदनुसार, इस प्रकार की परिस्थिति में शिक्षक की भूमिका ज्ञान के वितरक मात्र की ही नहीं होती बल्कि एक मार्गदर्शक, प्रेरणादायी और साथी अन्वेषक के रूप में होता है जो छात्रों को प्रश्न करने, चुनौती लेने, अपने विचार सृजन करने, राय बनाने और निष्कर्ष तक पहुँचने के लिए प्रेरित करता है।

जीन पियाजे का अधिगम सिद्धांत
(Learning theory of Jean Piaget)

विकासात्मक मनोविज्ञान के विभिन्न सिद्धान्तों में से एक बहुत ही सर्वाधिक महत्वपूर्ण सिद्धान्त जीन पियाजें (Jean Piaget) का सर्वाधिक विकास का सिद्धान्त है जिसका मूल उद्देश्य बच्चों के विकास के अंतर्गत जो क्रमिक परिवर्तन होते हैं, जिसके कारण मानसिक क्रियाएं और भी जटिल (Complex/Sophisticated) हो जाती हैं, सरलता से व्याख्या करना है। संज्ञानात्मक विकास के अध्ययन में जीन पियाजे (Jean Piaget) का अभूतपूर्व योगदान है। पियाजे ने अपने सिद्धान्त में शैशवस्था से वयस्कावस्था के बीच चिन्तन-क्रिया में जो विकास होते हैं व्याख्या की है। संज्ञान (Cognition) का तात्पर्य उन सारी मानसिक क्रियाओं से है जिसका संबंध चिंतन (Thinking), समस्या-समाधान, भाषा संप्रेषण तथा और भी बहुत सी मानसिक प्रक्रियाओं से है। निस्सर (Neisser 1067) ने कहा है कि 'संज्ञान' संवेदी सूचनाओं (Sensory Information) को ग्रहण करके उसका रूपान्तरण (Transformation), विस्तारण (Elaboration), संग्रहण (Storage), पुनर्लाभ (Recovery) तथा इसके समुचित प्रयोग करने से होता है।

संज्ञानात्मक विकास की अवस्थाएँ
(Stages of Cognitive Development)

1. संवेदी पेशीय अवस्था (Sensory Motor stage)
2. पूर्व-संक्रियात्मक अवस्था (Pre-operational stage)
3. मूर्त-सक्रिय अवस्था (Period of concrete operation)
4. औपचारिक सक्रिय अवस्था (Period of formal operation)

1. संवेदी-पेशीय अवस्था (Sensory Motor stage)

यह अवस्था जन्म से दो साल तक की होती है। इस अवस्था में बालक कुछ संवेदी-पेशीय क्रियाएँ जैसे पकड़ना, चूसना, चीजों को इधर-उधर करना आदि स्वतः सहज क्रियाओं से व्यवस्थित क्रियाओं की ओर अग्रसित होता है। पियाजे के अनुसार इस अवस्था में शिशुओं का बौद्धिक और संज्ञानात्मक विकास निम्नलिखित छः उप-अवस्थाओं से होकर गुजरता है-

(i) पहली अवस्था को **प्रतिवर्त्त क्रिया की अवस्था (Stage of Relax Actions)** कहा जाता है जो जन्म से एक महीना तक की होती है। इस प्रतिवर्त्त क्रिया की अवस्था में शिशु अपने को नये वातावरण में अभियोजन करने की कोशिश करता है। इस समय चूसने की क्रिया सबसे प्रबल होती है।

(ii) दूसरी अवस्था को **प्रमुख वृत्तीय प्रतिक्रिया की अवस्था (Stage of secondary circular reaction)** कहा जाता है जो 1 से 4 महीने तक होती है। इस अवस्था में शिशुओं की प्रतिवर्त्त क्रियाएं (Reflex activities) में कुछ हद तक परिवर्तन होता है। शिशु अपने को नये वातावरण में अभियोजित करने की कोशिश करता है। वह अपने अनुभवों को दोहराता है तथा उसमें रूपान्तरण लाने का प्रयास करता है। इसे प्रमुख (Primary) इसलिए कहा जाता है क्योंकि ये प्रतिवर्त्त क्रियाएं प्रमुख होती हैं एवं उन्हें वृतीय (Circular) इसलिए कहा जाता है क्योंकि इन क्रियाओं को वे बार-बार दोहराते हैं।

(iii) तीसरी अवस्था **गौण तृतीय प्रतिक्रिया की अवस्था (Stage of secondary circular reaction)**- होती है जो 4 से 8 महीने तक की होती हे। इस अवस्था में शिशु ऐसी क्रियाएं करता है जो रुचिकर होते हैं तथा अपने आस-पास की वस्तुओं को छूने की कोशिश करता है।

(iv) चौथी अवस्था **गौण-स्कीमटा के समन्वय की अवस्था (Stage of coordination of secondary schemata)**- जो 6 महीने से 12 महीने तक होती है। इस अवधि में शिशु अपने उद्देयों की प्राप्ति के लिए सहज क्रिया को इच्छानुसार प्रयोग करना सीख जाता है। वह वयस्कों द्वारा किये गये कार्यों को अनुकरण (Imitation) करने की कोशिश करता है।

(v) **तृतीय वृतीय प्रतिक्रिया की अवस्था (Tertiary circular reaction)**- 12 महीने से 18 महीने तक होती है। इस अवस्था में बालक प्रयास एवं त्रुटि के आधार पर अपनी परिस्थितियों को समझाने की कोशिश करने से पहले सोचना प्रारंभ कर देता है। इस अवधि में बच्चों में उत्सुकता (Curiosity) उत्पन्न होती है तथा भाषा का भी प्रयोग करना शुरू कर देता है।

(vi) **मानसिक संयोग द्वारा नए साधनों की खोज अवस्था (Stage of the new means through mental combination)** 18 महीनों से 2 साल तक में शिशु प्रतिमा (Image) का प्रयोग करना सीख जाता है। अब वह स्वयं ही समस्या का हल प्रतीकात्मक चिंतन क्रिया (Symbolic thought process) द्वारा ढूंढ लेता है।

इस अवस्था में संज्ञानात्मक विकास के साथ बौद्धिक-विकास भी तीव्र गति से होता है।

2. पूर्व संक्रियात्मक अवस्था (Pre operational stage)

संज्ञानात्मक विकास की पूर्व-संक्रियात्मक अवस्था लगभग दो साल से प्रारंभ होकर सात साल तक होती है।

इस अवस्था में संकेतात्मक कार्यों की उत्पत्ति (Emergence of symbolic functions) तथा भाषा का प्रयोग (Use of language) होता है।

पियाजे ने इस अवस्था को दो भागों में बांटा है।

(i) **प्राकसंप्रत्यात्मक अवधि (Pre conceptual period)**- जो कि 2 से 4 साल तक होता है। यह अवस्था वस्तुतः परिवर्तन की अवस्था है जिसे खोज (Exploration) की अवस्था भी कही जाती है। इस अवस्था में बच्चे जो संकेत (Symbol) का प्रयोग करते हैं वह थोड़ी-सी अव्यवस्थित (Discorganized) होती है। इस अवस्था में बच्चे बहुत सी ऐसी क्रियाएं करते हैं जिसे इससे पहले वह नहीं कर सकते थे। जैसे संकेत (Symbol) व चिन्ह (Signs) का प्रयोग कब और कहां किया जाता है। वे शब्दों (Words) का प्रयोग कर समस्याओं का समाधान करते हैं। बालक विभिन्न घटनाओं या कार्यों के संबंध में क्यों तथा कैसे (Why and How) जैसे प्रश्नों को जानने में रुचि रखते हैं। वे जिस कार्य को दूसरों के द्वारा करते हैं या होते देखते हैं उस कार्य को करने लगते है। उनमें बड़ों का अनुकरण (Imitation) करने की प्रवृत्ति होती है।

(ii) **अंतर्दर्शी अवधि (Intuitive period)**- यह अवधि 4 साल से 7 साल तक होता है। इस अवधि में बालक की चिन्तन और तार्किक क्षमता पहले से अधिक सुदृढ हो जाती है। पियाजे के अनुसार अंतर्दर्शी चिन्तन ऐसा चिन्तन है जिसमें बिना किसी

तार्किक विचार द्वारा प्रक्रिया के किसी बात को तुरन्त स्वीकार कर लिया जाना है।

(iii) **मूर्त सक्रिय अवस्था (Period of concrete operation)**– यह अवस्था 7 साल से 12 साल तक चलती है। इस अवस्था में बच्चे का अतार्किक चिन्तन संक्रियात्मक विचारों का स्थान ले लेता है। बच्चे अब जोड़ना (Addition), घटाना (Subtraction) गुणा करना (Multiplication) और भाग (Divison) कर सकते हैं। लेकिन अगर उसे शाब्दिक कथन (Verbal statement) के आधार पर मानसिक क्रियाएं करने को कहा जाये तो वे नहीं कर सकते हैं। इस अवस्था के दौरान बालकों द्वारा तीन मानसिक निपुणता हासिल कर ली जाती हैं। ये तीन योग्यताएं विचारों की विलोमता (Reversibility of Thought), संरक्षण (Conservation) तथा वर्गीकरण व पूर्ण अंश प्रत्ययों का उपयोग (Classification and part whole conception) हैं।

इस अवस्था में विचारों की विलोमता में बालक सक्षम हो जाते हैं। भौतिक वस्तुओं में संरक्षण (Conservation in physical objects) बालकों की मानसिक प्रक्रिया का एक अंग बन जाता है। सबसे महत्वपूर्ण विकास उनकी क्रमबद्धता अर्थात विभिन्न वस्तुओं को उनके आकार व भार आदि की दृष्टि से अलग करना तथा छोटे से बड़े क्रम में वर्गीकरण करना है।

बालकों में यह क्षमता विकसित हो जाती है कि वह वस्तुओं को कुछ भागों में बांट सके और उन भागों की समस्या का समाधान तार्किक ढंग से कर सकें।

मूर्तसक्रिय अवस्था में बालक का ध्यान अपनी ओर से हटकर दूसरे की ओर जाने लगता है। अर्थात् उसके सामाजीकरण (Socialization) की शुरूआत होती है।

इस अवस्था में मानसिक विकास की दो सीमाएँ पायी जाती हैं–

a. इस अवस्था में बालक तार्किक चिन्तन (Logical Thinking) तभी कर सकते हैं जब उनके सामने बस्तु ठोस रूप से उपस्थित की गई हो।
b. दूसरा, इस अवस्था में ठोस संक्रियात्मक चिन्तन की दूसरी परिसीमा यह है कि यह बहुत क्रमबद्ध नहीं होती है। किसी समस्या के तार्किक रूप से संभावित सभी समाधान के बारे में बालक नहीं सोच पाता है (ब्राउन तथा कूक, 1986)।

औपचारिक-सक्रिय अवस्था

(Period of formal operations)- यह संज्ञानात्मक विकास की अंतिम अवस्था है जो लगभग 11 साल से 15 साल की आयु तक होती है। इस अवस्था के दौरान बालक अमूर्त बातों के संबंध में तार्किक चिन्तन करने की क्षमता का विकास कर लेता है। इस अवस्था को किशोरावस्था (Period of Adolescence) कहा जाता है। बच्चे अब वर्तमान, भूत एवं भविष्य (Present, Past & Future) के मध्य अन्तर समझने लगते हैं। समस्या का हल सुव्यवस्थित ढंग से करने लगते हैं। इस अवस्था में बालक परिकल्पनाएं (Hypothesis) निर्माण के योग्य हो जाता है। उसकी व्याख्या करता है तथा व्याख्यान के आधार पर निष्कर्ष भी निकालता है। पियाजे के अनुसार इस अवस्था में बालकों में बौद्धिक संगठन अधिक क्रमबद्ध हो जाता है। बालक एक साथ अधिक-से-अधिक बातों को समझाने तथा उसका विचार करने में समर्थ हो जाता है। इस तरह पियाजे द्वारा बताई गई संज्ञानात्मक विकास के सिद्धान्त की चार अवस्थाएं इस बात का द्योतक हैं कि किसी भी बालक का संज्ञानात्मक विकास चार विभिन्न अवस्थाओं से होकर गुजरता है जिसमें कुछ बालकों का बौद्धिक विकास तीव्र गति से होता है। कुछ का औसत गति से तथा कुछ का धीमी गति से।

जिरोम सेमौर ब्रूनर का अधिगम सिद्धांत

(Learning theory of J S Bruner)

अमेरिकी मनोवैज्ञानिक जिरोम सेमौर ब्रूनर (जन्म 1915) ने प्रत्यक्षण, संज्ञान एवं शिक्षा के अध्ययन में महत्वपूर्ण योगदान दिया। उन्होंने अमेरिका एवं इंग्लैण्ड के विश्वविद्यालयों में अध्ययन कार्य किये तथा शिक्षा एवं मनोविज्ञान के क्षेत्र में बहुत सी पुस्तकों एवं लेखों के रचयिता हैं।

ब्रूनर, जिन्होंने बालकों के संज्ञानात्मक विकास का अध्ययन किया, ने बालकों की बाहरी दुनिया के संज्ञानात्मक प्रदर्शन (प्रस्तुतीकरण) से संबंधित एक सिद्धान्त प्रतिपादित किया। ब्रूनर का सिद्धान्त वर्गीकरण पर आधारित है वर्गीकरण हेतु प्रत्यक्षीकरण, वर्गीकरण हेतु संप्रत्ययीकरण, वर्ग बनाने हेतु अध्ययन, वर्गीकरण हेतु निर्णय लेना ब्रूनर मानते है कि लोग दुनिया को उसकी समानताओं एवं विषमताओं के पदो में व्याख्यायित करते हैं।

वे दो प्रकार के चिन्तन व प्राथमिक तरीकों कथन माध्यम एवं रूपदर्शन माध्यम, का सुझाव देते हैं। कथन चिन्तन में मस्तिष्क क्रमागत, क्रिया-उन्मुख एवं विवरण प्रेरित विचार में व्यस्त होता है।

रूप दर्शन चिन्तन (Paradigmatic Thinking) में मन व्यवस्थित व वर्गीकृत संज्ञान को प्राप्त करने हेतु विशिष्टताओं का अतिक्रमण करता है। प्रथम स्थिति में चिन्तन कहानी एवं ग्रीपिंग ड्रामा का रूप लेता है। बाद वाली स्थिति में चिन्तन तार्किक प्रवर्तकों (Logical operators) से जुड़े कथनों (Propositions) के रूप में संरचित है।

ब्रूनर के संज्ञानात्मक विकास के सिद्धान्त के मूलभूत आयाम

(Fundamental Aspects of Bruner's Theory of Congnitive Development)

ब्रूनर के संज्ञानात्मक विकास के सिद्धान्त की सटीक गतिकी को समझने हेतु निम्नलिखित कारक प्रमुख स्थान रखते हैं।

वर्गीकरण (Categorisation)

ब्रूनर के विचार वर्गीकरण पर आधारित हैं: ''वर्गीकरण के लिए प्रत्यक्षण, वर्गीकरण हेतु संप्रत्यायीकरण, वर्गीकरण करने हेतु अधिगम, वर्गीकरण के लिए निर्णयीकरण''।

मस्तिष्क सूचनाओं को सरलीकरण कैसे करता है जो कि लघु-अवधि स्मृति में प्रवेश करता है, वर्गीकरण है। ब्रूनर ने आन्तरिक संज्ञानात्मक मानचित्रों की संरचना में सूचनाओं के वर्गीकरण पर अधिक जोर दिया। उनका विश्वास है कि प्रत्यक्षण, संप्रत्ययीकरण, अधिगम, निर्णयीकरण और अनुमानीकरण ये सभी वर्गीकरण में सम्मिलित होते हैं।

संगठन (Organisation)

संगठन से तात्पर्य सूचनाओं को कूटकृत तन्त्र में व्यवस्थित करने से है। कूट-कृत तन्त्र संवेदी निवेश को पहचानने हेतु प्रेषित वर्ग होते हैं। ये उच्चतर संज्ञानात्मक क्रियाएं, प्रमुख संगठनात्मक चर होते हैं। इससे परे तात्कालिक संवेदी ऑकड़े संबन्धित वर्गों के आधार पर अनुमान लगाने में सम्मिलित हैं। संबंधित वर्ग एक कूट-कृत तन्त्र बनाते हैं। ये संबंधित वर्गों की क्रमबद्धित व्यवस्थाएं हैं। ब्रूनर ने एक कूट-कृत तंत्र का सुझाव दिया जिसमें लोग सम्बन्धित वर्गों की श्रेणीबद्ध व्यवस्था बनाते हैं।

मानसिक प्रदर्शन के माध्यम (Modes of Mental Representations)

ब्रूनर के विचारों में मानसिक प्रदर्शन के तीन माध्यम हैं- दृश्य, शब्द तथा प्रतीक। बच्चे आन्तरिक सूचना संसाधन एवं संग्रहण तंत्र द्वारा बाहरी वास्तविकता के मानसिक प्रदर्शन का विकास करते हैं। मानसिक प्रदर्शन हेतु भाषा बहुत सहायक होती है।

भाषा (Language)

ब्रूनर के तर्क के अनुसार संज्ञानात्मक प्रदर्शन के आयाम भाषा से मदद प्राप्त करते हैं। उन्होंने भाषा-ज्ञान में सामाजिक व्यवस्था के महत्व पर जोर दिया इनके विचार पियाजे के विचारों के समान हैं, परन्तु वे विकास के सामाजिक प्रभाव पर ज्यादा जोर देते हैं।

शिक्षक एवं शिक्षार्थी के मध्य अन्तःक्रिया (Interaction Between Teacher and Taught)

शिक्षक-शिक्षार्थी के मध्य प्रगाढ़ अन्तःक्रिया, शिक्षार्थी के संज्ञानात्मक विकास में सार्थक अन्तर स्थापित करती हैं। समाज का कोई भी शिक्षक हो सकता है। माता, पिता, या वह कोई जो कुछ सीख सकता है, शिक्षक हो सकता है।

अधिगमकर्ता का अभिप्रेरण (Motivation of Learner)

ब्रूनर, पियाजे के बच्चों के संज्ञानात्मक विकास के विचारों से प्रभावित थे। उन्होंने यह दृष्टिकोण प्रस्तुत किया कि बच्चे सक्रिय समाधानकर्ता होते हैं तथा 'कठिन विषयों' के अन्वेषण में सक्षम होते हैं जैसा कि बच्चे आन्तरिक अभिप्रेरणा से ओत-प्रोत होते हैं।

संरचनावादी प्रक्रिया की तरह अधिगम (Learning as Constructivist Process)

अधिगम वास्तविकताओं को संरचित करने की प्रक्रिया है जो कि अन्ततः संज्ञानात्मक विकास में जुड़ जाती है। ब्रूनर का सैद्धान्तिक ढांचा इस विषय-वस्तु पर आधारित है कि अधिगमकर्ता विद्यमान ज्ञान के आधार पर नये विचार या संप्रत्यय संरचित करते हैं।

सूझपूर्ण एवं विशलेषणात्मक चिन्तन (Intuitive and analytic Thinking)

ब्रूनर का विश्वास है कि सूझपूर्ण एवं विश्लेषणात्मक दोनों चिन्तन प्रोत्साहित एवं पुरस्कृत किये जाने चाहिए। उनका विश्वास था कि सूझपूर्ण (अन्तर्ज्ञात) कौशलों को कम-बल दिया जाता था और वे प्रत्येक क्षेत्र में सूझ पूर्ण छलांग (कदम) हेतु विशेषज्ञों की क्षमताओं पर चिन्तन करते हैं।

खोज-अधिगम (Discovery Learning)

खोज अधिगम संज्ञान की क्रियात्मक क्षमता को बढ़ाता है। ब्रूनर ने 'खोज-अधिगम' को विख्यात किया। खोज-अधिगम एक पूछताछ आधारित संरचनावादी अधिगम सिद्धान्त है जो कि समस्या समाधान परिस्थितियों में होता है जहाँ अधिगमकर्ता स्वयं की अनुभूतियों एवं विद्यमान ज्ञान के प्रयोग से तथ्यों, उनके सम्बन्धों एवं नये सत्यों को सीखने हेतु खोजता है।

अनुभवजन्य अधिगम (Experiential Learning)

अनुभवजन्य अधिगम बौद्धिक विकास में बहुत सहायक होता है। यह आगमनात्मक, अधिगमकर्ता-केन्द्रित एवं क्रिया-कलाप उन्नमुखित होती है। अनुभव के बारे में वैयक्तिक चिन्तन और दूसरी परिस्थितियों में अधिगमित ज्ञान का प्रयोग करने में योजनाओं का प्रतिपादन (सूत्रीकरण) प्रभावी अनुभवजन्य अधिगम के लिए क्रान्तिक (विवेचनात्मक) कारण है। अनुभवजन्य अधिगम में अधिगम की प्रक्रिया पर जोर दिया जाता है न कि अधिगम के उत्पाद पर संज्ञानात्मक विकास पर अधिगम की प्रक्रिया का अत्याधिक (अवश्य) प्रभाव होता है। ब्रूनर ने संज्ञानात्मक विकास की तीन अवस्थाओं को बताया।

प्रथम अवस्था को उन्होंने 'सक्रियता' (Enactive) नाम दिया। सक्रियता एक ऐसी अवस्था है, जिसमें एक व्यक्ति भौतिक वस्तुओं पर क्रिया करके एवं उन क्रियाओं के उत्पादों के द्वारा वातावरण को समझता है।

द्वितीय अवस्था ''दृश्य प्रतिमा (Iconic)''कहलाई जिसमें प्रतिमानों एवं चित्रों के प्रयोग से अधिगम होता है।

अन्तिम अवस्था ''सांकेतिक'' (Symbotic) अवस्था थी जिसमें अधिगमकर्ता अमूर्त पदों में चिन्तन करने की क्षमता का विकास करता है। इस त्रि-अवस्थीय मत के आधार पर ब्रूनर ने मूर्त, चित्रात्मक और फिर सांकेतिक क्रियाओं जो कि अधिक प्रभावी अधिगम को अग्रसर होगी, के संगठनात्मक प्रयोग की अनुशंसा की।

सक्रियता प्रदर्शन (Activism Representation) बालक में प्रकट होने वाले प्रथम प्रकार के प्रदर्शन को ब्रूनर ने 'सक्रियता प्रदर्शन' (Activism representations) का नाम दिया है।

'चलन' या 'पेशीय स्मरण' के लिए यह प्रथम प्रकार उपयोगी चिन्तन का तरीका है।

भूत-अनुभवों को सांकेतिक रूप में संग्रहित नहीं किया जा सकता है। एक शिशु अपने भूत-अनुभवों को केवल पेशीय ढांचा (Motor Pattern) के रूप में व्यक्त (Represent) कर सकता है।

प्रतिमा प्रदर्शन (Iconic Representations) : दूसरे प्रकार के प्रकट होने वाले प्रदर्शन को प्रतिमा प्रदर्शन (Iconic Representations) नाम दिया गया। प्रतिमा का अंग्रेजी पर्याय आइकोनिक (Iconic) है जो कि आइकन शब्द से बना है जिसका अर्थ है समानता या साम्यता।

ज्ञानेन्द्रियों तक पहुंचने वाले उद्दीपकों के विश्वासनीय प्रदर्शन के रूप में अब बालक दृश्य-श्रवण या स्पर्श-प्रतिमाओं को याद करने की क्षमता का विकास करता है।

यह विधि वातावरण के बारे में सूचनाओं के संग्रहित करने की सबसे अच्छी विधि है। वे बच्चे जो प्रतिमा प्रदर्शन (Imaging) का प्रयोग करते हैं, चित्र व नामांकन के सुस्पष्ट विश्वसनीय प्रदर्शन बनाने में और आवश्यकतानुसार प्रत्यास्मरिक करने में सक्षम होते हैं।

दूसरी तरफ वे बच्चे जो प्रतिमा नहीं बना पाते या प्रतिमा बनाने में बहुत कमजोर होते हैं नामांकन को याद करने में तथा इसे सही चित्र में स्थापित (Fit) करने में कठिनाई महसूस करते हैं क्योंकि शब्द अपने आप में किंचित इंगित नहीं कर पाते कि वे किस चित्र में स्थापित होंगे। प्रतिमा-कल्पना इतनी अपरिवर्तनीय (कठोर) है कि यह बालक को प्राय: वातावरण के भागों के केवल विशेष चित्रों को सीखने के लिए स्वीकृत करती है और वस्तुओं में निहित साम्यता को निष्कर्षित करना कठिन बना देती है। अत: प्रतिमा कल्पना करने वाले बच्चों को प्रतिमा-कल्पना न करने वाले बच्चों की अपेक्षा वस्तुओं का वर्गीकरण करने में अधिक कठिनाई होती है।

सांकेतिक प्रदर्शन (Symbolic representation): जैसा कि नाम से स्पष्ट है समस्या का समाधान प्रतीकों के प्रयोग द्वारा करते हैं। एक प्रतीक कुछ अतिरिक्त को प्रदर्शित करता है, ब्रूनर का विश्वास है कि मानव भाषा-शब्द एवं वाक्यों के रूप में प्रतीकों का एक क्रम, जिससे इस निरन्तर परिवर्तनशील वातावरण की सूचनाओं को प्रदर्शित एवं संग्रहित किया जा सकता है। वास्तव में ब्रूनर सांकेतिक प्रदर्शन के विकास में भाषा को एक महत्वपूर्ण सहायक उपकरण मानते हैं क्योंकि भाषा वर्गीकरण एवं क्रम निश्चित करने में हमें सक्षम बनाती है।

संज्ञानात्मक विकास की तीन अवस्थाएं (ब्रूनर)

* सक्रियता (Activism) जहां एक व्यक्ति वस्तुओं पर संक्रिया के द्वारा वातावरण के बारे में सीखता है।
* प्रतिमा (Iconic) जहां अधिगम प्रतिमानों एवं प्रतिमाओं के द्वारा होता है।
* सांकेतिक (Symbolic) जो अमूर्त रूप में चिन्तन करने की क्षमता की व्याख्या करता है।

जिरोम ब्रूनर ने शिक्षा की प्रक्रिया एवं पाठ्यचर्या सिद्धान्त के विकास में महत्वपूर्ण योगदान दिया है। उनका कार्य औपचारिक, निरौपचारिक, अनौपचारिक शिक्षकों तथा उन सभी जीवन पर्यन्त अधिगम (LLL) से सम्बन्धित लोगों के लिए महत्वपूर्ण पाठों पर प्रकाश डालता है। शिक्षण-अधिगम प्रक्रिया के संगठन एवं इसे जारी रखने हेतु ब्रूनर का सिद्धान्त बहुत ही सहायक है। ब्रूनर सिद्धान्त के पदानुक्रमानुसार प्रभावी अधिगम-उत्पाद हेतु अधिगम अनुभवों को सक्रियता (Activism) प्रतिमा (Iconic) सांकेतिक (Symbolic) क्रम में रखा जाना चाहिए।

लेव बायगोत्सकी का अधिगम सिद्धांत
(Learning theory of Lev Vygotsky)

लेव सेमोनोविच बायगोत्सकी एक सोवियत मनोवैज्ञानिक थे जिन्हें मानव के सांस्कृतिक तथा जैव-सामाजिक विकास के सिद्धांत के प्रवर्तक के रूप में जाना जाता है। इनका जन्म नवंबर 17, 1896 में बेलारूस के ओर्शा में हुआ। इनकी मृत्यु जून 11, 1934 में मास्कों में हुई। इनके जीवन दर्शन पर जीन पियाजे, अल्फ्रेड एडलर, कर्ट लेविन जैसे मनोवैज्ञानिकों का अत्यधिक प्रभाव पड़ा। इनके मुख्य विचारों को निम्न बिंदु के अंतर्गत देखा जा सकता है-

* बिना किसी सन्दर्भ के अधिगम संभव नहीं हो सकता अर्थात सन्दर्भगत अधिगम ही मौलिक अधिगम है।
* किसी भी व्यक्ति तथा वातावरण के मध्य पृथकता कृत्रिम होता है।
* अधिगम में परासंज्ञान (Meta Cognition) की भूमिका अत्यधिक महत्वपूर्ण होती है।
* सहकारी अधिगम (cooperative learning) प्रभावशाली होती है।
* अधिगम उत्पाद से ज्यादा महत्वपूर्ण अधिगम प्रक्रिया होती है अर्थात अधिगम प्रक्रिया को रुचिकर बनाकर इसे प्रभावशाली बनाया जा सकता है।
* अधिगम को गत्यात्मक तरीके से आकलन करना चाहिए।
* बायगोत्सकी के अनुसार मानव विकास हेतु सामाजिक सन्दर्भ अत्यन्त आवश्यक है, इसलिए बायगोत्सकी को सामाजिक सृजनवाद का जनक भी माना जाता है।
* बच्चों द्वारा ज्ञान का सृजन किया जाता है न कि उनके द्वारा प्राप्त किया जाता है।
* बायगोत्सकी के अनुसार किसी भी बच्चे का विकास सामाजिक परिस्थिति में ही संभव है।
* बायगोत्सकी के सिद्धांत को सामाजिक विकास का भी सिद्धांत कहा जाता है।
* बच्चों का संज्ञानात्मक विकास सामूहिक प्रक्रिया द्वारा संभव हो पाता है।
* बच्चे सामाजिक अंत:क्रिया द्वारा ही सीखते हैं।
* बायगोत्सकी के अनुसार विकास जन्म से शुरू होकर मृत्युपर्यंत चलता रहता है।
* बायगोत्सकी के अनुसार विकास एक आजीवन प्रक्रिया है जो सामाजिक अंत:क्रिया पर निर्भर करता है तथा इस सामाजिक अधिगम के फलस्वरूप संज्ञानात्मक विकास संभव होता है।
* बायगोत्सकी ने अधिगम के क्षेत्र में समीपस्थ विकास क्षेत्र (Zone of Proximal Development) के संप्रत्यय को लोकप्रिय बनाया। किसी भी अधिगमकर्ता हेतु समीपस्थ विकास क्षेत्र से आशय उन दो क्षेत्रों के मध्य से है, अर्थात वह क्षेत्र जहां अधिगमकर्ता बिना किसी सहायता से सीखता है तथा जहाँ अधिगमकर्ता को सीखने हेतु किसी की मदद की आवश्यकता होती है। उनका विश्वास था कि कोई भी अधिगम दो स्तरों पर संपन्न होता है- पहला, एक-दूसरे के साथ अंत:क्रिया तथा दूसरा, अंत:क्रिया के फलस्वरूप प्राप्त अनुभव को मानसिक संरचना में समाविष्ट करना।

बायगोत्सकी के सिद्धांत का दूसरा महत्वपूर्ण पहलू है कि संज्ञानात्मक विकास की संभावना समीपस्थ विकास क्षेत्र zone of proximal development (ZPD) तक सीमित होती है। यह क्षेत्र ऐसा अन्वेषण क्षेत्र है जिसके लिए छात्र संज्ञानात्मक रूप से तो तैयार होता है लेकिन उसके पूर्ण विकास के लिए उसे सामाजिक अंत:क्रिया की आवश्यकता पड़ती है। छात्र के संज्ञानात्मक विकास के लिए एक अध्यापक अथवा अधिक अनुभवी सहयोगी के सहयोग की आवश्यकता पड़ती है जिसे बायगोत्सकी ने स्कैफोल्डिंग "scaffolding" की संज्ञा दी है।

स्कैफोल्डिंग: किसी भी कार्य को पूर्ण करने के लिए ऐसा सहयोग जिसके बिना उस कार्य को किसी भी व्यक्ति द्वारा स्वतंत्र रूप से नहीं किया जा सकता है।

कार्ल रोजर्स का अधिगम सिद्धांत
(Learning theory of Carl Ranson Rogers)

कार्ल रोजर्स (Carl Ranson Rogers) (8 जनवरी 1902–4 फरवरी 1987): अमेरिका के प्रसिद्ध मानवतावादी चिन्तक तथा मनश्चिकित्सक थे। वे मनश्चिकित्सा में मानवीय संवेदना को स्थान देने के लिये प्रसिद्ध हैं।

उपचारार्थी केंद्रित मनश्चिकित्सा नामक मानसिक रोगों के निवारण की एक मनोवैज्ञानिक विधि कार्ल रोजर्स द्वारा प्रतिपादित की गई है। रोजर्स का

स्व-स्वाद प्रसिद्ध है जो अधिकांशतः उपचार प्रक्रिया या परिस्थितियों से उद्धृत प्रदत्तों पर अवलंबित है। रोजर्स की मूल कल्पनाएँ स्व:विकास, स्व:ज्ञान, स्व:संचालन, बाह्य तथा आंतरिक अनुभूतियों के साथ परिचय, सूझ का विकास करना, भावों की वास्तविक रूप में स्वीकृति इत्यादि संबंधी हैं। वस्तुतः व्यक्ति में वृद्धिविकास, अभियोजना एवं स्वास्थ्य लाभ तथा स्वस्फुटन की स्वाभाविक वृत्ति होती है। मानसिक संघर्ष तथा संवेगात्मक क्षोभ इस प्रकार की अनुभूति में बाधक होते हैं। इन अवरोधों का निवारण भावों के प्रकाशन और उनको अंगीकार करने से सूझ के उदय होने से हो जाता है।

इस विधि में ऐसा वातावरण उपस्थित किया जाता है कि रोगी अधिक से अधिक सक्रिय रहे। वह स्वतंत्र होकर उपचारक के सम्मुख अपने भावों, इच्छाओं तथा तनाव संबंधी अनुभूतियों का अभिव्यक्तिकरण करें, उद्देश्य, प्रयोजन को समझें और संरक्षण के लिए दूसरे पर आश्रित न रह जाए।

इसमें स्व:संरक्षण अथवा अपनी स्वयं देख रेख आवश्यक होती है। उपचारक परोक्ष रूप से, बिना हस्तखेप के रोगी को वस्तुस्थिति की चेतना में केवल सहायता देता है जिससे उसके भावात्मक, ज्ञानात्मक क्षेत्र में प्रौढ़ता आए। वह निर्देश नहीं देता, न तो स्थिति की व्याख्या ही करता है।

इन्होंने इस बात पर जोर दिया कि किसी भी व्यक्ति की वृद्धि व विकास के लिए एक जीवंत वातावरण की आवश्यकता होती है जिसमें उस व्यक्ति को खुलापन तथा आत्माभिव्यक्ति का अवसर मिले, उसे अन्य व्यक्तियों से स्वीकृति तथा सम्मान मिले, तथा साथ ही उसे तदनुभूति (उसे लोगों द्वारा सुना जाए तथा समझा जाए) का एहसास हो। रोजर्स का मानना है कि एक व्यक्ति आकांक्षा, इच्छा तथा अपना लक्ष्य हासिल कर सकता है जब वह स्व यथार्थीकरण की स्थिति में पहुँच जाए।

रोजर्स ने मानव प्रकृति के सम्बन्ध में मनोविश्लेषणवादी तथा व्यवहारवादी के नियतिवादी प्रकृति को मानने से इनकार कर दिया। उनका मानना था कि व्यक्ति का प्रत्यक्षण ही उसके वृद्धि और विकास की कुंजी है। हमारे प्रत्यक्षण के सम्बन्ध में कोई दूसरा व्यक्ति पता नहीं कर सकता क्योंकि हम स्वयं ही अपना जज हैं अथवा मूल्यांकन कर्ता हैं।

कार्ल रोजर्स (1959) के अनुसार प्रत्येक मानव की एक मूल प्रवृत्ति होती है, वह है आत्म यथार्थीकरण अर्थात अपनी अन्तःशक्ति को विकसित कर सफलता के उत्कर्षतम स्थिति पर पहुंचना ठीक उसी तरह जिस तरह एक बीज को वृक्ष बनने हेतु अनुकूल वातावरण का मिलना आवश्यक हो जाता है।

रोजर्स के अनुसार पूर्ण रूप से कार्यात्मक व्यक्ति में निम्नांकित विशेषताएँ पाई जाती हैं-

1. अनुभव के प्रति खुलापन (Open to experience)
2. अस्तित्वपरक जीवन जीना (Existential living)
3. भावनाओं पर भरोसा (Trust feelings)
4. सृजनात्मकता (Creativity)
5. संतुष्ट जीवन (Fulfilled life)

रोजर्स यह मानते हैं कि पूर्ण रूप से कार्यात्मक व्यक्ति समाज में पूर्ण रूप से समायोजित होता है तथा समाज में ऐसे व्यक्ति उच्च उपलब्धि वाले भी होते हैं।

रोजर्स के सिद्धांत का केन्द्र बिन्दु उसका स्व. संप्रत्यय है, स्व.संप्रत्यय का अर्थ है व्यक्ति के स्वयं के बारे में उसके प्रत्यक्षण का संगठित तथा संगतिपूर्ण समुच्चय व उसका विश्वास।

रोजर्स का उपागम स्व. संप्रत्यय के तीन अवयवों पर प्रकाश डालता है।

स्व-मूल्य अथवा आत्म सम्मान (Self worth or self-esteem)– अर्थात् हम अपने बारे में क्या सोचते हैं। यह पूर्व बाल्यावस्था के दौरान माता-पिता के अंत:क्रिया के फलस्वरूप विकसित होता है।

स्व-प्रतिमा (Self-image)– अर्थात हम अपने आपको कैसे देखते हैं। स्व-प्रतिमा के रूप में साधारण तौर पर हम अपने आपको अच्छा या बुरा व्यक्ति के रूप में देखते हैं। स्व-प्रतिमा का प्रभाव हमारे सोचने तथा व्यवहार पर होता है

आदर्श स्व (Ideal self)– अर्थात् जैसा हम बनना चाहते हैं। यह हमारे उद्देश्य तथा आकांक्षाओं को प्रतिबिंबित करता है जो गतिशील प्रकृति का होता है।

कार्ल रोजर्स (1951)– के अनुसार किसी बच्चे की दो मूलभूत आवश्यकताएं होती हैं- अन्य लोगों से सकारात्मक सम्बन्ध तथा स्व-मूल्य अथवा आत्म सम्मान।

एक अध्यापक को विद्यार्थियों के स्व-मूल्य अथवा आत्म सम्मान (Self worth or self-esteem), स्व-प्रतिमा (Self-image) तथा आदर्श स्व (Ideal self) के निर्माण तथा उनके संगतिपूर्ण विकास के लिए प्रयासरत रहना चाहिए ताकि वे समाज का पूर्ण रूप से कार्यात्मक व्यक्ति बने। रोजर्स के अनुसार एक अध्यापक छात्रों के आत्म यथार्थीकरण की वृद्धि में महत्वपूर्ण भूमिका अदा कर सकता है तथा उन्हें आदर्श नागरिक बनाने में सार्थक भूमिका अदा कर सकता है।

चोम्स्की का भाषा अधिगम सिद्धांत
(Chomsky's Language Learning Theory)

चॉम्स्की (जन्म 7 दिसंबर, 1928) को अमरीका में हुआ था एवं ये अत्यंत प्रमुख भाषावैज्ञानिक, दार्शनिक, राजनैतिक एक्टीविस्ट, लेखक एवं व्याख्याता हैं। संप्रति वे मसाचुएटस इंस्टीट्यूट आफ टेक्नोलाजी के अवकाश प्राप्त प्रोफेसर हैं।

चॉम्स्कीय भाषाविज्ञान की शुरुआत उनकी पुस्तक **सिंटैक्टिक स्ट्रक्चर्स** से हुई मानी जा सकती है जो उनके पीएचडी के शोध, **लाजिकल स्ट्रक्चर आफ लिंग्विस्टिक थीयरी** (1955- 75) का परिमार्जित रूप था।

इस पुस्तक के द्वारा चॉम्स्की ने पूर्व स्थापित संरचनावादी भाषावैज्ञानिकों की मान्यताओं को चुनौती देकर **ट्रॉसफार्मेशनल ग्रामर** की बुनियाद रखी।

इस व्याकरण ने स्थापित किया कि शब्दों के समुच्चय का अपना व्याकरण होता है, जिसे औपचारिक व्याकरण द्वारा निरुपित किया जा सकता है और खासकर संदर्भमुक्त व्याकरण द्वारा जिसे ट्रांसफार्मेशन के नियमों द्वारा निरुपित किया जा सकता है और खासकर संदर्भमुक्त व्याकरण द्वारा जिसे ट्रांसफार्मेशन के नियमों द्वारा व्याख्या किया जा सकता है।

चॉम्स्की ने अपने **प्रिंसिपल्स एण्ड पैरामीटरस** का माड्ल अपने पीसा के व्याख्यान के बाद 1979 में विकसित की थी जो बाद में लेक्चर्स आन गवर्नमेंट एण्ड बाइंडिंग के नाम से प्रकाशित हुई।

इसमें चॉम्स्की ने सार्वभौम व्याकरण के बारे में काफी अकाट्य दावे एवं तर्क पेश किये।

चॉम्स्की के अधिगम सम्बंधित सिद्धांत से जुड़े महत्वपूर्ण तथ्य को निम्न रूप में व्यक्त किया जा सकता है-

* उन्होंने माना कि प्रत्येक मानव शिशु में व्याकरण की संरचनाओं का एक अंतर्निहित एवं जन्मजात (आनुवांशिक रूप से) खाका होता है जिसे **सार्वभौम व्याकरण** की संज्ञा दी गयी।

* मानव भाषा की सबसे महत्वपूर्ण पहलू सृजनात्मकता है।
* हमलोग सही वाक्यों का असीमित निर्माण कर सकते हैं जिनका निर्माण अभी तक शायद नहीं हुआ है।
* चॉम्स्की का मानना है कि एक साधारण या औसत स्तर का बच्चा भी भाषा के क्षेत्र में अच्छी उपलब्धि हासिल कर सकता है।
* कोई भी बच्चा कुछ सीमित वाणी को ही सुनता है, उनमें से भी कुछ अच्छे से सरंचित भी नहीं होने, के बावजूद उसके अंदर असीमित वाक्यों के निर्माण की संरचना मस्तिष्क के अंदर विकसित हो जाती है।
* बच्चे के अंदर ज्ञान का विकास उसके अनुभव से भी अधिक होता है।
* मानव के अंदर भाषा का विकास पूर्ण रूप से उसके अनुवांशिक पूंजी का ही प्रतिफलन होता है।
* मानव मस्तिष्क जन्म के समय एक कोरे स्लेट की भांति नहीं होता। मनुष्य की अनुवांशिक पूंजी बाह्य वातावरण से अंत:क्रिया कर भाषा तथा अन्य विकास को गति प्रदान करता है।

अत: एक शिक्षक को अपने छात्र की भाषा विकास के लिए चॉम्स्की के भाषा विकास सिद्धांत के सार तत्त्व को समझना अति आवश्यक है।

ग्रेडलर द्वारा 1997 में गेने की सीखने की दशाओं को वर्गीकृत किया है

मानवीय योग्यताओं के प्रकार	दशाएं	अनुदेशन हेतु मुख्य सिद्धान्त
शाब्दिक सूचना	संचित सूचना की पुन: प्राप्ति जो अधिगमकर्ता की आन्तरिक दशाओं को समर्पित करें • संगठित सूचनाओं की पूर्व उपस्थिति नई सूचनाओं को संसाधित करने हेतु आवश्यक	सूचना के कूटीकरण हेतु अर्थपूर्ण संदर्भ उपलब्ध करना
बौद्धिक कौशल	मानसिक संक्रियाएं जिन पर व्यक्तिगत रूप से वातावरण का प्रभाव होता है • विभेदन • भूर्त व परिभाषित संप्रत्यय • नियम अनुप्रयोग • समस्या समाधान ये आन्तरिक दशायें निम्न प्रकार से अधिगम को समर्पित करती हैं– • पूर्व आवश्यक कौशलों प्रत्यास्मरण • नवीन अधिगम हेतु विभिन्न प्रकार की अनुक्रियायें • भिन्न प्रकार की परिस्थितियों व सन्दर्भों में नवीन कौशलों का अनुप्रयोग	• अलग-अलग मूर्त उदाहरणों तथा नियमों को उपलब्ध कराना • उदाहरणों से विभिन्न प्रकार से अंर्तक्रिया करने के अवसरों को उपलब्ध कराना • सीखने वालों का नयी परिस्थितियों में मूल्यांकन करना
संज्ञानात्मक आव्यूह रचना	आन्तरिक दशाएं जिसके द्वारा अधिगमकर्ता अपनी सोच व अधिगम को नियंत्रित व नियमित करता है • कार्य विशिष्ट • सामान्य • प्रशासित	• कार्य विशेपित होने पर रणनीति का वर्णन करना • कार्य के सामान्य होने पर रणनीति प्रदर्शित करना • पृष्ठपोषण व सहायता के साथ रणनीति विशिष्ट अभ्यास का अवसर प्रदान करना
अभिवृति	आन्तरिक दशाएं अर्थात अधिगमकर्ता की पूर्ववृति जो कि उसके कार्य चयन को प्रभावित करता है	• ऐसा मॉडल प्रदान करना जो सकारात्मक व्यवहार और पुनर्वलन पर आधारित होकर क्रियाशील हो • सीखने वाले के द्वारा व्यवहार प्रदर्शित करने पर उसे पुनर्वलन उपलब्ध कराना
गायक कौशल	शारीरिक क्रियाओं को क्रमबद्ध तरीके से सम्पादित करने की योग्यता इसके अंतर्गत तीन स्तर हैं– • क्रियाओं की क्रमबद्धता को सीखना • क्रियाओं का अभ्यास करना • वातावरण से प्रत्युत्तर होने पर क्रियाओं को संशोधित करना	• उपनियमित कार्यवाही की स्थापना एवं मानसिक पूर्वाभ्यास करना • सही प्रष्टपोषण सहित कौशलों की अनेक पुनरावृत्तियों को व्यवस्थित करना।

अधिगम को प्रभावित करने वाले विशिष्ट कारक

शिक्षण एक उद्धेश्यपूर्ण प्रक्रिया है। शिक्षण का सीखने से घनिष्ट संबंध है इसलिए वर्तमान परिप्रेक्ष्य में शिक्षण व सीखना अथवा अधिगम को ही एक अथवा अधिगम को ही एक संकल्पना माना जाता है।

अधिगम को प्रभावित करने वाले कुछ विशिष्ट कारकों/घटकों का उल्लेख अग्रलिखित बिन्दुओं में स्पष्ट किया जा रहा है।

अधिगम में जिज्ञासा का स्थान

मनुष्य की स्वाभाविक प्रकृति है, किसी भी अज्ञात चीज को जानने की। अतः किसी भी चीज को जानने की प्रवृति ही जिज्ञासा कही जाती है। जिज्ञासा प्राणीमात्र का एक महत्वपूर्ण लक्षण है। एक बौद्विक व्यक्ति हमेशा जिज्ञासु होता है।

थॉमस एडीसन, लियोनार्डा विन्सी, रिचर्ड आइंस्टीन, आदि उनके जिज्ञासु चरित्र के व्यक्ति थे, रिचर्ड फनमेन को उनकी जिज्ञासा के कारण ही साहसी माना जाता था।

जिज्ञासा इतनी महत्वपूर्ण क्यों है इसके कारण निम्नलिखित हैं।

(1) यह हमारे मस्तिष्क को निष्क्रिय के बजाय सक्रिय बनाती है:

(2) यह हमारे मस्तिष्क के नये विचारों को अवलोकन योग्य बनाती है:

(3) यह हमारे लिए नया संसार एवं संभावनाए खोलती हैं:

(4) यह हमारे जीवन में उत्तेजना अथवा आनन्द लाता है:

जिज्ञासा का महत्व: जिज्ञासा बढ़ाने अथवा विकसित करने के कुछ बिन्दु निम्नलिखित है:

(1) मस्तिष्क को खुला रखें:

(2) दी गई वस्तुओं के रूप में स्वीकार नहीं करना:

(3) लगातार प्रश्न पूछें:

(4) किसी चीज को उबाउपन का लेबल नहीं दें:

(5) सीखने में मजा है:

(6) विभिन्न प्रकार की पढ़ाई पढ़ने में:

अधिगम में रुचि का स्थान

विलियम लैन्स लोट की रूचि उपागम का जनक कहा जाता है। इनके मतानुसार सीखने की रुचि वाले के लिए सीखना महत्वपूर्ण है और ये रुचियां व्यक्ति के सोचने की योग्यता को विकसित करने में महत्वपूर्ण भूमिका निभाती है। यह एक शिक्षक का उत्तरदायित्व होता है कि सीखने वाले की रुचि और नये ज्ञान के मध्य सम्बन्ध को जोड़ें। यह रुचि उपागम द्वारा किया जा सकता है।

रुचि निर्माण/विकसित करने की विधियाँ/तरीके

रुचि उपागम के कुछ तरीकों और प्रयत्न द्वारा शिक्षार्थी में रुचि उत्पन्न की जा सकती है। अध्ययन अध्यात्म क्रिया कलापों में रूचि उपागम के ये बिन्दु रूचि के विकास में मदद्गार हो सकते हैं-

1. शिक्षार्थी के विषय और पाठ के अनुसार रूचि विकसित करने में ध्यान देना।
2. यदि शिक्षार्थी अनिश्चित रूप से पाठ के प्रति उत्साहित नहीं हैं अथवा शंकित रूप है तो वे अध्यापक अथवा सहयोगी का उसमें कार्य कुशलता के द्वारा रूचि उत्पन्न करना आवश्यक है।
3. यदि शिक्षार्थी स्वयं पहले से ही पाठ के प्रति उन्मुख और रुचि रखने वाला है तो उसकी ऊर्जा में बढ़ोत्तरी करके और विषय में रुचि के साथ आगे बढ़ने हेतु उत्साहित करना।
4. रुचि का निर्माण दो चरणों में किया जा सकता है। प्रथम तो शिक्षार्थी अन्वेशित पाठ में विषय को शिक्षार्थी के साथ जोड़कर जिसमें कि वह रुचि के साथ कार्य कर सकता है। ऐसे क्रियाकलापों को करवाने से उसका ध्यान मुख्य रूप से केन्द्रित किया जा सकता है।

   * प्रथम चरण में शिक्षार्थी की नई स्थापित रुचि के अनुसार मजबूती प्रदान करने हेतु किया जाता है। उसमें नए विषय और सम्बन्धित क्षेत्र के ज्ञान और क्रियाकलापों के साथ अच्छी तरह से सम्बन्ध स्थापित हो जाए।

   * दूसरे चरण में पूर्व ज्ञान और अनुभव के साथ सामाजिक विषय के ज्ञान नई सूचनाओं के नये कौशलों और योग्यताओं को विकसित करके शिक्षार्थी में दीर्घावधि के लिए रुचि उत्पन्न करके भविष्य के ज्ञान को ग्रहण करने हेतु तैयार किया जा सकता है।
5. प्राकृतिक आवेगों का प्रयोग भी शिक्षार्थी में रूचि उत्पन्न करने के लिये किया जा सकता है। इससे रुचि उत्पन्न होने के साथ-साथ सीखने के वातावरण में शिक्षार्थी सामंजस्य स्थापित कर लेता है, प्राकृतिक आवेगों की सूची निम्नलिखित है:

   1. सक्रियता: शिक्षार्थी के मस्तिष्क को सक्रिय रखने हेतु।
   2. प्रकृति: बाह्य क्रियाकलापों जिनमें पेड़, जानवर, समुद्र आदि।
   3. जिज्ञासा: सीखने के लिये नए चीजों के अन्वेषण करने हेतु।
   4. आश्चर्य: वास्तविक काल्पनिक क्षेत्र की यात्रा।
   5. सृजनात्मकता: शिक्षार्थी के द्वारा चित्र निर्माण करना।
   6. सामूहिकता: सामूहिक क्रियाकलापों या परियोजना जिसमें शिक्षार्थी एक दूसरे से अन्तः क्रिया कर सके।
   7. प्रतियोगिता: खेलकूद एवं गतिविधियों, परियोजना जहाँ पर शिक्षार्थी एक दूसरों के विरूद्ध प्रतिस्पर्धा कर सकें।

   ये कौशल भविष्य को जानने की आवश्यक स्थिति में प्रयुक्त किये जा सकते हैं जो कि विद्यार्थी के साथ स्कूल और कार्य पर होते रहते है। पूछताछ आधारित अधिगम जीवन भर चलने वाली मस्तिष्कीय क्रिया अथवा आद्रर्ता का विकास करता है और सीखने व सृजनात्मक सोच का मार्ग निर्देशन करता है।

बालक के अधिगम के लिये सहभागिता तकनीक का प्रयोग और ज्ञान का निर्माण करना

अधिगम एवं सीखना एक निरंतर चलने वाली प्रक्रिया है, हम जन्म से लेकर मृत्यु तक सदैव ही अलग-अलग परिस्थितियों में सीखते हैं। सीखना हमारी सक्रिय सहभागिता पर निर्भर करता है। जब तक वह अपनी सहभागिता प्रदान नहीं करेंगे तब तक हम कुछ भी नहीं सीख पायेगें।

सहभागिता की परिभाषा: बालक में प्रारम्भ से ही सीखने के प्रति उत्सुकता रहती है, प्रारम्भिक अवस्था में बालक हाथ पांव की गति से पहुंच बनाना सीखता है। और इस अवस्था में वह आंख की सहायता से लक्ष्य के प्रति केन्द्रित होने का प्रयास करता है। यहाँ सीखने में गामक सहभागिता एवं आंख की सहभागिता महत्वपूर्ण होती है।

सहभागिता को हम निम्न विशेषताओं के आधार पर परिभाषित कर सकते हैं।

1. सहभागिता एक सक्रिय प्रक्रिया है।
2. सहभागिता शारीरिक एवं मानसिक सक्रियता की अवस्था है।
3. सहभागिता सीखने की प्रक्रिया।
4. सहभागिता वह प्रक्रिया है जो कि बालक में जिज्ञासा उत्पन्न करती है।
5. सहभागिता सीखने को प्रोत्साहित करती है।
6. सहभागिता बालक में रूचि उत्पन्न करती है।
7. सहभागिता बौद्विक लक्ष्यों को प्राप्त करने की प्रक्रिया है। शोध में प्राप्त निष्कर्ष कक्षा कक्ष में सहभागिता के संबंध में किये गये शोधा मनोवैज्ञानिक एवं व्यवहारिक लक्ष्यों को स्पष्ट करते है।

मनोवैज्ञानिक रूप से सहभागिता प्रदान करने के लिये बालकों में सीखने के प्रति उत्सुकता, रूचि, आनन्द, के लक्षण दृष्टिगत होते है, तथा वे व्यवहार में केन्द्रित होकर सम्पूर्ण सोच विचार कर अपने समय के सही प्रयोग के प्रति जागरूक होकर सीखने का प्रयास करते हैं। (फिन और रॉक 1997: ब्रेरेस्टर और फगर 2000, कार्क 2000)

विद्यालयों में बालकों की सम्पूर्ण सहभागिता उसकी सफलता का एक निर्णायक आधार है।

कक्षा में बालक के सहभागिता के लक्षण: कक्षा में बालक के सहभागिता के अनुभव से जो लक्षण होते हैं उन्हें संक्षेप में निम्न प्रकार से स्वयं कर सकते हैं।

1. इससे बालक में पूर्व ज्ञान सक्रिय होता है।
2. बालक में खोज के प्रति सक्रियता बढ़ती है।
3. सहयोग की भावना विकसित होती है।
4. चयन की स्वंतन्त्रता बढ़ती है, जो कि मानसिक विकास में सहायक होती है।
5. समूह में अन्तनिर्भरता की भावना बढ़ती है।
6. खेल के माध्यम से विकास होता है एवं मानकीय आधार विकसित होता है।
7. विषय पर अधिकार बढ़ता है।
8. स्वतंत्र विचारधारा का विकास होता है।
9. बालक को अनावश्यक प्रतीक्षा नहीं करनी पड़ती है।

बालक में सहभागिता प्राप्त करने की तकनीक

कक्षा में बालक की सक्रियता प्राप्त करने के लिये कुछ विधियाँ हैं जिनका कर पूर्ण सहभागिता प्राप्त किया जा सकता है जो कि निम्न प्रकार से है।

* इस तकनीक के प्रयोग में अध्यापक कुछ नवीन विधियाँ हैं जो कि पहले बालकों से पूछते हैं कि तुम क्या जानते हो तुम्हारे मन में क्या जानने की उत्सुकता है और तुम क्या सीखना चाहते हो ऐसा करके अध्यापक एवं बालक में पूर्ण सहभागिता प्राप्त करने में सफल हो सकते हैं।
* कितने तरीके से हल प्राप्त किया जा सकता है:
  इस तकनीक का प्रयोग करके अध्यापक छात्रों से कोई प्रकरण पूछ सकते हैं कि इसको कितने प्रकार से हल किया जा सकता हैं, इससे सृजनशीलता का भी विकास होता है। बालक आनन्दित होकर के सहभागिता प्रदान करते हैं, जिससे न केवल वे सरलता से सीखते हैं वरन् उनमें बौद्विक विकास भी होता है जो कि उनकी उपलब्धि में सुधार लाता है। उनमें एक ज्यामितीय बोर्ड पर आप कितने तरीके से आकृति दे सकते हैं आदि।
* **सोचना विचार, विमर्श करना सबके साथ बांटना:**
  इस विधि का प्रयोग समूह में सीखने कि प्रक्रिया के रूप में किया जा सकता है, अध्यापक बालकों से प्रश्न कर उनके व्यक्तिगत रूप से सोचने को कहते हैं। फिर आपस में विचार करने को कहा जाता है, तत्पश्चात् उसे पूरे समूह में प्रस्तुत करने को कहा जाता है इस प्रकार सम्पूर्ण सहभागिता प्राप्त की जा सकती है।
* **नाटक के माध्यम से**
  सम्पूर्ण सहभागिता प्राप्त करने की एक सरल व प्रभावी तकनीक नाटक के माध्यम से उपकरण का प्रस्तुतिकरण करना है। इसके अन्तर्गत पात्र के रूप में बालाकों को सम्मिलित कर रोचक व सरल तरीके से सजीव चित्रण के द्वारा सीखना संभव होता है।
* **देखो और बताओ विधि**
  इस विधि का प्रयोग किसी नवीन प्रकरण को सरलता पूर्वक समझाने के लिए किया जाता है, इसमें बालकों को प्रस्तुतिकरण के माध्यम ये सिखाने हेतु उन्हें सम्मिलित करते हुए पूर्व ज्ञान के आधार पर देखकर बनाने को कहा जाता है, इस प्रकार सहभागिता प्राप्त की जा सकती है।
* **शीघ्र खेल के माध्यम से**
  बालकों की सहभागिता प्राप्त करने की एक विधि है, इसमें शीघ्रता खेल के माध्यम से ना केवल बालकों में केन्द्रिकरण की प्रवृति का विकास होता है वरन् स्वतंत्र सोच विकसित होती है, जो कि सीखने में अत्यन्त सहायक होती है। जैसे अंग्रेजी शब्द ज्ञान अन्ताक्षरी के माध्यम से करवाया जा सकता है।

  सहभागिता तकनीक सफल कार्य करती है इसके निम्न कारण हैं।

I. यह बालकों में नवीन ज्ञान के प्रति जिज्ञासा और रूचि उत्पन्न करती है।
II. बालकों में खोज के प्रति उत्सुकता उत्पन्न करती है।
III. यह बालकों में पूर्व ज्ञान का प्रयोग करने में सहायक भूमिका निभाता है।
IV. सक्रियता के साथ खोज कि भावना विकसित करता है।
V. सहयोग कि भावना विकसित करता है।
VI. चयन कि स्वतंत्रता प्रदान करता है।

पूछताछ आधारित अधिगम सीखने का आधुनिक तरीका

सीखना एक बहुत ही महत्वपूर्ण प्रक्रिया है, एवम यह मनुष्य कि एक प्रवृति होती है जो कि उसके अलावा भगवान ने किसी प्रजाति को प्रदान नहीं की है, यह बात और है कि मनोवैज्ञानिकों ने जानवरों पर प्रयोग कर मनुष्य के मनोविज्ञान के सम्बन्ध में सिद्धांतों को विकसित करती है।

सीखने के लिये हम विद्यालय में जाते हैं परन्तु उनके महत्वपूर्ण प्रश्न यह उत्पन्न होता है, कि क्या हमारें विद्यालय हमारे सीखने की आवश्यकताओं को पूर्ण कर रहे हैं, क्या हमारे पाठ्यक्रम आवश्यकता पर आधारित है, यदि हम परम्परागत तरीकों को देखें तो स्पष्ट होता है, कि आज भी हमारे विद्यालय कहीं-ना-कहीं सूचना संकलन के कार्यों पर बल दे रहें है।

पूछताछ के माध्यम से किसी भी तथ्य को सीखना, सीखने का आधुनिक तरीका कहलाता है। पूछताछ से प्राप्त जानकारी नवीन अधिगम उपलब्ध करवाने का अच्छा स्त्रोत है, इससे प्राप्त ज्ञान उपयोगी जानकारी बन जाती है। आरम्भिक अवस्था में ही बालक के मस्तिष्क का विकास इस प्रकार किया जाना चाहिए, कि बालक में एक ऐसी आदत का विकास हो जिसके द्वारा वह निरंतर पूछताछ के द्वारा अपने अधिगम को सुगमता पूर्वक व्यावहारिक कसौटियों पर खरा साबित कर सकें।

पूछताछ आधारित अधिगम कैसे प्रदान किया जाए

पूछताछ आधारित अधिगम के अर्थ से अधिगम प्रदान करना ही माना जाता है। जहाँ तक प्रश्न का सवाल है यह तो परम्परागत कक्षाओं में भी प्रयुक्त होते हैं, पर इसकी प्रकृति यह जानकारी प्राप्त करने तक ही सीमित रहती है कि जो पढ़ाया गया है वह बालकों के द्वारा सीखा गया या नहीं परन्तु आधुनिक परिप्रेक्ष्य में प्रश्नों का उद्देश्य नहीं है।

प्रश्नों का उद्देश्य है, कि वे बालक में पूछताछ की भावना को विकसित करें। चार प्रकार के प्रश्न है जिनके माध्यम से बालक मस्तिष्क में पूछताछ के द्वारा ज्ञान प्राप्त करने के प्रयास किये जा सकते हैं, ये प्रश्न निम्न प्रकार से हैं।

1. **अनुमान पर आधारित प्रश्न:** इस प्रकार के प्रश्न में बालक को चित्र आदि के माध्यम से जानकारी दिखाई जाती है, जिस बालक एवं पूछताछ कर उससे सम्बन्धित जानकारी प्राप्त करने का प्रयास करते है। अनुमान पर आधारित प्रश्न अधूरी जानकारी को पूर्ण करने में सहायक होते हैं।
2. **व्याख्यात्मक प्रश्न:** व्याख्यात्मक प्रश्न दी गई जानकारी के प्रभाव को समझाने में सहायक होते है, जैसे कोई चित्र दिखाकर उसमें कुछ परिवर्तन करने पर यह पूछना कि इस परिवर्तन के क्या प्रभाव होंगे, इस प्रकार के प्रश्नों का उदाहरण माना जा सकता है।
3. **हस्तांतरण प्रश्न:** इस प्रकार के प्रश्न में प्राप्त जानकारी का उपयोग एक अलग परिस्थिति को हल करने के संबंध में किया जाता है जैसे प्रचलित पाठ्य पुस्तक का आपके द्वारा आलोचनात्मक मूल्यांकन यह हस्तांतरण प्रश्न का एक उदाहरण माना जायेगा।
4. **परिकल्पना पर आधारित प्रश्न:** किसी समस्या के सम्भावित अनुमान, जो पहले से सोचे जाते हैं एक ऐसे प्रश्नों के रूप में किसी समस्या को हल कर उसके विकल्प को प्राप्त करने में सहायता प्रदान करते हैं।

उपर्युक्त प्रश्नों के माध्यम से चार निष्कर्ष प्राप्त होते हैं।

* विषय वस्तु को समझना सरल होता है।
* विषय वस्तु की व्यापक अवधारणा विकसित होती है।
* सूचना प्रक्रिया में कौशल विकास होता है।
* मस्तिष्क में पूछताछ की प्रवृति जिज्ञासा का विकास होता है।

पूछताछ आधारित अधिगम का व्यावहारिक स्वरूप

पूछताछ आधारित अधिगम का व्यवहारिक स्वरूप कैसा हो यह जानकारी प्राप्त करने के लिए हम सूची के माध्यम से जानकारी देने का प्रयास करेंगे।

बालक की प्रवृत्ति

* वे सीखने की ओर अग्रसर रहते हैं।
* वें इच्छा शक्ति का प्रदर्शन करते हैं, जो उन्हें सीखने के लिए प्रेरित करते है।
* उनमें सहयोग की भावना विकसित होती है तथा वे सहयोग और अध्यापक के द्वारा मिलकर सीखने का प्रयास करते हैं।
* वे सीखने में ज्यादा आत्मविश्वास दर्शाते हैं।
* उनमें ज़िज्ञासा दिखाई देती है और वे ज्यादा से ज्यादा अवलोकन करते हैं।
* वे अपने वातावरण से उपलब्ध सामग्री संकलन करते हैं।
* अवलोकन से उनके मन में जो प्रश्न उत्पन्न होते हैं। वे सहयोगी व अध्यापक से हल करवाने का प्रयत्न करते हैं।
* वे स्वयं के विचार रखने का प्रयास करते हैं।
* वे प्रश्न पूछते हैं।
* अन्य प्रश्नों से सम्बन्धित जानकारियों को समझने का प्रयास करते है।
* आलोचनात्मक मूल्यांकन का प्रयास करते हैं।
* पूर्वज्ञान से प्राप्त नवीन अधिगम को जोड़ते हैं।
* वे कार्य के तरीके को स्वयं ढूंढने लगते हैं।
* वे सूचनाएं स्वयं एकत्र करने लगते हैं, तथा स्वयं निर्धारित करते हैं कि महत्वपूर्ण क्या है।
* वे विस्तृत अवधारणा को समझते है उनके कार्य निर्धारित होते हैं और समानता में असमानता में अंतर करते हैं।
* वे अपने विचारों को विभिन्न तरीके से व्यक्त करते हैं।
* वे सूचना प्राप्त करने में कौशल का प्रयोग करते हैं।
* वे अपने द्वारा प्राप्त जानकारी का स्वयं आलोचनात्मक मूल्यांकन करते है।
* अपनी कमियों का पता लगाकर निराकरण का प्रयोग करते हैं। स्पष्ट है कि उक्त प्रक्रिया में बालक का मस्तिष्क क्रियाशील रहकर अधिगम प्रक्रिया को सुगम व सरल बनाता है।

❑❑

3 बुद्धि

बुद्धि का अर्थ एवं परिभाषा

बुद्धि वह योग्यता है जिससे मनुष्य अपनी नई आवश्यकताओं के अनुकूल अपने चिंतन को चेतन रूप से अभियोजित कर लेता है। बुद्धि को मनोवैज्ञानिकों ने अलग-अलग तरह से परिभाषित किया है।

टरमन के अनुसार, ''बुद्धि अमूर्त विचारों के बारे में सोचने की योग्यता है।''
स्टर्न के अनुसार, ''बुद्धि एक सामान्य योग्यता है जिसके द्वारा व्यक्ति नई परिस्थितियों में अपने विचारों को जानबूझकर समायोजित कर लेता है।''
स्टर्न के अनुसार, ''बुद्धि जीवन की नई परिस्थितियों तथा समस्याओं के अनुरूप समायोजन की सामान्य योग्यता है।''
बकिंघम के अनुसार, ''सीखने की शक्ति ही बुद्धि की है।''
गाल्टन के अनुसार, ''बुद्धि पहचानने तथा सीखने की शक्ति है।''
वेश्लर के अनुसार, बुद्धि एक समग्र क्षमता है जिसके सहारे व्यक्ति उद्देश्यपूर्ण क्रिया करता है, विवेकशील चिन्तन करता है तथा वातावरण के साथ प्रभावकारी ढंग से समायोजन करता है अर्थात् बुद्धि को कई तरह की क्षमताओं का योग माना है।''
स्टोडार्ड के अनुसार, ''बुद्धि उन क्रियाओं को समझने की क्षमता है जो जटिल, कठिन, अमूर्त, मितव्यय, किसी लक्ष्य के प्रति अनुकूलनशील, सामाजिक व मौलिक हो तथा कुछ परिस्थिति में वैसी क्रियाओं को करना जो शक्ति की एकाग्रता तथा सांवेगिक कारकों का प्रतिरोष दिखाता हो।''
राबिन्सन तथा राबिन्सन, ने भी बुद्धि को संज्ञानात्मक व्यवहारों का संपूर्ण माना है जो व्यक्ति में सूझ द्वारा समस्या समाधान करने की क्षमता, नई परिस्थितियों के साथ समायोजन करने की क्षमता, अमूर्त रूप से सोचने की क्षमता तथा अनुभवों से लाभ उठाने की क्षमता को परिलक्षित करता है।

बोरिंग के अनुसार, ''बुद्धि वही है, जो बुद्धि परीक्षण मापता है।

बुद्धि की प्रकृति: इन सभी परिभाषाओं से बुद्धि की प्रकृति के बारे में निम्नलिखित निष्कर्ष निकाला जा सकता है–

(1) बुद्धि सीखने की क्षमता है।
(2) बुद्धि वातावरण के साथ प्रभावकारी ढंग से समायोजन करने की क्षमता है।
(3) यह व्यक्ति के समस्या समाधान करने की योग्यता को प्रदर्शित करता है।
(4) बुद्धि अमूर्त चिंतन करने की क्षमता है।
(5) बुद्धि विभिन्न क्षमताओं का समग्र योग है।
(6) बुद्धि को प्रत्यक्ष व्यवहार के आधार पर मापा जा सकता है।
(7) बुद्धि द्वारा ही किसी समस्या के समाधान में गत अनुभूतियों का लाभ मिलता है।
(8) बुद्धि विवेकशील चिंतन करने की योग्यता है।
(9) बुद्धि मानसिक परिपक्वता का द्योतक है।
(10) बुद्धि के विकास के लिए आनुवंशिकी व वातावरण दोनों ही उत्तरदायी कारक हैं।
(11) यह अपनी ऊर्जा को किसी कार्य को करने में संकेन्द्रण की क्षमता है।
(12) यह उच्च श्रेणी के चिंतन प्रक्रिया के लिए आवश्यक है।
(13) यह आगमन विधि व निगमन विधि द्वारा तर्क करने की योग्यता है।
(14) बुद्धि शाब्दिक व अशाब्दिक योग्यता है।
(15) यह एक प्रत्यक्षण/सूझ की योग्यता है।
(16) यह जटिल, कठिन, मितव्यय, अमूर्त व सामाजिक मूल्यों वाले कार्य को करने की योग्यता है।
(17) बुद्धि एक परिकल्पित सम्प्रत्यय है।
(18) बुद्धि को सतर्कता, धारणा, विचार एवं प्रतीक, स्वयं की आलोचना करने की क्षमता, आत्मविश्वास और तीव्र प्रेरणा की क्षमता के रूप में समझा जा सकता है।
(19) बुद्धि में व्यक्तिगत भिन्नताएं पाई जाती हैं।
(20) बुद्धि को किसी कार्य करने की प्रणाली के द्वारा अवलोकन किया जा सकता है।

बुद्धि के प्रकार

बुद्धि के विभिन्न परिभाषाओं और सिद्धांतों से इसके स्वरूप व प्रकार का पता चलता है। बुद्धि का स्वरूप कुछ ऐसा होता है जिसे किसी एक कारक (Factor) या क्षमता के आधार पर नहीं समझा जा सकता है। बुद्धि विभिन्न क्षमताओं के समग्रता को परिलक्षित करता है। ई.एल. थार्नडाइक, डोनेल्ड हेब्ब और वर्नन जैसे मनोवैज्ञानिकों ने बुद्धि को निम्न प्रकारों में विभक्त किया है:-

1. **आनुवांशिक क्षमता के रूप में बुद्धि (Intelligence as Genetic Capacity):** इसके अनुसार बुद्धि को पूर्णतः वंशागत माना जाता है। इसे हेब्ब (Hebb, 1978) ने बुद्धि 'ए' (Intelligence 'A') की संज्ञा दी है। स्पष्टतः यह बुद्धि का एक जीनोटाइपिक (Genotypic) प्रकार है तथा इसमें बुद्धि को व्यक्ति का आनुवंशिक गुण माना जाता है।
2. **अवलोकित व्यवहार के रूप में बुद्धि (Intelligence as an observable behaviour) :** इस परिप्रेक्ष्य में बुद्धि को आनुवंशिकता व वातावरण के अंतः क्रिया का परिणाम माना जाता है। जिस सीमा तक व्यक्ति नए वातावरण या अपने वर्तमान वातावरण के साथ समायोजित करता है, इस सीमा तक उसे बुद्धिमान समझा जाता है। इसे हेब्ब ने बुद्धि 'बी' (Intelligence 'B') की संज्ञा दी है जिसका अर्थ फेनोटाइपिक (Phenotypic) प्रारूप पर आधारित है।
3. **परीक्षण श्रेयांक के रूप में बुद्धि (Intelligence as test score) :** बुद्धि एक परिकल्पनात्मक संप्रत्यय है। इसके मापन के लिए इसका संक्रियात्मक परिभाषा का होना आवश्यक है। बोरिंग के अनुसार ''बुद्धि वही है जो बुद्धि परीक्षण मापता है''। इसे हेब्ब ने बुद्धि 'सी' (Intelligence 'C') की संज्ञा दी है।

थार्नडाइक के अनुसार बुद्धि को तीन भागों में वर्गीकृत किया गया है:-

A. **अमूर्त बुद्धि (Abstract Intelligence) :** यह बुद्धि अमूर्त समस्याओं के समाधान के लिए आवश्यक है। यह विचारों के परिचालित करने की क्षमता से संबंधित है।

B. **मूर्त बुद्धि (Concrete Intelligence) :** यह बुद्धि मूर्त समस्याओं के समाधान के लिए आवश्यक है। यह वस्तुओं के परिचालित करने की क्षमता से संबंधित है।

C. **सामाजिक बुद्धि (Social Intelligence):** यह बुद्धि सामाजिक समायोजन की क्षमता से संबंधित है। यह बुद्धि व्यक्तियों के सामाजिक संबंधों को बेहतर बनाने के लिए काम आती है।

इसके अतिरिक्त आजकल बुद्धि के और दो प्रकारों की चर्चा की जाती है, जो निम्नलिखित हैं:-

1. **संवेगात्मक बुद्धि (Emotional Intelligence) :** यह बुद्धि अपने संवेग व दूसरों के संवेगों को समझने में सहायक है। यह संवेगात्मक समस्याओं को हल करने में मदद करती है।
2. **आध्यात्मिक बुद्धि (Spiritual Intelligence) :** यह व्यक्ति के आध्यात्मिक परिपक्वता का सूचकांक है। ऐसी बुद्धि वाले व्यक्ति स्वअनुशासित, कर्तव्यपरायण, परोपकारी, चेतना का विकसित स्वरूप वाले होते हैं। इसके सोचने का तरीका मानवतावादी उपागम पर आधारित होता है।

सामान्य मानसिक बुद्धि

मानसिक क्रियाएं	विषयवस्तु	उत्पाद
मूल्यांकन	आभासी	ईकाई
अभिसारित चिंतन	श्रवण संबंधी	वर्ग
अवसरित चिंतन	प्रतीकात्मक	सम्बन्ध
स्मृति	अर्थगत	प्रणाली
संज्ञान	व्यावहारिक	रूपान्तरण
		निहितार्थ

बुद्धि मापन या परीक्षा का अर्थ
(Meaning of Intelligence Measurement or Testing)

बाह्य व्यवहार द्वारा मानसिक योग्यता, संज्ञानात्मक परिपक्वता और समायोजन की क्षमता का मापन बुद्धि मापन कहलाता है। बुद्धि मापन का कार्य विभिन्न प्रकार के परीक्षणों के माध्यम से किया जाता है। इस परीक्षणों में सम्मिलित पदों की प्रकृति व प्रकार के आधार पर बुद्धिलब्धि सूचकांक तैयार किया जाता है।

बुद्धि मापांक के अवयव
(Components of Intelligence Quotient)

1. **तैथिक या कालक्रमिक आयु (Chronological Age):** किसी व्यक्ति के वास्तविक जन्मतिथि से वर्तमान समय के अवधि को तैथिक या कालक्रमिक आयु की संज्ञा दी जाती है। दूसरे शब्दों में, व्यक्ति की कालक्रमिक आयु (chronological age, CA) जन्म लेने के बाद बीत चुकी अवधि होती है। इसकी जानकारी व्यक्ति (परीक्षार्थी) या उनके माता-पिता से पूछकर अथवा जन्मकुंडली, विद्यालय के रिकार्ड (Record) को देखकर प्राप्त की जा सकती है।
2. **मानसिक आयु (Mental Age):** सर्वप्रथम 1905 में अल्फ्रेड बिने तथा थियोडोर साइमन (Theodore Simon) ने औपचारिक रूप में बुद्धि के मापन का सफल प्रयास किया। 1908 में अपनी मापनी का संशोधन करते समय उन्होंने मानसिक आयु (Mental Age, MA) का संप्रत्यय दिया। मानसिक आयु के माप का अभिप्राय है, किसी व्यक्ति के मानसिक परिपक्वता का सूचकांक अर्थात किसी व्यक्ति का बौद्धिक विकास अपनी आयु वर्ग के अन्य व्यक्तियों की तुलना में कितना हुआ है। यदि किसी बच्चे की मानसिक आयु 5 वर्ष है तो इसका अर्थ है कि किसी बुद्धि परीक्षण पर उस बच्चे का निष्पादन 5 वर्ष वाले बच्चे के औसत निष्पादन के बराबर है।
3. **बुद्धि लब्धि (Intelligence Quotient, IQ) :** 1912 में जर्मन मनोवैज्ञानिक विलियम स्टर्न (Williamm Stern) ने बुद्धि को मापने के लिए मानसिक लब्धि के संप्रत्यय का विकास किया जिसका सूत्र निम्न प्रकार से है।

मानसिक लब्धि (Mental Quotient)

$$= \frac{\text{मानसिक आयु}}{\text{कालानुक्रमिक आयु}}$$

1916 में टरमन (Terman) ने मानसिक लब्धि के स्थान पर बुद्धि लब्धि के संप्रत्यय को जन्म दिया।

$$\text{बुद्धि लब्धि (IQ)} = \frac{\text{मानसिक आयु}}{\text{कालानुक्रमिक आयु}} \times 100$$

अर्थात् किसी व्यक्ति की मानसिक आयु को उसकी कालानुक्रमिक आयु से भाग देने के बाद उसको 100 से गुणा करने से उसकी बुद्धि लब्धि प्राप्त हो जाती है। गुणा करने में 100 की संख्या का उपयोग दशमलव बिन्दु समाप्त करने के लिए किया जाता है।

इस सूत्र के माध्यम से बुद्धि लब्धि के मापन में तीन प्रकार की स्थितियाँ हो सकती हैं:

(1) जब मानसिक आयु (MA) = कालानुक्रमिक आयु (CA) तो IQ = 100 होगा।

(2) जब मानसिक आयु (MA) > कालानुक्रमिक आयु (CA) तो IQ का मान 100 से अधिक होगा।

(3) जब मानसिक आयु (MA) < कालानुक्रमिक आयु (CA) तो IQ का मान 100 से कम होगा।

बुद्धि लब्धि प्राप्तांक का वितरण
(Distribution of IQ Scores)

बुद्धि लब्धि प्राप्तांक का वितरण किसी जनसंख्या में सामान्य प्रायिकता वितरण के अनुसार होता है। अधिकांश लोगों का बुद्धि लब्धि प्राप्तांक मध्य क्षेत्र में तथा बहुत कम लोगों के बुद्धि लब्धि प्राप्तांक बहुत अधिक या बहुत कम होते हैं। बुद्धि लब्धि प्राप्तांकों का यदि एक आवृति वितरण वक्र (Frequency Distribution Curve) बनाया जाए तो यह लगभग एक घंटाकार वक्र (Bell Shaped Curve) से सदृश होता है। इस वक्र को सामान्य वक्र (Normal Curve) कहा जाता है। ऐसा वक्र अपने केन्द्रीय माध्य के दोनों ओर सममित (Symmetrical) आकार का होता है। एक सामान्य वितरण के रूप में बुद्धि लब्धि प्राप्तांकों के वितरण को निम्न रेखाचित्र द्वारा प्रदर्शित किया गया है-

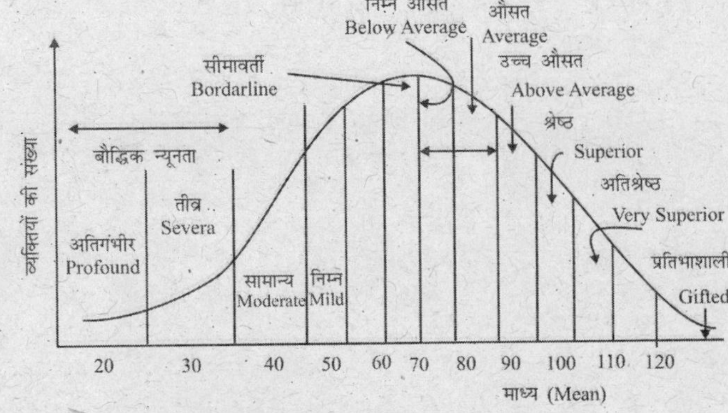

बुद्धि लब्धि प्राप्तांक (IQ Score)

किसी भी जनसंख्या में बुद्धि लब्धि प्राप्तांक का वितरण सामान्य वक्र के अनुरूप होता है। किसी जनसंख्या की बुद्धि लब्धि प्राप्तांक का माध्य (औसत) 100 होता है। जिन व्यक्तियों की बुद्धि लब्धि प्राप्तांक 90 से 110 के बीच होती है उन्हें सामान्य बुद्धि वाला कहा जाता है। जिनकी बुद्धि लब्धि 70 से भी कम होती है वे मानसिक मंदन (Mental Retardation) से प्रभावित समझे जाते हैं और जिनकी बुद्धि लब्धि 130 से अधिक होती है वे आसाधारण रूप से प्रतिभाशाली समझे जाते हैं। किसी व्यक्ति के बुद्धि लब्धि प्राप्तांक की व्याख्या निम्न तालिका की मदद से की जा सकती है-

स्टेनफोर्ड-बिने के आधार पर बुद्धिलब्धि का वर्गीकरण

बुद्धिलब्धि	व्याख्या
140 या अधिक	प्रतिभाशाली
120-139	अति श्रेष्ठ
110-119	श्रेष्ठ
90-109	सामान्य
80-89	मन्द
70-79	सीमान्त मन्द बुद्धि
60-69	मूर्ख
20-59	मूढ़
20 से कम	जड़

बुद्धि लब्धि (IQ) की सीमाएँ तथा विचलन बुद्धि लब्धि (Deviation Intelligence Quotient, DIQ):

बुद्धि लब्धि का संप्रत्यय दोष-रहित नहीं है। वर्तमान समय में IQ का संप्रत्यय संदिग्ध बन गया है, जिसमें कई त्रुटियां हैं। सामान्यत: यह माना जाता है कि 16 वर्ष की आयु तक मानसिक आयु का विकास होता है, इसके बाद इसमें ह्रास होता जाता है, जबकि कालानुक्रमिक आयु बढ़ती जाती है। MA का स्थिर हो जाना या इसमें ह्रास होना तथा CA का निरंतर बढ़ना, IQ के संप्रत्यय को भ्रामक बना देता है। अर्थात् यह संप्रत्यय वयस्क व्यक्तियों की बौद्धिक योग्यता को व्यक्त करने में सक्षम नहीं है। वेश्लर ने सन् 1981 में वेश्लर वयस्क बुद्धि लब्धि मापनी (Wechsler Adult Intelligence Scale, WAIS) को संशोधित कर IQ के बदले विचलन बुद्धि लब्धि (Deviation Intelligence Quotient, DIQ) का संप्रत्यय दिया जो मानसिक आयु तथा कालानुक्रमिक आयु का अनुपात न होकर एक प्रामाणिक अंक (Standard Score) या Z–Score के सूत्र के आधार पर निकाला जाता है। Z–Score को निकालने का सूत्र निम्नवत् है:-

$$Z = \frac{\text{प्रयोज्य द्वारा प्राप्त अंक}(X) - \text{मध्य मान}(M)}{\text{मानक विचलन (SD)}}$$

Z score के आधार पर ही DIQ का सूचकांक निकाला जाता है।

DIQ = 100 + 16 Z

DIQ एक ऐसा मानक प्राप्तांक (Standard Score) है जिसका विकास आर्थर ओटिस (Arthur Otis) के शोधों से हुआ है। यह प्राप्तांक आज बुद्धि परीक्षण के मापन के क्षेत्र में एक लोकप्रिय मापक बन गया है। IQ के सूत्र के साथ समस्या यह उत्पन्न हुई कि व्यक्ति की कालानुक्रमिक आयु तो हमेशा बढ़ती है परन्तु 17–18 की आयु के बाद सामान्यत: नहीं बढ़ती है। अत: IQ का पारंपरिक सूचकांक एक भ्रामक परिणाम देता है। इसी कठिनाई को दूर करने के लिए DIQ के संप्रत्यय का विकास हुआ।

किसी बुद्धि परीक्षण पर एक व्यक्ति का प्राप्तांक उसी व्यक्ति की आयु समूह के अन्य व्यक्तियों के प्राप्तांकों के औसत (माध्य) से कितनी दूरी (प्रमाप विचलन) पर है, इसका पता DIQ से चलता है। DIQ ज्ञात करने के लिए प्रत्येक आयु समूह के लिए Z– प्राप्तांक ज्ञात किया जाता है और फिर उस Z प्राप्तांक को एक ऐसे वितरण में बदल दिया जाता है जिसका माध्य = 100 तथा प्रमाप विचलन = 16 होता है। इसका सूत्र निम्न प्रकार से है:-

DIQ = 16 Z + 100

$$\text{जहाँ } Z = \frac{X - \text{माध्य}}{\text{प्रमाण विचलन}}$$

X = व्यक्ति का किसी बुद्धि परीक्षण पर उसका प्राप्तांक

Wechsler Adult Intelligence Scale (WAIS) में DIQ का उपयोग किया जाता है। अगर किसी व्यक्ति का इस बुद्धि परीक्षण पर प्राप्तांक एक प्रमाप विचलन इकाई माध्य से ऊपर है, तो उसका DIQ = 16 × 1 + 100 = 116 होगा जिससे पता चलता है कि उसका DIQ अपनी आयु समूह के व्यक्तियों के औसत से ऊपर है। उसी तरह से यदि किसी व्यक्ति का प्राप्तांक आदि माध्य से एक प्रमाप विचलन कम है तो उसका DIQ प्राप्तांक 84 होगा जिसका अर्थ है कि उसका DIQ अपने आयु समूह के व्यक्तियों के औसत से नीचे है। इस तरह DIQ में प्रत्येक उम्र स्तर पर प्रमाप विचलन (Standard deviation) का एक स्थिर मान होता है, जिसके परिणामस्वरूप IQ में होने वाला असामान्य परिवर्तनशीलता को नियंत्रित करता है।

वेश्लर के अनुसार IQ के साथ एक कठिनाई यह है कि 15–16 साल की आयु के बाद मानसिक आयु (MA) तेजी व क्रमिक रूप से नहीं बढ़ती है। दूसरी कठिनाई यह है कि वयस्कों के लिए मानसिक आयु का संप्रत्यय अर्थहीन है। अत: IQ के बदले DIQ का संप्रत्यय बुद्धि का मूल्यांकन करने में ज्यादा सक्षम है। दूसरे शब्दों में किसी व्यक्ति के बुद्धि लब्धि प्राप्तांक से यह पता चलता है कि औसत जिसे IQ कहा गया है, से किसी बुद्धि परीक्षण पर व्यक्ति का निष्पादन कितना विचलित है।

बुद्धि परीक्षण की उपयोगिताएँ

शिक्षा मनोवैज्ञानिकों ने शिक्षा में बुद्धि परीक्षण की अनेक उपयोगिताओं का वर्णन किया है जिनमें मुख्य हैं:-

(1) कक्षोन्नति के निर्णय में।
(2) शिक्षकों के चयन में।
(3) विभिन्न प्रकार के निर्देशन देने में (व्यक्तिगत, व्यावसायिक व शैक्षिक निर्देशन में)।
(4) छात्रों के श्रेणीकरण में।
(5) शैक्षिक दुर्बलता के निदान में।
(6) विद्यार्थियों के समायोजन में।
(7) मानसिक बीमारियों के इलाज में।
(8) कक्षा में प्रवेश लेने में।
(9) अनुशासन की समस्या के समाधान में।
(10) पाठ्यक्रमों तथा व्यवसाय चयन में।

शाब्दिक बुद्धि परीक्षण व अशाब्दिक बुद्धि परीक्षण की तुलना

शाब्दिक परीक्षण	अशाब्दिक परीक्षण
1. इस तरह के बुद्धि परीक्षणों में एकाशों को भाषा के माध्यम से प्रकट किया जाता है	एकांशों के संकेत चित्र या वस्तुओं के माध्यम से प्रकट किया जाता है

2. यह संस्कृति अभिनति परीक्षण होता है	यह अपेक्षाकृत संस्कृति स्वच्छ परीक्षण होता है
3. शाब्दिक परीक्षणों में परीक्षार्थी को मौखिक अथवा लिखित रूप में शाब्दिक अनुक्रियाएं करनी होती हैं	एकांशों का उत्तर देने के लिए लिखित भाषा के उपयोग की आवश्यकता नहीं होती।
4. यह परीक्षण भिन्न संस्कृतियों के व्यक्तियों को नहीं दिया जा सकता है बल्कि केवल उन्हीं व्यक्तियों को दिया जा सकता है जिस सांस्कृतिक पृष्ठभूमि में वह परीक्षण निर्मित हुआ है	यह भिन्न संस्कृतियों के व्यक्तियों को आसानी से दिया जा सकता है।
5. यह परीक्षण केवल साक्षरों के लिए उपयुक्त है।	यह परीक्षण असाक्षर व साक्षर दोनों के बुद्धि के लिए उपयुक्त है।

व्यक्तिगत बुद्धि परीक्षण व सामूहिक बुद्धि परीक्षण की तुलना

व्यक्तिगत परीक्षण	सामूहिक परीक्षण
1. वैयक्तिक बुद्धि परीक्षण के द्वारा एक समय में एक ही व्यक्ति का बुद्धि परीक्षण किया जा सकता है, जैसे स्टेंनफोर्ड बिने परीक्षण	सामूहिक बुद्धि परीक्षण को एक साथ बहुत से व्यक्तियों को समूह में दिया जा सकता है जैसे आर्मी अल्फा परीक्षण
2. इस परीक्षण को प्रशासित करने के लिए अनुभवी व्यक्ति चाहिए	यह परीक्षा सामान्य योग्यता का व्यक्ति भी ले सकता है।
3. इस परीक्षण के माध्यम से परीक्षार्थी के सफलता के कारणों का पता लगाया जा सकता है	अपेक्षाकृत जटिल व दुरूह कार्य है
4. इस परीक्षा में परीक्षार्थी व परीक्षक का निकट संबंध होता है	इसमें निकट संबंध की संम्भावना नहीं के बराबर होती है
5. इस परीक्षा के माध्यम से परीक्षार्थी की भाषा और व्यवहार का पूर्ण ज्ञान हो जाता है	इस परीक्षा में इन तत्वों का आंशिक ज्ञान हो पाता है
6. इन परीक्षणों की विश्वसनीयता व वैधता अधिक होती है	विश्वसनीयता व वैधता अपेक्षाकृत कम होती है

बुद्धि परीक्षण की सीमाएँ
(Limitations of Intelligence Testing)

बुद्धि परीक्षण कई उपयोगी उद्देश्य को पूर्ण करता है जैसे- चयन, परामर्श, निर्देशन, आत्मविश्लेषण और निदान में। जब तक ये परीक्षण किसी प्रशिक्षित परीक्षणकर्ता द्वारा नहीं उपयोग किए जाते, जानबूझकर या अनजाने में इनका दुरुपयोग हो सकता है। अप्रशिक्षित परीक्षणकर्ताओं द्वारा किए गए बुद्धि परीक्षणों के कुछ दुष्परिणाम निम्नलिखित हैं:-

1. किसी परीक्षण पर किसी व्यक्ति का खराब प्रदर्शन, उसके निष्पादन व आत्मसम्मान पर प्रतिकूल प्रभाव डाल सकता है।
2. परीक्षण द्वारा माता-पिता, अध्यापकों तथा बड़ों के भेद-भावपूर्ण आचरण को बढ़ावा मिलने का भय बना रहता है।
3. मध्यवर्गीय और उच्चवर्गीय जनसंख्याओं के पक्ष में अभिनत (पक्षपातपूर्ण) बुद्धि परीक्षण समाज के सुविधावंचित समूहों से आने वाले बच्चों की IQ को कम आंकने की सम्भावना बनी रहती है।
4. बुद्धि परीक्षा सृजनात्मक संभाव्यताओं और बुद्धि के व्यावहारिक पक्ष का माप नहीं कर पाता है और उनका जीवन में सफलता से ज्यादा संबंध नहीं होता। बुद्धि जीवन के विभिन्न क्षेत्रों में उपलब्धियों का एक संभाव्य कारक हो सकती है।

बुद्धि के सिद्धान्त

बुद्धि के सिद्धान्तः महत्व एवं वर्गीकरण

बुद्धि की संरचना की पूर्णरूपेण व्याख्या तब हो पाती है जब हम बुद्धि के सिद्धान्तों की ओर ध्यान देते हैं। वास्तव में मनोवैज्ञानिकों को प्रारम्भ से ही प्रयास रहा है कि बुद्धि की व्याख्या करने के लिए एक वैज्ञानिक सिद्धान्त का प्रतिपादन किया जाए। इस प्रयास के परिणामस्वरूप हमें बुद्धि के कई सिद्धान्त प्राप्त हैं। सिद्धान्तों का वर्गीकरण मूल रूप से निम्नांकित दो प्रमुख श्रेणियों में किया गया है-

(क) कारकीय सिद्धान्त (Factorial Theories)
(ख) प्रक्रिया-उन्मुखी सिद्धान्त (Process-oriented Theories)

कारकीय सिद्धान्तों की व्याख्या निम्न प्रकार से है-

कारकीय सिद्धान्त Factorial Theories

इसके अन्तर्गत उन मनावैज्ञानिकों के सिद्धान्तों को सम्मिलित किया गया है जिन्होंने बुद्धि की संरचना (structure) की व्याख्या कुछ कारकों के रूप में की है। प्रायः इन कारकों को विशेष सांख्यिकीय विधि (Statistical Analysis) जिसे कारक विश्लेषण (factor analysis) कहा जाता है, के आधार पर ज्ञात किया जाता है। इस श्रेणी के अन्तर्गत आने वाले प्रमुख सिद्धान्त निम्न प्रकार से हैं-

(1) एक-कारक सिद्धान्त (Unitary or Monarchic Theory)
(2) स्पीयरमैन का द्विकारक सिद्धान्त (Spearman's Two Factor Theory)
(3) थर्स्टन का समूहकारक सिद्धान्त (Thurstone Group Factor Theory)
(4) बहुकारक सिद्धान्त (Multi Factor Theory)
(5) कैटेल का सिद्धान्त (Catell's Theory)
(6) गार्डनर का बहु बुद्धि सिद्धान्त (Gardner's Theory of Multiple intelligence)
(7) पदानुक्रमिक सिद्धान्त (Hierarchical Theory)

इस श्रेणी में भी मनोवैज्ञानिकों के दो समूह हैं

प्रथम समूह में वैसे मनोवैज्ञानिक हैं जिनका मत है कि बुद्धि समस्या समाधान करने, तर्क करने तथा ज्ञान प्राप्त करने की एक सामान्य एवं संगठित क्षमता है। स्पीयरमैन इस समूह के अग्रणी मनोवैज्ञानिक हैं जिनका मानना है कि किसी भी बौद्धिक कार्य के निष्पादन का आधार सामान्य कारक होता है।

द्वितीय समूह में उन वैज्ञानिकों को स्थान दिया गया है जो यह मानते हैं कि बुद्धि बहुत सारी भिन्न-भिन्न मानसिक क्षमताओं, जो करीब-करीब स्वतन्त्र रूप से क्रियाशील होती हैं, का एक योग होता है। इसमें थर्स्टन, कैटेल, थार्नडाइक, वर्तन, गिलफोर्ड तथा गार्डनर आदि के नाम प्रसिद्ध हैं।

प्रक्रिया उन्मुखी सिद्धान्त
(Process Oriented Theories)

लगभग 1960 तक बुद्धि के स्वरूप की व्याख्या कारक सिद्धान्तों द्वारा काफी प्रभावित रही। परन्तु इसके बाद के वर्षों में जब संज्ञानात्मक मनोविज्ञान

(Cognitive Psychology) पर अधिक जोर दिया जाने लगा, तो वैसी परिस्थिति में बुद्धि के स्वरूप की व्याख्या नये-नये सिद्धान्तों द्वारा अधिक की जाने लगी। इन सिद्धान्तों को प्रक्रिया-उन्मुखी सिद्धान्त कहा गया। इस सिद्धान्त की मुख्य विशेषता यह है कि इसके द्वारा बुद्धि के स्वरूप की व्याख्या उसके भिन्न-भिन्न कारकों के रूप में न करके उन बौद्धिक प्रक्रियाओं के रूप में की गयी है जिसे व्यक्ति किसी समस्या के समाधान करने में या सोच विचार करने में लगाता है। इस सिद्धान्त के अन्तर्गत बुद्धि के लिए संज्ञान (Cognition) तथा संज्ञानात्मक प्रक्रिया (Cognitive process) का प्रयोग अधिक किया गया। ये सिद्धान्त निम्नांकित दो तथ्यों की व्याख्या से सम्बन्धित है-

1. व्यक्ति किसी दिए हुए समस्या का समाधान करने में किन-किन प्रक्रियाओं का सहारा लेता है?
2. व्यक्ति में बौद्धिक प्रक्रियाओं (intellectual processes) का विकास कैसे होता है? जैसे-जैसे व्यक्ति में परिपक्वता बढ़ती जाती है, वैसे-वैसे इन प्रक्रियाओं में किस ढंग का परिवर्तन आता है?

   इसके अन्तर्गत पियाजे, ब्रुनर, स्टेनवर्ग, जुआन पासकुएल लियोनी, जेन्सन आदि मनोवैज्ञानिकों के सिद्धान्त प्रमुखता से आते हैं।

बुद्धि के कारक सिद्धान्त

पिछले खण्ड में आप बुद्धि के सिद्धान्त के महत्व से परिचित हो चुके हैं साथ ही बुद्धि के विभिन्न सिद्धान्तों के वर्गीकरण को भी जान चुके हैं। अब हम कुछ प्रमुख कारकीय सिद्धान्तों का अध्ययन करेंगे।

स्पीयरमैन का द्विकारक सिद्धान्त
(Spearman's two Factor Theory)

इस सिद्धान्त का प्रतिपादन ब्रिटेन के मनोवैज्ञानिक स्पीयरमैन ने 1904 में किया। इन्होंने कारक विश्लेषण की प्रविधि द्वारा कई प्रयोगात्मक अध्ययनों से प्राप्त आँकड़ों का विश्लेषण किया और बताया कि बुद्धि की संरचना में मूल रूप से दो कारक निहित होते हैं- सामान्य कारक (General factor या 'g' factor) तथा विशिष्ट कारक (Specific factor या 's' factor)

सामान्य कारक या 'g' कारक-स्पीयरमैन के अनुसार 'g' कारक से तात्पर्य यह होता है कि प्रत्येक व्यक्ति में कोई भी मानसिक कार्य करने की एक सामान्य क्षमता (general capacity) भिन्न-भिन्न मात्रा में मौजूद होती है। यही कारण है कि 'g' कारक को स्पीयरमैन ने मानसिक ऊर्जा की संज्ञा प्रदान की है। स्पीयरमैन के अनुसार जिस व्यक्ति में 'g' कारक जितना ही अधिक होगा वह व्यक्ति उतना ही अधिक सभी तरह के मानसिक कार्यों को करने में प्रवीण होगा।

सामान्य कारक की विशेषताएं

स्पीयरमैन के अनुसार सामान्य कारक की दो प्रमुख विशेषताऐं हैं-

1. सामान्य कारक जन्मजात योग्यता है। इसलिए इस कारक पर किसी तरह के शिक्षण, प्रशिक्षण, पूर्व अनुभवों आदि का प्रभाव नहीं पड़ता है।
2. प्रत्येक व्यक्ति में सामान्य कारक की मात्रा निश्चित होती है। इसका तात्पर्य यह नहीं है कि सभी व्यक्तियों में इसकी मात्रा समान होती है। वास्तव में, प्रत्येक व्यक्ति में प्रत्येक मानसिक कार्य करने की जो क्षमता होती है, वह निश्चित नहीं होती है। किसी में इस क्षमता की मात्रा अधिक हो सकती है तथा किसी में इसकी मात्रा कम हो सकती है।

   विशिष्ट कारक या 'S' कारकः स्पीयरमैन का यह भी विचार था कि प्रत्येक मानसिक कार्य करने में कुछ विशिष्टता की भी आवश्यकता पड़ती है क्योंकि मानसिक कार्य एक दूसरे से कुछ न कुछ भिन्न होते हैं। स्पीयरमैन ने इसे ही 'S' कारक का नाम दिया है।

विशिष्ट कारक की विशेषताएं

विशिष्ट कारक की विशेषताएं निम्नलिखित हैं

(1) एक ही व्यक्ति में विशिष्ट कारक की मात्रा भिन्न-भिन्न कार्यों के लिए निश्चित नहीं होती है। एक कार्य के लिए एक व्यक्ति में विशिष्ट कारक की मात्रा अधिक हो सकती है परन्तु उसी व्यक्ति में दूसरे कार्य के लिए विशिष्ट कारक की मात्रा कम हो सकती है। जैसे, एक व्यक्ति में गाना गाने का विशिष्ट कारक अधिक हो सकता है परन्तु उसी व्यक्ति में पेंटिंग की क्रिया के लिए जिस विशिष्ट कारक की जरूरत है, उसकी मात्रा कम हो सकती है।

(2) विशिष्ट कारक का स्वरूप परिवर्तनशील होता है। एक मानसिक क्रिया में एक तरह के विशिष्ट कारक की आवश्यकता होती है तो दूसरे तरह की मानसिक क्रिया में दूसरे तरह के विशिष्ट कारक की आवश्यकता होती है।

(3) विशिष्ट कारक पर व्यक्ति के प्रशिक्षण, पूर्व अनुभवों आदि का काफी प्रभाव पड़ता है। प्रशिक्षण देकर हम किसी खास मानसिक कार्य के लिए आवश्यक विशिष्ट कारक की मात्रा को बढ़ा सकते हैं। दूसरे शब्दों में, प्रशिक्षण देकर हम किसी को अच्छा 'तबलावादक' बना सकते हैं या अच्छा 'चित्रकार' बना सकते हैं।

स्पीयरमैन के द्विकारक सिद्धान्त की उपयुक्त व्याख्या से स्पष्ट है कि स्पीयरमैन के अनुसार बौद्धिक कार्य में सामान्य कारक तथा विशिष्ट कारक दोनों ही सम्मिलित होते हैं जिसे चित्र के द्वारा स्पष्ट किया जा सकता है।

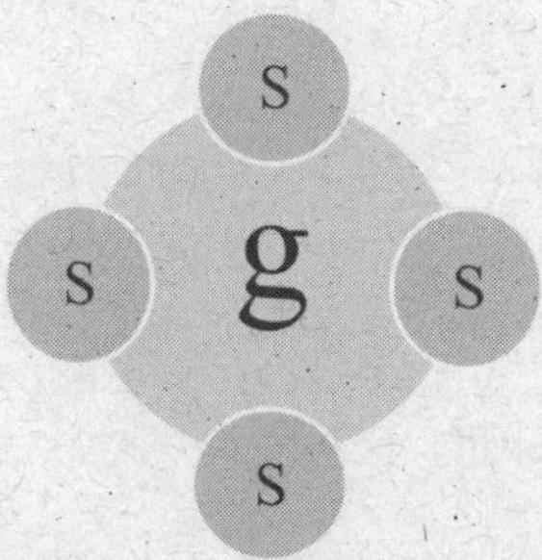

चित्रः स्पीयरमैन का द्विकारक सिद्धान्त

स्पष्ट है कि इन दोनों कारकों में 'g' कारक को अधिक महत्व दिया गया है। 'g' कारक कम होने से व्यक्ति को किसी भी बौद्धिक कार्य करने में पूर्ण सफलता नहीं मिलेगी। स्पीयरमैन के अनुसार विषयों में स्थानान्तरण केवल सामान्य कारकों के द्वारा ही सम्भव होता है। इसलिए स्पीयरमैन के बुद्धि सिद्धान्त को 'g' कारक सिद्धान्त भी कहा गया है। जबकि विशिष्ट कारक व्यक्ति की किन्हीं विशेष क्रियाओं में पाया जाता है। विभिन्न व्यक्तियों में भिन्न-भिन्न प्रकार के विशिष्ट कारक पाए जाते हैं। एक व्यक्ति में केवल एक विशिष्ट कारक पाया जाता है तो अन्य में कई विशिष्ट कारक निहित रहते हैं। व्यक्ति की विषय में प्रवीणता उसकी विशिष्ट योग्यताओं के अतिरिक्त सामान्य योग्यताओं पर निर्भर है जो उसकी सम्पूर्ण मानसिक क्रियाओं को प्रभावित करती है।

स्पीयरमैन के द्विकारक सिद्धान्त की आलोचना

(1) स्पीयरमैन के सिद्धान्त में बुद्धि की व्याख्या सिर्फ दो कारकों अर्थात् 'g' कारक तथा 'S' कारक के आधार पर की गयी है। थर्स्टन एवं गिलफोर्ड ने स्पीयरमैन के इस तथ्य की आलोचना की है और कहा है कि बुद्धि की व्याख्या करने के लिए अनेक कारकों की आवश्यकता पड़ती है जो केवल दो तत्वों या कारकों से सम्भव नहीं है।

(2) स्पीयरमैन के अनुसार प्रत्येक कार्य को करने में कुछ सामान्य योग्यता की आवश्यकता पड़ती है और कुछ विशिष्ट योग्यता की। इसका अर्थ हुआ कि प्रत्येक कार्य में अलग-अलग विशिष्ट योग्यता चाहिए। परन्तु व्यवहार में हम ऐसा नहीं पाते। अनेक कार्यों को मिलाकर ऐसे समूहों में बाँटा जा सकता है जिसमें एक ही प्रकार की योग्यता की आवश्यकता पड़ती है, जैसे-फोरमैन, मैकेनिक एवं इंजीनियर के कार्य में, या नर्सिंग, कम्पांउडर तथा डॉक्टर के व्यवसाय में।

इन आलोचनाओं के बावजूद स्पीयरमैन का बुद्धि सिद्धान्त बहुत ही महत्वपूर्ण सिद्धान्त है और इसे मनोवैज्ञानिकों द्वारा बुद्धि के अन्य कारक सिद्धान्तों की नींव माना गया है।

थर्स्टन का समूह कारक सिद्धान्त

(Thurstone's group factor theory)

इस सिद्धान्त का प्रतिपादन एल.एल. थर्स्टन; 1938 द्वारा किया गया है जो कई वर्षों तक किए गए कारक विश्लेषण से प्राप्त तथ्यों पर आधारित है।

इस सिद्धान्त के अनुसार, बुद्धि की व्याख्या कई कारकों के आधार पर की जाती है न कि सिर्फ दो कारकों के आधार पर। इस सिद्धान्त के अनुसार किसी बौद्धिक कार्य में अनेक छोटे-छोटे विशिष्ट कारक या तत्त्व नहीं पाए जाते हैं जो अलग-अलग मानसिक क्षमताओं के द्योतक हों। साथ ही साथ किसी बौद्धिक कार्य में 'g' कारक की भी प्रधानता नहीं होती है। इस प्रकार थर्स्टन ने स्पीयरमैन के 'g' कारक की मान्यता को अस्वीकृत किया है।

थर्स्टन के समूह कारक सिद्धान्त के अनुसार मानसिक प्रक्रियाओं या क्षमताओं का एक सामान्य प्राथमिक कारक (common primary factor) होता है जो उन सभी मानसिक प्रक्रियाओं को आपस में सूत्र में बांधे रखता है तथा साथ ही साथ इन मानसिक क्रियाओं को अन्य मानसिक क्रियाओं से भिन्न रखता है। ऐसी सभी मानसिक प्रक्रियाएँ जिनका एक प्राथमिक कारक होता है, आपस में सहसम्बन्धित होते हैं एवं एक साथ मिलकर समूह का निर्माण करते हैं। इस समूह का प्रतिनिधित्व करने वाले कारक को प्राथमिक कारक (primary factor) की संज्ञा दी जाती है।

इसी तरह से दूसरे तरह की मानसिक प्रक्रियाओं को एक सूत्र में बाँधने वाला अन्य प्राथमिक कारक होता है। ऐसी सभी प्रक्रियाओं का एक अन्य समूह होता है। फिर तीसरे तरह की मानसिक क्षमताओं का एक तीसरा प्राथमिक कारक होता है जो उन सभी क्षमताओं को आपस में बांधकर रखता है।

थर्स्टन ने अपने सिद्धान्त में सात प्राथमिक या प्रारम्भिक मानसिक क्षमताओं (Primary Mental Abilities) का स्पष्टीकरण किया है। उन सात प्रारम्भिक मानसिक क्षमताओं का वर्णन निम्नांकित है-

1. **शाब्दिक अर्थ क्षमता (Verbal meaning ability or V):** शब्दों तथा वाक्यों के अर्थ एवं शाब्दिक सम्बन्धों को समझने की क्षमता को शाब्दिक अर्थ क्षमता कहा गया है जिसे अक्षर 'V' द्वारा सम्बोधित किया गया है। शाब्दिक सम्बन्धों को समझने की क्षमता को निम्न उदाहरण द्वारा स्पष्ट किया जा सकता है-

   उदाहरण- पैर: जूता:: हाथ:?(अंगूर, सिर, दस्ताना, अंगुली)

   उत्तर- दस्ताना

2. **शब्द प्रवाह क्षमता (Word fluency ability or W):** दिए हुए शब्दों से असम्बन्धित या अलग शब्दों को त्वरित गति से सोचने की क्षमता को शब्द प्रवाह कहा गया है। इसे अक्षर 'w' से सम्बोधित किया गया।

   उदाहरण- निम्नांकित अक्षरों को इस प्रकार व्यवस्थित करें कि जानवरों के नाम बन जाएँ-

अक्षर	उत्तर
odg	dog
ebar	bear
act	cat

   उदाहरण- क अक्षर से शुरू होने वाले शब्द लिखो।
   (उत्तर- कमल, कलम, कबूतर, कौआ, कल.......)

3. **आंकिक क्षमता (Numerical ability or N) :** परिशुद्धता (accuracy) तथा तीव्रता के साथ आंकिक गणना (manipulate) करने की क्षमता को आंकिक क्षमता कहा गया है और इसे अक्षर 'S' द्वारा सम्बोधित किया गया। उदाहरणार्थ-

   755
   $(29)^2$ = 841
   872
   910

4. **स्थानिक क्षमता (Spatial ability or S)** – किसी दिए हुए स्थान (space) में काल्पनिक रूप से वस्तुओं के परिचालन (manipulate) करने की क्षमता को स्थानिक क्षमता कहा गया। इसे अक्षर 'S' से सम्बोधित किया गया। यह दो-तीन परिमाणों में स्थान स्मरण करने की सामर्थ्य है।

5. **तर्क क्षमता (Reasoning ability or R)**– वाक्यों के समूह या अक्षरों के समूह में छिपे नियम (Principle) की खोज करने की क्षमता को तर्क क्षमता कहा गया। इसे अक्षर 'R' द्वारा सम्बोधित किया गया। निम्न उदाहरण के द्वारा यह स्पष्ट होता है-

उदाहरण-	गुप्त लेखन
S A W	5, 8, 3
S A T	5, 8, 6
W A S	3, 8, 5

   बताओ कौन सा अक्षर किस अंक के लिए है?
   उत्तर – S = 5, W=3, A=8, T=6

6. **स्मृति क्षमता (Memory ability or M)**– किसी पाठ, विषय या घटना को शीघ्रता से स्मरण कर लेने की क्षमता को स्मृति क्षमता कहा गया। इसे अक्षर 'M' से सम्बोधित किया गया। इसमें शब्दों के साथ कुछ अंक दिए रहते हैं, जैसे- Box 76, Chain 54, Fan 39, Lamp 80। अगले पृष्ठ पर वस्तु का संख्या क्रम दिया रहता है और प्रयोज्य को वस्तुओं के नाम बताने पड़ते हैं।

7. **प्रत्यक्षीकरण गति क्षमता (Perceptual Speed ability or P)**– किसी घटना या वस्तु की विस्तृतता (details) का तेजी से प्रत्यक्षीकरण करने की क्षमता इसके अन्तर्गत आती है। प्रत्यक्ष विवरणों को शीघ्रता एवं यथार्थता से ग्रहण करना, समानताओं एवं अन्तरों की शीघ्र पहचान करना इसी योग्यता से सम्बन्धित है। इसका सम्बोधन 'P' अक्षर द्वारा किया गया। इसको स्पष्टता से निम्न उदाहरण द्वारा समझा जा सकता है-

   उदाहरण-

696	980
352	552
456	666
696	630
870	980
230	240
696	980

स्तम्भ के ऊपर जो संख्याएँ लिखी हैं, उन्हें देखें। नीचे की संख्याओं में वे दुबारा कहाँ हैं? उन्हें रेखांकित करें।

इस तरह से हम देख सकते हैं कि थर्स्टन ने अपने सिद्धान्त में प्राथमिक क्षमताओं के आधार पर बुद्धि की व्याख्या की है। ये सभी क्षमताएँ एक दूसरे से स्वतन्त्र होती हैं। इसकी संरचना को निम्न चित्र द्वारा भली-भाँति समझा जा सकता है-

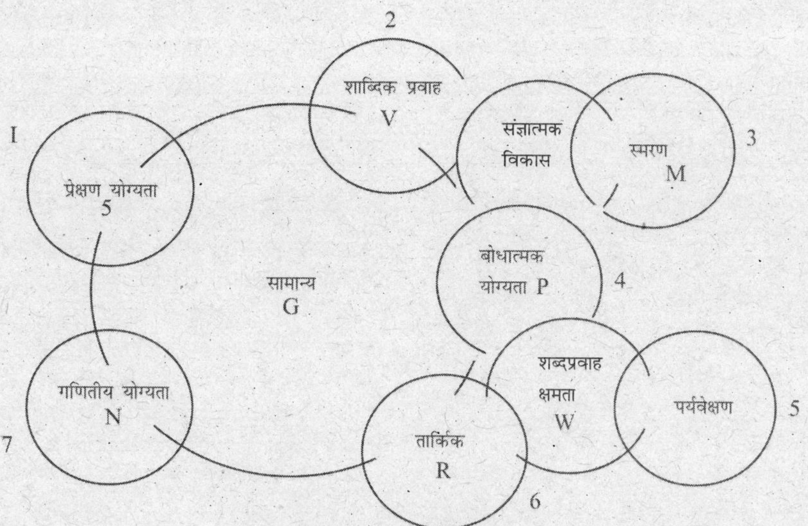

चित्रः थर्स्टन का समूहकारक सिद्धान्त

उपर्युक्त चित्र में N आंकिक योग्यता, R तर्कक्षमता, V शाब्दिक अर्थ क्षमता, W शब्द प्रवाह क्षमता, S स्थानिक क्षमता, M स्मृति क्षमता तथा P प्रत्यक्षीकरण गति क्षमता को दर्शाता है।

समूह कारक सिद्धान्त की आलोचना

एटकिन्सन तथा हिलगार्ड (Atkinson & Hilgard, 1983) ने थर्स्टन के सिद्धान्त की समीक्षा की और बताया कि इस सिद्धान्त में कुछ दोष भी हैं जो इस प्रकार है-

1. थर्स्टन ने इस बात पर पर्याप्त जोर दिया है कि उनके द्वारा प्रतिपादित सात प्राथमिक क्षमताएँ एक दूसरे से स्वतन्त्र हैं अर्थात् उनमें सहसम्बन्ध नहीं है। परन्तु कई मनोवैज्ञानिकों ने यह स्पष्ट रूप से पाया है कि ये सभी क्षमताएं आपस में पूर्णतः स्वतन्त्र नहीं हैं बल्कि वे काफी हद तक सहसम्बन्धित हैं।
2. थर्स्टन के अनुसार चूँकि ये सभी सात क्षमताएँ आपस में स्वतन्त्र होती हैं, अतः 'g' कारक के समान कोई कारक वास्तव में नहीं होता है। इसी आधार पर थर्स्टन ने स्पीयरमैन के 'g' कारक को अस्वीकृत किया था। लेकिन जब सचमुच में ये सात क्षमताएं स्वतन्त्र न होकर आपस में सहसम्बन्धित पाई गईं तो ऐसी परिस्थिति में स्पीयरमैन के 'g' कारक को ही समर्थन मिल जाता है। थर्स्टन ने भी इस आलोचना को स्वीकार किया है और कहा है कि वे सात क्षमताएं प्रथम क्रम के 'g' कारक नहीं हैं बल्कि द्वितीय क्रम के 'g' कारक हैं।
3. थर्स्टन के सिद्धान्त का आधार कारक विश्लेषण था। कारक विश्लेषण था कारक विश्लेषण द्वारा कितनी तरह की क्षमताओं की पहचान की जा सकती है, यह तो निश्चित नहीं है। अतः थर्स्टन द्वारा यह निश्चित कर देना कि बुद्धि में मूलतः सात ही तरह की प्राथमिक मानसिक क्षमताएं होती हैं, न तो उचित है और न ही वैज्ञानिक।

थॉर्नडाइक का बहुकारक सिद्धान्त

(Thorndike's Multiple factor theory)

थॉर्नडाइक ने स्पीयरमैन के सिद्धान्त का खण्डन करते हुए कहा है कि बुद्धि सिर्फ दो कारकों या तत्त्वों के मिलने से नहीं होता है बल्कि बुद्धि की रचना बहुत से छोटे-छोटे तत्वों या कारकों के मिलने से होती है। प्रत्येक कारक या तत्व एक विशिष्ट मानसिक क्षमता का प्रतिनिधित्व करते हैं तथा साथ ही साथ एक दूसरे से स्वतन्त्र होते हैं। ऐसे ही बहुत से कारकों के आपस में मिलने से बुद्धि की रचना होती है, ठीक वैसे ही जैसे अनेक ईंटों के मिलने से एक मकान का निर्माण होता है। जिस तरह प्रत्येक ईंट एक दूसरे से स्वतन्त्र होते हुए भी अपना योगदान करके एक मकान का निर्माण करता है, ठीक उसी तरह से अनेक विशिष्ट क्षमताएं जो एक दूसरे से स्वतन्त्र होती हैं, मिलकर बुद्धि का निर्माण करती हैं। अतः थॉर्नडाइक के सिद्धान्त के अनुसार कोई सामान्य बुद्धि नाम की चीज नहीं होती है जैसा कि स्पीयरमैन ने कहा था। बुद्धि कई विशेष मानसिक क्रियाओं या क्षमताओं का एक योग है।

थॉर्नडाइक के सिद्धान्त के अनुसार व्यक्ति के भिन्न-भिन्न मानसिक क्रियाओं के बीच सहसम्बन्ध का कारण 'g' कारक नहीं होता है बल्कि उन मानसिक क्रियाओं में कई उभयनिष्ठ तत्व पाए जाते हैं। दिये हुए मानसिक क्रियाओं में जितने ही अधिक उभयनिष्ठ तत्व (common elements) होंगे, उनके बीच सहसम्बन्ध उतना ही अधिक होगा। उदाहरणार्थ-मान लीजिए कि मानसिक कार्य 'X' तथा 'Y' में अलग-अलग 10–10 तत्वों या कारकों की आवश्यकता है। इन तत्वों या कारकों में से 8 ऐसे तत्व हैं, जो इन दोनों तरह की मानसिक क्रियाओं को पूरा करने में उभयनिष्ठ (Common) हैं।

ऐसी परिस्थिति में दोनों मानसिक कार्यों के बीच उच्च धनात्मक सहसम्बन्ध होगा। दूसरी ओर यदि यह मान लिया जाए कि इन दोनों मानसिक कार्यों के बीच दो-दो ही तत्व ऐसे हैं जिन्हें उभयनिष्ठ कहा जा सकता है। ऐसी परिस्थिति में इन दोनों कार्यों के बीच धनात्मक सम्बन्ध तो होगा, परन्तु काफी कम। इस प्रकार जब दो मानसिक कार्यों के प्रतिपादन में धनात्मक सहसम्बन्ध पाया जाता है तो यह स्पष्ट है कि उसमें उभयनिष्ठ कारक (common factor) निहित है। इन तत्वों या कारकों की उभयनिष्ठता के आधार पर थार्नडाइक ने स्पीयरमैन के 'g' कारक की एक तरह से आलोचना की है।

थॉर्नडाइक का यह भी विचार था कि कुछ मानसिक कार्य ऐसे होते हैं जिनके तत्वों की कारकों में उभयनिष्ठता (commonness) कम होती है। ऐसा इसलिए होता है क्योंकि प्रत्येक मानसिक कार्य का स्वरूप भिन्न-भिन्न होता है। तत्वों की कारकों के बीच इस तरह की अ-उभयनिष्ठता (uncommonness) के कारण ही दो मानसिक कार्यों या उनके मापने के लिए बने परीक्षणों के बीच समसम्बन्ध पूर्ण नहीं होता है। इस तरह की व्याख्या देकर थार्नडाइक ने स्पीयरमैन के 'S' कारक की भी आलोचना की है क्योंकि इस व्याख्या से स्पष्ट हो जाता है कि दो मानसिक कार्यों या उन्हें मापने के लिए बने परीक्षणों के बीच कम सहसम्बन्ध 'S' कारक के कारण नहीं होता है, बल्कि इसलिए होता है क्योंकि इन दोनों मानसिक कार्यों के तत्वों या कारकों के बीच अ-उभयनिष्ठता होती है।

थॉर्नडाइक के द्वारा वर्णित बहुकारक सिद्धान्त के आधार पर बुद्धि की संरचना को चित्र के द्वारा स्पष्ट किया जा सकता है।

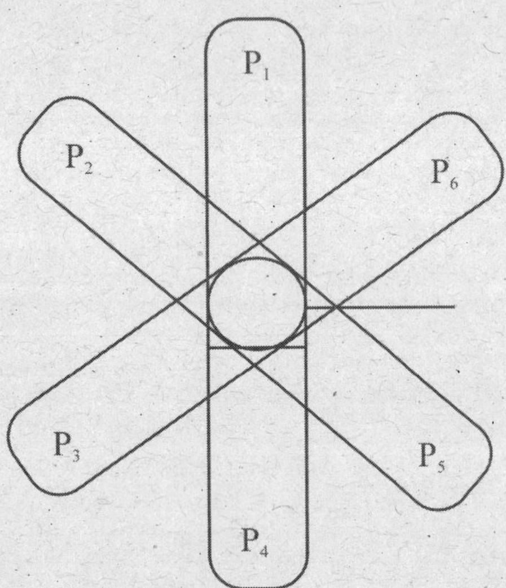

चित्रः थॉर्नडाइक का बहुकारक सिद्धान्त

प्रस्तुत चित्र में esa P_1, P_2, P_3, P_4, ... P_6 आदि विभिन्न मानसिक योग्यताएँ हैं और C उनमें उभयनिष्ठ (common factor) कारक है।

इस प्रकार इस सिद्धान्त में स्पीयरमैन के सामान्य कारक (General factor) की अवहेलना करके अपने द्वारा प्रतिपादित उभयनिष्ठ कारक को महत्व दिया गया है। यह उभयनिष्ठ कारक कुछ अंश में तो समस्त मानसिक क्रियाओं में पाया जाता है।

थार्नडाइक के सिद्धान्त की आलोचना

यदि ध्यानपूर्वक देखा जाए तो थार्नडाइक का सिद्धान्त स्पीयरमैन के सिद्धान्त से मौलिक रूप से भिन्न नहीं है। वास्तव में थार्नडाइक ने 'g' कारक को एक तरह से स्वीकार किया क्योंकि स्पीयरमैन ने जिसे सामान्य कारक या तत्व कहा है उसे थार्नडाइक ने उभयनिष्ठ तत्व (common element) कहा है तथा जिसे स्पीयरमैन ने विशिष्ट कारक या 'S' कारक कहा है उसे थार्नडाइक ने अ-उभयनिष्ठ (uncommon factor) कहा है।

यदि इन दोनों सिद्धान्तों में अन्तर है तो सिर्फ इतना कि स्पीयरमैन ने 'g' कारक को छोटी-छोटी इकाइयों या उपकारकों (subfactors) में नहीं बाँटा है जबकि थार्नडाइक ने इसे कई उपकारकों का योग माना है।

बुद्धि के कारक सिद्धान्त विश्लेषण एवं निष्कर्ष

पिछले खण्ड में आप बुद्धि के मुख्य कारक सिद्धान्तों का अध्ययन कर चुके हैं। उपरोक्त वर्णित सिद्धान्तों के द्वारा बुद्धि की संरचना को विभिन्न प्रकार से समझाने का प्रयोग किया गया। स्पीयरमैन ने जहाँ दो कारकों का उल्लेख किया वहीं थर्स्टन ने बुद्धि की संरचना में मुख्य रूप से सात प्राथमिक मानसिक क्षमताओं को स्वीकार किया जबकि थार्नडाइक ने माना कि बुद्धि की संरचना बहुत से छोटे-छोटे तत्वों या कारकों के मिलने से होती है।

स्पीयरमैन ने अपने प्रयोगों से यह निष्कर्ष निकाला कि बुद्धि दो कारकों का योग है। प्रथम कारक को उन्होंने सामान्य कारक ('g' कारक) तथा दूसरे को विशिष्ट कारक ('S' कारक) कहा। उन्होंने स्पष्ट किया कि सामान्य कारक या 'g' कारक व्यक्ति के सभी कार्यों में सहायक होता है जबकि विशिष्ट कारक या 'S' कारक कारक कार्य विशेष के लिए ही सहायक होता है। इस प्रकार विभिन्न प्रकार के विशिष्ट कारकों को S_1 S_2 S_3 S_4 आदि से व्यक्त किया।

दूसरे शब्दों में, सामान्य बुद्धि नाम की कोई चीज अवश्य है जो सभी क्रियाओं में विद्यमान रहती है और इसके अतिरिक्त कुछ विशिष्ट योग्यताएँ होती हैं जिनके द्वारा मनुष्य विशिष्ट समस्याओं का सामना करता है। उदाहरणस्वरूप किसी व्यक्ति की हिन्दी की योग्यता में कुछ तो उसकी सामान्य बुद्धि होती है और कुछ भाषा सम्बन्धी विशिष्ट योग्यता होती है। अर्थात $g + s_1$ या गणित में उसकी योग्यता कारण होगा $g + s_2$। इस प्रकार कई विशिष्ट योग्यताएँ हो सकती हैं। इस आधार पर व्यक्ति की पूर्ण बुद्धि (जिसे यदि 'A' की संज्ञा दे दी जाए) को इस प्रकार स्पष्ट किया जा सकता है- $g+s_1+s_2+s_3+ ..... = A$

एल.एल. थर्स्टन ने अपने प्रयोगों के आधार पर यह निष्कर्ष निकाला कि न तो बुद्धि किसी एक योग्यता का द्योतक है, न दो योग्यताओं का, न तीन योग्यताओं का और न अनेक योग्यताओं का, अपितु यह सामूहिक योग्यताओं के अनेक समूहों का योग है। उन्होंने आगे स्पष्ट किया कि प्रत्येक ऐसे समूह का एक प्राथमिक कारक होता है जो समूह का प्रतिनिधित्व करता है। उन्होंने इस प्रकार के सात प्राथमिक कारकों का उल्लेख किया। इस आधार पर बुद्धि की संरचना को संक्षेप में निम्नांकित रूप में व्यक्त किया जाता है-

बुद्धि = N+V+S+W+R+M+P

चहाँ N आंकिक क्षमता, V शाब्दिक अर्थक्षमता, S स्थानिक क्षमता, W शब्द प्रवाह क्षमता, R तर्क क्षमता, M आंकिक क्षमता, P प्रत्यक्षीकरण गति क्षमता का द्योतंक है।

थर्स्टन के अनुसार ये सात मानसिक क्षमताएं ही बुद्धि के रूप में कार्य करती हैं। उन्होंने आगे स्पष्ट किया कि जिस मनुष्य में इन सात मानसिक क्षमताओं में जो क्षमता अधिक होती है वह व्यक्ति उसी के अनुकूल विकास करता है। दूसरे शब्दों में, थर्स्टन के प्राथमिक मानसिक क्षमताओं के आधार पर यह पता चल जाता है कि बुद्धि के खास-खास क्षेत्र में व्यक्ति कितना मजबूत या कमजोर है। उदाहरणस्वरूप, इन क्षमताओं के आधार पर यह आसानी से पता चल जाता है कि एक व्यक्ति शब्द प्रवाह तथा शाब्दिक बोध में बहुत मजबूत है किन्तु तर्क या विवेचना में बहुत कमजोर है।

थॉर्नडाइक ने बुद्धि की संरचना का वर्णन करते हुए कहा कि बुद्धि में सामान्य योग्यता का कारक (g कारक) जैसा कोई कारक नहीं होता अपितु इसके अन्तर्गत कई कारक होते हैं। किसी भी मानसिक क्रिया में कई कारक मिल कर कार्य करते हैं। उन्होंने स्पष्ट किया कि जिन अनुभवों में उद्दीपन (Stimulus, S) और अनुक्रिया (Response, R) में सम्बन्ध स्थापित हो जाता है उनका प्रयोग व्यक्ति भविष्य में उसी प्रकार की समस्याओं को हल करने में करता है। उन्होंने आगे स्पष्ट किया कि किसी कारण यदि कोई व्यक्ति एक प्रकार के कार्यों को करने में दक्ष है तो यह आवश्यक नहीं कि वह दूसरे कार्यों में भी दक्ष होगा।

थॉर्नडाइक के अनुसार बुद्धि के कोई एक, दो या तीन कारक नहीं होते। बुद्धि में कारक उतने ही होते हैं जितनी कि मनुष्य की क्रियाएँ। ये विभिन्न कारक मिलकर एक उभयनिष्ठ कारक का निर्माण करते हैं। आंकिक, शाब्दिक, दिशा, तर्क, स्मरण तथा भाषण की योग्यता इसके अतिरिक्त कारक हैं। थार्नडाइक का यह मत सम्बन्ध अथवा संयोजना पर आधारित है। जितने अधिक सम्बन्ध होंगे, व्यक्ति उतना ही बुद्धिमान होगा।

4 व्यक्तित्व का विकास - अर्थ, प्रकार (अन्तर्मुखी, बहिर्मुखी, उभयमुखी)

सामान्यत: व्यक्तित्व से अभिप्राय व्यक्ति के रूप, रंग, कद, लम्बाई, चौड़ाई अर्थात् शारीरिक संरचना, व्यवहार तथा मृदुभाषी होने से लगाया जाता है। ये समस्त गुण व्यक्ति के समस्त व्यवहार का दर्पण है।

व्यक्तित्व की अवधारणा: अर्थ व परिभाषा

व्यक्तित्व अंग्रेजी के पर्सनेल्टी (Personality) शब्द का रूपान्तर है। अंग्रेजी के इस शब्द की उत्पत्ति यूनानी भाषा के 'पर्सोना' (Persona) शब्द से हुई है, जिसका अर्थ है- **'नकाब'**। यूनानी लोग नकाब या मुखौटा पहनकर मंच पर अभिनय करते थे, ताकि दर्शकगण यह न जान सकें कि अभिनय करने वाला कौन है?

परिभाषाएँ

1. **मन के अनुसार**–''व्यक्तित्व एवं व्यक्ति के गठन, व्यवहार के तरीकों, रूचियों, दृष्टिकोणों, क्षमताओं और तरीकों का सबसे विशिष्ट संगठन है।''
2. **बिग व हण्ट के अनुसार**- ''व्यक्तित्व एक व्यक्ति के सम्पूर्ण व्यवहार-प्रतिमान और इसकी विशेषताओं के योग का उल्लेख करता है।''
3. **रैक्स के अनुसार**- ''व्यक्तित्व समाज द्वारा मान्य तथा अमान्य गुणों का संगठन है।''

   उपर्युक्त परिभाषाओं से स्पष्ट है कि व्यक्तित्व, व्यक्ति के विषय में एक समग्र धारणा है।

व्यक्तित्व के प्रकार

व्यक्तित्व के सन्दर्भ में अलग-अलग शिक्षा शास्त्रियों ने अपने विचार पृथक-पृथक प्रकट किये हैं। इनमें से निम्नांकित तीन वर्गीकरण को साधारणत: स्वीकार किया जाता है, पर सबसे अधिक महत्वपूर्ण अन्तिम को माना जाता है-

1. **शरीर रचना प्रकार**- जर्मन विद्वान क्रेश्मर ने शरीर रचना के आधार पर व्यक्तित्व के तीन प्रकार बताए हैं-

   (1) शक्तिहीन (2) खिलाड़ी (3) नाटा
2. **समाजशास्त्रीय प्रकार**- स्प्रेंगर ने अपनी पुस्तक "Types of Men" में व्यक्ति के सामाजिक कार्यों और स्थिति के आधार पर व्यक्तित्व के छ: प्रकार बताए हैं; यथा-

   (1) सैद्धान्तिक (2) राजनीतिक (3) आर्थिक

   (4) धार्मिक (5) सामाजिक (6) कलात्मक
3. **मनोवैज्ञानिक प्रकार**- मनोवैज्ञानिकों ने मनोवैज्ञानिक लक्षणों के आधार पर व्यक्तित्व का वर्गीकरण किया है। मनोविश्लेषणवादी युग ने व्यक्ति को दो भागों में बाँटा है-

   (1) अन्तर्मुखी

   (2) बहिर्मुखी तथा दोनों के मिश्रित उभयोमुखी

1. ***अन्तर्मुखी व्यक्तित्व***- ऐसे व्यक्तित्व का व्यक्ति चिन्तनशील होता है तथा अपनी ही ओर केन्द्रित रहता है। इस व्यक्तित्व के लक्षण, स्वभाव, आदतें, अभिवृत्तियाँ आदि बाह्य रूप में प्रकट नहीं होते हैं। इसीलिए, इसको अन्तर्मुखी कहा जाता है। इसका विकास बाह्य रूप में न होकर आन्तरिक रूप में होता है। अन्तर्मुखी व्यक्तित्व की निम्नलिखित विशेषताएं है-

   (1) वे एकांकी होते हैं।

   (2) ऐसे व्यक्ति का बाह्य जगत की वस्तुओं से कम अनुराग होता है।

   (3) वे कर्त्तव्य परायण होते हैं तथा समय का सदैव ध्यान रखते हैं।

   (4) यह चिन्ताग्रस्त होते हैं तथा अपनी वस्तुओं व कष्टों के प्रति सजग होते हैं।

   (5) यह व्यवहार कुशल नहीं होता तथा हँसी, मजाक एवं व्यर्थ के छलों आदि में नहीं फँसता।

   (6) युंग ने अन्तर्मुखी व्यक्तियों को विचार प्रधान, भावप्रधान, तर्क प्रधान व दिव्यदृष्टि प्रधान चार रूपों में विभक्त किया है।

   (7) अच्छे लेखक होते हैं परन्तु अच्छे वक्ता नहीं क्योंकि चिन्तन का धरातल प्रबल होता है।

   (8) ये स्वयं के लिए चिन्तशील होते हैं तथा शान्त मुद्रा में रहते हैं।

   (9) ये भाव प्रधान होते हैं, आत्मचिन्तन करते हैं तथा आत्मोदार हेतु लीन रहते हैं।

   (10) ये प्राय: प्रतिक्रियावादी होते हैं तथा यथार्थ को अपने स्वभाव के अनुरूप ढालने का प्रयास करते हैं।
2. ***बहिर्मुखी व्यक्तित्व***- ऐसे व्यक्तित्व वाले व्यक्ति की रुचि बाह्य जगत में होती है। वे अपने विचारों और भावनाओं को स्पष्ट रूप से व्यक्त करते हैं। वे संसार के भौतिक और सामाजिक लक्ष्यों में विशेष रूचि रखते हैं। इसकी निम्नलिखित विशेषताएँ हैं-

   (1) ये सबको प्रसन्न करने वाले होते हैं तथा प्रशंसकों से घिरे रहने की कामना करते हैं।

   (2) इनमें कार्यकुशलता की मात्रा अन्तर्मुखी से अधिक होती है।

   (3) वातावरण के साथ आसानी से अनुकूलन कर लेते हैं।

   (4) ये विचार प्रधान तथा व्यवहार-कुशल होते हैं तथा निर्णय भी भावों के अनुरूप ही लेते हैं।

   (5) बाह्य क्रियाओं की ओर संवेदनशील होते हैं।

   (6) आत्मचिन्तनशील नहीं होते परन्तु सभी के विचारों के आधार पर अपना विचार प्रकट करते हैं।

   (7) स्वयं की पीड़ा परिस्थिति की चिन्ता नहीं करते व चिन्तांमुक्त होते हैं।

   (8) ये धारा प्रवाह बोलने वाले होते हैं।
3. ***उभयमुखी व्यक्तित्व***- कुछ ऐसे भी व्यक्ति होते हैं, जो दोनों का सम्मिश्रण होते हैं, उन्हें उभयोमुखी या विकासोन्मुखी कहते हैं।

इस प्रकार अलग-अलग व्यक्तियों के अलग-अलग गुण होने के कारण उनके दृष्टिकोण में अन्तर पाया जाता है। इनके दृष्टिकोणों का अध्ययन कर हम इनके व्यक्तित्व के विभिन्न पक्षों में विकास करने का प्रयास कर सकते हैं तथा परिवार में माता-पिता तथा विद्यालय में शिक्षक से उचित मार्गदर्शन ले सकते हैं।

वैयक्तिक भिन्नता - अर्थ, कारक एवं महत्व

जब दो बालक विभिन्न समानताएँ रखते हुए भी आपस में भिन्नता व्यवहार करते हैं तो इसे 'वैयक्तिक भिन्नता' कहा जाता है। वैयक्तिक भिन्नता से अभिप्राय है कि प्रत्येक व्यक्ति में जैविक, मानसिक, सांस्कृतिक, संवेगात्मक अन्तर पाया जाना।

विभिन्न मनोवैज्ञानिकों ने वैयक्तिक भिन्नता को निम्नलिखित प्रकार से परिभाषित किया है-

1. **स्किनर के अनुसार-** ''व्यक्तिगत विभिन्नता में सम्पूर्ण व्यक्तित्व का कोई भी ऐसा पहलू सम्मिलित हो सकता है, जिसका माप किया जा सकता है।''
2. **टायलर के अनुसार-** ''शरीर के आकार और स्वरूप, शारीरिक गति सम्बन्धी क्षमताओं, बुद्धि, उपलब्धि, ज्ञान, रूचियों, अभिवृत्तियों और व्यक्तित्व के लक्षणों में माप की जा सकने वाली विभिन्नताओं की उपस्थिति सिद्ध की जा चुकी है।''

यदि हम उपर्युक्त कथनों का विश्लेषण करें, तो स्पष्ट होता है कि व्यक्तिगत भिन्नताओं के अन्तर्गत किसी एक विशेषता को आधार मानकर हम अन्तर स्थापित नहीं करते बल्कि सम्पूर्ण व्यक्तित्व के आधार पर अन्तर करते हैं।

वैयक्तिक भिन्नता के प्रभावी कारक

वैयक्तिक भिन्नता का प्रभाव अधिगम प्रक्रिया तथा उसकी उपलब्धि पर पड़ता है। बुद्धि तथा व्यक्तित्व, वैयक्तिक भिन्नता के आधार हैं। इसके कारण सीखने की क्रिया प्रभावित होती है। वैयक्तिक विभिन्नताओं के अनेक कारण हैं, जिनमें से महत्वपूर्ण कारक निम्नांकित हैं-

1. **वंशानुक्रम-** वंशानुक्रम में वे सभी जीन्स सम्मिलित हैं, जो एक बालक को उसके माता-पिता से गर्भधारण के समय प्राप्त होते हैं। वंशानुक्रम एक प्रकार की वंशपरम्परागत शक्ति है जिसके द्वारा माता-पिता और पूर्वजों के गुण नवनिर्मित शिशु में स्थानान्तरित होते हैं। इसमें शारीरिक और मानसिक, दोनों प्रकार के गुणों का स्थानान्तरण होता है।
2. **वातावरण-** वैयक्तिक भिन्नताओं का दूसरा महत्वपूर्ण कारण है- वातावरण मनोवैज्ञानिकों का तर्क है कि व्यक्ति जिस प्रकार के सामाजिक वातावरण में निवास करता है, उसी के अनुरूप उसका व्यवहार, रहन-सहन, आचार-विचार आदि होते हैं। अतः विभिन्न सामाजिक वातावरणों में निवास करने वाले व्यक्तियों में भिन्नताओं का होना स्वाभाविक है। यही बात भौतिक और सांस्कृतिक वातावरणों के विषय में भी कही जा सकती है। वातावरण कारक का शारीरिक और मानसिक विकास, दोनों ही क्षेत्रों में प्रभाव है। उपयुक्त वातावरण के अभाव में शारीरिक व मानसिक योग्यताओं का सामान्य विकास सम्भव नहीं है।
3. **आयु व बुद्धि-** वैयक्तिक भिन्नता का एक कारण आयु और बुद्धि भी है। आयु के साथ-साथ बालक का शारीरिक, मानसिक और संवेगात्मक विकास होता है। इसीलिए विभिन्न आयु के बालकों में अन्तर मिलता है। बुद्धि जन्मजात गुण होने के कारण किसी को प्रतिभाशाली और किसी को मूढ़ बनाकर अन्तर की स्पष्ट रेखा खींच देती है।
4. **लिंग भेद-** वैयक्तिक भिन्नता का एक महत्वपूर्ण कारक लिंगभेद भी है। इस भेद के कारण बालक और बालिकाओं की शारीरिक बनावट, संवेगात्मक विकास की कार्य क्षमता में अन्तर मिलता है। स्किनर का विचार है कि, ''बालिकाओं में स्मृति योग्यता अधिक तथा बालकों में शारीरिक कार्य करने की क्षमता अधिक होती है। बालक गणित और विज्ञान में बालिकाओं से आगे होते हैं, जबकि बालिकायें भाषा और सुन्दर हस्तलेख में बालकों से आगे होती हैं। बालकों पर सुझाव का कम प्रभाव पड़ता है, पर बालिकाओं पर अधिक।

   इस प्रकार वैयक्तिक भिन्नता के अनेक कारक हैं। पर जहाँ तक विद्यालयों में शिक्षा ग्रहण करने वाले छात्रों का प्रश्न है, उसकी भिन्नता के कुछ अन्य कारण प्रमुख है। इनका उल्लेख करते हुए गैरीसन व अन्य ने लिखा है- ''बालकों की भिन्नता के श्रेष्ठ कारणों में प्रेरणा, बुद्धि परिपक्वता, वातावरण सम्बन्धी उद्दीपन में विचलन है।''

वैयक्तिक विभिन्नता का महत्व

आधुनिक मनोवैज्ञानिक, बालकों की वैयक्तिक विभिन्नताओं को अत्यधिक महत्व देते हैं। उनका यह विश्वास है कि इन भिन्नताओं का ज्ञान प्राप्त करके शिक्षक अपने छात्रों का सर्वाधिक हित कर सकता है। साथ ही शिक्षा के परम्परागत स्वरूप में क्रान्तिकारी परिवर्तन करके उसे बालकों की वास्तविक आवश्यकताओं के अनुकूल बना सकता है। औद्योगिक मनोविज्ञान, शिक्षा-मनोविज्ञान और बाल-मनोविज्ञान के क्षेत्रों में वैयक्तिक भिन्नताओं का महत्व सर्वाधिक है। कुछ प्रमुख महत्व इस प्रकार हैं-

(1) कक्षा में वैयक्तिक भिन्नताओं के अनुसार शैक्षिक आवश्यकताओं की पूर्ति के लिए आवश्यक है कि कक्षा में बालकों की संख्या अधिक से अधिक 20 होनी चाहिए। कक्षा में विद्यार्थियों की संख्या कम होने से शिक्षक का विद्यार्थियों से व्यक्तिगत सम्पर्क व सम्बन्ध अच्छा होता है तथा वह विद्यार्थियों से उनके स्वभाव के अनुसार कार्य करवा सकता है।

(2) व्यक्तियों के वर्गीकरण में वैयक्तिक भिन्नताओं का ज्ञान आवश्यक है। यह वर्गीकरण विद्यालय में विद्यार्थियों का हो सकता है। विद्यार्थियों का मानसिक योग्यताओं के आधार पर वर्गीकरण कर यदि उन्हें शिक्षा दी जाती है तो शिक्षा उनके लिए बहुत उपयोगी हो जाती है।

(3) व्यक्तिगत भेदों के कारण सब बालकों में समान कार्य की समान मात्रा पूर्ण करने की क्षमता नहीं होती है। अतः गृह-कार्य देते समय बालकों की क्षमताओं और योग्यताओं का पूर्ण ध्यान रखना आवश्यक है।

(4) एक ही कक्षा के बालकों की रूचियों, अभिवृत्तियों एवं मानसिक योग्यताओं में अन्तर होने के कारण पाठ्यक्रम का विभिन्नीकरण अत्यन्त आवश्यक है। सबको अपनी रूचियों, योग्यताओं और इच्छाओं के अनुसार विषयों के चयन में छूट होनी चाहिए।

(5) वैयक्तिक भिन्नताएँ लिंग-भेद के कारण भी पाई जाती हैं जिससे बालक-बालिकाओं की रुचियों, क्षमताओं, योग्यताओं, आवश्यकताओं आदि में अन्तर होता है। जैसे-जैसे वह बड़े होते हैं, वैसे-वैसे अन्तर अधिक स्पष्ट होता है। अतः प्राथमिक कक्षाओं में उनके लिए समान पाठ्य-विषय हो सकते हैं परन्तु माध्यमिक कक्षाओं में इस विषयों में अन्तर की स्पष्ट रेखा का खींचा जाना आवश्यक है। शिक्षक और माता-पिता को इन अन्तरों को ध्यान में रखकर बालक-बालिकाओं को सिखाना या प्रशिक्षण देना चाहिए।

❑❑

5 कल्पना और चिन्तन का विकास

कल्पना

कल्पना गत अनुभवों से सम्बन्धित होती है। इसमें हमेशा नवीनता का तत्व पाया जाता है। बालक को कल्पना में यह अनुभव होता है कि कल्पना से सम्बन्धित अनुभव नवीन है। कल्पना को परिभाषित करते हुए कहा जा सकता है कि कल्पना पूर्व प्रत्यक्षीकृत अनुभवों पर आधारित वह प्रक्रिया है जो रचनात्मक होती है, परन्तु आवश्यक नहीं है, कि वह सृजनात्मक भी हो।

परिभाषाएँ

1. **रायबर्न के अनुसार–** "कल्पना वह शक्ति है जिसके द्वारा हम अपनी प्रतिभाओं का नये आकार से प्रयोग करते हैं। वह हमको अपने पूर्ण अनुभव को किसी ऐसी वस्तु का निर्माण करने में सहायता देती है, जो पहले कभी नहीं थी।"
2. **मैक्डूगल के शब्द में–** "कल्पना दूरस्थ वस्तुओं के सम्बन्ध का चिन्तन है।"

कल्पना के प्रकार

मैक्डूगल ने कल्पना के कुछ प्रमुख प्रकार बतलाये हैं जो निम्नांकित हैं-

1. **सृजनात्मक कल्पना–** इस कल्पना का सृजन से प्रत्यक्ष सम्बन्ध होता है। इसी कल्पना के आधार पर चित्रकार चित्र, कवि-कविता, लेखक-लेखन करता है।
2. **आदानात्मक कल्पना–** बालक जब दूसरे के कथन या कल्पना के आधार पर कल्पना करता है तो यह कल्पना आदानात्मक कल्पना कहलाती है।
3. **कार्यसाधक कल्पना–** ज्ञान का विकास इसी कल्पना के आधार पर होता है। इसी प्रकार की कल्पना जटिल समस्याओं के हल में सहायक है। यह कल्पना दो प्रकार की होती है-

   सैद्धान्तिक कल्पना– उच्च कोटि के नियम, सिद्धान्त आदि इसी कल्पना के आधार पर प्रतिपादित होते हैं।

   व्यावहारिक कल्पना– व्यावहारिक या क्रियात्मक बातों से सम्बन्धित कल्पना व्यावहारिक कल्पना कहलाती है। व्यावहारिक जीवन में उपयोग में आने वाली वस्तुओं से सम्बन्धित कल्पना का बालकों के जीवन में बहुत अधिक महत्त्व है।
4. **रसात्मक कल्पना–** इस प्रकार की कल्पना को सौन्दर्यात्मक कल्पना भी कहते हैं। इसके दो प्रमुख प्रकार है-

   कलात्मक कल्पना– नाटक, कविता, कहानी, चित्र आदि इसी कल्पना के आधार पर बनाये जाते हैं। एक लेखक अपनी कृति की रचना इसी कलात्मक कल्पना के आधार पर करता है।

   मनोराज्यमयी कल्पना– इसी कल्पना के आधार पर एक लेखक अपनी कल्पना में स्वाभाविकता और नियन्त्रण को भूलकर अपनी कल्पना तरंगों में गोते लगाता है।

कल्पना विकास के निर्धारक तत्व– बच्चों के कल्पना का विकास निम्नलिखित तरीकों से किया जा सकता है।

(1) **भाषा ज्ञान का विकास करके–** भाषा का ज्ञान कल्पना के विकास में एक प्रमुख सहायक कारक है। जैसे-जैसे बच्चों का भाषा का ज्ञान बढ़ता जाता है उससे कल्पना करने की क्षमता भी बढ़ती जाती है।

(2) **कहानियाँ या कथाएँ–** बच्चों के कल्पना विकास में कहानियाँ या कथाएँ सहायक होती हैं। कहानियों से नए-नए शब्दों का ज्ञान बढ़ता है साथ ही कल्पना का भी विकास होता है। शिक्षक को इस बात का ध्यान रखना चाहिए कि जब कोई कहानी बच्चों को सुनाई जाए तो पूरे हाव-भाव के साथ तथा कहानी को आधी सुनाकर बच्चों से पूरी करवाएं।

(3) **अभिनय की कार्यभूमिका–** बालकों के कल्पना विकास को अभिनय भी महत्वपूर्ण ढंग से प्रभावित करता है। अभिनय के पात्र से बालक, साहस, वीरता, नैतिकता, हास्य आदि सीखकर पात्रों के समान अपने जीवन को ढालता है, इससे उसका अनुभव और कल्पना शक्ति बढ़ती है। दूसरे अभिनय करके बालक स्वयं अनेक नए अनुभव प्राप्त करता है।

(4) **कविताएँ–** बालकों को कल्पना विकास की कविताएँ भी प्रभावित करती हैं। जिन कविताओं में कल्पना का पुट जितना ही अधिक होता है वह उतना ही अधिक प्रभाव डालती हैं।

(5) **जनमाध्यम–** सिनेमा, रेडियो और टेलीविजन जैसे माध्यम बालकों में कल्पना शक्ति विकसित करने में सहायक होते हैं।

कल्पना का विकास
(Development of Imagination)

अनेक मनोवैज्ञानिक इस बात से सहमत हैं कि कल्पना का विकास बालक में उस समय से प्रारम्भ हो जाता है जब से उसमें भाषा का विकास प्रारम्भ होता है। दो वर्ष की अवस्था तक बालकों की कल्पना का विकास बहुत मन्द गति से होता है परन्तु दो वर्ष की अवस्था के बाद कल्पना का विकास तीव्रगति से होता है। पियाजे का विचार है कि बालक में प्रारम्भ में पुनरोत्पादक कल्पना (Reproductive Imagination) पाई जाती है। बालक में कल्पना का विकास वैसे-वैसे बढ़ता जाता है जैसे-जैसे उसमें प्रतिमाओं (Images) का विकास होता जाता है, उसमें इन प्रतिमाओं को संरचित बौद्धिक कार्यों में संगठित करने की योग्यता बढ़ती जाती है।

चार-पाँच वर्ष का बालक अनेक प्रकार की कल्पनाएँ करता है- जैसे मम्मी बाजार से खिलौने और मिठाई ला रही होगी, लकड़ी व बर्तनों से खाना पकाने का खेल आदि। लगभग पाँच वर्ष की अवस्था से ही बालक में रचनात्मक कल्पना का विकास होने लगता है। वह केवल डण्डे या छड़ी को घोड़ा समझकर उस पर सवारी करता है। उत्तर-बाल्यावस्था से ही बालकों में मनोरंजमयी (Fantastic) कल्पना का विकास तीव्रगति से प्रारम्भ हो जाता है।

चिन्तन (Thinking)

चिन्तन एक उच्च ज्ञानात्मक (cognitive) प्रक्रिया है, जिसके द्वारा ज्ञान संगठित होता है। इस मानसिक प्रक्रिया में स्मृति कल्पना आदि मानसिक प्रक्रियाएँ सम्मिलित होती हैं।

वैलेन्टाइन के अनुसार– ''मनोवैज्ञानिक दृष्टिकोण से 'चिन्तन' शब्द का प्रयोग उस क्रिया के लिये किया जाता है जिसमें श्रृंखलाबद्ध विचार किसी लक्ष्य या उद्देश्य की ओर अविराम गति से प्रवाहित होते हैं।''

गैरेट के अनुसार– ''चिन्तन एक प्रकार का अव्यक्त एवं रहस्यपूर्ण व्यवहार होता है, जिसमें सामान्य रूप से प्रतीकों (बिम्बों, विचारों, प्रत्ययों) का प्रयोग होता है।

उपर्युक्त परिभाषाओं से स्पष्ट है कि चिन्तन एक ज्ञानात्मक क्रिया है। यह स्वत: ही नहीं होती बल्कि प्रयत्न करना पड़ता है। चिन्तन की क्रिया उद्देश्यपूर्णता की ओर अग्रसर रहती है। इसमें दिवास्वप्न या कल्पना आदि का कोई भी स्थान नहीं है। चिन्तन के द्वारा समस्या-समाधान होता है। यह मुख्य रूप से प्रतीकों पर आधारित मानसिक क्रिया है।

चिन्तन के उपकरण या साधन– विभिन्न विद्वानों ने अपने अध्ययनों के आधार पर चिन्तन प्रक्रिया के आधार स्तम्भ या उपकरण को निम्नलिखित भागों में प्रस्तुत किया है–

(1) **प्रतिमाएँ (Images)**– मानव अनुभव प्रतिमाओं के आधार पर व्यक्त होता है। हम जो कुछ देखते हैं, करते हैं एवं सुनते हैं, सभी का आधार मन में विकसित प्रतिमा होती है। इसीलिए इनको स्मृति प्रतिमा, दृश्य प्रतिमा, कल्पना प्रतिमा आदि नाम देते हैं। ये प्रतिमाएँ वस्तु, व्यक्ति एवं विचार से निर्मित होती हैं। चिन्तन में इन्हीं को आधार बनाया जाता है।

(2) **प्रत्यय (Concept)**– चिन्तन का महत्तपूर्ण साधान प्रत्यय भी माना जाता है। इसके द्वारा हमें 'सम्पूर्ण ज्ञान' का बोध होता है; जैसे- कुत्ते शब्द को सुनकर हमारे मस्तिष्क में कुत्ते से सम्बन्धित संचित प्रत्यय जाग जाता है और सम्पूर्ण ज्ञान का अभ्यास होने लगता है।

(3) **प्रतीक एवं चिन्ह (Symbols and signs)**– प्रतीक एवं चिन्ह मूक रहते हुए भी अपना अर्थ स्पष्ट या व्यक्त करने में समर्थ होते हैं। सड़क पर बने हुए प्रतीक या चिन्ह हमें सही गति एवं सुरक्षा को स्पष्ट करते हैं। इसी प्रकार गणित में + या ÷ का चिन्ह अर्थ स्पष्ट करता है कि हमें क्या करना है?

(4) **भाषा (Language)**– विद्वानों ने भाषा के पीछे चिन्तन शक्ति को बतलाया है। सामाजिक विकास में भाषा संकेतों एवं इशारों से भी प्रकट होती है जैसे-मुस्कराना, भौंहें चढ़ाना तथा अँगूठा दिखाना आदि। इन सबका दैनिक जीवन में प्रयोग किया जाता है तथा बिना बोले अर्थ को लगाना या समझना प्रचलित है। इन सबके पीछे चिन्तन शक्ति है, जो अर्थों को स्पष्ट करती है।

(5) **सूत्र (Sormula)**– हमारी प्राचीन परम्परा है कि हम ज्ञान को छोटे-छोटे सूत्रों में एकत्रित करके संचित करते हैं। इसमें गणित, विज्ञान आदि के सूत्र आते हैं। भारतीय ज्ञान संस्कृत के श्लोकों में संचित है जिसकी व्याख्या से अपार ज्ञान प्रकट होता है। सूत्र को देखकर हमारी चिन्तन शक्ति उसमें निहित सम्पूर्ण ज्ञान को प्रकट करती है।

चिन्तन के प्रकार (Kinds of Thinking)– चिन्तन को चार रूपों में विभाजित किया जाता है जो निम्नलिखित प्रकार से हैं–

(1) **प्रत्यक्षात्मक चिन्तन (Perceptual Thinking)**– यह वह चिन्तन है जो वस्तुओं और परिस्थितियों के प्रत्यक्षीकरण से सम्बन्धित होता है। बालक अपने चारों ओर के भौतिक और मनोवैज्ञानिक वातावरण में जिन वस्तुओं और परिस्थितियों को देखता है या प्रत्यक्षीकरण करता है उनके सम्बन्ध में जो चिन्तन होता है वह प्रत्यक्षात्मक चिन्तन कहलाता है।

(2) **प्रत्ययात्मक चिन्तन (Conceptual Thinking)**– यह अपेक्षाकृत अधिक उच्च प्रकार का चिन्तन है। इसकी बालकों में तभी अभिव्यक्ति होती है जब बालकों में प्रत्ययों का निर्माण प्रारम्भ होता है। एक बालक में जितने ही अधिक प्रत्यय निर्मित होते हैं उसमें उतना ही अधिक प्रत्ययात्मक चिन्तन पाया जाता है। इस प्रकार के चिन्तन को विचारात्मक चिन्तन (Ideational Thinking) भी कहते हैं। स्थान, आकार, भार, समय, दूरी और संख्या आदि सम्बन्धी प्रत्यय बालकों में प्रारम्भिक आयु स्तर पर ही बन जाते हैं। इन प्रत्ययों के सम्बन्ध चिन्तन भी प्रत्ययात्मक चिन्तन कहलाता है।

(3) **कल्पनात्मक चिन्तन (Imaginative Thinking)**– जब उद्दीपक, वस्तु या पदार्थ, उपस्थित नहीं होता है जब उसकी कल्पना की जाती है। इनके अभाव में इनकी मानसिक प्रतिमा बनाकर इन प्रतिमाओं से सम्बन्धित चिन्तन कहलाता है।

(4) **तार्किक चिन्तन (Logical Thinking)**– यह अपेक्षाकृत सर्वाधिक उच्च प्रकार का चिन्तन है। इसका सम्बन्ध किसी समस्या के समाधान से होता है।

चिन्तन वृद्धि के तरीके या विधियाँ
(Methods of Promoting thinking)–

अध्यापक को छात्रों में सावधानीपूर्वक चिन्तन वृद्धि के उपायों का विकास करना चाहिए। चिन्तन वृद्धि की विधियाँ निम्नवत् हैं–

1. **भाषा की परिपक्वता (Maturity of Language)**– भाषा ही विचार अभिव्यक्ति का माध्यम है। बालक के चिन्तन के विकास में भाषा का अत्यधिक महत्व है। अत: शिक्षक को अपने बालकों को सही भाषा का उच्चारण, लिखना एवं वाचन करना सिखाना चाहिए। जब वे भाषा में परिपक्व हो जायेंगे तो चिन्तन प्रक्रिया में सरलता होगी।

2. **ज्ञान की गहनता (Deep Knowledge)**– चिंतन के विकास के लिये बालकों में ज्ञान के प्रति रुचि एवं लगन उत्पन्न करनी चाहिए। चिन्तन की सहायक सामग्री से विभिन्न प्रकार का ज्ञान होता है, जो चिन्तन प्रक्रिया को मजबूत एवं सफल बनाता है।

3. **बौद्धिक प्रखरता (Intesity in Intelligence)**– बालकों में बौद्धिक वितरण जिस औसत से होगा, चिन्तन प्रबलता भी उसी औसत से पाई जाती है। बुद्धि का विकास नहीं होता है बल्कि उसमें तीव्रता पैदा की जाती है। यही तीव्रता चिन्तन शक्ति में सकारात्मक भूमिका अदा करती है। अत: ज्ञान के द्वारा बालकों की बौद्धिक प्रखरता को तीव्र बनाना चाहिए।

4. **सशक्त प्रेरणा (Motivation)**– प्रेरणा मानव विकास में सहायक होती है। थॉर्नडाइक महोदय ने प्रेरणा को सीखने और चिन्तन में सहायक माना है। प्रेरणा आन्तरिक होनी चाहिए ताकि बालकों का पूर्ण ध्यान एवं रुचि चिन्तन के प्रति लग सके। इसीलिए सशक्त प्रेरणा को चिन्तन प्रणाली का प्रभावशाली तत्व माना जाता है।

5. **समस्या प्रस्तुत करना (Problem Presentation)**– बालकों की चिन्तन शक्ति का विकास करने के लिये समस्याएँ उत्पन्न करनी चाहिए। ये समस्याएँ बालकों के समक्ष इस प्रकार से रखी जायें जैसे वातावरण से स्वत: उत्पन्न हुई हैं। बालक स्वत: ही क्रियाशील होकर चिन्तन करके समस्या का हल खोजेंगे। इसीलिये रूसो ने अध्यापक को पर्दे के पीछे रहने को कहा था। अध्यापक छात्रों को मार्ग-दर्शन देता है और उसी आधार पर वे अपना विकास करते हैं। इस प्रकार से बालक जीवन के प्रति आशावान हो जाते हैं और समस्याओं के प्रति सावधान।

□□

6 संज्ञानात्मक एवं संवेगात्मक प्रक्रियाएं

संज्ञान शब्द से तात्पर्य

संज्ञा शब्द को अंग्रेजी में Cognition कहा जाता है, जो कि लैटिन भाषा के Cognosco शब्द से बना है, जिसका अर्थ पहचान करना या प्रत्यय बनाना है। किसी व्यक्ति द्वारा अपने अथवा अपने वातावरण के बारे में प्राप्त ज्ञान, विचार, धारणा या व्याख्या ही संज्ञान है। संज्ञान ज्ञान सम्बन्धी सभी मानसिक योग्यताओं एवं प्रक्रियाओं का समुच्चय है। सरलतम शब्दों में कहा जा सकता है कि बाह्य जगत के बारे में ज्ञान प्राप्त करना ही संज्ञान है।

संज्ञानात्मक क्षमताएं बालक के विकास क्रम में उसके द्वारा बाह्य जगत, अपने वातावरण तथा उसमें विद्यमान उद्दीपकों के प्रति कोई अनुक्रिया करने में तथा उनके प्रति समायोजन स्थापित करने में महत्वपूर्ण भूमिका निभाती हैं। जो मानसिक प्रक्रियाओं के रूप में कार्य करती हैं। ये मानसिक प्रक्रियाएं मानव व्यवहार तथा वातावरण के मध्य मध्यस्थ की भूमिका निभाती हैं।

इस प्रकार हम कह सकते हैं कि-

(1) संज्ञानात्मक प्रक्रिया एक जटिल मानसिक योग्यता है।
(2) यह आजीवन चलने वाली अर्जित की हुई योग्यता है।
(3) इसमें अमूर्तिकरण पाया जाता है।
(4) इसमें अन्तरण पाया जाता है।
(5) इसमें प्रत्यक्षीकरण प्रक्रम घटित होता है।
(6) इसमें प्रतीकों का उपयोग होता है।
(7) इनका निरीक्षण सम्भव नहीं है क्योंकि ये समस्त मानसिक प्रक्रियाएं अप्रत्यक्ष होती हैं।
(8) प्राणी का संज्ञान पूर्णत: व्यक्तिगत होता है।
(9) यह वातावरण के बारे में ज्ञान प्राप्त करने तथा उसे समझकर उसके प्रति व्यवहार करने की प्रक्रिया है।
(10) बालक की आयु, शिक्षा एवं पूर्वानुभावों के विकास के साथ ही उसकी संवेगात्मक क्षमताएं भी विकसित होती जाती हैं।

संज्ञान में निहित प्रमुख प्रक्रियाएं

(Important Processess in Cognition)

संज्ञान में प्रमुख रूप से निम्न तीन प्रक्रियाएं निहित होती हैं-

(1) वातावरण में सूचनाएं ग्रहण करने हेतु केन्द्रिय एवं प्रत्यक्षीकरण प्रक्रियाएं (उदाहरण के लिये-दृष्टि, श्रवण क्षमता, गंध, स्वाद, स्पर्श, संवेदनाएं आदि)।
(2) वह सभी मानसिक प्रक्रियाएं जिनके द्वारा वातावरण से ग्रहण की गई सूचनाओं को पहचान कर उन्हें अर्थपूर्ण सूचनाओं में परिवर्तित किया जाता है तथा महत्वपूर्ण व अमहत्वपूर्ण सूचनाओं में विभेद कर उनका भंडारण किया जाता है व आवश्यकतानुसार इन्हें पुन: प्राप्त किया जाता है।
(3) सूचनाओं का निर्णय लेने, समस्या समाधान करने, सम्प्रेषण आदि से सम्बन्धित प्रयोगों में शामिल मानसिक प्रक्रियाएं।

संज्ञान की तत्व प्रणालियां

संज्ञान की निम्न प्रमुख तत्व प्रणालियां होती हैं-

1. **अल्पकालिक स्मृति/कार्यात्मक स्मृति**- यह वह स्मृति होती है जो इस पर आधारित होती है कि कोई व्यक्ति एक समय में कितनी जानकारी अथवा सूचनाएं चेतन स्थिति में रख सकता है।
2. **ज्ञानकोश/दीर्घकालिक स्मृति**- यह वह स्मृति होती है जिसके द्वारा सूचनाओं का वर्गीकरण एवं भण्डारण किया जाता है तथा आवश्यकता पड़ने पर इन सूचनाओं को पुन: प्राप्त किया जाता है।
3. **कार्यकारी प्रणाली**- इसके अन्तर्गत पराबोध आता है, जिसमें व्यक्ति को अपनी क्षमताओं तथा कमजोरियों का ज्ञान होता है। इसके द्वारा ही वह अपनी मानसिक प्रक्रियाओं को नियोजित, नियंत्रित व मूल्यांकित कर सकता है ताकि समस्या समाधान में आसानी हो सके।
4. **प्रतिक्रिया प्रणाली**- इसके अन्तर्गत व्यक्ति द्वारा संकलित अथवा प्राप्त सूचनाओं का विश्लेषण करने के उपरांत प्रतिक्रियाएं दी जाती हैं।

संवेग का अर्थ

(Meaning of Emotions)

संवेग अंग्रेजी भाषा के शब्द Emotion का हिन्दी रूपांतरण है, जो लैटिन भाषा के शब्द Emovere से बना है, जिसका शाब्दिक अर्थ है- शरीर को हिला देना। मनोवैज्ञानिकों ने इसमें शारीरिक एवं मानसिक दोनों प्रकार की प्रक्रियाओं को शामिल माना है।

यंग (1943) के अनुसार ''संवेग व्यक्ति की एक तीव्र उपद्रव की अवस्था है, जिसका प्रभाव उस पर सम्पूर्ण रूप से पड़ता है, जो मनोवैज्ञानिक ढंग से उत्पन्न होती है और जिनमें चेतन अनुभव, व्यवहार एवं अन्तरायव सम्बन्धी कार्य सन्निहित होते हैं।''

इस प्रकार उपरोक्त परिभाषाओं का विश्लेषण करने के बाद संवेद के सन्दर्भ में कहा जा सकता है कि-

(1) संवेग तीव्र उपद्रव की अवस्था है।
(2) यह प्राणी में सम्पूर्ण रूप में घटित होते हैं।
(3) संवेगों की उत्पत्ति मनोवैज्ञानिक आधार पर होती है।
(4) संवेगों के अनुभव व्यक्तिगत अनुभव के रूप में होते हैं।
(5) संवेगात्मक अवस्था में व्यक्ति में विशेष प्रकार के व्यवहार देखे जाते हैं। जैसे भय की अवस्था में रोना, चिल्लाना एवं भागना आदि।
(6) संवेगात्मक अवस्था में व्यक्ति की आन्तरिक शारीरिक क्रियाओं में भी कई प्रकार के परिवर्तन देखे जाते हैं। जैसे- क्रोध की अवस्था में रक्तचाप एवं श्वास की गति का बढ़ जाना आदि।

प्रत्यक्षीकरण

प्रत्यक्षीकरण एक मानसिक प्रक्रिया है। प्रत्यक्षीकरण एक अर्थपूर्ण प्रक्रिया है, इसीलिये प्रत्यक्षीकरण के द्वारा प्राप्त ज्ञान को सविकल्प प्रत्यक्ष भी कहते हैं। पहली बार जब कोई बालक किसी आवाज को सुनता है तो उसे यह ज्ञान नहीं होता है कि उक्त आवाज किसकी है तथा कहाँ से आ रही है, किन्तु जैसे-जैसे वह बड़ा होता है वह आवाजों को पहचानने लगता है। पहचानने की इसी प्रक्रिया को प्रत्यक्षीकरण कहते हैं। दूसरे शब्दों में पूर्व अनुभव के आधार पर संवेदना की व्याख्या करना या उसमें अर्थ जोड़ना ही प्रत्यक्षीकरण है।

प्रत्यक्षीकरण के अर्थ को निम्न परिभाषाओं के द्वारा और अधिक स्पष्ट किया जा सकता है-

रायबर्न के अनुसार- ''अनुभव के अनुसार संवेदना की व्याख्या की प्रक्रिया को प्रत्यक्षीकरण कहते हैं।''

जेम्स के अनुसार- ''प्रत्यक्षीकरण विशेष रूप से अभौतिक पदार्थों की चेतना है, जो ज्ञानेन्द्रियों के सामने रहते हैं।''

प्रत्यक्षीकरण का विश्लेषण

जलोटा के अनुसार- ''प्रत्यक्षीकरण वह मानसिक प्रक्रिया है, जिससे हमको बाह्य जगत की वस्तुओं या घटनाओं का ज्ञान प्राप्त होता है।'' प्रत्यक्षीकरण की क्रिया का विश्लेषण निम्न प्रकार से किया जा सकता है-

(1) वस्तु या उत्तेजक का होना।
(2) वस्तु का ज्ञानेन्द्रियों को प्रभावित करना।
(3) ज्ञानेन्द्रियों का ज्ञानवाहक तन्तुओं को प्रभावित करना।
(4) ज्ञानवाहक तन्तुओं का वस्तु के ज्ञान या अनुभव को मस्तिष्क के ज्ञान केन्द्र में पहुंचाना।
(5) संवेदना उत्पन्न होना।
(6) संवेदना में अर्थ जोड़ना।
(7) प्रत्यक्षीकरण का होना।

प्रत्यक्षीकरण का शिक्षा में महत्व

वर्तमान समय में सभी शिक्षा शास्त्री प्रत्यक्षीकरण या प्रत्यक्ष ज्ञान के महत्व को स्वीकारते हैं। इसीलिये वर्तमान शिक्षण संस्थाओं में इसी प्रकार की शिक्षा व्यवस्था दिखाई देती है। प्रत्यक्षीकरण के शिक्षा में महत्व को निम्न बिन्दुओं के द्वारा स्पष्ट किया जा सकता है-

(1) प्रत्यक्षीकरण बालक के विचारों का विकास करता है।
(2) प्रत्यक्षीकरण बालक के ज्ञान को स्पष्टता प्रदान करता है।
(3) प्रत्यक्षीकरण व्याख्या करने की प्रक्रिया है। अत: यह बालक को व्याख्या करने के योग्य बनाता है।
(4) प्रत्यक्षीकरण बालक को ध्यान केन्द्रित करने का प्रशिक्षण देता है।
(5) प्रत्यक्षीकरण बालक की स्मृति एवं कल्पनाशीलता को क्रियाशील बनाता है।
(6) प्रत्यक्षीकरण बालक को विभिन्न बातों का स्वाभाविक ज्ञान देता है।
(7) भाटिया के अनुसार- प्रत्यक्षीकरण ज्ञात का वास्तविक आरम्भ है।
(8) प्रत्यक्षीकरण का आधार ज्ञानेन्द्रियाँ हैं।
(9) प्रत्यक्षीकरण के विकास के लिये बालक को स्वयं क्रिया द्वारा ज्ञान प्राप्त करने को प्रोत्साहित किया जाना चाहिये।
(10) डम्विल के अनुसार- प्रत्यक्षीकरण और गति में बहुत घनिष्ट संबंध है। अत: बालक के प्रत्यक्षीकरण का विकास करने के लिये उसे शारीरिक गतिविधियां करने का पूरा अवसर दिया जाना चाहिये।
(11) प्रत्यक्षीकरण के विकास के लिये बालक को आस पास के वातावरण को भ्रमण करने का अवसर दिया जाना चाहिये।
(12) प्रत्यक्षीकरण के विकास के लिये बालक को पढ़ाते समय शिक्षक को विभिन्न प्रकार की शिक्षण सामग्री का प्रयोग करना चाहिये।

अवधान (Attention)

शिक्षा के क्षेत्र में अवधान का बहुत अधिक महत्व है। शिक्षण कार्य को समुचित ढंग से सम्पादित करने के लिये एक सफल शिक्षक का यह सर्व प्रथम दायित्व होता है कि वह अध्ययन विषय को इस प्रकार प्रस्तुत करे कि विद्यार्थियों का ध्यान उस विषय के प्रति आकर्षित हो सके। इस उद्देश्य की पूर्ति के लिये यह आवश्यक है कि अवधान की क्रिया पर मनोवैज्ञानिक दृष्टिकोण से विचार किया जाये।

अवधान का अर्थ एवं परिभाषा

मनोवैज्ञानिक दृष्टि से सरल अर्थों में अवधान का अर्थ है- ध्यान देना। यह एक मानसिक क्रिया है। मनुष्य अपने पर्यावरण में प्रतिदिन अनेक वस्तुओं के सम्पर्क में आता है, किन्तु वह प्रत्येक वस्तु पर समान रूप से ध्यान नहीं देता है। इन अनेक वस्तुओं में से वह किन्ही विशेष वस्तुओं पर ही अपनी चेतना को केन्द्रित करता है। इस प्रकार चेतना को किसी वस्तु पर केन्द्रित करना ही अवधान है।

अवधान की परिभाषा

प्रमुख आधुनिक मनोवैज्ञानिकों ने अवधान की निम्नलिखित परिभाषाएं दी हैं-

डम्बिल (Dumbile) -''किसी दूसरी वस्तु की अपेक्षा एक वस्तु पर चेतना का केन्द्रीकरण ही अवधान है।''

रास (Ross) -''अवधान, विचार की वस्तु को मस्तिष्क के सामने लाने स्पष्ट रूप से लाने की प्रक्रिया है।''

मैक्डूगल (McDougle)-''अवधान केवल उस इच्छा या चेष्ठा को कहते हैं जिसका प्रभाव हमारी ज्ञान प्रक्रिया पर पड़ता है।''

अवधान की विशेषताएं

(Characterstics of Attention)

अवधान की प्रमुख विशेषताओं को निम्न बिन्दुओं के अन्तर्गत वर्गीकृत किया जा सकता है-

1. **मानसिक प्रक्रिया**- अवधाान एक मानसिक प्रक्रिया है क्योंकि ध्यान लगाने के लिये मन को किसी वस्तु विशेष की ओर संचालित एवं सक्रिय करना पड़ता है।
2. **उत्तेजक का चेतना का केन्द्र बनना**- अवधान की प्रक्रिया में कई उत्तेजकों में से चयनित उत्तेजक को चेतना के केन्द्र में आना पड़ता है। तभी उसका प्रत्यक्षीकरण सम्भव होता है।
3. **चयनात्मक प्रक्रिया**- अवधान एक चयनात्मक प्रक्रिया है। व्यक्ति अपने वातावरण में अनेकों उत्तेजकों से घिरा रहता है तथा उसे चुनकर उस पर अपना ध्यान केन्द्रित करता है।
4. **प्रयोजनता**- अवधान में कोई न कोई प्रयोजन अवश्य होता है। इसी प्रयोजन के कारण ही हम किसी उत्तेजक के प्रति अपना ध्यान केन्द्रित करने में सफल होते हैं।

5. **अन्वेषणात्मकता**- हमारा मन छान बीन के लिये सदा नई वस्तुओं की खोज में लगा रहता है। इसीलिये इसकी प्रकृति गतिशील एवं चंचल होती है। वुडवर्थ ने कहा भी है कि "अवधान गतिशील होता है क्योंकि यह अन्वेषणात्मक है यह छान बीन के लिये सदा नई वस्तुओं की खोज करता है।"
6. **अस्थिरता**- अवधान की एक और विशेषता उसका अस्थिर होना है। हमारा मन अत्यंत चंचल एवं गतिशील होता है, जिसके कारण हम किसी एक वस्तु पर बहुत अधिक समय तक ध्यान केन्द्रित नहीं रख पाते हैं।
7. **तत्परता**- अवधान की प्रक्रिया में हमारा मन एवं शरीर प्रतिक्रिया करने को तत्पर रहता है। इसी तत्परता के कारण हम अनेकों उत्तेजकों में से किसी एक उत्तेजक को अपनी चेतना के केन्द्र में लाने में सफल होते हैं।
8. **सीमित विस्तार**- अवधान की चयनात्मक प्रकृति के कारण हम अनेकों में से किसी एक उत्तेजक का चयन करते हैं तो अन्य उत्तेजक हमारी चेतना के केन्द्र से बाहर चले जाते हैं। इस प्रकार अवधान की प्रकृति सीमित विस्तार वाली होती है।
9. **विश्लेषणात्मक तथा संश्लेषणात्मक प्रवृत्ति**- अवधान में विश्लेषणात्मक तथा संश्लेषणात्मक दोनों ही प्रकार की प्रवृत्तियां शामिल होती है। इन्हीं के आधार पर हम किसी वस्तु या उत्तेजक का विश्लेषणात्मक अध्ययन कर उसके प्रति अपनी राय अभिव्यक्त कर पाते हैं।
10. **गतियों का समायोजन**- अवधान के समय शरीर एवं मन दोनों को सचेष्ट सावधान रहना पड़ता है। बिना इनके समायोजन के ध्यान का केन्द्रण सम्भव हो नहीं सकता।
11. **अवधान में तीनों पक्षों का होना**- किसी वस्तु के प्रति ध्यान केन्द्रण में चेतना सम्मिलित होती है जो ज्ञानात्मक पक्ष है। ध्यान केन्द्रण में प्रयुक्त प्रयत्नशीलता इसका क्रियात्मक पक्ष है तथा इसके फलस्वरूप प्राप्त होने वाली सन्तुष्टि या आनन्द उसका भाव पक्ष होता है। इस प्रकार अवधान में सचेत जीवन के तीनों पक्ष समाहित होते हैं।

अवधान की दशाएं (Condition of Attention)

वातावरण में अनेक वस्तुओं के होते हुए भी हम किसी एक वस्तु पर ध्यान केन्द्रित क्यों करते हैं? इसका कारण यह है कि ध्यान को आकर्षित करने के लिये अनेक दशाएं सहायता करती हैं। इन दशाओं को अवधान के कारक या निर्धारक भी कहा जाता है।

अवधान की इन दशाओं को निम्न दो भागों में विभाजित किया जा सकता है-

(अ) वस्तुगत या बाह्य दशाएं

(ब) आत्मगत या आन्तरिक दशाएं

(अ) अवधान की वस्तुगत या बाह्य दशाएं

ये वातावरण की वस्तुओं से सम्बन्धित होती हैं और वस्तु की प्रकृति पर निर्भर होती है। ये दशाएं निम्नलिखित हैं-

1. **उद्दीपन की तीव्रता**- उद्दीपन की तीव्रता के कारण ध्यान न होने पर भी हमारा ध्यान उनकी ओर आकर्षित हो जाता है। जैसे - तेज प्रकाश या तेज आवाज।
2. **उद्दीपन का आकार**- छोटे आकार की अपेक्षा बड़े आकार की वस्तुऐं हमारा ध्यान जल्दी आकर्षित करती है। इस प्रकार उद्दीपन का आकार भी ध्यान केन्द्रण में सहायक होता है।
3. **उद्दीपन की नवीनता**- हमारा ध्यान सदा नवीन वस्तुओं की ओर आकर्षित होता है।
4. **उद्दीपन की विषमता**- उद्दीपन की विषमता भी ध्यान केन्द्रण में सहायक है। जैसे- काले श्यामपट्ट पर सफेद खड़िया से लेखन।
5. **उद्दीपन में परिवर्तन**- जिन उद्दीपनों में एकाएक परिवर्तन हो जाता है, वे भी हमारा ध्यान शीघ्र ही आकर्षित कर लेते हैं। जैसे- शान्त कक्षा में एकाएक शोरगुल होने लगना।
6. **उद्दीपन का स्वरूप**- उद्दीपन के स्वरूप का अर्थ उसके प्रकार से है। विभिन्न उद्दीपन विभिन्न ज्ञानेन्द्रियों के माध्यम से हमारा ध्यान आकर्षित करते हैं। प्रयोगों के द्वारा यह ज्ञात हुआ है कि अन्य केन्द्रित उद्दीपनों की अपेक्षा श्रवण एवं दृष्टि उद्दीपक हमारा ध्यान अधिक आकर्षित करते हैं।
7. **उद्दीपन की पुनरावृत्ति**- किसी उद्दीपन के बार-बार दोहराये जाने पर हमारा ध्यान न चाहते हुए भी उसकी ओर आकर्षित हो जाता है।
8. **उद्दीपन की गति**- स्थिर उद्दीपनों की अपेक्षा गतिमान उद्दीपन हमारा ध्यान जल्दी आकर्षित करते हैं।
9. **उद्दीपन की अवधि**- जो उद्दीपक हमारे सामने अधिक समय तक रहता है उन पर हमारा ध्यान अधिक जाता है अपेक्षाकृत उन उद्दीपकों के जो हमारे समाने कुछ ही समय तक रहते हैं।
10. **उद्दीपन की स्थिति**- ध्यान देने के लिये उद्दीपन को एक विशेष स्थिति में होना आवश्यक है, यथा दृष्टि उद्दीपन का आंखों के ठीक सामने तथा सही ऊंचाई पर होना चाहिये।

(ब) आत्मगत या आन्तरिक दशाएं

अवधान केवल वातावरण की बाह्य दशाओं पर ही नहीं बल्कि व्यक्ति की आन्तरिक दशाओं पर भी निर्भर करता है। ये दशाएं निम्न हैं-

1. **मूल प्रवृत्तियां**- मूल प्रवृत्तियों के कारण कोई व्यक्ति किसी वस्तु के प्रति ध्यान देने हेतु प्रेरित होता है।
2. **आवश्यकता**- जिन वस्तुओं से हमारी आवश्यकताओं की पूर्ति होती है उनकी ओर हमारा ध्यान जाना स्वाभाविक है।
3. **आदत**- आदत के अनुरूप भी हमारा ध्यान अपने अनुकूल वस्तुओं के प्रति बेकार ही चला जाता है।
4. **संवेग**- संवेग भी हमारे ध्यान को महत्वपूर्ण तरीके से प्रभावित करते हैं।
5. **उद्देश्य या लक्ष्य**- जो वस्तुएं हमारे उद्देश्य या लक्ष्यों के अनुकूल होती हैं, उन पर भी हमारा ध्यान अधिक तीव्र गति से जाता है।
6. **अतीत अनुभव**- पूर्व में अनुभव की हुई बातें भी हमारा ध्यान सरलता से आकर्षित कर लेती हैं।
7. **अर्थ**- जिन बातों का हम अर्थ समझते हैं, वे भी हमारा ध्यान आकर्षित करती हैं।

   उदाहरणार्थ-हिन्दी भाषी व्यक्ति का ध्यान हिन्दी में बात करने वाले व्यक्तियों की ओर आकर्षित होता है अपेक्षाकृत अन्य भाषा-भावी व्यक्तियों के।
8. **रुचि**- वे बातें भी हमारा ध्यान अधिक सहजता से आकर्षित करती हैं, जो हमारी रुचि के अनुकूल होती है।

अधिगम में अवधान की भूमिका

अवधान का अधिगम पर अत्यंत प्रभाव पड़ता है। बिना अवधान के बालक किसी अनुभव या व्यवहार को नहीं सीख पाता है। कक्षा में शिक्षक जब नवीन ज्ञान देता है जो उस समय वह बालकों के चंचल मन को कक्षा क्रिया में केन्द्रित रखने का प्रयास करता है।

यहां पर अवधान को केन्द्रित करने के कुछ उपायों की चर्चा की जा सकती है, जिनके प्रयोग द्वारा शिक्षण के समय किया जाए, तो, बालकों के ध्यान को केन्द्रित किया जा सकता है।

1. **विषय में रुचि उत्पन्न करना**- यदि बालक में विषय के प्रति रूचि पैदा कर दी जाये तो बालक का ध्यान उस विषम में केन्द्रित किया जा सकता है।
2. **सहायक सामग्री का प्रयोग**- शिक्षक पाठ के विकास के समय सहायक सामग्री का प्रयोग कर छात्रों का ध्यान कक्षा कार्य में केन्द्रित रखने में सफलता प्राप्त कर सकता है।
3. **संकीर्ण विचार**- स्वाभाविक अधिगम के लिये शिक्षक को विषय वस्तु के सीमित बिन्दुओं को ही कक्षा में प्रस्तुत करना चाहिये क्योंकि विषय वस्तु का सीमित विस्तार अवधान केन्द्रण में सहायक होता है।
4. **शान्त वातावरण**- अध्यापन के दौरान वातावरण में व्याप्त शान्ति ध्यान के केन्द्रण में सहायक होता है।
5. **रूप रंग**- बालकों का ध्यान (विशेषत: छोटी उम्र के) केन्द्रित करने के लिये शिक्षक को रंगीन सहायक सामग्री का प्रयोग करना चाहिये।
6. **आकार**- अधिगम को सरल बनाने के लिए बड़े आकार की सहायक सामग्री का प्रयोग करना चाहिये।
7. **गति**- बालकों का ध्यान केन्द्रित करने हेतु शिक्षक को स्थिर वस्तुओं की अपेक्षा गतिशील वस्तुओं का उपयोग करना चाहिये।
8. **नवीनता**- वस्तुओं की नवीनता ध्यान केन्द्रण में अति उपयोगी होती है। अत: बालकों का ध्यान केन्द्रित करने के लिये शिक्षक को नवीन चित्रों एवं मानचित्रों आदि सहायक सामग्री का उपयोग करना चाहिये।
9. **विषमता**- विषम स्वरूप वाली वस्तुएं भी ध्यान केन्द्रण में सहायक होती हैं।
10. **व्यवस्थित रूप**- व्यवस्थित स्वरूप वाली वस्तुएं भी ध्यान केन्द्रण में सहायक होती हैं। अत: बालकों का ध्यान केन्द्रित करने के लिये शिक्षक को व्यवस्थित रूपवाली सहायक सामग्री का प्रयोग करना चाहिये।

स्मृति का अर्थ (Meaning of Memory)

स्मृति एक मानसिक क्रिया है। इसकी सहायता से हम अपने पूर्व अनुभवों को जो कि हमारे अचेतन मन में विद्यमान रहते हैं, अपनी वर्तमान चेतना में लाते हैं। हमारे व्यावहारिक जीवन में अनेक प्रकार की घटनाएं घटित होती हैं जिनके अनुभव हमारे अचेतन मन में बने रहते हैं और इन अनुभवों की छाप हमारे मस्तिष्क में अंकित हो जाती है। अचेतन मन में संचित इन्हीं अनुभवों के चेतन मन में आने की क्रिया को स्मृति कहते हैं।

वुडवर्थ: ''स्मृति सीखी हुई वस्तु का सीधा उपयोग है।''

मैक्डूगल: ''स्मृति से तात्पर्य है- अतीत की घटनाओं के अनुभवों की कल्पना करना और इस तथ्य को पहचान लेना कि ये अतीत कालीन अनुभव हैं।''

जेम्स: ''स्मृति चेतना से अलग हो जाने के बाद मन की अतीत दशा का ज्ञान है अथवा यह एक घटना या तथ्य का ज्ञान है, जिसके बारे में हमने कुछ समय तक कुछ नहीं सोचा है पर साथ ही हमें यह चेतना है कि हम पहले उसका विचार या अनुभव कर चुके हैं।''

स्मृति के प्रकार

प्रमुख मनोवैज्ञानिकों ने स्मृति के निम्न प्रकार बतलाए हैं-

1. **तात्कालिक स्मृति (Immediate Memory)**– किसी विषय या तथ्य को याद करके तुरंत सुना देना तात्कालिक स्मृति है। इस प्रकार की स्मृति में विस्मृति की संभावना अधिक रहती है।
2. **स्थाई स्मृति (Permanent Memory)**– इसमें सीखी हुई बाते बहुत लम्बे समय तक याद रहती है। यह बालकों में अधिक पायी जाती है।
3. **सक्रिय स्मृति (Active Memory)**– पूर्व अनुभवों को इच्छापूर्वक प्रयास करके पुन: स्मरण करना सक्रिय स्मृति कहलाती है।
4. **निष्क्रिय स्मृति (Passive Memory)**– जब हम पूर्व अनुभवों को अनायास ही बिना किसी प्रयास के याद कर लेते हैं, तो वह निष्क्रिय स्मृति कहलाती है।
5. **व्यक्तिगत स्मृति (Personal Memory)**– अतीत काल के स्वयं के अनुभवों का पुन: स्मरण व्यक्तिगत स्मृति कहलाता है।
6. **अव्यक्तिगत स्मृति (Impersonal Memory)**– इस प्रकार की स्मृति में स्वयं के अनुभवों की अपेक्षा अन्य किसी माध्यम (मित्र, समाचार पत्र, पत्रिकायें, पुस्तक आदि) से प्राप्त अनुभवों को याद कर लिया जाता है।
7. **यांत्रिक स्मृति (Mechanical Memory)**– किसी विषय को बिना समझे रट लेना और आवश्यकता पड़ने पर सफलतापूर्वक पुन: स्मरण कर लेना ही यांत्रिक स्मृति कहलाती है।
8. **तार्किक स्मृति (Logical Memory)**– किसी विषय को भली भांति सोच विचार कर समझ लेना और आवश्यकता पड़ने पर सफलतापूर्वक पुन: स्मरण कर लेना ही तार्किक स्मृति कहलाती है।
9. **आदतजन्य स्मृति (Habit Memory)**– जब कोई व्यक्ति किसी बात या व्यवहार को बार-बार दोहराता है जो यह उसकी आदत बन जाती है। इसे स्मरण करने के लिये उस कोई प्रयत्न नहीं करना पड़ता।
10. **इन्द्रिय अनुभव स्मृति (Sense Impression Memory)**– जब हम किसी वस्तु, तथ्य या विचार को अपनी ज्ञानेन्द्रियों के अनुभवों के द्वारा पुन: स्मरण करते हैं तो यह इन्द्रिय अनुभव स्मृति कहलाती है। उदाहरणार्थ- आंख बन्द कर किसी को सूंघकर, चखकर अथवा स्पर्श करके पहचानना।
11. **शारीरिक स्मृति (Physiological Memory)**– जब हम अपने शरीर के किन्ही अंगों के प्रयोग द्वारा किसी कार्य को बार-बार करते हैं, तो सम्बन्धित अंगों को उसकी आदत हो जाती है, और उस कार्य में किसी प्रकार की भूल नहीं होती तो वह शारीरिक स्मृति कहलाती है। उदाहरणार्थ - टाइपिंग का अभ्यास हो जाना।
12. **वास्तविक स्मृति (Real Memory)**– शिक्षाविदों ने इसे सर्वश्रेष्ठ स्मृति माना है। इसमें किसी विषय को क्रमबद्ध तरीके से स्थाई रूप से याद किया जाता है तथा तथ्यों को शीघ्र पुन: स्मरण कर लिया जाता है। शिक्षा में इस स्मृति का महत्त्वूपर्ण स्थान है।

स्मृति की अधिगम में भूमिका

अधिगम में स्मृति की महत्वपूर्ण भूमिका है। स्मृति के माध्यम से ही शिक्षक द्वारा अथवा कक्षा कक्ष में प्राप्त अनुभवों को छात्रों द्वारा जीवन में प्रयुक्त किया जा सकता है। अत: यह आवश्यक है कि शिक्षक यह सुनिश्चित करें कि छात्र उसके द्वारा प्रदान किए जा रहे अनुभवों को ग्रहण कर रहे हैं। स्मरण की निम्न विधियों के प्रयोग द्वारा छात्र इन अनुभवों को आसानी से ग्रहण कर सकते हैं-

1. **खंड और पूर्ण विधि**- किसी विषय को याद करने के लिए प्रमुख रूप से दो विधियां उपयोग होती हैं। जब कोई विषय वस्तु आकार एवं स्वरूप में बड़ी हो तथा उसे पूर्ण रूप से याद किया जाना बालकों हेतु संभव नहीं होता तब उस विषय वस्तु को छोटे-छोटे खंडों में बांट कर दिया जाता

है और उस विषय वस्तु को छोटे-छोटे खंडों के माध्यम से अपेक्षाकृत सहज रूप से याद किया जा सकता है।

2. **मिश्रित विधि-** इस विधि में खंड एवं पूर्ण विधि को साथ-साथ प्रयुक्त किया जाता है। उदाहरणार्थ किसी कविता को याद करने के लिये उसके चार अथवा छः पंक्तियों के पद्यांशों को याद किया जा सकता है।
3. **प्रगतिशील विधि-** इस विधि में विषय सामग्री को कई खंडों जैसे 1, 2, 3, 4 आदि में बांट कर दिया जाता है एवं उन खंडों को क्रमशः याद कर लिया जाता है।
4. **निरंतर या अविराम विधि-** इस विधि में बिना बीच में रूके पाठ को लगातार दोहराया जाता है। यह विधि तात्कालिक स्मृति के लिये उत्तम है।
5. **सान्तर या विराम विधि-** इस विधि में बीच में थोड़ा रूक कर एवं विश्राम करके पुनः पाठ को लगातार दोहराया जाता है। यह विधि स्थाई स्मृति के लिये उत्तम है।
6. **सक्रिय विधि-** इस विधि को स्वर अथवा उच्चारण विधि भी कहा जाता है। इसमें विषय वस्तु को जोर-जोर से उच्चारण कर याद किया जाता है। यह विधि बच्चों के लिए अत्यंत उपयोगी है।
7. **निष्क्रिय विधि-** इसमें विषय वस्तु को मन में पढ़कर बिना बोले याद किया जाता है। यह विधि बड़े बच्चों के लिये अत्यंत उपयोगी है।
8. **रटने की विधि-** इस विधि में विषय वस्तु को बिना सोचे अथवा समझे ही बार-बार पढ़ कर याद कर लिया जाता है। इस विधि में विस्मृति की सम्भावना अधिक रहती है।
9. **विचार साहचर्य विधि-** इस विधि में किसी अज्ञात वस्तु को याद करने के लिये उसे किसी ज्ञात वस्तु से सम्बन्धित कर लिया जाता है। यह विधि तार्किक स्मृति का प्रमुख आधार है।

भाषा विकास (Language Development)

मनुष्य एक सामाजिक प्राणी है। उसकी आवश्यकताएं उसे समाज में रहने को विवश करती हैं। समाज में रहने की उसकी अनिवार्यता उसमें भाषा विकास को जन्म देती है। भाषा एक ऐसा माध्यम है, जिसके द्वारा व्यक्ति अपनी इच्छा एवं विचारों को दूसरे व्यक्ति तक पहुंचाने में समर्थ होता है।

यह शाब्दिक अथवा अशाब्दिक दोनों प्रकार की हो सकती है। इन दोनों ही प्रकार की भाषा का प्रयोग व्यक्ति समय, काल एवं परिस्थिति के अनुसार करता है। व्यक्ति में सामाजिक गुणों के विकास के लिये भाषा के विकास को अनिवार्य माना गया है।

हरलाक (1974) के अनुसार ''भाषा में सम्प्रेषण के (अथवा विचारों के आदान प्रदान के) वे सभी साधन आते हैं, जिसमें विचारों एवं भावों को प्रतीकात्मक बना दिया जाता है। जिससे कि अपने विचारों और भावों को दूसरों से अर्थपूर्ण ढंग से कहा जा सके।''

भाषा विकास की प्रक्रिया

भाषा विकास की योग्यता बहुत सीमा तक अर्जित है। भाषा विकास में योगदान देने वाले विभिन्न अंगों की रचना आनुवांशिक होती है जैसे स्वर यंत्र की बनावट दांत, होंठ, जिव्हा आदि की रचना।

सामाजिक परिवेश भाषा को सहयोग देने वाले अंगों को प्रभावित करता है। निम्नलिखित मनोवैज्ञानिक प्रक्रियाओं का भाषा विकास में महत्वपूर्ण योगदान होता है-

1. **अभिप्रेरणा (Motivation)-** जन्म के उपरांत शिशु में अनेक आवश्यकताओं का प्रादुर्भाव होता है। वह उन क्रियाओं को करना चाहता है जिनसे उसकी आवश्यकताओं की पूर्ति हो सके किंतु बढ़ती आयु के साथ ही उसके माता-पिता उसमें अर्थपूर्ण एवं सामाजिक क्रियाओं को पुनर्बलित करते हैं। इसी पुनर्बलन से वह भाषा विकास की दृष्टि से महत्वपूर्ण क्रियाओं को करने के लिये प्रेरित होता है।
2. **अनुकरण (Imitation)-** शिशु में अनुकरण की क्षमता जितनी अधिक होती है, उसमें भाषा का विकास भी उतनी ही तेजी से होता है। इस अनुकरण की प्रक्रिया में सर्वप्रथम स्वरों का उच्चारण होता है तत्पश्चात व्यंजनों का उच्चारण प्रारंभ होता है।
3. **परिपक्वता (Maturation)-** ध्वनियों की उत्पत्ति के लिये सभी उच्चारण सहयोगी अंगों में समय के साथ आने वाली परिपक्वता भी बालक को भाषा विकास की प्रक्रिया में प्रोत्साहित करती है।
4. **अनुबंधन (Conditioning)-** बालक के भाषा विकास में उद्दीपक एवं अनुक्रिया के मध्य साहचर्य की भी अहम भूमिका होती है। जिससे वह वस्तु के अर्थ व उसके उच्चारण को समझते हुए उसी प्रकार की क्रिया करता जाता है। उदाहरणार्थ - कलम को देखकर कलम शब्द का उच्चारण।

भाषा विकास के चरण
(Stages of Language Development)

भाषा विकास एक क्रमबद्ध एवं समयबद्ध रूप में चलने वाली प्रक्रिया है, जिसके कई चरण होते हैं-

1. **क्रन्दन-** क्रन्दन एवं रूदन को बालक की भाषा का प्रारंभिक रूप माना गया है। क्रन्दन एवं रूदन के माध्यम से ही वह अपनी आवश्यकताओं का इजहार करता है।
2. **बलबलाना-** जन्म से दूसरे अथवा तीसरे महीने तक बालक तक क्रन्दन बलबलाने का रूप ले लेता है। इस बलबलाने में सर्वप्रथम स्वरों से प्रारम्भ होता है तथा उम्र बढ़ने के साथ-साथ इसमें कुछ व्यंजनों का उच्चारण भी शामिल हो जाता है। बलबलाने की यह अवस्था लगभग सात-आठ महीने की आयु तक रहती है।
3. **हाव भाव-** बलबलाने के साथ ही बालकों में विभिन्न हाव-भाव भी विकसित होने लगते हैं। इनमें मुस्कुराना, हाथ फैलाना, हाथ पैर पटकना, किसी वस्तु को पकड़ने का प्रयास करना आदि प्रमुख हैं।
4. **आंकलन शक्ति-** हरलाक (1974) के अनुसार बालक शब्दों को समझना पहले सीख लेता है, बोलना बाद में। इसी प्रकार वह जितने शब्द बोल पाता है, उससे कहीं अधिक शब्दों तथा भावों को वह समझ लेता है।
5. **शब्द प्रयोग-** आकलन के साथ ही बालक के शब्द कोश में वृद्धि होने लगती है। डेढ़ वर्ष की आयु में जहां बालक के शब्द कोश 10 से 12 शब्द होतें हैं, वहीं ढाई वर्ष की आयु में वह लगभग 300 शब्दों का स्वामी बन जाता है।
6. **वाक्य प्रयोग-** 18 माह की उम्र होते-होते बालक एक पदीय वाक्यों को बोलने लग जाता है तथा विद्यालय जाने की उम्र तक उसके यह वाक्य अपेक्षाकृत बड़े, संयुक्त तथा मिश्रित होने लग जाते हैं।

चिन्तन का अर्थ

वह प्रक्रिया जिसमें हम अतीत के अनुभवों के निष्कर्षों का प्रयोग किसी नई स्थिति का सामना करने के लिये और किसी समस्या के समाधान के लिये करते हैं, उस मानसिक प्रक्रिया को चिन्तन कहा जाता है। चिन्तन सरल हो या जटिल उसमें एक मध्यस्थ प्रक्रिया सदा निहित होती है, जिसके द्वारा पूर्व अनुभवों को वर्तमान क्रिया से जोड़ा जाता है। यह एक ऐसी प्रक्रिया है, जो हमें पहले से ही किसी परिस्थिति को सामना करने के लिये तैयार कर देती है।

परिभाषाएं

चिन्तन के अर्थ को विभिन्न मनोवैज्ञानिकों द्वारा दी गई निम्न परिभाषाओं के माध्यम से और अधिक स्पष्ट किया जा सकता है-

वारेनः ''चिन्तन एक प्रतीकात्मक स्वरूप की विचारात्मक प्रक्रिया है, जिसका प्रारंभ व्यक्ति के समक्ष उपस्थित किसी समस्या या कार्य से होता है। इसमें कुछ प्रयत्न और भूल से युक्त किन्तु उसकी समस्या प्रवृत्ति से प्रभावित क्रिया होती है जिससे कि अन्त में समस्या का समाधान या निष्कर्ष मिलता है।''

रासः ''चिन्तन मानसिक क्रिया का ज्ञानात्मक पहलू है।''

वेलेन्टाइनः ''मनोवैज्ञानिक विवेचन में चिन्तन शब्द का प्रयोग उस क्रिया के लिये किया जाता है जिसमें विशेष रूप से श्रृंखलाबद्ध विचार किसी लक्ष्य या उद्देश्य की ओर प्रवाहित होते हैं।''

चिंतन के प्रकार (Types of Thinking)

चिंतन को प्रमुखतः निम्न चार प्रकारों में बांटा जा सकता है-

1. **प्रत्यक्षात्मक चिंतन-** इस प्रकार के चिंतन का सम्बन्ध पूर्व अनुभवों पर आधारित वर्तमान वस्तुओं से होता है। यह निम्न प्रकार का चिंतन है। यह प्रमुखतः पशुओं एवं बालकों में पाया जाता है। उदाहरणार्थ - कई दिनों तक माता पिता के घर वापस आने पर यदि बालक को चॉकलेट मिलती है, तो प्रत्येक बार उनके घर आने पर उसके मस्तिष्क में चॉकलेट का विचार आता है। इस प्रकार के चिंतन में भाषा एवं नाम का प्रयोग नहीं किया जाता है।
2. **प्रत्ययात्मक चिंतन-** इस चिंतन का सम्बन्ध पूर्व निर्मित प्रत्ययों से होता है, जिनकी सहायता से भविष्य के किसी निर्णय पर पहुंचा जाता है। उदाहरणार्थ- किसी गाय को देख कर बालक अपने मस्तिष्क में गाय के प्रत्यय का निर्माण कर लेता है तथा पुनः भविष्य में गाय के दिखाई देने पर वह उसकी ओर संकेत कर गाय शब्द का प्रयोग करता है।
3. **कल्पनात्मक चिंतन-** इस प्रकार के चिंतन का सम्बन्ध पूर्व अनुभवों पर आधारित भविष्य की वस्तुओं से होता है। उदाहरणार्थ-माता पिता के घर वापस आने पर बालक के मस्तिष्क में विचार आता है कि वे उसके लिए चॉकलेट लायेंगे। इस प्रकार के चिंतन में भाषा एवं नाम का प्रयोग नहीं किया जाता है।
4. **तार्किक चिंतन-** यह चिंतन सर्वश्रेष्ठ चिंतन माना जाता है। इसका सम्बन्ध किसी समस्या के तर्कपूर्ण समाधान से होता है। डीवी ने इसे विचारात्मक चिंतन की संज्ञा दी है।

चिंतन की अधिगम में भूमिका

(Role of Thinking in Learning)

चिंतन की प्रक्रिया में हम अतीत के अनुभवों के निष्कर्षों का प्रयोग किसी नई स्थिति का सामना करने के लिये और किसी समस्या के समाधान के लिये करते हैं।

मरसेल के अनुसार- ''समस्या का ज्ञान और उसके समाधान की खोज, यही चिंतन की प्रक्रिया है और सही सीखने की भी प्रक्रिया है।'' इस प्रकार चिंतन अधिगम को न केवल आत्मसात करने में सहायक होता है वरन् यह उसे स्थाई भी बनाता है।

श्रेष्ठ अधिगम हेतु यह आवश्यक है कि बालकों में श्रेष्ठ चिंतन शक्ति का विकास किया जाए। बालकों में चिंतन शक्ति के विकास के लिये शिक्षक द्वारा निम्न उपायों को अपनाया जा सकता है-

(1) भाषा, चिंतन के माध्यम और अभिव्यक्ति की आधारशिला है। अतः शिक्षक को बालकों के भाषा ज्ञान में वृद्धि करनी चाहिए।

(2) ज्ञान, चिंतन का स्तम्भ है। अंतः शिक्षक को बालकों के ज्ञान का विस्तार करना चाहिए।

(3) उत्तरदायित्व, चिंतन को प्रोत्साहित करता है। अतः शिक्षक को बालकों को उत्तरदायित्वपूर्ण कार्य सौंपने चाहिए।

4. रुचि और जिज्ञासा का चिंतन में महत्वपूर्ण स्थान है। अतः शिक्षक को बालकों में रूचि और जिज्ञासा की वृद्धि करनी चाहिए।
5. तर्क, बाद-विवाद और समस्या समाधान के अवसर प्रदान करने चाहिए।
6. प्रयोग, अनुभव और निरीक्षण सम्बन्धी परिस्थितियां उत्पन्न की जानी चाहिए।
7. विचारात्मक योग्यता में वृद्धि करनी चाहिए।

समस्या समाधान का अर्थ

(Meaning of Problem Solution)

किसी लक्ष्य के मार्ग में उत्पन्न किसी बाधा अथवा कठिनाई पर विजय प्राप्त कर लेना ही समस्या समाधान कहलाता है।

परिभाषाएं

स्किनरः ''समस्या समाधान किसी लक्ष्य की प्राप्ति में बाधा डालती प्रतीत होती कठिनाइयों पर विजय प्राप्त करने की प्रक्रिया है। यह बाधाओं के बावजूद सामंजस्य करने की विधि है।''

समस्या समाधान की अधिगम में भूमिका

समस्या समाधान की शिक्षण अधिगम प्रक्रिया में महत्वपूर्ण भूमिका है। समस्या समाधान की शिक्षण अधिगम की प्रक्रिया में इस भूमिका को निम्न बिन्दुओं के माध्यम से स्पष्ट किया जा सकता है-

(1) यह बालकों में रुचि उत्पन्न करती है।

(2) यह बालकों में स्वयं कार्य करने का आत्मविश्वास उत्पन्न करती है।

(3) यह बालकों में समस्याओं का समाधान करने के लिये वैज्ञानिक विधियों के प्रयोग का अनुभव प्रदान करती है।

(4) यह बालकों की विचारात्मक और सृजनात्मक चिंतन एवं तार्किक शक्ति का विकास करती है।

(5) यह बालकों को भावी जीवन में उत्पन्न होने वाली समस्याओं के समाधान करने का प्रशिक्षण देती है।

समस्या समाधान की विधियां

समस्या समाधान की कुछ प्रमुख विधियाँ निम्न हैं-

1. **बिना सीखे अथवा आदतजन्य व्यवहार द्वारा समस्या समाधान विधि -** इस विधि में किसी भी प्रकार के चिंतन अथवा मानसिक प्रक्रिया का अभाव होता है। इसका प्रयोग निम्न कोटि के जीवों द्वारा किया जाता है। उदाहरणार्थ- सर्प अथवा मधुमक्खी द्वारा अपने जीवन रक्षार्थ सदा डंक मारना।

2. **प्रयास एवं त्रुटि विधि-** इस विधि का प्रयोग निम्न एवं उच्च कोटि के जीवों के द्वारा किया जाता है। इसके सम्बन्ध में थार्नडाइक द्वारा बिल्ली पर किया गया प्रयोग उल्लेखनीय है।
3. **अन्तर्दृष्टि अथवा सूझ विधि-** इस विधि का प्रयोग उच्च कोटि के जीवों के द्वारा किया जाता है। इसके सम्बन्ध में कोहलर द्वारा वनमानुषों पर किया गया प्रयोग उल्लेखनीय है।
4. **वैज्ञानिक विधि-** यह विधि जीवन के प्रत्येक क्षेत्र में उपयोगी है। यह समस्या समाधान की एक व्यवस्थित विधि है। तथ्यों एवं आंकड़ों का एकत्रीकरण, उनका वर्गीकरण, विश्लेषण, निष्कर्ष एवं उनका प्रयोग इसके प्रमुख चरण है।

इस प्रकार कहा जा सकता है कि समस्या समाधान मानव के दैनिक जीवन में घटित होने वाली एक स्वाभाविक प्रक्रिया है। इसका शिक्षण अधिगम प्रक्रिया में महत्वपूर्ण स्थान है। अत: शिक्षा में समस्या समाधान के लिये तार्किक प्रशिक्षण पर ध्यान देना आवश्यक है।

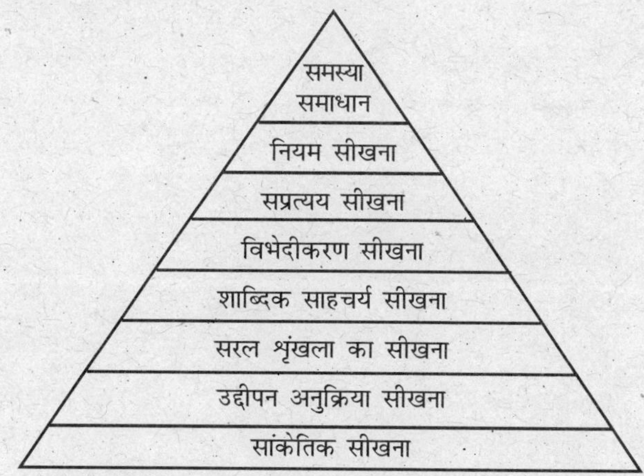

गैने द्वारा प्रतिपादित समस्या समाधान सीखने की श्रृंखला

प्रेरणा का अर्थ (Meaning of Motivation)

किसी निश्चित लक्ष्य के लिये क्रियाशील बनाना ही प्रेरणा है। यह रुचि को पैदा करने, बनाये रखने तथा नियंत्रित करने की क्रिया है।

परिभाषाएं- प्रेरणा के अर्थ को अधिक स्पष्ट रूप से समझने के लिये कतिपय मनोवैज्ञानिकों द्वारा दी गई परिभाषाओं पर विचार करना उपयुक्त होगा-

जनसनः ''प्रेरणा सामान्य क्रियाओं का प्रभाव है जो प्राणी के व्यवहार की ओर संकेत करता है और उसका मार्ग निर्देषन करता है।''

गुडः ''क्रिया को उत्तेजित करने, जारी रखने और नियंत्रित करने की प्रक्रिया को प्रेरणा कहते हैं।''

वुडवर्थः ''प्रेरक व्यक्ति की वह दशा है जो उसे निश्चित व्यवहार करने के लिये और निश्चित उद्देश्यों की प्राप्ति के लिये उत्तेजित करता है।''

प्रेरणा के प्रकार (Types of Motivation)

प्रेरणा को मुख्यत: दो भागों में विभाजित किया जा सकता है- आन्तरिक प्रेरणा (Internal Motivation) और बाह्य प्रेरणा (External Motivation)।

1. **आन्तरिक प्रेरणाः** आन्तरिक प्रेरणा का तात्पर्य उस आन्तरिक शक्ति से है जो व्यक्ति के व्यवहारों को व्यक्त करती है। इस प्रेरणा द्वारा किये हुए कार्य व्यक्ति को सुख एवं संतोष प्रदान करते हैं। शिक्षण अधिगम प्रक्रिया में आन्तरिक प्रेरणा का सर्वाधिक महत्व होता है। इस प्रकार की प्रेरणा द्वारा प्राप्त अधिगम अधिक प्रभावशाली होता है।
2. **बाह्य प्रेरणा :** इस प्रकार की प्रेरणा में वे उत्तेजक अथवा उद्देश्य समाहित होते हैं जिनकी प्राप्ति बालक का लक्ष्य होती है। इस प्रकार की प्रेरणा में बालक बाह्य तत्वों से प्रभावित होकर कार्य करता है तथा उसकी इच्छा गौण होती है।

प्रेरणा की अधिगम में भूमिका-

ब्लेयर, जोन्स व सिम्पसन ने कहा है कि ''प्रेरक वे शक्तियां हैं जो हमारी आवश्यकताओं से उत्पन्न होकर व्यवहार को दिशा और उद्देश्य प्रदान करती हैं।'' उक्त परिभाषा से यह भलीं भांति स्पष्ट हो जाता है कि प्रेरक बालकों के उद्देश्यों के निर्धारण में महत्वपूर्ण भूमिका निभाते हैं।

अधिगम को प्रभावित करने वाले कुछ प्रमुख प्रेरकों की चर्चा निम्नलिखित बिन्दुओं के अन्तर्गत की जा सकती है-

1. **उद्देश्य अथवा सीखने की इच्छा-** बिना इच्छा अथवा उद्देश्यों के कार्य करने पर सन्तोषजनक परिणामों की प्राप्ति नहीं होती है जबकि यदि बालक में सीखने की इच्छा विकसित कर दी जाए तो सीखना सुगम हो जाता है।
2. **प्रगति और परिणामों का ज्ञान-** किसी बालक द्वारा किसी क्षेत्र में किए गए कार्यों में उसके द्वारा की गई प्रगति अथवा परिणामों के ज्ञान से उसे कार्य को और भी अधिक रूचि एवं लग्न से करने के लिये प्रेरित करता है।
3. **प्रशंसा-** बालक द्वारा किसी क्षेत्र में किए गए कार्यों में उसके द्वारा की गई प्रगति अथवा परिणामों की प्रशंसा उस पर सकारात्मक प्रभाव डालती है। जिसके परिणामस्वरूप वह उस कार्य को और भी अधिक रुचि एवं लग्न से करता है। प्रशंसा मौखिक एवं सांकेतिक दोनों रूपों में हो सकती है।
4. **भर्त्सना-** कुछ प्रयोगों ने सिद्ध किया है कि अधिगम में भर्त्सना भी प्रेरक का कार्य करती है। किन्तु इसका प्रभाव व्यक्तिगत शिक्षण के अनुसार पृथक होता है। इसका प्रभाव बहिर्मुखी बालकों पर अधिक पड़ता है।
5. **प्रतिद्वन्द्विता एवं सहयोग-** प्रतिद्वन्दिता व्यक्ति में मूल आवश्यकताओं को संतुष्ट करती है। यह अधिगम को प्रभावपूर्ण बनाने हेतु एक महत्वपूर्ण प्रेरक है।
6. **पुरस्कार तथा दण्ड-** पुरस्कार तथा दण्ड प्रेरणा के महत्वपूर्ण साधन हैं। इनका उद्देश्य भावी जीवन पर अनुकूल प्रभाव डालना है।
   पुरस्कार का प्रयोग किसी सकारात्मक कार्य को प्रोत्याहित करने के लिये किया जाता है तथा दण्ड का प्रयोग किसी अवांछित कार्य को रोकने के लिये किया जाता है।
7. **आकांक्षा का स्तर-** किसी भी व्यक्ति के उद्देश्यों में उसकी आकांक्षा का भिन्न स्तर उसके द्वारा किए जाने वाले प्रयासों के स्तर को प्रभावित करता है। उच्च आकांक्षा वाला बालक अपने उद्देश्यों की प्राप्ति के लिये निम्न आकांक्षा वाले बालक की अपेक्षाकृत अधिक प्रयास करता है।
8. **सफलता-** सफलता स्वयं में एक प्रकार का पुरस्कार है। सफलता बालक के मनोबल को ऊंचा उठाती है। किसी एक कार्य में सफलता प्राप्त करने वाला बालक अन्य कार्यों में भी सफलता प्राप्त करने के प्रयास करता है।
9. **आत्म प्रेरणा-** किसी भी बालक के लिये उसकी अपनी शक्तियों एवं क्षमताओं का ज्ञान उसे अपने कार्य को पूर्ण करने के लिये प्रेरित करता है। आत्मप्रेरणा का अन्य सभी प्रेरकों में महत्वपूर्ण स्थान है।
10. **ध्यान, रुचि एवं उत्साह-** श्रेष्ठ अधिगम के लिये कक्षा में बालक का ध्यान सीखने की क्रिया में केन्द्रित करना प्रेरणा का महत्वपूर्ण साधन है। ध्यान को केन्द्रित करने में रुचि एवं उत्साह का महत्वपूर्ण स्थान है। एक अध्यापक को सदैव बालकों में आन्तरिक रूचि विकसित करने पर ध्यान देना चाहिये।

उपर्युक्त विवेचन के आधार पर कहा जा सकता है कि अधिगम में प्रेरणा के बिना नवीन ज्ञान को सिखाना या क्रिया को प्रभावशाली ढंग से पूरा किया जाना संभव नहीं है। अत: अध्यापकों को प्रेरणा की प्रक्रिया तथा प्रेरणा के साधनों का ज्ञान शिक्षण को प्रभावशाली बनाने के लिये अत्यन्त आवश्यक है।

❑❑

7 समावेशी शिक्षा

प्रत्येक व्यक्ति दूसरे व्यक्ति से कई बातों में भिन्न होता है। व्यक्तियों के बीच यह भिन्नता उनकी शारीरिक, मानसिक, सामाजिक तथा सांस्कृतिक विशेषताओं में होती है। ये विभिन्नतायें सामान्यत: सभी में पायी जाती हैं। परन्तु जब कोई व्यक्ति साधारण व्यक्ति से बहुत अधिक भिन्नता रखता है तो उसे उस भिन्नता के आधार पर सुगमता से पहचाना जा सकता है। ऐसे बालक को विशिष्ट बालक की श्रेणी में रखा जाता है।

विशिष्ट आवश्यकता वाले बच्चे, उनकी पहचान एवं वर्गीकरण

ऐसे बालक की कुछ विशेष आवश्यकताएं होती हैं। उन्हें विशिष्ट बालकों की श्रेणी में रखा जा सकता है। वैसे मनोवैज्ञानिकों ने विशिष्ट शब्द का अर्थ अलग-अलग तरह से दिया है। क्रो एण्ड क्रो (Kro and Kro) ने विशिष्ट शब्द को स्पष्ट करते हुए लिखा है कि - विशिष्ट शब्द किसी एक ऐसे गुण या उस गुण को धारण करने वाले व्यक्ति के लिए उस समय प्रयोग में लाया जाता है जबकि वह व्यक्ति उस विशेष गुण को धारण करते हुए अन्य सामान्य व्यक्तियों से इतना अधिक असामान्य प्रतीत हो कि वह उस गुण विशेष के कारण अपने साथियों से विशिष्ट ध्यान की मांग करे अथवा उसे प्राप्त करे और साथ ही इससे उसके व्यवहार की क्रियाएं तथा अनुक्रियाएं भी प्रभावित हों।

अमेरिकन नेशनल सोसायटी फॉर स्टडी ऑफ ऐजूकेशन के अनुसार ''विशिष्ट बालक वे हैं जो कि सामान्य बालकों से शारीरिक, मानसिक, संवेगिक या सामाजिक विशेषताओं में इतनी अधिक दूरी पर हैं कि अपनी उच्चतम योग्यता तक विकसित होने के लिए उन्हें विशेष शैक्षिक सेवाओं की आवश्यकता पड़ती है।''

किर्क (Kirk) के अनुसार, ''विशिष्ट बालक वह है जो सामान्य तथा औसत बालक से शारीरिक, मानसिक तथा सामाजिक विशेषताओं में इतना अधिक भिन्न है कि वह विद्यालय व्यवस्थाओं में संशोधन अथवा विशेष सेवाएं अथवा पूरक शिक्षण चाहता है जिससे वह अपनी अधिकतम क्षमता का विकास कर सके।

विशिष्ट बालकों का वर्गीकरण

अलग-अलग मनोवैज्ञानिकों ने विशिष्ट बालकों के अलग-अलग प्रकार बताये हैं। पाण्डेय तथा श्रीवास्तव (2007) ने बालकों को उनकी विशिष्टता की प्रकृति एवं क्षेत्र के आधार पर निम्न प्रकार से वर्गीकृत किया है-

1. **मानसिक रूप से विशिष्ट**
   इस वर्ग में मुख्यत: दो प्रकार के विशिष्ट बालक आते हैं-
   (i) प्रतिभाशाली बालक
   (ii) मन्द बुद्धि बालक
2. **शारीरिक दृष्टि से बाधित**
   इसके अन्तर्गत निम्न प्रकार के विकलांग बालक आते हैं-
   (i) दृष्टि विकलांग
   (ii) श्रवण दोष युक्त बालक
   (iii) वाक् दोष युक्त बालक
   (iv) विरूपित बालक
   (v) अस्वस्थ विकलांग
3. **सांवेगिक दृष्टि से विशिष्ट**
   इस वर्ग में निम्न प्रकार के बालक आते हैं-
   (i) असमायोजित एवं नैतिक-विचलित बालक
   (ii) समस्यात्मक बालक
   (iii) बाल अपराधी
   (iv) सांवेगिक रूप से विशिष्ट
4. **बहु विकलांग**
   इसके अन्तर्गत ऐसे बालक आते हैं जो एक से अधिक दृष्टि से विशिष्ट होते हैं।

   विशिष्ट बालकों की पहचान

   कक्षा में विशिष्ट बालकों की पहचान उनकी विशेषताओं को कसौटी मानकर की जा सकती है-
   (1) विभिन्न प्रकार के बुद्धि परीक्षण जैसे-सामूहिक एवं व्यक्तिगत बुद्धि परीक्षण
   (2) उपलब्धि परीक्षण
   (3) अभिरुचि परीक्षण
   (4) शारीरिक परीक्षण
   (5) मानसिक परीक्षण इत्यादि।

श्रवण दोष युक्त

श्रवण दोष युक्त बालक से अभिप्राय उन बालकों से है। जिन्हें या तो सुनाई नहीं देता अथवा ऐसे बालक जिन्हें सुनने, ध्वनियों को पहचानने तथा अर्थ लगाने में सहजता महसूस नहीं होती है। श्रवण दोष से युक्त बालक विकलांगता के शिकार माने जाते हैं। श्रवण विकलांग बालक को दो श्रेणियों में बांटा जा सकता है-

1. बधिर अथवा बहरा बालक जिसे कुछ सुनाई नहीं देता।
2. ऊँचा सुनने वाला बालक
   बहरे बालक को कुछ भी सुनाई नहीं देता। यदि यह बात जन्म से होती है तो वे गूंगे भी होते हैं। वे अपनी बात को ईशारों से ही थोड़ा बहुत समझ सकते हैं, ऊँचा सुनने वाले बालकों में पूर्णत: बहरापन नहीं होता इनकी श्रवण यंत्रों में दोष पाये जाने के कारण वे सामान्य वार्तालाप तथा ध्वनियों को अच्छी तरह से सुन व समझ नहीं पाते हैं। इसलिए इनके

साथ काफी तेज बोलना पड़ता है। श्रवण यंत्रों के माध्यम से ऐसे बालकों की परेशानियों को कम किया जा सकता है। धीरे-धीरे ये सामान्य बालकों की तरह व्यवहार करना शुरू कर देते हैं। इसलिए श्रवण दोषों को ठीक से पहचान कर, इलाज करने तथा श्रवण यंत्रों का सही इस्तेमाल का प्रशिक्षण देकर इन्हें सामान्य बालकों की तरह शिक्षा प्रदान की जा सकती है।

श्रवण दोष के लिए कई कारण जिम्मेदार हो सकते हैं जैसे-

(1) यदि माँ के गर्भ में बालक को उचित वातावरण की कमी है अथवा माँ को लगी चोट, सदमा, आदि भी बालक के मस्तिष्क पर सीधा प्रभाव डाल सकते हैं।

(2) कोई भी गम्भीर बीमारी से ग्रसित होने पर या कुपोषण का शिकार होने पर भी श्रवण दोष हो सकता है।

(3) भयंकर दुर्घटनाएँ भी श्रवण दोष का कारण बन सकती हैं। शरीर व मस्तिष्क पर पहुँचा गहरा आघात श्रवण दोष उत्पन्न कर सकता है।

(4) माता-पिता के क्रोमोसोम्स तथा जीन्स का दोषपूर्ण होना व इनका स्थानान्तरण बालकों में होने पर जैसे ही बच्चा भ्रूण अवस्था में आता है वह श्रवण दोष का शिकार हो जाता है।

(5) वर्तमान परिस्थितियों में तेजी से बढ़ता प्रदूषण ही बहरेपन की समस्या के लिए जिम्मेदार है।

(6) सामान्य तथा कान सम्बन्धी बीमारियाँ भी श्रवण दोष का कारण होती हैं। जैसे- बीमारियों में ली जाने वाली तेज दवाइयों का मस्तिष्क पर सीधा प्रभाव पड़ता है। जिससे व्यक्ति की श्रवण तन्त्रिकाओं पर सीधा प्रभाव पड़ता है, तथा व्यक्ति की सुनने की शक्ति प्रभावित होती है।

श्रवणदोष युक्त विकलांग विद्यार्थियों की शिक्षा

बालक किस प्रकार की श्रवण विकलांगता से ग्रसित है यह जानना अत्यन्त आवश्यक है। जो बालक पूर्ण रूप से बहरे तथा जिन्हें ऊँचा सुनाई देता है उनके लिए शिक्षा की व्यवस्था अलग-अलग होनी चाहिए। जैसे:-

बहरे बालकों की शिक्षा

बहरे बालकों की समस्याएं सामान्य बालकों की तुलना में काफी गंभीर होती हैं जैसे-

(1) पूर्ण रूप से बहरे बालकों के लिए विशेष विद्यालयों की व्यवस्था होनी चाहिए जिससे इन्हें मूक एवं बधिर विद्यालयों में भेजा जा सके।

(2) ध्वनियाँ न सुनाई देने के कारण ये अपनी अभिव्यक्ति मौखिक रूप से नहीं कर पाते हैं, जिससे ये अपनी सहायता के लिए कह नहीं पाते हैं।

(3) मूक, बधिर बालकों को इस प्रकार से प्रशिक्षित किया जाये कि ये होंठों के संचालन, हाव भाव, मुख, जिह्वा, तालू आदि की पेशीय क्षति (मांसपेशियों से संबंधित कमी) का अनुभव कर, विचारों को ग्रहण कर सके।

(4) ऐसे बालक जो पूरी तरह से सुन नहीं सकते हैं उनके अन्दर सुनने की शक्ति का विकास प्रशिक्षित अध्यापकों द्वारा किया जा सकता है। ऐसे बालकों के पाठ्यक्रम में क्रियाओं तथा इन्द्रिय अनुभवों को विशेष रूप से स्थान दिया जाना चाहिए।

ऊँचा सुनने वाले बालकों की शिक्षा

पूर्ण रूप से बहरे बालकों की तुलना में कम या ऊँचा सुनने वाले बालकों की शिक्षा की व्यवस्था करना आसान है। उन्हें आसानी से जीवन की परिस्थितियों के साथ समायोजित किया जा सकता है जैसे:

ऊँचा सुनने वाले बालकों की श्रवण शक्ति के विकास के लिए श्रवण सहायक यंत्रों का नियमित प्रयोग तथा अभ्यास का सहारा लिया जा सकता है।

- ऐसे बालकों की देखभाल इस प्रकार की जाए ताकि इन्हें अपनी अक्षमता का बोध न हो सके।
- कम सुनने वालों में उन कौशलों की कमी पायी जाती है जिनका सम्बन्ध सुनने से होता है कभी ये बहुत जोर से बोलते हैं कभी धीरे से। ऐसा इनकी स्वयं की ध्वनि को सुन न पाने के कारण होता है। इसलिए बोलने से सम्बन्धित त्रुटियों तथा उच्चारण से संबंधित गलतियों को दूर करने के प्रयास किये जाने चाहिए। इसके लिए सुनने के साधन तथा दृश्य साधनों (टेलीविजन) का प्रयोग किया जा सकता है।

दृष्टि दोष युक्त विकलांग बालक

ऐसा दोष जिसके कारण या तो कुछ भी दिखायी नहीं देता अथवा जिसमें स्पष्ट रूप से दिखायी नहीं देता, दृष्टि दोष कहलाता है तथा इस दोष के शिकार बालक दृष्टि विकलांग कहलाते हैं। दृष्टि विकलांग बालकों के कई प्रकार हो सकते हैं जैसे: कमजोर दृष्टि वाले, पूरी तरह से अंधे, अपूर्ण अंधे आदि।

(1) दृष्टि दोष युक्त बालकों की पहचान- दृष्टि दोष युक्त बालकों को चलने, उठने, बैठने, विद्यालयों में भाग लेने में असुविधा होती है।

(2) दृष्टि दोष होने के कारण बालक हीन भावना से ग्रसित हो जाते हैं।

(3) नेत्र के दोषपूर्ण होने के कारण ज्ञान को ग्रहण करने में असुविधा होती है।

(4) ऐसे बालकों को उचित सामाजिक तथा संवेगात्मक समायोजन में असुविधा होती है।

(5) इनमें से कुछ को विशेष उपकरणों की आवश्यकता होती है जिससे वे अपने परिवेश के साथ उचित रूप से समायोजन कर सकें।

दृष्टि दोष के कारण

दृष्टि दोष के लिए, प्रमुख रूप से आनुवांशिकता तथा वातावरण जिम्मेदार होते हैं। प्रमुख कारण निम्नलिखित हैं-

(1) बालक के शुरुआती जीवन में दिया जाने वाले भोजन, कुपोषण आदि।

(2) प्रसव के समय होने वाली असावधानियाँ।

(3) बहुत कम रोशनी या अधिक रोशनी, गहरे रंग वाली रोशनी में पढ़ना, हिलती-डुलती रोशनी में पढ़ना तथा बहुत देर तक कम्प्यूटर पर कार्य करना या बहुत पास से टीवी देखने से भी दृष्टि दोष हो जाता है।

(4) शरीर में महत्वपूर्ण पोषक तत्वों की कमी।

(5) डायबिटीज, मलेरिया आदि बीमारियाँ जिससे शरीर में महत्वपूर्ण पोषक तत्वों की कमी हो जाये।

(6) गर्भकाल में माँ का अशान्त रहना या दुर्घटना का शिकार होना आदि।

(7) माँ बाप से दृष्टि दोष का अपनी संतति में स्थानान्तरण।

दृष्टि दोष युक्त बालकों की शिक्षा

दृष्टि दोष युक्त बालकों की शिक्षा की व्यवस्था निम्न प्रकार से की जा सकती है-

पूर्ण रूप से अंधे बालकों की शिक्षा

यदि बालक पूरी तरह से अंधा है तो उसे अंध विद्यालयों में भेजना चाहिए तथा विशेष शिक्षण विधियों का भी प्रयोग करना चाहिए जैसे-ब्रेल लिपि, व्यक्तिगत शिक्षण, स्वक्रिया एकीकृत शिक्षण इन विधियों के माध्यम से पूर्णरूपेण दृष्टि दोष युक्त बालक वातावरण से समायोजन करना सीख सकते हैं। पूर्णरूपेण अंधे बालकों का पाठ्यक्रम इस प्रकार से बनाया जाना चाहिए कि वे पढ़ने, लिखने, जानने तथा अपने वातावरण को समझने के योग्य बन सकें। ब्रेल लिपि इसमें सहायक है। पाठ्यक्रम में निम्न बातों को लक्ष्य बनाया जाना चाहिए-

- वे अपने आवश्यक कार्यों (चलना, घूमना, सड़क पार करना आदि) को स्वयं कर सकें।
- कला तथा संगीत के प्रति इनका लगाव देखा गया है अतः पूर्णरूपेण अंधे बालकों की शिक्षा में संगीत विषय तथा क्रियाओं को स्थान दिया जाना चाहिए।

– ऐसे बालकों का पाठ्यक्रम कार्यानुभव तथा बुनियादी उद्योगों के प्रशिक्षण पर आधारित होना चाहिए।
देश के सभी प्रान्तों में सरकार तथा स्वयंसेवी संस्थाओं द्वारा पूर्णरूपेण अंधे बालकों के लिए विद्यालय चलाये जा रहे हैं।

दृष्टि दोष युक्त विकलांग बालकों की शिक्षा

ऐसे बालक जो पूरी तरह से अंधे नहीं होते या जिनकी दृष्टि कमजोर होती है। उनकी शिक्षा सामान्य बालकों के साथ नियमित कक्षाओं में करायी जा सकती है। परन्तु ऐसे बालकों के समायोजना तथा शिक्षा प्राप्त करने में निम्न बातों का ध्यान रखना चाहिए, जैसे-

1. ऐसे बालकों को दृष्टि यंत्रों के उपयोग की आदत डालने का अभ्यास कराना चाहिए।
2. ऐसे बालकों का दृष्टि परीक्षण करवाकर, उनके नेत्र के उपयुक्त लेन्स, चश्मों का प्रयोग करना चाहिए ताकि इन्हें देखने में असुविधा न हो।
3. वे बालक जो कम देखते हैं उन्हें ऐसी कक्षाओं में भेजना चाहिए जहाँ बड़े छापे वाली पुस्तकें व साम्रगी प्रयोग में लायी जाती हों। ऐसी कक्षाएं 'कम्जरवेशन कक्षाएं' कहलाती हैं।
4. ऐसी कक्षाएं जिनमें नेत्र का उपयोग कम होता है वहीं दृष्टिदोष युक्त बालकों को सामान्य कक्षाओं में रखना चाहिए। इसके विपरीत जिन कार्यों के लिए नेत्र की अधिक आवश्यकता होती है इन बालकों को विशेष कक्षाओं में रखना चाहिए। इस प्रकार की कक्षा की व्यवस्था करना 'सहकारी योजना' के अन्तर्गत आता है।
5. कक्षा में श्यामपट्ट ऐसा हो जिसका बालकों की आँखों पर प्रभाव न पड़े।

प्रतिभाशाली बालक

प्रतिभाशाली बालक को विशिष्ट बालक की श्रेणी में रखे जाने का कारण ऐसे बालकों में उच्च बुद्धि तथा अभिक्षमताओं का पाया जाना है। प्रतिभाशाली बालक को मनोवैज्ञानिकों द्वारा अलग-अलग ढंग से परिभाषित किया गया है। लूसिटो ने प्रतिभाशाली शब्द की व्याख्या पांच भागों में विभाजित करके की है जो कि निम्न है:-

1. ऐसे व्यक्तियों को प्रतिभाशाली माना गया है जिन्होंने किसी विशेष व्यवसाय में उच्च स्थान प्राप्त किया हो।
2. द्वितीय वर्ग में ऐसे व्यक्तियों को प्रतिभाशाली माना गया है जो कि बुद्धिलब्धि की दृष्टि से उच्च होते हैं। परन्तु बुद्धिलब्धि के वितरण का कोई सुनिश्चित विभेदक बिन्दु निर्धारित नहीं है। फिर भी मनोवैज्ञानिक 120 से ऊपर बुद्धिलब्धि रखने वाले विद्यार्थियों को प्रतिभाशाली मानते हैं।
3. तृतीय वर्ग में ऐसे विद्यार्थियों/व्यक्तियों को प्रतिभाशाली माना जाता है जिन्होंने किसी विशेष वर्ग (कला, संगीत, सांस्कृतिक क्षेत्र) में विशेष उपलब्धि अर्जित की हो।
4. चतुर्थ वर्ग में ऐसे बालक/व्यक्ति जो किसी समूह में निश्चित अनुपात या प्रतिशत में आते हैं, को प्रतिभाशाली माना गया है।
5. पंचम वर्ग में उन परिभाषाओं को रखा गया है जिनमें सृजनात्मकता पर बल दिया गया है। अर्थात ऐसा व्यक्ति प्रतिभाशाली माना जायेगा जिसमें सृजनशीलता की मात्रा अधिक होती है। गिलफर्ड के बुद्धि संरचना के सिद्धान्त के अनुसार अपसारी उत्पादन की अधिक क्षमता रखने वाले व्यक्ति को प्रतिभागी माना गया है।

उपरोक्त वर्गों से निष्कर्ष निकलता है कि प्रतिभाशाली बालक की श्रेणी में आने के कई प्रकार के मानदण्ड हैं।

लूसिटो ने प्रतिभाशाली बालक को निम्न शब्दों में परिभाषित किया है - ''प्रतिभाशाली बालक वे हैं जिनकी क्षमता तथा बौद्धिक शक्तियों की उत्पादकता एवं मूल्यांकनात्मक चिन्तन में इतने उच्च स्तर की है कि तर्कसंगत रूप में माना जा सकता है कि यदि इन्हें पर्याप्त शैक्षिक अनुभव प्रदान किये जाये तो वे संस्कृति के भावी समस्या समाधानकर्ता, खोजकर्ता, प्रवर्तक एवं मूल्यांकनकर्ता बन सकेंगे''।

प्रतिभाशाली बालक की पहचान

प्रत्येक विद्यालय में प्रतिभाशाली बालक होते हैं परन्तु इनकी पहचान करना इतना आसान नहीं होता। निम्नलिखित विधियों तथा प्रविधियों का प्रयोग कर प्रतिभाशाली विद्यार्थियों की पहचान की जा सकती है-

1. बुद्धि परीक्षण (व्यक्तिगत एवं सामूहिक) का प्रयोग कर प्रतिभाशाली बालकों की पहचान की जा सकती है। इन परीक्षणों के लिए अध्यापक का प्रशिक्षित होना आवश्यक है।
2. स्कूल के अंकपत्र तथा संचयी प्रपत्रों से भी बालकों की प्रतिभा का पता लगाया जा सकता है।
3. मानवीकृत उपलब्धि परीक्षणों के प्रयोग द्वारा भी प्रतिभाशाली बालकों को पहचाना जा सकता है।
4. प्रतिभाशाली बालकों की पहचान के लिए अध्यापक व्यक्तियों से भी सूचनायें एकत्रित कर सकता है। अध्यापक अन्य गतिविधियों के माध्यम से भी बालक की प्रतिभा का पता लगा सकता है, जैसे प्रतियोगिता आयोजित कर, कक्षा में तथा कक्षा से बाहर निरीक्षण करके, विशेष प्रकार की परीक्षा का आयोजन आदि।

डीहान और कफ ने शिक्षकों के लिए प्रकाशित निर्देश पुस्तिका में प्रतिभाशाली विद्यार्थियों के गुणों की सूची तैयार की है जिसके आधार पर भी विद्यार्थियों की पहचान की जा सकती है, जैसे:-

1. अधिक शब्दों का प्रयोग शुद्धता व सरलता से करना।
2. शीघ्रता व सरलता से सीखने की क्षमता।
3. तर्क करने की क्षमता, स्पष्ट चिन्तन तथा अर्थों का अवबोध करने की क्षमता।
4. अपने स्तर से ऊँचे स्तर की पुस्तकों को पढ़ना व समझना।
5. कठिन कार्यों को आसानी से कर लेना।
6. सामान्य बुद्धि तथा व्यावहारिक ज्ञान का अधिकाधिक उपयोग करना।
7. अनेक प्रकार की चीजों से संबंधित रुचि रखना।
8. बिना रटे समझने में विश्वास करना।
9. सामान्य बालक जिन चीजों से अनभिज्ञ रहते हैं उनकी जानकारी करना।
10. अनुक्रियाओं को शीघ्रता तथा सतर्कतापूर्वक उत्पन्न करना।

प्रतिभाशाली बालकों की पहचान उपरोक्त विधियों/प्रविधियों का प्रयोग करके की जा सकती है।

प्रतिभाशाली बालकों की पहचान के लिए विशेषकर 'बुद्धि परीक्षण' तथा 'उपलब्धि परीक्षणों' का संचालन किया जाता है। भारत में ये परीक्षायें एन.सी.आर.टी व एस.सी.ई.आर.टी. संस्थाओं द्वारा ली जाती हैं। एन.सी.आर.टी., एस.सी.ई.आर.टी. तथा मनोवैज्ञानिक केन्द्रों द्वारा समय-समय पर प्रतिभाशाली बालकों की खोज के लिए प्रशिक्षण भी प्रदान किए जाते हैं।

प्रतिभाशाली बालकों की शिक्षा

प्रतिभाशाली बालकों को शिक्षा प्रदान करने के लिए मुख्यत: तीन उपागम उपयोग में लाये जाते हैं-

(I) त्वरण उपागम: इस उपागम के अनुसार त्वरण तीन प्रकार से किया जाता है-
   * वर्ष में एक से अधिक बार अगली कक्षा में प्रवेश देना/प्रोन्नत करना।
   * तीन वर्ष की विषय सामग्री को दो वर्ष में पढ़ाना।
   * लचीली शैक्षिक व्यवस्थाएं जैसे - खुला विद्यालय, पत्राचार पाठ्यक्रम आदि के माध्यम से प्रतिभाशाली विद्यार्थियों की सीखने की गति को बढ़ावा दिया जाता है। कुछ मनोवैज्ञानिकों का मानना है ऐसा करने से बालकों का संवेगित तथा सामाजिक विकास बाधित होता है। परन्तु ये मत शोध पर आधारित नहीं हैं।

(II) संवर्धन उपागम इससे प्रतिभाशाली विद्यार्थियों की प्रतिभावों (विशिष्ट योग्यताएं, क्षमताएं तथा गुण) को विकसित करने का अवसर प्रदान किया जाता है। इसके अन्तर्गत विद्यार्थियों को अतिरिक्त कक्षाएं, तथा अन्य क्रियाकलापों में भाग लेने के लिए प्रोत्साहित किया जाता है। इन क्रियाओं के अन्तर्गत दिया जाने वाला गृह कार्य भी उच्च स्तर का होता है। प्रतिभाशाली बालकों के लिए अलग शिक्षक का प्रावधान करना भी संवर्धन के अन्तर्गत आता है। जिसका कार्य इन बालकों की पहचान करके, उनकी रुचि व योग्यताओं के अनुसार शिक्षा की व्यवस्था करना होता है। संवर्धन के अन्तर्गत शिक्षकों को इस बात के लिए प्रेरित किया जाता है कि वे प्रतिभाशाली बालकों को स्वतन्त्र रूप से कार्य करने व पहल करने की स्वतन्त्रता दें जिससे उनकी उपलब्धि का स्तर ऊँचा हो सके।

(III) विशिष्ट कक्षाएं एवं विद्यालय प्रतिभाशाली बालकों विशेष कक्षाओं तथा विद्यालय के प्रावधान के अन्तर्गत तीन प्रकार की व्यवस्थाएं आती हैं-
   (1) बालकों को पूर्णत: पृथक करके अलग शिक्षा देने की व्यवस्था की जाए। इसे पूर्ण पृथक्करण के नाम से जाना जाता है।
   (2) ऐसी व्यवस्था जिसमें प्रतिभाशाली विद्यार्थियों को सामान्य विद्यार्थियों के साथ ही पढ़ाया जाता हो अपृथक्करण कहलाती है।
   (3) जब प्रतिभाशाली विद्यार्थियों को उनकी प्रतिभा के क्षेत्र या विषय में पढ़ाने के लिए अलग बिठाकर पढ़ाया जाए जबकि अन्य विषयों में सामान्य बालकों के साथ रखकर पढ़ाया जाए तो यह उपागम 'आंशिक पृथक्करण' कहलाता है। आजकल आंशिक पृथक्करण बहुत अधिक प्रचलन में है। उपरोक्त उपागमों के अतिरिक्त प्रतिभाशाली विद्यार्थियों की आवश्यकताओं की पूर्ति के लिए परियोजना, यात्रा, शोध, नाटकीकरण आदि शिक्षण विधियों का प्रयोग किया जाना चाहिए।

पिछड़े विद्यार्थी

पिछड़े विद्यार्थी से तात्पर्य ऐसे बालक से है जो बार-बार समझाने पर भी नहीं समझता तथा सामान्य बालकों की भांति प्रगति नहीं कर पाता है। इस प्रकार पिछड़े बालक सामान्य बालकों की तुलना में पढ़ने-लिखने में पीछे होते हैं। इसलिए ऐसे बालक कक्षा में कई बार अनुत्तीर्ण हो जाते हैं।

बालकों का पिछड़ापन दो प्रकार का होता है- (1) मानसिक पिछड़ापन (2) शैक्षिक उपलब्धि के आधार पर पिछड़ापन। परन्तु पिछड़ा बालक सदैव मानसिक रूप से मन्द नहीं होता यह देखने में आया है कि सामान्य बुद्धिलब्धिक वाले बालक भी शैक्षिक प्रगति में पिछड़ जाते हैं। शोनेल के अनुसार, ''पिछड़ा हुआ बालक वह है जो अपनी आयु के अन्य बालकों की तुलना में अत्यधिक शैक्षणिक कमी का परिचय देता है।''

बर्ट के अनुसार ''पिछड़ा बालक वह है जो अपने विद्यालयी जीवन के मध्यकाल, लगभग साढ़े दस वर्ष की आयु में अपनी कक्षा का वह कार्य नहीं कर सकता, जो उसकी आयु के लिए सामान्य कार्य है।''

पिछड़े बालक की पहचान

बर्ट के अनुसार ऐसा बालक जिसका शैक्षिक अनुपात 85 से कम होता है पिछड़ा बालक कहलाता है। बालकों का शैक्षिक अनुपात निम्न सूत्र द्वारा ज्ञात किया जा सकता है:

$$\text{शैक्षिक अनुपात } \frac{(\text{शैक्षणिक})}{(\text{कालानुक्रमिक आयु})} \times 100$$

इसके अतिरिक्त पिछड़ बालकों की पहचान अनेक मनोवैज्ञानिक परीक्षणों के माध्यम से भी की जा सकती है तथा बुद्धि परीक्षण (व्यक्तिक या सामूहिक), निष्पत्ति परीक्षण, व्यक्तित्व परीक्षण, निदानात्मक परीक्षण, व्यक्तित्व अध्ययन।

इसके अलावा शिक्षण प्रेक्षण के अन्तर्गत बालक के व्यवहार का अध्ययन कक्षा में तथा कक्षा के बाहर किया जाता है। जबकि व्यक्तित्व अध्ययन में बालक की शारीरिक, मानसिक, सामाजिक तथा नैतिक विशेषताओं को उसके अतीत, वर्तमान एवं भविष्य को ध्यान में रखकर परीक्षित किया जाता है।

पिछड़े बालक की शिक्षा

पिछड़ेपन की पहचान हो जाने पर उसके दूर करने के लिए उपचारात्मक शिक्षण की व्यवस्था निम्न प्रकार से की जा सकती है-

1. पिछड़ेपन की समस्या के कारणों का सही-सही पता लगाकर, छात्र पर व्यक्तिगत रूप से ध्यान दिया जाए।
2. पिछड़े बालकों के बौद्धिक स्तर, रूचि व ग्रहण करने की क्षमता के अनुकूल शिक्षण विधियों का प्रयोग किया जाए।
3. बालक को उचित पारिवारिक व विद्यालय वातावरण प्रदान किया जाये। पारिवारिक वातावरण से तात्पर्य बालक के पढ़ने का उचित प्रबन्ध सही मार्गदर्शन दिया जाए जबकि विद्यालय वातावरण में उपयुक्त शिक्षण विधि , परस्पर सहभागिता का कक्षा में प्रावधान हो।
4. पिछड़े बालकों की शिक्षा विशेष रूप से नियोजित कक्षाओं में होनी चाहिए ताकि वे हीनता से ग्रसित न हों।

बाल अपराधी बालक

बाल अपराध का सम्बन्ध बालक के व्यक्तित्व सभी पक्षों जैसे-सामाजिक, संवेगात्मक पक्षों से होता है। किसी भी पक्ष के समायोजन करने में यदि बालक असफल रहता है तो वह बाल अपराधी बन जाता है।

बाल अपराध शाब्दिक अर्थ रास्ते से भटक जाना या गिर पड़ना होता है। हीली के अनुसार 'यह बालक जो व्यवहार में सामाजिक मापदण्ड से विचलित हो जाता है या भटक जाता है, बाल अपराधी कहलाता है।''

सिरिल वर्ट के अनुसार ''यह बालक वैधानिक रूप से उस समय अपराधी कहलाता है जब उसके समाज विरोधी कार्य इतने गम्भीर हो जाते हैं कि सरकार उन पर नियन्त्रण करने के लिए आवश्यक कार्यवाही करती है या कार्यवाही करने की आवश्यकता महसूस करती है।''

''बाल अपराधी व्यवहार के अन्तर्गत न्यूमेयर के अनुसार ऐसे समाज विराधी व्यवहार आते हैं जो व्यक्तिगत तथा सामाजिक विघटन उत्पन्न करते हैं।''

बाल अपराधी बालक के लक्षण

बाल अपराधी बालक के मनोवैज्ञानिक द्वारा निम्न लक्षण बताए गए हैं:

(I) स्वाभाव से बैचेन रहते हैं।
(II) व्यक्तित्व में बैचेन रहते हैं।
(III) समस्या के समाधान में पूर्ण नियोजन की कमी रहती है।
(IV) ये बालक अवसाद ग्रसित होते हैं।

बाल अपराधों के कारण

बाल अपराध के कई कारण हो सकते हैं जैसे-

(1) मनोवैज्ञानिक कारण - बालक की बौद्धिक दुर्बलता, मानसिक रोग, सांवेगिक अस्थिरता आदि भी बालक को अपराधी बनाने में सहायक होती है।
(2) सामाजिक कारण - सामाजिक कारणों के अन्तर्गत आस पड़ोस, सामाजिक परिवेश तथा पारिवारिक वातावरण में व्याप्त प्रतिकूल परिस्थितियां आती हैं। जाने अनजाने बालक का परिवेश बालक पर अपना प्रभाव डालता है।

पारिवारिक वातावरण

1. घरेलू लड़ाई-झगड़े।
2. माता-पिता का बालकों पर नियन्त्रण न होना।
3. माता-पिता में से किसी एक की मृत्यु होना।
4. परिवार के किसी सदस्य का अपराधी प्रवृत्ति का होना।
5. बालक के साथ पक्षपातपूर्ण रवैया।
6. बालक को पर्याप्त स्वतन्त्रता न मिलना।

विद्यालय वातावरण का प्रभाव

1. दोषपूर्ण शिक्षा प्रणाली, पाठ्यक्रम तथा अनुचित शिक्षण विधियां।
2. अध्यापक द्वारा किया गया पक्षपातपूर्ण व्यवहार।
3. उचित अनुशासन का अभाव।
4. शैक्षिक असफलता व पिछड़ापन।
5. साथियों का समाज विरोधी व्यवहार।

बाल अपराधी की शिक्षा

आज के समय में बाल अपराधी को दण्ड न देकर उनके सुधार के उपाय किए जाते हैं। बाल अपराध की रोकथाम दो प्रकार से की जा सकती है:

1. रोकथाम के प्रयत्न
2. सुधारात्मक प्रयत्न
   (1) रोकथाम के प्रयत्न के अन्तर्गत समाज, विद्यालय, परिवार तथा वातावरण में सुधार के लिए बाल अपराध को रोकने का प्रयास किया जाता है।
   (2) सुधारात्मक प्रयत्नों के अन्तर्गत ऐसे प्रयत्नों को शामिल किया जाता है जो बाल अपराधी को अपराधपूर्ण जीवन से मुक्ति दिला सकें। जैसे-

परिवीक्षण

इसमें बाल अपराधी को परिवीक्षण अधिकारी के संरक्षण में रखा जाता है। यह अधिकारी बालपराधी बालक की मानसिक प्रवृत्तियां, मनोवैज्ञानिक आवश्यकताओं को सन्तुष्ट कर सही रास्ते पर लाने का प्रयास करता है। 1938 में उत्तर प्रदेश का प्रथम अपराधी परिवीक्षण अधिनियम पास हुआ।

मनोवैज्ञानिक उपचार

बाल अपराधियों का उपचार करने से पहले इनका पता विभिन्न के परीक्षणों द्वारा लगा लेना चाहिए जैसे - शारीरिक परीक्षण, मनौवैज्ञानिक परीक्षणों के अन्तर्गत - व्यक्तित्व परीक्षण, साक्षात्कार, केस स्टडी आदि।

खेल चिकित्सा

व्यक्तिगत व सामूहिक खेलों द्वारा ऐसे बालकों में विश्वास, सहयोग व सहकारिता की भावना का विकास किया जा सकता है।

अंगुली चित्रण

इसमें बाल अपराधी अपनी अंगुली से विभिन्न रंगों के माध्यम से चित्र बनाने का प्रयास करता है, इन चित्रों के माध्यम से अपनी दबी इच्छाओं व भावनाओं को उजागर कर देता है। जिससे उपचार के व्यवहार को धीरे-धीरे सामान्य करने में आसानी होती है।

मनोभिनय

इसमें बालक को एक काल्पनिक भूमिका में भाग लेने का अवसर प्रदान किया जाता है। जिससे बालक की आक्रामक तथा विध्वंसात्मक प्रवृत्तियों का पता लग जाता है।

इसके अतिरिक्त मनोविश्लेषण विधि द्वारा बाल अपराधी बालक के मन में दबी इच्छाओं और संवेगों का पता लगाकर उपचार किया जा सकता है।

विशिष्ट समूह की शिक्षा की आवश्यकता व योजना बनाना : अध्यापक की संक्रियता

विशिष्ट समूह की शिक्षा की आवश्यकता

ऐसे बालक जो शारीरिक, सामाजिक, सांवेगिक एवं नैतिक दृष्टि से पिछड़े हुए या कमजोर हैं लेकिन बौद्धिक दृष्टि से ठीक हैं, उन्हें शिक्षा देने की आवश्यकता है। ऐसे विकलांग जिनके पैर या हाथ नहीं हैं वे कई कार्य एक हाथ या पैर से ही बड़ी कुशलता से कर लेते हैं, कई नेत्रहीन बड़े अच्छे संगीतज्ञ, शिक्षक व कलाकार होते हैं। प्रशिक्षण उनके लिए उपयोगी होता है, जो बौद्धिक दृष्टि से बहुत ठीक नहीं होते, पर वे किसी भी कार्य को अनुसरण कर या अभ्यास करके सीख सकते हैं, इसलिए शिक्षा उनके लिए आवश्यक है-

(1) जो सामाजिक, सांवेगिक, नैतिक दृष्टि से पिछड़े हुए हैं या सामान्य से अति नीचे हैं या बौद्धिक दृष्टि से प्रखर हैं।
(2) जो शारीरिक दृष्टि से विकलांग हैं, किन्तु बौद्धिक दृष्टि से ठीक हैं। शिक्षा के साथ प्रशिक्षण उनके लिए आवश्यक है।
   (i) जो बौद्धिक दृष्टि से मन्द, किन्तु अन्य दृष्टियों से ठीक हैं।
   (ii) जो शारीरिक दृष्टि से विकलांग, लेकिन बौद्धिक दृष्टि के अलावा अन्य दृष्टियाँ से ठीक हैं।

विशिष्ट समूह में ऐसे बालक आते हैं, जिनकी बुद्धि 120 या इससे भी अधिक है इन बालकों में ध्यान केन्द्रित करने की शक्ति बहुत अधिक होती है। उन्हें यदि थोड़ा सा भी मार्गदर्शन मिल जाये तो वे अपना मार्ग स्वयं खोज लेते हैं और बिना थके घंटों तक अपने कार्य में व्यस्त रहते हैं। बालक स्वयं अपनी समस्या का समाधान खोज लेते हैं। उनके लिए ऐसे विद्यालय कार्यक्रम हों, जिनसे वे अधिकतम लाभ उठा सकें। वे बालक सामान्य बालकों का नेतृत्व कर सकते हैं। वे चिन्तनशील होते हैं, उन्हें नेतृत्व करने के अवसर प्रदान करने चाहिए। दूसरी श्रेणी के ऐसे बालक जो किसी कारणवश पिछड़े हुए हैं वे समस्याग्रस्त हैं उनके लिए शिक्षा की अत्यधिक आवश्यकता है, क्योंकि यदि ऐसे बालकों की समस्याओं का समाधान आरम्भिक स्तर पर नहीं किया गया, तो वे आगे

चलकर गम्भीर समस्या के लिए रूप धारण कर लेंगे, इसलिए ऐसे बालकों के समुचित विकास के लिए शिक्षा अति आवश्यक है। पिछड़े हुए बालकों में आत्महीनता की भावना को दूर करने हेतु उन्हें आत्मनिर्भर बनाने हेतु, व्यावसायिक दक्षता उत्पन्न करने हेतु, आत्मविश्वास जगाने हेतु, समाज में स्थान बनाने हेतु, जीविकोपार्जन हेतु, अवकाश के समय का सदुपयोग करने हेतु, समाज सुधार हेतु विशिष्ट समूह की शिक्षा की आवश्यकता है।

विशिष्ट समूह के वे बालक जो शारीरिक रूप से अक्षम हैं, जिसके कारण उनमें बहुत-सी व्यक्तिगत, सामाजिक, आर्थिक संवेगात्मक समस्याएँ उत्पन्न हो जाती हैं और वे मानसिक रूप से अशान्त व विचलित हो जाते हैं, अपनी अक्षमता के कारण उनमें हीन भावना व मानसिक तनाव पैदा हो जाता है। ये बालक अपने चारों ओर के वातावरण द्वारा की जाने वाली अपेक्षाओं के प्रति अत्यधिक संवेदनशील हो जाते हैं। सामाजिक जीवन से कतराने लगते हैं, संकोची होने की प्रवृत्ति उत्पन्न होने लगती है। अनेक प्रकार की कुंठाएँ आक्रोश व असमायोजन की समस्याएँ पैदा होने लगती हैं। इन सब स्थितियों को कम करने के लिए, हल करने के लिए, स्वस्थ व सकारात्मक दृष्टिकोण विकसित करने के लिए विशिष्ट समूह की शिक्षा की आवश्यकता है।

विशिष्ट समूह बालक व पाठ्यक्रम

जिन विशिष्टताओं या कमियों के कारण बालकों को विशिष्ट की श्रेणी में रखा गया है, उनके लिए समान पाठ्यक्रम निर्धारित करना न्यायसंगत नहीं होगा। हमें प्रत्येक कमी या विशेषता के लिए अलग-अलग प्रकार का पाठ्यक्रम निर्धारित करना होगा।

ये बालक सामान्य पाठ्यक्रम से संतुष्ट नहीं होते, जिज्ञासु व कर्मठ होने के कारण बहुत कुछ सीख सकते हैं, इसलिए ऐसे छात्रों के लिए-

(1) अपेक्षाकृत कुछ कठिन व विस्तृत पाठ्यवस्तु होनी चाहिए।

(2) विज्ञान, प्रौद्योगिकी, गणित विषयों का समावेश होना चाहिए।

(3) तर्क, चिन्तन व अनुसंधान पर आधारित विषय-वस्तु होनी चाहिए।

(4) उन्हें नेतृत्व के अवसर प्रदान करने चाहिए।

पिछड़े बालक व उनका पाठ्यक्रम

पर्यावरण द्वारा बालकों के लिए पारिवारिक व शैक्षिक दोनों प्रकार से वातावरण में सुधार करना होगा। बुरी संगत से बचाने के लिए नैतिक मूल्यों का ज्ञान देकर उसका आत्मविश्वास जगाना होगा, यदि बालक की मूल आवश्यकताओं की पूर्ति न होती हो तो माता-पिता से सम्पर्क कर पौष्टिक भोजन, स्वच्छता, पढ़ाई के साधनों की व्यवस्था, यदि कोई रोग है, तो उसके उपचार हेतु परामर्श देना होगा।

मंद बुद्धि बालक व उनका पाठ्यक्रम

मंद बुद्धि बालकों के लिए अलग विद्यालय की व्यवस्था होनी चाहिए, लेकिन हमारे देश में ऐसी व्यवस्था कम है, ऐसे बालकों के लिए विशिष्ट कक्षाओं का आयोजन किया जाना चाहिए। इनका पाठ्यक्रम सामान्य से अलग होना चाहिए, इनके लिए शिक्षण की अपेक्षा प्रतिक्षण योग्य पाठ्य सामग्री निर्धारित की जानी चाहिए। इनके लिए-

(1) पढ़ाये जाने वाले विषयों की संख्या अधिक न हो।

(2) विषयवस्तु सरल व सुलभ हो।

(3) जीवन में उपयोग में आने वाले ज्ञान को अधिक महत्व दिया जाये।

(4) मानसिक की अपेक्षा शारीरिक व क्रियात्मक कार्यों पर विशेष बल दिया जाये।

(5) पाठ्यक्रम थोपा न जाये बल्कि वह व्यावहारिक एवं उनकी रुचि के अनुसार हो।

शारीरिक दोष वाले पिछड़े बालक व उनका पाठ्यक्रम

ऐसे बालक जो अपंग हों, लेकिन मंद बुद्धि न हों उनके लिए उनकी सामर्थ्य अनुसार पाठ्यक्रम निर्धारित किया जाना चाहिए।

(1) अपनी अपंगता के कारण को जानना व उसे दूर करना या कम करना, स्वास्थ्य सम्बन्धी जानकारी का ज्ञान जैसी विषय वस्तु रखी जाये।

(2) संगीत, चित्रकला, सिलाई, कढ़ाई, बुनाई, क्राफ्ट, लकड़ी का कार्य जीविकोपार्जन हेतु दक्षता व्यावसायिक कुशलता जैसे विषयों का होना आवश्यक है।

(3) नैतिक मूल्यों के ज्ञान द्वारा आत्मविश्वास व आत्मनिर्भरता जागृत करने जैसे विषयवस्तु का समावेश होना।

विशिष्ट बालकों हेतु विभिन्न स्तर पर पाठ्यक्रम

विशिष्ट बालकों के व्यक्तित्व के विकास की दृष्टि से प्रत्येक स्तर पर शैक्षिक पाठ्यक्रम ऐसा हो, जो विभिन्न शैक्षिक स्तरों के बालकों व उन बातों का विकास कर सके, जो व्यक्तित्व के प्रमुख अंग हैं। इस सम्बन्ध में पाठ्यक्रम के निर्माण के समय मूलरूप से दो बातों को ध्यान में रखना आवश्यक है-

1. बालकों की आयु एवं उनका शैक्षिक स्तर।
2. व्यक्तित्व का वह विशेष अंग जिसका विकास किया जाना है।

इन दोनों ही बातों को ध्यान में रखते हुए-

प्राथमिक स्तर पर

(1) शारीरिक विकास के लिए - ऐसे पाठों का चयन किया जाना चाहिए, जिनमें सफाई का स्वास्थ्य पर प्रभाव, गंदगी के कारण फैलने वाली बीमारियाँ, सड़ी-गली चीजों से घृणा करना, स्वच्छ जल, वायु पर्यावरण, शिक्षा, पेड़-पौधों का महत्व आदि हो।

(2) सामाजिक विकास के लिए - भाषायी पाठों का चयन किया जाये जिनमें संगठन, सहयोग, समाज सेवा आदि से संबंधित पाठ हों। इन पाठों का धनात्मक प्रभाव पाठ के निष्कर्ष के रूप में बताया गया हो। इसके विपरीत असहयोग, अकेलेपन की आदत आदि के दुष्परिणामओं को भी दर्शाया गया होना चाहिए।

(3) बौद्धिक विकास के लिए - गणित व सामान्य विज्ञान जैसे विषयों पर अधिक बल दिया जाये। गणित में रटाने को कम व विज्ञान में स्वयं करके देखने और बौद्धिक क्रियाओं को अधिक महत्व दिया जाये। इस दृष्टि से इस स्तर पर गणित व विज्ञान अनिवार्य हो और अवश्य पढ़ाया जाये।

(4) नैतिक विकास के लिए - नीति सम्बन्धी उन कहानियों, कविताओं आदि के माध्यम से इस अवस्था में सत्य, अहिंसा, चोरी न करना, साथियों को धोखा न देना आदि ऐसे गुणों पर आधारित पाठ पढ़ाए जाएं जिनमें बच्चों में उन गुणों का विकास हो सके जो उनके भावी जीवन के लिए जरूरी हैं।

(5) सांवेगिक विकास के लिए - मातृभाषा के पाठ के अन्तर्गत क्रोधी राजा, साहसी बालक आदि ऐसे पाठों का चयन किया जाए, जिन्हें पढ़कर विद्यार्थियों में भय, क्रोध आदि का शमन हो तथा साहस, उत्साह, सामाजिकता, सहानुभूति आदि सांवेगिक गुणों का विकास हो।

पाठ्यवस्तु की दृष्टि से बच्चों पर अधिक बोझ न डाला जाये, क्योंकि उनसे यह अपेक्षा करना कि वे सभी विषयों का ज्ञान प्राप्त कर सकेंगे,

ठीक नहीं। उन्हें तो उनकी बौद्धिक एवं शारीरिक क्षमता को ध्यान में रखते हुए केवल उतना ही पढ़ाया जाये जो-

(i) उनके विकास की दृष्टि से आवश्यक हो, तथा
(ii) क्षमता की दृष्टि से जिसे वे आत्मसात् कर सकें।

इस दृष्टि से प्राथमिक स्तर पर-

1. मातृभाषा (विचारों के आदान-प्रदान की दृष्टि से)
2. गणित व विज्ञान (बौद्धिक विकास की दृष्टि से)
3. सामाजिक अध्ययन (समाज से सम्बन्धित सामान्य बातों की जानकारी की दृष्टि से)
4. बच्चों की क्षमता को ध्यान में रखते हुए प्राथमिक स्तर पर ये चार विषय ही पर्याप्त हैं।

माध्यमिक स्तर पर

पाठ्यवस्तु के अन्तर्गत थोड़ा परिवर्तन किया जाये क्योंकि आयु बढ़ने के साथ-साथ बालकों की बौद्धिक क्षमता का भी विकास होता है। इस प्रकार इस स्तर पर निम्न विषय होने चाहिए-

1. मातृभाषा या क्षेत्रीय भाषा
2. राष्ट्रभाषा
3. गणित व सामाजिक विज्ञान
4. सामजिक अध्ययन एवं
5. विभिन्न कलाओं में से बच्चों की रूचि के अनुसार कोई भी एक कला।

पाठ्यक्रम की दृष्टि से

1. **मानसिक विकास हेतु** - गणित यहाँ भी अनिवार्यतः पढ़ाया जाये। साथ ही विज्ञान एवं सम्बन्धित सामान्य बातों की जानकारी भी इसी स्तर पर दी जा सकती है।
2. **शारीरिक विकास के लिए** - विभिन्न प्रकार के खेलों में से आयु अनुसार खिलाये जाने वाले खेलों की सामान्य जानकारी, उनका प्रभाव, स्वास्थ्य को अनुकूल या प्रतिकूल रूप से प्रभावित करने वाले विभिन्न तत्वों का अध्ययन कराया जाना चाहिए। ये पाठ भाषायी पाठों के अन्तर्गत भी पढ़ाये जा सकते हैं जैसे स्वास्थ्य शिक्षा, पर्यावरण शिक्षा, योग शिक्षा आदि।
3. **सांवेगिक विकास की दृष्टि से** - छात्रों के शैक्षिक स्तर के अनुसार ऐसी कविताओं, कहानियों आदि का चयन किया जाना चाहिए, जो विद्यार्थियों में सांवेगिक स्थिरता लाने में सहायक सिद्ध हों।
4. **सामाजिक विकास की दृष्टि से** - सामाजिक अध्ययन विषय के अन्तर्गत राष्ट्रीय एकता, अखण्डता, राष्ट्रीयता की भावना, आतंकवाद, फूट के दुष्परिणाम, समाजवाद, अन्धविश्वास, रूढ़ियों आदि सभी से सम्बन्धित उन सभी बातों को पढ़ाया जाना चाहिए, जो अन्ततः सामाजिक विकास में सहायक या बाधक सिद्ध होती हैं।
5. **नैतिक विकास हेतु** - इस आयु में उन मूल्यों के विकास का प्रयास तो किया ही जाये जिनका उल्लेख हमने प्राथमिक स्तर के विद्यार्थियों के लिए किया था। साथ ही महाराणा प्रताप, शिवाजी, महारानी लक्ष्मीबाई, महात्मा गाँधी, सत्यवादी हरिश्चन्द्र जैसे पाठों का भी चयन किया जाए, जिनके द्वारा विद्यार्थियों में आदर्श मूल्यों का विकास हो।

उच्च स्तर पर

पाठ्यवस्तु की दृष्टि से - चूंकि विद्यार्थियों में बौद्धिक दृष्टि से काफी परिपक्वता आ जाती है, रुचियाँ अपना स्पष्ट प्रभाव दिखाने लगती हैं, जीवन मूल्य भी स्पष्ट झलकने लगते हैं, अतः इन सभी दृष्टियों से विद्यार्थियों को अपने भविष्य को ध्यान में रखते हुए अपनी रूचियों बौद्धिक क्षमताओं आदि की दृष्टि से विषयों के चयन में छूट होनी चाहिए। उनकी बौद्धिक क्षमता के अनुरूप उन्हें उनकी इच्छा से किसी अन्य भाषा के अध्ययन की भी सुविधा होनी चाहिए। इस प्रकार इस स्तर पर तीन भाषाओं का अध्ययन सरलता से कराया जा सकता है। उनके लिए पाठ्यवस्तु होगी-

1. सामाजिक ज्ञान (अनिवार्य)
2. सामान्य विज्ञान (अनिवार्य)
3. विज्ञान, सामाजिक विज्ञान, भाषाओं आदि के समूहों में से किन्हीं तीन विषयों का स्वेच्छा से चयन या अध्ययन। यहाँ विज्ञान वर्ग को छोड़कर भाषाओं और सामाजिक विज्ञान के विषयों को परस्पर मिलाया जा सकता है।
4. किसी भी विदेशी भाषा का अध्ययन (पूरी तरह ऐच्छिक) यहाँ यह आवश्यक नहीं कि विदेशी भाषा देश के बाहर की ही भाषा हो। प्रान्त से बाहर की भाषा का चयन किया जा सकता है।

पाठ्यक्रम की दृष्टि से

1. **बौद्धिक विकास हेतु-** प्रत्येक विषय के अध्ययन को तर्क आधारित बनाने का प्रयत्न किया जाये। भाषाओं के अध्ययन में शब्द परिवर्तन, तुलना एवं अन्तर के द्वारा तथा सामाजिक विज्ञान के विषयों में स्थिति बदलकर तथ्यों में क्या परिवर्तन आ सकता है- यह बताया जाये। प्रश्नों में 'क्या' का आधार कम किया जाये और क्यों, कैसे, किस प्रकार, किस कारण, क्या प्रभाव पड़ेगा से सम्बन्धित प्रश्न अधिक पूछे जायें।
2. **शारीरिक विकास हेतु-** ब्रह्मचर्य से अनुभव एवं लाभ, जैवीय दृष्टि से प्रजनन अंगों की सामान्य जानकारी, यौन शिक्षा, वंशानुक्रम का प्रभाव, जीव विज्ञान के विभिन्न नियम आदि से सम्बन्धित जानकारी दी जाये।
3. **सांवेगिक विकास की दृष्टि से-** क्रोध, साहस आदि विभिन्न संवेगों का अस्तित्व, सार्थकता, उपयोगिता एवं महत्व आदि का तर्कसंगत विश्लेषण कराया जाये। भाषा की दृष्टि से पाठ इतने बोधगम्य हों कि विद्यार्थी स्वतः उन्हें समझकर अपने विचारों एवं मान्यताओं में वांछित परिवर्तन करे सकें।
4. **सामाजिक विकास की दृष्टि से** - सामाजिक रीति-रिवाज एवं परम्पराओं के पीछे निहित आधार, परम्पराओं का वैज्ञानिक आधार, रूढ़ियाँ एवं अन्धविश्वासों (यदि वास्तव में हैं तो) का खण्डन। उपद्रवों, आतंकवाद आदि का सामाजिक आधार और उसे दूर करने के उपाय आदि से सम्बन्धित ज्ञान दिया जाये।
5. **नैतिक विकास की दृष्टि से** - सत्य आदि नैतिक गुणों की परिभाषा न देकर उनसे सम्बन्धित तथ्यों का विवेचन वर्तमान संदर्भ में कराया जाये। अनीति के दुष्परिणामों को विद्यार्थियों से ही निकलवाया जाए।

विशिष्ट बालकों के लिए विशिष्ट कक्षाएँ

प्रत्येक प्रकार की विशिष्टताओं के लिए अलग-अलग प्रकार के पाठ्यक्रम हैं, जैसे नेत्रहीन बालकों के लिए अलग पाठ्यक्रम होना चाहिए तथा मूक बधिर के लिए अलग। जहाँ एक ओर पाठ्यक्रम में प्रत्येक स्तर और विशेषता के अनुसार पाठ्यक्रम अलग-अलग होगा, वहीं एक ही स्तर और एक ही प्रकार की विशेषता के लिए सभी बालकों के लिए कक्षाएँ समान होनी चाहिए।

प्रतिभावान छात्रों के लिए विशेष शिक्षण कक्षाओं को व्यवस्थित करना होगा, जबकि पिछड़े बालकों के लिए सामान्य शिक्षण कक्षाओं को आयोजित करना होगा।

विशिष्ट बालकों में भी छात्रों व छात्राओं की रुचि, योग्यता, कर्तव्यबोध अलग-अलग होता है, इसलिए हमें छात्र व छात्राओं के लिए अलग-अलग कक्षाओं की व्यवस्था करनी चाहिए, यह अन्तर प्रतिभाशाली छात्र व छात्राओं में अधिक देखने को मिलता है।

विशिष्ट विद्यालयों का संगठन

विशिष्ट बालकों की शिक्षा व्यवस्था अलग-अलग प्रकार से होनी चाहिए। जैसे यदि प्रतिभाशाली बालकों के समूह को सामान्य वर्ग के बच्चों के साथ रख दिया जाये, तो ये बच्चे तो किसी बात को बड़ी जल्दी सीख लेते हैं, जबकि सामान्य या पिछड़े बालक नहीं सीख पाते। जो बच्चे जल्दी सीख लेते हैं वे यह सोचते हैं कि हम बहुत होशियार हैं और उनमें अहम भाव पनपने लगता है और वे बच्चे जो सीखने में कठिनाई का अनुभव करते हैं, उनमें हीन भावना पनपने लगती है। दोनों ही प्रकार की भावनाएँ अधिगम में बाधक होती हैं। इस दृष्टि से सभी बालकों को एक ही कक्षा या विद्यालय में पढ़ाना उचित नहीं, प्रत्येक प्रकार के विशिष्ट बालक हेतु अलग-अलग विद्यालय होने चाहिए।

मंद बुद्धि बालकों को शिक्षित करने के बजाय प्रशिक्षित करना अधिक उपयोगी होता है, उनके लिए ऐसे विद्यालय हों जहाँ उन्हें कौशल अर्जन कर कार्य सिखाये जाएं ताकि वे जीविकोपार्जन हेतु उनका उपयोग कर सकें।

ज्ञानेन्द्रिय दोष वाले पिछड़े बालकों हेतु सामान्य विद्यालय उपर्युक्त नहीं होते ऐसे बच्चों को विशेष साधन सुविधाओं की आवश्यकता होती है। जैसे अलग प्रकार से बैठने की व्यवस्था, सुनने की व्यवस्था देखने की व्यवस्था, श्रव्य-दृश्य साधनों की व्यवस्था, चिकित्सा व्यवस्था, दोषों के अनुरूप प्रशिक्षित शिक्षकों की व्यवस्था इसलिए इस प्रकार के पिछड़े बालकों हेतु अलग विद्यालयों का संगठन करना आवश्यक है। ऐसे बालक उपहास के पात्र न बनें, क्योंकि उपहास के कारण भी कई छात्र विद्यालय छोड़ देते हैं।

विशेष रूप से मंद बुद्धि व ज्ञानेन्द्रिय दोष वाले पिछड़े हेतु अलग प्रकार के विद्यालयों की व्यवस्था की जानी चाहिए। परन्तु हमारे देश में ऐसे विद्यालयों का अभाव है, ऐसी स्थिति में इन बच्चों के शिक्षण के लिए सामान्य विद्यालयों में ही विशिष्ट कोष्ठ विकसित किये जा सकते हैं। जहाँ विशिष्ट कक्षाएँ चलाई जांए इन बालकों हेतु अलग समय-सारणी, अलग पाठ्यक्रम व लम्बा कालांश व्यवस्था हो। इन कोष्ठों में विशिष्ट छात्रों के अनुकूल जहाँ तक संभव हो व्यवस्था की जाये। ये व्यवस्था स्वयं के द्वारा विकसित व आशुरचित भी हो सकती हैं।

विशिष्ट समूह और विशिष्ट शिक्षण विधियाँ व प्रविधियाँ

प्रत्येक प्रकार की विशिष्टता के लिए शिक्षण व विधियों में प्रविधियों में विविध ता होनी चाहिए। प्रतिभावान बालकों हेतु - तर्क, चिन्तन, मनन, चर्चा व आलोचना पर आधारित विधियों जैसे प्रश्नोत्तर प्रविधि, प्रयोजन विधि ह्युरिस्ट विधि, समस्या समाधान विधि, समूह परिचर्चा आदि द्वारा शिक्षण कार्य हो।

मंद बुद्धि बालकों के समूह हेतु - क्रियाओं पर आधारित विधियों जैसे किंडर गार्टन विधि खेल विधि क्रिया सह-सम्बंध विधि नाटक द्वारा गीत, कविता गाकर उदाहरणों द्वारा, प्रदर्शन द्वारा, खिलौने द्वारा, जादू द्वारा ऐसे बालकों को उपयोगी व व्यावहारिक ज्ञान दिया जा सकता है।

पिछड़े बालकों हेतु- निदानात्मक व उपचारात्मक विधि द्वारा, शिक्षक अभिभावक सम्मेलन द्वारा पिछड़ेपन के कारण जानकर उनके अनुरूप शिक्षण विधियों का चुनाव किया जाये।

जैसे नेत्रहीनों के लिए व्याख्यान विधि, प्रश्नोत्तर प्रविधि, वर्णन, व्याख्या प्रविधि, मूक बधिर बालकों के लिए प्रदर्शन विधि, प्रयोगशाला विधि, अधिक उपयोगी सिद्ध होगी। कान के दोष वाले बालक होठों की गति के अध्ययन द्वारा ज्ञानार्जन कर सकते हैं।

विशिष्ट समूह और शिक्षण सामग्री

विशिष्ट बालकों के शिक्षण हेतु प्रयुक्त सहायक सामग्री अलग-अलग प्रकार की होगी। प्रतिभाशाली बालकों हेतु ऐसे प्रयोग, चार्ट मॉडल हों, जिन्हें वे अपने विवेक व बौद्धिक क्षमता द्वारा पूर्ण करें व उनमें नयापन लाएं। स्वनिर्मित उपकरण, क्रियात्मक मॉडल, मानसिक चिन्तन, तर्क, सोच-विचार वाली सहायक सामग्री उनके लिए हों जो आँखों से देख सकते हैं, जबकि जो आँखों से देख नहीं सकते उनके लिए श्रव्य सामग्री जैसे रेडियो, कैसेट प्लेयर, टेपरिकॉर्डर, ग्रामोफोन, छूकर महसूस करने वाली सहायक सामग्री उपयुक्त होगी। शारीरिक विकलांग वाले विशिष्ट समूह हेतु उनकी क्षमता व जिस अंग से वे कार्य कर सकते हैं, उसी के अनुरूप श्रव्य, दृश्य सामग्री उनके लिए उपयोगी होगी।

कामचोर व आलसी बेईमान बालकों के लिए प्रेरणादायी कहानियाँ प्रसंग व कविताएँ उपयोगी रहेंगी जबकि दुष्ट प्रवृत्ति निर्ममी के लिए दया भरी, दुख भरी कहानियाँ अधिक उपयोगी सिद्ध होंगी।

विशिष्ट समूह हेतु शिक्षक की संक्रियता

विशिष्ट समूह के व्यक्तित्व के विकास में यदि सबसे अधिक महत्वपूर्ण भूमिका किसी की है तो वह है- शिक्षक। शिक्षक के बाद माता-पिता का स्थान है। माता-पिता का स्थान बाद में इसलिए कि व्यक्तित्व का विकास किस प्रकार किया जा सकता है- इसे माता-पिता इतना नहीं जानते जितना शिक्षक। पहले देखते हैं कि शिक्षक को क्या करना चाहिए? अपने विद्यार्थियों के व्यक्तित्व के विकास हेतु शिक्षक को चाहिए कि वह-

1. व्यक्तित्व के किसी पहलू के विकास हेतु विद्यार्थियों को जो कार्य दिये जायें वे उनकी रुचि, आयु-योग्यता एवं क्षमता के अनुसार हों।
2. पहले तो इस बात को जानें कि विद्यार्थी-विद्यार्थी में किसी न किसी दृष्टि से अन्तर होता है। अत: विद्यार्थियों के व्यक्तित्व के विकास हेतु ज्ञान-प्राप्ति, भावना-परिवर्तन एवं क्रियाशीलता की दृष्टि से सभी को उत्प्रेरित करने और सिखाने के तरीके अलग-अलग होंगे।
3. कार्य देते समय विद्यार्थियों की पारिवारिक पृष्ठभूमि का भी अवश्य ध्यान रखा जाये।
4. केवल ज्ञानार्जन की ओर ही बच्चों का ध्यान आकर्षित न किया जाये, अपितु भावात्मक परिवर्तन पर अधिक बल दिया जाये, क्योंकि कर्म तो भावना के अनुरूप ही होते हैं।
5. छात्रों में राग, द्वेष, ईर्ष्या, जैसे नकारात्मक भावों को न पनपने दिया जाये और यदि पनप चुके हैं तो उचित उदाहरण महापुरुषों के दृष्टांत, संस्मरण आदि के द्वारा उनका शमन किया जाये और बदलने का प्रयास किया जाये।
6. विशिष्ट समूह के व्यक्तित्व के विभिन्न अंगों का विकास अलग-अलग प्रकार से होता है। बौद्धिक विकास यदि अध्ययन करने से अधिक होता है, तो शारीरिक विकास, व्यायाम, खेलकूद जैसी पाठ्येतर क्रियाओं से और सामाजिक विकास समूह-कार्यों या शैक्षिक भ्रमण वगैरह से। अत: सभी प्रकार की क्रियाओं को उचित स्थान दिया जाये।
7. कक्षा के वातावरण को इतना आकर्षक एवं भयमुक्त बनाने को प्रयास किया जाये कि विद्यार्थी भयमुक्त होकर पढ़ने में रुचि लें।
8. विद्यार्थियों की गलती के समय उन्हें समझाया जाये न कि उन्हें भय दिखाकर उनकी भावनाओं को उकसाया जाये।
9. हीनता के समय विद्यार्थियों को उत्प्रेरित किया जाये और अहं भाव पनपने से उसे दूर किया जाये।
10. बच्चों के साथ व्यवहार मातृत्व/ पितृत्व या मित्रवत हो, न कि अधिकारात्मक।
11. विद्यार्थियों में नैतिकता और चरित्र के विकास पर अधिक ध्यान दिया जाए, क्योंकि व्यक्तित्व के अन्य पहलू इसी पर आधारित अधिक होते हैं।
12. किसी भी प्रकार की कोई समस्या उत्पन्न होने पर उन्हें उचित मार्गदर्शन दिया जाये।
13. व्यक्तित्व की उन कमजोरियों को दूर करने का हठात् प्रयास न किया जाये जो वंशानुगत हैं।
14. निष्पक्ष मूल्यांकन द्वारा समय-समय पर उन्हें उनकी कमजोरी से अवगत कराया जाए, ताकि वे उस कमज़ोरी को दूर करने हेतु विशेष प्रयास कर सकें।
15. अपने व्यक्तित्व में भी वह परिवर्तन लाने का प्रयास करें जिसकी अपेक्षा वह अपने विद्यार्थियों से करता है।

□□

8 सृजनात्मकता

सृजनात्मकता का अर्थ एवं परिभाषाएँ

सृजनात्मकता शब्द अंग्रेजी के क्रिएटिविटी का हिन्दी रूपांतरण है। सृजनात्मकता से अभिप्राय है रचना संबंधी योग्यता, नवीन उत्पाद की रचना मनोवैज्ञानिक दृष्टि से सृजनात्मक स्थिति अन्वेषणात्मक होती है। विद्वानों ने सृजनात्मकता की अवधारणा को स्पष्ट करने के लिए उसे अपनी-अपनी तरह से परिभाषित करने का प्रयत्न किया है। कुछ प्रसिद्ध विद्वानों की परिभाषाओं पर हम विचार करेगें।

जेम्स ड्रेवर के अनुसार- ''सृजनात्मकता मुख्यत: नवीन रचना या उत्पादन में होती है।''

क्रो एवं क्रो- ''सृजनात्मकता मौलिक परिणामों को व्यक्त करने की मानसिक प्रक्रिया है।''

स्टेगनर एवं कार्वोस्की- ''किसी नई वस्तु का पूर्ण या आंशिक उत्पादन सृजनात्मकता है।''

ड्रैवडाहल- ''सृजनात्मकता व्यक्ति की वह योग्यता है जिसके द्वारा वह उन वस्तुओं या विचारों का उत्पादन करता है जो अनिवार्य रूप से नए हों और जिन्हें वह व्यक्ति पहले से न जानता हो।

विल्सन, गिलफोर्ड एवं क्रिस्टेनसैन- सृजनात्मक-प्रक्रिया एक ऐसी प्रक्रिया है जिसके द्वारा कोई नवीन (कोई नई वस्तु, विचार या पुराने तत्वों का कोई नवीन संगठन या रूप) उत्पत्ति हो। यह नवीन उत्पत्ति किसी समस्या के समाधान में सहयोगी होनी चाहिए।

स्किनर- ''सृजनात्मक चिंतन का अर्थ है कि व्यक्ति की भविष्यवाणियाँ या निष्कर्ष नवीन, मौलिक, अन्वेषणात्मक तथा असाधारण हो। सृजनात्मक चिंतक वह है जो नए क्षेत्र की खोज करता है नए निरीक्षण करता है, नई भविष्यवाणियाँ करता है और नए निष्कर्ष निकालता है।''

सृजनात्मकता की विशेषताएँ

1. सृजनात्मकता सार्वभौमिक होती है। हममें से प्रत्येक व्यक्ति में कुछ-न-कुछ मात्रा में सृजनात्मकता अवश्य होती है।
2. यद्यिप सृजनात्मक योग्यताएं प्रकृत-प्रदत होती हैं परन्तु प्रशिक्षण या शिक्षा द्वारा उनको विकसित किया जा सकता है।
3. सृजनात्मक अभिव्यक्ति द्वारा किसी नई वस्तु को उत्पन्न किया जाता है परन्तु यह आवश्यक नहीं कि वह वस्तु पूर्ण रूप से नई हो। पृथक रूप से दिए गए तत्वों से नए एवं ताजा सम्मिश्रण का निर्माण करना: पहले से ज्ञात तथ्यों या सिद्धांतों का पुनर्गठन करना: किसी पूर्व-ज्ञात शैली में सुधार करना-आदि उतने ही सृजनात्मक कार्य हैं जितना रसायन विज्ञान का कोई नया तत्व ढूंढ़ना या गणित का कोई नया सूत्र खोजना। 'सृजनात्मकता' में केवल इस बात के प्रति सावधान रहने की आवश्यकता है कि किसी ऐसी वस्तु की पुनरावृति नहीं होनी चाहिए जिसका व्यक्ति को पहले से ज्ञान हो।
4. कोई भी सृजनात्मक-अभिव्यक्ति सृजक के लिए आनंद तथा संतुष्टि का स्रोत होती है। सृजक जो देखता या अनुभव करता है उसे अपने तरीके से प्रकट करता है। सृजक अपनी रचना द्वारा ही अपने आप की अभिव्यक्ति करता है। सृजक अपने ही तरीके से वस्तुओं, व्यक्तियों तथा घटनाओं को लिखता है। अत: यह आवश्यक नहीं कि रचना प्रत्येक व्यक्ति को वही अनुभव एवं वहीं संतोष प्रदान करें जो रचनाकार को प्राप्त हुआ हों।
5. सृजक वह व्यक्ति है जो अपने अहं को इस प्रकार प्रकट करता हो, यह मेरी रचना है, यह मेरा विचार है, मैंने इस समस्या को हल किया है। अत: निर्माणात्मक क्रिया में अहं अवश्य सम्मिलित रहता है।
6. सृजनात्मक चिंतन बंधा हुआ चिंतन नहीं होता। इसमें कई विकल्पों तथा इच्छित कार्यप्रणाली को चुनने की पूर्ण स्वतन्त्रता रहती है।
7. सृजनात्मक अभिव्यक्ति का क्षेत्र अत्यन्त व्यापक होता है। वैज्ञानिक आविष्कार, कविता, कहानी, नाटक आदि लिखना नृत्य-संगीत, चित्रकला, शिल्पकला, राजनीति एवं सामाजिक सम्बन्ध आदि में से कोई भी क्षेत्र इस प्रकार की अभिव्यक्ति की नींव बन सकता है। अत: जीवन अपने समूचे रूप से रचनात्मक अभिव्यक्ति के लिए असंख्या अवसर प्रदान करता है।
8. जे.पी. गिलफोर्ड, टोरनैन्स, ड्रैवडाहल आदि कई विद्वानों ने सृजनात्मक के विधि तत्वों को खोजने का प्रयास किया है। परिणामस्वरूप प्रवाहात्मक विचारधारा, मौलिकता, लचीलापन, विविधतापूर्ण-चिंतन, आत्म-विश्वास, संवेदनशीलता, संबंधों को देखने तथा बनाने की योग्यता, आदि सृजनात्मक प्रक्रिया में सहायक माने गए हैं।

सृजनात्मक चिन्तन, चिन्तन का एक प्रमुख प्रकार है। सृजनात्मक चिन्तन को कई अर्थों में प्रयोग किया गया है। सृजनात्मक चिन्तन का सबसे लोकप्रिय अर्थ गिलफोर्ड (1967) द्वारा बतलाया गया है। इन्होंने चिन्तन को दो भागों में बांटा है-

1. अभिसारी चिन्तन
2. अपसारी चिन्तन

(1) **अभिसारी चिन्तन**- अभिसारी चिन्तन में व्यक्ति दिए गये तथ्यो के आधार पर किसी सही निष्कर्ष पर पहुँचने की कोशिश करता है, इस तरह के चिन्तन में व्यक्ति रुढ़िवादी तरीका अपना कर अर्थात समस्या सम्बन्धी दी गई सूचनाओं के आधार पर उसका समाधान करता है। अभिसारी चिन्तन में व्यक्ति बहुत आसानी से एक पूर्व निश्चित क्रम में चिन्तन कर लेता है।

(2) **अपसारी चिन्तन**- अपसरण चिन्तन में व्यक्ति भिन्न-भिन्न दशाओं में चिन्तन कर समस्या का समाधान करने की कोशिश करता है। जब वह भिन्न-भिन्न दशाओं में चिन्तन करता है तो स्वभावत: वह समस्या के कई संभावित उत्तरों पर चिंतनता है और अपनी ओर से कुछ नए एवं मूल चीजों को जोड़ने की कोशिश करता है। इस तरह के चिन्तन की एक और विशेषता यह है (जो इसे अभिसारी चिन्तन से अलग करती है) कि इसमें व्यक्ति आसानी से एक पूर्व सुनिश्चित कदमों के अनुसार चिन्तन नहीं कर पाता है क्योंकि इसमें कुछ नया एवं मूल चिन्तन करना होता है। मनोवैज्ञानिकों ने अपसरण चिन्तन को वृजनात्मक चिन्तन के तुल्य माना है।

सृजनात्मकता के तत्व

सृजनात्मकता के चार प्रमुख तत्व निम्न हैं-

1. **प्रवाह (Fluency):** प्रवाह से तात्पर्य किसी दी गई समस्या परा अधिकाधिक विचारों या प्रत्युत्तरों की प्रस्तुति से है। प्रवाह के भी चार भाग हैं-
   (i) वैचारिक प्रवाह
   (ii) अभिव्यक्ति प्रवाह
   (iii) साहचर्य प्रवाह
   (iv) शब्द प्रवाह
2. **मौलिकता (Originality) :** मौलिकता से अभिप्राय व्यक्ति के द्वारा प्रस्तुत किए गए विकल्पों या उत्तरों का असामान्य अथवा अन्य व्यक्तियों के उत्तरों से भिन्न होने से है। इसमें यह देखा जाता है कि व्यक्ति द्वारा दिए गए उत्तर प्रचलित उत्तरों से कितने भिन्न हैं। मौलिक मुख्यत: नवीनता से संबंधित होती है।
3. **लचीलापन (Flexibility):** लचीलापन से अभिप्राय किसी समस्या पर दिए गए प्रत्युत्तरों या विकल्पों में लचीलापन के होने से है। अत: व्यक्ति के द्वारा प्रस्तुत किए गए विकल्प या उत्तर एक-दूसरे से कितने भिन्न हैं।
4. **विस्तारण (Elaboration):** विस्तारण से अभिप्राय दिए गए विचारों या भावों की विस्तृत व्याख्या, व्यापक पूर्ति या गहन प्रस्तुतीकरण से होता है।

सृजनात्मक बालक की विशेषताएँ

सृजनात्मक बालक के व्यवहार में प्राय: निम्न गुणों एवं विशेषताओं की झलक मिलती है-

1. विचार और कार्य में मौलिकता का प्रदर्शन।
2. विस्तारीकरण की प्रवृति पाई जाती है अर्थात वह अपने विचारों, कार्यों एवं योजनाओं के अत्यंत सूक्ष्म पहलुओं पर ध्यान देता हुआ हर बात को अधिक विस्तार से कहना और करना चाहता है।
3. व्यवहार में आवश्यक लचीलेपन का परिचय।
4. जटिलता, अपूर्णता असमरूपता के प्रति उसका लगाव होता है और वह खुले दिमाग से सोचने मे विश्वास रखता है।
5. वह समायोजन में सक्षम होता है एवं उसकी साहसिक कार्यों में प्रवृति होती है।
6. वह एकरसता और उबाऊपन की अपेक्षा कठिन और टेढ़े-मेढ़े जीवन पथ से आगे बढ़ना पसन्द करता है।
7. वह अस्पष्ट गूढ़ एवं अव्यक्त विचारों में रुचि रखता है।
8. उसकी स्मरण शक्ति अच्छी होती है और उसके ज्ञान का दायरा भी विस्तृत होता है।
9. उसमें चुस्ती, सजगता, ध्यान एवं एकाग्रता की प्रचुरता होती है।
10. उसमें स्वयं निर्णय लेने की पर्याप्त योग्यता होती है।
11. उसमें अपने सीखने या प्रशिक्षण को एक परिस्थिति से दूसरी परिस्थिति में स्थानान्तरण करने की योग्यता पाई जाती है।
12. समस्याओं के प्रति उसमें उच्च स्तर की संवेदना पाई जाती है।
13. उसकी विचार अभिव्यक्ति में अत्यधिक प्रवाहात्मकता पाई जाती है।
14. समस्या के किसी नवीन हल एवं समाधान तथा योजना के किसी नवीन प्रारूप का उसकी ओर से सदैव स्वागत ही किया जाता है और इस दिशा में वह स्वयं भी अथक प्रयास करता रहता है।
15. उसके सोचने-विचारने के ढंग में केन्द्रीयकरण एवं रूढ़िवादिता के स्थान पर विविधता एवं प्रगतिशीलता पाई जाती है।
16. उसमें उच्च स्तर की सौन्दर्यात्मक अनुभूति, ग्राहता एवं परख क्षमंता पाई जाती है।
17. अन्य सामान्य बालकों की अपेक्षा आत्म-सम्मान के भाव और अहं के तुष्टिकरण की आवश्यकता कुछ अधिक ही पाई जाती है। वह आत्म-अनुशासित होता है। वह अपने व्यवहार और सृजनात्मक उत्पादन में विनोदप्रियता आनंद, उल्लास, स्वच्छंद एवं स्वतंत्र अभिव्यक्ति तथा बौद्धिक स्थिरता का प्रदर्शन करता है।
18. उसमें उच्च स्तर की विशेष कल्पनाशक्ति जिसे सृजनात्मक कल्पना का नाम दिया जाता है पाई जाती है।
19. विपरीत एवं विरोधी व्यक्तियों तथा परिस्थितियों को सहन करने तथा उनसे सामंजस्य स्थापित करने की क्षमता भी उसमें पाई जाती है।
20. उसकी कल्पना एवं दिव्य स्वप्नों का संसार भी काफी अदभुत एवं महान होता है।

बालकों में सृजनात्मकता विकसित करना

प्रवाह, मौलिकता, लचीलापन, विविधा-चिंतन आत्म-विश्वास, संवेदनशीलता संबंधों को देखने तथा बनाने की योग्यता-आदि कुछ ऐसी योग्यताएं हैं जिनका विकास सृजनात्मकता के विकास में सहायक सिद्ध हो सकता है। इन योग्यताओं को विकसित करने के लिए निम्नलिखित सुझाव सहायक सिद्ध हो सकते हैं-

1. उत्तर देने की स्वतन्त्रता
2. अभिव्यक्ति के लिए अवसर
3. मौलिकता तथा लचीलेपन को प्रोत्साहित करना
4. उचित अवसर एवं वातावरण प्रदान करना
5. समुदाय के सृजनात्मक साधनों का प्रयोग करना
6. सृजनात्मक चितंन के अवरोधों से बचना
7. मूल्यांकन प्रणाली में सुधार
8. सृजनात्मकता के विकास के लिए विशेष तकनीकों का प्रयोग
   (i) **मस्तिष्क उद्वेलन Brain Storming**- मस्तिष्क उद्वेलन एक ऐसी तकनीक एवं विद्या है जिसके द्वारा किसी समूह विशेष से बिना किसी रोक-टोक आलोचना मूल्यांकन या निर्णय की परवाह किए बिना किसी समस्या विशेष के हल के लिए विभिन्न प्रकार के विचारों एवं समाधानों को जल्दी-जल्दी प्रस्तुत करने के लिए कहा जाता है और फिर विचार विमर्श के बाद उचित हल एवं समाधान तलाशने का प्रयत्न किया जाता है।
   (ii) **शिक्षण प्रतिमानों का प्रयोग Use of Teaching Models**– शिक्षा शास्त्रियों द्वारा प्रतिपादित कुछ विशेष शिक्षण प्रतिमानों का प्रयोग भी बालकों की सृजनशीलता के विकास में पर्याप्त योगदान दे सकता है। उदाहरण के लिए ब्रूनर का संप्रत्यय उपलब्धि -प्रतिमान संप्रत्ययों को ग्रहण करने के अलावा बालकों को सृजनशील बनाने में भी सहयोग देता है। और इसी तरह सचमैन का पूछताछ प्रशिक्षण प्रतिमान वैज्ञानिक ढंग से पूछताछ करने के कौशल को विकसित करने के अतिरिक्त सृजन में सहायक विशेष गुणों को विकसित करने में पर्याप्त सहायता करता है।
   (iii) क्रीड़न तकनीकों का प्रयोग Use of Gaming Technique–खेल-खेल में ही सृजनात्मकता का विकास करने की दृष्टि से क्रीड़न तकनीकों का अपना एक विशेष स्थान है। इस कार्य हेतु इन तकनीकों में जो प्रयोग सामग्री काम में लाई जाती है वह शाब्दिक और अशाब्दिक दोनों ही रूपों में होती है। प्रकार की क्रीड़न सामग्री द्वारा बालकों को खेल-खेल में ही निर्माण एवं सृजन के लिए जो बहुमूल्य अवसर प्राप्त होते हैं उन सभी का उनकी सृजनशीलता के विकास एवं पोषण हेतु पूरा-पूरा लाभ उठाया जा सकता है।

❑❑

9 सामाजिक विकास

बालक में सामाजिक विकास अति महत्वपूर्ण है। किशोर व किशोरियों में विभिन्न कारक सक्रिय होने लगते हैं। अतः अध्यापक के लिए समाजीकरण की इस प्रक्रिया को समझना अतिआवश्यक है। जन्म के समय शिशु न सामाजिक और न असामाजिक बल्कि वह समाज के प्रति उदासीन होता है। आयु से सुशोभित होता जाता है और कुछ ही वर्षों बाद वह सामाजिक प्राणी कहलाने लगता है। बालक सामाजिक गुणों का सामाजिक विकास की अवस्थाओं के अनुसार ग्रहण करता है।

सामाजिक विकास से अभिप्राय, सामाजिक अपेक्षाओं के अनुसार व्यवहार करने की योग्यता को ग्रहण करना है।

हरलॉक के अनुसार, ''सामाजिक विकास का अर्थ है- सामाजिक संबंधों में परिपक्वता ग्रहण करना।''

चाइल्ड के अनुसार, ''सामाजिक विकास वह प्रक्रिया है जिसके द्वारा व्यक्ति में उसके समूह मानकों के अंनुसार वास्तविक व्यवहार का विकास होता है।''

सामाजिक विकास को प्रभावित करने वाले कारक

सामाजिक विकास किसी न किसी कारक से प्रभावित होता है। बालक के सामाजिक विकास को प्रभावित करने वाले कारक निम्नलिखित हैं :-

1. **परिवार :** जन्म लेते ही शिशु परिवार का सदस्य बनता है। उसका समाजीकरण शुरू हो जाता है। परिवार इस प्रक्रिया को प्रभावित करता है। परिवार का आकार, माता-पिता का आपसी संबंध, उनका दृष्टिकोण, परिवार का आर्थिक स्तर, सामाजिक स्तर आदि परिवार से संबंधित कारक है, जो बालक के सामाजिक विकास को प्रभावित करते हैं।
2. **स्कूल :** बालक के व्यक्तित्व पर स्कूल का गहरा प्रभाव पड़ता है क्योंकि वे अधिकतम समय स्कूल में ही व्यतीत करते हैं। माता-पिता का स्थान अध्यापक लेता है। स्कूल में सांस्कृतिक ज्ञान और विषयों का ज्ञान प्रदान करती है। स्कूलों में निरंकुश वातावरण सामाजिक विकास को प्रभावित करता है तथा जनतांत्रिक वातावरण सामाजिक विकास में सहयोग करता है।
3. **समुदाय का प्रभाव :** सामाजिक विकास पर समुदाय का भी प्रभाव पड़ता है। बालक जैसे समुदाय में रहता है, उसका समाज के प्रति व्यवहार भी वैसा ही होता है। समुदाय के बालक के सकारात्मक तथा नकारात्मक दोनों प्रकार का सामाजिक विकास हो सकता है। समुदाय से बालक आज्ञापालन, ईमानदारी, नम्रता आदि गुणों का विकास करता है।
4. **शारीरिक स्वास्थ्य :** शारीरिक विकास भी सामाजिक विकास पर अपना प्रभाव छोड़ता है। अस्वस्थ बच्चा कभी भी समाज में स्वयं को समायोजित नहीं कर पाता, परंतु एक स्वस्थ बालक प्रत्येक स्थान में समायोजन कर सकता है। अस्वस्थ बालकों में हीन भावना देखने को मिलती है। जिसकी वजह से सामाजिक विकास में बाधाएँ आती हैं।
5. **आस-पड़ोस का प्रभाव :** बच्चों के आस-पड़ोस का प्रभाव सामाजिक विकास पर पड़ता है। इसका बालक प्रत्यक्ष-अप्रत्यक्ष रूप से प्रभावित करता है। आस-पड़ोस द्वारा बच्चों के जीवन के स्तर का ज्ञान होता है। दोषपूर्ण आस-पड़ोस से बच्चों का समायोजन भी दोषपूर्ण ही होगा।
6. **बौद्धिक विकास :** सामाजिक विकास व बौद्धिक विकास में गहरा संबंध है। बौद्धिक विकास के अंतर्गत व्यक्ति स्वयं को ठीक प्रकार से समायोजित कर सकता है। इस प्रकार का विकास बच्चे के सामाजिक विकास का एक आवश्यक तत्व है। अतः बौद्धिक रूप से विकसित बालक सामाजिक रूप से भी विकसित होगा।
7. **सामाजिक-आर्थिक स्तर :** सामाजिक विकास पर परिवार के आर्थिक स्तर का प्रभाव भी आसानी से देखा जा सकता है। विभिन्न सामाजिक आर्थिक स्तरों के बच्चों के व्यवहारों में भी भिन्नता देखने को मिलती है। यह विभिन्न धन-व्यय करने, प्रशिक्षण देने, अनुशासन तथा माता-पिता के प्रति दृष्टिकोण आदि में पाई जाती है।

माता-पिता का व्यवसाय : माता-पिता का व्यवसाय बच्चों के सामाजिक विकास को भी प्रत्यक्ष या अप्रत्यक्ष रूप से प्रभावित करता है। बाल्यकाल के प्रारंभिक वर्षों में यह प्रभाव अधिक होता है। क्योंकि बालक के लालन-पालन में व्यवसाय का सीधा संबंध होता है। जैसे उसका भोजन, कपड़े, खेल का सामान इत्यादि। माता-पिता का व्यवसाय बच्चों को सामाजिक सम्मान भी दिलाता है।

बालक का समाजीकरण

''समाजीकरण वह प्रक्रिया है जिसके माध्यम से बालक अपने समाज के स्वीकृत ढंगों को अपने व्यक्तित्व का एक अंग बना लेते हैं।''

समाजीकरण की परिभाषा

बोगार्डस, ''समाजीकरण वह प्रक्रिया है जिसके द्वारा लोग मानव कल्याण के लिए एक-दूसरे पर निर्भर होकर व्यवहार करना सीखते हैं और ऐसा करने में सामाजिक आत्म-नियंत्रण, सामाजिक उत्तरदायित्व तथा संतुलित व्यक्ति का अनुभव होता है।''

ग्रीन, ''समाजीकरण वह प्रक्रिया है जिसके द्वारा बालक सांस्कृतिक विशेषताओं, आत्मपन और व्यक्तित्व को प्राप्त करता है।''

रॉस, ''समाजीकरण सहयोग करने वाले व्यक्तियों में हम भावना का विकास करता है और उनमें एक साथ कार्य करने की इच्छा तथा क्षमता में वृद्धि करता है।''

उपरोक्त परिभाषाओं से स्पष्ट है कि समाजीकरण सीखने की एक प्रक्रिया है जिसके द्वारा मानव शिशु अपने व्यक्तित्व का विकास करता है। समाज का क्रियाशील सदस्य बनता है तथा सामाजिक आदर्शों, मूल्यों एवं प्रतिमानों को सीखकर उनके अनुरूप आचरण करता है।

समाजीकरण की प्रक्रिया में शिक्षक का कार्य

समाजीकरण की प्रक्रिया को तीव्र गति देने हेतु शिक्षकों को निम्नलिखित बातों पर ध्यान देना चाहिए-

1. शिक्षकों को चाहिए कि वे सामाजिक मूल्यों एवं आदर्शों को अपने कर्त्तव्यों एवं क्रियाओं के माध्यम से बालक के समक्ष प्रस्तुत करें। वे वस्तुतः बालकों के समक्ष सामाजिक व्यवहार के उच्च आदर्श उपस्थित करें।
2. शिक्षकों को बालकों को समाज की संस्कृति से परिचित कराना चाहिए। वे बालकों में ऐसी भावना उत्पन्न करें जिससे वे अपनी संस्कृति का सम्मान करना सीखें।
3. शिक्षकों का कर्त्तव्य है कि वे बालकों में अंतर-सांस्कृतिक भावना का विकास करें जिससे वे केवल अपनी संस्कृति की परिधि में सीमित न रहें वरन् विभिन्न संस्कृतियों का आदर करना भी सीखें। वे अपने साथ पढ़ने वाले विभिन्न सांस्कृतिक पृष्ठ भूमियों वाले बालकों के साथ मिल-जुलकर रहें और संकीर्ण विचारों से ऊपर उठें।
4. परम्पराएँ सामाजिक दृष्टि से उपयोगी एवं श्रेष्ठ होती हैं तो शिक्षकों का कर्त्तव्य है कि बालकों में इन परम्पराओं में विश्वास उत्पन्न करें तथा उन्हीं के अनुसार कार्य करने को प्रोत्साहित करें।
5. बालकों के चरित्र निर्माण के लिए आवश्यक है कि शिक्षक पहले उनकी रुचियों एवं मनोवृत्तियों आदि को समझें। इसके लिए उन्हें बालकों के माता-पिता से घनिष्ठ संबंध रखने आवश्यक हैं। संबंधों के परिणामस्वरूप एक ही प्रकार के विश्वासों व दृष्टिकोणों को अपनाकर बालक का उचित दिशा में समाजीकरण किया जा सकता है।
6. बालकों के समाजीकरण को प्रोत्साहित करने की दृष्टि से विद्यालय को सामुदायिक केन्द्र के रूप में संगठित करना चाहिए। दूसरे शब्दों में विद्यालय में सामूहिक कार्यों को संगठित एवं प्रोत्साहित किया जाना चाहिए। इससे बालकों में सामूहिक भावना का उदय होता है।

बालक के समाजीकरण की प्रक्रिया

समाजीकरण की प्रक्रिया के महत्वपूर्ण कारक निम्नलिखित हैं :-

1. **पालन-पोषण :** उचित समाजीकरण के लिए आवश्यक है कि बालक का पालन-पोषण अच्छे वातावरण में उचित ढंग से किया जाए। ऐसा करने पर ही वह समाज के आदर्शों व मूल्यों के अनुरूप आचरण करना सीखता है।
2. **सहानुभूति :** बालक, प्रारंभ में अपनी सभी आवश्यकताओं की पूर्ति के लिए परिवार के अन्य सदस्यों पर निर्भर रहता है। यहां पर ध्यान रखना आवश्यक है कि परिवार में बालक की समस्त आवश्यकताएं पूरी करना पर्याप्त नहीं। बल्कि उनके साथ सहानुभूतिपूर्णव्यवहार करना भी अनिवार्य है। इससे बालक अपनत्व की भावना अनुभव करने लगता है व उन्हें अधिक प्यार भी करने लगता है।
3. **सहकारिता :** जैसे-जैसे बालक अपने साथ अन्य व्यक्तियों का सहयोग पाता है वैसे-वैसे वह दूसरों का सहयोग भी प्रारंभ कर देता है इससे उसकी सामाजिक प्रवृत्तियां संगठित हो जाती हैं।
4. **पुरुस्कार एवं दंड :** जब बालक समाज के आदर्शों एवं प्रतिमानों के अनुरूप आचरण करता है तो उसकी प्रशंसा होती है अथवा उसे उचित रूप में पुरुस्कृत किया जाता है। इसके विपरीत जब वह समाज के आदर्शों के विपरीत आचरण करता है तो उसे दंड दिया जाता है। इससे बालक के समाजीकृत होने में सहायता मिलती है।
5. **आत्मीकरण :** जब परिवार तथा अन्य समूहों द्वारा बालक को सहानुभूति प्राप्त होती है तब आत्मीकरण की भावना का विकास होता है।
6. **अनुकरण :** अनुकरण समाजीकरण का एक मूलभूत तत्व है। बालक परिवार, पड़ोस तथा अन्य समूहों के लोगों को जिस प्रकार का व्यवहार करते हुए देखता है, उसी का अनुसरण करने लगता है।
7. **सामाजिक शिक्षण :** सामाजिक शिक्षण का भी बालक के समाजीकरण पर गहरा प्रभाव पड़ता है। यह सामाजिक शिक्षण परिवार से प्रारंभ होता है। परिवार में बालक माता-पिता, भाई-बहन तथा अन्य सदस्यों से रहन-सहन, उठना-बैठना, खान-पान, बोलचाल आदि के विषय में शिक्षा प्राप्त करता है।

बालक का समाजीकरण करने का प्रमुख अभिकरण

समाजीकरण प्रक्रिया दीर्घ एवं जटिल है। इस कार्य में अनेक संस्थाओं और समूहों का योगदान होता है। बालक में सामाजिकता का विकास करने या उसके समाजीकरण में सहायता देने वाले प्रमुख साधन अथवा तत्व निम्नलिखित हैं :

परिवार : समाजीकरण करने वाली संस्था से परिवार सर्वाधिक महत्वपूर्ण है। क्योंकि बालक परिवार में ही जन्म लेता है। उन्हीं के संपर्क में आता है। कुछ विद्वान परिवार को समाजीकरण का सबसे स्थाई साधन मानते हैं। इसमें माँ-बाप की भूमिका अत्यधिक महत्वपूर्ण है। क्योंकि उनके संबंध परस्पर सौहार्दपूर्ण हैं तो बालक का समाजीकरण उचित ढंग से हो जाता है, यदि उनमें कलह होती है तो समाजीकरण विकृत हो जाता है।

पड़ोस : परिवार के समान पड़ोस भी बालक के समाजीकरण पर गहरा प्रभाव डालता है। इसी कारण अच्छे लोग किराए के लिए मकान लेते समय इस बात का काफी ध्यान रखते हैं कि पड़ोस कैसा है? पड़ोस एक प्रकार का बड़ा परिवार है। वैसे शहरों की तुलना में गांवों में पड़ोस का अधिक प्रभाव होता है। पड़ोस के लोग बालक को स्नेह व प्यार में कई नई बातों का ज्ञान करा देते हैं तथा उसकी प्रशंसा तथा निंदा द्वारा उसे समाज सम्मत व्यवहार करने को प्रेरित करते हैं।

विद्यालय : समाजीकरण में विद्यालय का सर्वाधिक प्रभाव पड़ता है। विद्यालय में ही उसे सामाजिक एवं सांस्कृतिक आदर्शों एवं मान्यताओं की शिक्षा प्राप्त होती है। विद्यालयों में बालक अन्य पारिवारिक पृष्ठभूमियों से आए अन्य बालकों के संपर्क में आता है। इससे उसका समाजीकरण तीव्र गति से होने लगता है। विद्यालय में बालक को कुछ विशिष्ट नियमों का पालन करना पड़ता हैं, इससे उसमें धीरे-धीरे आत्म नियंत्रण का भाव विकसित होने लगता है। विद्यालय में प्रायः बालक का कोई अध्यापक अवश्य मॉडल होता है। जिसके अनुरूप अपने को ढालना सीखता है।

समूह : समाजीकरण की दृष्टि से बालक के लिए मित्रों का समूह अर्थात् खेल समूह एक महत्वपूर्ण प्राथमिक समूह है। खेल समूह में बालक खेल के

नियमों का पालन करना सीखता है, वह दूसरों के नियंत्रण में रहना व अनुशासन का पालन करना भी सीखता है। उसमें नेतृत्व के गुणों का विकास होता है तथा वह लोगों पर नियंत्रण करना व अनुशासन अनुकूलन कराना भी सीखता है। इसके साथ ही वह खेल में पारस्परिक सहयोग प्रतिस्पर्धा एवं स्वस्थ संघर्ष की भावनाएँ भी ग्रहण करता है।

समुदाय या समाज : समुदाय या समाज बालक के समाजीकरण को विभिन्न रूपों में प्रभावित करता है। समाज जिन साधनों के माध्यम से बालक के समाजीकरण को प्रभावित करता है उनमें प्रमुख हैं :

संस्कृति- इतिहास जातीय एवं राष्ट्रीय प्रथा।

कला - साहित्य सामाजिक प्रथाएं और परम्पराएँ।

जातीय पूर्व धारणाएँ - समाज का आर्थिक और राजनीतिक संगठन

जाति : समाजीकरण का एक प्रमुख कारण जाति भी है। प्रत्येक जाति के अपने रीति-रिवाज, आदर्श, परंपराएँ एवं सांस्कृतिक उपलब्धियाँ होती हैं तथा बालक अपनी जाति की इन विशेषताओं को स्वाभाविक रूप से ग्रहण कर लेता है। यही कारण है कि प्रत्येक जाति के बालक का समाजीकरण भिन्न होता है। उदाहरण- क्षत्रिय बालक के समाजीकरण का रूप वैश्य बालक के समाजीकरण से भिन्न होगा।

सामाजिक परिवर्तन में लिंग तथा आयु की भूमिका

समाज में परिवर्तन होता है और इसके साथ पुरुष और स्त्री की भूमिकाओं में भी अंतर आता है। यह अंतर नातेदारी व्यवस्था में भी देखने को मिलता है। विवाह की उम्र और संपत्ति के उत्तराधिकार लिंग के आधार पर निश्चित किए जाते हैं। मिसाल के लिए भारतीय समाज में लड़की की विवाह की उम्र 18 वर्ष और लड़के की 21 वर्ष है। उम्र के ये समूह नातेदार इस भांति विवाह संबंध वंशानुक्रम के आधार पर तय किया जाता है। मातृ-पितृ समूहों की पीढ़ियों को वंशानुक्रम के नियम के अनुसार तय किया जाता है। नोतदारी में पुरुषों और स्त्रियों की भूमिकाएँ परंपरा से निर्धारित होती हैं, जब समाज में तीव्रता से परिवर्तन आते हैं तो इसके परिणामस्वरूप नातेदारों की भूमिका में भी अंतर आता है।

नातेदारी संबंधों का सामाजिक संरचना में विशेष स्थान है। नातेदारी संबंध सामाजिक परिवर्तन के साथ बदलते रहते हैं। इन संबंधों के जहां संरचनात्मक अंगों जैसे विवाह के प्रकार निवास के नियम, उत्तराधिकार के नियम और नातेदारी समूह की रचना में परिवर्तन की गति प्रायः धीमी रहती है। समकालीन सामाजिक जीवन में जनसंख्या, लिंग तथा आयु समूहों के आकार में परिवर्तन, संसाधनों की खोज, विकास उत्पादन के नए साधन, अपनी उत्पादन प्रक्रिया के बीच।

❑❑

10 लैंगिक भेद

समाज की संरचना, संगठन और व्यवस्था में लिंग की समानता और असमानता का विशेष महत्व है। लिंग की असमानता पर समाज के संरचनात्मक संस्थागत और संगठनात्मक ढ़ांचे का प्रभाव पड़ता है। लिंग की असमानता भी समाज के संतुलन व्यवस्था और विकास को प्रभावित करती है।

लिंग की परिभाषा एवं अर्थ

लिंग और यौन अवधारणाएं एक दूसरे से संबंधित हैं। इसलिए लिंग और लिंग भेद को यौन और यौन के संदर्भ में समझना अधिक सरल है। इसी संदर्भ में लिंग की परिभाषा और अर्थ की विवेचना प्रस्तुत है।

सामाजिक विज्ञानों में विशेष रूप से समाजशास्त्र में स्त्री-पुरुषों का अध्ययन-1 लिंग भेद (Gender) के आधार पर किया जाता है, जिसका तात्पर्य है कि उन्हें सामाजिक अर्थ प्रदान किया जाता है। 'स्त्री' और 'पुरुष' का अध्ययन सामाजिक संबंधों को गहराई से समझने के लिए किया जाता है। योनि-भेद जैविक-सामाजिक है, और लिंग भेद सामाजिक संस्कृति है। योनि-भेद (सेक्स) शीर्षक के अंतर्गत स्त्री-पुरुष का नर-मादा के बीच भिन्नताओं का अध्ययन करते हैं, जिसमें जैविक लक्षणों जैसे पुनर्जनन कार्य पद्धति, शुक्राणु-अण्डाणु एवं गर्भाधान क्षमता, शारीरिक बल क्षमता, शरीर रचना की भिन्नता आदि पर ध्यान किया जाता है। लिंग भेद 'स्त्री' और 'पुरुष' का अध्ययन पति-पत्नी, माता-पिता, भाई-बहन, पुत्र-पुत्री के रूप में अर्थात सामाजिक सांस्कृतिक दृष्टिकोण से किया जाता है।

लिंग की सामाजिक संरचना

लिंग असमानता

1. 1970 तक स्त्री और पुरुषों में जैविकीय लक्षणों के आधार पर असमानताओं का अध्ययन किया जाता था।
2. बाद में समाजशास्त्र और मनोविज्ञान लिंग भेद के अध्ययनों की ओर वैज्ञानिकों का ध्यान गया, जिससे स्त्री और पुरुषों में सामाजिक, सांस्कृतिक और मनोवैज्ञानिक यथार्थताओं के आधार पर भिन्नताओं की खोज की जाने लगी।
3. वैज्ञानिकों से इनमें संस्कृति के कारण अनेक भिन्नताएँ और असमानताओं का विश्लेषण किया।
4. समाजशास्त्रियों ने विभिन्न समाजों में ऐतिहासिक और स्थैनिक अध्ययनों के आधार पर लिंग असमानताओं को उजागर किया।
5. विद्वानों ने स्पष्ट किया कि लिंग भेद सभी समाजों में और सभी कालों में तथा सामाजिक जीवन के प्रत्येक क्षेत्र में विद्यमान रहा है।
6. लिंग भेद या स्त्री-पुरुषों में असमानताएं इनकी समाज में प्रस्थिति और भूमिकाओं के आधार पर देखी जा सकती हैं।
7. प्रास्थिति के महत्वपूर्ण सूचकों-काम में सहभागिता, समाजीकरण, स्वास्थ्य सुविधाएं प्राप्त करने की क्षमता, साक्षरता दर, संपत्ति में हिस्सेदारी आदि के आधार पर पाया गया है।
8. स्त्रियों की प्रस्थिति सभी क्षेत्रों में खराब है। समाज पुरुष प्रधान है तथा पुरुषों की प्रस्थिति सभी क्षेत्रों में अच्छी है।

लिंग असमानता के सिद्धांत

लिंग असमानता के प्रमुख तीन सिद्धांत हैं–

उदारवादी : उदारवादी के अनुसार लिंग असमानता का प्रमुख कारण सामाजीकरण में भेदभाव है। बालक और बालिका के समाजीकरण में पक्षपात किया जाता है, जो आगे चलकर पुरुष को विशेषाधिकार प्रदान करता है और स्त्री को विभिन्न प्रकार के शोषण और निर्योग्यताओं में ढकेल देता है और पुरुष प्रधान सामाजिक मूल्यों को विकसित करता है। सामाजिक और सांस्कृतिक प्रथाएं भी नारी शोषण को बढ़ावा देती हैं और लिंग असमानता का पोषण करती हैं।

मार्क्सवादी : मार्क्सवादी मान्यता है कि लिंग असमानता अर्थात् नारी शोषण का प्रमुख कारण पितृ सत्तात्मक सामाजिक व्यवस्था एवं पूंजीवादी है। इनका कहना है कि समाज पुरुष प्रधान है। सत्ता पुरुष के पास रहती है। पिता से पुत्र को सत्ता हस्तांतरित होने के कारण नारी का समाज में निम्न स्थान है। पूंजीवादी समाज होने के कारण नारी पर अनेक प्रतिबंध लगाए जाते हैं।

उग्र उन्मूलनवादी : उग्र उन्मूलनवादी संप्रदाय समाज में नारी की पितृ प्रस्थिति का कारण पूंजीवाद समाज की पितृ सत्तात्मक व्यवस्था और समाजीकरण की प्रक्रिया का परिणाम नहीं माना है। उग्र उन्मूलन वादियों या रेडिकल समाजशास्त्रियों का कहना है कि लिंग असमानता अर्थात् नारी की निम्न स्थिति का कारण अज्ञानता एवं परतंत्रता है। लिंग असमानता पुरुषों के द्वारा महिलाओं पर नियंत्रण करने की सोची-समझी सामूहिक योजनाओं का परिणाम है। पुरुषों ने महिलाओं पर अपनी सत्ता को सामूहिक रूप से थोपा है। पुरुषों ने नारियों पर अनेक प्रतिबंध एवं नियंत्रण लागू करके उनकी परिस्थिति दयनीय कर दी है।

लैंगिक सामाजिक विकास

निस्संदेह लैंगिक विकास एक सामाजिक सिद्धांत है। आज भी लैगिक विकास का एक सर्वमांन्य अथवा सामाजिक सिद्धांत बना पाना अत्यंत ही कठिन है। इस विषय में अध्ययन तो अनेक किए गये हैं, किन्तु उनमें सार्वभौमीकरण का अभाव है। सोवल, कार्टर आदि ऐसे ही कुछ विद्वान हैं, जिन्होंने उपरोक्त विषय पर अध्ययन किया है।

लैंगिक विकास के अध्ययन

एक सामान्य सामाजिक ढांचे को देखा जाए तो हमारा समाज दो लिंगों स्त्री तथा पुरुष में विभाजित है। जैविक रूप में स्त्रियों की स्थिति पुरुषों की अपेक्षा जटिल तथा पृथक होती है।

जैविक रूप से स्त्रियों का लैंगिक विकास

शारीरिक रूप से स्त्रियां पुरुषों की अपेक्षा कम सशक्त तथा कमजोर होती है। साथ ही उनकी औसत लंबाई तथा वजन भी पुरुषों की अपेक्षा कम होता है। इन सबके अतिरिक्त उन्हें मातृत्व-दायित्व का भी निर्वहन करना होता है। अत: जैविक रूप से स्त्रियां पुरुषों की अपेक्षा कम सशक्त किन्त अधिक दायित्व का निर्वहन करने वाली होती है। यदि इस रूप में देखा जाये तो स्त्रियों में लैगिक विकास अधिक नहीं हो पाया है। आज भी उनकी स्थिति लगभग वैसी ही है, जैसी सदियों पूर्व हुआ करती थी।

सामाजिक रूप में स्त्रियों का लैंगिक विकास

सामाजिक रूप से स्त्रियाँ पुरुषों की अपेक्षा अधिक सामाजिक सरोकार रखने वाली होती हैं। अपने मातृत्व काल से ही स्त्री का बालक के साथ घनिष्ठ संबंध स्थापित हो जाता है जो जीवनपर्यन्त गतिमान रहता है। एक स्त्री अपने जन्म से मृत्यु तक विभिन्न सामाजिक नातेदारी संबंधों को सशक्त रूप से स्त्री-पुरुषों की अपेक्षा अधिक आगे है। आधुनिक समय में स्त्रियों की इस स्थिति में कुछ जटिलता भी आई है। मुख्य रूप से देखा जाए तो स्त्री कामकाजी महिलाओं को अपनी इस स्थिति के निर्वहन के लिए अधिक परिश्रम करना होता है, अन्यथा उसके लिए स्थिति अत्यंत जटिल हो जाती है।

जैविक रूप से पुरुषों का लैंगिक विकास

निस्संदेह जैविक रूप से पुरुष स्त्रियों की अपेक्षा सशक्त होते हैं, जिसके परिणामस्वरूप उनकी प्रस्थिति स्त्रियों की अपेक्षा उच्च रही है। आरंभ में ही पुरुषों को घर से बाहर गतिविधियाँ संचालित करनी होती हैं तथा साथ ही इन्हें सैन्य अभियानों में भी भाग लेना होता था। भारतीय परिप्रेक्ष्य में कुछ दशकों पूर्व तक स्त्री मुख्यता घर में अपने कार्य करती थी, जबकि पुरुष ऊपर बताए कार्य करते थे किन्तु वर्तमान में स्थितियाँ बदल रही हैं तथा अब लैंगिक रूप से कोई ऐसा कार्य नहीं है जो केवल पुरुषों के लिए आरक्षित हो।

सामाजिक रूप से पुरुषों का लैंगिक विकास

जहाँ एक ओर पुरुष जैवकीय रूप से महिलाओं से अधिक सशक्त होते हैं, तो वहीं सामाजिक तथ्य सांस्कृतिक रूप से महिलाओं से न्यून स्थिति में होते हैं। भावनात्मक रूप से महिला पुरुषों की अपेक्षा अपने परिवार तथा समाज के प्रति अधिक संवेदनशील तथा कर्तव्यपरायण होती है। यह व्यवस्था आज भी गतिमान है। किंतु ऐसी भी नहीं है कि यह एक सार्वभौमिक सिद्धांत है। आधुनिक समय में ऐसा देखने में आता है कि बड़े शहरों में संयुक्त परिवार विघटित हो रहे हैं तथा एकल परिवार अस्तित्व में आ रहे हैं। ऐसी स्थिति में सामाजिक रूप से पुरुषों की वहीं प्रस्थिति है, जो कि महिलाओं की, क्योंकि जब पति-पत्नी दोनों आजीविका के लिए घर से बाहर जाते हैं तो दोनों के सामाजिक दायित्व समान हो जाते हैं। इस प्रकार लैंगिक विकास का सर्वमान्य अथवा सार्वभौमिक सिद्धांत की स्थिति में बनना अत्यन्त कठिन है।

❑❑

11 मापन, आंकलन, परीक्षा और मूल्यांकन

मापन का अर्थ

मनोविज्ञान का आधार व्यक्तिगत भिन्नता है। व्यक्तिगत भिन्नता का सही अध्ययन मापन के द्वारा किया जाता है। कार्ल पीयर्सन ने व्यक्तिगत भिन्नता को पहचानने तथा उसके स्वरूप के विश्लेषण के लिए वैज्ञानिक तथा अधिक विकसित प्रविधि का विकास किया है। मापन का दर्शन हमें अतीत के सम्बन्ध में जानकारी देता है जिससे वर्तमान को समझने में सहायता मिलती है और भविष्य की समस्याओं में मापन का प्रयोग किया जा सकता है। मापन की परिभाषा इस प्रकार है-

"Measurement is a process of quantification."

''मापन वह प्रक्रिया है जिससे चलराशि को परिणाम में बदल लिया जाता है।'' मापन संख्यात्मक विवरण प्राप्त करने के लिए प्रयोग किया जाता है।

सामान्य रूप में मापन की प्रमुख प्रक्रिया के तीन कार्य होते हैं-

1. किसी वस्तु के गुण या चर की पहचान की जाती है और उसकी परिभाषा दी जाती है।
2. उन क्रियाओं तथा व्यवहारों को निर्धारित किया जाता है जिनसे उस गुण अथवा दर की अभिव्यक्ति की जाती है।
3. उस प्रक्रिया का प्रतिपादन किया जाता है जिससे निरीक्षणों को परिमाण अथवा प्राशंकों में बदल लिया जाता है।

मापन के द्वारा किसी व्यक्ति या वस्तु का मापन नहीं होता है। अपितु उसके गुण विशेष का मापन किया जाता है। सभी चरों को व्यापक रूप में चार वर्गों में विभाजित किया जा सकता है-

1. **योग्यताएँ (Abilities)**—एक व्यक्ति क्या कर सकता है? इसे उसकी योग्यता कहते हैं। जैसे-बुद्धि। यदि कोई व्यक्ति कुछ करने का प्रयास करे तब वह क्या कर सकता है। यह उसकी योग्यता का प्रमाण होता है।
2. **निष्पत्ति (Achievement)**–व्यक्ति की वे अनुक्रियाएँ जिनसे यह ज्ञात होता है कि उसने अब तक क्या सीखा ? वह उसकी प्रवणता का परिचायक होगा।
3. **प्रवणता (Aptitude)**–एक व्यक्ति क्या कर सकेगा ? उसे उसकी योग्यता कहते हैं। जैसे-शिक्षण की प्रवणता। यदि कोई व्यक्ति भविष्य में कुछ करना चाहेगा तब वह क्या कर सकेगा? वह उसकी प्रवणता का परिचायक होगा।
4. **लक्षण तथा व्यक्तित्व चर**–किसी समय तथा स्थान पर किसी व्यक्ति के जिन व्यवहारों में स्थायित्व हो और वह सामाजिक व्यवहारों से सम्बन्धित हो तब उसे लक्षण या व्यक्तित्व चर की संज्ञा दी जाती है।

मापन के कार्य (Functions of Mesaurement)–मापन प्रक्रिया द्वारा वस्तु विशेष के गुणों को परिणाम में बदल दिया जाता है। इसके प्रमुख तीन कार्य हैं-

1. किसी चर का स्तर या परिणाम ज्ञात करने का कार्य मापन प्रक्रिया द्वारा किया जाता है। बुद्धि तथा निष्पत्ति चरों के मापन से इसी कार्य का बोध होता है।
2. निदानात्मक कार्य से कमजोरियों के कारणों की जानकारी होती है। निदानात्मक परीक्षाओं का शिक्षा के क्षेत्र में अधिक प्रयोग किया जाता है।
3. किसी चर के परिणाम के आधार पर भविष्य की कार्य-क्षमताओं के सम्बन्ध में भविष्यवाणी की जाती है। गणित में अच्छा होने पर इन्जीनियरिंग में अच्छा कर सकता है।

मापन विधियाँ

(Method of Mesaurement)

एक व्यक्ति के गुणों या चरों में अधिक विषमता होती है। इसलिए मापन की विधि याँ भी कई प्रकार की होती हैं। इन मापन विधियों को तीन वर्गों में बाँटते हैं-

1. **परीक्षण विधि**–इस विधि में कार्य एवं समय की परिभाषा की जाती है। तथा ऐसी परिस्थिति उत्पन्न हो जाती है, जो सही या गलत होती है। सही अनुक्रिया के लिए एक प्राप्तांक तथा गलत के लिए शून्य दिया जाता है। इन विधियों को बुद्धि, प्रवणता तथा निष्पत्तियों के मापन के लिए किया जाता है। इस विधि का स्थायी आलेख होता है जिसे मूल्यांकन या जाँच के आधार पर तैयार किया जाता है।
2. **निरीक्षण विधि**–इस विधि से व्यवहारों का निरीक्षण स्वाभाविक जीवन परिस्थितियों में किया जाता है। निरीक्षण की अनेक विधियाँ हैं-
   (i) **स्वतः निरीक्षण**–में व्यक्ति स्वयं अपने व्यवहार के सम्बन्ध में बतलाता है। यह दो प्रकार का होता है।
   नियोजित निरीक्षण–में निरीक्षण की पूर्व व्यवस्था की जाती है। विशिष्ट समय में विशिष्ट व्यवहारों का निरीक्षण किया जाता है।
   अतीत का निरीक्षण–में अतीत के स्मरण के आधार पर मूल्यांकन किया जाता है।
   (ii) **अन्य व्यक्तियों द्वारा निरीक्षण**–इसमें अन्य व्यक्ति किसी व्यक्ति के व्यवहारों का निरीक्षण करके उसके सम्बन्ध में अपनी प्रतिक्रिया करते हैं। यह दो प्रकार का होता है-
   (क) नियोजित निरीक्षण
   (ख) अतीत के आधार पर निरीक्षण
3. **मिश्रित विधि**–इस विधि में परीक्षण तथा निरीक्षण दोनों को एक साथ प्रयुक्त करते हैं। व्यवहारों के निरीक्षण के आधार पर कुछ गुणों का मूल्यांकन किया जाता है। इस प्रकार की विधि में अनुसूचियों परिस्थिति परीक्षण, अनुस्थितियाँ सूची, आयोजन सूची, अभिवृत्ति सूची तथा व्यक्ति व्यक्तित्व अनुसूचियों का प्रयोग किया जाता है।

आंकलन का अर्थ

किसी व्यक्ति या वस्तु के आंकलन की दिशा में की गई क्रिया ही आंकलन है। आंकलन ऐसी प्रक्रिया है जो किसी निर्माणाधीन शिक्षा, नीति, योजना अथवा

कार्यक्रम, पाठ्यवस्तु, शिक्षण विधि, शिक्षण सामग्री अथवा मूल्यांकन विधि की संरचना को अन्तिम रूप देने से पहले किया जाता है। आंकलन का उद्देश्य किसी प्रस्तावित शिक्षा नीति, योजना अथवा कार्यक्रम पाठ्यवस्तु, शिक्षण विधि, शिक्षण साधन अथवा मूल्यांकन विधि की कमियों को जानना, उन कमियों को दूर करना और उपयुक्त शिक्षा नीति, योजना अथवा कार्यक्रम, पाठ्यवस्तु शिक्षण साधन अथवा मूल्यांकन विधि की संरचना करना होता है। आंकलन द्वारा यह जानने का प्रयास किया जाता है कि-

1. विद्यार्थियों ने क्या सीखा है ? (परिणाम Outcome)
2. वह प्रक्रिया जिसके द्वारा सीखा गया है। (प्रक्रिया Outcome)
3. क्रिया को सीखने का तरीका: क्रिया से पहले, दौरान तथा क्रिया के बाद में।

आंकलन क्रिया के निम्नलिखित चरण होते हैं-

1. निर्देश से पूर्व वह ज्ञात करना कि विद्यार्थी क्या जानता है।
2. प्रक्रिया के दौरान देखना कि क्या सीख रहा है।
3. निर्देश देने के पश्चात आंकलन के प्रमुख दो उद्देश्य होते हैं-

1. क्या ज्ञान में परिवर्तन है? (Summative Assessment)
2. क्या क्रिया अथवा पाठ्यक्रम की पुनरावृत्ति आवश्यक है?

आंकलन का स्तर (Level of Assessment)–आंकलन व्यक्तिगत स्तर का है अथवा सामूहिक स्तर का व्यक्तिगत स्तर से तात्पर्य छात्रों की निष्पति तथा विकास क्रिया में वृद्धि हेतु अधिगम प्रक्रिया को सुदृढ़ बनाना तथा उपलब्धियों का लेखा जोखा रखना है तथा सामूहिक स्तर के आंकलन का अर्थ अधिगम तथा अध्यापन को अध्यापन को उन्नत बनाने के प्रयासों को प्रोत्साहन देना तथा कार्यक्रम का मूल्यांकन हेतु सूचनाएं उपलब्ध कराना है।

आंकलन क्यों किया है (Purpose of Assessment)– आंकलन करने का मुख्य उद्देश्य संरचनात्मक तथा योगात्मक (**summative**) होता है। संरचनात्मक आंकलन का उद्देश्य मूल्य निर्धारण करना होता है।

आंकलन की विषयवस्तु Object of Assessment)– आंकलन की विषयवस्तु व्यक्ति का ज्ञान, कौशल, अभिवृत्ति तथा व्यवहार हैं।

अतः कहा जा सकता है कि आंकलन का संबंध केवल छात्र की बौद्धिक उपलब्धि न होकर उसके सम्पूर्ण व्यक्तित्व से है। छात्र के व्यक्तित्व के निम्नलिखित प्रमुख पक्ष आंकलन के क्षेत्र के अन्तर्गत आते हैं-

1. ज्ञान
2. बोध
3. सूचना
4. कुशलताएं
5. प्रवृत्तियां, मूल्य
6. छात्र की त्रुटियां
7. शारीरिक स्वास्थ्य

आंकलन के उद्देश्य

आंकलन के अपने में न कोई उद्देश्य होते हैं और न कार्य, जिस क्षेत्र में इनका प्रयोग जिन उद्देश्यों से किया जाता है उस क्षेत्र में इसके वही उद्देश्य होते हैं और इन उद्देश्यों की पूर्ति करना इनके कार्य होते हैं। शिक्षा के क्षेत्र में निम्न हैं-

1. प्रवेश के समय प्रवेशार्थियों की योग्यता का मापन करना, उनकी रुचि और रुझान का पता लगाना और इसके आधार पर उन्हें प्रवेश देना।
2. समय समय पर छात्रों की शैक्षिक उपलब्धियों अथवा व्यवहार परिवर्तन का पता लगाना और उसके आधार पर छात्रों का मार्गदर्शन करना उन्हें सीखने के लिए अभिप्रेरित करना।
3. प्रवेश के बाद उनकी बुद्धि एवं व्यक्तित्व का मापन करना और उसके आधार पर उन्हें वर्ग विशेषों में विभाजित करना और समय समय पर व्यक्तित्व निर्माण में सहयोग देना।
4. समय-समय पर छात्रों की शैक्षिक प्रगति में बाधक तत्वों की जानकारी करना और उनका उपचार करना।
5. समय-समय पर छात्रों की शैक्षिक लब्धियों तथा व्यवहार का आंकलन करना और उन्हें पृष्ठपोषण प्रदान करना।
6. समय-समय पर शिक्षा प्रशासकों एवं अन्य कर्मचारियों और अभिभावकों की क्रियाओं के शैक्षिक महत्व की परख करना, उन्हें सुधार के लिए सुझाव देना।
7. छात्रों की बुद्धि, रुचि, रुझान और सृजनात्मक योग्यता का पता लगाना और उसके आधार पर उन्हें शैक्षिक एवं व्यावसायिक निर्देश देना।
8. शैक्षिक उद्देश्यों की प्राप्ति में पाठ्यसहमी क्रियाओं के प्रभाव का आंकलन करना और उनके सही प्रयोग हेतु सुझाव देना।
9. शैक्षिक उद्देश्यों की प्राप्ति में पाठ्यसहमी क्रियाओं के प्रभाव का आंकलन करना और उनके सही प्रयोग हेतु सुझाव देना, अनुसंधान के लिए मार्ग प्रशस्त करना।
10. 10-15 वर्ष के अन्तराल से शिक्षा नीति का मूल्यांकन करना तथा उसमें सुधार हेतु सुझाव देना।
11. शिक्षण में विभिन्न शिक्षण साधनों के प्रयोग से होने वाले प्रभाव का अध्ययन करना, उनका कहा, किस रूप में प्रयोग उपयुक्त होता है, इसका पता लगाना और सुधार के लिए सुझाव देना।
12. शिक्षा की तत्कालीन समस्याओं को समझना, उनके समाधान के उपाय खोजना।
13. शैक्षिक शोधों के लिए आंकड़ों का संकलन करना।

आंकलन की विशेषताएँ
(Characteristics of assessment)

1. आंकलन एक व्यापक पद है जिसमें संरचनात्मक (Formative & Summative) तथा योगात्मक प्रकार के आंकलन होते हैं।
2. आंकलन निरन्तर चलने वाली प्रक्रिया है।
3. आंकलन के अन्तर्गत बालक के सभी पक्ष शारीरिक, मानसिक, नैतिक आदि आ जाते हैं।
4. इस प्रकार यह सम्पूर्ण शिक्षा प्रणाली का अंग ही छात्र व्यवहार के परिवर्तनों की व्याख्या करने हेतु आंकलन सामग्री एकत्र करने के समस्त साधन निहित रहते हैं।
5. आंकलन का शिक्षा के उद्देश्यों से घनिष्ठ संबंध है।
6. आंकलन एक प्रकार का सहयोगी कार्य है जिसमें छात्रों अध्यापकों एवं अभिभावकों का पूर्ण सहयोग प्राप्त किया जाता है।
7. आंकलन का प्रमुख संबंध छात्र के विकास से है।
8. आंकलन के परिणामों के आधार पर किसी छात्र के संबंध में पूर्ण उत्तरदायित्व के साथ भविष्यवाणी की जा सकती है व किस सीमा तक किसी उद्देश्य की प्राप्ति हुई है तथा क्या पुनरावृत्ति की आवश्यकता है।
9. आंकलन का स्वरूप सुधारात्मक होता है। यह छात्र की शैक्षिक लब्धि का ही आंकलन नहीं करता-
10. कक्षा के अन्दर जो सीखने के अनुभव उत्पन्न किए गये वे प्रभावशाली रहे या नहीं अथवा सुधार अपेक्षित है।

आंकलन के आधारभूत तत्व (Component of Assessment)—आंकलन के आधारभूत तत्व निम्न हैं–

1. आंकलन कर्ता को यह निर्धारित करना होता है कि अमुक क्रिया अथवा पाठ्यक्रम के पश्चात विद्यार्थियों के ज्ञान, समझ तथा व्यवहार में क्या परिवर्तन आएगा ? प्राप्त ज्ञान का प्रयोग वह किस क्षेत्र में करेगा ? क्या वांछित उद्देश्यों की प्राप्ति संभव है ?
2. उपर्युक्त तथ्यों के परीक्षण हेतु आंकड़ों का संकलन दो प्रकार से करता है।
   1. **प्रत्यक्ष आंकलन**-साक्षात्कार, मौखिक, परीक्षण, व्यक्तिगत अध्ययन प्रोजेक्ट वर्क आदि विभिन्न माध्यम है।
   2. **अप्रत्यक्ष आंकलन**-सर्वेक्षण द्वारा, अन्य व्यक्तियों की परिचर्चा आदि।
   3. **सीखने के अनुभव**-यह सुनिश्चित करना कि कक्षा तथा कक्षा के बाहर जो सीखने के अनुभव प्रदान किए जा रहे हैं वे वांछित उद्देश्यों को प्राप्त करने में समक्ष हैं अथवा नहीं।
   4. आंकलन करना तथा परिणामों के आधार पर निर्णय लेना कि क्या पुनरावृत्ति की आवश्यकता है अथवा ज्ञान/व्यवहार में सुधार है।

मूल्यांकन का अर्थ

शिक्षण क्रियाओं द्वारा ज्ञानात्मक, भावात्मक तथा क्रियात्मक पक्षों का विकास किया जाता है। निष्पत्ति परीक्षण ज्ञानात्मक पक्ष के विकास का मापन किया जाता है। क्योंकि गुणात्मक चरों का मापन करना सम्भव नहीं होता है। इसलिए मूल्यांकन प्रक्रिया अधिक उपयोगी होती है। मूल्यांकन प्रक्रिया में गुणात्मक तथा परिमाणात्मक के सम्बन्ध में जानकारी की जाती है। इसलिए आज शिक्षा में मापन की अपेक्षा मूल्यांकन को प्रमुख स्थान दिया जाता है। मापन की प्रक्रिया संकुचित है।

आंकलन, टेस्ट, मूल्यांकन, निष्पत्ति में अंतर

आंकलन-यह प्राय: विद्यार्थियों की उपलब्धि संबंधी जानकारी प्राप्त करने के लिए किया जाता है। इसमें कागज, पेंसिल शिक्षणों का प्रयोग किया गया है। उसमें प्रामाणिक कार्य जैसे प्रयोगशाला प्रयोग आदि, लिखित परीक्षण के अतिरिक्त शामिल किए जाते हैं। किसी भी व्यक्ति के व्यक्तिगत प्रदर्शन को आंकलन द्वारा देखा जा सकता है।

टेस्ट-यह एक व्यवस्थित प्रक्रिया है जिसमें समान तरीके से सवालों का एक सेट प्रस्तुत किया जाता है। इसके द्वारा व्यक्ति की व्यावहारिक जानकारी प्राप्त की जा सकती है। यह परीक्षण के आंकलन का एक रूप है।

मूल्यांकन-यह निर्णय लेने के लिए जानकारी प्राप्त करने का विज्ञान है। इसमें मापन व परीक्षण शामिल रहता है। इसके द्वारा सूचनाएँ एकत्रित की जाती हैं। मूल्यांकन, आंकलन, परीक्षण और मापन की एक प्रमुख प्रक्रिया के रूप में उभरा है।

निष्पत्ति-परीक्षा तथा मानदण्ड-परीक्षा में अकसर भ्रम हो जाता है। इन दोनों में अन्तर होता है। मानदण्ड-परीक्षा उद्देश्यों के मूल्यांकन पर बल देती है जबकि निष्पत्ति परीक्षा पाठ्यवस्तु के मापन को महत्व देती है।

मूल्यांकन परिभाषा

मूल्यांकन एक प्रक्रिया है जिसके द्वारा अधिगम परिस्थितियों तथा सीखने के अनुभवों के लिए प्रयुक्त की जाने वाली सभी विधियों एवं प्रविधियों की उपादेयता की जाँच की जाती है। मूल्यांकन शब्द शिक्षा तथा मनोविज्ञान में विभिन्न अर्थों में प्रयुक्त किया गया है तथा इसको कई प्रकार से परिभाषित भी किया गया है। क्वालेन तथा इसको कई प्रकार से परिभाषित भी किया गया है। क्वालेन तथा हन्ना की परिभाषा अधिक सार्थक प्रतीत होती है। उनके अनुसार-'विद्यालय में हुए छात्रों के व्यवहार परिवर्तन के सम्बन्ध में प्रदत्तों के संकलन तथा उनकी व्याख्या करने की प्रक्रिया को मूल्यांकन कहते हैं।'

मूल्यांकन का महत्व

मूल्यांकन का महत्व निम्नानुसार है-

1. मूल्यांकन द्वारा यह मालूम किया जाता है कि उद्देश्यों की प्राप्ति कहाँ तक हो सकी है।
2. मूल्यांकन प्रक्रिया से यह भी निश्चित किया जाता है कि किन विशिष्ट उद्देश्यों की प्राप्ति नहीं हो सकी है ताकि समुचित उपचारात्मक अनुदेशन दिया जा सके।
3. कक्षा में छात्रों का उद्देश्यों की प्राप्ति के अनुसार स्तरीकरण किया जा सकता है।
4. शिक्षण की विधियों तथा प्रविधियों की उपादेयता और उनकी कमजोरियों को भी ज्ञात किया जाता है।
5. शिक्षण-व्यूह रचना में सुधार तथा विकास किया जाता है तथा अनावश्यक अधिगम स्त्रोतों को हटाया भी जा सकता है।
6. मूल्यांकन प्रक्रिया शिक्षक तथा छात्र दोनों के लिए पुनर्बलन का कार्य करती है।

इस प्रक्रिया में मानदण्ड परीक्षा का महत्वपूर्ण कार्य होता है जिससे छात्रों के व्यवहार परिवर्तन की जाँच होती है। जिसके आधार पर शिक्षक को अपनी क्रियाओं के सुधार तथा विकास के लिए दिशा मिलती है।

मूल्यांकन की प्रविधियाँ

मूल्यांकन की प्रक्रिया ज्ञानात्मक, भावात्मक तथा क्रियात्मक उद्देश्यों की प्राप्ति के सम्बन्ध में प्रदत्त का संकलन करती है। परम्परागत परीक्षाओं से ज्ञानात्मक उद्देश्यों का ही मापन किया जाता है। मूल्यांकन की प्रक्रिया का क्षेत्र अधिक व्यापक होता है। इसमें अनेक प्रकार की प्रविधियाँ प्रयुक्त की जाती हैं।

1. ज्ञानात्मक उद्देश्यों के लिए मौखिक, लिखित, निबन्धात्मक तथा वस्तुनिष्ठ परीक्षाएँ तथा प्रयोगात्मक परीक्षायें प्रयोग में लायी जाती हैं। निरीक्षण-प्रविधि का भी प्रयोग करते हैं।
2. भावात्मक उद्देश्यों के लिए अभिरुचि सूचि (Inventory) अभिवृति सूची (Attitude Scale) रेटिंग स्केल तथा मूल्यों की परीक्षा (Values Test) आदि प्रयुक्त किए जाते हैं। निबन्धात्मक परीक्षाएँ भी आंशिक रूप से प्रयुक्त की जा सकती हैं। निरीक्षण प्रविधि को भी प्रयोग में लाया जाता है।
3. क्रियात्मक उद्देश्यों के लिए प्रयोगात्मक परीक्षा उपयोगी मानी जाती है। इसमें छात्रों को कुछ क्रियाएँ करनी पड़ती हैं और उनके कौशल का मूल्यांकन किया जाता है।

मूल्यांकन में मानदण्ड परीक्षा को विशेष महत्व दिया जाता है। इनकी तीन प्रमुख विशेषताएँ होती हैं-

(अ) **समुचितता (Appropriatence)** मानदण्ड परीक्षा समुचित मानी जाती है क्योंकि इसमें उद्देश्यों को विशेष महत्व दिया जाता है। परीक्षा के प्रश्न उद्देश्यों की प्राप्ति का मापन करते हैं।

(ब) **प्रभावशीलता (Effectiveness)** मानदण्ड परीक्षा का प्रशासन सरल होना चाहिए। अंकन भी सरल हो तथा प्रदत्तों का अर्थापन सार्थक होना चाहिए। परीक्षा छात्रों तथा शिक्षकों को मान्य होनी चाहिए।

अभिक्रमित अनुदेशन के मूल्यांकन में प्रमुख रूप में मानदण्ड परीक्षा को प्रयुक्त किया जाता है। यदि मानदण्ड परीक्षा में छात्रों को अच्छे अंक (90/90 मानदण्ड) नहीं प्राप्त हुए तो यह इस बात का सूचक है कि अधिगम प्रक्रिया प्रभावशाली नहीं है। इसमें परिवर्तन तथा सुधार लाना चाहिए। इस प्रकार अनुदेशन अभिक्रमित की प्रभावशीलता के सम्बन्ध में निर्णय लिया जा सकता है। छात्रों की प्रतिक्रियाओं को एवं उनकी कमजोरियों को जानने के लिए भी मानदण्ड परीक्षा प्रयुक्त कर सकते हैं और उनमें सुधार ला सकते हैं।

मूल्यांकन प्रविधियों का वर्गीकरण

(Clsasification of Evaluation Techniques)

विद्यालयों में प्रयुक्त की जाने वाली सभी मूल्यांकन प्रविधियों को प्रमुख रूप में दो वर्गों में विभाजित किया जाता है-

1. **परिमाणात्मक प्रविधि** में तीन प्रकार की परीक्षाओं से मूल्यांकन किया जाता है-
   (i) **मौखिक परीक्षा**–इसमें मौखिक प्रश्न, वाद-विवाद प्रतियोगिता तथा नाटक आदि को प्रयुक्त किया जाता है।
   (ii) **लिखित परीक्षा**–इसमें प्रश्न लिखित रूप में पूछे जाते हैं, छात्रों को उनका उत्तर लिखना होता है। लिखित परीक्षाएँ दो प्रकार की होती हैं-
   निबन्धात्मक परीक्षाएँ, वस्तुनिष्ठ परीक्षाएँ
   (iii) **प्रयोगात्मक परीक्षा**–इसमें छात्रों को कोई निर्धारित कार्य पूरा करना होता है। विज्ञान, भूगोल, गृह विज्ञान, कला, क्राफ्ट आदि विषयों में इन्हें प्रयुक्त किया जाता है।
2. **गुणात्मक प्रविधि**–विद्यालयों में गुणात्मक परीक्षाओं का उपयोग आन्तरिक मूल्यांकन के लिए किया जाता है वे साधारण: पाँच प्रकार की होती हैं:-
   (i) **संचयी आलेख (Cummulative Records)**– विद्यालयों में छात्र के सम्बन्ध में सूचनाओं को क्रमबद्ध रूप से प्रस्तुत किया जाता है। इसमें शैक्षिक प्रगति, मासिक परीक्षाफल, उपस्थिति योग्यता तथा अन्य विद्यालयों की क्रियाओं में भाग लेने आदि का आलेख प्रस्तुत किया जाता है। छात्र की प्रगति तथा कमजोरियों को जानने के लिए अभिभावकों, शिक्षकों तथा प्रधानाचार्य के लिए यह अधिक उपयोगी आलेख होता है।
   (ii) **निरीक्षण (Observation)**–इसका प्रयोग विशेष रूप से छोटे बालकों के मूल्यांकन के लिए किया जाता है, क्योंकि उनको अन्य कोई परीक्षा नहीं दी जा सकती है और उनके व्यवहार में वास्तविकता होती है। इसका प्रयोग उनकी योग्यता तथा व्यवहारों के सम्बन्ध में किया जाता है। उच्च कक्षाओं में छात्र स्वयं आत्म निरीक्षण के लिए भी इसे प्रयोग करता है।
   (iii) **एनेकडोटल आलेख (Ancedotal Records)**–इसमें बालकों के व्यवहार से सम्बन्धित महत्वपूर्ण घटनाओं तथा कार्यों का वर्णन किया जाता है। इन कार्यों तथा घटनाओं का आलेख सही रूप में किया जाता है। निरीक्षण करने वाला छात्र की रुचियों तथा झुकावों को उत्पन्न करने वाले घटकों का भी आलेख करता है, इसके आधार पर छात्र के सम्बन्ध में सामान्यीकरण किया जा सकता है और निर्देशन में इसे प्रयुक्त करते हैं।
   (iv) **जाँच सूची (Check list)**–लिखित तथा मौखिक परीक्षाएँ छात्रों के ज्ञानात्मक पक्ष की व्याख्या करती हैं और प्रयोगात्मक परीक्षायें कौशल तथा क्रियात्मक पक्ष की जाँच करती हैं। जाँच सूची का प्रयोग अभिरुचियों, अभिवृत्तियों तथा भावात्मक पक्ष के लिए किया जाता है। इसमें कुछ कथन दिए जाते हैं। उन कथनों के सम्बन्ध में छात्रों को हाँ अथवा नहीं में उत्तर अंकित करना होता है। इस प्रकार के कथनों की सूची की रचना करते समय उद्देश्य स्पष्ट नहीं होने चाहिए। प्रत्येक कथन को किसी विशिष्ट उद्देश्य का मापन करना चाहिए। जैसे :-
      1. आपको शिक्षण सोपानों को स्मरण करने में रुचि है।
         हाँ या नहीं
      2. आप पाठ-योजना की रचना करने में रुचि लेते हैं।
         हाँ या नहीं
      3. आपको कक्षा-शिक्षण के प्रस्तुतीकरण में आनन्द मिलता है।
         हाँ या नहीं
      4. आपको छात्रों के कार्यों की प्रशंसा करना अच्छा लगता है।
         हाँ या नहीं

   इस जाँच सूची से छात्राध्यापकों की शिक्षण में रुचि का मूल्यांकन किया जा सकता है।

5. **रेटिंग स्केल (Rating Scale)**–इसमें कुछ कथन दिए जाते हैं, उनका तीन, पाँच, सात बिन्दुओं तक सापेक्ष निर्णय करना होता है। इसका प्रयोग उच्च कक्षाओं के छात्रों के लिए ही किया जा सकता है क्योंकि निर्णय लेने की शक्ति छोटे आयु के छात्रों में नहीं होती है। शिक्षक भी प्रत्येक छात्र के मापन के लिए इसका प्रयोग करता है परन्तु शिक्षक को प्रत्येक छात्र से भी भली प्रकार परिचित होना चाहिए। रेटिंग स्केल के कथन स्पष्ट तथा विशिष्ट व्यवहारों से सम्बन्धित होने चाहिए।

ब्लूम का वर्गीकरण

1956 में समान वर्गीकरण वाले शिक्षकों के समूह के साथ बैजामिन ब्लूम विभिन्न रूपों और सीखने के स्तर का प्रतिनिधित्व एक श्रेणीबद्ध संरचना में शैक्षिक लक्ष्यों और उद्देश्यों को वर्गीकृत करने के लिए एक ढांचा तैयार किया गया। ब्लूम का वर्गीकरण विभिन्न शिक्षण उद्देश्य में से एक वर्गीकरण को दर्शाता है। ब्लूम ने शैक्षिक उद्देश्यों का वर्गीकरण तीन डोमेन में किया।

1. संज्ञानात्मक डोमेन
2. भावात्मक डोमेन
3. मनोप्रेरणा डोमेन

2011 में ब्लूम के पूर्व छात्र लोटिन एण्डसन और संज्ञात्मक मनोवैज्ञानिकों, पाठ्यक्रम सिद्धान्तकारों और अनुदेशात्मक शोधकर्ताओं परीक्षण और मूल्यांकन विशेषज्ञों के एक समूह शिक्षण, शिक्षण और मूल्यांकन के लिए एक वर्गीकरण ब्लूम वर्गीकरण के संशोधन को प्रकाशित किया।

ब्लूम का संशोधित वर्गीकरण

1. **संज्ञानात्मक डोमेन**–संज्ञानात्मक डोमेन ज्ञान समझ और एक विशेष विषय के महत्वपूर्ण सोच से संबंधित श्रेणियों को दर्शाता है। छह श्रेणियों में इसे वर्गीकृत किया गया है।
   (i) **ज्ञान**–इसमें सीखी सामग्री को याद करना होता है। तथ्यों, नियमों, बुनियादी, धारणाओं और उत्तरों की चर्चा करते हैं।
   क्रिया-पुन:पेश, परिभाषित करना, सूची, नाम लेबल आदि दोहराना।

(ii) **समझ**–इसमें सीखी सामग्री को समझाना शामिल है आयोजन करना, अनुवाद, व्याख्या, सारांश, विवरण देना, मुख्य विचारों व तथ्यों को समझना।
क्रिया-अनुवाद, रिपोर्ट, समीक्षा, पहचान, वर्णन, एवं वर्गीकृत करना।

(iii) **अनुप्रयोग**–नई सीखी सामग्री को उपयोग करने की क्षमता। नए ज्ञान का उपयोग करना, एक अलग तरीके से अर्जित ज्ञान, तथ्यों तकनीक और नियमों को लागू करना।
क्रिया-लिखना, उपयोग, उदाहरण देकर स्पष्ट करना, प्रदर्शन, चयन, व्याख्या करना, अभ्यास, अनुसूची, हल लागू करना।
ताकि अपने घटक भागों में सामग्री को तोड़ने की क्षमता, विभिन्न भागों के बीच संबंधों का विश्लेषण तथा मान्यता शामिल होते हैं।

(iv) **विश्लेषण**–जाँच करना तथा विभिन्न जानकारी को खण्डों में विभाजित करना।
क्रिया-प्रयोग, प्रश्न, परीक्षण, जाँच, भेदभाव, भेद, अन्तर, आलोचना, तुलना, वर्गीकरण, गणना, मूल्यांकन एवं विश्लेषण करना।

(v) **संश्लेषण**–इसमें अद्वितीय सार या संचालन की एक योजना के उत्पादन को शामिल कर सकते हैं। एक नए पैटर्न में तत्वों के संयोजन, वैकल्पिक समाधान का प्रस्ताव द्वारा जानकारी हासिल करना।
क्रिया-योजना करना, संगठित करना, रचना, निर्माण आदि की व्यवस्था करना।

(vi) **मूल्यांकन**–मापदण्ड और मानकों के आधार पर निर्णय करना, मूल्य का आंकलन, विचारों या काम की गुणवत्ता की जानकारी, वैधता आदि के विषय में जानना।
क्रिया-मूल्यांकन करना, अनुमान लगाना, आंकलन, भविष्यवाणी, आदि कार्य।

भावात्मक डोमेन (Emotional Domain)– भावानात्मक प्रक्रिया या किसी अन्य का दर्द एवं खुशी महसूस करने की क्षमता। भावात्मक डोमेन लक्ष्य के प्रति जागरूकता और विकास का नजरिया।

भावात्मक डोमेन के पाँच स्तर

1. **प्राप्त करना**-यह निम्नतम स्तर है जिसमें छात्र निष्क्रिय ध्यान देता है। इस स्तर के बिना कुछ नवीन सीखना कठिन होता है।
2. **जवाब**-छात्र सीखने की प्रक्रिया में भाग लेता है, एवं प्रतिक्रिया करता है।
3. **बातों को महत्व देना**-नई जानकारी में रुचि लेना।
4. **आयोजन**-नई जानकारी को अपने स्किमा का हिस्सा बनाना एवं नवीन व्यवहार, अभिवृत्ति का विकास करना।
5. **निरूपण**-नवीन जानकारी का आचरण, व्यवहार एवं विश्वास में प्रदर्शन करना।

मनोप्रेरणा डोमेन

यह एक कौशल आधारित डोमेन है। यह नवीन कौशल सीखने में सहायक है। इसमें शारीरिक कौशल एवं भौतिक स्वरूप में परिवर्तन लाने की क्षमता होती है।

मनोप्रेरणा डोमेन के पाँच स्तर

1. दूसरे की नकल करना।
2. गतिविधि निर्देश से पुनः उत्पन्न करना।
3. स्वतंत्र कौशल निष्पादित करना।
4. अभिव्यक्ति हेतु विशेषज्ञता को एकीकृत करना।
5. स्वचालित गतिविधि में महारत हासिल करना।

शिक्षण एवं आंकलन में ब्लूम टेक्सोनामी के निहितार्थ

1. ब्लूम का वर्गीकरण, नवीन ज्ञान सीखने या रचना हेतु एक सार्वभौमिक, प्रभावी रणनीति प्रदान करता है।
2. छात्रों के प्रदर्शन में विद्यार्थी व अध्यापकों की सहायता करता है।
3. यह वर्गीकरण शिक्षण सामग्री के वर्गीकरण एवं संबंधित निर्णय लेने में सहायता करता है।
4. ज्ञान के स्तर एवं उसके विकास तथा इसके मूल्यांकन के लिए प्रश्नों, परीक्षणों के विकास, वर्गीकरण एवं उपयोग में अध्यापकों की सहायता करता है।
5. यह वर्गीकरण महत्वपूर्ण सोच, रचनात्मक कार्य व प्रक्रियाओं के उच्च स्तर को विकसित करने में विद्यार्थियों की सहायता करता है।
6. कक्षा में वर्ग गतिविधियों का निर्माण एवं निस्तारण करने में ब्लूम वर्गीकरण शिक्षक की मदद करता है।
7. पाठ्यक्रम निर्माण एवं सीखने की सामग्री एवं प्रक्रिया के निरूपण में ब्लूम का वर्गीकरण सहायक है।

आंकलन के वृहद मापदंड व्यवहारवादी तथा रचनावादी

व्यवहारवादी के अनुसार शिक्षण

- शिक्षण अधिगम की प्रक्रिया में अधिकतर शिक्षकों के द्वारा भाषण विधि और कुछ क्रियाकलाप कराए जाते हैं। जिसके बाद विद्यार्थियों की तथ्यात्मक जानकारी का शिक्षक के द्वारा परीक्षण किया जाता है। इस तरह की शिक्षण विधि के द्वारा यह समझा जाता है कि शिक्षक की भूमिका विद्यार्थियों को जानकारी देने की होती है और विद्यार्थी निष्क्रिय रूप से इसे ग्रहण करते हैं।
- इस तरह के शिक्षण अधिगम की प्रक्रिया में दार्शनिक आधार पर माना जाता है कि, ज्ञान का दृष्टिकोण प्रत्यक्षवादी है। प्रत्यक्षवादी ज्ञान की इस अवधारणा को मानते हैं कि ज्ञान प्रत्यक्ष, सार्वभौमिक एवं पूर्ण है और ज्ञान उसी के द्वारा दिया जाएगा जिसके पास ज्ञान है और जिसके पास ज्ञान नहीं है उसे प्राप्त करना होगा। इसलिए प्रत्यक्षवादी दृष्टिकोण में शिक्षक के द्वारा यह ज्ञान अपने विद्यार्थियों को दिया जाता है।
- प्रत्यक्षवाद के दर्शन के आधार पर सीखने के मनोवैज्ञानिक सिद्धान्त व्यवहारवाद का प्रतिपादन हुआ।
- व्यवहारवाद के अनुसार व्यक्ति का व्यवहार किसी दूसरे व्यक्ति के द्वारा नियंत्रित किया जा सकता है।

व्यवहारवादी के अनुसार अधिगम

- अभ्यास के कारण व्यवहार में परिवर्तन ही सीखना है।
- किसी प्रश्न का अपेक्षित उत्तर देना ही सीखना है।
- बार-बार पुष्ट हुए अभ्यास के द्वारा व्यवहार में स्थायी बदलाव ही सीखना है।

व्यवहार के अनुसार आंकलन

इसमें निम्न रूप में आंकलन किया जाता है-

1. **पेपर पेन्सिल जाँच**-विद्यार्थी से किसी इकाई, सत्र या कोर्स के अंत में टेस्ट लिखने को कहा जाता है।
2. **मौखिक कार्य**-शिक्षक विद्यार्थी से कोई कहानी या घटना या टॉपिक सुनाने को कहता है और बच्चे द्वारा हासिल किए गए कौशलों और क्षमताओं की जाँच करता है।
3. **लिखित परीक्षा**-विद्यार्थी से किसी टॉपिक या गतिविधि या घटना के बारे में लिखने को कहा जाता है।
4. **प्रारूप परीक्षण**-बोर्ड या प्रवेश परीक्षाओं जैसी परीक्षाओं की शर्तों को पूरा करने के लिए विद्यार्थी विषय-सामग्री से सम्बन्धित मानक टेस्ट लिखते हैं।

रचनावादी के अनुसार शिक्षण

रचनावादी दर्शन के अनुसार ज्ञान का व्यक्तिगत एवं साथ मिलकर मनन और सामाजिक अन्तःक्रिया द्वारा निर्माण किया जाता है।

- यहाँ शिक्षक, बालक के व्यक्तित्व और सृजनात्मकता पर ध्यान देता है।
- रचनात्मकतावादी पद्धति इस मान्यता पर आधारित है कि सभी मनुष्य अपना ज्ञान स्वयं निर्मित करते हैं और सही अवसर तथा वातावरण दिए जाने पर सीखने वाले अपने ज्ञान की रचना स्वयं कर सकेंगे।

रचनावादी के अनुसार अधिगम

1. रचनावादी दर्शन के अनुसार सीखना अर्थ निर्माण की रचना है, जहाँ पर सीखने वाला अपने पुराने अनुभव के आधार पर नए ज्ञान की रचना करता है। छात्र अपने ज्ञान की रचना अपने पुराने अनुभवों के आधार पर आस-पास के सामाजिक लोगों के साथ अन्तःक्रिया करके करते हैं।
2. एक रचनात्मकतावाद कक्षा में सीखने की प्रक्रिया में विद्यार्थियों को चहल-पहल करने के लिए प्रेरित किया जाता है।
3. इनके अनुसार सीखना एक सक्रिय प्रक्रिया है, जिसमें छात्र सक्रिय रूप से भाग लेकर अपनी समझ बनाते हैं। यदि बच्चों को अर्थपूर्ण कार्य दिया जाए तो सीखना भी अर्थपूर्ण हो जाता है।
4. इस पद्धति के अंग के रूप में विद्यार्थियों से उत्तर की खुली संभावनाओं वाले तथा जानकारी के अनुमानित विस्तार पर आधारित प्रश्न पूछे जाते हैं और उनके विचारों को समुचित मान्यता दी जाती है।
5. विद्यार्थियों को प्रश्न पूछने, मुक्त रूप से पारस्परिक क्रियाकलाप करने और स्वतंत्र सोच विकसित करने के लिए प्रोत्साहित किया जाता है और यह फिर उनको समीक्षात्मक विचार-क्षमता तथा समस्याओं को सुलझाने का दृष्टिकोण विकसित करने में मदद करता है।

रचनावादी के अनुसार आंकलन

- इनके अनुसार छात्र की उपलब्धि स्तर के साथ-साथ छात्र की तर्क, सृजनात्मकता, व्याख्या, निष्कर्ष, अभिरुचि तथा इसके स्वतंत्र रूप से सीखने की क्षमता को भी शामिल किया गया है।

  इसके अनुसार आंकलन अनुभवों पर आधारित हो, जो बच्चा सीखते समय अनुभव करे। सीखने की प्रक्रिया का मूल्यांकन करे। जिसमें निर्णय प्रत्येक सीखने वाले के स्वभाव और गुणवत्ता को आधार बनाकर लिए जाएं, जिसमें धीमे और तेज़ गति से सीखने वाले अधिगमकर्ता के रूप में तुलना व वर्गीकरण ना हो।
- छात्रों का अवलोकन करके, उन्हें सुनकर, उनके अभिभावकों, दोस्तों और दूसरे शिक्षकों के साथ उनके बारे में अनौपचारिक तरीके से चर्चा करके, उनके लिखित कार्यों, छात्रों द्वारा लिखे गए लेखों और उनके स्व-आंकलन के आधार पर बहुत कुछ समझा जा सकता है। अर्थात् मूल्यांकन सीखने के लिए ना हों और ना सीखने का मूल्यांकन ना हो, बल्कि ज्ञान की रचना की प्रक्रिया में छात्रों द्वारा अपनाई गई प्रक्रिया का मूल्यांकन हो।
- रचनावादी प्रारूप के अनुसार छात्रों के मूल्यांकन के लिए विभिन्न प्रकार के साधन व तकनीक अपनानी होंगी। जैसे स्व-आंकलन, सहपाठी आंकलन, समूह आंकलन तथा आंकलन के विभिन्न साधन जैसे कसौटी सन्दर्भ परीक्षण के साथ-साथ कार्य आधारित आंकलन, अवलोकन, संचयी अभिलेख, निर्धारण मापनी आदि।
- इसके अतिरिक्त निम्न रूप से आंकलन किया जा सकता है-
  1. **विद्यार्थी साक्षात्कार**-इसमें छात्रों से प्रश्नों के उत्तर मौखिक रूप से देने की अपेक्षा की जाती है। ये प्रश्न शृंखलाएँ उनकी समझ के विस्तार और गहराई का अनुमान लगाने के लिए एक दूसरे से जुड़ी होती हैं।
  2. **प्रश्न पूछना**-शिक्षण की प्रक्रिया के दौरान प्रश्न पूछने से शिक्षक को छात्र के ज्ञान की जानकारी मिलती है। साथ-ही शिक्षक व छात्र दोनों को तत्काल फीडबैक मिल जाता है और शिक्षण में बदलाव के लिए संभावना भी रहती है।
  3. **अवलोकन**-कक्षा में चक्कर लगाते हुए शिक्षक काम में लगे हुए छात्रों का अवलोकन करते हैं। उनके काम में उन्हें दिशा-निर्देश देते हैं व उनकी मदद करते हैं। इससे शिक्षक को समूह या व्यक्तिगत कार्यों को समग्र रूप से समझने में मदद मिलती है।
  4. **चर्चाएँ**-कक्षा में चर्चा शुरू करने के लिए शिक्षक मुक्त प्रश्न पूछ सकते हैं और बच्चे उस पर विचार विमर्श कर सकते हैं। इसका उद्देश्य समीक्षात्मक सोच और रचनात्मक सोच के कौशलों का विकास करना है।

व्यवहारवाद से रचनात्मकतावाद की ओर बदलाव

1. भारत में स्कूली शिक्षा के आंकलन तथा मूल्यांकन की वर्तमान व्यवस्था परीक्षा आधारित है। इसलिए उसका ध्यान केवल संज्ञानात्मक ढंग से सीखने के परिणामों पर ही केन्द्रित रहता है।
2. भारत में राष्ट्रीय पाठ्यचर्चा की रूपरेखा (N.C.F.) 2005 ने शिक्षा के हर क्षेत्र की पड़ताल की है। (N.C.F.) 2005 के अनुसार मूल्यांकन तथा आंकलन के सन्दर्भ में परीक्षाओं में सर्वांगीण सुधारों की आवश्यकता है।
3. पाठ्यक्रम के क्षेत्रों को रटकर सीखने और याद रखने पर ध्यान केन्द्रित रहता है, जिसका परिणाम उच्चतर मानसिक योग्यताओं जैसे कि समीक्षात्मक सोच, समस्याओं का समाधान करना तथा सृजनात्मक योग्यता आदि की उपेक्षा के रूप में दिखाई देता है।
4. यह सीखने वालों के वास्तविक अंतर्निहित सामर्थ्य को मापने में असफल रहती है और विद्यार्थियों को दिए जाने वाले अंक कच्चे अंक होते हैं, जो सीखने वालों की असली तस्वीर पेश नहीं करते।
5. रटकर सीखने वालों के स्थान पर समस्याओं को सुलझाने वाले अभिनव विचारों के रूप में छात्र तैयार करने हैं, परन्तु परीक्षा प्रणाली बिलकुल लचीली नहीं है। यह **''एक ही साइज सबको माफिक बैठ जाते हैं।''**

के सिद्धांत पर आधारित है। जिसमें सीखने वाले के व्यक्तित्व और सृजनात्मकता पर ध्यान नहीं दिया जाता।

- स्कूल अंत की परीक्षाओं जो बोर्ड परीक्षाएं कहलाती हैं के ढर्रे का ही स्कूलों में पालन किया जाता है और वहां भी जोर अंकों पर ही होता है। जिसके चलते शिक्षा का पूरा उद्देश्य ही विफल हो जाता है। परीक्षा के इस प्रतिकूल प्रभाव ने सिखाने तथा सीखने के शैक्षणिक सिद्धान्तों को क्षति पहुंचाई है।
- इस क्षति को सुधारने के लिए राष्ट्रीय पाठ्यचर्या की रूपरेखा 2005 ने कुछ मार्गदर्शन सिद्धान्त प्रस्तावित किए हैं जो इस प्रकार हैं-
  1. ज्ञान को स्कूल के बाहर के जीवन से जोड़ना।
  2. पाठ्यचर्या के पाठ्यपुस्तक पर केन्द्रित रहने के बजाय उसको बच्चों को समग्र विकास प्रदान करने के लिए समृद्ध बनाना।
  3. यह सुनिश्चित करना कि सीखने को रटने की पद्धतियों से छू कर लिया जाए।
  4. फिर करने योग्य सरोकारों के आधार पर देश की लोकतांत्रिक राज्य व्यवस्था के भीतर विद्यार्थियों की एक सर्वोपरि राष्ट्रीय पहचान को पोषित करना।
- इन मार्गदर्शक सिद्धान्तों से सीखने के दृष्टिकोण में व्यवहारवाद से रचनात्मकतावाद की ओर बदलाव हुआ है। शिक्षण का नया दृष्टिकोण सीखने वाले पर केन्द्रित है और आंकलन की प्रक्रिया का लक्ष्य भी सीखने वालों की समग्र प्रगति पर गौर करते हुए उनकी सीखने की क्षमताओं में वृद्धि करना है।
- व्यवहारवाद के दृष्टिकोण के अंतर्गत विद्यार्थी की उपलब्धि का निर्धारण याददाश्त (स्मृति) के आधार पर होता था। जिसके परिणामस्वरूप उच्चंतर संज्ञानात्मक कौशलों जैसे समीक्षात्मक सोच, तर्क क्षमता तथा समस्याओं को सुलझाने की क्षमता पूरी तरह उपेक्षित रह जाती थी जिसे रचनात्मक सोच ने बदला है।

अधिगम का आंकलन बनाम अधिगम के लिए आंकलन

अधिगम के लिए आंकलन

- पारंपरिक रूप से, स्कूल के स्तर पर आंकलन की पद्धति रटने की क्षमता पर आधारित रही है, जिसमें अवधारणाओं की समझ या उनके उपयोग पर बहुत कम ध्यान दिया जाता है। ऐसे आंकलनों के व्यापक चलन का एक स्पष्ट कारण यह है कि आंकलनों के लिए ऐसे प्रश्न तैयार किए जाते थे जिनमें अंक देना आसान हो। एक अन्य कारण यह हो सकता है कि रटने पर आधारित आंकलन अतीत में व्यवस्था की आवश्यकताओं को पूरा करते थे। यहाँ पर शिक्षण-अधिगम क्रिया में छात्र द्वारा किए गए अधिगम का आंकलन होता था। जिसे सीखने का आंकलन कहते थे।
- परन्तु इस प्रकार का आंकलन आज की दुनिया में जरूरी कौशलों को प्राप्त करने के लिए पूरी तरह असमर्थ है। वर्तमान में आवश्यकता है, समीक्षात्मक ढंग से विचार करने वालों को तैयार करने की, जो एक तीव्रता से बदलते हुए संसार की चुनौतियों का सामना करने में समर्थ हों।
- वास्तविक सीखना अर्थात अवधारणात्मक समझ तथा जानकारी का विश्लेषण करने की योग्यता ही नए परिवर्तनों को प्रेरित करता है, जो हमारे समाज की एक केन्द्रीय आवश्यकता है।
- इसलिए वर्तमान में 'सीखने के लिए आंकलन' की आवश्यकता है क्योंकि यदि सीखने वालों को उनके कुछ करने के दौरान ही, जो उन्होंने किया है उसके बारे में बार-बार प्रतिक्रिया के रूप में समीक्षात्मक 'फीडबैक' दिया जाए तो वे किसी कौशल को जल्दी प्राप्त कर लेंगे।

'सीखने के लिए आंकलन' का समय

- यह आंकलन कक्षा में चल रही 'शिक्षण अधिगम क्रिया' के समय किया जाता है। कक्षा में दी जा रही शिक्षा के दौरान मिलने वाली विद्यार्थियों की तात्कालीन प्रतिक्रिया का आंकलन कर उस शिक्षा को संशोधित करता है।

सीखने को अभिव्यक्त करने के साधन

- शिक्षण अधिगम का एक लक्ष्य वास्तविक सीखने को प्रकट करना भी होता है। इस लक्ष्य को प्राप्त करने के लिए अधिगम ज्ञान को लिखित रूप में व्यक्त किया जाता है।
- लिखित अभिव्यक्ति के बिना हो सकता है कि विद्यार्थियों ने जो सीखा है उससे वे अपने अवलोकनों तथा व्यावहारिक अनुभवों को पूरी तरह अभिव्यक्त न कर पाए।

अधिगम का आंकलन

यह आंकलन अधिगम के समाप्त होने पर किया जाता है। इसमें यह मापा जाता है कि छात्र ने पाठ्यक्रम में कितना अधिगम किया है। इसमें छात्र के अधिगम को अंकित किया जाता है। यह अंकन ग्रेड या अंक के रूप में हो सकते हैं।

इस आंकलन का समय निर्धारित होता है। इस आंकलन में 'पेपर-पेंसिल परीक्षण' होता है। यह आंकलन केवल शैक्षिक पहलुओं पर ध्यान केन्द्रित करते हुए परीक्षा के अंकों के आधार पर छात्र द्वारा किए गए अधिगम का मूल्यांकन करता है। इस आंकलन द्वारा प्रतिस्पर्धा को प्रोत्साहन मिलता है।

शिक्षण-अधिगम क्रिया व आंकलन

विभिन्न विद्वानों द्वारा प्रदत्त परिभाषाएँ

- **गेज (Gage)**-''शिक्षण एक प्रकार का पारस्परिक प्रभाव है, जिसका उद्देश्य है, दूसरे व्यक्ति के व्यवहारों में वांछित परिवर्तन लाना।''

अधिगम की परिभाषा-अधिगम की विभिन्न विद्वानों ने निम्न प्रकार परिभाषित किया है-

- **वुडवर्थ** ने अधिगम का अर्थ बताते हुए कहा है-''नवीन ज्ञान और अनुक्रियाओं को अर्जित करने की प्रक्रिया को सीखने की प्रक्रिया कहा जाता है।''
- **स्किनर के शब्दों में**-''अधिगम, व्यवहार में उत्तरोत्तर सामंजस्य की प्रक्रिया है।''
- **क्रो व क्रो के अनुसार**-''अधिगम आदतों, ज्ञान और अभिवृत्तियों को अर्जित करना है।''

शिक्षण एवं अधिगम में सम्बन्ध

शिक्षण की विभिन्न परिभाषाओं के विश्लेषण से यह ज्ञात होता है कि शिक्षण एवं अधिगम में एक बहुत ही नजदीकी सम्बन्ध है। जब शिक्षण की बात आती है तो बिना अधिगम में अधूरी रहती है, और जब अधिगम का जिक्र आता

है तो बिना शिक्षण की चर्चा के यह अधूरा ही रहता है। इनमें ये रिश्ता इतना गहरा बन गया है कि, हम शिक्षण तथा सीखने की प्रक्रिया को एक ही नाम शिक्षण अधिगम क्रिया देने लगे हैं।

शिक्षण, अब अधिगम का अभिन्न अंग माना जाता है। प्रत्येक शिक्षण प्रक्रिया का अंत अधिगम ही होता है। शिक्षण, छात्रों तथा शिक्षकों के मध्य की एक परस्पर क्रिया है, जिसका उद्देश्य अधिगम-उन्मुखी होता है। शिक्षक, शिक्षण की व्यवस्था करता है, छात्र उस अवस्था से गुजर कर अधिगम की प्राप्ति करते हैं। शिक्षण बाह्य प्रक्रम है तथा अधिगम मानसिक क्रिया है।

शिक्षण के उद्देश्य छात्रों के व्यवहार में परिवर्तन के पदों में लिखे जाते हैं। अत: शिक्षण के उद्देश्य और अधिगम के उद्देश्य, दोनों एक-दूसरे के पूरक होते हैं। शिक्षण के सिद्धान्त छात्रों के अधिगम की गुणवत्ता बढ़ाने के लिए होते हैं। शिक्षण के विभिन्न कारक, जैसे अभिप्रेरणा, मानसिक तत्परता, व्यक्तिगत भिन्नता के अनुसार सीखना आदि का भी उद्देश्य छात्रों को अधिक अधिगम की प्राप्ति की ओर ले जाना है।

शिक्षण के स्रोतों का प्रयोग छात्रों के अधिगम की गुणवत्ता को बढ़ाने के लिए किया जाता है। शिक्षण स्रोतों को प्रयोग छात्रों के अधिगम को सरल एवं स्थायी बनाने में महत्त्वपूर्ण भूमिका निभाते हैं। विभिन्न शिक्षण प्रतिमानों, शिक्षण विधियों तथा प्रविधियों एवं शिक्षण व्यूह रचनाओं का प्रयोग छात्रों के अधिगम को अधिक सुगम, उन्नत तथा गुणवत्ता प्रदान करने के लिए किया जाता है। वे ही प्रतिमान, व्यूह रचनाएँ, शिक्षण विधियाँ तथा प्रविधियाँ प्रभावशाली मानी जाती हैं जिनसे अधिकतम अधिगम की प्राप्ति होती है।

शिक्षण अधिगम के आवश्यक पहलू

'Diayna Laurillard' के अनुसार एक आदर्श शिक्षण अधिगम क्रिया की छानबीन करना ज्ञानवर्धक है। इनका तर्क था कि अधिगम क्रिया के चार पहलू हैं-

- **वाद-विवाद (Debate)**–शिक्षक व छात्र के मध्य।
- **पारस्परिक विचार-विमर्श (Interaction)**–अधिगमकर्ता व शिक्षक द्वारा परिभाषित किए गए शब्दों का पारस्परिक विचार विमर्श।
- **अनुकूलन (Adaptation)**–शिक्षक द्वारा दिए गए शब्द का अधि गमकर्ता की उसके प्रति प्रतिक्रिया।
- **प्रतिफल (Reflection)**–अधिगमकर्ता का निष्पादन।
- उपरोक्त शब्द विभिन्न शैक्षिक मीडिया व शैली द्वारा वर्णित किए जा सकते हैं। उदाहरण के लिए-पाठ्यपुस्तक द्वारा सैद्धांतिक ज्ञान को छात्रों तक पहुंचाया जा सकता है।

शिक्षण अधिगम व्यवस्था

शिक्षा में साधनों और स्रोतों के उपयुक्त प्रयोग और उनके समन्वय करने की कला को शिक्षण अधिगम व्यवस्था कहा जाता है। शिक्षक को शिक्षण अधिगम प्रक्रिया का व्यवस्थापक या प्रबंधक की संज्ञा दी जाती है। नियोजन के रूप में उसे शिक्षण अधिगम प्रक्रिया की पूर्ण व्यवस्था करनी होती है। शिक्षक के प्रबंधक के रूप में **डेविस** के अनुसार चार प्रमुख कार्य होते हैं-

1. प्रबंधन करना
2. संगठन
3. अग्रसरण
4. नियंत्रण।

शिक्षण अधिगम का नियंत्रण या शिक्षण अधिगम का आंकलन

डेविस के अनुसार-''शिक्षण में नियंत्रण शिक्षक का वह कार्य है जिसमें वह यह निर्धारित करता है कि, क्या उसकी योजनाएँ प्रभावशाली ढंग से लागू की जा रही हैं, शिक्षण व्यवस्था ठीक है, अग्रसरण सही दिशा में हो रहा है और ये सभी शिक्षण कार्य पूर्व निश्चित उद्देश्यों की प्राप्ति में कहाँ तक सफल हैं। यदि उद्देश्यों की प्राप्ति नहीं की जा सकी है, तब अपनी शिक्षण परिस्थितियों का मूल्यांकन करके उनमें सुधार तथा परिवर्तन करता है।''

a. मूल्यांकन एक निर्णयात्मक प्रक्रिया है, जिसके अन्तर्गत विषयवस्तु की उपयोगिता के विषय में निर्णय प्रदान किया जाता है। मूल्यांकन हमें यह बताता है कि, बालक ने किस सीमा तक किन उद्देश्यों को प्राप्त किया है?

b. N.C.E.R.T. की **"Concept of Evaluation"** नामक पुस्तिका के अनुसार मूल्यांकन प्रक्रिया में निम्नलिखित तीन बातों के विषय में निश्चिय किया जाता है-
   - उद्देश्य की प्राप्ति किस सीमा तक हुई है?
   - कक्षा में दिए जाने वाले सीखने के अनुभव कितने प्रभावोत्पादक रहे हैं?
   - शिक्षा के उद्देश्यों की प्राप्ति कितने अच्छे ढंग से हुई है?

ये तीनों तथ्य मिलकर मूल्यांकन चक्र को पूरा करते हैं। इनमें से किसी भी एक तथ्य का अभाव मूल्यांकन को अपूर्णता देता है।

c. **मूल्यांकन की प्रविधियाँ**-मूल्यांकन की प्रमुख रूप से दो प्रविधियाँ हैं-
   परिमाणात्मक परीक्षाएँ-यह तीन प्रकार की होती हैं।
   - मौखिक-इसमें मौखिक प्रश्न, वाद-विवाद तथा नाटक आदि आते हैं।
   - लिखित-इसमें मूल्यांकन व वस्तुनिष्ठ परीक्षाएँ आती हैं।

गुणात्मक परीक्षाएँ-यह परीक्षाएँ आंतरिक मूल्यांकन के लिए होती हैं। ये भी निम्न प्रकार से होती हैं :-

- संचय आलेख-विद्यालयों में प्रत्येक छात्र के सम्बन्ध में सूचनाओं को क्रमबद्ध रूप में व्यवस्थित किया जाता है। इसमें शैक्षिक प्रगति, मासिक परीक्षा फल, उपस्थिति, योग्यता तथा अन्य विद्यालयों की क्रियाओं में भाग लेने आदि का आलेख प्रस्तुत किया जाता है।
- **एनेक्डोटल आलेख**–इसमें छात्रों के व्यवहार से सम्बंधित महत्वपूर्ण घटनाओं तथा कार्यों का वर्णन किया जाता है।
- **निरीक्षण**–इसका प्रयोग विशेष रूप से छोटे छात्रों के मूल्यांकन के लिए किया जाता है। क्योंकि उनको अन्य कोई परीक्षा नहीं दी जा सकती और उनके व्यवहार में वास्तविकता होती है। उच्च कक्षाओं में छात्र स्वयं आत्मनिरीक्षण के लिए भी इसे प्रयोग करता है।
- **जाँच सूची**–जांच सूची का प्रयोग अभिरुचियों, अभिवृत्तियों तथा भावात्मक पक्ष के लिए किया जाता है। इसमें कुछ कथन दिए जाते हैं, उन कथनों के सम्बन्ध में छात्रों को हाँ या नहीं में उत्तर अंकित करना होता है। प्रत्येक कथन किसी विशिष्ट उद्देश्य का मापन करता है।
- **रेटिंग स्केल**–इसमें कुछ कथन होते हैं जिनका तीन पांच सात बिन्दुओं तक सापेक्ष निर्णय लिया जाता है। इसका प्रयोग उच्च कक्षाओं के छात्रों के लिए किया जा सकता है।

अधिगम का मापन

मापन क्रिया विभिन्न निरीक्षणों, वस्तुओं तथा घटनाओं को कुछ विशिष्ट नियमों के अनुसार सार्थक एवं संगत रूप से संकेत चिह्न प्रदान करने की प्रक्रिया है। मापन के मुख्य रूप से तीन कार्य हैं-

- **साफल्य**-साफल्य का प्रयोग छात्रों के वर्गीकरण, स्तरीकरण, चयन, प्रगति तथा पूर्व कथनों के लिए किया जाता है।
- **निदान**-निदान से छात्रों की कमजोरियाँ ज्ञात करके उपचारात्मक अनुदेशन व शिक्षण की व्यवस्था की जाती है।
- **शोध**-मापन शोध कार्यों में महत्वपूर्ण योगदान प्रदान करता है।

अधिगम के मापन की परीक्षाएँ-शिक्षण प्रक्रिया में अधिगम के मापन के लिए विशेष रूप से तीन प्रकार की परीक्षाएँ हैं। मूल्यांकन, वस्तुनिष्ठ तथा लघुत्तरीय परीक्षाएँ।

अधिगम उद्देश्यों द्वारा व्यवस्था

पीटर एॅफ ड्रोकर ने 1954 'उद्देश्यों द्वारा व्यवस्था' का एक नया प्रत्यय प्रस्तुत किया था। ''उद्देश्य द्वारा व्यवस्था एक प्रक्रिया है, जिसमें शिक्षक अपनी समस्त क्रियाओं की व्यवस्थाओं का मूल्यांकन पूर्व निर्धारित उद्देश्यों के सन्दर्भ में करता है तथा इसी आधार पर और अधिक प्रभावशाली एवं नवीन व्यवस्था हेतु समुचित निर्देश प्रदान करता है।''

अधिगम उद्देश्य व्यवस्था के सोपान

इस व्यवस्था में निम्न सोपानों का अनुसरण किया जाता है-

- **पहचान**-इस सोपान के अंतर्गत शिक्षक अपने कार्यों, पढ़ाए जाने वाले कार्यक्रम, अपने कर्तव्य एवं उत्तरदायित्व तथा आवश्यकताओं का वर्णन करता है।
- **उद्देश्य निर्धारण**-इसमें सर्वप्रथम विद्यालय द्वारा स्थापित उद्देश्यों का निर्धारण तथा स्पष्टीकरण होता है, फिर शिक्षक पाठ्यक्रम के उद्देश्यों के अनुरूप अपने शिक्षण के उद्देश्य निर्धारित करता है। वरिष्ठ शिक्षक तथा कनिष्ठ शिक्षक, प्राचार्य एवं अन्य संबंधित लोग इन उद्देश्यों का पुनः निर्धारण करते हैं और शिक्षक को उसके शिक्षण में प्राथमिकताएँ तथा उद्देश्यों को निश्चित करने में सहायता देते हैं।
- **उद्देश्य का परिभाषीकरण एवं व्यावहारिक रूप देना**-इसके अंतर्गत निर्धारित उद्देश्यों को स्पष्टीकरण हेतु परिभाषित किया जाता है और उन्हें व्यावहारिक रूप में लिखा जाता है।
- **क्रिया कार्यान्वयन**-उद्देश्यों के अनुसार योजनाएँ बनाई जाती हैं कि किसे, कब, कहाँ व कैसे कार्य करना है?
- नियमित समय अंतराल पर उद्देश्यों की प्राप्ति पर अंतरिम समीक्षा।
- पूरी प्रक्रिया समाप्त होने पर अंतिम समीक्षा।

❑❑

12 निर्देशन और परामर्श

निर्देशन की जितनी आवश्यकता आज है उतनी कभी नहीं थी शिक्षक बालक को पढ़ाता ही नहीं है, उसको रचनात्मक जीवन के लिए तैयार करता है, अर्थात निर्देशन शैक्षिक, व्यावसायिक, व्यक्तिगत शिक्षण का अभिन्न भाग है। एक जिम्मेदार शिक्षक इनसे नहीं बच सकता।

निर्देशन की अवधारणा, आवश्यकता, उद्देश्य तथा प्रकार

निर्देशन की अवधारणा

आज सभी शिक्षाविद इस बात पर एकमत हैं कि शिक्षा का वास्तविक उद्देश्य बालक के व्यक्तित्व का सर्वांगीण विकास करना है। बालक का सर्वांगीण विकास उचित वातावरण व अनुकूल परिस्थितियों पर निर्भर करता है। वर्तमान में जैसे-जैसे समाज जटिल होता जा रहा है वैसे-वैसे जीवन के विभिन्न क्षेत्रों के समक्ष अनेक समस्याएँ उपस्थित होती जा रही हैं। इनका समाधान न होने पर बालक तनाव, अंतरद्वंद या व्यवहारजन्य समस्याएँ परिलक्षित होती हैं। बालक की समस्याएँ बहुमुखी होती हैं। इन समस्याओं के समाधानार्थ उसे सहायता की आवश्यकता होती है ताकि वह अच्छा व्यक्ति व नागरिक बन सके। इस संदर्भ में निर्देशन को एक ऐसी सहायता माना गया है जो बालकों के स्वांगीण विकास-शारीरिक, नैतिक, शैक्षिक, सामाजिक, व्यावसायिक तथा व्यक्तिगत विकस में सहायता करती है।

आर्थर जे. जोन्स के अनुसार, निर्देशन के अन्तर्गत व्यक्तिगत सहायता को आभास मिलता है। इस सहायता में निर्देशन का केन्द्र व्यक्ति होता है जो उसकी समस्या समाधानार्थ दी जाती है। वास्तव में निर्देशन एक ऐसी प्रक्रिया है जिसके अनुसार एक व्यक्ति कम अनुभव वाले व्यक्ति की सहायता करता है। सहायता करने वाले व्यक्ति को मार्गदर्शक कहा जाता है। इस संदर्भ में अभिभावक. शिक्षक, परामर्शदाता, मनोवैज्ञानिक, चिकित्सक अथवा कोई भी अन्य व्यक्ति जो सहायता करता है मार्गदर्शक की श्रेणी में माना जाएगा।

उपरोक्त के संदर्भ में निर्देशन की अवधारणा के अन्तर्गत निम्नलिखित बिन्दु स्पष्ट होते हैं:

1. निर्देशन सतत् चलने वाली प्रक्रिया है।
2. निर्देशन को व्यक्तिगत व सामूहिक दोनों रूपों में दिया जा सकता है।
3. इसका प्रमुख उद्देश्य बालक का विकास करना है जिससे वह स्वयं समस्या का हल करने की योग्यता विकसित कर सके।
4. निर्देशन एक संगठित प्रक्रिया है जिसका एक ढाँचा होता है, कार्यकर्ता होते हैं व एक प्रणाली होती है।
5. निर्देशन बालक के पूर्ण विकास एवं व्यक्तिगत, शैक्षिक व व्यावसायिक समायोजन में मददगार होता है।
6. निर्देशन शिक्षा के उद्देश्यों की प्राप्ति में सहायक होता है जैसा कि निम्न चित्र से स्पष्ट है-

निर्देशन शिक्षा के उद्देश्यों की प्राप्ति में सहायक

निर्देशन की आवश्यकता

प्रत्येक बालक को अपने विकास के विविध स्तरों पर व्यक्ति विशेष की परिस्थितियोंनुसार निर्देश की आवश्यकता होती है-

व्यक्ति की दृष्टि से
→ शैक्षिक वृद्धि
→ व्यावसायिक परिपक्वता (रुचि, कौशल, अभिवृत्ति विकसित किए जा सकते हैं
→ व्यक्तिगत सामाजिक विकास समायोजन स्वयं को समझना
→ समायोजन

शैक्षिक दृष्टि से
→ व्यक्तिगत भिन्नता के आधार पर शिक्षा देने हेतु।

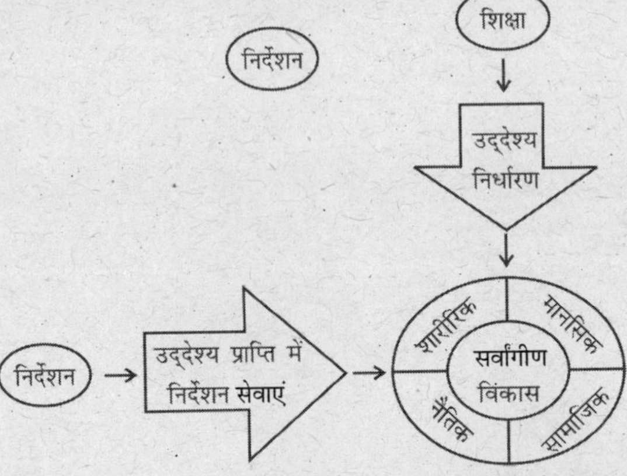

→ उपलब्धि स्तर बनाए रखने हेतु।
→ अनुशासन बनाए रखने हेतु।
→ अपव्यय एवं अपरोधन की समस्या समाधानार्थ।

सामाजिक दृष्टि से
→ अच्छा नागरिक निर्माण हेतु।

→ अच्छे मूल्यों व शिष्टाचार हेतु।
→ मानव संसाधनों के उचित उपयोग हेतु।
→ राष्ट्रीय-सेवार्थ।

राजनैतिक दृष्टि से → प्रजातांत्रिक मूल्यों के विकासार्थ
→ राष्ट्रीय एकता हेतु।
→ अंतर्राष्ट्रीय भावना विकसित करने हेतु।

अन्य → शैक्षिक सुविधाओं का लाभ उठाने हेतु।
→ स्वस्थ मनोरंजन हेतु।
→ उपयुक्त व्यवसाय चयन एवं नियोजन हेतु।
→ वैज्ञानिक दृष्टिकोण विकसित करने हेतु।

आर्थर जोन्स के अनुसार → परिवार की बदलती परिस्थितियों के कारण।
→ औद्योगिकीकरण के कारण।
→ अवकाश के सदुपयोग हेतु।
→ सामाजिक परिस्थितियों में परिवर्तन के कारण।
शैक्षिक व्यवस्था में परिवर्तन के कारण।

निर्देशन के उद्देश्य

निर्देशन एक सोद्देश्य क्रिया है जो व्यक्ति को जीवन की कठिन परिस्थितियों में बुद्धिमतापूर्ण चुनाव करने तथा समायोजन में सहायता करती है। हम्फ्रीज़ एवं ट्रेक्सलर के अनुसार-

1. बालक की रुचियों, योग्यताओं व क्षमताओं का पूर्ण विकास करना।
2. निर्देशन का उद्देश्य बालक की उसकी योग्यताओं व शक्ति का ज्ञान कराना है।
3. बालकों को उन अवसरों की जानकारी देना जिनके योग्य वे हों।
4. निर्देशन का उद्देश्य है व्यक्ति का बहुमुखी विकास करना।
5. बालक को इस योग्य बनाना कि वह विभिन्न विषय परिस्थितियों में अपनी समस्याओं का इस प्रकार समाधान करने योग्य हो जाए कि स्वयं व समाज के हित में हो।
6. बालक को आत्मनिर्देशित बनने में सहायता देना।

निर्देशन एक प्रक्रम है जिसके द्वारा समाज की आवश्यकताओं को ध्यान में रखकर बालक के वांछित विकास में सहायता पहुँचाना है। बालकों के साथ लगातार सम्पर्क में आने से अभिभावक व शिक्षक बालकों के व्यवहार के प्रतिमान (पैटर्न) को समझने लगते हैं कुछ व्यवहार पैटर्न संभवतः प्रमुख रूप से ध्यान आकर्षित करते हैं जैसे प्रतिभाशाली, मंदितमना या उच्च उपलब्धि तथा निम्न उपलब्धि वाले बालक जो अन्य बालकों से स्पष्टतया भिन्न दिखाई पड़ते हैं। कुछ अन्य व्यवहार में पैटर्न जो बालकों में दृश्य होते हैं। वे इस प्रकार के हो सकते हैं जैसे- पलायनवृत्ति, चिंताग्रस्तता, तनावग्रस्तता, नेतागिरी, झगड़ालू, अनुशासनहीनता, सांस्कृतिक क्रियाकलापों में अधिक रूचि प्रदर्शन आदि।

कुछ बालकों के व्यवहार उनके विकास की अवस्था के अनुरूप नहीं होते हैं, कुछ की अवस्था व्यवहार अनुरूप नहीं होती हैं, कुछ आचरण समाज के अनुकूल नहीं होता आदि। इस प्रकार के बालकों की समस्याओं को सुलझाने हेतु निर्देशन की आवश्यकता होती है।

निर्देशन की आवश्यकता सार्वभौमिक है यह कुछ ही देशों या कुछ ही व्यक्तियों तक सीमित नहीं होती।

निर्देशन के प्रकार

निर्देशन के विविध प्रकार बताए गए हैं। मैक्सकॉन ने तो 57 प्रकार निर्देशन के बताए।

मुख्यतः निम्नांकित रूप निर्देशन के हो सकते हैं:

प्रोक्टर	ब्रीवर	पैटरसन	कूफ एवं कैफयूवती
1. व्यावसायिक निर्देशन	1. व्यावसायिक निर्देशन	1. व्यावसायिक निर्देशन	1. व्यावसायिक निर्देशन
2. सामाजिक निर्देशन	2. धार्मिक निर्देशन	2. धार्मिक निर्देशन	2. मनोरंजनात्मक निर्देशन
3. शैक्षिक निर्देशन	3. शैक्षिक निर्देशन	3. शैक्षिक निर्देशन	3. शैक्षिक निर्देशन
4. अवकाश में सहायता हेतु निर्देशन	4. अवकाश में सदुपयोग हेतु निर्देशन		4. नागरिक, सामाजिक नैतिक निर्देशन
5. स्वास्थ्य व शारीरिक निर्देशन	5. पारिवारिक निर्देशन	5. स्वास्थ्य निर्देशन	5. स्वास्थ्य निर्देशन
	6. व्यक्तिगत उन्नति हेतु निर्देशन		

उपरोक्त के आधार पर मुख्य रूप से हम इन्हें तीन श्रेणियों में वर्गीकृत कर सकते हैं:

1. व्यावसायिक निर्देशन

व्यावसायिक निर्देशन व्यक्ति को व्यवसाय चुनने, उसके लिए आवश्यक तैयारी करने, उसमें प्रवेश पाने तथा वहाँ प्रगति करने में सहायता देने की प्रक्रिया है। व्यावसायिक निर्देशन के बारे में कहा जाता है कि '' गोल कील गोल छिद्र में तथा चौकोर कील चौकोर छिद्र में डालने की प्रक्रिया है''।

व्यावसायिक निर्देशन देते समय विचार बिन्दु है- व्यवसाय का महत्व, कार्य का स्वभाव, कार्य की दशाएं, व्यवसाय के लिए योग्यताएं, वांछित प्रशिक्षण, उन्नति के अवसर, वेतन, व्यवसाय का इतिहास, अनुभव, कार्य की नियमितता व नियुक्ति का स्थान।

2. शैक्षिक निर्देशन

शैक्षिक निर्देशन का सम्बंध विद्यार्थियों को निम्नलिखित क्षेत्रों में दी जाने वाली सहायता से है:

पाठ्यविषयों के चयन, अग्रिम परीक्षा का निश्चित करने, संस्थाओं की जानकारी, पाठ्यक्रमों की जानकारी, प्रवेश शर्तों, अध्ययन आदतों के निर्माणार्थ, संतोषप्रद प्रगति, छात्रवृत्ति सम्बन्धी जानकारी प्रदान आदि सम्बन्धी।

3. व्यक्तिगत निर्देशन

क्रो एवं क्रो के अनुसार व्यक्तिगत निर्देशन का तात्पर्य व्यक्ति को प्रदत्त उस सहायता से है जो उसके जीवन के समस्त क्षेत्रों तथा अभिवृत्तियों के विकास को दृष्टि में रखकर उपयुक्त समायोजन के प्रति निर्देशित होती है। विल्सन के अनुसार ''व्यक्तिगत निर्देशन का उद्देश्य व्यक्ति को उसकी शारीरिक, संवेगात्मक सामाजिक, नैतिक एवं आध्यात्मिक विकास और समायोजन में सहायता देना है।

बालक की समस्याएं उसकी अपनी व्यक्तिगत होती हैं। जीवन में ऐसे पक्ष हैं जो सम्पूर्ण व्यक्तित्व पर प्रभाव डालते हैं जैसे स्वास्थ्य, परिवार, संवेग, समायोजन आदि।

व्यक्तिगत निर्देशन का सम्बन्ध बालक में समायोजन की योग्यता का विकास करना, विभिन्न परिस्थितियों में विवेकपूर्ण व्यवहार करना तथा निर्णय लेने की योग्यता विकसित करना, संवेगात्मक नियंत्रण, स्वतन्त्र रूप से निर्णय लेने व आत्मविश्वास जाग्रत करना है।

शैक्षिक निर्देशन	व्यावसायिक निर्देशन	व्यक्तिगत निर्देशन
* विद्यालय समायोजन में सहायता * भविष्य की संभावनाओं की पहचान में सहायता * शैक्षिक कार्यक्रमों में उन्नति सम्बन्धी सहायता * शैक्षिक आवश्यकताओं की जानकारी प्राप्त करने में सहायता शिक्षा हेतु सहायक परिस्थितियां सृजित करना	* व्यवसाय चयन में सहायता * व्यावसायिक समायोजन में सहायता * व्यवसाय सम्बन्धी आवश्यक आहर्ताओं एवं गुणों की जानकारी प्राप्त करने में सहायता * विभिन्न व्यवसायों के प्रति जागरूकता उत्पन्न करना।	* शारीरिक स्वास्थ्य सम्बन्धी समस्या समाधान में सहायता। * संवेगिक नियंत्रित व्यवहार अपनाने में सहायता। * पारिवारिक जीवन से समायोजन में सहायता। * यौन प्रेम आदि के प्रति स्वस्थ * स्वस्थ अभिवृत्ति विकसित करना। * धर्म एवं मूल्यों सम्बन्धी ज्ञान देना। * सामाजिक समस्या समाधानार्थ सहायता। * सामाजिक समस्याओं के समाधान में सहायता।

परामर्श अवधारणा, आवश्यकता, उद्देश्य, प्रकार

परामर्श एक प्रक्रिया है जिसके अंतर्गत बालक/शिक्षार्थी, एक व्यावसायिक रूप से प्रशिक्षित व्यक्ति के साथ विशिष्ट उद्देश्य को संस्थापित करने के लिए कार्य करता है तथा ऐसे व्यवहारों को सीखता है। जिनका अर्जन इन विशिष्ट उद्देश्यों की प्राप्ति के लिए आवश्यक है। परामर्श निर्देशन देने की एक प्राविधि है। परामर्श की सफलता हेतु यह आवश्यक होती है कि:-

1. परामर्शदाता प्रशिक्षित, अनुभवी एवं कार्य के प्रति सम्मान रखने वाला हो।
2. बालक परामर्श की प्रक्रिया में भाग लेने के लिए इच्छुक है।
3. परामर्श के द्वारा व्यक्ति की तात्कालिक एवं भविष्य सम्बन्धी दोनों ही प्रकार की आवश्यकताओं की पूर्ति जरूरी है।
4. परामर्श के लिए उचित वातावरण की उपलब्धता जरूरी है।

कई विद्वान निर्देशन और परामर्श को समानार्थी मानते हैं परन्तु वास्तव में यह एकार्थवाची शब्द नहीं है। परामर्श निर्देशन में समाविष्ट है। परामर्श में मूल आवश्यकता आमने-सामने बैठकर समस्याओं को समझने और हल करने की होती है।

परामर्श के लक्ष्य

बालक को स्वमूल्यांकन करने में सहायता करना:

लियोना टायलर के अनुसार परामर्श को एक सहायक प्रक्रम के रूप में प्रयुक्त करना जिसका उद्देश्य व्यक्ति को बदलना नहीं है अपितु उसको इन स्रोतों के उपयोग में समर्थ बनाना है जो उसके पास जीवन का सामना करने के लिए मौजूद हैं। तभी परामर्श से इस उपलब्धि की आशा हो सकती हे कि उपबोध्य अपनी ओर से कुछ रचनात्मक क्रिया करें। इस प्रकार परामर्श की प्रक्रिया व्यक्ति को आत्मपरिज्ञान के साथ-साथ उसे अपनी सहायता स्वयं करने योग्य बनाती है।

आत्मस्वीकृति: परामर्श का उद्देश्य व्यक्ति को उसके बारे में सही स्वधारणा निर्मित करने में सहायता देना है। आत्मस्वीकृति में बालक/व्यक्ति को अपनी दुर्बलताओं एवं सीमाओं पर भी दृष्टि रखना चाहिए अन्यथा वह निराशा या असफलता का सामना कर सकता है। इस प्रकार परामर्श द्वारा व्यक्ति अपने सही स्वरूप को स्वीकारने में सहायक होता है।

बालक की अनेक समस्याएं उसके असमायोजन के कारण उत्पन्न होती हैं। परामर्श द्वारा बालक को पूर्वाग्रहों व संकीर्ण सोच से मुक्त कर उसे सामाजिक जीवन के साथ समंजित करने में सहायता दी जाती है।

परामर्श के प्रकार

परामर्श का सम्बन्ध जीवन के विभिन्न क्षेत्रों से सम्बन्ध रखने वाली समस्याओं से होता है। उसके अनेक प्रयोजन होते हैं इन्हीं के आधार पर परामर्श के विविध रूप विकसित हो गए हैं-

1. **नैदानिक परामर्श** इस प्रारूप के अन्तर्गत समस्या का विश्लेषण करने एवं उसका उपचार सुझाने का प्रयास किया जाता है।
2. **मनोवैज्ञानिक परामर्शः** इसमें परामर्शदाता एक चिकित्सक की भांति होता है। सामान्य वार्तालाप के द्वारा परामर्शदाता उपबोध्य को उसकी दमित भावनाओं एवं संवेगों को अभिव्यक्त करने में सहायता करता है।
3. **मनोचिकित्सक परामर्शः** इसमें सामाजिक अपसमायोजनों को दूर करने की दृष्टि से मनोचिकित्सक परामर्श की उपयोगिता असंदिग्ध है।

   संक्षेप में नैदानिक परामर्श व्यक्ति की एक संघटित संपूर्णता के रूप में ग्रहण किया जाता है अर्थात् केवल समस्या ही केन्द्र बिन्दु न होकर सम्पूर्ण व्यक्तित्व को परिप्रेक्ष्य में रखा जाता है। मनोवैज्ञानिक परामर्श का उद्देश्य व्यक्तित्व के विकास में आने वाली बाधाओं को दूर करने में सहायता से होता है। मनोचिकित्सक परामर्श में 'मनोवैज्ञानिक रूप से प्रशिक्षित व्यक्ति अपसमायोजन वाले भावात्मक दृष्टिकोणों के परिष्कार के लिए सचेत रूप में शाब्दिक माध्यम से प्रयत्न करता है। इसमें अपबोध्य अपने व्यक्तित्व में होने वाले परिवर्तनों से अवगत रहता है।
4. **विद्यार्थी परामर्शः** इसका सम्बन्ध विद्यार्थियों की समस्याओं से होता है जो कि सम्पूर्ण शैक्षिक परिवेश से सम्बन्धित होती है। यह समस्याएं शैक्षिक संस्थाओं के चयन, पाठ्यक्रम, छात्रवृत्ति व्यवसायिक चयन आदि से सम्बद्ध होती है।
5. **नियोजन परामर्शः** यह परामर्श उपबोध्य को उसकी योग्यताओं, अभिरूचियों एवं दृष्टिकोणों के अनुरूप कृत्य का वरण करने में सहायक होता है।
6. **वैवाहिक परामर्शः** इस परामर्श में उपयुक्त जीवन साथी के चुनाव में सहायता की जाती है। वर्तमान परिस्थितियों में प्रेम विवाह, अंतर्जातीय विवाह आदि के कारण कई समस्याएं आती हैं। इसी प्रकार वैवाहिक जीवन से सम्बद्ध समस्याओं का भी सामना करना पड़ता है (विवाहित छात्र-छात्राएं भी विद्यार्थी होते हैं)। इस प्रकार की समस्याओं के समाधान हेतु परामर्श दिया जाता है।
7. **व्यावसायिक परामर्शः** वर्तमान में व्यवसायों की संख्या में बढ़ोत्तरी हो गई है तथा विशेषीकरण की प्रवृत्ति के कारण विशेष प्रकार की शिक्षा व प्रशिक्षण अपेक्षित होते हैं। कौन-सा व्यवसाय चुना जाए, अध्ययन करने के साथ-साथ क्या व्यवसाय किया जा सकता है आदि समस्याओं के समाधानार्थ इस प्रकार का परामर्श दिया जाता है।

   रोजर्स एवं मैलेन के अनुसार परामर्श प्रदान करते समय उपबोध्य को एक व्यक्ति के रूप में समझना चाहिए उसका व्यक्तित्व ही परामर्श का केन्द्र होता है।

□□

13 शिक्षक के गुण एवं भूमिका

शिक्षक के व्यावसायिक गुण

शिक्षण एक कठिन कार्य है। एक अध्यापक का कार्य केवल छात्रों को विषय वस्तु से संबंधित निर्देश देना ही नहीं होता बल्कि छात्रों के विकास हेतु चुनौतीपूर्ण एवं सौहार्दपूर्ण वातावरण का निर्माण करना होता है। एक अच्छा शिक्षण किसी शिक्षक के न केवल ज्ञान एवं कौशलों से संबंधित होता है बल्कि छात्रों के प्रति उसकी अभिवृत्ति, उसके विषय, ज्ञान एवं उसके कार्य से भी संबंधित होता है। एक अच्छे शिक्षक के व्यावसायिक गुणों को निम्न बिन्दुओं के द्वारा स्पष्ट किया जा सकता है-

1. **एक अच्छा शिक्षक छात्रों का सम्मान करता है :** एक अच्छे शिक्षक के कक्षा में प्रत्येक व्यक्ति के विचारों, भावनाओं एवं मतों को पूर्ण सम्मान दिया जाता है। छात्र अपनी भावनाओं की अभिव्यक्ति में स्वयं को सुरक्षित अनुभव करते हैं।
2. **शिक्षण व्यवसाय एवं छात्रों के प्रति समर्पण भाव :** एक शिक्षक से यही अपेक्षा होती है कि वह अपने कार्य के प्रति समर्पित रहे तथा छात्रों की प्रगत्ति एवं उपलब्धियों की जिम्मेदारी उठाते हुए अपना कार्य पूरी निष्ठा से करें।
3. **एक अच्छा शिक्षक कक्षा कक्ष में सामुदायिकता का भाव विकसित करता है**-एक अच्छे शिक्षक के द्वारा कक्षा कक्ष में सहयोगात्मक एवं सौहार्दपूर्ण अधिगम वातावरण का निर्माण किया जाता है।
4. **अच्छी योजना बनाने में सक्षम :** केवल अच्छे विषय ज्ञान से ही शिक्षक सफल नहीं हो सकता, शिक्षण के लिए पर्याप्त योजना बनाने की आवश्यकता होती है। यह योजना विषय वस्तु, छात्रों की आवश्यकताओं आदि को ध्यान में रखकर बनानी होती है। अत: एक शिक्षक को स्पष्ट एवं सुसंगठित योजना बनाने में सक्षम होना चाहिए।
5. **विषय वस्तु पर स्वामित्व होना :** शिक्षक के द्वारा जिस विषय को पढ़ाया जाता है, उस पर उसकी पकड़ होनी चाहिए। तभी वह शिक्षण अधिगम प्रक्रिया में छात्रों द्वारा पूछे गये प्रश्नों का उत्तर देकर उनकी जिज्ञासा को शांत कर सकता है। एक शिक्षक को अपने विषय के अतिरिक्त अन्य विषयों का ज्ञान भी आवश्यक है।
6. **कक्षा कक्ष प्रबंधन एवं संगठन :** एक अच्छा शिक्षक शिक्षण के प्रारंभ में ही कक्षा कक्ष का प्रबंधन एवं संगठन छात्रों की रुचियों एवं आवश्यकताओं के अनुरूप करता है ताकि अधिगम के लिए एवं अभिप्रेरणा एवं सौहार्दयुक्त वातावरण तैयार हो सके।
7. **उच्च स्तरीय संप्रेषण कौशल :** एक अच्छे शिक्षक के लिए उच्च स्तरीय संप्रेषण कौशलों का होना परम आवश्यक है। शिक्षक अपनी संप्रेषण क्षमताओं के अनुरूप ही विषय के उद्देश्य एवं विषय वस्तु को छात्रों के समक्ष प्रस्तुत करता है। अच्छे संप्रेषण से युक्त वातावरण में छात्र रुचिपूर्वक शिक्षक को सुनना पसंद करते हैं।
8. **व्यक्तिगत विभिन्नताओं पर ध्यान :** शिक्षक को कक्षा में अनेक छात्रों को एक साथ पढ़ाना होता है, जो एक-दूसरे से एक अथवा अनेक क्षमताओं में भिन्न होते हैं। एक अच्छा शिक्षक शिक्षण में छात्रों की व्यक्तिगत विभिन्नताओं को ध्यान में रखकर शिक्षण की रणनीति बनाता है व उसको क्रियान्वित करता है ताकि सभी छात्र एक साथ प्रगति कर सकें।
9. **शिक्षक का आत्मविश्वास :** शिक्षक का आत्मविश्वास उसकी शिक्षण की प्रभावशीलता को प्रभावित करता है। शिक्षक का विषय वस्तु को पढ़ाने का आत्मविश्वास छात्रों द्वारा अर्जित अधिगम के परिणामों को भी प्रभावित करता है। अगर एक शिक्षक अपने विषय से स्नेह नहीं रखता है, तो उसके छात्र भी उस विषय के प्रति रुचि विकसित नहीं कर पाते हैं।
10. **सम्मान, निष्पक्षता एवं समानता की भावना :** एक शिक्षक छात्रों के लिए आदर्श भूमिका में होता है। यदि वह छात्रों को सम्मान देता है तो छात्र भी सम्मानपूर्वक व्यवहार करना सीखते हैं। एक कक्षा में विभिन्न मानसिक क्षमता, धर्म, जाति, लिंग एवं सामाजिक-आर्थिक स्तर के छात्र होते हैं। शिक्षक को उन सभी के प्रति निष्पक्षता एवं समानता की भावना रखनी चाहिए।
11. **अधिगम के लिए प्रेरणा देना :** शिक्षक का प्रमुख उत्तरदायित्व है कि वह छात्रों को सीखने के लिए प्रेरणा दे। यदि शिक्षक इसमें सफल हो जाता है तो उसे अधिगम परिणाम भी बहुत अच्छे प्राप्त होते हैं। एक अच्छा शिक्षक अपने छात्रों की विषय में रुचि विकसित करता है ताकि वह उस विषय के बारे में गहनता से जानने को उत्सुक हो सकें।
12. **शिक्षक के स्वयं का अधिगम विकास :** एक अच्छा शिक्षक हमेशा स्वयं को अधिगमकर्ता की भूमिका में रखता है। वह हमेशा ही सीखने को तत्पर रहता है। एक अच्छा शिक्षक निरंतर अपने विषय संबंधी ज्ञान का नवीनीकरण करता रहता है।

शिक्षक के व्यक्तिगत गुण

एक अच्छे शिक्षक के व्यक्तिगत गुणों को निम्न बिन्दुओं के द्वारा स्पष्ट किया जा सकता है-

1. **प्रभावी व्यक्तित्व का स्वामी :** शिक्षक का व्यक्तित्व, जिसमें सभी पक्ष शामिल होते हैं, प्रभावी होना चाहिए। छात्र यदि किसी शिक्षक के व्यक्तित्व से प्रभावित होते हैं तो वे उसके शिक्षण में भी रुचि लेते हैं तथा मन लगाकर अधिगम करते हैं। साथ ही छात्र अपने शिक्षकों का अनुकरण करते हैं। अत: छात्रों के चरित्र निर्माण एवं उनमें श्रेष्ठ सामाजिक गुणों के विकास के लिए भी शिक्षक के व्यक्तित्व का प्रभावी होना आवश्यक है।

2. **शिक्षक में बौद्धिक व नैतिक ईमानदारी की भावना होनी चाहिए :** शिक्षक का व्यक्तित्व छात्रों के लिए अनुकरणीय होता है। अतः यह आवश्यक है कि शिक्षक को बौद्धिक व नैतिक रूप से ईमानदार होना चाहिए। यदि उसे छात्र के किसी प्रश्न का उत्तर नहीं आता है तो वह उसे डांटने की अपेक्षा यह स्वीकार करना चाहिए कि अभी उसे इसका उत्तर नहीं आता है परंतु वह इसके बारे में अध्ययन करके छात्रों को इसका उत्तर देगा। इस प्रकार शिक्षक को बौद्धिक व नैतिक रूप से ईमानदारी का प्रदर्शन करना चाहिए।
3. **शिक्षक में सहानुभूति की भावना होनी चाहिए :** शिक्षक को छात्रों के प्रति सहानुभूतिपूर्वक व्यवहार करना चाहिए तभी छात्र शिक्षक के प्रति जुड़ाव महसूस करते हैं तथा अपनी समस्याओं को शिक्षक के साथ सांझा करते हैं। शिक्षक के द्वारा छात्रों की इन समस्याओं का निदान प्रस्तुत किया जाना चाहिए।
4. **छात्रों का ध्यान रखने की क्षमता :** एक अच्छे शिक्षक को अपने छात्रों का ध्यान रखना चाहिए। उसे अपनी कक्षा में बालकों की विभिन्नताओं की जानकारी होनी चाहिए। इन विभिन्नताओं के अनुसार ही उसे शिक्षण कराना चाहिए ताकि सभी छात्र लाभान्वित हो सकें।
5. **शिक्षक में अनुकूलन की क्षमता होनी चाहिए :** शिक्षक में परिस्थिति के साथ अनुकूलन की क्षमता होनी चाहिए। शिक्षण अधिगम प्रक्रिया के दौरान प्रकट हुई किसी भी अप्रत्याशित स्थिति या समस्या के अनुरूप ही उसे अपनी पूर्व नियोजित पाठ योजना में परिवर्तन करना आना चाहिए। यदि शिक्षक द्वारा नियोजित विधि से छात्र समझ नहीं पा रहे हों तो उसे छात्रों के अनुरूप नई विधि अपनाने की समझ होनी चाहिए।
6. **सृजनात्मक क्षमता :** एक अच्छे शिक्षक को सृजनात्मक होना चाहिए। उसमें अपने पाठ को आकर्षक एवं अद्वितीय स्वरूप में ढालने की क्षमता होनी चाहिए। उसे अपने छात्रों का विषय वस्तु में ध्यान आकृष्ट करने के लिए नए-नए तरीकों को शिक्षण अधिगम प्रक्रिया में एकीकृत करना चाहिए।
7. **दयालुता की भावना :** एक शिक्षक में दया की भावना का होना परम आवश्यक है। यदि कोई छात्र किसी कारणवश वांछित परिणामों को प्राप्त नहीं कर पाता है तो शिक्षक के लिए आवश्यक है कि वह उसकी समस्याओं का पता लगाकर उनके निदान के लिए तत्पर रहे। यह समस्या विद्यालय अथवा विद्यालय से बाहर से भी संबंधित हो सकती है।
8. **तदानुभूति की भावना :** कक्षा के पिछड़े बालकों की सहायता हेतु शिक्षक को स्वयं को उनके स्थान पर रखकर उनकी समस्याओं से परिचित होकर आवश्यक निदान करना चाहिए। यदि किसी शिक्षक की कक्षा में समस्यात्मक बालक हो तो उसके प्रति भी शिक्षक को तदानुभूति पूर्वक व्यवहार करना चाहिए।
9. **दृढ़ निश्चयी :** एक अच्छे शिक्षक को अपने छात्रों को सफलता दिलाने के लिए दृढ़निश्चयी होना चाहिए। उसे छात्रों की आवश्यकता अनुसार अधिगम अनुभव देने के लिए तैयार होना चाहिए।
10. **उदारता की भावना :** एक अच्छे शिक्षक के स्वभाव में सहिष्णुता का होना भी आवश्यक है। उसे छात्रों की पाठ्येत्तर कार्यों एवं विषय वस्तु से पृथक अन्य विषयों में भी सहायता देने के लिए तत्पर रहना चाहिए।
11. **निर्भीकता :** एक अच्छे शिक्षक को निडर एवं निर्भीक होना चाहिए। उसके द्वारा गैर-पारंपरिक विधि अपनाने पर उसे आलोचनाओं का शिकार होना पड़ सकता है। एक अच्छे शिक्षक को इन आलोचनाओं की परवाह किए बिना ही अपने छात्रों की अच्छाई एवं सफलता के लिए निरंतर प्रयासरत रहना चाहिए।
12. **सहिष्णु एवं धैर्यवान :** एक अच्छे शिक्षक को शिक्षण कार्य के दौरान सहनशीलता एवं धैर्य का प्रदर्शन करना चाहिए। उसे वांछित अधिगम परिणामों को प्राप्त करने के लिए पर्याप्त सहनशीलता, धैर्य एवं परिश्रम की आवश्यकता पड़ सकती है।
13. **साधन संपन्नता :** अपनी शिक्षण अधिगम गतिविधियों को समृद्ध बनाने के लिए एक अच्छे शिक्षक को साधन संपन्न होना आवश्यक है। उसे किसी भी प्रकरण से संबंधी छात्रों के वास्तविक जीवन से संबंधी उदाहरण एवं गतिविधियाँ आदि कराने में सक्षम होना चाहिए।

शिक्षक की ज्ञान के हस्तांतरणकर्ता के रूप में भूमिका

शिक्षक की ज्ञान के हस्तांतरणकर्ता के रूप में भूमिका प्राचीन काल से ही प्रचलित है। ज्ञान के हस्तांतरण की कला एक पारंपरिक विधि है। इसका केंद्र बिन्दु पाठ्क्रम होता है। पारंपरिक रूप में शिक्षण का उद्देश्य छात्रों को तीन प्रमुख कौशलों पढ़ाना, लिखना एवं गणना करना में तैयार करना होंता है। छात्रों को पाठ्यपुस्तकों में दिए गये तथ्यों और सिद्धांतों का प्रत्यास्मरण कराया जाता है। पारंपरिक मूल्यांकन की विधियाँ भी यही सुनिश्चित करती है कि छात्रों को विभिन्न प्रत्यय किस सीमा तक स्मरण हो गए हैं।

ज्ञान के हस्तांतरण में शिक्षण अधिगम में शामिल विभिन्न घटकों के संदर्भ में एक शिक्षक की भूमिका को निम्न बिन्दुओं के द्वारा समझा जा सकता है-

1. **ज्ञान का स्वरूप :** ज्ञान के हस्तांतरण में ज्ञान के स्वरूप को ज्ञान के भंडार के रूप में देखा जाता है। जिसमें कई तथ्य, प्रत्यय एवं सिद्धांत शामिल होते हैं, जिन्हें शिक्षक कक्षा में छात्रों को बताता है एवं स्मरण करवाता है।
2. **अधिगम गतिविधियाँ :** ज्ञान हस्तांतरण में शिक्षण की गतिविधियाँ शिक्षक द्वारा नियंत्रित होती हैं। इसमें छात्र निष्क्रिय भूमिका में रहते हैं। इसमें छात्र केवल शिक्षक द्वारा दिए ज्ञान को ग्रहण कर उसका प्रत्यास्मरण करते हैं।
3. **शिक्षण के उद्देश्य :** एक शिक्षक द्वारा ज्ञान के हस्तांतरण अध्यापन कला में पाठ्यक्रम को केंद्र में रखकर उद्देश्यों का निर्माण किया जाता है।
4. **शिक्षण का स्वरूप :** ज्ञान हस्तांतरण में शिक्षण का स्वरूप यांत्रिक होता है। इसमें शिक्षक उद्दीपक प्रस्तुत करता है तथा छात्र उन प्रस्तुत किए गए उद्दीपको के प्रति अपनी प्रतिक्रियाएँ करते हैं।
5. **छात्र :** ज्ञान हस्तांरण अध्यापन कला में छात्रों को खाली पात्र के रूप में देखा जाता है, जिसे शिक्षक अथवा विषय विशेषज्ञ द्वारा ज्ञान से दिया जाता है।
6. **कक्षा कक्ष का वातावरण :** ज्ञान हस्तांतरण अध्यापन कला में कक्षा कक्ष का वातावरण कम संवादात्मक होता है। इसमे शिक्षक तथा छात्रों के मध्य एक सीमित रूप में ही अंत:क्रियाएँ परिलक्षित होती हैं।

ज्ञान के हस्तांतरणकर्ता के रूप में ज्ञान के हस्तांतरण की प्रक्रिया में एक शिक्षक द्वारा निम्न क्रियाएँ की जाती हैं-

1. **शिक्षण के लिए योजना तैयार करना:** ज्ञान हस्तांतरण के लिए सर्वप्रथम शिक्षक द्वारा एक योजना तैयार की जाती है। जिसमें शिक्षण के उद्देश्य स्पष्ट किए जाते हैं, विषय वस्तु का विश्लेषण कर प्रकरण का चुनाव किया जाता है, शिक्षण विधि का चुनाव किया जाता है, तथा

उद्देश्यों की प्राप्ति को सुनिश्चित कराने हेतु मूल्यांकन प्रविधियों के बारे में योजना बनाई जाती है।

2. **शिक्षक द्वारा समय :** समय पर छात्रों से प्रश्न पूछे जाते हैं। छात्रों द्वारा इन प्रश्नों के दिए गए उत्तर सही है अथवा नहीं, इसके संबंध में प्रतिपुष्टि भी प्रदान की जाती है।
3. शिक्षण बिन्दु के अनुसार तथ्यों की जानकारी छात्रों को दी जाती है तथा तथ्यों को स्पष्ट करने के लिए दृष्टांतों व उदाहरणों की सहायता ली जाती है।
4. शिक्षक द्वारा छात्रों के लिए ज्ञान के अभ्यास करने हेतु उन्हें पर्याप्त अवसर भी उपलब्ध करवाए जाते हैं।
5. प्रदर्शन विधि का उपयोग कर विभिन्न कौशलों एवं प्रक्रियाओं के संबंध में जानकारी प्रदान की जाती है।
6. नवीन ज्ञान को छात्रों के समक्ष बार-बार दोहराया जाता है।
7. शिक्षक ज्ञान के विशेषज्ञ के रूप में कार्य करते हैं, जो छात्रों के व्यवहार में तथ्यों के ज्ञान द्वारा वांछित परिवर्तन लाने का प्रयास करते हैं।

शिक्षक की एक आदर्श के रूप में भूमिका

शिक्षक केवल एक कक्षाकक्ष निर्देशक न होकर एक लघु समाज के प्रतिनिधि के रूप में होता है, जिसका उत्तरदायित्व बालकों में श्रेष्ठ सामाजिक गुणों का विकास करते हुए उन्हें समाज के श्रेष्ठ नागरिक के रूप में विकसित करना होता है। बालक एक शिक्षक से प्रभावित होकर न केवल उसके निर्देशों का पालन करते हैं बल्कि व्यावहारिक जीवन में उसके जीवन चरित्र, उसकी आदतों एवं उसके व्यवहारों का भी अनुकरण करते हैं।

एक आदर्श के रूप में एक शिक्षक की भूमिका को निम्नलिखित बिन्दुओं के द्वारा स्पष्ट किया जा सकता है-

1. **श्रेष्ठ सामाजिक गुणों का प्रदर्शन करना :** एक आदर्श के रूप में एक शिक्षक को श्रेष्ठ सामाजिक गुणों का प्रदर्शन करना चाहिए। उसे अपने नैतिक एवं चारित्रिक रूप से एक अनुकरणात्मक व्यवहार का प्रदर्शन करना चाहिए। उसे बालकों के समक्ष सच्चाई, ईमानदारी, दया, परोपकार, सहानुभूति, सर्व धर्म समभाव, परिश्रम एवं कर्त्तव्य निष्ठा जैसे सामाजिक गुणों का प्रदर्शन करना चाहिए तथा बालकों में भी ऐसा ही श्रेष्ठ सामाजिक गुणों के विकास हेतु निरंतर प्रयासरत रहना चाहिए।
2. **अपने व्यवहार को नियंत्रित करना :** अगर शिक्षक बालकों का आदर्श है तो वह हमेशा उसका अवलोकन एवं अनुकरण करते हैं। ऐसे में शिक्षक को अपने व्यवहार छात्रों में विकसित किए जाने वाले वांछित गुणों के अनुरूप ही नियंत्रित करना चाहिए तथा प्रयास करना चाहिए कि बालकों के समक्ष किसी भी व्यभिचार युक्त व्यवहार का प्रदर्शन न होने पाये।
3. **छात्रों को प्रेरित करना :** एक आदर्श के रूप में एक शिक्षक को अपने छात्रों को अभिप्रेरित करना चाहिए क्योंकि प्रेरणा से बड़ा और कोई उद्दीपक एवं अधिगम नहीं होता है। एक सही रूप से अभिप्रेरित व्यक्ति किसी प्रकार का अधिगम करने एवं किसी भी समस्या का स्वयं से समाधान करने में सक्षम होता है।
4. **छात्रों को अपनी चिन्तन प्रक्रिया से अवगत कराना :** शिक्षक को छात्रों के समक्ष अपनी चिन्तन प्रक्रिया को स्पष्ट करना चाहिए; जैसे-वह क्या सोचता है, कैसे सोचता है, किसी समस्या को कैसे हल करता है व किस प्रकार निष्कर्षों को प्राप्त करता है। इस प्रक्रिया से वह छात्रों में निर्णय लेने के कौशल का विकास कर सकता है।
5. **अपने मूल्यों के समुच्चय का प्रदर्शन :** एक आदर्श के रूप में एक शिक्षक को अपने छात्रों में उच्च मूल्यों के विकास के लिए अपने जीवन के मूल्यों के समुच्चय का प्रदर्शन करना चाहिए, जिसे देखकर छात्रों के द्वारा भी अपने लिए वैसे ही श्रेष्ठ सामाजिक एवं चारित्रिक मूल्यों का निर्माण कर लिया जाता है।

शिक्षक की सुगमकर्ता के रूप में भूमिका

आधुनिक शिक्षण कला में एक शिक्षक की भूमिका एक निर्देशक एवं नियंत्रक के रूप में न होकर एक परामर्शदाता एवं शिक्षण अधिगम प्रक्रिया के सुगमकर्ता के रूप में होती है। एक परामर्शदाता एवं शिक्षण अधिगम प्रक्रिया के सुगमकर्ता के रूप में शिक्षक को छात्रों का ज्ञान निर्माण एवं समझ का विकास करना होता है। आधुनिक परिवेश में संज्ञानात्मक मनोविज्ञान के विकास के साथ यह माना जाने लगा है कि जीवन में उपस्थित होने वाली समस्याओं के लिए रटा हुआ ज्ञान ही आवश्यक नहीं है वरन् छात्रों में उस ज्ञान की समझ होना भी आवश्यक है। तभी वे उस ज्ञान का प्रयोग करने में सक्षम हो सकते हैं। इसलिए 'आधुनिक शिक्षण अधिगम विधि' अधिगम के साथ बोध के विकास पर भी बल देती है। यह तर्क एवं चिंतन से भी संबंधित होती है।

एक परामर्शदाता एवं शिक्षण अधिगम प्रक्रिया के सुगमकर्ता के रूप में एक अध्यापक की भूमिका को निम्नलिखित बिन्दुओं के आधार पर स्पष्ट किया जा सकता है-

1. एक शिक्षण अधिगम प्रक्रिया के सुगमकर्ता के रूप में शिक्षक द्वारा ज्ञान के निर्माण में ज्ञान के स्वरूप को प्रक्रिया के रूप में देखा जाता है। जिसमें शिक्षक छात्रों को चिन्तन एवं तर्क आदि के प्रयोग द्वारा अपने पूर्व ज्ञान एवं अनुभव के आधार पर ज्ञान के निर्माण का प्रशिक्षण देता है।
2. एक शिक्षण अधिगम प्रक्रिया के सुगमकर्ता के रूप में शिक्षक प्रदान किए जाने वाले शिक्षण का स्वरूप सर्वांगी होता है। इसमें छात्रों द्वारा अधिकतम ज्ञानेन्द्रियों का प्रयोग कर उन्हें ज्ञान निर्माण के लिए प्रोत्साहित किया जाता है। जहाँ शिक्षण का यांत्रिक स्वरूप दिखाने एवं बताने पर बल देता है, वहीं सर्वांगी स्वरूप अनुभव द्वारा अधिगम, करके सीखना एवं खोज द्वारा अधिगम पर बल देता है।
3. एक शिक्षण अधिगम प्रक्रिया के सुगमकर्ता के रूप में शिक्षक द्वारा छात्रों के वास्तविक जीवन, उनकी आवश्यकताओं एवं रुचियों को ध्यान में रख कर उद्देश्यों का निर्माण किया जाता है।
4. एक शिक्षण अधिगम प्रक्रिया के सुगमकर्ता के रूप में शिक्षक द्वारा छात्र केन्द्रित अधिगम गतिविधियों का आयोजन किया जाता है। इसमें छात्र ज्ञान के साथ सक्रिय रूप में अन्त:क्रिया करके प्रत्यय का निर्माण एवं ज्ञान के बोध का विकास करते हैं।
5. एक शिक्षण अधिगम प्रक्रिया के सुगमकर्ता के रूप में शिक्षक द्वारा यह माना जाता है कि छात्रों के पास अपने वातावरण सम्बन्धी पूर्वज्ञान एवं पूर्व अनुभव होता है, जिन्हें आधार बना कर ही वह नवीन ज्ञान की रचना करता है।
6. एक शिक्षण अधिगम प्रक्रिया के सुगमकर्ता के रूप में शिक्षक द्वारा निर्मित एवं संरचित कक्षा कक्ष प्रचुर संवादात्मक तकनीक पर आधारित होता है। जिसमें छात्रों में परस्पर एवं छात्रों की शिक्षक के साथ नियमित रूप से अन्त:क्रियाएँ चलती ही रहती हैं।

शिक्षक की एक मध्यस्थ के रूप में भूमिका

एक मध्यस्थ की भूमिका में शिक्षक शिक्षण अधिगम के लिए एक पृष्ठभूमि अथवा एक आधार का निर्माण करता है। छात्र जिस वातावरण में अन्त:क्रिया

करता है, शिक्षक उसी वातावरण में कुछ चीजें एकत्रित करता है, जो छात्रों के लिए उद्दीपक के रूप में कार्य करती हैं व उसकी चिन्तन प्रक्रिया को प्रभावित करती हैं।

शिक्षण अधिगम प्रक्रिया में एक मध्यस्थ के रूप में एक शिक्षक की भूमिका को निम्न रूप में सारगर्भित किया जा सकता है-

1. शिक्षण अधिगम प्रक्रिया में एक मध्यस्थ के रूप में शिक्षक छात्रों के लिए खोज करने की स्थितियों को प्रकट करता है। इसमें शिक्षक के द्वारा कक्षा कक्ष में बालकों के समक्ष कुछ ऐसा समस्याओं को प्रस्तुत किया जाता है जिनको छात्रों को खोज करके एवं निष्कर्ष निकाल कर हल करना होता है।
2. कक्षा के भौतिक वातावरण को आकर्षक, लुभावना एवं रोमांचक बनाता है ताकि छात्र सीखने व चिन्तन करने के लिए तत्पर हो सकें।
3. जटिल समस्याओं को परिभाषित करने में छात्रों की सहायता करता है।
4. शिक्षक छात्रों से वह क्या ढूंढ रहे के संबंध में समय-समय पर जानकारी लेता है ताकि वह उनकी चिन्तन प्रक्रिया के बारे में अवगत हो सके तथाउन्हें निर्देशित कर सके।
5. शिक्षक छात्रों को नवीन एवं विचित्र स्थितियों में उनके द्वारा प्राप्त किए गए अधिगम के मूल्यांकन करने के लिए प्रर्याप्त अवसर प्रदान करता है।
6. छात्रों को खोजकर्ता, कलाकार, डिजाइनर, शिकारी आदि की रचनात्मक भूमिकाओं में स्थान देता है।
7. शिक्षण अधिगम प्रक्रिया में एक मध्यस्थ के रूप में एक शिक्षक किसी भी कौशल के प्रदर्शन के लिए सबसे अच्छा प्रतिमान स्थापित करता है।
8. बुनियादी मानव गतिविधियों में से शिक्षण उपयोगी सामग्री का चयन करता है तथा इन्हें ज्वलंत एवं आकर्षक विषय वस्तु रूप में ढाल देता है।
9. शिक्षक छात्रों के बहुसंवेदी अनुभवों का स्वाभाविक रूप से प्रयोग करने के अवसर प्रदान करता है।
10. छात्रों के पूर्व अनुभवों को आधार बनाते हुए नवीन अनुभवों को समृद्धता एवं विविधता प्रदान करता है।
11. छात्रों से खुले प्रश्न पूछता है ताकि उनके अपसारी चिन्तन का विकास हो सके।

इस प्रकार कहा जा सकता है कि शिक्षण अधिगम प्रक्रिया में एक मध्यस्थ के रूप में एक शिक्षक छात्रों एवं अधिगम वातावरण के मध्य एक योजक कड़ी के रूप में कार्य करता है। वह शिक्षण अधिगम प्रक्रिया के एक सुचालक की तरह होता है, जो छात्रों द्वारा अधिगम प्राप्त किए जाने के लिए अधिगम वातावरण का निर्माण एवं उसका निर्देशन करता है।

अध्यापक की सहभागिता

शिक्षक और शिक्षण की राष्ट्रीय विकास और राष्ट्रीय निर्माण में महत्वपूर्ण भूमिका है। शिक्षक को इसी दृष्टि से तैयारी करने हेतु सेवापूर्व प्रशिक्षण तथा सेवा में आने के बाद वृत्ति विकास हेतु सेवारत प्रशिक्षण कार्यक्रमों का आयोजन किया जाता है। इस प्रकार शिक्षक और शिक्षण के विकास हेतु सदैव प्रयास किया जाता है। इसका मुख्य उद्देश्य यह है कि शिक्षक को विभिन्न प्रकार के कार्यक्रम व गतिविधियों में सहभागिता सुनिश्चित की जाए। विद्यालय में एकाधिक जिम्मेदारियों के निर्वहन में शिक्षक अपना योगदान देता है। यदि शिक्षक के संदर्भ में देखा जाए तो योजना का निर्माण करना प्रस्तुतीकरण करना, अनुभवों को साझा करने, खोजकर्ता की भूमिका निभाना, विचारों को प्रतिबिंबित करना अथवा चिंतन करना, अध्यापक दैनन्दिनी की पूर्ति आदि अनेक प्रयास शिक्षक के द्वारा किए जाते हैं।

योजना बनाने में शिक्षक की सहभागिता

"नियोजन आगे देखना है, भावी घटनाओं की संकल्पना है तथा वर्तमान में भविष्य को प्रभावित करने वाले निर्णय लेना है।"

विद्यालय के प्रशासन एवं प्रबंधन में शिक्षक अपनी महत्वपूर्ण भूमिका अदा करता है। विद्यालय योजना का संस्थागत योजना के निर्माण में संस्था प्रधान के साथ शिक्षक की अपनी उत्तरदायित्वों को निर्वहन करता है। साथ ही विद्यालय की प्रशासनिक प्रबंधकीय और अन्य भूमिका से जुड़ी जिम्मेदारी भी शिक्षक निभाता है।

शिक्षण अधिगम की दृष्टि से नियोजन या योजना बनाने की प्रक्रिया को पृथक और विशिष्ट संदर्भ में समझने की आवश्यकता है।

नियोजन का सिद्धान्त किसी कार्य को पूर्व योजनानुसार किया जाना सफलता का सूचक है। आत्मविश्वासपूर्ण, जिज्ञासाशील, प्रगतिशील और उपयोगी शिक्षण व्यूह रचनाओं से शिक्षण की सफलता प्राप्त करने के लिए नियोजन किया जाना आवश्यक है। इस प्रकार औपचारिक शिक्षण नियोजन की महत्ता सर्वाधिक है। इसीलिए शिक्षण अधिगम प्रक्रिया को सामान्यत: चार सोपानों नियोजन (Planning), व्यवस्था (Organizing), मार्गदर्शन (Leading), तथा नियंत्रण (Controlling) के रूप में समझा जाता है।

शिक्षण से जुड़ी दीर्घकालीन एवं वर्षपर्यंत से संबंधित योजना के रूप में वार्षिक योजना को जाना पहचाना जाता है। यह योजना संपूर्ण सत्र से संबंधित शिक्षण गतिविधियों का एक मानचित्र प्रस्तुत करती है। यह योजना अध्यापक के लिए एक निर्देशक तथा मार्गदर्शक का कार्य करती है ताकि वर्षपर्यंत शिक्षण से संबंधित योजनाओं को क्रियान्वित किया जा सके। विभिन्न कक्षाओं के लिए चूंकि विभिन्न स्तर के पाठ्यक्रम तथा विद्यार्थी उपलब्ध होते हैं अत: सभी के लिए पृथक-पृथक योजनाएं तैयार की जाती हैं। वार्षिक योजना में पाठ्यवस्तु का विश्लेषण तथा विभाजन कार्य दिवसों तथा कालांश, उद्देश्यों का निर्धारण, उप-सत्र योजना तथा शिक्षण अधिगम सामग्री का ब्यौरा दिया जाता है। नियोजन की दृष्टि से यह आधार स्तम्भ ही सत्र की योजना और उसकी गुणवत्ता को प्रस्तुत करती है। यही शिक्षण अधिगम प्रक्रिया के प्रथम चरण को सशक्त और मजबूत रूप प्रदान करती है। वार्षिक योजना यदि सोच समझकर, विचारपूर्वक बनायी गयी हो तो वर्षभर पाठ्यचर्या और उसके क्रियान्वयन में कठिनाई आने की संभावना कम से कम होती है। इस प्रकार वार्षिक योजना के निर्माण में शिक्षक की ऊर्जा लगना स्वाभाविक है।

शिक्षण अधिगम प्रक्रिया के दूसरे तथा अप्रत्यक्ष चरण के रूप में शिक्षक द्वारा इकाई योजना का भी निर्माण किया जाता है। इस दौरान शिक्षक पाठ्यक्रम से संबंधित चयनित इकाई से संबंधित एक मानचित्र तैयार करता है ताकि कक्षा शिक्षक की वास्तविक परिस्थिति में इस योजना को लागू किया जा सके। इस दौरान उपइकाई का नाम शिक्षण उद्देश्य शिक्षण अधिगम प्रक्रिया, शिक्षण अधिगम सामग्री तथा मूल्यांकन की रूपरेखा तय की जाती है। अत: यह चरण अत्यन्त ही महत्वपूर्ण माना जा सकता है। शिक्षक और शिक्षण अधिगम प्रक्रिया की दृष्टि से यह योजना इसलिए भी महत्वपूर्ण है कि शिक्षण और अधिगम को उचित दिशा प्रदान करती है।

दैनिक पाठ योजना वास्तविक कक्षा शिक्षण और अधिगम प्रक्रिया से संबंधित है। यह शिक्षक को प्रत्यक्ष रूप में प्रस्तुतीकरण और अधिगम के अवसरों की पूर्ति का मंच देता है। शिक्षक की यदि उपर्युक्त योजनाएं ठीक प्रकार से निर्मित हैं तो दैनिक पाठ योजना निर्माण और प्रस्तुतीकरण सहज हो

जाती है। यही वह प्रयास है जहां शिक्षक कक्षा की परिस्थितियों और आवश्यकताओं के अनुसार योजना में परिवर्तन कर अपनी प्रभावशीलता को स्थापित कर सकता है।

दैनिक पाठ योजना के निर्माण में शिक्षक के सामान्य और विशिष्ट उद्देश्य शिक्षण सहायक सामग्री, विधि प्रविधि, वातावरण निर्माण, प्रस्तुतीकरण अधिगम या शिक्षण बिन्दु, मूल्यांकन के साथ शिक्षण के स्वमूल्यांकन को भी सम्मिलित किया जाता है। जब हम निर्माणवादी उपागम की बात करते हैं तो यह भी समझना जरूरी है कि दैनिक पाठ योजना में शिक्षण की सहभागिता या भूमिका एक सुविधा प्रदाता की होनी चाहिए, जहाँ शिक्षक विद्यार्थियों को सीखने के पर्याप्त अवसर उपलब्ध करवाएँ, साथ ही विद्यार्थियों के संवाद, चर्चा, प्रस्तुतीकरण, समूह कार्य, मस्तिष्क उद्वेलन की पाठयोजना में जगह हो। यहां शिक्षक की मनोवैज्ञानिक दृष्टि व्यक्तिगत विभिन्नतानुसार सभी को सीखने के अवसरों से जुड़ी होती है।

कई बार सवाल यह उठता है कि दैनिक पाठ योजना क्यों बनाई जाए? वास्तविकता में उद्देश्यानुसार शिक्षण के लिए पाठ योजना मार्गप्रदर्शन प्रदान करती है। विषयवस्तु की उपयुक्त तैयारी संदर्भ साहित्यों का अध्ययन तत्कालीन उदाहरण, शिक्षण अधिगम सामग्री की तैयारी तथा मूल्यांकन की पूर्व तैयारी हेतु दैनिक पाठ योजना महत्वपूर्ण है।

इस प्रकार स्पष्ट होता है कि शिक्षक के योजना निर्माण, उसके क्रियान्वयन, उससे संबंधित चुनौतियों का सामना और समाधान तथा अग्रिम योजना निर्माण में सुधार आदि उसके क्षेत्र शिक्षण की सहभागिता को स्पष्ट करते हैं।

शिक्षक की खोजबीन करने में सहभागिता

सामान्य अर्थ में अन्वेषण करना, अनुसंधान करना, खोजना, ढूंढ़ना आदि को शिक्षक के संदर्भ में समझना उपर्युक्त शीर्षक से संबंधित माना जा सकता है। समय और परिस्थितिनुसार प्रत्येक व्यक्ति को जीवन में खोजबीन करने के अवसर उपलब्ध होते हैं, लेकिन शिक्षक के लिए इसका महत्व और भी अधिक है क्योंकि जैसाकि कोठारी आयोग (1964-66) की शुरुआत ही इस कथन से की गई है कि भारत का भाग्य निर्माण इस समय उसकी कक्षाओं में हो रहा है। इस प्रकार हम समझ सकते हैं कि राष्ट्रीय विकास उत्तम नागरिकता का निर्माण करने, सामाजिक परिवर्तन में शिक्षा और शिक्षक की अहम भूमिका है। अतः इस दृष्टि से शिक्षक की एक खोजकर्ता (Teacher as a Explorer) के रूप में अपनी पहचान बनाने की आवश्यकता स्पष्ट दिखाई देती है।

हालांकि विद्यालय तथा समुदाय से संबंधित अनेक ऐसे क्षेत्र हैं जिनकी समस्याओं, चुनौतियों और संबंधों के बारे में शिक्षक को खोजबीन या अन्वेषण करना होता है जैसे विद्यालय प्रबंधन के साथ संबंध तथा शिक्षण अधिगम प्रक्रिया आदि। ऐसी स्थिति में शिक्षक एक अनुसंधानकर्ता की भांति प्रत्येक क्षेत्र के विकास तथा समस्या समाधान में अपना अहम किरदार अदा करता है। शिक्षक की दृष्टि से यहां विद्यार्थी, शिक्षक और शिक्षण अधिगम प्रक्रिया के संबंधों को समझना सर्वाधिक आवश्यक प्रतीत होता है।

पाठ्यक्रम में बदलाव से संबंधित राष्ट्रीय पाठ्यचर्या की रूपरेखा (NCF, 2005) में कई स्थानों पर स्पष्ट किया गया है कि शिक्षक को स्वयं के साथ साथ विद्यार्थियों को भी खोजबीन के अवसर उपलब्ध करवाने चाहिए। शिक्षकों को ऐसी सकारात्मक कार्यनीतियों अथवा रणनीतियों की खोजबीन करने की आवश्यकता है ताकि असमर्थ समझे जाने वाले विद्यार्थी सहित सबको शिक्षा का माहौल मिले। दस्तावेज में स्पष्ट किया गया है कि केवल इतिहास नहीं बल्कि सभी विषयों के शिक्षकों को पुरातत्व महत्व के स्थलों का आदरभाव, उनकी महत्ता समझने और खोजबीन की इच्छा को ताकत देनी चाहिए। साथ ही शिक्षक को सहायक सामग्री से जुड़ी आधार सामग्री की भी खोज करने पर जोर दिया गया है ताकि शिक्षण अधिगम सामग्री कई सालों तक काम आ सके।

अध्यापक शिक्षा से जुड़ी राष्ट्रीय पाठ्यचर्या की रूपरेखा (NCFTE, 2009) में प्रशिक्षकों को खोजबीन करने के अवसरों की उपलब्धता पर जोर दिया गया है और सेवारत प्रशिक्षण कार्यक्रमों में भी शिक्षकों को स्वयं के अभ्यासों की खोजबीन के अवसर मिलें, ऐसा स्पष्ट किया गया है। वास्तविकता में सेवापूर्ण तथा सेवारत प्रशिक्षण कार्यक्रम में विषय के अध्यापकों तथा वास्तविक अध्यापकों को खोजबीन करने के भरपूर अवसर उपलब्ध होने चाहिए ताकि वे स्वयं के साथ साथ विद्यार्थियों में भी खोजबीन की जिज्ञासा जागृत करने का प्रयास कर सके। बदलते समय में जहाँ बालकेन्द्रित शिक्षा पर जोर दिया जा रहा है, शिक्षा में निर्माणवादी उपागम को महत्व दिया जा रहा है वहाँ खोजबीन तथा उससे जुड़े प्रयासों की कक्षा शिक्षण और शिक्षण अधिगम प्रक्रिया में अवसरों की जितनी प्रशंसा की जाए उतनी कम ही होगी।

खोजबीन के दौरान ध्यान रखी जाने वाली बातें

खोजबीन की विशेषताओं तथा खोजबीन के दौरान ध्यान रखी जाने वाली बातों को हम सम्मिलित रूप से निम्नलिखित बिन्दुओं के माध्यम से समझ सकते हैं-

- जिज्ञासाशीलता का खोजबीन से गहरा संबंध है। जितनी अधिक जिज्ञासा तथा उत्सुकता होगी, उतनी ही खोजबीन दिशा व्यवस्थित होगी।
- यदि किसी समस्या के समाधान अथवा खोजबीन के प्रति संवेदनशीलता रखी जाए तो खोजबीन के प्रभावी परिणाम की संभावना होगी।
- खोजबीन का कल्पना से भी जुड़ाव है। कल्पना करना खोजबीन की आधारशिला से जुड़ी है। कल्पना और परिणाम का संबंध सार्थक खोजबीन का संकेत होता है।
- विषय मुद्दा और समस्या की गहराई और उद्देश्य के साथ देखने से खोजबीन में सरलता होती है।
- खोजबीन से नवीन ज्ञान की वृद्धि और विकास होता है।
- व्यवस्थित और सुनियोजित होकर खोजबीन की जानी चाहिए।
- खोजबीन धैर्यपूर्वक की जाती है। शीघ्रता से खोजबीन के परिणाम पर असर पड़ता है।

खोजबीन और शिक्षण अधिगम प्रक्रिया

खोजबीन को यदि हम शिक्षक और विद्यार्थी की दृष्टि से देखते हैं तो सरलता से समझा जा सकता है कि इसका संबंध शिक्षण अधिगम प्रक्रिया से गहराई में जुड़ा हुआ है।

शिक्षक को विद्यार्थियों को खोजबीन के अवसर उपलब्ध करवाने के साथ साथ स्वयं को भी खोजबीन कर्ता की भूमिका निभानी चाहिए। हालांकि प्रशासनिक और विद्यालय से जुड़ी अन्य जिम्मेदारियों के निर्वहन से जुड़ी समस्याओं, चुनौतियों और संभावनाओं के लिए भी शिक्षक खोजबीन करता है। लेकिन शिक्षण अधिगम प्रक्रिया के संदर्भ में विद्यार्थी तथा शिक्षक दोनों की खोजबीन तथा अन्वेषण की भूमिका अतिमहत्वपूर्ण है। इस प्रकार शिक्षक, शिक्षण और विद्यार्थी के तिहरे संबंध में खोजबीन से सीखने में नई दिशा का रास्ता खुल जाता है।

कक्षा शिक्षण में खोजबीन से शिक्षण अधिगम प्रक्रिया पर प्रभाव और महत्व को निम्नलिखित बिन्दुओं से समझा जा सकता है–

- विद्यार्थियों की व्यक्तिगत समस्याओं का समाधान, खोजबीन से खोजा जा सकता है ताकि विद्यार्थी एकाग्रता होकर सीखने, सिखाने की प्रक्रिया में शामिल हो सकें।
- विद्यार्थियों की व्यक्तिगत और शिक्षण संबंधी समस्याओं के समाधान के लिए विद्यालयों में शिक्षकों द्वारा क्रियात्मक अनुसंधान किया जाता है जो कि एक प्रकार से खोजबीन तथा समाधान का मिला जुला रूप ही है।
- खोजबीन के माध्यम से शिक्षण हेतु नवीन रणनीतियों, व्यूहरचनाओं और योजनाओं की पहचान की जा सकती है ताकि शिक्षण अधिगम को प्रभावी बनाया जा सके।
- बालकेन्द्रित, नवाचारी शिक्षा और निर्माणवादी उपागम से जुड़ी चुनौतियों और महत्व की सरलता से पहचान खोजबीन के माध्यम से की जा सकती है।
- बालकों में आलोचनात्मक चिंतन हेतु खोजबीन के अवसरों की उपलब्धता महत्वपूर्ण भूमिका अदा करती है।
- शिक्षण और अधिगम का संबंध मूल्यांकन में भी होता है। मूल्यांकन में विद्यार्थियों की सहभागिता प्रत्युत्तर तथा शिक्षण से जुड़े उद्देश्यों के अनुसार मूल्यांकन के तरीके खोजने में भी खोजबीन की भूमिका स्पष्ट दिखाई देती है।

इस प्रकार स्पष्ट होता है कि खोजबीन और खोजकर्ता के रूप में शिक्षक के प्रयास होने चाहिए साथ ही विद्यार्थियों को भी इस संदर्भ में अवसरों हेतु शिक्षक द्वारा सकारात्मक कदम उठाए जाने चाहिए।

साझा करने या बांटने में शिक्षक का जुड़ाव

विचारों तथा अनुभवों को साझा करने या बांटने की अपनी उपयोगिता है। जब हम मनोवैज्ञानिक दृष्टिकोण को पढ़ते हैं तो व्यक्तित्व के विभिन्न प्रकारों को बताते हुए जंग ने अन्तर्मुखी, बहिर्मुखी तथा उभयर्मुखी व्यक्तित्व को स्पष्ट किया है। अन्तर्मुखी अर्थात् अपने में रहना और बहिर्मुखी अर्थात बातचीत द्वारा दूसरों से जुड़ना और उभयर्मुखी अर्थात दोनों का मिश्रण। हम सरलता से समझ सकते हैं कि हम शिक्षक और विद्यार्थी दोनों को, बहिर्मुखी व्यक्तित्व से जोड़कर देखना चाहते हैं। हम यह भी जानते हैं कि हमें कुछ विशेषताएँ जन्म से मिलती हैं तो कुछ हम जन्म के बाद अपनी सोच से बनते हैं। इसलिए शिक्षक तथा विद्यार्थी की साझा करने और बांटने की प्रवृत्ति दोनों के विकास का रास्ता तैयार करती है।

शिक्षक योजनाएँ बनाता है, यह खोजकर्ता भी कहलाता है, वह अपने आप को प्रतिबिंबित भी करता है। और इस दौरान विचारों को साझा भी करता है। हम आज वैश्विक शिक्षा की बात करते हैं। जहाँ सहयोग करना और साझा करना अनिवार्य है ताकि विश्व के परिदृश्य में अपनी जगह और प्रतिष्ठा बनायी जा सके।

राष्ट्रीय पाठ्यचर्या की रूपरेखा 2005 में नवाचार पर बातचीत करते हुए कहा गया है कि शिक्षक बहुत बार कक्षा में विद्यार्थियों को पाठ्यचर्या का ज्ञान कराने के लिए अध्यापन के नए नए तरीके अपनाते हैं। उनके वे प्रयास व्यावसायिक होने के साथ साथ कई बार बढ़िया और रचनात्मक हो सकते हैं, लेकिन उनका शिक्षण समुदाय और स्कूल का पता भी नहीं होता और शिक्षक स्वयं ही इसे कोई खास महत्व नहीं देते हैं। वे शिक्षण के अनुभव बाँट सकते हैं और इस प्रकार शिक्षा के विविध अनुभवों को एक दूसरे से साझा कर सकते हैं। इससे स्कूल के भीतर ही एक शैक्षिक वार्तालाप के अवसर मिलेंगे और शिक्षक एक दूसरे से अन्तः क्रिया कर सकेंगे और सीख सकेंगे।

इस प्रकार उपर्युक्त विवेचना से समझा जा सकता है कि शिक्षक के अनुभवों के साझा करने के कई फायदे हैं जैसे–

- सामूहिकता की भावना का विकास होना।
- सीखने की प्रक्रिया में मदद मिलना।
- अपनी सहभागिता दर्ज कराना।
- विचार प्रस्तुतीकरण के उपयुक्त तरीके सीखना।
- नवीन जानकारी और उसकी समझ बनाना।
- सृजनात्मकता व रचनात्मकता को बढ़ाना।
- अकादमिक वातावरण का निर्माण होना।
- शैक्षिक तकनीक को समझना।
- शिक्षण अधिगम सामग्री के साथ समझ का विकास होना।
- स्वतंत्रता व स्वायत्तता महसूस होना।

शिक्षक की विचारों तथा अनुभवों को साझा करने में विद्यार्थियों को भी इसके अवसर प्रदान करना महत्वपूर्ण है। अतः शिक्षण अधिगम प्रक्रिया में शिक्षक, विद्यार्थी, विद्यार्थी और समूह के रूप में अनुभवों की साझेदारी से बालकेन्द्रित शिक्षा और निर्माणवादी उपागम जैसे अवधारणाओं को बल मिलता है। शिक्षक का योगदान सदैव इस ओर होना चाहिए जहां कक्षा के विचारों को साझा करने का एक मंच बने और विद्यार्थी सदैव विचारों को बांटने के लिए अभिप्रेरित हों। यह समझना जरूरी है कि यदि विद्यार्थियों को खुलकर अपने स्थानीय अनुभवों को साझा करने के अवसर दिए जाए तो निश्चय ही शिक्षण को सूचनाओं की चहारदीवारी से निकालकर सम्पूर्ण विकास में जोड़ना आसान हो जाएगा।

शिक्षक द्वारा शिक्षण के दौरान साझा करने के अवसरों को अधिकाधिक किया जाना चाहिए ताकि शिक्षण अधिगम प्रक्रिया में इस अन्तः क्रिया, बातचीत और चर्चा से सीखने के अवसरों की अधिकता आए। शिक्षक अपने शिक्षण में संबंधित योजना में भी इस बात पर जोर दें कि कहाँ व किस रूप में विचारों तथा अनुभवों को साझा करने का क्रम जारी रहे। इससे शिक्षण की सफलता और प्रभावशीलता को बढ़ाया जा सकता है।

शिक्षक के प्रतिबिंबन से जुड़ाव

अंग्रेजी के शब्द 'रिफ्लेक्शन' को विचार, मंथन, चिंतन, विवेचना, अध्ययन प्रतिबिंबन, परछाई, परावर्तन, पुनर्विचार, आदि कई रूपों से जाना पहचाना जाता है। सामान्य अर्थ में काँच में चेहरे का दिखना प्रतिबिंबन है। किसी विद्यार्थी के परीक्षा परिणाम में अच्छे अंक उसकी मेहनत, लगन, दृढ़ निश्चिय का ही प्रतिबिंबन या परछाई है। हम प्रतिबिंब का नियम ही जानते हैं जो कि दिशा और कार्य में संबंध बनाता है। इसी अनुसार हम जिस दिशा में सोचते हैं या विचार करते हैं, उसे उसी अनुसार बताने, साझा करने, बात करने का अवसर मिलना प्रतिबिंबन ही है। यह हाव भाव, मौखिक और लिखित रूप में होता है। जैसे हम कह देते हैं कि अमूक पुस्तक में बच्चे के मनोविज्ञान का प्रतिबिंब दिखाई देता है। बोलकर और संवेदनाओं के माध्यम से भी हम प्रतिबिंबन देते हैं। इसी प्रकार से यहाँ शिक्षक और उनके प्रतिबिंबन को हम समझने का प्रयास करेंगे।

शिक्षक और विद्यार्थी दोनों ही समाज में रहते हैं, समाज में होने वाले बदलावों को देखते हैं, समझते हैं और इसका प्रतिबिंबन विद्यालय और कक्षा कक्ष में दिखाई देता है। जब वे बातचीत करते हैं, चर्चा करते हैं, संवाद करते हैं तो समाज की परछाई स्पष्ट दिखाई देती है। शिक्षण अधिगम प्रक्रिया में प्रतिबिंबन महत्वपूर्ण है और यह जितना शिक्षक के लिए जरूरी है, उतना ही

विद्यार्थी के लिए। शिक्षा के क्षेत्र में पिछले कई वर्षों में हुए बदलाव, जैसे पाठ्यपुस्तकों का नवीन रूप, पाठ्यक्रमों में बदलाव, विद्यालय और अध्यापक शिक्षा के नए उभरते संबंध यह बताते हैं कि प्रतिबिंबन के अवसर शिक्षक और विद्यार्थी दोनों से संबंधित है। ताकि वास्तविक परिस्थिति को सरलता से समझा जा सके।

शिक्षक की प्रतिबिंबन में सहभागिता, जुड़ाव ओर सम्बद्धता विद्यालयों में दिखाई देती है। यह प्रतिबिंबन शिक्षकों को अपने विचारों तथा अनुभवों में जुड़ा होता है। शिक्षक बनने की प्रक्रिया में सेवापूर्ण शिक्षा सेवा में आने के बाद सेवारत प्रशिक्षण में शिक्षक को प्रतिबिंबन का अवसर प्रदान किया जाता है। राष्ट्रीय पाठ्यचर्या की रूपरेखा (2005), अध्यापक शिक्षा की राष्ट्रीय पाठ्यचर्या की रूपरेखा (2009), अध्यापक शिक्षा से जुड़े आधार पत्र आदि सभी में प्रतिबिंबन को महत्वपूर्ण स्थान दिया गया है। अध्यापक की प्रतिबिंबन की प्रवृत्ति विद्यार्थियों को भी अभिप्रेरित करती है। जिससे विद्यार्थी अपने अनुभवों का प्रतिबिंबन देते हैं।

हालांकि विद्यालय में अध्यापक लगातार प्रतिबिंबन करते हैं लेकिन यदि निम्नलिखित बिन्दुओं पर और भी ध्यान दिया जाए तो प्रतिबिंबन को और अधिक प्रभावी बनाया जा सकता है-

प्रतिबिंबन में समालोचनात्मक दृष्टिकोण महत्वपूर्ण होता है। सोच समझकर विचारपूर्वक तथा विद्यार्थियों पर पड़ने वाले असर को ध्यान में रखते हुए प्रतिबिंबन किया जाना चाहिए जिससे समाज या समुदाय की छाया दिखायी दे।

शिक्षण अधिगम प्रक्रिया के लिए बनाई गयी पाठयोजना में भी प्रतिबिंबन दिखाई देना चाहिए, विशेषतया विषयवस्तु का शिक्षण में विषयवस्तु की गहरी समझ की दृष्टि और परावर्तन दिखायी देना चाहिए।

भारत का भविष्य आज के बालक ही है अत: वे यदि वर्तमान में प्रति संवेदनशील बनाए जाए तो भविष्य में इसका प्रतिबिंब दिखायी देगा। अत: शिक्षक की इस दृष्टि से भी अहम जिम्मेदारी है कि वे आज के बालकों को भविष्य में प्रतिबिंबन करने के लिए तैयार करें और अपने प्रतिबिंबन की सहभागिता भी बनाए रखें।

शिक्षक के लेखन में भी प्रतिबिंबन दिखायी देना चाहिए, चाहे वह पाठ योजना से अथवा अन्य लेखन कार्य से। साथ ही विद्यार्थियों को भी यह अवसर दिया जाना चाहिए।

अध्यापक के नवीन विचारों को भी कक्षा कक्ष में प्रतिबिंबन करना चाहिए ताकि वे विद्यार्थियों को भी नया सोचने के लिए तैयार कर सकें।

शिक्षक एक अनुसंधानकर्ता, अन्वेषण या खोजबीनकर्ता की भूमिका भी निभाता है। वह विद्यार्थियों की समस्याओं व चुनौतियों का पता लगाकर उचित समाधान प्रस्तुत करता है। शिक्षक द्वारा इस हेतु क्रियात्मक अनुसंधान भी किए जाते हैं अत: शिक्षक के अनुसंधान में विद्यार्थियों से जुड़ी विविध आवश्यकताओं, समस्याओं और चुनौतियों का प्रतिबिंबन दिखाई देना चाहिए।

सेवारत प्रशिक्षण कार्यक्रम अध्यापकों की वृत्तिक वृद्धि का आधार तैयार करते हैं अत: शिक्षकों को इन कार्यक्रमों में स्वयं का प्रतिबिंबन करना चाहिए। सेवारत प्रशिक्षण कार्यक्रम भी शिक्षकों को प्रतिबिंबित होने का पूर्ण अवसर प्रदान करें।

इस प्रकार स्पष्ट होता है कि स्व-प्रतिवेदन अत्यंत आवश्यक है। यदि शिक्षक अपने अनुभवों को प्रतिबिंबित करता है तो इससे विद्यार्थियों की दृष्टि का निर्माण होता है और समय समय पर विद्यार्थी स्वयं को प्रतिबिंबित करने से जोड़ता है।

विश्लेषणात्मक लेखन

लेखन एक कला है। विचारों को प्रस्तुत करने तथा सम्प्रेषित करने का यह सशक्त माध्यम है। विभिन्न पत्र-पत्रिकाओं, लेखों, पत्रों, पुस्तकों आदि के माध्यम से अपने विचारों की लिखित रूप में अभिव्यक्ति की जाती है। लम्बे समय से लेखन एक परम्परा की भाँति विचारों के प्रस्तुतीकरण का आधार तैयार करती रही है। हालांकि लेखन का परिप्रेक्ष्य अलग अलग होता है। संवाद, चर्चा, प्रश्नोत्तरी, व्याख्या, विचार प्रस्तुतीकरण, कहानी, कविता, अकादमिक लेखन और विश्लेषणात्मक लेखन आदि लेखन के विभिन्न प्रकार एवं स्वरूप हैं।

विश्लेषण को संश्लेषण का विपरीत कहा जाता है। विश्लेषण में किसी सिद्धान्त अथवा समस्या के तत्वों या भागों को एक एक करके खोलने अन्त: संबंधों को बताने, निगमित करने तथा संगठनात्मक सिद्धान्तों के समझने पर जोर दिया जाता है। इसमें विभाजन, निष्कर्ष निकालना, तुलना करना, अन्तर करना, आलोचना करना, अलग करना तथा औचित्य बताना भी सम्मिलित है।

विश्लेषणात्मक लेखन की विशेषताएँ

शिक्षण की विश्लेषणात्मक लेखन में सहभागिता बातचीत में पूर्व इसकी विशेषताओं पर समक्ष बनाना आवश्यक है जो कि निम्नलिखित है-

- यह लेखन समझ से संबंधित है।
- सुबूत तथा आंकड़ों के अर्थपूर्ण प्रतिमान से संबंधित है।
- तर्क पर केन्द्रित है।
- खोजबीनपूर्ण, लगभग सही और निष्पक्ष विचारों से जुड़ा है।
- विषय और मुद्दे पर आधारित होता है।
- विशेषत: क्या, क्यों व कैसे जैसे सवालों से जुड़ाव होता है।
- विचारों से संबंधित जो कि तर्कपूर्णता के साथ प्रभावी संप्रेषण से संबंधित होता है।
- अमूर्त चिंतन पर ध्यान होता है।
- कारण-प्रभाव संबंधों पर आधारित होता है।

इस प्रकार स्पष्ट होता है कि विश्लेषणात्मक लेखन तर्क, प्रमाण, औचित्य, आलोचनात्मक व अमूर्त चिंतन से संबंधित है।

विश्लेषणात्मक लेखन और शिक्षक सहभागिता

शिक्षक की विश्लेषणात्मक लेखन में भूमिका अतिमहत्वपूर्ण होती है। क्योंकि इसी आधार पर शिक्षक वास्तविकता का पर्याप्त प्रमाणों के साथ सोच विचारपूर्वक प्रस्तुत करता है। शिक्षक के लेखन में सदैव यह भाव दिखाई देना चाहिए। किसी विषयवस्तु को औचित्य के साथ क्या, क्यों व कैसे के प्रश्नों संबंधित करने से विषयवस्तु का प्रस्तुतीकरण उपयुक्त हो जाता है। हम पूर्व में भी चर्चा कर चुके हैं कि लेखन एक कला और विश्लेषणात्मक लेखन एक प्रभावी और उपयोगी कला।

शिक्षक समाज का एक अभिन्न हिस्सा है। वह समाज निर्माण की प्रक्रिया से भी जुड़ा है और इसलिए बालकों के सर्वांगीण विकास से उसका ताना बाना रहता है। वह वास्तविकताओं को देखता है, समझता है, उनके प्रति संवेदनशीलता भी रखता है। अत: उसे कागज पर उकेरने में वास्तविकता स्पष्ट झलकती है और उसमें तर्क व प्रमाण भी दिखायी दे सकते हैं। अत: एक शिक्षक का लेखन सदैव विश्लेषणात्मक होना चाहिए। शिक्षक विद्यालय की और शिक्षण से संबंधित चुनौतियों के समाधान हेतु क्रियात्मक अनुसंधान भी करता है जिसके प्रतिवेदन के निर्माण में विश्लेषणात्मक लेखन दिखाई दे

सकता है। इसके साथ ही विभिन्न पत्र, पत्रिकाओं तथा पुस्तक लेखन में भी शिक्षक को विश्लेषणात्मक दृष्टि रखनी चाहिए।

विश्लेषणात्मक लेखन के दौरान ध्यान रखी जाने वाली बातें-

- एक शिक्षक को विश्लेषणात्मक लेखन के समय निम्नलिखित बिन्दुओं का ध्यान रखना चाहिए-
- यह कल्पना या कहानी गढ़ना नहीं बल्कि वास्तविकता का समूह होना चाहिए।
- अपनी सोच के बारे में सोचने से संबंधित होना चाहिए जो कि आत्मसंज्ञान से संबंधित होगा।
- मैं और तुम के स्थान पर विषय तथा विषयवस्तु की तर्कपूर्ण रूप में व्याख्या की जाए।
- असामान्य शब्दावली जैसे सामान्यत: जैसाकि, बहुत अधिक, बहुत कुछ आदि को अपने लेखन से हटाया जाए और लेखन प्रमाण को वास्तविक बनाए।
- अत्यधिक दोहराना से बचा जाए। सटीक विचारों का प्रस्तुतीकरण हो।
- स्वयं से संबंधित भावनात्मक प्रतिक्रिया से बचा जाए बल्कि लेखन को प्रामाणिक बनाया जाना आवश्यक है।

शिक्षक में निहितार्थ

विश्लेषणात्मक लेखन से शिक्षक का गहरा संबंध बताया जा सकता है। शिक्षक अपने विभिन्न लेखन कार्य में इसका प्रयोग करे। विशेषत: शिक्षण के संदर्भ में वास्तविकता से अधिगमकर्ताओं को अवगत कराने में विश्लेषणात्मक लेखन महत्वपूर्ण प्रतीत होता है। इस प्रकार के लेखन से कुछ जुड़ी बाह्यवस्तु तैयार की जा सकती है विशेषत: उन प्रकरणों को ध्यान में रखकर जिनमें आंकड़ों, तर्कों व प्रमाणों को और गहनता व नवीनता से प्रस्तुत किया जाना हो। अखबार, पत्र पत्रिकाओं, इंटरनेट व लेखों में आवश्यक सामग्री एकत्रित कर अपने लेखन को और अधिक प्रामाणिक बनाया जाना चाहिए और कक्षा कक्ष में उसका उपयोग किया जाना चाहिए। शिक्षक स्वयं के लेखों व पुस्तकों के लेखन में विश्लेषणात्मक दृष्टि रख सकते हैं, और शिक्षण में उसका प्रयोग कर सकते हैं। साथ ही विद्यार्थियों को भी शिक्षण के दौरान इस प्रकार के लेखन हेतु प्रेरित किया जा सकता है। सबसे महत्वपूर्ण पक्ष यह है कि शिक्षक विश्लेषणात्मक लेखन करे, शिक्षण में इसका गहराई से प्रयोग करें तथा विद्यार्थी भी इसकी सहभागिता को सीखें, तभी लेखन औचित्यपूर्ण है।

इस प्रकार एक शिक्षक को अपनी सहभागिता विश्लेषणात्मक लेखन में रखनी चाहिए ताकि विद्यालय, विद्यार्थी, समाज आदि के संबंध में वास्तविक तथा प्रामाणिक विषयवस्तु को पढ़ने का एक आम व्यक्ति को अवसर मिल सके।

❑❑

14 भारतीय शिक्षा का इतिहास

ब्रिटिश शासन काल

भारतीय शिक्षा की विकास यात्रा का इतिहास अत्यंत विस्तृत है। इसमें प्राचीन कालीन वेदों की शिक्षा से लेकर ब्रिटिश काल की शिक्षा सम्मिलित है। इसके अंतर्गत ब्रिटिश शासनकाल के दौरान लागू की गई मैकाले मिनट्स, वुड डिस्पैच योजना, हंटर आयोग, गोखले विधेयक, वर्धा योजना, कलकत्ता विश्वविद्यालय, हार्टोग समिति, एबाट-वुड रिपोर्ट तथा सार्जेंट रिपोर्ट योजनाओं का विस्तार से अध्ययन करेंगे।

मैकाले मिनट्स

(Macaulay's Minutes) 1835

भारतीय शिक्षा के इतिहास में मैकाले के द्वारा प्रस्तुत घोषणा पत्र अंग्रेजी शिक्षा के प्रचार-प्रसार हेतु एक मील का पत्थर है। मैकाले के प्रस्तुत घोषणा पत्र ने भारतीय शिक्षा को एक नई दिशा और स्वरूप प्रदान किया। जब ब्रिटिश पार्लियामेंट में ''गवर्नमेंट ऑफ इंडिया एक्ट 1833" पास किया तो मैकाले को गवर्नर जनरल काउन्सिल (जिसे सुप्रीम काउन्सिल ऑफ इंडिया कहते थे) का विधि सदस्य (law member) नियुक्त किया। अत: मैकाले 1834 में भारत आया। यहाँ उसे ''कमेटी ऑफ पब्लिक इंस्ट्रक्शन'' का अध्यक्ष भी बनाया गया। वह अंग्रेजी का प्रकाण्ड ज्ञाता और अपने लेखों तथा व्याख्यानों से लोगों में जीवन का संचार कर देता था। इसी ज्ञान के भंडार के साथ मैकाले ने भारत में प्रवेश किया और उनके आते ही तत्कालीन गवर्नर जनरल विलियम बैंटिक ने बंगाल की 'लोक शिक्षा समिति' का प्रधान नियुक्त कर दिया। इस कमेटी में दस सदस्य थे जिनमें से आधे सदस्य तो संस्कृत, फारसी, अरबी की शिक्षा जारी रखने के समर्थक थे, पर शेष आधे अंग्रेजी की और यूरोपीय ज्ञान-विज्ञान की शिक्षा देने के पक्ष में थे। इस विवाद को समाप्त करने के लिए तथा कंपनी के कर्मचारी और कंपनी के डायरेक्टरों की इच्छा को लागू करने की दृष्टि से मैकाले ने अपने विवरण-पत्र में तीन नीतिगत बातें कहीं:

1. हमें अपना राज्य सुदृढ़ करने के लिए ऐसे लोग चाहिए जो रक्त और रंग में ये भारतीय हों, पर रुचियों में, दृष्टिकोण में, नैतिकता में और बुद्धि में अंग्रेज हों, ऐसे लोग तभी तैयार किए जा सकते हैं जब उन्हें यूरोपीय ज्ञान-विज्ञान की शिक्षा दी जाए। अत: हमें यह राशि ''यूरोपीय ज्ञान-विज्ञान'' (इसी को अब हम लोग ''आधुनिक ज्ञान-विज्ञान'' कहने लगे हैं) के प्रसार पर खर्च करनी चाहिए।
2. इसके लिए अंग्रेजी को ही शिक्षा का माध्यम बनाना होगा क्योंकि भारतीय भाषाएँ इतनी अविकसित और गंवारू हैं कि उन्हें यूरोपीय भाषाओं से संपन्न किए बिना उनमें यूरोपीय ज्ञान-विज्ञान का अनुवाद तक संभव नहीं।
3. यह शिक्षा सबको नहीं, समाज के केवल विशिष्ट वर्ग को देनी चाहिए। यह विशिष्ट वर्ग ही इस ज्ञान-विज्ञान का प्रसार देश के अन्य लोगों में देशी भाषाओं के माध्यम से (कृपया इन शब्दों पर ध्यान दें, ''देशी भाषाओं के माध्यम से'') कर लेगा। इसे ही शिक्षा-शास्त्र की पारिभाषिक शब्दावली में ''अधोमुखी निस्यन्दन सिद्धांत (downward filtration theory)" कहते हैं।

मैकाले का स्पष्ट कहना था कि भारत को हमेशा-हमेशा के लिए अगर गुलाम बनाना है तो इसकी देशी और सांस्कृतिक शिक्षा व्यवस्था को पूरी तरह से ध्वस्त करना होगा और उसकी जगह अंग्रेजी शिक्षा व्यवस्था लानी होगी और तभी इस देश में शरीर से हिन्दुस्तानी लेकिन दिमाग से अंग्रेज पैदा होंगे।

मैकाले ने अपने पिता को एक चिट्ठी लिखी थी, उसमें वह लिखता है कि ''इन कॉन्वेंट स्कूलों से ऐसे बच्चे निकलेंगे जो देखने में तो भारतीय होंगे लेकिन दिमाग से अंग्रेज होंगे और इन्हें अपने देश के बारे में कुछ पता नहीं होगा, इनको अपनी संस्कृति के बारे में कुछ पता नहीं होगा, इनको अपनी परम्पराओं के बारे में कुछ पता नहीं होगा, इनको अपनी मुहावरे नहीं मालूम होंगे, जब ऐसे बच्चे होंगे इस देश में तो अंग्रेज भले ही चले जाएँ, इस देश से अंग्रेजियत नहीं जाएगी।''

अंग्रेजी का शिक्षा के माध्यम के रूप में अधिकृत और व्यवस्थित प्रयोग लार्ड मैकाले के उस विवरण पत्र (1835) का परिणाम था जो उसने ब्रिटेन की संसद के नए आज्ञा-पत्र (चार्टर 1833) को व्यावहारिक रूप देने के लिए तैयार किया था। आज्ञा-पत्र को अंतिम रूप देने से पहले ही ईस्ट इंडिया कंपनी के डायरेक्टरों ने अपना मंतव्य स्पष्ट करते हुए 5 सितम्बर 1827 को गवर्नर जनरल को पत्र में लिखा कि शिक्षा के लिए निर्धारित धन उच्च और मध्य वर्ग के ऐसे भारतीयों की शिक्षा पर ही खर्च किया जाए जो हमारे शासन के लिए ''एजेंट'' का काम करें। उस समय स्कूल चलाने वाले प्राय: तीन तरह के लोग थे:

1. कंपनी के कर्मचारी/व्यापारी, जो अपने बच्चों के लिए इंग्लैंड के स्कूलों जैसी शिक्षा देना चाहते थे।
2. ईसाई मिशनरी जो मुख्य रूप से ईसाई धर्म की शिक्षा देते थे। मिशनरियां धर्म प्रचार का काम सामान्यतया समाज के निर्धन लोगों के बीच करती थीं। अत: वे अपनी शिक्षा में किसी व्यवसाय की शिक्षा भी शामिल करते थे ताकि धर्मान्तरित लोगों का आर्थिक स्तर सुधार सकें।
3. भारतीय जिसमें हिंदू और मुसलमान दोनों थे जिनमें से क्रमश: पाठशाला/आश्रम, मकतब / मदरसे वाली शिक्षा देना चाहते थे। यों तो इन सभी की नजर उक्त राशि पर लगी हुई थी, पर ईसाई मिशनरी इस पर अपना विशेषाधिकार समझते थे।

2 फरवरी 1835 को ब्रिटिश संसद में दिए लार्ड मैकाले ने अपने भाषण में कहा कि ''मैंने भारत की ओर-छोर की यात्रा की है पर मैंने एक भी आदमी ऐसा नहीं देखा जो भीख मांगता हो या चोर हो। मैंने इस मुल्क में अपार संपदा देखी है। उच्च उदात्त मूल्यों को देखा है। इस योग्यता एवं

मूल्यों वाले भारतीयों को कोई भी नहीं जीत सकता यह मैं मानता हूं, तब तक, जब तक कि हम इस मुल्क की रीढ़ ही न तोड़ दें, और भारत की रीढ़ है उसकी आध्यात्मिक और सांस्कृतिक विरासत। इसलिए मैं यह प्रस्ताव करता हूँ कि भारत की पुरानी शिक्षा व्यवस्था को हम बदल दें। उसकी संस्कृति को बदलें ताकि हर भारतीय यह सोचे कि जो भी विदेशी है, वह बेहतर है। वे यह सोचने लगें कि अंग्रेजी भाषा महान है अन्य देशी भाषाओं से। इससे वे अपना सम्मान खो बैठेंगे। अपनी देशज जातीय परंपराओं को भूलने लगेंगे और फिर वे वैसे ही हो जाएंगे जैसा हम चाहते हैं, सचमुच एक आक्रांत एवं पराजित राष्ट्र।''

काफी विचार विमर्श के पश्चात् 7 मार्च 1835 को मैकाले का घोषणा पत्र लागू हुआ। जिसकी रूपरेखा इस प्रकार से थी-

1. ब्रिटिश सरकार का प्रमुख उद्देश्य भारतवासियों में यूरोपीय साहित्य एवं विज्ञान का प्रचार करना है। अतः केवल इसी कार्य के लिए शिक्षा सम्बन्धी राशि व्यय की जाएगी।
2. प्राच्य-शिक्षालयों का बहिष्कार तथा उन्मूलन नहीं किया जाएगा। उनके अध्यापकों तथा छात्रों को पूर्व के समान ही वेतन एवं छात्रवृत्तियाँ दी जाएँगी।
3. भविष्य में प्राच्य शिक्षा सम्बन्धी पुस्तकों का मुद्रण तथा प्रकाशन नहीं होगा, अंग्रेजी साहित्य एवं विज्ञान का प्रसार करने में व्यय किया जायेगा।
4. इन सुधारों से बचा हुआ धन भारतीयों में अंग्रेजी भाषा के माध्यम द्वारा अंग्रेजी साहित्य एवं विज्ञान का प्रसार करने में व्यय किया जायेगा।

वुड डिस्पैच

(Wood's Despatch) 1854

'बोर्ड ऑफ कन्ट्रोल' के प्रधान चार्ल्स वुड ने 19 जुलाई, 1854 को भारतीय शिक्षा पर एक व्यापक योजना प्रस्तुत की, जिसे 'वुड का डिस्पैच' कहा गया। 100 अनुच्छेदों वाले इस प्रस्ताव में शिक्षा के उद्देश्य, माध्यम, सुधारों आदि पर विचार किया गया था। इस घोषणा पत्र को भारतीय शिक्षा का 'मैग्ना कार्टा' भी कहा जाता है। प्रस्ताव में पश्चात शिक्षा के प्रसार को सरकार ने अपना उद्देश्य बनाया उच्च शिक्षा को अंग्रेजी भाषा के माध्यम से दिये जाने पर बल दिया गया, परन्तु साथ ही देशी भाषा के विकास को भी महत्व दिया गया। ग्राम स्तर पर देशी भाषा के माध्यम से अध्ययन के लिए प्राथमिक पाठशालाएं स्थापित हुईं और इनके साथ ही जिलों में हाईस्कूल स्तर के 'एंग्लो-वर्नाक्यूलर' कालेज खोले गए। घोषणा-पत्र में सहायता अनुदान दिए जाने पर बल भी दिया गया था।

वुड घोषणा-पत्र की प्रमुख बातें

वुड घोषणा-पत्र की प्रमुख बातें अग्रलिखित है-

1. शिक्षा सम्बन्धी एक स्थाई नीति निर्धारित कर उसकी समुचित व्यवस्था की आवश्यकता समझी गई।
2. शिक्षा के स्तर एवं उसके पाठ्यक्रम में सुधार या परिवर्तन लाने की आवश्यकता समझी गई।
3. अंग्रेजी शिक्षा के विकास के साथ नवीन ढंग की शिक्षण-संस्थाओं की वृद्धि की आवश्यकता हुई।
4. शिक्षण माध्यम अंग्रेजी के साथ ही भारतीय भाषाओं को भी शिक्षण माध्यम बनाने की आवश्यकता महसूस हुई।

वुड घोषणा-पत्र की प्रमुख सिफारिशें

शिक्षा का उद्देश्य

शिक्षा का उद्देश्य भारतीयों की बौद्धिक और चारित्रिक उन्नति करने के साथ ही ऐसे व्यक्तियों को उत्पन्न करना था जो ब्रिटेन को मजबूत बना सकें और जिन्हें विश्वास के साथ राजपदों पर नियुक्त किये जा सकें।

पाठ्यक्रम

पाश्चात्य संस्कृति का साहित्य ही भारतीयों के लिए उपयुक्त समझा गया पर साथ ही अरबी, संस्कृत एवं फारसी भी स्वीकार ली गई।

अध्यापकों का प्रशिक्षण

अध्यापकों का स्तर उठाने के लिए प्रत्येक प्रेसीडेंसी में एक-एक शिक्षक -प्रशिक्षण-महाविद्यालय की स्थापना की सिफारिश गई।

लोक शिक्षा विभाग

1855 ई. में 'लोक शिक्षा विभाग' की स्थापना हुई। जिसका सर्वोच्च अधिकारी जन-शिक्षा संचालक था।

शिक्षा और रोजगार

घोषणा पत्र में कहा गया कि शिक्षा प्राप्त व्यक्ति ही सरकारी पद पर नियुक्त किया जाए। छोटे-छोटे पदों के लिए निरक्षर के स्थान पर साक्षर को मौका दिया जाए।

विश्वविद्यालय

प्रस्ताव के अनुसार 'लन्दन विश्वविद्यालय' के आदेश पर बम्बई, मद्रास एवं कलकत्ता विश्वविद्यालय 1857 ई में अस्तित्व में आए। 1847 ई. से पूर्व भारत में कुल 19 विश्वविद्यालय थे। इसमें एक कुलपति, उप-कुलपति, सीनेट एवं विधि सदस्यों की व्यवस्था की गई। इन विश्वविद्यालयों को परीक्षा लेने एवं उपाधियाँ प्रदान करने का अधिकार होता था। तकनीकी एवं व्यावसायिक विद्यालयों की स्थापना के क्षेत्र में भी इस घोषणा पत्र में प्रयास किया गया। 'वुड डिस्पैच' की सिफारिश के प्रभाव में आने के बाद 'अधोमुखी निस्यंदन सिद्धान्त समाप्त हो गया।

क्रमबद्ध विद्यालयों की स्थापना

शिक्षा को सुचारु रूप से चलाने के लिए क्रमबद्ध विद्यालय की स्थापना पर जोर दिया गया। इसमें प्राथमिक विद्यालय, मिडिल विद्यालय, हाई स्कूल, कॉलेज और विश्वविद्यालय का क्रम रखा गया।

शिक्षा का माध्यम

यूरोपियन ज्ञान के लिए अंग्रेजी को शिक्षा का माध्यम बनाया गया जबकि सामान्य अध्ययन के लिए शिक्षा का माध्यम देशी भाषाएँ रहीं।

जन-समूह की शिक्षा

जीवन के सर्वांगीण विकास के लिए शिक्षा को महत्वपूर्ण आधार माना गया जिसके तहत सभी के लिए शिक्षा की व्यवस्था की गई। यह सिफारिश भी की गई कि निर्धन किन्तु योग्य विद्यार्थियों को शिक्षा के सभी स्तरों पर छात्रवृत्तियाँ दी जाएगी।

अनुदान व्यवस्था

सरकारी की ओर से अनुदान शिक्षालय भवन, पुस्तकालय तथा छात्रवृत्तियों एवं अध्यापकों के वेतन आदि के लिए था। यह अनुदान केवल धर्मनिरपेक्ष संस्थाओं को देने की घोषणा की गई।

व्यावसायिक शिक्षा

विभिन्न प्रकार के उद्योगों के शिक्षण के लिए औद्योगिक स्कूल और कॉलेज खोलने को कहा गया। व्यावसायिक व औद्योगिक शिक्षा प्राप्त व्यक्तियों को रोजगार देने की सिफारिश की गई।

स्त्री शिक्षा

नारी शिक्षा के लिए विद्यालयों को अनुदान दिया जाएगा।

इनके अलावा निम्नलिखित सुझाव दिए गए-

1. भारतीय भाषाओं में पुस्तक लेखन एवं प्रकाशन का भी सुझाव दिया गया।
2. शिक्षा धर्मनिरपेक्ष होगी।

भारतीय शिक्षा के इतिहास में वुड का घोषणा पत्र बेजोड़ है क्योंकि घोषणा पत्र ने भारतीय शिक्षा के उद्देश्यों का स्पष्टीकरण कर दिया था और पाठ्यक्रम में भारतीय मूल्यों को व्यापक स्थान प्राप्त था।

हंटर आयोग (Hunter Commission) 1882–83

चार्ल्स वुड के घोषणा-पत्र द्वारा शिक्षा के क्षेत्र में हुई प्रगति की समीक्षा हेतु 1882 ई में सरकार ने डब्ल्यू हंटर की अध्यक्षता में एक आयोग की नियुक्ति की। इस आयोग में 8 सदस्य भारतीय और 14 विदेशी थी। आयोग को प्राथमिक एवं माध्यमिक शिक्षा की समीक्षा तक ही सीमित कर दिया गया था।

आयोग की नियुक्ति के कारण

हंटर आयोग की नियुक्ति के निम्नलिखित कारण थे-

1. वुड के घोषणा-पत्र की असफलता।
2. जनशिक्षा की अवहेलना।
3. पूर्व के शिक्षा सिद्धांतों, आयोगों, समितियों और क्रियाओं के स्वरूप और क्रियान्वयन में अंतर।
4. शिक्षा की वास्तविक स्थिति का पता लगाने के लिए।
5. मिशनरियों के आन्दोलन।

हंटर आयोग के उद्देश्य

हंटर कमीशन की स्थापना के निम्नलिखित उद्देश्य थे-

1. भारत में प्राथमिक शिक्षा की दशा देखना तथा उसके विकास में सहयोग में सहयोग देना।
2. माध्यमिक शिक्षा का प्रसार किन साधनों से किया जाए।
3. उच्च व माध्यमिक शिक्षा के प्रोत्साहन से प्राथमिक शिक्षा पर क्या प्रभाव पड़ा।
4. भारतीय शिक्षा व्यवस्था में व्यक्तिगत प्रयासों के प्रति सरकार की नीति क्या हो।
5. सहायता-अनुदान प्रणाली के सम्बन्ध की नीति क्या होनी चाहिए।

हंटर आयोग की सिफारिशें तथा सुझाव

प्राथमिक शिक्षा

1. प्राथमिक शिक्षा का उद्देश्य जन साधारण में शिक्षा का प्रसार करना निर्धारित किया जाए।
2. इस शिक्षा का प्रसार तथा संचालन का भार जिला परिषदों और नगर पालिकाओं को दे देना चाहिए।
3. इस शिक्षा का प्रसार पिछड़ी हुई जातियों और आदिवासियों में विशेष रूप से किया जाए।
4. इस शिक्षा के स्तर को उच्च बनाने के लिए प्रत्येक निरीक्षण के क्षेत्र में कम से कम एक सामान्य स्कूल की स्थापना की जाए।
5. इस शिक्षा में जीवन उपयोगी विषयों जैसे– गणित, कृषि आदि को स्थान दिया जाए।
6. प्राथमिक शिक्षा को देश की शिक्षा प्रणाली का अंग घोषित किया जाए।

माध्यमिक शिक्षा

1. इसके लिए सहायता अनुदान प्रणाली का प्रयोग किया जाए।
2. माध्यमिक स्तर पर दो प्रकार के पाठयक्रमों की व्यवस्था की जाए।
3. हर जिले में एक विद्यालय का निर्माण किया जाए और उसके संचालन का भार वहाँ के निवासियों को दे दिया जाए।
4. माध्यमिक शिक्षा के स्तर को उच्च बनाने के लिए प्रत्येक स्थान पर प्रशिक्षण विद्यालयों की स्थापना की जाए।
5. शिक्षा के माध्यम में मातृभाषा को प्रमुखता दी गई पर इसके साथ कुछ ज्ञान अंग्रेजी का भी दिया जाए।

उच्च शिक्षा

1. कॉलेजों में शिक्षकों की नियुक्ति करते समय यूरोपियन विश्वविद्यालयों में शिक्षा प्राप्त करने वाले भारतीयों को प्राथमिकता दी जाए।
2. कॉलेजों के शिक्षकों की संख्या, व्यय, फर्नीचर, पुस्तकालय और भावन निर्माण की आवश्यकता को ध्यान में रखकर सहायता अनुदान दिया जाए।
3. कॉलेजों के पाठ्यक्रमों को छात्रों की रुचि के अनुसार विस्तृत करके उन्हें चयन करने का अवसर दिया जाए।

सहायता अनुदान प्रणाली

1. प्राथमिक स्कूलों के लिए 'परीक्षा फल के अनुसार वेतन प्रणाली' का प्रयोग किया जाए।
2. विद्यालयों को पुस्तकालय, शिक्षण सामग्री, फर्नीचर आदि के लिए विशेष सहायता अनुदान दिया जाए।
3. सहायता अनुदान देते समय विद्यालयों की आवश्यकताओं तथा परिस्थितियों को ध्यान में रखा जाए।

धार्मिक शिक्षा

1. सरकारी स्कूलों में किसी प्रकार की कोई धार्मिक शिक्षा नहीं दी जाएगी।
2. गैर सरकारी स्कूलों में धार्मिक शिक्षा दे सकते हैं परन्तु सरकार द्वारा उसकी ओर कोई ध्यान नहीं दिया जाएगा।

मुसलमानों की शिक्षा

1. प्राचीन ढंग से शिक्षा देने वाले मुस्लिम स्कूलों को प्रोत्साहित किया जाए।
2. मुसलमानों में शिक्षा के प्रसार के लिए छात्रवृतियाँ दी जाए।
3. जिन प्राथमिक स्कूलों में मुसलमानों की संख्या अधिक है, उनमें फारसी की शिक्षा दी जाए।
4. मुसलमानों को सरकारी नौकरियों में उचित अनुपात में रखा जाए।

स्त्री शिक्षा

1. बालिकाओं के स्कूलों को अधिक अनुदान दिया जाए।
2. बालिकाओं में शिक्षा के प्रसार के लिए निःशुल्क शिक्षा दी जाए।

3. बालिकाओं में शिक्षा के प्रसार के लिए छात्रवृतियाँ दी जाए।
4. परदे में रहने वाली बालिकाओं को घर जाकर पढ़ाने वाली अध्यापिकाओं की नियुक्ति की जाए।
5. बालिकाओं के स्कूल के निरीक्षण करने के लिए निरिक्षिकाओं की नियुक्ति की जाए।

आयोग का मूल्यांकन

भारतीय शिक्षा के विकास में हंटर कमीशन का अद्वितीय योगदान है। हंटर कमीशन की रिपोर्ट के आधार पर भारतीय शिक्षा में आमूलचूल परिवर्तन हुए। भारत में शिक्षा के प्रति जागृति आई। इस आयोग के बाद भारत में प्राथमिक स्कूलों का एक जाल बिछ गया। फिर भी इस आयोग की कुछ कमियां थीं जो निम्नलिखित है-

1. आर्थिक एवं औद्योगिक विकास का अभाव।
2. समाज को इस शिक्षा प्रणाली ने दो भागों में विभक्त कर दिया।
3. जनसाधारण की शिक्षा की मांग की पूर्ति नहीं हो सकी।
4. पुस्तकीय ज्ञान पर अधिक बल दिया गया।

गोखले विधेयक (Gokhle Bill) 1911

प्राथमिक शिक्षा के प्रति सरकार की उदासीनता को देखकर गोखले ने 16 मार्च, 1911 को केन्द्रीय धारा में अपना विधेयक रखा। इस विधेयक का प्रमुख उद्देश्य देश की प्राथमिक शिक्षा व्यवस्था को सुधारना और उसे मजबूत करना तथा शिक्षा प्रणाली में अनिवार्यता के सिद्धांत को क्रमशः लागू करना था। गोखले विधेयक की प्रमुख अनुसंशाएं निम्नलिखित थीं-

1. अनिवार्य प्राथमिक शिक्षा उन्हीं स्थानों में लागू की जाए जहाँ पर एक निश्चित संख्या में बालक शिक्षा ग्रहण कर रहे हों। गवर्नर जनरल को यह प्रतिशत तय करने का अधिकार होगा।
2. स्थानीय संस्थाओं को यह अधिकार होगा कि इस नियम को वह चाहे तो पूरे क्षेत्र में लागू करें अथवा किसी भाग में।
3. सरकार की आज्ञा से ही संस्थाएँ उक्त नियम को लागू कर सकती हैं।
4. नियमों का उल्लंघन करने वाले अभिभावकों को दण्ड दिया जाएगा।
5. 6 से 10 वर्ष तक के विद्यार्थियों के लिए प्राथमिक शिक्षा अनिवार्य रहेंगी।
6. स्थानीय संस्थाएँ यदि उचित समझें तो शिक्षा कर लगा सकती हैं।
7. लड़कियों के लिए भी धीरे-धीरे अनिवार्य कर दी जाएगी।
8. सरकार शिक्षा का 2/3 भार उठाएगी।
9. यदि अभिभावक की मासिक आय 100 रुपए से कम हो तो उस बालक से फीस न ली जाए।

किन्तु इस विधेयक को जनमत न मिल पाने के कारण लागू नहीं किया जा सका और सारी योजनाएं व्यर्थ हो गईं।

वर्धा योजना (Wardha Scheme) 1937

1935 के 'भारत सरकार अधिनियम' के अन्तर्गत प्रान्तों में द्वैध शासन पद्धति समाप्त हो गयी। 1937 ई में गांधी जी ने अपने हरिजन के अंकों में शिक्षा पर योजना प्रस्तुत की, जिसे 'वर्धा योजना' कहा गया। वर्तमान शिक्षा व्यवस्था में व्याप्त दोषों को दूर करने के लिए ही गाँधी जी ने इस शिक्षा योजना को प्रस्तुत किया। इस योजना को बेसिक शिक्षा, बुनियादी तालीम, आधारभूत शिक्षा, नेशनल एजुकेशन, मौलिक शिक्षा के नाम से भी जाना जाता है। इस योजना के अन्तर्गत गाँधी जी ने अध्यापकों के प्रशिक्षण, पर्यवेक्षण, परीक्षण एवं प्रशासन का सुझाव दिया। योजना में सर्वाधिक महत्व हस्त उत्पादन कार्यों को दिया गया, जिसके द्वारा अध्यापकों के वेतन की व्यवस्था किए जाने की योजना थी।

वर्धा योजना के सिद्धांत

वर्धा शिक्षा योजना के आधारभूत सिद्धांत निम्नलिखित थे-

1. इस योजना में यह उम्मीद की गई कि शिक्षा कि इस प्रणाली से धीरे-धीरे शिक्षकों का वेतन निकल आएगा।
2. बच्चे की सम्पूर्ण शिक्षा का कोई शिल्प हाथ का काम हो।
3. अन्य विषयों की शिक्षा हस्त उद्योग के माध्यम द्वारा की जाए।
4. प्रथम सात वर्ष तक देश के सभी बच्चों को अनिवार्य एवं नि:शुल्क शिक्षा दी जाए।
5. शिक्षा के माध्यम के रूप में मातृभाषा को रखा जाए।

वर्धा शिक्षा योजना का पाठ्यक्रम

वर्धा शिक्षा योजना के अंतर्गत निम्नलिखित विषयों का समावेश किया गया।

1. मातृभाषा
2. सामान्य विज्ञान
3. सामाजिक अध्ययन
4. अंकगणित
5. संगीत
6. चित्रांकन
7. हिन्दुस्तानी
8. गृह विज्ञान
9. कातना, बुनना, चमड़े का काम, सिलाई, काष्ठ कर्म, फल सब्जियाँ उगाना, खेतीबाड़ी करना तथा स्थानीय भौगोलिक परिस्थितियों के अनुसार कोई भी अन्य हस्त उद्योग जिसमें शिक्षा देना संभव हो।

अध्यापन कार्य हेतु नाटकीयकरण, प्रोजेक्ट विधि, समस्या समाधान विधि, प्रदर्शन विधि को अपनाया था।

वर्धा शिक्षा योजना की विशेषताएँ

वर्धा शिक्षा योजना की विशेषताएँ निम्नलिखित हैं-

1. गृह उद्योगों को प्रोत्साहित करना।
2. नागरिकता की शिक्षा देना।
3. श्रम के प्रति आस्था उत्पन्न करना।
4. भारतीय संस्कृति के मूल्यों को अपनाना।
5. समावयी शिक्षा।
6. बालक की क्रियाशीलता को महत्व देना।
7. जीवन से सम्बन्ध।
8. मनोवैज्ञानिक नियमों पर आधारित।
9. सामाजिक और राष्ट्रीय भावना का विकास।

1966 में कोठारी शिक्षा आयोग ने बेसिक शिक्षा को समाप्त करने की सिफारिश कर दी। उसने बेसिक शिक्षा के कार्यानुभव को अपने प्रतिवेदन में स्थान दिया पर बुनियादी तालीम के नाम से परहेज किया। बेसिक शिक्षा के नाम पर विद्यालयों को खूब धनराशि प्राप्त हुई जिसका दुरुपयोग हुआ। रातों रात साइन बोर्ड बदलकर परंपरागत स्कूल बेसिक स्कूल बन गए परन्तु उनमें वर्धा शिक्षा योजना के मूलभूत सिद्धांतों की उपेक्षा की गई। वर्तमान में केवल वर्धा शिक्षा का नाम ही शिक्षा में मौजूद है।

कलकत्ता विश्वविद्यालय आयोग/सैड्लर आयोग

(Calcutta University Commission/Sadler Commission)

1917 ई. में कलकत्ता विश्वविद्यालय की समस्याओं के अध्ययन के लिए डॉक्टर एम.ई. सैड्लर के नेतृत्व में एक आयोग गठित किया गया। इस आयोग में दो भारतीय, डॉक्टर आशुतोष मुखर्जी एवं डॉक्टर जियाउद्दीन अहमद तथा डॉ. ग्रीगरी, सर फिलिप हार्टोग, रैमसे म्योर सदस्य थे। इस आयोग ने कलकत्ता विश्वविद्यालय के साथ-साथ माध्यमिक स्नातकोत्तरीय शिक्षा पर भी अपना मत व्यक्त किया। आयोग ने 1904 ई. के 'विश्वविद्यालय अधिनियम' की कड़े शब्दों में निंदा की। आयोग के मुख्य सुझाव थे-

1. इंटर व उत्तर माध्यमिक परीक्षा को माध्यमिक तथा विश्वविद्यालय शिक्षा के मध्य विभाजन रेखा मानना चाहिए।
2. इण्टरमीडिएट परीक्षा पास करके ही विद्यार्थी महाविद्यालय में प्रवेश करें।
3. स्कूली शिक्षा 12 वर्ष की होनी चाहिए।
4. ऐसी शिक्षण संस्थायें स्थापित करने का सुझाव दिया गया, जो इण्टरमीडिएट महाविद्यालय कहलाये। ये महाविद्यालय चाहे तो स्वतन्त्र रहें या फिर हाई स्कूल से सम्बद्ध हो जाये।
5. देहात में कॉलेजों का विकास इस प्रकार किया जाए कि कुछ स्थानों पर धीरे-धीरे उच्च-शिक्षा के केंद्र स्थापित हो जाएं, तो बाद में विश्वविद्यालयों में सुगमता से परिणत हो सकें।
6. ढाका में एक पृथक विश्वविद्यालय की स्थापना तुरंत होना चाहिए।
7. कलकत्ता शहर की शिक्षा व्यवस्था एकत्र कर कलकत्ता में भी एक विश्वविद्यालय की स्थापना की जाए।
8. डिग्री कोर्स, इण्टरमीडिएट के बाद तीन वर्ष का कर दिया जाए।
9. विश्वविद्यालय के शासन प्रबन्ध के नियम कुछ कोमल बना दिए जाए।
10. विश्वविद्यालय में अधिक योग्य विद्यार्थियों के लिए साधारण अध्ययन-क्रम के अतिरिक्त 'आनर्स कोर्स' की भी व्यवस्था होनी चाहिए।
11. विश्वविद्यालय में विद्यार्थियों के उचित स्वास्थ्य के लिए एक शारीरिक शिक्षक नियुक्त होना चाहिए।
12. विश्वविद्यालयों में प्रोफेसर और रीडरों की नियुक्ति विशिष्ट समितियों के हाथ हो, जिसमें योग्य विदेशी अधिकारी का भी हाथ हो।
13. मुसलमानों की पिछड़ी हुई दशा का ध्यान करके उन्हें प्रोत्साहित करने के हर संभव प्रयास करने चाहिए।
14. शिक्षित अध्यापकों की संख्या में तुरंत वृद्धि करनी चाहिए।
15. प्रत्येक विश्वविद्यालय में एक 'विद्यार्थी कल्याणरत-समिति' होनी चाहिए।
16. प्रत्येक विश्वविद्यालय को क्रियात्मक विज्ञान और तकनीकी की शिक्षा का प्रबन्ध करना चाहिए।
17. स्त्री शिक्षा को बढ़ावा देना चाहिए।
18. विश्वविद्यालयों में उपजीवी शिक्षा की व्यवस्था होनी चाहिए।

उपरोक्त की गई अनुशंषाओं के आधार पर भारत में 7 नये विश्वविद्यालयों मैसूर विश्वविद्यालय, ओस्मानिया विश्वविद्यालय, बनारस विश्वविद्यालय, लखनऊ विश्वविद्यालय, पटना विश्वविद्यालय और ढाका विश्वविद्यालय की स्थापना की गई। शिक्षकों को प्रशिक्षण दिया गया। शिक्षा का व्यापक प्रचार प्रसार किया गया।

माध्यमिक और विश्वविद्यालय शिक्षा का बहुत विकास हुआ।

लोगों की बढ़ती हुई मांग के अनुरूप माध्यमिक स्कूलों की संख्या में तीव्र गति से वृद्धि हुई। माध्यमिक स्कूलों की संख्या 7530 हो गई और विद्यार्थियों की संख्या 6 लाख से बढ़कर 11,06,803 हो गई।

परन्तु शिक्षकों के वेतन व काम करने की शर्तों की समस्या वैसी ही बनी रही। शैक्षणिक स्कूलों की स्थापना के कारण तकनीकी स्कूलों का आभाव हो गया।

हार्टोग समिति (Hartog Committee) 1929

1929 ई. में 'भारतीय परिनीति आयोग' ने सर फिलिप हार्टोग के नेतृत्व में शिक्षा के विकास पर रिपोर्ट हेतु एक सहायक समिति का गठन किया गया। समिति ने प्राथमिक, माध्यमिक और विश्वविद्यालय स्तर की शिक्षा के लिए अपने विचार प्रस्तुत किए। समिति की प्रमुख अनुसंशायें निम्नलिखित थी-

1. प्रारंभिक कक्षाओं में विद्यार्थियों को उन्नति देनी चाहिए।
2. मैट्रिक स्तर की शिक्षा पर विशेष बल दिया जाये।
3. प्राथमिक शिक्षा को अनिवार्य बनाने की जल्दी नहीं करनी चाहिए।
4. संख्यात्मक विद्यालयों के स्थान पर गुणात्मक विद्यालयों पर जोर दिया जाये।
5. वाणिज्य और व्यावसायिक शिक्षा कक्षा 8 से शुरू कर देनी चाहिए।
6. मिडिल स्कूल ग्रामीणों की आवश्यकताओं के अनुरूप होने चाहिए।
7. ग्रामीण अंचलों के विद्यालयों को समिति ने वर्नाक्यूलर मिडिल स्तर के स्कूल पर ही रोक कर उन्हें व्यावसायिक या फिर औद्योगिक शिक्षा देने का सुझाव दिया।
8. बालिका शिक्षा पर ध्यान देना और प्रेरित करना।
9. अयोग्य विद्यार्थियों को व्यवसायिक व व्यापारिक शिक्षा देनी चाहिए।
10. शिक्षा में हो रहे अपव्यय और अवरोधन को रोकने के लिए प्रयास करना।
11. विश्वविद्यालय ऐसे ही छात्र को प्रवेश दे एवं उसके लिए उच्च शिक्षा की व्यवस्था करे, जो उसके योग्य हो।
12. पुस्तकालयों को प्रभावी और समर्थ बनाये।
13. हार्टोग समिति की सिफारिश के आधार पर ही 1935 ई में 'केन्द्रीय शिक्षा सलाहकार बोर्ड' का पुनर्गठन किया गया।

एबट-वुड रिपोर्ट

(Abbot-Wood Report) 1937

भारतीय शिक्षा में परिवर्तन करने के लिए 1936-37 में मैसर्स एबट और वुड को आमंत्रित किया। भारतीय शिक्षा व्यवस्था का पूर्ण मूल्यांकन करने के पश्चात उन्होंने 1937 में अपनी रिपोर्ट प्रस्तुत की जो एबट-वुड रिपोर्ट के नाम से जानी जाती है। इस रिपोर्ट में मैसर्स एबट और वुड के द्वारा निम्नलिखित सुझाव दिए गए थे-

1. बेरोजगारी को दूर करने के लिए देश में पोलिटेक्निक संस्थान खोले जाएं।
2. सामान्य शिक्षण संस्थाओं के स्थान पर व्यवसायिक संस्थाओं की स्थापना की जाए।
3. उच्च विद्यालयों में प्राविधिक, व्यापारिक एवं कृषि जैसे विषयों का समावेश किया जाए।
4. नारी शिक्षा पर बल दिया जाए और उसमें उनकी रूचि और अभिवृति के अनुसार शिक्षा की व्यवस्था की जाए।

इस रिपोर्ट के आधार पर भारत के विभिन्न क्षेत्रों में पोलीटेक्निक संस्थान खोले गए। राज्यों में कृषि, औद्योगिक एवं व्यापारिक विद्यालयों की स्थापना हुई।

सार्जेंट रिपोर्ट

(Sergeant Report) 1944

1944 ई. में 'केन्द्रीय शिक्षा सलाहकार मण्डल' (Central Advisory Board of Education) के अध्यक्ष सर जॉन सार्जेंट, जो भारत सरकार में शिक्षा सलाहकार के पद पर नियुक्त थे, सार्जेंट रिपोर्ट प्रस्तुत की थी। इस रिपोर्ट को 'भारत में युद्धोत्तर शिक्षा विकास योजना' तथा 'केन्द्रीय शिक्षा सलाहकार बोर्ड की रिपोर्ट' के नाम से भी जाना जाता है। सर जॉन सार्जेंट की यह रिपोर्ट 12 भागों में विभाजित है। इस योजना के अंतर्गत शिक्षा के सभी स्तरों पर सुझाव व विचार व्यक्त किए गए। इस रिपोर्ट के अनुसार 40 वर्ष के अन्दर ही शिक्षा के पुनर्निर्माण कार्य को अन्तिम रूप देना था, किंतु इस समय सीमा को घटाकर 16 वर्ष कर दिया गया। इस योजना में इण्टरमीडियट श्रेणी को समाप्त करने की व्यवस्था की गई थी। 'सार्जेण्ट योजना' के बाद 15 अगस्त, 1947 को भारत स्वतंत्र हो गया और इसी के साथ भारतीय शिक्षा में ब्रिटिश काल भी समाप्त हो गया। योजना अंतर्गत निम्नलिखित सुधार शिक्षा के क्षेत्र में प्रस्तुत किए गए-

1. प्राथमिक विद्यालय एवं उच्च माध्यमिक विद्यालय स्थापित करना।
2. 3 से 6 वर्ष तक की अवस्था वाले शिशुओं के लिए शिक्षा संस्थाएँ स्थापित की जाए।
3. शिशु-शिक्षा का प्रमुख उद्देश्य बच्चों को सामाजिक अनुभव एवं शिष्टाचार सिखाना है ना कि सामान्य शिक्षा प्रदान करना।
4. ग्यारह से सत्रह वर्ष के बच्चों के लिए 6 वर्ष पाठ्यक्रम बनाया जाए।
5. छ: से ग्यारह वर्ष के बच्चों को नि:शुल्क अनिवार्य शिक्षा दिए जाने की व्यवस्था की गई।
6. दो प्रकार के उच्च विद्यालय होने चाहिए - एक विद्या विषयक और दूसरा तकनीकी एवं व्यावसायिक शिक्षा के लिए।
7. बेसिक शिक्षा का काल दो भागों में विभक्त किया गया - जूनियर बेसिक (6–11) और सीनियर बेसिक (11–14)।
8. उच्च विद्यालय में विद्यार्थियों से शुल्क लिया जाएगा परन्तु 50% विद्यार्थियों को नि:शुल्क शिक्षा दी जाएगी।
9. उच्च विद्यालय में प्रवेश चयन विधि द्वारा होना चाहिए।
10. उच्च विद्यालय में प्रवेश की सामान्य आयु 11 साल होनी चाहिए।
11. सरकार द्वारा विद्यालयों को आर्थिक सहायता प्रदान करनी चाहिए।
12. शिक्षा का माध्यम मातृभाषा होनी चाहिए। नियमों में लचीलापन होना चाहिए।
13. पोलीटेक्निक कॉलेज राजधानी में खोला जाए।
14. जरुरतमंद और योग्य विद्यार्थियों को स्कॉलरशिप और सहायता की व्यवस्था होनी चाहिए।
15. पाठ्यक्रम को सैधांतिक के स्थान पर व्यावहारिक बनाए जाए।
16. शिक्षकों को व्यापक प्रशिक्षण मिलना चाहिए।
17. विश्वविद्यालयों से छात्रों के प्रवेश में कठोरता बरती जानी चाहिए।
18. उच्च विद्यालय से निकलने वाले 10–15% विद्यार्थियों को विश्वविद्यालयों में प्रवेश देना चाहिए।
19. डिग्री कोर्स की अवधि 2 की जगह 3 वर्ष की जाए।
20. विश्वविद्यालयों में अनुसन्धान कार्य और स्नातकोत्तर शिक्षा का स्तर बढ़ाया जाए।
21. विश्वविद्यालयों के स्तर को बढ़ाने के लिए योग्य शिक्षकों की भर्ती करना।
22. विभिन्न विश्वविद्यालयों में समन्वय स्थापित करने के लिए एक विश्वविद्यालय अनुदान समिति का संगठन किया जाए।

भारतीय शिक्षा के इतिहास में सार्जेंट रिपोर्ट का अत्यधिक महत्त्वपूर्ण स्थान। अब तक देश में शिक्षा के विकास तथा विस्तार के लिए जितने सरकारी प्रयास किये गए हैं उनमें यह एक पूर्ण रिपोर्ट है। इस रिपोर्ट में दूसरे विश्वयुद्ध से उत्पन्न शैक्षणिक समस्याओं को हल करने तथा अन्य प्रगतिशील देशों की तुलना में भारत की शिक्षा आवश्यकताओं की पूर्ति करने की चेष्ठा की गई है।

स्वतंत्रता पश्चात्

सन् 1947 में स्वतन्त्रता प्राप्ति के उपरांत देश के विश्वविद्यालयों के आकार तथा क्षेत्र में आश्चर्यजनक वृद्धि होने लगी। राजनीतिक, सामाजिक व आर्थिक परिवर्तनों के कारण भारत के युवक तथा युवतियों में जीवन पथ पर आगे बढ़कर उन्नति करने की भावना से विश्वविद्यालयों में विद्यार्थियों की संख्या में अभूतपूर्व वृद्धि होने लगी।

भारत के नवीन सामाजिक और राजनीतिक परिस्थितियों के अनुसार ये विश्वविद्यालय देश की आवश्यकताओं और आकांक्षाओं को पूर्ण करने में असमर्थ थे।

भारत सरकार के प्रस्ताव संख्या F-9-5/52-B-9 dated 23 September, 1952 द्वारा मद्रास विश्वविद्यालय के तत्कालीन कुलपति डॉ. ए. लक्ष्मणस्वामी मुदालिअर की अध्यक्षता में एक आयोग की नियुक्ति माध्यमिक शिक्षा के सभी पक्षों की जाँच कर प्रतिवेदन देने हेतु की गई। इस आयोग को अध्यक्ष के नाम पर मुदालिअर आयोग भी कहते हैं। अत: भारत सरकार ने शिक्षा के पुनर्गठन पर समग्र रूप से सोंचने-समझने और देश भर के लिए समान शिक्षा नीति का निर्माण करने के उद्देश्य से 14 जुलाई, 1964 को डॉ. डी.एस. कोठारी की अध्यक्षता में 17 सदस्यीय राष्ट्रीय शिक्षा आयोग का गठन किया।

आयोग ने शिक्षा की विभिन्न समस्याओं से सम्बंधित एक लम्बी प्रश्नावली तैयार की और उसे शिक्षा से जुड़े विभिन्न वर्ग के लगभग 5000 व्यक्तियों के पास भेजा, इनमें से 2400 व्यक्तियों ने इसे भरकर वापिस भेजा।

आयोग ने इस प्रश्नावली का सांख्यिकीय विवरण तैयार किया। इसके बाद आयोग ने इन दोनों विधियों से प्राप्त सुझाव पर विचार विमर्श किया और अंत में 29 जून, 1966 को अपना प्रतिवेदन ''शिक्षा एवं राष्ट्रीय प्रगति'' (Education and National Development) शीर्षक से भारतीय सरकार को प्रेषित किया। इतिहास में ऐसे क्षण आते हैं, जबकि दीर्घकाल से चली आ रही प्रक्रिया को नई दिशा की आवश्यकता होती है।

भारतीय शिक्षा का वही क्षण, सन 1986 में आया। इससे पूर्व भी यह पग राष्ट्रीय शिक्षा नीति, 1986 के द्वारा उठाया गया था। उसका उद्देश्य राष्ट्र की प्रगति को सुदृढ़ करना था। उसमें शिक्षा प्रणाली के सर्वांगीण पुनर्निर्माण तथा हर स्तर पर शिक्षा की गुणवत्ता को ऊँचा उठाने पर बल दिया गया था।

विश्वविद्यालय शिक्षा आयोग (1948-49)

भारत सरकार ने 4, नवम्बर 1948 को डॉ सर्वपल्ली राधाकृष्णन की अध्यक्षता में विश्वविद्यालय शिक्षा आयोग की नियुक्ति की। 25 अगस्त, 1949 को आयोग ने अपना प्रतिवेदन प्रस्तुत कर दिया।

विश्वविद्यालय शिक्षा आयोग का मुख्य उद्देश्य

भारतीय संविधान की भूमिका का वर्णन करते हुए आयोग ने उच्च शिक्षा के उद्देश्यों में नवीन भारत के निर्माण के लिए प्रजातंत्र, न्याय, स्वतंत्रता, समानता, राष्ट्रीय तथा अंतर्राष्ट्रीय भातृत्व एवं भारतीय संस्कृति के महत्व पर बल दिया है। स्वतंत्र प्राप्ति के उपरांत देश में हुए आर्थिक, सामाजिक और राजनीतिक परिस्थितियों में परिवर्तन की चर्चा करते हुए आयोग ने लिखा है कि इन परिवर्तनों

ने हमारे विश्वविद्यालयों के कार्यो एवं उत्तरदायित्वों में वृद्धि कर दी है। अत: अब उन्हें राजनीतिक, प्रशासनिक, व्यावसायिक, ओद्योगिक एवं वाणिजिक्य क्षेत्रों में नेतृत्व ग्रहण कर सकने वाले व्यक्तियों का निर्माण करना है।

शिक्षण स्तर

विश्वविद्यालयों का शिक्षण स्तर उठाने के लिए विश्वविद्यालय प्रवेश की न्यूनतम योग्यता इन्टरमीडिएट पास होनी चाहिए। शैक्षणिक विश्वविद्यालयों में 3000 तथा सम्बन्ध कॉलेजों में 1500 से अधिक छात्रों का नामांकन नहीं होना चाहिए। परीक्षा दिवसों को छोड़कर एक वर्ष में कम से कम 180 दिन शिक्षण-कार्य होना चाहिए। पुस्तकालयों तथा प्रयोगशालाओं को आधुनिकतम साधनों से प्रचुर मात्रा में सुसज्जित कर देना चाहिए।

शिक्षण वर्ग

शिक्षकों की सेवा-निवृति आयु 55 वर्ष के स्थान पर 60 वर्ष होनी चाहिए। जो कि विशेष स्थिति में 64 वर्ष भी हो सकती है जिससे योग्यतम शिक्षकों का लाभ संस्था को मिलता रहे। उनके लिए भविष्य निधि की अधिक उत्तम व्यवस्था होनी चाहिए।

विश्वविद्यालय के समीप आवास की व्यवस्था हो तथा एक सप्ताह में 18 पीरियड से अधिक शिक्षण कार्य नहीं दिया जाना चाहिए। आयोग ने कहा है कि उच्च शिक्षा के शिक्षक के कर्तव्य और दायित्व सर्वोच्च महत्व के हैं।

व्यावसायिक शिक्षा

कृषि शिक्षा को प्राथमिक, माध्यमिक और उच्च शिक्षाक्रम में प्रमुख स्थान देना चाहिए।

कृषि का प्रत्यक्ष और व्यवहारिक ज्ञान प्रदान करने के लिये ग्रामीण क्षेत्रों में कृषि की संस्थाओं की स्थापना की जानी चाहिए। एक दीर्घ संख्या में प्रयोगात्मक फार्म तथा उच्च शिक्षा में अनुसन्धान और प्रयोगशालाओं की स्थापना होनी चाहिए। शिक्षा विज्ञान के क्षेत्र में आयोग ने सिफारिश की कि ट्रेनिंग कालेजों के अधिकांश शिक्षक ऐसे वर्ग में से हों जिन्हें स्कूली शिक्षण का पर्याप्त अनुभव हो।

शिक्षा में मास्टर डिग्री के लिए केवल ऐसे विद्यार्थियों को आज्ञा दी जाए जिन्हें कुछ वर्षो के शिक्षण कार्य का अनुभव हो।

वाणिज्य की शिक्षा के अंतर्गत बी. काम की शिक्षा प्राप्त करते समय विद्यार्थियों को तीन या चार फर्मो में व्यावहारिक कार्य करने का अवसर मिलना चाहिए।

इंजीनियरिंग तथा टेक्नोलॉजी के स्कूल तथा कॉलेजों की संख्या में वृद्धि करने के लिए कदम उठाने चाहिए।

पुस्तकालीय ज्ञान के साथ ही विद्यार्थियों को कारखानों में व्यावहारिक ज्ञान प्राप्त करने की सुविधाएँ भी देनी चाहिए।

स्नातकोत्तर - प्रशिक्षण व अनुसन्धान कार्य

स्नातकोत्तर कक्षाओं में छात्रों को प्रवेश अखिल - भारतीय स्तर पर दिया जाना चाहिए और छात्रों एवं शिक्षकों में घनिष्ठ व्यक्तिगत सम्बन्ध स्थापित किए जाने चाहिए।

पी.एच.डी. के छात्रों को शिक्षा - मंत्रालय द्वारा बड़ी संख्या में छात्रवृतियां दी जानी चाहिए। डी. लिट् और डी.एस.सी. उपाधियाँ केवल उच्च कोटि के मोलिक एवं प्रकाशित कार्यो पर दी जानी चाहिए।

शिक्षा का माध्यम - उच्च शिक्षा का माध्यम अंगेजी की बजाय प्रादेशिक भाषाएँ होनी चाहिए, परन्तु यदि विद्यार्थी चाहें तो राष्ट्रभाषा हिंदी का भी प्रयोग कर सकते हैं। माध्यमिक तथा विश्वविद्यालय स्तर पर छात्रों को तीन भाषाओं की शिक्षा दी जानी चाहिए।

1. मातृभाषा 2. राष्ट्रभाषा 3. अंग्रेजीभाषा

परीक्षा प्रणाली

प्रचलित परीक्षा प्रणाली के आयोग ने भर्त्सना की परन्तु उन्होंने इसके सुधार की ही सिफारिश की, न की उनके पूर्णता उन्मूलन की।

आयोग ने सुझाव दिया कि वस्तुनिष्ठ प्रश्नों के साथ-साथ निबंधात्मक प्रश्न मिला देने चाहिए। पूरे वर्ष की अवधि में किए गए कार्य का भी ध्यान रखा जाना चाहिए और इसके लिए एक तिहाई अंक सुरक्षित रखने चाहिए। त्रिवर्षीय डिग्री कोर्स की परीक्षा पूरे तीन वर्ष पश्चात न लेकर प्रत्येक वर्ष के अंत में ली जाए।

यह परीक्षा स्वत: पूर्ण इकाइयों द्वारा ली जानी चाहिए और छात्रों के लिए प्रत्येक इकाई अर्थात प्रति वर्ष की परीक्षा में उत्तीर्ण होना आवश्यक हो।

परीक्षाओं के स्तर का उन्नयन करने के लिए प्रथम, द्वितीय या तृतीय श्रेणी के न्यूनतम प्राप्तांक क्रमश: 70, 55 एवं 40 प्रतिशत होने चाहिए।

विद्यार्थी के ज्ञान के लिए मौखिक परीक्षा भी होनी चाहिए- विशेष रूप से व्यावसायिक शिक्षा की परीक्षा में।

विश्वविद्यालय अनुदान आयोग

आयोग ने सिफारिश की कि एक विश्वविद्यालय अनुदान आयोग की स्थापना इस उद्देश्य से करनी चाहिए कि यह विश्वविद्यालयों का अनुदान निश्चित करें तथा उन्हें अनुदान प्रदान करें एवं विश्वविद्यालयों में शिक्षा के स्तर को ऊँचा उठाएं। जब यह सिफारिश की गई तब एक विश्वविद्यालय अनुदान समिति कार्य कर रही थी, परन्तु इस समिति के पास अनुदान हेतु कोई निधि नहीं थी। यह केवल शिक्षा मंत्रालय को अनुदान हेतु सिफारिश करती थी। शिक्षा मंत्रालय इन सिफारिशों को वित्त मंत्रालय को भेज देता था।

शिक्षक-प्रशिक्षण

शिक्षक-प्रशिक्षण के संबंध में आयोग ने कई सुझाव दिए हैं। माध्यमिक शिक्षकों के प्रशिक्षण के लिए विश्वविद्यालयों में शिक्षक प्रशिक्षण विभाग खोले जाने चाहिएं। और साथ ही सम्बन्ध शिक्षक प्रशिक्षण महाविद्यालयों की व्यवस्था की जाए। शिक्षक प्रशिक्षण विभागों अथवा महाविद्यालयों में ऐसे शिक्षकों को नियुक्त किया जाए जिन्हें माध्यमिक कक्षाओं को पढ़ाने का अनुभव हो। शिक्षक प्रशिक्षण महाविद्यालयों में प्रवेश हेतु अप्रशिक्षित अनुभव प्राप्त शिक्षकों को वरीयता दी जाए। शिक्षक प्रशिक्षण के प्रशिक्षणार्थियों के वार्षिक मूल्यांकन में शिक्षण अभ्यास को विशेष महत्व दिया जाए।

स्त्री शिक्षा

आयोग की समिति में शिक्षित महिलाओं के अभाव में पुरुषों को भी शिक्षित नहीं किया जा सकता। अत: उनकी शिक्षा की उचित व्यवस्था होनी चाहिए। आयोग की दृष्टि में-

1. स्त्री शिक्षा का मुख्य उद्देश्य उन्हें सुमाता और सुगृहणी बनाना होना चाहिए।
2. स्त्रियों की शिक्षा के पाठ्यक्रम में गृह प्रबंधन, गृह अर्थशास्त्र और पोषण की शिक्षा को स्थान देना चाहिए।
3. उच्च शिक्षा स्तर पर सहशिक्षा की व्यवस्था होनी चाहिए।

धार्मिक और नैतिक शिक्षा

आयोग ने तर्क प्रस्तुत किया कि यद्यपि भारत एक धर्मनिरपेक्ष राज्य है परन्तु इसका अर्थ यह नहीं है कि विद्यालयों में धार्मिक शिक्षा नहीं दी जा सकती। उसने आगे तर्क प्रस्तुत किया है कि हमारे संविधान में सभी धर्मों को समान स्थान दिया गया है। इस सम्बन्ध में उसने निम्नलिखित सुझाव दिए:

1. धार्मिक शिक्षा प्राथमिक, माध्यमिक, स्नातक स्तर पर अनिवार्य होनी चाहिए।
2. प्रत्येक शिक्षा संस्था का प्रारम्भ प्रतिदिन मौन उपासना से होना चाहिए।
3. प्राथमिक, माध्यमिक और स्नातक स्तरों के लिए भिन्न-भिन्न धार्मिक पाठ्यक्रम होने चाहिए।

माध्यमिक शिक्षा आयोग

(Secondary Education Commission 1952–53)

स्वतंत्रता प्राप्ति के बाद भारत सरकार ने सर्वप्रथम 1948 में विश्वविद्यालय शिक्षा आयोग का गठन किया जिसने अपनी रिपोर्ट 1949 में प्रस्तुत की। इस आयोग से विश्वविद्यालयी शिक्षा के कई सुझाव दिए जिनमें एक सुझाव यह भी था कि विश्वविद्यालयी शिक्षा के स्तर को ऊँचा उठाने के लिए आवश्यक है कि उसके पूर्व की माध्यमिक शिक्षा के स्तर को ऊँचा उठाया जाए।

उसी समय सन 1948 में भारत सरकार ने माध्यमिक शिक्षा की समीक्षा करने और उसका स्तर ऊँचा उठाने के लिए सुझाव देने हेतु ताराचन्द्र समिति का गठन किया था। इस समिति ने भी अपनी रिपोर्ट सन् 1949 में प्रस्तुत की और कुछ मुख्य सुझाव दिए। केन्द्रीय शिक्षा सलाहकार बोर्ड ने इन सुझावों का अध्ययन किया। उसकी समिति में ये सुझाव अधूरे और अस्पष्ट थे। अत: उसने 1951 में केन्द्रीय सरकार के सामने माध्यमिक शिक्षा आयोग की नियुक्ति का प्रस्ताव रखा।

भारत सरकार के द्वारा मद्रास विश्वविद्यालय के तत्कालीन कुलपति डॉ. ए. लक्ष्मणस्वामी मुदालिअर की अध्यक्षता में सन् 1952 में एक आयोग की नियुक्ति माध्यमिक शिक्षा के सभी पक्षों की जाँच कर प्रतिवेदन देने हेतु की गई। इस आयोग को अध्यक्ष के नाम पर मुदालिअर आयोग भी कहते हैं।

शैक्षिक सरंचना

आयोग ने शिक्षा के लिए एक नवीन सरंचना की सिफारिश की:

1. 4 या 5 वर्ष की प्रारम्भिक या बेसिक शिक्षा।
2. 4 वर्ष की हायर सेकेंडरी शिक्षा।
3. 3 वर्ष की मिडिल या जूनियर सेकेंडरी या सीनियर बेसिक शिक्षा।
4. 3 वर्ष की प्रथम डिग्री शिक्षा।

वर्तमान इंटरमीडिएट को समाप्त कर उसका एक वर्ष हायर सेकेंडरी के चार वर्ष में सम्मिलित होगा तथा इंटर का दूसरा वर्ष तीन वर्षीय प्रथम डिग्री कोर्स में सम्मिलित होगा।

प्रौद्योगिकी शिक्षा

आयोग ने खेद प्रकट किया कि सन् 1882 में हंटर आयोग ने भी सरकार से पाठ्यक्रम में विविधकरण की सिफ़ारिश की थी। इस सम्बन्ध में सन 1953 की स्थिति सन् 1882 की स्थिति से भिन्न नहीं है। आयोग ने चार प्रकार के विद्यार्थियों के लिए पॉलिटेक्निक प्रोद्योगिकी स्कूलों की सिफारिश की।

1. हायर सेकेंडरी की चार उच्च कक्षाओं हेतु।
2. जो सेकेंडरी शिक्षा उत्तीर्ण कर विश्वविद्यालय न जाकर पॉलिटेक्निक/प्रौद्योगिकी आदि में प्रौद्योगिक शिक्षा प्राप्त करना चाहते हैं।
3. जो विद्यार्थी सेकेंडरी शिक्षा का पूरा कोर्स नहीं कर पाते।
4. जो नौकरी कर रहे हैं फिर भी अंशकालीन शिक्षा प्राप्त कर अपनी योग्यता बढ़ाना चाहते हैं।

ये संस्थाएं यथासंभव उद्योगों से जुड़ी होनी चाहिए।

आयोग ने सिफारिश की कि ऐसा कानून पारित किया जाए जिसके अनुसार उद्योगों के लिए अनिवार्य कर दिया जाए कि वे इन स्कूलों को प्रशिक्षण की सुविधा प्रदान करें।

भाषा नीति

माध्यमिक स्तर पर केन्द्रीय भाषा ही शिक्षण का माध्यम रहेगी। मिडिल पर प्रत्येक बालक को दो भाषाएँ पढ़ाई जानी चाहिए। माध्यमिक अथवा उच्चतर माध्यमिक स्तर पर भी कम से कम दो भाषाएँ पढ़ाई जानी चाहिए जिनमें एक मातृभाषा एवं क्षेत्रीय भाषा हो।

पाठ्यक्रम

मिडिल स्कूल स्तर पर पाठ्यक्रम में भाषाएँ, सामाजिक अध्ययन सामान्य विज्ञान, गणित, कला अैर संगीत, शिल्प तथा शारीरिक शिक्षा को सम्मिलित किया जाए।

माध्यमिक अथवा उच्चतर माध्यमिक स्तर के लिए बहुमुखी पाठ्यक्रम होना चाहिए, परन्तु कुछ विषय जैसे भाषाएँ सामान्य विज्ञान, सामाजिक अध्ययन तथा शिल्प हर प्रकार के पाठ्यक्रम में सम्मिलित किए जाने चाहिए।

शिक्षण विधियाँ

शिक्षण का उद्देश्य पुस्तकीय ज्ञान प्रदान करना ही नहीं है, अपितु उनमें उचित मान्यताओं तथा जरूरी प्रवृतियों और कार्य की उचित आदतों का समावेश करना है।

रटने के स्थान पर सोद्देश्य, ठोस व वास्तविक स्थिति में ज्ञान प्राप्त करने को प्रोत्साहन देना चाहिए। इस उद्देश्य की पूर्ति के लिए क्रिया विधि तथा प्रोजेक्ट विधि को भी प्रयोग में लाना चाहिए।

चरित्र निर्माण

विद्यार्थियों में अनुशासन की भावना उत्पन्न करने के लिए शिक्षकों से उनका निकट सम्बन्ध स्थापित होना चाहिए। विद्यालयों में बालकों को बाल-सरकार, विद्यार्थी परिषद तथा अन्य इसी प्रकार की संस्थाएं स्थापित करनी चाहिए। जिनका संचालन व प्रबंध स्वयं विद्यार्थी ही करें।

कार्य के समय के बाद स्वेच्छा के आधार पर धार्मिक शिक्षा प्रदान की जा सकती है। स्काउट आन्दोलन, नेशनल कैडेट कोर तथा प्राथमिक चिकित्सा के प्रशिक्षण जैसे कार्यक्रमों को प्रोत्साहन मिलना चाहिए।

नवीन परीक्षा एवं मूल्यांकन विधि

बाह्य परीक्षाओं की संख्या घटाना चाहिए।

निबंधात्मक परीक्षाओं के स्थान पर वस्तुनिष्ठ प्रश्नों द्वारा परीक्षाएं लेनी चाहिए।

फाइनल परीक्षाओं में विद्यार्थी के वर्ष भर के रिकॉर्ड पर भी विचार करना चाहिए।

अन्य

राज्य सरकार द्वारा जहाँ भी मांग हो बालिकाओं के लिए पृथक विद्यालय खोलने चाहिए।

बालिकाओं को पढ़ाने के लिए गृह विज्ञान जैसे विषयों का विशेष प्रबंध करना चाहिए।

आयोग ने अध्यापकों की स्थिति सुधारने हेतु वेतनक्रम में सुधार, त्रिलाभ योजना पेंशन, निशुल्क चिकित्सा व्यवस्था आदि सिफारिशें की हैं।

आयोग का मूल्यांकन

आयोग ने माध्यमिक शिक्षा के पुनर्निर्माण हेतु ठोस सुझाव दिए हैं।

स्वतंत्र भारत की आवश्यकताओं तथा आकांक्षाओं की पूर्ति के लिए माध्यमिक शिक्षा की उद्देश्यों को पहचानना, विद्यार्थियों की अभिरुचियों एवं

अभिवृतियों के आधार पर पाठ्यक्रम कर विविधिकरण तथा बहुउद्देशीय विद्यालयों की योजना, निर्देशन एवं परामर्श की उपलब्धि, कृषि शिक्षा का समर्थन, प्राविधिक संस्थानों की व्यवस्था, परीक्षा पद्धति एवं शिक्षकों की स्थिति में सुधार सम्बन्धी सिफारिशें उस समय की माध्यमिक शिक्षा व्यवस्था के लिए आवश्यक थीं।

बहुभाषीय भारत देश के लिए भाषाओं के अध्ययन की सर्वमान्य योजना, बालिकाओं की शिक्षा के प्रसार हेतु आवश्यक कदम, अनुसूचित जाति/जनजाति की शिक्षा, क्षेत्रीय असंतुलन पर ठोस सिफारिशों का अभाव है। फिर भी ऊपर दिए गए सुझाव प्रशंसनीय हैं।

भारतीय शिक्षा आयोग और राष्ट्र विकास की रिपोर्ट (1964-66)

स्वतंत्र होते ही हमने अपने देश की शिक्षा प्रणाली में सुधार के लिए प्रयास शुरू कर दिए। इन सन्दर्भ में भारत सरकार का पहला बड़ा कदम था विश्वविद्यालय शिक्षा आयोग।

इस आयोग ने विश्वविद्यालय शिक्षा के प्रशासन, संगठन और उसके स्तर को ऊँचा उठाने सम्बन्धी ठोस सुझाव दिए उसके कुछ सुझावों को लागू भी किया गया, उससे उच्च शिक्षा के क्षेत्र में कुछ सुधार भी हुआ

शिक्षा के क्षेत्र में भारत सरकार का दूसरा बड़ा कदम था माध्यमिक शिक्षा आयोग की नियुक्ति।

इस आयोग ने तत्कालीन माध्यमिक शिक्षा के दोषों को उजागर किया और उसके पुनर्गठन हेतु अनेक सुझाव दिए। कुछ प्रान्तीय सरकारों ने उसके सुझावों के अनुसार शिक्षा में परिवर्तन करना भी शुरू कर दिया।

भारत सरकार ने शिक्षा के पुनर्गठन पर समग्र रूप से सोचने-समझने और देश भर के लिए समान शिक्षा नीति का निर्माण करने के उद्देश्य से 14 जुलाई, 1964 को डॉ. डी.एस. कोठारी की अध्यक्षता में 17 सदस्यीय राष्ट्रीय शिक्षा आयोग का गठन किया। आयोग ने शिक्षा की विभिन्न समस्याओं से संबंधित एक लम्बी प्रश्नावली तैयार की और उसे शिक्षा के जुड़े विभिन्न वर्ग के लगभग 5000 व्यक्तियों के पास भेजा, इनमें से 2400 व्यक्तियों ने इसे भरकर वापिस भेजा।

आयोग ने इस प्रश्नावली का सांख्यिकीय विवरण तैयार किया। इसके बाद आयोग ने इन दोनों विधियों से प्राप्त सुझावों पर विचार विमर्श किया और अंत में 29 जून, 1966 को अपना प्रतिवेदन ''शिक्षा एवं राष्ट्रीय प्रगति'' (Education and National development) शीर्षक से भारतीय सरकार को प्रेषित किया।

आयोग के मुख्य उद्देश्य

भारत सरकार आयोग की नियुक्ति के उद्देश्य के सन्दर्भ में यह घोषणा की, कि आयोग भारत सरकार को शिक्षा के राष्ट्रीय स्वरुप और उसके सभी स्तरों और पक्षों के सम्बन्ध में सामान्य सिद्धांतों एवं नीतियों के विषय में सुझाव देगा। इसी उद्देश्य को आयोग ने इस प्रकार व्यक्त किया है। यह आयोग सरकार को शिक्षा सम्बन्धी नीतियों, शिक्षा के राष्ट्रीय प्रतिमाओं एवं शिक्षा के हर एक क्षेत्र में विकास की संभावनाओं पर विचार करने और अपनी सलाह सरकार को देने के लिए गठित किया गया है।

राष्ट्रीय शिक्षा आयोग के मुख्य सुझाव

राष्ट्रीय शिक्षा आयोग ने तत्कालीन भारतीय शिक्षा का समग्र रूप से अध्ययन किया और उसके सम्बन्ध में अपने सुझाव दिए। आयोग की मूल धारणा है कि शिक्षा राष्ट्र के विकास का मूल आधार है। उसने अपने प्रतिवेदन का शुभारम्भ ही इसी वाक्य से किया है- 'देश का भविष्य उसकी कक्षाओं में निर्मित होता है। आयोग के प्रतिवेदन के सम्बन्ध में दूसरा मुख्य तथ्य यह है कि इसमें शिक्षा की कुछ समस्याओं का विवेचन तो समग्र रूप से किया गया है, जैसे-शिक्षा के राष्ट्रीय लक्ष्य, शिक्षा की संरचना, शिक्षकों की स्थिति, शैक्षिक अवसरों की समानता, कृषि शिक्षा, व्यावसायिक शिक्षा, स्त्री शिक्षा और कुछ समस्याओं का विवेचन स्तर विशेष की शिक्षा के सन्दर्भ में किया गया है। जैसे कि विद्यालयी शिक्षा के उद्देश्य, पाठ्यक्रम और शिक्षण विधियाँ आदि।

शिक्षा के प्रशासन, वित्त एवं नियोजन सम्बन्धी सुझाव

हमारे देश में शिक्षा के तत्कालीन प्रशासनिक ढांचे की नींव अंग्रेजों ने रखी थी। स्वतंत्र भारत में उसमें परिवर्तन किया जाना आवश्यक था।

अंग्रेज सरकार हमारी शिक्षा पर कम व्यय करती थी, इसे भी बढ़ाना आवश्यक था। नियोजन के अभाव में तो कोई उद्देश्य अथवा लक्ष्य प्राप्त किया ही नहीं जा सकता। आयोग ने इन तीनों के सम्बन्ध में रचनात्मक सुझाव दिए।

शिक्षा के प्रशासन सम्बन्धी सुझाव

1. शिक्षा को राष्ट्रीय महत्व का विषय माना जाना चाहिए और उसकी राष्ट्रीय नीति घोषित की जाए। इसके लिए यदि आवश्यक हो तो केंद्र सरकार 'नेशनल एजुकेशन एक्ट' बनाए और प्रांतीय सरकारें 'एजुकेशन एक्ट बनाएं'।
2. भारतीय शिक्षा सेवा में उन व्यक्तियों का चयन किया जाए जिन्हें शिक्षण कार्य का अनुभव हो।
3. केन्द्रीय शिक्षा मंत्रालय में शिक्षा सलाहकार और शिक्षा सचिव के पदों पर सरकारी और गैर सरकारी, भारतीय शिक्षा सेवा और विद्यालयों में से योग्य व्यक्तियों का चयन किया जाये केन्द्रीय शिक्षा मंत्रालय के सांख्यकीय विभाग को सुदृढ़ किया जाए।
4. राष्ट्रीय शिक्षा अनुसन्धान एवं प्रशिक्षण परिषद् को अखिल भारतीय स्तर पर विद्यालयी शिक्षा का भार सौंपा जाए।
5. केन्द्रीय शिक्षा सलाहकार बोर्ड को और अधिक अधिकार दिए जाएँ।
6. शिक्षा प्रशासकों और शिक्षकों के बीच स्थानान्तरण की व्यवस्था की जाए।

शिक्षा के वित्त सम्बन्धी सुझाव

आयोग ने स्पष्ट किया कि 1965–66 की अपेक्षा 1985–86 में छात्रों की संख्या कम से कम दो गुनी हो जाएगी और प्रति छात्र व्यय 12 रुपए के स्थान पर 54 रुपए, हो जायेगा, इसलिए शिक्षा बजट में प्रति वर्ष वृद्धि करनी आवश्यक है। इस सम्बन्ध में उसने निम्नलिखित सुझाव दिए।

1. केन्द्र सरकार अपने बजट में कम शिक्षा के लिए 6% का प्रावधान करे।
2. राज्यों में स्थानीय संस्थाओं को उनके क्षेत्र की प्राथमिक शिक्षा संस्थाओं का वित्तीय भार सौंपा जाए।
3. राज्य सरकारें भी अपने बजटों में शिक्षा के लिए और अधिक धनराशि आवंटित करें।
4. शिक्षा हेतु आय के स्त्रोत बढ़ाने के उपायों की खोज की जाए।
5. व्यक्तिगत स्त्रोतों से अधिक से अधिक धन प्राप्त किया जाए।

शिक्षा के नियोजन संबंधी सुझाव

1. शैक्षिक नियोजन केन्द्रीय और प्रांतीय स्तर पर अलग-अलग किया जाए।
2. शैक्षिक नियोजन वर्तमान और भविष्य की मांगों के आधार पर किया जाए।

3. विद्यालयी शिक्षा का नियोजन स्थानीय निकाय और राज्य सरकारें मिलकर करें और उच्च शिक्षा का नियोजन प्रांतीय और केन्द्रीय सरकारें मिलकर करें।
4. शैक्षिक नियोजन करते समय इस बात का ध्यान रखा जाए कि कुल शिक्षा बजट राशि का 2/3 सामान्य शिक्षा पर व्यय हो और 1/3 उच्च शिक्षा पर व्यय हो।
5. शैक्षिक नियोजन इस प्रकार किया जाए कि सात से चौदह वर्ष के सभी बच्चों के लिए अनिवार्य एवं निशुल्क शिक्षा की व्यवस्था की जाए। माध्यमिक शिक्षा 70% बच्चों के लिए पूर्ण शिक्षा हो सके और शेष 30% मेधावी छात्र- छात्राएं उच्च शिक्षा में प्रवेश ले सकें।
6. शैक्षिक नियोजन में शिक्षा के प्रसार के साथ-साथ उसमें गुणात्मक सुधार के लिए व्यवस्था की जाए।
7. शैक्षिक नियोजन में अपव्यय एवं अवरोधन को रोकने के लिए विशेष प्रावधान किया जाए।

शिक्षा की सरंचना सम्बन्धी सुझाव

आयोग ने पूरे देश के लिए निम्नलिखित शिक्षा संरचना का प्रस्ताव रखा।

1. पूर्व प्राथमिक शिक्षा –1 से 3 वर्ष की अवधि
2. उच्च प्राथमिक शिक्षा – नं. 2 के कर्म में 4 या 3 वर्ष की अवधि
3. निम्न प्राथमिक शिक्षा –4 से 5 वर्ष की अवधि 1 कक्षा एक में प्रवेश की न्यूनतम आयु 6 वर्ष
4. (अ) माध्यमिक शिक्षा (सामान्य वर्ग) – 2 वर्ष की अवधि
   (ब) माध्यमिक शिक्षा (व्यावसायिक वर्ग) –2 या 3 वर्ष की अवधि
5. (अ) उच्चतर माध्यमिक शिक्षा (सामान्य वर्ग)–2 वर्ष की अवधि
   (ब) उच्चतर माध्यमिक शिक्षा (व्यावसायिक वर्ग) –2 या 3 वर्ष की अवधि
6. (अ) स्नातक शिक्षा (कला, विज्ञान, वाणिज्य) – 3 वर्ष
   (ब) स्नातक शिक्षा (इंजीनियरिंग एवं मेडिकल) 3 या 4 वर्ष की अवधि
7. परास्नातक शिक्षा (सभी विभाग) 2 या 3 वर्ष की अवधि
8. अनुसन्धान कार्य – 2 या 3 वर्ष की अवधि

शिक्षा के उद्देश्य, लक्ष्य अथवा कार्य सम्बन्धी सुझाव

आयोग ने शिक्षा को राष्ट्र के विकास का मूल आधार माना है। उसने राष्ट्र के परिप्रेक्ष्य में शिक्षा के 5 उद्देश्य, लक्ष्य अथवा कार्य निश्चित किए और इन्हें पंचमुखी कार्यक्रम की संज्ञा दी। आयोग ने इनमें से प्रत्येक की प्राप्ति के लिए अनेक अन्य कार्य भी निश्चित किए। यहां इस पंचमुखी कार्यक्रम का वर्णन संक्षेप में प्रस्तुत है।

पंचमुखी कार्यक्रम

शिक्षा तथा उत्पादित: शिक्षा का सम्बन्ध उत्पादित से जोड़ने के लिए विज्ञान की शिक्षा, स्कूली शिक्षा का एक अभिन्न अंग होना चाहिए। कार्यानुभव को सभी प्रकार की शिक्षाओं में स्थान देना चाहिए। माध्यमिक शिक्षा का अधिक से अधिक व्यावसायीकरण होना चाहिए।

सामाजिक और राष्ट्रीय एकीकरण: राष्ट्रीय चेतना और एकता को सबल बनाने के लिए लोक शिक्षा प्रणाली के रूप में समान स्कूल प्रणाली को राष्ट्रीय लक्ष्य के रूप में अपनाना चाहिए। सामाजिक और राष्ट्रीय सेवा सभी स्तरों पर सभी विद्यार्थियों के लिए अनिवार्य कर देनी चाहिए।

भाषा नीति: स्कूल और कॉलेज स्तर पर शिक्षा का माध्यम बनने के लिए मातृभाषा सर्वप्रथम अधिकार है अत: प्रादेशिक भाषाओं को शिक्षा का माध्यम बनाना चाहिए। प्रादेशिक भाषाओं में पुस्तकें और साहित्य, विशेष रूप से वैज्ञानिक और प्रोद्योगिकी तैयार करने के लिए उत्साहपूर्ण कार्यवाही करनी चाहिए। शैक्षिक कार्य और बौद्धिक आदान-प्रदान के लिए उच्चतर शिक्षा के क्षेत्र में अंग्रेजी संपर्क भाषा है, इसलिए हिंदी क्षेत्रों में इसके प्रसार के लिए उचित कदम उठाने चाहिए।

राष्ट्रीय चेतना को सुदृढ़ करना: यह कार्य सांस्कृतिक विरासत के ज्ञान को सुदृढ़ कर के किया जा सकता है तथा जिस भविष्य की हम कामना करते हैं उसमें एक पहल आस्था निर्मित कर किया जा सकता है। पहला कार्य भारत की भाषाओं और साहित्यों, दर्शन और इतिहास, धर्मों के अध्ययन को सुनियोजित ढंग से प्रोत्साहित कर तथा भारतीय मूर्तिकला, चित्रकला, संगीत, नृत्य और नाट्य का परिचय करा कर किया जा सकता है।

शिक्षा का आधुनिकीकरण: आधुनिक बनाने के लिए किसी भी समाज को अपने आप को शिक्षित बनाना होगा। औसत नागरिक का शैक्षिक स्तर ऊँचा उठाने के अतिरिक्त शिक्षा द्वारा ऐसा बुद्धिजीवी वर्ग उत्पन्न करना होगा जो समाज के सभी स्तरों में से हो तथा जिसकी निष्ठा तथा आंकाक्षाओं की जड़ें भारतीय भूमि में हों।

सामाजिक, नैतिक एवं आध्यात्मिक मूल्य: आधुनिकीकरण का यह मतलब नहीं है कि आवश्यक नैतिक और माध्यमिक मूल्यों तथा आत्मानुशासन की भावना उत्पन्न न हो। आधुनिकीकरण को एक जीवन शक्ति होना है, तो उसे आत्मा की शक्ति प्राप्त करना चाहिए। विज्ञान और शिल्प विज्ञान के ज्ञान और कौशल का संतुलन श्रेष्ठ नीति शास्त्र तथा धर्म से सम्बंधित मूल्यों तथा अंतर्दृष्टि से बैठाना चाहिए। अत: सभी संस्थाओं में नैतिक, सामाजिक और आध्यात्मिक मूल्यों सम्बन्धी शिक्षा की व्यवस्था होनी चाहिए।

राष्ट्रीय शिक्षा नीति

(National Policy on Education) (1968)

भारतीय समाज ने शिक्षा को सदैव एक महत्वपूर्ण स्थान दिया है। स्वतंत्रता आन्दोलन के नेताओं ने शिक्षा की आधारभूत को भली-भांति पहचाना था और सदैव उसके महत्व पर बल दिया था। गाँधी जी ने बेसिक शिक्षा योजना बनाई जिसका उद्देश्य शिक्षा को जीवन से सम्बन्ध करना था। इसी प्रकार अनेक नेताओं ने स्वतंत्रता प्राप्ति के पूर्व राष्ट्रीय शिक्षा हेतु महत्वपूर्ण योगदान दिया। स्वतंत्रता प्राप्ति के पश्चात भारत और राज्य सरकारों का सरोकार शिक्षा को राष्ट्रीय प्रगति और सुरक्षा का प्रभावी साधन बनाना था। शिक्षा व्यवस्था का पुनर्निर्माण करने हेतु कई आयोग नियुक्त किए गए जिनमें विश्वविद्यालय शिक्षा आयोग (1948–49), माध्यमिक शिक्षा आयोग (1952–53). कोठारी आयोग (1964–66) उल्लेखनीय है। कोठारी आयोग के प्रतिवेदन पर विस्तार से चर्चा हुई। इन चर्चाओं के आधार पर एक राष्ट्रीय शिक्षा नीति पर मतैक्य हो गया तथा भारत सरकार ने राष्ट्रीय शिक्षा नीति, 1968 की घोषणा की। इस नीति में निम्नलिखित 17 कार्यक्रमों को शामिल किया गया।

उद्देश्य

विद्यार्थी संविधान में अनुच्छेद 45 के अंतर्गत निशुल्क एवं अनिवार्य शिक्षा को समझने में सक्षम होंगे।

शिक्षकों के स्तर, वेतनमान तथा शिक्षण प्रशिक्षण में सुधार के बारे में जान सकेंगे।

भाषाओं के विकास तथा शैक्षिक अवसरों की समानता के बारे में जान सकेंगे।

इस कमीशन के अनुसार माध्यमिक शिक्षा तथा विश्वविद्यालय शिक्षा का क्या दृष्टिकोण है, इसके बारे में जान सकेंगे।
सत्रह कार्यक्रमों का उल्लेख निम्नलिखित है:

निशुल्क एवं अनिवार्य शिक्षा

संविधान के अनुच्छेद 45 के अंतर्गत दिए गए निर्देश की पूर्ति हेतु विशेष प्रयास किए जाएँ और चौदह वर्ष के सभी बच्चों को नि:शुल्क एवं अनिवार्य शिक्षा दी जाए। वर्तमान अपव्यय और अवरोधन को कम करके समुचित कार्यक्रम अपनाए जाएँ तथा विद्यालय का प्रत्येक व्यक्ति विहित पाठ्यक्रम सफलतापूर्वक पूरा करें।

शिक्षकों के स्तर, वेतन तथा शिक्षण प्रशिक्षण में सुधार

शिक्षण के स्तर उन्नत करने में तथा इसके राष्ट्रीय विकास में योगदान हेतु शिक्षक की भूमिका अत्यंत महत्वपूर्ण है। शिक्षक के वेतन, उसकी शैक्षिक योग्यता, उसकी व्यावसायिक योग्यता तथा उसके व्यक्तिगत गुणों और चरित्र पर शैक्षिक प्रयासों की सफलता निर्भर है।

भाषाओं का विकास

प्रादेशिक भाषाएँ, त्रिभाषा सूत्र, हिंदी, संस्कृत और अंतर-राष्ट्रीय भाषाओं के ज्ञान पर बल दिया गया है।

शैक्षिक अवसरों की समानता

शैक्षिक सुविधाओं की व्यवस्था की दृष्टि से प्रादेशिक या क्षेत्रीय असंतुलन मिटाना चाहिए। ग्रामीण तथा पिछड़े क्षेत्रों में शिक्षा की श्रेष्ठ सुविधाएँ उपलब्ध होनी चाहिएं। शिक्षा आयोग द्वारा प्रस्तावित सामान्य स्कूल पद्धति को अपनाना चाहिए। जिससे सामाजिक तथा राष्ट्रीय एकता को बढ़ावा मिले। बालिकाओं पिछड़ी जाति, जनजाति के बच्चों और विकलांग बच्चों की शिक्षा की विशेष व्यवस्था हो।

प्रतिभाशाली बच्चों की पहचान

प्रतिभाशाली बच्चों की पहचान अल्पायु में ही हो जानी चाहिए तथा उनकी प्रतिभा के विकास हेतु उचित अवसर प्रदान किए जाने चाहिए।

कार्यानुभव और राष्ट्रीय सेवा

विद्यालय और समाज को निकट लेन हेतु कार्यानुभव और राष्ट्रीय सेवा को शिक्षा का अभिन्न अंग होना चाहिए। इन कार्यक्रमों में स्वाबलंबन, चरित्र निर्माण और सामाजिक प्रतिबद्धता के विकास पर बल देना चाहिए।

विज्ञान शिक्षा एवं अनुसन्धान

राष्ट्रीय अर्थव्यवस्था की गति तीव्र करने हेतु विज्ञान शिक्षा एवं अनुसन्धान को प्राथमिकता दी जानी चाहिए। विज्ञान और गणित स्कूल स्तर तक सामान्य शिक्षा का अभिन्न अंग होना चाहिए।

कृषि एवं उद्योग हेतु शिक्षा

प्रत्येक राज्य में कम से कम एक कृषि विश्वविद्यालय अवश्य होना चाहिए। प्राविधिक शिक्षा में उद्योगों से सम्बंधित व्यावहारिक और अन्य प्राविधिक जन शक्ति की आवश्यकताओं की निरन्तर समीक्षा करते रहना चाहिये जिससे शिक्षा संस्थाओं और रोजगार के अवसरों के मध्य संतुलन बना रहना चाहिए।

पारिश्रमिक और प्रोत्साहन

पारिश्रमिक और प्रोत्साहन की उदार नीति के द्वारा श्रेष्ठतम लेखकों को आकर्षित करके विद्यालयों और विश्वविद्यालयों की पाठ्यपुस्तकों की गुणवत्ता में उच्चतम सुधार होना चाहिए। पाठ्यपुस्तकों को बार-बार बदला जाए। इनका मूल्य भी ऐसा हो कि सामान्य व्यक्ति सरलता से खरीद सके।

परीक्षाएं

परीक्षाओं की विश्वसनीयता और वैधता में सुधार होना चाहिए। निरन्तर मूल्यांकन प्रक्रिया का उद्देश्य उपलब्धि स्तर में सुधार करना चाहिए न कि किसी समय विशेष पर उसकी गुणवत्ता का प्रमाण पत्र देना।

माध्यमिक शिक्षा

माध्यमिक शिक्षा तथा उच्च स्तर पर शिक्षा के अवसर उपलब्ध कराना सामाजिक परिवर्तन का एक मुख्य साधन है। अतएव माध्यमिक शिक्षा की सुविधाएँ उन क्षेत्रों और वर्गों को भी दी जानी चाहिए जिनको आज तक यह प्राप्त नहीं हो सकी।

विश्वविद्यालय शिक्षा

विश्वविद्यालय या कालेज में छात्र प्रवेश संख्या प्रयोगशाला, पुस्तकों तथा अन्य सुविधाओं और कर्मचारियों की संख्या के अनुरूप होनी चाहिए।

अंशकालीन शिक्षा एवं पत्राचार कार्यक्रम

इन कोर्सों की सुविधा विश्वविद्यालय स्तर पर की जाए। इस प्रकार की शिक्षा माध्यमिक स्तर के छात्रों, अध्यापकों तथा कृषि, उद्योग और अन्य व्यवसाय में लगे कर्मचारियों को दी जाए।

साक्षरता एवं प्रौढ शिक्षा का विस्तार

राष्ट्रीय विकास में गति लाने हेतु निरक्षरता का उन्मूलयन आवश्यक है। इस उद्देश्य की पूर्ति हेतु सक्रीय रूप से साक्षरता अभियानों का आयोजन होना चाहिए।

खेलकूद

खेलकूद का उद्देश्य छात्रों की शारीरिक क्षमता में वृद्धि करना तथा खिलाड़ियों को प्रोत्साहन देना है। जहाँ खेल के मैदान तथा शारीरिक शिक्षा के राष्ट्रीय कार्यक्रमों के विकास के लिए सुविधाएँ नहीं हैं वहाँ यह सुविधाएँ प्राथमिकता के आधार पर देनी चाहिए।

अल्पसंख्यकों की शिक्षा

अल्पसंख्यकों के अधिकारों की सुरक्षा हेतु तथा उनके शैक्षिक हितों को उन्नत करने हेतु हरसंभव प्रयास किया जाना चाहिए।

शिक्षा संरचना

यह आवश्यक है कि देश के सभी भागों में शैक्षिक सरंचना एकरूप हो। अन्ततः पूरे देश में 10 जमा दो जमा तीन की शैक्षिक सरंचना अपनानी चाहिए।

राष्ट्रीय शिक्षा नीति और प्रोग्राम ऑफ एक्शन (1986/1992): महत्वपूर्ण सुझाव और उनके निहितार्थ

इतिहास में ऐसे क्षण आते हैं, जबकि दीर्घकाल से चली आ रही प्रक्रिया को नयी दिशा की आवश्यकता होती है। भारतीय शिक्षा का वही क्षण, सन 1986

में आया। इससे पूर्व भी यह पग राष्ट्रीय शिक्षा नीति, 1968 के द्वारा उठाया गया था। उसका उद्देश्य राष्ट्र की प्रगति को सुदृढ करना था। उसमें शिक्षा प्रणाली के सर्वांगीण पुनर्निर्माण तथा हर स्तर पर शिक्षा की गुणवत्ता को ऊँचा उठाने पर बल दिया गया था। साथ ही उस शिक्षा नीति में शिक्षा को जनजीवन के साथ जोड़ने पर ध्यान दिया गया था। नई चुनौतियों से निपटने और सामाजिक आवश्यकताओं की पूर्ती हेतु एक नई शिक्षा नीति 8 मई को लोकसभा तथा 13 मई 1986 को राज्य सभा द्वारा पारित की गई, जिसको राष्ट्रीय शिक्षा नीति, 1986 कहते हैं। सन 1992 में इसको संशोधित किया गया।

राष्ट्रीय शिक्षा नीति, 1986 के मूल तत्व

राष्ट्रीय शिक्षा नीति, 1986 और उसकी कार्य योजना, 1986 से राष्ट्रीय शिक्षा नीति एवं रीति सम्बन्धी जो तथ्य उजागर होते हैं, उन्हें निम्नलिखित रूप में उजागर किया जा सकता है।

शिक्षा प्रशासन का विकेंद्रीकरण किया जायेगाः इस शिक्षा नीति के दसवें भाग में शिक्षा प्रशासन के विकेंद्रिकर्ण पर बल दिया गया है और राष्ट्रीय स्तर पर 'भारतीय शिक्षा सेवा' प्रांतीय स्तर पर 'प्रांतीय शिक्षा सेवा' जिला स्तर पर 'जिला शिक्षा परिषद' के गठन की घोषणा की गई है'।

शिक्षा की व्यवस्था हेतु पर्याप्त हेतु पर्याप्त धनराशीः राष्ट्रीय शिक्षा नीति 1986 के तृतीय भाग में यह स्वीकार किया गया है कि शिक्षा मनुष्य का भौतिक एवं अध्यात्मिक विकास करती है। और यह हमारे सांस्कृतिक एवं आर्थिक विकास, लोकतंत्रीय मूल्यों के विकास और राष्ट्रीय लक्ष्यों की प्राप्ति के लिए परम आवश्यक है।

सम्पूर्ण देश में 10 + 2 + 3 शिक्षा सरंचनाः राष्ट्रीय शिक्षा नीति 1986 के तृतीय भाग में सम्पूर्ण देश में 10+2+3 शिक्षा सरंचना स्वीकार की गई है। प्रथम 10 वर्षीय शिक्षा पूरे देश के लिए समान होगी, इसके लिए एक आधारभूत पाठ्यक्रम होगा।

विभिन्न स्तरों पर शिक्षा का पुनर्गठनः इस शिक्षा नीति के पाँचवें भाग में शिक्षा के सभी स्तरों का पुनर्गठन करने पर बल दिया गया है। और पूर्व प्राथमिक, प्राथमिक, माध्यमिक और उच्च शिक्षा की पाठ्यचर्या में सुधार करने और उनके स्तर को उठाने पर बल दिया है।

पूर्व प्राथमिक शिक्षा की व्यवस्थाः इस स्तर पर शिशुओं के शारीरिक एवं मानसिक विकास पर ध्यान दिया जायेगा। उनके भोजन, वस्त्र, सफाई और पर्यावरण पर ध्यान दिया जायेगा। उनके खेल-कूद एवं व्यायाम की उचित व्यवस्था की जाएगी।

अनिवार्य एवं निःशुल्क प्राथमिक शिक्षा के लक्ष्य को शीघ्रतिशीघ्र प्राप्त किया जायेगाः

प्राथमिक शिक्षा को सर्वसुलभ बनाया जायेगा। सभी 10% बच्चों को 1 किलोमीटर की दूरी पर प्राथमिक विद्यालय उपलब्ध हैं, शेष 10% को 1990 तक उपलब्ध करा दिए जायेंगे।

माध्यमिक शिक्षा का पुनर्गठनः इस राष्ट्रीय शिक्षा नीति के पांचवें भाग में यह घोषणा की गई है, कि माध्यमिक शिक्षा के सभी इच्छुक लड़के-लड़कियों को उपलब्ध कराई जाएगी। इस स्तर पर त्रिभाषा सूत्र लागू किया जायेगा। गणित, विज्ञान, मानविकी, इतिहास, राष्ट्रीयता, संवैधानिक दायित्व, नागरिक अधिकार एवं कर्तव्य, सांस्कृतिक संस्कार और कार्यानुभव को अनिवार्य किया जायेगा।

उच्च शिक्षा का प्रसार एवं उन्नयनः इस शिक्षा नीति के पांचवें भाग में यह स्पष्ट किया गया है कि उच्च शिक्षा द्वारा छात्रों में विशिष्ट ज्ञान एवं कुशलता का विकास किया जायेगा, जिससे राष्ट्र का विकास होगा।

तकनीकी एवं प्रबंध शिक्षा में सुधारः इस शिक्षा नीति के छठे भाग में तकनीकी एवं प्रबंध शिक्षा के महत्व को स्वीकारते हुए उसकी उचित व्यवस्था करने पर बल दिया गया है। यह घोषणा की गई है कि तकनीकी एवं प्रबंध शिक्षा को भविष्य की आवश्यकता अनुसार नियोजित किया जायेगा। तथा महिलाओं और समाज के कमजोर वर्ग के बच्चों को तकनीकी शिक्षा की पूरी-पूरी सुविधाएं उपलब्ध कराई जाएँगी।

परीक्षा प्रणाली और मूल्यांकन प्रक्रिया में सुधारः राष्ट्रीय शिक्षा नीति 1986 के आठवें भाग के अंत में तत्कालीन परीक्षा प्रणाली और मूल्यांकन प्रक्रिया में सुधार की चर्चा की गई है।

शिक्षकों के स्तर और शिक्षण-प्रशिक्षण में सुधारः शिक्षकों के चयन उनकी योग्यता के आधार पर किया जायेगा। उनके स्तर को उठाने के लिए उनके वेतनमान बढ़ाए जायेंगे और सेवाशर्तों को आकर्षक बनाया जायेगा।

प्रौढ़ शिक्षा कार्यक्रमों का विस्तारः प्रौढ़ शिक्षा को राष्ट्रीय लक्ष्यों से जोड़ा जायेगा और 15 से 35 वर्ष आयु वर्ग के प्रोढ़ को साक्षर बनाने के लिए सरकारी और गेरसरकारी संगठनों का प्रयोग किया जायेगा।

सतत शिक्षा की व्यवस्थाः युवा वर्ग, गृहिणियां, किसानों, व्यापारियों और विभिन्न उधोगों में कार्यरत व्यक्तियों को उनके क्षेत्र की अधतन जानकारी देने हेतु सतत शिक्षा की व्यवस्था की जाएगी।

महिला शिक्षा पर विशेष ध्यान दिया जायेगा। अनुसूचित जाती, अनुसूचित जनजातियों के बच्चों की शिक्षा की उचित व्यवस्था की जाएगी।

पिछड़े वर्ग एवं पिछड़े क्षेत्रों के बच्चों को शिक्षा की उचित व्यवस्था की जाएगी।

अल्पसंख्यकों के बच्चों की शिक्षा पर विशेष ध्यान दिया जायेगा।

विकलांग और मंदबुद्धि बच्चों की शिक्षा की व्यवस्था की जाएगी।

संशोधित राष्ट्रीय शिक्षा नीति, 1986 (1992) का सामान्य परिचय

राष्ट्रीय शिक्षा नीति 1986 में यह घोषणा की गई थी कि प्रत्येक 5 साल बाद इस नीति के क्रियान्वयन और उसके परिणामों की समीक्षा की जाएगी। परन्तु केंद्र सरकार ने तीन वर्ष बाद, 1990 में ही इसकी समीक्षा हेतु राममूर्ति समीक्षा समिति, 1990 का गठन कर दिया। अभी इस समिति के प्रतिवेदन पर विचार भी शुरू नहीं हुआ था कि सरकार ने 1992 में इस नीति के कार्यान्वयन एवं परिणामों की समीक्षा हेतु जनार्दन रेड्डी समिति का गठन कर दिया। इन दोनों समितियों की रिपोर्ट के आधार पर सरकार ने 1992 में ही राष्ट्रीय शिक्षा नीति 1986, में कुछ संशोधन कर दिए। और इसे संशोधित राष्ट्रीय शिक्षा नीति, 1986, (National policy on Education 1986, with modifications undertaken in 1992) के नाम से प्रकाशित किया। सरकार ने उसी वर्ष इसकी कार्य योजना में भी कुछ परिवर्तन कर दिए। इस परिवर्तन कार्य योजना को कार्य योजना, 1992 (Plan of action) कहा जाता है।

यदि राष्ट्रीय शिक्षा नीति, 1986 में किए गए संशोधनों और उनकी कार्य योजना, 1992 को समग्र रूप से देखा जाए तो स्पष्ट होगा कि उसके मूल तत्वों में कोई परिवर्तन नहीं हुआ है। उनका केवल विस्तार हुआ है, और वह भी कुछ मूल तत्वों का।

राष्ट्रीय शिक्षा नीति, 1986 और उसके संशोधित रूप (1992) में जो कुछ प्रस्तावित है वह सब कुछ बहुत अच्छा है और नीति को शैक्षिक विकास के रूप में निहितार्थ किया गया है। जैसे कि:

शिक्षा राष्ट्रीय महत्व की वस्तुः राष्ट्रीय शिक्षा नीति, 1986 में शिक्षा को राष्ट्रीय महत्व का विषय घोषित किया गया है। इस शिक्षा नीति को उत्तम निवेश के रूप में स्वीकार किया गया है और उस पर बजट में 6% का प्रावधान करना सुनिश्चित किया गया है और वर्तमान में लगभग 4% व्यय भी किया जा रहा है।

कार्य योजना एवं वित्त व्यवस्थाः राष्ट्रीय शिक्षा नीति, 1986 और संशोधित (1992) भारत की पहली शिक्षा नीति है जिसके क्रियान्वयन के लिए पूरी कार्य योजना विस्तृत रूप से प्रस्तुत की गई है और उसके लिए उचित वित्त व्यवस्था भी की गई है।

निश्चित शिक्षा सरंचनाः इस राष्ट्रीय शिक्षा नीति में राष्ट्रीय शिक्षा नीति, 1986 द्वारा घोषित 10 + 2 + 3 शिक्षा संरचना को पूरे देश में अनिवार्य रूप से लागू करने पर बल दिया गया है सर्वप्रथम दस वर्षीय शिक्षा के लिए आधारभूत पाठ्यचर्या और + 2 पर स्थान विशेष की आवश्यकता अनुसार पाठ्यचर्या के निर्माण पर बल दिया गया है। उच्च स्तर के शिक्षा के पाठ्यक्रम के निर्माण का अधिकार विश्वविद्यालयों को दिया गया है। परन्तु इस निर्देश के साथ कि ये पाठ्यक्रम अधतन और अंतर्राष्ट्रीय स्तर के होने चाहिए। इस प्रकार इस नीति में राष्ट्रीय और क्षेत्रीय हितों को बराबर का महत्व दिया गया है, यह भारतीय गणराज्य के अनुकूल है।

❑❑

15 राष्ट्रीय शिक्षा नीति, 2020

- **राष्ट्रीय शिक्षा नीति** – भारत की स्वतंत्रता के पश्चात् वर्ष 1968 में कोठारी आयोग (1964-1966) की सिफारिशों के आधार पर प्रथम राष्ट्रीय शिक्षा नीति लागू की गई।
- **1986** - वर्ष 1986 में दूसरी राष्ट्रीय शिक्षा नीति लागू की गई। इसका प्रमुख उद्देश्य देश की शिक्षा प्रणाली में आवश्यक सुधारों के साथ शिक्षा की पहुँच को मजबूत करना तथा शिक्षा के क्षेत्र में व्याप्त विषमताओं को दूर करना था।
- **राष्ट्रीय शिक्षा नीति में संशोधन** – वर्ष 1992 में राष्ट्रीय शिक्षा नीति 1986 में संशोधन किया गया। इस संशोधन के अंतर्गत देश में तकनीकी शिक्षा की ओर ध्यान दिया गया तथा तकनीकी शिक्षा और व्यावसायिक शिक्षा कार्यक्रमों में प्रवेश के लिए राष्ट्रीय स्तर पर एकल प्रवेश परीक्षा की अवधारणा को विकसित किया गया।

राष्ट्रीय शिक्षा नीति-2020

- स्वतंत्र भारत में पूर्व प्रधानमंत्री श्रीमती इंदिरा गांधी द्वारा 1968 में लागू प्रथम शिक्षा नीति के बाद नई शिक्षा नीति-2020 में लागू की गई।
- पूर्व इसरो प्रमुख के. कस्तूरीरंगन की अध्यक्षता में विशेषज्ञों की एक गठित समिति ने नई शिक्षा नीति का मसौदा तैयार किया।
- नई शिक्षा नीति शिक्षा के सभी स्तरों में प्रभावशाली और उपयोगी परिवर्तन किए गए हैं।
- **समिति का गठन** – नई शिक्षा नीति 2020 के लिए समिति का गठन जून, 2017 में डॉ. के. कस्तूरीरंगन की अध्यक्षता में किया गया। समिति द्वारा 'मई 2019' में राष्ट्रीय शिक्षा नीति मसौदा कैबिनेट में प्रस्तुत किया गया।
- नई शिक्षा नीति के मसौदे को 29 जुलाई, 2020 को केंद्रीय मंत्रिमंडल ने मंजूरी प्रदान की।
- राष्ट्रीय शिक्षा नीति 2020-21वीं सदी की पहली शिक्षा नीति है।

नई शिक्षा नीति के उद्देश्य

- **नामांकन अनुपात में वृद्धि** – नई शिक्षा नीति में उच्च शिक्षा में एकल नामांकन अनुपात को बढ़ाते हुए वर्ष 2035 तक व्यावसायिक शिक्षा के 26.3% से बढ़ाकर 50% करने का लक्ष्य धारित किया गया है।
- **स्कूल से जोड़ना एवं अनिवार्य शिक्षा की उपलब्धता** – नई शिक्षा नीति का मुख्य उद्देश्य सभी वर्गों को शिक्षा की उपलब्धता के साथ ड्राप आउट विद्यार्थियों को स्कूल से पुनः जोड़ना है। इसके साथ ही वर्ष 2030 तक उसे 18 वर्ष तक की आयु के सभी बच्चों को निःशुल्क और अनिवार्य शिक्षा उपलब्ध कराना।
- **नवीन अवसर उत्पन्न करना** – शिक्षा के नये अवसरों का सृजन करना तथा युवा वर्ग के उन्नति के अवसरों में वृद्धि करना।
- **ऑनलाइन शिक्षा को बढ़ावा** – नई शिक्षा नीति में शिक्षा की रोचकता को बढ़ाने तथा नवीन सुधारों को क्रियात्मक रूप में लागू करने के उद्देश्य से ऑनलाइन शिक्षा को बढ़ावा दिया जाएगा।
- **विचार को बढ़ावा** – नई शिक्षा नीति में प्रायोगात्मक नवाचारों को बढ़ावा दिया जाएगा ताकि छात्रों की सोच में रचनात्मक और तार्किक निर्णय जैसी योग्यताएं उत्पन्न हों। नई शिक्षा नीति में वहनीय शिक्षा, समानता, शिक्षा की गुणवत्ता आदि पर विशेष ध्यान केन्द्रित किया गया है।

राष्ट्रीय शिक्षा नीति के प्रमुख बिंदु

- नई शिक्षा नीति के अंतर्गत केंद्र व राज्य सरकार के सहयोग से शिक्षा क्षेत्र पर जीडीपी के 6% हिस्से के सार्वजनिक व्यय का लक्ष्य रखा गया है।
- नई शिक्षा नीति की घोषणा के अंतर्गत ही मानव संसाधन प्रबंधन का नाम परिवर्तन करके शिक्षा मंत्रालय कर दिया गया है।

स्कूली शिक्षा से संबंधित प्रावधान

- **शैक्षिक संरचना** – नई शिक्षा नीति में 5 + 3 + 3 – 4 डिजाइन वाली शैक्षणिक संरचना प्रस्तावित की गई है। जिसमें 3 से 18 वर्ष की आयु वर्ग वाले बच्चे सम्मिलित हैं।
- **फांउडेशन स्टेज**- (पांच वर्ष) - 3 वर्ष का प्री-प्राइमरी
  - स्कूल और ग्रेड 1 व 2
  - तीन वर्ष का प्रीपेट्री स्टेज
  - तीन वर्ष का मध्य चरण (उच्च प्राथमिक) 6, 7, 8
  - 4 वर्ष का माध्यमिक चरण- 9, 10, 11, 12
- नई राष्ट्रीय नीति 2020 के तहत HHRO द्वारा हेतु साक्षरता और संख्यात्मक ज्ञान पर एक राष्ट्रीय मिशन की स्थापना का प्रस्ताव किया गया है। इस मिशन के तहत वर्ष 2025 तक कक्षा- 3 स्तर के बच्चों हेतु आधारभूत कौशल सुनिश्चित किया जाएगा।
- **भाषागत विविधता के संरक्षण हेतु प्रयास** – नई राष्ट्रीय शिक्षा नीति 2020 में कक्षा-5 तक की शिक्षा में मातृभाषा/स्थानीय या क्षेत्रीय भाषा को अपनाने और आगे की शिक्षा में मातृभाषा को प्राथमिक देने की बात कही गई है।
- **बधिर छात्रों के लिए** - बधिर छात्रों के लिए विकास राष्ट्रीय और राज्य स्तर पर पाठ्यसामग्री के विकास तथा 'भारतीय सांकेतिक भाषा' को संपूर्ण देश में मानकीकृत करने का लक्ष्य रखा गया है।
- **शैक्षिक पाठ्यक्रम में व्यावसायिक शिक्षा** – नई शिक्षा नीति के अंतर्गत पाठ्यक्रम के बोझ को कम करते हुए छात्रों में 21वीं सदी के कौशल के विकास, अनुभव आधारित शिक्षण और तार्किक चिंतन को प्रोत्साहित करने पर विशेष ध्यान दिया गया है। साथ इसके तहत कक्षा 6 से ही शैक्षिक पाठ्यक्रम में व्यावसायिक शिक्षा को शामिल किया गया।

- **कृत्रिम बुद्धिमत्ता (Artificial Intelligence - AI)** - इसके तहत तकनीकी शिक्षा, भाषाई बाध्यताओं को दूर करने, दिव्यांग छात्रों के लिए शिक्षा को सुगम बनाने आदि के लिए तकनीकी के प्रयोग को बढ़ावा देने और छात्रों अपने भविष्य से जुड़े निर्णय देने में सहायता प्राप्त करने के लिए 'कृत्रिम बुद्धिमत्ता' आधारित सॉफ्टवेयर का प्रयोग करने की बात कही गई है।
- **राष्ट्रीय व्यावसायिक मानक** - इस नीति के तहत शिक्षा प्रणाली में सुधार हेतु शिक्षकों के लिए 'राष्ट्रीय व्यावसायिक मानक' का विकास और चार वर्ष के एकीकृत बी.एड. कार्यक्रम की अवधारणा प्रस्तुत की गई।
- **बहुविषयक शिक्षा एवं अनुसंधान विश्वविद्यालय** - नई शिक्षा नीति के तहत देश में आई.आई.टी (IIT) और आईआईएम (IIM) के समकक्ष वैश्विक मानकों के 'बहुविषयक शिक्षा एवं अनुसंधान विश्वविद्यालय' की स्थापना का प्रस्ताव किया गया है।
- **राष्ट्रीय शिक्षा नीति के कार्यान्वयन हेतु स्थायी समिति** - राष्ट्रीय शिक्षा नीति 2020 के सफल कार्यान्वयन हेतु एक समिति की स्थापना का प्रावधान है।
- **अध्यक्ष एवं सदस्य** - केंद्रीय शिक्षा मंत्री इसके अध्यक्ष होंगे तथा देश के विभिन्न विश्वविद्यालयों/संस्थानों के कुलपति/निदेशक इस समिति के सदस्य होंगे।
- समिति के पास कुछ विशिष्ट शक्तियाँ होंगी, आगे इनमें विषयगत उपसमितियों और क्षेत्रीय समितियों को भी शामिल किया जाएगा। वह समिति मुख्यत: राष्ट्रीय शिक्षा नीति 2020 को लागू करने के साथ इसके मध्य आने वाली चुनौतियों को दूर करने में सहायक होगी।
- **राष्ट्रीय शिक्षा परिषद**- इस परिषद में सभी राज्यों और केंद्र शासित प्रदेश के शिक्षा मंत्री शामिल होंगे तथा परिषद् की अध्यक्षता केंद्रीय शिक्षा मंत्री करेंगे।
- यह परिषद् राज्यों और केंद्र शासित प्रदेशों में राष्ट्रीय शिक्षा नीति के कार्यान्वयन की निगरानी करने के लिए एक महत्त्वपूर्ण संस्थागत तंत्र है।
- **इंस्टीट्यूट ऑफ एमिनेंस** - प्रधानमंत्री द्वारा 'इंस्टीट्यूट ऑफ एमिनेंस' की अवधारणा के तहत देश में विश्वस्तरीय विश्वविद्यालयों की स्थापना का दृष्टिकोण प्रस्तुत किया गया था।
- वर्ष 2016 के बजटीय भाषाण के दौरान तत्कालीन केंद्रीय वित्त मंत्री ने भी देश के 10 सार्वजनिक और 10 नीति संस्थानों को विश्व स्तरीय शिक्षण और और अनुसंधान के रूप में विकसित करने के लिए आवश्यक नियमकीय परिवर्तन पर बल दिया गया, जिसके पश्चात् देश में IOEs की स्थापना हुई।
- **राष्ट्रीय उच्च शिक्षा परोपकार परिषद्** - निजी क्षेत्र के उच्च शिक्षण संस्थानों के संचालन की वित्तीय चुनौतियों और छात्रों के समक्ष आने वाली शुल्क संबंधी चुनौतियों को देखते हुए एक राष्ट्रीय उच्च शिक्षा परोपकार परिषद की स्थापना की गई है।

उच्च शिक्षा व्यवस्था में सुधार के प्रावधान

- नई शिक्षा नीति और उच्च शिक्षा व्यवस्था के अंतर्गत अनेक सुधार-
- नई शिक्षा से पूर्व की नीतियों में तीन या चार वर्ष के डिग्री कोर्स में यदि बीच में ही अध्ययन छूट जाए तो विद्यार्थी को कोई डिग्री नहीं मिलती थी। किंतु इस शिक्षा नीति में इस प्रक्रिया को संशोधित किया तथा निम्न परिवर्तन किए गए जिसके तहत पढ़ाई की प्रक्रिया को मूल्यवान बनाया गया और यह व्यवस्था की गई-
    - एक वर्ष की पढ़ाई पर - सर्टिफिकेट
    - दो वर्ष की पढ़ाई पर - डिप्लोमा
    - तीन या चार वर्ष पर - डिग्री
- **ग्रेजुएशन डिग्री** - उच्च शिक्षा न चाहने वालों के लिए ग्रेजुएशन डिग्री 3 वर्ष की तथा शोध अध्ययन करने वालों के लिए ग्रेजुएशन डिग्री 4 वर्ष की रहेगी।
- **एकेडमिक बैंक ऑफ क्रेडिट** - इसके अंतर्गत विभिन्न उच्च शिक्षण संस्थाओं से प्राप्त क्रेडिट को डिजिटल रूप में सुरक्षित रखा जाएगा और भिन्न-भिन्न संस्थानों में छात्र के प्रदर्शन के आधार पर प्रमाण पत्र दिया जाएगा।
- **विश्वविद्यालयों हेतु समान नियमावली** - सभी विश्वविद्यालयों हेतु अब से समान नियम होंगे जो अब तक भिन्न थे। साथ ही पोस्ट ग्रेजुएशन कोर्स में एक वर्ष बाद पढ़ाई छोड़ने का Option रहेगा तथा इसमें पांच वर्ष का संयुक्त ग्रेजुएट मास्टर कोर्स लाया गया है।
- **रेगुलेटरी बॉडी** - विश्वविद्यालय अनुदान आयोग (UGC) अखिल भारतीय तकनीकी शिक्षा परिषद (AJCTE) और नेशनल कांउसिल फॉर टेक्नीकल एजुकेशन (NCTE) को समाप्त कर रेगुलेटरी बॉडी बनाई जाएगी।

शिक्षकों से संबंधित सुधार

नेशनल मेंटरिंग प्लान

- इस सुधार संबंधी कार्यक्रम में शिक्षकों के उन्नयन से संबंधित प्रावधान हैं-
- **शिक्षकों की भर्ती** - नई शिक्षा नीति में शिक्षक भर्ती से संबंधित प्रक्रियाएं पूर्णत: पारदर्शी एवं योग्यता आधारित होंगी।
- **राष्ट्रीय प्रोफेशनल मानक** - राष्ट्रीय अध्यापक शिक्षा परिषद् द्वारा वर्ष 2022 तक शिक्षकों हेतु 'राष्ट्रीय प्रोफेशनल मानक' (NPST) तैयार किया जाएगा।
- **शिक्षक-छात्र अनुपात** - विद्यालयों में शिक्षक-छात्र अनुपात 30 : 1 से कम होगा तथा आर्थिक एवं सामाजिक रूप से वंचित क्षेत्रों वाले स्कूल में यह अनुपात 25 : 1 से कम होगा।

अन्य सुधार

- गैर शिक्षण गतिविधियों से संबंधित कार्यक्रमों से शिक्षकों को दूर रखा जाएगा।
- शिक्षकों से यह पूर्णत: अपेक्षित होगा कि वह स्वयं की इच्छा से व्यावसायिक विकास के लिए स्वेच्छा से प्रत्येक वर्ष 50 घंटों का सतत् व्यावसायिक विकास (CPD) कार्यक्रम में हिस्सा ले।
- **शिक्षकों हेतु डिप्लोमा कार्यक्रम** - ECCC शिक्षकों के प्रशिक्षण हेतु NCERT द्वारा 6 माह एवं 1 वर्ष का डिप्लोमा कार्यक्रम करवाया जाएगा। अध्यापक शिक्षा हेतु राष्ट्रीय पाठ्यचर्या की रूपरेखा NCERT को परामर्श अनुरूप विकसित किया जाएगा।
- वर्ष 2030 तक शिक्षण कार्य हेतु न्यूनतम डिग्री योग्यता 4 वर्षीय एकीकृत बी.एड डिग्री का होना अनिवार्य शर्त होगी तथा संविधा शिक्षक की अपेक्षा नियमित शिक्षक भर्ती पर अधिक बल दिया जाएगा।

शिक्षा प्रणाली से संबंधित सुधार

- **बहुविषयक संस्थान** - उच्चतर शिक्षा संस्थानों को शिक्षा संबंधित बहु उद्देश्यों की दृष्टि से उच्च साधन संपन्न एवं बहु विषयक संस्थानों में रूपान्तरित किया जाएगा।

- **3 वर्ष से शिक्षा का प्रारंभ** - पूर्व शिक्षा व्यवस्था में प्री स्कूलिंग नहीं होती थी बच्चा 6 वर्ष की आयु से पढ़ना प्रारंभ करता था, किंतु अब ECCE (Early Childhood Care and Education) प्रणाली के माध्यम से 3 वर्ष से ही शिक्षा प्रारंभ हो जाती है।
- **परीक्षा पैटर्न में बदलाव** - 10वीं एवं 12वीं बोर्ड परीक्षाओं में परिवर्तन कर अब वर्ष में दो बार ऑब्जेक्टिव और सब्जेक्टिव फॉर्मेट में परीक्षा आयोजित की जाएगी।
- **मिड-डे-मील** - NEP-2020 के तहत मिड-डे-मील के साथ नाश्ता देने का भी प्रावधान किया गया है।

शैक्षणिक भाषा से संबंधित सुधार

- **त्रिभाषा फॉर्मूला** - इस नीति में भारतीय भाषाओं के महत्त्व को स्वीकार्य करते हुए त्रिभाषा फॉर्मूला को अपनाया जाएगा तथा हिंदी, अग्रंजी और स्थानीय भाषाओं में पढ़ाई करवाई जाएगी।
- **अंग्रेजी भाषा की अनिवार्यता समाप्त** - कक्षा-5 तक की पढ़ाई क्षेत्रीय या मातृभाषा में होगी इसके अंतर्गत अंग्रेजी भाषा की अनिवार्यता समाप्त होगी। स्कूली और उच्च शिक्षा में छात्रों के लिए संस्कृत और अन्य प्राचीन भारतीय भाषाओं का विकल्प होगा परंतु छात्रा चुनाव के लिए बाध्य नहीं होंगे।
- **वर्चुअल लैब** - क्षेत्रीय भाषाओं के अंतर्गत ई-पाठ्यक्रम विकसित किए जाएंगे तथा वर्चुअल लैब के साथ ही एक 'राष्ट्रीय शैक्षिक टेक्टनोलॉजी फोरम' (NETF) बनाया जा रहा है।
- **भारतीय संकेत भाषा** - बधिर छात्रों हेतु राष्ट्रीय और राज्य स्तर पर पाठ्यक्रम सामग्री विकसित की जाएगी तथा भारतीय संकेत भाषा को पूरे देश में मानकीकृत किया जाएगा। छठी कक्षा के विद्यार्थियों हेतु वोकेशनल कोर्स आरंभ किए जाएंगे तथा 9वीं कक्षा के विद्यार्थियों हेतु विदेशी भाषा को सीखने का विकल्प होगा।
- **भारतीय भाषाओं के संरक्षण हेतु संस्थान** - भारतीय भाषाओं के संरक्षण और विकास हेतु एक भारतीय अनुवाद और व्याख्या संस्थान तथा फारसी, पाली और प्राकृत भाषा के लिए राष्ट्रीय संस्थान स्थापित किया जाएगा।
- SC, ST और OBC के सामाजिक व आर्थिक रूप से पिछड़े छात्रों के लिए राष्ट्रीय स्तर पर स्कॉलरशिप पोर्टल का निर्माण किया जाएगा। स्कॉलरशिप प्रदान कर स्कूल न आने वाले बच्चों को मुख्य धारा से जोड़ा जाएगा।
- IIT और IIM की तरह Multidisciplinary Education and Research University (MERUS) की स्थापना की जाएगी।
- देश के जो युवा किसी संस्था में नियमित रूप से अध्ययन नहीं कर सकते उन्हें NIOS (नेशनल इंस्टीट्यूट ऑफ ओपन स्कूलिंग) और राज्यों के ओपन स्कूलों द्वारा चलाए जा रहे ODL (ओपन एण्ड डिस्टेंस लर्निंग) कार्यक्रम से जोड़कर पढ़ाया जाएगा।
- NIOS (राष्ट्रीय खुला विद्यालय संस्थान) - कक्षा तीन, पाँच और आठ के लिए ओपन लर्निंग की व्यवस्था की जाएगी। ऐसे स्थान जहाँ विद्यालय तक आने के लिए छात्रों को अधिक दूरी तय करनी पड़ती हैं। वहाँ जवाहर नवादेय विद्यालयों के स्तर की तर्ज पर नि:शुल्क छात्रावासों का निर्माण किया जाएगा।
- NEP-2020 में जेंडर इंक्लूजन फण्ड और वंचित इलाकों के लिए विशेष शिक्षा क्षेत्र की स्थापना पर बल।

भारत उच्च शिक्षा आयोग

- भारत उच्च शिक्षा आयोग (Higher Education Commisson of India-HECI) संपूर्ण उच्च शिक्षा के सर्वोच्च निकाय के रूप में गठित है। इसमें मेडिकल और कानूनी शिक्षा को सम्मिलित नहीं किया जाएगा।
- वर्ष 2040 तक सभी वर्तमान उच्चतर शिक्षा संस्थानों (HEI) का उद्देश्य अपने आपको बहु-विषयक संस्थानों के रूप में स्थापित करना होगा।
- वर्ष 2030 तक प्रत्येक जिले में या उसके समीप कम-से-कम एक बड़ा बहु-विषयक उच्चतर शिक्षा संस्थान स्थापित किया जाएगा।

HECI के कार्यों के प्रभावी और पारदर्शितापूर्ण निष्पादन के लिए चार संस्थानों का निर्धारण किया गया है-

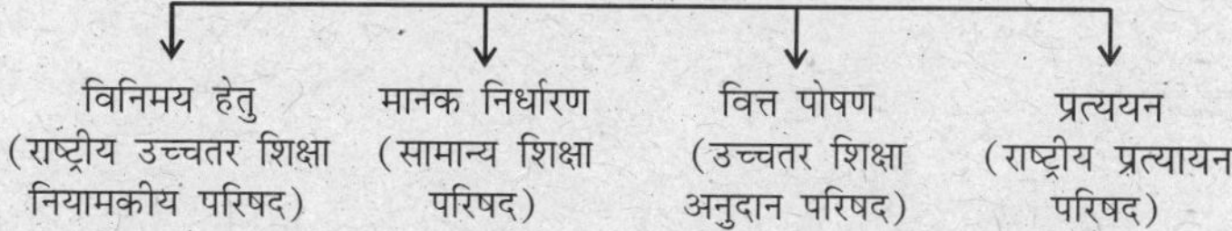

- नई शिक्षा नीति में एमफिल (MPhil) को समाप्त किया जाएगा। Ph.D के लिए 4 वर्षीय ग्रेजुएशन फिर एम.ए. उसके बाद MPhil की अनिवार्यता समाप्त कर दी जाएगी।
- **राष्ट्रीय अनुसंधान फाउण्डेशन (NRF)** - राष्ट्र में गुणवत्तापूर्ण अनुसंधान को सही रूप में उत्प्रेरित और विकसित करने हेतु तथा सभी प्रकार के वैज्ञानिक एवं सामाजिक अनुसंधानों पर नियंत्रण रखने के लिए NRF के गठन का प्रस्ताव।

महत्त्वपूर्ण तथ्य

- **परख** - छात्रों के मूल्यांकन हेतु एक 'राष्ट्रीय आंकलन केंद्र के रूप में' 'परख' केंद्र की स्थापना की जाएगी।

❑❑

प्रश्नमाला

1. अनुदेशन का मुख्य उद्देश्य है–
   (a) बालक का मानसिक विकास करना
   (b) बालक का सामाजिक विकास करना
   (c) बालक का सर्वांगीण विकास करना
   (d) बालक का नैतिक विकास करना
2. निम्न में से कौन-सा अप्रेक्षित साधन नहीं है–
   (a) स्लाइड (b) रेडियो
   (c) ग्रामोफोन (d) ब्लैक बोर्ड
3. अधिगम केन्द्रित शिक्षण उपागम में–
   (a) शिक्षक छात्रों की सहायता करते हैं
   (b) शिक्षक प्रदर्शन करते हैं
   (c) शिक्षक व्याख्यान देते हैं
   (d) शिक्षक उपरोक्त सभी करते हैं
4. किशोरों के उचित विकास हेतु–
   (a) उन्हें कठोर प्रशिक्षण देना चाहिए
   (b) उन्हें कठोर दण्ड देना चाहिए
   (c) उनका उचित मार्गदर्शन करना चाहिए
   (d) उपरोक्त तीनों विकल्प आजमाने चाहिए
5. निर्देशन सेवा समिति का काम है–
   (a) विद्यालय में उपलब्ध सुविधाओं का सर्वेक्षण
   (b) समस्याओं का आकलन
   (c) कर्मचारियों की योग्यता की जाँच
   (d) उपरोक्त सभी
6. निम्न परिभाषा किसकी है? ''सामाजिक अधिगम किसी चुनौती या समस्या से आरम्भ होता है, जिसके लिए कोई तात्कालिक और बना बनाया समाधान नहीं होता है–''
   (a) लिण्डशेन (b) मरसेल
   (c) लिंडग्रेन (d) कोलेसनिक
7. ऑपरेशन ब्लैकबोर्ड योजना प्रारम्भ की गयी थी–
   (a) श्यामपट्ट देने के लिए
   (b) विद्यालय भवन बनाने के लिए
   (c) शिक्षकों की नियुक्ति के लिए
   (d) विद्यालयों में अभावों की पूर्ति के लिए
8. निम्न कथन किस विद्वान का है–
   ''विज्ञान का कला में प्रयोग तकनीकी है।''
   (a) शिव के. मिश्रा
   (b) डॉ. एस.पी. कुलश्रेष्ठ
   (c) प्रो. तिलकराज
   (d) ओफिस
9. अभिप्रेरण की प्राविधि नहीं है–
   (a) आकांक्षा का स्तर
   (b) पुरस्कार एवं दण्ड
   (c) प्रगति का ज्ञान
   (d) विषय पर भाषण
10. मेसलो (Maslow) ने मानव आवश्यकताओं को कितने वर्गों में बाँटा है –
    (a) तीन (b) चार
    (c) पाँच (d) छः
11. अप्रत्यक्ष व्यवहार को फ्लैण्डर ने निम्न श्रेणियों में विभाजित किया है–
    (a) छात्र भावना को स्वीकारना
    (b) प्रोत्साहन देना तथा छात्र विचारों को मानना
    (c) प्रश्न पूछना
    (d) उक्त तीनों ही
12. शिक्षा के माध्यम से मानव को ईश्वर के समीप ले जाने चाहते थे–
    (a) महात्मा गाँधी (b) प्रो. कोठारी
    (c) डॉ. राधाकृष्णन (d) हरबर्ट
13. ''सीखने की एक निश्चित उम्र होती है।'' यह कथन –
    (a) सत्य है (b) असत्य है
    (c) आंशिक सत्य है (d) कल्पित है
14. बालकों की दक्षता का मापन किया जाता है–
    (a) मापन रेखा विधि द्वारा
    (b) मनोमिति विधि द्वारा
    (c) उपचारात्मक विधि द्वारा
    (d) तुलनात्मक विधि द्वारा
15. ''शिक्षक का कार्य-छात्रों को उन विधियों की खोज करने में सहायता देना है, जिनसे उनका अध्ययन उतना रोचक एवं सफल हो सके, जितना कि सम्भव है।'' यह किसका कथन है–
    (a) क्रो व क्रो (b) शर्मा व नन्दा
    (c) बटरवैक (d) बॉसिंग
16. निम्न में से कौन-सा विकल्प शिक्षा के मूल्यांकन दोष से सम्बन्धित नहीं है–
    (a) लिखित परीक्षाओं की प्रधानता
    (b) मनोवैज्ञानिक परीक्षाओं का अभाव
    (c) पुस्तकों का समय पर न उपलब्ध होना
    (d) नकल को बढ़ावा देना
17. शिक्षक का प्रत्येक छात्र के साथ पुत्रवत् व्यवहार उसके किस गुण का सूचक है?
    (a) मानवीय गुण (b) सामाजिक गुण
    (c) व्यावसायिक गुण(d) नैतिक गुण
18. राष्ट्रीय शैक्षिक प्रसारण में सर्वाधिक उपयोगी साधन है–
    (a) रेडियो (b) दूरदर्शन
    (c) इंटरनेट (d) टेपरिकॉर्डर
19. सीखने की प्रक्रिया है –
    (a) व्यक्तिगत
    (b) सामाजिक
    (c) व्यक्तिगत व सामाजिक
    (d) इनमें से कोई नहीं
20. निर्देशन है–
    (a) अदा (b) प्रदा
    (c) प्रक्रिया (d) ये तीनों
21. किस परीक्षण में छात्र को 'सत्य' एवं 'असत्य' में उत्तर देना पड़ता है–
    (a) बहुविकल्पीय परीक्षण में
    (b) सत्यासत्य परीक्षण में
    (c) पूर्ति परीक्षण में
    (d) स्मरण परीक्षण में
22. जॉन डीवी ने किस चिन्तन को विचारात्मक चिन्तन की संज्ञा दी है–
    (a) प्रत्ययात्मक चिन्तन
    (b) तार्किक चिन्तन
    (c) कल्पनात्मक चिन्तन
    (d) प्रत्ययात्मक चिन्तन
23. सामान्यत: 'कम्प्यूटर' को हिंदी भाषा में नाम दिया गया है–
    (a) कम्प्यूटर (b) संगणक
    (c) केलकुलेटर (d) गणक
24. एक अच्छे मूल्यांकन से ज्ञान होता है–
    (a) छात्र द्वारा दिये गये सन्तुलित उत्तर का
    (b) उसकी सुन्दर लिखावट का
    (c) विश्वसनीयता एवं वैधता का
    (d) शत-प्रतिशत परिणाम का
25. ''सूक्ष्म शिक्षण कम समय, कम छात्रों तथा कम प्रक्रियाओं की प्रविधि है।'' यह कथन है–
    (a) पासी का
    (b) एल.सी. सिंह का
    (c) डी. पचौरी का
    (d) आरती शर्मा का
26. रॉटर ने अपनी पुस्तक "Social Learning and Clinical Psychology" कब लिखी थी–
    (a) 1964 में (b) 1934 में
    (c) 1954 में (d) 1944 में
27. 'समाज सामाजिक सम्बन्धों का जाल है' यह परिभाषा किसने दी है–
    (a) डीवी (b) कुक
    (c) मैक्स वेबर (d) मैकाइवर
28. सेकेन्डरी कक्षाओं की समय-सारणी में सप्ताह में अध्यापन हेतु प्रावधान रखा गया है–
    (a) 25 घण्टे (b) 30 घण्टे
    (c) 35 घण्टे (d) 40 घण्टे
29. समाज-सेवा के क्षेत्र में अग्रसर है–
    (a) समाज सेवा संघ
    (b) सहकारी स्टोर
    (c) हॉबी क्लब
    (d) स्काउटिंग (बालचर संगठन)

30. विभिन्न शोधों के अनुसार, अधिगम में किस ज्ञानेन्द्रियों का उपयोग सर्वाधिक होता है–
(a) दृश्येन्द्रिय (b) श्रवणेन्द्रिय
(c) स्वादेन्द्रिय (d) स्पर्शेन्द्रिय

31. शिक्षण प्रतिमान मानव योग्यता के विकास में .... होते हैं–
(a) सहायक (b) बाधक
(c) अनिवार्य (d) बेकार

32. 'अनुदेशन तकनीकी' के प्रमुख रूप हैं–
(a) एक (b) तीन
(c) दो (d) चार

33. एक आदर्श समय-सारणी के निर्माण में सर्वाधिक कठिनाई आती है–
(a) शिक्षकों के अभाव की
(b) भौतिक संसाधनों के अभाव की
(c) कक्षाओं के अभाव की
(d) छात्रों के अभाव की

34. "सच्ची शिक्षा के लिए बालकों को विभिन्न परिस्थितियों और घटनाओं में क्रियाओं से सामना करना चाहिए।" यह कथन है–
(a) जॉन ड्यूवी (b) जीन पियाजे
(c) फ्रायड (d) क्रो एवं क्रो

35. "अभिप्रेरणा में व्यवहार, लक्ष्य-निर्देशित होता है।" यह कथन–
(a) सत्य है (b) असत्य है
(c) आंशिक सत्य है (d) कल्पित है

36. "मापन किन्हीं निश्चित स्वीकृत नियमों के अनुसार वस्तुओं को अंक प्रदान करने की प्रक्रिया है।" यह कथन है–
(a) थॉर्नडाइक का
(b) स्टीवेन्सन का
(c) जे.डब्ल्यू. राइटस्टोन का
(d) के.पी. पाण्डेय का

37. शिक्षकों के दक्षता उन्नयन में सहायक होता है–
(a) सेवाकालीन प्रशिक्षण
(b) पूर्व-सेवाकालीन प्रशिक्षण
(c) शिक्षक-संगोष्ठियों का आयोजन
(d) महाविद्यालयीन प्रशिक्षण

38. "पाठ्यक्रम का स्तर राष्ट्रव्यापी होना चाहिए। इसमें ज्ञान, अवबोध, कौशल, मूल्य तथा अभिवृत्तिया का विकास होना आवश्यक है।" यह सुझाव था–
(a) कोठारी आयोग का
(b) एन.सी.ई.आर.टी. का
(c) एस.सी.ई.आर.टी. का
(d) माध्यमिक शिक्षा आयोग का

39. कक्षा में होने वाली त्रुटियों को ढूँढना, उद्देश्य है–
(a) रचनात्मक पर्यवेक्षण का
(b) निरोधात्मक पर्यवेक्षण का
(c) सुधारात्मक पर्यवेक्षण का
(d) अधिकारिक पर्यवेक्षण का

40. निम्न में कौन-सा विचारक शिक्षा के वैयक्तिक उद्देश्य का समर्थक नहीं है?
(a) रूसो (b) प्लेटो
(c) काण्ट (d) रॉस

41. कम्प्यूटर का भारत में सबसे अधिक उपयोग होता है?
(a) शिक्षण कार्य में
(b) मूल्यांकन कार्य में
(c) प्रशासनिक कार्य में
(d) व्यावसायिक कार्य में

42. एक सफल प्रधानाचार्य को होना चाहिए–
(a) कठोर (b) भावुक
(c) प्रेरक (d) इनमें से कोई नहीं

43. शैक्षिक दूरदर्शन किस प्रकार का शिक्षण साधन है–
(a) श्रव्य साधन
(b) दृश्य साधन
(c) श्रव्य-दृश्य दोनों प्रकार का साधन
(d) न दृश्य न श्रव्य साधन

44. निम्न परिभाषा 'स्मृति स्तर' के लिए किसने लिखी है–
"स्मृति स्तर का सीखना तथ्युक्त सामग्री का स्मरण करना है। इससे अधिक कुछ नहीं है।"
(a) बिग एवं हण्ट (b) बिग्गी
(c) स्पीयरमैन (d) ब्रूवेकर

45. निम्न में से कौन-सा वस्तुनिष्ठ परीक्षणों का प्रकार नहीं है–
(a) तुल्य प्रकार
(b) बहुविकल्पीय प्रकार
(c) लघु उत्तरीय प्रकार
(d) सत्य-असत्य प्रकार

46. प्रकृतिवादी विचारक अनुशासन के किस दृष्टिकोण का प्रतिपादन करते हैं?
(a) दमनात्मक (b) प्रभावात्मक
(c) मुक्तायात्मक (d) परम्परागत

47. कल्पना का बाहुल्य, लक्षण है–
(a) किशोरावस्था का
(b) प्रौढ़ावस्था का
(c) वृद्धावस्था का
(d) उपरोक्त तीनों अवस्था का

48. शैक्षिक उद्देश्यों को वर्गीकृत किया जा सकता है–
(a) ज्ञानात्मक पक्ष एवं भावात्मक पक्ष में
(b) ज्ञानात्मक पक्ष एवं मनोगत्यात्मक पक्ष में
(c) भावात्मक एवं मनोगत्यात्मक पक्ष में
(d) ज्ञानात्मक, भावात्मक एवं मनोगत्यात्मक पक्ष में

49. उत्तम आदतों के विकास में कौन-सा मनोवैज्ञानिक कारक हितप्रद सिद्ध हुआ–
(a) अध्ययन का निश्चित उद्देश्य होना
(b) अध्ययन से सम्बन्धित दत्त कार्य
(c) शीघ्रता और सावधानी से पढ़ने का उद्योग करना
(d) उपर्युक्त सभी

50. किसके अनुसार शिक्षा का प्रतिफल निकालना असम्भव है–
(a) माल्थस
(b) हारबिन्सन तथा मायर्स
(c) कार्ल मार्क्स
(d) मार्शल

51. संसाधन केन्द्रों द्वारा शिक्षण सामग्री का .... किया जाता है–
(a) संग्रहण (b) प्रचार एवं प्रसार
(c) प्रशिक्षण (d) उपरोक्त सभी

52. शिक्षा के लोकव्यापीकरण की प्रमुख बाधा है–
(a) देश में शिक्षा सम्बन्धी कानूनों का अभाव
(b) देश में शिक्षा नीति का अभाव
(c) देश में शिक्षाविदों का अभाव
(d) देश में व्यापक जन-जागृति का अभाव

53. प्रयोग तथा निरीक्षण द्वारा सीखने पर ज़ोर दिया था–
(a) हरबर्ट ने (b) पेस्टालॉजी ने
(c) जे.जे. रूसो ने (d) फ्रोबेल ने

54. किण्डरगार्डन पद्धति का निर्माण किया था–
(a) माण्टेसरी ने (b) कॉमेनियस ने
(c) फ्रोबेल ने (d) हरबर्ट ने

55. शिक्षण में निहित होते हैं–
(a) सांकेतिक व्यवहार
(b) क्रियात्मक व्यवहार
(c) शाब्दिक व्यवहार
(d) उपरोक्त तीनों

56. शाला के उद्देश्यों को पूरा करने के लिए एक शिक्षक अपने छात्रों में जिन गुणों का विकास करता है उनमें सबसे महत्वपूर्ण हैं–
(a) छात्रों का सामाजिक विकास
(b) छात्रों का सांस्कृतिक विकास
(c) छात्रों का बौद्धिक विकास एवं अधिगम
(d) छात्रों का शारीरिक विकास

57. "जब तक छात्र ने सीखा नहीं, इसका तात्पर्य है–शिक्षक ने पढ़ाया नहीं।" उक्त कथन है–
(a) गेट्स का (b) बी.जी. स्मिथ का
(c) किलपैट्रिक का (d) रायबर्न का

58. ग्लेसर द्वारा प्रतिपादित शिक्षण प्रतिमान है–
(a) प्रत्यय निष्पत्ति प्रतिमान
(b) परिपृच्छा प्रशिक्षण प्रतिमान
(c) आधारभूत शिक्षण प्रतिमान
(d) स्वामित्व अधिगम प्रतिमान

59. समय-सारिणी का आधार होना चाहिए–
(a) प्रधानाचार्य केन्द्रित
(b) शिक्षक केन्द्रित
(c) छात्र केन्द्रित
(d) उपरोक्त सभी

60. निम्न में से कौन-सा कथन 'शिक्षण' के संदर्भ में सही नहीं है—
(a) शिक्षण एक अन्त:क्रियात्मक प्रक्रिया है
(b) शिक्षण अधिगम को प्रेरित करने वाली प्रक्रिया है
(c) शिक्षण एक त्रिमुखी प्रक्रिया है
(d) शिक्षण कक्षा तक सीमित रहने वाली प्रक्रिया है

61. बाल-केन्द्रित और शिक्षक-केन्द्रित शिक्षा का सबसे प्रमुख अन्तर है—
(a) शिक्षक की भूमिका
(b) पाठ्यक्रम
(c) शिक्षण की विधियाँ
(d) बालक की सक्रियता

62. दृश्य-श्रव्य उपागम है—
(a) शैक्षिक तकनीकी-प्रथम
(b) शैक्षिक तकनीकी-द्वितीय
(c) प्रणाली विश्लेषण
(d) इनमें से कोई नहीं

63. कितने वर्ष के बालक किसी विषय पर 30-35 मिनट तक ध्यान एकाग्र कर पाते हैं?
(a) 5 से 10 (b) 10 से 12
(c) 12 से 18 (d) 3 से 5

64. निम्न में से कौन बुद्धि को समायोजन की योग्यता मानता है?
(a) विलियम स्टर्न
(b) टर्मन
(c) विलियम मैक्डूगल
(d) स्पीयरमैन

65. माता-पिता के अत्याधिक लाड़-प्यार से बच्चे—
(a) सुधर जाते हैं
(b) बिगड़ जाते हैं
(c) सामान्य रहते हैं
(d) प्रतिभा सम्पन्न हो जाते हैं

66. अधिगम—
(a) ज्ञानात्मक होता है
(b) क्रियात्मक होता है
(c) भावनात्मक होता है
(d) उपरोक्त तीनों होता है

67. भारतवर्ष में सूक्ष्म शिक्षण किस स्थान पर आरम्भ किया गया था—
(a) इग्नू, दिल्ली
(b) सेण्ट्रल पेडागाजिकल इन्स्टीट्यूट, इलाहाबाद
(c) रू.वि.वि. बरेली
(d) बी.एच.यू. बनारस

68. निम्न में से श्रव्य उपकरण कौन-से हैं —
(a) कार्ड व रेखाचित्र
(b) मानचित्र
(c) चलचित्र
(d) रेडियो, ग्रामोफोन एवं टेपरिकॉर्डर

69. "शिक्षण प्रतिमान शिक्षण की सोचने की एक विधि है, जो वस्तु के अन्तर्निहित गुणों को परखने के लिये आधार प्रदान करती हैं।" यह परिभाषा दी है—
(a) एन.के. जंगीरा
(b) हायमन
(c) जुआइस एवं बील
(d) अजीत सिंह

70. निम्न में से कौन-सा शिक्षण कौशल ऐलन एवं रायन तथा पासी द्वारा अंकित शिक्षण कौशलों में शामिल नहीं है—
(a) उद्दीपन परिवर्तन
(b) अनुशीलन प्रश्न
(c) पुनर्बलन
(d) व्यवहार परिवर्तन

71. निम्न में से कौन-सा शैक्षिक तकनीकी का प्रकार नहीं है—
(a) व्यवहार तकनीकी
(b) दृश्य-श्रव्य तकनीकी
(c) शिक्षण तकनीकी
(d) अनुदेशन रूपरेखा

72. "अनुशासन विद्यालय का प्राण होता है।" यह कथन—
(a) सत्य है
(b) असत्य है
(c) अर्द्धसत्य है
(d) विवादास्पद है

73. निम्नलिखित में से कौन-सी शिक्षण नीति की सही विशेषता है—
(a) शिक्षण नीतियों का क्षेत्र अत्यन्त व्यापक है
(b) शिक्षण नीतियाँ, शिक्षण विधियों का ही दूसरा नाम है
(c) शिक्षण नीतियों एवं शिक्षण युक्तियों में कोई अंतर नहीं है
(d) शिक्षण नीतियों के चयन का आधार शिक्षक का व्यक्तित्व है

74. "छात्रों के व्यवहार में शिक्षालय द्वारा किये गये परिवर्तनों के विषय में प्रमाणों को एकत्रित करना एवं उनकी व्याख्या करना ही मूल्यांकन है।" यह परिभाषा है—
(a) टारगर्सन एवं एडम्स की
(b) ई.वी. वैश्ले की
(c) क्विलिन तथा हन्ना की
(d) थॉर्नडाइक की

75. प्रधानाध्यापक के निर्देशन सम्बन्धी दायित्व हैं—
(a) दिशा निर्देश
(b) निर्देशन साहित्य की जानकारी
(c) पुनर्मूल्यांकन
(d) उपरोक्त सभी

76. शैक्षिक तकनीकी को तीन रूप में किसने विभाजित किया है—
(a) राबर्ट मेगर (b) आई.के. डेवीस
(c) लेम्सडेन (d) जे.पी. डैसीको

77. 'प्रतिकारात्मक सिद्धान्त' आधारित है—
(a) ईंट का जवाब पत्थर के सिद्धान्त पर
(b) उदाहरणात्मक सिद्धान्त पर
(c) सुधारात्मक सिद्धान्त पर
(d) इनमें से कोई नहीं

78. बालकों के भय को दूर करने का सही उपचार है—
(a) बालक को दण्ड देना
(b) बालक को अकेला छोड़ देना
(c) बालक में आत्मविश्वास पैदा करना
(d) उपरोक्त में से कोई नहीं

79. अधिकांश चार्ट्स का निर्माण किया जाता है—
(a) लकड़ी के बोर्डों पर
(b) कपड़े पर
(c) ड्राइंग शीट पर
(d) प्लास्टिक की प्लेटों पर

80. बालक के अपराधी होने का सर्वाधिक प्रमुख कारण है—
(a) अनुशासनहीनता
(b) सामाजिक वातावरण
(c) पारिवारिक वातावरण
(d) विद्यालयीन वातावरण

81. रिस्क ने छात्र की योग्यता के अन्तर्गत किसको विशेष स्थान प्रदान किया है?
(a) समझकर पढ़ने की योग्यता
(b) विभिन्न प्रकार के शब्दकोशों को प्रयोग करने की योग्यता
(c) संक्षेप में लिखी हुई बातों को समझने की योग्यता
(d) उपरोक्त सभी

82. शिक्षण के स्तर पर विषय में कौन-सा कथन सही है—
(a) किसी भी विषयवस्तु को केवल किसी एक स्तर पर ही पढ़ाया जा सकता है
(b) कोई भी विषयवस्तु किसी भी स्तर पर पढ़ाई जा सकती है
(c) एक विषयवस्तु को एक से अधिक स्तरों पर भी पढ़ाया जा सकता है
(d) हर एक विषयवस्तु को पढ़ाने का केवल एक ही स्तर होता है

83. समूह शिक्षण का अर्थ है—
(a) एक शिक्षण द्वारा समूह में शिक्षण
(b) शिक्षकों के एक समूह द्वारा एक साथ कक्षा शिक्षण
(c) शिक्षकों के एक समूह द्वारा कक्षा के एक विषय के अन्तर्गत अलग-अलग शिक्षण
(d) शिक्षकों के अलग-अलग समूहों द्वारा एक कक्षा में शिक्षण

84. ''ज्ञान प्रदान करने की अपेक्षा शिक्षण कहीं अधिक है।'' यह कथन है–
(a) विलिडयन (b) जोसेफ लेण्डन
(c) स्टाकहोम (d) जन्जन

85. सूक्ष्म शिक्षण की आलोचना का प्रमुख कारण है–
(a) कक्षा शिक्षण के लिए वास्तविक परिस्थिति प्रदान न करना
(b) सभी शिक्षण कौशलों का विकास न हो पाना
(c) शिक्षण को शिक्षण कौशलों में विभक्त करने की अवधारणा
(d) शिक्षण के बाद पृष्ठपोषण का प्रावधान न होना

86. बाल-केन्द्रित शिक्षा में किस प्रकार के मूल्यांकन को उचित माना गया है ?
(a) अनुभव-केन्द्रित (b) सर्वागीण
(c) विषय-केन्द्रित (d) लिखित

87. जब कोई छात्र अपने सामने कुछ आदर्श रखकर उन पर चलने का प्रयत्न करता है, तो उसे–
(a) अधिकारिक अनुशासन कहते हैं
(b) सामाजिक अनुशासन कहते हैं
(c) आत्मानुशासन कहते हैं
(d) प्राकृतिक अनुशासन कहते हैं

88. समस्यात्मक बालक का व्यवहार –
(a) खराब होता है (b) अच्छा होता है
(c) साधारण होता है (d) असाधारण होता है

89. खुली-पुस्तक परीक्षा में अधिक जोर दिया जाता है–
(a) किताबी ज्ञान पर
(b) किताबी तर्क पर
(c) अधिगम के व्यावहारिक पक्ष पर
(d) सभी पर

90. ''समस्या-समाधान किसी लक्ष्य की प्राप्ति में बाधा डालती प्रतीत होती कठिनाइयों पर विजय पाने की प्रक्रिया है। यह बाधाओं के बावजूद सामंजस्य करने की विधि है।'' यह किसकी परिभाषा है–
(a) स्किनर (b) डीवी
(c) क्रो व क्रो (d) भाटिया

91. शिक्षा के क्षेत्र में कम्प्यूटर का सर्वाधिक प्रयोग होता है–
(a) शिक्षण तथा अनुदेशन क्रिया में
(b) शैक्षिक शोध कार्यों में
(c) शैक्षिक निर्देशन व परामर्श में
(d) उपरोक्त सभी में

92. ''संवेग चेतना की वह अवस्था है, जिसमें भावात्मक तत्व की न्यूनतम होती है।'' यह कथन–
(a) सत्य है (b) असत्य है
(c) अर्द्धसत्य है (d) काल्पनिक है

93. पाठ्यवस्तु प्रणाली का कौन-सा घटक है–
(a) अदा (b) प्रक्रिया
(c) प्रदा (d) परिवेश

94. आकाशवाणी जनसंचार का एक माध्यम है–
(a) विशिष्ट (b) सशक्त
(c) प्रचलित (d) अनावश्यक

95. अनुशासन स्थापन के नकारात्मक साधनों में आते हैं–
(a) शिक्षक-अभिभावक सहयोग
(b) डाँट-फटकार
(c) आर्थिक दण्ड एवं शारीरिक दण्ड
(d) (b) एवं (c) दोनों

96. संगोष्ठी विधि में शिक्षण विधि का स्वरूप क्या है ?
(a) कक्षा का वर्गों मे विभाजन
(b) आपसी चर्चा
(c) शिक्षक द्वारा अन्त में ज्ञान
(d) उपर्युक्त सभी

97. बुद्धि का अधिकतम विकास होता है–
(a) बाल्यावस्था में (b) किशोरावस्था में
(c) युवावस्था में (d) प्रौढ़ावस्था में

98. शिक्षा प्रक्रिया में दो 'सक्रिय बिन्दु' होते हैं–
(a) अध्यापक एवं शिक्षार्थी
(b) शिक्षण एवं अधिगम
(c) शिक्षार्थी एवं पाठ्यक्रम
(d) विद्यालय एवं अध्यापक

99. निम्न में से कौन-सी अभिप्रेरणा प्राविधि छोटे बच्चों के लिए अधिक उपयुक्त है–
(a) सफलता (b) सहयोग
(c) पुरस्कार (d) आकांक्षा का स्तर

100. 'प्रतिपुष्टि प्रणाली' की स्थापना कब, और कहाँ हुई थी–
(a) सन् 1950 ब्राजील में
(b) सन् 1967 संयुक्त राज्य अमेरिका में
(c) सन् 1950 यूरोपीय देशों में
(d) सन् 1950 इंग्लैण्ड में

101. 'अनुदेशन तकनीकी' के विकास का श्रेय है–
(a) बूनर और ग्लेसर को
(b) डॉ. भटनागर को
(c) स्किनर को
(d) डॉ. कुलश्रेष्ठ को

102. शिक्षा के उद्देश्य की अपेक्षा अनुदेशन का लक्ष्य–
(a) सीमित है (b) विस्तृत है
(c) अनौपचारिक है (d) अव्यवहारिक है

103. जनसंचार माध्यम की विशेषता है–
(a) एक ही समय में अनगिनत व्यक्तियों के साथ सम्प्रेषण
(b) विभिन्न समयों में विभिन्न व्यक्तियों के साथ सम्प्रेषण
(c) एक व्यक्ति से एक व्यक्ति के साथ सम्प्रेषण
(d) विभिन्न समयों में एक व्यक्ति के साथ सम्प्रेषण

104. निम्नलिखित में से किस शिक्षा पद्धति में उत्पादनशीलता पर बल दिया गया है–
(a) बेसिक शिक्षा (b) किंडरगार्टन
(c) मान्टेसरी पद्धति (d) डाल्टन योजना

105. मनोविश्लेषण विधि का जन्मदाता था–
(a) युंग (b) फ्रायड
(c) गैसेल (d) एडलर

106. शिक्षा के उद्देश्यों को प्राप्त करने का महत्त्वपूर्ण साधन है–
(a) शिक्षण विधि (b) शिक्षण प्रक्रिया
(c) पाठ्यक्रम (d) अधिगम

107. स्वस्थ मन की पहचान है–
(a) पूर्ण सामाजिक विकास
(b) पूर्ण संवेगात्मक विकास
(c) उत्तम स्वास्थ्य
(d) उपरोक्त सभी तथ्य

108. अनुशासन का प्रमुख अधिकार है–
(a) भय (b) प्रेम
(c) दण्ड (d) सहानुभूति

109. जब किसी विषयवस्तु को कंठस्थ करने पर बल दिया जाता है तो हम शिक्षण के किस स्तर पर होते हैं–
(a) स्मृति (b) बोध
(c) चिन्तन (d) (a) तथा (c) दोनों

110. बाल-केन्द्रित शिक्षा में शिक्षक की भूमिका है–
(a) एक मार्गदर्शक की
(b) एक प्रवक्ता की
(c) एक पथ-प्रदर्शक, सलाहकार और सहायक की
(d) एक न्यायाधीश की

111. उपचारात्मक शिक्षण का उद्देश्य है–
(a) शिक्षक द्वारा छात्रों की मानसिक बीमारी का उपचार
(b) शिक्षक द्वारा छात्रों के निदानात्मक मूल्यांकन के आधार पर उपचार
(c) शिक्षक द्वारा अपने शिक्षण में उपचारात्मक पद्धति का अपनाना
(d) शिक्षक द्वारा छात्र को समझाना

112. पत्राचार शिक्षा के कितने नाम और प्रचलित हैं–
(a) चार (b) छः
(c) पाँच (d) दो

113. भारत में सर्वप्रथम किस योजना के अन्तर्गत बाल-केन्द्रित शिक्षा पर बल दिया गया ?
(a) राष्ट्रीय शिक्षा नीति, 1986
(b) राधाकृष्णन आयोग
(c) कोठारी कमीशन प्रतिवेदन
(d) मुदालियर आयोग

114. संस्थागत नियोजन के क्रियान्वयन में सर्वाधिक महत्व है–
(a) सहायता का (b) व्यूह-रचना का
(c) प्रारूप का (d) उद्देश्य का

115. "उचित ध्यान दिये जाने पर पिछड़े बालक भी शिक्षा के क्षेत्र में प्रगति कर सकते हैं।" यह कथन है—
(a) स्टोन्स का (b) बर्ट का
(c) कप्पूस्वामी का (d) शोनेल का

116. किसी भी प्रणाली के मुख्य घटक होते हैं—
(a) अदा (b) प्रक्रिया
(c) प्रदा (d) उपरोक्त सभी

117. नक्शे सर्वाधिक प्रयुक्त होते हैं—
(a) इतिहास पढ़ाने में
(b) भूगोल पढ़ाने में
(c) समाजशास्त्र पढ़ाने में
(d) हिन्दी पढ़ाने में

118. कामुकता के जागरण की अवस्था है—
(a) पूर्व किशोरावस्था
(b) किशोरावस्था
(c) प्रौढ़ावस्था
(d) उपरोक्त तीनों अवस्था

119. शाला नियोजन का प्रमुख लक्ष्य है—
(a) शिक्षकों के कार्यभार में वृद्धि करना
(b) छात्रों की समस्याओं का निदान करना
(c) प्रधानाध्यापक के दायित्वों में कमी करना
(d) विद्यालय की आवश्यकताओं की पूर्ति करना

120. प्रतिभावान बालकों में निम्नांकित एक गुण नहीं होता है—
(a) बातूनीपन (b) ईमानदारी
(c) समय की पाबंदी (d) कर्त्तव्यनिष्ठा

121. बालक के स्वास्थ्य की दशा का उसकी संवेगात्मक प्रतिक्रियाओं से—
(a) कोई सम्बन्ध नहीं होता है
(b) घनिष्ठ सम्बन्ध होता है
(c) व्युत्क्रमानुपाती सम्बन्ध होता है
(d) गौण सम्बन्ध होता है

122. प्रशिक्षण कार्यक्रम में निर्देशन आवश्यक है क्योंकि इससे—
(a) प्रशिक्षार्थी निर्देशन कर सकेंगे
(b) पाठ्यक्रम बना सकेंगे
(c) छात्रों की क्षमताओं को पहचान सकेंगे
(d) उपरोक्त सभी

123. निम्नलिखित में से सत्य बताइए—
(a) प्रेक्षण से व्यक्ति के व्यवहार का अध्ययन होता है
(b) प्रेक्षण का उपयोग सभी स्थनों पर नहीं हो सकता
(c) समाजमिति विधि से समूह के सम्बन्धों की जानकारी नहीं होती है
(d) व्यक्ति वृत्त अध्ययन से व्यक्ति का सर्वत्र अध्ययन नहीं हो सकता है

124. बुद्धि के त्रि-तत्व सिद्धान्त में स्पीयरमैन में तीसरा तत्व (जो इन्होंने अपने द्वि-तत्व सिद्धान्त में नहीं बताया था) जोड़ा—
(a) सामान्य तत्व (b) विशिष्ट
(c) समूह तत्व (d) एकल तत्व

125. अभिक्रमित अध्ययन में अनुदेशन के एक पद के लिए प्रयुक्त एक शब्द है—
(a) फ्रेम (b) क्यू
(c) ब्रांचिंग (d) पृष्ठपोषण

126. शैक्षिक नवाचार अथवा शैक्षिक नवीन विधाओं को जानने के स्रोत हैं—
(a) शिक्षा सम्बन्धी पत्रिकाएँ
(b) शोध पत्रिकाएँ
(c) शिक्षा प्रसाद सेवा विभाग
(d) उक्त सभी

127. शाखीय प्रकार के अभिक्रमित अध्ययन की प्रमुख विशेषता है—
(a) सभी छात्र एक पूर्व निश्चित क्रम में आगे बढ़ते हैं।
(b) प्रत्येक छात्र अपनी आवश्यकतानुसार विभिन्न पदों पर होते हुए आगे बढ़ता है।
(c) विषय-वस्तु के प्रत्येक पद (फ्रेम) छोटे-छोटे होते हैं।
(d) इनमें छात्र उत्तर का स्वयं निर्माण करता है।

128. निदानात्मक मूल्यांकन का क्या उद्देश्य है—
(a) छात्र की विशिष्ट कमजोरी को प्रकाश में लाना
(b) छात्र की विशिष्ट उपलब्धि को प्रकाश में लाना
(c) छात्र की विशिष्ट कमजोरी एवं उपलब्धि को प्रकाश में लाना
(d) छात्र की रूचियों को प्रकाश में लाना

129. "तर्क उस समस्या को हल करने के लिए अतीत के अनुभवों को सम्मिलित रूप प्रदान करता है जिसको केवल पिछले समाधानों का प्रयोग करके हल नहीं किया जा सकता है।" यह किसकी परिभाषा है—
(a) मन (b) स्किनर
(c) डीवी (d) क्रो व क्रो

130. कृत्य विश्लेषण से अभिप्राय है—
(a) श्रमिकों के अपेक्षित गुणों का निर्धारण
(b) श्रमिकों को सुविधा देना
(c) श्रमिकों को अधिक वेतन देना
(d) श्रमिकों की छँटनी करना

131. उपचारात्मक शिक्षण का मुख्य उद्देश्य है—
(a) छात्रों की ज्ञान सम्बन्धी त्रुटियों का अन्त करना
(b) छात्रों के अधिगम सम्बन्धी दोषों को दूर करना
(c) छात्रों को उन आवश्यक आदतों, कुशलताओं एवं मनोवृत्तियों को सिखाना, जो उसके द्वारा सीखी नहीं गई हैं
(d) उपर्युक्त सभी

132. भारतवर्ष में संगणक का युग आरम्भ हुआ—
(a) सन् 1951 (b) सन् 1971
(c) सन् 1961 (d) सन् 1981

133. अभिक्रमित अध्ययन की विशेषताएँ हैं—
(a) छोटे-छोटे पद, सक्रिय भाग एवं कार्य की प्रगति का तुरन्त ज्ञान
(b) लम्बे-लम्बे पद, सक्रिय भाग एवं स्व-मूल्यांकन
(c) छोटे-छोटे पद, आपसी विचार-विमर्श एवं कार्य प्रगति का तुरन्त ज्ञान
(d) लम्बे-लम्बे पद, सक्रिय भाग एवं स्वगति

134. अभिनय शिक्षण विधि सर्वाधिक किस प्रकार की शक्तियों का विकास करती है?
(a) सृजनात्मक (b) कलात्मक
(c) भावात्मक (d) ज्ञानात्मक

135. प्राचीन शिक्षाशास्त्रियों ने नैतिकता का सम्बन्ध जोड़ा था—
(a) जाति से (b) कर्म से
(c) धर्म से (d) उपरोक्त सभी से

136. "सीखना तब से प्रारम्भ हो जाता है, जब बच्चा अपनी माता के गर्भ में होता है।" यह कथन—
(a) सत्य है (b) असत्य है
(c) अर्द्धसत्य है (d) कल्पित है

137. किसी भी शिक्षण प्रतिमान का आधारभूत तत्व नहीं होता है—
(a) संरचना
(b) व्यवस्था
(c) सामाजिक प्रणाली
(d) सहायक प्रणाली

138. साइट (Site) का एक लक्ष्य था—
(a) शिक्षा का अन्तर्राष्ट्रीयकरण
(b) शिक्षा के स्तर का उन्नयन
(c) शिक्षा के सरकारी प्रभाव को कम करना
(d) शिक्षा को जन-जन तक पहुँचाना

139. "शिक्षक एवं विद्यालय कक्षा-कक्ष में आधुनिक निदानात्मक एवं उपचारात्मक विधियों का प्रयोग करके, इन समस्याओं के समाधानों को खोजने का प्रयास कर रहे हैं।" यह कथन है—
(a) ब्लेयर, जोन्स व सिम्पसन का
(b) योकम व सिम्पसन का
(c) गुड व ब्राफी का
(d) कुप्पूस्वामी का

140. किसी भी बड़ी फैक्टरी अथवा मशीन की उचित संकल्पना के विकास में सहायक है—
(a) चार्ट (b) डायग्राम (चित्र)
(c) मॉडल (d) उपरोक्त सभी

141. निर्देशन सेवा का क्षेत्र है—
(a) शैक्षिक (b) व्यावसायिक
(c) वैयक्तिक (d) उपरोक्त सभी

142. निदेशन .... का एक प्रमुख क्षेत्र है।
(a) सक्षमता अर्जित करने
(b) सक्षम बनाने
(c) व्यक्तिगत गुणों में परिवर्तन
(d) उपरोक्त सभी

143. अनौपचारिक शिक्षा में कोई नहीं होता है–
(a) बन्धन (b) क्षेत्र
(c) साधन (d) पढ़ने वाला

144. अनुसंधान कार्य में सर्वाधिक उपयोगी है–
(a) प्रश्नावली विधि
(b) मानसिक मापन विधि
(c) आत्मचरित्र लेखन विधि
(d) नियंत्रित लेखन विधि

145. मापन के मुख्य कार्य हैं–
(a) शोध कार्य (b) निदान
(c) साफल्य (d) उपरोक्त सभी

146. जटिल शिक्षण प्रतिमान किसने विकसित किये थे?
(a) हेण्डिल-1936
(b) मेगर-1955
(c) बर्ट-1910
(d) स्टोलुरो तथा डेविस-1965

147. बाल केन्द्रित उपागम में शिक्षण प्रक्रिया कैसी होती है?
(a) पढ़ाने वाली (b) सीखने वाली
(c) खेलने वाली (d) लिखने वाली

148. आजकल शिक्षा के साधनों की दृष्टि से सर्वाधिक शक्तिशाली साधन है–
(a) परिवार (b) राज्य
(c) समुदाय (d) सभी

149. लोकतान्त्रिक समाजवाद का सम्बन्ध–
(a) शिक्षा के व्यक्तिक उद्देश्य से है
(b) शिक्षा के सामाजिक उद्देश्य से है
(c) शिक्षा के आध्यात्मिक उद्देश्य से है
(d) शिक्षा के संकुचित अर्थ से है

150. "जो कार्य शरीर के लिए भोजन और प्रजनन करते हैं, वही कार्य सामाजिक जीवन के लिए शिक्षा करती है" उक्त विचार हैं–
(a) रॉस के (b) काण्ट के
(c) डयूवी के (d) रूसो के

151. निम्न में कौन-सा अभिकरण मानसिक स्वास्थ्य के विकास में आर्थिक प्रभावशाली है?
(a) सिनेमा (b) परिवार
(c) सुधारालय (d) पुस्तकालय

152. जीविकोपार्जन के उद्देश्य की पूर्ति हेतु शिक्षा परिवर्तन लाती है, व्यक्ति की–
(a) बौद्धिक एवं मानसिक स्थिति में
(b) सामाजिक स्थिति में
(c) आर्थिक स्थिति में
(d) राजनैतिक स्थिति में

153. सूक्ष्म शिक्षण का शुभारम्भ हुआ था–
(a) सन् 1961 ई. में (b) सन् 1965 ई. में
(c) सन् 1970 ई. में (d) सन् 1975 ई. में

154. "शिक्षण सम्बन्ध स्थापित करता है।" यह कथन है–
(a) ब्रूवेकर (b) बटलर
(c) रायबर्न (d) उक्त में किसी का नहीं

155. भावात्मक उद्देश्य प्राप्ति के लिए सर्वोपयुक्त शिक्षण युक्ति है–
(a) भाषण
(b) वाद-विवाद
(c) दृश्य श्रव्य साधनों द्वारा विषय प्रस्तुतीकरण
(d) प्रयोगशाला

156. निम्न में से कौन-सी सौन्दर्यात्मक कल्पना नहीं है?
(a) कलात्मक कल्पना
(b) मनतरंग
(c) कार्य साधक कल्पना
(d) इनमें से कोई नहीं

157. अनौपचारिक शिक्षा का आज सबसे महत्त्वपूर्ण साधन कौन-सा है?
(a) विद्यालय (b) पुस्तकें
(c) रेडियो (d) टेलीविजन

158. बाल-केन्द्रित शिक्षा सर्वप्रथम दुनिया के किस देश में मान्य की गयी थी?
(a) अमेरिका में (b) इटली में
(c) इंग्लैण्ड में (d) यूरोपीय देशों में

159. आधुनिक शिक्षा को निम्नलिखित में से क्या मानने पर संसाधन केन्द्रों का महत्व अधिक होता है–
(a) उपकरण (b) छात्र केन्द्रित
(c) संसाधन केन्द्रित (d) शिक्षण केन्द्रित

160. निदानात्मक मूल्यांकन का किस प्रकार के शिक्षण से सीधा सम्बन्ध है?
(a) प्रत्यय शिक्षण
(b) भाषा शिक्षण
(c) उपचारात्मक शिक्षण
(d) कौशल शिक्षण

161. फ्लेण्डर्स अन्त:क्रिया विश्लेषण का सम्बन्ध है–
(a) छात्र द्वारा कक्षा में किये व्यवहार का मूल्यांकन
(b) शिक्षक द्वारा कक्षा के व्यवहार का अध्ययन एवं मूल्यांकन
(c) कक्षा के परिवेश का रचनात्मक मूल्यांकन
(d) शिक्षक द्वारा प्रयुक्त शिक्षक विधि का मूल्यांकन

162. आन्तरिक मूल्यांकन द्वारा शिक्षक को–
(a) छात्रों की कठिनाइयों का पता चलता है
(b) छात्रों की क्षमता का ज्ञान होता है
(c) छात्रों के व्यक्तिगत गुणों का ज्ञान होता है
(d) उपरोक्त सभी

163. शैक्षिक तकनीकी-द्वितीय का दूसरा नाम क्या है–
(a) कोमल उपागम
(b) कठोर उपागम
(c) प्रणाली विश्लेषण
(d) इनमें से कोई नहीं

164. चरित्र विकास का मुख्यत: सम्बन्ध है–
(a) बौद्धिक विकास से
(b) संवेगात्मक विकास से
(c) नैतिक विकास से
(d) शारीरिक विकास से

165. जनसंख्या शिक्षा से तात्पर्य है कि–
(a) जनसंख्या के विषय में पूर्ण ज्ञान
(b) सन्तति निरोध
(c) परिवार नियोजन
(d) शिक्षा के कार्यक्रम

166. बालकों की व्यवहार सम्बन्धी समस्याओं पर सबसे अधिक प्रभाव पड़ता है–
(a) वातावरण का
(b) वंश परम्परा का
(c) दोषपूर्ण सम्बन्धीकरण का
(d) शिक्षक के कठोर व्यवहार का

167. 'खाली दिमाग शैतान का घर' वाली अनुशासन की समस्या तब उत्पन्न होती है, जब–
(a) कक्षा में छात्रों की अधिक संख्या बढ़ जाती है
(b) अभिभावक जब उसे पर्यटन पर न भेजे
(c) बालक के पास अवकाश के क्षणों का उपयोग करने की योजना न हो
(d) उपर्युक्त सभी बातें

168. स्थान सेवा के सिद्धान्त हैं–
(a) स्थान सेवा का संगठन स्कूल संगठन के अनुसार होना चाहिए
(b) स्थान सेवा के उद्देश्य तथा नीतियाँ स्कूल के अनुसार हों
(c) सलाह समिति का गठन हो
(d) उपरोक्त सभी

169. शिक्षक वर्ग का आचरण प्रभावित करता है–
(a) परिवार को (b) छात्रों को
(c) प्रधानाध्यापक को (d) समाज को

170. फ्लैनल बोर्ड का प्रयोग मुख्यत: किया जाता है–
(a) समाजशास्त्र के शिक्षण में
(b) गणित के शिक्षण में
(c) जीव-विज्ञान के शिक्षण में
(d) कॉमर्स के शिक्षण में

171. संसाधन केन्द्रों की स्थापना के लिये कौन-सा आवश्यक बिन्दु है–
(a) पर्याप्त धन (b) उपयोगिता
(c) पर्याप्त स्थान (d) उपर्युक्त तीनों

172. प्रत्यय अधिगम के लिए कौन-सी शिक्षण युक्ति सर्वोपयुक्त है–
(a) प्रयत्न एवं भूत द्वारा सीखना
(b) रटकर सीखना
(c) अभ्यास द्वारा सीखना
(d) क्रिया द्वारा सीखना

173. बालकों में अनुशासन के लिये आप कौन-सा अनुशासन उचित समझते हैं–
(a) दमनात्मक अनुशासन
(b) स्नेहात्मक अनुशासन
(c) स्वानुशासन
(d) इनमें से कोई नहीं

174. बालक की आयु के अनुसार अभिरुचि होती है–
(a) परिवर्तनीय
(b) अपरिवर्तनीय
(c) कुछ कहा नहीं जा सकता
(d) इनमें से कोई नहीं

175. उद्देश्यों को व्यावहारिक रूप में लिखना किस तकनीकी का भाग है–
(a) शिक्षण नियोजन (b) शिक्षण अग्रसारण
(c) शिक्षण नियंत्रण (d) उपरोक्त में से कोई नहीं

176. शैक्षिक तकनीकी केन्द्र में निम्नलिखित में से कौन-सा विभाग नहीं होता है–
(a) सूचना विभाग (b) शोध विभाग
(c) स्वास्थ्य विभाग (d) मुद्रण विभाग

177. अन्य शैक्षिक साधनों/माध्यमों की तुलना में ओवरहेड प्रोजेक्टर कहाँ तक अधिक उपयोगी हैं–
(a) इसकी ट्रान्सपरेन्सी को अनेक बार प्रयोग में लाया जा सकता है
(b) प्रयुक्त ट्रान्सपरेन्सी को स्वयं बनाया जा सकता है
(c) ट्रान्सपरेन्सी को बिना विद्युत के भी प्रयोग में लाया जा सकता है
(d) ट्रान्सपरेन्सी के माध्यम से दुरेह घटनाओं को कक्षा में प्रदर्शित किया जा सकता है

178. समुचित शिक्षण नीतियों एवं विधियों का चयन करना .... में आता है।
(a) शिक्षण नियोजन (b) शिक्षण व्यवस्था
(c) शिक्षण नियंत्रण (d) उपरोक्त में से कोई नहीं

179. शैक्षिक प्रौद्योगिक, शिक्षण तथा सीखने में आधुनिक विधियों तथा प्रौद्योगिकी का क्रमबद्ध प्रयोग है। यह कथन है–
(a) जॉन कीठम का (b) एशबी का
(c) चौम्से का (d) क्लार्क का

180. स्वत: मूल्यांकन का प्रमुख कार्य है–
(a) शिक्षक का कार्यभार कम होता है
(b) बालक भययुक्त होकर अपना अध्ययन करता है
(c) मूल्यांकन करना सरल होता है
(d) बालक को अपने अध्ययन का स्तर प्राप्त होता है

181. "प्रश्न आदत कौशल के ऊपर समस्त शैक्षणिक क्रिया की कुँजी है।" यह परिभाषा है–
(a) कॉलविन की
(b) पार्कर की
(c) एलेन की
(d) क्विलिन तथा हन्ना की

182. अवलोकन शिक्षण प्रविधि किस विषय के शिक्षण के लिए अधिक उपयोगी मानी जाती है?
(a) विज्ञान
(b) गणित
(c) भाषा
(d) सामाजिक, भौतिक पर्यावरण

183. प्रशासन द्वारा शैक्षिक दूरदर्शन के उद्देश्य निर्धारित किये गये थे–
(a) सन् 1977 में (b) सन् 1966 में
(c) सन् 1950 में (d) सन् 1977 में

184. नाट्यशास्त्र का उद्‌गम माना जाता है–
(a) शास्त्र (b) वेद
(c) ग्रन्थ (d) उपनिषद

185. बेंघार्ट (Banghart) के अनुसार प्रणाली उपागम के पद हैं–
(a) दो (b) तीन
(c) चार (d) पाँच

186. विकलांग बालक में किस प्रकार की भावना घर कर जाती है?
(a) सुस्ती
(b) काल्पनिक अस्वस्थता
(c) आत्म-दैन्य
(d) स्वाभिमान

187. बाल-केन्द्रित शिक्षा में–
(a) मनोवैज्ञानिक विधि द्वारा अध्यापन कराया जाता है
(b) दृश्य-श्रव्य साधनों का प्रयोग किया जाता है
(c) (a) और (b) दोनों सही हैं
(d) इनमें से कोई नहीं

188. शिक्षा समस्या के लिए किस विधि का अधिक उपयोग किया जाता है ?
(a) कहानी-कथन (b) कथोपकथन
(c) अभिनय (d) वार्तालाप

189. निम्न में से कौन-सी कार्य साधक कल्पना है–
(a) क्रियात्मक कल्पना
(b) कार्य साधक कल्पना
(c) कलात्मक कल्पना
(d) विचारात्मक कल्पना

190. सीखने के प्रति रुचि का मुख्य आधार है–
(a) विभिन्नता (b) जिज्ञासा
(c) पूर्वज्ञान (d) अनुभव

191. संस्थागत नियोजन की पूर्ण सफलता के लिए किसका सहयोग सर्वाधिक महत्त्वपूर्ण है?
(a) प्रधानाध्यापक (b) समाज
(c) विद्यालय (d) उपर्युक्त सभी

192. नैतिक शिक्षा का मुख्य उद्देश्य है–
(a) नीति निर्धारण करना
(b) नीतियों का निर्माण करना
(c) चरित्र निर्माण करना
(d) उपरोक्त सभी

193. फ्लैनल बोर्ड का आकार सामान्यतया होता है–
(a) 60 × 75 सेमी (b) 30 × 40 सेमी
(c) 50 × 60 सेमी (d) 40 × 50 सेमी

194. आकाशवाणी द्वारा दूर-दूर स्थानों पर रहने वाले छात्रों को, एक ही समय में, एक ही प्रकार के .... व्यवस्था की जाती है।
(a) मनोरंजन की (b) शिक्षा की
(c) राजनीति की (d) किसी की नहीं

195. अन्धों को शिक्षा दी जाती है–
(a) खेल विधि द्वारा
(b) फिंगर स्पेलिंग विधि द्वारा
(c) टेलर फ्रेम विधि द्वारा
(d) फ्रेंच विधि द्वारा

196. अभिरूपता शिक्षण है–
(a) प्रशिक्षण अभ्यास की त्रुटियों से निराकरण की विधि
(b) यह एक युक्ति है
(c) यह नया विधान है
(d) उक्त में से कोई नहीं

197. पर्यवेक्षण की वैयक्तिक विधि है–
(a) निर्देशित निरीक्षण
(b) साक्षात्कार
(c) क्रियात्मक अनुसन्धान एवं वैयक्तिक रूप से समस्याओं का समाधान
(d) उपर्युक्त सभी

198. अग्रिम व्यवस्थापक प्रतिमानों का विकास किया है–
(a) डेविड आसुबेल (b) स्किनर
(c) सचमैन (d) कार्ल रोजर्स

199. अंग्रेजी तथा गणित के अध्यापन के लिए आदर्श समय सारणी के हिसाब से कौन-सा पीरियड उचित है–
(a) दूसरा व तीसरा
(b) सातवाँ व आठवाँ
(c) चौथा व पाँचवाँ
(d) कोई भी नहीं

200. सार्थक ज्ञान के लिए निदान एवं उपचार का पथ प्रशस्त करता है–
(a) मापन
(b) दक्षताधारित मूल्यांकन
(c) व्यापक मूल्यांकन
(d) सतत् मूल्यांकन

201. निम्न में से कौन-सा शिक्षण साधन प्रक्षेपित साधन है–
(a) चार्ट (b) मॉडल
(c) चुम्बकीय बोर्ड (d) फिल्म

202. "क्रिया-अनुसंधान शिक्षकों, निरीक्षकों और प्रशासकों द्वारा अपने निर्णयों और कार्यों की गुणात्मक उन्नति के लिए प्रयोग किया जाने वाला अनुसंधान है।" यह कथन है–
(a) गुड का (b) मौले का
(c) पावेल का (d) एडगर का

203. अनौपचारिक शिक्षा स्कूली शिक्षा की अपेक्षा–
(a) व्यापक होती है
(b) संकुचित होती है
(c) निम्न स्तर की होती है
(d) उपरोक्त में से कोई नहीं

204. चिन्तन स्तर शिक्षण के शैक्षिक उद्देश्य हैं–
(a) ज्ञानात्मक (b) अवबोध
(c) कौशलात्मक (d) विश्लेषणात्मक

205. निम्न में से कौन-सी पर्यवेक्षण की व्यक्तिगत विधि है?
(a) परिचर्चा (b) शिक्षक गोष्ठी
(c) कार्यगोष्ठी (d) कक्षा निरीक्षण

206. पुनर्बलन प्रविधियों का चयन करना एक उद्देश्य है–
(a) शिक्षा का
(b) शिक्षण का
(c) शैक्षिक कार्यक्रम का
(d) शैक्षिण प्रौद्योगिकी का

207. आन्तरिक मूल्यांकन स्तर को निरन्तर सुधारने हेतु आवश्यक है–
(a) पाठ्यक्रम समिति की स्थापना करना
(b) गाइडेन्स ब्यूरो की स्थापना करना
(c) केन्द्रीय मूल्यांकन और रिसर्च ब्यूरो की स्थापना करना
(d) उपरोक्त सभी

208. बुद्धि परीक्षणों का जन्मदाता कहा जाता है–
(a) थार्नडाइक को (b) साइमन को
(c) बिने को (d) स्पीयरमैन को

209. सीखने की बाह्य परिस्थितियों में सबसे महत्वपूर्ण है–
(a) सीखने की विधि (b) वातावरण
(c) समय (d) ये सभी

210. निम्न में से कौन-सा शिक्षण प्रतिमान सामाजिक अन्त: क्रिया स्रोत का घटक नहीं है?
(a) समूह अन्वेषण प्रतिमान
(b) जूरिस प्रूडेन्शियल प्रतिमान
(c) प्रत्यय उपलब्धि प्रतिमान
(d) सामाजिक खोज प्रतिमान

211. सम्पूर्ण शिक्षण प्रक्रिया को कितनी अवस्थाओं में विभाजित किया जा सकता है–
(a) एक (b) दो
(c) तीन (d) चार

212. छोटे बालकों के अनुशासनहीनता का प्रमुख कारण है–
(a) शिक्षकों का प्रभाव
(b) प्रधानाध्यापक का प्रभाव
(c) घर के दूषित वातावरण का प्रभाव
(d) इनमें से किसी का प्रभाव न होना

213. कृत्य विश्लेषण में ध्यान दिया जाता है–
(a) कृत्य का सही परिचय
(b) कृत्य के सभी पक्षों का अध्ययन
(c) मानसिक दक्षताओं का वर्णन
(d) उपरोक्त सभी

214. शास्त्रीय अनुबन्ध सिद्धान्त उपयोगी है–
(a) विभिन्न विषयों के शिक्षण में
(b) भावात्मक व्यवहार में
(c) संवेगात्मक व्यवहार में
(d) उपरोक्त सभी में

215. पाठ्य-सहगामी क्रियाओं को तभी सफलता प्राप्त होती है–
(a) जब शिक्षक प्रेरणा देने वाला हो
(b) यदि शिक्षक छात्रों के साथ सतत् सक्रिय रहे
(c) जब सभी छात्र शिक्षक की बात समझ सकें
(d) जब उपरोक्त सभी क्रियाएँ हों

216. शिक्षा की प्रथम पाठशाला है–
(a) परिवार (b) राज्य
(c) समाज (d) आस-पड़ोस

217. निर्देशन कार्यक्रम के संगठन का प्रथम पद है–
(a) उत्तरदायित्व विभाजन
(b) उद्देश्य निर्धारण
(c) प्रदत्त संकलन
(d) मूल्यांकन

218. सृजनात्मक बालक में अभाव होता है–
(a) उत्साह का (b) साहस का
(c) आलस्य का (d) परिश्रम का

219. अधिगम को प्रभावित करने वाला मनोवैज्ञानिक कारक है–
(a) कार्यकुशलता (b) तत्परता
(c) सहजता (d) अभिप्रेरणा

220. क्रियात्मक कार्यक्रम वे होते हैं, जिनके अन्तर्गत–
(a) प्रयोजन शिक्षक-छात्र योजना और सामूहिक शिक्षा/ परिचर्चा की व्यवस्था रहती है
(b) अभिभावकों को निर्देशित किया जाता है
(c) अभिभावकों व बालकों को निर्देशित किया जाता है
(d) इनमें से कोई नहीं

221. किसने कहा कि "बुद्धि सीखने की योग्यता है"–
(a) विलियम स्टर्न (b) विलियम मैक्डूगल
(c) रेक्स नाइट (d) बर्किंघम

222. समस्या-समाधान प्रविधि है–
(a) खोजोन्मुख विधि
(b) शिक्षार्थी अधिगम
(c) बाल-केन्द्रित अधिगम
(d) परीक्षाविहीन अधिगम

223. अभिक्रमित अध्ययन का जन्मदाता कहा जाता है–
(a) लुम्सडेन को (b) ग्लेसर को
(c) स्किनर को (d) कोई नहीं

224. अनुशासन की आधुनिक अवधारणा के समर्थक हैं–
(a) जॉन ड्यूवी (b) रूसो
(c) पेस्टालॉजी (d) उपर्युक्त सभी

225. आदर्शवादी विचारक अनुशासन की किस अवधारणा के समर्थक हैं–
(a) दमनात्मक (b) प्रभावात्मक
(c) लोकतंत्रीय (d) इनमें से कोई नहीं

226. बालकों के मानसिक स्वास्थ्य के सुधार की दिशा में सर्वप्रथम सार्थक प्रयास हुए थे–
(a) रूस में (b) इंगलैण्ड में
(c) अमेरिका में (d) फ्रांस में

227. सैद्धान्तिक अनुबन्धन का सिद्धान्त प्रस्तुत किया था–
(a) कोलहर ने (b) फ्रेंडसन ने
(c) पेवलोव ने (d) स्किनर ने

228. किसी कक्षा के छात्रों को परीक्षा के अंकों के आधार पर क्रम देते समय प्रयुक्त मापनी है–
(a) शाब्दिक (b) क्रमिक
(c) अन्तराल (d) अनुपात

229. छात्र-केन्द्रित शिक्षा में–
(a) पहचान शक्ति का बोध कराया जाता है
(b) आस-पास के वातावरण के बोध की शक्ति दी जाती है
(c) (a) और (b) दोनों सही हैं
(d) इनमें से कोई नहीं

230. पर्यवेक्षण है–
(a) एक नियोजित क्रिया
(b) एक उद्देश्यविहीन क्रिया
(c) एक अस्पष्ट क्रिया
(d) एक तथ्यविहीन क्रिया

231. निर्देशन है–
(a) वैयक्तिक सहायता
(b) आदेश
(c) पथ-प्रदर्शन
(d) ये सभी

232. प्रत्यय निष्पत्ति प्रतिमान का विकास किया है–
(a) स्किनर (b) ब्लूम
(c) ब्रूनर (d) कार्ल रोजर्स

233. व्याकरण सिखाने में निम्नांकित में से किस चार्ट का प्रयोग होता है?
(a) संगठन चार्ट (b) वृक्ष चार्ट
(c) धारा चार्ट (d) ग्राफिक चार्ट

234. "जब व्यक्ति किसी दूसरे व्यक्ति के विशेष ध्यान के पात्र बन जाते हैं, तब उनको अपने व्यवहार में परिवर्तन करने या सीखने के लिए प्रोत्साहित किया जा सकता है।" यह किसका कथन है–
(a) लिण्डग्रेन (b) व्हाइट
(c) मरसेल (d) कोलेसनिक

235. चॉक बोर्ड का किस प्रकार के शिक्षण साधन के रूप में वर्गीकरण किया जाता है–
(a) दृश्य (b) श्रव्य
(c) दृश्य-श्रव्य (d) न दृश्य, न श्रव्य

236. नैतिक पतन के लिए उत्तरदायी है–
(a) आर्थिक पिछ्ड़ापन
(b) राजनैतिक प्रतिद्वन्द्विता
(c) जातिगत भिन्नता
(d) चरित्रहीनता

237. मापन एवं मूल्यांकन किसके अन्तर्गत आता है–
(a) शिक्षण संगठन (b) शिक्षण नियंत्रण
(c) शिक्षण अग्रसरण (d) शिक्षण व्यवस्था

238. खेल में क्या महत्वपूर्ण नहीं है–
(a) समाजीकरण (b) सहयोग
(c) हार-जीत (d) स्वस्थ प्रतियोगिता

239. वस्तुत: स्कूली नियोजन होता है–
(a) बाल-केन्द्रित
(b) सामुदायिक सहयोग आधारित
(c) प्रशासकीय सहयोग
(d) उपयुक्त सभी

240. वीक्षक शिक्षक के कार्य की स्थितियाँ है/हैं–
(a) अन्वेषण एवं निदान
(b) उपचार
(c) अनुवर्तन
(d) उपरोक्त सभी

241. मूल प्रवृत्तियों के परिवर्तन का सर्वोत्तम उपाय है–
(a) विलयन (b) मार्गान्तरीकरण
(c) अवदमन (d) शोधन

242. शिक्षण में मूल्यांकन से तात्पर्य है–
(a) छात्र के व्यवहार में परिवर्तन की जाँच
(b) कापी पर लेख की जाँच
(c) गृह कार्य की पूर्णता की जाँच
(d) उक्त में से कोई नहीं

243. शिक्षण में विभिन्न सामग्री का प्रयोग शैक्षिक तकनीकी का प्रकार है–
(a) व्यवहार तकनीकी
(b) अनुदेशन तकनीकी
(c) अनुदेशन प्रारूप
(d) शिक्षण प्रारूप

244. सूक्ष्म शिक्षण का मुख्य आधार स्तम्भ है–
(a) सरलता एवं सहजता
(b) तत्काल पृष्ठपोषण
(c) वास्तविक शिक्षण
(d) पुर्नयोजना

245. प्रोजेक्टर के साथ फिल्म प्रदर्शित करने के लिए निम्न में से किसकी आवश्यकता होती है?
(a) एण्टीने की (b) बॉक्स की
(c) रेग्यूलेटर की (d) स्क्रीन की

246. सामूहिक अनुशासनहीनता का उदाहरण है–
(a) विद्यालय देर से आना
(b) चोरी करना
(c) शिक्षक के दिए आदेशों का जान-बूझकर पालन न करना
(d) सामूहिक रूप से प्रदर्शन एवं हड़ताल करना

247. किसी शाला के लिए उपयुक्त की आवश्यकता का प्रमुख कारण है–
(a) सौन्दर्य-वृद्धि हेतु उपाय करना
(b) शिक्षा के लिए उपयुक्त वातावरण तैयार करना
(c) विद्यार्थियों के लिए उपयुक्त बैठक व्यवस्था का प्रबन्ध करना
(d) उपर्युक्त में से कोई नहीं

248. शिक्षण-अधिगम के होते हैं–
(a) दो तत्व-शिक्षण व छात्र
(b) तीन तत्व-शिक्षण, छात्र व अधिगम
(c) चार तत्व-शिक्षण, छात्र, शिक्षण-अधिगम प्रक्रिया अधिगम स्थिति
(d) उपरोक्त से अलग तत्व

249. शैक्षिक प्रशासन हेतु स्क्रिप्ट कौन लिखता है?
(a) शिक्षक (b) छात्र
(c) शिक्षक या छात्र (d) शिक्षक एवं छात्र

250. व्यक्ति को व्यवस्थित जीवन व्यतीत करना सिखलाता है–
(a) प्रशासन (b) अनुशासन
(c) कुशासन (d) सुशासन

251. पुरस्कार प्राप्त करने योग्य बालक पुरस्कृत होने से –
(a) लालची हो जाता है
(b) स्वार्थी हो जाता है
(c) उद्दण्ड हो जाता है
(d) स्वस्थ प्रतियोगिता की ओर अग्रसर होता है

252. ओ.एच.पी. स्लाइड का प्रयोग करते हैं–
(a) एपीडायस्कोप में (b) प्रोजेक्टर में
(c) माइक्रोस्कोप में (d) ओवरहैड प्रोजेक्टर में

253. अधिगम बालक की शारीरिक और मानसिक परिपक्वता पर–
(a) आधारित नहीं होता है
(b) आधारित होता है
(c) आंशिक आधारित होता है
(d) विशेष परिस्थिति में ही आधारित होता है

254. अधिगम के प्रयत्न तथा भूल सिद्धान्त के प्रणेता हैं–
(a) स्किनर (b) हिलगार्ड
(c) थॉर्नडाइक (d) कोहलर

255. बालक के चारित्रिक विकास हेतु –
(a) नैतिक शिक्षा आवश्यक है
(b) नैतिक शिक्षा अनावश्यक है
(c) नैतिक शिक्षा गौण है
(d) उपरोक्त में से कोई नहीं

256. शिक्षण के कितने स्तर होते हैं–
(a) तीन (b) चार
(c) पाँच (d) आठ

257. बाल-केन्द्रित शिक्षा में बालक के स्वास्थ्य के लिए आवश्यक है–
(a) पौष्टिक आहार
(b) निद्रा
(c) शौच की जानकारी
(d) उपरोक्त सभी

258. गृहकार्य समय पर पूरा ने करने वाला बालक होता है–
(a) पिछड़ा हुआ (b) बाल अपराधी
(c) अपंग (d) मन्दबुद्धि

259. वर्तमान शिक्षा पद्धति है–
(a) दोषमुक्त (b) दोषपूर्ण
(c) सामान्य (d) इनमें से कोई नहीं

260. "मानव शरीर में स्वस्थ मस्तिष्क का निर्माण करना शिक्षा है" यह कथन है–
(a) रूसो का (b) अरस्तू का
(c) प्लेटो का (d) स्पेन्सर का

261. अनुशासन आवश्यक है–
(a) छात्रों के जीवन में
(b) सैनिकों के जीवन में
(c) पुलिस कर्मचारियों के जीवन में
(d) प्रत्येक व्यक्ति के जीवन में

262. सीखना है–
(a) एक सहज प्रक्रिया
(b) कृत्रिम प्रक्रिया
(c) उपरोक्त दोनों
(d) इनमें से कोई नहीं

263. मानसिक उद्वेलन सम्बन्धित है–
(a) विद्यालय से
(b) शैक्षिक खेल विधि से
(c) समस्या-समाधान से
(d) टयूटोरियल विधि से

264. आदर्श प्रधानाचार्य कार्य करता है–
(a) तानाशाही तरीके से
(b) लोकतांत्रिक तरीके से
(c) दोनों तरीके से
(d) दोनों से पृथक तरीके द्वारा

265. प्रणाली उपागम किस प्रारूप के अन्तर्गत है–
(a) व्यवहार तकनीकी
(b) अनुदेशन तकनीकी
(c) अनुदेशन प्रारूप
(d) शिक्षण प्रारूप

266. अपराधी बालक की शिक्षा होनी चाहिए–
(a) कारागार में
(b) घर पर ही
(c) स्वतंत्र वातावरण में
(d) दण्ड प्रक्रिया के द्वारा

267. प्रशिक्षण का स्वरूप –
(a) अनौपचारिक होता है
(b) औपचारिक होता है
(c) व्यापक होता है
(d) स्वाभाविक होता है

268. बालकों में सर्वाधिक रूचि जाग्रत होती है–
(a) पुस्तकों द्वारा
(b) दृश्य-श्रव्य सामग्री द्वारा
(c) पत्र-पत्रिकाओं द्वारा
(d) कक्षा के वातावरण द्वारा

269. ''अभिप्रेरणा से बालक सरल कार्य तो कर लेता है, परन्तु कठिन कार्य के प्रति अरूचि दर्शाता है।'' यह कथन–
(a) सत्य है (b) असत्य है
(c) आंशिक सत्य है (d) अस्पष्ट है

270. अनुशासनहीनता का सामाजिक कारक है–
(a) समुचित निर्देशन का अभाव
(b) दोषपूर्ण परीक्षा प्रणाली
(c) शारीरिक व्याधियाँ
(d) आर्थिक विषमता

271. मान्टेसरी ने अनौपचारिक शिक्षा का सर्वोत्तम स्थल माना है–
(a) विद्यालय को (b) प्रशिक्षण संस्थान को
(c) घर को (d) उपरोक्त सभी को

272. सही पर अधूरे उत्तर देने वाले बालकों के प्रति शिक्षक की प्रतिक्रिया क्या होगी?
(a) उसे ऐसे उत्तर देने से अनुत्साहित करना पड़ेगा
(b) उसे सही जानकारी पाने के लिए सावधान करना
(c) उसके उत्तर को सहयोगी प्रश्न के माध्यम से सही करके सही उत्तर का दोहरवाना
(d) उपरोक्त में से कोई नहीं

273. मनोविज्ञान प्रवृत्ति की क्या-क्या विशेषताएँ हैं?
(a) बाल मनोविज्ञान पर बल
(b) बालक के व्यक्तित्व का आदर
(c) व्यक्तिगत विभिन्नता के सिद्धान्त पर बल
(d) ये सभी

274. बच्चे के संज्ञानात्मक विकास हेतु उत्तम स्थान है
(a) खेल का मैदान
(b) सभागार
(c) घर
(d) विद्यालय एवं कक्षा का वातावरण

275. विद्यार्थियों से प्रतिक्रिया प्राप्त करने का आदर्श 'प्रतीक्षा समय' .... के सही अनुपात में होना चाहिए।
(a) पिछले पाठों से प्रश्नों का उत्तर देने के लिए विद्यार्थियों द्वारा लिया गया समय
(b) वास्तविक जीवन में प्रश्न की प्रासंगिकता
(c) पाठ्यचर्या में प्रकरण विशेष के लिए आवंटित समय
(d) प्रश्न का कठिनाई स्तर

276. निम्न में से कौन-सी अक्षमता केवल जन्मजात होती है?
(a) दृष्टि दोष (b) श्रवण दोष
(c) मूक-बधिर (d) मन्द बुद्धि

277. निम्नलिखित में से क्या बच्चों के सृजनात्मकता के विकास में सहायक नहीं है?
(a) खेल
(b) भाषण
(c) कहानी लेखन
(d) निर्माण सम्बन्धी क्रियाएँ

278. कौन-सा सीखना स्थायी होता है?
(a) रटकर (b) सुनकर
(c) समझकर (d) देखकर

279. कोहलर का अधिगम का सिद्धान्त निम्न नाम से जाना जाता है–
(a) प्रयास व त्रुटि का सिद्धान्त
(b) पुनर्बलन का सिद्धान्त
(c) अन्तर्दृष्टि का सिद्धान्त
(d) उद्दीपन अनुक्रिया का सिद्धान्त

280. बालक की सृजनात्मक अभिव्यक्ति के द्वारा निम्न में से क्या प्रभावी नहीं होता है?
(a) राजनीतिक भाषण
(b) नाटकीय खेल
(c) रचनात्मक खेल
(d) काल्पनिकता

281. निम्न में से क्या अच्छे मूल्यांकन की विशेषता है?
(a) वैधता (b) विश्वसनीयता
(c) न्यायसंगतता (d) ये सभी

282. छात्राओं पर लैंगिक भेदभाव का प्रभाव पड़ता है उनके–
(a) सामाजिक उत्थान में
(b) सामाजिक दृष्टिकोण में
(c) शैक्षिक योग्यता में
(d) ये सभी

283. एक सामान्य स्ववृत्ति जो एक समूह अथवा एक संस्था के प्रति होती है, कहलाती है
(a) जिज्ञासा (b) अभिवृत्ति
(c) तृष्णा (d) अधिगम

284. कक्षा-कक्ष में शिक्षक और विद्यार्थी किस प्रकार जेण्डर को .... करते हैं, यह सीखने के वातावरण ....।
(a) रूपान्तरित, को क्षुब्ध करता है
(b) परिभाषित, को कम प्रभावी बनाता है
(c) व्याख्यायित, पर कोई प्रभाव नहीं डालता
(d) निर्मित, पर प्रभाव डालता है

285. जन्म के समय लगी चोट या भ्रूण क्षति की वजह से आई मानसिक मन्दता कहलाती है–
(a) जैविक मन्दता
(b) पारिवारिक मन्दता
(c) आकस्मिक मन्दता
(d) चिकित्सा मन्दता

286. विद्यार्थियों में अभिप्रेरणा विकसित करने के लिए, एक शिक्षक को क्या करना चाहिए?
(a) गलाकाट प्रतियोगिता को प्रोत्साहित करना
(b) विद्यार्थियों के सम्मुख एक अप्राप्य लक्ष्य रखना
(c) नई तकनीक व नई विधियों का प्रयोग करना
(d) उनके आकांक्षा स्तर को घटाना

287. के. मा. शि. बो. (CBSE) द्वारा अपनाए गए प्रगतिशील शिक्षा के प्रतिमान में बच्चों का समाजीकरण जिस प्रकार से किया जाता है, उससे अपेक्षा की जा सकती है कि–
(a) वे समय नष्ट करने वाली सामाजिक आदतों/प्रकृति का त्याग करें तथा सीखें कि किस प्रकार अच्छी श्रेणियाँ पाई जा सकती हैं (Score good grades)
(b) वे सामूहिक कार्य में सक्रिय भागीदारिता का निर्वाह करें तथा सामाजिक कौशल सीखें
(c) वे बिना प्रश्न उठाए समाज के नियमों-विनियमों का अनुपालन करने के लिए तैयार हो सकें
(d) किसी भी प्रकार की सामाजिक पृष्ठभूमि होते हुए भी वे वह सब स्वीकार करें, जो उन्हें विद्यालय द्वारा प्रदान किया जाता है

288. प्राथमिक कक्षाओं में बालकों का वाचन अभ्यास कराया जाता है–
(a) एक निर्धारित पाठ्य-पुस्तक की सहायता से
(b) प्रत्येक बालक द्वारा उच्च ध्वनि में पाठ की पुनरावृत्ति कराके
(c) मातृभाषा की पुस्तकों द्वारा
(d) बालकों को भाषा सम्बन्धी अनुभव प्रदान करके

289. मनुष्य स्वयं सम्प्रेषण को सर्वाधिक प्रभावित करता है, जबकि उसकी–
(a) भाषा में विकृति हो
(b) संवेदी अंगों में विकृति हो
(c) मानसिक स्थिति में विकृति हो
(d) शारीरिक विकृति हो

290. बालक भाषा के अन्तर्गत सबसे पहले सीखता है—
(a) सर्वनाम (b) संज्ञा
(c) क्रिया-विशेषण (d) विशेषण

291. भाषा शिक्षण के मूल कौशलों के अधिगम को किस दृष्टि से इनमें से सर्वोच्च प्राथमिकता दी जानी चाहिए?
(a) सुन्दर लेखन को
(b) शुद्ध उच्चारण के ज्ञान को
(c) मौखिक अभिव्यक्ति को
(d) शुद्ध वर्तनी के अभ्यास को

292. कक्षा में विद्यार्थियों के वैयक्तिक विभेद—
(a) लाभकारी नहीं हैं, क्योंकि अध्यापकों को वैविध्यपूर्ण कक्षा को नियन्त्रित करने की आवश्यकता है
(b) हानिकारक हैं, क्योंकि इनसे विद्यार्थियों में परस्पर द्वन्द्व उत्पन्न होते हैं
(c) अनुपयुक्त हैं, क्योंकि ये सर्वाधिक मन्द विद्यार्थी के स्तर तक पाठ्यचर्या के स्थानान्तरण की गति को कम करते हैं
(d) लाभकारी हैं, क्योंकि ये विद्यार्थियों की संज्ञानात्मक संरचनाओं को खोजने में अध्यापकों को प्रवृत्त करते हैं

293. निम्नलिखित में से कौन-सी सर्वाधिक प्रभावकारी विधि हो सकती है, जो आपकी इस अपेक्षा को पूरी कर सके कि वंचित विद्यार्थी अपनी भागीदारिता द्वारा सफल हो सकें?
(a) आप उनकी सफलता हेतु उनकी क्षमता में विश्वास को अभिव्यक्त करें
(b) पढ़ाए जाने वाले विषय में आप अपनी रुचि विकसित कर सकें
(c) अपने लक्ष्य को महसूस करने के लिए बच्चों की अन्य बच्चों से प्राय: तुलना करते रहना
(d) इस बात पर बल देना कि आपकी उनसे उच्च अपेक्षाएँ हैं

294. एक शिक्षिका पाठ को पूर्वपठित पाठ से जोड़ते हुए बच्चों को सारांश लिखना सिखा रही है। वह क्या कर रही है?
(a) वह बच्चों की पाठ समझने की स्वशैली विकसित करने में सहायता कर रही है
(b) वह बच्चों को सम्पूर्ण पाठ्य-वस्तु को पूर्णरूप से न पढ़ने की आवश्यकता का संकेत दे रही है
(c) वह आकलन के दृष्टिकोण से पाठ्य-वस्तु के महत्व को पुनर्बलित कर रही है
(d) वह विद्यार्थियों को सामर्थ्यानुकूल स्मरण करने को प्रेरित कर रही है

295. छोटे बालक लम्बे और कठिन शब्दों का सही उच्चारण नहीं कर पाते। बालकों से सही उच्चारण करवाने के लिए आप निम्न में से क्या उपाय अपनाएँगे?
(a) ऐसे शब्दों को बार-बार बुलवाएँगे
(b) ऐसे शब्दों को पहले खण्डों में बाँटकर बुलवाएँगे
(c) मिलते-जुलते उच्चारण वाले ऐसे शब्दों का सहारा लेंगे
(d) 'A' और 'C'

296. प्राथमिक कक्षाओं में बालकों की विषयगत योग्यता को भली-भाँति विकसित किया जा सकता है—
(a) घर तथा विद्यालय में मातृभाषा का ही प्रयोग करके
(b) केवल मातृभाषा में लिखी पुस्तकों का ही प्रयोग करके
(c) मातृभाषा अथवा क्षेत्रीय भाषा में कक्षा शिक्षण करके
(d) उपरोक्त सभी के द्वारा

297. "बुद्धि लिंग पर निर्भर करती है" इस कथन से आप—
(a) पूर्णत: सहमत हैं
(b) आंशिक रूप से सहमत हैं
(c) पूर्णत: असहमत हैं
(d) आंशिक रूप से असहमत हैं

298. दिवास्वप्न क्या है?
(a) तरह-तरह की बातें सोचना
(b) निरर्थक कल्पनाएँ करना
(c) पढ़ाई में तल्लीन हो जाना
(d) दिन में स्वप्न देखना

299. प्रश्न की भाषा कैसी होनी चाहिए?
(a) प्रश्न की भाषा बच्चों के ज्ञान के स्तर की और स्पष्ट होनी चाहिए
(b) उनके मन को झकझोरने वाली होनी चाहिए
(c) बच्चों को सोचने पर विवश करने वाली होनी चाहिए
(d) नवीन विचार एवं शब्दों वाली होनी चाहिए

300. परिपक्व विद्यार्थी—
(a) इस बात से विश्वास करते हैं कि उनके अध्ययन में भावनाओं का कोई स्थान नहीं है
(b) अपनी बौद्धिकता के साथ अपने सभी प्रकार के द्वन्द्वों का शीघ्र समाधान कर लेते हैं
(c) अपने अध्ययन में कभी-कभी भावनाओं की सहायता चाहते हैं
(d) कठिन परिस्थितियों में भी अध्ययन से विचलित नहीं होते

301. निम्न में से कौन-सा/से अच्छे अनुशासन के लिए मुख्य तत्व है/हैं?
I. कुशल मुख्याध्यापक
II. स्कूल का स्वस्थ वातावरण
III. आदर्श अध्यापक
IV. पुरस्कार और दण्ड
(a) I, II, IV (b) केवल II
(c) I एवं III (d) ये सभी

302. दिए गए वाक्य को पूरा करने के लिए निम्नलिखित में से कौन-सा युग्म सर्वाधिक उचित विकल्प होगा?
जब बच्चे उन गतिविधियों में शामिल होते हैं जो ······ होती हैं, तब वे जल्दी ······ करते हैं।
(a) कक्षा-कक्ष में उपयोगी; विस्मरण
(b) केवल उनके कक्षा-कार्य से सम्बन्धित; प्रत्यास्मरण
(c) सांस्कृतिक रूप से निष्पक्षीय; स्मरण
(d) वास्तविक जीवन में उपयोगी; सीखा

303. एक समावेशी विद्यालय ········ के अतिरिक्त निम्नलिखित सभी प्रश्नों पर मनन करता है।
(a) क्या हम यह विश्वास करते हैं कि सभी शिक्षार्थी सीख सकते हैं?
(b) क्या हम अधिगमयोग्य परिवेश की योजना बनाने और उसे प्रदान करने के लिए समूह में कार्य करते हैं?
(c) क्या हम विशेष बालक को बेहतर देखभाल उपलब्ध कराने के लिए उचित तरीके से उन्हें सामान्य से अलग करते हैं?
(d) क्या हम शिक्षार्थियों की विविध आवश्यकताओं को पूरा करने के लिए युक्तियाँ अपनाते हैं?

304. एक योग्य शिक्षक का भाषा पर पूर्ण अधिकार होना चाहिए, क्योंकि—
(a) भाषा योग्य शिक्षक बनाती है
(b) भाषा विषय का ज्ञान कराती है
(c) भाषा विधियों का ज्ञान कराती है
(d) भाषा के द्वारा ही शिक्षक अपने विचार बालकों के समक्ष आसानी से रख सकता है

305. आपकी कक्षा का एक छात्र राजन पढ़ाई, खेलकूद, सामूहिक कार्यक्रमों आदि में सर्वश्रेष्ठ प्रदर्शन करता है। इसका अर्थ है कि वह एक—
(a) क्षीण बुद्धि छात्र है
(b) तर्कशक्ति क्षमता वाला छात्र है
(c) बहु-आयामी बुद्धि वाला छात्र है
(d) इनमें से कोई नहीं

306. लैंगिक भेदभाव को दूर करने के लिए शिक्षा व्यवस्था में आवश्यक उपाय हैं—
(a) छात्र-छात्राओं के लिए असमान प्रावधान
(b) छात्र-छात्राओं के लिए समान प्रावधान
(c) छात्र-छात्राओं के लिए विशिष्ट प्रावधान
(d) इनमें से कोई नहीं

307. 'बुद्धि' कार्य करने की एक विधि है। निम्न में से यह कथन किसका है?
(a) टरमन (b) वुडरो
(c) वुडवर्थ (d) स्किनर

308. निम्न में से क्या एक बुद्धि का प्रकार नहीं है?
(a) शारीरिक बुद्धि (b) अमूर्त बुद्धि
(c) मूर्त बुद्धि (d) सामाजिक बुद्धि

309. निम्नलिखित में से कौन-सा निहितार्थ पियाजे के संज्ञानात्मक विकास के सिद्धान्त से नहीं निकाला जा सकता है?
(a) खोजपूर्ण अधिगम
(b) शाब्दिक शिक्षण की आवश्यकता
(c) बच्चों की अधिगमनात्मक तत्परता के प्रति संवेदनशीलता
(d) वैयक्तिक भेदों की स्वीकृति प्रतिमान

310. कक्षा-कक्ष में शिक्षक व विद्यार्थियों के मध्य सम्प्रेषण होना चाहिए–
(a) पाठ्य-पुस्तक केन्द्रित
(b) विद्यार्थी केन्द्रित
(c) शिक्षक केन्द्रित
(d) उद्देश्य केन्द्रित

311. शिक्षा में फ्राबेल का महत्त्वपूर्ण योगदान था .... का विकास।
(a) व्यावसायिक स्कूल
(b) पब्लिक स्कूल
(c) किण्डर गार्टन
(d) लेटिन स्कूल

312. समावेशी शिक्षा से तात्पर्य है–
(a) नियमित विद्यालयों में सभी प्रकार के बालकों का बिना किसी भेदभाव के स्वागत करना
(b) शिक्षण का एक विशेष तरीका, जिससे सभी बालक सीख सकें
(c) कड़ी दाखिला प्रक्रिया को बढ़ावा देना
(d) शिक्षण के लिए विशेष विद्यालयों का प्रयोग करना

313. मानसिक रूप से पिछड़े बालकों की बुद्धि लब्धि मानी गई है–
(a) 110 से कम (b) 90 से कम
(c) 80 से कम (d) 70 से कम

314. विद्यालयों में छात्रों की बुद्धि ज्ञात करने का प्रमुख उद्देश्य होता है–
(a) माता-पिता को उनके बालकों की सीमाओं का ज्ञान प्रदान करना
(b) छात्रों के अनुकूल प्रत्याशाएँ करना
(c) छात्रों के महत्त्वाकांक्षा स्तर को बढ़ाना
(d) उपरोक्त सभी

315. मानसिक आयु माप निम्न में से किस पर आधारित होती है?
(a) मानसिक परिपक्वता पर
(b) मानसिक वृद्धि की दर पर
(c) जन्मजात मानसिक शक्ति पर
(d) इनमें से कोई नहीं

316. बुद्धि मानसिक वृद्धि सिद्धान्त किससे सम्बन्धित है?
(a) बेलार्ड से (b) थॉर्नडाइक से
(c) पियाजे से (d) स्किनर से

317. निम्न में से क्या बुद्धि का एक प्रकार नहीं है?
(a) मानसिक बुद्धि (b) मूर्त बुद्धि
(c) अमूर्त बुद्धि (d) सामाजिक बुद्धि

318. मूल्यांकन का उद्देश्य है–
(a) बच्चे को उत्तीर्ण/अनुत्तीर्ण घोषित करना
(b) बच्चा क्या सीखा है जानना
(c) बच्चे के सीखने में आई कठिनाइयों को जानना
(d) उपरोक्त सभी

319. निम्न में से कौन-सी इकाई का उपयोग सुनने की क्षमता की जाँच हेतु किया जाता है?
(a) डेसीमीटर (b) डेसीबल
(c) डेसीपाइन (d) डेसीबिन्दु

320. वह कथन जो वैयक्तिक विभिन्नता के सन्दर्भ में सत्य नहीं है, वह है–
(a) व्यक्ति विशेष प्रकार में भिन्न होते हैं
(b) व्यक्ति विशेष कोटि में भिन्न होते हैं
(c) व्यक्ति विशेष प्रकार व कोटि दोनों में भिन्न होते हैं
(d) व्यक्ति विशेष न तो कोटि और न ही प्रकार में भिन्न होते हैं

321. एक सजीव कक्षा स्थिति में निम्नलिखित में सबसे अधिक सम्भावित है–
(a) कभी-कभार हँसी का शोर
(b) पूर्णरूप से शान्ति
(c) शिक्षक-छात्र वार्ता
(d) विद्यार्थियों के बीच तेज आवाज में वार्तालाप

322. कक्षा में विद्यार्थियों को अधिगम के लिए प्रेरित करने हेतु किस युक्ति का अनुप्रयोग आप नहीं करते हैं?
(a) छात्रों में स्वस्थ प्रतिस्पर्धा स्थापित करना
(b) उन्हें आत्म गौरव की अनुभूति कराना
(c) उनकी अत्यधिक प्रशंसा करना
(d) गतिविधि आधारित शिक्षण-अधिगम विधियों का अनुप्रयोग करना

323. एक शारीरिक विकलांग बालक के लिए विद्यालय में निम्नलिखित में से क्या आवश्यक रूप से होना चाहिए?
(a) बालक के लिए कक्षा-कक्ष में प्रवेश की उचित सुविधा का प्रबन्ध
(b) बालक के लिए भोजन का प्रबन्ध
(c) बालक के लिए निःशुल्क शिक्षा का प्रबन्ध
(d) बालक के लिए आवास का प्रबन्ध

324. आपकी कक्षा में कुछ बालक शारीरिक रूप से निःशक्त, कुछ बालक मानसिक रूप से निःशक्त तथा बाकी बालक सामान्य हैं। आपके अनुसार उन्हें कक्षा-कक्ष में बैठाने की निम्न में से कौन-सी व्यवस्था सर्वाधिक उपयुक्त होगी?
(a) बालकों को कक्षा में कहीं भी बैठने की सुविधा प्रदान की जाए
(b) शारीरिक रूप से निःशक्त बालकों को सबसे आगे बैठाया जाए
(c) मानसिक रूप से निःशक्त बालकों को सबसे आगे बैठाया जाए
(d) सामान्य बालकों को सबसे आगे बैठाया जाए

325. जिस बालक में विकलांगता की व्यापकता अधिक है, वह निम्न में से किससे प्रभावित नहीं होता?
(a) शारीरिक (b) संवेगात्मक
(c) मानसिक (d) सांस्कृतिक

326. कक्षा-कक्ष में पढ़ाई में पिछड़े हुए बालकों के प्रति आपका दृष्टिकोण–
(a) उनके पिछड़ेपन के कारणों को ढूँढने में
(b) सभी का ठेका हमने थोड़े ही लिया है, यह सोचकर उन पर ध्यान नहीं देंगे
(c) अन्य बालकों के समान ही उन्हें समझेंगे
(d) उन्हें अन्य बालकों से अलग समझेंगे

327. मानसिक परिपक्वता की ऊँचाइयों को छूने के लिए प्रयत्नरत रहना सम्बन्धित है–
(a) किशोरावस्था से
(b) प्रौढ़ावस्था से
(c) पूर्व बाल्यावस्था से
(d) उत्तर बाल्यावस्था से

328. अपनी कक्षा के एक विद्यार्थी की प्रवृत्ति को यदि शिक्षक बदलना चाहता है, तो उसे–
(a) विद्यार्थी के साथ कड़ाई से पेश आना होगा
(b) कक्षा के अन्य विद्यार्थियों को उससे न जानने योग्य दूरी बनाए रखने के लिए कहना होगा
(c) उसके समूह के सभी सदस्यों की प्रवृत्ति बदलनी होगी
(d) विद्यार्थी को पढ़ने के प्रति प्रेरित करना होगा

329. "जब कभी दो या अधिक व्यक्ति एक साथ मिलते हैं और एक-दूसरे को प्रभावित करते हैं, तो वे एक सामाजिक समूह का निर्माण करते हैं।" यह कथन–
(a) आंशिक रूप से सत्य है
(b) सत्य है
(c) कदाचित सत्य है
(d) असत्य है

330. शिक्षार्थी फैशन शो को देखकर मॉडल्स का अनुकरण करने की कोशिश करते हैं। इस प्रकार के अनुकरण को .... कहा जा सकता है।
(a) प्राथमिक अनुकरण
(b) गौण अनुकरण
(c) सामाजिक अधिगम
(d) सामान्यीकरण

331. सतत् मूल्यांकन का कार्य है—
(a) शिष्यों व अध्यापकों की कमजोरियों का पता लगाना
(b) छात्र तथा अध्यापकों को कठिन परिश्रम करने के लिए अभिप्रेरित करना
(c) छात्रों को विशेषज्ञता स्तर तक पहुँचाना
(d) उपरोक्त सभी

332. शिक्षा के मानदण्ड को ऊँचा उठाने के लिए क्या आवश्यक है?
(a) अध्यापकों का उच्च वेतन
(b) छात्रों का सतत् मूल्यांकन
(c) पाठ्य-पुस्तकों का सतत् मूल्यांकन
(d) पाठ्यक्रम में संशोधन

333. शैक्षिक पिछड़ेपन की पहचान के लिए अनिवार्य तत्व है—
(a) आनुवंशिकता की जाँच
(b) वातावरण का प्रभाव
(c) बुद्धि परीक्षण
(d) इनमें से कोई नहीं

334. भाषा विकास में सहयोग करने का कौन-सा तरीका गलत है?
(a) बच्चे को बिना टोके प्रकरण पर बात करना
(b) उसकी अपनी भाषा के प्रयोग को अमान्य करना
(c) उसके प्रयोगों का समर्थन करना
(d) भाषा के प्रयोग के अवसर उपलब्ध कराना

335. निम्न में से कौन एक वंचित बालक का प्रकार नहीं है?
(a) सामाजिक रूप से वंचित
(b) आर्थिक रूप से वंचित
(c) शैक्षिक रूप से वंचित
(d) राजनीतिक रूप से वंचित

336. बाल-केन्द्रित शिक्षा का समर्थन निम्नलिखित में से किस विचारक द्वारा किया गया?
(a) एरिक इरिकसन (b) चार्ल्स डार्विन
(c) बी एफ स्किनर (d) जॉन ड्यूवी

337. रेवन का प्रोग्रेसिव मैट्रिसिज परीक्षण .... परीक्षण का उदाहरण है।
(a) अ-समूह बुद्धिलब्धांक
(b) व्यक्तित्व
(c) मौखिक बुद्धिलब्धांक
(d) संस्कृति-मुक्त बुद्धिलब्धांक

338. एक विद्यार्थी कहता है, "उसका दादा आया है"। एक शिक्षक होने के नाते आपकी प्रतिक्रिया होनी चाहिए—
(a) 'दादा आया है' की जगह पर 'दादाजी आए हैं' कहना चाहिए
(b) आप अपनी भाषा पर ध्यान दीजिए
(c) अच्छा, उसके दादाजी आए हैं
(d) बच्चे, आप सही वाक्य नहीं बोल रहे

339. अ, ब, स तीन शिक्षार्थी हैं, जो अंग्रेजी पढ़ते हैं। 'अ' को यह विषय रोचक लगता है और वह सोचता है कि यह उसके भविष्य में सहायक होगा। 'ब' अंग्रेजी इसलिए पढ़ती है, क्योंकि वह कक्षा में पहला स्थान प्राप्त करना चाहती है। 'स' अंग्रेजी विषय इसलिए पढ़ता है, क्योंकि उसका प्राथमिक सरोकार उत्तीर्ण होने वाले ग्रेड्स प्राप्त करना है। अ, ब और स के उद्देश्य क्रमशः ······ हैं।
(a) निपुणता, निष्पादन, निष्पादन-उपेक्षा
(b) निष्पादन, निष्पादन-उपेक्षा, निपुणता
(c) निष्पादन-उपेक्षा, निपुणता, निष्पादन
(d) निपुणता, निष्पादन-उपेक्षा, निष्पादन

340. निम्न में से किसका मिलान उचित है?
(a) शारीरिक विकास - वातावरण
(b) संज्ञानात्मक विकास - परिपक्वता
(c) सामाजिक विकास - वातावरण
(d) संवेगात्मक विकास - परिपक्वता

341. मूल्यांकन की प्रक्रिया को किस रूप में माना गया है?
(a) त्रिभुजाकार (b) द्विविमीय
(c) एकल (d) चतुर्भुजाकार

342. प्रश्न पूछने की कला में सृजनात्मकता का क्या महत्त्व है?
(a) बालकों में कुछ नया करने की प्रवृत्ति का विकास करना
(b) नए-नए प्रोजेक्ट तैयार करना
(c) प्रयोग के द्वारा नई-नई जानकारी प्राप्त करना
(d) उपरोक्त में से कोई नहीं

343. मौखिक प्रश्नों के दो सही विकल्प होने पर बालकों की कैसी प्रतिक्रिया होगी?
(a) बालकों में शिक्षक की अज्ञानता प्रदर्शित होती है
(b) बालक शिक्षा को हँसी का पात्र समझेंगे
(c) बालकों में उत्तर के प्रति असमंजस की स्थिति होगी
(d) बालक अपने लक्ष्य से भटक सकते हैं

344. विद्यार्थी के अधिगम का मूल्यांकन प्रमुख रूप से होना चाहिए—
(a) सतत् एवं व्यापक प्रक्रिया से
(b) प्रत्येक शिक्षा सत्र के अन्त में
(c) प्रत्येक पाठ के अन्त में
(d) वार्षिक प्रक्रिया से

345. शिक्षा मनोविज्ञान का सम्बन्ध किससे नहीं है?
(a) मानव व्यवहार का अध्ययन
(b) मानसिक प्रक्रियाओं का अध्ययन
(c) सीखने के तरीकों का अध्ययन
(d) संचार माध्यमों का अध्ययन

346. निम्नलिखित में से स्मरण करने की कौन-सी विधि है?
(a) मिश्रित विधि
(b) विचार-साहचर्य विधि
(c) (a) और (b)
(d) उपरोक्त में से कोई नहीं

347. संवेगात्मक विकास को प्रभावित करने वाले कारक हैं—
(a) शारीरिक स्वास्थ्य
(b) मानसिक योग्यता
(c) थकान
(d) ये सभी

348. आपको लगता है कि आपकी कक्षा में कुछ बच्चे बहुत तेज गति से सीख रहे हैं और कुछ बहुत धीमी गति से। इस परिस्थिति में आप क्या करेंगे?
(a) तेज गति से सीखने वाले बच्चों को आगे बढ़ने देंगे
(b) धीमी गति से सीखने वाले बच्चों पर कोई ध्यान नहीं देंगे
(c) इस बात पर कोई ध्यान नहीं देंगे
(d) तेज गति से सीखने वाले बच्चों की सहायता धीमी गति से सीखने वाले बच्चों को सिखाने हेतु लेंगे

349. निम्नलिखित में से कौन असतत् चर का उदाहरण नहीं है?
(a) आयु (b) लिंग
(c) वैवाहिक स्थिति (d) आवासीय स्थान

350. व्यक्तिनिष्ठता के मूल्यांकन क्या हैं?
(a) ऐसा परीक्षण जहाँ परीक्षक मूल्यांकन अपने ज्ञान के आधार पर करता है
(b) ऐसा मूल्यांकन जहाँ व्यक्तित्व का प्रभाव महत्त्वपूर्ण भूमिका अदा करे, विषय-वस्तु गौण हो जाए
(c) जब किसी व्यक्ति को सर्वेसर्वा बना दिया जाए
(d) किसी विचार को निरपेक्ष दृष्टि के बदले सापेक्ष दृष्टि से देखना

351. मूल्यांकन को व्यापक तभी माना जा सकता है, जब—
(a) सभी अध्यापक मूल्यांकन करें
(b) सभी उद्देश्य मूल्यांकित किए जाएँ
(c) बच्चों के व्यक्तित्व के सभी पक्षों का मूल्यांकन हो
(d) सम्पूर्ण विषय-वस्तु का मूल्यांकन हो

352. मूल्यांकन सहायक है–
(a) संचयी अभिलेख तैयार करने में
(b) अधिगम उद्देश्यों की प्राप्ति में
(c) अध्यापक के व्यवहार में सुधार लाने में
(d) ये सभी

353. निम्न में से क्या वंचित रूप से पिछड़े बालक की एक समस्या है?
(a) स्कूल सम्बन्धी समस्याएँ
(b) संवेगात्मक समस्याएँ
(c) सामाजिक समस्याएँ
(d) ये सभी

354. निम्न में से क्या वंचन का प्रकार है?
(a) सामाजिक (b) आर्थिक
(c) शैक्षिक (d) ये सभी

355. निम्नलिखित में से कौन-सा सिद्धान्त यह दर्शाता है कि आपेक्षित व्यवहार के सन्निकट सकारात्मक प्रतिक्रिया तथा पुनर्बलन के फलस्वरूप व्यवहारात्मक विकास किया जा सकता है?
(a) शास्त्रीय अनुबन्धन
(b) वाद्य अनुबन्धन
(c) ऑपरेन्ट अनुबन्धन
(d) सामाजिक अनुबन्धन

356. निम्न में से कौन-सी सृजनात्मकता की विशेषता नहीं है?
(a) मौलिकता
(b) उत्पादकता
(c) अपरिवर्तनशीलता
(d) नवीन ज्ञान की खोज

357. प्रधानाध्यापक या वरिष्ठ शिक्षक के लिए विद्यालय में कौन-सी नेतृत्व शैली बेहतर है?
(a) सत्ताधारी नेतृत्व
(b) प्रजातान्त्रिक नेतृत्व
(c) अहस्तक्षेपी नेतृत्व
(d) उपरोक्त में से कोई नहीं

358. निम्न में कौन-सा कथन सही नहीं है?
(a) आवश्यकता वंचना की शारीरिक अवस्था नहीं है
(b) अन्तर्नोद आवश्यकता का मनोवैज्ञानिक परिणाम है
(c) आवश्यकता एवं अन्तर्नोद समान नहीं हैं, बल्कि समानान्तर हैं
(d) मूल प्रवृत्तियाँ आन्तरिक जैविक बल हैं

359. विशेष आवश्यकता वाले बच्चों को पढ़ाने के लिए निम्नलिखित में से कौन-सी व्यूहरचना अधिक उपयुक्त है?
(a) अधिकतम बच्चों को सम्मिलित करते हुए कक्षा में चर्चा करना
(b) विद्यार्थियों को सम्मिलित करते हुए अध्यापक द्वारा निर्देशन
(c) सहकारी अधिगम तथा पीअर ट्यूटरिंग (सहपाठियों द्वारा अनुशिक्षण)
(d) अध्यापन के लिए योग्यता आधारित समूहीकरण

360. चयन प्रकार के सभी प्रश्न ………… प्रकार के प्रश्न ही होते हैं।
(a) वस्तुनिष्ठ (b) लघु उत्तरीय
(c) अतिलघु उत्तरीय (d) निबन्धात्मक

361. मूल्यांकन की प्रक्रिया के दौरान शिक्षकों को काफी सावधानी बरतने की आवश्यकता होती है। इस दौरान शिक्षकों को निम्नलिखित में से कौन-सा कार्य करना चाहिए?
(a) छात्रों को फीडबैक उपलब्ध कराना, ताकि वे बेहतर ढंग से कार्य कर सकें
(b) छात्रों के बीच की तुलना करना
(c) छात्रों के बारे में नकारात्मक बयान देना
(d) शिक्षार्थियों को मन्द, कमजोर, बुद्धिमान आदि के रूप में वर्गीकृत करना

362. बालकों को शिक्षा ग्रहण करते समय होनी चाहिए–
(a) पूर्ण स्वतन्त्रता का अधिकार
(b) आत्मप्रेरणाएँ
(c) स्वअनुशासन की भावना
(d) शिक्षक अनुशासन के प्रति प्रतिबद्धता

363. व्यक्तित्व मूल्यांकन की सर्वश्रेष्ठ विधि है–
(a) प्रश्नावली (b) प्रक्षेपणात्मक
(c) केस-अध्ययन (d) इनमें से कोई नहीं

364. संवेग की दृष्टि से प्रत्येक बालक किसके कारण भिन्न होता है?
(a) योग्यता के कारण
(b) विद्यालय के कारण
(c) व्यक्तिगत भिन्नता के कारण
(d) इनमें से कोई नहीं

365. अन्तवैयक्तिक बुद्धि से तात्पर्य है–
(a) स्वयं की क्षमताओं एवं कमजोरियों की पहचान करना
(b) दूसरों को अभिप्रेरित करने का कौशल
(c) विभिन्न व्यक्तियों को समझने का कौशल
(d) दूसरों के साथ बातचीत करने का कौशल

366. बच्चों के भाषायी विकास के लिए जरूरी है कि–
(a) उनको अधिक से अधिक अपने विचार व्यक्त करने के अवसर देने चाहिए
(b) भाषायी कौशलों के विकास हेतु गति. विधियाँ आयोजित की जानी चाहिए
(c) लिखना, पढ़ना, बोलना तथा सुनने का अभ्यास करना चाहिए
(d) उपरोक्त सभी

367. बच्चों को सीखने-सिखाने की प्रक्रिया के दौरान, वे उस कार्य को किस प्रकार से कर रहे हैं, इसकी जानकारी इन्हें–
(a) कार्य समाप्त होने के पश्चात् दी जानी चाहिए
(b) कार्य करते समय सतत् रूप से दी जानी चाहिए
(c) कार्य के बीच में एक बार दी जानी चाहिए
(d) इसकी कोई आवश्यकता नहीं है

368. बालक केन्द्रित शिक्षा के अन्तर्गत क्या सम्मिलित नहीं है?
(a) गृह कार्य प्रदान करना
(b) बालक को प्रश्न पूछने के लिए प्रेरित करना
(c) बालक के अनुभव को प्राथमिकता प्रदान करना
(d) बालक की सृजनात्मकता को बढ़ावा देना

369. ''मानसिक स्वास्थ्य के नियमों को खोजना और उन्हें बनाए रखना" अध्ययन का केन्द्र बिन्दु है–
(a) शैफर (b) हैडफील्ड
(c) ड्रेवर (d) लैडेल

370. अशुद्ध उच्चारण सुधारा जा सकता है–
(a) पुनरावृत्ति द्वारा
(b) समानता वाले शब्दों का उच्चारण कराकर
(c) शब्दों को खण्डों में बाँटकर
(d) ये सभी

371. निम्न में से क्या शिक्षा सम्बन्धी लिंगभेद है?
(a) सामाजिक स्थिति
(b) आर्थिक स्थिति
(c) शैक्षिक ज्ञान
(d) ये सभी

372. छिपी हुई वस्तुएँ ढूँढ निकालना इस बात का संकेत है कि शिशु निम्नलिखित में से किस संज्ञानात्मक कार्य में दक्षता प्राप्त करने लगा है?
(a) साभिप्राय व्यवहार
(b) वस्तु स्थायित्व
(c) समस्या-समाधान
(d) प्रयोग करना

373. रेनजुली प्रतिभाशाली की अपनी ···परिभाषा के लिए जाने जाते हैं।
(a) चार-पंक्ति (टीयर)
(b) चार-स्तरीय
(c) त्रि-वृत्तीय
(d) त्रि-मुखीय

374. सीखने का प्राथमिक मूलभूत नियम सम्बन्धित है–
(a) अभ्यास कार्य से
(b) परिणाम की अपेक्षा से
(c) प्रशंसा से
(d) तत्परता से

375. 140 से अधिक बुद्धिलब्धि (IQ) वाले बच्चों को किस श्रेणी में रखेंगे?
(a) मूर्ख (b) मन्दबुद्धि
(c) सामान्य बुद्धि (d) प्रतिभाशाली

376. वाइगोत्सकी के सामाजिक-सांस्कृतिक सिद्धान्त के अनुसार–
(a) संस्कृति और भाषा विकास में महत्त्वपूर्ण भूमिका निभाते हैं
(b) बच्चे अलग क्षेत्र में चिन्तन करते हैं और वे पूर्ण परिप्रेक्ष्य नहीं लेते
(c) यदि निम्न आयु पर अमूर्त सामग्री को प्रस्तुत किया जाए, तो बच्चे अमूर्त तरीके से चिन्तन करते हैं
(d) स्व-निर्देशित वाक् सहयोग का निम्नतम स्तर है

377. वे बालक जो प्रत्येक क्षेत्र में औसत बालक से अधिक तीव्र, बुद्धिमान, शारीरिक स्फूर्ति वाले एवं जीवन में अधिक सफलता पाने वाले होते हैं, कहलाते हैं–
(a) पिछड़े बालक
(b) प्रतिभाशाली बालक
(c) अन्धे बालक
(d) समस्यात्मक बालक

378. निम्न में से क्या एक प्रतिभाशाली बालक की विशेषता है?
(a) एक से अधिक विषयों में कमजोर होना
(b) अत्यधिक उत्तेजित होना
(c) अमूर्त चिन्तन की अधिकता होना
(d) इनमें से कोई नहीं

379. जो बालक मानसिक दृष्टि से पिछड़े हैं, वे होते हैं,
(a) संवेदनशील (b) निष्ठावान
(c) शक्तिशाली (d) अनुशासनहीन

380. जो अपनी योग्यताओं, क्षमताओं, व्यक्तित्व तथा व्यवहार सम्बन्धी विशेषताओं की दृष्टि से अपनी आयु के अन्य औसत तथा असामान्य बालकों से भिन्न होते हैं, वे हैं–
(a) विशिष्ट बालक
(b) पिछड़े बालक
(c) समस्यात्मक बालक
(d) विकलांग बालक

381. अनुसूचित जनजाति के बालकों के परिवारों में किन सुविधाओं की कमी पाई जाती है?
(a) आश्रय (b) वस्त्र
(c) भोजन (d) ये सभी

382. नवीन एवं अमूल्य विचारों के सृजन करने की क्षमता क्या कहलाती है?
(a) अन्तर्दृष्टि (b) बुद्धिमत्ता
(c) सृजनात्मकता (d) नेत्रहीनता

383. थॉर्नडाइक का सीखने का नियम है–
(a) प्रभाव का नियम
(b) आत्मसात् का नियम
(c) मनोवृत्ति का नियम
(d) साहचर्य का नियम

384. सीखने के संज्ञानात्मक सिद्धान्त का प्रतिपादन किसने किया था?
(a) कोहलर ने
(b) टांलमैन ने
(c) वुडवर्थ ने
(d) इनमें से कोई नहीं

385. राजेश गणित की समस्या को हल करने के लिए पूरी तरह से संघर्ष कर रहा है। उसका आन्तरिक बल जो उसे उस समस्या को पूरी तरह से हल करने के लिए विवश करता है, ······ के रूप में जाना जाता है।
(a) प्रेरक
(b) व्यक्तित्व विशेषज्ञ
(c) संवेग
(d) प्रत्यक्षण

386. कक्षा VII का शिक्षार्थी गणित में त्रुटियाँ करता है। एक शिक्षक के रूप में आप–
(a) शिक्षार्थी को सही उत्तर उपलब्ध कराएँगे
(b) शिक्षार्थी को कैल्कुलेटर का प्रयोग करने की अनुमति देंगे
(c) शिक्षार्थी से कहेंगे कि वह विकल्पात्मक पद्धति का प्रयोग करे अथवा स्वयं त्रुटि का पता लगाने के लिए उसे दोबारा करे
(d) शिक्षार्थी को दिखाएँ कि त्रुटि कहाँ थी और शिक्षार्थी को उसे दोबारा करने के लिए कहेंगे

387. अधिगम निर्योग्यता वाले बच्चों की प्रगति का निरीक्षण करने के लिए निम्नलिखित में से कौन-सी पद्धति सबसे उपयुक्त है?
(a) व्यक्ति (केस) अध्ययन
(b) घटनावृत्त अभिलेख (वास्तविक रिकॉर्ड)
(c) व्यवहार रेटिंग स्केल
(d) संरचित व्यवहारपरक अवलोकन

388. संवेगात्मक बुद्धि, बहुबुद्धि सिद्धान्त के किस क्षेत्र के साथ सम्बन्धित हो सकती है?
(a) अन्तर्वैयक्तिक और अन्त:वैयक्तिक बुद्धि
(b) प्राकृतिक बुद्धि
(c) चाक्षुष-स्थानिक बुद्धि
(d) अस्तित्वपरक बुद्धि

389. निम्नलिखित में से कौन-सा समाज में लिंग समानता का मानदण्ड हो सकता है?
(a) विद्यालय में पुरुष और महिला शिक्षकों की संख्या की तुलना
(b) कक्षा 12 में लड़कों और लड़कियों द्वारा समान संख्या में प्राप्त विशिष्ट योग्यता
(c) कक्षा 12 तक पहुँचने वाले लड़कों और लड़कियों की संख्या की तुलना
(d) क्या छात्राओं को विद्यालय से बाहर आयोजित प्रतियोगिताओं में भाग लेने की अनुमति दी जाती है?

390. "बालक एक ऐसी पुस्तक है जिसका शिक्षक को अद्योपान्त अध्ययन करना चाहिए।" उपरोक्त कथन किसके द्वारा दिया गया है?
(a) प्लेटो (b) अरस्तू
(c) रूसो (d) रॉस

391. प्रवाहपूर्णता, व्याख्या, मौलिकता और लचीलापन ······· के साथ सम्बन्धित तत्व हैं।
(a) प्रतिभा
(b) गुण
(c) अपसारी चिन्तन
(d) त्वरण

392. रिया कक्षा-पिकनिक तय करने हेतु रिषभ से सहमत नहीं है। वह सोचती है कि बहुमत के अनुकूल बनाने के लिए नियमों का संशोधन किया जा सकता है। यह सहपाठी विरोध, पियाजे के अनुसार, निम्नलिखित में से किससे सम्बन्धित है?
(a) विषमांग नैतिकता
(b) संज्ञानात्मक अपरिपक्वता
(c) प्रतिक्रिया
(d) सहयोग की नैतिकता

393. ध्वनि सम्बन्धी जागरूकता निम्नलिखित में से किस क्षमता से सम्बन्धित है?
(a) ध्वनि संरचना पर चिन्तन करना व उसमें हेर-फेर करना
(b) सही-सही व धाराप्रवाह बोलना
(c) जानना, समझना व लिखना
(d) व्याकरण के नियमों में दक्ष होना

394. निम्न में से कौन-सा सीखने की शैली का एक उदाहरण है?
(a) चाक्षुष (b) संग्रहण
(c) तथ्यात्मक (d) स्पर्श-सम्बन्धी

395. 'सभी के लिए विद्यालयों में सभी की शिक्षा' निम्नलिखित में से किसके लिए प्रचार वाक्य हो सकता है?
(a) संसक्तिशील शिक्षा
(b) समावेशी शिक्षा
(c) सहयोगात्मक शिक्षा
(d) पृथक् शिक्षा

396. छात्राएँ–
(a) गणित के सवाल अच्छे से सीखती हैं, लेकिन उन्हें तब कठिनाई आती है जब उनसे उनके तर्क के बारे में पूछा जाता है
(b) अपनी आयु के लड़कों की तरह गणित में अच्छी हैं
(c) अपनी आयु के लड़कों की तुलना में स्थानिक अवधारणाओं में कम कुशलतापूर्ण निष्पादन करती हैं
(d) भाषिक और संगीत सम्बन्धी अधिक क्षमताएँ रखती हैं

397. मई 2016 में किसकी अध्यक्षता में 'नई शिक्षा नीति के विकास के लिए समिति' (Committee for Evolution of the New Education Policy) ने अपनी रिपोर्ट प्रस्तुत की थी?
(a) स्वर्गीय श्री टी.एस.आर. सुब्रमण्यन
(b) डॉ. के. कस्तूरीरंगन
(c) रीना रे
(d) श्री संजय धोत्रे

398. NEP 2020 के अनुसार, वर्तमान 10 + 2 शैक्षिक मॉडल को एक नए शैक्षिक पाठ्यक्रम प्रणाली के आधार पर विभाजित करने की बात कही गई है। वह नई शैक्षिक पाठ्यक्रम प्रणाली क्या है?
(a) 3+4+4+5 (b) 5+3+3+4
(c) 4+3+3+5 (d) 5+4+3+3

399. राष्ट्रीय शिक्षा नीति 2020 में, शिक्षक को किस कक्षा तक मातृभाषा/स्थानीय या क्षेत्रीय भाषा में पाठ पढ़ाने पर बल दिया गया है?
(a) कक्षा 3
(b) कक्षा 4
(c) कक्षा 5
(d) उपरोक्त में से कोई नहीं

400. किस वर्ष तक, अध्यापन के लिए न्यूनतम डिग्री योग्यता 4-वर्षीय एकीकृत बी.एड. डिग्री का होना अनिवार्य किया जाएगा?
(a) 2021 (b) 2025
(c) 2028 (d) 2030

401. निम्नलिखित में से कौन जून 2017 में नवगठित ड्राफ्टिंग NEP 2020 के अध्यक्ष थे?
(a) वसुधा कामत
(b) डॉ. के. कस्तूरीरंगन
(c) के.जे. अल्फोंस
(d) राम शंकर कुरील

402. राष्ट्रीय शिक्षा नीति 2020 के अनुसार, उच्च शिक्षण संस्थानों में 'सकल नामांकन अनुपात' (Gross Enrolment Ratio) को कितना प्रतिशत बढ़ाने का लक्ष्य रखा गया है?
(a) 25% (b) 30%
(c) 40% (d) 50%

403. NEP 2020 में MHRD द्वारा .... की स्थापना की मांग की गई है?
(a) बुनियादी साक्षरता और संख्यात्मक ज्ञान पर एक राष्ट्रीय मिशन
(b) उच्च शिक्षा आयोग
(c) नेशनल रिसर्च फाउंडेशन
(d) उपरोक्त में से कोई नहीं

404. राष्ट्रीय शिक्षा नीति 2020 किसकी सिफारिश करती है?
(a) बहुभाषावाद
(b) एकभाषावाद
(c) पाठ्यक्रम का मानकीकरण
(d) आकलन का मानकीकरण

405. मूल्यांकन के संदर्भ में राष्ट्रीय शिक्षा नीति (NEP) 2020 में छात्रों के लिए किस प्रकार का रिपोर्ट कार्ड प्रस्तावित किया गया है?
(a) रिपोर्ट कार्ड दूसरों की तुलना में छात्र के सापेक्ष प्रदर्शन को निर्दिष्ट करते हैं।
(b) वर्ष के दौरान कागज और पेंसिल परीक्षण में छात्रों के प्रदर्शन का रिपोर्ट कार्ड
(c) 360 डिग्री बहुआयामी रिपोर्ट कार्ड
(d) योगात्मक एक-आयामी रिपोर्ट कार्ड

406. नई शिक्षा नीति, 2020 के अनुसार प्राथमिक कक्षाओं (कक्षा I से V) के लिए निम्न में से क्या स्तर होगा?
(A) आरंभिक स्तर
(B) मध्य स्तर
(C) बुनियादी स्तर
(a) केवल A (b) केवल B
(c) A और C (d) B और C

407. राष्ट्रीय शिक्षा नीति 2020 के अनुसार अधिगम __________ होना चाहिए।
(a) विषयवस्तु अभिमुखी
(b) पाठ्यपुस्तक केन्द्रित
(c) प्रयोगात्मक
(d) व्यवहारात्मक

408. राष्ट्रीय शिक्षा नीति 2020 प्रस्तावित करती है कि शिक्षा _________ होनी चाहिए।
(a) वेधन और अभ्यास पर आधारित
(b) अन्वेषण प्रेरित; खोज उन्मुखी
(c) पाठ्यपुस्तक और शिक्षक केंद्रित
(d) परीक्षा के लिए सीखने की ओर उन्मुख

409. दिव्यांग छात्रों की शिक्षा के संदर्भ में निम्नलिखित में से किस प्रावधान को राष्ट्रीय शिक्षा नीति, 2020 द्वारा बढ़ावा नहीं दिया गया है?
(a) उपयुक्त इमारती ढाँचा
(b) प्रत्येक विद्यार्थी के लिए एक शिक्षा और निजी शिक्षक
(c) अनिवार्य विशेष शिक्षा
(d) उपयुक्त तकनीकी सुविधाएँ

410. राष्ट्रीय शिक्षा नीति, 2020 किस पर जोर देती है?
(a) पाठ्यचर्या का लचीलापन
(b) पाठ्यचर्या का मानकीकरण
(c) पाठ्य पुस्तकों का गैर-संदर्भीकरण
(d) पाठ्य पुस्तकों को रट कर याद करना

411. NEP-2020 के अनुसार, प्रौढ़ शिक्षक ढांचे को विकसित करने की जिम्मेदारी निम्नलिखित में से किस संगठन को दी गई है?
(a) MHRD (b) NCERT
(c) NCTE (d) NIEPA

412. राष्ट्रीय शिक्षा नीति 2020 के अनुसार विद्यार्थियों के किन आयामों की प्रगति व अद्वितीयता को शामिल करना चाहिए?
(a) संज्ञानात्मक, सामाजिक, आध्यात्मिक
(b) संज्ञानात्मक, भौतिक
(c) संज्ञानात्मक, भावात्मक, मनोगत्यात्मक (मनोगतिक)
(d) भौतिक, क्रियात्मक, मनोवैज्ञानिक

413. विद्यालय प्रबंधन समिति का अध्यक्ष होता है—
(a) अभिभावक
(b) सार्वजिनक दमनकारी
(c) स्कूल का संचालक
(d) वार्ड एवं पंच पार्षद

414. शाला प्रबंधन समिति की मासिक बैठक होती है—
(a) द्वितीय शनिवार को
(b) चौथे शनिवार को
(c) अमावस्या को
(d) पूर्णिमा को

415. विद्यालय प्रबंधन समिति का वार्षिक अंकेक्षण (Annual audit) किया जाता है—
(a) चार्टर्ड अकाउंटेंट (Chartered accountant) द्वारा
(b) कनिष्ठ लेखाकार (Junior Accountant) द्वारा
(c) बीईओ कार्यालय (BEO office) द्वारा
(d) ऑडिटर सहकारी समिति द्वारा

416. विद्यालय प्रबंधन समिति के सदस्य होते हैं एक को छोड़कर—
(a) स्कूल में पढ़ने वाले छात्र और छात्राओं के माता-पिता और अभिभावक
(b) स्कूल में कार्यरत शिक्षक या स्थानीय प्राधिकारी बोर्ड से निर्वाचित व्यक्ति
(c) शिक्षा मंत्री
(d) स्थानीय प्राधिकारी के अन्य सभी निर्वाचित सदस्य उस गाँव या वार्ड में जहाँ स्कूल स्थित है

417. निशुल्क एवं अनिवार्य बाल शिक्षा अधिकार अधिनियम 2009 की धारा 21 के प्रावधान के अनुसार राज्य के समस्त राजकीय प्राथमिक एवं उच्च प्राथमिक विद्यालयों में किस समिति का गठन किया जाएगा?
(a) राष्ट्रीय माध्यमिक शिक्षा समिति
(b) विद्यालय संचालन विद्यालय शिक्षा सूचना प्रणाली समिति
(c) विद्यालय प्रबंधन समिति
(d) उपर्युक्त सभी

418. निम्न में से कौन-से स्तर पर विद्यालय के कार्यकलापों को मॉनिटर करने के लिए विद्यालय प्रबंध समिति का गठन किया गया है?

(a) प्राथमिक विद्यालय (Primary School) का
(b) उच्च प्राथमिक विद्यालय (High School) स्तर
(c) माध्यमिक विद्यालय (Secondary School) स्तर
(d) प्राथमिक एवं उच्च प्राथमिक विद्यालय स्तर

419. निम्न में से कौन-सा कथन विद्यालय प्रबंधन समिति के बारे में सत्य नहीं है ?
(a) विद्यालय के पड़ोस में लोगों को बालकों के अधिकारों के विषय में सरल तरीके से बताना
(b) नामांकन व उपस्थिति को सुनिश्चित करना
(c) विद्यालय में मध्यान्ह भोजन योजना का प्रबोधन
(d) अध्यापक प्रशिक्षण की योजना तैयार करना

420. विद्यालय प्रबंधन समिति की कार्यकारिणी समिति के सदस्यों का कार्यकाल होता है—
(a) 1 वर्ष (b) 2 वर्ष
(c) 3 वर्ष (d) 4 वर्ष

उत्तरमाला

1. (a) **2.** (a) **3.** (d) **4.** (c) **5.** (d) **6.** (b) **7** (d) **8.** (d) **9.** (d) **10.** (c) **11.** (d) **12.** (c)
13. (b) **14.** (d) **15.** (a) **16.** (c) **17.** (a) **18.** (b) **19.** (c) **20.** (d) **21.** (b) **22.** (b) **23.** (b) **24.** (c)
25. (a) **26.** (c) **27.** (d) **28.** (b) **29.** (d) **30.** (a) **31.** (a) **32.** (c) **32.** (a) **34.** (a) **35.** (a) **36.** (b)
37. (a) **38.** (b) **39.** (c) **40.** (d) **41.** (d) **42.** (c) **43.** (c) **44.** (b) **45.** (c) **46.** (c) **47.** (a) **48.** (d)
49. (d) **50.** (b) **51.** (d) **52.** (d) **53.** (c) **54.** (c) **55.** (d) **56.** (c) **57.** (c) **58.** (c) **59.** (c) **60.** (d)
61. (a) **62.** (a) **63.** (b) **64.** (a) **65.** (b) **66.** (d) **67.** (b) **68.** (d) **69.** (b) **70.** (d) **71.** (b) **72.** (a)
73. (a) **74.** (c) **75.** (d) **76.** (c) **77.** (a) **78.** (c) **79.** (c) **80.** (a) **81.** (d) **82.** (c) **83.** (b) **84.** (b)
85. (a) **86.** (b) **87.** (c) **88.** (d) **89.** (c) **90.** (a) **91.** (d) **92.** (b) **93.** (a) **94.** (b) **95.** (d) **96.** (d)
97. (b) **89.** (b) **99.** (c) **100.** (d) **101.** (a) **102.** (a) **103.** (a) **104.** (a) **105.** (b) **106.** (c) **107.** (b) **108.** (b)
109. (a) **110.** (c) **111.** (b) **112.** (b) **113.** (a) **114.** (b) **115.** (a) **116.** (d) **117.** (b) **118.** (b) **119.** (d) **120.** (a)
121. (b) **122.** (d) **123.** (a) **124.** (c) **125.** (a) **126.** (d) **127.** (b) **128.** (c) **129.** (a) **130.** (a) **131.** (d) **132.** (c)
133. (a) **134.** (a) **135.** (c) **136.** (a) **137.** (b) **138.** (b) **139.** (a) **140.** (c) **141.** (d) **142.** (d) **143.** (a) **144.** (a)
145. (d) **146.** (d) **147.** (b) **148.** (b) **149.** (b) **150.** (c) **151.** (b) **152.** (a) **153.** (a) **154.** (c) **155.** (c) **156.** (c)
157. (d) **158.** (b) **159.** (b) **160.** (c) **161.** (b) **162.** (d) **163.** (a) **164.** (c) **165.** (a) **166.** (b) **167.** (c) **168.** (d)
169. (b) **170.** (c) **171.** (d) **172.** (a) **173.** (b) **174.** (a) **175.** (a) **176.** (c) **177.** (b) **178.** (b) **179.** (a) **180.** (b)
181. (b) **182.** (a) **183.** (a) **184.** (b) **185.** (d) **186.** (c) **187.** (c) **188.** (c) **189.** (a) **190.** (b) **191.** (d) **192.** (c)
193. (a) **194.** (b) **195.** (b) **196.** (a) **197.** (d) **198.** (a) **199.** (a) **200.** (d) **201.** (d) **202.** (a) **203.** (a) **204.** (d)
205. (d) **206.** (d) **207.** (c) **208.** (c) **209.** (a) **210.** (c) **211.** (c) **212.** (c) **213.** (d) **214.** (d) **215.** (d) **216.** (a)
217. (a) **218.** (c) **219.** (d) **220.** (a) **221.** (d) **222.** (a) **223.** (c) **224.** (d) **225.** (b) **226.** (c) **227.** (c) **228.** (b)
229. (c) **230.** (a) **231.** (a) **232.** (c) **233.** (b) **234.** (a) **235.** (a) **236.** (d) **237.** (b) **238.** (c) **239.** (c) **240.** (d)
241. (b) **242.** (a) **243.** (b) **244.** (b) **245.** (d) **246.** (d) **247.** (b) **248.** (c) **249.** (d) **250.** (b) **251.** (d) **252.** (d)
253. (b) **254.** (c) **255.** (a) **256.** (a) **257.** (d) **258.** (a) **259.** (b) **260.** (b) **261.** (d) **262.** (a) **263.** (c) **264.** (b)
265. (c) **266.** (b) **267.** (b) **268.** (b) **269.** (c) **270.** (d) **271.** (c) **272.** (c) **273.** (d) **274.** (d) **275.** (d) **276.** (d)
277. (b) **278.** (c) **279.** (c) **280.** (a) **281.** (d) **282.** (d) **283.** (b) **284.** (a) **285.** (a) **286.** (c) **287.** (b) **288.** (d)
289. (c) **290.** (b) **291.** (c) **292.** (d) **293.** (a) **294.** (a) **295.** (d) **296.** (c) **297.** (c) **298.** (b) **299.** (a) **300.** (c)
301. (d) **302.** (d) **303.** (c) **304.** (d) **305.** (c) **306.** (b) **307.** (c) **308.** (a) **309.** (b) **310.** (d) **311.** (c) **312.** (a)
313. (d) **314.** (b) **315.** (a) **316.** (c) **317.** (a) **318.** (d) **319.** (b) **320.** (c) **321.** (c) **322.** (c) **323.** (a) **324.** (a)
325. (d) **326.** (a) **327.** (a) **328.** (c) **329.** (b) **330.** (c) **331.** (d) **332.** (b) **333.** (c) **334.** (b) **335.** (d) **336.** (d)
337. (d) **338.** (c) **339.** (a) **340.** (c) **341.** (a) **342.** (a) **343.** (c) **344.** (a) **345.** (d) **346.** (c) **347.** (d) **348.** (d)
349. (a) **350.** (b) **351.** (c) **352.** (d) **353.** (c) **354.** (d) **355.** (c) **356.** (c) **357.** (b) **358.** (a) **359.** (c) **360.** (a)
361. (a) **362.** (a) **363.** (c) **364.** (c) **365.** (c) **366.** (d) **367.** (b) **368.** (a) **369.** (c) **370.** (d) **371.** (d) **372.** (b)
373.(c) **374.** (d) **375.** (d) **376.** (a) **377.** (b) **378.** (c) **379.** (d) **380.** (a) **381.** (d) **382.** (c) **383.** (a) **384.** (b)
385. (a) **386.** (c) **387.** (d) **388.** (a) **389.** (c) **390.** (c) **391.** (a) **392.** (d) **393.** (a) **394.** (a) **395.** (b) **396.** (b)
397. (a) **398.** (b) **399.** (c) **400.** (d) **401.** (b) **402.** (d) **403.** (c) **404.** (a) **405.** (c) **406.** (c) **407.** (c) **408.** (b)
409. (c) **410.** (a) **411.** (b) **412.** (c) **413.** (a) **414.** (c) **415.** (d) **416.** (c) **417.** (c) **418.** (d) **419.** (d) **420.** (b)

❑❑❑

हिन्दी भाषा

1 भाषा एवं हिन्दी भाषा

हिन्दी शब्द की व्युत्पत्ति

- वैदिक संस्कृत, लौकिक संस्कृत, पालि, प्राकृत, अपभ्रंश आदि किसी भी प्राचीन भारतीय भाषा में 'हिन्दी' शब्द उपलब्ध नहीं है।
- वस्तुतः हमारी भाषा का नाम-'हिन्दी' ईरानियों की देन है। संस्कृत की स् ध्वनि फ़ारसी में ह् बोली जाती है; जैसे-सप्ताह-हफ्ताह, असुर-अहुर, सिन्धु-हिन्दू आदि।
- भारतवर्ष की पश्चिमी सीमा के लगभग जो इतिहास प्रसिद्ध सिन्धु नदी बहती है, उसे ईरानी हिन्दू या हिन्द कहते थे। कालान्तर में सिन्धु नदी के पार का सम्पूर्ण भू-भाग **हिन्द** कहा जाने लगा और हिन्द की भाषा **हिन्दी** कहलाई।
- मध्यकालीन अरबी तथा फ़ारसी साहित्य में भारत की संस्कृत, पालि, प्राकृत और अपभ्रंश भाषाओं के लिए **जबान-ए-हिन्दी** शब्द का प्रयोग मिलता है।
- भारत में साहित्यिक भाषाओं-संस्कृत, प्राकृत, अपभ्रंश से भिन्न जनसामान्य की भाषा के लिए भाषा या भाखा शब्द का प्रयोग होता था; जैसे-''संसकीरत है कूप जल भाखा बहता नीर''-कबीर; ''लिखि भाखा चौपाई कहै''-जायसी; ''भाखा भनित मोरि मति थोरी''-तुलसी; ''भाखा बोल न जानहीं जिनके कुल के दास''-केशव इत्यादि।
- कहा जाता है कि **अमीर खुसरो** (1253-1325 ई.) ने सबसे पहले भाषा या भाखा के स्थान पर हिन्दी या हिन्दवी शब्द का प्रयोग किया। खुसरो के ही समय में हिन्दी और हिन्दवी शब्द मध्यदेश की भाषा के अर्थ में प्रचलित हो गए।
- अमीर खुसरो ने ग्यासुद्दीन तुगलक के बेटे को हिन्दी या हिन्दवी की शिक्षा देने के लिए **खालिकबारी** नामक **फारसी-हिन्दी कोश** की रचना की। इस ग्रन्थ में भाषा के अर्थ में **हिन्दवी** शब्द 30 बार और हिन्दी शब्द 5 बार आया है।
- भाषा के लिए **हिन्दी** शब्द का प्राचीनतम् प्रयोग शरफुद्दीन के **ज़फरनामा** (1424 ई.) में मिलता है।

हिन्दी भाषा का प्रादुर्भाव

- प्राचीन भारतीय आर्यभाषा का काल 1500 ई.पू. से 500 ई.पू. तक माना गया है। इस अवधि में संस्कृत बोलचाल की भाषा थी।
- संस्कृत भाषा के दो रूप हैं-(i) **वैदिक संस्कृत** (ii) **लौकिक संस्कृत।**
- संस्कृतकालीन बोलचाल की भाषा कालान्तर में परिवर्तित होकर **पालि** के रूप में विकसित हुई। इसका समय 500 ई.पू. से पहली शताब्दी ई. तक है। पालि का मानक रूप बौद्ध साहित्य में उपलब्ध है।
- कालान्तर में पहली शताब्दी ई. तक आते-आते पालि बोलचाल की भाषा के रूप में विकसित होती हुई, **प्राकृत** के रूप में आई। इस अवधि में **शौरसेनी, पैशाची, ब्राचड़, महाराष्ट्री, मागधी** और **अर्द्धमागधी** नामक क्षेत्रीय बोलियाँ विकसित हुईं।

हिन्दी का विकास क्रम

- संस्कृत-पालि-प्राकृत-अपभ्रंश-अवहट्ठ-हिन्दी-वैदिक लौकिक शौरसेनी पैशाची ब्राचड़, महाराष्ट्री, मागधी, अर्द्धमागधी
- आगे चलकर प्राकृत की विभिन्न बोलियाँ विकसित होती गईं, जो **अपभ्रंश** की बोलियों के रूप में प्रस्तुत हुईं। अपभ्रंश का समय 500 ई. से 1000 ई. तक माना गया है।
- अपभ्रंश और पुरानी हिन्दी के मध्य का समय **संक्रान्ति काल** कहा गया है।
- चन्द्रधर शर्मा गुलेरी ने राजा मुंज को पुरानी हिन्दी का प्रथम कवि माना है।
- अपभ्रंश को रामचन्द्र शुक्ल ने **प्राकृताभास** तथा चन्द्रधर शर्मा गुलेरी ने **पुरानी हिन्दी** कहा है।
- अपभ्रंश की उत्तरकालीन अवस्था 'अवहट्ठ' के नाम से जानी जाती है। अवहट्ठ में विद्यापति ने **कीर्तिलता** और **कीर्तिपताका** की रचना की है।
- 'दोहा' (दूहा) मूलतः अपभ्रंश भाषा का ही छन्द है।

अपभ्रंश से आधुनिक भारतीय आर्यभाषाओं का विकास

अपभ्रंश के भेद	आधुनिक भारतीय आर्यभाषा
शौरसेनी अपभ्रंश	पश्चिमी हिन्दी, राजस्थानी, गुजराती, पहाड़ी
पैशाची अपभ्रंश	लैंहदा, पंजाबी
ब्राचड़ अपभ्रंश	सिन्धी
महाराष्ट्री अपभ्रंश	मराठी
मागधी अपभ्रंश	बिहारी, बांग्ला, उड़िया और असमिया
अर्द्धमागधी अपभ्रंश	पूर्वी हिन्दी (अवधी, बघेली, छत्तीसगढ़ी)

हिन्दी की उपभाषाएँ, बोलियाँ और उनके क्षेत्र

पश्चिमी क्षेत्र में हिन्दी की पाँच बोलियाँ

पश्चिमी क्षेत्र में हिन्दी की पांच बोलियाँ निम्नलिखित हैं-

(i) **खड़ी बोली/कौरवी** का उद्‌भव शौरसेनी अपभ्रंश के ऊपरी रूप से हुआ है। इसका क्षेत्र देहरादून का मैदानी भाग, सहारनपुर, मुजफ्फरनगर, मेरठ, दिल्ली का कुछ भाग, बिजनौर, रामपुर तथा मुरादाबाद हैं। खड़ी बोली के लिए सुनीति कुमार चटर्जी ने जनपदीय हिन्दुस्तानी शब्द का प्रयोग किया है। खड़ी बोली **आकार बहुला** है।

(ii) **ब्रजभाषा** का विकास शौरसेनी अपभ्रंश के मध्यवर्ती रूप से हुआ है। यह आगरा, मथुरा, अलीगढ़, धौलपुर, मैनपुरी, एटा, बदायूँ, बरेली तथा उनके आस-पास के क्षेत्रों में बोली जाती है। ब्रजभाषा साहित्य और लोक साहित्य दोनों दृष्टियों से बहुत सम्पन्न है। यह कृष्ण भक्ति की एकमात्र भाषा है। लगभग सारा रीतिकालीन साहित्य ब्रजभाषा में लिखा गया है। साहित्यिक दृष्टि से यह हिन्दी भाषा की सर्वाधिक महत्त्वपूर्ण बोली है।

साहित्यिक महत्त्व के कारण ही इसे ब्रजबोली नहीं, ब्रजभाषा कहा जाता है। सूरदास, नन्ददास, रहीम, रसखान, बिहारी, मतिराम, भूषण, देव, भारतेन्दु

हरिश्चन्द्र, जगन्नाथ दास 'रत्नाकर' इत्यादि ब्रजभाषा के अमर कवि हैं। साथ ही, तुलसीदास जी ने भी अपनी कुछ रचनाएँ ब्रजभाषा में लिखी हैं; जैसे-कवितावली, विनयपत्रिका आदि। ब्रजभाषा देश के बाहर उजबेकिस्तान में भी बोली जाती है, जिसे उजबेकी ब्रजभाषा कहा जाता है।

(iii) **बाँगरू** या **हरियाणी** का विकास उत्तरी शौरसेनी अपभ्रंश के पश्चिमी रूप से हुआ है। इसका क्षेत्र हरियाणा तथा दिल्ली का देहाती भाग है। हरियाणी भाषा **आकार बहुला** है।

(iv) **बुन्देली** का विकास शौरसेनी अपभ्रंश से हुआ है। इसका क्षेत्र झाँसी, जालौन, हमीरपुर, ग्वालियर, ओरछा, सागर, नरसिंहपुर, सिवनी, होशंगाबाद तथा उनके आस-पास के क्षेत्र हैं। बुन्देली भाषा **ओकार बहुला** है।

(v) **कन्नौजी** का भी विकास शौरसेनी अपभ्रंश से हुआ है। इसके क्षेत्र इटावा, फर्रूखाबाद, शाहजहाँपुर, कानपुर, हरदोई, पीलीभीत हैं। क़न्नौजी भाषा **ओकार बहुला** है।

पूर्वी क्षेत्र में हिन्दी की तीन बोलियाँ

पूर्वी क्षेत्र में हिन्दी की तीन बोलियाँ निम्नलिखित हैं-

(i) **अवधी** का उद्भव अर्द्धमागधी अपभ्रंश से हुआ है। इसके क्षेत्र लखनऊ, इलाहाबाद, फतेहपुर, मिर्जापुर (अंशतः), उन्नाव, रायबरेली, सीतापुर, खीरी, फैजाबाद, गोण्डा, बस्ती, बहराइच, बाराबंकी, सुल्तानपुर, प्रतापगढ़ आदि हैं।
अवधी में साहित्य तथा लोक साहित्य पर्याप्त मात्रा में उपलब्ध है। प्रबन्ध काव्य परम्परा का विकास विशेष रूप से अवधी में ही हुआ है। सूफी काव्य तथा रामभक्ति काव्य की रचना अवधी में हुई है। मुल्ला दाऊद, कुतुबन, मंझन, जायसी, तुलसीदास, नारायणदास, जगजीवन साहब, रघुनाथ दास, राम सनेही आदि इसके सुप्रसिद्ध साहित्यकार हैं। अवधी में लिखा गया सर्वप्रसिद्ध ग्रन्थ 'रामचरित मानस' है। भारत के बाहर **फिज़ी** में अवधी बोलने वालों की संख्या अच्छी खासी है।

(ii) **बघेली** का उद्भव अर्द्धमागधी अपभ्रंश के ही एक क्षेत्रीय रूप से हुआ है। इसके क्षेत्र रीवा, सतना, शहडोल, मैहर और उसके आस-पास हैं।

(iii) **छत्तीसगढ़ी** का उद्भव अर्द्धमागधी अपभ्रंश के दक्षिणी रूप से हुआ है। इसके क्षेत्र सरगुजा, कोरबा, बिलासपुर, रायगढ़, खैरागढ़, रायपुर, दुर्ग, राजनन्दगांव, कांकेर आदि हैं।

राजस्थानी क्षेत्र में हिन्दी की चार बोलियाँ

राजस्थानी क्षेत्र में हिन्दी की चार बोलियाँ निम्नलिखित हैं-

(i) **पश्चिमी राजस्थानी** (मारवाड़ी) का उद्भव शौरसेनी अपभ्रंश से हुआ है। इसके क्षेत्र जोधपुर, मेवाड़, सिरोही, जैसलमेर, बीकानेर आदि हैं।

(ii) **पूर्वी राजस्थानी** (जयपुरी या ढूँढाड़ी) इसके क्षेत्र जयपुर, अजमेर, किशनगढ़ आदि हैं।

(iii) **उत्तरी राजस्थानी** (मेवाती) यह अलवर, गुड़गाँव, भरतपुर तथा उसके आस-पास बोली जाती है। इसकी एक मिश्रित बोली **अहीरवाटी** है, जो गुड़गांव, दिल्ली तथा करनाल के पश्चिमी क्षेत्रों में बोली जाती है।

(iv) **दक्षिणी राजस्थानी** (मालवी) यह इन्दौर, उज्जैन, देवास, रतलाम, भोपाल, होशंगाबाद तथा उसके आस-पास बोली जाती है।

पहाड़ी क्षेत्र में हिन्दी की दो बोलियाँ

पहाड़ी क्षेत्र में हिन्दी की बोलियाँ निम्न दो भागों में विभाजित हैं-

(i) **पश्चिमी पहाड़ी** जौनसार, सिरमौर, शिमला, मण्डी, चम्बा के आस-पास क्षेत्र में बोली जाती है,

(ii) **मध्यवर्ती पहाड़ी** कुमाऊँनी तथा गढ़वाली क्रमशः कुमाऊँ, गढ़वाल (उत्तराखण्ड) क्षेत्र में बोली जाती है।

बिहार क्षेत्र में हिन्दी की तीन बोलियाँ

बिहार क्षेत्र में हिन्दी की तीन बोलियाँ निम्नलिखित हैं-

(i) **मगही** मागधी अपभ्रंश से विकसित हुई है। यह पटना, गया, पलामू, हजारीबाग, मुंगेर, भागलपुर और इसके आस-पास बोली जाती है।

(ii) **भोजपुरी** मागधी अपभ्रंश के पश्चिमी रूप से विकसित हुई है। इसके क्षेत्र बनारस, जौनपुर, मिर्जापुर, गाजीपुर, बलिया, गोरखपुर, देवरिया, आजमगढ़, बस्ती, शाहाबाद, चम्पारण, सारन तथा उसके आस-पास है। हिन्दी क्षेत्र की बोलियों में **भोजपुरी** बोलने वाले सर्वाधिक हैं। भोजपुरी हिन्दी की वह बोली है, जिसमें सर्वाधिक फिल्में बनी हैं। वर्तमान में दूरदर्शन द्वारा इसके अनेक धारावाहिक प्रसारित हो रहे हैं। भोजपुरी अन्तर्राष्ट्रीय महत्त्व की बोली है, भारत के बाहर सूरीनाम, फिजी, मॉरिशस, गुयाना, त्रिनिदाद में इस बोली का प्रसार है। भोजपुरी में लिखित साहित्य नगण्य है। इसके रचनाकार भिखारी ठाकुर को **भोजपुरी का शेक्सपियर, भोजपुरी का भारतेन्दु** कहा जाता है।

(iii) **मैथिली** मागधी अपभ्रंश के मध्यवर्ती रूप से विकसित हुई है। इसके क्षेत्र दरभंगा, मुजफ्फरपुर, पूर्णिया, मुंगेर और इसके आस-पास हैं। मगही तथा मैथिली लोक साहित्य की दृष्टि से बहुत सम्पन्न भाषाएँ हैं। मैथिली में साहित्य रचना प्राचीन काल से होती आई है। विद्यापति ने मैथिली को चरमोत्कर्ष पर पहुँचाया। इसके अतिरिक्त नागार्जुन, गोविन्द दास, रणजीत लाल, हरिमोहन झा, राजकमल चौधरी 'स्वरगंधा' मैथिली के प्रमुख साहित्यकार हैं।

प्रश्नमाला

1. मध्यकालीन अरबी तथा फ़ारसी साहित्य में भारत की भाषाओं के लिए किस शब्द का प्रयोग मिलता है?
(a) रेख्ता (b) दूहा
(c) जबान-ए-हिन्द (d) हिन्दी

2. 'खालिकबारी' किसकी रचना है?
(a) खालिक खलक (b) रहीम
(c) अमीर खुसरो (d) अकबर

3. खड़ी बोली हिन्दी में सर्वप्रथम रचना वाले कवि का नाम है-
(a) जायसी (b) अमीर खुसरो
(c) विद्यापति (d) भारतेन्दु

4. हिन्दी के उद्भव का सही क्रम है-
(a) पालि, प्राकृत, अपभ्रंश, अवहट्ठ
(b) प्राकृत, पालि, अवहट्ठ, अपभ्रंश
(c) अपभ्रंश, प्राकृत, अवहट्ठ, पालि
(d) अवहट्ठ, प्राकृत, पालि, अपभ्रंश

5. अपभ्रंश को 'पुरानी हिन्दी' किसने कहा है?
(a) ग्रियर्सन
(b) श्याम सुन्दर दास
(c) चन्द्रधर शर्मा 'गुलेरी'
(d) भारतेन्दु हरिश्चन्द्र

6. साहित्यिक अपभ्रंश को पुरानी हिन्दी किसने कहा था?
(a) आचार्य रामचन्द्र शुक्ल

(b) हजारी प्रसाद द्विवेदी
(c) शिवसिंह सेंगर
(d) राहुल सांस्कृत्यायन

7. शौरसेनी अपभ्रंश से उत्पन्न भाषाएँ हैं-
(a) ब्रजभाषा, अवधी, कुमाऊँनी और गढ़वाली
(b) पश्चिमी हिन्दी, राजस्थानी, पहाड़ी और गुजराती
(c) बिहारी, बांग्ला, उड़िया और असमिया
(d) लेंहदा, पंजाबी, गुजराती और मराठी

8. सिन्धी भाषा का उद्भव हुआ है-
(a) ब्राचड़ अपभ्रंश से
(b) पैशाची अपभ्रंश से
(c) मागधी अपभ्रंश से
(d) शौरसेनी अपभ्रंश से

9. 'अवधी' का उद्भव किस अपभ्रंश से हुआ है?
(a) शौरसेनी (b) पैशाची
(c) मागधी (d) अर्द्धमागधी

10. कचहरियों में हिन्दी प्रवेश आन्दोलन का मुखपत्र किस पत्र को कहा जाता है?
(a) कविवचन सुधा
(b) समाचार सुधावर्षण
(c) हिन्दी प्रदीप
(d) भारत-मित्र

11. नागरी प्रचारिणी सभा का स्थापना वर्ष है-
(a) 1893 ई. (b) 1857 ई.
(c) 1902 ई. (d) 1917 ई.

12. नागरी प्रचारिणी सभा के संस्थापकों में थे-
(a) शिवकुमार सिंह और बाबू श्याम सुन्दर दास
(b) रामचन्द्र शुक्ल और भारतेन्दु हरिश्चन्द्र
(c) पं. प्रताप नारायण मिश्र और बालकृष्ण भट्ट
(d) जगन्नाथ दास रत्नाकर और शिवप्रसाद गुप्त

13. काशीनागरी प्रचारिणी सभा के संस्थापकों में कौन नहीं है?
(a) बाबू श्याम सुन्दर दास
(b) ठा. शिवकुमार सिंह
(c) रामनारायण मिश्र
(d) रामचन्द्र शुक्ल

14. भारतीय संविधान में हिन्दी को मान्यता कब मिली?
(a) 26 जनवरी, 1950
(b) 14 सितम्बर, 1949
(c) 15 अगस्त, 1947
(d) 14 सितम्बर, 1955

15. भारतवर्ष के लिए हिन्दी भाषा का नाम सबसे पहले किसने सुझाया?
(a) राजा राममोहन राय
(b) महात्मा गाँधी
(c) रवीन्द्रनाथ ठाकुर
(d) मदन मोहन मालवीय

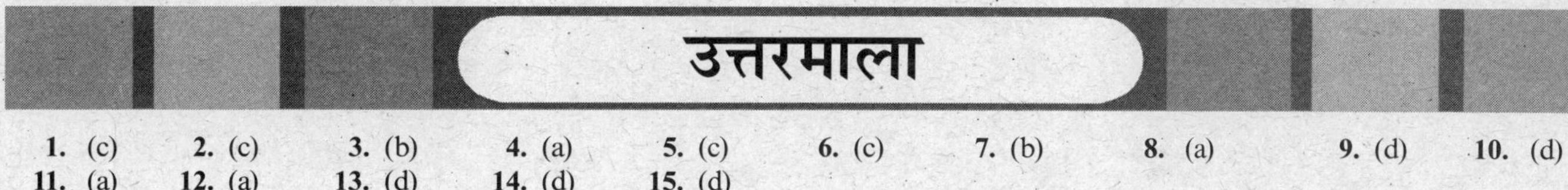

1. (c) **2.** (c) **3.** (b) **4.** (a) **5.** (c) **6.** (c) **7.** (b) **8.** (a) **9.** (d) **10.** (d)
11. (a) **12.** (a) **13.** (d) **14.** (d) **15.** (d)

2 ध्वनि

संरचना की दृष्टि से वर्ण भाषा की लघुतम इकाई है। वर्ण उस मूल ध्वनि को कहते हैं, जिसका खण्ड सम्भव नहीं है। जैसे अ, क्, च्, प् इत्यादि वर्ण के अन्तर्गत अक्षरों की प्रवृत्ति ध्वनि चिन्ह तथा शब्द निर्माण की प्रक्रिया का अध्ययन होता है। वर्ण के उच्चारण समूह को 'वर्णमाला' कहते हैं। हिन्दी वर्णमाला में 46 वर्ण हैं। इसके अतिरिक्त 3 संयुक्त वर्ण एक मिश्र वर्ण तथा 2 अयोगवाह वर्ण भी हैं। इन वर्णों को 'स्वर' तथा 'व्यंजन' में बाँटा गया है ।

स्वर वर्ण

'स्वर वर्ण' उन वर्णों को कहते हैं, जिनका उच्चारण स्वतन्त्र रूप से होता है। हिन्दी वर्णमाला में स्वरों की संख्या 11 है। स्वरों को उसके उच्चारण के आधार पर दो भागों में विभाजित किया जाता है–ह्रस्व या दीर्घ। अ, इ, उ ह्रस्व स्वर हैं, इनके उच्चारण में कम समय लगता है। आ, ई, ऊ, ए, ऐ, ओ, औ तथा ऋ दीर्घ स्वर हैं क्योंकि ह्रस्व स्वर की तुलना में इन स्वरों के उच्चारण में अधिक समय लगता है। ए, ऐ ओ तथा औ को संयुक्त स्वर भी कहा जाता है। वस्तुतः इनकी संरचना दो स्वरों के मेल से हुई है। 'ऋ' स्वर वर्ण है किन्तु तत्सम शब्दों में ही यह स्वतन्त्र रूप से शब्द के आरम्भ में आता है।

अयोगवाह कहलाने वाले दो वर्ण 'अ' (अनुस्वार) तथा अः (विसर्ग) हैं। इनका प्रयोग स्वर तथा व्यंजनों के साथ किया जाता है। अः (विसर्ग) का प्रयोग तत्सम शब्दों में व्यंजनों के अन्त में ही होता है; जैसे प्रातः। स्वर वर्ण व्यंजनों के साथ शब्दों में मात्रा के रूप में ही होता है। शब्द के प्रारम्भ तथा अन्त में ही ये स्वतंत्र रूप में आते हैं, मध्य में कभी नहीं । स्वर रहित व्यंजन के अन्त में हलन्त (्) लगाकर शब्द पूर्ण किया जाता है। स्वरों का उच्चारण स्थान 'कण्ठ' है, जिसका उच्चारण वायु निष्कासन के माध्यम से होता है।

व्यंजन वर्ण

व्यंजन वह वर्ण है, जिसका उच्चारण स्वर की सहायता से होता है। प्रत्येक स्वतन्त्र वर्ण के उच्चारण में 'अ' स्वर की ध्वनि छिपी होती है। हिंदी में व्यंजनों की संख्या 33 है। व्यंजन तीन प्रकार के होते हैं–1. स्पर्श, 2. अन्तःस्थ तथा 3. ऊष्म।

स्पर्श व्यंजन स्पर्श व्यंजन का उच्चारण किसी विशेष अंग अथवा अंगों की सहायता से होता है। इनके उच्चारण में कण्ठ के अतिरिक्त जिह्वाग्र द्वारा तालु, मूर्द्धा दन्त, ओष्ठ इत्यादि स्थानों के स्पर्श से होता है। इसे वर्गीय व्यंजन भी कहा जाता है ।

वर्ग	वर्ण
क वर्ग	क, ख, ग, घ, ङ (कण्ठ से उच्चारित वर्ण)
च वर्ग	च, छ, ज, झ, ञ (तालु से उच्चारित वर्ण)
ट वर्ग	ट, ठ, ड, ढ, ण (मूर्द्धा से उच्चारित वर्ण)
त वर्ग	त, थ, द, ध, न (दंत्य से उच्चारित वर्ण)
प वर्ग	प, फ, ब, भ म (ओष्ठ से उच्चारित वर्ण)

अन्तःस्थ व्यंजन य, र, ल, व अन्तःस्थ व्यंजन कहलाते हैं। ये वर्ण स्वर तथा व्यंजन के मध्य स्थित हैं, जिस कारण अन्तःस्थ कहलाते हैं। ये आधे स्वर तथा आधे व्यंजन हैं। इनके उच्चारण में जिह्वाग्र विशेष सक्रिय नहीं रहती, जैसा अन्य वर्णों में होता है, आधुनिक काल में र तथा ल को पूर्ण व्यंजन माना जा रहा है, जबकि य और व ही अन्तःस्थ व्यंजन के रूप में प्रयुक्त हो रहे हैं।

ऊष्म व्यंजन श, ष, स, ह को ऊष्म व्यंजन माना गया है। इनको ऊष्म व्यंजन इसलिए माना जाता है क्योंकि इनके उच्चारण में घर्षण से उत्पन्न वायु का निष्कासन होता है। इनके अतिरिक्त हिंदी वर्णमाला में तीन संयुक्त व्यंजन क्ष, त्र, ज्ञ भी सम्मिलित हैं। 'श्र' एक मिश्र वर्ण है। ये संयुक्त व्यंजन दो वर्णों के संयोग से बने हैं।

क + ष = क्ष

त् + र = त्र

ज् + ञ = ज्ञ

श् + र = श्र

ड़ तथा ढ़ दो ऐसे व्यंजन हैं, जो द्विगुण व्यंजन कहलाते हैं। शब्दों के अन्त या मध्य में ड़, ढ़ वर्ण का प्रयोग होता है, जबकि प्रारम्भ में ड़, ढ़, कभी नहीं आते और वहाँ वर्ण ड, ढ ही प्रयुक्त होता है।

व्यंजनों का उच्चारण वर्गीकरण

प्रयत्न के आधार पर व्यंजनों के उच्चारण को आठ भागों में बाँटा गया है–

1.	स्पर्श	क, ख, ग, घ, ट, ठ, ड, ढ, त, थ, द, ध, प, फ, ब, भ
2.	स्पर्श संघर्षी	च, छ, ज, झ
3.	संघर्षी	फ, श, ह, ज, ष
4.	अनुनासिक	ङ, ञ, ण, न, म
5.	पार्श्विक	ल
6.	प्रकम्पित	र
7.	उत्क्षिप्त	ड़ ढ़
8.	अर्द्धस्वर	य, व

वर्ण तथा ध्वनि विचार

बाह्य प्रयत्न के आधार पर सम्पूर्ण व्यंजनों को दो भागों में विभाजित किया जाता है–अल्पप्राण तथा महाप्राण।

प्रत्येक वर्ण समूह का पहला, तीसरा तथा पाँचवाँ वर्ण 'अल्पप्राण' कहलाता है। 'महाप्राण' वर्णों के उच्चारण में श्वास की अधिक मात्रा निष्कासित होती है । प्रत्येक वर्ग का दूसरा, चौथा तथा सभी ऊष्म वर्ण 'महाप्राण' हैं।

क, ग, ङ, च, ज, ञ, ट, ड, ण, त, द, न, प, ब, म, य, र, ल, व, ड इत्यादि अल्पप्राण व्यंजन हैं ।

इनके उच्चारण में हवा की कम मात्रा तथा हवा कम शक्ति के साथ बाहर आती है। ख, घ, छ, झ, ठ, ढ, थ, फ, भ, श, ष, स, ह महाप्राण व्यंजन हैं। इनके उच्चारण में हवा की अधिक मात्रा तथा हवा अधिक शक्ति के साथ बाहर आती है।

ध्वनि के उच्चारण में तन्त्रियों के कम्पन की प्रक्रिया होती है। इस कम्पन के कारण वर्ण के उच्चारण के साथ जो तरंग वायु के साथ बाहर आती है, उन्हें 'घोष' कहा जाता है । इस आधार पर वर्णों को दो भागों में विभाजित किया गया है-सघोष तथा अघोष। जब स्वर तन्त्रियाँ एक-दूसरे के निकट आकर वायु में कम्पन पैदा करती हुई ध्वनि के उच्चारण में सहायता करती है, तो ऐसी ध्वनियों को 'सघोष' कहते हैं। सभी स्वर वर्ण; प्रत्येक व्यंजन वर्ग का तीसरा, चौथा, पाँचवाँ वर्ण तथा अंतःस्थ वर्ण (य, र, ल, व) तथा ह 'सघोष' कहलाते हैं।

'अघोष' ध्वनियों के उच्चारण में स्वर तंत्रियाँ दूर-दूर रहती हैं तथा वायु स्वर-तन्त्रियों में बिना कम्पन के निकल जाती है। व्यंजन वर्ग का पहला, दूसरा तथा श, ष, स (ऊष्म वर्ण) 'अघोष' है।

स्वराघात तथा बलाघात स्वराघात तथा बलाघात का सम्बन्ध शब्दों के उच्चारण के समय वर्ण पर पड़ता है। इसके द्वारा शब्दों को समझने की चेतना सामने आती है। शब्दों का उच्चारण करते हुए किसी वर्ण पर अधिक बल दिया जाता है, उसे 'स्वराघात' कहते हैं। यह बल स्वर पर अधिक होने के कारण 'स्वराघात' कहलाता है।

'बलाघात' का प्रभाव वर्णों के बदले शब्दों पर पड़ता है। बलाघात विशेषण के समान अर्थ का निवारण तथा परिवर्तन में सहायता प्रदान करता है।

अनुतान

अनुतान उच्चारण के आरोह-अवरोह को 'अनुतान' कहते हैं। यह आरोह-अवरोह शब्द तथा वाक्य का सही अर्थ प्रदान करता है।

मात्रा विचार व्यंजन तथा स्वर के संयोग से जो रूप-परिवर्तन होता है, उसे 'मात्रा' कहते हैं। प्रत्येक स्वर की अपनी 'मात्रा' है। 'अ' के लिए कोई मात्रा चिन्ह निर्धारित नहीं है, क्योंकि यह सदा व्यंजन के साथ उच्चारित होती है।

प्रश्नमाला

1. 'व' का उच्चारण स्थान है:
(a) दन्तोष्ठ्य (b) ओष्ठ्य
(c) दन्त्य (d) तालव्य

2. 'उ' ध्वनि का उच्चारण स्थान क्या है:
(a) कण्ठ (b) मूर्द्धा
(c) तालु (d) दन्तोष्ठ्य

3. 'क' का उच्चारण स्थान है:
(a) कण्ठ (b) तालु
(c) मूर्धा (d) दन्त

4. निम्नलिखित में से स्पर्श व्यंजन कौन सा है?
(a) श (b) ह
(c) ल (d) छ

5. इनमें से कौन-सी ध्वनि अन्तःस्थ नहीं है?
(a) व (b) ब
(c) र (d) ल

6. इनमें से 'ऊष्म' वर्ण कौन-सा है?
(a) त (b) फ
(c) र (d) ष

7. निम्न में से कौन सही नहीं है?
(a) त, थ दंत्य व्यंजन है
(b) व्यंजनों का उच्चारण बिना स्वर के हो सकता है
(c) य, व अर्द्ध स्वर हैं
(d) श, ष, स ऊष्म व्यंजन है

8. निम्न में से कौन मूर्द्धन्य ध्वनि नहीं है?
(a) ट (b) ठ
(c) ढ (d) द

9. दन्तोष्ठ्य से उच्चारित होने वाले व्यंजन हैं :
(a) फ, व (b) य, र
(c) क, च (d) ट, ठ

10. निम्न में कौन सही शब्द है?
(a) ड़, ढ़ को वर्णमाला में स्थान प्राप्त है
(b) पहला तथा तीसरा वर्ण 'महाप्राण' होता है
(c) चं, छ, ज, झ स्पर्श-संघर्ष हैं
(d) य, र, ल, व ऊष्म वर्ण हैं

11. निम्नलिखित में से कौन सही शब्द है?
(a) परिक्षा (b) परीक्षा
(c) परिच्छा (d) परीच्छा

12. 'क + ए' से निर्मित रूप है:
(a) का (b) के
(c) कै (d) को

13. 'ग + ऊ' से निर्मित रूप है :
(a) गु (b) गू
(c) गि (d) गे

14. निम्न में से कौन सत्य है?
(a) स्वर का उच्चारण स्वतंत्र रूप में होता है
(b) व्यंजन हमेशा स्वतंत्र रूप में उच्चारित होते हैं
(c) अनुस्वार तथा विसर्ग हिन्दी में प्रयुक्त नहीं होते
(d) व्यंजन दो प्रकार के होते हैं ह्रस्व और दीर्घ

15. निम्न में कौन सही है :
(a) अल्पप्राण में मुख से वायु की कम मात्रा निकलती है
(b) महाप्राण में मुख से वायु की कम मात्रा निकलती है
(c) अल्पप्राण में खास स्वर पर बल पड़ता है
(d) महाप्राण में शब्द के प्रथम स्वर पर बल पड़ता है

16. 'अनुतान' का सम्बन्ध है :
(a) उच्चारण के समय से
(b) उच्चारण के उतार-चढ़ाव से
(c) उच्चारण में निकली वायु से
(d) उच्चारण के कम्पन से

17. निम्न में कौन 'महाप्राण' नहीं है?
(a) श (b) स
(c) ख (d) प

18. निम्न में से कौन एक 'अल्पप्राण' ध्वनि है?
(a) क (b) ख
(c) घ (d) ध

19. निम्न में से किस शब्द की वर्तनी शुद्ध है?
(a) अंगामी
(b) आगामि
(c) आगामी
(d) आगमी

20. कौन-सा वर्ण ओष्ठ्य नहीं है?
(a) प (b) न
(c) म (d) ब

21. निम्न में से किस युग्म को अर्द्धस्वर कहा जाता है?
(a) य, व (b) य, र
(c) त, फ (d) ग, घ

22. च वर्ग है:
(a) तालव्य (b) दंत्य
(c) ओष्ठ्य (d) दंतोष्ठ्य

23. 'ज्ञ' को वर्णमाला में माना जाता है:
(a) संयुक्त व्यंजन (b) द्विगुण व्यंजन
(c) स्वर (d) व्यंजन

24. निम्नलिखित में से कौन 'उत्थिप्त' व्यंजन है?
(a) य, व (b) ड़, ढ़
(c) भ, म (d) श, ष, स ह

25. 'क्ष' का निर्माण किन दो वर्णों (व्यंजनों) के मेल से हुआ है?
(a) क् + ष
(b) क् + ख
(c) ख + ध
(d) ध् + च

26. निम्न में से कौन अन्तःस्थ व्यंजन वर्ण नहीं हैं?
(a) य (b) र
(c) ल (d) ब

27. निम्न में से कौन व्यंजन वर्ण 'दंत्य' नहीं है?
(a) क (b) च
(c) प (d) य

28. निम्न में से कौन व्यंजन वर्ण 'दंत्य' नहीं है?
(a) त (b) द
(c) ध (d) फ

29. निम्न में किस शब्द में शुद्ध मात्रा प्रयुक्त हुई है?
(a) रेनू (b) रेनु
(c) रेणु (d) रेणू

30. विसर्ग (:) का प्रयोग कैसे शब्दों में होता है:
(a) तत्सम (b) तद्भव
(c) देशज (d) विदेशी

31. निम्न में से कौन 'सघोष' वर्ण नहीं है?
(a) य (b) र
(c) श (d) ह

32. निम्न में से कौन 'अघोष' वर्ण नहीं है?
(a) क (b) ट
(c) श (d) ल

33. 'ष' का उच्चारण स्थान है:
(a) कण्ठोष्ठ्य (b) दंत्य
(c) तालव्य (d) कण्ठ्य

35. 'इ' का उच्चारण स्थान है:
(a) तालव्य (b) कण्ठ्य
(c) दंत्य (d) ओष्ठ्य

36. निम्न में से कौन स्पर्श संघर्ष है?
(a) क (b) च
(c) ह (d) प

37. 'फ' का उच्चारण स्थान क्या है:
(a) कंठ (b) तालु
(c) ओष्ठ (d) दंत्य

उत्तरमाला

1. (a)	**2.** (a)	**3.** (a)	**4.** (d)	**5.** (b)	**6.** (d)	**7.** (b)	**8.** (d)	**9.** (a)	**10.** (c)
11. (b)	**12.** (b)	**13.** (b)	**14.** (a)	**15.** (a)	**16.** (b)	**17.** (d)	**18.** (a)	**19.** (c)	**20.** (b)
21. (a)	**22.** (a)	**23.** (a)	**24.** (b)	**25.** (a)	**26.** (d)	**27.** (d)	**28.** (d)	**29.** (d)	**30.** (a)
31. (c)	**32.** (d)	**33.** (a)	**34.** (a)	**35.** (a)	**36.** (a)	**37.** (c)			

❑❑

3 संज्ञा

संज्ञा—संज्ञा उस विकारी शब्द को कहते हैं, जिससे किसी विशेष वस्तु अथवा व्यक्ति के नाम का बोध हो।

संज्ञा के मुख्यत: तीन भेद होते हैं—

1. व्यक्तिवाचक संज्ञा

जिस शब्द से किसी एक वस्तु या व्यक्ति का बोध हो, उसे व्यक्तिवाचक संज्ञा कहते हैं, जैसे—श्याम, गंगा, दिल्ली, जापान, रामचरितमानस, सिपाही, विद्रोह, दीपावली आदि।

2. जातिवाचक संज्ञा

जिस संज्ञा से किसी जाति के सम्पूर्ण पदार्थों व उनके समूहों का बोध होता है उसे जातिवाचक संज्ञा कहते हैं, जैसे—घर, पर्वत, मनुष्य, नदी, मोर, सभा आदि।

3. भाववाचक संज्ञा

जिस संज्ञा से व्यक्ति या वस्तु के गुण या धर्म, दशा अथवा व्यापार का बोध होता है, उसे भाववाचक संज्ञा कहते हैं, जैसे—लम्बाई, ऊँचाई, गहराई, जवानी, चतुराई, नम्रता, नारीत्व, सुन्दरता, समझ इत्यादि। पदार्थ का गुण या धर्म पदार्थ से अलग नहीं रह सकता, व्यक्तिवाचक संज्ञा की तरह भाववाचक संज्ञा से भी किसी एक ही भाव का बोध होता है, धर्म, गुण, अर्थ और भाव प्राय: पर्यायवाची शब्द हैं, इससे संज्ञा का अनुभव होता है तथा इसका बहुवचन प्राय: नहीं होता है।

(i) जातिवाचक संज्ञा से

शब्द	भाववाचक संज्ञा	जोड़ा गया प्रत्यय
बच्चा	बचपन	पन
बूढ़ा	बुढ़ापा	पा
इन्सान	इन्सानियत	इयत
डाकू	डकैती	ऐती
मानव	मानवता	ता

(ii) सर्वनाम से

सर्वमान	भाववाचक संज्ञा	जोड़ा गया प्रत्यय
अपना	अपनापन	पन
निज	निजत्व	त्व
मम	ममता/ममत्व	ता, त्व

(iii) विशेषण से

विशेषण	भाववाचक संज्ञा	जोड़ा गया प्रत्यय
बड़ा	बड़प्पन	पन
छोटा	छुटपन	पन
मूर्ख	मूर्खता	ता
नीच	नीचता	ता
अच्छा	अच्छाई	ई
बुरा	बुराई	ई
हरा	हरियाली	आली
चिकना	चिकनाई/चिकनाहट	आई, आहट

(iv) क्रिया से

क्रिया	भाववाचक संज्ञा	जोड़ा गया प्रत्यय
लिखना	लिखाई/लेख	ई
दौड़ना	दौड़	अ
भूलना	भूल	अ
झगड़ना	झगड़ा	आ
थकना	थकान/थकावट	आन, आवट
घबराना	घबराहट	आहट

संज्ञाओं के विकार/रूपान्तर

संज्ञा विकारी शब्द है, अर्थात् संज्ञा शब्दों में प्रसंग के अनुसार परिवर्तन होता है, उदाहरण देखिए—

1. लिंग—लड़का (खाता है), लड़की (खाती है)।

2. वचन—लड़का (खाता है), लड़के (खाते हैं)।

3. कारक—लड़का खाना खाता है—लड़के ने खाना खाया, लड़की खाना खाती है—लड़कियों ने खाना खाया।

स्पष्ट है कि इस उदाहरण में रूपान्तर कारण कर्त्ता कारक का चिह्न है, जिससे एकवचन होते हुए भी लड़के (बहुवचन जैसा) रूप हो गया। इसी तरह लड़के को बुलाओ, लड़के को खिलाओ, भगाओ आदि में लड़का एकवचन होते हुए भी बहुवचन रूप (लड़के) में प्रयुक्त हुआ है।

प्रश्नमाला

1. किस वाक्य में अपादान कारक है?
(a) राम ने रावण को बाण से मारा
(b) गंगा हिमालय से निकलती है
(c) चाकू से सेब काटो
(d) मैं पैन से लिखता हूँ

2. इनमें से जातिवाचक संज्ञा छाँटिए—
(a) लड़का (b) सेना
(c) श्याम (d) दु:ख

3. 'लड़का' से भाववाचक संज्ञा बनाइए—
(a) लड़कपन (b) लड़के
(c) लड़काई (d) लड़कापन

4. 'स्त्रीत्व' किस प्रकार की संज्ञा है?
(a) व्यक्तिवाचक
(b) जातिवाचक
(c) भाववाचक
(d) द्रव्यवाचक

5. इन शब्दों में कौन-सा शब्द संज्ञा है?
(a) क्रुद्ध (b) क्रोध
(c) क्रोधी (d) क्रोधित

6. कौन-सा शब्द जातिवाचक संज्ञा नहीं है?
(a) बालक
(b) बालिका
(c) गंगा
(d) पर्वत

7. निम्नलिखित में भाववाचक संज्ञा कौन-सी है?
(a) शत्रुता (b) वीर
(c) मनुष्य (d) गुरु

8. 'ताजमहल' किस प्रकार की संज्ञा है?
(a) व्यक्तिवाचक (b) जातिवाचक
(c) भाववाचक (d) द्रव्यवाचक

9. ''यह मेरा घर है।'' वाक्य में मेरा शब्द में कारक बताइए–
(a) सम्बन्ध (b) अधिकरण
(c) अपादान (d) सम्प्रदान

10. कवि का स्त्रीलिंग बताइए–
(a) कवित्री (b) कवियत्री
(c) कवियित्री (d) कवयित्री

11. सम्राट का स्त्रीलिंग क्या होगा?
(a) सम्राटी (b) साम्राज्ञी
(c) समाज्ञी (d) सम्राटिनी

12. 'पत्नी' किस वर्ग की संज्ञा है?
(a) व्यक्तिवाचक (b) जातिवाचक
(c) भाववाचक (d) समूहवाचक

13. 'गिरोह' इनमें से किस प्रकार की संज्ञा है?
(a) व्यक्तिवाचक (b) जातिवाचक
(c) समूहवाचक (d) द्रव्यवाचक

14. 'लाल' शब्द से भाववाचक संज्ञा बनाइए–
(a) लाली (b) लालन
(c) लालो (d) लालता

15. जो संज्ञा किसी व्यक्ति, वस्तु या स्थान का बोध कराती है, उसे कहते हैं–
(a) व्यक्तिवाचक (b) जातिवाचक
(c) द्रव्यवाचक (d) भाववाचक

16. आपका घर जिस शहर में है, उस शहर का नाम संज्ञा का कौन-सा भेद सूचित करता है?
(a) व्यक्तिवाचक (b) जातिवाचक
(c) समूहवाचक (d) भाववाचक

17. बड़े बड़ाई ना करें, बड़े न बौले बोल।
रहिमन हीरा कब कहै, लाख टके का मोल।।
रहीम द्वारा लिखित इन पंक्तियों में 'बड़े' शब्द का प्रयोग जिस रूप में हुआ है, वह है-
(a) विशेषण (b) संज्ञा
(c) सर्वनाम (d) क्रया-विशेषण

18. 'द्वार-द्वार भटकना' में प्रयुक्त द्विरुक्ति 'द्वार-द्वार' है–
(a) पारस्परिक सम्बन्ध बताने के अर्थ में
(b) अतिशयता प्रकट करने के अर्थ में
(c) भेद बताने के अर्थ में
(d) समग्रता प्रकट करने के अर्थ में

19. संज्ञाओं के साथ आने वाली विभक्तियों को क्या कहा जाता है?
(a) संश्लिष्ट (b) विश्लिष्ट
(c) श्लिष्ट (d) उपर्युक्त में कोई नहीं

20. 'हमारे देश में जयचंदों की कमी नहीं है' में 'जयचंदों' संज्ञा के भेद के अन्तर्गत आता है?
(a) व्यक्तिवाचक (b) समूहवाचक
(c) जातिवाचक (d) भाववाचक

21. इनमें से भाववाचक संज्ञा है-
(a) तप (b) तीर
(c) भरत (d) चिन्ता

22. 'राष्ट्र' की भाववाचक संज्ञा है-
(a) राष्ट्री (b) राष्ट्रीय
(c) सौराष्ट्र (d) राष्ट्रीयता

23. 'सुन्दर' की भाववाचक संज्ञा है-
(a) सुन्दरता (b) सौन्दर्य
(c) केवल 'A' (d) 'A' व 'B' दोनों

24. 'आज गणित के अध्यापक ने कक्षा नहीं ली' वाक्य में अर्थ के आधार पर वाक्य है-
(a) आज्ञावाचक वाक्य
(b) निषेधवाचक वाक्य
(c) प्रश्नवाचक वाक्य
(d) इच्छावाचक वाक्य

उत्तरमाला

1. (b) **2.** (a) **3.** (a) **4.** (c) **5.** (b) **6.** (c) **7.** (a) **8.** (a) **9.** (a) **10.** (d)
11. (b) **12.** (b) **13.** (c) **14.** (a) **15.** (a) **16.** (a) **17.** (b) **18.** (d) **19.** (b) **20.** (c)
21. (d) **22.** (d) **23.** (d) **24.** (b)

❑❑

4 सर्वनाम

सर्वनाम उस विकारी शब्द को कहते हैं, जो संज्ञा के स्थान पर प्रयुक्त होता है।

जैसे–मैं, हम, तुम वह, वे यह आदि।

सर्वनाम के भेद

सर्वनाम के छः भेद हैं–

1. **पुरुषवाचक सर्वनाम**–जो सर्वनाम पुरुषों (स्त्री या पुरुष) के नाम के बदले आते हैं, उन्हें पुरुषवाचक सर्वनाम कहते हैं। ये तीन प्रकार के होते हैं–
   (i) **उत्तम पुरुषवाचक सर्वनाम**–जैसे–मैं, हमें, मुझसे, मेरा इत्यादि।
   (ii) **मध्यम पुरुषवाचक सर्वनाम**–तू, तुम, मुझसे, तुम्हें, तुम्हारा, आप, आपका आदि।
   (iii) **अन्य पुरुषवाचक सर्वनाम**–वह, वे, उनसे, उनका, उनमें, उन पर आदि।
2. **निजवाचक सर्वनाम**–जिस सर्वनाम से स्वयं का बोध हो उसे निजवाचक सर्वनाम कहते हैं, जैसे–आप।

   निजवाचक सर्वनाम 'आप' का प्रयोग अपने लिए होता है–आदरसूचक, 'आप' के लिए नहीं। जैसे–मैं अपने आप चला जाऊँगा।
3. **निश्चयवाचक सर्वमान**–जो सर्वनाम पास या दूर की किसी निश्चित वस्तु या व्यक्ति के लिए संकेत करता है, उसे **निश्चयवाचक** सर्वनाम कहते हैं, जैसे–यह, वह, ये, वे, इसको, इनसे, उसके लिए, इसमें, उस पर आदि। मूलतः निश्चयवाचक सर्वनाम दो हैं–यह, वह यथा–

   (i) यह लो, (ii) वह रहने दो, (iii) वह बेकार है मत लो।
4. **अनिश्चयवाचक सर्वमान**–जिस सर्वनाम से किसी निश्चित वस्तु का बोध न हो, उसे अनिश्चयवाचक सर्वनाम कहते हैं, जैसे–कोई, कुछ।

   उदाहरण–

   (1) कोई यहाँ आएगा तो मैं आपके साथ चल सकूँगा।
   (2) कोई नहीं आता।
   (3) कहते सब हैं, करते कोई-कोई ही हैं।
   (4) आज कोई-न-कोई अवश्य आएगा।
5. **सम्बन्धवाचक सर्वनाम**–जिस सर्वनाम से किसी दूसरे सर्वनाम से सम्बन्ध ज्ञात होता है, उसे **सम्बन्धवाचक** सर्वनाम कहते हैं, जैसे–जो-सो, जिसने-उसने, जिसकी-उसकी, जिसमें-उसमें, जो-वह।

   उदाहरण–

   (1) जिसकी लाठी, उसकी भैंस।
   (2) जो जागे है सो पावे है।
6. **प्रश्नवाचक सर्वनाम**–जिस सर्वनाम से प्रश्न का बोध होता है अथवा प्रश्न करने के लिए जिस सर्वनाम का प्रयोग होता है, उसे प्रश्नवाचक सर्वनाम कहते हैं। जैसे–कौन, क्या।

   उदाहरण–

   (1) तुम क्या खा रहे हो?
   (2) हम **किस** पर भरोसा करें?

सर्वनाम शब्दों की कारक-रचना समस्त विभक्तियों के रूप में (उत्तम पुरुष)

कारक	एकवचन	बहुवचन
कर्त्ता	मैं, मैंने	हम, हमने
कर्म	मुझे, मुझको	हमें, हमको
करण	मुझसे, मेरे द्वारा	हमसे, हमारे द्वारा
सम्प्रदान	मुझे, मेरे लिए	हमें, हमारे लिए
अपादान	मुझसे	हमसे
सम्बन्ध	मेरा, मेरी, मेरे	हमारा, हमारी, हमारे
अधिकरण	मुझमें, मुझ पर	हमसे, हम पर

तू (मध्यम पुरुष)

कारक	एकवचन	बहुवचन
कर्त्ता	तू, तूने	तुम, तुमने, तुम लोगों ने
कर्म	तुझे, तुझको	तुम्हें, तुम लोगों को
करण	मुझसे, तेरे द्वारा	तुमसे, तुम्हारे से, तुम लोगों से
सम्प्रदान	तुझको, तुझे, तेरे लिए	तुम्हें, तुम्हारे लिए, तुम लोगों के लिए
अपादान	तुझसे	तुमसे, तुम लोगों से
सम्बन्ध	तेरा, तेरी, तेरे	तुम्हारा, तुम्हारी, तुम लोगों के लिए
अपादान	तुझसे	तुमसे, तुम लोगों से
सम्बन्ध	तुझसे	तुमसे, तुम लोगों से

प्रश्नमाला

1. इनमें से प्रश्नवाचक सर्वनाम बताइए–
   (a) कौन (b) क्या
   (c) किससे (d) ये सभी
2. कौन-सा शब्द व्याकरण की दृष्टि से सर्वनाम है?
   (a) कुशलता (b) क्रोध
   (c) तुम्हारा (d) उठाना
3. **क्या** यह तुम्हारा घर है?
   (a) सम्बन्धवाचक सर्वनाम
   (b) प्रश्नवाचक सर्वनाम
   (c) निजवाचक सर्वनाम
   (d) मध्यम पुरुषवाचक सर्वनाम
4. सर्वनाम के कितने भेद हैं?
   (a) 4 (b) 5
   (c) 6 (d) 8
5. **वह** बेकार है, क्यों लेते हो?
   (a) निश्चयवाचक सर्वनाम
   (b) अनिश्चयवाचक सर्वनाम
   (c) निजवाचक सर्वनाम
   (d) सम्बन्धवाचक सर्वनाम
6. पं. जवाहरलाल नेहरू अपने माता-पिता के इकलौते बेटे थे। **आपका** विवाह अनिंद्य सुन्दरी कमला नेहरू के साथ हुआ था।
   (a) मध्यम पुरुषवाचक सर्वनाम
   (b) निजवाचक सर्वनाम
   (c) सम्बन्धवाचक सर्वनाम
   (d) अन्य पुरुषवाचक सर्वनाम
7. आप यहाँ चले आए। **किसी** ने आपको रोका नहीं?
   (a) निश्चयवाचक सर्वनाम
   (b) प्रश्नवाचक सर्वनाम
   (c) अनिश्चयवाचक सर्वनाम
   (d) सम्बन्धवाचक सर्वनाम
8. **आप** भला तो जग भला–
   (a) उत्तम पुरुषवाचक सर्वनाम
   (b) मध्यम पुरुषवाचक सर्वनाम
   (c) निजवाचक सर्वनाम
   (d) कोई सर्वनाम नहीं
9. सर्वनाम की दृष्टि से अशुद्ध वाक्य छाँटिए–
   (a) मैंने तेरे को बोला था
   (b) मुझे आगरा जाना है
   (c) कुछ हो गया क्या?
   (d) कौन आया था?
10. इनमें से कौन-सा सर्वनाम पुरुषावचक है?
   (a) कोई (b) आप
   (c) मेरा (d) सो

उत्तरमाला

1. (d) **2.** (c) **3.** (b) **4.** (c) **5.** (a) **6.** (b) **7.** (c) **8.** (c) **9.** (a) **10.** (c)

5 क्रिया

क्रिया

जिस शब्द से किसी कार्य के होने की प्रवृत्ति प्रकट हो, उसे 'क्रिया' कहा जाता है; जैसे पढ़ना, लिखना, चलना इत्यादि। क्रिया विकारी शब्द है, जिसके रूप लिंग, वचन तथा पुरुष के अनुसार बदलते हैं। क्रिया के रूप में यह परिवर्तन हिंदी की अपनी विशेषता है।

क्रिया का मूल 'धातु' है। धातु क्रिया पद के उस अंश को कहते हैं, जो प्राय: सभी रूपों में अपनी उपस्थिति दर्शाता है। वस्तुत: जिन मूल अक्षरों से क्रिया का निर्माण होता है, उन्हें धातु कहते हैं जैसे 'पढ़ना' क्रिया में 'पठ्' धातु के साथ 'ना' प्रत्यय लगा है।

हिंदी में क्रिया का निर्माण धातुओं के अतिरिक्त संज्ञा तथा विशेषण से भी होता है।

रचना की दृष्टि से क्रिया के दो भेद हैं :

(1) सकर्मक तथा (2) अकर्मक।

सकर्मक क्रिया

सकर्मक क्रिया, उस क्रिया को कहते हैं, जिसका फल कर्त्ता पर न पड़कर कहीं और पड़े। सकर्मक क्रिया के साथ 'कर्म' रहता है या उसके रहने की सम्भावना होती है, जैसे राम खाना खाता है। इस वाक्य में क्रिया का फल 'भोजन' पर पड़ता है, जो प्रत्यक्षत: उपस्थित नहीं है। 'जाता है' के साथ यदि गन्तव्य स्थल की चर्चा वाक्य में नहीं होती है, तब भी फल, घर विद्यालय आदि शब्दों पर पड़ता है। ऐसी क्रियाएँ 'सकर्मक' होती हैं।

अकर्मक क्रिया

जिस क्रिया के कार्य का फल कर्त्ता पर पड़े, उसे अकर्मक क्रिया कहते हैं। अकर्मक क्रिया के साथ कोई कर्म कारक नहीं होता। इस कारण इसे अकर्मक क्रिया कहते हैं; जैसे मोहन हँसता है। 'हँसने' या 'रोने' की क्रिया का फल कर्त्ता पर पड़ता है।

कतिपय ऐसी क्रियाएँ हैं, जो अकर्मक तथा सकर्मक दोनों होती हैं, वह निर्धारण वाक्य में उनके प्रयोग द्वारा होता है। इन्हें उभयविध धातु भी कहते हैं;

जैसे–मेरा जी घबराता है। (घबराना (क्रिया)–सकर्मक

मुसीबत में सभी घबराते हैं (घबराना) (क्रिया)–अकर्मक

अकर्मक क्रिया में उ, ना, आना, प्रत्यय लगाकर सकर्मक क्रिया बनाया जाता है; जैसे–

रोना (अकर्मक)–रुलाना (सकर्मक)

उड़ना (अकर्मक)–उड़ाना (सकर्मक)

कटना (अकर्मक)–काटना (सकर्मक)

अकर्मक क्रिया के धातुओं को उकार, ओकार, इकार तथा एकार में बदलकर तथा अन्त्य में ना प्रत्यय जोड़कर सकर्मक क्रियाएँ बनाई जाती हैं, जैसे खुलना (अकर्मक) खोलना (सकमर्क)।

द्विकर्मक क्रिया

कुछ क्रियाएँ एक कर्म वाली होती हैं जबकि कतिपय दो कर्म वाली होती हैं। ऐसी क्रियाओं को 'द्विकर्मक क्रिया' कहते हैं;

जैसे–उसने राम को डण्डे से मारा। यहाँ दो कर्म हैं–'राम को' और 'डण्डा'।

संयुक्त क्रिया

जो क्रिया दो या दो से अधिक धातुओं के मेल से बनती है, उसे 'संयुक्त क्रिया' कहते हैं; जैसे वह घर पहुँच गया। इस वाक्य में 'पहुँच गया' संयुक्त क्रिया का उदाहरण है। संयुक्त क्रिया का निर्माण अकर्मक तथा सकर्मक दोनों क्रियाओं द्वारा हो सकता है; जैसे–लेट जाना, गिर पड़ना, बेच लेना इत्यादि।

संयुक्त क्रिया में पहली क्रिया प्रधान होती है तथा बाद वाली क्रिया उसमें विशेषता उत्पन्न करती है; जैसे मैं पढ़ सकता हूँ। इस वाक्य में 'पढ़ना' तथा 'सकना' दो क्रियाएँ हैं। 'सकना' 'पढ़ना' क्रिया की विशेषता उत्पन्न करती है।

सहायक क्रिया

मुख्य क्रिया के अर्थ को स्पष्ट करने में सहायता करने वाली 'क्रिया को सहायक क्रिया' कहा जाता है; जैसे–उसने बाघ को मार डाला। 'मारना' इस वाक्य में मुख्य क्रिया है, जिसके अर्थ को स्पष्टता प्रदान करने वाली क्रिया 'डालना' है। है, थे हुए, रहे इत्यादि सहायक क्रियाएँ हैं।

प्रश्नमाला

1. 'वह घर पहुँच गया' इस वाक्य में 'पहुँच गया' निम्नलिखित में से किस क्रिया का उदाहरण है?

(a) प्रेरणार्थक क्रिया (b) द्विकर्मक क्रिया

(c) संयुक्त क्रिया (d) पूर्वकालिक क्रिया

2. 'हँसना' कैसी क्रिया है?

(a) सकर्मक क्रिया

(b) अकर्मक क्रिया

(c) संयुक्त क्रिया

(d) प्रेरणार्थक क्रिया

3. 'गाड़ी चलने लगी' इस वाक्य की क्रिया का रूप बताएँ :

(a) द्विकर्मक क्रिया

(b) सहायक क्रिया

(c) संयुक्त क्रिया

(d) प्रेरणार्थक क्रिया

4. निम्न में से कौन-सी सकर्मक क्रिया है?
(a) आना (b) जाना
(c) लेना (d) मरना

5. 'रमेश गिर पड़ा'। इस वाक्य में 'गिर पड़ा' क्या है?
(a) सकर्मक क्रिया (b) संयुक्त क्रिया
(c) प्रेरणार्थक क्रिया (d) सहायक क्रिया

6. 'गिराना' किस प्रकार की क्रिया है?
(a) यौगिक क्रिया (b) नामधातु क्रिया
(c) प्रेरणार्थक क्रिया (d) संयुक्त क्रिया

7. कौन-सा शब्द सकर्मक क्रिया है?
(a) लिखना (b) हँसना
(c) रोना (d) सोना

8. 'तुम खा रहे हो' वाक्य में सहायक क्रिया है?
(a) हो (b) खा
(c) रहे (d) तुम

9. 'वह खाना खाकर सो गया।' इस वाक्य में कौन-सी क्रिया है?
(a) सहायक
(b) पूर्वकालिक
(c) नामबोधक
(d) इनमें से कोई नहीं

10. मुख्य क्रिया के अर्थ को स्पष्ट करने वाली क्रिया होती है :
(a) सहायक क्रिया (b) प्रेरणार्थक क्रिया
(c) नामबोधक (d) नामधातु

11. निम्नलिखित में कौन-सी अकर्मक क्रिया है?
(a) खाना (b) पीना
(c) उठाना (d) आना

12. निम्नलिखित में से कौन प्रेरणार्थक क्रिया नहीं है?
(a) रहना (b) भेजना
(c) चुभोना (d) रखना

13. जिस शब्द से क्रिया के होने का समय निधारित हो, उसे कहते हैं :
(a) कारक
(b) काल
(c) अव्यय
(d) क्रिया-विशेषण

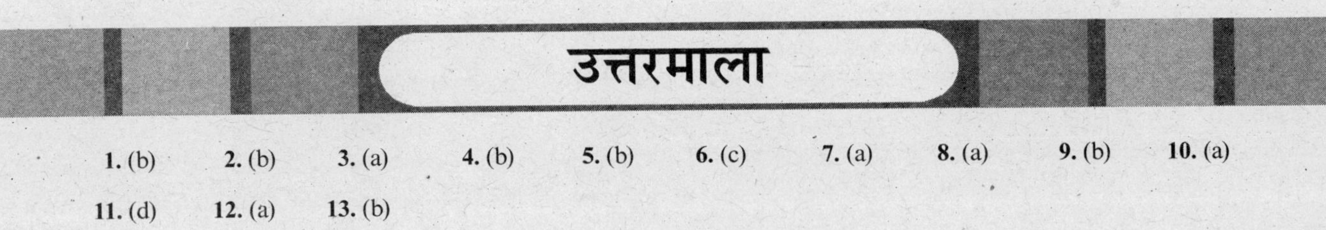

1. (b) **2.** (b) **3.** (a) **4.** (b) **5.** (b) **6.** (c) **7.** (a) **8.** (a) **9.** (b) **10.** (a)
11. (d) **12.** (a) **13.** (b)

❑❑

6 क्रिया-विशेषण

क्रिया-विशेषण

जिस शब्द से क्रिया, विशेषण तथा अन्य क्रिया-विशेषण शब्दों की विशेषता प्रकट हो, उसे क्रिया-विशेषण कहते हैं। जैसे–

सीता धीरे-धीरे आ रही है।

श्याम अभी खा रहा है।

इन वाक्यों में 'धीरे-धीरे' तथा 'अभी' 'आने' तथा 'खाने' की क्रिया की विशेषता बताते हैं :

वह बहुत धीरे चलता है।

इस वाक्य में 'बहुत' क्रिया-विशेषण है, क्योंकि वह 'धीरे' क्रिया-विशेषण की विशेषता बतलाता है।

प्रयोग के आधार पर

प्रयोग के आधार पर क्रिया-विशेषण के तीन भेद हैं (i) साधारण, (ii) संयोजक व (iii) अनुबद्ध।

वाक्य में स्वतन्त्र रूप से प्रयुक्त क्रिया-विशेषण को 'साधारण क्रिया-विशेषण' कहते हैं जैसे जल्दी आ जाओ। यहाँ 'जल्दी' स्वतन्त्र रूप से वाक्य में प्रयुक्त हुआ है।

जिन क्रिया-विशेषणों का सम्बन्ध किसी उपवाक्य से रहता है, उन्हें 'संयोजन क्रिया-विशेषण' कहा जाता है; जैसे–जहाँ अभी महल है, वहाँ कभी जंगल था।

वाक्य में प्रयुक्त होकर निश्चय (अवधारणा) का बोध कराने वाले क्रिया-विशेषण शब्द को 'अनुबद्ध क्रिया- विशेषण' कहते हैं।

रूप के आधार पर

रूप के आधार पर क्रिया-विशेषण को तीन भागों में बाँटा जाता है। ये हैं: (i) मूल (ii) यौगिक तथा (iii) स्थानीय।

मूल क्रिया-विशेषण दूसरे शब्दों के मेल से नहीं बनते। जैसे–ठीक, अचानक, नहीं इत्यादि।

यौगिक क्रिया-विशेषण शब्द प्रत्यय अथवा पद जोड़ने से बनते हैं, जैसे–मन से, जिस से, **भूल** से इत्यादि।

स्थानीय क्रिया-विशेषण बिना रूपान्तरण के किसी विशेष स्थान में आते हैं : जैसे–क्यों अपना **सिर** खपाते हो?

अर्थ के आधार पर

अर्थ के आधार पर क्रिया-विशेषण के दो भेद हैं : (i) परिमाणबोधक तथा (ii) रीतिबोधक।

परिमाणबोधक क्रिया–विशेषण को अधिकताबोधक, न्यूनताबोधक, पर्याप्तिवाचक, तुलनावाचक, श्रेणीवाचक उपभेदों में बांटा जाता है।

* अधिकताबोधक के उदाहरण–बहुत, अति, बड़ा, बिल्कुल, सर्वथा इत्यादि।
* न्यूनताबोधक के उदाहरण–कुछ, लगभग, थोड़ा जरा इत्यादि।
* पर्याप्तिवाचक के उदाहरण–केवल, बस, बराबर, ठीक इत्यादि।
* तुलनावाचक के उदाहरण–जितना, कितना, इतना, अधिक कम इत्यादि।
* श्रेणीवाचक के उदाहरण–थोड़ा-थोड़ा, तिल-तिल इत्यादि।

रीतिबोधक क्रिया विशेषण गुणवाचक विशेषण से अधिक जुड़ते हैं। क्रिया-विशेषण–प्रकार, निश्चय, अनिश्चय, स्वीकार, कारण, निषेध, अवधारण जैसे अर्थों में आते हैं।

* प्रकार–कैसे, स्वयं, स्वतः, मानो इत्यादि।
* निश्चय–अवश्य, सही, सचमुच, इत्यादि।
* अनिश्चय–कदाचित, शायद, यथासम्भव इत्यादि।
* स्वीकार–हाँ, जी, ठीक, सच इत्यादि।
* कारण–इसलिए क्यों काहे इत्यादि।
* निषेध–न, नहीं मत इत्यादि।
* अवधारण–तो, भी, मात्र इत्यादि।

प्रश्नमाला

1. प्रयोग की दृष्टि से क्रिया-विशेषण का भेद नहीं है :

(a) साधारण क्रिया-विशेषण
(b) संयोजक क्रिया-विशेषण
(c) अनुबद्ध क्रिया-विशेषण
(d) परिमाणवाचक क्रिया-विशेषण

2. रूप की दृष्टि से निम्न में कौन क्रिया-विशेषण का भेद नहीं है?

(a) मूल
(b) यौगिक
(c) स्थानीय
(d) साधारण

3. 'वह इधर-उधर देख रहा है।' इस वाक्य में 'इधर उधर' शब्द कौन-सी क्रिया विशेषण है?

(a) कालवाचक
(b) स्थानावचक
(c) रीतिवाचक
(d) परिमाणवाचक

4. अर्थ की दृष्टि से क्रिया-विशेषण के कितने भेद होते हैं?
   (a) एक (b) दो
   (c) तीन (d) चार
5. निम्नलिखित में किस वाक्य में क्रिया-विशेषण का प्रयोग मिलता है?
   (a) राम न पढ़ता है, न खेलता है
   (b) यदि वह आएगा तो मैं जाऊँगा
   (c) एक धनी है तो दूसरा गरीब
   (d) उमा बहुत पढ़ती है
6. संज्ञा विकारी शब्द होते हैं। इनमें से कौन 'संज्ञा' शब्दों में विकार उत्पन्न नहीं करता?
   (a) लिंग (b) वचन
   (c) कारक (d) विशेषण
7. निम्न में से किस वाक्य में क्रिया-विशेषण अशुद्ध रूप से प्रयुक्त है?
   (a) आप मेरी मदद करेंगे न
   (b) मानसिक दासता सेवा काल से चली आ रही है
   (c) वह न सोता है, न खाता है
   (d) वह धीरे-धीरे चला जा रहा है
8. 'आप भले आए।' इस वाक्य में भले' क्या है?
   (a) संज्ञा
   (b) विशेषण
   (c) सर्वनाम
   (d) क्रिया-विशेषण
9. निम्नांकित में से किस वाक्य में क्रिया-विशेषण का प्रयोग नहीं है?
   (a) वह कपड़े साफ धोता है
   (b) वह धीरे-धीरे पढ़ता है
   (c) आम मीठा है
   (d) समोसे ताजे बन रहे हैं
10. 'जहाँ आज तुम हो, वहाँ कल मैं था' वाक्य में किस प्रकार का क्रिया-विशेषण है?
   (a) साधारण क्रिया-विशेषण
   (b) संयोजक क्रिया-विशेषण
   (c) मूल क्रिया-विशेषण
   (d) अनुबद्ध क्रिया-विशेषण
11. 'वह रात-दिन' पढ़ता रहता है, इस वाक्य में किस प्रकार का 'क्रिया-विशेषण' है?
   (a) संयोजक क्रिया-विशेषण
   (b) स्थानीय क्रिया-विशेषण
   (c) संयुक्त क्रिया-विशेषण
   (d) अनुबद्ध क्रिया-विशेषण
12. 'तुम अपना हिसाब थोड़ा-थोड़ा कर चुकता कर लो' इस वाक्य में कौन-सा क्रिया-विशेषण है?
   (a) संयुक्त क्रिया-विशेषण
   (b) रीतिवाचक क्रिया-विशेषण
   (c) परिमाणवाचक क्रिया-विशेषण
   (d) स्थानीय क्रिया-विशेषण

उत्तरमाला

1. (d) **2.** (d) **3.** (b) **4.** (b) **5.** (a) **6.** (d) **7.** (b) **8.** (d) **9.** (c) **10.** (b)
11. (c) **12.** (c)

❑❑

7 लिंग

लिंग

शब्द की जाति लिंग कहलाती है। संज्ञा के जिस रूप से व्यक्ति या वस्तु के नर अथवा मादा जाति का पता चलता है, उसे 'लिंग' कहते हैं।

संस्कृत में संज्ञा के तीन भेद बताए गए हैं। ये हैं पुल्लिंग, स्त्रीलिंग तथा नपुंसक लिंग। हिंदी में शब्दों के दो लिंगों में रखा गया है। यहाँ नपुंसक लिंग नहीं है। हिंदी में सारे जड़ अथवा चेतन शब्द पुल्लिंग तथा स्त्रीलिंग दो लिंगों में विभक्त हैं।

हिंदी में लिंगों की अभिव्यक्ति वाक्यों में होती है। वाक्य प्रयोग द्वारा संज्ञा शब्दों के लिंग का भेद स्पष्ट होता है। वाक्यों में लिंग सर्वनाम, विशेषण, क्रिया तथा कारक की विभक्तियों में विकार से उत्पन्न होता है।

लिंग-निर्णय

सर्वनाम में विकार से

मेरी घड़ी सुन्दर है।

('घड़ी' स्त्रीलिंग के कारण सर्वनाम में विकार उत्पन्न हुआ)

मेरा घर अच्छा है। ('घर' पुल्लिंग है)

विशेष में विकार से

वह **बड़ा** घर है। वह **बड़ी** घड़ी है।

क्रिया में विकास से

रोटी **जली** है। (जलना में विकार 'रोटी' स्त्रीलिंग के कारण) बुढ़ापा आ गया ('बुढ़ापा' पुल्लिंग के अनुसार क्रिया)

विभक्ति में विकार से

गुलाब का **लाल** रंग सुन्दर है। उसकी **नाक** कट गई।

तत्सम शब्दों का लिंग-निर्णय

* तत्सम शब्द जिनके अन्त में 'त्र', 'न', 'ज', त्व, टा, व, य होता है, पुल्लिंग शब्द होते हैं। वैसे कई शब्द अपवाद स्वरूप हो सकते हैं, जैसे पवन का प्रयोग दोनों लिंगों में होता है।
* तत्सम शब्द जिनके अन्त में 'आर', 'आय' तथा 'आस' हो, वे भी पुल्लिंग होते हैं, जैसे समुदाय, विकास, विकार इत्यादि।
* अ-प्रत्ययान्त, त-प्रत्ययान्त तथा ख-प्रत्ययान्त वाले तत्सम शब्द भी होते हैं, जैसे जय, गणित, फलित, मुख, लेख इत्यादि।
* तत्सम शब्दों में आकारान्त, नाकारान्त, उकारान्त, ईकारान्त, इकारान्त, तथा 'ता' तथा इमा प्रत्ययान्त वाली भाववाचक संज्ञाएँ स्त्रीलिंग होती हैं। इसमें भी कतिपय अपवाद हैं, जो प्रयोग के आधार पर पुल्लिंग शब्द बन गए। इकारान्त शब्द वारि, पाणि, गिरि आदि इत्यादि शब्द पुल्लिंग हैं।
* उकारान्त शब्दों में मधु, अश्रु, मेरु, सेतु, इत्यादि पुल्लिंग शब्द हैं।

तत्सम पुल्लिंग शब्दों के उदाहरण

पत्र, मित्र, गगन, कार्य, माधुर्य प्रसार, प्रहार कमल, व्यवसाय, क्रोध, मोद, सुख, मेघ, यवन, रविवार, विवाह, निबन्ध, आवास, संकल्प, उत्पादन, शासन, विवाद, विरोध इत्यादि।

तत्सम स्त्रीलिंग शब्दों के उदाहरण

दया, माया, ममता, प्रार्थना, प्रस्तावना, कला, परीक्षा, योग्यता, समता, सेना, कृति, स्थिति, क्षति, हानि, नदी मृत्यु, वायु, गरिमा, कालिमा, वस्तु, कुण्डली, शान्ति, भाषा, विधा।

तद्भव शब्दों का लिंग-निर्णय

* ऊनवाचक संज्ञाओं को छोड़कर सभी तद्भव आकारान्त संज्ञाएँ पुल्लिंग हैं, जैसे पहिया, आटा इत्यादि।
* जिन तद्भव भाववाचक संज्ञाओं के अन्त में ना, आव, पन वा, पा इत्यादि होता है, पुल्लिंग शब्द होते हैं, जैसे चढ़ाव, बुढ़ापा इत्यादि।
* 'आन' कृदन्तान्त संज्ञाएँ पुल्लिंग होती हैं, जैसे पठान, खान-पान इत्यादि। वैसे कतिपय अपवाद भी हैं, जैसे उड़ान, चट्टान स्त्रीलिंग शब्द हैं।
* ईकारान्त ऊनवाचक, याकारान्त, तकारान्त, ऊकारान्त, अनुस्वारान्त, सकारान्त कृदन्त नकारान्त, कृदन्त अकारान्त, ख अन्त्य वाली तथा ट, वट, हट अन्त्य वाली भाववाचक संज्ञाएँ स्त्रीलिंग होती हैं, किन्तु इसमें कई अपवाद हैं।
* ईकारान्त संज्ञाएँ घी, जी, मोती इत्यादि पुल्लिंग होते हैं।
* तकारान्त संज्ञाओं में भात, गात इत्यादि पुल्लिंग हैं।

प्रश्नमाला

1. निम्नलिखित में कौन-सा शब्द स्त्रीलिंग नहीं है?
   (a) सुबह (b) दोपहर
   (c) साँझ (d) दिन

2. कौन-सा शब्द पुल्लिंग है?
   (a) दया (b) घटना
   (c) जड़ता (d) बुढ़ापा

3. निम्नलिखित में से कौन-सा शब्द पुल्लिंग है?
   (a) आय (b) आँख
   (c) आदत (d) आलस्य

4. निम्नलिखित में से कौन-सा शब्द स्त्रीलिंग है?
(a) पक्षी (b) केकड़ा
(c) चकोर (d) गिलहरी

5. 'लिंग' किस भाषा का शब्द है?
(a) हिंदी (b) अंग्रेजी
(c) संस्कृत (d) जर्मन

6. निम्न में कौन जातिवाचक पुल्लिंग संज्ञा है?
(a) चावल (b) मोहन
(c) चपरासी (d) हिमालय

7. 'ठाकुर' शब्द का स्त्रीलिंग क्या होगा?
(a) ठकुरानी (b) ठकुराइन
(c) ठकुरिन (d) ठाकुरी

8. 'दही' शब्द है :
(a) पुल्लिंग (b) स्त्रीलिंग
(c) नपुंसक लिंग (d) उभयलिंग

9. लिंग भेद में किसका रूपान्तर नहीं होता?
(a) संज्ञा (b) सर्वनाम
(c) विशेषण (d) कारक

10. निम्न में से कौन-सा शब्द स्त्रीलिंग है?
(a) चना (b) अरहर
(c) बाजरा (d) उड़द

11. निम्नलिखित में कौन-सा शब्द पुल्लिंग है?
(a) बनावट (b) चिल्लाहट
(c) बचपन (d) सिलाई

12. 'जेठ' का स्त्रीलिंग शब्द क्या होता है?
(a) जेठीन (b) जेठरानी
(c) जेठराइन (d) जेठानी

13. 'अध्यापक' शब्द का सही स्त्रीलिंग क्या होता है?
(a) अध्यापिका (b) अध्यापिकी
(c) अध्यापकी (d) अध्यापीक

14. पुल्लिंग-स्त्रीलिंग में कौन विषम संयोजन है?
(a) प्राचार्य-प्राचार्य (b) मोर-मोरनी
(c) सेवक-सेविका (d) श्याम-श्यामी

15. निम्नलिखित में कौन-सा शब्द स्त्रीलिंग है?
(a) नमक (b) जीरा
(c) पीपल (d) दाल

16. निम्न में कौन-सा शब्द पुल्लिंग है?
(a) कस्तूरी (b) घोषणा
(c) झील (d) सदन

17. निम्नलिखित में कौन-सा शब्द स्त्रीलिंग नहीं है?
(a) नदी (b) गाय
(c) गंगा (d) रवि

18. निम्नलिखित में कौन-सा शब्द पुल्लिंग है?
(a) कपट (b) सुन्दरता
(c) मूर्खता (d) निद्रा

19. निम्न में कौन-सा शब्द पुल्लिंग है?
(a) बुढ़ापा (b) जड़ता
(c) घटना (d) दया

20. 'सूर्य' शब्द का स्त्रीलिंग क्या होता है?
(a) सूर्या (b) सूर्याणी
(c) सूर्यायी (d) सूर्यो

21. निम्नलिखित में कौन-सा शब्द स्त्रीलिंग है?
(a) लिपि (b) विद्रोह
(c) बलशाली (d) दाता

22. 'पानी' का लिंग निर्धारित कीजिए :
(a) पुल्लिंग (b) स्त्रीलिंग
(c) नपुंसक लिंग (d) उभयलिंग

23. निम्नलिखित में कौन-सा शब्द स्त्रीलिंग है?
(a) हीरा (b) मोती
(c) सोना (d) चाँदी

24. निम्नलिखित में से कौन-सा शब्द स्त्रीलिंग है?
(a) दही (b) मोती
(c) किताब (d) तेल

25. 'बुद्धिमान' का स्त्रीलिंग शब्द क्या है?
(a) बुद्धिमती (b) बुद्धिमान्या
(c) विदुषी (d) बुद्धिवाली

26. 'महाशय' शब्द का सही स्त्रीलिंग रूप क्या है?
(a) महाशया (b) महाशयी
(c) महाशियी (d) महाशिनी

27. 'कवि' शब्द का सही स्त्रीलिंग रूप क्या है?
(a) कवियत्री (b) कवयित्री
(c) कवियानी (d) कवयाइन

28. 'दाता' शब्द का स्त्रीलिंग शब्द क्या है?
(a) दातृ (b) दात्री
(c) दात्रि (d) दाताई

29. 'नेता' का सही स्त्रीलिंग शब्द क्या है?
(a) नेत्री (b) नेतृ
(c) नेतिन (d) नेताइन

30. 'चट्टान शब्द किस लिंग से सम्बन्धित है:
(a) पुल्लिंग (b) स्त्रीलिंग
(c) नपुंसक लिंग (d) इनमें से कोई नहीं

31. निम्नलिखित में से कौन-सा शब्द पुल्लिंग है?
(a) सड़क (b) किताब
(c) नाक (d) दही

32. निम्नलिखित में से कौन-सा शब्द स्त्रीलिंग है?
(a) पानी (b) आग
(c) घी (d) मोती

33. निम्नलिखित तत्सम शब्दों में पुल्लिंग नहीं है?
(a) पत्र (b) गगन
(c) पवन (d) दया

34. निम्नलिखित तत्सम शब्दों में स्त्रीलिंग है:
(a) आवास (b) प्रतिवेदन
(c) संकल्प (d) कृति

35. निम्नलिखित शब्दों में पुल्लिंग है:
(a) गरिमा (b) महिमा
(c) परीक्षा (d) विरोध

36. निम्नलिखित में कौन-सा शब्द पुल्लिंग है?
(a) मणि (b) चाँदी
(c) झील (d) मोती

उत्तरमाला

1. (d)	2. (d)	3. (d)	4. (d)	5. (c)	6. (c)	7. (b)	8. (a)	9. (b)	10. (b)
11. (c)	12. (d)	13. (a)	14. (d)	15. (d)	16. (d)	17. (d)	18. (c)	19. (a)	20. (a)
21. (a)	22. (a)	23. (d)	24. (c)	25. (a)	26. (a)	27. (b)	28. (a)	29. (a)	30. (b)
31. (d)	32. (b)	33. (d)	34. (d)	35. (d)	36. (d)				

❑❑

8 वचन

वचन

संज्ञा, सर्वनाम, विशेषण तथा क्रिया के जिस रूप से संख्या का बोध होता है, उसे 'वचन' कहते हैं। वचन संख्याबोधक विकारी शब्द होते हैं।

वचन के भेद

वचन के दो भेद हैं :

(1) एकवचन तथा (2) बहुवचन

एकवचन

शब्द के जिस रूप से एक व्यक्ति या वस्तु का बोध होता है, उसे 'एकवचन' कहते हैं, जैसे लड़का, पुस्तक, कलम, घड़ी इत्यादि।

बहुवचन

शब्द के जिस रूप से दो या दो से अधिक व्यक्ति या वस्तु का बोध होता हो, उसे बहुवचन कहते हैं, जैसे लड़के, पुस्तकें, कलमें, घड़ियाँ इत्यादि।

* आकारान्त पुल्लिंग शब्दों में 'आ' को 'ए' बनाकर बहुवचन बनाया जाता है; जैसे लड़का–लड़के, घोड़ा–घोड़े, गदहा–गदहे इत्यादि।
* इकारान्त, ईकारान्त, उकारान्त तथा ऊकारान्त पुल्लिंग शब्दों में बहुवचन में रूप परिवर्तित नहीं होता है तथा उनके वचन की पहचान क्रिया के प्रयोग द्वारा की जाती है, जैसे :

  साधु जाता है (एकवचन) साधु जाते हैं। (बहुवचन)

  डाकू जाता है (एकवचन) डाकू जाते हैं। (बहुवचन)
* आकारान्त स्त्रीलिंग शब्दों में अन्त में 'एँ' या 'ये' लगाकर बहुवचन के रूप में प्रयुक्त किया जाता है; जैसे कक्षा-कक्षाएँ, लता-लताएँ इत्यादि।
* 'या' अन्त्य वाले स्त्रीलिंग संज्ञा-शब्दों में अन्तिम स्वर के ऊपर अनुनासिकता (ँ) लगाकर बहुवचन रूप निर्माण किया जाता है; जैसे–चिड़िया-चिड़ियाँ, गुड़िया-गुड़ियाँ इत्यादि।
* अकारान्त स्त्रीलिंग शब्द का बहुवचन में प्रयोग करने के लिए 'अ' का 'ऐ' किया जाता है; जैसे–किताब-किताबें, गाय-गायें, इत्यादि।
* इकारान्त तथा ईकारान्त स्त्रीलिंग संज्ञा शब्दों में 'ई' को 'इ' करके 'याँ' लगाया जाता है। 'इ' तथा 'ई' को 'इयाँ' कर दिया जाता है:

  जैसे–नदी-नदियाँ, लड़की-लड़कियाँ।
* उकारान्त या ऊकारान्त शब्दों को बहुवचन बनाने के लिए 'ऊ' को 'उ' तथा अन्त में 'एँ' का प्रयोग किया जाता है; जैसे–वस्तु-वस्तुएँ, बहू-बहुएँ इत्यादि।
* संज्ञा के पुल्लिंग या स्त्रीलिंग शब्दों का बहुवचन में प्रयोग गण, वर्ग, जन, वृन्द आदि शब्द लगाकर भी किया जाता है :

  जैसे–श्रोता + गण = श्रोतागण

  अधिकारी + वर्ग = अधिकारी वर्ग

प्रश्नमाला

1. निम्नलिखित में से किस शब्द का प्रयोग बहुवचन में नहीं होता है?
   (a) चिड़िया (b) प्रत्येक
   (c) दर्शन (d) साधु
2. किस शब्द का प्रयोग बहुवचन के रूप में होता है?
   (a) रात (b) सोना
   (c) लड़का (d) साधु
3. 'चिड़िया' शब्द का बहुवचन क्या होता है?
   (a) चिड़ियाँ (b) चिड़ियों
   (c) चिड़िओं (d) चिड़ियें
4. 'भारतीय' शब्द का बहुवचन क्या होता है?
   (a) भारतीयों (b) भारती
   (c) भारतियों (d) भारतीओं
5. किस संज्ञा का बहुवचन रूप नहीं होता?
   (a) भाववाचक (b) द्रव्यवाचक
   (c) व्यक्तिवाचक (d) जातिवाचक
6. निम्न में से किस शब्द का प्रयोग हमेशा बहुवचन में होता है?
   (a) आँसू (b) दर्शन
   (c) प्राण (d) ये सभी
7. 'प्रत्येक' शब्द का प्रयोग सदा होता है:
   (a) एकवचन में
   (b) बहुवचन में
   (c) (a) व (b) दोनों में
   (d) उपरोक्त में से किसी में नहीं
8. 'साधु आ रहे हैं' वाक्य में 'साधु' का वचन निर्धारित कीजिए:
   (a) एकवचन (b) बहुवचन
   (c) द्विवचन (d) इनमें से कोई नहीं
9. 'युवावर्ग' का वचन निर्धारित कीजिए:
   (a) एकवचन (b) बहुवचन
   (c) (a) व (b) दोनों (d) इनमें से कोई नहीं
10. निम्न में एकवचन-बहुवचन युग्म सही नहीं हैं:
    (a) इन्द्र-इन्द्राणी
    (b) नायक-नायिका
    (c) सभापति-सभापत्नी
    (d) अध्यापक-अध्यापिका
11. 'घोंसले से पक्षी निकला' इस वाक्य में किस कारक का प्रयोग हुआ है?
    (a) कारण (b) अपादान
    (c) सम्प्रदान (d) अधिकरण
12. निम्नलिखित में से कौन-सा शब्द हमेशा बहुवचन में प्रयुक्त होता है?
    (a) हस्ताक्षर (b) समाचार-पत्र
    (c) चिड़िया (d) तिजोरी
13. निम्नलिखित में से कौन-सा शब्द हमेशा बहुवचन में प्रयुक्त नहीं होता?
    (a) दर्शन (b) समाचार
    (c) प्राण (d) प्रत्येक

14. निम्नलिखित में किस संज्ञा का प्रयोग प्रायः एकवचन में होता है?
(a) द्रव्यवाचक (b) जातिवाचक
(c) व्यक्तिवाचक (d) इनमें से कोई नहीं

15. निम्नलिखित में से किस शब्द का प्रयोग बहुवचन में होता है?
(a) लड़का (b) पुस्तक
(c) साधु (d) घोड़ा

16. निम्नलिखित में से किस शब्द का प्रयोग हमेशा बहुवचन में होता है?
(a) घर (b) भवन
(c) प्राण (d) पत्नी

उत्तरमाला

1. (b) **2.** (b) **3.** (a) **4.** (a) **5.** (b) **6.** (d) **7.** (a) **8.** (b) **9.** (b) **10.** (c)
11. (b) **12.** (a) **13.** (d) **14.** (a) **15.** (c) **16.** (c)

❑❑

9 कारक

कारक

संज्ञा तथा सर्वनाम के जिस रूप से उसका वाक्य के अन्य शब्दों के साथ सम्बन्ध सामने आता है, उसे 'कारक' कहते हैं, जैसे रमेश ने महेश को जेब से पैसे निकाल कर दिये। इस वाक्य में 'रमेश ने' 'महेश को', 'जेब से' संज्ञा शब्दों में परिवर्तन है, जो 'पैसे निकालने' की क्रिया से सम्बन्ध निर्धारित करता है। इन सम्बन्धों को संज्ञा के कारक रूप कहते हैं। कारकीय रूप निर्धारण के लिए संज्ञा का सर्वनाम के बाद जो 'चिह्न' आता है, उसे 'विभक्ति' अथवा 'परसर्ग' कहते हैं।

* विभक्ति से बने शब्द-रूप को 'विभक्त्यन्त' या 'पद' कहते हैं।
* हिंदी में कारक के आठ भेद हैं कर्त्ता, कर्म, करण, सम्प्रदान, अपादान, सम्बन्ध, अधिकरण तथा सम्बोधन।

हिंदी कारक की विभक्तियों का प्रयोग इस रूप में होता है :

कारक	विभक्ति (परसर्ग)	कारक	विभक्ति (परसर्ग)
कर्ता	ने	अपादान	से, अलग होना
कर्म	को	सम्बन्ध	का, के, की, रा, री
करण	से, ने, द्वारा	अधिकरण	में, पे, पर
सम्प्रदान	को, के लिए	सम्बोधन	हे, अरे, भो

हिंदी में विभक्तियों की दो प्रवृत्तियाँ मिलती हैं:

(i) विश्लिष्ट तथा (ii) संश्लिष्ट

* संज्ञा के साथ आने वाली विभक्तियाँ शब्द से पृथक् लगाई जाती हैं, जैसे राम ने, वृक्ष पर इत्यादि जबकि सर्वनाम के साथ आने वाली विभक्तियाँ शब्द से संयुक्त रहती हैं, जैसे उसने तुमको इत्यादि।
* कर्ता कारक की विभक्ति 'ने' का प्रयोग भूतकालिक वाक्यों में होता है।
* करण तथा अपादान कारक की विभक्ति 'से' समान लगती है, किन्तु इनका प्रयोग पृथक् अर्थों में होता है। करण कारक में संज्ञा का क्रिया से सम्बन्ध का बोध होता है, जबकि अपादान में किसी वस्तु के अलग होने का भाव प्रकट होता है।

  जैसे–राम ने **डण्डे** से उसे पीटा (करण कारक)

  मोहन ने कुत्ते को **घर** से निकाला। (अपादान कारक)

कारक की विभक्ति		प्रयोग के उदाहरण	
कर्त्ता		**अपादान**	
विकास ने रोटी खाई।	मैंने उसे पढ़ाया।	हिमालय से यमुना निकलती है।	वह छत से कूद गया।
उसने लड़ाई लड़ी।	रीता ने गीता पढ़ ली।	शोर सुन वह घर से बाहर आ गया।	वह नदी से पानी ला रहा है।
कर्म		वह बाजार से सब्जी ला रही है।	
पिता ने पुत्र को डाँटा	रोहित ने श्याम को मारा।	**सम्बन्ध कारक**	
करण		यह विकास की किताब है।	यह प्रेमचन्द का उपन्यास है।
वह चाकू से मारता है।	उसने पेड़ को कुल्हाड़ी से काटा।		
सम्प्रदान		**अधिकरण**	
उसने लड़के को मिठाइयाँ दी।	वह मुझको रुपये दे रहा था।	तुम्हारे घर में दस लोग हैं।	दुकान पर कोई नहीं था।

प्रश्नमाला

1. कारक के भेद हैं :
   (a) पाँच (b) छह
   (c) सात (d) आठ
2. 'राम कलम से लिखता है' वाक्य में किस कारक का प्रयोग किया गया है?
   (a) करण (b) कर्म
   (c) कर्ता (d) अपादान
3. किस कारक में 'से' विभक्ति का प्रयोग साधन के अर्थ में होता है?
   (a) अपादान (b) कर्ता
   (c) करण (d) सम्प्रदान
4. किस कारक में 'से' विभक्ति का प्रयोग अलगाव के अर्थ में होता है?
   (a) करण (b) अपादान
   (c) सम्प्रदान (d) सम्बन्ध
5. 'सुधा नेहा को हाथ से मारती है' इस वाक्य में कौन-सा कारक है?
   (a) कर्त्ता (b) अपादान
   (c) करण (d) अधिकरण
6. 'वृक्ष से पत्ते गिरते हैं' इस वाक्य में कौन-सा कारक है?
   (a) अधिकरण (b) कर्म
   (c) करण (d) अपादान

7. क्रिया का फल जिस पर पड़ता है, वह कारक कहलाता है:
(a) अधिकरण (b) करण
(c) कर्म (d) कर्त्ता

8. 'वह कार मेरी है' इस वाक्य में कौन-सा कारक है?
(a) करण (b) सम्बन्ध
(c) सम्प्रदान (d) अधिकरण

9. 'तोता डाली पर बैठा है' इस वाक्य में कौन-सा कारक है?
(a) सम्प्रदान (b) करण
(c) अधिकरण (d) अपादान

10. 'पिता ने पुत्र को डण्डे से मारा' इस वाक्य में कौन-सा कारक है?
(a) करण (b) सम्बोधन
(c) कर्त्ता (d) अपादान

11. 'मुझ से रोटी नहीं खाई गई' वाक्य में 'से' किस कारक का चिह्न है?
(a) करण (b) अपादान
(c) सम्प्रदान (d) अधिकरण

12. 'शिकारी ने बाघ मारा' इस वाक्य में किस कारक के परसर्ग का प्रयोग हुआ है?
(a) कर्म कारक (b) करण कारक
(c) अधिकरण (d) सम्प्रदान कारक

13. 'वह जन्म का भिखारी है' इस वाक्य में 'का' किस कारक की विभक्ति है?
(a) सम्बन्ध (b) अधिकरण
(c) सम्प्रदान (d) करण

14. 'हे अरे' किस कारक का परसर्ग है?
(a) कर्ता (b) करण
(c) सम्प्रदान (d) सम्बोधन

15. 'तुम्हारे घर में कौन है', इस वाक्य में किस कारक का परसर्ग प्रयुक्त है?
(a) सम्बन्ध (b) अधिकरण
(c) करण (d) सम्प्रदान

उत्तरमाला

1. (d) **2.** (a) **3.** (c) **4.** (b) **5.** (c) **6.** (d) **7.** (c) **8.** (b) **9.** (c) **10.** (a)
11. (a) **12.** (a) **13.** (a) **14.** (d) **15.** (b)

❑❑

10 अव्यय

अव्यय

ऐसे शब्द जिसके रूप में लिंग, वचन, पुरुष, कारक इत्यादि में परिवर्तन के बावजूद कोई विकार उत्पन्न नहीं होता, अव्यय कहते हैं; जैसे राम **धीरे-धीरे** जाता है। यहाँ 'धीरे-धीरे' अव्यय है।

ऐसे शब्दों में किसी भी उपस्थिति में कोई परिवर्तन नहीं होता। इसलिए ये शब्द अविकारी होते हैं। अव्यय शब्दों के कुछ उदाहरण निम्न हैं जब, तब, अभी, इधर, उधर, इसलिए, अतः, ठीक, अर्थात् इत्यादि। अव्यय के अन्तर्गत क्रिया-विशेषण सम्बन्धबोधक समुच्चयबोधक तथा विस्मयादिबोधक शब्दों का स्थान है। सामान्य रूप से अव्यय के यही चार भेद भी हैं।

अंग्रेजी की तरह हिंदी में सभी क्रिया विशेषण शब्दों को अव्यय नहीं माना गया है। बहुत-से शब्द क्रिया की विशेषता नहीं बताते।

कालवाचक अव्यय–आज-कल, आगे-पीछे, स्थानवाचक–यहाँ-वहाँ, दिशावाचक–इधर-उधर, स्थितिवाचक–नीचे-ऊपर इत्यादि क्रिया की विशेषता नहीं बताते।

प्रश्नमाला

1. निम्नलिखित में कौन अविकारी है?
(a) अव्यय (b) क्रिया-विशेषण
(c) विशेषण (d) (a) तथा (b)

2. निम्न में कौन सही नहीं है?
(a) अव्यय और क्रिया-विशेषण में कोई अन्तर नहीं होता
(b) अव्यय अविकारी होते हैं
(c) सभी अव्यय क्रिया-विशेषण नहीं, होते
(d) क्रिया-विशेषण अविकारी होते हैं

3. 'वह लाचार है, क्योंकि वह विकलांग है।' इस वाक्य में कौन-सा अव्यय है?
(a) संकेतवाचक (b) कारणवाचक
(c) परिमाणवाचक (d) समुच्चयबोधक

4. निम्न में से कौन अव्यय का भेद नहीं है?
(a) क्रिया-विशेषण अव्यय
(b) समुच्चयबोधक अव्यय
(c) सम्बन्धबोधक अव्यय
(d) गुणवाचक अव्यय

उत्तरमाला

1. (d) **2.** (a) **3.** (b) **4.** (d)

❑❑

11 वाक्य रचना

(लिंग, वचन, कारक, काल, वर्तनी त्रुटि से संबंधित)

वाक्य भाषा की अत्यंत महत्वपूर्ण इकाई होती है अर्थात् परिष्कृत भाषा के लिए वाक्य-शुद्धि का ज्ञान आवश्यक है। वाक्य रचना में संज्ञा, सर्वनाम, विशेषण, क्रिया, अव्यय से संबंधित या अन्य प्रकार की अशुद्धियाँ हो सकती हैं जैसे-

'संज्ञा' संबंधी अशुद्धियाँ

भाषा में एक संज्ञा की बहुत-सी समानार्थक संज्ञाएँ होती हैं। अर्थ की दृष्टि से उनमें समानता होने पर भी भाव की दृष्टि से उनमें भिन्नता रहती है; अत: प्रयोग करते समय प्रसंग के अनुकूल भाव वाली संज्ञाओं का ही प्रयोग करना चाहिए। प्रसंग के विरुद्ध भाव वाली संज्ञाओं के प्रयोग से भाषा में दोष आ जाता है। जैसे-

- सीता ने गीत की दो-चार लड़ियाँ गायी। (कड़ियाँ)
- प्रेम करना तलवार की नोक पर चलना है। (धार पर)
- नगर की सारी जनंसख्या भूखी है। (जनता)
- जिसकी लाठी उसकी भैंस वाली कथा चरितार्थ होती है। (कहावत)
- इस समस्या की औषध उसके पास है। (का समाधान)

'सर्वनाम' संबंधी अशुद्धियाँ

संज्ञा के स्थान पर प्रयुक्त होने के कारण सर्वनाम का प्रयोग ऐसी सज्ञा के स्थान पर उचित होता है, जिसका प्रयोग 'सर्वनाम' से पहले हो गया। बाद में आने वाली संज्ञा के स्थान पर उससे संबंधित 'सर्वनाम' का प्रयोग अशुद्ध होता है। जैसे-

- मेरे को यह बात पसंद नहीं। (मुझे)
- तेरे को अब जाना चाहिए। (तुझे)
- आप आपका काम करो। (अपना)
- आप जाकर ले लो। (तुम)
- आँख में कौन पड़ गया। (क्या)

'विशेषण' तथा 'क्रिया-विशेषण' संबंधी अशुद्धियाँ

- विशेषण संज्ञा अथवा सर्वनाम की तथा क्रिया-विशेषण क्रिया विशेषता प्रकट करते हैं। जब विशेषण अथवा क्रिया-विशेषण अपने अभीष्ट अर्थ को प्रकट न करके किसी भ्रामक अथवा विरोधी अर्थ को प्रकट करने लगते हैं, तभी उनका प्रयोग अशुद्ध कहा जाता है।
- विशेषणों अथवा क्रिया विशेषणों के स्थानों पर संज्ञाओं का प्रयोग भी अशुद्ध होता है जैसे-मैं निश्चत रूप से कह सकता हूँ कि वह कब आयेगा। इस वाक्य में निश्चत के स्थान पर निश्चित होना चाहिए, क्योंकि रूप संज्ञा की विशेषता निश्चित (विशेषण) ही प्रकट कर सकता है, निश्चय (संज्ञा) नहीं।
- जिस प्रकार विशेषण के स्थान पर संज्ञा प्रयोग त्याज्य है, उसी प्रकार संज्ञा के स्थान पर विशेषण का प्रयोग भी हेय है। जैसे- लाचार-वश में लाचार के स्थान पर लाचारी का प्रयोग ही शुद्ध है; क्योंकि 'लाचार' विशेषण है।

विशेषण-संबंधी अशुद्धियाँ

- जीवन और साहित्य का घोर संबंध है। (घनिष्ट)
- मुझे बड़ी भूख लगी है। (बहुत)
- वहाँ भारी भरकम भीड़ जमा थी।(बहुत या बहुत भारी)
- इस वीरान जीवन में। (नीरस)
- राजेश आगामी बुधवार को आएगा।

'क्रिया' संबंधी अशुद्धियाँ

क्रिया वाक्य का प्रमुखतम अंग है। उसके अशुद्ध प्रयोग से सारा वाक्य ही भद्दा लगता है। प्राय: विद्यार्थी किसी संज्ञा के साथ ऐसी क्रिया का प्रयोग करते हैं, जो वहाँ पर प्रयुक्त नहीं होनी चाहिए; जैसे-मैंने स्मरण दिलाया कि उसे आज पत्र लिखना है। इस वाक्य में दिलाया के स्थान पर कराया होना चाहिए, क्योंकि स्मरण कोई ऐसी वस्तु नहीं है, जिसे किसी दूसरे से दिलाया जा सके। यदि एक वाक्य में कई क्रियाएँ हों तो उनके काल आदि में संगति का ध्यान रखना चाहिए। एक ही वाक्य में विभिन्न कालों की क्रियाओं का प्रयोग अशुद्ध होता है; जैसे-जिसे अपने कुल की मर्यादा का तनिक भी ध्यान है, वह ऐसे निन्दित कर्म नहीं करेगा। इस वाक्य में है वर्तमान काल की तथा करेगा भविष्यत काल की क्रियाएँ हैं; अत: इनका प्रयोग अशुद्ध है।

क्रिया-संबंधी अशुद्धियाँ

- वह कुरता डालकर गया है। (पहंनकर)
- अपने हस्ताक्षर लगा दो। (कर)
- उपस्थित लोगों ने संकल्प लिया। (किया)
- वहाँ घना अँधेरा घिरा था। (छाया)

लिंग-संबंधी अशुद्धियाँ

- हिन्दी की शिक्षा अनिवार्य कर दिया गया। (दी गयी)
- मुझे मजा आती है। (आता)
- रामायण का टीका। (की)
- लड़की ने जोर से हँस दी। (दिया)
- दंगे में बालक, युवा नर-नारी सब पकड़ी गयी। (पकड़ें गये।)

प्रश्नमाला

निर्देश– प्रत्येक वर्ग में चार वाक्य दिये गये हैं। इनमें एक वाक्य किसी न किसी दृष्टि से अशुद्ध है। उसकी पहचान कीजिए।

1. (a) दवा खाकर रामू आरोग्य हो गया।
(b) गोपाल यहाँ आने को मत कहना।
(c) जाड़े के दिनों में रातें बड़ी होती हैं।
(d) पुलिस ने अपराधी पर मुकदमा चलाया।

2. (a) अपना काम निकालने के लिए दूसरों की खुशामद करनी पड़ती है।
(b) अब मौसम ठीक हो गया।
(c) अपना काम समय पर निपटा देना ही अच्छा है।
(d) इस समय शंभू की आयु चालीस वर्ष है।

3. निम्नलिखित में से वाक्य से शुद्ध रूप का चयन कीजिए।
(a) फल बच्चे को काटकर खिलाओ।
(b) बच्चे को काटकर फल खिलाओ।
(c) बच्चे को फल काटकर खिलाओ।
(d) काटकर फल बच्चे को खिलाओ।

निर्देश नीचे (4–9) चार वाक्य दिये गये हैं, इनमें एक वाक्य किसी न किसी दृष्टि से अशुद्ध है, उसकी पहचान कीजिए।

4. (a) बाहर से किसकी आवाज आ रही है।
(b) तुम्हीं ने ही मेरी शिकायत की है।
(c) सत्यभाषण हर एक के बूते की बात नहीं।
(d) मैं जो कहता हूँ, वही करता हूँ।

5. (a) यह बात एक उदाहरण से स्पष्ट हो जायेगी।
(b) मोहन की गाय एक बार में आठ किलो दूध देती है।
(c) जो कुछ आप जानते हों, बात दीजिए।
(d) इस समय बाहर निकलना ठीक नहीं।

6. (a) उसे तो हर समय अपनी ही पड़ी रहती है।
(b) इतना भोजन चार आदमी के लिए पर्याप्त है।
(c) बरसात में मच्छर बहुत हो जाते हैं।
(d) बिना छना पानी नहीं पीना चाहिए।

7. (a) भले लोग झगड़ों से हमेशा बचते हैं।
(b) देश की आर्थिक दशा में सुधार हो रहा है।
(c) आजकल के नेताओं का आचरण पहले के नेताओं जैसा नहीं है।
(d) प्राकृतिक छटा देखना हो तो नगर की भीड़-भाड़ से बाहर जाना होगा।

8. निम्नलिखित में से वाक्य के शुद्ध रूप का चयन कीजिए।
(a) आज का अवकाश कृपया देने की कृपा करे।
(b) कृपया आज का अवकाश देने की कृपा करें।
(c) आज का अवकाश देने की कृपा करें।
(d) आज का कृपया अवकाश देने की कृपा करें।

9. निम्नलिखित में से वाक्य से शुद्ध रूप का चयन कीजिए।
(a) वन में प्रात: काल का दृश्य बहुत ही सुहावना होता है।
(b) वन में प्रात: काल के समय बहुत ही सुहावना दृश्य होती है।
(c) वन में प्रात: काल के समय बहुत ही मनोहारी दृश्य होता है।
(d) वन में प्रात:काल का दृश्य बहुत ही खूबसूरत होता है।

10. निम्नलिखित में वाक्य के शुद्ध रूप से चयन कीजिए।
(a) मैं गाने की कसरत करता हूँ
(b) मैं गाने का अभ्यास करता हूँ
(c) मैं गाने का शौक कर रहा हूँ
(d) मैं गाने का व्यायाम कर रहा हूँ

11. निम्नलिखित में से वाक्य से शुद्ध रूप का चयन कीजिए।
(a) बैल और बकरी घास चरती है।
(b) बैल और बकरी घास चरते हैं।
(c) बैल और बकरी घास चरता है।
(d) बैल और बकरी घास चरती है।

12. कौन-सा वाक्य शुद्ध है
(a) वाह! कितना सुन्दर दृश्य है?
(b) वाह! कितना सुन्दर दृश्य है।
(c) वाह! कितना सुन्दर दृश्य है!
(d) वाह! कैसा सुन्दर दृश्य है!

उत्तरमाला

1. (b) **2.** (b) **3.** (c) **4.** (b) **5.** (c) **6.** (b) **7.** (d) **8.** (c) **9.** (a) **10.** (b)
11. (b) **12.** (a)

वर्तनी-शुद्धि

- किसी भाषा का कोई सार्थक शब्द शब्दकोश में जिस रूप में लिखा जाता है, उसे **वर्तनी** कहा जाता है। लिखते समय वर्तनी की गलतियाँ प्राय: गलत उच्चारण करने अथवा नियमों की जानकारी न होने के कारण होती हैं। यहाँ कुछ शुद्ध एवं अशुद्ध शब्दों की सूची दी जा रही है–

अशुद्ध	शुद्ध
अध्यन	अध्ययन
अर्थात	अर्थात्
आर्शीवाद	आशीर्वाद
अभीष्ठ	अभीष्ट
अजीविका	आजीविका
अनाधिकार	अनधिकार
अनुग्रहीत	अनुगृहीत
आहवान	आह्वान
अर्धांगिनी	अर्द्धांगिनी
अंगूठी	अँगूठी
आद्र	आर्द्र
आकांछा	आकांक्षा
छत्रिय	क्षत्रिय
छमा	क्षमा
छय	क्षय
छोभ	क्षोभ
नछत्र	नक्षत्र
रच्छा	रक्षा
श्रेष्ट	श्रेष्ठ
इंकट्ठा	इकट्ठा
इष्ठ	इष्ट
चेष्ठा	चेष्टा
प्रविष्ठ	प्रविष्ट
कन्नड	कन्नड़
घोडा	घोड़ा
झाडू	झाड़ू
लुड़कना	लुढ़कना
पढता	पढ़ता
ढ़कना	ढकना
ढ़ेर	ढेर
अनुदित	अनूदित
सुश्रुषा	सुश्रूषा
उंचाई	ऊँचाई
हदय	हृदय
प्रथक्	पृथक्
प्रक्रिति	प्रकृति
विक्ष	वृक्ष
तृकोण	त्रिकोण
कृया	क्रिया
ऐषणा	एषणा
अनेकों	अनेक
उपलक्ष	उपलक्ष्य
उज्वल	उज्ज्वल
उपाधी	उपाधि
एश्वर्य	ऐश्वर्य
एतिहासिक	ऐतिहासिक
श्रंग	शृंग
कवित्री	कवयित्री
क्रत्रिम	कृत्रिम
ग्रहीत	गृहीत
गुरू	गुरु
गृहणी	गृहिणी
गृहण	ग्रहण
चक्षू	चक्षु
चिन्ह	चिह्न
निर्दयी	निर्दय
नृसंश	नृशंस
नारियां	नारियाँ
नुपुर	नूपुर
परिक्षा	परीक्षा
परीशिष्ट	परिशिष्ट
परलम्बी	परावलम्बी
प्राविधान	प्रावधान
प्रत्यांचा	प्रत्यंचा
परोच्छ	परोक्ष
प्रशंशा	प्रशंसा
प्रतियाशित	प्रत्याशित
प्रसंशनीय	प्रशंसनीय
पूज्यनीय	पूजनीय
प्रत्यच्छ	प्रत्यक्ष
मात्रिभूमि	मातृभूमि

मिरच	मिर्च	रमन	रमण
रामचन्दर	रामचंद्र	रामायन	रामायण
उत्कर्श	उत्कर्ष	विस्मरन	विस्मरण
निश्काम	निष्काम	वीना	वीणा
निश्फल	निष्फल	श्रवन	श्रवण
परिभाशा	परिभाषा	बिकट	विकट
पुश्प	पुष्प	बिख्यात	विख्यात
बहिश्कार	बहिष्कार	बिद्वान	विद्वान
भ्रश्ट	भ्रष्ट	बिधि	विधि
अमावश्या	अमावस्या	अन्ग	अंग
कोशी	कोसी	अनगिन्त	अनगिनत
तपश्या	तपस्या	कन्ठ	कण्ठ
नमश्कार	नमस्कार	कुन्डली	कुण्डली
पुरश्कार	पुरस्कार	घन्टे	घण्टे
प्रशन्न	प्रसन्न	चन्चल	चंचल
फागुण	फागुन	पडता	पड़ता
रसायण	रसायन	पेड	पेड़
राणी	रानी	लडका	लड़का
प्रनाली	प्रणाली	रोड़	रोड
प्रमान	प्रणाम	षड़यंत्र	षड्यंत्र
प्रान	प्राण	सोड़ा	सोडा
मरन	मरण	बूढा	बूढ़ा
रनभूमि	रणभूमि	मेढ़क	मेढक

प्रश्नमाला

1. शुद्ध वर्तनी का चयन कीजिए—
(a) परिषद (b) प्रिथा
(c) परिषद् (d) प्रिथक

2. शुद्ध वर्तनी का चयन कीजिए—
(a) पुष्ट (b) पुन्सत्व
(c) पुश्ट (d) पुरूष

3. शुद्ध वर्तनी का चयन कीजिए—
(a) विश्तार (b) बिस्तृत
(c) बिस्तार (d) विस्तृत

4. शुद्ध वर्तनी का चयन कीजिए—
(a) बेबस (b) विलास
(c) विलाश (d) बिलास

5. सही वर्तनी वाला शब्द चुनिए—
(a) अव्राजन (b) आव्रजन
(c) आवज्रन (d) ऑवर्जन

6. सही वर्तनी वाला रूप है—
(a) अनिभिज्ञ (b) अनभिज्ञ
(c) अनाभि (d) अनभिग्य

7. शुद्ध वर्तनी का चयन कीजिए—
(a) तहसीलदारी (b) तहिसीलदारी
(c) तहशीलदारी (d) तहीसलदारी

8. शुद्ध वर्तनी का चयन कीजिए—
(a) अपकर्ति (b) अपकीर्ति
(c) अपकीर्ती (d) अपकिति

9. इनमें से सही शब्द कौन-सा है?
(a) समपृक्त (b) संपृक्त
(c) संपक्तृ (d) सृपंक्त

10. शुद्ध वर्तनी का चयन कीजिए—
(a) बिशेष (b) बेकल
(c) विशेष (d) बिडाल

11. शुद्ध वर्तनी का चयन कीजिए—
(a) बिशाल (b) बिसाल
(c) विषाल (d) विशाल

12. शुद्ध वर्तनी का चयन कीजिए—
(a) वृक्ष (b) बेशुमार
(c) बृक्ष (d) बिमार

13. शुद्ध वर्तनी का चयन कीजिए—
(a) वृद्ध (b) बृद्ध
(c) बृटेन (d) बृटिश

14. शुद्ध वर्तनी का चयन कीजिए—
(a) बिषय (b) विषय
(c) वेमुख (d) बेवाद

15. शुद्ध वर्तनी का चयन कीजिए—
(a) तीमाही (b) विष्णु
(c) बिष्णु (d) तृश्ना

16. सही वर्तनी कौन-सी है?
(a) आजीविका (b) अजीविका
(c) आजिविका (d) अजीभीका

17. इनमें से सही शब्द कौन-सा है?
(a) पारलौकिक (b) परलौकिक
(c) पारलेकिक (d) पारलोकिक

18. शुद्ध वर्तनी का चयन कीजिए–
(a) बर्षा (b) वर्सा
(c) वर्शा (d) वर्षा

19. शुद्ध वर्तनी का चयन कीजिए–
(a) वहिर्गमन (b) वहिष्कार
(c) बहिष्कार (d) वहिरगमन

20. शुद्ध वर्तनी का चयन कीजिए–
(a) प्रतिष्टा (b) प्रतिष्ठा
(c) परतिष्टा (d) परतिष्ठा

21. शुद्ध वर्तनी का चयन कीजिए–
(a) मृत्यूंजय (b) म्रित्यन्जय
(c) मृत्युंजय (d) मृत्युन्जय

22. शुद्ध वर्तनी का चयन कीजिए–
(a) परिणति (b) परणंति
(c) परणिति (d) परीणीत

23. शुद्ध वर्तनी का चयन कीजिए–
(a) स्थायि (b) स्थायी
(c) स्थाई (d) स्थाइ

24. शुद्ध वर्तनी का चयन कीजिए–
(a) कुमुदनी (b) कुमुदुनी
(c) कुमुदिनी (d) कुमदुनी

25. शुद्ध वर्तनी का चयन कीजिए–
(a) ब्रतन (b) वरतन
(c) बर्तन (d) बरतन

26. शुद्ध वर्तनी का चयन कीजिए–
(a) श्रष्टि (b) शृष्टि
(c) सृष्टि (d) श्रष्टि

27. शुद्ध वर्तनी का चयन कीजिए–
(a) क्रपा (b) क्रर्पा
(c) क्रिपा (d) कृपा

28. शुद्ध वर्तनी का चयन कीजिए–
(a) प्रशन्न (b) प्रसांत
(c) प्रस्न (d) प्रसन्न

29. शुद्ध वर्तनी का चयन कीजिए–
(a) सताब्दी (b) सताब्दि
(c) शताब्दि (d) शताब्दी

30. शुद्ध वर्तनी का चयन कीजिए–
(a) त्रिदोश (b) तिरदोष
(c) त्रिदोष (d) तृदोष

31. शुद्ध वर्तनी का चयन कीजिए–
(a) अभिसेक (b) अन्त्यानुप्रास
(c) अराधना (d) अस्थाई

32. शुद्ध वर्तनी का चयन कीजिए–
(a) इत्यादि (b) इच्छा
(c) इर्ष्या (d) ईन्धन

33. शुद्ध वर्तनी का चयन कीजिए–
(a) अन्तर्ध्यान (b) अन्तर्धान
(c) अन्तरध्यान (d) अन्त:ध्यान

34. शुद्ध वर्तनी का चयन कीजिए–
(a) अधम्र (b) अध्रम
(c) अधर्म (d) अधृम

35. शुद्ध वर्तनी का चयन कीजिए–
(a) पृथक (b) प्रिथ्वी
(c) प्रथक (d) प्रिथिवी

36. शुद्ध वर्तनी का चयन कीजिए–
(a) प्रतीयोगी (b) प्रतिकार
(c) प्रत्यूस (d) प्रकान्ड

37. सही वर्तनी के लिए विकल्प चुनिए–
(a) अवस्थापना (b) आवस्थापना
(c) अवसथापनो (d) अवास्थापना

38. इनमें से किसकी वर्तनी शुद्ध है?
(a) अभ्युत्थान (b) अभित्थान
(c) अभुत्थान (d) आभ्युत्थान

39. शुद्ध वर्तनी का चयन कीजिए–
(a) दुभासिया (b) दाहिने
(c) दहिने (d) दाहीने

40. शुद्ध वर्तनी का चयन कीजिए–
(a) दाइत्व (b) दायीत्व
(c) दाईत्व (d) दायित्व

41. सही विकल्प का चयन कीजिए–
(a) उपर्युक्त (b) उपर्युक्ता
(c) ऊपर्युक्त (d) अपयुक्त

42. निम्नलिखित शब्दों में से किसकी वर्तनी शुद्ध है?
(a) सिदहस्त (b) सिद्धहस्त
(c) सिद्धेहस्त (d) सिद्धोहस्त

43. इनमें से कौन-सा शब्द सही है?
(a) प्रादुभाव (b) प्रादुर्भाव
(c) प्रार्भुदाव (d) प्रदुर्भाव

44. इनमें से सही विकल्प चुनिए–
(a) विछोह (b) बिछोह
(c) विछेहा (d) वीछोह

45. सही वर्तनी क्या है?
(a) निवृत्ति (b) निवत्ति
(c) निर्वत्ति (d) नृवत्ति

46. कौन-सी वर्तनी सही है?
(a) प्राक्कथन (b) प्राकथन
(c) प्राक्कथेन (d) प्राक्केथन

47. शुद्ध वर्तनी का चयन कीजिए–
(a) छोभ (b) क्षुधा
(c) धुब्ध (d) छुधा

48. शुद्ध वर्तनी का चयन कीजिए–
(a) छेत्र (b) छत्रिय
(c) क्षेत्र (d) छण

49. शुद्ध वर्तनी का चयन कीजिए–
(a) गर्भीत (b) गृहिणी
(c) गार्हस्थ (d) ग्रहिणी

50. शुद्ध वर्तनी का चयन कीजिए–
(a) घनिष्ट (b) घन्टा
(c) कुन्डी (d) घनिष्ठ

51. शुद्ध वर्तनी का चयन कीजिए–
(a) जन्माष्टिमी (b) जनम
(c) जगत (d) जन्माष्टमी

52. शुद्ध वर्तनी का चयन कीजिए–
(a) झंझट (b) झन्झट
(c) झांझ (d) झूरमूट

53. शुद्ध वर्तनी का चयन कीजिए–
(a) औषधि (b) कन्स
(c) अहार (d) अधीन

54. शुद्ध वर्तनी का चयन कीजिए–
(a) आच्छादन (b) अस्विकार
(c) असोक (d) अन्तर्ध्यान

55. निम्न रूपों में से सही वर्तनी चुनिए–
(a) साहत्यकार (b) साहित्यिकर
(c) साहित्यकार (d) सहित्यकार

56. सही वर्तनी वाला शब्द चुनिए–
(a) सम्रादत (b) समादृत
(c) संमादृत (d) सम्पादृत

उत्तरमाला

1. (b)	**2.** (a)	**3.** (d)	**4.** (b)	**5.** (b)	**6.** (b)	**7.** (a)	**8.** (b)	**9.** (b)	**10.** (c)	**11.** (d)
12. (a)	**13.** (a)	**14.** (b)	**15.** (b)	**16.** (a)	**17.** (a)	**18.** (d)	**19.** (b)	**20.** (b)	**21.** (c)	**22.** (a)
23. (b)	**24.** (c)	**25.** (d)	**26.** (c)	**27.** (d)	**28.** (d)	**29.** (d)	**30.** (c)	**31.** (b)	**32.** (b)	**33.** (b)
34. (c)	**35.** (a)	**36.** (b)	**37.** (a)	**38.** (a)	**39.** (b)	**40.** (d)	**41.** (a)	**42.** (b)	**43.** (b)	**44.** (a)
45. (a)	**46.** (a)	**47.** (b)	**48.** (c)	**49.** (b)	**50.** (d)	**51.** (d)	**52.** (a)	**53.** (d)	**54.** (a)	**55.** (c)
56. (b)										

12 शब्द रचना

- **तत्सम शब्द**—जो शब्द संस्कृत भाषा से ज्यों-के-त्यों बिना किसी परिवर्तन के हिन्दी में ले लिए गए हैं, उन्हें तत्सम शब्द कहते हैं; जैसे—पुष्प, नारी, विद्वान्, राजा, पुस्तक इत्यादि।
- **तद्भव शब्द**—संस्कृत के जो शब्द प्राकृत, अपभ्रंश, पुरानी हिन्दी आदि से विकृत होकर हिन्दी भाषा में आए हैं, वे तद्भव शब्द कहलाते हैं; जैसे—आग, हाथी, ऊँट, मोर इत्यादि।

तत्सम	तद्भव
कपोत	कबूतर
कदली	केला
कपाट	किवाड़
कोकिल	कोयल
कन्दुक	गेंद
कृषक	किसान
कच्छप	कछुआ
कुष्ठ	कोढ़
क्षेत्र	खेत
गर्दभ	गधा
गुहा	गुफा
गृह	घर
घोटक	घोड़ा
चूर्ण	चूरन
दुग्ध	दूध
दधि	दही
दीप	दीया
धूलि	धूल
निद्रा	नींद
नग्न	नंगा
नयन	नैन
पक्ष	पंख
प्रिया/प्रिय	पिया/पिय
पौष	पूस
पृष्ठ	पीठ
बधिर	बहरा
मक्षिका	मक्खी
मूषक	मूसा
मुक्ता	मोती
मस्तक	माथा
रज्जु	रस्सी
त्वरित	तुरत

तत्सम	तद्भव
तिक्त	तीता
तुल्य	तोल
ताम्बूलिक	तमोली
त्रिगुण	तिगुना
तब	तदा
ताम्र	ताँबा
ताम्रचूड़	तमचुर
प्रहर	पहर
परमार्थ	परमाथ
पाणि	पानि
पौष	पूसा
प्रस्वेद	पसीना
प्रतिवास	पड़ोस
प्रिय	पिया
प्रतिपदा	परीवा
प्रणाल	परनाला
प्रसारण	पसारना
पर्ण	पन्ना
पृष्ठ	पीठ
पिटक	पिटारा
भगिनी	बहिन
विभीतिक	बहेड़ा
बदरी	बेर
वत्स	बच्चा
वाद्य	बाजा
वर्कर	बकरा
विंशति	बीस
वर्षण	बरसना
वार्ता	बात
वातुल	बावला
विरुप	बुरा
भ्रू	भौंह
भद्र	भला
अभ्यंतर	भीतर
भाद्रपद	भादों
भिक्षुक	भिच्छुक
भीष्म	भीसम
भाटक	भाड़ा
बुभुक्षा	भूख

तत्सम	तद्भव
भल्लुक	भालू
भित्ति	भीत
भ्रातृजाया	भावज
सफल	सँभल
शक्यते	सकना
सत्य	सच
सत्पशती	सतसई
सप्तसप्तति	सतहत्तर
सत्व	सत्त
सप्तविंशति	सत्ताईस
सप्ताशीति	सत्तासी
सक्तु	सत्तू

तत्सम	तद्भव
मृतिका	मिट्टी
मिष्ट	मीठा
मित्र	मीत
मुख	मुँह
मुख्य	मुखिया
मह्यम्	मुझे
मुद्ग	मूँग
श्मश्रु	मूँछ
मुद्रण	मूँदना
मुष्टि	मूठ
मध्ये	में

प्रश्नमाला

1. 'यौगिक' शब्द कौन-सा है?
(a) पंकज (b) पाठशाला
(c) दिन (d) जलज

2. 'विभावरी' किस प्रकार का शब्द है?
(a) तत्सम (b) तद्भव
(c) देशज (d) संकर

3. 'योगरूढ़' शब्द कौन-सा है?
(a) पीला (b) घुड़सवार
(c) लम्बोदर (d) नाक

4. नीचे दिए गए विकल्पों में से तत्सम शब्द का चयन कीजिए–
(a) पड़ोसी (b) गोधूम
(c) बहू (d) शहीद

5. 'वकील' किस भाषा का शब्द है?
(a) फारसी (b) अरबी
(c) तुर्की (d) पुर्तगाली

6. 'चाय' किस भाषा का शब्द है?
(a) चीनी (b) जापानी
(c) अंग्रेजी (d) फ्रेंच

7. 'अपील' शब्द है–
(a) तत्सम (b) तद्भव
(c) देशज (d) विदेशज

8. 'मगही' शब्द है–
(a) तत्सम (b) तद्भव
(c) देशज (d) विदेशज

9. 'स्टेशन' किस भाषा का शब्द है?
(a) फ्रेंच (b) अंग्रेजी
(c) डच (d) चीनी

10. 'संकर' शब्द है–
(a) तत्सम शब्द
(b) तद्भव शब्द
(c) विदेशी शब्द
(d) दो भाषाओं के शब्दों से मिलकर बना शब्द

11. नीचे दिए गए विकल्पों में से तद्भव शब्द का चयन कीजिए–
(a) बैंक (b) मुँह
(c) मर्म (d) प्रलाप

12. जिस शब्द के कई सार्थक खण्ड हो सके, उन्हें क्या कहते हैं?
(a) रूढ़ (b) यौगिक
(c) योगरूढ़ (d) मिश्रित

13. निम्नलिखित में कौन-सा शब्द 'देशज' है?
(a) अग्नि (b) प्रार्थना
(c) खेत (d) लोटा

14. स्वतंत्र सत्ता धारण न करने वाले शब्द क्या कहलाते हैं?
(a) रूढ़ (b) यौगिक
(c) योगरूढ़ (d) इनमें से कोई नहीं

15. कौन-सा शब्द 'देशज' नहीं है?
(a) ढिबरी (b) पगड़ी
(c) ढोर (d) पुष्कर

16. 'दर्शन' का तद्भव रूप है–
(a) दर्सन (b) दरसन
(c) दर्स (d) दर्स्न

17. निम्नलिखित में कौन-सा शब्द तत्सम है?
(a) उद्गम (b) खेत
(c) कोर्ट (d) अजीब

18. 'रेलगाड़ी' शब्द है–
(a) तत्सम (b) देशज
(c) विदेशज (d) संकर

19. 'वानर' का तद्भव रूप है–
(a) बानर (b) बन्दर
(c) बाँदर (d) बान्दर

20. 'संधि' शब्द है–
(a) तत्सम (b) तद्भव
(c) देशज (d) विदेशज

21. निम्नलिखित में कौन 'यौगिक' शब्द है?
(a) लेखक (b) पुस्तक
(c) विद्यालय (d) योगी

22. प्रयोग की दृष्टि से सूक्ष्म अंतर व्यक्त करने वाले शब्द क्या कहलाते हैं?
(a) प्रयोगात्मक (b) समानार्थक
(c) अनेकार्थक (d) विपरीतार्थक

23. 'परीक्षा' शब्द निम्नलिखित वर्गों में से किस वर्ग में आता है?
(a) तत्सम (b) तद्भव
(c) देशज (d) विदेशज

24. 'मजिस्ट्रेट' शब्द है–
(a) तत्सम (b) तद्भव
(c) देशज (d) विदेशज

25. 'कमल' किस प्रकार का शब्द है?
(a) रूढ़ (b) यौगिक
(c) योगरूढ़ (d) इनमें से कोई नहीं

निर्देश–नीचे दिए गए विकल्पों में से तत्सम शब्द का चयन कीजिए–

26. (a) किवाड़ (b) कपाट
(c) किंपट (d) कवाड़

27. (a) कंचन (b) काँचन
(c) कचन (d) काँचान

28. (a) गेंद (b) कदुक
(c) कंदुक (d) कुंदक

29. (a) गाय (b) गेय
(c) गौ (d) गय्या

30. (a) अंस (b) अंश
(c) अश (d) अस

31. (a) अक्षि (b) आँख
(c) अच्छि (d) आक्षि

32. (a) दीवाली (b) दीपाली
(c) दीपावली (d) दीवालि

33. (a) दसवाँ (b) दशम
(c) दसन (d) दशेन

34. (a) नौ (b) नव
(c) नैव (d) नेव

35. (a) थान (b) स्थान
(c) स्तान (d) स्नान

36. (a) दाहिना (b) दक्षिण
(c) दक्षण (d) दक्खन

37. निम्न में से कौन-सा शब्द तुर्की भाषा का है?
(a) चाय (b) रिक्शा
(c) कमरा (d) कैंची

38. निम्नलिखित में तत्सम शब्द का चयन कीजिए—
(a) बारात (b) वर्षा
(c) हाथी (d) आँसू

उत्तरमाला

1. (b)	**2.** (a)	**3.** (b)	**4.** (b)	**5.** (a)	**6.** (d)	**7.** (d)	**8.** (c)	**9.** (b)	**10.** (d)	**11.** (b)
12. (b)	**13.** (d)	**14.** (a)	**15.** (d)	**16.** (a)	**17.** (a)	**18.** (d)	**19.** (a)	**20.** (c)	**21.** (c)	**22.** (b)
23. (a)	**24.** (d)	**25.** (a)	**26.** (b)	**27.** (d)	**28.** (c)	**29.** (c)	**30.** (b)	**31.** (a)	**32.** (c)	**33.** (b)
34. (b)	**35.** (b)	**36.** (b)	**37.** (d)	**38.** (b)						

❑❑

13 अर्थ

विलोम शब्द

- जो शब्द गुण, अवस्था, स्वभाव, दशा तथा भाव के संदर्भ में विपरीत अर्थ प्रकट करते हैं, उन्हें विलोम शब्द कहा जाता है। विलोम शब्दों को विपरीतार्थक शब्द भी कहते हैं। यहाँ कुछ शब्द और उनके विलोम शब्दों की सूची दी जा रही है—

शब्द	विलोम
अर्थ	अनर्थ
अथ	इति
अवनति	उन्नति
अस्त	उदय
अंधकार	प्रकाश
अज्ञ	विज्ञ
अनुराग	विराग
जटिल	सरल
जड़	चेतन
दुर्लभ	सुलभ
दुर्बल	सबल
दयालु	निर्दय
दुराचार	सदाचार
वर	वधू
वीर	कायर
शुक्ल	कृष्ण
शीत	उष्ण
संतुष्टि	असंतुष्टि
आधुनिक	प्राचीन
आयात	निर्यात
आकर्षण	विकर्षण
अमित	परिमित
आभलषित	अनभिलषित
अभिव्यक्त	अनभिव्यक्त
अभिसरण	अपसरण
अभिहित	अनभिहित
अभ्यास	अनभ्यास
अमर	मर्त्य
अमावस्या	पूर्णिमा
अमित	परिमित
अमीर	गरीब
अवर	प्रवर
अवलंबित	अनवलंबित

शब्द	विलोम
अवशेष	अन:शेष
अवसर	अनवसर
अवाक्	सवाक्
अविचल	निचल, ढुलमुल
अशक्त	सशक्त
अशन	अनशन
असंभव	संभव
अतिक्रमण	अनतिक्रमण
अतिवृष्टि	अनावृष्टि
अतुल	तुल्य
अहंकारी	निरहंकारी
अहिंसा	हिंसा
अथ	इति
अदृश्य	दृश्य
अधम	उत्तम
आगमन	प्रस्थान
आदान	प्रदान
आशा	निराशा
आय	व्यय
आशावादी	निराशावादी
आरोह	अवरोह
आकर्षक	अनाकर्षक
आस्था	अनास्था
आसीन	अनासीन
आगामी	विगत
आभ्यान्तर	बाह्य
आनन्द	शोक
आचार	अनाचार
आधिक्य	अभाव
आर्द्र	शुष्क
आबाद	बरबाद
आकर्षक	अनाकर्षक
आधार	निराधार
आकुंचन	प्रसरण
आदिष्ट	निषिद्ध
उत्कृष्टता	निकृष्टता
उत्तम	अनुत्तम, अधम
उत्तरायण	दक्षिणायन

शब्द	विलोम
उत्तरित	अनुत्तरित
उत्तीर्ण	अनुत्तीर्ण
उत्तेजित	अनुत्तेजित, शांत
उत्पन्न	अनुत्पन्न, मृत
उत्पादक	अनुत्पादक
आहत	अनाहत
आपदा	संपदा
इच्छा	अनिच्छा
आवर्तक	अनावर्तक
आकाश	पाताल
आहूत	अनाहूत
आहार	निराहार
आक्रांत	अनाक्रांत
आगत	निर्गत
आसक्ति	विरक्ति
आलसी	कर्मठ
आमदनी	खर्च
आश्रित	अनाश्रित
आकार	निराकार
आत्मावलम्बी	परावलम्बी
आसक्त	अनासक्त
आदरणीय	निन्दनीय
अच्छाई	बुराई
अतिवृष्टि	अनावृष्टि
अपमान	सम्मान
आशा	निराशा
आय	व्यय
आवाहन	विसर्जन
क्रिया	प्रतिक्रिया
कृत्रिम	प्राकृतिक
गुरुता	लघुता
गद्य	पद्य
गुप्त	प्रकट
गरल	सुधा
घृणा	प्रेम

शब्द	विलोम
जन्म	मरण
ज्येष्ठ	कनिष्ठ
मिलन	विरह
मूल	निर्मूल
मृदुल	कठोर
यश	अपयश
रक्षक	भक्षक
लौकिक	अलौकिक
लचीला	कठोर
सुख	दु:ख
व्यष्टि	समष्टि
कुपरिणाम	सुपरिणाम
कुप्रथा	सुप्रथा
कुमारी	विवाहिता
कुरूप	सुरूप
कुव्यवस्था	सुव्यवस्था
कुशलता	अकुशलता
कृत	अकृत
कृतज्ञता	अकृतज्ञता
चल	अचल
चाहा	अनचाहा
चिंतित	अचिंतित
चिकित्स्य	अचिकित्स्य
चिरस्थायी	अल्पस्थायी
चुस्त	ढीला, लचर
चैन	बेचैनी
चोर	साधू
देंयता	अदेयता
दुष्परिणाम	सुपरिणाम
दुष्ट	सज्जन
दोषी	निर्दोष
दुर्गति	सुगति
दूर	निकट
दु:साध्य	साध्य

प्रश्नमाला

1. 'आध्यात्मिक' का विलोम होता है—
(a) सांसारिक (b) पारलौकिक
(c) भौतिकी (d) वैचारिक

2. 'आरोहण' का विलोम शब्द क्या है?
(a) तोरण (b) आहरण
(c) अवरोहण (d) आरोही

3. 'संभावना' शब्द का विलोम है—
(a) असंभावना (b) असंभव
(c) असंभाव्य (d) असंतोष

4. 'संकल्प' का विलोम होगा—
(a) असंकल्प (b) संकल्पहीन
(c) असंबद्ध (d) असंतोष

5. 'अवनि' का विलोम शब्द कौन-सा है?
(a) पृथ्वी (b) जल
(c) अम्बर (d) पाताल

6. 'अवर' का विलोम शब्द है—
(a) प्रवर (b) विवर
(c) नगर (d) सवर

7. 'विशिष्ट' शब्द का विलोम है—
(a) सामान्य (b) विशुद्ध
(c) लघु (d) अविवेकी

8. 'विकास' शब्द का विलोम है—
(a) विनाश (b) विकृत
(c) विकल (d) लक्षित

9. 'अपकार' का विलोम शब्द बताइए—
(a) अनिष्ट (b) स्वीकार
(c) उपकार (d) परोपकार

10. 'अभियुक्त' का विलोम क्या होगा?
(a) निरपराध (b) योगी
(c) भोगी (d) अभियोगी

11. 'आसक्त' किसका विलोम शब्द है?
(a) आश्रित (b) घृणा
(c) निन्दा (d) विरक्त

12. 'अंधकार' का विलोम क्या होता है?
(a) भूलोक (b) आलोक
(c) प्रकाश (d) परलोक

13. 'विरल' का विलोम शब्द है–
(a) अविरल (b) सुलभ
(c) व्यर्थ (d) व्यग्र

14. 'रचित' शब्द का विलोम है–
(a) अरचित (b) संरचित
(c) संचित (d) लिप्त

15. 'शत्रुता' का विलोम शब्द है–
(a) मित्र (b) मित्रता
(c) अशंकित (d) व्यस्त

16. 'ऋत' का विलोम कौन-सा है?
(a) अनृत (b) विनत
(c) दम्भी (d) सरल

17. 'ऋजु' का विलोम बताइए–
(a) घेरा (b) वक्र
(c) गोला (d) त्रिभुज

18. 'विभक्त' शब्द का विलोम है–
(a) अविभक्त
(b) विखंडित
(c) खंडित
(d) भक्त

19. 'विराट' शब्द का विलोम है–
(a) सम्राट (b) क्षुद्र
(c) सागर (d) कमतर

20. 'विधि' का विलोम शब्द है–
(a) विनम्र (b) निषेध
(c) विदित (d) अव्याप्त

उत्तरमाला

1. (a)	**2.** (c)	**3.** (a)	**4.** (a)	**5.** (c)	**6.** (a)	**7.** (a)	**8.** (a)	**9.** (c)	**10.** (a)
11. (d)	**12.** (c)	**13.** (b)	**14.** (a)	**15.** (b)	**16.** (a)	**17.** (b)	**18.** (a)	**19.** (b)	**20.** (b)

पर्यायवाची शब्द

- पर्याय का अर्थ एकार्थ बोधक, तुल्यार्थक अथवा समान अर्थ देने वाले शब्दों से है अर्थात् जब एक ही अर्थ या भाव का बोध कराने वाले कई शब्द होते हैं, तब वे परस्पर पर्यायवाची कहलाते हैं। पर्यायवाची शब्द को प्रतिशब्द भी कहते हैं। हिन्दी के पर्यायवाची शब्द संस्कृत के तत्सम शब्द हैं, जिन्हें हिन्दी भाषा ने ज्यों का त्यों ग्रहण कर लिया है। किसी भाषा में अनेक पर्यायवाची शब्दों का होना उस भाषा की समृद्धि का सूचक है। परन्तु ध्यान देने की बात है कि पर्यायवाची शब्दों के अर्थ में नितान्त एकरुपता नहीं होती। उनकी अर्थ-छवियाँ भिन्न-भिन्न होती हैं।

शब्द		पर्यायवाची शब्द
अग्नि	:	आग, अनल, पावक, ज्वाला
अंग	:	तन, शरीर, वपु, देह, गात
अश्व	:	हय, तुरंग, घोड़ा, वाजि, सैन्धव, घोटक
अतिथि	:	अभ्यागत, आगन्तुक, पाहुना, मेहमान
अहंकार	:	घमण्ड, दर्प, अभिमान, दंभ
अर्जुन	:	गान्डीवधारी, गुडाकेश, पार्थ, भारत, धनञ्जय
आँख	:	नेत्र, नयन, लोचन, दृग, चक्षु
आकाश	:	अंबर, नभ, गगन, आसमान, अनंत, शून्य, व्योम
आम	:	आम्र, रसाल, पिकप्रिय, सहकार, अतिसौरभ
तालाब	:	सर, सरोवर, ताल, तड़ाग, जलाशय
दूध	:	क्षीर, दुग्ध, गोरस, पेय
दुर्गा	:	चंडिका, चंडी, भवानी, काली, कामाक्षी, कल्याणी
अचल	:	अटल, अडिग, अविचल, स्थिर, दृढ़
अधर्म	:	विधर्म, दुराचार, दुष्कर्म, कुकर्म, पाप, अन्धेर
अभिजात	:	श्रेष्ठ, उच्च, कुलीन, उच्च
अरण्य	:	जंगल, विपिन, कानन, वन, कांतार
अपयश	:	बदनामी, अपकीर्ति, निन्दा, अकीर्ति, अपवाद
अंग	:	अवयव, भाग, हिस्सा, अंश, घटक
अंधकार	:	तम, तिमिर, अंधियारा, ध्वांत, तमस
अंतःपुर	:	रनिवास, जनानखाना, भोगपुर, हरम
अतिथि	:	पाहुन, अभ्यागत, मेहमान, आगंतुक
अनाज	:	धान्य, अन्न, गल्ला, शस्य
अखण्ड	:	समूचा, पूर्ण, अविभक्त, समग्र, सारा, पूरा
अध्ययन	:	अनुशीलन, पढ़ाई, परिशीलन, जाँच, परीक्षण
अदृश्य	:	तिरोहित, लुप्त, गायब, ओझल, अंतर्धान, अस्त
असुर	:	दानव, दनुज, दैत्य, राक्षस, निशिचर, निशाचर, रजनीचर, सुरारि
अवनति	:	अपकर्ष, ह्रास, गिरावट, घटाव
अलग	:	भिन्न, पृथक, जुदा, अलहदा, विलग
उत्तम	:	बढ़िया, उत्कृष्ट, श्रेष्ठ, प्रवर, प्रदृष्ट
उदार	:	महामना, वदान्य, महाशय, दरियादिक, उदार चेता
उद्धार	:	मुक्ति, मोक्षण, निस्तार, छुटकारा, अपमोचन
उनींदा	:	निद्राप्रवण, तंद्रालु, निद्रालु, निंदासा, ऊँघना
उन्नति	:	प्रगति, तरक्की, विकास, उत्थान, बढ़ती
उपयुक्त	:	वांछनीय, ठीक, वाजिब, मुनासिब, उचित
उपवास	:	निराहार, व्रत, अनशन, फाका, लंघन
उपस्थित	:	मौजूद, विद्यमान, प्रस्तुत, हाजिर, वर्तमान
उपाय	:	ढंग, युक्ति, जुगत, जुगाड़, तरीका, तरकीब
उलझन	:	अनिश्चय, संभ्रम, असमंजस, दुविधा, चक्कर
उदास	:	उन्मन, अप्रसन्न, विषण्ण, खिन्न, चिंताकुल
उतावला	:	व्यग्र, आतुर, अधीर, हड़बड़िया, जल्दबाज
कली	:	मुकुल, कलिका, गुंचा, कोरक, पंखुड़ी
कल्पवृक्ष	:	पारिजात, देवद्रुम, कल्पद्रुम, कल्पतरु, मन्दार
कृष्ण	:	माधव, राधारमण, श्याम, नंदनंदन, मुरलीधर, गिरिधर, वंशीधर, कंसारि, हृषीकेश, मधुसूदन, मुकुन्द, गोपीनाथ, वासुदेव, केशव, कन्हैया

कारागार	:	जेल, कारावास, कैदखाना, बन्दीगृह	**पटु**	:	दक्ष, प्रवीण, निपुण, कुशल, होशियार
कर	:	महसूल, टैक्स, शुल्क	**पड़ोसी**	:	हमसाया, प्रतिवासी, प्रतिवेशी
कंदरा	:	गुफा, गुहा, खोह, गह्वर	**पताका**	:	झण्डा, ध्वजा, ध्वज, फरहरा, निशान
कटु	:	कर्कश, कड़ा, तीक्ष्ण, चरपरा, तीखा	**पत्ता**	:	दल, पर्ण, पल्लव, पत्र, पात, छदन
कामुकता	:	लंपटता, भोगासक्ति, व्यभिचारिता, विषयासक्ति	**निर्दोष**	:	निरपराध, दोषरहित, बेक़सूर, बेगुनाह, अदोष
काला	:	कृष्ण, श्याम, स्याह, असित, सुरमइ	**निर्धन**	:	दरिद्र, अकिंचन, कंगाल, गरीब
नक्षत्र	:	तारा, खद्योत, उडु, ऋक्ष, सितारा, तारक	**निमंत्रण**	:	बुलावा, आमंत्रण, न्योता
नरम	:	कोमल, मृदुल, मुलायम	**निर्मल**	:	शुद्ध, साफ, स्वच्छ, निकेतन, वासस्थान
नरेन्द्र	:	राजा, भूपति, नरपति, भूपाल, भूप, नरेश	**निश्चित**	:	तय, निर्धारित, दृढ़, पक्का, निर्णीत
नश्वर	:	विनाशी, नाशवान, मरणशील, नाशाधीन, अनित्य	**निष्कलंक**	:	निर्दोष, बेदाग, बे-ऐब, स्वच्छ, साफ
नाज़	:	अदा, चौचला, नखरा, हाव-भाव, बनाव, सिंगार	**निष्पत्ति**	:	अंत, इति, समाप्ति
नाजुक	:	कोमल, सुकुमार, मृदुल, मसृण, स्निग्ध	**निस्तब्धता**	:	चुप, शांति, सन्नाटा, खामोशी, नीरवता
नाम	:	ख्याति, बड़ाई, कीर्ति, यश, प्रसिद्धि, मशहूरी, शोहरत	**नीचता**	:	तुच्छता, अधमता, ओछापन, कमीनापन, क्षुद्रता
नाविक	:	मल्लाह, पोतवाहक, पोतचालक, नौचालक	**नुकीला**	:	कटाग्र, पैना, सूच्यग्र, नोंकदार, तीक्ष्णाग्र
निकट	:	पास, समीप, करीब, आसन्न, निकटस्थ	**नेता**	:	अग्रणी, मुखिया, अगुआ, सरदार, प्रधान
निगम	:	निकाय, संगठन, समिति, प्रतिष्ठान, संस्था	**नौबत**	:	दशा, अवस्था, हालत
निजी	:	व्यक्तिगत, खुद का, स्वकीय, अपना	**न्यायाधीश**	:	न्यायाध्यक्ष, मुंशिफ, जज
दुष्ट	:	खल, नीच, दुर्जन, पिशुन, पामर	**न्यारा**	:	अनोखा, अजीब, विलक्षण, निराला, अद्‌भुत
दैत्य	:	असुर, सुरारि, दनुज, दानव, दैतेय, यातुधान, रजनीचर	**पुत्र**	:	तनय, आत्मज, सुत, लड़का, बेटा, औरस, पूत
द्रौपदी	:	कृष्णा, द्रुपदसुता, पांचाली, सैरंध्री, याज्ञसेनी	**पिक**	:	कोयल, कोकिला, कलकंठ, बसंत, श्यामा
दामिनी	:	चपला, तड़ित, प्रभा, विद्युत, बिजली	**पीड़ा**	:	व्यथा, तकलीफ, दर्द, वेदना, यंत्रणा, यातना
दंगा	:	उत्पात, उपद्रव, फसाद, ऊधम, झगड़ा	**पुरातन**	:	प्राचीन, पुराना, प्राक्तन, पूर्वकालीन, भूतकालीन, प्राक्कालीन
दया	:	करुणा, अनुकंपा, रहम, तरस	**पुश्कल**	:	प्रचुर, विपुल, अधिक, बहुत, इफरात, ढेर-सा
पंकिल	:	गंदला, गंदा, मैला, मलिन, मलीन	**पूजा**	:	अर्चना, आराधना, उपासना, वंदना, इबादत
पंथ	:	धर्म, सम्प्रदाय, मत	**पूर्ण**	:	पूरा, सकल, समूचा, कुल, सारा, समग्र
पकड़ना	:	कैद कराना, बंदी बनाना, गिरफ्तार करना	**प्रगति**	:	विकास, उन्नति, बढ़ती, तरक्की, श्रीवृद्धि
पछतावा	:	पश्चाताप, प्रायश्चित, अनुताप, ग्लानि, संताप	**प्रचुरता**	:	बहुलता, बहुतायत, प्रभूतता, इफरात, आधिक्य

प्रश्नमाला

1. 'उजाला' का पर्यायवाची है—
(a) मुनासिब (b) अंधेरा
(c) आलोक (d) एकान्त

2. 'ऊँट' का पर्यायवाची है—
(a) उष्ट्र (b) महाग्रीव
(c) लम्बोष्ठ (d) ये सभी

3. 'धरती' का पर्यायवाची शब्द है—
(a) चंचला (b) विपुला
(c) सरसी (d) अचला

4. 'विनायक' का पर्यायवाची शब्द है—
(a) सुर (b) पुत्र
(c) शत्रु (d) गणेश

5. 'अंत' शब्द का पर्यायवाची क्या होगा?
(a) फल (b) फासला
(c) अवसान (d) पट

6. 'अधीर' का पर्यायवाची शब्द क्या होगा?
(a) सुधीर (b) व्याघ्र
(c) व्यग्र (d) उजबक

7. 'सूर्य' का अपर्यायवाची शब्द है—
(a) दिनकर (b) दिवाकर
(c) सूरज (d) महेन्द्र

8. 'नागर' का पर्यायवाची शब्द है—
(a) नगर (b) ढोल
(c) चतुर (d) ग्रामवासी

9. 'अनार' का पर्यायवाची है—
(a) शुकोदन (b) दाड़िम
(c) रामबीज (d) ये सभी

10. 'अर्जुन' का पर्यायवाची है—
(a) धनञ्जय (b) गुडाकेश
(c) गान्डीवधारी (d) ये सभी

11. 'कपाल' का समानार्थी शब्द है—
(a) अदृष्ट (b) खप्पर
(c) भाग्य (d) माथा

12. 'छंद' का समानार्थी शब्द है—
(a) आवरण (b) पद
(c) बंधन (d) आचरण

13. 'आकाश' का पर्यायवाची शब्द है—
(a) दृग (b) विप्र
(c) व्योम (d) हय

14. 'फूल' का पर्यायवाची शब्द नहीं है—
(a) सुमन (b) कुसुम
(c) पुष्प (d) तनुजा

15. 'दामिनी' का पर्यायवाची शब्द है—
(a) वर्षा (b) नीरद
(c) बादल (d) विद्युत

16. 'सारंग' का पर्यायवाची शब्द है–
(a) नमक (b) सारथी
(c) मोर (d) घोड़ा

17. 'भुजंग' का पर्यायवाची शब्द है–
(a) केंचुआ (b) गिरगिट
(c) सर्प (d) तोता

18. 'मीन' का पर्यायवाची शब्द है–
(a) शिखि (b) शायक
(c) मत्स्य (d) विभावरी

19. 'आदर्श' का पर्यायवाची शब्द है–
(a) संत्रास (b) प्रतिमान
(c) तात्पर्य (d) कामना

20. 'आलि' का पर्यायवाची शब्द है–
(a) सखि (b) सहेली
(c) भ्रमरी (d) ये सभी

21. भानु, दिनकर तथा मार्तंड किस शब्द के पर्यायवाची हैं?
(a) चन्द्रमा (b) पृथ्वी
(c) शिव (d) सूर्य

22. निम्नलिखित में से कौन 'सखी' का पर्याय शब्द नहीं है?
(a) अली (b) संगिनी
(c) सहेली (d) सधवा

23. 'कुसुमेषु' का पर्यायवाची शब्द है–
(a) कबूतर (b) काला
(c) कामदेव (d) आकाश

24. 'चन्द्रमा' का पर्यायवाची शब्द है–
(a) दिवाकर (b) निशि
(c) मार्तंड (d) शशि

25. 'अतनु' का पर्यायवाची शब्द है–
(a) ईश्वर (b) कृष्ण
(c) कामदेव (d) वसंत

26. 'कानन' का पर्यायवाची शब्द है–
(a) पुष्प (b) विहिप
(c) वन (d) इनमें से कोई नहीं

27. 'आलोचना' का पर्यायवाची शब्द है–
(a) सुलोचना (b) विवाद
(c) समीक्षा (d) बाध्यता

28. 'आँसू' का पर्यायवाची शब्द है–
(a) रजनीचर (b) लोचन
(c) पिंगल (d) नयनाम्बु

29. 'मर्कट' का पर्यायवाची शब्द है–
(a) पानी (b) पुत्र
(c) बंदर (d) मित्र

30. 'शांभवी' का पर्यायवाची शब्द है–
(a) दुर्गा (b) दासी
(c) पत्नी (d) पार्वती

31. 'अनुचर' का पर्यायवाची शब्द नहीं है–
(a) भृत्य (b) चाकर
(c) सेवक (d) निर्झर

32. 'वीणापाणि' का पर्यायवाची शब्द है–
(a) रंभा (b) सरस्वती
(c) लक्ष्मी (d) कमल

33. 'पहाड़' का पर्यायवाची शब्द नहीं है–
(a) पर्वत (b) भूधर
(c) शैबाल (d) नग

34. 'घर' का पर्यायवाची शब्द है–
(a) विहार (b) इला
(c) निकेतन (d) नग

35. 'भवन' का पर्यायवाची शब्द है–
(a) मन्दिर (b) धाम
(c) महल (d) घर

36. 'आकाशगंगा' शब्द का पर्यायवाची है–
(a) मंदाकिनी (b) सुरनदी
(c) स्वर्गनदी (d) ये सभी

37. 'आख्यान' का पर्यायवाची शब्द है
(a) उपक्रम (b) अर्वाचीन
(c) वृत्तांत (d) विज्ञान

38. 'प्रसून' का पर्यायवाची शब्द है–
(a) वृक्ष (b) पुष्प
(c) चन्द्रमा (d) अग्नि

39. 'अमृत' का पर्यायवाची शब्द नहीं है–
(a) अमिय (b) सुधा
(c) पीयूष (d) रसाल

40. 'दिनकर' का पर्यायवाची शब्द है–
(a) निशाचर (b) प्रभाकर
(c) सुधाकर (d) विभाकर

41. 'आँख' का पर्यायवाची शब्द नहीं है–
(a) चक्षु (b) लोचन
(c) अक्षि (d) दृष्टि

42. निम्नलिखित में से कौन 'राधा' का पर्यायवाची शब्द है?
(a) वृषभानुजा (b) रजनी
(c) रीता (d) वसन्त

43. निम्नलिखित में से कौन 'लक्ष्मण' का पर्यायवाची नहीं है?
(a) सौमित्र (b) रामानुज
(c) लखन (d) दशकंठ

44. 'दाँत' का पर्यायवाची शब्द नहीं है–
(a) दाड़िम (b) दन्त
(c) दशन (d) रदन

45. 'घोड़ा' का पर्यायवाची शब्द नहीं है–
(a) अश्व (b) घोटक
(c) हय (d) कटक

46. 'रक्त' का पर्यायवाची शब्द नहीं है–
(a) खून (b) रुधिर
(c) शोणित (d) कासरि

47. 'पवन' का पर्यायवाची शब्द नहीं है–
(a) वात (b) अनल
(c) वायु (d) समीर

48. 'वारिद' का पर्यायवाची शब्द है–
(a) कमल (b) चन्द्रमा
(c) बिजली (d) बादल

49. 'विभावरी' का पर्यायवाची शब्द है–
(a) चन्द्रिका (b) तपसा
(c) क्षणदा (d) तरणि

50. 'तरणि' का पर्यायवाची शब्द है–
(a) सूर्य (b) नाम
(c) युवती (d) नदी

उत्तरमाला

1. (c) **2.** (d) **3.** (d) **4.** (d) **5.** (c) **6.** (c) **7.** (d) **8.** (c) **9.** (b) **10.** (d) **11.** (d) **12.** (b)
13. (c) **14.** (d) **15.** (d) **16.** (c) **17.** (c) **18.** (c) **19.** (b) **20.** (d) **21.** (d) **22.** (d) **23.** (c) **24.** (d)
25. (c) **26.** (c) **27.** (c) **28.** (d) **29.** (c) **30.** (a) **31.** (d) **32.** (b) **33.** (c) **34.** (c) **35.** (d) **36.** (d)
37. (c) **38.** (b) **39.** (d) **40.** (b) **41.** (d) **42.** (a) **43.** (d) **44.** (a) **45.** (d) **46.** (d) **47.** (b) **48.** (d)
49. (c) **50.** (c)

वाक्यांश के लिए एक शब्द

- अनेक शब्दों के स्थान पर प्रयोग किया जाने वाला शब्द '**वाक्यांश के लिए एक शब्द**' कहलाता है। जैसे–'जो बिना वेतन के कार्य करता है', ऐसे शब्दों के प्रयोग से वाक्य विन्यास में सुविधा होती है, उसके लिए 'अवैतनिक' शब्द का प्रयोग किया जाता है।

  यहाँ कुछ 'वाक्यांश के लिए एक शब्द' की सूची दी जा रही है–

वाक्यांश		एक शब्द
जिसका आदि न हो	:	**अनादि**
जिसका अन्त न हो	:	**अनन्त**
जिसे जीता न जा सके	:	**अजेय**
जिसकी कल्पना न की जा सके	:	**अकल्पनीय**
जिसका जन्म न हो सके	:	**अजन्मा**
जिसकी तुलना न की जा सके	:	**अतुलनीय**
बड़ा भाई	:	**अग्रज**
जहाँ जाना संभव न हो	:	**अगम**
जो आँखों के सामने न हो	:	**अप्रत्यक्ष**
अवसर के अनुसार बदल जाने वाला	:	**अवसरवादी**
जो बात पहले कभी न हुई हो	:	**अभूतपूर्व**
छोटा भाई	:	**अनुज**
जो वाणी द्वारा व्यक्त न किया जा सके	:	**अनिर्वचनीय**
ईश्वर में विश्वास रखने वाला	:	**आस्तिक**
आदि से अन्त तक	:	**आद्योपान्त**
जिसकी आयु लम्बी हो	:	**दीर्घायु**
जो बहुत बोलता हो	:	**वाचाल**
जो किसी के पक्ष में न हो	:	**तटस्थ**
जिसके हाथ में वज्र हो	:	**वज्रपाणि**
जिसका रूप अच्छा न हो	:	**कुरूप**
तीनों लोकों का स्वामी	:	**त्रिलोकी**
जंगल में लगने वाली आग	:	**दावाग्नि (दावानल)**
जो किसी वस्तु के अंदर दृढ़तापूर्वक विद्यमान या स्थित है	:	**अंतर्निविष्ट**
गुरु के साथ या समीप रहने वाला छात्र	:	**अंतेवासी**
जो अंतिम (शूद्र) वर्ण में जन्मा हो	:	**अंत्यज**
तर्क के बिना मान लिया गया विश्वास	:	**अंधविश्वास**
अपने अंश या हिस्से के रूप में कुछ देना या किसी कार्य में योग देना	:	**अंशदान**
जिसमें काँटे या विघ्न-बाधा न हो	:	**अकंटक**
जो कहा न जा सके	:	**अकथनीय**
जिसके पास कुछ भी न हो	:	**अकिंचन**
जिसमें कुछ करने की क्षमता न हो	:	**अक्षम**
जिसके खंड या टुकड़े न किये गये हों	:	**अखंडित**
पर्वत के पास की भूमि	:	**उपत्यका**
जिसे ऊपर कहा गया हो	:	**उपर्युक्त**
जो भूमि उपजाऊ हो	:	**उर्वरा**
सूर्योदय से पहले का समय	:	**उषाकाल**
जिस पर किसी काम का उत्तरदायित्व हो	:	**उत्तरदायी**
किसी के हट जाने के बाद उसकी संपत्ति या पद को ग्रहण करने वाला व्यक्ति	:	**उत्तराधिकारी**
सूर्य जिस पर्वत के पीछे निकलता है	:	**उदयाचल**
जिस पर उपकार किया गया हो	:	**उपकृत**
जिससे बढ़कर ऊँचा कोई न हो	:	**उच्चतम**
बहुत आगे बढ़ जाने की आकांक्षा	:	**उच्चाकांक्षा**
नीचे की ओर आना या जाना	:	**उतरना**
ऊपर की ओर जाने वाला	:	**ऊर्ध्वगामी**
जिसका संबंध किसी एक देश से हो	:	**एकदेशीय**
किसी एक पक्ष से संबंध रखने वाला	:	**एकपक्षीय**
जिसका चित्त एकाग्रित हो	:	**एकाग्रचित**
चन्द्रमास के किसी पक्ष की ग्यारहवीं तिथि	:	**एकादशी**
चारों युगों में से चौथा काल का युग	:	**कलियुग**
फूल जो अभी खिला न हो	:	**कली**
स्त्री जो कविता रचती है	:	**कवयित्री**
जिसने कोई कसूर किया हो	:	**कसूरवार**
सारे शरीर की हड्डियों का ढाँचा	:	**कंकाल**
काँटों या बाधाओं से भरा हुआ	:	**कंटकाकीर्ण**
जो कहा गया है	:	**कथित**
जो किये जाने या करने योग्य हो	:	**करणीय**
कान का नीचे लटकता हुआ कोमल भाग	:	**कर्णपाली**
किये हुए उपकार को मानने वाला	:	**कृतज्ञ**
जो अपना उद्देश्य सिद्ध होने पर संतुष्ट हो	:	**कृतार्थ**
अँधेरी रातों वाला पखवारा	:	**कृष्णपक्ष**
जो केन्द्र से हटकर दूर जाता हो	:	**केन्द्रापसारी**
नये बनवाये घर में पहले-पहल होने वाला प्रवेश	:	**गृहप्रवेश**
जिसका ज्ञान इन्द्रियों द्वारा हो सके	:	**गोचर**
संध्याकाल जब गायें चरकर लौटती हैं	:	**गोधूलि**
गायों को पालने और रखने का स्थान	:	**गोशाला**
गंगा और यमुना के जल के मेल के दो तरह के रंग का	:	**गंगा-जमुनी**
गणित शास्त्र का जानकार	:	**गणितज्ञ**
जो किसी की गद्दी पर (आकर) बैठा हो	:	**गद्दीनशीन**
बहुत गप्पें हाँकने वाला	:	**गपोड़िया**
जो कठिनता से और देर में पचे	:	**गरिष्ठ**
गंगा से संबंधित या गंगा से उत्पन्न	:	**गांगेय**
जिस पशु के पेट में बच्चा हो	:	**गाभिन**
वह यान जो जल में चलता है	:	**जलयान**
किसी को जीतने की चाह	:	**जिगीषा**
अधिक समय तक जीते रहने को इच्छुक	:	**जिजीविषु**
कुछ जानने या ज्ञान प्राप्त करने की चाह	:	**जिज्ञासा**
जन्म से सौ वर्ष का समय	:	**जन्मशती**
जो जन्म से ही अंधा है	:	**जन्मांध**
जो वृद्ध होने के कारण जर्जर हो गया हो	:	**जराजीर्ण**
जल में पैदा होने वाला	:	**जलज**
इतिहास के पूर्व काल से सम्बन्धित	:	**प्रागैतिहासिक**
दूसरों को शिक्षा देने वाला	:	**परोपदेशक**
इन्द्रियों से प्राप्त निश्चयात्मक ज्ञान	:	**प्रत्यक्ष**

सूक्ष्मता से देखने वाला : **प्रेक्षक**
पहर-पहर पर घण्टा बजाने वाला, पहरा देने वाला : **प्रहरी**
जाकर लौटा हुआ : **प्रत्यागत**
दोष या पाप मिटाने के लिए शास्त्रानुकूल कर्म या कृत्य : **प्रायश्चित**
प्राण रक्षा करने वाला : **प्राणद**
पशु के ढंग का : **पाशविक**
जिससे बहुतों का भला हो : **परमार्थी**
कम या नपा-तुला खर्च करने वाला : **मितव्ययी**
थोड़ा और नपा-तुला भोजन करने वाला : **मिताहारी**
मिथ्या (झूठ) बोलने वाला : **मिथ्यावादी**
जो खुले हाथों दान/व्यय करता हो : **मुक्तहस्त**
प्रदेश या राज्य के मन्त्रियों में सबसे बड़ा : **मुख्यमंत्री**
वह स्थिति जब मुद्रा का चलन अधिक हो : **मुद्रास्फीति**
मर जाने की कामना : **मुमूर्षा**
जिसे मर जाने की कामना हो : **मुमूर्षु**
मेघ के समान जो गरजता हो : **मेघनाद**
चुनाव में अपना मत देने की क्रिया : **मतदान**
किसी विषय में एक का दूसरे या दूसरों से मत न मिलना : **मतभेद**
मतिमंद होने की अवस्था : **मतिमांद्य**
जो मद्यपान करने का आदी हो : **मद्यप**
समाज में उच्चवर्ग और निम्नवर्ग के बीच का वर्ग : **मध्यवर्ग**
मन को मोह लेने वाला : **मनमोहव**
मन के दुर्बल होने की स्थिति या भाव : **मनोदौर्बल्य**
मन और उसकी अवस्थाओं तथा क्रियाओं का अध्ययन करने वाला शास्त्र : **मनोविज्ञान**

प्रश्नमाला

1. 'जिसका जन्म न हो' एक शब्द बताएँ–
(a) अजन्मा (b) अजर
(c) अनादि (d) स्वयंभू

2. वह भाई जो अन्य माता से उत्पन्न हुआ हो–
(a) सहोदर (b) औरस
(c) अन्योदर (d) दूरस्थ

3. 'गंगा से उत्पन्न' होने वाले को कहते हैं–
(a) गांगेय (b) गंगू
(c) गंगपुत्र (d) गंगीय

4. 'सायंकाल गायों के चरकर लौटने का समय' कहलाता है–
(a) संध्या (b) गोधूलि
(c) गोधूम (d) गोकाल

5. जो गणना योग्य न हो–
(a) गण्य (b) नगण्य
(c) असंख्य (d) अधिगण्य

6. 'दूर की सोचने वाला' के लिए एक शब्द है–
(a) दूरगामी (b) दूरदर्शी
(c) भविष्यवक्ता (d) सूक्ष्म दृष्टा

7. 'जिसके पास कुछ भी न हो', उसे कहेंगे–
(a) गरीब (b) दरिद्र
(c) अकिंचन (d) विनीत

8. 'जिसका ज्ञान इन्द्रियों द्वारा न हो' उसे कहेंगे–
(a) इन्द्रियरहित (b) मतिहीन
(c) इन्द्रीमय (d) अगोचर

9. जिसकी आशा न की गई हो–
(a) निराशा (b) अचानक
(c) अप्रत्याशित (d) गलत

10. अन्न को पचाने वाले पेट की अग्नि–
(a) जठराग्नि (b) आंतरिक ऊष्मा
(c) क्षुधाग्नि (d) भूख

11. जिस समय बड़ी मुश्किल से खाद्य-पदार्थ मिलते हों–
(a) दुर्भिक्ष (b) अकाल
(c) दुष्काल (d) भुखमरी

12. जिसकी आशा न की गयी हो–
(a) अकस्मात (b) अप्रत्याशित
(c) असंभावित (d) अननुमेय

13. सुरक्षा के लिए किसी को सौंपी गई वस्तु–
(a) धरोहर (b) अमानती सामान
(c) जमा (d) पूँजी

14. जो तुरन्त कोई उपयुक्त बात या काम सोच ले–
(a) तीक्ष्ण बुद्धि (b) प्रत्युत्पन्नमति
(c) कुशाग्रबुद्धि (d) अग्रचेता

15. अपराध या भूल शमन के लिए किया गया धार्मिक कृत्य–
(a) प्रतिशोध (b) प्रायश्चित
(c) प्रतिकार (d) तपस्या

16. अहसान न मानने वाला–
(a) कृतज्ञ (b) कृतघ्न
(c) विश्वासघाती (d) परोपजीवी

17. जिसका पति जीवित है–
(a) सौभाग्यपती (b) भाग्यवान्
(c) सधवा (d) संयोगिनी

18. जो मांस नहीं खाता–
(a) सात्विक (b) निरामिष
(c) अमांसभक्षी (d) फलाहारी

19. दोपहर के समय शालू आराम कर रही थी–
(a) पूर्वाह्न (b) मध्याह्न
(c) कालिग्रह (d) अपराह्न

20. वैभव को उस विद्यालय में इम्तिहान लेने वाला बनकर जाना है–
(a) विशेषज्ञ (b) परीक्षक
(c) अध्यापक (d) समन्वयक

21. जो किसी के प्रति आसक्त होता है–
(a) आसक्ति (b) आस्थावान
(c) अनुरक्त (d) विरक्त

22. 'बहुत दान देने वाले' को क्या कहेंगे?
(a) दानी (b) औढरदानी
(c) दीनदयाल (d) दानवीर

23. दूसरे के स्थान पर कार्य करने वाला–
(a) प्रतिनिधि (b) स्थानापन्न
(c) विस्थापित (d) अस्थायी

24. अपने पति के प्रति अनन्य अनुराग रखने वाली–
(a) सती (b) पतिव्रता
(c) प्रेयसी (d) सहधर्मिणी

25. फेंककर चलाया जाने वाला हथियार–
(a) अस्त्र (b) शस्त्र
(c) भाला (d) गुलेल

26. जिसका इन्द्रियों से अनुमान न हो सके–
(a) जितेन्द्रिय (b) अतीन्द्रिय
(c) कालजयी (d) सर्वजयी

27. 'बरसात बिल्कुल न होना' कहलाता है–
(a) अनवृष्टि (b) अल्पवृष्टि
(c) अनासृष्टि (d) अनावृष्टि

28. 'सरकार के प्रयास से जारी होने वाली सूचना' कहलाती है—
(a) संसूचना (b) अध्यादेश
(c) राज्यादेश (d) अधिसूचना

29. जो किए गए उपकारों को मानता है—
(a) कृतज्ञ (b) कृपापात्र
(c) उपकारी (d) सुपात्र

30. जिस स्त्री का पति जीवित हो—
(a) कामिनी (b) सुभगा
(c) सधवा (d) मधवा

31. जिसके पास कुछ न हो—
(a) अकिंचन (b) निर्धन
(c) नंगा (d) दरिद्र

32. क्षेपक—
(a) दूसरों को क्षमा कर देने वाला
(b) शत्रु पर घातक वार करने वाला
(c) किसी ग्रन्थ में अन्य व्यक्ति द्वारा जोड़ा गया भाग
(d) किसी व्यक्ति द्वारा छोड़े गए शेष कार्य को पूरा करने वाला

33. जो देखने में प्रिय लगता हो—
(a) समदर्शी (b) प्रियदर्शी
(c) प्रियपात्र (d) दर्शनप्रिय

34. जो आँखों के सामने न हो—
(a) प्रत्यक्ष (b) अप्रत्यक्ष
(c) दूरस्थ (d) परोक्ष

35. अन्तेवासी—
(a) अन्य स्थान पर रहने वाला
(b) अन्त तक रहने वाला
(c) गुरु के समीप रहने वाला शिष्य
(d) किसी विद्या को अन्त तक पढ़ने वाला

36. मोक्ष की इच्छा करने वाला—
(a) जिज्ञासु (b) योगी
(c) आस्तिक (d) मुमुक्षु

37. 'जिसके समान कोई दूसरा न हो' उसे क्या कहेंगे?
(a) शक्तिशाली
(b) प्रतिभाशाली
(c) अद्वितीय
(d) पराक्रमी

38. 'आवश्यकता से अधिक धन का त्याग' क्या कहलाता है?
(a) अपरिगृहण (b) अपरिग्रह
(c) इन्द्रियनिग्रह (d) परिग्रह

39. 'जिस स्त्री ने कभी सूर्य नहीं देखा', उसे कहेंगे—
(a) असूर्यपश्या (b) अनूढ़ा
(c) सूर्यपुत्री (d) असूर्ययश्मा

40. 'जिसका कोई शत्रु पैदा ही न हुआ हो', कहलाता है—
(a) स्कन्दगुप्त (b) अजातशत्रु
(c) अजानबाहु (d) अजेय

41. किसी संस्था के 25 वर्ष पूरे होने पर होने वाले उत्सव के लिए शब्द है—
(a) हीरक जयंती (b) रजत जयंती
(c) शताब्दी (d) स्वर्ण जयंती

42. जो व्यर्थ की बातें करता हो—
(a) बहुभाषी (b) कुवक्ता
(c) वाचाल (d) वाकपटु

43. 'इन्द्रियों को भ्रमित करने वाला' कहलाता है—
(a) एन्द्रिक (b) ऐन्द्रजालिक
(c) इन्द्रिलोलु (d) उपरोक्त में से कोई नहीं

44. 'धर्मपत्नी से उत्पन्न पुत्र' को कहते हैं—
(a) धर्मपुत्र (b) औरस
(c) बलशाली (d) तेजस्वी

45. ऐसा रोग जिसका उपचार संभव न हो—
(a) अरोगी (b) अतिरोगी
(c) विरोगी (d) असाध्य

46. दूर तक देखने वाला—
(a) दूरदर्शी (b) गिद्धदृष्टि
(c) भविष्यदर्शी (d) अनुभवी

47. 'घटनाओं का कालक्रम से किया गया वर्णन' कहलाता है—
(a) इतिवृत (b) कहानी
(c) संस्मरण (d) नाटक

48. जो दोनों में निष्ठा रखता हो—
(a) निष्ठावान (b) निर्जरा
(c) निर्लिप्त (d) उभयनिष्ठ

उत्तरमाला

1. (a)	**2.** (c)	**3.** (a)	**4.** (b)	**5.** (c)	**6.** (b)	**7.** (c)	**8.** (d)	**9.** (c)	**10.** (a)	**11.** (b)
12. (b)	**13.** (a)	**14.** (b)	**15.** (b)	**16.** (b)	**17.** (c)	**18.** (b)	**19.** (b)	**20.** (b)	**21.** (c)	**22.** (b)
23. (b)	**24.** (b)	**25.** (a)	**26.** (b)	**27.** (d)	**28.** (d)	**29.** (a)	**30.** (c)	**31.** (a)	**32.** (c)	**33.** (b)
34. (d)	**35.** (c)	**36.** (d)	**37.** (c)	**38.** (b)	**39.** (a)	**40.** (b)	**41.** (b)	**42.** (c)	**43.** (b)	**44.** (b)
45. (d)	**46.** (a)	**47.** (a)	**48.** (d)							

मुहावरे

मुहावरा—जो वाक्यांश सामान्य अर्थ के स्थान पर विलक्षण अर्थ प्रकट करता है, उसे मुहावरा कहते हैं।

- **अपने मुँह मियाँ-मिट्ठू बनना** (अपनी प्रशंसा स्वयं करना)
- **अपना उल्लू सीधा करना** (अपना मतलब निकालना)
- **अपना-सा मुँह लेकर रह जाना** (कार्य में असफल होने पर लज्जा का अनुभव करना)
- **आँखों का तारा** (अत्यधिक प्रिय)
- **आग में घी डालना** (क्रोध को भड़काना)
- **ईंट का जवाब पत्थर से देना** (दुष्ट की दुष्टता से बढ़कर दुष्टता करना)
- **अंगारे उगलना** (क्रोध में कठोर वचन बोलना)
- **अँगुली पर नचाना** (वश में करना)
- **अन्धे के हाथ बटेर** (अयोग्य के हाथ अनायास अच्छी वस्तु का लगना)
- **अँधेरे घर का उजाला** (एकमात्र पुत्र)
- **अगर-मगर करना** (टालमटोल करना)
- **अपना उल्लू सीधा करना** (स्वार्थ सिद्ध करना)
- **अन्धेरे में तीर चलाना** (लक्ष्य-विहीन प्रयास करना)
- **अँगार सिर पर धरना** (कठिन दुःख सहना)
- **अँगारों पर पैर रखना** (खतरनाक कार्य करना)
- **अन्धा होना** (जान-बूझकर किसी बात पर ध्यान न देना)
- **अक्ल का दुश्मन होना** (मूर्ख होना)
- **अंगारों पर लोटना** (रोष और जलन के मारे कुढ़ना)
- **अठखेलियाँ सूझना** (हँसी-दिल्लगी करना)
- **अंगद का पैर होना** (अत्यन्त दृढ़ होना)
- **अगस्त्य का समुद्र पान** (असम्भव कार्य करना)
- **अपना ही राग अलापना** (अपनी कहना, दूसरे की न सुनना)
- **अपनी खिचड़ी अलग पकाना/अढ़ाई चावल की खिचड़ी अलग पकाना** (सबसे अलग विचार रखना, सबके साथ न चलना)

- **अपने पाँव पर कुल्हाड़ी मारना/अपने पैर आप कुल्हाड़ी मारना** (जान-बूझकर स्वयं को संकट में डालना)
- **अंगूर खट्टे होना** (असफलता पर पर्दे डालना)
- **अधर में लटकना** (दुविधा में पड़ा रह जाना)
- **अपनी खाल में मस्त रहना** (अपनी दशा से संतुष्ट रहना)
- **आपे में न होना** (होश में न होना)
- **अक्ल पर पत्थर/पर्दा पड़ना** (अक्ल मारी जाना)
- **अन्धा होना** (विवेक खो देना)
- **अपना राग अलापना** (अपनी ही कहते रहना)
- **अंगूठा चूमना** (चापलूसी करना)
- **अंक लगाना** (आलिंगन करना)
- **अँधेरे मुँह** (उजाला होने से पूर्व)
- **एक आँख से देखना** (सबको बराबर समझना)
- **एक-एक नस पहचानना** (सब कुछ समझना)
- **एक घाट का पानी पीना** (एकता और सहनशीलता होना)
- **एक लकड़ी से सब को हाँकना** (यथायोग्य व्यवहार न करना)
- **एक ही थैली के चट्टे-बट्टे** (एक जैसे चरित्र और विचार के लोग)
- **काठ का उल्लू** (महामूर्ख)
- **काठ मार जाना** (हतप्रभ हो जाना)
- **कान कतरना** (मात करना)
- **कान खड़े होना** (चौकन्ना होना)
- **कान खोलना** (सावधान कर देना)
- **कान गरम करना** (पीटना)
- **कान खोलना** (सावधान कर देना)
- **कान देना** (ध्यान से सुनना)
- **कान पकड़ना** (गलती मान लेना)
- **कान पर जूँ तक न रेंगना** (कुछ भी परवाह न करना)
- **कान भरना** (चुगली करना)

प्रश्नमाला

1. ईद का चाँद होना का अर्थ है–
(a) अलभ्य होना
(b) दिखाई न देना
(c) बहुत दिनों पर मिलना
(d) दुर्लभ होना

2. उगल देना का अर्थ है–
(a) वमन करना
(b) गुप्त बात प्रकट कर देना
(c) बलात् कोई बात मुँह से निकल जाना
(d) झटके में कह देना

3. आँखों पर चर्बी छाना का अर्थ है–
(a) धोखा खाना
(b) कुछ समझ न आना
(c) अभिमान करना
(d) निर्लज्ज होना

4. कूपमंडूक होना का अर्थ है–
(a) घर में ही रहना
(b) कुएँ में गिरना
(c) अत्यंन्त सीमित ज्ञान होना
(d) मूर्ख होना

5. आँखों में गड़ना का अर्थ है–
(a) आँख में किरकिरी पड़ना
(b) आँखों में कष्ट होना
(c) शत्रुता होना
(d) बुरा लगना

6. आँखें बदल जाना का अर्थ है–
(a) सहानुभूति का न रह जाना
(b) आँखों का रंग बदल जाना
(c) आँखों का रोग-मुक्त होना
(d) इशारों की अदला-बदली होना

7. उन्नीस-बीस होना का अर्थ है–
(a) केवल एक का अंतर होना
(b) लगभग समान होना
(c) तनिक घट-बढ़कर होना
(d) अंतर का नगण्य होना

8. उँगली उठाना का अर्थ है–
(a) उँगली से इशारा करना
(b) क्षति पहुँचाना
(c) बदनाम करना
(d) अपशब्द कहना

9. कलेजे पर पत्थर रखना का अर्थ है–
(a) कठोर यातना देना
(b) छाती के बल शक्ति-प्रदर्शन करना
(c) दिल मजबूत करना
(d) भीषण कार्य करना

10. कलेजे पर साँप लोटना का अर्थ है–
(a) किसी की उन्नति पर जलन होना
(b) भयानक चीज का सामना होना
(c) साँप का शरीर पर रेंगकर चले जाना
(d) सपेरे का एक खेल प्रदर्शन

11. आँख की पुतली का अर्थ है–
(a) आँख की रोशनी (b) आँख का तारा
(c) अत्यन्त प्रिय (d) आँख की किरकिरी

12. आँखें लड़ना का अर्थ है–
(a) आँखों से लड़ाई करना
(b) प्रेम होना
(c) युद्ध-कला का एक रूप
(d) प्रेमपूर्वक देखना

13. एड़ी-चोटी का जोर लगाना का अर्थ है–
(a) योगाभ्यास का एक विशेष रूप
(b) एड़ी को चोटी से मिला देना
(c) भरपूर जोर लगाना
(d) सभी अंगों से कार्य में लग जाना

14. कलेजा चीर कर दिखाना का अर्थ है–
(a) भयानक कृत्य करना
(b) कलेजा चीर कर प्रतिशोध लेना
(c) हत्या करना
(d) विश्वास दिलाना

15. कलेजा धक्-धक् करना का अर्थ है–
(a) कलेजे की प्राकृतिक क्रिया
(b) भयभीत होना
(c) शत्रु से सामना होना
(d) कलेजा धड़कने की बीमारी

16. मूँछ मुड़ाना का अर्थ है–
(a) बुरा-भला सुनाना
(b) अहंकारी होना
(c) बनावटी बातें करना
(d) हार मानना

17. लंगोटी में फाग खेलना का अर्थ है–
(a) पहलवानी करना
(b) व्यायाम करना
(c) ब्रह्मचारी होना
(d) दरिद्रता में आनन्द मनाना

18. कलेजा ठंडा होना का अर्थ है–
(a) मन को शान्ति मिलना
(b) ईर्ष्या पूरी होने पर संतोष होना
(c) बर्फ हो जाना
(d) असहाय हो जाना

19. कलेजा थामकर रह जाना का अर्थ है–
(a) लाचारी का अनुभव होना
(b) मन मसोस कर रह जाना
(c) मन के भाव को प्रकट न कर सकना
(d) मन का काम न कर पाना

20. सीधे मुँह बातें न करना का अर्थ है–
(a) नाराज होना (b) हार मानना
(c) फटकार सुनाना (d) घमण्ड करना

21. अब सुनीता के हाथ पीले करने का समय आ गया है। रेखांकित मुहावरे का अर्थ है–
(a) सजाने का
(b) विवाह करने का
(c) प्यार करने का
(d) अत्यधिक पिटाई करने का

22. बाँसों उछलना का अर्थ है–
(a) अभद्र व्यवहार करना
(b) अहंकार करना
(c) पागल होना
(d) प्रसन्न होना

23. भाड़ झोंकना का अर्थ है–
(a) अनाज भूनना
(b) कामं बिगाड़ना
(c) मामूली कमाई करना
(d) व्यर्थ-समय नष्ट करना

24. कलेजा निकाल कर रख देना का अर्थ है–
(a) शरीर से कलेजा अलग निकाल देना
(b) हृदय की बात कह देना
(c) सत्य-भाषण करना
(d) सब कुछ उगल देना

25. कलेजा मुँह को आना का अर्थ है–
(a) गंभीर बीमारी की अवस्था
(b) दिल तेजी से धड़कना
(c) अचेत होना
(d) बहुत घबरा जाना

26. आसमान टूट पड़ना का अर्थ है–
(a) गजब का संकट आना
(b) वज्रपात होना
(c) उल्कापात होना
(d) भारी वर्षा होना

27. आसमान के तारे तोड़ना का अर्थ है–
(a) बहुत ऊँचे उड़ना
(b) खूब धन कमा लेना
(c) भारी सफलता पाना
(d) असंभव को संभव कर दिखाना

28. भगीरथ प्रयत्न का अर्थ है–
(a) साधारण प्रयत्न
(b) असाधारण प्रयत्न
(c) लगातार प्रयत्न करते रहना
(d) कठिन तपस्या करना

29. भीष्म प्रतिज्ञा का अर्थ है–
(a) दिखावे मात्र की प्रतिज्ञा
(b) कठोर प्रतिज्ञा
(c) दृढ़ प्रतिज्ञा
(d) इनमें से कोई नहीं

30. अवसरवादी व्यक्ति हमेशा अपना उल्लू सीधा करने का प्रयास करता है। रेखांकित मुहावरे का अर्थ है–
(a) लोक व्यवहार के विरुद्ध
(b) स्वार्थ पूर्ति
(c) विश्वासघात
(d) बात बदलने का

31. कपटी मित्र के लिए सही मुहावरा है–
(a) दाँत काटी रोटी (b) आस्तीन का साँप
(c) अक्ल की दुम (d) आबनूस का कुन्दा

32. खून पानी होना का अर्थ है–
(a) पानी का खून में प्रवेश करना
(b) कोई असर न होना
(c) भाई का खून करना
(d) पानी पीते ही खून की उल्टी करना

33. अंतड़ियों में बल पड़ना का अर्थ है–
(a) बहुत रोना (b) बहुत हँसना
(c) बीमार होना (d) दौड़-धूप करना

34. आँखों पर पर्दा पड़ना का अर्थ है–
(a) आँखों में झिल्ली बन जाना
(b) अज्ञान के अंधकार में रहना
(c) घमंड से सच्चाई की उपेक्षा करना
(d) न दिखाई देना

35. आँखों में पानी न होना का अर्थ है–
(a) मर्यादाहीन होना
(b) शील-संकोच का न होना
(c) आँखों का सूख जाना
(d) एक नेत्र-रोग

36. कलई खुलना का अर्थ है–
(a) मुलम्मा छूट जाना (b) भेद खुल जाना
(c) लांछित होना (d) लज्जित होना

37. कलम तोड़ देना का अर्थ है–
(a) बहुत अच्छा लिखना
(b) बलात् कलम तोड़ देना
(c) कलम को बेकार कर देना
(d) लिखने में कलम का टूट जाना

38. आठ-आठ आँसू रोना का अर्थ है–
(a) विलख-विलख कर रोना
(b) दारूढ़ कष्ट में पड़ना
(c) बार-बार रोना
(d) बुरी तरह पछताना

39. आँसू पीकर रह जाना का अर्थ है–
(a) बेबसी की अनुभूति
(b) भीतर-ही-भीतर घुट कर रह जाना
(c) आत्म-नियंत्रण का परिचय देना
(d) आँसुओं से प्यास बुझाना

40. घड़ों पानी पड़ना का अर्थ है–
(a) भीग जाना (b) खूब वर्षा होना
(c) लज्जित होना (d) खूब स्नान करना

41. घी के दिए जलाना का अर्थ है–
(a) अप्रत्याशित लाभ पर प्रसन्नता होना
(b) तेल के अभाव की पूर्ति घी से करना
(c) अति करना
(d) खुशी मनाना

42. कल पड़ना का अर्थ है–
(a) राहत महसूस होना
(b) कष्ट से छुटकारा होना
(c) शान्ति प्राप्त होना
(d) आनन्द मिलना

43. घर का न घाट का अर्थ है–
(a) बेकार, कहीं का नहीं
(b) जगह-जगह घूमने वाला
(c) बे-घर बार का
(d) व्यर्थ

44. घर फूँक तमाशा देखना का अर्थ है–
(a) मूर्खता का काम करना
(b) अपनी क्षति करके आनन्द मनाना
(c) मनोरंजन का शौकीन होना
(d) अपने मन की करना

45. आसन डोलना का अर्थ है–
(a) पद पर खतरा आना
(b) मन का अस्थिर हो जाना
(c) लालच में फँसना
(d) विचलित होना

46. आसमान से बातें करना का अर्थ है–
(a) अत्यन्त ऊँचा होना
(b) आकाश की ओर मुँह करके एकालाप करना
(c) घमंड से भरना
(d) व्यर्थ की बकवास

47. आँखों में धूल झोंकना का अर्थ है–
(a) धोखे में डालना
(b) परेशान करना
(c) आमने-सामने चुनौती देना
(d) प्रत्यक्ष रूप से अनिष्ट करना

48. उँगली पकड़कर पहुँचा पकड़ना का अर्थ है–
(a) एक अंग पकड़कर पूरे शरीर पर कब्जा करना
(b) अल्पांश प्राप्तकर सर्वांश हथियाने की इच्छा करना
(c) दाँव साधना
(d) बदला चुकाना

49. पाँचों उँगलियाँ घी में होना का अर्थ है–
(a) मौजमस्ती में रहना
(b) खूब छककर भोजन करना
(c) खाने को स्वादिष्ट चीजें मिलना
(d) सभी तरह से सुख ही सुख होना

उत्तरमाला

1. (c)	2. (b)	3. (c)	4. (c)	5. (d)	6. (a)	7. (b)	8. (c)	9. (d)	10. (a)	11. (c)
12. (b)	13. (c)	14. (d)	15. (b)	16. (d)	17. (d)	18. (b)	19. (b)	20. (d)	21. (b)	22. (d)
23. (d)	24. (b)	25. (d)	26. (a)	27. (d)	28. (b)	29. (c)	30. (b)	31. (b)	32. (b)	33. (b)
34. (a)	35. (b)	36. (b)	37. (a)	38. (d)	39. (b)	40. (c)	41. (a)	42. (a)	43. (a)	44. (b)
45. (d)	46. (a)	47. (a)	48. (b)	49. (d)						

लोकोक्तियाँ

- लोकोक्ति का अर्थ है 'लोक में प्रचलित उक्ति'। इससे तात्पर्य एक ऐसे वाक्य से है जो चमत्कृत ढंग से संक्षेप में किसी सत्य या नीति के आशय को स्पष्ट एवं सशक्त रूप में व्यक्त करता हो।
- **अब पछताये होत क्या, जब चिड़िया चुग गई खेत**—समय निकल जाने पर पछताना, समय निकल जाने पर प्रयत्नशील होना।
- **अरहर की टट्टी, गुजराती ताला**—छोटी वस्तु की सुरक्षा में अधिक व्यय।
- **अपनी ढपली, अपना राग**—सबका मत पृथक-पृथक होना।
- **अपनी पगड़ी अपने हाथ**—अपनी प्रतिष्ठा अपने हाथ।
- **आँख ओट पहाड़ ओट**—आँख से ओझल हुए तो समझो कि बहुत दूर हो गए।
- **आँख के आगे नाक, सूझे क्या खाक**—आँख पर परदा पड़ा है तो क्या सूझे।
- **आँख सुख कलेजे ठंडक**—परम शान्ति।
- **आँख एक नहीं कलेजा टुक-टुक**—बनावटी दु:ख प्रकट करना।
- **आटा-दाल का भाव मालूम होना**—कठिनाई का अनुभव होना।
- **आज का बनिया कल का सेठ**—काम करते रहने से आदमी बड़ा हो ही जाता है।
- **आटे का चिराग, घर रखूँ तो चूहा खाए, बाहर रखूँ तो कौआ ले जाए**—ऐसी वस्तु जिसे बचाने में कठिनाई हो।
- **आँख फूटी, पीर गयी**—कारण के नष्ट होने पर कार्य अपने आप समाप्त हो जाता है।
- **आप का काज महाकाज**—अपना कार्य स्वयं करना ही श्रेयस्कर है।
- **आठ कन्नौजिया नौ चूल्हे**—मेल से न रहना।
- **आप डूबे तो जग डूबा**—जब मर गये तो फिर चिन्ता क्या।
- **आम के आम, गुठलियों के दाम**—दुहरा लाभ।
- **आये थे हरिभजन को ओटन लगे कपास**—प्रमुख कार्य के उद्देश्य को छोड़कर अन्य कार्य में लग जाना।
- **अन्धेर नगरी चौपट राजा : टके सेर भाजी, टके सेर खाझा**—मूर्ख और गुणवान का समान आदर।
- **अन्त भला सो सब भला**—जिसका अन्त उत्तम हो, वही उत्तम कार्य है।
- **अटका बनिया देय उधार**—दबाव पड़ने पर सब कुछ करना पड़ता है।
- **अजगर करे न चाकरी पंछी करे न काम**—ईश्वर सबकी आवश्यकताएँ पूरी करता है।
- **अकेला हँसता भला न रोता भला**—सुख-दु:ख में साथी होने चाहिए।
- **अपने मरे बिना स्वर्ग नहीं दिखता है**—स्वयं अपने आप प्रयत्न करने पर ही काम बनता है।
- **अढ़ाई हाथ की ककड़ी, नौ हाथ की बीज**—अनहोनी बात।
- **एक मुँह दो बात**—अपनी बात को पलटना/एक ही मुँह से दो प्रकार की बात करना।
- **एक हम्माम में सब नंगे**—सहयोगी एक-दूसरे की दुर्बलताएँ जानते हैं।
- **एक पन्थ दो काज/एक ढेले से दो शिकार**—एक उपाय से दो कार्य होना।
- **इस हाथ दे, उस हाथ ले**—सम्मान या लाभ देने से सम्मान या लाभ मिलता है।
- **इतना खाये जितना पचे**—सामर्थ्य के अन्दर कार्य करना चाहिए।
- **इन तिलों में तेल नहीं**—यहाँ से कुछ भी हासिल होने को नहीं।
- **इधर कुआँ, उधर खाई**—दोनों तरफ मुसीबत।
- **इधर न उधर, यह बला किधर**—विपत्ति का आ जाना।
- **इस घर का बाबा आदम ही निराला है**—सब कुछ निराला है।
- **इमली के पात पर बारात का डेरा**—असम्भव बात।
- **इतनी सी जान, गज भर की ज़बान**—अपनी उम्र के हिसाब से बहुत बोलना।
- **ईंट की देवी, माँगे का प्रसाद**—जैसा व्यक्ति वैसी आवभगत।
- **ईंट की लेनी, पत्थर की देनी**—दुष्टता के बदले और अधिक दुष्टता।
- **उल्टे बाँस बरेली को**—विपरीत काम।
- **उल्टी गंगा पहाड़ को चली**—असंभव या विपरीत कार्य।
- **ऊँट किस करवट बैठता है**—निर्णय किसके पक्ष में होता है।
- **ऊँट के गले में बिल्ली**—विपरीत वस्तुओं का मेल।
- **ऊँट के मुँह में जीरा**—खाने को बहुत कम मिलना।
- **एक तवे की रोटी, क्या छोटी क्या मोटी**—किसी प्रकार का भेदभाव नहीं है।
- **कलाल की दुकान पर पानी पियो तो भी शराब का शक होता है**—बुरी संगति में कलंक लगता है।
- **कहाँ राम-राम, कहाँ टाँय-टाँय**—उच्च कोटि की वस्तु से किसी निम्न कोटि की वस्तु की तुलना नहीं हो सकती।
- **कहीं गधा भी घोड़ा बन सकता है**—बुरा या छोटा आदमी कभी भला/बड़ा नहीं बन सकता।
- **कागज की नाव नहीं चलती**—बेईमानी या धोखेबाजी बहुत दिन नहीं चल सकती।
- **काले के आगे दीया नहीं जलता**—बलवान के आगे किसी का वश नहीं चलता।
- **कचहरी का दरवाजा खुला है**—न्याय के लिए न्यायालय में जाना।
- **कब्र में पाँव लटकाए बैठा है**—मरने वाला है।
- **कभी के दिन बड़े कभी के रात**—सब दिन एक जैसे नहीं होते।
- **कमान से निकला तीर और मुँह से निकली बात वापस नहीं आती**—सोच-विचार कर बात कहनी चाहिए।
- **करत-करत अभ्यास के जड़मति होत सुजान**—प्रयत्न करते रहना चाहिए, सफलता मिलेगी।
- **कुम्हार अपना ही घड़ा सराहता है**—हर कोई अपनी वस्तु की प्रशंसा करता है।
- **कोई मरे कोई जीवे सुथरा घोल बताशा पीवे**—सुख-दु:ख से परे मस्त रहने वाला।
- **खेती, खसम लेती**—कोई काम अपने हाथ से करने पर ही ठीक होता है।
- **खूँटे के बल बछड़ा कूदे**—दूसरे के बल पर काम करना।
- **खोदा पहाड़ निकली चुहिया**—अधिक परिश्रम के बाद साधारण लाभ।
- **खेत खाये गदहा मार खाये जुलाहा**—निरपराधी को दण्डित करना।
- **खाने के दाँत और, दिखाने के और**—बाहर-भीतर में बहुत अंतर होना।
- **गुड़ न दें, पर गुड़ की सी बात तो करें**—कुछ न दें पर मीठा बोल तो बोलें।
- **गुरु जी, चेले बहुत हो गए। भूखों मरेंगे तो आप ही चले जाएँगे**—लोग अधिक हों तो उपेक्षा होती है।
- **गोद में बैठकर आँख में उँगली**—भला करने पर दुष्टता।
- **गाय को अपनी सींग भारी नहीं होती**—अपने कुटुम्बी किसी को कष्टदायक नहीं जान पड़ते।
- **घोड़े की लात, आदमी को बात**—दुष्ट से कठोरता का और सज्जन से नम्रता का व्यवहार करें।

- **घर का भेदी लंका ढावे**—आपसी फूट अत्यधिक हानिकारक होती है।
- **घड़ी में तोला : घड़ी में मासा/ पल में तोला, पल में मासा**—अव्यवस्थित, क्षण-भंगुर स्वभाव का व्यक्ति।
- **घड़ी में घर जले नौ घड़ी भद्रा**—समय पर काम न हुआ तो उसका होना न होना बराबर है।
- **चोर-चोर मौसेरे भाई**—एक स्वभाव वाले शीघ्र ही मित्रता कर लेते हैं। दुष्टों की मित्रता शीघ्र होती है।
- **चील के घोंसले में मांस कहाँ**—यहाँ कुछ भी बचा नहीं रह सकता।
- **चुपड़ी और दो-दो**—उत्तम वस्तु और वह भी इतनी ज्यादा।
- **चुल्लू-चुल्लू साधेगा, दुआरे हाथी बाँधेगा**—थोड़ा-थोड़ा जमा करके अमीर हो जाओगे।
- **चूहे के चाम से कहीं नगाड़े मढ़े जाते हैं**—थोड़ी वस्तु से बड़ा काम नहीं हो सकता।
- **छाज (सूप) बोले तो बोले, छलनी क्या बोले जिसमें हजार छेद**—अपने अवगुणों को न देखकर दूसरों की आलोचना करने वाला।
- **छींके कोई, नाक कटावे कोई**—किसी के दोष का फल दूसरा भोगे।
- **छोटा मुँह बड़ी बात**—अपनी योग्यता से बढ़कर बात करना।
- **छोटे मियाँ तो छोटे मियाँ, बड़े मियाँ सुभान अल्लाह**—छोटे से बड़ा अवगुणों में भारी।
- **जंगल में मोर नाचा किसने देखा**—ऐसे स्थान पर गुण प्रदर्शन न करें जहाँ कद्र न हो।
- **जड़ काटते जाएँ पानी देते जाएँ**—भीतर से शत्रु, ऊपर से मित्र।
- **जने-जने की लकड़ी एक जने का बोझ**—सबसे थोड़ा-थोड़ा मिले तो काम पूरा हो जाता है।
- **जूँ के डर से गुदड़ी नहीं फेंकी जाती**—थोड़ी-सी कठिनाई के कारण कोई बड़ा काम छोड़ा नहीं जाता।
- **जैसा करोगे वैसा भरोगे, जैसा बोवोगे वैसा ही काटोगे**— अपनी करनी का फल मिलता है।
- **जैसा राजा वैसी प्रजा**—जैसा मालिक वैसे उसके कर्मचारी।
- **जैसी तेरी कामरी, वैसे मेरे गीत**—जैसा दोगे वैसा पाओगे।
- **जैसे नागनाथ वैसे साँपनाथ**—दोनों एक से।
- **जैसे मियाँ काठ का, वैसे सन की दाढ़ी**—ठीक मेल है।
- **जो गरजते हैं, सो बरसते नहीं**—बहुत डींग हाँकने वाले काम के नहीं होते।
- **थूक कर चाटना**—कही बात से मुकर जाना।
- **थका ऊँट सराय ताकता**—थकने पर विश्राम चाहिए।
- **दबी बिल्ली चूहों से कान कतराती है**—दोषी व्यक्ति छोटों के सामने भी सिर नहीं उठा सकता।
- **दबाने पर चींटी भी चोट करती है**—जिस किसी को दुःख दिया जाए वह बदला लेता है।
- **दर्जी की सुई, कभी तागे में कभी टाट में**—हर परिस्थिति में सहनशीलता बनाये रखना।

प्रश्नमाला

1. थोथा चना, बाजे घना का अर्थ है—
(a) चने की फली में दाना भरा होता है, तो उससे आवाज ज्यादा होती है।
(b) अयोग्य व्यक्ति बहुत चढ़-चढ़ कर बातें करता है।
(c) अयोग्यता छिपाने का सबसे अच्छा तरीका लम्बी-चौड़ी गप हाँकना है।
(d) जो जितना बोलता है, वह उतना अयोग्य या निकम्मा होता है।

2. दाल-भात में मूसलचन्द का अर्थ है—
(a) दाल-भात के तैयार होने पर भला मूसल का क्या काम
(b) अनावश्यक दखल देना
(c) बनी चीज को बिगाड़ना
(d) अनजान लोगों के बीच जा कूदना

3. पुचकारने पर कुत्ता सिर चढ़े का अर्थ है—
(a) पुचकारने पर कुत्ता भी प्यार दिखाता है
(b) ओछे लोग मुँह लगाने पर अनुचित लाभ उठाते हैं
(c) ओछे लोग ही इस जमाने में तरक्की कर सकते हैं
(d) नगण्य व्यक्ति को कभी अपमानित नहीं करना चाहिए

4. तीन दिन मेहमान चौथे दिन हैवान का अर्थ है—
(a) आतिथ्य थोड़े दिन का ही अच्छा होता है
(b) अतिथि का कभी अनादर नहीं करना चाहिए
(c) मेहमान भी कभी-कभी शैतान बन जाता है
(d) ससुराल में दामाद को अधिक दिन नहीं रहना चाहिए

5. हँसुए के ब्याह में खुरपी का गीत का अर्थ है—
(a) शादी का गीत गाना
(b) जश्न मनाना
(c) असंगत बातें करना
(d) निचले स्तर का कार्य करना

6. जाके पाँव ने फटे विवाई वह का जाने पीर पराई का अर्थ है—
(a) दयालु होना
(b) कठोर होना
(c) दूसरे के कष्ट को अनुभव करना
(d) जिसके ऊपर बीतती है वही जानता है

7. नीम हकीम खतरे जान का अर्थ है—
(a) डींग हाँकना
(b) बीमारी का गलत इलाज होना
(c) खतरनाक चीजें
(d) अल्प विद्या भयंकर

8. सौ सयाने एक मत का अर्थ है—
(a) कुछ भी निश्चय न कर पाना
(b) ज्यादा चालाक बनना
(c) अच्छे विचारों में भिन्नता होना
(d) बुद्धिमानों के विचार एक से होते हैं

9. .... के अंधे को हरा ही हरा नजर आता है—
(a) बचपन (b) सावन
(c) बात (d) आँख

10. कर .... तो हो भला—
(a) सेवा (b) भला
(c) बला (d) बुरा

11. तबली की बला बन्दर के सिर का अर्थ है—
(a) किसी की शिकायत दूसरों से करना
(b) एक-दूसरे से लड़वाना
(c) किसी का अपराध दूसरे के सिर
(d) अपना दोष दूसरों के सिर मढ़ना

12. एक और एक ग्यारह होते हैं का अर्थ है—
(a) संसार में सब सम्भव है
(b) भीड़ में बल है
(c) गणित विद्या में निपुणता प्राप्त करना
(d) संगठन में शक्ति है

13. अधजल गगरी .... जाय—
(a) फैलत
(b) लुढ़कत
(c) उछलत
(d) छलकत

14. .... धतूरे सो कहत गहनो गढ़ो न जात—
(a) रजत (b) कनक
(c) स्वर्ण (d) कंचन

15. जस दूल्हा तस बना बराती का अर्थ है–
(a) संगठन से ही कार्य सिद्ध होता है
(b) सुन्दर वस्तु के साथ ही सुन्दर वस्तु का मेल होना
(c) सभी साथी एक ही जैसे
(d) बेढंगा होना

16. आडम्बर बहुत, किन्तु वास्तविकता कुछ नहीं के लिए सही लोकोक्ति है–
(a) आँख का अंधा नाम नयनसुख
(b) ऊँची दुकान फीका पकवान
(c) ऊँट के मुँह में जीरा
(d) खोदा पहाड़ निकली चुहिया

17. अंधों में .... राजा–
(a) लंगड़ा (b) लूला
(c) काना (d) पहलवान

18. घर का भेदी .... ढाए–
(a) बाबरी (b) अयोध्या
(c) लंका (d) कहर

19. नाच न जाने .... टेढ़ा–
(a) कमरा (b) गाना
(c) कमर (d) आँगन

20. टूट चाप नहिं जुरै रिसाने का अर्थ है–
(a) टूटा धनुष क्रोध करने से नहीं जुड़ता
(b) चिन्ता छोड़ो सुख से जिओ
(c) नुकसान के लिए परेशान नहीं होना चाहिए
(d) नुकसान हो जाने पर क्रोध करना व्यर्थ है

21. आये थे हरि भजन को ओटन लगे कपास का अर्थ है–
(a) हरि भक्त का मार्ग कठिन होता है
(b) उद्देश्य की प्राप्ति में असफल होना
(c) किसी कार्य विशेष की उपेक्षा कर किसी अन्य कार्य में लग जाना
(d) ईश्वर भक्ति को छोड़कर व्यापार में लग जाना

22. काला अक्षर भैंस बराबर का अर्थ है–
(a) छिद्रान्वेषी होना (b) समदर्शी होना
(c) अनपढ़ होना (d) अदूरदर्शी होना

23. कुम्हार अपना ही घड़ा सराहता है, का अर्थ है–
(a) अपनी ही प्रशंसा करना
(b) अपनी बनाई हुई वस्तु सबको अच्छी लगती है
(c) किसी को बोलने नहीं देना
(d) दूसरों की वस्तु को तुच्छ समझना

24. ऊँची दुकान के फीके पकवान का अर्थ है–
(a) प्रसिद्ध दुकानों पर सामान प्रायः खराब मिलते हैं
(b) जहाँ ऊपरी ठाठ-बाट ज्यादा हो वहाँ तत्व की बात नहीं मिलती है
(c) अच्छी चीजें केवल छोटी दुकानों में मिलती हैं
(d) नाम बड़े दर्शन थोड़े

25. गरजे सो बरसे नहीं का अर्थ है–
(a) गरजने वाला बादल बरसता नहीं
(b) अधिक डींग हाँकने वाला मनुष्य कुछ काम नहीं कर सकता
(c) क्रोधी स्वभाव का व्यक्ति किसी का कुछ बिगाड़ नहीं सकता
(d) जोर-जोर से बोलने वाला व्यक्ति बेकाम का होता है

26. गाँव का जोगी जोगना, आन गाँव का सिद्ध का अर्थ है–
(a) घर-गाँव के योगी को लोग बुद्धू समझते हैं
(b) नजदीक की वस्तु का सम्मान नहीं होता
(c) बुद्धिहीन
(d) एक साथ दो लाभ

27. ऊधो का लेना, न माधो का देना का अर्थ है–
(a) गोपियों को उद्धव से कुछ पाना था और न उनके द्वारा माधव को कुछ भेजना था
(b) न किसी से कुछ लेना, न किसी को कुछ देना
(c) न ऋणी, न ऋणदाता
(d) सब झमेलों से दूर

28. ऊधो की पगड़ी माधो के सिर का अर्थ है–
(a) ऊधो की इज्जत का भार माधो पर
(b) एक का दोष दूसरे के सिर मढ़ना
(c) किसी का दायित्व किसी को ओढ़ाना
(d) एक का भार दूसरे के सिर पर डालना

29. आप डूबे तो जग डूबा का अर्थ है–
(a) बुरा आदमी सबको बुरा कहता है
(b) मरने के बाद कौन देखने आता है कि क्या हुआ
(c) अपनी हानि होने पर दूसरों को भी हानि पहुँचाना
(d) सबको अपने समान समझना

30. तेल देखो तेल की धार देखो का अर्थ है–
(a) लापरवाही से नुकसान होता है
(b) तेल की धार देखकर तेल का परीक्षण करना
(c) काम करते समय उसकी पहचान करना
(d) रुख पहचानना

31. हथेली पर सरसों नहीं जमती का अर्थ है–
(a) सरसों के लिए जमीन चाहिए, हथेली नहीं
(b) हर काम में मनमानी नहीं चल सकती
(c) काम के लिए समय चाहिए, जब चाहो तभी काम नहीं हो सकता
(d) सफलता समय पर आती है

32. आगे नाथ न पीछे पगहा का अर्थ है–
(a) पूर्ण स्वतंत्र
(b) अपने मन की कहना
(c) बंधन रहित होना
(d) इधर-उधर भागना

33. अंधा पावै आँखें तो पतियाय का अर्थ है–
(a) सबसे मूल्यवान वस्तु प्राप्त करके प्रसन्न होना
(b) अभीष्ट की प्राप्ति होने पर विश्वास का जमना
(c) असंभव की चाह होना
(d) असंभव को संभव कर दिखाना

34. ऊधो का लेना न माधो को देना का अर्थ है–
(a) अपने काम से काम
(b) भक्ति भाव से दूर रहना
(c) हिसाब साफ रखना
(d) सबसे अलग रहना

35. तन पर नहीं लत्ता पान खाए अलवत्ता का अर्थ है–
(a) बहुत गरीब होना
(b) झूठा दिखावा करना
(c) एक साथ दो लाभ होना
(d) बुरी आदत का शिकार

36. काला अक्षर भैंस बराबर का अर्थ है–
(a) महामूर्ख (b) बुद्धिहीन
(c) निरक्षर भट्टाचार्य (d) अक्ल का अंधा

37. खिसियानी बिल्ली खंभा नोंचे का अर्थ है–
(a) बिल्ली चूहा नहीं पकड़ सकी तो खंभा नोचने लगी
(b) बिल्ली खिसिया गई तो खंभे को ही चूहा मान लिया
(c) लज्जित होने पर व्यर्थ क्रोध आता है
(d) प्रयत्न के विफल होने पर क्रोध आता है

38. गंगा गये गंगादास, जमुना गये जमुनादास का अर्थ है–
(a) अवसरवादी मनुष्य
(b) क्षण-क्षण बदलने वाला मनुष्य
(c) सिद्धान्तहीन मनुष्य
(d) चरित्रहीन मनुष्य

39. घर का भेदी लंका ढावै का अर्थ है–
(a) अपने घर का भेद कभी नहीं बताना चाहिए
(b) आपसी कलह विनाश का कारण होती है
(c) विभीषण रावण से न फूटता तो लंका न जलती
(d) भाई को भी अपना भेद नहीं बताना चाहिए

40. घर की मुर्गी दाल बराबर का अर्थ है–
(a) जो चीज घर में सहज उपलब्ध है, उसका महत्व नहीं होता
(b) घर की मुर्गी का मांस उतना स्वादिष्ट नहीं होता
(c) बहुत परिचय से मान घटता है
(d) अपने घर की चीज की कोई कीमत नहीं की जाती है

41. घर का जोगी जोगड़ा, आन गाँव का सिद्ध का अर्थ है–
(a) घर के ज्ञानी को सम्मान नहीं
(b) घर-घर में मिट्टी के चूल्हे
(c) घर की मुर्गी दाल बराबर
(d) घर का भेदी लंगा ढाए

42. कोयले की दलाली में मुँह काला का अर्थ है–
(a) कोयले का व्यापार करना
(b) बुरे काम से बुराई मिलना
(c) झूठ बोलना
(d) व्यापार में घाटा होना

43. ऊँट के मुँह में जीरा का अर्थ है—
   (a) ऊँट भला जीरे का स्वाद क्या जाने
   (b) ऊँट के इतने बड़े मुँह में तनिक सा जीरा क्या मालूम पड़ेगा
   (c) जरूरत बड़ी हो तो चीज की अल्प मात्रा से काम नहीं चल सकता
   (d) छोटे आदमी से बड़े आदमी का काम नहीं निकल सकता
44. ऊँट किस करवट बैठता है का अर्थ है—
   (a) ऊँट के बारे में कोई नहीं कह सकता कि वह किस बल बैठेगा
   (b) ऊँट का स्वभाव अनिश्चयात्मक होता है
   (c) जब दो पक्षों में मत-भेद या विग्रह की स्थिति हो तब कोई नहीं कह सकता कि अंत में निर्णय किसके पक्ष में होगा
   (d) अनिश्चय की स्थिति दुखदायी होती है
45. आ बैल मुझे मार का अर्थ है—
   (a) छेड़छाड़ करना
   (b) जान-बूझकर मुसीबत में पड़ना
   (c) बलशाली के सामने वीरता दिखाना
   (d) कायर होते हुए भी वीरता का प्रदर्शन करना
46. हाथ कंगन को आरसी क्या का अर्थ है—
   (a) बिल्कुल पढ़ा-लिखा न होना
   (b) विद्वान को धन की आवश्यकता नहीं
   (c) सुन्दर महिला को जेवर की जरूरत नहीं
   (d) प्रत्यक्ष को प्रमाण की जरूरत नहीं
47. एक और एक ग्यारह होते हैं का अर्थ है—
   (a) एक में एक जोड़ने से केवल दो होते हैं पर एक के बाद एक लिखने से ग्यारह होते हैं
   (b) अधिक संख्या में लोग
   (c) एकता में बल
   (d) अपना-अपना काम
48. एक चुप सौ को हराए का अर्थ है—
   (a) मौन एक उपयोगी मंत्र है
   (b) शत्रु को हराने के लिए मौन का सहारा लेना चाहिए
   (c) अधिक बोलना ठीक नहीं
   (d) वार्तालाप में शक्ति व्यय नहीं करना चाहिए
49. आम के आम गुठलियों के दाम का अर्थ है—
   (a) हर तरफ से लाभ कमाना ही बुद्धिमानी है
   (b) बुद्धिमान वह है जो बेकार समझी जाने वाली वस्तु का भी सदुपयोग करके लाभ कमा ले
   (c) भाग्यवान लोग हर तरफ से लाभ में रहते हैं
   (d) आम खाकर उसकी गुठलियाँ बेच देना
50. आँख का अंधा गाँठ का पूरा का अर्थ है—
   (a) अंधे व्यक्ति के पास धन हो तो उसके लुटने का डर रहता है
   (b) मूर्ख के पास धन होने से चतुर चापलूसों की बन आती है
   (c) भाग्य की बात है कि मूर्खों के पास प्रायः बहुत धन होता है
   (d) अंधे व्यक्ति को अपना धन संभाल कर रखना चाहिए

उत्तरमाला

1. (b) **2.** (b) **3.** (b) **4.** (a) **5.** (c) **6.** (d) **7.** (d) **8.** (d) **9.** (b) **10.** (b) **11.** (c) **12.** (d)
13. (d) **14.** (b) **15.** (c) **16.** (b) **17.** (c) **18.** (c) **19.** (d) **20.** (d) **21.** (c) **22.** (c) **23.** (b) **24.** (b)
25. (b) **26.** (b) **27.** (d) **28.** (b) **29.** (a) **30.** (d) **31.** (c) **32.** (c) **33.** (b) **34.** (a) **35.** (b) **36.** (c)
37. (c) **38.** (c) **39.** (b) **40.** (a) **41.** (a) **42.** (b) **43.** (c) **44.** (c) **45.** (b) **46.** (d) **47.** (c) **48.** (a)
49. (b) **50.** (b)

❑❑

14 समास

- दो या दो से अधिक शब्दों के मिलने से बने शब्द को '**सामासिक पद**' या '**समास**' कहते हैं।

समास के भेद—समास के छ: भेद होते हैं—

1. **अव्ययीभाव समास**—जिस सामासिक शब्द में प्रथम पद प्रधान और पूरा पद अव्यय होता है, उसे अव्ययीभाव समास कहते हैं; जैसे—

यथाशीघ्र	शीघ्रता से
सानन्द	आनन्द सहित
आजन्म	जन्म भर

2. **तत्पुरुष समास**—जिस सामासिक शब्द में दूसरे पद की प्रधानता होती है तथा विभक्ति चिन्ह लुप्त हो जाता है, उसे तत्पुरुष समास कहते हैं; जैसे—

सुखप्रद	सुख को देने वाला
जन्मांध	जन्म से अंधा
आपबीती	अपने पर बीती

3. **कर्मधारय समास**—जिस सामासिक शब्द में उत्तर पद प्रधान होता है, उसे कर्मधारय समास कहते हैं। इसमें पूर्व पद विशेषण और उत्तर पद विशेष्य होता है; जैसे—

महात्मा	महान है जो आत्मा
पुरुषोत्तम	पुरुषों में उत्तम
चंद्रमुख	चंद्रमा के समान मुख

4. **द्विगु समास**—जिस सामासिक शब्द का प्रथम पद संख्यावाची और अन्तिम पद संज्ञा हो, उसे द्विगु समास कहते हैं; जैसे—

चौमासा	चार महीनों का समूह
पंचवटी	पाँच वटों का समूह
सप्त सिंधु	सात नदियों का समूह

5. **द्वन्द्व समास**—जिस सामासिक शब्द के दोनों पद प्रधान हों, दोनों पद संज्ञाएँ अथवा विशेषण हों, उसे द्वन्द्व समास कहते हैं; जैसे—

राम-कृष्ण	राम और कृष्ण
कंद-मूल	कंद और मूल
भला-बुरा	भला या बुरा

6. **बहुब्रीहि समास**—इस सामासिक पद में कोई भी शब्द प्रधान नहीं होता, बल्कि दोनों शब्द मिलकर एक नया अर्थ प्रकट करते हैं; जैसे—

दुरंगा	दो रंगों वाला
निर्जननिकल गए जन जहाँ से	
चक्रपाणि	चक्र है हाथ में जिसके

प्रश्नमाला

1. 'राजभाषा' में समास बताइए—
(a) अव्ययीभाव (b) द्विगु
(c) द्वन्द्व (d) तत्पुरुष

2. 'रुपया-पैसा' में समास बताइए—
(a) अव्ययीभाव (b) द्वन्द्व
(c) द्विगु (d) तत्पुरुष

3. सामासिक पद में पूर्व पद में आये संख्या बोधक शब्द किस समास के अन्तर्गत आता है?
(a) तत्पुरुष समास
(b) द्विगु समास
(c) कर्मधारय समास
(d) बहुब्रीहि समास

4. सामासिक पद में दोनों पद प्रधान होते हैं?
(a) द्वन्द्व समास में (b) द्विगु समास में
(c) बहुब्रीहि समास में (d) तत्पुरुष समास में

5. 'मानापमान' शब्द में कौन-सा समास है?
(a) द्वन्द्व समास (b) द्विगु समास
(c) बहुब्रीहि समास (d) तत्पुरुष समास

6. विशेषण और विशेष्य के योग से कौन-सा समास बनता है?
(a) द्विगु (b) द्वन्द्व
(c) कर्मधारय (d) तत्पुरुष

7. 'नीललोहित' में किस प्रकार का समास है?
(a) अव्ययीभाव (b) द्वन्द्व
(c) कर्मधारय (d) बहुब्रीहि

8. 'निर्भय' शब्द में कौन-सा समास है?
(a) अव्ययीभाव (b) तत्पुरुष
(c) द्वन्द्व (d) द्विगु

9. 'सूर्योदय' में प्रयुक्त समास बताइए—
(a) द्विगु (b) द्वन्द्व
(c) अव्ययीभाव (d) तत्पुरुष

10. 'युधिष्ठिर' में समास बताइए—
(a) द्वन्द्व (b) बहुब्रीहि
(c) द्विगु (d) तत्पुरुष

11. 'सुख-दुख' में कौन-सा समास है?
(a) द्वन्द्व (b) द्विगु
(c) अव्ययीभाव (d) कर्मधारय

12. किस समास में दोनों पद मिलकर एक नया अर्थ प्रकट करते हैं?
(a) बहुब्रीहि (b) द्वन्द्व
(c) कर्मधारय (d) तत्पुरुष

13. निम्नांकित में कौन-सा पद अव्ययीभाव समास है?
(a) गृहागत (b) आचारकुशल
(c) प्रतिदिन (d) कुमारी

14. 'हाथोंहाथ' शब्द में कौन-सा समास है?
(a) तत्पुरुष (b) अव्ययीभाव
(c) द्वन्द्व (d) बहुब्रीहि

15. 'देशनिकाला' शब्द में प्रयुक्त समास है—
(a) तत्पुरुष (b) अव्ययीभाव
(c) द्विगु (d) बहुब्रीहि

16. 'विद्यार्थी' में कौन-सा समास है?
(a) तत्पुरुष (b) कर्मधारय
(c) बहुब्रीहि (d) द्विगु

17. 'कन्यादान' में कौन-सा समास है?
(a) बहुब्रीहि (b) तत्पुरुष
(c) द्विगु (d) कर्मधारय

18. 'पथभ्रष्ट' में कौन-सा समास है?
(a) कर्मधारय (b) तत्पुरुष
(c) द्विगु (d) द्वन्द्व

19. 'देशसेवा' में समास बताइए–
(a) कर्मधारय (b) द्विगु
(c) तत्पुरुष (d) बहुब्रीहि

20. 'पदार विन्द' जिसका विग्रह है–पद जो अरविन्द के समान है– में कौन-सा समास है?
(a) कर्मधारय समास (b) द्विगु समास
(c) तत्पुरुष समास (d) बहुब्रीहि समास

21. 'अनुराग-विराग' शब्द में कौन-सा समास है?
(a) तत्पुरुष समास (b) द्वन्द्व समास
(c) कर्मधारय समास (d) बहुब्रीहि समास

22. 'देशांतर' में कौन-सा समास है?
(a) बहुब्रीहि (b) द्विगु
(c) तत्पुरुष (d) कर्मधारय

23. 'दीनानाथ' में कौन-सा समास है?
(a) कर्मधारय (b) बहुब्रीहि
(c) द्विगु (d) द्वन्द्व

24. 'निशाचर' में कौन-सा समास है?
(a) अव्ययीभाव (b) कर्मधारय
(c) द्वन्द्व (d) बहुब्रीहि

25. 'चौराहा' में कौन-सा समास है?
(a) बहुब्रीहि (b) तत्पुरुष
(c) अव्ययीभाव (d) द्विगु

26. 'जितेन्द्रिय' में कौन-सा समास है?
(a) द्वन्द्व (b) बहुब्रीहि
(c) तत्पुरुष (d) कर्मधारय

27. 'देवासुर' में कौन-सा समास है?
(a) बहुब्रीहि (b) कर्मधारय
(c) तत्पुरुष (d) द्वन्द्व

28. 'प्रत्यक्ष' शब्द किस समास का उदाहरण है?
(a) अव्ययीभाव (b) तत्पुरुष
(c) कर्मधारय (d) द्वन्द्व

29. 'पंकज' में कौन-सा समास है?
(a) द्वन्द्व (b) कर्मधारय
(c) द्विगु (d) बहुब्रीहि

30. 'वनवास' में कौन-सा समास है?
(a) तत्पुरुष (b) कर्मधारय
(c) द्वन्द्व (d) बहुब्रीहि

31. 'पंचवटी' में कौन-सा समास है?
(a) द्वन्द्व (b) बहुब्रीहि
(c) तत्पुरुष (d) कर्मधारय

32. जिस समास का पूर्व खण्ड प्रधान हो, वह है–
(a) तत्पुरुष (b) द्वन्द्व
(c) अव्ययीभाव (d) बहुब्रीहि

33. जिस समास के दोनों खण्ड प्रधान न हों, वह है–
(a) तत्पुरुष (b) द्वन्द्व
(c) अव्ययीभाव (d) बहुब्रीहि

34. 'पाप-पुण्य' शब्दांश में कौन-सा समास है?
(a) द्वन्द्व समास (b) द्विगु समास
(c) तत्पुरुष समास (d) कर्मधारय समास

35. 'सचेत' जिसका विग्रह है, चेतना के साथ है जो, में समास है–
(a) कर्मधारय समास (b) द्विगु समास
(c) तत्पुरुष समास (d) बहुब्रीहि समास

36. 'स्वर्गवासी' में समास बताइए–
(a) तत्पुरुष (b) द्वन्द्व
(c) द्विगु (d) कर्मधारय

37. निम्नलिखित में से किस शब्द में बहुब्रीहि समास नहीं है?
(a) दशानन (b) मृत्युञ्जय
(c) पंचवटी (d) पंचामृत

38. 'यथाशक्ति' अर्थात् शक्ति के अनुसार वाक्यांश में कौन-सा समास है?
(a) अव्ययीभाव (b) तत्पुरुष समास
(c) द्वन्द्व समास (d) द्विगु समास

39. 'मुँहतोड़' अर्थात् 'मुँह को तोड़ने वाला' शब्द में कौन-सा समास है?
(a) द्वन्द्व समास (b) द्विगु समास
(c) तत्पुरुष समास (d) कर्मधारय

40. 'नरसिंह' में समास बताइए–
(a) द्विगु (b) द्वन्द्व
(c) कर्मधारय (d) अव्ययीभाव

41. 'इकलौता' शब्द में समास बताइए–
(a) द्वन्द्व (b) द्विगु
(c) तत्पुरुष (d) कर्मधारय

42. 'हस्तलिखित' शब्द में कौन-सा समास है?
(a) कर्मधारय समास (b) तत्पुरुष समास
(c) द्विगु समास (d) बहुब्रीहि समास

43. 'मृगनयन' शब्द में कौन-सा समास है?
(a) तत्पुरुष समास (b) द्विगु समास
(c) कर्मधारय समास (d) बहुब्रीहि समास

44. 'चतुर्भुज' में कौन-सा समास है?
(a) द्वन्द्व (b) बहुब्रीहि
(c) तत्पुरुष (d) कर्मधारय

45. 'भाई-बहन' में कौन-सा समास है?
(a) द्वन्द्व (b) बहुब्रीहि
(c) द्विगु (d) तत्पुरुष

46. 'धर्माधर्म' में कौन-सा समास है?
(a) तत्पुरुष (b) अव्ययीभाव
(c) द्वन्द्व (d) द्विगु

47. 'राधाकृष्ण' में कौन-सा समास है?
(a) तत्पुरुष (b) द्वन्द्व
(c) द्विगु (d) बहुब्रीहि

48. 'सिंहवाहिनी (दुर्गा)' में कौन-सा समास है?
(a) द्वन्द्व (b) द्विगु
(c) बहुब्रीहि (d) तत्पुरुष

49. 'शरणागत' में कौन-सा समास है?
(a) कर्मधारय (b) तत्पुरुष
(c) बहुब्रीहि (d) द्विगु

50. 'संगीतज्ञ' में समास है–
(a) द्विगु (b) द्वन्द्व
(c) कर्मधारय (d) तत्पुरुष

51. 'यथासाध्य' में कौन-सा समास है?
(a) द्वन्द्व (b) अव्ययीभाव
(c) कर्मधारय (d) तत्पुरुष

52. 'गृहागत' अर्थात् 'गृह को आगत' शब्दांश में कौन-सा समास है?
(a) तत्पुरुष समास (b) कर्मधारय समास
(c) द्विगु (d) अव्ययी-भाव

53. 'नीलोत्पल' शब्द में कौन-सा समास है?
(a) तत्पुरुष समास (b) कर्मधारय समास
(c) द्वन्द्व समास (d) द्विगु समास

54. 'दिनकर' में समास है–
(a) तत्पुरुष (b) द्विगु
(c) द्वन्द्व (d) कर्मधारय

55. 'वक्रतुण्ड (गणेश)' में समास बताइए–
(a) द्वन्द्व (b) द्विगु
(c) बहुब्रीहि (d) तत्पुरुष

उत्तरमाला

1. (d)	**2.** (b)	**3.** (b)	**4.** (a)	**5.** (a)	**6.** (c)	**7.** (c)	**8.** (a)	**9.** (d)	**10.** (b)	**11.** (a)
12. (a)	**13.** (c)	**14.** (b)	**15.** (a)	**16.** (a)	**17.** (b)	**18.** (b)	**19.** (c)	**20.** (a)	**21.** (b)	**22.** (c)
23. (a)	**24.** (d)	**25.** (d)	**26.** (b)	**27.** (d)	**28.** (a)	**29.** (d)	**30.** (a)	**31.** (b)	**32.** (c)	**33.** (d)
34. (a)	**35.** (d)	**36.** (a)	**37.** (d)	**38.** (a)	**39.** (c)	**40.** (c)	**41.** (b)	**42.** (b)	**43.** (c)	**44.** (b)
45. (a)	**46.** (c)	**47.** (b)	**48.** (c)	**49.** (b)	**50.** (d)	**51.** (b)	**52.** (b)	**53.** (d)	**54.** (a)	**55.** (c)

❑❑

15 सन्धि

- जब दो वर्ण पास-पास होते हैं, तो पहले शब्द के अन्तिम वर्ण का दूसरे शब्द के प्रथम वर्ण के साथ मेल होता है, इनके संयोग से जो विकार उत्पन्न होता है, उसे **सन्धि** कहते हैं।
- **सन्धि के भेद :** सन्धि के तीन भेद हैं —

1. **स्वर सन्धि :** दो स्वरों के परस्पर मेल से जो विकार या परिवर्तन होता है, उसे स्वर सन्धि कहते हैं; जैसे—भानु + उदय = भानूदय, रमा + ईश = रमेश।
स्वर सन्धि के निम्नलिखित पाँच भेद हैं :
(i) गुण (ii) दीर्घ (iii) वृद्धि
(iv) यण तथा (v) अयादि

(i) गुण सन्धि :
महा + इन्द्र = महेन्द्र
महा + उपकार = महोपकार
सूर्य + उदय = सूर्योदय
गंगा + उदक = गंगोदक
नर + इन्द्र = नरेन्द्र
विद्या + उन्नति = विद्योन्नति

(ii) दीर्घ सन्धि :
धन + अर्थी = धनार्थी
धर्म + आत्मा = धर्मात्मा
आत्मा + आनन्द = आत्मानन्द
अति + इव = अतीव
कपि + ईश = कपीश
परि + ईक्षा = परीक्षा

(iii) वृद्धि सन्धि :
मत + ऐक्य = मतैक्य
महा + औषध = महौषध
वन + औषधि = वनौषधि
जल + ओस = जलौस

(iv) यण सन्धि :
इति + आदि = इत्यादि
अधि + अयन = अध्ययन
मनु + अन्तर = मन्वन्तर

(v) अयादि सन्धि :
ने + अन = नयन
गै + अन = गायन
मातृ + अंग = मात्रंग
अनु + इत = अन्वित
गो + ईश = गवीश

2. **व्यंजन सन्धि :** व्यंजन का व्यंजन अथवा स्वर के साथ संयोग से उत्पन्न विकार व्यंजन सन्धि कहलाता है।
जैसे— जगत + नाथ = जगन्नाथ
परि + छेद = परिच्छेद

3. **विसर्ग सन्धि :** विसर्ग के साथ किसी स्वर अथवा व्यंजन के संयोग से उत्पन्न विकार को विसर्ग सन्धि कहते हैं।
जैसे— वयः + वृद्ध = वयोवृद्ध
अंतः + धान= अंतर्धान

प्रश्नमाला

1. निम्नलिखित सन्धि विच्छेदों में से कौन एक 'अन्यान्य' शब्द के लिए सही है?
(a) अन्य + आन्य (b) अन्य + अन्य
(c) अन् + यान्य (d) अ + न्यान्य

2. नीचे दिये गये सन्धि विच्छेदों में से कौन एक 'आत्मोत्सर्ग' के लिए सही है?
(a) आत्मा + उत्सर्ग (b) आत्म् + उत्सर्ग
(c) आत्म + उत्सर्ग (d) आत्मः + उत्सर्ग

3. उल्लेख का सही सन्धि-विच्छेद है—
(a) उल् + लेख (b) उत् + लेख
(c) उल्ल + लेख (d) उ + आलेख

4. अत्याचार का सही सन्धि विच्छेद है—
(a) अत्य + आचार (b) अति + चार
(c) अत्या + चार (d) अति + आचार

5. 'निस्संतान' में कौन-सी सन्धि है?
(a) स्वर (b) व्यंजन
(c) विसर्ग (d) इनमें से कोई नहीं

6. 'दुष्कर' में कौन-सी सन्धि है?
(a) स्वर (b) व्यंजन
(c) विसर्ग (d) इनमें से कोई नहीं

7. 'नीरोग' में कौन-सी सन्धि है?
(a) विसर्ग (b) स्वर
(c) व्यंजन (d) इनमें से कोई नहीं

8. 'प्रत्युपकार' का सन्धि-विच्छेद होगा—
(a) प्रति + उपकार (b) प्रति + पकार
(c) प्रति + अपकार (d) प्रति + उकार

9. 'मृत + मय' विच्छेद से सन्धि करने पर जिस शब्द का निर्माण होगा, वह है—
(a) म्रितमय (b) मृतमय
(c) मृण्मय (d) मृनमय

10. 'सत्याग्रह' का सही संधि-विच्छेद है—
(a) सत्या + ग्रह (b) सत + आग्रह
(c) सत्य + ग्रह (d) सत्य + आग्रह

11. निम्नलिखित दिये गये सन्धि विच्छेदों में से कौन एक 'अन्योन्याश्रय' शब्द के लिए उपयुक्त है?
(a) अन्य + आश्रय
(b) अन्य + अन्य + आश्रय
(c) अन्यो + आश्रय
(d) अन्यान्य + आश्रय

12. 'सूक्ति' का सन्धि-विच्छेद क्या है?
(a) सू + उक्ति (b) सू + उक्ति:
(c) सु + उक्ति (d) सू: + उक्ति

13. 'उज्ज्वल' का सन्धि-विच्छेद क्या होगा?
(a) उद् + जल (b) उद् + ज्वल
(c) उत् + जल (d) उत् + ज्वल

14. 'षड्दर्शन' शब्द का सही विच्छेद है—
(a) षड् + दर्शन (b) षट् + दर्शन
(c) षट + दर्शन (d) षड + दर्शन

15. 'जगन्नाथ' शब्द का सही सन्धि विच्छेद है—
(a) जग + नाथ (b) जगत् + नाथ
(c) जगत् + न्नाथ (d) जगन् + नाथ

16. महेश का सन्धि-विच्छेद है—
(a) महो + ईश (b) महा + ईश
(c) मही + ईश (d) महि + ईश

17. सम्मति का सही संधि-विच्छेद है—
(a) सम् + मति (b) सन् + मति
(c) सद् + मति (d) सत् + मति

18. 'निष्छल' शब्द के लिए सही सन्धि विच्छेद है—नि: + छल। इस शब्द में कौन-सी सन्धि है?
(a) विसर्ग सन्धि (b) स्वर सन्धि
(c) व्यंजन सन्धि (d) वृद्धि सन्धि

19. 'प्रात:काल' शब्द का सन्धि विच्छेद है—प्रात: + काल। इस शब्द में कौन-सी सन्धि नियम प्रयुक्त है?
(a) स्वर सन्धि (b) व्यंजन सन्धि
(c) विसर्ग सन्धि (d) अयादि सन्धि

20. 'किंचित' शब्द का निम्न में कौन-सा सन्धि विच्छेद सही होगा?
(a) किंत्: + चित (b) किंम् + चित
(c) किंम् + चित्त (d) कि: + चित्

21. 'उदय' शब्द का सही सन्धि विच्छेद निम्न में से क्या है?
(a) उत् + अय (b) उद् + अय
(c) उत + अय (d) उद् + य

22. 'अक्षौहिणी' का सन्धि-विच्छेद है—
(a) अक्ष + होनी (b) अक्ष + ऊहिनी
(c) अक्ष: + ऊहिनी (d) अक्ष: + होनी

23. 'नवोढ़ा' का सन्धि-विच्छेद क्या है?
(a) नव + ओढ़ा (b) नव + उढ़ा
(c) नव + ऊढ़ा (d) नवो + ढ़ा

24. 'यथेष्ट' का सन्धि-विच्छेद होगा—
(a) यथा + इष्ट (b) यथो + इष्ट
(c) यथा + एष्ट (d) यथु + इष्ट

25. 'एकैक' में किस प्रकार की सन्धि है?
(a) दीर्घ (b) गुण
(c) वृद्धि (d) यण

26. 'अन्वय' का सही संधि-विच्छेद है—
(a) अनु + अय (b) अनू + आय
(c) अनू + अय (d) अनु + आय

27. 'परोपकार' में प्रयुक्त संधि का नाम है—
(a) विसर्ग संधि (b) गुण संधि
(c) वृद्धि संधि (d) यण् संधि

28. 'महोष्ण' का सही संधि-विच्छेद है—
(a) महु + उष्ण (b) महा + ऊष्ण
(c) महो + उष्ण (d) महा + उष्ण

29. 'आशीर्वाद' का सही संधि-विच्छेद है—
(a) आशीर + वाद (b) आशी: + वाद
(c) आर्शी + वाद (d) इनमें से कोई नहीं

30. निम्नांकित में से कौन-सा शब्द वृद्धि संधि का उदाहरण नहीं है?
(a) सदैव (b) जलौध
(c) गुरूपदेश (d) परमौदार्य

31. निम्न में से दीर्घ संधि युक्त पद कौन-सा है?
(a) महर्षि (b) देवेन्द्र
(c) सूर्योदय (d) दैत्यारि

32. 'विद्यार्थी' शब्द में कौन-सी सन्धि है?
(a) दीर्घ (b) गुण
(c) वृद्धि (d) यण

33. 'रामायण' का सन्धि-विच्छेद क्या होगा?
(a) राम + आयन (b) राम + अयन
(c) राम + यन (d) रम + आयन

34. 'सन्मार्ग' का सन्धि-विच्छेद होगा—
(a) सत् + मार्ग (b) सन + मार्ग
(c) सत्य + मार्ग (d) सनत् + मार्ग

35. 'अभ्युदय' का सन्धि-विच्छेद क्या होगा?
(a) अभि + दय (b) अभि + उदय
(c) अभि: + उदय (d) अभि: + दय

36. 'तपोवन' में प्रयुक्त संधि का नाम है—
(a) स्वर संधि (b) व्यंजन संधि
(c) विसर्ग संधि (d) इनमें से कोई नहीं

37. 'स्वागत' में प्रयुक्त संधि का नाम है—
(a) व्यंजन संधि (b) यण् संधि
(c) दीर्घ संधि (d) वृद्धि संधि

38. 'सूर्योदय' में प्रयुक्त संधि का नाम है—
(a) गुण संधि (b) वृद्धि संधि
(c) यण् संधि (d) दीर्घ संधि

39. 'हरिश्चन्द्र' में प्रयुक्त संधि का नाम है—
(a) स्वर संधि (b) व्यंजन संधि
(c) विसर्ग संधि (d) इनमें से कोई नहीं

40. 'परमौषध' का सन्धि-विच्छेद क्या है?
(a) पर + औषध (b) परम + ओषध
(c) परम + औषध (d) परम + षौध

41. 'सुरेन्द्र' में कौन-सी सन्धि है?
(a) दीर्घ (b) गुण
(c) वृद्धि (d) यण

42. निम्नलिखित सन्धि विच्छेदों में से कौन एक 'अन्वित' शब्द के लिए उपयुक्त है?
(a) अनु + अय + इत (b) अनु + वित्
(c) अनु + अइत (d) अन्य + इत

43. निम्नलिखित शब्दों में से किसमें विसर्ग संधि है?
(a) उज्ज्वल (b) निश्चल
(c) राजेन्द्र (d) दुर्गम

44. 'सप्तर्षि' का सही संधि-विच्छेद है—
(a) सप्तर + ऋषि (b) सप्त: + ऋषि
(c) सप्त + ऋषि (d) इनमें से कोई नहीं

45. निम्नांकित में से कौन-सा शब्द स्वर संधि का उदाहरण है?
(a) अधोगति (b) उच्चारण
(c) दिग्गज (d) मन्वन्तर

46. निश्चल का सही संधि-विच्छेद है—
(a) नी: + चल (b) निश् + चल
(c) निस् + चल (d) नि: + चल

47. 'निर्गुण' का संधि-विच्छेद है—
(a) नि: + गुण (b) नि + गुण
(c) नि + गण (d) नी + गुण

48. 'अध्ययन' में कौन-सी सन्धि है?
(a) दीर्घ (b) गुण
(c) वृद्धि (d) यण

49. 'निर्विवाद' का सन्धि-विच्छेद क्या होगा?
(a) नि: + विवाद (b) नि + विवाद
(c) नि: + वाद (d) नी + विवाद

50. 'निराशा' का सही संधि-विच्छेद है—
(a) निरा + आशा (b) निर् + आशा
(c) नि: + आशा (d) निर: + आश

51. निम्न में से कौन विसर्ग सन्धि का उदाहरण है?
(a) सारंग (b) तदर्थ
(c) परोक्ष (d) मनोरथ

52. 'जगदीश' में कौन-सी सन्धि है?
(a) स्वर (b) व्यंजन
(c) विसर्ग (d) इनमें से कोई नहीं

53. 'पवन' शब्द में कौन-सी सन्धि है?
(a) दीर्घ (b) गुण
(c) यण (d) अयादि

54. 'पवित्र' का सन्धि-विच्छेद क्या होगा?
(a) पो + वित्र (b) पो + इत्र
(c) पिव + इत्र (d) पो: + इत्र

उत्तरमाला

1. (b)	**2.** (c)	**3.** (b)	**4.** (d)	**5.** (c)	**6.** (c)	**7.** (a)	**8.** (a)	**9.** (c)	**10.** (d)	**11.** (b)
12. (c)	**13.** (d)	**14.** (b)	**15.** (b)	**16.** (b)	**17.** (d)	**18.** (a)	**19.** (c)	**20.** (b)	**21.** (a)	**22.** (b)
23. (c)	**24.** (a)	**25.** (c)	**26.** (a)	**27.** (b)	**28.** (d)	**29.** (b)	**30.** (c)	**31.** (d)	**32.** (a)	**33.** (a)
34. (a)	**35.** (b)	**36.** (c)	**37.** (b)	**38.** (a)	**39.** (c)	**40.** (c)	**41.** (b)	**42.** (a)	**43.** (b)	**44.** (c)
45. (d)	**46.** (d)	**47.** (a)	**48.** (d)	**49.** (a)	**50.** (c)	**51.** (d)	**52.** (b)	**53.** (d)	**54.** (b)	

❑❑

16 श्रुतिसम भिन्नार्थक शब्द

हिन्दी में ऐसे अनेक शब्द प्रयुक्त होते हैं; जिनका उच्चारण प्राय: समान होता है, किन्तु अर्थ में भिन्नता होती है। ऐसे शब्दों को '**श्रुतिसम भिन्नार्थक शब्द**' अथवा '**युग्म शब्द**' कहते हैं।

1. प्रयोगगत व्यावहारिक अर्थ, 2. व्युत्पत्तिमूलक अर्थ तथा 3. शब्दकोशीय अर्थ

महत्त्वपूर्ण श्रुतिसम भिन्नार्थक शब्द (अर्थ सहित)

शब्द	अर्थ
अंस	कन्धा
अंश	भाग
अन्त	समाप्ति
अत्य	नीच
अन्न	अनाज
अन्य	दूसरा
अग	सूर्य
अघ	पाप
अभिराम	सुन्दर
अविराम	लगातार
अगम	दुर्गम
आगम	प्राप्ति
आदि	आरम्भ
आदी	अभ्यस्त
आकर	खान
आयात	चतुर्भज
आयात	बाहर से आना
आभरण	गहना
आमरण	मरण तक
कर्म	कार्य
क्रम	सिलसिला
कृति	रचना
कीर्ति	यश
जलज	कमल
जलद	बादल
दिन	दिवस
दीन	गरीब

शब्द	अर्थ
द्विप	हाथी
द्वीप	टापू
तुरंग	घोड़ा
तरंग	लहर
कली	फूल की पूर्व अवस्था
कलि	कलियुग
बलि	बलिदान
बली	वीर
मणि	रत्न
मणी	सर्प
लक्ष्य	उद्देश्य
लक्ष	लाख
संकर	मिश्रित
शंकर	महादेव
सूर	सूर्य, अन्धा
सुर	देवता
स्वर्ग	समान
सर्ग	अध्याय
सन्देह	शक
सदेह	देह सहित
शब	रात
शव	लाश
शास्त्र	सिद्धान्त की पुस्तक
शस्त्र	हथियार
शौर्य	पराक्रम
सौर्य	सूर्य सम्बन्धी
अकाल	दुर्भिक्ष
आकाल	अनुपयुक्त समय
सीकर	जल बिन्दु
सीकड़	जंजीर
श्वेत	उजला
स्वेद	पसीना
सम्बल	सहारा
समबल	समान शक्ति
सिर	माथा
सीर	हल की रेखा, खूड़

प्रश्नमाला

निर्देश–नीचे दिए गए युग्मों में से सही युग्म के विकल्प को चिह्नित करें–

1. (a) गृह–आवास (b) गृह–नक्षत्र (c) गृह–पहाड़ (d) गृह–ग्रहण करना

2. (a) अनल–आग (b) अनल–हवा (c) अनल–पानी (d) अनल–सूर्य

निर्देश–नीचे दिए गए युग्मों में से सही युग्म के विकल्प को चिह्नित करें–

3. आकर

(a) न करने योग्य (b) न जाने योग्य (c) खान (d) नगर

4. आकृति
(a) बनावट (b) वस्त्र
(c) चित्र (d) समरूप

5. निगम
(a) संस्था (b) आदमी
(c) दुकान (d) दल

6. सहारा
(a) आजन्म (b) अवलम्ब
(c) थका हुआ (d) निगम

7. नीरद
(a) बादल (b) कमल
(c) प्रेम (d) पानी

8. प्रेषित
(a) पति (b) भेजा गया
(c) प्रवास (d) निराशा

9. निर्वाण
(a) मुक्ति (b) मरा हुआ
(c) निर्माण करना (d) अमर

10. बल
(a) प्रताप (b) मालिक
(c) बलिदान (d) ऊर्जा

11. निशा
(a) रात्रि (b) दिन
(c) सवेरा (d) निराशा

12. तरणि
(a) सूर्य (b) नौका
(c) स्त्री (d) तैराक

13. असि
(a) तलवार (b) शत्रु
(c) अस्सी (d) रस्सी

14. अयस
(a) लोहा (b) घोड़ा
(c) बदनामी (d) दर्पण

15. अमात्य है
(a) नहीं मरने वाला (b) मन्त्री
(c) कम मात्रा (d) सन्तान

16. अनल
(a) हवा (b) आग
(c) पानी का स्रोत (d) कमल

17. गिरि
(a) पर्वत (b) नारियल
(c) शहर (d) हिमालय

18. जलद
(a) कमल (b) बादल
(c) सागर (d) नदी

19. आलोक
(a) प्रकाश (b) अन्तरिक्ष
(c) सुनसान (d) स्वर्गलोक

20. भुवन
(a) मकान (b) संसार
(c) समुद्र (d) नदी

21. द्वीप
(a) टापू (b) हाथी
(c) सागर (d) पहाड़

22. तोष
(a) सन्तोष (b) हिंसा
(c) गर्म (d) बन्धन

23. जबान
(a) जीभ (b) युवा
(c) युवती (d) दृष्टि

24. तृप्त
(a) गर्म (b) सन्तुष्ट
(c) गीला (d) प्यास

25. च्युत
(a) भ्रष्ट (b) आम
(c) इच्छा (d) नरम

26. सम्बल
(a) सहारा (b) परामर्श
(c) आशा (d) अनुभूति

27. पंक
(a) कीचड़ (b) पंख
(c) कमल (d) पैर

नीचे दिए गए युग्मों में से सही युग्म के विकल्प को चिह्नित करें–

28. (a) कलापी-मोर (b) कलापी-कीट
(c) कलापी-तलवार (d) कलापी-तिजोरी

29. (a) चाप-धनुष (b) चाप-वृत्त
(c) चाप-दाब (d) चाप-रेखा

30. (a) कूच-किनारा (b) कूच-प्रस्थान
(c) कूच-पक्षी (d) कूच-दुष्ट

31. (a) कृपण-कटार (b) कृपण-कंजूस
(c) कृपण-बन्दर (d) कृपण-महाजन

32. (a) कलि-कलियुग
(b) कलि-कालिमा
(c) कलि-अधखिला फूल
(d) कलि-चूना

33. (a) चीता-शवदाह (b) चीता-फुर्तीला जानवर
(c) चीता-एक पेड़ (d) चीता-पक्षी

34. (a) कलम-हाथी (b) कलम-सिंह
(c) कलम-वस्त्र (d) कलम-कलम

35. (a) पाश-बन्धन (b) पाश-निकट
(c) पाश-लाश (d) पाश-पलाश

36. (a) सूर-सूर्य (b) सूर-देवता
(c) सूर-लय (d) सूर-वीर

37. (a) चरम-चमड़ा (b) चरम बेहद
(c) चरम-सुन्दर (d) चरम-बुनना

38. (a) कृशानु-आग (b) कृशानु-किसान
(c) कृशानु-घास (d) कृशानु-दृष्ट

उत्तरमाला

1. (a)	**2.** (a)	**3.** (c)	**4.** (a)	**5.** (a)	**6.** (b)	**7.** (a)	**8.** (b)	**9.** (a)	**10.** (a)
11. (a)	**12.** (b)	**13.** (a)	**14.** (a)	**15.** (b)	**16.** (b)	**17.** (a)	**18.** (a)	**19.** (a)	**20.** (b)
21. (a)	**22.** (a)	**23.** (a)	**24.** (a)	**25.** (a)	**26.** (a)	**27.** (a)	**28.** (a)	**29.** (a)	**30.** (b)
31. (b)	**32.** (a)	**33.** (b)	**34.** (a)	**35.** (a)	**36.** (a)	**37.** (b)	**38.** (a)		

□□

17 उपसर्ग तथा प्रत्यय

उपसर्ग

'उपसर्ग' उस शब्दांश या अव्यय को कहते हैं, जो किसी शब्द के पहले आकर उसका विशेष अर्थ प्रकट करे। उपसर्ग दो शब्दों 'उप' तथा 'सर्ग' से बनता है। 'उप' का अर्थ समीप तथा 'सर्ग' का अर्थ सृजन करने वाला, अर्थात् शब्द के निकट आकर नये शब्द का सृजन करने वाले शब्दांश को 'उपसर्ग' कहते हैं:

जैसे प्र + हार = प्रहार

हिन्दी में संस्कृत, हिन्दी तथा उर्दू के उपसर्ग प्रयुक्त होते हैं। हिन्दी में उपसर्गों की संख्या 41 है, जिसमें संस्कृत के 19 उपसर्ग भी शामिल हैं।

महत्त्वपूर्ण उपसर्ग तथा उनसे बनने वाले शब्द

उपसर्ग	निर्मित शब्द
अधि	अधिकरण, अधिराज, अध्यात्म, अध्यक्ष, अधिपति, अधिकार इत्यादि।
अप	अपमान, अपशब्द, अपहरण, अपराध, अपयश, अपव्यय, अपवाद, अपकर्ष इत्यादि।
अनु	अनुशासन, अनुकरण, अनुवाद, अनुज, अनुशीलन, अनुकूल, अनुस्वार, अनुपात इत्यादि।
अति	अतिशय, अतिरिक्त, अत्यन्त, अत्याचार, अतिक्रमण, अतिव्याप्ति इत्यादि।
उप	उपकार, उपनिवेश, उपस्थिति, उपवन, उपनाम, उपासना, उपदेश, उपहार इत्यादि।
अभि	अभिभावक, अभियोग, अभिमान, अभ्युदय, अभ्यागत, अभ्यास, अभिनव, अभिलाषा इत्यादि।
अव	अवगत, अवलोकन, अवनत, अवसान, अवशेष, अवतार, अवनति, अवज्ञा, अवरोही इत्यादि।
परि	परिक्रमा, परिजन, परिणाम, परिधि, परिपूर्ण, परिवर्तन, परिणय, परिचय, परिशीलन इत्यादि।
नि	निदर्शन, निपात, नियुक्त, निवास, निमग्न, निदान, निबन्ध, निषेध इत्यादि।

उपसर्ग	निर्मित शब्द
परा	पराजय, पराक्रम, पराभव, परामर्श, पराभूत इत्यादि।
प्र	प्रकाश, प्रचलन, प्रजनन, प्रज्ज्वलित, प्रयास, प्रस्थान, प्रणय, प्रताप इत्यादि।
प्रति	प्रतिकर्त्तव्य, प्रतिकृति, प्रतिगृह, प्रत्येक, प्रतिद्वन्द्वी, प्रतिनायक, प्रतिपालन, प्रतिज्ञा, प्रतिच्छाया इत्यादि।
वि	विकास, विज्ञान, विशुद्ध, विदेश, विराम, वियोग, विभाग, विभिन्न, विनाश, विकराल, विभूति इत्यादि।
सु	सुकोमल, सुडौल, सुजान, सुपात्र, सुविदित, सुवासित, सुशील, सुश्रुत, सुशब्द इत्यादि।
स	सगोत्र, सरस, सहित, सपूत, सजग, सहर्ष, सविनय, सलक्षण, सलज्ज इत्यादि।
ला	लाचार, लाजवाब, लापरवाह, लापता, लावारिस, लानत, लागत इत्यादि।
सम्	संकल्प, संग्रह, सन्तोष, संन्यास, संयोग, संस्कार, संरक्षण, सम्मेलन, संस्कृत इत्यादि।
भर	भरसक, भरपेट, भ्रमर, भरपूर, भरमार, भरपाई इत्यादि।

प्रत्यय

शब्दों के बाद जो अक्षर या अक्षर-समूह लगाया जाता है, उसे 'प्रत्यय' कहा जाता है। 'प्रत्यय' का निर्माण 'प्रति + अय' से हुआ है। प्रति का अर्थ है 'साथ में' तथा 'अय' का अर्थ चलने वाला होता है अर्थात् 'प्रत्यय' का अर्थ होता है–शब्दों के साथ चलने वाला:

जैसे दया + वान = दयावान, 'वान' यहाँ 'प्रत्यय' है।

प्रत्यय के दो भेद होते हैं 1. कृत तथा 2. तद्धित, क्रिया या धातु के अन्त में प्रयुक्त होने वाले प्रत्यय को 'कृत' प्रत्यय कहते हैं तथा इनके संयोग से निर्मित क्रिया या धातु के नवीन रूप को 'कृदन्त' कहा जाता है;

जैसे वाला (कृत-प्रत्यय) + हँसना (क्रिया) = हँसने वाला (शब्द)

हिन्दी क्रिया पदों के अन्त में कृत-प्रत्ययों के योग से (1) कर्तृवाचक (2) कर्मवाचक (3) करणवाचक तथा (4) भाववाचक संज्ञाएँ बनती हैं।

हिन्दी की कृत-प्रत्ययों के उदाहरण

प्रत्यय	धातु	शब्द
अन्त	कथा	कथान्त
आई	भल	भलाई
अ	चल	चाल
अन्त	दुःख	दुखान्त
आन	मिल	मिलान

संज्ञा, सर्वनाम तथा **विशेषण** के अन्त में लगने वाले प्रत्यय को **'तद्धित'** कहा जाता है;

जैसे मानवीय + ता = मानवीयता

कृत प्रत्यय क्रिया या धातु के अन्त में लगता है, जबकि तद्धित प्रत्यय संज्ञा, सर्वनाम तथा विशेषण के अन्त में लगता है। उपसर्ग की तरह की तद्धित प्रत्यय संस्कृत, हिन्दी तथा उर्दू से आकर हिन्दी शब्दों का रूप निर्मित करते हैं। अ, अक, आयन, इक, इत, इन, इम, इमा, इय, इल्, इष्ट ई, ईन, ईय इत्यादि तद्धित प्रत्यय के उदाहरण हैं। कतिपय शब्दांश भी तद्धित प्रत्यय के रूप में कार्य करते हैं; **जैसे** अतीत, अनुरूप, अर्थ, आतुर, आकुल, शाली, हीन इत्यादि।

तद्धित प्रत्यय के प्रयोग से बने शब्दों के उदाहरण

प्रत्यय	संज्ञा/विशेषण/सर्वनाम	शब्द
अ	शिव	शैव
आयन	रस	रसायन
इक	वर्ष	वार्षिक
इय	क्षत्र	क्षत्रिय
ईन	कुल	कुलीन
क	बाल, दर्श	बालक, दर्शक
ता	लघु, दृढ़, जन	लघुता, दृढ़ता, जनता
मान्	बुद्धि	बुद्धिमान
ता	शत्रु	शत्रुता
	वीर	वीरता

संज्ञा के अन्त में आ, आना, आर, आल, ई, ईला, उआ, ऊ, एरा, एड़ी, ऐल, ओं, वाला, वी, वाँ, वन्त, हर, हरा, इला, हा इत्यादि तद्धित प्रत्यय लगाकर विशेषण बनाया जाता है। संज्ञा तथा विशेषण में आ, आई, अन, आयत, आवट, आहट जैसे तद्धित प्रत्यय जोड़कर भाववाचक संज्ञा का निर्माण किया जा सकता है: **जैसे**

अपना + पन = अपनापन
लम्बा + लाई = लम्बाई
लड़का + पन = लड़कपन

प्रश्नमाला

1. 'गुजारा' में कौन-सा प्रत्यय है?
(a) आऊ (b) आड़ी
(c) अक (d) आ

2. 'पिटाई' में प्रयुक्त प्रत्यय है
(a) आव (b) आई
(c) आप (d) आका

3. 'चुनाव' में कौन-सा प्रत्यय प्रयुक्त हुआ है?
(a) वि (b) व
(c) अ (d) आव

4. 'संलग्न' शब्द से कौन-सा उपसर्ग जुड़ा है?
(a) सन् (b) सम्
(c) सं (d) संक्

5. 'दुःसाहस' शब्द में उपसर्ग जुड़ा है
(a) दुस् (b) दुर्
(c) दुः (d) दुस

6. 'अवलोकन' में प्रयुक्त उपसर्ग है
(a) अप (b) अव
(c) अभि (d) अ

7. 'निर्' उपसर्ग से किस शब्द का निर्माण नहीं हुआ है?
(a) निराकरण (b) निरपराध
(c) निदर्शन (d) निर्भय

8. 'पावक' शब्द में प्रत्यय है
(a) अक (b) आक
(c) आई (d) ति

9. तैराक में कौन-सा प्रत्यय है?
(a) आकू (b) आक
(c) अक (d) अक्कड़

10. उपसर्ग रहित शब्द कौन-सा है?
(a) सुखी (b) आरूढ़
(c) उपकरण (d) निर्विरोध

11. 'अध्यापिका' शब्द में प्रत्यय है
(a) का (b) पिका
(c) आइका (d) इका

12. निम्नलिखित में से किस शब्द में आयन प्रत्यय प्रयुक्त हुआ है?
(a) नारायण (b) ऋणायन
(c) पंडिताइन (d) धनायन

13. 'उत्थान' शब्द में कौन-सा शब्द उपसर्ग है?
(a) उ (b) उत्थ
(c) उत् (d) उत्था

14. निम्नलिखित शब्दों में से कौन-सा शब्द उपसर्ग रहित है?
(a) अपमान (b) अपना
(c) आवरण (d) अपकीर्ति

15. 'अनुपस्थित' शब्द में किस उपसर्ग का प्रयोग हुआ है?
(a) अनु (b) अन्
(c) अ (d) अनुप

16. 'अधिपति' शब्द में किस उपसर्ग का प्रयोग हुआ है?
(a) अधि (b) अदि
(c) अद् (d) अद्य

17. 'उपराष्ट्रपति' शब्द में किस उपसर्ग का प्रयोग है?
(a) उप (b) पति
(c) राष्ट्र (d) उपर

18. 'दुर्जन' का उपसर्ग है
(a) दुर् (b) दु
(c) दुज (d) दुरा

19. 'लापरवाह' शब्द में कौन-सा उपसर्ग है?
(a) ला (b) लापर
(c) लाप (d) वाह

20. 'सम्' उपसर्ग से निर्मित शब्द है
(a) संयोग (b) संविधान
(c) संस्कृत (d) ये सभी

21. 'कु' उपसर्ग से निर्मित शब्द है
(a) कुपात्र (b) कुलीन
(c) कुश (d) कुर्ता

22. 'निबन्ध' में कौन-सा उपसर्ग है?
(a) नि (b) निर्
(c) निः (d) बन्ध

23. 'प्रति' उपसर्ग से बना शब्द निम्न में से कौन नहीं है?
(a) प्रतिकूल (b) प्रतिशत
(c) प्रत्येक (d) प्रशान्त

24. 'उत्' उपसर्ग से बना शब्द है
(a) उत्कर्ष (b) उत्तराधिकार
(c) उत्तरवर्ती (d) उत्तरोत्तर

25. 'अभ्यागत' में कौन-सा उपसर्ग है?
(a) अभि (b) अभ्य
(c) अभय (d) अभा

26. 'अध्ययन' शब्द में कौन-सा उपसर्ग है?
(a) अधि (b) अध्य
(c) अध् (d) अ

27. 'अनारूढ़' शब्द में प्रयुक्त उपसर्ग है
(a) अन (b) अना
(c) अ (d) अन्या

28. 'प्रत्युपकार' शब्द में किस उपसर्ग का प्रयोग हुआ है?
(a) प्रत् (b) प्रति
(c) प्रत्यु (d) प्रत्युप

29. 'सदाचार' में प्रयुक्त उपसर्ग है
(a) सत् (b) सद्
(c) सदा (d) सद

30. 'अपहरण' में प्रयुक्त उपसर्ग है
(a) अ (b) अव
(c) अप (d) अपोह

31. 'आरोहण' में किस उपसर्ग का प्रयोग है?
(a) आ (b) अ
(c) अभि (d) अनु

32. 'दुष्परिणाम' में प्रयुक्त उपसर्ग है
(a) दुर् (b) दुस्
(c) दु (d) दुष्प

33. 'अनुचर' में प्रयुक्त उपसर्ग क्या है?
(a) अनु (b) अप
(c) अव (d) अति

34. 'अवतार' में किस उपसर्ग का प्रयोग हुआ है?
(a) अपि (b) अभि
(c) अव (d) अधि

35. 'बद' उपसर्ग से कौन-सा शब्द निर्मित नहीं है?
(a) बदनाम (b) बदकिस्मत
(c) बेरहम (d) बदहजमी

36. एक भिन्न उपसर्ग के निर्मित शब्द को अलग करें
(a) बेडौल (b) बेकसूर
(c) बेवफा (d) बाकायदा

37. 'सु' उपसर्ग से निर्मित शब्द नहीं है
(a) सुन्दर (b) सुकोमल
(c) सुपात्र (d) सुपाच्य

38. निम्न शब्दों में कौन 'स्व' उपसर्ग से नहीं बना?
(a) स्वतन्त्र (b) स्वदेश
(c) स्वरचित (d) सज्जन

39. 'पाठक' शब्द में किस 'प्रत्यय' का प्रयोग हुआ है?
(a) अक्क (b) अक
(c) आक (d) इव

40. 'घुमक्कड़' शब्द में प्रयुक्त प्रत्यय क्या है?
(a) अक्कड़ (b) अक
(c) आक (d) अ

41. 'दाता' में प्रयुक्त प्रत्यय है
(a) आ (b) आऊ
(c) ता (d) आता

42. 'होनहार' में प्रयुक्त प्रत्यय है
(a) हार (b) अ
(c) अ (d) अहार

43. 'उच्चतम' में किस 'प्रत्यय' का प्रयोग हुआ है?
(a) तर (b) तम
(c) दार (d) इया

44. 'ई' प्रत्यय के लगने से निम्न में किस शब्द का निर्माण नहीं हुआ?
(a) बोली (b) देहाती
(c) गगरी (d) चुनौती

45. भिन्न प्रत्यय प्रयोग से बने शब्द को पृथक् करें
(a) ओजस्वी (b) मेधावी
(c) मायावी (d) विद्यार्थी

46. 'गाह' प्रत्यय के प्रयोग से निम्न में से कौन शब्द नहीं बना?
(a) दरगाह (b) बन्दरगाह
(c) आगाह (d) कब्रगाह

47. 'त्व' प्रत्यय से कौन-सा शब्द निर्मित नहीं है?
(a) कवित्व (b) नेतृत्व
(c) कर्त्तव्य (d) मातृत्व

48. 'जलमय' शब्द में कौन-सा 'प्रत्यय' है?
(a) मय (b) इय
(c) अय (d) च

49. 'महीप' में किस प्रत्यय का प्रयोग हुआ है?
(a) प (b) ईप
(c) आप (d) आयप

50. 'बुढ़ापा' में किस प्रत्यय का प्रयोग है?
(a) आपा (b) पा
(c) अप (d) यापा

51. 'बदबू' में कौन-सा उपसर्ग प्रयुक्त है?
(a) ब (b) बद
(c) बा (d) बे

52. कृत प्रत्यय के मेल से बनने वाले शब्द कहलाते हैं
(a) तद्धित (b) कृदन्त
(c) समास (d) कारक

53. 'उज्ज्वल' में कौन-सा उपसर्ग है?
(a) उत् (b) उज्
(c) उ (d) उप

54. संज्ञा के अन्त में लगने वाला प्रत्यय कहलाता है
(a) तद्धित (b) कृदन्त
(c) समाज (d) क्त

55. 'अभ्यर्थी' में कौन-सा उपसर्ग है?
(a) अ (b) अभ्य
(c) अभि (d) अभ

56. 'अति' उपसर्ग से निम्न में से कौन-सा शब्द नहीं बना?
(a) अत्युक्ति (b) अतिशय
(c) अतिरिक्त (d) अधीन

57. 'सपरिवार' में किस उपसर्ग का प्रयोग हुआ है?
(a) स (b) सप
(c) स्व (d) सु

58. 'अनु' उपसर्ग से निर्मित शब्द है
(a) अनाचार (b) अनुस्वार
(c) अनहद (d) अन्य

59. 'निर्भय' में किस उपसर्ग का प्रयोग हुआ है?
(a) नि (b) निर
(c) ना (d) निभ

60. 'बादरायण' में किस प्रत्यय का प्रयोग हुआ है?
(a) एय (b) एण
(c) आयन (d) ण

61. 'ग्रामीण' शब्द में किस प्रत्यय का प्रयोग हुआ है?
(a) उल (b) इल
(c) ईन (d) ईम

62. निम्न में किस शब्द में 'अन्त' प्रत्यय है?
(a) लड़ाई (b) लड़ाकू
(c) भिड़न्त (d) भीड़

63. 'अक' प्रत्यय का प्रयोग किस शब्द में नहीं है?
(a) कारक (b) धारक
(c) मारक (d) शायर

उत्तरमाला

1. (b)	**2.** (b)	**3.** (d)	**4.** (b)	**5.** (a)	**6.** (b)	**7.** (c)	**8.** (a)	**9.** (b)	**10.** (a)	**11.** (d)
12. (a)	**13.** (c)	**14.** (b)	**15.** (b)	**16.** (a)	**17.** (a)	**18.** (a)	**19.** (a)	**20.** (d)	**21.** (a)	**22.** (a)
23. (d)	**24.** (a)	**25.** (a)	**26.** (a)	**27.** (a)	**28.** (b)	**29.** (b)	**30.** (c)	**31.** (a)	**32.** (b)	**33.** (a)
34. (c)	**35.** (c)	**36.** (d)	**37.** (a)	**38.** (d)	**39.** (b)	**40.** (a)	**41.** (c)	**42.** (c)	**43.** (b)	**44.** (d)
45. (d)	**46.** (c)	**47.** (c)	**48.** (a)	**49.** (b)	**50.** (a)	**51.** (b)	**52.** (b)	**53.** (a)	**54.** (a)	**55.** (c)
56. (d)	**57.** (a)	**58.** (b)	**59.** (b)	**60.** (c)	**61.** (c)	**62.** (c)	**63.** (d)			

❑❑

18 रस एवं छंद

रस के भेद

आचार्य भरतमुनि के आठ रस माने हैं, तो आचार्य विश्वनाथ तथा आचार्य मम्मद के रसों की संख्या भी मानी है। आगे चलकर भक्ति तथा वात्सल्य रस जुड़कर 'ग्यारह' हो गए।

शृंगार रस

श्रृंग' तथा 'आर' के योग से उत्पत्ति शृंग (काम की उत्पत्ति) तथा आर (गीत या प्राप्ति) अर्थात् शृंगार का अर्थ-काम-वृद्धि की प्राप्ति है। शृंगार में स्त्री-पुरुष की पवित्र प्रेम भावना का वर्णन होता है।

संयोग शृंगार

- कौन हो तुम वसन्त के दूत, विरस पतझड़ में अति सुकुमार; मन तिमिर से चपला की रेख तपन में शीतल मन्द बयारा।
- विश्लेषण-स्थायीभाव-रति। विमाय-आलम्बन-श्रद्धा, आश्रय-मनु, उद्दीपन-एकान्त प्रदेश, श्रद्धा की सुन्दरता, कोकिल कण्ठ रम्स वेशभूषा। **संचारी भाव-हर्ष**, चपलता, आशा, उत्सुकता आदि।

वियोग शृंगार

मेरे प्यारे नव जलद से कंज से नेत्र वाले।
जाके आये न मधुवन से औ न भेजा सन्देशा।।
में रो-रो के प्रिय-विरह से वावली हो रही हूँ।
जा के मेरी सब दुःख कथा श्याम को तू दे।।

- **विश्लेषण-स्थायी**
  भाव-राति। विभाव-आलम्बन-कृष्ण। आश्रय-राधा।
  उद्दीपन–शीतल-मन्द-पवन और एकान्त स्थल। संचारी

हास्य रस

अपने अथवा पराये परिधान वचन, क्रिया-कलाप आदि से उत्पन्न हुआ हास नामक स्थायी भाव, विभाव अनुभाव और संचारी भाव के संयोग से हास्य का रूप ग्रहण करता है, जैसे–

नाना वाहन नाना वेषा विहँसे सिव समाज निज देखा।
कोउ मुख-हीन विपुल मुख काहा बिनु पद-कर कोउ बहु पद बाह्य।

करुण रस

किसी प्रिय व्यक्ति अथवा प्रिय वस्तु के विनाश हो जाने, प्रेमीजन के वियोग, धन की हानि आदि से हृदय में करुण रस की निप्पत्ति होती है। इसका स्थायी भाव-शोक है।

जो भूरि भाग्य नारी विदित थी निरुपमेय सुहागिनी।
हे हृदय बल्लम। हूँ वही अब में महा हतभागिनी।।
जो साथिनी होकर तुम्हारी थी अतीव सनाथिनी
है अब इसी मुझ-सी जगत में और कौन अनाथिनी।

वीर रस

दुष्कर कार्यों यथा, युद्ध आदि में वीर रस है उत्पत्ति होता है वीरता का प्रदर्शन अनेक क्षेत्रों में सम्भव है और उसी के आधार पर दानवीर, यशवीर, दयावीर, धर्मवीर, युद्धवीर, शोधवीर, कर्मवीर जैसे– अनेक वीर हो सकते हैं। इसका स्थायी भाव उत्साह है।

सौमित्र से धनवाद का ख, अल्प भी न सहा गया।
निज शत्रु को देखे बिना, उससे तनिक न रहा-गया।

रौद्र वीर

अपनी,अपने गुरुजनों या प्रियजनों आदि की निन्दा, भाव-भंग स्वाभिमान पर चोट आदि की स्थिति में रौद्र-रस का जन्म होता है।
इसका स्थायी भाव क्रोध है।

भयानक रस

किसी भयंकर व्यक्ति, वस्तु या दृश्य को देखने, बलशाली के भयंकर कार्य से उत्पन्न रस 'भयानक' रस है। इसका स्थायी भाव 'भय है।

एक और अजगरहि लखि, एक ओर मृगराइ।
विकल बढोही बीच ही, परयो मूर्छा खाइ।।

अद्भुत रस

विचित्र, विस्मयकारक व्यक्ति, वस्तु या कृत्य को देखकर उत्पन्न भाव से अद्‌भुत रस की उत्पत्ति होती है। इसका स्थायी भाव 'विस्मय' है।

बिनु पद चलै, सुने बिनु काना।
की बिनु कर्म करै विधि नाना।।
आनन रहित सकल रस भोगी।
बिनु वाणी वक्ता बड़ जोगी।।

वीभत्स रस

'घृणा' नामक स्थायी भाव से इस रस की उत्पत्ति होती है। घृणा पैदा करने वाली वस्तुओं (पीव,हड्डी, मांस, चर्बी आदि) के सड़ने की दुर्गन्ध से हृदय में एक प्रकार की ग्लानि उत्पन्न होती है। इसका स्थायी भाव-'जुगुप्सा' नाम से भी पुकारा जाता है।

कोउ अंतड़िनि का पहिरि माल इतराल दिखावत।
कोउ चरबी से 'चोप सहित निज अंगनि लावत।।
कोउ मुंडनि ले मनि, मोंद कंदुक लौ डारत।
कोउ रुंडनि पे बैठि करेजी फारि निकारत।।

शान्त रस

संसार की क्षण भंगुरता, असारता तथा विषय-भोगी की अनिश्चितता तथा परमात्मा के ज्ञान से उत्पन्न 'वैराग्य' ही पुष्ट होकर शान्त रस से परिणत होता है।

इसका स्थायी भाव -निर्वेद' (उदासीनता) है।

मन पछितैहे अवसर वीते।
दुर्लभ देह पाई हरिपद भजु, करम वचन अरु होते।
अब नाथहि अनुराग जागु जड़-त्यागु दुराया जीते।
बुझे ने काम अगिनि तुलसी कहुँ विषय भोर बहु घी ते।।

वात्सल्य रस

सन्तान-स्नेह वत्सलता स्थायी भाव से इस रस की उत्पत्ति होती है। प्राचीन आचार्यों ने इसे श्रृंगार के अन्तर्गत माना, परन्तु आज यह स्वतंत्र रस है। इसका वर्णन हिन्दी साहित्य में अनुपमेय है। सूर तो इसके सम्राट कहे गए।

इसके भी संयोग वात्सल्य' और 'वियोग वात्सल्य' दो भेद किए गए हैं।

भक्ति रस

ईश्वर या देवता के विषय में रति (श्रद्धा) भाव भक्त के हृदय उत्पन्न होता है, उसी से भक्ति रस की उत्पत्ति होती है।

स्थायी भाव-'देवता विनायक रति'।

मेरे तो गिरधर गोपाल दूसरा न कोई।
जाके सिर मुकुट मेरो पति सोई।
साघुन संग बैठि-बैठि लोक लाज खोई।
अब तो बात फैल गई जाने सब कोई।
अँसुअन जल सींचि-सींचि प्रेम बेल दोई।
मीरा की लगन लागी होनी हो सो, होई।

छन्द

व्याकरण के नियमों से बँधी रचना 'गद्य' तथा 'पिंगल' शास्त्र के नियमों से बँधी लयात्मक रचना 'पद्य' कहलाती है।

- हिन्दी साहित्य कोश के अनुसार, ''अक्षर, अक्षरों की संख्या एवं क्रम, मात्रा, मात्रा-गणना तथा यति-गति आदि से सम्बन्धित विशिष्ट नियमों से नियोजित पद्य-रचना 'छन्द कहलाती है।''
- गद्य की अपेक्षा छन्द बद्ध रचना अधिक प्रभावित एवं रस प्रवाह करती है।
- छन्दबद्ध रचना कर्णप्रिय, चिरस्थायी, चिर स्मृति रक्षित होती है।
- छन्द बद्धता से रचना में गेयता, संगीतात्मकता, लयात्मकता आ जाती है।

छन्द के तत्त्व

- वर्ण, मात्रा, शुभाक्षर, अशुभाक्षर, वर्णिकरण।
- मुख से निकलने वाली ध्वनि को सूचित करने के लिए निश्चित किए गए चिह्न **'वर्ण'** कहलाते हैं।
- **वर्ण** ह्रस्व तथा दीर्घ-दो प्रकार के होते हैं।
- **मात्रा** वर्ण के उच्चारण में जो समय व्यतीत होता है, उसे मात्रा कहते हैं। ह्रस्व (लघु) वर्ण की एक (।) तथा दीर्घ (गुरु) वर्ण की दो (ऽ) मात्रा होती हैं।
- **शुभाक्षर** 15 वर्ण हैं- क, ख, ग, घ, च, छ, ज, द, ध, न, य, श, स, क्ष, ज्ञ ।
- **अशुभाक्षर** इन्हें दग्धाक्षर कहते हैं-ङ, झ, ञ, ट, ठ, ड, ढ, ण, त, थ, ब, भ, म, र, ल, व, ष, ह ।
- **वर्णिक गण** वार्णिक छन्दों में 3 अक्षरों की मात्रा गणना को 'एक गण' कहा जाता है।
- वर्णिक गणों की संख्या आठ मानी गई है।
- यमाताराज भानसलगा' सूत्र के द्वारा-**यगण** (।ऽऽ), **मगण** (ऽऽऽ), **तगण** (ऽऽ।), **रगण** (ऽ।ऽ), **जगण** (।ऽ।), **भगण** (ऽ।।) **नगण** (।।।), **सगण** (।।ऽ) निर्धारित हैं।
- **छन्द** मात्रिक एवं वार्णिक दो प्रकार के छन्द होते हैं।
- 'मात्रा की गणना' पर आधारित छन्द (मात्रिक) तथा 'वर्ण-गणना' पर आधारित छन्द 'वार्णिक' छन्द होते हैं।
- एक से 26 वर्ण गणना वाले छन्द **'साधारण'** तथा 26 से अधिक वर्ण-गणना वाले छन्द **'दण्डक'** कहलाते हैं।
- 'यति' का अर्थ विराम, 'गति' का अर्थ लय तथा 'तुक' का अर्थ अन्तिम वर्णों की आवृत्ति है।
- **लघु या ह्रस्व वर्ण**-अ, इ, उ।
- **दीर्घ या गुरु वर्ण**-आ, ई, ऊ, ॠ, ओ, औ अनुस्वार विसर्ग युक्त वर्ण गुरु।
- संयुक्ताक्षर से पूर्व का वर्ण गुरु (ऽ) हो जाता है।

मात्रिक छन्द

1. **दोहा** अर्द्ध-सम मात्रिक छन्द, चार चरण, प्रथम और तृतीय चरण में 13-13 तथा द्वितीय और चतुर्थ चरण में 11-11 मात्राएँ, विषम चरणों के अन्त में जगण (।ऽ।) नहीं होना चाहिए-

   ऽ ऽ ।। ऽऽ ।ऽ ऽऽ ऽ।। ऽ।
   मेरी भव बाधा हरौ, राधा नागरि सोय।
   ऽ ।। ऽ ऽऽ ।ऽ ऽ। ।।। ।। ऽ।
   जा तन की झाँई परै, स्याम हरित दुति होय ।।

2. **चौपाई** सम मात्रिक छन्द, चार चरण, प्रत्येक चरण में 16-16 मात्राएँ, अन्त में जगण (।ऽ।), तगण (ऽऽ।) का निषेध।

   ।।। ।।। ऽ।। ।।ऽऽ ।।। ।ऽ। ।ऽ।। ऽऽ
   निरखि सिद्ध साधक अनुरागे । सहज सनेहु सराहन लागे ।।
   ऽ। । ऽ।। ऽ। ।।। ऽ ।।। ।।। ।। ।।। ।।। ऽ
   होत न भूतल भाउ भरत को। अचर सचर वर अचर करत को ।।

3. **सोरठा** अर्द्धसम मात्रिक-छन्द, प्रथम एवं तृतीय चरण में 11-11 और द्वितीय एवं चतुर्थ चरण में 13-13 मात्राएँ, दोहे का उल्टा होता है-

   ऽ। ।ऽ।। ऽ। ।। ।।। ऽ।। ।।।
   नील सरोरुह स्याम, तरुन अरुन बारिज नयन।
   ।।। ऽ ।। ।। ऽ। ।ऽ ऽ। ऽ।। ।।।
   करउ सो मन उर धाम, सदा छीरसागर सयन।

4. **कुण्डलियाँ** विषम मात्रिक छन्द, छः चरण, प्रत्येक चरण में 24 मात्राएँ, आदि में एक दोहा तथा बाद में एक सेला जोड़कर यह छन्द बनता है।

   जिस शब्द से आरम्भ उसी पर अन्त होता 'दोहे' का चौथा 'रोला' का प्रथम चरण 'एक' ही होता है।

   ऽ ऽ ऽ। । ऽ । ऽ ।। ऽ ।। । । ऽ ।

साईं-बैर न कीजिए गुरु पण्डित कवि यार।
ऽ ऽ । । ऽ ऽ । ऽ ऽ। ।ऽ।। ऽ।
बेटा बनिता पौरिया यज्ञ करावन हार ।।
ऽ । । ऽ । । ऽ। ऽ। ऽऽ ऽ ऽऽ
यज्ञ, करावन हार, राजमन्त्री जो होई।
ऽ। ।ऽऽऽ ।ऽ ।ऽ।ऽ ।ऽऽ
विप्र पड़ौसी वैद्य आपुनौ तपै रसोई।।

5. **बरवै** अर्द्धसम मात्रिक छन्द, विषम चरणों में 12-12 तथा सम चरणों में 7-7 मात्राएँ। सम चरणों के अन्त में जगण (।ऽ।) होता है–

''चम्पक हरवा अँग मिलि, अधिक सुहाय।
जानि परै सिय हियरे, जब कुंभिलाई।।''

6. **हरिगीतिका** सम मात्रिक छन्द, चार चरण, प्रत्येक चरण में 28 मात्राएँ, 16-12 पर यति, प्रत्येक चरण के अन्त में रगण (ऽ।ऽ) आवश्यक है–

।। ऽ। ऽऽ ऽ ।ऽ ।। ।। ।ऽ ऽऽ । ऽ
खग-वृन्द सोता है अतः कल-कल नहीं होता यहाँ।

प्रश्नमाला

1. रस के अंग है–
   (a) स्थायी भाव
   (b) विभाव एवं अनुभाव
   (c) संचारी भाव
   (d) ये सभी
2. 'रस' के अन्तर्गत स्थायी भावों की संख्या है–
   (a) नौ (b) दस
   (c) ग्यारह (d) बारह
3. रस रूप में पुष्ट या परिणत होने वाल, सम्पूर्ण प्रसंग में व्याप्त रहने वाला भाव कहलाता है–
   (a) स्थायी भाव
   (b) विभाव
   (c) अनुभाव
   (d) संचारी भाव
4. जो व्यक्ति, वस्तु परिस्थितियाँ आदि स्थायी भावों को जाग्रत या उद्दीप्त करती है, वे–
   (a) स्थायी भाव (b) विभाव
   (c) अनुभाव (d) संचारी भाव
5. 'विभाव' के भेद हैं–
   (a) आलम्बन (b) उद्दीपन
   (c) आश्रय (d) (a) तथा (b)
6. भावों के उदय होने के पश्चात् आश्रय की चेष्टाएँ हैं–
   (a) स्थायी भाव (b) विभाव
   (c) अनुभाव (d) संचारी भाव
7. 'अनुभाव' के भेद है–
   (a) सात्विक
   (b) वाचिक
   (c) कायिक एवं आहार्य
   (d) ये सभी
8. छन्द कितने प्रकार के होते हैं?
   (a) मात्रिक (b) वार्णिक
   (c) आर्थिक (d) (a) और (b) दोनों
9. 'छन्द' के तत्त्व होते हैं–
   (a) वर्ण-मात्रा
   (b) शुभ-अशुभाक्षर
   (c) वर्णिकगण
   (d) ये सभी
10. 'यमाताराज भानसलगा' सूत्र के आधार पर 'गणों' की संख्या है–
    (a) नौ (b) आठ
    (c) दस (d) सात

उत्तरमाला

1. (a) **2.** (a) **3.** (a) **4.** (a) **5.** (a) **6.** (a) **7.** (a) **8.** (a) **9.** (a) **10.** (a)

❑❑

19 अलंकार

- अलंकार का अर्थ आभूषण अर्थात् 'जो भूषित करे' होता है। काव्य में जिन धर्मों द्वारा चमत्कार उत्पन्न हो उसे अलंकार कहते हैं। भाषा के शब्द और अर्थ दो प्रमुख अंग होते हैं। अतएव काव्य में चमत्कार, शाब्दिक अथवा अर्थगत हो सकता है।

(1) अनुप्रास

जहाँ पर वर्णों की आवृत्ति हो, वहाँ अनुप्रास अलंकार होता है : जैसे–मुदित महीपति मन्दिर आये। सेवक सचिव सुमन्त बुलाये।

इस चौपाई में पूर्वार्द्ध में म की और उत्तरार्द्ध में स की तीन-तीन बार आवृत्ति हुई है, पर इनमें स्वरों का मेल नहीं है। कहीं-कहीं स्वर भी मिल जाते हैं; जैसे–

सो सुख सुजस सुलभ मोहिं स्वामी।

इसमें स की आवृत्ति पाँच बार हुई है, पर स्वरों का मेल (सुख, सुजस, सुलभ) केवल तीन बार हुआ है।

(2) यमक

जब कोई शब्द एक से अधिक बार प्रयुक्त हो परंतु अर्थ भिन्न हो वहाँ यमक अलंकार होता है। जैसे–

हरि हरि रूप दियो नारद को देखईं
दोउ शिवगण मुस्काई।

यहाँ एक हरि का अर्थ विष्णु व दूसरे का अर्थ बंदर है।

आचार्यों ने यमक की तीन कोटियाँ बताई हैं–आदिपद, यमक, मध्यपद यमक और अंत पद यमक। मोटे तौर पर यमक के दो भेद माने जाते हैं।

(क) सभंग पद यमक
(ख) अभंग पद यमक

(क) सभंग पद यमक–जब किसी शब्द का एक से अधिक बार प्रयोग होता है तथा उस शब्द को भंग करने पर भिन्न-भिन्न अर्थ निकलते हैं, तब सभंग पद यमक होता है। उदाहरणार्थ–

'हरिणी के नैनानी ते हरिनीके ये नैना'

प्रस्तुत उदाहरण में हरिणी (अच्छे) शब्द का प्रयोग दो बार हुआ है, परंतु अर्थ भिन्न है। पहले स्थान पर इसका अर्थ है हिरण जबकि दूसरे स्थान पर हरि नीके। इस प्रकार पूरी पंक्ति का अर्थ बनता है–हरि राधा के नेत्र तो हिरनी के नेत्रों से अधिक भव्य है।

(ख) अभंग पद यमक–जब किसी पद को भंग किए बिना भिन्न-भिन्न अर्थों की प्राप्ति हो, तब वहाँ अभंग पद यमक होता है। उदाहरणार्थ–

जल जो ना होता तो यह जग जाता जल।
अथवा
'जेते तुम तारे तेते नभ में ना तारे है

(3) श्लेष

जब पंक्ति में एक ही शब्द के अनेक अर्थ होते हैं तब वहाँ श्लेष अलंकार होता है। जैसे–

चरण धरत चिन्ताकरत, भावत नींद न शोर।
सुबरन को ढूँढ़त फिरत, कवि, कामी और चोर।।

श्लेष अलंकार के प्रकार–श्लेष अलंकार दो प्रकार का होता है–

(i) शब्द श्लेष (ii) अर्थ श्लेष

(4) उपमा

समान धर्म, स्वभाव, शोभा, गुण आदि के आधार पर जहाँ एक वस्तु की तुलना दूसरी वस्तु से की जाती है, वहाँ उपमा अलंकार होता है। जैसे–

राम का मुख कमल के समान सुन्दर है।

राम का मुख	उपमेय	कमल	उपमान
समान	वाचक	सुन्दर	समान धर्म

(5) रूपक

जहाँ उपमेय में उपमान का आरोप किया जाए, वहाँ रूपक अलंकार होता है। इसमें वाचक और साधारण धर्म लुप्त हो उपमेय और उपमान में अभेद का भाव प्रकट करते हैं। जैसे–

खोलो अपना मुख पंकज सखी, देखो तेरा प्रिय तरणि आया।

(6) उत्प्रेक्षा

जब उपमेय में उपमान से भिन्नता होते हुए भी उपमेय की उपमान के रूप में सम्भावना की जाए। जैसे–

लता भवन ते प्रकट भे तेहि अवसर दो ऊभाई।
निकसे जनु जुग विमल बिधु जलद पटल विलगाइ।

उत्प्रेक्षालंकार के तीन भेद होते हैं–

(i) वस्तूत्प्रेक्षा (ii) फलोत्प्रेक्षा (iii) हेतूत्प्रेक्षा।

(7) अतिशयोक्ति

जहाँ किसी वस्तु का बढ़ा-चढ़ाकर वर्णन किया जाए, वहाँ अतिशयोक्ति अलंकार होता है। जैसे–

लेवत मुख में घास मृग, मोर तजत नृत जात।
आँसू गिरियत जर लता, पीरे-पीरे पात।।

(8) विरोधाभास

जहाँ विरोध न होते हुए भी विरोध का आभास दिया जाए, वहाँ विरोधाभास अलंकार होता है। जैसे–

भर लाऊँ सीपी में सागर, प्रिय ! मेरी अब हार विजय क्या?

सीपी में भला सागर कैसे भरा जा सकता है? अत: यहाँ विरोधाभास अलंकार है।

(9) वक्रोक्ति

वक्रोक्ति अलंकार वहाँ होता है, जहाँ वक्ता के किसी कथन का श्रोता उसके आशय से भिन्न अर्थ ग्रहण करता है। इसके दो भेद किये जा सकते हैं। जैसें–

को तुम हो? घनश्याम हम, तो बरसो कित जाय।
नहीं-नहीं गोपाल हूँ, धनु देख बन जाय।।

(10) व्यतिरेक

जहाँ उपमेय में उपमान की अपेक्षा कुछ विशेषता दिखाई जाए, वहाँ व्यतिरेक अलंकार होता है। जैसे–

संत हृदय नवनीत समाना, कहा कविन पै कहत न जाना।

(11) प्रतीप

जब प्रसिद्ध उपमान को उपमेय करके अथवा प्रसिद्ध उपमेय को उपमान करके उपमेय से उपमान की समानता, हीनता अथवा उत्कर्ष दिखाया जाए, इसे प्रतीप अलंकार कहा जाता है।

(12) पुनरुक्तिवदाभास

जब समान अर्थ वाले शब्द प्रयुक्त हों, परन्तु अभिप्राय भिन्न हो, तो इस अलंकार की सृष्टि होती है। **उदाहरण—**

काल समय तव आयहू, मूढ़ सुनेसि मम बात।
अस कहि मारी पवन सुत, कालनेमि इक लात।।

यहाँ 'काल' और 'समय' समानार्थी शब्द हैं परन्तु 'काल' शब्द 'मृत्यु' के अर्थ में प्रयुक्त होने से दोनों का अभिप्राय भिन्न हो गया।

(13) पुनरुक्तिप्रकाश

जब शब्द की आवृत्ति रोचकता के लिए उसी अर्थ में हो, जैसे—

कलिका कलिका किसलय किसलय, में, पवन प्रमादी घूम रहा।
कोमल अंगों को हिला हिला, मंथर गति से वह डोल रहा।।

यहाँ 'कलिका', 'किसलय' और 'हिला' शब्द पुनः उसी अर्थ में प्रयुक्त हुए हैं।

(14) वीप्सा

जहाँ किसी भाव पर बल देने के लिए एक ही शब्द की कई बार आवृत्ति हो, परन्तु प्रत्येक का अर्थ वही हो। जैसे—

दौड़ो! दौड़ो! दौड़ो आगि लगी है हमारे घर,
अरे नाहीं सारी लंक याकी है चपेट में।

प्रश्नमाला

1. 'पट-पीत मानहुं तड़ित रुचि, सुचि नौमि जनक सुतावरं' में कौन-सा अलंकार है?
   (a) उपमा (b) रूपक
   (c) उत्प्रेक्षा (d) उदाहरण
2. रहिमन जो गति दीप की, कुल कपूत गति सोय। बारे उजियारै लगै, बढ़े अंधेरो होय।। प्रस्तुत पंक्तियों में कौन-सा अलंकार है?
   (a) उपमा (b) रूपक
   (c) यमक (d) श्लेष
3. "उदारहि बिमल बिलोचन ही के। मिटहिं दोष दुख भव रजनी के।।" में आये अलंकार का नाम बताइये—
   (a) अनुप्रास अलंकार (b) उत्प्रेक्षा अलंकार
   (c) उल्लेख अलंकार (d) रूपक अलंकार
4. "सो सुख सुजस सुलभ मोहिं स्वामी" में आये अलंकार का नाम बताइये—
   (a) उपमा अलंकार (b) यमक अलंकार
   (c) रूपक अलंकार (d) अनुप्रास अलंकार
5. "चपला चमके घन बीच जगै छवि मोतिन माल अमोलन की" पद्यांश में अलंकार का नाम बताइये—
   (a) श्लेष अलंकार (b) यमक अलंकार
   (c) उपमा अलंकार (d) रूपक अलंकार
6. "नवल सुन्दर श्याम-शरीर की, सजल नीरद सी कल कान्ति थी।" उपर्युक्त पद्यांश में जो अलंकार है, वह है—
   (a) रूपक अलंकार (b) श्लेष अलंकार
   (c) उपमा अलंकार (d) यमक अलंकार
7. 'अयि गौरवशालिनी मानिनि आज" पद्यांश में अलंकार है—
   (a) रूपक अलंकार (b) श्लेष अलंकार
   (c) उत्प्रेक्षा अलंकार (d) यमक अलंकार
8. "सेस महेस गनेस दिनेस सुरेसहु जाँहि निरन्तर गावैं" पद्यांश में जो अलंकार है, वह है—
   (a) अनुप्रास अलंकार (b) उत्प्रेक्षा अलंकार
   (c) यमक अलंकार (d) श्लेष अलंकार
9. कबिरा सोई पीर है, जे जाने पर पीर। जे पर पीर न जानई, सो काफिर बेपीर।। प्रस्तुत पंक्तियों में कौन-सा अलंकार है?
   (a) यमक (b) रूपक
   (c) पुनरुक्ति (d) श्लेष
10. "संदेसनि मधुवन-कूप भरे" में कौन-सा अलंकार है?
    (a) रूपक (b) वक्रोक्ति
    (c) अन्योक्ति (d) अतिशयोक्ति
11. मेरे नगपति मेरे विशाल। साकार, दिव्य गौरव विराट।। उपर्युक्त पद्यांश में आये अलंकार का नाम बताइये—
    (a) उत्प्रेक्षा अलंकार
    (b) उल्लेख अलंकार
    (c) यमक अलंकार
    (d) रूपक अलंकार
12. "सारी बीच नारी है कि नारी बीच सारी है" में आये अलंकार का नाम है—
    (a) स्वभावोक्ति अलंकार
    (b) दृष्टान्त अलंकार
    (c) सन्देह अलंकार
    (d) रूपक अलंकार
13. सिंह-सुता क्या कभी स्यार से प्यार करेगी? क्या परनर का हाथ कुलस्त्री कभी धरेगी।। उपर्युक्त पद्यांश में कौन-सा अलंकार है?
    (a) उत्प्रेक्षा अलंकार (b) यमक अलंकार
    (c) प्रतिवस्तूपमा (d) उपमा अलंकार
14. लसत सूर सायक धनु-धारी। रवि प्रताप सन सोहत भारी।। में अलंकार का नाम बताइये—
    (a) प्रतिवस्तूपमा अलंकार
    (b) स्वभावोक्ति अलंकार
    (c) उत्प्रेक्षा अलंकार
    (d) उल्लेख अलंकार
15. "तू रूप है किरन में, सौन्दर्य है सुमन में" पद्यांश में कौन अलंकार है?
    (a) उल्लेख अलंकार (b) उत्प्रेक्षा अलंकार
    (c) यमक अलंकार (d) रूपक अलंकार
16. "जानत सौति अनीति है, जानत सखी सुनीति" में आये अलंकार का नाम बताइये—
    (a) उत्प्रेक्षा अलंकार (b) उल्लेख अलंकार
    (c) यमक अलंकार (d) श्लेष अलंकार
17. "मुदित महीपति मन्दिर आये,......." पद्यांश में कौन-सा अलंकार है?
    (a) अनुप्रास अलंकार (b) यमक अलंकार
    (c) रूपक अलंकार (d) श्लेष अलंकार
18. "रीझि-रीझि रहसि-रहसि हँसि-हँसि उठें" पद्यांश में कौन-सा अलंकार है?
    (a) उपमा अलंकार (b) श्लेष अलंकार
    (c) अनुप्रास अलंकार (d) यमक अलंकार
19. **"समय सिन्धु चंचल है भारी" में आये अलंकार का नाम बताइये—**
    (a) उपमा अलंकार (b) रूपक अलंकार
    (c) श्लेष अलंकार (d) उत्प्रेक्षा अलंकार
20. **"अम्बर पनघट में डुबो रही तारा घट ऊषा नागरी" में कौन-सा अलंकार है?**
    (a) यमक अलंकार
    (b) श्लेष अलंकार
    (c) रूपक अलंकार
    (d) उपमा अलंकार

उत्तरमाला

1. (a)	2. (d)	3. (a)	4. (d)	5. (c)	6. (c)	7. (b)	8. (a)	9. (a)	10. (d)
11. (b)	12. (c)	13. (c)	14. (a)	15. (a)	16. (b)	17. (a)	18. (c)	19. (b)	20. (c)

20 प्रसिद्ध कवि, लेखक एवं उनकी प्रसिद्ध रचनाएं

- **कबीरदास :** बीजक (साखी, सबद, रमैनी), युगान्त के क्षितिज पर।
- **सूरदास :** सूरसागर (समग्र रचनाओं का संकलन), साहित्य लहरी, सूर-पच्चीसी, सूर सारावली, नागलीला, गोवर्द्धनलीला, प्राणप्यारी, सूरसागर-सार।
- **गोस्वामी तुलसीदास :** रामचरितमानस, गीतावली, दोहावली, कवितावली, कुण्डलियां, रामायण, कृष्ण गीतावली, रामाज्ञा प्रश्नावली, हनुमानबाहुक, विनय-पत्रिका, रामलला नहछू, पार्वतीमंगल, जानकीमंगल, बरवै रामायण, वैराग्य सन्दीपनी, रामसतसई।
- **नाभादास :** अष्टयाम, रामचरित के पद।
- **मीराबाई :** नरसीजी का माहरा, राम गोविन्द, सोरठा के पद, फुटकर पद, गीत गोविन्द की टीका, मीरा का मल्हार, रागविहाग।
- **रहीम (अब्दुर्रहीम खानखाना) :** रहीम दोहावली, रहीम रत्नावली, रहीम सतसई, बरवै नायिकाभेद, राम पंचाध्यायी, शृंगार सोरठा, मदनाष्ट, नगर शोभा, फुटकल बरवै, फुटकल सवैये, नायिकाभेद।
- **रसखान :** प्रेमवाटिका, सुजान रसखान, गीत काव्य।
- **मालिक मुहम्मद जायसी :** पद्मावत, अखरावट, आख़िरी कलाम।
- **भूषण :** शिवराज भूषण, शिवा बावनी, छत्रसाल दशक, भूषण उल्लास, भूषण हजारा, छत्रसाल दशक।
- **लल्लूजी लाल :** सिंहासन बत्तीसी, बैताल पच्चीसी, शकुन्तला नाटक, माधोनल, प्रेमसागर, राजनीति, भाषा कायदा, सभाबिलास, माधव बिलास, लतायफ़े हिन्दी या नक़लयाते हिन्दी, लाल चन्द्रिका, ब्रजभाषा व्याकरण।
- **लाला श्रीनिवासदास :** परीक्षागुरु (हिन्दी का प्रथम उपन्यास; 1882 ई.), प्रह्लादचरित, ताप्तासंवरणम्, रणधीर प्रेममोहिनी, संयोगिता स्वयंवर (नाटक)।
- **किशोरीलाल गोस्वामी :** त्रिवेणी, प्रणयिनी प्रणय, लवंगलता, राजकुमारी, मस्तानी, चन्द्रावली, हीराबाई, गुलबहार, इन्दुमती, लावण्यमयी (उपन्यास)।
- **गयाप्रसाद शुक्ल 'सनेही' (वे 'त्रिशूल' उपनाम से भी लेखन-कार्य करते थे।) :** प्रेमपच्चीसी, कृषकक्रन्दन, राष्ट्रीय वीणा, त्रिशूलतरंग, कला में त्रिशूल, करुणा कादम्बिनी, संजीवनी।
- **राजा शिवप्रसाद 'सितारेहिन्द' :** योगवासिष्ठ, मानवधर्मसार, उपनिषद्सार।
- **जगन्नाथदास रत्नाकार :** हिण्डोला, कलकाशी, शृंगारलहरी, वीराष्टक, प्रकीर्ण पद्यावली, गंगावतरण, अष्टक, उद्धव शतक।
- **मैथिलीशरण गुप्त :** साकेत, यशोधरा, काबा और कर्बला, मंगलभट्ट, झंकार, स्वदेश-संगीत, वैज्ञानिक, हिन्दू, विकटभट्ट, रंग में भंग, पत्रावली, सिद्धराज, कुणाल, गुरुकुल, हिन्दू, राष्ट्रकुल, राष्ट्रवाणी, स्वस्ति और संकेत, जयद्रथ वध, सैरन्ध्री, किसान, प्रदक्षिणा, तिलोत्तमा, बहुष, विष्णुप्रिया, भारत-भारती, द्वापर, पंचवटी, अनघ, चन्द्रहास, शकुन्तला, शक्ति, वन-वैभव, वक्संहार।
- **अयोध्या सिंह उपाध्याय 'हरिऔध' : महाकाव्य-** प्रिय प्रवास, वैदेही वनवास, **काव्यसंग्रह-** पारिजात, चुभते चौपदे, चोखे चौपदे, रस कलश; **उपन्यास-** अध खिला फूल, ठेठ हिन्दी का ठाठ; **नाटक-** रुक्मिणी परिणय; **अन्य-** हिन्दी भाषा और साहित्य का इतिहास।
- **श्रीधर पाठक :** कश्मीर सुषमा, जगतसचाईसार, भारतगीत, उजड़ग्राम, एकान्त योगी, श्रान्त पथिक।
- **भारतेन्दु हरिश्चन्द : नाटक-** विद्यासुन्दर, रत्नावली, धनंजय विजय, कर्पूर मंजरी, मुद्राराक्षस, भारत जननी, दुर्लभ बन्धु, वैदिकी हिंसा हिंसा न भवति, सत्य हरिश्चन्द्र, श्रीचन्द्रावली, विषस्य विषमौषधम्, भारत दुर्दशा, नील देवी, अंधेर नगरी, सती-प्रताप, प्रेम जोगिनी; कश्मीर कुसुम, महाराष्ट्र देश का इतिहास, **सम्पादन-** कविवचन सुधा, हरिश्चन्द चन्द्रिका; **उपन्यास-** शीलवती, चन्द्रप्रभा प्रकाश, रामलीला, हम्मीर हठ (अपूर्ण)।
- **दयानन्द सरस्वती :** सत्यार्थ प्रकाश।
- **देवकीनन्दन खत्री :** चन्द्रकान्ता सन्तति, देवकान्ता, भूतनाथ, नरेन्द्रमोहिनी, कुसुमकुमारी, वीरेन्द्रवीर, काजर की कोठरी, गुप्त गोदना।
- **दुर्गाप्रसाद खत्री :** प्रतिशोध, लाल पंजा, रवतमण्डल, काला चोर, सफ़ेद शैतान, भूतनाथ।
- **रविन्द्रनाथ टैगोर :** गीतांजलि, गोरा, चित्रा, राजऋषि, विसर्जन।
- **आचार्य हजारीप्रसाद द्विवेदी : उपन्यास-** बाणभट्ट की आत्मकथा, चारुचन्द्रलेख, पुनर्नवा, अनामदास का पोथा; **निबन्ध-** अशोक के फूल, कल्पलता, विचार-प्रवाह, विचार और वितर्क; **समीक्षा-** सूर-साहित्य, हिन्दी-साहित्य की भूमिका, प्राचीन भारत के कलात्मक विनोद, मेघदूत : एक पुरानी कहानी, सन्देशरासक, पृथ्वीराज रासो, कालिदास की लालित्य-योजना, मध्ययुगीन बोध, आलोकपर्व।
- **आचार्य रामचन्द्र शुक्ल : समालोचना-** जायसी ग्रन्थावली, तुलसीदास, सूरदास, चिन्तामणि (दो भागों में), रस मीमांसा, त्रिवेणी; **कहानी-** ग्यारह वर्ष का समय; **काव्य-** बुद्ध-चरित्, अभिमन्यु-वध; **सम्पादन-**हिन्दी-शब्दसागर, **नागरी-**प्रचारिणी पत्रिका, आनन्द कादम्बिनी, भ्रमर गीतसार; **निबन्ध-**काव्य में प्राकृतिक दृश्य, काव्य में अभिव्यंजनावाद, रसबोध के विविध रूप, काव्य में रहस्यवाद सारणीकरण और व्यक्ति वैचित्र्यवाद, उत्साह, श्रद्धा-भक्ति, करुणा, लज्जा और ग्लानि, लोभ और प्रीति, घृणा, ईर्ष्या, भय, क्रोध; **इतिहास-**हिन्दी-साहित्य का इतिहास, फारस-साहित्य का इतिहास।
- **प्रेमचन्द : उपन्यास-**गोदान, सेवा सदन, प्रतिज्ञा, वरदान, प्रेमाश्रम, निर्मला, रंगभूमि (दो भागों में), कर्मभूमि, काया-कल्प, गबन, मंगल सूत्र; **कहानी-संग्रह-**नवविधि, प्रेम पूर्णिमा, लाल फीता, नमक का

प्रश्नमाला

1. 'कस्तूरी कुण्डल बसै' आत्मकथा है
   (a) शीला झुनझुनवाला की
   (b) मैत्रेयी पुष्पा की
   (c) मृदुला गर्ग की
   (d) डॉ. कमल कुमार की
2. 'पुरस्कार' के रचनाकार हैं
   (a) सुदर्शन (b) अमृत लाल नागर
   (c) मन्नू भण्डारी (d) जयशंकर प्रसाद
3. 'विनयपत्रिका' के रचयिता का नाम है
   (a) सूरदास (b) कबीरदास
   (c) तुलसीदास (d) केशवदास
4. 'मानस का हंस' के लेखक का नाम क्या है?
   (a) जयशंकर प्रसाद
   (b) प्रेमचन्द
   (c) महावीर प्रसाद द्विवेदी
   (d) अमृत लाल नागर
5. 'रामलला नहछू' के रचनाकार हैं
   (a) रत्नाकर (b) रैदास
   (c) तुलसीदास (d) घनानन्द
6. 'यामा' की रचयिता हैं
   (a) तिलोत्तमा
   (b) सुभद्राकुमारी चौहान
   (c) महादेवी वर्मा
   (d) मीराबाई
7. 'चीफ की दावत' कहानी के रचनाकार हैं
   (a) भगवतीचरण वर्मा
   (b) इलाचन्द्र जोशी
   (c) भीष्म साहनी
   (d) दुष्यन्त कुमार
8. 'अतीत के चलचित्र' के रचयिता हैं
   (a) जयशंकर प्रसाद
   (b) सूर्यकान्त त्रिपाठी 'निराला'
   (c) महादेवी वर्मा
   (d) सुमित्रानन्दन पन्त
9. 'रंगभूमि' (उपन्यास) के लेखक हैं
   (a) सुदर्शन (b) राँगेय राघव
   (c) प्रेमचन्द (d) शरच्चन्द्र
10. 'शिवा बावनी' के रचनाकार हैं
    (a) पद्माकर (b) भूषण
    (c) केशवदास (d) जगनिक
11. 'प्रेम पचीसी' (कहानी-संग्रह) के लेखक हैं
    (a) प्रेमचन्द (b) जयशंकर प्रसाद
    (c) अज्ञेय (d) यशपाल
12. 'प्रेम सागर' के लेखक कौन हैं?
    (a) ईशाअल्ला खाँ
    (b) लल्लू लाल
    (c) मुंशी प्रेमचन्द
    (d) मुंशी सदासुख लाल
13. 'ईदगाह' (कहानी) के रचनाकार हैं
    (a) प्रेमचन्द (b) अज्ञेय
    (c) प्रसाद (d) जैनेन्द्र
14. हिन्दी-पत्रिका 'कादम्बिनी' के सम्पादक कौन हैं?
    (a) राजेन्द्र अवस्थी
    (b) रमेश बक्षी
    (c) राजेन्द्र यादव
    (d) प्रभाकर माचवे
15. फणीश्वरनाथ 'रेणु' किसके लेखक हैं?
    (a) गबन (b) गीतांजलि
    (c) मैला आँचल (d) कामायनी

उत्तरमाला

1. (b) 2. (d) 3. (c) 4. (d) 5. (c) 6. (c) 7. (c) 8. (c) 9. (c) 10. (b) 11. (a)
12. (b) 13. (a) 14. (d) 15. (b)

□□

21 अपठित गद्यांश एवं पद्यांश

अपठित गद्यांश

निर्देश : गद्यांश को पढ़कर निम्नलिखित प्रश्नों (प्र. सं. 1 से 9) में सबसे उचित विकल्प चुनिए।

मनु बहन ने पूरे दिन की डायरी लिखी, लेकिन एक जगह लिख दिया, ''सफाई वगैरह की।''

गाँधीजी प्रतिदिन डायरी पढ़कर उस पर अपने हस्ताक्षर करते थे। आज की डायरी पर हस्ताक्षर करते हुए गाँधीजी ने लिखा, ''कातने की गति का हिसाब लिखा जाए। मन में आए हुए विचार लिखे जाएँ। जो-जो पढ़ा हो, उसकी टिप्पणी लिखी जाए। 'वगैरह' का उपयोग नहीं होना चाहिए। डायरी में 'वगैरह' शब्द के लिए कोई स्थान नहीं है।''

जिसने जो पढ़ा हो, वह लिखा जाए। ऐसा करने से पढ़ा हुआ कितना पच गया है, यह मालूम हो जाएगा। जो बातें हुई हों वे लिखी जाएँ। मनु ने अपनी गलती का अहसास किया और डायरी विधा की पवित्रता को समझा।

गाँधीजी ने पुन: मनु से कहा – ''डायरी लिखना आसान कार्य नहीं है। यह इबादत करने जैसी विधा है। हमें शुद्ध व सच्चे रूप से प्रत्येक छोटी-बड़ी घटना को निष्पक्ष रूप से लिखना चाहिए चाहे कोई बात हमारे विरुद्ध ही क्यों न जा रही हो। इससे हममें सच्चाई स्वीकार करने की शक्ति प्राप्त होगी।'' (*गाँधीजी के रोचक संस्मरण*)

1. मनु को अपनी किस गलती का अहसास हुआ?
   (a) उन्होंने डायरी में सही-सही बातें लिखी थीं
   (b) उन्होंने डायरी में 'वगैरह' शब्द का प्रयोग किया था
   (c) उन्होंने गाँधीजी की बात नहीं मानी थी
   (d) मनु ने डायरी में कातने की गति का हिसाब लिखा था
2. गाँधीजी ने 'वगैरह' शब्द पर अपनी आपत्ति क्यों जताई?
   (a) 'वगैरह' शब्द में कार्य और विचार की स्पष्टता नहीं है
   (b) वे चाहते थे कि बातों को ज्यों-का-त्यों लिखा जाए
   (c) 'वगैरह' शब्द की जगह 'आदि' शब्द का प्रयोग सही है
   (d) गाँधीजी चाहते थे कि सही भाषा का प्रयोग हो
3. गाँधीजी ने डायरी लिखने को इबादत करने जैसा क्यों कहा है?
   (a) दोनों कार्य रोज किए जाते हैं
   (b) दोनों में सच्चाई और ईमानदारी चाहिए
   (c) दोनों में समय लगता है
   (d) दोनों कार्य हमारे कर्तव्यों में शामिल हैं
4. डायरी लिखना इसलिए महत्त्वपूर्ण है, क्योंकि–
   (a) गाँधीजी इसे महत्त्वपूर्ण मानते हैं
   (b) इससे व्यक्ति का समय अच्छा गुजर जाता है
   (c) इसमें व्यक्ति स्वयं का विश्लेषण करता है और स्व-मूल्यांकन भी करता है
   (d) इससे व्यक्ति पूरे दिन किए गए जमा-खर्च का हिसाब-किताब कर सकता है
5. गाँधीजी प्रतिदिन डायरी पढ़कर क्या करते थे?
   (a) डायरी पर हस्ताक्षर करते थे और यह देखते थे कि व्यक्ति अपने कार्य और विचार में किस दिशा में जा रहा है
   (b) हस्ताक्षर करते थे ताकि जाँच का प्रमाण दिया जा सके
   (c) हस्ताक्षर करते थे क्योंकि यह नियम था
   (d) लोगों को उनकी गलती का अहसास कराते थे
6. 'प्रतिदिन' शब्द में कौन-सा समास है?
   (a) द्विगु समास
   (b) तत्पुरुष समास
   (c) द्वंद्व समास
   (d) अव्ययीभाव समास
7. 'पढ़ा हुआ कितना पच गया है' का अर्थ है –
   (a) पढ़ा हुआ कितना समझ में आया है
   (b) पढ़ा हुआ कितना आत्मसात् किया है
   (c) कितना सही उच्चारण के साथ पढ़ा है
   (d) पढ़े हुए का कितना विश्लेषण किया है
8. 'कार्य' शब्द का तद्भव रूप बताइए।
   (a) काज (b) काम
   (c) सेवा (d) कारज
9. 'विचार' में इक प्रत्यय लगाकर शब्द बनेगा –
   (a) विचौरिक (b) वैचारिक
   (c) वैचारीक (d) विचारिक

निर्देश : गद्यांश को पढ़कर निम्नलिखित प्रश्नों (प्र. सं. 10 से 15) में सबसे उचित विकल्प चुनिए।

लोक कथाएँ हमारे आम जीवन में सदियों से रची-बसी हैं। इन्हें हम अपने बड़े-बूढ़ों से बचपन से ही सुनते आ रहे हैं। लोक कथाओं के बारे में यह भी कहा जाता है कि बचपन के शुरुआती वर्षों में बच्चों को अपने परिवेश की महक, सोच व कल्पना की उड़ान देने के लिए इनका उपयोग जरूरी है। हम यह भी सुनते हैं कि बच्चों के भाषा के विकास के संदर्भ में भी इन कथाओं की उपयोगिता महत्त्वपूर्ण है। ऐसा इसलिए कहा जाता है क्योंकि इन लोक कथाओं के विभिन्न रूपों में हमें लोक जीवन के तत्त्व मिलते हैं जो बच्चों के भाषा विकास में उल्लेखनीय भूमिका निभाते हैं। अगर हम अपनी पढ़ी हुई लोक कथाओं को याद करें तो सहजता से हमें इनके कई उदाहरण मिल जाते हैं। जब हम कहानी सुना रहे होते हैं तो बच्चों से हमारी यह अपेक्षा रहती है कि वे पहली घटी घटनाओं को जरूर दोहराएँ। बच्चे भी घटना को याद रखते हुए साथ-साथ मजे से दोहराते हैं। इस तरह कथा सुनाने की इस प्रक्रिया में बच्चे इन घटनाओं को एक क्रम में रखकर देखते हैं। इन क्रमिक घटनाओं में एक तर्क होता है जो बच्चों के मनोभावों से मिलता-जुलता है।

(*क्या बताती हैं लोक कथाएँ - कमलेश चंद्र जोशी*)

10. लोक कथाओं में शामिल हैं –
    (a) लोक कल्पना
    (b) लोक जीवन के रंग
    (c) लोक की उड़ान
    (d) घटनाएँ
11. लोक कथाओं में किस परिवेश की महक की बात की गई है?
    (a) बच्चों के आस-पास मौजूद परिवेश की
    (b) शहरी परिवेश की
    (c) विद्यालयी परिवेश की
    (d) ग्रामीण परिवेश की

12. बच्चों से हमारी क्या अपेक्षा रहती है?
(a) वे कहानी की घटनाओं को याद रखें ताकि आगे की कहानी से जुड़ा जा सके
(b) कहानी सुनना
(c) घटनाओं की भाषा को समझना
(d) वे कहानी में मजे लें

13. अनुच्छेद के आधार पर कहा जा सकता है कि इसका मुख्य बिन्दु है –
(a) लोक कथाओं में लोक तत्त्व होता है
(b) लोक कथाओं के माध्यम से कल्पना, तर्क और भाषाका विकास किया जा सकता है
(c) कहानी में याद रखना जरूरी है
(d) लोक कथाएँ हमारे जीवन का हिस्सा हैं

14. 'परिवेश की महक' पद का अर्थ है –
(a) परिवेश की गंध
(b) परिवेश की विशिष्टताएँ, सीमाएँ
(c) परिवेश की कहानियाँ
(d) परिवेश की खुशबू

15. 'कहानी की क्रमिक घटनाओं में एक तर्क होता है जो बच्चों के मनोभावों से मिलता-जुलता है।' वाक्य किस ओर संकेत करता है?
(a) बच्चे भी कहानी के बारे में लगभग उसी तरह सोचते हैं जिस तरह कहानी में घटनाएँ घटती हैं
(b) कहानियों में एक क्रम होता है
(c) बच्चे भी कहानी के क्रम में ही सोचते हैं
(d) कहानियाँ बच्चों की मानसिक दशा को दर्शाती हैं

निर्देश : गद्यांश को पढ़कर निम्नलिखित प्रश्नों (प्र. सं. 16 से 24) में सबसे उचित विकल्प चुनिए।

गाँधीजी मानते थे कि सामाजिक या सामूहिक जीवन की ओर बढ़ने से पहले कौटुम्बिक जीवन का अनुभव प्राप्त करना आवश्यक है। इसलिए वे आश्रम-जीवन बिताते थे। वहाँ सभी एक भोजनालय में भोजन करते थे। इससे समय और धन तो बचता ही था, सामूहिक जीवन का अभ्यास भी होता था। लेकिन यह सब होना चाहिए, समय-पालन, सुव्यवस्था और शुचिता के साथ।

इस ओर लोगों को प्रोत्साहित करने के लिए गाँधीजी स्वयं भी सामूहिक रसोईघर में भोजन करते थे। भोजन के समय दो बार घंटी बजती थी। जो दूसरी घंटी बजने तक भोजनालय में नहीं पहुँच पाता था, उसे दूसरी पंक्ति के लिए बरामदे में इंतजार करना पड़ता था। दूसरी घंटी बजते ही रसोईघर का द्वार बंद कर दिया जाता था, जिससे बाद में आने वाले व्यक्ति अंदर न आने पाएँ।

एक दिन गाँधीजी पिछड़ गए। संयोग से उस दिन आश्रमवासी श्री हरिभाऊ उपाध्याय भी पिछड़ गए। जब वे वहाँ पहुँचे तो देखा कि बापू बरामदे में खड़े हैं। बैठने के लिए न बैंच है, न कुर्सी। हरिभाऊ ने विनोद करते हुए कहा, "बापूजी आज तो आप भी गुनहगारों के कठघरे में आ गए हैं।"

गाँधीजी खिलखिलाकर हँस पड़े। बोले "कानून के सामने तो सब बराबर होते हैं न?"

हरिभाऊ जी ने कहा, "बैठने के लिए कुर्सी लाऊँ बापू?" गाँधीजी बोले, "नहीं, इसकी जरूरत नहीं है। सजा पूरी भुगतनी चाहिए। उसी में सच्चा आनंद है।"

(*स्रोत : गाँधीजी के रोचक संस्मरण – डॉ. कृष्णवीर* सिंह)

16. गाँधीजी ने किस बात की पूरी सजा भुगतने की बात की?
(a) आश्रम-जीवन बिताने की
(b) गलत नियम बनाने की
(c) देर से रसोईघर में पहुँचने की
(d) सामूहिक जीवन की

17. सामूहिक जीवन बिताने के लिए सबसे महत्त्वपूर्ण है–
(a) समान विचारधारा होना
(b) समूह के सदस्यों की आपसी प्रतिस्पर्धा
(c) समूह के लिए बनाए गए नियमों का पालन
(d) सब समान स्तर के हों

18. "कानून के सामने तो सब बराबर होते हैं न?" गाँधीजी का यह कथन इस ओर संकेत करता है कि–
(a) गाँधीजी पूरी ईमानदारी से नियमों का पालन करने में विश्वास रखते थे
(b) कानून के हाथ लंबे होते हैं
(c) गाँधीजी झेंप गए थे
(d) कानून किसी तरह का भेदभाव नहीं करता

19. दूसरी घंटी के बाद रसोईघर का दरवाजा क्यों बंद कर दिया जाता था?
(a) ताकि लोग एकाध दिन उपवास कर सकें
(b) ऐसा गाँधीजी का निर्देश था
(c) ताकि लोग समय से भोजन करें और नियम का पालन भी
(d) ताकि लोग अंदर न आ सकें

20. सभी भोजनालय में एक साथ भोजन करते थे। इससे–
(a) सामूहिक जीवन का महत्त्व पता चलता था
(b) केवल धन की बचत होती थी
(c) सुव्यवस्था रहती थी
(d) गाँधीजी और हरिभाऊजी को बहुत असुविधा हुई

21. 'शुचिता' शब्द का क्या अर्थ है?
(a) पवित्रता (b) निर्मलता
(c) सरलता (d) निष्पक्षता

22. इनमें कौन-सा 'इक' प्रत्यय का उदाहरण है?
(a) माणिक्य (b) अत्यधिक
(c) कौटुम्बिक (d) आधिक्य

23. 'भोजनालय' का संधि-विच्छेद है –
(a) भोज + नालय (b) भोजन + अलय
(c) भोजन + आलय (d) भोजन + लय

24. 'रसोईघर' शब्द है –
(a) योगरूढ़ (b) यौगिक
(c) तत्सम (d) रूढ़

निर्देश : गद्यांश को पढ़कर निम्नलिखित प्रश्नों (प्र.सं. 25 से 34) में सबसे उचित विकल्प चुनिए।

मुझे मालूम नहीं था कि भारत में 'तिलोनिया' नाम की भी कोई जगह है जहाँ हमारे देश के समसामयिक इतिहास का एक विस्मयकारी पन्ना लिखा जा रहा है। उस वक्त तक तिलोनिया के बारे में मुझे इतनी ही जानकारी थी कि वहाँ पर एक स्वावलंबी विकास-केंद्र चल रहा है, जिसे स्थानीय ग्रामवासी, स्त्री-पुरुष मिलजुलकर चला रहे हैं। मुझे वहाँ जाने का अवसर मिला। बस्ती क्या थी, कुछ पुराने और कुछ नए छोटे-छोटे घरों का झुरमुट थी।

वहाँ एक सज्जन ने बताया कि एक सुशिक्षित तथा उसके दो साथियों टाइपिस्ट तथा फोटोग्राफर ने मिलकर 1972 में इस संस्थान की स्थापना की थी। संस्थान का नाम था – सामाजिक कार्य तथा शोध-संस्थान (एस. डब्ल्यू. आर. सी.)।

मेरे मन में संशय उठने लगे थे। आज के जमाने में वैज्ञानिक उपकरणों और जानकारी के बल पर ही तरक्की की जा सकती है। उससे कटकर और अवहेलना करते हुए नहीं की जा सकती। एक पिछड़े हुए गाँव के लोग अपनी समस्याएँ स्वयं सुलझा लेंगे, यह नामुमकिन था। वह सज्जन कहे जा रहे थे "हमारे गाँव आज नहीं बसे हैं। इन गाँवों में शताब्दियों से हमारे पूर्वज रहते आ रहे हैं। पहले जमाने में भी हमारे लोग अपनी सूझ और पहलकदमी के बल पर ही अपनी दिक्कतें सुलझाते रहे होंगे। जरूरत इस बात की है कि हम शताब्दियों की इस परंपरागत जानकारी को नष्ट न

होने दें। उसका उपयोग करें।'' फिर मुझे समझाते हुए बोले ''हम बाहर की जानकारी से भी पूरा-पूरा लाभ उठाते हैं, पर मूलत: स्वावलंबी बनना चाहते हैं, स्वावलंबी, आत्मनिर्भर।'' मुझे बार-बार गाँधीजी के कथन याद आ रहे थे। मैंने गाँधीजी का जिक्र किया तो वह बड़े उत्साह से बोले – ''आपने ठीक ही कहा है। यह संस्थान गाँधीजी की मान्यताओं के अनुरूप ही चलता है – सादापन, कर्मठता, अनुशासन, सहभागिता। यहाँ सभी निर्णय मिल-बैठकर किए जाते हैं। आत्मनिर्भरता . . . .।'' आत्मनिर्भरता से मतलब कि ग्रामवासियों की छिपी क्षमताओं को काम में लाया जाए और गाँधीजी के अनुसार, ग्रामवासी अपनी अधिकांश बुनियादी जरूरत की वस्तुओं का उत्पादन स्वयं करें....। *(एक तीर्थ यात्रा, स्रोत : भीष्म साहनी)*

25. सामाजिक कार्य तथा शोध-संस्थान की स्थापना का उद्देश्य था –
(a) ग्रामवासियों को देश-विदेश की जानकारी प्रदान करना
(b) उन्हें केवल अनुशासित करना
(c) उन्हें स्वावलंबी, आत्मनिर्भर बनाना
(d) उन्हें प्राचीन परंपराओं से परिचित कराना

26. लेखक का मानना था –
(a) आधुनिक समय में वैज्ञानिक उपकरणों ओर जानकारी के बल पर ही तरक्की नहीं की जा सकती है
(b) ग्रामवासी अपनी समस्याएँ स्वयं सुलझा सकते हैं
(c) ग्रामवासियों को अपनी समस्याएँ स्वयं सुलझाने की आदत है
(d) आधुनिक समय में वैज्ञानिक उपकरणों और जानकारी से कटकर या उसकी अवहेलना करके तरक्की नहीं की जा सकती है

27. संस्थान के निर्णय और संचालन में आधारभूत भूमिका इनमें से किसकी है?
(a) संस्थापक की
(b) केवल गरीब और दलित महिलाओं की
(c) उस गाँव में रहने वाले सभी लोगों की
(d) गाँव-प्रधान की

28. 'आत्म' उपसर्ग किस शब्द में नहीं है?
(a) आत्मनिर्भर (b) आत्मसम्मान
(c) आत्मीय (d) परमात्मा

29. लेखक के अनुसार 'तिलोनिया' गाँव में हमारे देश के आजकल के इतिहास का विस्मयकारी पन्ना लिखा जा रहा है। इसका कारण है –
(a) 'तिलोनिया' गाँव पिछड़े गाँव के रूप में जाना जाता है
(b) वहाँ एक स्वावलंबी विकास-केंद्र चल रहा है
(c) वहाँ के लोग अनुदान पर आश्रित हैं
(d) केन्द्र में इतिहास पर विस्मयकारी शोध किया जा रहा है

30. 'शताब्दी' .... समास का उदाहरण है।
(a) बहुव्रीहि (b) द्विगु
(c) तत्पुरुष (d) अव्ययीभाव

31. गाँधीजी .... को मान्यता नहीं देते हैं।
(a) आत्मनिर्भरता (b) कर्मठता
(c) अकर्मण्यता (d) सादापन

32. निम्नलिखित में से संज्ञा का उदाहरण नहीं है–
(a) आत्मनिर्भरता (b) स्वावलंब
(c) अनुशासन (d) अनुशासित

33. 'उपयोगी' शब्द का विलोम है –
(a) अउपयोगी (b) अनुपयोगी
(c) अनपयोगी (d) उपयोगिता

निर्देश : गद्यांश को पढ़कर निम्नलिखित प्रश्नों (प्र.सं. 34 से 41) में सबसे उचित विकल्प चुनिए।

विद्यार्थी जीवन को मानव जीवन की रीढ़ की हड्डी कहें तो कोई अतिशयोक्ति नहीं होगी। विद्यार्थी काल में बालक में जो संस्कार पड़ जाते हैं जीवन-भर वही संस्कार अमिट रहते हैं। इसीलिए यही काल आधारशिला कहा गया है। यदि यह नींव दृढ़ बन जाती है तो जीवन सुदृढ़ और सुखी बन जाता है। यदि इस काल में बालक कष्ट सहन कर लेता है तो उसका स्वास्थ्य सुंदर बनता है। यदि मन लगाकर अध्ययन कर लेता है तो उसे ज्ञान मिलता है, उसका मानसिक विकास होता है। जिस वृक्ष को प्रारंभ से सुंदर सिंचन और खाद मिल जाती है, वह पुष्पित एवं पल्लवित होकर संसार को सौरभ देने लगता है। इसी प्रकार विद्यार्थी काल में जो बालक श्रम, अनुशासन, समय एवं नियमन के साँचे में ढल जाता है, वह आदर्श विद्यार्थी बनकर सभ्य नागरिक बन जाता है। सभ्य नागरिक के लिए जिन-जिन गुणों की आवश्यकता है उन गुणों के लिए विद्यार्थी काल ही तो सुन्दर पाठशाला है। यहाँ पर अपने साथियों के बीच रह कर वे सभी गुण आ जाने आवश्यक हैं, जिनकी कि विद्यार्थी को अपने जीवन में आवश्यकता होती है।

34. मानव जीवन की रीढ़ की हड्डी विद्यार्थी जीवन को क्यों माना जाता है?
(a) पूरा जीवन विद्यार्थी जीवन पर चलता है
(b) जो संस्कार विद्यार्थी जीवन में पड़ जाते हैं वे संस्कारस्थायी हो जाते हैं
(c) विद्यार्थी जीवन सुखी जीवन होता है
(d) विद्यार्थी जीवन में ज्ञान मिलता है

35. गद्यांश में वृक्ष किसे कहा गया है?
(a) पेड़ को (b) विद्यार्थी को
(c) जीवन को (d) समय को

36. गद्यांश के आधार पर कहा जा सकता है कि –
(a) विद्यार्थी जीवन में व्यक्ति अनेक गुणों को धारण कर लेता है
(b) विद्यार्थी जीवन के लिए सुंदर पाठशाला की आवश्यकता होती है
(c) कष्ट सहन करने से सेहत बनती है
(d) वृक्षों को सींचना पर्यावरण के लिए आवश्यक है

37. गद्यांश में आदर्श विद्यार्थी के किन गुणों की चर्चा की गई है?
(a) नियमावली का पालन
(b) ज्ञान प्राप्ति हेतु ध्यान की आवश्यकता की
(c) नियमन
(d) व्यायाम

38. 'संसार को सौरभ' देने का अर्थ है –
(a) संसार में सुगंध फैलाना
(b) संसार को बेहतर बनाना
(c) संसार में पेड़ लगाना
(d) संसार को सुगंधित द्रव्य देना

39. किन शब्दों में 'इत' प्रत्यय है?
(a) पुष्पित, पल्लवित
(b) पुष्पित, सिंचन
(c) नागरिक, पल्लवित
(d) मानसिक, नागरिक

40. 'विद्यार्थी' शब्द का संधि-विच्छेद है –
(a) विद्या + आर्थी (b) विद्या + अर्थी
(c) विद्य + आर्थी (d) विद्या + आर्थि

41. 'सभ्य' का विलोम है –
(a) अनसभ्य (b) उजड्डु
(c) बेसभ्य (d) असभ्य

निर्देश : गद्यांश को पढ़कर निम्नलिखित प्रश्नों (प्र.सं. 42 से 48) में सबसे उचित विकल्प चुनिए।

हमारे देश के त्योहार चाहे धार्मिक दृष्टि से मनाए जा रहे हैं या नए वर्ष के आगमन के रूप में; फ़सल की कटाई एवं खलिहानों के भरने की खुशी में हों या महापुरुषों की याद में; सभी देश की राष्ट्रीय एवं सांस्कृतिक एकता और अखंडता को मज़बूती प्रदान करते हैं। ये त्योहार जनमानस में उल्लास, उमंग एवं खुशहाली भर देते हैं, ये हमारे अंदर देश-भक्ति एवं गौरव की भावना के साथ-साथ, विश्व-बंधुत्व एवं

समन्वय की भावना भी बढ़ाते हैं। इनके द्वारा महापुरुषों के उपदेश हमें इस बात की याद दिलाते हैं कि सद्‌विचार एवं सद्‌भावना द्वारा ही हम प्रगति की ओर बढ़ सकते हैं। इन त्योहारों के माध्यम से हमें यह भी संदेश मिलता है कि वास्तव में धर्मों का मूल लक्ष्य एक है, केवल उस लक्ष्य तक पहुँचने के तरीके अलग -अलग हैं।

42. त्योहारों का मनाना किससे संबंधित है?
(a) सांस्कृतिक विविधता
(b) फ़सल
(c) विश्व बंधुत्व
(d) एकरसता से छुटकारे

43. 'अलग-अलग तरीके' के माध्यम से किस ओर संकेत किया गया है?
(a) अलग-अलग रास्ते
(b) अलग-अलग उपाय
(c) विभिन्न संप्रदाय
(d) विभिन्न पूजा-स्थल

44. निम्नलिखित में से कौन-सा त्योहार किसी महापुरुष से नहीं जुड़ा है?
(a) शिक्षक दिवस (b) बाल दिवस
(c) गाँधी जयंती (d) गणतंत्र दिवस

45. त्योहार राष्ट्र को क्या लाभ पहुँचाते हैं?
(a) राष्ट्र खुश रहता है
(b) सभी मिल-जुल कर रहते हैं
(c) सभी एक ही धर्म का अनुगमन करते हैं
(d) राष्ट्र की आर्थिक हालत सुधरती है

46. 'देशभक्ति' में कौन-सा समास है?
(a) कर्मधारय समास (b) द्वंद्व समास
(c) तत्पुरुष समास (d) द्विगु समास

47. 'भी' शब्द है –
(a) क्रिया-विशेषण (b) विशेषण
(c) क्रिया (d) निपात

48. 'खुशी' शब्द है –
(a) विशेषण (b) क्रिया-विशेषण
(c) भाववाचक संज्ञा (d) क्रिया

निर्देश : गद्यांश को पढ़कर निम्नलिखित प्रश्नों (प्र.सं. 49 से 60-) में सबसे उचित विकल्प चुनिए।

समस्याओं का हल ढूँढ़ने की क्षमता पर एक अध्ययन किया गया। इसमें भारत में तीन तरह के बच्चों के बीच तुलना की गई – एक तरफ वे बच्चे जो दुकानदारी करते हैं पर स्कूल नहीं जाते हैं, ऐसे बच्चे जो दुकान सँभालते हैं और स्कूल भी जाते हैं और तीसरा समूह उन बच्चों का था जो स्कूल जाते हैं पर दुकान पर कोई मदद नहीं करते।

उनसे गणना के व इबारती सवाल पूछे गए। दोनों ही तरह के सवालों में उन स्कूली बच्चों ने जो दुकानदार नहीं हैं, मौखिक गणना या मनगणित का प्रयोग बहुत कम किया, बनिस्बत उनके जो दुकानदार थे। स्कूली बच्चों ने ऐसी गलतियाँ भी कीं, जिनका कारण नहीं समझा जा सका। इससे यह साबित होता है कि दुकानदारी से जुड़े हुए बच्चे हिसाब लगाने में गलती नहीं कर सकते क्योंकि इसका सीधा असर उनके काम पर पड़ता है, जबकि स्कूलों के बच्चे वही हिसाब लगाने में अक्सर भयंकर गलतियाँ कर देते हैं।

इससे यह स्पष्ट होता है कि जिन बच्चों को रोजमर्रा की जिंदगी में इस तरह के सवालों से जूझना पड़ता है, वे अपने लिए जरूरी गणितीय क्षमता हासिल कर लेते हैं।

लेकिन साथ ही इस बात पर भी गौर करना महत्त्वपूर्ण है कि इस तरह की दक्षताएँ एक स्तर तक और एक कार्य-क्षेत्र तक सीमित होकर रह जाती हैं। इसलिए वे सामाजिक व सांस्कृतिक परिवेश जो कि ज्ञान को बनाने व बढ़ाने में मदद करते हैं, वह उस ज्ञान को संकुचित और सीमित भी कर सकते हैं।

49. समस्याओं का हल खोजने पर आधारित अध्ययन किस विषय से जुड़ा हुआ था?
(a) गणित (b) भाषा
(c) दुकानदारी (d) सामाजिक विज्ञान

50. किन बच्चों ने सवाल हल करने में मौखिक गणना का ज्यादा प्रयोग किया?
(a) जो बच्चे न तो दुकानदारी करते हैं और न ही स्कूल जाते हैं
(b) जो स्कूली बच्चे दुकानदारी नहीं करते
(c) जो दुकानदारी करते हैं
(d) जो सिर्फ स्कूल जाते हैं

51. अनुच्छेद के आधार पर कहा जा सकता है कि–
(a) सिर्फ दुकानदार बच्चे ही गणित सीख सकते हैं
(b) बच्चों को गणित सीखना चाहिए
(c) बच्चों को गणित सीखने के लिए दुकानदारी करनी चाहिए
(d) बच्चे रोजमर्रा के जीवन में काम आने वाली दक्षताओं को स्वत: ही हासिल कर लेते हैं

52. दुकानदार बच्चे हिसाब लगाने में प्राय: गलती नहीं करते क्योंकि –
(a) गलती का असर उनके काम पर पड़ता है
(b) इससे उन्हें माता-पिता से डाँट पड़ेगी
(c) वे जन्म से ही बहुत ही दक्ष हैं
(d) वे कभी भी गलती नहीं करते

53. जो दक्षताएँ हमारे दैनिक जीवन में काम नहीं आतीं उनमें हमारा प्रदर्शन अक्सर –
(a) संतोषजनक होता है
(b) खराब होता है
(c) अच्छा होता है
(d) खराब-अच्छा होता रहता है

54. लेखिका के अनुसार अपनी बात कहने के संदर्भ में सबसे महत्त्वपूर्ण क्या है?
(a) सवाल का जवाब देना
(b) जो कुछ कहा जा रहा है
(c) बात कहने का तरीका
(d) ध्यान केंद्रित करने के लिए आवाजों का प्रयोग करना

55. संवाद तभी सार्थक होता है जब –
(a) शांत माहौल हो
(b) जरूरी बात कहना
(c) कहने-सुनने वाले सक्रिय हों
(d) मधुर आवाज हो

56. 'खामोशी ही बोलने लगती है।' से अभिप्राय है–
(a) खामोश बच्चे बोलने लगते हैं
(b) जब कुछ बच्चे धीरे-धीरे बोलना बंद कर देते हैं तो बाकी बच्चों को पता चल जाता है कि उन्हें भी शांत होना है
(c) खामोशी बच्चों से कहती है कि चुप हो जाओ
(d) खामोशी तेज आवाज में बोलती है

57. लेखिका के अनुसार –
(a) बच्चों को शांत करने के लिए संगीत का ही प्रयोग करना चाहिए
(b) बच्चे बहुत शोर करते हैं
(c) बच्चे बहुत बोलते हैं
(d) एक शिक्षक अपने बच्चों को बहुत अच्छी तरह जानता है

58. 'महत्त्वपूर्ण' शब्द है –
(a) यौगिक (b) रूढ़
(c) योगरूढ़ (d) विकारी

59. निम्नलिखित में से कौन-सा शब्द स्त्रीलिंग है?
(a) सवाल (b) पियानो
(c) बातचीत (d) जवाब

60. 'इस सवाल का जवाब तो कोई भी शिक्षक दे सकता है।' वाक्य में आए 'भी', 'तो' शब्द हैं–
(a) संबंधबोधक (b) क्रिया-विशेषण
(c) सर्वनाम (d) निपात

निर्देश : गद्यांश को पढ़कर निम्नलिखित प्रश्नों (प्र. सं. 61 से 68) में सबसे उचित विकल्प चुनिए।

जहाँ तक मैं समझता हूँ, मेरी आत्मिक शक्तियों के विकास में बार्सिलोना और उसके निवासियों का सबसे सुंदर चित्रण भी सहायक नहीं हो सकता था। स्योम्का और फेद्का को पीटर्सबर्ग के जलमार्गों को जानने की क्या जरूरत है, अगर जैसी कि संभावना है, वे वहाँ कभी नहीं जा पाएँगे? अगर स्योम्का का वहाँ कभी जाना होगा भी, तो उसे इससे कोई फर्क नहीं पड़ेगा कि उसने यह स्कूल में पढ़ा था या नहीं, क्योंकि तब इन जलमार्गों को वह व्यवहार में जान ही जाएगा और अच्छी तरह जान जाएगा। मैं नहीं समझ सकता कि उसकी आत्मिक शक्तियों के विकास में इस बात की जानकारी से कोई मदद मिल सकती है कि वोल्गा में सन से लदे जहाज नीचे की ओर जाते हैं और अलकतरे से लदे जहाज ऊपर की ओर; कि दुबोव्का नाम का एक बंदरगाह है; कि फलाँ भूमिगत परत फलाँ जगह तक जाती है; कि सामोयेद लोग बारहसिंगा गाड़ियों पर सफर करते हैं, वगैरह-वगैरह।

61. स्योम्का और फेद्का हैं –
(a) कर्मचारियों के नाम
(b) शहरों के नाम
(c) शिक्षकों के नाम
(d) विद्यार्थियों के नाम

62. लेखक के अनुसार वह पढ़ाई निरर्थक है –
(a) जिसका उपयोग बच्चे अपने रोजमर्रा के जीवन में न करते हों
(b) जिसमें जलमार्गों के बारे में नहीं पढ़ाया जाता
(c) जानकारी नहीं दी जाती
(d) जो बंदरगाहों के बारे में न बताए

63. बच्चे ढेर सारी जानकारी हासिल करके –
(a) कक्षा में अव्वल आ सकते हैं
(b) बहुत कुछ सीख सकते हैं
(c) विद्वान् बन सकते हैं
(d) आत्मिक विकास नहीं कर सकते

64. बच्चे बहुत कुछ स्वतः ही तभी सीख जाते हैं जब–
(a) वे किताब में पढ़ते-देखते हैं
(b) शिक्षक उन्हें सिखाते हैं
(c) वे चीजों को व्यवहार में लाते हैं
(d) माता-पिता बताते हैं

65. व्यावहारिक जीवन में उपयोग में न आने वाली बातों को जानने या न जानने से फर्क नहीं पड़ता, क्योंकि –
(a) बच्चे कुशाग्रबुद्धि होते हैं
(b) ये बातें व्यावहारिक जीवन को प्रभावित नहीं करतीं
(c) बच्चे अभी इन बातों का उपयोग करने योग्य नहीं हैं
(d) बाद में शिक्षक बता ही देंगे

66. 'निवासी' का बहुवचन रूप है –
(a) निवासों (b) निवासियों
(c) निवासी (d) निवासिएँ

67. निम्नलिखित में से कौन-सा 'चित्रण' के लिए उपयुक्त विशेषण नहीं है?
(a) सौंदर्य (b) कलात्मक
(c) सुंदर (d) मनोहारी

68. 'फर्क' का समानार्थी है –
(a) हानि (b) प्रभावकारी
(c) असरदार (d) अंतर

निर्देश : निम्नांकित अवतरण को ध्यान से पढ़िए और प्रश्न-संख्या 69 से 77 तक के सही उत्तर प्रत्येक प्रश्न के नीचे दिए गए सम्भावित उत्तरों में से चुनकर दीजिए।

मनु और नाना साहब के बीच घुड़सवारी का मुकाबला शुरू हो गया। नाना साहब अपना घोड़ा तेज़ी से दौड़ा रहा था। वह सुबह की हार का बदला लेना चाहता था। मनु समझ गई। उसने अपने घोड़े को जोर की एड़ लगाई। उसका घोड़ा हवा से बातें करने लगा। उसने पलक झपकते ही नाना साहब के घोड़े को पीछे छोड़ दिया। मनु फिर जीत गई। उसकी खुशी का ठिकाना न रहा।

बड़ी होकर मनु रानी लक्ष्मीबाई बनी। उसे सब लोग झाँसी की रानी के नाम से भी जानते हैं। उसके पिता का नाम मोरोपंत ताँबे था। बचपन में ही उसकी माँ का देहान्त हो गया था। पिता उसे बिठुर ले आए थे। मनु का लालन-पालन पेशवा बाजीराव के यहाँ हुआ। वह बहुत सुन्दर थी। पेशवा उसे छबीली कहा करते थे। मनु ने बचपन में ही घुड़सवारी, तलवारबाजी, भाला चलाना, बन्दूक चलाना, कुश्ती लड़ना सीख लिया था। वह जन्मजात वीरांगना थी।

मनु का विवाह झाँसी के राजा गंगाधर राव के साथ हुआ था। राजा की मृत्यु के बाद लक्ष्मीबाई ने झाँसी का शासन सम्भाला। सन् 1857 में स्वाधीनता संग्राम फूट पड़ा। अंग्रेजों ने झाँसी पर हमला कर दिया। लक्ष्मीबाई ने अपने दत्तक पुत्र दामोदर राव गंगाधर राव को पीठ पर बाँध लिया। उन्होंने आजादी की रक्षा के लिए कमर कस ली। उन्होंने बहादुरी के साथ अंग्रेजों की विशाल सेना का मुकाबला किया। उनका साहस देख सबने दाँतों तले अंगुलियाँ दबा लीं।

69. मनु की खुशी का क्या कारण था?
(a) मनु का घोड़ा तेज दौड़ता था
(b) मनु घुड़सवारी में जीत गई
(c) नाना साहब ने मनु को जिता दिया
(d) नाना साहब मनु को नहीं जीता सका

70. मनु का लालन-पालन पेशवा बाजीराव के यहाँ क्यों हुआ?
(a) मनु का पिता उसे नहीं पाल सका
(b) मनु जन्मजात वीरांगना थी
(c) बचपन में मनु की माँ मर गई थी
(d) पेशवा बाजीराव की कोई सन्तान न थी

71. सन् 1857 के स्वाधीनता-संग्राम को भारत के इतिहास में किस नाम से जाना जाता है?
(a) प्रथम स्वाधीनता-संग्राम
(b) झाँसी का युद्ध
(c) अंग्रेज-विद्रोह-संग्राम
(d) सिपाही-विद्रोह

72. लड़ाई के समय लक्ष्मीबाई ने दामोदर राव को पीठ पर क्यों बाँध लिया?
(a) दामोदर राव छोटा बच्चा था
(b) दामोदर राव डरपोक था
(c) दामोदर राव अपंग बच्चा था
(d) दामोदर राव को युद्ध कला नहीं आती थी

73. दत्तक पुत्र का अर्थ है –
(a) गोद लिया हुआ पुत्र
(b) भाई का पुत्र
(c) सपूत
(d) औरस पुत्र

74. 'हवा से बातें करना' मुहावरे का अर्थ कौन-सा है?
(a) बहुत आगे बढ़ना
(b) हवा की तरह तेज दौड़ना
(c) हवा का तेज बहना
(d) अकारण झगड़ा होना

75. 'दाँतों तले अंगुलियाँ दबाना' का अर्थ है –
(a) गलती से दाँतों से उँगली काटना
(b) चकाचौंध हो जाना
(c) आश्चर्य में पड़ जाना
(d) देखा नहीं जाना

76. 'बचपन' किस प्रकार का शब्द-भेद है?
(a) क्रिया-विशेषण (b) विशेषण
(c) संज्ञा (d) अव्यय

77. "पेशवा मनु को छबीली कहा करते थे।" यह किस प्रकार का वाक्य है?
(a) सन्देहार्थक (b) इच्छार्थक
(c) संकेतार्थक (d) विधानार्थक

निर्देश : निम्नांकित अवतरण को ध्यान से पढ़िए और प्रश्न-संख्या 78 से 83 तक के सही उत्तर प्रत्येक प्रश्न के नीचे दिए गए सम्भावित उत्तरों में से चुनकर दीजिए।

प्राचीन काल में भारत में वर्ण-व्यवस्था प्रचलित थी। मनुष्यों को चार वर्णों में बाँटा गया था— ब्राह्मण, क्षत्रिय, वैश्य और शूद्र। वर्णों का आधार कर्म था। व्यक्ति का वर्ण उसके कर्म के आधार पर निर्धारित होता था। ब्राह्मण का पुत्र कभी-कभी शूद्र जैसे कार्य करता था। उसे शूद्र वर्ण में गिना जाता था। शूद्र का पुत्र क्षत्रिय जैसे कर्म करता था। उसे क्षत्रिय वर्ण का माना जाता था। यही बात अन्य सब वर्णों के लिए भी सही थी।

कुछ काल बाद यह व्यवस्था बदल गई। अब वर्ण का निर्धारण कर्म के आधार पर न होकर जन्म के आधार पर होने लगा। जन्म मुख्य हो गया और कर्म गौण। ब्राह्मण का पुत्र अज्ञानी होने पर भी ब्राह्मण ही माना जाने लगा। शूद्र का पुत्र विद्वान होकर भी ब्राह्मण वर्ण में शामिल होने योग्य नहीं माना गया। इसी तरह क्षत्रिय का पुत्र क्षत्रिय और वैश्य का पुत्र वैश्य कहा जाने लगा। इससे जाति-प्रथा का उदय हुआ। इन जातियों के अन्दर अनेक उप-जातियाँ बन गईं। लोग अपनी-अपनी जातियों और उपजातियों के कटघरे में बन्द हो गए। वे दूसरी जातियों से दूरी बनाए रखने में ही शान समझने लगे। इससे जातिवाद की भावना ने जन्म लिया।

78. वर्ण-व्यवस्था का प्रचलन कहाँ था?
(a) विश्वभर में (b) भारत में
(c) पूर्वांचल में (d) मणिपुर में

79. प्राचीन काल में वर्णों का आधार क्या था?
(a) कर्म (b) जाति
(c) धर्म (d) जन्म

80. जाति-प्रथा के उदय का कारण क्या था?
(a) जन्म (b) चरित्र
(c) धर्म (d) पिछड़ेपन

81. 'विद्वान' का विलोम शब्द कौन-सा है?
(a) अज्ञानी (b) अबोध
(c) मूर्ख (d) अज्ञ

82. 'भावना' शब्द का लिंग बताइए?
(a) स्त्रीलिंग (b) पुल्लिंग
(c) उभय लिंग (d) क्लीव लिंग

83. निम्नलिखित शब्दों में से कौन-सा शब्द 'कर्म' का पर्याय नहीं है?
(a) कार्य (b) काम
(c) कारज (d) करण

निर्देश : निम्नांकित अवतरण को ध्यान से पढ़िए और प्रश्न-संख्या 84 से 91 तक के सही उत्तर प्रत्येक प्रश्न के नीचे दिए गए सम्भावित उत्तरों में से चुनकर दीजिए।

मणिपुर की आजादी की लड़ाई में अनेक वीर शहीद हुए। पाओना ब्रजवासी उनमें से एक थे। उनका असली नाम था, पाओनम नवल सिंह। वे अपनी युवावस्था में कई वर्षों तक वृंदावन में रहे। वृंदावन ब्रज-क्षेत्र का एक तीर्थ है। इस कारण नवल सिंह को ब्रजवासी नाम से पुकारा जाने लगा। ब्रजवासी के वंश का नाम पाओनम था। पाओनम वंश के लोगों को पाओना भी कहा जाता है। इससे पाओनम नवल सिंह, पाओना ब्रजवासी के रूप में प्रसिद्ध हुए।

मणिपुर के महाराज चन्द्रकीर्ति ने उन्हें अपना अंगरक्षक बनाया। पाओना ब्रजवासी एक योद्धा थे। उनकी वीरता को देखकर महाराज ने उन्हें सूबेदार के पद पर नियुक्त किया। महाराज चन्द्रकीर्ति के बाद उनके ज्येष्ठ पुत्र सुरचन्द्र को राजगद्दी मिली। चन्द्रकीर्ति के चचेरे भाई बोराचाओबा यह नहीं चाहते थे। इसलिए उन्होंने सुरचन्द्र के विरुद्ध लड़ाई की घोषणा कर दी। इस लड़ाई में पाओना ब्रजवासी को पकड़ लिया गया। उन्हें जेल में डाल दिया गया।

सन् 1891 में अंग्रेजों ने मणिपुर पर हमला कर दिया। वे इस राज्य को हड़पना चाहते थे। उनके पास विशाल सेना थी। संख्या कम होते हुए भी मणिपुरी सैनिकों ने साहस के साथ अंग्रेजों का सामना किया। वे वीरता के साथ लड़े। लड़ाई ने बड़ा भयंकर रूप धारण कर लिया। मणिपुर के बहुत-से योद्धा मारे गए। मणिपुर की स्वाधीनता का प्रश्न सामने था। इसलिए राजा कुलचन्द्र ने पाओना को कैद से छोड़ने की आज्ञा दी। उन्हें मेजर का पद दिया गया और मणिपुर की रक्षा का भार सौंपा गया।

खोङ्जोम नदी के किनारे युद्ध हुआ। अनेक योद्धाओं ने वीरगति पाई। अंग्रेज सेना आधुनिक साधनों से सम्पन्न थी। मणिपुरी सैनिक बहुत कम रह गए। उनमें से भी अनेक घायल हो गए। मणिपुर की जीत की सम्भावना नहीं रही। लेकिन पाओना ने युद्ध-भूमि नहीं छोड़ी। वे युद्ध-भूमि में अन्तिम साँस तक मातृभूमि मणिपुर के लिए लड़ते रहे। उन्होंने खोङ्जोम नदी के किनारे वीरगति प्राप्त की।

84. 'शहीद' का क्या अर्थ है?
(a) किसी के द्वारा मारा गया व्यक्ति
(b) आन्दोलन में मरनेवाला व्यक्ति
(c) आत्म-बलिदान करनेवाला वीर
(d) आत्महत्या करनेवाला व्यक्ति

85. पाओना का विशेष गुण क्या था?
(a) राजा का अंगरक्षक बनना
(b) वीर योद्धा होना
(c) युद्ध-कला में निपुण होना
(d) अंग्रेजो का सामना करना

86. अंग्रेजों ने मणिपुर पर हमला क्यों किया?
(a) सुरचन्द्र की मदद करने के लिए
(b) अपनी बहादुरी दिखाने के लिए
(c) मणिपुर को हड़पने के लिए
(d) बदला लेने के लिए

87. राजा कुलचन्द्र ने पाओना को कैद से छोड़ने की आज्ञा क्यों दी?
(a) मेजर पद देने के लिए
(b) राज-सिंहासन की रक्षा के लिए
(c) खोङ्जोम के युद्ध में भेजने के लिए
(d) मणिपुर की रक्षा का भार सौंपने के लिए

88. पाओना ने युद्ध-भूमि क्यों नहीं छोड़ी?
(a) वे राजा से संतुष्ट नहीं थे
(b) वे मातृभूमि के लिए बलिदान करना अपना कर्तव्य मानते थे
(c) वे युद्ध-भूमि में मरना चाहते थे
(d) युद्ध में जीत की सम्भावना नहीं रही

89. 'वीरगति प्राप्त करना' मुहावरे का अर्थ कौन-सा है?
(a) मर जाना
(b) हत्या होना
(c) युद्ध में वीरतापूर्वक मरना
(d) वीरतापूर्वक मारा जाना

90. 'वीरता' शब्द किस प्रकार की संज्ञा है?
(a) भाववाचक संज्ञा (b) जातिवाचक संज्ञा
(c) व्यक्तिवाचक संज्ञा (d) समूहवाचक संज्ञा

91. कौन-सा वाक्य संदेहार्थक है?
(a) लड़ाई ने भयंकर रूप धारण कर लिया
(b) लड़ाई ने भयंकर रूप धारण कर लिया होगा
(c) लड़ाई ने भयंकर रूप धारण नहीं किया
(d) लड़ाई भयंकर रूप धारण कर ले

निर्देश : निम्नांकित अवतरण को ध्यान से पढ़िए और प्रश्न-संख्या 92 से 96 तक के सही उत्तर प्रत्येक प्रश्न के नीचे दिए गए सम्भावित उत्तरों में से चुनकर दीजिए।

हम अपने दैनिक जीवन में अपने चारों तरफ हजारों चीजें देखते हैं। इनमें पेड़-पौधे, नदियाँ, पहाड़, खेत, पशु-पक्षी, दुकानें, कारें, बसें आदि हैं। इन

सभी जीवित और जड़ चीजों से निर्मित वातावरण में हम रहते हैं। इसको कहते हैं- पर्यावरण। हमारे पर्यावरण को दो भागों में विभाजित किया जा सकता है – जैविक पर्यावरण और अजैविक पर्यावरण। जमीन, पानी और हवा इन सब को हम अजैविक पर्यावरण कहते हैं। इसको भौतिक पर्यावरण कहकर भी जाना जाता है। जैविक पर्यावरण के अन्तर्गत सभी प्राणी आते हैं। हम इस जमीन पर घर बनाकर रहते हैं, पानी पीते हैं, भोजन करते हैं, हवा में साँस लेते हैं। इससे सभी प्राणियों का जीवन सम्भव होता है।

मनुष्य ही नहीं, समस्त प्राणियों के जीवित रहने के लिए जैविक और अजैविक पर्यावरण का शुद्ध रहना अनिवार्य है। प्रदूषित वातावरण से घिर कर हम मौत की तरफ बढ़ते हैं। आज कुछ कारणों से जंगल कटते जा रहे हैं। वनों की संख्या कम होती जा रही है। इससे गर्मी बढ़ती जा रही है। पीने योग्य पानी कम होता जा रहा है। मोटरों के धुएँ से हवा प्रदूषित हो रही है। शोर भी लगातार बढ़ रहा है। इन सब कारणों से हमारा पर्यावरण बिगड़ रहा है। यह चिन्ता का विषय है।

92. जैविक पर्यावरण का एक उदाहरण है –
(a) घर (b) पक्षी
(c) पहाड़ (d) नदी

93. सभी प्राणी जैविक पर्यावरण के अन्तर्गत क्यों आते हैं?
(a) वे चल-फिर सकते हैं
(b) उनका अपना अस्तित्व है
(c) उनका जीवन है
(d) उनका अपना रंग-रूप होता है

94. आजकल गर्मी बढ़ते जाने का क्या कारण है?
(a) हवा का प्रदूषण
(b) पानी की मात्रा कम होना
(c) वनों की संख्या कम होना
(d) बारिश न होना

95. 'अजैविक' किस प्रकार का शब्द है?
(a) संज्ञा (b) अव्यय
(c) क्रिया-विशेषण (d) विशेषण

96. 'जंगल' का पर्यायवाची शब्द कौन-सा है?
(a) पेड़ समूह (b) वन
(c) पेड़-पौधे (d) बाग

उत्तरमाला

1. (b)	**2.** (a)	**3.** (b)	**4.** (c)	**5.** (a)	**6.** (d)	**7.** (b)	**8.** (b)	**9.** (b)	**10.** (b)
11. (a)	**12.** (a)	**13.** (b)	**14.** (b)	**15.** (a)	**16.** (c)	**17.** (c)	**18.** (d)	**19.** (c)	**20.** (a)
21. (a)	**22.** (c)	**23.** (c)	**24.** (b)	**25.** (c)	**26.** (d)	**27.** (c)	**28.** (d)	**29.** (b)	**30.** (b)
31. (c)	**32.** (d)	**33.** (b)	**34.** (b)	**35.** (b)	**36.** (a)	**37.** (a)	**38.** (b)	**39.** (a)	**40.** (b)
41. (d)	**42.** (a)	**43.** (c)	**44.** (d)	**45.** (b)	**46.** (c)	**47.** (d)	**48.** (c)	**49.** (a)	**50.** (c)
51. (d)	**52.** (a)	**53.** (b)	**54.** (a)	**55.** (d)	**56.** (c)	**57.** (c)	**58.** (c)	**59.** (c)	**60.** (a)
61. (a)	**62.** (a)	**63.** (c)	**64.** (d)	**65.** (d)	**66.** (a)	**67.** (c)	**68.** (c)	**69.** (b)	**70.** (b)
71. (d)	**72.** (d)	**73.** (b)	**74.** (c)	**75.** (a)	**76.** (a)	**77.** (a)	**78.** (b)	**79.** (c)	**80.** (c)
81. (d)	**82.** (b)	**83.** (a)	**84.** (a)	**85.** (c)	**86.** (a)	**87.** (d)	**88.** (c)	**89.** (b)	**90.** (c)
91. (d)	**92.** (b)	**93.** (c)	**94.** (a)	**95.** (d)	**96.** (b)				

अपठित पद्यांश

अपठित पद्यांश (काव्यांश) का अर्थ है पद्य का ऐसा अंश, जो पहले कभी न पढ़ा गया हो। यह विद्यार्थी की भाव-ग्रहण क्षमता व अभिव्यक्ति की कुशलता का परिचय देता है। बोर्ड परीक्षा में अपठित गद्यांश के समान अपठित पद्यांश भी दिए जाते हैं, जिन पर उनसे प्रश्न पूछे जाते हैं। ये प्रश्न काव्यांश के शीर्षक का चुनाव, भावाभिव्यक्ति, अर्थग्रहण, आशय स्पष्टीकरण आदि से संबद्ध होते हैं।

अपठित पद्यांश को पढ़कर बहुविकल्पीय प्रश्नों के उत्तर लिखते समय निम्नलिखित बातों का ध्यान देना चाहिए-

1. सर्वप्रथम पद्यांश का अर्थ समझने के लिए उसे दो-तीन बार पढ़ना चाहिए।
2. पद्यांश में प्रयुक्त कठिन शब्दों के अर्थ समझने का प्रयास करना चाहिए।
3. शीर्षक का चयन करते समय पूरी कविता के भाव/संदेश को समझना चाहिए।
4. प्रश्न के सभी विकल्पों को ध्यान से पढ़कर ही उचित उत्तर चुनना चाहिए।
5. कविता/पद्यांश पर अपेक्षातया अधिक ध्यान देना चाहिए।

निर्देश : कविता की पंक्तियाँ पढ़कर निम्नलिखित प्रश्नों (प्र. सं. 1 से 6) में सबसे उचित विकल्प चुनिए।

अब न गहरी नींद में तुम सो सकोगे,
गीत गाकर मैं जगाने आ रहा हूँ।
अतल अस्ताचल तुम्हें जाने न दूँगा,
अरुण उदयाचल सजाने आ रहा हूँ।
कल्पना में आज तक उड़ते रहे तुम,
साधना से सिहरकर मुड़ते रहे तुम।
अब तुम्हें आकाश में उड़ने न दूँगा,
आज धरती पर बसाने आ रहा हूँ।

– सोहनलाल द्विवेदी

1. गहरी नींद में सोने का अर्थ है –
(a) बेखबर होना
(b) चिंतायुक्त होना
(c) मृत्यु को प्राप्त होना
(d) परिश्रमी होना

2. कवि लोगों को कहाँ नहीं जाने देगा?
(a) जहाँ सूर्य अस्त होता है
(b) पतन की राह पर
(c) पाताल में
(d) अतल गहराई में

3. कवि किस तरह के व्यक्तियों को संबोधित कर रहा है?
(a) जो जीवन की कठोर वास्तविकताओं से बेखबर हैं
(b) जो आकाश की ऊँचाइयों को छूना चाहते हैं
(c) जो अत्यधिक प्रेरित हैं
(d) जो बहुत परिश्रमी हैं

4. कवि लोगों को क्यों जगाना चाहता है?
(a) सुबह हो गई है
(b) यह कवि का दायित्व है
(c) ताकि लोग गीत सुन सकें
(d) ताकि मनुष्यों में गतिशीलता आ सके और वे प्रगति के पथ पर आगे बढ़ सकें

5. 'अतल अस्ताचल तुम्हें जाने न दूँगा' पंक्ति में कौन-सा अलंकार है?
(a) रूपक अलंकार (b) अनुप्रास अलंकार
(c) श्लेष अलंकार (d) उपमा अलंकार

6. कविता का उपयुक्त शीर्षक हो सकता है –
(a) आकाश (b) जागृति
(c) हर्ष (d) कोलाहल

निर्देश : कविता को पढ़कर निम्नलिखित प्रश्नों (प्र.सं. 7 से 12) में सबसे उचित विकल्प चुनिए।

सुनता हूँ मैंने भी देखा,
काले बादल में रहती चाँदी की रेखा।
काले बादल जाति-द्वेष के,
काले बादल विश्व-क्लेश के,
काले बादल उठते पथ पर
नवस्वतंत्रता के प्रवेश के!
सुनता आया हूँ, है देखा
काले बादल में हँसती चाँदी की रेखा।
(चाँदी की रेखा, सुमित्रानंदन पंत)

7. "काले बादल में रहती चाँदी की रेखा।" पंक्ति का भाव है
(a) काले बादलों में चाँदी की रेखा रहती है
(b) विपत्तियों के बीच आशा की किरण दिखाई देती है
(c) बादलों के टकराने से बिजली चमकती है
(d) अँधेरे के बाद प्रकाश आता है

8. 'काले बादल' प्रतीक हैं ········ के।
(a) गर्मी से मुक्ति
(b) जातिगत वैमनस्य
(c) मानसून द्वारा आने वाली खुशहाली
(d) तूफान

9. "काले बादल में रहती चाँदी की रेखा" में कौन-सा अलंकार है?
(a) उपमा अलंकार (b) रूपक अलंकार
(c) उत्प्रेक्षा अलंकार (d) श्लेष अलंकार

10. निम्न में से 'बादल' का पर्यायवाची शब्द नहीं है–
(a) जलज (b) जलद
(c) घन (d) पयोधर

11. "स्वतंत्रता" का विलोम शब्द है –
(a) परतंत्र (b) गुलाम
(c) परतंत्रता (d) पराधीनता

12. कवि क्या सुनने और देखने की बात कहता है?
(a) बादलों को
(b) बिजली को
(c) आशा की किरण को
(d) निराशा को

निर्देश : कविता को पढ़कर निम्नलिखित प्रश्नों (प्र. सं. 13 से 18) में सबसे उचित विकल्प चुनिए–

हरा-भरा हो जीवन अपना स्वस्थ रहे संसार,
नदियाँ, पर्वत, हवा पेड़ से आती है बहार।
बचपन, कोमल तन-मन लेकर,
आए अनुपम जीवन लेकर,
जग से तुम और तुमसे है ये प्यारा संसार,
हरा-भरा हो जीवन अपना स्वस्थ रहे संसार,
वृंद-लताएँ, पौधे, डाली
चारों ओर भरे हरियाली
मन में जगे उमंग यही है सृष्टि का उपहार,
हरा-भरा हो जीवन अपना स्वस्थ रहे संसार,
मुश्किल से मिलता है जीवन,
हम सब इसे बनाएँ चंदन
पर्यावरण सुरक्षित न हो तो है सब बेकार
हरा-भरा हो जीवन अपना स्वस्थ रहे संसार

13. 'हरा-भरा जीवन' का अर्थ है –
(a) हरे रंगों से भरा जीवन
(b) हरियाली-युक्त जीवन
(c) खुशियों से परिपूर्ण जीवन
(d) पेड़ पौधों से घिरा जीवन

14. कौन-सी चीजें बहार लेकर आती हैं?
(a) पहाड़ों की चोटियाँ
(b) समस्त प्राकृतिक उपादान
(c) पेड़ों की हवा
(d) नदियों की आवाज

15. कवि ने सृष्टि का उपहार किसे कहा है?
(a) हरा-भरा जीवन
(b) प्राकृतिक सुंदरता और उससे उत्पन्न होने वाली खुशी
(c) पौधे व डालियाँ
(d) वृंद-लताएँ

16. कवि यह संदेश देना चाहता है कि –
(a) पर्यावरण-संरक्षण में ही जीवन संभव है
(b) प्रकृति में पेड़-पौधे, नदियाँ, पर्वत शामिल हैं
(c) चंदन के पेड़ लगाने चाहिए
(d) जीवन में सब बेकार हैं

17. 'जग से तुम और तुम से है ये प्यारा संसार' पंक्ति के माध्यम से कवि कहना चाहता है कि –
(a) संसार चलाने के लिए व्यक्तियों की आवश्यकता होती है
(b) व्यक्ति का अस्तित्व संसार से स्वतंत्र है
(c) संसार का अस्तित्व व्यक्तियों से स्वतंत्र है
(d) व्यक्ति और संसार – दोनों का अस्तित्व एक-दूसरे पर निर्भर करता है

18. 'अनुपम' से अभिप्राय है –
(a) आनंदमय
(b) मनोहारी
(c) जिसकी उपमा न दी जा सके
(d) सुखद

निर्देश : निम्नलिखित कविता को पढ़कर 19 से 23 तक के प्रश्नों के उत्तर दीजिए:

मेरा प्रतिपल सुन्दर हो,
प्रतिदिन सुन्दर सुखकर हो,
यह पल पल का लघु जीवन
सुन्दर, सुखकर, शुचितर हो।
हों बूँदें, अस्थिर लघुतर,
सागर में बूँदें सागर,
यह एक बूँद जीवन का,
यती सा सरस, सुघर हो।
मधुऋतु के कुसुम मनोहर,
कुसुमों की हो मधु प्रियतर,
वह एक मुकुल मानस का
प्रमुदित मोदित मधुमय हो।
मेरा प्रतिपल निर्भय हो,
निःसंशय, मंगलमय हो,
यह नव-पल का जीवन प्रतिपल तन्मय हो।

19. कवि अपना प्रतिपल कैसी होने की अभिलाषा रखी है?
(a) सुन्दर (b) निर्मल
(c) आकर्षक (d) तेजपूर्ण

20. 'मधुऋतु' शब्द का अर्थ है–
(a) वसन्त (b) शीत
(c) शरत् (d) वर्षा

21. इस कविता का मूल भाव यह है कि–
(a) हम हमेशा सुख में डूबे रहें
(b) हम दु:ख से चिंतित न हो जाएं
(c) हमारा जीवन सुखदायक हो
(d) हम अपनी इच्छा से जीवन निर्वाह करें

22. निम्नलिखित कौन-सा शब्द 'सरस' शब्द का विलोम शब्द है–
(a) निःसहाय (b) निरस
(c) निर्बल (d) निःशब्द

23. यह एक बूँद जीवन का यती सा सरस, सुघर हो। यहाँ कवि ने अपना जीवन किसके जीवन की तरह सरस, सुघर होने को चाहा –

(a) ज्ञानी (b) योगी
(c) भोगी (d) अमीर

निर्देश : निम्नलिखित कविता को पढ़कर 24 से 28 तक के प्रश्नों के उत्तर दीजिए:

भूल गया है क्यों इनसान?
सबकी है मिट्टी की काया
सब पर नभ की निर्मल छाया,
यहाँ नहीं कोई आया है,
ले विशेष वरदान
भूल गया है क्यों इनसान?
धरती ने मानव उपजाए,
मानव ने ही देश बनाए,
बहुदेशों में बसी हुई है,
एक धरा संतान
भूल गया है क्यों इनसान?
देश अलग हैं, देश अलग हों
वेश अलग है, वेश अलग हों
मानव का मानव से लेकिन
अलग न अन्तर प्राण।
भूल गया है क्यों इनसान?

24. कवि के अनुसार हम सबका शरीर किससे बना है?
(a) अस्थि (b) खून
(c) मिट्टी (d) मांस

25. किसने मानव उपजाए हैं?
(a) अम्बर (b) धरती
(c) जल (d) वायु

26. देश और वेश अलग होने पर भी मानव का क्या अलग नहीं है?
(a) शरीर (b) बुद्धि
(c) प्राण (d) ज्ञान

27. धरती को अलग-अलग देशों में किसने बाँटा है? (a) राजा (b) मानव (c) दानव (d) भगवान

28. निम्नलिखित कौन-सा शब्द 'निर्मल' शब्द का विलोम शब्द है?
(a) साफ (b) स्वच्छ
(c) पवित्र (d) दूषित

निर्देश : नीचे दी गई पंक्तियों को पढ़कर सबसे उचित विकल्प का चयन कीजिए:

पूछो किसी भाग्यवादी से,
यदि विधि-अंक प्रबल है।
पद पर क्यों देती न स्वयं
बसुधा निज रतन उगल है?

29. 'प्र' उपसर्ग से बनने वाला शब्द-समूह है
(a) प्रत्युत्तर, प्रदेश, प्रपत्र
(b) प्रत्येक, प्रभाव, प्रदेश
(c) प्रसाद, प्रत्येक, प्रपत्र
(d) प्रभाव, प्रदेश, प्रपत्र

30. कवि ने किसकी महिमा का खंडन किया है?
(a) रतनों का
(b) विधि के विधान का
(c) भाग्यवाद का
(d) वसुधा का

31. विधि-अंक से तात्पर्य है—
(a) न्यायवादी
(b) न्याय-अंक
(c) 'विधाता' लिखा होना
(d) भाग्य का लिखा हुआ

32. कवि के अनुसार यदि भाग्य ही सब कुछ होता तो क्या होता?
(a) रत्न स्वयं प्रकाश युक्त हो उठते।
(b) रत्न मिल जाते।
(c) पैरों के नीचे बसुधा होती।
(d) धरती स्वयं ही रत्न रूपी संपत्ति उगल देती।

33. तुकबंदी के कारण कौन-सा शब्द बदले हुए रूप में प्रयुक्त हुआ है?
(a) उगल (b) रतन
(c) प्रबल (d) स्वयं

34. इनमें से कौन-सा 'वसुधा' का समानार्थी है?
(a) जलधि (b) वसुंधरा
(c) महीप (d) वारिधि

निर्देश : प्र. सं. (35-41)निम्नलिखित अपठित पद्यांश को पढ़कर उसके आधार पर पूछे गए प्रश्नों के उत्तर लिखिए—

कहते आते थे यही अभी नरदेही,
'माता न कुमाता, पुत्र कुपुत्र भले ही।'
अब कहें सभी यह हाय! विरुद्ध विधाता,
'है पुत्र पुत्र ही, रहे कुमाता माता।'
बस मैंने इसका बाह्य-मात्र ही देखा,
दृढ़ हृदय न देखा, मृदुल गात्र ही देखा।
परमार्थ न देखा, पूर्ण स्वार्थ ही साधा,
इस कारण ही तो हाय आज यह बाधा।
युग-युग तक चलती रहे कठोर कहानी—
'रघुकुल में भी थी एक अभागिन रानी।'
निज जन्म-जन्म में सुने जीव यह मेरा—
'धिक्कार! उसे था महास्वार्थ ने घेरा।'
"सौ बार धन्य वह एक लाल की माई,
जिस जननी ने है जना भरत-सा भाई।"
पागल-सी प्रभु के साथ सभा चिल्लाई
"सौ बार धन्य वह एक लाल की माई।"

35. रघुकुल की अभागिन रानी थी—
(a) कौशल्या (b) सुमित्रा
(c) कैकेयी (d) मंथरा

36. रानी को किसने आकर घेरा?
(a) परमार्थ ने (b) महास्वार्थ ने
(c) अध्यात्म ने (d) निःस्वार्थ ने

37. रानी का कौन-सा भाव प्रकट हो रहा है?
(a) पश्चाताप का (b) खिन्नता का
(c) प्रसन्नता का (d) दुष्टता का

38. 'सौ बार धन्य वह एक लाल की माई' किसने कहा?
(a) लक्ष्मण ने
(b) भरत ने
(c) शत्रुघ्न ने
(d) राम के साथ-साथ पूरी सभा ने

39. प्रभु के साथ चिल्लाया/चिल्लाए—
(a) कैकेयी
(b) सभा में उपस्थित लोग
(c) भरत
(d) विश्वामित्र

40. 'पागल-सी प्रभु के साथ सभा चिल्लाई' में कौन-सा अलंकार है?
(a) उपमा अलंकार (b) रूपक अलंकार
(c) उत्प्रेक्षा अलंकार (d) यमक अलंकार

41. 'अभागिन' में प्रयुक्त उपसर्ग मूलशब्द तथा प्रत्यय चुनिए—
(a) अभा + ग + इन (b) अ + भा + गिन
(c) अ + भाग + इन (d) अ + भागी + इन

उत्तरमाला

1. (a)	**2.** (b)	**3.** (a)	**4.** (d)	**5.** (b)	**6.** (b)	**7.** (b)	**8.** (b)	**9.** (b)	**10.** (a)
11. (c)	**12.** (c)	**13.** (c)	**14.** (a)	**15.** (b)	**16.** (a)	**17.** (d)	**18.** (c)	**19.** (a)	**20.** (a)
21. (c)	**22.** (b)	**23.** (b)	**24.** (c)	**25.** (b)	**26.** (c)	**27.** (b)	**28.** (d)	**29.** (d)	**30.** (c)
31. (d)	**32.** (d)	**33.** (a)	**34.** (b)	**35.** (c)	**36.** (b)	**37.** (a)	**38.** (d)	**39.** (b)	**40.** (a)
41. (c)									

❑❑

22 हिन्दी शिक्षण शास्त्र

श्रवण-कौशल शिक्षण

भूमिका

भाषा एक कला है, दूसरी कलाओं की भाँति इसे सीखा जाता है और सतत अभ्यास से इसमें प्रवीणता आती है। जिस प्रकार दूसरी कलाओं में साधनों की आवश्यकता होती है उसी प्रकार भाषा सीखने के लिए भी साधन की आवश्यकता होती है। साधन का दूसरा नाम अभ्यास है कला की साधना अन्ततः आदत बन जाती है। शुद्ध एवं शिष्ट बोलने वाले व्यक्ति को स्कूल में पढ़े व्याकरण के नियम याद न हो, लेकिन बोलते वक्त स्वत: उसके मुख से व्याकरण सम्मत शुद्ध भाषा ही निकलेगी। भाषा ज्ञानार्ज का सशक्त साधन है, परन्तु सबसे पहले भाषा कौशलों 'L.' 'S.' 'R.' 'W.' में प्रवीणता प्राप्त करने की आवश्यकता होती है।

L. Listening skill. S. Speaking or oral skill
R. Reading skill. W.Writing skill

श्री एस.के. देशपांडे ने इस तथ्य पर अपने विचार प्रकट करते हुए कहा है-''भाषा-शिक्षण का सम्बन्ध केवल ज्ञान प्रदान करना या सूचनाएँ प्रदान करना मात्र नहीं बल्कि भाषा सीखने वालों को इन चारों विविध कौशलों में दक्ष बनाना है।''

भाषा शिक्षण के उद्देश्यों की विवेचना करते हुए पिछले अध्याय में हमने कौशलात्मक उद्देश्य के बारे में पढ़ा था उसी कौशलात्मक उद्देश्य के अन्तर्गत हम इन चारों कौशलों को समाहित करते हैं-

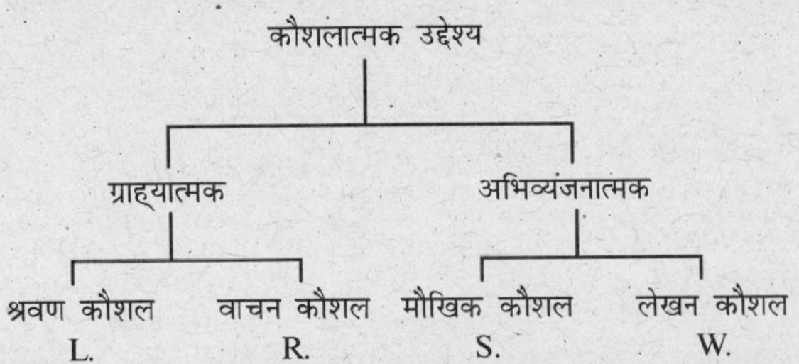

प्रस्तुत चित्र से स्पष्ट हो जाता है कि हम किन-किन कौशलों के माध्यम से ग्रहण एवं अभिव्यक्त करते हैं। यदि हम इन कौशलों में प्रवीणता अर्जित नहीं करते तो हम न अन्य विषयों को समझ सकते हैं और न ही भावों एवं विचारों को मौखिक अथवा लिखित भाषा में व्यक्त कर सकते हैं। इन चारों कौशलों में दक्षता प्राप्त करने का अर्थ है-शुद्ध भाषा बोलना, सफलतापूर्वक सस्वर एवं मौन पाठ करना, धैर्यपूर्वक दूसरों की बात सुनना, प्रभावपूर्ण भाषा में लिखकर अपने विचार प्रकट करना। साहित्य का रसास्वादन करना इत्यादि।

श्रवण-कौशल का अर्थ

भाषा-श्रवण का सम्बन्ध 'कर्ण' से है। शब्द का अर्थ सामाजिक प्रसंग में सुनने से ग्रहण किया जाता है। छात्र कविता, कहानी, भाषण वाद-विवाद, वार्तालाप आदि का ज्ञान सुनकर ही प्राप्त करता है और उसका अर्थ भी ग्रहण करता है। यदि छात्र की श्रवण-इन्द्रिय में दोष है तो वह न भाषा सीख सकता है और न अपने मनोभावों को अभिव्यक्त कर सकता है। अत: उसका भाषा ज्ञान शून्य के बराबर ही रहेगा। बालक सुनकर ही अनुकरण द्वारा भाषा ज्ञान अर्जित करता है।

श्रवण-कौशल शिक्षण का महत्व

बच्चा जन्मोपरान्त ही सुनने लग जाता है। यह ध्वनियाँ उसके मन-मस्तिष्क पर अंकित हो जाती हैं। यह अंकित ध्वनियाँ ही बच्चे के भाषा ज्ञान का आधार बनती हैं। अच्छी प्रकार से सुनने के कारण ही बालक ध्वनियों के सूक्ष्म अन्तर को समझ पाता है। श्रवण-कौशल ही अन्य भाषायी कौशलों को विकसित करने का प्रमुख आधार बनता है।

1. ध्वनियों के सूक्ष्म अन्तर को पहिचानना।
2. अध्ययन की आधारशिला।
3. भाषा शिक्षण के उद्देश्यों की प्राप्ति।
4. वाचन कौशल का विकास।
5. लेखन कौशल का विकास।
6. व्यक्तित्व का विकास।
7. विभिन्न साहित्यिक व सांस्कृतिक कार्यक्रमों की प्राप्ति में सहायक।

श्रवण-कौशल शिक्षण के उद्देश्य

- सुनकर अर्थ ग्रहण करने की योग्यता का विकास करना।
- किसी श्री श्रुत सामग्री को मनोयोग पूर्वक सुनने की प्रेरणा प्रदान करना।
- वक्ता के मनोभावों की निपुणता पैदा करना।
- श्रुत सामग्री के विषय को भली-भांति समझने की योग्यता उत्पन्न करना।
- श्रुत सामग्री के विषय के महत्वपूर्ण एवं मर्मस्पर्शी विचारों भावों एवं तथ्यों का चयन करने की क्षमता प्रदान करना।
- विद्यार्थियों में ध्वनियों, शब्दों का शुद्ध उच्चारण तथा स्वर, गति, लय और प्रवाह के साथ पढ़ने की योग्यता विकसित करना।
- छात्रों की मौलिकता में वृद्धि करना।
- छात्रों का मानसिक एवं बौद्धिक विकास करना।
- छात्रों में भाषा व साहित्य के प्रति रुचि पैदा करना।
- छात्रों को साहित्यिक गतिविधियों में भाग लेने व सुनने के लिए प्रेरित करना।

- श्रुत सामग्री का सारांश ग्रहण करने की योग्यता विकसित करना।

सुनकर अर्थ ग्रहण करने से अभिप्राय यह है कि छात्र में निम्नलिखित योग्यता आ जाए।

(i) धैर्यपूर्वक सुनना, सुनने के शिष्टाचार का पालन करना।
(ii) ग्रहणशीलता की मन:स्थिति बनाए रखना। शब्दों मुहावरों व उक्तियों का प्रसंगानुकूल भाव व अर्थ समझ सकना।
(iii) स्वराघात, बलाघात व स्वर के उतार-चढ़ाव के अनुसार ग्रहण करना।
(iv) भावानुभूति कर सकना, भावाभिव्यक्ति के ढंग को समझ सकना।
(v) भावों, विचारों व तथ्यों का मूल्यांकन कर सकना।

श्रवण-कौशल की शिक्षण विधियाँ

शिक्षक, शिक्षार्थियों में श्रवण कौशल विकसित करने के लिए निम्नांकित तथ्य अपनाता है–

- **सस्वर वाचन–**छात्र अध्यापक द्वारा किये गए आदर्श वाचन और कक्षा में किसी अन्य छात्र द्वारा किए जाने वाले अनुकरण वाचन को ध्यानपूर्वक सुनकर शुद्ध उच्चारण, यति, गति, आरोह-अवरोह आदि का ज्ञान प्राप्त करता है।
- **प्रश्नोत्तर–**कक्षा-शिक्षण के उपरान्त अध्यापक पठित सामग्री को आधार बनाकर छात्रों से प्रश्न पूछता है, छात्रों के उत्तर से इस तथ्य का मूल्यांकन हो जाता है कि छात्रों में सुनकर विषय-वस्तु को ग्रहण किया है या नहीं। पठित सामग्री के आधार पर प्रश्न पूछने से छात्र सावधान भी हो जाएँगे और कक्षा में पढ़ाई गई बातों को ध्यानपूर्वक सुनेंगे।
- **कहानी कहना व सुनना–**अध्यापक बच्चों को कहानी सुनाएँ और बाद में उसी कहानी को बच्चों से सुनें। इससे पता लग जाएगा कि छात्रों ने कहानी सुनी या नहीं। कहानी के द्वारा बच्चों का ध्यान सुनने की तरफ आकर्षित किया जा सकता है।
- **श्रुतलेख–**वैसे तो श्रुतलेख लेखन कौशल को विकसित करने का साधन है, परन्तु इसकी सहायता से श्रवण कौशल को भी विकसित किया जा सकता है। श्रुतलेख सुनकर लिखना होता है, जो छात्र ध्यान से सुनेगा वह पूरी सामग्री को लिख लेगा, जो छात्र ध्यान से नहीं सुनेगा उसके लेख के बीच-बीच में शब्द या वाक्यांश छूट जाएँगे।
- **भाषण–**भाषण श्रवण-कौशल की प्रशिक्षण देने में भी प्रयुक्त किया जाता है, वैसे तो यह मौखिक कौशल को विकसित करने का साधन है। छात्रों को पहले यह बता दिया जाता है कि भाषण को ध्यान से सुनें। भाषण समाप्ति के उपरान्त उनसे प्रश्न पूछे जाएगे। प्रश्नों के उत्तरों से यह पता लग जाता है कि छात्रों ने भाषण ध्यान से सुना है अथवा नहीं।
- **दृश्य-श्रवण सहायक सामग्री का प्रयोग :**
  (i) **ग्रामोफोन एवं टेपरिकार्डर–**ग्रामोफोन एवं टेपरिकार्डर सामान्यत: मनोरंजन के साधन के रूप में प्रयुक्त होते हैं, लेकिन श्रवण-कौशल को विकसित करने के लिए टेपरिकार्डर का प्रयोग रोचक साधन के रूप में किया जा सकता है। यह ज्यादा महँगा नहीं है। इसीलिए इसे विद्यालय के लिए आसानी से खरीदा जा सकता है। कविता कहानी, महान पुरुषों के भाषण, वार्ता आदि सुनाकर बच्चों के श्रवण कौशल का विकास किया जाता है। टेपरिकार्डर के द्वारा छात्रों को जब चाहे सुना सकते हैं। तत्पश्चात् छात्रों से प्रश्न आमंत्रित कर उनके श्रवण कौशल की भी जाँच की जा सकती है।
  (ii) **रेडियो–**रेडियो के द्वारा आकाशवाणी से छात्रों के लिए तरह-तरह के उपयोगी शैक्षिक एवं मनोरंजक कार्यक्रम समय-समय पर प्रसारित किए जाते हैं। श्रवण कौशल को विकसित करने में रेडियो भी एक महत्वपूर्ण साधन है।
  (iii) **चलचित्र–**चलचित्र में आवाज़ सुनाई देने के साथ-साथ दृश्य भी दिखाई देते हैं। बच्चे हर दृश्य को बहुत ध्यान से देखते हैं। अत: शैक्षिक चलचित्रों का प्रयोग भाषा शिक्षण को रोचक बना देता है।
  (iv) **दूरदर्शन–**चलचित्र तो सिनेमाहाल में जाकर ही देखा जा सकता है। लेकिन दूरदर्शन अब हर घर में पहुँच चुका है। घर में बैठे हुए हम बोलने वाले की आवाज तो सुनते ही हैं, साथ में उसकी आकृति भी देखते हैं। श्रवण कौशल को विकसित करने में दूरदर्शन का प्रयोग भी कारगर साबित हो सकता है।
  (v) **वीडियो–**जैसे किसी भी वार्ता को टेप कर टेपरिकार्डर भी सुनाया जाता है, ठीक उसी तरह किसी कार्यक्रम को रिकार्ड कर वीडियो के द्वारा दूरदर्शन पर दिखाया जा सकता है। प्रतिष्ठित विद्वानों के भाषण, वार्ता एवं विभिन्न शैक्षिक कार्यक्रमों के कैसेट लाकर दिखाये जा सकते हैं उससे श्रवण कौशल के साथ मौखिक अभिव्यक्ति कौशल विकसित करने में सहायता मिलती है।

मौखिक अभिव्यक्ति कौशल शिक्षण

मौखिक अभिव्यक्ति की भूमिका

मानव प्रधानत: अपनी अनुभूतियों तथा मनोवेगों की अभिव्यक्ति उच्चरित अथवा मौखिक भाषा में ही करता है प्रिय छात्रो ! लिखित भाषा तो गौण तथा उसकी प्रतिनिधि मात्र है, क्योंकि भावों की अभिव्यक्ति का साधन साधारणत: उच्चरित भाषा ही होती है। भावों के आदान-प्रदान का एक ही साधन है-भाव या वाणी।

आधुनिक जनतांत्रिक युग में जीवन की सफलता के लिए मौखिक भाव-प्रकाशन या वाणी उतना ही आवश्यक और अनिवार्य है जितना कि स्वयं हमारा जीवन। जीवन के प्रत्येक क्षेत्र में व्यक्ति को प्रतिपल मौखिक आत्माभिव्यक्ति की शरण लेनी पड़ती है।

मौखिक अभिव्यक्ति का अर्थ

मनुष्य सामाजिक प्राणी है, एकान्तवासी साधक नहीं। अत: उसे प्रतिक्षण प्रत्येक पग पर समाज में अपनी स्थिति बनाए रखने के लिए सभी प्रकार के मनुष्यों से व्यवहार करना पड़ता है। अपने जीविकोपार्जन तथा उसके साधनों की उपलब्धि के लिए, विभिन्न क्रिया-प्रतिक्रियाओं के लिए वाणी की सहायता लेनी पड़ती है। इसके साथ ही, प्राणीजगत की यह प्रवृत्ति है कि वह अपने भावों, अर्न्तद्वन्द्वों तथा उद्वेगों को दूसरों पर प्रकट करना चाहता है, तथा दूसरों की प्रकृति, आदतों, विचारों को जानने का इच्छुक रहता है। सम्प्रेषण के माध्यम के रूप में मौखिक ढंग से भाषा का व्यवहार मानव की अपनी विशेषता है।

अन्य जीवों में जटिल मानसिक क्रियाओं का अभाव है। अत: भाषा के प्रतीकात्मक व्यवहार में वे अक्षम हैं। विभिन्न प्रकार की जटिल मानसिक

प्रक्रियाएँ परोक्ष रूप से प्रत्येक भाषायी व्यवहार में अन्तर्निहित रहती हैं, जिसका केवल अनुमान लगाया जा सकता है।

मौखिक अभिव्यक्ति का महत्त्व

1. भाषा की शिक्षा मौखिक भाषा से प्रारम्भ होती है।
2. मौखिक भाषा ही अभिव्यक्ति का सहज व सरलतम माध्यम है।
3. मौखिक भाषा के प्रयोग में कुशल व्यक्ति, अपनी वाणी से जादू जगा सकता है, लोकप्रिय नेताओं के भाषण इसी बात का प्रमाण हैं।
4. मौखिक अभिव्यक्ति में अनुकरण और अभ्यास के अवसर बराबर मिलते रहते हैं।
5. मौखिक भाषा के द्वारा विचारों के आदान-प्रदान से नई-नई जानकारियाँ मिलती हैं।
6. रोजमर्रा के कार्यकलापों में मौखिक भाषा प्रयुक्त होती है।
7. अशिक्षित व्यक्ति बोलचाल के द्वारा ही ज्ञान-अर्जित करता है।
8. सामाजिक सम्बन्धों को सुदृढ़ बनाने में एवं सामाजिक जीवन में सामंजस्य स्थापित करने में मौखिक भाषा की प्रमुख भूमिका होती है।

मौखिक भाव-प्रकाशन शिक्षण के उद्देश्य

1. छात्रों को व्याकरण सम्मत भाषा का प्रयोग करना सिखाना।
2. छात्रों को शुद्ध उच्चारण, उचित स्वर, उचित गति के साथ बोलना सिखाना।
3. छात्रों को निस्संकोच होकर अपने विचार व्यक्त करने के योग्य बनाना।
4. बालकों का उच्चारण शुद्ध एवं परिमार्जित हो।
5. छात्रों में स्वाभाविक ढंग से परस्पर वार्तालाप करने की आदत विकसित करना।
6. छात्र सरल एवं मुहावरेदार भाषा का प्रयोग करें।
7. बोलने में विराम चिन्हों का ध्यान रखना सिखाना।
8. छात्रा क्रमबद्धता बनाये रखेगा।
9. छात्रों को धाराप्रवाह, प्रभावोत्पादक वाणी में बोलना सिखाना।
10. विषयानुकूल व प्रसंगानुकूल शैली का प्रयोग करना सिखाना।

मौखिक अभिव्यक्ति की विशेषताएँ

1. **स्वाभाविकता**–बोलने में स्वाभाविकता हो, बनावटी बोली का प्रयोग हास्यास्पद हो सकता है। अस्वाभाविक भाषा वक्ता को अविश्वसनीय बना देती है। स्वाभाविक भाषा विश्वसनीय होती है।
2. **शुद्धता**–बोलते समय शुद्ध उच्चारण होना चाहिए। अशुद्ध उच्चारण से अर्थ का अनर्थ हो जाता है।
3. **स्पष्टता**–मौखिक अभिव्यक्ति का दूसरा गुण है-स्पष्टता। बोलने में स्पष्टता होना अति आवश्यक है। जो बात कही जाए, वह स्पष्ट व साफ होनी चाहिए।
4. **शिष्टता**–वार्तालाप करते समय शिष्टाचार का ध्यान रखना चाहिए। अशिष्टता सम्बन्धों को बिगाड़ देती है। शिष्टता मौखिक भाव-प्रकाशन का एक अन्य गुण है।
5. **बोधगम्य**–मौखिक अभिव्यक्ति में सरल व सुबोध भाषा का प्रयोग करना चाहिए।
6. **सर्वमान्य भाषा**–मौखिक भाव-प्रकाशन में सर्वमान्य भाषा का प्रयोग करना चाहिए। अप्रचलित शब्दों के प्रयोग से वार्तालाप नीरस हो जाता है।
7. **प्रवाहमयता**–विराम चिह्नों के उचित प्रयोग से अभिव्यक्ति में सम्यक् गति आ जाती है। अतः मौखिक भाव-प्रकाशन में उचित प्रवाहमयता होनी चाहिए।
8. **मधुरता**–मौखिक भाव प्रकाशन का अन्य गुण है मधुरता। कहा भी गया है-'कोयल काको देत है कागा काको लेत, वाणी के कारणेन मन सबको हर लेत।' मीठी वाणी का प्रयोग कर मनुष्य किसी (दुश्मन) को भी अपना बना सकता है।
9. **अवसरानुकूल**–मौखिक भाव-प्रकाशन की अन्य विशेषता है अवसरानुकूल भाषा का प्रयोग। हर्ष, उल्लास, सुख दुःख, दया, करुणा, सहानुभूति, प्यार आदि भावों को अवसर के अनुकूल व्यक्त करते हैं।
10. **श्रोताओं के अनुकूल भाषा**–मौखिक अभिव्यक्ति की अन्य महत्वपूर्ण विशेषता यह है कि सुनने वाले कौन हैं, किस स्तर के हैं, उसके अनुकूल ही भाषा का प्रयोग करना चाहिए।

मौखिक अभिव्यक्ति कौशल की शिक्षण विधियाँ

मौखिक कार्य ही भाव शिक्षण का प्रमुख आधार है। मौखिक भाषा के बिना सीखना व सिखाना दोनों ही असम्भव कार्य हैं। इसके लिए शिक्षक निम्नांकित शिक्षण-विधियों का प्रयोग करता है–

1. **सस्वर वाचन**–पाठ पढ़ाते समय पहले शिक्षक को स्वयं आदर्श वाचन करना चाहिए, बाद में कक्षा के छात्रों से अनुकरण वाचन या सस्वर वाचन कराना चाहिए। सस्वर वाचन करने से छात्रों की झिझक व संकोच खत्म होता है।
2. **वार्तालाप**–शिक्षण सामग्री या पाठ्य-विषय पढ़ाते हुए या अन्य मौकों पर छात्रों के साथ अध्यापक वार्तालाप करते हैं। अतः शिक्षक को चाहिए कि वह प्रत्येक छात्र को वार्तालाप में भाग लेने के लिए प्रेरित करे। वार्तालाप का विषय छात्रों के मानसिक, बौद्धिक स्तर के भीतर ही होना चाहिए।
3. **कहानी सुनाना**–मौखिक भाव-प्रकाशन विकसित करने की एक विधि कहानी सुनाना भी है। छोटे बच्चे कहानियाँ सुनना पसन्द करते हैं। अतः अध्यापक को पहले स्वयं कहानी सुनानी चाहिए। बाद में छात्रों से कहानी सुननी चाहिए।
4. **प्रश्नोत्तर**–सामान्य विषयों पर या पाठ्य-पुस्तकों से सम्बन्धित पाठों पर प्रश्न पूछने चाहिए। अगर छात्रों का उत्तर अपूर्ण या अशुद्ध है तो सहानुभूति पूर्ण ढंग से उत्तर को पूर्ण व शुद्ध कराया जाए।
5. **वाद-विवाद**–बालकों के मानसिक स्तर व बौद्धिक स्तर को ध्यान में रखकर वाद-विवाद करवाया जा सकता है। अपने विचारों का तर्कपूर्ण प्रतिपादन करने का प्रशिक्षण देने के लिए वाद-विवाद एक उत्तम साधन है।
6. **चित्र-वर्णन**–प्रायः छोटी कक्षाओं के बच्चे चित्र देखने में रुचि लेते हैं। उदाहरणार्थ 'गाय' का चित्र दिखाकर गायों के बारे में छात्रों से पूछा जा सकता है व छात्रों को बताया जा सकता है। इसी प्रकार चित्र की सहायता से कहानी भी सुनाई जा सकती है।

7. **कविता सुनना व सुनाना**–छोटे बच्चे कविता या बालोचित गीत सुनने में काफी रुचि लेते हैं। अतः कविताएँ कंठस्थ कराके उन्हें कविता पाठ के लिए प्रेरित करना चाहिए। अतः कविता पाठ मौखिक भाव-प्रकाशनं की शिक्षा देने का अन्य उपयोगी साधन हैं।
8. **भाषण**–'भाषण' भाव-प्रकाशन का एक सशक्त साधन है. परन्तु **'भाषण'** छात्रों के मानसिक एवं बौद्धिक स्तर के अनुकूल होना चाहिए।
9. **सत्संग**–सत्संग का हमारे मौखिक भाव-प्रकाशन पर बहुत प्रभाव पड़ता है। साधारणतः बालक जैसे वातावरण में रहेगा, उसका इसी प्रकार का भाव प्रकाशन होगा।
10. **पाठ का सार**–पाठ्य-पुस्तक के किसी पाठ या रचना को पढ़कर छात्र से उस पाठ का सार सुनना मौखिक अभिव्यक्ति का अन्य उपयोगी साधन है।
11. **नाटक-प्रयोग**–नाटक द्वारा भावाभिव्यक्ति का अच्छा अभ्यास हो जाता है। रंगशाला में बालक को आंगिक वाचिक एवं भावों के अभिनय की दीक्षा सफलतापूर्वक मिल सकती है।

मौखिक भाव-प्रकाशन से सम्बन्धित शिक्षक की सावधानियाँ

1. बच्चों की त्रुटियों को ठीक कराने के लिए स्वर यन्त्रों को साधा जाए।
2. यदि प्राकृतिक कारणों से बालक शुद्ध उच्चारण नहीं कर पाता है, तो उसके माता-पिता को सूचित करना चाहिए एवं डॉक्टरों से उचित चिकित्सा करवानी चाहिए।
3. शिक्षक स्वयं बोलने का दृष्टान्त पेश करें, जिसमें तेजी, शीघ्रता व क्रोध न हो।
4. बालकों में किसी प्रकार का संकोच न आने पाए।
5. बोलने में कठिनाई अनुभव करने वाले छात्रों को अधिक से अधिक बोलने व पढ़ने का अवसर मिलना चाहिए। जिससे उनमें धीरे-धीरे साहस व स्वावलम्बन का विकास हो। कई बार बच्चा मनोवैज्ञानिक कारणों से भी हकलाने लगता है और अशुद्ध उच्चारण की आदत पड़ जाती है।

   अतः बच्चे के मन से भय, झिझक की भावना निकाल कर अभ्यास द्वारा यह कठिनाई दूर की जा सकती है।
6. भाषा क्षेत्रीयता प्रान्तीयता व व्याकरण दोषों से रहित हो।
7. बोलते समय सस्वरता व भावानुसार वाणी के उतार चढ़ाव पर भी ध्यान देना चाहिए।

वाचन-कौशल शिक्षण

पठन/वाचन कौशल की भूमिका

भाषा शब्द से ही ज्ञात होता है कि भाषा का मूलरूप उच्चरित रूप है इसका दृष्टिकोण प्रतीक लिपिबद्ध होता है।

मुद्रित रूप लिपिबद्ध रूप का प्रतिनिधि है। जब हम बच्चे को पढ़ाना आरम्भ करते हैं तो अक्षरों के प्रत्यय हमारे मस्तिष्क के कक्ष भाग में क्रमबद्ध होकर एक तस्वीर बनाते हैं, और हम उसे उच्चरित करते हैं।

यह क्रिया जिसमें शब्दों के साथ अर्थ ध्वनि भी निहित है। वाचन कहलाती है।

पठन कौशल का अर्थ

लिखित भाषा के ध्वन्यात्मक पाठ को मौखिक पठन कहते हैं। पर बिना अर्थ ग्रहण किए गए पढ़ने को पठन नहीं कहा जा सकता। पठन की क्रिया में अर्थ ग्रहण करना आवश्यक होता है। अर्थ ग्रहण किस सीमा तक होता है, यह तो पठनकर्त्ता के ज्ञान एवं कौशल पर निर्भर है।

वाचन/पठन का महत्त्व

वाचन की जीवन के प्रत्येक क्षेत्र में आवश्यकता होती है। वाचन की योग्यता न रखने से व्यक्ति संसार की सांस्कृतिक महानता में अपने अस्तित्व का आनन्द नहीं ले पाता। वाचन-योग्यता के बिना मनुष्य के जीवन मे कई प्रकार की बाधाएँ खड़ी हो जाती हैं। निम्नांकित तथ्यों से वाचन के महत्त्व को आंका जा सकता है।

1. वाचन शिक्षा प्राप्ति में सहायक है।
2. आधुनिक युग 'विशिष्टताओं' का युग है, व्यक्ति जिस भी व्यवसाय में है वह विशिष्टता प्राप्त करना चाहता है, नवीनतम जानकारी प्राप्त करना चाहता है, यह जानकारी उसे पुस्तकों से मिलती है।
3. वाचन कौशल ज्ञानोपार्जन का साधन है, क्योंकि पाठ्य-पुस्तक पढ़ने से तो केवल ज्ञान के दर्शन होते हैं। संदर्भ ग्रंथ पढ़ने से ज्ञान की पिपासा कुछ हद तक शान्त होती है।
4. लोकतन्त्रात्मक युग में वाचन का महत्त्व और भी बढ़ गया है। चुनावों के दौरान राजनीतिक दलों के घोषणा-पत्र प्रकाशित होते रहते हैं, उन्हें अच्छी प्रकार से समझने के लिए वाचन की योग्यता का होना आवश्यक है। अतः लोकतन्त्रात्मक प्रवत्ति के विकास में वाचन महत्वपूर्ण भूमिका निभा सकता है।
5. सामाजिक दृष्टिकोण से भी वाचन बहुत महत्वपूर्ण है। सामाजिक कार्यों तथा दैनिक कार्यों में मनुष्य को कहीं कुछ पढ़कर सुनाना पड़ता है। कहीं अभिनन्दन पत्र पढ़ना होता है, कहीं किसी महापुरुष या नेता का संदेश पढ़कर सुनाना होता है। कहीं पत्र-लिखने पढ़ने होते हैं अतः इस प्रकार के अनेकों सामाजिक कार्यों में वाचन की आवश्यकता से उसकी सामाजिक उपयोगिता बढ़ जाती है।
6. सामाजिक, राजनैतिक, साहित्यिक तथा सांस्कृतिक विकास के लिए आलोचनात्मक दृष्टिकोण का विकसित होना आवश्यक है। आलोचनात्मक दृष्टिकोण के विकास के लिए अध्ययन अति आवश्यक है। और 'अध्ययन' वाचन का ही एक रूप है।
7. 'वाचन' मनोरंजन का महत्वपूर्ण साधन है। घर में, उपवन में, यात्रा में व्यक्ति कहीं भी अपनी बोरियत को दूर करने के लिए, कहानी, पत्रिका इत्यादि पढ़कर समय का सदुपयोग कर सकता है।

वाचन/पाठन कौशल के उद्देश्य

1. बालकों के स्वर में आरोह-अवरोह का ऐसा अभ्यास करा दिया जाए कि वे यथावसर भावों के अनुकूल स्वर में लोच देकर पढ़ें।
2. बालकों को वाचन के माध्यम से शब्द-ध्वनियों का पूर्ण ज्ञान कराया जाता है। वाचन की इस कला से छात्र मुँह व जिह्वा के उचित स्थान से ध्वनि उच्चरित करते रहेंगे।
3. वाचन के माध्यम से शब्दों पर उचित बल दिया जाता है।
4. वाचन के द्वारा छात्र विराम, अर्द्धविराम आदि चिह्नों का प्रयोग समझ जाता है।
5. छात्र पढ़कर उसका भाव समझें तथा दूसरों को भी समझाएँ वाचन का यह एक उद्देश्य है।

6. वाचन से अक्षर, उच्चारण, ध्वनि, बल, निर्गम, सस्वरता आदि को सम्यक् संस्कार प्राप्त होता है।
7. वाचन का अन्य उद्देश्य त्रुटियों का निवारण भी है।
8. वाचन का उद्देश्य पठित अंश का भाव ग्रहण करना है।
9. वाचन शब्द भण्डार में वृद्धि करता है।
10. वाचन से स्वाध्याय की प्रवृत्ति जाग्रत होती है।

वाचन/पठन के आधार

वाचन के दो प्रमुख आधार हैं–

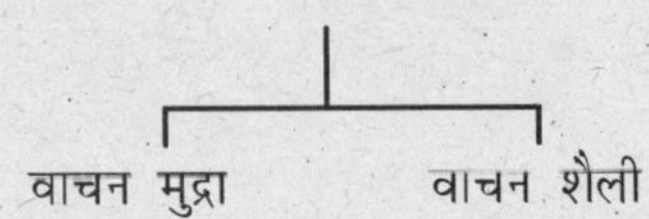

वाचन मुद्रा वाचन शैली

1. वाचन मुद्रा का अर्थ है बैठने, खड़े होने का ढंग, वाचन सामग्री, हाथ में ग्रहण करने की रीति तथा भावानुसार हाथ, पैर, नेत्र आदि अन्य अंगों का संचालन।
2. भावानुसार स्वर के उचित आरोह-अवरोह के साथ पढ़ना वाचन शैली है। प्रत्येक वाचक को वाचन करते समय बाएं हाथ में पुस्तक को इस प्रकार बीच में पकड़ना चाहिए कि ऊपर उसके बीच में मोड़ पर बाएँ हाथ का अँगूठा आ जाए और दूसरा हाथ भावाभिव्यक्ति के लिए खुला रहे। बड़ी पुस्तक को दोनों हाथों से पकड़ा जा सकता है। पढ़ते समय दृष्टि पुस्तक पर ही ना रहे, वरन् छात्रों की ओर भी देख लेना चाहिए।

पठन/वाचन के गुण या विशेषताएँ

सुन्दर वाचन में निम्न गुणों का होना जरूरी है–

1. प्रत्येक अक्षर को शुद्ध तथा स्पष्ट उच्चरित करना
2. वाचन में सुन्दरता के साथ प्रवाह बनाए रखना
3. मधुरता, प्रभावोत्पादकता तथा चमत्कारपूर्ण ढंग से आरोह-अवरोह के साथ वाचन होना चाहिए।
4. प्रत्येक शब्द को अन्य शब्दों से अलग करके उचित बल तथा विराम के साथ पढ़ना।

वाचन/पठन कौशल की शिक्षण विधियाँ

(क) शब्द तत्व पर आधारित विधियाँ

(i) **वर्णबोध विधि–**इस विधि में पहले छात्रों को वर्णों का ज्ञान कराया जाता है। वर्णों में भी स्वर पहले और व्यंजन बाद में सिखाए जाएँ। फिर मात्राओं का ज्ञान कराया जाए। मात्राओं के उपरान्त संयुक्ताक्षरों की जानकारी दी जाए।

यह विधि मनोवैज्ञानिक नहीं है। इस का आधार यह है कि जब तक बालक को अक्षर का ज्ञान नहीं होगा, तब तक वह उच्चारण या वाचन नहीं सीख सकता है।

(ii) **ध्वनि साम्य विधि–**यह विधि वर्णबोध विधि का संशोधित रूप है। इसमें समान उच्चारण वाले शब्दों को साथ-साथ सिखाया जाए यथा–

राम, नाम, काम, शाम
गर्म, धर्म, कर्म, चर्म
केला, ठेला, मेला, रेला

उपर्युक्त विधि में ध्वनियों पर विशेष ध्यान दिया जाता है। इसी कारण वाक्यांश, वाक्य का अर्थ व शब्द गौण हो जाते हैं।

(ख) स्वरोच्चारण विधि–इस विधि में अक्षरों एवं शब्दों को उनकी स्वर ध्वनि के अनुसार पढ़ाया जाता है। इसमें बारहखड़ी को आधार माना जाता है, जैसे–क, का, कि, की, कु, कू, के, कै, को, कौ, कं कः। इसमें स्वर के बिना व्यंजन नहीं सिखा सकते। यह विधि प्रगतिशील एवं मनोवैज्ञानिक नहीं है।

अर्थ ग्रहण पर आधारित विधियाँ

(i) **देखो और कहो विधि–**इस विधि में शब्द से सम्बन्धित वस्तु या चित्र दिखाकर पहले शब्द का ज्ञान कराया जाता है। चित्र के नीचे वस्तु का नाम लिखा होता है। चित्र परिचित होने के कारण बच्चे आसानी से शब्द से साहचर्य स्थापित कर लेते हैं। अध्यापक का अनुकरण करते हुए बच्चे शब्द का उच्चारण करते हैं। कई बार देखने-सुनने और बोलने से वर्णों के चित्र मस्तिष्क पर अंकित हो जाते हैं।

गुण–यह विधि मनोवैज्ञानिक है। इसमें पूर्ण से अंश की ओर ज्ञात से अज्ञात की ओर सरल से जटिल की ओर आदि शिक्षण सूत्रों का पालन होता है।

दोष–इस विधि में सभी शब्दों के चित्र उपस्थित करना असम्भव है। बच्चे चित्र से साहचर्य स्थापित कर लेते हैं। चित्र के अभाव में शब्द पढ़ना कठिन हो जाता है।

(ii) **कहानी विधि–**इस विधि में छोटे-छोटे वाक्यों से निर्मित कहानी चार्ट व चित्रों के माध्यम से बच्चों के समक्ष प्रस्तुत की जाती है। शिक्षक इस कहानी को कक्षा में कहता है। इसके बाद शिक्षक कहानी को श्यामपट्ट पर लिखता है व वाचन कराता है। विद्यार्थी शिक्षक का अनुकरण करते हैं। वाक्य के विश्लेषण के माध्यम से छात्र शब्द एवं वर्णों का ज्ञान प्राप्त करते हैं।

गुण–यह वाक्य विधि का परिष्कृत रूप है।

(iii) **वाक्य विधि–**इस मत के प्रतिपादकों का मत है कि बालक वाक्य या वाक्यांशों में बोलता है। इसकी इकाई वाक्य है शब्द नहीं। इसलिए प्रारम्भ से ही बालकों को वाक्यों से ही वाचन शुरू कराना चाहिए।

यह विधि मनोवैज्ञानिक है। पहले वाक्य फिर शब्द, फिर वर्ण-इस क्रम बच्चों को वाचन का अभ्यास कराया जाता है।

(iv) **अनुकरण विधि–**यह विधि **'देखो और कहो'** विधि का दूसरा स्वरूप है। इसमें अध्यापक एक-एक शब्द बालकों के समक्ष कहता है और छात्र उसे दुहराते हुए अनुकरण करते हैं। इस प्रकार छात्र शब्द-ध्वनि का उच्चारण एवं वाचन सीखते हैं।

(v) **सम्पर्क विधि–**इस विधि का प्रचार माण्टेसरी ने किया था। इसमें पहले बालकों को चित्र, खिलौने, वस्तुएं आदि से परिचित कराते हैं। उनके आगे उन वस्तुओं के कार्ड रखते हैं। फिर कार्डों को आपस में मिला देते हैं और बच्चों को कहा जाता है, जो कार्ड जिस वस्तु से सम्पर्क रखते हैं, उसके आगे पुनः रख दें। इस सम्पर्क प्रणाली के अभ्यास से धीरे-धीरे छात्र शब्द व वर्ण से परिचित हो जाते हैं।

हिन्दी वाचन में ये विधि विशेष सहायक नहीं है।

(ग) उपयुक्त विधि–वाचन के लिए उपयुक्त विधि में निम्न तथ्यों पर ध्यान दिया जाए–

(i) बालकों के समक्ष उपयुक्त वातावरण प्रस्तुत किया जाए। उपयुक्त वातावरण में तीन बातें रहें–

(i.i) बालकों को प्रवाहपूर्ण ढंग से बोलना सिखाना।

(i.ii) स्वरों का अन्तर समझाएं।

(i.iii) कहानी आदि सुनाकर वाचन के प्रति उत्सुकता पैदा करें।

(ii) दृष्टि का अभ्यास आवश्यक है।
(iii) वर्णों की समानता के चित्र दिखाएं, किसी असमान चित्र को पहचानने का अभ्यास कराएं।
(iv) बालकों से आकृतियाँ बनवाकर उनमें रंग भरवाएं, गिनना सिखाएं आदि।
(v) मौखिक कार्य पर अधिक बल दें।
(vi) जहाँ जो विधि उपयुक्त हो, उसका आश्रय लेकर छात्रों को वाचन का अभ्यास कराना चाहिए।

पठन/वाचन सम्बन्धी त्रुटियाँ

1. अटक-अटक कर पढ़ना।
2. अशुद्ध उच्चारण।
3. वाचन के समय अनुचित मुद्रा, पुस्तक को आँखों के सन्निकट या दूर रखना।
4. दृष्टि दोष से अक्षरों का ठीक दिखाई न देना।
5. वाचन में गति का न होना।
6. अक्षर या संयुक्ताक्षरों सम्बन्धी त्रुटियाँ।
7. पाठ्य सामग्री का कठिन होना।
8. वाचन सम्बन्धी मार्ग-दर्शन का अभाव।
9. भावानुकूल आरोह-अवरोह का अभाव।
10. अध्यापक का व्यवहार।

पठन/वाचन सम्बन्धी दोषों का निवारण

1. **आवृत्ति-पुनरावृत्ति**–इसका अभिप्राय यह है कि बार-बार आवृत्ति या पुनरावृत्ति के माध्यम से अभ्यास कराकर उच्चारण सम्बन्धी दोषों का निवारण किया जा सकता है।
2. स्थान-परिवर्तन
3. अस्पष्टता निवारण
4. चिकित्सा विधि
5. वाचन सम्बन्धी उचित मार्गदर्शन
6. कक्षा का आकर्षक वातावरण
7. छात्रों के मानसिक स्तर के अनुकूल पाठ्य-सामग्री का चुनाव।

वाचन के प्रकार

वाचन को मूलतः दो भागों में विभक्त कर सकते हैं।

1. **सस्वर वाचन**–स्वर सहित पढ़ते हुए अर्थ ग्रहण करने को सस्वर वाचन कहा जाता है। यह वाचन की प्रारम्भिक अवस्था होती है। वर्णमाला के लिपिबद्ध वर्णों की पहचान सस्वर वाचन के द्वारा ही कराई जाती है।

सस्वर वाचन में ध्यान रखने योग्य बातें

(i) सस्वर वाचन भावानुकूल करना चाहिए।
(ii) सस्वर वाचन आदि करते समय विराम चिह्नों का ध्यान रखना चाहिए।
(iii) सस्वर वाचन करते शुद्धता एवं स्पष्टता का ध्यान रखना चाहिए।
(iv) स्वर में यथा सम्भव स्थानीय बोलियों का पुट नहीं होना चाहिए।
(v) सस्वर वाचन में आत्मविश्वास का होना आवश्यक है।

सस्वर वाचन में गुण

(i) शुद्ध उच्चारण
(ii) उचित लय एवं गति
(iii) उचित ध्वनि निर्गम
(iv) उचित हाव-भाव
(v) उचित बल-विराम
(vi) स्वर माधुर्य
(vii) उचित वाचन मुद्रा
(viii) अंग संचालन
(ix) प्रभावोत्पादकता
(x) अर्थ-प्रतीति
(xi) स्वाभाविकता
(xii) स्वर में रसात्मकता, वाचन की मुद्रा

(i) **आदर्श वाचन**–जब अध्यापक कक्षा में छात्रों के समक्ष स्वयं वाचन प्रस्तुत करता है, उसे आदर्श वाचन कहते हैं। अध्यापक अपने वाचन को गति, यति, आरोह-अवरोह, स्वराघात व बलाघात को ध्यान में रखकर कक्षा में प्रस्तुत करता है।

(ii) **अनुकरण वाचन**–आदर्श वाचन के पश्चात् छात्रों द्वारा कक्षा में अनुकरण वाचन किया जाता है। अनुकरण वाचन के निम्न उद्देश्य हैं–

(a) शिक्षक द्वारा किए गए आदर्श वाचन का अनुकरण करना
(b) उच्चारण को शुद्ध बनाना
(c) वाचन में गति एवं प्रवाह का ध्यान रखना
(d) वाचन करते समय अर्थ-ग्रहण की योग्यता का विकास करना।
(e) पाठ के भावानुसार वाचन पैदा करने की क्षमता विकसित करना तथा वीर-रस की शिक्षण सामग्री का वाचन, ओजपूर्ण एवं उच्च स्वर से, शृंगार रस के शिक्षण का वाचन, स्नेहयुक्त एवं मधुर स्वर से, करुण रस में द्रयार्द्र स्वर से, भक्ति रस का शान्त एवं गम्भीर स्वर से वाचन करना।

वाचनकर्त्ता के अनुसार पुनः सस्वर वाचन का विभाजन–जैसा कि प्यारे बच्चो पीछे चित्र के माध्यम से दर्शाया गया है–

(a) **वैयक्तिक वाचन**–एक व्यक्ति द्वारा आवाज किए जाने सस्वर वाचन को व्यक्तिगत वाचन कहते हैं। माध्यमिक कक्षाओं में वाचन प्रायः वैयक्तिक ढंग से होता है, शिक्षक सुनकर छात्रों की उच्चारण सम्बन्धी त्रुटियों का निवारण करता है। इस विधि में वाचन दोषों का निदान सरलता से हो जाता है और उपचारात्मक शिक्षण के लिए व्यक्तिगत ध्यान देने में शिक्षक को सरलता होती है।

(b) **सामूहिक वाचन**–दो या दो से अधिक छात्रों द्वारा आवाज सहित किए जाने वाले वाचन को सामूहिक वाचन कहते हैं। इस वाचन से बच्चों (छात्रों) की झिझक दूर होती है। उनमें मौखिक अभिव्यक्ति के लिए आत्मविश्वास का संचार पैदा होता है। सामूहिक वाचन 13-14 वर्ष की आयु तक के बालकों के लिए ही किया जाए। छात्रों की संख्या बहुत अधिक न हो, ताकि पड़ोसी कक्षा की शान्ति भंग न हो।

2. **मौन वाचन**–लिखित सामग्री को चुपचाप बिना आवाज निकाले पढ़ना मौन वाचन कहलाता है।

मौन वाचन का महत्त्व

(i) मौन वाचन में थकान कम होती है, क्योंकि इसमें वाग्यन्त्रों पर जोर नहीं पड़ता।
(ii) मौन वाचन के समय पाठक एकाग्रचित होकर ध्यान केन्द्रित कर पढ़ता है।
(iii) मौन वाचन में नेत्र तथा मस्तिष्क सक्रिय रहते हैं।
(iv) मौन वाचन में समय की बचत होती है। श्रीमती ग्रे एवं रीस के एक परीक्षण द्वारा यह पता चलता है कि कक्षा छह के बालक एक मिनट में सस्वर वाचन में 170 शब्द बोलते हैं और मौन वाचन में इतने समय में 210 शब्द बोलते हैं।
(v) मौन वाचन अवकाश का सदुपयोग करता है।
(vi) चिन्तन करने में मौन वाचन सहायक है।
(vii) मौन वाचन कक्षा में अनुशासन बनाए रखने में सहायक है।
(viii) स्वाध्याय की रुचि जागृत करने में मौन वाचन सहायक है। गहन अध्ययन वही व्यक्ति कर सकता है, जिसे मौन वाचन का अभ्यास हो।

मौन वाचन के उद्देश्य

मौन वाचन शिक्षार्थियों के वाचन की गति के विकास के लिए है। मौन वाचन के मूल उद्देश्य निम्नांकित हैं।

(i) पठित सामग्री के केन्द्रीय भाव को समझना।
(ii) अनावश्यक स्थलों को छोड़ते हुए, मूल तथ्यों का चयन करना।
(iii) पठित सामग्री का निष्कर्ष निकालना।
(iv) पठित सामग्री पर पूछे गए प्रश्नों का उत्तर दे सकना।
(v) भाषा एवं भाव सम्बन्धी कठिनाइयाँ सामने रख सकना।
(vi) शब्दों का लक्ष्यार्थ और व्यंग्यार्थ जान लेना।
(vii) अनुक्रमणिका, परिशिष्ट, पुस्तक-सूची आदि के प्रयोग की योग्यता प्राप्त कर लेना।
(viii) उपसर्ग, प्रत्यय, सन्धि-विच्छेद द्वारा शब्द का अर्थ जान लेना।

मौन वाचन के भेद

(i) गम्भीर वाचन (ii) द्रुत वाचन

(i) गम्भीर वाचन

(1) विषय-वस्तु पर अधिकार करना
(2) नवीन सूचना एकत्र करना
(3) भाषा पर अधिकार करना
(4) केन्द्रीय भाव की खोज करना

(ii) द्रुत वाचन

(1) साहित्य से परिचय प्राप्त करना
(2) सीखी हुई भाषा का अभ्यास करना
(3) खाली समय का सदुपयोग
(4) आनन्द प्राप्त करना
(5) द्रुत वाचन के माध्यम से सचूनाएँ एकत्रित करना।

लेखन-शिक्षण

लेखन शिक्षण का अर्थ

आधुनिक समय में व्यक्ति अपने मनोभावों का प्रकटीकरण भाषा के माध्यम से दो रूपों में करता है।

1. मौखिक भाषा के माध्यम से
2. लिखित भाषा के माध्यम से

मौखिक रूप के अन्तर्गत भाषा का ध्वन्यात्मक रूप एवं भावों की मौखिक अभिव्यक्ति है। जब इन ध्वनियों को प्रतीकों के रूप में व्यक्त किया जाता है, और इन्हें लिपिबद्ध करके स्थायित्व प्रदान करते हैं, तो वह भाषा का लिखित रूप कहलाता है। भाषा के इस प्रतीक रूप की शिक्षा, प्रतीकों को पहचान कर उन्हें बनाने की क्रिया अथवा ध्वनि को लिपिबद्ध करना लिखना है।

लेखन शिक्षण के उद्देश्य

लेखन-शिक्षण का अर्थ जानने के पश्चात् यह जरूरी हो जाता है कि हम लेखन शिक्षण के उद्देश्यों को भली-भाँति जानें।

1. छात्र सोचने एवं निरीक्षण करने के उपरान्त भावों को क्रमबद्ध रूप में व्यक्त कर सकेंगे।
2. छात्र सुपाठ्य लेख लिख सकेंगे।
3. शब्दों की शुद्ध वर्तनी लिख सकेंगे।
4. विराम-चिह्नों का यथोचित प्रयोग कर सकेंगे।
5. छात्र ध्वनि, ध्वनि समूहों, शब्द, सूक्ति, मुहावरों का ज्ञान प्राप्त कर सकेंगे।
6. व्याकरण सम्मत भाषा का प्रयोग करने में सक्षम होंगे।
7. अनुलेख, अतिलेख, तथा श्रुतलेख लिख सकेगा।
8. विभिन्न रचना वाले वाक्यों का शुद्ध गठन करेंगे।
9. वे वाक्यों में शब्दों, वाक्यांशों तथा उपवाक्यों का क्रम अर्थानुकूल रख सकेंगे।
10. छात्र अभीष्ट सामग्री ही प्रस्तुत करेंगे।
11. क्रमबद्धता बनाए रखेंगे।
12. छात्र भाव की दृष्टि से अभिव्यक्ति में संक्षिप्तता ला सकेंगे।
13. विद्यार्थी लिखित अभिव्यक्ति के विभिन्न रूपों की तकनीक का विधि वत् पालन करने में समर्थ होंगे।
14. वे लिखित अभिव्यक्ति के विभिन्न रूपों के माध्यम से अभिव्यक्ति कर पाने में सक्षम होंगे।

लेखन शिक्षण के गुण

1. लेखन, सुन्दर, स्पष्ट एवं सुडौल हो।
2. उसमें प्रवाहशीलता एवं क्रमबद्धता हो
3. विषय (शिक्षण) सामग्री उपयुक्त अनुच्छेदों में विभाजित हो।
4. भाषा एवं शैली में प्रभावोत्पादकता हो।
5. भाषा व्याकरण सम्मत हो।
6. अभिव्यक्ति संक्षिप्त, स्पष्ट तथा प्रभावोत्पादक हो।

लेखन शिक्षण की प्रविधियाँ

लेखन शिक्षण कब से प्रारम्भ किया जाए, शिक्षाशास्त्रियों में मतैक्य नहीं है। प्रसिद्ध शिक्षा शास्त्री फ्रोबेल ने पढ़ने की क्रिया पहले और लिखने की क्रिया को बाद में रखने का सुझाव दिया है। वहीं दूसरी तरफ श्रीमती मारिया माण्टेसरी ने 'लिखाने सिखाने को पहले, तत्पश्चात् पढ़ना सिखाने का समर्थन किया है।' इन दोनों मतों से भिन्न एक तीसरा मत भी है। इसे दोनों मतों को समन्वयक कह सकते हैं क्योंकि अधिकांश शिक्षाविशारदों का मत है कि पढ़ना-लिखना

साथ-साथ चलना चाहिए। अतः कहा जा सकता है, लेखन-शिक्षा अन्तिम सोपान है। जब भाषा शिक्षक को यह विश्वास हो जाए कि बच्चे (छात्र) की हाथ की मांसपेशियाँ सुदृढ़ हो चुकी हैं, और वह लिखने में सक्षम है, तब थोड़े-थोड़े समय लेखन का अभ्यास करना चाहिए।

लेखन की शिक्षण विधि

1. **माण्टेसरी विधि**–मान्टेसरी ने लिखना सिखाने में आँख, कान और हाथ-तीनों के समुचित प्रयोग पर बल दिया है। उनके मतानुसार पहले बालक को लकड़ी अथवा गत्ते या प्लास्टिक के बने अक्षरों पर ऊँगली फेरने को कहा जाए, फिर उसे पेंसिल को उन्हीं अक्षरों पर घुमवाना चाहिए। पेंसिल प्रायः रंगीन होनी चाहिए। इसी प्रकार बालक अक्षरों के स्वरूप से परिचित होकर उन्हें लिखना सीख जाता है।
2. **रूपरेखानुकरण विधि**–इस विधि में शिक्षक श्यामपट्ट या स्लेट पर चॉक या पेंसिल से बिन्दु रखते हुए शब्द या वाक्य लिख देता है और छात्रों से उन निशानों पर पेंसिल से लिखने के लिए बोलता है, जिससे शब्द, वाक्य या वर्ण उभर आए। इस प्रकार अभ्यास के माध्यम से वह वर्णों को लिखना सीख जाता है।
3. **स्वतंत्र अनुकरण विधि**–शिक्षक इस प्रविधि में श्यामपट्ट, अभ्यास पुस्तिका या स्लेट पर अक्षरों को लिख देता है। छात्रों का कहा जाता है कि उन अक्षरों को देखकर उनके नीचे स्वयं इसी प्रकार के अक्षर बनाए। प्रारम्भ में बच्चे इस विधि से लिखना सीखते हैं।
4. **जेकॉटॉट विधि**–इस प्रणाली (विधि) में शिक्षक बालकों द्वारा पढ़े हुए वाक्य को स्वयं लिखकर छात्रों को लिखने के लिए दे देता है। छात्र एक-एक शब्द लिखकर अध्यापक द्वारा लिखित शब्द से मिलाते हुए स्वयं संशोधन करते चलते हैं और पूरा वाक्य लिखने के पश्चात् शिक्षक मूल वाक्य के बिना देखे हुए उन्हें लिखने को कहता है, छात्र स्वयं लिखते हैं।

लिखना सिखाने में ध्यान देने योग्य बातें

छात्रों को लिखना सिखाते समय अध्यापक को निम्न तथ्यों को ध्यान में रखना चाहिए–

1. **बैठने का ढंग**–लिखते समय छात्रों की रीढ़ की हड्डी सीधी रहे। झुककर लिखने की आदत न पड़ने पाए।
2. **कलम पकड़ने की विधि**–पहली और दूसरी ऊँगली के बीच में कलम रखकर उसे अँगूठे से पकड़ना चाहिए, कलम की निब को लगभग एक इंच से ऊपर पकड़ना चाहिए।
3. **अभ्यास पुस्तिका की आँखों से दूरी**–छात्र अभ्यास पुस्तिका को आँखों से लगभग 1 फीट की दूरी पर रखकर लिखें।
4. **उपयुक्त वातावरण**–समय, स्थान आदि की उपयुक्तता पर शिक्षक को ध्यान रखना चाहिए।
5. **पढ़ना**–लिखने के साथ-साथ पढ़ना भी हो, नहीं तो लिखना निरर्थक हो जाएगा।
6. **शिरारेखा**–शिरारेखा अक्षर का आवश्यक अंग है। अतः इसका प्रयोग किया जाना चाहिए।
7. **सुडौल अक्षर**–छात्र अक्षरों को सुन्दर बनाने का प्रयत्न करें। अक्षर पूरे लिखे जायें, तभी वह सुडौल होंगे।
8. **बाएं से दाएं**–सभी वर्णों, वाक्यों के लिखने का क्रम बाएं से दाएं रहे।
9. **सीधी लिखाई**–अध्यापक को इस बात का ध्यान रखना चाहिए कि वर्णों की खड़ी रेखाएं तिरछी ना होकर सीधी हों।
10. **नमूना उपयुक्त हो**–अध्यापक द्वारा बनाए गए शब्द व अक्षर (मॉडल) आदर्श हों, जिनके आधार पर छात्र लिख सके।
11. **लिपि-प्रतीक**–अनुस्वार, विसर्ग, हलन्त, मात्राओं के प्रयोग में सावधानी रखनी चाहिए। छोटे-छोटे लिपि प्रतीकों की भूल से लेख विकृत हो जाता है।
12. **अभ्यास**–लिखना एक कला है, अतः छात्रों के बौद्धिक एवं मानसिक स्तर को ध्यान में रखते हुए अभ्यास करवाएं।

अभ्यास को आगे तीन श्रेणियों में विभाजित किया जाता है

1. **सुलेख**–सुन्दर लेख को सुलेख कहते हैं। लिखना सिखाते वक्त इस बात का ध्यान रखना चाहिए, छात्रों की लिखावट खराब न होने पाए। सुलेख शिक्षित व्यक्ति का आवश्यक लक्षण है।
2. **अनुलेख**–सुन्दर लिखावट के लिए प्रतिलेख और अनुलेख का भी आश्रय लिया जाता है। अनुलेख का अर्थ है–किसी लिखावट के पीछे या बाद में लिखना अनुलेख के लिए अभ्यास पुस्तिका की प्रथम पंक्ति में मोटे और सुन्दर ढंग के अक्षर, शब्द या वाक्य लिखे होते हैं, उनके नीचे की पंक्तियाँ रिक्त रहती हैं। इस विधि में छात्र छपे हुए अक्षरों के नीचे देखकर स्वयं अक्षर बनाता है। अनुलेख का प्रारम्भिक कक्षाओं में विशेष महत्व है। कक्षा तीन तक अनुलेख का अभ्यास कराना चाहिए।
3. **श्रुतलेख**–'श्रुतलेख' सुना हुआ लेख है। इस विधि में अध्यापक बोलता जाता है, छात्र सुनकर अभ्यास-पुस्तिका या तख्ती पर लिखता जाता है। श्रुतलेख में सुन्दर लिखावट का महत्व नहीं है। महत्व भाषा की शुद्धता का हो जाता है।
   श्रुतलेख वर्तनी-शिक्षण के लिए आवश्यक है। सुनकर लिखने में एक निश्चित गति से लिखना का अभ्यास हो जाता है।

उच्चारण-शिक्षण

उच्चारण शिक्षण का अर्थ

भावों एवं विचारों की अभिव्यक्ति व आदान-प्रदान के लिए हम भाषा के दो रूपों का प्रयोग करते हैं। मौखिक और लिखित रूप। मौखिक भाषा के प्रयोग का आधार ध्वनियाँ हैं, तथा प्रत्येक ध्वनि के लिए एक निश्चित अक्षर है, और उसका उच्चारण स्थान भी निश्चित है। यदि हम विचारों एवं भावों की अभिव्यक्ति के समय ध्वनि का उच्चारण उसके निश्चित स्थान से नहीं करेंगे तो हमारी अभिव्यक्ति दोषपूर्ण और मौखिक भाषा निरर्थक एवं प्रभावहीन हो जाएगी।

उच्चारण शिक्षण के सोपान

1. उच्चारण करने से पूर्व मन में विचारों का जन्म होता है। विचारों की अभिव्यक्ति शब्दों के माध्यम से होती है। शब्द किसी अर्थ के परिचायक होते हैं। ''शब्द और अर्थ एक ही सिक्के के दो पार्श्व हैं।''
   वाक्यप्रदीप में भी कहा गया है–''एकस्यैवात्मनौ भेदो शब्दार्थौ पथक स्थितौ।''
2. स्वर यंत्र में श्वास के आघात से पूर्ण ध्वनियों का जन्म होता है।
3. उच्चारण बोलकर करते हैं। बोलने के पूर्व मन में बोलने की इच्छा बलवती होती है, तब कहीं जाकर उच्चारण किया जाता है।
4. उच्चारण करने के प्रयास में हृदयस्थल पर वायु में प्रकम्पन्न पैदा होता है। इसका मतलब यह है कि वायु फेफड़े से निकलकर गले में तरंगित होकर उच्चारण को जन्म देती है।

5. वायु जब गले में तरंगित होती है, तो उस तरंगण से ध्वनियाँ उत्पन्न होती हैं।
6. ध्वनि मुख के विभिन्न भागों से टकराकर अपना विभिन्न स्वरूप धारण करती है। यही स्वरूप उच्चारण की ध्वनियाँ हैं।
7. ध्वनि स्वर यंत्र से बाहर निकलती है। स्वर यंत्र से ध्वनियाँ तीन प्रकार से बाहर निकलती हैं।
   (i) स्वरों के उच्चारित करने के प्रयास में मुख का रूप बदल-बदलकर
   (ii) व्यंजनों को उच्चारित करते समय जीभ, ओष्ठ, दांत तथा तालु का प्रयोग होता है।
   (iii) स्वर की प्रभावपूर्णता के लिए कम्पन्न यन्त्रों का प्रयोग।

उच्चारण स्थल की दृष्टि से हिन्दी ध्वनियों का वर्गीकरण

उच्चारण-स्थल की दृष्टि से हिन्दी ध्वनियों का वर्गीकरण निम्न है–

स्वर	व्यंजन	उच्चारण-स्थल
अ, आ, ऑ	क, ख, ग, घ, ङ, ह	कण्ठ
–	क, ख, ग	जिह्वामूल
इ, ई	च, छ, ज, झ, ा, य, श	तालु
ऋ	ट, ठ, ड, ढ, ण, ड़, ढ़, ष	मूर्धा
–	त, थ, द, ध	दन्त
–	न, र, ल, स, ज	वर्त्स (ऊपर दाँत के अन्दर के मसूड़े से)
उ, ऊ	प, फ, ब, भ, म	ओष्ठ
ए, ऐ	–	कण्ठ तालु
ओ, औ	–	कण्ठोष्ठय
–	व, फ	दन्त-ओष्ठ

उच्चारण की शिक्षा की आवश्यकता

उच्चारण की शिक्षा की आवश्यकता के निम्नलिखित कारण हैं–

1. अशुद्ध उच्चारण भाषा का स्वरूप बिगाड़ता है। अशुद्ध उच्चारण उसका सुसंस्कृत स्वरूप विकृत करता है।
2. बिना उच्चारण ज्ञान के भाषा का ज्ञान नहीं हो सकता है। उच्चारण ध्वनियों के आधार पर किया जाता है। ध्वनियों के अभाव में न भाषा ठीक ढंग से समझी जा सकती है, न ही उसका सम्यक ज्ञान ही हो पाता है।
3. उच्चारण बाल्यावस्था से ही बनता-बिगड़ता है। इसके कारण बालकों के उच्चारण पर विशेष बल देना चाहिए। बचपन से ही भ्रष्ट उच्चारण से बचाया जाना चाहिए।
4. हिन्दी भाषा-भाषी क्षेत्रों में अनेक बोलियाँ-उपबोलियाँ प्रचलित हैं, यथा ब्रज, अवधी, भोजपुरी, छत्तीसगढ़ी, बांगरी, मालवी, बुन्देली आदि। इन बोलियों का प्रभाव खड़ी बोली पर पड़ा है। इस कारण उसमें ग्रामीण भाषा का पुट मिल गया है। अध्यापक को सावधानीपूर्वक ग्रामीण बोलियों के उच्चारण के प्रभाव से बच्चों को मुक्त करना चाहिए। दुर्भाग्यवश अध्यापक भी इस दुष्प्रभाव से वंचित नहीं हैं। इसलिए अशुद्ध उच्चारण प्रचलित है।
5. अहिन्दी-भाषी क्षेत्रों के बालकों पर प्रांतीय भाषाओं का प्रभाव पड़ता है। वहाँ के बालकों को हिन्दी के उच्चारण में इन प्रांतीय भाषाओं के प्रभाव से बचाना चाहिए। इस प्रकार हिन्दी में उच्चारण सम्बन्धी अनेक दोष एवं कठिनाइयाँ हैं। सावधानीपूर्वक इनका निराकरण करना चाहिए। इसके लिए छात्रों को उच्चारण दोष से मुक्त करना आवश्यक है।

उच्चारण दोष के कारण

उच्चारण दोष के निम्नलिखित कारण हैं–

1. **शारीरिक कारण**–उच्चारण यन्त्रों के विकार के कारण उच्चारण सम्बन्धी दोष आ जाते हैं। कुछ लोगों के कण्ठ, तालु, होंठ, दाँत, आदि उच्चारण-अंगों में दोष होते हैं। इसलिए वे सम्बद्ध ध्वनियों का सही उच्चारण नहीं कर पाते हैं।
2. **क्षेत्रीय बोलियों का प्रभाव**–कहावत है कि 'कोस-कोस पर पानी बदले, दस कोस पर बानी।' अर्थात् प्रत्येक दस कोस (बीस मील) पर बानी अर्थात् वाणी बदल जाती है। वास्तव में भाषा का रूप विभिन्न में परिवर्तित नजर आता है। इसका मूल कारण क्षेत्रीय भाषाओं का खड़ी बोली पर भोजपुरी प्रभाव है। क्षेत्र के लोग 'ने' का प्रयोग कम करते हैं, तो पंजाबी क्षेत्र के लोग उसका अनावश्यक प्रयोग भी करते हैं, यथा, 'हमने जाना है।' 'ने' के बदले कहीं 'ण' का प्रयोग, कहीं 'स' के बदले 'ह' का प्रयोग तो कहीं 'ए', 'औ' और 'न' के बदले 'ए', 'ओ', 'ओ', 'ण' का प्रयोग आदि।
3. **वर्णों के उच्चारण का अज्ञान**–हिन्दी भाषा की एक विशेषता यह भी है कि उसका जैसा अक्षर-विन्यास है, ठीक वैसे ही उच्चारित भी की जाती है। इसके बावजूद अज्ञानवश वर्णों व शब्दों के सही रूप कुछ लोग उच्चारित नहीं कर पाते हैं जैसे आमदनी को आम्दनी कहना, खींचने को खेंचना कहना, प्रताप को परताप कहना, वक्ष को व्रक्ष कहना, वीरेन्द्र को वीरेन्दर कहना आदि।
4. **भौगोलिक कारण**–विभिन्न परिस्थितियों में रहने से स्वर-यंत्र में भी थोड़ी-बहुत विभिन्नता आ जाती है, इससे उच्चारण प्रभावित होता है। अरबवासी धूप आदि से बचने के कारण सिर पर कपड़ा बाँधते हैं, गला कस-सा जाता है, इस कारण वहाँ क, ख, ग, - क़, ख़, और ग़ हो जाता है। हिन्दी में भी विभिन्न राज्यों में हिन्दी का उच्चारण इससे किंचित प्रभावित हुआ है।
5. **अन्य भाषाओं का प्रयोग**–हिन्दी भाषा पर अन्य भाषाओं का भी प्रभाव पड़ता है, जिससे उसके उच्चारण पर प्रभाव पड़ता है। उर्दू के कारण हिन्दी का क, ख, ग - क़, ख़, ग़ हो गया है। अंग्रेजी के कारण कालेज, प्लेटफार्म आदि अनेक शब्द जुड़ गए हैं। अंग्रेजी के कारण ही 'आ' का उच्चारण 'ऑ' होने लगा है।
6. **स्थानीय प्रभाव**–जिस क्षेत्र विशेष में बालक निवास करता है, वहाँ की भाषा बच्चे के उच्चारण को प्रभावित करती है।
7. **मनोवैज्ञानिक कारण**–उच्चारण पर मनोवैज्ञानिकता का प्रभाव पड़ता है। भय, संकोच, शीघ्रता, विलम्ब आदि से उच्चारण में दोष आ जाते हैं। इससे तुतलाना, लापरवाही आदि का विकास होता है और उच्चारण प्रभावित होता है।
8. **प्रयत्न-लाघव**–ध्वनियों व शब्दों के उच्चारण में पूर्ण सावधानी न रखने पर दोष का आना स्वाभाविक है। शब्दों एवं ध्वनियों का उच्चारण पूर्णरूप से किया जाना चाहिए। प्रयत्न-लाघव (short cut) विधि को अपनाने से उच्चारण सम्बन्धी दोष आ जाते हैं, यथा परमेश्वर को 'प्रमेसर', 'मास्टर साहब' को 'म्मासाब' आदि।
9. **अध्यापक की अयोग्यता**–उच्चारण सुधार में अध्यापक का महत्त्वपूर्ण योगदान है। अगर अध्यापक उच्चारण में सतर्कता नहीं रखता या शुद्ध

उच्चारण करने में असमर्थ है, तो छात्र उसका अनुकरण करके अशुद्ध उच्चारण करना प्रारम्भ कर देते हैं और यह दोष सदा के लिए उनमें घर कर जाता है।

10. **शुद्ध भाषा के वातावरण का अभाव**–भाषा अनुकरण द्वारा सीखी जाती है। अगर भाषा के शुद्ध रूप का वातावरण नहीं मिला तो अशुद्ध उच्चारण स्वाभाविक है। अशुद्ध उच्चारण के बीच पलने वाला बालक शुद्ध उच्चारण नहीं कर पाता है।
11. **दोषपूर्ण आदतें**–वैयक्तिक दोषपूर्ण आदतें भी अशुद्ध उच्चारण का कारण बन जाती हैं। अनुस्वरों का अधिक उच्चारण इसका प्रचलित रूप है, जैसे 'कहा' को 'कहाँ' कहना या अनुस्वरों का लोप जैसा 'हैं' को 'है' कहना आदि। रुक-रुक कर बोलना, शीघ्रता में बोलना, किसी की नकल करके बोलना भी उच्चारण दोष लाने के कारण है।
12. **नागरी ध्वनियों का अनिश्चित उच्चारण**–नागरी ध्वनियों में 'ङ', 'ा', 'ऋ', 'ष' 'क्ष' 'ज्ञ' आदि का प्रयोग बहुत कम होता है। इस कारण इनका उच्चारण अनिश्चित-सा हो गया है। इस कारण इनके उच्चारण में बहुधा भूल की सम्भावना रहती है।
13. **अक्षरों एवं मात्राओं का अस्पष्ट ज्ञान**–जिन छात्रों को अक्षरों एवं मात्राओं का स्पष्ट ज्ञान नहीं दिया जाता, उनमें उच्चारण-दोष होता है। संयुक्ताक्षरों के संदर्भ में यह भूल अधिक होती है; जैसे स्वर्ग को सरग कहना, कर्म को करम कहना, धर्म को धरम कहना आदि।
14. अति शीघ्रता, असावधानी से भी उच्चारण अशुद्ध हो जाता है।

उच्चारण दोष के विभिन्न प्रकार

उच्चारण दोष के विभिन्न प्रकार नीचे दिए जा रहे हैं :

1. **स्वर-लोप**–यथा 'क्षत्रिय' का 'छत्री', 'परमात्मा' का 'प्रमात्मा', 'ईश्वर' का 'इस्सर'।
2. **स्वर-भक्ति**–यथा 'बजेन्द्र' को बढ़ाकर 'बरजेन्दर', 'श्री' को 'सिरी', 'शक्ती' को 'सकती'।
3. **ऋ का अशुद्ध उच्चारण**–यथा 'अमत' का 'अम्रित', पंजाब में 'अम्रत', मराठी में 'अम्रत'।
4. **स्वरागम**–यथा 'स्नान' में 'अ' का आगम होकर 'अस्नान्', 'स्कूल' में 'इ' का आगम होकर 'इस्कूल'।
5. **न और ण का भ्रम**–यथा 'रणभूमि' का 'रनभूमि', 'प्रणय' का 'प्रनय', 'कर्ण' का 'करन' आदि।
6. **इ, उ का ई, ऊ के साथ भ्रम**–यथा 'कवि' का 'कवी', 'हिन्दू' का 'हिन्दु', 'ईश्वर का ईसवर', 'किन्तु' का 'किन्तू'।
7. **श और ष का भ्रम**–यथा प्रकाश का प्रकाष, निष्काम का निश्काम।
8. **क्ष और छ का झमेला**–यथा लक्ष्मण को लछमन, अक्षर का अछर, क्षत्री का छत्री।
9. **ढ और ढ़ का भ्रम**–यथा पढ़ाई, का पढाई, कढ़ाई का कढाई।
10. **व और व का भ्रम**–यथा 'वन' (जंगल) का 'बन', वचन का 'बचन' वसंत का 'बसंत'।
11. **ड और ड़ का भ्रम**–जैसे गुड़ का गुड।
12. **चन्द्रबिन्दु और अनुस्वार का भ्रम**–यथा गंगा का गँगा और चाँद को चांद कहना।
13. **य और ज का भ्रम**–यथा यमराज को 'जमराज' लिखना, यज्ञ का 'जज्ञ' उच्चारित करना।
14. **अनुनासिकता का भ्रम**–यथा सोचने को सोंचना लिखना, बच्चा को बंच्चा लिखना।
15. **अल्पप्राण और महाप्राण सम्बन्धी भ्रम**–यथा बुढ़ापा को बुडापा, घूमना को गूमना, घर को गर।
16. **शब्दांश विपर्यय**–यथा 'बाल की खाल निकालने' को 'खाल की बाल निकालना'।
17. **शब्द विपर्यय**–यथा लिफाफा को लिलाफा कहना, आदमी को आमदी कहना।
18. **हड़बड़ाहट या तुतलाहट**–यथा 'ततत तुम्मामारा घघरर कहाँ है'?
19. **न्यूनाधिक गति**–शब्द या वाक्य या वाक्य खंड को शीघ्रता में बोलना या देर तक खींचकर बोलने से भी उच्चारण सम्बन्धी दोष आ जाते हैं।
20. **शारीरिक दोष**–जिह्वा, ओष्ठ, तालु आदि में दोष आने से उच्चारण सम्बन्धी दोषों का आना स्वाभाविक है।
21. **मनोवैज्ञानिक कारण**–भय, दुर्व्यवहार, शंका आदि से जिह्वा, तालु, ओष्ठ आदि लड़खड़ाने लगते हैं और उच्चारण सम्बन्धी दोष आ जाते हैं।
22. **ध्वन्यात्मक दोष**–यथा उलटा-पलटा को उल्टा-पल्टा लिखना।

इसी प्रकार हिन्दी भाषा में उच्चारण सम्बन्धी अन्य कई दोष विद्यमान हैं।

उच्चारण सम्बन्धी दोषों का निराकरण

शैशवावस्था एवं बाल्यावस्था से ही उच्चारण पर ध्यान देना चाहिए, ताकि बालक अशुद्ध उच्चारण न करें। बाल्यावस्था से ही इस पहलू पर ध्यान देने से बालक भविष्य में कभी भी उच्चारण के दोषी नहीं होंगे। अशुद्ध उच्चारण के निराकरण के लिए निम्न उपाय किये जाएं–

1. **उच्चारण अंगों की चिकित्सा**–अगर उच्चारण करने वाले अंगों में कोई दोष हो तो चिकित्सक से चिकित्सा करानी चाहिए। उच्चारण करने मे श्वास नलिका, कण्ठ, जीभ, वर्त्स, नाक, ओष्ठ, तालु, मूर्धा, दाँत आदि की सहायता ली जाती है। इन अंगों में दोष आने पर उच्चारण के प्रभावित होने की सम्भावना रहती है। इसलिए इन अंगों में दोष आने पर तत्काल चिकित्सा करानी चाहिए। उच्चारण करने वाले अंगों का चित्र सामने पष्ठ पर दिया गया है।

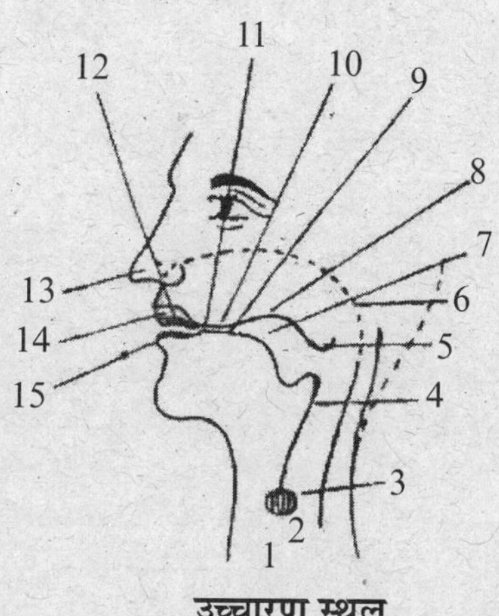

उच्चारण स्थल

1. श्वास नलिका (Wind pipe)
2. कंठपिटक (Larynx)
3. स्वरतंत्री (Vocal chords)
4. अभिकाकल (Epiglottis)
5. काकल (कौवा) (Uvula)
6. नासिका विवर (Nasal cavity)
7. कण्ठ (Guttur)
8. कोमल तालु (Soft Palate)
9. जीभ (Tongue)
10. मूर्धा (Hard Palate)
11. वर्त्स (Teeth ridge alveola)
12. ऊपर के दाँत (Upper leeth)
13. नाक (Nose)
14. ऊपर के ओष्ठ (Upper lip)
15. निचला ओष्ठ (Lower lip)

2. **शुद्ध उच्चारण वाले लोगों का साथ**–बालक में अनुकरण की अपूर्व क्षमता होती है। वह अनुकरण के माध्यम से कठिन से कठिन तथ्य समझ लेता है। अगर उसे शुद्ध उच्चारण करने वाले लोगों, विद्वानों आदि के साथ रखा जाये तो उसमें उच्चारण दोष का भय नहीं रहेगा। उसका उच्चारण रेडियो, ग्रामोफोन, टेपरिकार्डर आदि के माध्यम से इसी पद्धति पर सुधारा जा सकता है।

3. **नागरी ध्वनितत्त्व को समझाना**–अध्यापक को ध्वनितत्वों का विशेषज्ञ होना चाहिए। उसे बालकों को वर्णमाला के स्वर, व्यंजन से लेकर कठिन उच्चारणों की शिक्षा विधिवत् देनी चाहिये, ताकि उनका उच्चारण सुधर जाए। उसे अर्द्ध-स्वरों एवं अर्द्ध-व्यंजनों, संयुक्ताक्षरों, संयुक्त ध्वनियों आदि का विशेष ध्यान रखकर उच्चारण सीखना चाहिए।

4. **ध्वनियंत्रों का सम्यक ज्ञान कराना**–बालकों को यह बताना अनिवार्य है कि ध्वनियाँ कैसे बनती हैं ? ध्वनियों के उच्चारण में जीभ, ओष्ठ, कण्ठ, काकली आदि का क्या योगदान है। अल्पप्राण एवं महाप्राण ध्वनियों में क्या अन्तर है ? स्वर और व्यंजन में क्या अन्तर है ? इन तथ्यों को उसे उदाहरण देकर शिक्षा प्रदान करनी चाहिए। इस संदर्भ में उसे निम्न ध्वनियंत्रों एवं दृश्य-श्रव्य उपकरणों की सहायता लेनी चाहिए–
   (i) ध्वनियंत्रों का चित्र।
   (ii) सिर एवं ग्रीवा का माडल, जिसमें उच्चारण स्थल दर्शाए गए हों।
   (iii) दर्पण (जिसमें उच्चारण करते समय बालक अपने उच्चारण-स्थल देख सके)
   (iv) ग्रामोफोलन (शुद्ध उच्चारण के लिए)।
   (v) लिंग्वाफोन (शुद्ध उच्चारण की शिक्षा के लिए)।
   (vi) टेपरिकार्डर (कठिन उच्चारणों के आदर्श उच्चारण के अभ्यास के लिए)।

   इसके अतिरिक्त कुछ मूल्यवान वैज्ञानिक यंत्र इस संदर्भ में बड़े उपयोगी हैं। पर निर्धनता के कारण इनकी उपयोगिता से हम वंचित हैं। ये उपकरण निम्न हैं–
   (i) **कायमोग्राफ**–अल्पप्राण महाप्राण, घोष-अघोष, स्पर्श-संघर्षों की मात्रा आदि की शिक्षा के लिए यह उपकरण बड़ा ही उपादेय है।
   (ii) **कृत्रिम तालु**–ध्वनियों के शुद्ध एवं स्टीक उच्चारण के लिए यह उपकरण जीभ के ऊपरी तालु पर रखा जाता है।
   (iii) **एक्सरे**–स्वरों एवं व्यंजनों के उच्चारण में जीभ की सही स्थिति का पता एक्सरे के माध्यम से लगाया जा सकता है।
   (iv) **लैरिंगोस्कोप**–स्वरतंत्रियों की गतिविधियों के अध्ययन में इस यंत्र की उपयोगिता जगत विख्यात है।
   (v) **अन्य उपयोगी यंत्र**–इन्द्रीस्कोप, आटोफोनोस्कोप, नेमोग्राफ, फ्लास्क स्टेथोग्राफ आदि उपकरण विदेशों में उच्चारण सम्बन्धी सुधार के लिए प्रयुक्त किए जा रहे हैं।

5. **हिन्दी ध्वनियों का वर्गीकरण सिखाना**–हिन्दी ध्वनियों के वर्गीकरण की सच्ची शिक्षा दिए बिना छात्रों का उच्चारण दोष कदापि दूर नहीं किया जा सकता है। ध्वनियों का वर्गीकरण चार प्रकार से किया गया है–
   (i) **बाह्य प्रयत्न के आधार पर**–इस आधार पर सभी वर्ण, श्वास तथा नाद तथा अल्पप्राण एवं महाप्राण में विभक्त हैं।
   (ii) **आन्तरिक प्रयत्न के आधार पर**–इस आधार पर सवंत, अर्द्ध-सवंत, विवत एवं अर्द्ध-विवत के रूप में ध्वनियाँ विभक्त हैं।
   (iii) **उच्चारण की प्रकृति के आधार पर**–उच्चारण की प्रकृति के आधार पर स्वर, ह्रस्व, दीर्घ में तथा अन्य वर्ण, स्पर्श, पार्श्विक, अनुनासिक, ऊष्म, अन्तःस्थ, लुंठित एवं उत्क्षिप्त स्वरूप में विभक्त हैं।
   (iv) **उच्चारण स्थल के आधार पर**–इस आधार पर वर्ण–कंठ्य, तालव्य, मूर्द्धन्य, दन्त्य, ओष्ठ्य, दन्तोष्ठ्य एवं वर्त्स्य के रूप में विभिक्त हैं।

   बालकों को वही अध्यापक इनका स्पष्ट विवरण दे सकता है, जिसे स्वयं इनके बारे में शतप्रतिशत जानकारी हो। इनकी शिक्षा बालकों 12-13 वर्ष की उम्र से 18 वर्ष की उम्र तक देनी चाहिए। इसके उपरान्त उनमें उच्चारण सम्बन्धी दोष नहीं आ पाएगा।

6. **हिन्दी की कतिपय विशेष ध्वनियों का अभ्यास**–प्रायः हिन्दी भाषा में स, श, एवं ष, न एवं ण, व तथा ब, ड तथा ड़ क्ष तथा छ आदि का उच्चारण दोष बालकों में पाया जाता है जैसे विकास का उच्चारण 'विकाश', महान का उच्चारण 'महाण', वन का उच्चारण 'बन' आदि। अध्यापक को इस संदर्भ में विशेष जागरूक रहना चाहिए और इस संदर्भ में भूल होते ही निराकरण कर देना चाहिए।

7. **बल, विराम तथा सस्वर पाठ का अभ्यास**– अक्षरों या शब्दों का उच्चारण ही पर्याप्त नहीं है, वरन् पूरे वाक्य को उचित बल, विराम तथा सुस्वर वाचन के आधार पर पढ़ाने का अभ्यास डालना भी आवश्यक है। शब्दों पर उचित बल देकर पढ़ने से अर्थभेद एवं भावभेद का ज्ञान होता है। विराम के माध्यम से लय, प्रवाह एवं गति का पता लगता है। इसलिए इन पर विशेष देना आवश्यक है। इससे उच्चारण सम्बन्धी दोषों का निवारण भी होता है।

8. **उच्चारण प्रतियोगिताएँ**–कक्षा शिक्षण में मुख्यतया भाषा के कालांश में उच्चारण की प्रतियोगिताएँ करानी चाहिए। कठिन शब्द श्यामपट पर लिखकर उनका उच्चारण कराना चाहिए। सर्वथा शुद्ध उच्चारण करने वाले छात्रों को पुरस्कृत किया जाना चाहिए।

9. **पुस्तकों के शुद्ध वाचन (पाठ) पर बल–** उच्चारण सम्बन्धी दोषों के निवारण के लिए पुस्तकों का शुद्ध वाचन आवश्यक है। पहले अध्यापक आदर्श वाचन प्रस्तुत करे, इसके उपरान्त वह छात्रों से शुद्ध वाचन कराए। वाचन में सावधानी रखे तथा अशुद्धियों का सम्यक निवारण कराए।
10. **विश्लेषण विधि का प्रयोग–**कठिन एवं बड़े-बड़े शब्दों व ध्वनियों के उच्चारण में विश्लेषण विधि का प्रयोग किया जाए। इससे अशुद्ध उच्चारण की संभावना कम हो जाती है। पूरे शब्दों को अक्षरों में विभक्त करने से संयुक्ताक्षरों व कठिन शब्दों को सहज एवं सहजग्राह्य बनाया जा सकता है, जैसे सम्मिलित शब्द को सम्+मि+लि+त, उत्तम शब्द को उत्+त+आदि+आदि।
11. **भाषण एवं संवाद प्रतियोगिताएँ–**भाषण एवं संवाद प्रतियोगिताओं से उच्चारण शुद्ध होते हैं। निर्णायक मंडल को पुरस्कार देते समय यह ध्यान रखना चाहिए कि शुद्ध उच्चारण करने वाले छात्रों को ही पुरस्कार या प्रोत्साहन मिले।
12. **मानसिक संतुलन हेतु प्रयास–**जो छात्र भय व संकोच के कारण अशुद्ध उच्चारण करने लगें, उन्हें पूर्ण प्रोत्साहन देना चाहिए; ताकि उनमें आत्मविश्वास का भाव जगे और उनका मानसिक संतुलन बना रहे। ऐसे छात्रों को प्रेरणा एवं सहानुभूति चाहिए। उनकी भूलों पर बिगड़ने या डाँटने की आवश्यकता नहीं है। इस विधि से क्रमशः धीरे-धीरे उनका उच्चारण सुधरने लगेगा।
13. **अनुकरण विधि का प्रयोग–**उच्चारण का सुधार अनुकरण विधि से किया जा सकता है। अध्यापक कठिन शब्दों का उच्चारण स्वयं पहले करे तथा पुनः कक्षा के बालकों को उसका अनुकरण करने को कहे। अनुकरणशील छात्रों के हाभ-भाव, जिह्वा संचालन, मुखावयव तथा स्वरों के उतार-चढ़ाव का पूर्ण ध्यान रखा जाना आवश्यक है, ताकि उच्चारण में प्रत्याशित सुधार लाया जा सके।
14. **स्वराघात पर बल–**कब किस शब्द पर बल देना है, इसका उच्चारण में बड़ा महत्व है। यह भावभेद एवं अर्थभेद की जानकारी कराता है। इसलिए उच्चारण में स्वराघात पर विशेष ध्यान देना चाहिए। स्वराघात का अभ्यास वाचन के समय, संवाद, नाटक, सस्वर वाचन व भावानुकूल वाचन के रूप में कराया जा सकता है। स्वर के उतार-चढ़ाव पर ध्यान देने से स्वराघात का अभ्यास हो जाता है।
15. **सभी विषयों के शिक्षण में उच्चारण पर ध्यान:** उच्चारण पर ध्यान देना केवल भाषा-शिक्षक का ही कार्य नहीं है। सभी विषयों के शिक्षण में उच्चारण पर अगर ध्यान दिया जाए, तो उच्चारण में सुधार शीघ्रता से होगा। प्रायः यह कार्य भाषा के अध्यापक का ही माना जाता है, जो एक भूल है। सभी विषयों के अध्यापकों को इस पहलू पर बल देना चाहिए।
16. **वैयक्तिक एवं सामूहिक विधि का प्रयोग:** उच्चारण-सुधार के लिए दोनों ही विधियाँ प्रयुक्त की जाएं। बालक विशेष के उच्चारण संबंधी दोष के परिष्कार के लिए वैयक्तिक विधि उपयोगी है। जब कक्षा के अधिक छात्र कठिन शब्दों का उच्चारण नहीं कर पाते हैं तो ऐसी स्थिति में सामूहिक विधि द्वारा निराकरण किया जाना चाहिए, जैसे स्कूल कहने की आदत का परिष्कार, स्त्री को इस्त्री कहने की आदत का परिष्कार।

अनुदेशनात्मक सामग्री

आवश्यकता एवं महत्व

आधुनिक युग विज्ञान का युग है। अर्वाचीन काल में विज्ञान के महत्व को सभी स्वीकारते हैं। विज्ञान ने समाज के प्रत्येक पक्ष को प्रभावित किया है, तो शिक्षण उससे अछूता रहेगा, ऐसी कल्पना हम नहीं कर सकते।

दृश्य–श्रव्य साधनों को हम **'श्रवण नेत्रोपकरण'** के नाम से भी जानते हैं। प्रोफेसर वैबर के मतानुसार 40% ज्ञान हम आँखों के अनुभव से 25% श्रवण के माध्यम से 17% स्पर्श के द्वारा प्राप्त करते हैं। अतः सिद्ध होता है कि श्रव्य व दृश्य साधनों के द्वारा हम अधिकाधिक ज्ञान प्राप्त कर सकते हैं।

भाषा-शिक्षण में दृश्य-श्रव्य साधनों का प्रयोग करके हम शिक्षण को सरस रुचिकर ग्राह्य, बोधगम्य एवं प्रभावशाली व प्रेरक बना देते हैं।

अनुदेशनात्मक सामग्री का विभाजन

अनुदेशनात्मक सामग्री को हम मुख्यतः तीन भागों में विभाजित कर सकते हैं–

1. **दृश्य साधन:** दृश्य का अर्थ है, देखने योग्य। इसका अभिप्राय यह हुआ कि ये वे उपकरण हैं, जिन्हें छात्र देख सकते हैं। इसका सम्बन्ध नेत्रों से है। श्यामपट्ट, चित्र, मानचित्र, मूकचित्र, चित्र विस्तारक यन्त्र आदि।
2. **श्रव्य साधन:** इनका सम्बन्ध श्रवणेन्द्रिय (कानों) से है। इन्हें श्रवण कर छात्र ज्ञान प्राप्त करते हैं। मुख्य उपकरण यह है–रेडियो, ग्रामोफोन, टेलिफोन, टेपरिकार्ड आदि।
3. **दृश्य-श्रव्य उपकरण:** इन उपकरणों का सम्बन्ध छात्रों की आँखों एवं कानों दोनों से है। इसमें दृश्येन्द्रित एवं श्रवणेन्द्रिय दोनों का एक साथ प्रयोग करके छात्र ज्ञान प्राप्त करते हैं। यह उपकरण इस प्रकार है–टेलीविजन चलचित्र, नाटक इत्यादि।

अनुदेशनात्मक साधन एवं उनकी हिन्दी शिक्षण में उपयोगिता

आज के वैज्ञानिक युग में शिक्षण केवल मात्र पाठ्य-पुस्तकों पर आधारित नहीं है। शिक्षण करते समय अनेक सहायक साधनों का प्रयोग किया जाता है ताकि शिक्षण सरस ग्राह्य हो जाए। अतः छात्रों को अब यह बताना जरूरी हो जाता है कि वह साधन कौन-कौन से हैं।

अनुदेशनात्मक सामग्री के प्रयोग से जुड़ी कतिपय महत्त्वपूर्ण जानकारी निम्नलिखित है।

1. **श्यामपट्ट:** श्यामपट्ट के बगैर हिन्दी-शिक्षण की कल्पना नहीं की जा सकती है। हिन्दी-शिक्षण में शब्दों के उच्चारण, स्पष्टीकरण, विषय को रुचिकर बनाने, कठिन अंशों को सरल करने, लिखावट में सुधार लाने, व्याकरण शिक्षण में परिभाषा लिखने उदाहरण बताने अभ्यासार्थ प्रश्न देने में श्यामपट्ट की आवश्यकता होती है।

   (P.C. Wren) पी.सी. रेन के मतानुसार–''चित्र की अपेक्षा श्यामपटांकित तथ्य एक उत्तम व बेहतर उपकरण है।''

2. **चित्र:** प्यारे बच्चो! अनुदेशनात्मक सामग्री के तहत अगला साधन चार्ट या चित्र है। सूक्ष्म व अमूर्त तथ्यों को सहजग्राह्य एवं सम्प्रेषणीय बनाने के लिए चित्रों व चार्ट की भूमिका सराहनीय है। हिन्दी-शिक्षण में गद्य एवं पद्य का शिक्षण करते हुए प्राकृतिक दृश्यों साहित्यकारों के चित्रों से अधिक सहायक और कुछ नहीं हो सकता। बच्चो ध्यान रहे, कि चित्र रंगीन, आकर्षक व आकार में बड़े होने चाहिए।
3. **सूचनापट:** बुलेटिन बोर्ड या सूचनापट के द्वारा छात्रों को राजनैतिक, सामाजिक, आर्थिक, साहित्यिक व समसामयिक आदि पक्षों की जानकारी से सम्बन्धित सूचना दी जाती है। साथ ही, यह बात भी ध्यान रखने योग्य है कि सूचनापट की सूचनाएँ छात्रों की रुचि प्रवत्ति व योग्यता के अनुरूप होनी चाहिए।
4. **मॉडल:** माण्टेसरी व अन्य शिक्षण पद्धतियों में नमूनों (मॉडलों) का महत्वपूर्ण स्थान है। उदाहरणार्थ, कक्षा में '**भाखड़ा बाँध**' के बारे में पढ़ाना हो तो शिक्षण को रुचिकर बनाने हेतु 'भाखड़ा बाँध' का मॉडल कक्षा में लाकर दिखाया जा सकता है। जबकि भाखड़ा बाँध दिखाने हेतु, शैक्षिक भ्रमण आयोजित करना व्यय साध्य व समय साध्य होगा, जोकि तर्कसंगत नहीं है।
5. **मानचित्र:** ऐतिहासिक, भौगोलिक वैज्ञानिक आदि पक्षों के स्पष्टीकरण के लिए मानचित्र सर्वथा उपयोगी है। उदाहरणार्थ हिन्दी शिक्षण में '**विन्ध्याचल के जंगल**' नामक कविता का शिक्षण करवाते समय शिक्षक मानचित्र की सहायता से 'विन्ध्याचल के जंगलों' को दर्शाकर छात्रों के अधिगम को प्रभावशाली व बोधगम्य कर सकता है।
6. **प्रक्षेपण** (Projector) (चित्र दर्शक) प्रक्षेपण के माध्यम से स्लाइड के द्वारा चित्र प्रभावशाली ढंग से छात्रों को दिखाए जा सकते हैं। फिल्म स्ट्रिप प्रोजेक्टर पर चित्रों को बड़ा करके परदे पर दिखाने से छात्र आकृष्ट होते हैं।
7. **चित्र विस्तारक यंत्र:** बच्चो! अनुदेशनात्मक सामग्री का अन्य सहायक साध न चित्र विस्तारक यंत्र है। चित्र विस्तार यंत्र में बिना स्लाइडस के छपी आकृति चित्र मानचित्र, पुस्तक के पष्ठ, पांडुलिपियों के पृष्ठ दिखाए जा सकते हैं।
8. **नाटक:** नाटक दृश्य एवं श्रव्य दोनों प्रकार की विद्या है। नाटक के रंगमंच पर अभिनीत कर पाठकों, दर्शकों व अनपढ़ या जनसाधारण के लिए भी गाह्य एवं सम्प्रेषणीय बनाया जा सकता है। छात्रों को नाटक देखने के पश्चात् हाव, भाव, उतार चढ़ाव, भाषा में संवाद अदायगी, शुद्ध उच्चारण की शिक्षा प्राप्त होगी।

अनुदेशनात्मक सामग्री का विभाजन आप कैसे करेंगे। अनुदेशनात्मक सामग्री को हम 'प्रौद्योगिकी' (हार्डवेयर) के अन्तर्गत समाविष्ट करते हैं। क्योंकि इनका सम्बन्ध तकनीकी विज्ञान से है। वे निम्नांकित है।

1. **ग्रामोफोन:** बच्चो! हिन्दी, शिक्षण में ग्रामोफोन बड़ा ही उपयोगी है। छात्र इन्हें सुनकर कविता, कहानी को याद कर लेते हैं एवं उच्चाकरण को शुद्ध कर लेते हैं।
2. **लिंग्वाफोन:** विदेशों में लिंग्वाफोन के माध्यम से भाषा-शिक्षण कार्य चल रहा है। शुद्ध उच्चारण एवं वाचन के लिए इससे उपयोगी साधन कोई नहीं है। कविता पाठ, अनुकरण पाठ के लिए यह साधन सर्वाधिक आकर्षक है।
3. **रेडियो:** बच्चो, यह तो आप जानते ही हैं कि विज्ञान में आजकल रेडियो की उपयोगिता बढ़ रही है। उच्चारण, व्याकरण, गद्य, पद्य आदि के नित्यप्रति कार्यक्रम रेडियो के द्वारा प्रस्तुत किए जा रहे हैं। रेडियो पर साहित्यकारों, शिक्षाविदों व कवियों की वार्ता (प्रस्तुत) सीधी सुनवाई जाती है। विशेष कक्षा शिक्षण कार्यक्रम भी रेडियो पर सीधे प्रसारित किए जाते हैं।

दूरदर्शन

दूरदर्शन पर शिक्षा-सम्बन्धी अनके प्रभावशाली कार्यक्रम दिखाये जाते हैं। आजकल बच्चों, बूढ़ों, व किशोरों व प्रौढ़ों के लिए सभी प्रकार के प्रोग्राम जैसे चैनल्स पर प्रस्तुत किए जा रहे हैं। Animal Planet, National Geography, Discovery आदि।

चलचित्र

प्यारे छात्रो! अनुदेशनात्मक सामग्री में हम चलचित्र को भी समायोजित करते हैं। चलचित्र द्वारा छात्रों की श्रवणेन्द्रिय एवं दृश्येन्द्रिय दोनों का सम्यक् विकास होता है। डाक्यूमेंट्री फिल्में छात्रों के ज्ञान व धर्म के लिए बनाई जाती हैं।

टेपरिकार्डर

भाषा शिक्षण के लिए टेपरिकार्डर एक उपयोगी उपकरण है। लब्ध प्रतिष्ठित विद्वानों वे साहित्यकारों की वार्ता रिकार्ड कर के टेपरिकार्डर पर सुनवा कर छात्रों के उच्चारण को शुद्ध किया जा सकता है। कविता, कहानी को रिकार्ड कर छात्रों को सुनाया जाये। वार्ता, कविता, कहानी के एक बार रिकार्ड करने के पश्चात् यह हजारों बार के लिए स्थायी हो जाता है।

हिन्दी शिक्षक एवं अनुदेशनात्मक सामग्री

प्यारे विद्यार्थियो! हिन्दी शिक्षक अनुदेशनात्मक सामग्री की सहायता से हिन्दी साहित्य एवं भाषा का ठोस ज्ञान छात्रों को दे सकता है। भाषा, भावों एवं विचारों को व्यक्त करती है। लेकिन अनुदेशनात्मक सामग्री इन भावों एवं विचारों के सूक्ष्म स्वरूप को ठोस बनाती है। सरस, सरल व रुचिकर बनाती है।

अत: अनुदेशनात्मक सामग्री को प्रयुक्त करते वक्त शिक्षक को निम्नांकित बातें ध्यान में रखनी चाहिए।

1. शिक्षक मनोविज्ञान का ज्ञाता हो।
2. शिक्षक को ठोस जानकारी हो, तभी इन साधनों का प्रयोग करें।
3. उपकरणों के चयन के शिक्षक पर्याप्त सावधानी बरतें।
4. अध्यापक छात्रों के अधिगम को प्रभावशाली बनाने के लिए एक समय में कई साधनों का प्रयोग नहीं करें।
5. शिक्षक को यह महत्वपूर्ण तथ्य ध्यान में रखना होगा कि उपकरण साध न है, साध्य नहीं।

हिन्दी की विभिन्न विधाओं का शिक्षण (कविता शिक्षण)

कविता का अर्थ एवं परिभाषा

मनुष्य संवेदनशील एवं चेतना सम्पन्न प्राणी है इसका मन प्रकृति में प्रतिफल होने वाले सौम्य, मनोरम एवं विकराल परिवर्तनों से भी भाव ग्रहण करता है, आस-पास होने वाले दु:ख-सुख, आशा-निराशा, प्रेम-घृणा, दया-क्रोध से चलायमान रहता है। मनुष्य की इसी प्रवत्ति की प्रेरणा से ज्ञान एवं आनन्द के उस भण्डार का सृजन, संचय एवं संवर्द्धन होता रहा है। जिसे साहित्य कहते हैं। उसी साहित्य का एक अंग कविता है। सुख-दुख की भावावेशमयी अवस्था का स्वर-साधना के उपयुक्त पदों में प्रकाशन ही कविता है।

आचार्य कुन्तक ने 'वक्रोक्ति काव्यजीवितम्' कहकर कविता की परिभाषित किया है, वहीं दूसरी तरफ आचार्य वामन ने रीतिरात्मा काव्यस्य' कहकर अर्थात् रीति के अनुसार रचना ही काव्य है।

शैले के मतानुसार, ''कविता कल्पना की अभिव्यक्ति है।''

उपर्युक्त परिभाषाएं हिन्दी कविता के स्वरूप को स्पष्ट करती हैं, उसमें छन्द व अलंकार पर बल नहीं दिया है, केवल एक बात पर बल दिया गया है, वह अभिव्यक्ति की हृदयस्पर्शी प्रभावोत्पादकता पर जिससे यथाभाव की गूढ़तम अनुभूति हो सके। कविता का मुख्य लक्षण है।

कविता के तत्त्व

कविता के अर्थ एवं परिभाषा के बारे में जाने के पश्चात् यह अनिवार्य हो जाता है कि आप कविता के तत्वों के बारे में जानकारी ग्रहण करें।

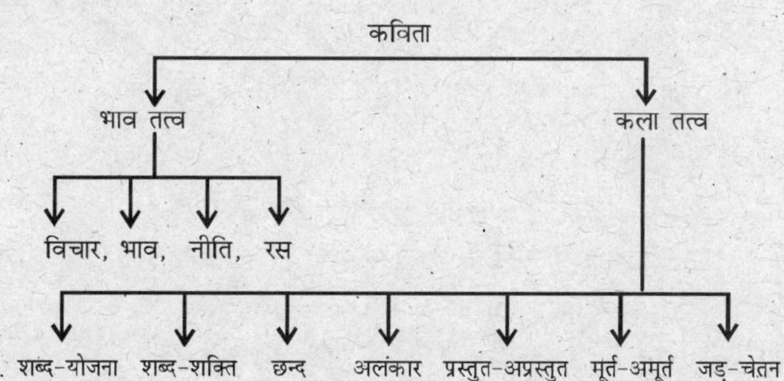

कविता भाव प्रधान के माध्यम से मनुष्य अपनी हृदयगत अनुभूतियों को व्यक्त करता है, कविता के द्वारा जिन विचार, भाव नीति, रस की अभिव्यक्ति होती है, वह कविता का भाव तत्व कहलाता है। जिसे अनुभूति तत्त्व भी कहते हैं। कविता के माध्यम से अभिव्यक्ति विचार एवं भावों की गूढ़तम अनुभूति तभी सम्भव है, जब कविता की भाषा-शैली उपर्युक्त हो, भाव विशेष की अभिव्यक्ति के लिए छन्द-विशेष का चयन किया गया है। कविता में कल्पना का योग आवश्यक है। कल्पना के योग्य से अलंकार योजना, प्रस्तुत-अप्रस्तुत, मूर्त-अमूर्त, जड़-चेतन के विधान से कविता कामिनी में चार चाँद लग जाते हैं। अत: यह सब कविता का कला तत्त्व कहलाता है, काला तत्त्व को अभिव्यक्ति तत्त्व भी कहते हैं। जिस कविता में भाव तत्त्व व कला तत्त्व का जितना अधिक, पर समुचित योग होता है, वह कविता उतनी ही अच्छी होती है।

कविता के रसपाठ एवं बोध पाठ में अन्तर

अर्थानुभूति, भावानुभूति, सौन्दर्यानुभूति, रसानुभूति, परमानन्दानुभूति ये पाँच सोपान कविता शिक्षण में पाए गए हैं। प्रथम दो सोपान अर्थानुभूति, भावानुभूति जिनका सम्बन्ध केवल बोध पाठ से है। अन्तिम तीन सोपान रसपाठ से जुड़े हैं। कविता में प्रयुक्त शब्दार्थ छन्द, अलंकार की व्याख्या, कविता का बोध पाठ है। छात्रों में बोध-पाठ की योग्यता विकसित किए बिना हम रस-पाठ की ओर अग्रसर नहीं हो सकते।

कविता की शिक्षण (विधियाँ) प्रणाली

शिक्षक अपने शिक्षण को प्रभावशाली बनाने के लिए छात्रों के मानसिक एवं बौद्धिक स्तरानुरूप किसी भी प्रणाली को अपना सकता है। यह प्रणाली निम्नलिखित हैं–

1. गीत प्रणाली
2. अभिनय प्रणाली
3. व्याख्या प्रणाली
4. शब्दार्थ
5. खण्डान्वय प्रणाली
6. व्यास प्रणाली
7. तुलना प्रणाली
8. समीक्षा प्रणाली
9. रसास्वादन प्रणाली

1. गीत प्रणाली–संगीत सभी को अच्छा लगता है। निर्झरों में कल-कल की ध्वनि से बहता जल, प्रकृति की सुरम्य एवं मनोरम, वादियों की गोद, मन्द-मन्द गति से चलने वाली समीर सभी को सहज आकर्षित करती है।

बच्चे को भी जन्म से गीत प्रिय होते हैं। अगर इन गीतों का प्रयोग शिक्षा में किया जाए तो शिक्षा सरल, सरस सहज, ग्राह्य व रुचिकर हो जाती है। शिक्षक कक्षा में गीत का सस्वर वाचन करता है तथा छात्र शिक्षक के वाचन के पीछे-पीछे उसे स्वर वाचन में लय, ताल गति-यति के साथ प्रस्तुत करते हैं।

यह प्रणाली छोटी कक्षाओं के लिए बड़ी ही आकर्षक एवं उपयोगी है। शिशु खेल-खेल में गा-गाकर बहुत सारी उपयोगी बातें सीख जाते हैं। अत: यह विधि मनोवैज्ञानिक है।

लेकिन गीत सरल एवं आकर्षक होना चाहिए–

जैसे–

'मछली जल की रानी है,
जीवन उस का पानी है।
हाथ लगाओ डर जाएगी,
बाहर निकालो मर जाएगी।''

यह बालोचित तुकबन्दी ही बालक को सहज आंकर्षित करती है।

2. **अभिनय प्रणाली–**इस प्रणाली में गीतों के साथ-साथ अभिनय भी किया जाता है। यह बालोचित गीत या तुकबन्दी अभिनय प्रधान होती है।

जैसे–

राहुल– ''माँ कह एक कहानी
यशोधरा– समझ लिया क्या बेटा तूने
मुझको अपनी नानी।''

इस गीत में राहुल एवं यशोधरा द्वारा कथित सामग्री का अभिनय प्रस्तत करा-कर उसको छात्रों के प्रत्यक्ष रूप से दर्शाया जा सकता है। अत: छोटी कक्षाओं में यह प्रणाली उपयोगी है। पर गीत सरल, आसान एवं अभिनय योग्य हो, तभी यह विधि प्रयुक्त की जा सकती है।

3. **अर्थ कथन प्रणाली–**आजकल विद्यालयों में इस प्रणाली का अधिक प्रचलन है, इसी प्रणाली के सहारे शिक्षक कविता का स्वयं वाचन करते हुए, स्वयं उनका अर्थ बताते हुए चलता है। इस प्रणाली में छात्र केवल श्रोता है। यह प्रणाली अर्थ तो समझा देती है, लेकिन भावानुभूति एवं रसानुभूति नहीं करवा पाती। जोकि कविता शिक्षण का मुख्य उद्देश्य है। अत: यह प्रणाली मनोवैज्ञानिक नहीं है।

4. **व्याख्या प्रणाली–**इस प्रणाली में अध्यापक स्वयं या छात्रों से कविता का सस्वर वाचन करवा लेता है। परन्तु शब्दार्थ बताते हुए, प्रासंगिक कथाओं की चर्चा करते हुए, छन्द अलंकार आदि की चर्चा करता है। इस प्रणाली के माध्यम से शिक्षक छात्रों व कवि के बीच रागात्मक सम्बन्ध स्थापित करने की कोशिश करता है। यह प्रणाली उच्च माध्यमिक कक्षाओं के लिए उपयोगी है, छोटी कक्षाओं के लिए नहीं। इस प्रणाली में छात्र निष्क्रिय है, शिक्षक ही सक्रिय है। अत: यह प्रणाली मनोविज्ञान की तुलना पर खरी नहीं उतरती।

5. **खण्डान्वय प्रणाली–**यह प्रणाली महाकाव्यों और लम्बी कविताओं के लिए उपयोगी है। क्योंकि इस विधि में सम्पूर्ण पाठ का खण्डान्वय कर लिया जाता है। इस प्रणाली में शिक्षक ही सक्रिय है। इस प्रणाली का दूसरा नाम प्रश्नोत्तर प्रणाली भी है, इसमें प्रश्नोत्तर के माध्यम से छात्रों को पढ़ाया जाता है। परन्तु यह विधि मनोवैज्ञानिक नहीं है।

6. **व्यास प्रणाली–**प्रिय बच्चो, यह प्रणाली व्याख्या प्रणाली के विस्तृत रूप से है। कथावाचक (व्यास) जब कथा बांचते हैं, जब भावों, विचारों, नीतियों को स्पष्ट करने के लिए मुख्य कथा के साथ-साथ कई (गौण कथा) अन्तर्कथाओं का विवरण प्रस्तुत करते हैं। अन्तर्कथाओं के उदाहरणों से, व्याख्याओं से कथा में नवजीवन का संचार करते हैं। छात्रों के बौद्धिक स्तर, मानसिक स्तर अभिरुचि क्षमता को देखते हुए भी यह प्रणाली उच्च माध्यमिक कक्षाओं के लिए उपयोगी है।

7. **तुलना प्रणाली–**इस विधि में शिक्षक पाठ्य-कविता की तुलना उसी भाव को व्यक्त करने वाली अन्य कविताओं के साथ करके पाठ्य-कविता के भावार्थों को स्पष्ट करने का प्रयास करता है। तुलना निम्न प्रकार से की जा सकती है–

जैसे–राष्ट्रीय कवि मैथिलीशरणगुप्त, जयशंकर प्रसाद निराला आदि कवि की कविताओं का तुलनात्मक अध्ययन करुणा एवं वेदना के लिए महादेवी वर्मा की ही रचनाओं का तुलनात्मक अध्ययन।

व्यास विधि की तरह तुलना प्रणाली भी उपयोगी है परन्तु अध्यापक का ज्ञान गहन, गम्भीर एवं गहरा हो, समान भावों वाली, भाषा-शैली वाली तत्सम्बन्धी अनेक पद्य रचनाएं कण्ठस्थ हों, वही न्याय कर सकता है।

8. **समीक्षा प्रणाली–**यह प्रणाली उच्चतर माध्यमिक कक्षाओं के छात्रों के लिए हितकारी है। उच्च श्रेणी तक पहुँचते-पहुँचते छात्रों का मानसिक एवं बौद्धिक विकास पर्याप्त रूप से हो चुका होता है साथ ही काव्य के तत्त्वों का ज्ञान भी वे ग्रहण कर चुके होते हैं। इस प्रणाली में काव्य के गुण-दोषों का विवेचना करके उनके यथार्थ को आँका जाता है।

इस प्रणाली में शिक्षक केवल सहायक का ही कार्य करता है, वह पुस्तकों के नाम, संदर्भ-ग्रंथों के नाम एवं कुछ तथ्यों से छात्रों को परिचित करा देते हैं। इस प्रणाली में तीन तथ्यों की समीक्षा की जाती है–भाषा की समीक्षा, काव्यगत भावों की समीक्षा, कविता पर पड़ने वाले प्रभावों की समीक्षा। यह प्रणाली मनोवैज्ञानिक है, क्योंकि छात्र इसमें स्वयं सक्रिय है।

9. **रसास्वादन प्रणाली–**इस प्रणाली में शिक्षक का उद्देश्य छात्रों को कविता का अर्थ बतलाना नहीं होता वरन् वह छात्रों को कविता का आनन्द लेने की क्षमता प्रदान करता है। शिक्षक कवि के परिचय, विशेष प्रसंग, प्रेरक स्थल, अति आवश्यक व्याख्या आदि की तरफ छात्रों का ध्यान आकृष्ट करते हुए छात्रों को रसानुभूति की प्रबल प्रेरणा देता है, वह छात्रों का कवि के साथ तादात्मय स्थापित करता है। यह विधि केवल बड़ी कक्षाओं में ही सम्भव है।

कौनसी शिक्षण प्रणाली किस स्तर पर अपनाएँ

प्राथमिक स्तर की कक्षाओं में जहाँ बच्चों को बालोचित गीतों को रटना होता है, वहाँ गीत एवं अभिनय प्रणाली दोनों का ही प्रयोग किया जाए। कक्षा चार से आठ तक अर्थ बोध एवं व्याख्या प्रणाली को अपनाया जाए। कक्षा नौ से बारह तक व्यास प्रणाली, प्रश्नोत्तर प्रणाली, तुलना प्रणाली, समीक्षा प्रणाली आदि छात्रों के मानसिक एवं बौद्धिक स्तर को ध्यान में रखकर पढ़ाई जाए साथ-साथ कविता में निहित विचारों एवं भावों का बोध कराया जाए तो फिर क्रमश: रसानुभूति, सौन्दर्यानुभूति, परमानन्दानुभूति की ओर बढ़ना चाहिए। यदि कविता शिक्षण द्वारा हम बच्चों की रूचि और अभिवृत्तियों को सामाजिक आदर्शोनुकूल विकसित कर सकें तो, कविता शिक्षण सार्थक समझिए।

साहित्य की विधाएं गद्य व पद्य शिक्षण के लिए निम्न सोपानों को अपनाया जाता है।

कविता-शिक्षण के सोपान

साहित्य की विधाएँ गद्य व पद्य शिक्षण के लिए निम्न सोपानों को अपनाया जाता है।

1. **प्रस्तावना**
- कवि परिचय द्वारा इस प्रणाली में कवि का जीवन वृत्त बता दिया जाता है। साथ ही उन परिस्थितियों का उल्लेख किया जाता है जिससे कवि को कविता लिखने की प्रेरणा मिली हो।
- पूर्व सूचना देकर–इस विधि में छात्रों को पहले ही सूचित कर दिया जाता है कि आज हम जिस कविता को पढ़ेंगे उसमें अमुक रस एवं अलंकारों का निर्वाह हुआ है।
- **कविता के अनुकूल वातावरण उत्पन्न करके**–कक्षा में अध्यापक चित्र, प्रश्नों आदि के द्वारा, प्राकृतिक दृश्य यथा झरनों के बहने की कल-कल ध्वनि, पर्वतों की विशालता आदि का चित्रण कक्षा में उपस्थित करके, विषय को रोचक एवं ग्राह्य बना सकता है।
- **प्रश्नोत्तर द्वारा**–अधिकांश अध्यापक तो प्रश्नोत्तर के माध्यम से बच्चों को कविता पढ़ने के लिए तैयार करते हैं।
- **सारांश प्रणाली**–इस शिक्षण सोपान में अध्यापक कक्षा में सारांश को प्रसंग सहित बता देता है। कहीं-कहीं इस प्रणाली का प्रयोग करना आवश्यक हो जाता है। कुछ कविताएँ ऐसी होती हैं जिनके पढ़ने से पहले यदि कुछ न कहा जाए तो उन्हें समझने में कठिनाई होती है।
- **उसी कविता के द्वारा**–कई बार उसी कविता के सस्वर वाचन से प्रस्तावना की जाती है।
- **समानान्तर कविता के द्वारा**–प्रस्तावना के लिए समानान्तर कविता की पंक्तियाँ भी प्रयुक्त की जा सकती हैं। ध्यातव्य है कि पढ़ी हुई कविताओं की पंक्तियाँ ही सुनाई जाए।

2. **उद्देश्य कथन**–प्रस्तावना के माध्यम से मूल विषय की तरफ आकर्षित करने के पश्चात् अध्यापक अपने उद्देश्य की घोषणा करता है। अतः अध्यापक को रुचिपूर्ण तरीके से उद्देश्य की घोषणा करनी चाहिए।
प्रस्तुति–कविता शिक्षण का अगला सोपान 'प्रस्तुतीकरण' है। इसके अन्तर्गत मूल शिक्षण-सामग्री पढ़ाई जाती है।

(क) **आदर्श पठन**–कविता शिक्षण का महत्वपूर्ण भाग आदर्श पठन है। कक्षा चाहे कोई भी हो, शिक्षक कविता सस्वर वाचन गति-यति, आरोह-अवरोह को ध्यान में रखते हुए करें।

(ख) **अनुकरण वाचन (पठन)**–शिक्षक के आदर्श वाचन के बाद छात्रों से अनुकरण वाचन करवाया जाए। छात्रों का उच्चारण सम्बन्धी संशोधन भी कविता पाठ के बाद यथा सम्भव छात्रों की सहायता से कराया जाए।

(ग) **शब्दार्थ कथन एवं विचार विश्लेषण**–प्रिय बच्चो, कविता में आये कठिन शब्दार्थ बताते हुए शिक्षक प्रयत्नशील रहता है कि उन्हीं शब्दों के अर्थो . का समझाया जाए जो कविता के भाव एवं सौन्दर्य को निखारते हो। कविता को अच्छी प्रकार से समझाने के लिए विचार-विश्लेषण या प्रश्नोत्तर आमंत्रित भी किए जाते हैं।

(घ) **सौन्दर्यानुभूति**–कविता आनन्दानुभूति का विषय है। साथ ही वह ज्ञानवर्द्धन का विषय भी है। यदि कविता-शिक्षण से छात्रों को आनन्द की अनुभूति होती है, तो उसे सफल मानना चाहिए। आनन्दानुभूति के लिए अर्थानुभूति एवं भावानुभूति आवश्यक है, क्योंकि भाव ही कविता की आत्मा है। अर्थानुभूति और भावानुभूति के अभाव में कविता के संगीत पक्ष का आनन्द तो लिया जा सकता है परन्तु उसकी आत्मा अर्थ अथवा भाव का नहीं। पर कविता के भाव पक्ष की पूर्ण अनुभूति तब तक नहीं की जा सकती, जब तक उसके भाव स्पष्ट करने वाले कला-पक्ष की अनुभूति न की जा सके। कविता के कला-पक्ष में शब्द योजना (प्रतीकात्मक, ध्वन्यात्मक, लाक्षणिक) शैली (छन्द, अलंकार) और कल्पना (प्रस्तुत-अप्रस्तुत, मूर्त-अमूर्त एवं जड़-चेतन) आदि की मुख्य रूप से व्याख्या होनी चाहिए।

(ङ) **द्वितीय आदर्श पठन**–कविता के अर्थ एवं भाव विश्लेषण के पश्चात् उन्हें पूर्ण रसास्वादन कराने के लिए शिक्षक को भावानुसार सस्वर पठन करना चाहिए।

(च) **पुनः अनुकरण वाचन**–यह जानने के लिए कि छात्रों ने कविता के सौन्दर्य को कहाँ तक ग्रहण किया है, छात्रों से अनुकरण पठन करवाना चाहिए।

3. **अर्थग्रहण एवं सौन्दर्य बोध परीक्षण**–शिक्षक को छोटे-छोटे प्रश्नोत्तर के माध्यम से यह पता लगा लेना चाहिए कि छात्रों ने कविता के अर्थ, भाव व सौन्दर्य को कहाँ तक ग्रहण किया है और वे कविता की व्याख्या करने में कहाँ तक समर्थ हैं!

4. **रचनात्मक कार्य**–कक्षा में काव्यात्मक वातावरण की अक्षुण्णता स्थिर व बनाए रखने के लिए अपने शिक्षण की समाप्ति पर अध्यापक बच्चों से कविता के मार्मिक स्थलों या कविता से सम्बन्धित भाव की अन्य कविताओं को कण्ठस्थ करने के लिए कह सकते हैं।

कविता में अभिरुचि जागृत करना

कविता का झंकृत-मानव मन व हृदय पर सीधा प्रभाव पड़ता है, वह मानव-मन को झंकृत करती है, अपनी संगीतात्मकता के कारण निम्न साधनों से हम कविता के छात्रों की रुचि जागृत कर सकते हैं।

1. **प्रभावशाली पठन**–कविता श्रव्य-काव्य है, जितना आनन्द कविता का श्रवण साधन से किया जा सकता है, उतना किसी अन्य साध न से नहीं बशर्ते कविता का प्रभावशाली पठन किया जाए। अध्यापक का कण्ठ भी पठन के उपयुक्त हो तो सोने में सुहागा है। प्रभावशाली एवं सस्वर पठन से छात्रों की काव्य में अभिरुचि जागृत होती है।
2. **कविता कंठस्थ करना**–अध्यापकों को चाहिए कि वे छात्रों को अधिक से अधिक कविताएँ कंठस्थ करने के लिए प्रेरित करें। बच्चे कंठस्थ कविताओं के सहारे अपनी बात को प्रभावशाली ढंग से कहने में सफल होते हैं, तो उन्हें प्रसन्नता होती है, और उन्हें अधिक कविताएँ कंठस्थ करने के लिए प्रेरणा मिलती है।
3. **कविता संग्रह**–बच्चों की कविता में रुचि जागृत करने का अन्य उपाय है कविताओं का संग्रह करना। बच्चों में कविता संग्रह की भावना पैदा होगी तभी साहित्य से जुड़ी सामाजिक, ऐतिहासिक, पौराणिक व नैतिकता के बारे में सीख सकेंगे।
4. **कवि जयन्ती**–हिन्दी अध्यापक को चाहिए कि वह अपने विद्यालय कार्यक्रमों में कवि जयन्ती का आयोजन कर कवि के जीवन पर प्रकाश डालकर साहित्य से बच्चों को रुबरू करवा सकता है।
5. **कवि दरबार**–अतीत को वर्तमान में उपस्थित करने का तथा छात्रों का कविता में रुझान पैदा करने की यह अच्छी विधि है कि विद्यालय में कवि दरबार आयोजित किये जाएं। छात्र किसी युग-विशेष के कवियों की वेशभूषा से सुसज्जित होकर अभिनय के साथ उनकी रचनाओं को पढ़कर सुनाएं।
6. **कवि समादर**–समय-समय पर आस-पास के कवियों को आमंत्रित

करके उनका आदर करना कविता में रुचि पैदा करने का एक अन्य तरीका है।

7. **कवि गोष्ठी**–स्कूलों में साहित्य-परिषदों द्वारा कवि गोष्ठियों का आयोजन किया जाए। इसमें छात्र कवियों की जीवनी एवं उनकी विशेषताओं का ही वर्णन करें।
8. **कवि सम्मेलन**–कवि सम्मेलनों का आयोजन भी कविता में रुचि जागृत करने में सफल होते हैं। इन कवि सम्मेलनों में हम नगर विशेष के कवि बुलाएं, जिले के कवि बुलाएं, प्रांत के कवि बुलाएं। यह विद्यालय पर निर्भर करता है।
9. **कविता प्रतियोगिता**–कविता में रुचि जागृत करने का यह अच्छा माध्यम है। विद्यालय में साहित्यिक कार्यक्रमों के तहत कविता प्रतियोगिता आयोजित की जा सकती है। यह प्रतियोगिताएँ निम्न प्रकार से आयोजित की जा सकती हैं–
   (i) निश्चित विषय पर कविता पठन
   (ii) अन्त्याक्षरी
   (iii) सुभाषित प्रतियोगिता
10. **विभिन्न अवसरों पर कविता पाठ**–विद्यालय में अनेक ऐसे अवसर आते हैं जैसे किसी महापुरुष का जन्मदिन, कोई त्यौहार आदि ऐसे अवसरों पर कविताओं का सस्वर पाठ आयोजित किया जा सकता है।

प्रायः लयात्मक या संगीतात्मक होती है। संगीत कर्णप्रिय होता है। अतः सभी को यथा बालकों, किशोर, प्रौढ़ कोई भी कविता शिक्षण के महत्व को नकार नहीं सकता। कविता को परिभाषित करते हुए **आर्नोल्ड** ने कहा है–''कविता के मूल में जीवन की आलोचना है।'' इसी एक पंक्ति में जिन्दगी समा जाती है। कविता हमें बोध पाठ कराते हुए रसपाठ की ओर अग्रसर करती है, जब मानव-जीवन की समस्त दु:श्चिन्ताओं को भूलकर परमानन्दानुभूति प्राप्त करता है। छोटी कक्षाओं में प्रायः बालोचित, गीत या तुकबन्दी सिखाई जाती है। बड़ी कक्षाओं में साहित्यिक कविताएँ पढ़ाई जाती हैं। कवि दरबार, कवि समादर, कवि गोष्ठी, कवि जयन्ती आदि का आयोजन कर बालकों में सर्जनात्मक योग्यता का विकास किया जा सकता है।

अन्त में कहा जा सकता है कि भाषा-शिक्षण में कविता शिक्षण का महत्व असंदिग्ध है।

गद्य शिक्षण

गद्य क्या है?

गद्य साहित्य का महत्त्वपूर्ण अंग है, जिसमें छन्द, अलंकार योजना, रस विधान आदि का निर्वाह करना आवश्यक नहीं। गद्य की विशेषता तथ्यों को सर्वमान्य भाषा के माध्यम से, ज्यों का त्यों प्रस्तुत करने में होती है।

गद्य साहित्य की अनेक विधाएँ हैं–कहानी नाटक, उपन्यास, निबन्ध , जीवनी, संस्मरण, आत्मचरित रिपोर्ताज व्यंग्य आदि।

गद्य शिक्षण का महत्त्व

1. **दैनिक जीवन में**–हमारे अनेक व्यापार संबंधी लेन-देन गद्य के माध्यम से सम्पन्न होते हैं। विद्यालयों में करवाया जाने वाला गद्य-शिक्षण इन कार्य-व्यापारों को कुशलतापूर्वक सम्पन्न करवाने में सहायक होता है।
2. **ज्ञानार्जन के रूप में**–आज गद्य ज्ञानार्जन का मुख्य साधन है। समाचार-पत्र, पत्र-पत्रिकाएँ, ज्ञान-विज्ञान की बातें हमें गद्य रूप में विपुल मात्रा में उपलब्ध हैं।
3. **भाषिक तत्त्वों की जानकारी**–भाषा के तत्त्वों की जानकारी का सुगम तरीका गद्य है कविता नहीं। उच्चारण बलाघात, वर्तनी, शब्द, रूपान्तरण, उपसर्ग प्रत्यय, सन्धि, समास, मुहावरे, लोकोक्ति पद, पदबन्ध तथा वाक्य संरचनाएँ आदि भाषिक तत्त्वों का ज्ञान गद्य के माध्यम से सुगमतापूर्वक दिया जा सकता है।
4. **व्याकरण-सम्मत भाषा**–गद्य कवीनां निकवं वदंन्ति अर्थात् साहित्यकार की कसौटी गद्य मानी गई है। गद्यकार को व्याकरण के समस्त नियमों का पालन करते हुए लिखना पड़ता है। उसकी भाषा परिमार्जित एवं परिनिष्ठित होती है। विद्यार्थी जिस समय गद्य को पढ़ता है, उसकी अपनी भाषा भी व्याकरण सम्मत हो जाती है।
5. **भावात्मक विकास**–संस्कारों का परिमार्जन गद्य के माध्यम से ही संभव है। आज गद्य के क्षेत्र में इस प्रकार का प्रचुर साहित्य उपलब्ध है जिसके द्वारा छात्रों का भावात्मक विकास सम्भव है। सन् 1986 में घोषित 'नई राष्ट्रीय शिक्षा नीति' में विद्यार्थियों के भावात्मक विकास पर विशेष बल दिया गया है।

गद्य शिक्षण के उद्देश्य

(कक्षा एक से आठ तक के लिए)

1. व्याकरण सम्मत भाषा का प्रयोग करना।
2. शब्दों का प्रभावशाली प्रयोग करना।
3. शब्द भण्डार की वृद्धि करना।
4. संक्षिप्त जीवनी लिख सकना।
5. सभाओं व उत्सवों का प्रतिवेचन तैयार करना।
6. लेखन में सृजनात्मकता व मौलिकता का विकास करना।

(कक्षा आठ से दस तक)

1. लिपि के मानक रूप का व्यवहार करना
2. रूप विज्ञान तथा ध्वनि विज्ञान के आधार पर शब्दों की वर्तनी का ज्ञान होना
3. शब्दकोष को देखने की योग्यता का विस्तार करना
4. विराम चिह्नों का सही प्रयोग करना
5. शब्दों, मुहावरों और पदबन्धों का उपयुक्त प्रयोग करना।
6. उपयुक्त अनुच्छेदों में बाँटकर लिखना
7. देखी हुई घटनाओं का वर्णन करना
8. सार, संक्षेपीकरण, भावार्थ व्याख्या लिखना

(कक्षा 11–12 के लिए)

1. अपठित रचना का सारांश लिख सकना
2. किसी विषय की वर्णनात्मक तथा भावात्मक शैली में अभिव्यक्ति कर सकना
3. पठित रचना की व्याख्या करना
4. वर्णनात्मक, विवेचनात्मक, भावात्मक शैलियों में निबन्ध लिखने की क्षमता का विकास करना

5. विभिन्न साहित्यिक विधाओं के माध्यम से अपने भाव, विचार, अनुभव, प्रतिक्रिया व्यक्त करना

गद्य-शिक्षण की विधियाँ/प्रणाली

गद्य शिक्षण की जिन प्रणालियों का अब तक विकास हुआ है, उनका सामान्य परिचय प्रस्तुत है–

1. **अर्थकथन प्रणाली**–इस प्रणाली में अध्यापक गद्यांशों का पठन करता चलता है और साथ-साथ कठिन शब्दों के अर्थ बताता चलता है। बाद में शिक्षक वाक्यों के सरलार्थ बताता है एवं जहाँ कहीं आवश्यक होता है वहाँ भावों को स्पष्ट करने के लिए व्याख्या भी कर देता है। इस विधि में सारा कार्य केवल अध्यापक ही करता है, छात्रों को सोचने-विचारने का कुछ मौका नहीं मिलता। अतः यह प्रणाली अमनोवैज्ञानिक है।
2. **व्याख्या प्रणाली**–यह विधि अर्थ कथन विधि का ही विकसित रूप है। इस प्रणाली में अध्यापक शब्दार्थ के साथ-साथ शब्दों और भावों की व्याख्या भी करता है।
   वह शब्दों की व्युत्पति की चर्चा करता है, उनके पर्याय बताता है, उन पर्यायों में भेद करता है। उपसर्ग प्रत्यय, सन्धि व समास की व्याख्या करता है। शिक्षण सामग्री को स्पष्ट करने के लिए अनेक उदाहरण देता है एवं अपनी बात के समर्थन में उद्धरण देता है। इस प्रणाली में अधिकांश कार्य स्वयं शिक्षक करता है, छात्र कम सक्रिय रहते हैं।
3. **विश्लेषण प्रणाली**–इस प्रणाली को प्रश्नोत्तर प्रणाली भी कहा जाता है। इस प्रणाली में अध्यापक शब्द एवं भावों की व्याख्या के लिए प्रश्नोत्तर का सहारा लेता है, और छात्रों को स्वयं सोचने और निर्णय निकालने के अवसर प्रदान करता है। इस विधि में अध्यापक बच्चों के पूर्व ज्ञात के आधार पर नए ज्ञान का विकास करता है। इस विधि में छात्र एवं शिक्षक दोनों ही क्रियाशील रहते हैं। अतः प्रणाली उत्तम है।
4. **समीक्षा प्रणाली**–यह प्रणाली उच्च कक्षाओं में प्रयुक्त की जाती है। इस विधि में गद्य के तत्त्वों का विश्लेषण कर उसके गुण-दोष परखे जाते हैं। गद्य शिक्षण प्रणाली का मुख्य उद्देश्य भाषायी ज्ञान एवं कौशल में वृद्धि करना है और उनकी वृद्धि के लिए शिक्षक संदर्भ ग्रंथ एवं रचनाओं के बारे में भी बताता है, जिनका अध्ययन कर छात्र पाठ्य-वस्तु के गुण-दोषों का विवेचन कर सकें। इस विधि में छात्रों का स्वयं काफी कार्य करना पड़ता है, यह विधि बच्चों में स्वाध्याय की आदत विकसित करने में विशेष रूप से सहायक होती है।
5. **संयुक्त प्रणाली**–माध्यमिक स्तर पर इन सभी प्रणालियों का आवश्यकतानुसार मिश्रित रूप से प्रयोग करके हम गद्य शिक्षण को प्रभावशाली बना सकते हैं। भाषायी कौशल एवं ज्ञान प्रदान करने के लिए व्याख्या एवं विश्लेषण-प्रणाली को संयुक्त रूप से अपनाया जाए। इस संयुक्त प्रणाली के माध्यम से गद्य पाठों की शिक्षा रोचक, आकर्षक एवं प्रभावशाली ढंग से दी जा सकेगी।

गद्य शिक्षण में प्रयुक्त सोपान

गद्य साहित्य ज्ञानवर्द्धक साहित्य है गद्य-शिक्षण में चयन की गई वस्तु को अन्वितियों में विभाजित कर लेना चाहिए क्योंकि गद्य में कभी पाठ छोटे होते हैं, कभी बहुत लम्बे। अतः अन्वितियों में विभाजित करके पाठक को पढ़ाया जाना आवश्यक हो जाता है। प्रायः सभी शिक्षा-शास्त्री हरबर्ट की पंचपद प्रणाली में थोड़ा सा परिवर्तन करके अपनाने पर बल देते हैं। इसके लिए निम्न सोपानों को अपनाया जा सकता है।

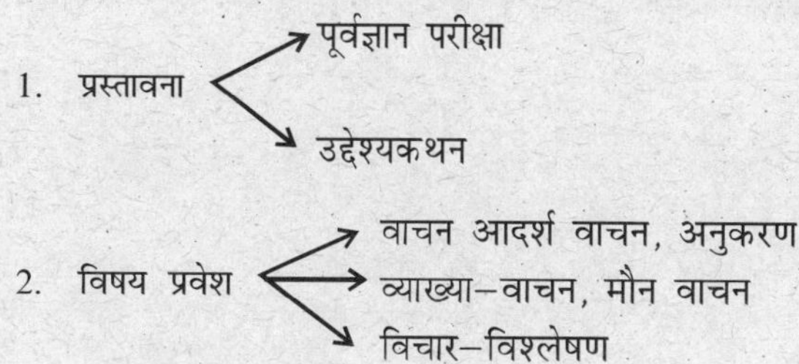

3. कक्षा कार्य निरीक्षण
4. आवृत्ति
5. गृहकार्य

1. प्रस्तावना

(i) प्रश्नोत्तर द्वारा
(ii) लेखक परिचय द्वारा
(iii) शिक्षण-उपकरण द्वारा
(iv) समस्या द्वारा
(v) पूर्वकथा द्वारा
(vi) समभावी कविता पंक्तियों द्वारा

वाचन

जैसा कि पिछले चित्र में दर्शाया गया है कि वाचन क्रिया के तीन सोपान हैं।

1. **आदर्श वाचन**–शिक्षक कक्षा में आदर्श वाचन प्रस्तुत करता है, शुद्ध उच्चारण, विराम-चिह्नों, उचित हाव-भाव एवं उतार-चढ़ाव का ध्यान रखते हुए स्वाभाविक एवं प्रफुल्लित मुख-मुद्रा में शिक्षक को गद्यांश का सस्वर वाचन करना चाहिए।
2. **अनुकरण वाचन**–कक्षा में शिक्षक के वाचन के उपरान्त छात्रों से करवाया जाने वाला वाचन अनुकरण वाचन कहलाता है। एक अनुच्छेद का अनुकरण वाचन तीन-चार छात्रों से करवाना चाहिए।
   उच्चारण संशोधन–अनुकरण वाचन करते समय छात्र जो गलती करते हैं, उनका संशोधन यथासम्भव छात्रों की सहायता से ही करवाया जाए।
3. **मौन वाचन**–मौन-वाचन का तीसरा प्रकार है। मौन वाचन करवाने से पहले शिक्षक को यह ध्यान रखना चाहिए कि छात्र गद्यांश के भाव व अर्थ को अच्छी तरह से समझ रहे हैं। मौन वाचन के समय शिक्षक को सारी कक्षा पर दृष्टिपात करते रहना चाहिए कि सभी छात्र गद्यांश को पढ़ रहे हैं या नहीं। पठन पूरा होने के उपरान्त छात्रों से प्रश्न पूछने चाहिए।

व्याख्या क्रिया को आगे कई सोपानों में बाँटा गया है–

1. **प्रत्यक्ष प्रदर्शन**–उच्च प्राथमिक कक्षाओं में दृश्य सामग्री का प्रदर्शन करके कतिपय शब्दों के अर्थ छात्रों को बताए जा सकते हैं। 'जलज' का अर्थ कमल का फूल दिखाकर बताया जा सकता है।

2. **प्रतिमूर्ति द्वारा**–कुछ चीजें ऐसी होती हैं, जिन्हें कक्षा में लाकर प्रत्यक्ष नहीं दिखाया जा सकता है, केवल उनकी प्रतिमूर्ति को कक्षा में प्रदर्शित किया जा सकता है, जैसे भगत सिंह, आजाद, गाँधी के बारे में पढ़ाना हो, तो उनकी तस्वीर ही प्रस्तुत की जा सकती है या भाखड़ा बाँध का मॉडल ही कक्षा में दिखाया जा सकता है।

3. **अंग संचालन**–कतिपय शब्द जैसे–घूरना, त्यौरी चढ़ाना, मुस्काना आदि की व्याख्या अंग संचालन द्वारा की जा सकती है।

4. **चित्र, रेखाचित्र**–जैसे पर्णकुटी का अर्थ बताने के लिए पत्तों से बनी कुटिया, त्रिकोण, धनुष आदि शब्दों के लिए क्रमशः त्रिकोण एवं धनुष या रेखाचित्र श्यामपट्ट पर बनाकर अर्थ बताया जा सकता है।

5. **वाक्य प्रयोग द्वारा**–कुछ शब्दों का अर्थ स्पष्ट करने के लिए वाक्य में प्रयोग करना आवश्यक हो जाता है।

6. **पर्यायवाची**–पृथ्वी, गगन, शैल आदि शब्दों के सरल समानार्थी शब्दों का प्रयोग कर नवीन अर्थ निकलवाया जा सकता है। जैसे–पृथ्वी के लिए भू–धरा आदि, गगन के लिए अम्बर, व्योम, शैल के लिए पर्वत, पहाड़ आदि शब्दों का प्रयोग किया जा सकता है।

7. **विपरीतार्थक**–कतिपय शब्दों के स्पष्टीकरण के लिए विपरीत शब्दों का प्रयोग किया जा सकता है जैसे 'सज्जन' के लिए 'दुर्जन', 'प्रकाश' के लिए 'तिमिर' 'निशा' के लिए 'दिवस' शब्द को प्रस्तुत किया जा सकता है।

8. **शब्द विग्रह द्वारा**–हिन्दी भाषा में दो या दो से अधिक शब्दों के मेल से भी अनेक शब्दों का निर्माण हुआ है–
   (क) उपसर्ग को अलग करना
   (ख) प्रत्यय को अलग करके
   (ग) सन्धि को अलग करके
   (घ) समास विग्रह द्वारा

9. **शब्द–व्युत्पत्ति द्वारा**–कभी-कभी शब्द के स्पष्टीकरण के लिए उसकी व्युत्पत्ति भी बतानी पड़ सकती है जैसे–'विद्या' विद्या शब्द की उत्पत्ति के लिए 'विद्' धातु का सहारा लेकर उसके अर्थ 'जानना', ज्ञान प्राप्त करना आदि को स्पष्ट किया जा सकता है।

10. **प्रसंग कथन द्वारा**–कुछ शब्द हिन्दी में ऐसे प्रयोग किए जाते हैं जिनके लिए पौराणिक या ऐतिहासिक घटनाओं को बताना आवश्यक हो जाता है तभी वह शब्द सम्प्रेषणीय होते हैं, जैसे–पार्थ, तथागत आदि अर्जुन एवं बुद्ध को पार्थ एवं तथागत क्यों कहते हैं, प्रसंग बताना जरूरी हो जाता है।

11. **व्याख्या द्वारा**–शब्दों की व्याख्या के लिए हमने चित्र में तीन विधि यों का प्रयोग किया है।

    (i) **उद्‌बोधन विधि**–इस प्रक्रिया में अध्यापक कठिन शब्दों का अर्थ स्वयं नहीं बताकर उद्‌बोधन प्रणालियों का प्रयोग करता है। वह इस विधि में सहायक सामग्री, प्रत्यक्ष प्रदर्शन, श्यामपट्ट आदि की सहायता लेता है। उद्‌बोधन विधि में यह निम्न तरीके अपनाता है–

    1. प्रत्यक्ष वस्तु प्रदर्शन 2. प्रत्यक्ष क्रिया द्वारा
    3. मॉडल द्वारा 4. अंक संचालन द्वारा
    5. अमूर्त विचारों द्वारा

    उद्‌बोधन विधि को संक्षेप में जानने के लिए पीछे देखिए

    (ii) **स्पष्टीकरण विधि**–स्पष्टीकरण विधि तब अपनाई जाती है जब उद्‌बोधन द्वारा शब्दार्थ स्पष्ट न हो, इसके निम्न तरीके हैं–

    1. व्युत्पत्ति 2. प्रत्यय
    3. उपसर्ग 4. तुलना।

    (iii) **प्रवचन विधि :** इस विधि के लिए निम्न तरीके प्रचलन में हैं–

    1. पर्यायवाची 2. विपरीतार्थक
    3. अर्थ-विस्तार 4. अनुवाद इत्यादि

विचार-विश्लेषण या बोधात्मक प्रश्न

भाषा-शिक्षण के दो मूल उद्देश्य हैं–

1. भाषा ज्ञान में वृद्धि
2. विचार ग्रहण करने की क्षमता में वृद्धि

वाचन एवं व्याख्या के माध्यम से छात्रों के भाषा ज्ञान में वृद्धि होती है, परन्तु विचार-ग्रहण की क्षमता विचार-विश्लेषण के माध्यम से विकसित होती है। विचार-ग्रहण करने के लिए अध्यापक छात्रों के मन को मस्तिष्क को विश्लेषित करके विचार ग्रहण कराता है, विचारों के विश्लेषण के लिए प्रश्नोत्तर, कथोपकथन उदाहरण, प्रदर्शन, तुलना दृष्टान्त जटिल विचारों का स्पष्टीकरण आदि करना होता है। विश्लेषणात्मक प्रश्नों से अभिप्राय है–पाठ के विचारों का स्पष्टीकरण। सजातीय एवं पूरक प्रश्न यहीं पर पूछे जा सकते हैं। काल्पनिक प्रश्न पूछने पर भी यही स्थल है। विचार-विश्लेषण का अन्तिम सोपान बोधात्मक प्रश्न है, जिसके द्वारा यह पता लगता है कि छात्रों ने कितना ग्रहण किया है।

कक्षाकार्य एवं निरीक्षण

छात्र अपनी अभ्यास पुस्तिका में श्यामपट्ट पर अंकित शब्दार्थों व अन्य परिभाषा व उदाहरण को लिखते हैं, तब शिक्षक कक्षा में घूम-घूमकर छात्रों का निरीक्षण करता है, यथासम्भव प्रत्येक छात्र के समीप जाकर उनके लिखित कार्य का सुधार करेगा एवं सुझाव देगा। यहाँ पर यह भी ध्यान रखना चाहिए कि सभी छात्र श्यामपट्टांकित तथ्यों को अपनी अभ्यास-पुस्तिका पर लिखें।

आवत्यात्मक प्रश्न

पढ़ाई गई शिक्षण-सामग्री को आधार बनाकर छात्रों ने कितना ग्रहण किया है, उनकी प्रगति संतोषजनक हुई है या नहीं, यह जाँचने-परखने के लिए शिक्षक उनसे कुछ प्रश्न पूछता है। सभी अन्वितियों का समन्वय करके पूरे पाठ के चार-पांच प्रश्न पूछे जा सकते हैं।

गृहकार्य

यह शिक्षण प्रक्रिया का अन्तिम सोपान है। कक्षा-शिक्षण में सम्पूर्णता लाने के लिए गृहकार्य दिया जाता है। छात्रों के मानसिक एवं बौद्धिक स्तर एवं रुचि एवं क्षमता को ध्यान में रखकर ही गृहकार्य दिया जाना चाहिए।

व्याकरण-शिक्षण

परिभाषा

महर्षि पतंजलि ने अपने महाभाष्य में इसे **'शब्दानुशासन'** कहकर परिभाषित किया है। **डॉ. स्वीट** के मतानुसार–''व्याकरण भाषा का व्यावहारिक विश्लेषण अथवा उसका शरीर विज्ञान है।''

जैगर महोदय के विचारानुसार–''प्रचलित भाषा सम्बन्धी नियमों की व्याख्या ही व्याकरण है।''

महत्त्व

व्याकरण उसके इस विकास पर नियंत्रण का कार्य करता है। व्याकरण भाषा को अव्यवस्थित एवं उच्च शृंखला होने से बचाता है। अतः भाषा के स्वरूप को शुद्ध रखने, उसको विकृतियों से बचाने के लिए व्याकरण की शिक्षा आवश्यक है। व्याकरण भाषा का सहचर है। भाषा रूप भवन की रचना शब्द रूपी ईंट व्याकरण रूपी सीमेंट के समुचित योग से सम्भव है।

व्याकरण के तत्त्व

किसी भाषा के व्याकरण के तीन मूल तत्त्व होते हैं–वाक्य → शब्द → अक्षर

उद्देश्य

भाषा अनुकरण से सीखी जाती है पर भाषा को प्रभावशाली बनाने के लिए हमें उसके सर्वमान्य रूप को सीखना होता है। भाषा के सर्वमान्य रूप को जानने के लिए व्याकरण को जानना होता है। अतः व्याकरण शिक्षण के कुछ उद्देश्य हैं–

1. छात्रों को ध्वनियों, ध्वनियों के सूक्ष्म अन्तर शब्द–योजना शब्द शक्तियों एवं शुद्ध वर्तनी का ज्ञान कराना।
2. छात्रों को वाक्य-रचना के नियम, विराम चिह्नों का शुद्ध प्रयोग आदि का ज्ञान कराना।
3. छात्रों को शब्द-सूक्ति, लोकोक्ति, मुहावरे आदि का प्रसंगानुकूल अर्थ निकालना और स्वराघात एवं बलाघात के अनुसार अर्थ बोध कराने के योग्य बनाना।
4. छात्रों में भाषा के गुण-दोष परखने की रुचि उत्पन्न करना।
5. छात्रों में भाषा एवं साहित्य की समीक्षा करने की अभिव्यक्ति का विकास करना।

माध्यमिक स्तर पर व्याकरण की शिक्षण प्रणाली

निगमन प्रणाली–प्राचीन काल में जब छात्र आश्रमों में रहकर शिक्षा प्राप्त करते थे, जब उन्हें कुछ नियम, उपनियम बता दिए जाते थे, छात्र उन्हें रट लेते थे, इस प्रणाली को निगमन प्रणाली कहते हैं। जैसाकि पहले भी दर्शाया गया है इस प्रणाली के दो रूप हैं।

सूत्र प्रणाली–अध्यापक छात्रों को कुछ सूत्र बता देते हैं और शिक्षार्थी उन्हें समझे बिना ही कण्ठस्थ कर लेते हैं।

पुस्तक प्रणाली–यह सूत्र प्रणाली का ही परिवर्द्धित रूप है। इस विधि में नियमों का ज्ञान कराने हेतु छात्रों को व्याकरण की पुस्तक दे दी जाती है। छात्र उनमें से नियम रट लेते हैं। अधिकांश विद्वान निगमन प्रणाली को अमनोवैज्ञानिक व अरुचिकर मानते हैं, क्योंकि इस प्रणाली के केवल नियम रटने होते हैं। इस प्रणाली में चिन्तन, निरीक्षण और नियमीकरण का अवसर नहीं मिलता। अतः यह विधि त्याज्य है।

आगमन प्रणाली–इस प्रणाली में छात्र उदाहरणों की सहायता से सामान्य सिद्धान्त निकालते हैं। आगमन प्रणाली में चार पदों का अनुसरण करके छात्र व्याकरण के नियम व उपनियम खुद निकालते हैं।

(अ) **उदाहरण**–सर्वप्रथम बच्चों के सामने एक ही प्रकार के कई उदाहरण प्रस्तुत किये जाते हैं।

(ब) **निरीक्षण**–छात्र इन उदाहरणों को देखते हैं, इनका विश्लेषण करते हैं और इनमें जो समानता होती है उसका पता लगाते हैं।

(स) **सामान्यीकरण**–इस समानता को वे नियम का रूप देते हैं।

(द) **परीक्षण**–निकाले गए नियमों की सत्यता हेतु उनके परीक्षण करते हैं।

यह प्रणाली सरस, रुचिकर व ग्राह्य है, क्योंकि इस प्रणाली में छात्रों को स्वयं सीखने का अवसर मिलता है, जिससे उनका मानसिक विकास होता है, इस प्रकार सीखा हुआ ज्ञान स्थायी होता है। अतः इस प्रणाली में कुछ शिक्षण सूत्रों 'ज्ञात और अज्ञात', 'मूर्त से अमूर्त', 'सरल से कठिन' आदि का पालन किया जाता है।

भाषा संसर्ग प्रणाली–यह प्रणाली उच्च माध्यमिक स्तर के विद्यार्थियों के लिए उपयोगी है। इस में भाषा पर अधिकार रखने वाले कतिपय लेखकों की कृतियाँ पढ़ाई जाती हैं, जिससे छात्र भाषा के सही रूप का ज्ञान प्राप्त करते हैं, लेकिन यह प्रणाली अपने आप में पूर्ण नहीं है। इसमें हम निम्नलिखित चार (बातों) तथ्यों को ध्यान में रखना पड़ता है।

प्रथम–इस प्रणाली से केवल व्यावहारिक व्याकरण की शिक्षा दी जा सकती है। नियमित व्याकरण पढ़ाने के लिए हमें आगमन प्रणाली का ही सहारा लेना पड़ता है।

द्वितीय–इस प्रणाली में भाषा के शुद्ध रूप का ज्ञान देने में अधिक समय लगेगा।

तृतीय–शुद्ध एवं अशुद्ध विवेचन करने का कोई आधार न होने के कारण शुद्धता में कमी स्वाभाविक होगी।

चतुर्थ–बिना के आत्मविश्वास नहीं होगा और आत्मविश्वास के अभाव में भाषा पर अधिकार करने की कल्पना सार्थक नहीं।

अतः व्याकरण शिक्षण की यह प्रणाली अपने आप में पूर्ण न होने के कारण इस पर निर्भर नहीं रहा जा सकता।

समवाय प्रणाली–इस प्रणाली के प्रतिपादकों का मत है कि व्याकरण की शिक्षा स्वतंत्र रूप से न देकर साहित्य के प्रतिष्ठित विद्वानों की रचनाएँ पढ़ाई जाए। इसके अन्तर्गत मौखिक एवं लिखित कार्य कराते वक्त, गद्य की पुस्तक पढ़ाते, रचना कार्य कराते समय प्रासंगिक रूप से व्याकरण के नियमों का ज्ञान कराया जाता है।

यह विधि मनोवैज्ञानिक है, लार्ड मैकाले के अनुसार, ''बालक उस भाषा को शीघ्र सीखता है, जिसका व्याकरण वह नहीं जानता।'' यह विधि उच्च कक्षाओं के अनुरूप है।

खेल विधि–इस प्रणाली से खेल-खेल में व्याकरण सिखाने से व्याकरण की नीरसता छात्रों के मार्ग में बाधक नहीं बनेगी। खेल विधि से छात्र (व्यक्तिगत तथा सामूहिक खेलों में) सिद्धान्तों को हृदयंगम कर लेंगे। खेल-खेल में, शब्द-भेद, लिंग भेद, वचन आदि का ज्ञान करा सकते हैं।

व्याकरण-शिक्षण को रुचिकर बनाने के उपाय

व्याकरण के अध्ययन और अध्यापन की दशा आजकल बड़ी शोचनीय है, इस ओर अध्यापकों को ठोस कदम उठाने चाहिए। बोलचाल और लिखित भाषा में जिन नियमों का प्रयोग होता है, उन्हें व्यावहारिक व्याकरण की संज्ञा दी जाती है। इन्हीं नियमों का सूक्ष्म विवेचन नियमित व्याकरण कहलाता है। व्याकरण शिक्षण को सरस एवं रुचिकर बनाने के लिए निम्नलिखित उपाय किये जा सकते हैं–

1. व्याकरण की पाठ्यचर्या छात्रों के स्तरानुकूल बनाई जाए।
2. प्रारम्भिक कक्षाओं में बच्चों को व्याकरण की व्यावहारिक शिक्षा दी जाए। व्यावहारिक व्याकरण की शिक्षा भाषा-संसर्ग विधि से दी जाए।
3. बच्चों के भाषा सम्बन्धी ज्ञान को ध्यान में रखते हुए उनके सामने उत्तरोत्तर कठिन रचनायें प्रस्तुत की जाएं।
4. व्याकरण शिक्षण को दृश्य-श्रव्य सामग्री के प्रयोग से रोचक बनाया जाए।
5. छात्रों को नियम व परिभाषायें रटने से हतोत्साहित किया जाए।
6. बच्चों को सिखाए गए नियमों का अभ्यास कराने के लिए रोचक एवं भिन्न-भिन्न प्रकार के अभ्यास कराए जाएँ।
   1. रिक्त स्थान पूर्ति
   2. वाक्य निर्माण
   3. वचन परिवर्तन
   4. लिंग परिवर्तन
   5. पर्यायवाची शब्द
   6. विलोक शब्द

उपर्युक्त बातों को ध्यान में रखते हुए अध्यापक व्याकरण शिक्षण को सरल एवं सरस बना सकता है।

प्रश्नमाला

1. हिन्दी भाषा में रूढ़िगत शिक्षण विधि में
(a) शिक्षक की भूमिका प्रमुख और छात्रों की भूमिका गौण बन जाती है।
(b) छात्रों को विचाराभिव्यक्ति की स्वतन्त्रता नहीं मिल पाती
(c) छात्र, पाठ में संभागिता के अभाव के कारण निष्क्रिय अधिक हो जाते हैं।
(d) उपर्युक्त सभी

2. हिन्दी शिक्षण की दृष्टि से निम्न में से कौन-सी पद्धति छोटे बालकों के लिए उपयोगी है?
(a) खेल पद्धति
(b) प्रोजेक्ट पद्धति
(c) डाल्टन पद्धति
(d) किंडरगार्टन पद्धति

3. गद्य की रूढ़िगत पाठन विधि का दोष है:
(a) छात्र की वाचन सम्बन्धी अशुद्धियों को ठीक नहीं कराया जाता
(b) छात्र गद्यांश का अर्थ नहीं समझ पाते
(c) वाक्य प्रयोग, मुहावरे, पर्यायवाची शब्दों का अर्थ स्पष्ट नहीं कराया जाता
(d) उपर्युक्त सभी

4. किस शिक्षण विधि में कल्पना शक्ति का विकास करने वाले मनोरंजक खेलों को स्थान दिया गया है?
(a) डाल्टन पद्धति
(b) मॉण्टेसरी पद्धति
(c) बालोद्यान पद्धति
(d) प्रोजेक्ट पद्धति

5. भाषा के रूढ़िगत पाठन विधि अवकाश के दिनों घर से निबन्ध रचना कर लाने से सम्बन्धित सही तथ्य है:
(a) अभिव्यक्ति का वास्तविक रूप आ जाता है।
(b) निबन्ध की मौलिकता नहीं आ पाती।
(c) छात्रों की कल्पना शक्ति का विकास होता है।
(d) निबन्ध लेखन बेहतर होता है।

6. निम्न में से किस विधि द्वारा भाषा शिक्षण के उद्देश्य, अर्थग्रहण, अभिव्यक्ति तथा सृजन शक्ति तीनों साथ-साथ पूरे होते हैं?
(a) किंडरगार्टन पद्धति
(b) डाल्टन पद्धति
(c) प्रोजेक्ट पद्धति
(d) मॉण्टेसरी पद्धति

7. हिन्दी शिक्षण में डॉल्टन पद्धति के दौरान
(a) विधार्थी स्वप्रेरणा से कार्य करते हैं।
(b) मौखिक भाषा का विकास होता है।
(c) स्वतन्त्रतापूर्वक कार्य नहीं कर पाते हैं।
(d) शिक्षक और प्रयोगशाला की आवश्यकता कम पड़ती है।

8. भाषा शिक्षण की प्रायः किन नवीन पद्धतियों द्वारा बातों पर विशेष बल दिया गया है?
(a) बालक की स्वतन्त्रता
(b) बालक की रुचि
(c) क्रियाशीलता
(d) इनमें से सभी

9. हिन्दी शिक्षण में डॉल्टन पद्धति का दोष है:
(a) बालकों का मौखिक भाषा का विकास नही हो पाता।
(b) शिक्षक, बालकों पर व्यक्तिगत रूप से ध्यान नहीं दे पाता।
(c) विद्यार्थी स्वमूल्यांकन नहीं करते।
(d) बालकों में हीन-भाव उत्पन्न हो जाती हैं।

10. हिन्दी शिक्षण की दृष्टि से निम्न में से कौन-सी पद्धति छोटी कक्षाओं की अपेक्षा बड़ी कक्षाओं के लिए अधिक उपयोगी है?
(a) प्रोजेक्ट पद्धति (b) डाल्टन पद्धति
(c) मॉण्टेसरी पद्धति (d) किंडरगार्टन पद्धति

11. नाटक शिक्षण के सोपान हैं:
(a) उद्देश्य-निर्धाण (b) पूर्व ज्ञान
(c) प्रस्तावना (d) इनमें से सभी

12. निम्न में से गद्य शिक्षण की विधि है:
(a) अर्थ-बोध विधि (b) गीत विधि
(c) अभिनय विधि (d) खण्डान्वय विधि

13. शब्द व्याख्या की प्रमुख विधियाँ हैं :
(a) 3 (b) 2
(c) 6 (d) 8

14. किस विधि के द्वारा पढ़ने पर पद्य के गुण-दोषों की आलोचना करनी पड़ती है?
(a) व्यास विधि (b) तुलना विधि
(c) खण्डान्वय विधि (d) समीक्षा विधि

15. शब्द व्याख्या की प्रमुख विधि यह है:
(a) उद्बोधन विधि (b) प्रवचन विधि
(c) स्पष्टीकरण विधि (d) इनमें से सभी

16. सभी विधियाँ असफल होने पर इस विधि का प्रयोग करना चाहिए:
(a) उद्‌बोध विधि (b) प्रवचन विधि
(c) स्पष्टीकरण विधि (d) इनमें से कोई नहीं

17. निम्नलिखित में से रचनात्मक शिक्षण की विधि नहीं है:
(a) कक्षा नियम विधि
(b) आर्दश अभिनय विधि
(c) व्याख्या विधि
(d) भाषा-संसर्ग विधि

18. उच्च प्राथमिक कक्षाओं में कविता शिक्षण की किस विधि का प्रयोग किया जाता है?
(a) तुलना विधि (b) प्रश्नोत्तर विधि
(c) व्याख्या विधि (d) व्यास विधि

19. उच्च प्राथमिक स्तर पर कविता शिक्षण की प्रणाली है:
(a) अभिनय (b) प्रश्नोत्तर
(c) गीत (d) इनमें से कोई नहीं

20. माध्यमिक स्तर पर कविता शिक्षण की प्रणाली है:
(a) अर्थबोध (b) गीत
(c) व्याख्या (d) उद्दीपन

21. निम्नलिखित में से किस विधि में व्याकरण का सैद्धान्तिक ज्ञान न देकर व्यावहारिक पक्ष पर अधिक बल दिया जाता है?
(a) आगमन विधि
(b) निगमन विधि
(c) आगमन-निगमन विधि
(d) भाषा-संसर्ग विधि

22. कविता शिक्षण की विशेषता है:
(a) अनुभूति की प्रधानता
(b) संगीतात्मकता
(c) रसानुभूति
(d) इनमें से सभी

23. कहानी शिक्षण का उद्देश्य है:
(a) छात्रों को भाषा शैली, मुहावरों से अवगत कराना
(b) छात्रों को जीवन के प्रति यथार्थता एवं स्वाभाविकता का ज्ञान कराना
(c) छात्रों में भावात्मक तथा चारित्रिक गुणों को विकसित करना
(d) उपर्युक्त सभी

24. वर्णमाला पढ़ना और वर्णमाला लिखना कौन-सा कार्य पहले कराया जाता है?
(a) वर्णमाला पढ़ना
(b) वर्णमाला लिखना
(c) वर्णमाला लिखना और पढ़ना
(d) उपर्युक्त में से कोई नहीं

25. व्याकरण की किस विधि में व्यावहारिक पक्ष पर विशेष बल दिया जाता है?
(a) पाठ्य-पुस्तक प्रणाली
(b) आगमन-निगमन प्रणाली
(c) समवाय प्रणाली
(d) भाषा संसर्ग प्रणाली

26. आयोजित शैक्षिक एवं सह-शैक्षिक कार्यों में हिन्दी शिक्षक को मार्गदर्शन देना चाहिए:
(a) व्याकरणिक नियम सम्बन्धी
(b) साहित्यिक पक्ष सम्बन्धी
(c) अशुद्ध उच्चारण निवारण सम्बन्धी
(d) उपर्युक्त सभी

27. नाटक-शिक्षण की उपयुक्त विधि है:
(a) कक्षाभिनय प्रणाली
(b) रंगमंच प्रणाली
(c) अर्थबोध प्रणाली
(d) व्याख्या प्रणाली

28. वर्णनात्मक कविता शिक्षण की सही विधि है:
(a) प्रश्नोत्तर प्रणाली (b) तुलना प्रणाली
(c) शब्दार्थ प्रणाली (d) व्याख्या प्रणाली

29. गद्य शिक्षण करते समय छात्रों के शब्द-भण्डार में वृद्धि पाठ योजना के किस सोपान के अन्तर्गत की जाती है?
(a) उत्प्रेरणात्मक उपक्रम
(b) आदर्श वाचन
(c) विचार-विश्लेषण
(d) आत्मीकरण

30. प्राथमिक कक्षा शिक्षण में प्रस्तावना के प्रश्नों के लिए आवश्यक नहीं है:
(a) पूर्व ज्ञानोपयोग
(b) रोचकता एवं जिज्ञासा
(c) परस्पर तारतम्यता
(d) नकारात्मक उत्तर

31. कविता-शिक्षण से सम्भाव्य पाठ-रूप हैं :
(a) बोध एवं रस पाठ
(b) उपयोजन पाठ
(c) कौशल पाठ
(d) इनमें से सभी

32. कविता-शिक्षण का प्रमुख अंग है:
(a) भावबोध (b) शब्दार्थ बोध
(c) सरलार्थ बोध (d) पठन बोध

33. वह कौन-सा वाचन है जो गद्य में प्रयुक्त होता है, परन्तु पद्य में नहीं?
(a) मौन वाचन (b) आदर्श वाचन
(c) अनुकरण वाचन (d) समवेत वाचन

34. कविता-शिक्षण के अन्त में सस्वर पाठ के सोपान को उद्देश्य है :
(a) काव्यमय वातावरण में पाठ का समापन
(b) काव्यपाठ का अभ्यास करवाना
(c) कविता के भावों से अवगत करवाना
(d) काव्य के प्रति रुचि उत्पन्न करना

35. पद्य पाठ का सर्वाधिक महत्वपूर्ण सोपान है:
(a) प्रस्तावना
(b) आदर्श वाचन
(c) भाव-विश्लेषण
(d) समभावी कविता

उत्तरमाला

1. (a)	**2.** (d)	**3.** (d)	**4.** (c)	**5.** (b)	**6.** (a)	**7.** (a)	**8.** (d)	**9.** (a)	**10.** (a)
11. (d)	**12.** (a)	**13.** (a)	**14.** (d)	**15.** (d)	**16.** (b)	**17.** (d)	**18.** (c)	**19.** (b)	**20.** (c)
21. (d)	**22.** (d)	**23.** (d)	**24.** (a)	**25.** (d)	**26.** (d)	**27.** (a)	**28.** (c)	**29.** (d)	**30.** (d)
31. (d)	**32.** (a)	**33.** (a)	**34.** (c)	**35.** (c)					

❑❑

English Language

1 TENSES

Tenses is that form of a verb which shows the time and state of an action or event.

There are three main tenses
1. The Present Tense
2. The Past Tense
3. The Future Tense

1. The Present Tense

The present tense indicates action in the present. **Present Indefinite Tense :** The Present Indefinite or Simple Present Tense is used

- To express a habitual action
  I get up everyday at 7 O'clock.
- To express general truths
  The sun sets in the west.
- To indicate a future event that is part of a plan or arrangement
  We leave for Indore next Wednesday.

Present Continuous Tense: The Present Continuous Tense is used.

- For an action going on at the time of speaking
  The boys are playing cricket.
- For a temporary action which may not be actually happening at the time of speaking.
  I am reading "Romeo Juliet."
- For an action that is planned or arranged to take place in the near future.
  My father is arriving day after tomorrow.

Exception : The following verbs are not used in the continuous form

(a) **Verbs of Emotion:** want, wish, desire, feel, like, love, hate, hope, refuse, prefer.
(b) **Verbs of Perception:** see, hear, smell, recognize.
(c) **Verbs of Appearance:** appear, look, seem.

Present Perfect Tense : The Present Perfect Tense is used

- To indicate complete activities in the immediate past
  (i) He has just finished the Match.
  (ii) The Bus has just started.
- To express past actions the time of which is not given and not definite
  (i) I have never known him to be pessimistic.
  (ii) Mr. Vikas has been to Europe.

Present Perfect Continuous Tense : The Present Perfect Continuous Tense is used for an action which began at some time in the past and is still going on.

(i) He has been fishing for two hours.

2. The Past Tense

The past tense shows that the action took place in the past.

Past Indefinite Tense : The past Indefinite or Simple past Tense is used

- To indicate an action completed in the past
  (i) The boy left college an hour ago.
- To denote past habits
  He practiced many hours everyday.

Past Continuous Tense : The Past Continuous Tense is used

- To denote an action going on at some time in the past
  (i) We were watching the movie all evening.
- With always, continually, etc. for persistent habits in the past
  (i) She was continually neglecting her duty.

Past Perfect Tense : The Past Perfect Tense is used

- To describe an action completed before a certain moment in the past
  (i) I called him at 5 am, I had found him got up at 8 am.
- When two actions happened in the past and it may be necessary to show which action happened earlier than the other
  (i) I had completed my work before the officer came.

Past Perfect Continuous Tense : The Past Perfect Continuous Tense is used

- To describe an action that began before a certain point in the past and continued upto that time
  (i) At that time he had been writing a short story for three months.

3. The Future Tense

The future tense shows that the action is going to take place in the future. The future tense needs the auxiliary verb will or shall.

Future Indefinite Tense : The Future Indefinite or Simple Future Tense is used

- For an action that has still to take place.
  (i) Day after tomorrow will be Friday.

Future Continuous Tense : The Future Continuous Tense

represents an action as going on at some time in Future time.

(i) I shall be writing the letter then.

Future Perfect Tense : The Future Perfect Tense is used

- To indicate the completion of an action by a certain future time.

(i) Before you go to meet him, he will have left the office.

Future Perfect Continuous Tense : The Future Perfect Continuous Tense indicates an action represented as being in progress over a period of time that will end in the future.

(i) When he completes his school, he will have been studying at IIT.

Exercise

Directions : Pick out the most effective word from the given words to fill in the blank to make the sentence meaningfully complete.

1. They told us that man .... a social animal.
(a) is (b) was
(c) had been (d) will be
2. The population of the world .... very fast now.
(a) rises (b) rose
(c) is rising (d) will rise
3. It .... last week.
(a) has not rained
(b) did not rained
(c) will not be raining
(d) did not rain
4. The little girl confessed that she .... the glass.
(a) broke (b) had broken
(c) breaks (d) will break
5. She was tired because she .... very hard.
(a) is working
(b) was working
(c) has been working
(d) had been working
6. When I .... may bath I went to have a sleep.
(a) had taken (b) took
(c) have taken (d) take
7. Ruby .... very long hair when she was a child.
(a) has (b) will have
(c) didn't have (d) used to have
8. The child .... any food until he has remembered his lesson.
(a) would not get (b) will not get
(c) gets (d) had got
9. If I .... his number, I would phone him.
(a) know (b) known
(c) knew (d) did not know
10. I asked Babita if Savitri .... already been married.
(a) has (b) have
(c) had (d) would have
11. Payal told me that she .... out for a walk every morning.
(a) went (b) goes
(c) had gone (d) has gone
12. If they .... early, they would have caught the train.
(a) left (b) have left
(c) had left (d) would have left
13. She told her mother that Sonam .... her there the previous day.
(a) met (b) meets
(c) had met (d) would meet
14. She .... in Kolkata for three years before the year 1992.
(a) was living
(b) has been living
(c) would have been living
(d) had been
15. The Principal .... the peon to let the girl come in.
(a) said to (b) has said
(c) ordered to (d) ordered
16. She talks as if she .... mad.
(a) is (b) was
(c) were (d) had
17. Sushma said that she .... finished her work by 9 am.
(a) said to (b) has
(c) had (d) would have
18. I order her about as if she .... my wife.
(a) is (b) was
(c) had (d) were
19. Sarika said that she would go home ....
(a) tomorrow
(b) yesterday
(c) the previous day
(d) the next day
20. I .... many countries before I returned from England.
(a) saw (b) have seen
(c) had seen (d) had been seeing
21. I .... the newspaper when Rohit came.
(a) is reading (b) read
(c) has read (d) was reading
22. I shall tell you when she ....
(a) will come (b) come
(c) comes (d) is coming
23. Mr. Singh helped us more than he .... his own students.
(a) helped (b) has helped
(c) helps (d) is helping
24. They worked hard lest they .... in the examination.
(a) will fail (b) failed
(c) should fail (d) fail
25. Her mother told him that the sun .... in the east.
(a) rose (b) is rising
(c) will rise (d) rises

Answers

1. (a) **2.** (c) **3.** (d) **4.** (b) **5.** (d) **6.** (a) **7.** (d) **8.** (b) **9.** (c) **10.** (c) **11.** (b) **12.** (c) **13.** (c) **14.** (d) **15.** (d) **16.** (c) **17.** (d) **18.** (d) **19.** (d) **20.** (c) **21.** (d) **22.** (c) **23.** (c) **24.** (c) **25.** (d)

□□

2 MODAL AUXILIARIES

Modal or secondary auxiliaries form a distinct group because

(a) They have certain grammatical features that distinguish them from primary auxiliaries, and

(b) They perform characteristics functions and convey distinctive meanings.

Modal auxiliaries do not show number and person agreement with the subject. They do not, therefore, have-s forms to go with third person singular nouns.

Modal Auxiliaries

- Will/ shall/ can/ may/ must/ should/ would/ could/ ought to/ needn't/ daren't
  He will / can / may/must celebrate the festival.
  She can do this.
  Manoj may give you some money.
- Modal auxiliaries always occur in the initial position in a verb phrase, whereas primary auxiliaries occur to the right of any modal auxiliary present.
  'The engineers will study the problem.'
  'The engineers will have studied the problem.'
- Modal auxiliaries are followed by the bare non-finite forms of verbs, whereas HAVE is followed by the-ed forms of verbs and BE by either the-ing forms (to mark the progressive) or the-ed forms (to mark the passive) of verbs.
  'Tanu will write a report.'
  'Tanu will have written a report.'
  'Tanu will be writing a report.'
  'Tanu is writing a report.'
  'Tanu has written a report.'
  'Tanu has written a report.'
  'A report is being written by Tanu.'
  'A report has been written by Tanu.'
- No two modal auxiliaries can occur in a same phrase. A verb phrase can have only one modal auxiliary, whereas it can have more than one primary auxiliary.
  She can buy a car.
  She may can buy a car. (Incorrect)
  She has (1) been (2) looking for a house.
  [This sentence has two primary auxiliaries.]

Exercise

1. "May I enter your office?"
In the above sentence 'may' has the meaning of
(a) permission (b) possibility
(c) probability (d) order

2. Which one of the following sentences expresses 'possibility'?
There are dark clouds in the sky, ...
(a) It will rain (b) It shall rain
(c) It may rain (d) It must rain

3. Supply a modal which expresses ability.
All of them .... speak three languages.
(a) may (b) will
(c) must (d) can

4. To express 'necessity' we use the modal:
(a) may (b) must
(c) can (d) might

5. We must come back by six.
'Must' in the above sentence expresses:
(a) possibility (b) advice
(c) desire (d) necessiry

Directions (Q. 6 – 28) : In the following questions, fill in the blanks with modal auxiliary verb from the given options:

6. .... the children be permitted to stay up late on New Year's Eve?
(a) Can (b) Will
(c) Must (d) Shall

7. He asked if he .... leave the office half an hour early that afternoon.
(a) may (b) will
(c) can (d) might

8. If I .... say so, your work needs revision.
(a) may (b) will
(c) do (d) am

9. If he started at nine he .... be here by four.
(a) can (b) will
(c) should (d) may

10. .... I go for a swim this afternoon, mother?
(a) may (b) must
(c) can (d) will

11. You .... not play football in this park on sundays.
(a) will (b) can
(c) should (d) may

12. The author is a well-known expert, so his book .... be reliable.
(a) ought to (b) will
(c) can (d) shall

13. .... you allow me to use your bicycle?
(a) Can (b) May
(c) Will (d) Must

14. And how much did you pay for your new car, if I .... ask?
(a) may (b) can
(c) ought to (d) shall

15. You .... have caught the train if you had hurried.
(a) could (b) can
(c) might (d) may

16. He .... have come if we had asked him.
(a) may (b) might
(c) could (d) will

17. The box was so heavy that I .... not lift it.
(a) may (b) will
(c) can (d) could

18. I hope Aditi .... arrive safely.
(a) could (b) might
(c) will (d) do

19. Aditya preferred that nothing .... be said about his generous gifts.
(a) might (b) could
(c) should (d) will

20. I .... not understand him learning so suddenly.
(a) will (b) may
(c) can (d) shall

21. He said to me that I .... not wait.
(a) need (b) needed
(c) may (d) can

22. The success of the picnic .... depend on the weather.
(a) can (b) will
(c) should (d) may

23. My mother .... be seventy-five in May.
(a) can (b) shall
(c) will (d) could

24. .... you imagine anyone being so silly.
(a) Can (b) Will
(c) May (d) Should

25. I .... just myself tidied up.
(a) may (b) will
(c) hadn't (d) daren't

26. This child is ten years old but .... not read yet.
(a) will (b) must
(c) can (d) could

27. His children .... be waiting at the airport to meet him.
(a) will (b) can
(c) could (d) would

28. I was afraid that if I asked him again, he .... refuse.
(a) can (b) may
(c) might (d) will

Answers

1. (a) **2.** (c) **3.** (d) **4.** (b) **5.** (d) **6.** (b) **7.** (d) **8.** (a) **9.** (c) **10.** (c)
11. (b) **12.** (a) **13.** (c) **14.** (a) **15.** (a) **16.** (b) **17.** (d) **18.** (c) **19.** (c) **20.** (c)
21. (c) **22.** (b) **23.** (c) **24.** (a) **25.** (b) **26.** (c) **27.** (a) **28.** (c)

❑❑

3 COMMON ERRORS

These types of questions are intended to test the knowledge of the students about the understaning of the basic rules of English Grammar. The knowledge of basic rules of grammar relating to Arti cles, Nouns, Pronouns, Adjectives, Verb Adverbs, Conjunctios, Prepositions, Subject-Verb Agreement are, therefore, necessary to solve this type of questions.

Nouns

A Noun is a word used as the name of a person, place or thing.

Kinds of Nouns

1. **Proper Noun :** A proper noun is the name of a particular person or place. *e.g.,* Anamika, Kolkata, India

Note : Proper nouns are always written with a capital letter at the beginning.

2. **Common Noun :** A common noun is a name given in common to every person or thing of the same class or kind. *e.g.* student, mother, bird.
3. **Collective Noun :** A collective noun is the name of a group of persons or things taken together and spoken of as a whole, as unit. *e.g.,* team, army, jury, fleet.
4. **Material Noun :** A material noun is the name of metal or substance, of which things are made of *e.g.* gold, cotton, wood
5. **Abstract Noun :** An abstract noun is usually the name of a quality, action or state considered apart from the object to which it belongs. .*e.g.,*
   kindness, laughter, childhood

Some Important Rules

Rule 1

Some nouns like furniture, information, poetry, scenery, machinery, work, wood, paper, glass, dust, traffic, electricity, food, grass, luggage, advice etc. are always singular.

Rule 2

Some nouns have the singular and the plural alike. As : sheep, deer, swine, species etc. *e.g.,*

(i) It is a rare species.
There are many species of dogs.

Rule 3

Nouns expressing number like dozen, score, hundred thousand etc. are used in singular with numerical adjective. *e.g.,*

(i) She bought three dozen oranges.
(ii) I gave him five hundred rupees.

Rule 4

Some nouns like cattle, poultry, people, police gentry, peasantry, electorate etc. are always plural. *e.g.,*

(i) Cattle are not allowed to enter this ground.
(ii) There are few gentry in this town.

Rule 5

Some nouns like committee, jury, family, crowd, government, audience etc. are used as singulars when they are thought of as a unit but they are used as plurals when their members are thought of. *e.g.*

(i) The committee are divided and there is bitterness among the members.
(ii) The audience are requested to take their seats.

Rule 6

When the plural noun is a proper name for some single object or some collective unit, it is used a singular. *e.g.,*

(i) The United States has a big navy.

Rule 7

If a noun is used both before and after a preposition, it is in singular always. *e.g.*

(i) Woman after woman climbed the rostrum to speak against the cruel practices of dowry and bride burning.

Rule 8

A plural noun is used after one of, either of, neither of and each of. *e.g.,*

(i) Neither of the girls has come yet.

Rule 9

The plural of compound nouns are formed by forming plural of the principal word. *e.g.,*

(i) None of the passers-by helped him.

Rule 10

Plural formation is done in both the parts of the compound nouns of man and woman. *e.g.*

(i) None of the men-servants was present yesterday.

Possessive Case

Rule 11

The possessive case is chiefly used with the names of living things. *e.g.,*

(i) The cart's wheel was broken. (Incorrect) The wheel of the cart was broken. (Correct)

(ii) Ravi's brother is my friend.

Rule 12

If else is used with anybody, somebody, nobody etc. the possessive sign is put to. *e.g.,*

(i) This shirt is not mine, it is somebody else's.

(ii) I follow your suggestion and nobody else's.

Rule 13

When two nouns are in oppostion, the possessive sign is put to the latter only. *e.g.,*

(i) That is Dinkar the poet's house.

(ii) He is going to James Watt the scientist's country.

Rule 14

With compund nouns the possessive sign is attached only to the last word. *e.g.,*

(i) Her mother-in-law's health is not good these days.

(ii) His maid-servant's son has broken the pot.

Pronouns

A Pronoun is a word used in place of a noun.

Kinds of Pronouns

1. **Personal Pronouns :** I, we, you, he, me, her, them etc.

(a) If a pronoun acts as a subject of a verb, it is in Nominative/Subjective Case and if it acts as an object of a verb, it is in Objective Case.
Nominative Case– I, we, you, her, she, it, they
Objective Case–me, us, you, him, her, it, them

(b) A pronoun is used in Objective Case after let. *e.g.,*
(i) Let him and me do this.

(c) A pronoun is used in Objective Case after a preposition. *e.g.,*
(i) They laughed at her and me.

(d) Nominative Case is used after than if the comparison is between two nominatives. *e.g.,*
(i) As a student of science you are far better than her.

(e) Objective Case is used after than if the comparion is between two object. *e.g.,*
(i) She loves you more than me.

(f) Good manners require that the order of personal pronouns in a sentence should be 231 *i.e.,* the second person should come before the third and the third person before the first. *e.g.,*
(i) You and he will follow it.
(ii) You, he and I are going to Delhi

2. **Distributive Pronouns :** Each either, neither.

(A) Either and **Neither** are used for two persons or thing. *e.g.,*
(i) Either of them can do this
(ii) Neither of you will go there.

(B) Each is used for two or more than two persons/things. *e.g.,*
(i) Each of the students contributed fifty rupees.
(ii) Each of the two boys is doing his work.

3. **Demonstrative Pronouns :** This, that, these, those, such

(A) This and **these** are used for the persons/things which are near the speaker.
This is used for one person/thing and those is used for more than one person/thing. *e.g.,*
(i) This bat is a present for you.
(ii) These flowers are beautiful

(B) That and **those** are used for the persons/things which are away from the speaker.
That is used for one person/thing and those is used for more than one person/thing. *e.g.,*
(i) That boy is my friend.
(ii) Those skirts are mine.

4. **Indefinite Pronouns :** One, some, any, everybody, somebody, anybody, everyone, someone, anyone, no, one, everything, something, anything, nothing etc.

(A) In referring to **anybody, everybody, everyone, anyone, each** etc., the pronoun he or she is used according to the context. *e.g.,*
(i) I shall be glad to help everyone of the boys in his studies.
(ii) Everyone of the Miss world contestants tried to improve herself through rigorous training.

(B) The indefinite pronoun 'one' should be used throughout, if used as all, ie. its nominative-one, objective - one, Possessive-one's and Reflexive-oneself should be used *e.g.,*

(i) One should take care of one's house.

(ii) One should help oneself.

5. **Reflexive Pronouns :** Myself, yourself, himself, herself, ourselves, itself, etc.
   (A) A reflexive pronoun or an object must be put after resign, revenge, exert, apply, adjust, pride. *.e.g,.*
   (B) Verbs such as be, break, burst, feed, hide, make, open, qualify, rest, roll, speed, stop, turn are usually not followed by a reflexive pronoun. *e.g.,*
   (i) He has qualified for the match
   (ii) You should keep a distance from bad boys.
   (C) A reflexive pronoun cannot be used as a substitute for the subject. *e.g.,*
   Rohit and myself decided to join the army. (Incorrect)
   Rohit and I decided to join the army. (Correct)
6. **Emphatic Pronouns :** When yourself, themselves etc. are used for the sake of emphasis, they are called Emphatic Pronouns. *e.g..*
   (i) I myself went to finalise the deal.
   (ii) They themselves admitted their guilt.
7. **Relative Pronouns :** Who, Whom, Whose, Which, That
   (A) **Who** is used for persons only and **which** is used for things without life and for animals. *e.g.,*
   (i) This is the man who brought the news.
   (ii) The horse which I recently bought is an Arab.
   (B) **That** is used for persons and things. *e.g.,*
   (i) This is the man that brought the news.
   (ii) The horse that I recently bought is an Arab.
   (C) **Who/Which** is used in both defining and non-defining cases. That is used in defining case. *e.g.,*
   (i) The cow which she has bought is black.
   (D) **That** is used after superlative degree, all, same, only, none, nothing. *e.g.,*
   (i) He was the most eloquent speaker that I ever heard.
   (E) **Who** is used in Nominative Case i.e. it is followed by a verb while whom is used in Objective Case i.e. it is not followed by a verb. *e.g.,*
   (i) The girl whom I met today was his friend.
8. **Interrogative Pronouns :** Who, Whom, Whose, Which, That
   (A) **Who** is used for persons only.
   Who was knocking at the door?
   (B) **Which** is used for both persons and things. It implies selection. *e.g.,*
   Which of them has said so?
9. **Exclamatory Pronoun** What,
   When interrogative word **what** is used to express surprise, it is called Exclamatory Pronoun. *e.g.,*
   What! you don't know Modi?
10. **Reciprocal Pronouns** Each other, one another
   Each other is used for two persons/things and **one another** is used for more than two persons/things.
   But in modern use there is no difference in the use of **each other** and **one another**. *e.g.,*
   They all loved one another.

Adjectives

An **Adjective** is a word which qualifies a noun or pronoun.

Kinds of Adjectives

1. ***Proper Adjectives*** Adjectives formed from Proper Nouns are called Proper Adjectives, *e.g.,*

Proper Nouns	**Proper Adjectives**
India	Indian
Turkey	Turkish
Shakespeare	Shakespearian

   A Proper Adjectives must begin with a capital letter.
2. ***Possessive Adjectives*** My, our, your, his, her, their, its are called Possessive Adjectives.
   Possessive Adjectives are always used before noun. *e.g.,*
   My book, Your brother, His horse
3. ***Distributive Adjectives*** Each, every, either, neither are called Distributive Adjectives.
   (A) **Each** is used for two or more than two things/persons *e.g.,*
   Each boy must take his turn.
   (B) **Every** is used for more than two persons/things. *e.g.,*
   He gave every girl the same dress.
   (C) **Either** and **Neither** are used for two persons/things. *e.g.,*
   Neither of the two ministers was available for comments.
4. **Demonstrative Adjectives** Demonstrative Adjectives are of two kinds
   (A) **Definite** this, that, these, those, such, same.
   These Adjectives point out a particular person or thing exactly.
   (B) **Indefinite** a, an, a certain, certain, some, any, any other, another, other.
   These adjectives point out persons or things in a certain sense, but not exactly.
5. ***Numeral Adjectives*** Numeral Adjectives are of two kinds:
   (I) **Definite** These adjectives denote exact number or order of persons/things.
   (A) Those which denote exact number of persons/things are called Cardinals. *e.g.,*

(B) Those which denote the serial order in which a person or thing stands are called Ordinals. *e.g.,*

(C) Ordinals are used before Cardinals, if they both are to be used in a sentence. *e.g.,*

(i) The first three pages of this book.

(ii) The last two scenes of this movie.

(II) Indefinite These adjectives denote number of some kind without saying precisely what the number is. *e.g.,* Many, enough, all, most, various, numerous, several etc.

NOTE : *If Definite and Indefinite both Numeral Adjectives are to be used together, Indefinite Numeral Adjectives should be used before Definite Numeral Adjectives.*

6. ***Quantitative Adjectives*** These adjectives show the quantity or degree of a thing. e.g.,
Much, little, whole, some, enough, all etc.

(A) Much, little, whole are always used for quantity. *e.g.,*

(B) All, some, enough, sufficient, most are used for both quantity and number.

7. ***Quanlitative Adjectives*** These adjectives show what quality or in what state persons or things are. e.g.,
Big, small, sick, good etc.

8. Interrogative Adjectives These adjectives are used to ask questions. *e.g.,*
Which picture do you like most ?
Whose wife is she ?

9. ***Exclamatory Adjectives*** What is called Exclamatory Adjective when it is used to express surprise. *e.g.,*
(i) What an idea!
(ii) What a piece of work is man!

Degrees of Comparison

Positive Degree

The Positive Degree of an Adjective is the Adjective in its simple form. It is used when no comparison is made. *e.g.,*
Rekha is a good singer.

Comparative Degree

The Comparative Degree of an Adjective is used when the quality of two persons or things are compared *e.g.,*
My mango is sweeter than his mango.

Superlative Degree

The Superlative Degree of an Adjective denotes the highest degree of quality. and is used when more than two persons or things are compared. *e.g.,*
He is the most intelligent boy in the class.

Some Importance Facts

(A) Senior, superior, junior, prior, inferior, posterior are followed by to instead of than. *e.g.,*
All his colleagues are senior than him. (*Incorrect*)
All his colleagues are senior to him. (*Correct*)

(B) Interior, exterior, minor, major etc. are the Adjectives of Positive Degree
Neither more/most is used before them nor then/to is used after them. *e.g.,*
His age is a matter of minor importance.

(C) After Comparative or **Relatively Positive** Degree is used. e.g.,
The wind is comparatively faster today. (*Incorrect*)
The wind is comparatively fast today. (*Correct*)

(D) Before **enough** Positive Degree is used. e.g.,
He is smarter enough to get selected for this prestigious post. (*Incorrect*)
He is smart enough to get selected for this prestigious post. (*Correct*)

Adverb

An Adverb is a word which modifies the meaning of a verb, an adjectives or another adverb.

Kinds of Adverb

(A) According to their use, adverbs are divided into three classes :

1. Simple Adverb These adverbs modify the meaning of a verb, an adjective, or an adverb. *e.g.,*
She can hardly believe it.

2. Interrogative Adverb These adverbs are used for asking questions. *e.g.,*
Why is she not playing ?

3. Relative Adverb These adverbs are the same in form as Interrogative Adverbs, but instead of asking question, they join two sentences together.
These adverbs relate to same antecedent, expressed or understood. *e.g.,*
(i) Let me know the time when you will come. (The antecedent expressed)
Let me know when you will come. (the antecedent understood.)
(ii) I remember the house where I was born.

(B) According to their meaning, adverbs may be divided into the following classes:

1. Adverbs of time These are the adverbs which tell us when an action takes place. *e.g.,*
I hurt my knee yesterday.

2. Adverbs of Place These are the adverbs which tell us where an action takes place. *e.g.,*
She left her bag here.

3. Adverbs of Frequency These are the adverbs which tell us how often an action takes place. *e.g.,*
I have called you twice.

4. Adverbs of Degree or Quantity These are the adverbs which tell us how much or in what degree or to what extent. *e.g.,*
He is kind enough to help her.

Positive of Adverbs

1. **Always, often, seldom, never, just, ever, usually, hardly, already, nearly,** etc. are used before the main verb. *e.g.,*
   (i) I have told often him to write neatly. (*Incorrect*)
   I have often told him to write neatly. (*Correct*)
   He never talks ill of his friends.
   (ii) Imran always comes late.
2. Adverbs of Time/Place/Manner are generally placed after the verb or after the object if there is one. *e.g.,*
   (i) He does his work carefully.
   (ii) She looked everywhere.
   (iii) I met her yesterday.

Note : *Adverb of Manner is used before the object if a clause starting with who/which/that is used after the object. e.g.,*
She received warmly all those who had come in time.

3. If adverbs of time/place/manner, all are to be used in a sentence, the normal order is adverb of manner, adverb of place, adverb of time. *e.g.,*
   He danced in the city hall well last night. (*Incorrect*)
   He danced well in the city hall last night. (*Correct*)

Note : With come/go/arrive etc. adverb of manner is used after adverb of place.

4. Adverbs of quantity are usually used before the word that they qualify. *e.g.,*
   (i) The party was too dull.
   (ii) She is quite cool.

Note : But enough is always placed after the word to which it qualifies.

Conjuctions

A **Conjuction** is a word which joins two or more than two words, phrases, clauses or sentences.

Some Important Rules

Rule 1

Scarcely/Hardly is always followed by **when/before**. *e.g.,*
Scarcely had he gone out of the office then he came. (*Incorrect*)
Scarcely had he gone out of the office when he came. (*Correct*)

Rule 2

Lest is followed by **should.**
Not is not used with it. *e.g.,*
Be careful lest you will fall. (Incorrect)
Be careful lest you should fall. (*Correct*)

Rule 3

Both is followed by **and** and not be else. but or as well as. *e.g.,*
Both Sonu as well as Pawan have done their work. (Incorrect)
Both Sonu and Pawan have done their work. (Correct)

Rule 4

Rathee and **other** are always followed by **than.** *e.g.,*
I have no other choice but to do it. (Incorrect)
I have no other choice than to do it. (Correct)

Rule 5

And is not used before a Relative Pronoun. *e.g.,*
He is an intelligent boy and who is my friend. (Incorrect)
He is an intelligent boy who is my friend. (Correct)

Rule 6

That, as to etc. are not used before Interrogative words (where, who, what, whom etc.). *e.g.,*
They asked her that where she had been. (Incorrect)
They asked her where she had been. (Correct)

Rule 7

Seldom or **never** and **Seldom if ever** are used. *e.g.,*
We seldom or ever see those forsaken who trust in God. (Incorrect)
We seldom or never see those forsaken who trust in God. (Correct)

Exercise-1

Directions (1-30) : In the questions from 1 to 30, some of the sentences have errors and some are correct. Find out which part of a sentence has an error and blacken the option corresponding to it (a,b,c). If a sentence is free from errors, then your answer is (d) i.e. No error.

1. The minister for Education (a) / vehemently refused (b)/ the allegation that he had taken bribes. (c)/ No error. (d)
2. If I were Zubin (a) / I would not attend (b)/ the wedding, come what may. (c)/ No error. (d)
3. He says that (a) / he reads novels (b)/ to pass away the time. (c)/ No error. (d)
4. He left for Mumbai on Sunday (a) / arriving there (b)/ on Monday. (c)/ No error. (d)
5. No sooner did the teacher (a) / enter the class room (b)/ the students got up. (c)/ No error. (d)
6. It is (a) / nothing else (b)/ than pride. (c)/ No error. (d)
7. To the ordinary man, in fact, the pealing of bells (a) / is a monotonous jangle and a nuisance (b)/ tolerably only when mitigated by remote distance and sentimental association. (c)/ No error. (d)

8. The increasing mechanisation of life (a) / have led us farther away from daily contact with nature and (b)/ the crafts of the farm (c)/ No error. (d)
9. If you have a way with words, (a) / a good sense of design and administration ability (b)/ you may enjoy working in the high pressure world of advertising. (c)/ No error. (d)
10. Last week's sharp hike in the wholesale price of beef (a) / is a strong indication for (b)/ higher meat costs to come. (c)/ No error. (d)
11. Supposing if (a) / it rains (b)/ what shall we do? (c)/ No error. (d)
12. The captain along with his team (a) / are practising very hard (b)/ for the forthcoming match. (c)/ No error. (d)
13. It was him (a) / who came running (b)/ into the classroom. (c)/ No error. (d)
14. The capital of Yemen (a) / is situating (b)/ 2190 meters above the sea level. (c)/ No error. (d)
15. Ram was (a) / senior to (b)/ Sam in college. (c)/ No error. (d)
16. You are (a) / always doing (b)/ this mistake. (c)/ No error. (d)
17. He has (a) / a large family (b)/ to care. (c)/ No error. (d)
18. These poisonous gases (a) / will effect (b)/ our health. (c)/ No error. (d)
19. The only Indian (a) / to win the Nobel Prize for the Literature (b)/ was Rabindranath Tagore. (c)/ No error. (d)
20. After his illness, (a) / the patient was (b)/ sick with life. (c)/ No error. (d)
21. I told him (a) / that I availed (b)/ the opportunity. (c)/ No error. (d)
22. I think (a) / he owns an expensive (b)/ painting by Hussain. (c)/ No error. (d)
23. It is time (a) / we should have done (b)/ something useful. (c)/ No error. (d)
24. He will tell you (a) / about it when (b)/ he will come back. (c)/ No error. (d)
25. A large sign near (a) / the entrance warns the visitors (b)/ to beware about bears. (c)/ No error. (d)
26. I am going (a) / to have this certificate (b)/ attest by the Director. (c)/ No error. (d)
27. Ravi (a) / told to his friend (b)/ to buy a car. (c)/ No error. (d)
28. I would (a) / accept the offer (b)/ if were you. (c)/ No error. (d)
29. I am more lonelier (a) / here than (b)/ I was in the USA. (c)/ No error. (d)
30. May I know (a) / to who (b)/ I am speaking? (c)/ No error. (d)

Answers

1. (a)	**2.** (d)	**3.** (c)	**4.** (d)	**5.** (c)	**6.** (c)	**7.** (c)	**8.** (b)	**9.** (b)	**10.** (b)
11. (a)	**12.** (b)	**13.** (a)	**14.** (b)	**15.** (d)	**16.** (d)	**17.** (c)	**18.** (b)	**19.** (b)	**20.** (c)
21. (b)	**22.** (d)	**23.** (c)	**24.** (b)	**25.** (c)	**26.** (c)	**27.** (b)	**28.** (d)	**29.** (a)	**30.** (b)

Exercise-2

Directions (1-30) : In the questions from 1 to 30, some of the sentences have errors and some are correct. Find out which part of a sentence has an error and blacken the option corresponding to it (a,b,c). If a sentence is free from errors, then your answer is (d) i.e. No error.

1. The way to increase the production of the food (a)/ is to bring more land (b)/ under cultivation. (c)/ No error. (d)
2. The girls watched intently (a)/ as the model applied her make up (b)/ with a practiced hand. (c)/ No error. (d)
3. If he is a millionaire (a)/ he would help (b)/ the millennium project. (c)/ No error. (d)
4. The Prime Minister along with his Cabinet colleagues (a)/ have been welcomed by the Chief Minister (b)/at a formal ceremony. (c)/ No error. (d)
5. The political candidate talked (a)/ as if she has already been elected (b)/ to the presidency. (c)/ No error. (d)
6. Several guests noticed Mr. Sharma (a)/ collapsing in his chair (b)/ and gasping for breath. (c)/ No error. (d)
7. This is our second reminder (a)/ and we are much surprised (b)/ at receiving no answer from you. (c)/ No error. (d)
8. You should (a)/ be always greatful (b)/ to your mentor. (c)/ No error. (d)
9. The furnitures (a)/ had become (b)/ old and rusty. (c)/ No error. (d)
10. Most people (a)/ are afraid of (b)/ swine flu these days. (c)/ No error. (d)
11. I may not be able (a)/ to attend (b)/ to the function. (c)/ No error. (d)
12. He is (a)/ residing here (b)/ since 1883. (c)/ No error. (d)
13. At his return (a)/ we asked him (b)/ many questions. (c)/ No error. (d)
14. The chief guest (a)/ entered into (b)/ the room. (c)/ No error. (d)
15. She is (a)/ very angry (b)/ on him. (c)/ No error. (d)
16. She is one of the (a)/ best mothers (b)/ that has ever lived. (c)/ No error. (d)

17. John, I and Hari (a)/ have finished (b)/ our studies. (c)/ No error. (d)

18. Neither the mouse (a)/ nor the lion (b)/ were caught. (c)/ No error. (d)

19. After you will returns (a)/ from New Delhi (b)/ will meet you (c)/ No error. (d)

20. When I was young, (a)/ I used to collect stamps (b)/ as a hobby. (c)/ No error. (d)

21. A senior doctor (a)/ expressed concern (b)/ about physicians recommended the vaccine. (c)/ No error. (d)

22. We have discussing (a)/ all the known mechanisms (b)/ of physical growth. (c)/ No error. (d)

23. Children enjoy listening to (a)/ ghosts stories (b)/ especially on Halloween night. (c)/ No error. (d)

24. (a)I/ have (b)/ many works to do. (c)/ No error. (d)

25. There are so many filths (a)/ all around (b)/ the place. (c)/ No error. (d)

26. A great many student (a)/ have been declared (b)/ successful. (c)/ No error. (d)

27. We are going to launch (a)/ this three-crores project (b)/ within the next few months. (c)/ No error. (d)

28. I hope to go to shopping (a)/ this weekend (b)/ if the weather permits. (c)/No error. (d)

29. The lawyer asked (a)/ if it was worth to take (b)/ the matter to court. (c)/ No error. (d)

30. After a carefully investigation (a)/ we discovered (b)/ that the house was infested with termites. (c) No error (d)

Answers

1. (a)	**2.** (c)	**3.** (a)	**4.** (b)	**5.** (b)	**6.** (d)	**7.** (d)	**8.** (b)	**9.** (a)	**10.** (a)
11. (c)	**12.** (a)	**13.** (a)	**14.** (b)	**15.** (c)	**16.** (c)	**17.** (a)	**18.** (c)	**19.** (a)	**20.** (d)
21. (c)	**22.** (a)	**23.** (b)	**24.** (c)	**25.** (a)	**26.** (a)	**27.** (b)	**28.** (d)	**29.** (b)	**30.** (a)

❑❑

4 DETERMINERS AND ARTICLES

The word 'determiner' is not found in traditional grammar books. Half of what we now call determiners used to be a separate class, the articles. The other half, even though they work in the same way as articles do, used to be lumped in with adjectives. So, we had 'real' adjectives and also things called demonstrative adjectives, possessive, adjectives etc.

Modern grammarians and linguists make a clear distinction between adjectives and determiners, because they have different sorts of meanings and different uses. Adjectives tell us about the qualities of the thing referred to (red pens, a black dog, beautiful girls).

The most common determiners are as follows

(i) Articles : a, an, the.
(ii) Quantifiers : all, few, many, several, some.
(iii) Possessives : her, his, its, my, our, their, your.
(iv) Demonstratives : this, that, these, those.
(v) Numerals : one, three, hundred, etc.
(vi) Negative : no

The determiner, along with the adjective, usually indicates whether a noun is singular or plural, masculine or feminine. In other words, it indicates Number and Gender. This means that most determiners have several different forms.

Determiners are words which quantify or identify nouns, determiners are followed by a noun.

The most common determiners in alphabetical order are as follows : a (n), all, another, any, both, certain, each, either, enough, every, few, half, last, least, less, little, many, more, mow2st, much, neither, next, no, other, own, plenty, same, several, some, such, that/those, the, this/these, whole. To these must be added the numerals (cardinal and ordinal) and the possessives (e.g., my/mine, our/ours, Ram's).

The adjectives; a, an and the; are called Articles.

There are two kinds of articles

(I) Indefinite article—A/An
(II) Definite article—The

Use of Indefinite Article-A/An

1. The article **An** is used before a word beginning with a vowel sound. e.g.
   (i) She is an intelligent girl.
   (ii) You are an honest man.
2. The article **A** is used before a word beginning with a consonant sound. e.g.
   (i) He is a university student.
   (ii) He is a one-eyed main.
3. **A/An** is used before a singular countable noun when it is mentioned for the first time representing no particular person or thing. e.g.
   (i) He has an axe.
   (ii) A boy came to my office.
4. **A/An** is used before a singular countable noun which is used as the representative of a class of things or persons. e.g.
   (i) A lion is a fierce animal.
   (ii) A pupil should obey his teacher.
5. **A/An** is used to make a common noun of a proper noun. e.g.
   (i) My neighbour is a Daniel.
   (ii) She is a Lata Mangeshkar.
6. **A/An** is used in exclamations before singular countable nouns. e.g.
   (i) What an interesting movies!
   (ii) What a lovely morning!
7. **A/An** is used in its original sense of one or any. e.g.
   (i) She wants a car.
   (ii) He bought a book.

Use of Definite Article - The

The definite article **The** is used

1. When we talk about a particular person or thing or one already mentioned. e.g.
   (i) Give me the book which you bought yesterday.
   (ii) The dress you want is out of stock.
2. When a singular noun represents a whole class. e.g.
   (i) The lotus is a beautiful flower.
   (ii) The banyan is a useful tree.
3. Before the first noun in 'noun + preposition + noun' construction. e.g.
   (i) She likes the sweets of Jaipur.
4. Before names of mountain-ranges. e.g. The Alps, The Himalayas, The Vindhyas
5. Before names of groups of islands. e.g.

The Andamans, The Herbrides, The West Indies.

6. Before names of rivers, oceans, gulfs, deserts and forests. e.g.
The Ganga, The Nile, The Arabian Sea, The Indian Ocean, The Persian Gulf, The Sahara, The Black Forest
7. Before names of religious and mythological books. e.g.
The Veda, The Ramayana,
8. Before names of newspapers and magazines. e.g.
The Hindustan Times, The Statesman
9. Before names of heavenly bodies, directions and things unique of their kind. e.g.
The sun, The east, The north, The equator
10. Before names of historical buildings, places and events. e.g.
The Taj Mahal, The Pyramids, The Kaba, The French Revolution
11. Before musical instruments. e.g.
(i) He can play the guitar.
(ii) She is fond of playing on the piano.
12. Before religious communities and political parties. e.g.
The Muslims, The BJP, The Congress Party, The Janata Dal
13. Before names of ships, aeroplanes and trains. e.g.
The Vikrant, The Shatabdi Express, The Rajdhani Express.
14. Before the words denoting physical positions. e.g.
The top, The bottom, The back, The inside, The front
15. Before parts of body. e.g.
(i) He was hit on the head.
(ii) You caught me by the arm.
16. Before names of government departments and armed forces. e.g.
The Judiciary, The Legislative, The Executive,
The Army, The Navy, The Air Force
17. Before the dates of months. e.g.
The 6th February, The 21st of December

Omission of Articles

The articles; **a, an** and **the**; are omitted

1. Before names of days and months, e.g.
(i) She will go on Monday.
(ii) They are getting married in January.
2. Before names of subjects e.g.
(i) She has no interest in mathematics.
(ii) Biology is his favourite subject.
3. Before names of festivals and seasons. e.g.
(i) He will go to Canada in winter.
(ii) She celebrated Christmas with her friends.
But,
(i) He will go to Canada in the winter season.
(ii) She went to Delhi in the Diwali holidays.
4. Before the names of persons, villages, cities, districts, states and countries. e.g.
(i) Anjali is a beautiful girl.
(ii) London is a big city.
(iii) Paris is the capital of France.
5. After possessive adjectives (my, our, your, his, her, their, its) and nouns in possessive case (Ram's, lion's). e.g.
(i) This is Rahul's car.
(ii) That is my book.
6. Before school, college, church, prison, hospital, bed, market, when these places are visited or used for their primary purpose. e.g.
(i) She goes to church on Sunday.
(ii) The criminal was sent to prison.
(iii) I go bed at 10pm.
7. Before the nouns used after rank of/ title of. e.g.
(i) He was promoted to the rank of Colonel.
(ii) He was given the title of Nawab.

Exercise

1. Complete the sentence by putting an appropriate determiner
You should always carry .... umbrella with you.
(a) a (b) an
(c) any (d) a few

2. Supply an appropriate determiner
I have .... glass of milk every morning.
(a) the (b) a
(c) any (d) some

3. Supply an appropriate determiner
My neighbour is .... honest person.
(a) a (b) an
(c) the (d) any

Directions (Q.4–10): Insert appropriate articles where necessary.

4. Have you got any .... coffee?
(a) much (b) little
(c) some (d) more

5. This is .... only remaining copy.
(a) a (b) an
(c) the (d) a few

6. She kicks the ball with .... left foot.
(a) a (b) two
(c) the (d) her

7. .... say one thing, some say another.
(a) A few (b) Much
(c) More (d) Some

8. .... of philosophy is concerned with questions that have no answer.
(a) More
(b) Many
(c) Much
(d) Any

9. Have you got .... sugar?
(a) little (b) much
(c) any (d) few

10. Many are called but .... are chosen.
(a) less (b) a little
(c) a few (d) few

Direction (Q. 11– 20) : Find out the part which has an error in each of the following sentence. If there is no error in a sentence, the answer is (d).

11. Sunil is a best student (a)/ in our class (b)/ at present, (c). No error (d).
12. Important Congress dissident source said as (a)/ one stage that Raman Rao and Chandra Shekhar (b)/ had been asked the dissident group to suggest suitable names. (c)/ No error (d)
13. A cell is the smallest (a)/ identifiable unit of life (b)/ and cannot be seen with a naked eye. (c)/ No error (d).
14. Children who have had (a)/ good Pre-school Education are most likely (b)/ to out do other children at school. (c)/ No error (d).
15. The burglars were caught just as (a)/ they were about to (b)/ escape from the jail. (c)/ No error (d)
16. On my request Jatin (a)/ introduced me to his friend (b) who is singer and scientist. (c) No error (d)
17. I am not wealthy (a)/so I cannot afford (b)/ to buy a expensive car. (c)/ No error (d)
18. The teacher drew (a)/ an attention of the boys (b)/ to the importance of regular practice. (c)/ No error (d)
19. First European sailor (a)/to come to India in (b)/modern times was Vasco-Da-Gama. (c)/ No error (d).
20. It was by the mistake (a)/ that he caught (b)/ her hand. (c)/ No error(d)

Direction (Q. 21–40) : Choose the most appropriate article to fill in the blanks.

21. I bought .... horse, an ox and a buffalo.
(a) the (b) an
(c) a (d) no article
22. Do you see .... blue sky?
(a) the (b) an
(c) a (d) No article
23. Why do you throw .... tea?
(a) the (b) an
(c) a (d) No article
24. Let us discuss .... matter seriously.
(a) the (b) an
(c) a (d) no article
25. The guide knows .... way.
(a) the (b) an
(c) a (d) no article
26. Where is .... servant? I want a glass of water.
(a) the (b) an
(c) a (d) no article
27. He is .... unlucky man.
(a) the (b) an
(c) a (d) no article
28. It is .... unit of measurement.
(a) the (b) an
(c) a (d) no article
29. It is .... hour's distance from here.
(a) the (b) an
(c) a (d) no article
30. I want to be .... MP.
(a) the (b) an
(c) a (d) no article
31. The lion is .... king of beasts.
(a) the (b) an
(c) a (d) no article
32. I eat an egg .... day.
(a) the (b) an
(c) a (d) no article
33. .... Ganga is a sacred river.
(a) the (b) an
(c) a (d) no article
34. Give me .... umbrella which you bought. yesterday.
(a) the (b) an
(c) a (d) no article
35. He died without .... heir.
(a) the (b) an
(c) a (d) no article
36. She is .... real Hitler.
(a) the (b) an
(c) a (d) no article
37. A bird in hand is worth two in .... bush.
(a) the (b) an
(c) a (d) no article
38. He looks as stupid as .... owl.
(a) the (b) an
(c) a (d) no article
39. It is very difficult to get .... taxi at such a time.
(a) the (b) an
(c) a (d) no article
40. Thieves stole the money from .... box.
(a) the (b) an
(c) a (d) no article

Answers

1. (a)	**2.** (b)	**3.** (b)	**4.** (b)	**5.** (b)	**6.** (c)	**7.** (a)	**8.** (b)	**9.** (a)	**10.** (b)
11. (a)	**12.** (a)	**13.** (c)	**14.** (b)	**15.** (c)	**16.** (c)	**17.** (c)	**18.** (b)	**19.** (a)	**20.** (a)
21. (c)	**22.** (a)	**23.** (a)	**24.** (a)	**25.** (a)	**26.** (a)	**27.** (b)	**28.** (c)	**29.** (b)	**30.** (b)
31. (a)	**32.** (c)	**33.** (a)	**34.** (a)	**35.** (b)	**36.** (c)	**37.** (a)	**38.** (b)	**39.** (c)	**40.** (a)

❑❑

5 PREPOSITION

Definition

Preposition is a word placed before a Noun or Pronoun, denotes the relation, the person or thing referred by it, has with something else.

Rule

There is one very simple rule about prepositions, and unlike most rules, this rule has no exception.

Kinds of Preposition

Preposition is divided into four parts.

1. **Simple Prepositions :** e.g., at, in, from, for, of, off, on, out, till, to, up, with through, down, by etc. These are called simple prepositions.
2. **Compound Prepositions :** About, beside, inside, along, below outside etc. are called compound prepositions.
3. **Phrasal Prepositions :** When two more words are joined to make a preposition it is called phrasal prepositions.
4. **Participle Prepositions :** When present participle is used without Noun/Pronoun/present participle it is called participle preposition e.g., concerning, pending regarding, considering, touching etc.
   (i) Pending enquiry into the matter, he was transferred from the office.
   (ii) Considering the quality, the prices are reasonable.

Use of Some Important Prepositions

1. At/In/On

These are very commonly used prepositions

Note: The use of these preposition in reference of 'Time'

(i) 'At' is used for precise time,

(ii) 'In' is used for months years, centuries and long periods,

(iii) 'on' is used for days and date

At	In	On
Precise Time	Months, Years, Centuries and Long Periods	Days, Dates
At 3 o'clock	In May	On Sunday
At 10.30 am	In summer	On Tuesdays
At sunrise	In the next century	On Independence Day
At the moment	in the past/future	On New Year's Eve

Examples

(i) The shop closes at midnight

(ii) Where will you be on Independence Day?

(iii) There should be a lot of progress in the next century.

(iv) Her birthday is on 26 April.

Expression	Example
At night	The stars shine at night
At the weekend	I don't usually work at the weekend
At the same time	We finished the test at the same time

Examples

We should not use; 'at, in, on' with 'last, next, every'.

(a) I went to Mexico last May. (not in last May)

(b) I go home every Easter. (not at every Easter).

Example

The use of these prepositions in reference of 'Place'

(a) 'At' is used for a point.

(b) 'On' is used for a surface.

At	In	On
Point	Enclosed Space	Surface
At the corner	In the garden	On the wall
At the door	In India	On the door
At the end of the road	In my pocket	On the floor
At the entrance	In my wallet	On the carpet
At the altar	In a car	On a page

Look at the following examples

(a) Rima is waiting for you at the bus stop.
(b) The shop is at the end of the lane.
(c) I live on the 4th floor at 21 Diamond Street in Kolkata.
(d) Do you work in a company?
(e) I have a meeting in Delhi.
(f) Do you live in India?
(g) Saturn is in the solar system.
(h) The author's name is on the cover of the book.
(i) There are no prices on this menu.
(j) You are standing on my foot.
(k) There was a 'no smoking' sign on the wall.

Please note that these three prepositions are most commonly used, in writing and speaking, so students must learn the use of these preposition well.

1. Comparing At, In, To, Into

A. 'At' shows stationary position or existing state while 'in' shows movement

Examples

(a) She is at School.
(b) The Bus is in motion.

B. 'At' for small place, town etc. while 'in' for big place, town, city, country etc.

Examples

(a) He lives at Alwar in Uttar Pradesh.

C. 'At' is used for point of time and 'in' is used for period of time

Examples

(a) The train will arrive at six in the morning.

D. In/Into 'In' shows existing state of things while 'into' shows movement

(a) He jumped into the river.
(b) There are three students in the class.
(c) They climbed into the lorry.
(d) He is swimming in the river.

'In can also be used as an adverb

Come in = Enter : e.g., – Get in (into the train).

E. 'To' and 'Into' are used as following:

To

(a) In the direction of : Turn to the right.
(b) Until : From Monday to Friday; Five minutes to ten
(c) With indirect object; Please give it to me.

Into

(a) To the inside of : We stepped into room.

2. On/Onto

'On' can also be used for both existing position and movement

Examples

(i) He was sitting on his bag.
(ii) Snow feel on the hills.
(iii) His number is on the gate.
(iv) He went on board ship.

'On' can also be used as an adverb

1. Go on 2. Come on

'Onto' is used when there is movement involving a change of level

Examples

(a) People climbed onto their roofs

3. With/By

'with' is used for instruments and 'by is used for agents.

Examples

(i) The snake was killed by him with a stick.

4. Since/For/From

'Since' is often used with period of time present perfect or past perfect tense. 'Since' is used to denote point of time and never for period of time, as; Since 6 O' Clock/ last night/last Monday/ since morning/ evening/ Monday/ January/ 2005 etc.

(i) It has been raining since 2 O'clock.
(ii) He had been ill since Monday.

Examples

(i) He left school in 1983. I haven't seen him since.

'For' is used to express period of time; two hours/ two days/ two years/ a long time/ some time/ for ever etc.

Examples

(a) Boil it for five minutes (b) He lived in this house for six months.

For is also used with present perfect tense or past perfect tense for an action which extends up to the time of speaking

Examples

(a) He has worked here for a year.
(b) He worked for three hours.
'From' is normally used with 'to or till/ until'

Examples

(a) Most people work from eight to six.
'From' can also be used for place,

Examples

(a) He is from Lucknow.
(b) Where do you come from?

5. For/ During

'During' is used with known periods of time, i.e., – periods known by name, such as Christmas, Easter or periods which have been already defined:
(i) during the Middle ages,
(ii) during the summer,
(iii) during his childhood.

Examples

(a) It rained all Monday but stopped raining during the night.
(b) She was ill for a week and during that week she ate nothing.
'For' may be used to denote purpose and may also be used before known periods

Examples

(a) I went there for the summer
(b) I rented my house for my holidays.
'For' has various other uses

Examples

(a) He asked for ten. I paid six for it.
(b) I bought one for Kuku.

6. Below/ Under/ Beneath

'Below' and 'under' both mean-lower than (in level) and sometimes either can be used. But 'under' usually denotes physical contact and 'below' denotes space between the things.

Example

(a) He put the books under the pillow.
'Below' and 'under' may also mean junior in rank

Examples

(b) He is under me; means that I am superior to him.
(c) He is working under me.
'Below' is used meaning – opposite to 'above'.

Examples

(d) The temperature can fall below 15 degree Celsius.
(e) Rainfall has been below average this year.
Beneath/Something that is beneath another thing is under the other thing

Examples

(f) I could see the muscles of his shoulders beneath his T-shirt.
(g) I found pleasure in sitting beneath the trees ...
(h) ... the frozen grass crunching beneath his feet.
'Beneath' could also mean 'unworthy as per status' or 'in lower strata in social class'

Examples

(i) It is beneath his dignity to beg for money. (unworthy of him)
(j) She married beneath her. (into a lower social class)

7. Ago and Before

'Ago' is used for past events while 'before' is used in reference to two events

Examples

(i) He came three days ago.
(ii) The train had left before he reached the station.

8. Beside/ Besides

Beside and Besides have altogether different meanings. Don't confuse beside with besides beside = at the side of

Example

(i) He was sitting besides Sarla.
Besides = in addition to/ as well as
(ii) We camped beside a lake.

Examples

(a) He has a car besides a motor cycle.
(b) Besides doing the cooking I help Ram.

9. Of/Off

'Of' and 'Off' are used in following situations referring
(i) **Location** east of here; the middle of the road,
(ii) **Possession** a friend of mine; the sound of music,
(iii) **Part of a group** one of us; a member of the team,
(iv) **Measurement** a cup of milk; two metres of snow,
(v) **Not** on ways from; e.g., Please keep off the grass.
(vi) **At some distance** from e.g., There are islands off the coast.

Examples

(a) He is a member of our family
(b) He is off duty now.
But 'over' also means – 'covering'/ 'on the other side of' / 'across'

Examples

(a) I put a cloth over her. (covering)
(b) He lives over this mountain. (on the other side of)
(c) There is a bridge over the railway line. (across)
(d) He put a blanket over the dead body.
'Above' and have none of these meanings.
'Over' can mean higher in rank
(e) He is over me. (means; He is my immediate boss.)
'Over' is also used with meals/ food/ drink

Examples

(a) We had a chat over a cup of tea. (while drinking tea)
(b) The matter was decided over the lunch.
'Above' is also used meaning 'earlier' or 'previous'

Examples

(a) He lives at the above address. (Previously mentioned)
(b) For details please see (P–1) above. (Previously mentioned)

10. In/With

'In is used in following situations:

Examples

(i) Place thought of as an area : in London; in Europe.
(ii) Large units of time; That happened in March, in 1992.
(iii) By means of : write in pencil; speak in English.
(iv) A member of : He is in the orchestra; in the navy.
(v) With reference to : lacking in ideas; rich in oil.
'With' is used in following situations:
1. Accompanying : He came with her: I have my keys with me.
2. By means of; using : I repaired the shoes with glue.
3. Because of : We were paralysed with fear.

11. By and Before

'By' a time/by a date' usually implies before that time or date

Examples

(i) The train starts at 7:15, so you would better be at the station by 7:00 ('by 7:00' implies – 'before 7:00'.)
By + a time expression structure is often used with future perfect tense

Examples

(ii) By the end of July I'll have really those books.
'Before' can be used as a preposition or as a conjunction or as an adverb

Examples

(iii) Before signing this agreement let us discuss each and every point thread bare. (preposition)
(iv) Before you sign this you can discuss it with your father. (conjunction)
(v) I've seen her somewhere before. (adverb)

12. But and except

Both 'but' and 'except' have the same meaning and are usually interchangeable. After 'nobody/ none/ nothing/ nowhere' etc. usually 'but' is used:

Examples

(i) Nobody but Shyam knew the way.
(ii) Nothing but the best is sold in our shop
Note 'Except' is used when the prepositional phrase comes later in a sentence. Look at the following examples:

Example

(a) Nobody knew the way except Shyam.
Note After 'but' and 'except' bare infinitive (infinitive without 'to') is used.

13. To and Towards

The preposition 'to' indicates movement with the aim of a specific destination, which can be a place or an event, e.g.,
(a) I'm going to the USA tomorrow.
(b) I need to go to the bank.
(c) Can you tell me the way to the station?
(d) Are you going to the party?
(e) I've never been to a cricket match.
(f) What time did you go to work?
Here some important Preposition are given.

1. Abundance of (wealth)
2. Accustomed to (work)
3. Attain to (a position)
4. Accede to (a request)
5. Absolved from (a promise, a sin)
6. Adhere to (principles)
7. Afraid to (A ghost)
8. Accession to (throne)
9. Absorbed in (study)
10. Acquaintance with (a person)
11. Comply with (one's wishes)
12. Cured of (a disease)
13. Comply with (wishes)
14. Despair of (success)
15. Desirous (doing something)
16. Devoid of (quality)
17. Eligible for (a post)
18. Excuse for (a fault)
19. Exchange a thing (with a person)
20. Fatal to (one's cause)
21. Fearful of (death)

22. Greedy of (money)
23. Heir to (ancestral property)
24. Hopeful of (success)
25. Hostile to (a person)
26. Innocent of (a crime)
27. Intimate with (a person)
28. Insist on a (thing)
29. Impertinent to (elders)
30. Invite to (dinner)
31. Jealous of (a person)
32. Keep to (the left, the point)
33. Match for (a person)
34. Key to (success)
35. Match for (a person)
36. Motive for (an action)
37. Need of (a thing)
38. Occur to (mind)
39. Overwhelmed with (sorrow, grief)
40. Passion for (study)
41. Peculiar to (a person or a thing)
42. Persist in (doing)
43. Pleased with (a person)
44. Proud of (a thing)
45. Pride (on a thing)
46. Refrain from (doing some wrong)
47. Repent of (a mistake)
48. Rob (a person) of (a thing)
49. Sentence of (punishment)
50. Short of (money)
51. Shocked at (a loss)
52. Sure of (some fact)
53. Sacred to (a cause)
54. Triumph over (difficulties)
55. Vain of (beauty)
56. Wanting in (wisdom)
57. Worthy of (a reward)
58. Yield to (an enemy)
59. Sacred to (a cause)
60. Work at (subject)
61. Stick to (point)
62. Suspect of something (point)
63. Touch upon (subject)

Exercise

Directions (Q. 1–39) : In the following questions, choose the appropriate option to fill in the blanks in given sentences.

1. The poor have to work .... morning to evening.
(a) in (b) to
(c) from (d) before

2. I go .... swimming every morning.
(a) to (b) for
(c) at (d) in

3. Never laugh............ the disables.
(a) on (b) from
(c) to (d) at

4. Please wait .... me, I am coming within five minutes.
(a) for (b) by
(c) from (d) to

5. He fell .... love with Sakshi
(a) by (b) for
(c) in (d) with

6. I got your parcel .... Tuesday.
(a) since (b) for
(c) to (d) on

7. She was married .... en early age.
(a) for (b) of
(c) at (d) in

8. They will go to Bengaluru .... plane.
(a) on (b) in
(c) by (d) from

9. I am grateful .... my friends for their moral support.
(a) for (b) to
(c) of (d) with

10. This watch is a gift .... my uncle.
(a) by (b) from
(c) of (d) in

11. They will leave the place .... 10 pm.
(a) in (b) since
(c) for (d) at

12. The box belonged .... the landlord.
(a) of (b) with
(c) to (d) for

13. Children are fond .... chocolates and computer games.
(a) for (b) of
(c) with (d) in

14. His father died .... cancer.
(a) in (b) of
(c) by (d) for

15. She has great love .... her children
(a) for (b) of
(c) by (d) with

16. Listen .... what your teachers say.
(a) at (b) in
(c) to (d) for

17. This book is a collection .... Shakespeare's poem.
(a) for (b) of
(c) with (d) by

18. She wants to get rid .... the brown fox.
(a) for (b) to
(c) with (d) of

19. You cannot see germs .... naked eyes.
(a) by (b) with
(c) for (d) in

20. He was fast asleep .... his bed.
(a) into (b) in
(c) by (d) for

21. We have a very good news .... him.
(a) for (b) of
(c) to (d) with

22. They have been reading .... 7 o'clock.
(a) for (b) in
(c) since (d) at

23. The four brothers always quarrelled .... themselves.
(a) to (b) between
(c) for (d) among

24. These boys go to college .... college bus.
(a) by (b) on
(c) to (d) for

25. He was fined .... driving negligently.
(a) to (b) of
(c) by (d) for

26. He is often late .... his dinner.
(a) for (b) at
(c) to (d) in

27. Try to reach the village .... the sunset.
(a) before (b) by
(c) from (d) of

28. A jeep hit him while he was going .... the main road.
(a) on
(b) across
(c) behind
(d) through

29. The case was put .... the judge and the judge decides it within a year.
(a) at (b) from
(c) before (d) of

30. She is suffering .... fever.
(a) with (b) of
(c) through (d) from

31. Chairs are made .... wood.
(a) of (b) from
(c) on (d) through

32. There are tall beautiful coconut trees .... the river.
(a) along (b) at
(c) into (d) over

33. Mount Abu is about five thousand feet .... the sea-level.
(a) above (b) along
(c) after (d) behind

34. Ramesh fell down while he was running .... a bus.
(a) into (b) after
(c) over (d) through

35. The shopkeeper does not have the toys, I was looking ....
(a) by (b) about
(c) for (d) to

36. Divide twelve mangoes .... three boys.
(a) to (b) for
(c) between (d) among

37. To reach their village, they have to change a train .... the junction.
(a) on (b) to
(c) over (d) at

38. Mohan will never pass his SSC examination .... he works hard.
(a) if (b) unless
(c) since (d) because

39. It was the first time he had eaten a square meal .... he had left the village.
(a) since (b) for
(c) before (d) although

Answers

1. (c)	**2.** (b)	**3.** (d)	**4.** (a)	**5.** (c)	**6.** (d)	**7.** (c)	**8.** (c)	**9.** (b)	**10.** (b)
11. (d)	**12.** (c)	**13.** (b)	**14.** (b)	**15.** (a)	**16.** (c)	**17.** (b)	**18.** (d)	**19.** (b)	**20.** (b)
21. (a)	**22.** (c)	**23.** (d)	**24.** (a)	**25.** (d)	**26.** (a)	**27.** (a)	**28.** (b)	**29.** (c)	**30.** (d)
31. (a)	**32.** (a)	**33.** (a)	**34.** (b)	**35.** (c)	**36.** (d)	**37.** (d)	**38.** (b)	**39.** (a)	

❑❑

6 SPELLING TEST

Some spelling rules are follows:

The knowledge of grammatical rules is essential to write perfect English but the knowledge of accurate spelling is also equally important.

Final Consonant

Rule 1

One-syllable words ending in single vowel + single consonant double the consonant before a suffix beginning with a vowel. e.g.

(i) big + er = bigger

(ii) swim + ing = swimming

Rule 2

Words of two or three syllables ending in single vowel + single consonant double the final consonant if the last syllable is stressed. e.g

(i) control + er = controller

(ii) permit + ed = permitted

Rule 3

Consonant 'I' is doubled in the words ending in single vowel + 'I' before a suffix beginning with a vowel. e.g.

(i) signal + ing = signalling

(ii) quarrel + ed = quarrelled

Rule 4

When the suffix 'full' is added to a word, one 'I' is removed. e.g.

(i) use + full = useful

It the word to which the suffix 'full' is added ends in 'll' one "l" is removed form the word also. e.g.

(i) skill + full = skilful

(ii) will + full = wilful

Final 'e'

Rule 5

Words ending in silent 'e' drop the 'e' before a suffix beginning with a vowel. e.g.

(i) hope + ing = hoping

(ii) live + ed = lived

(iii) drive + er = driver

(iv) tire + ing = tiring

It the suffix begins with a consonant, 'e' is not dropped. e.g.,

(i) hope + full = hopeful

(ii) sincere + ly = sincerely

Exercise

Directions (Q. 1–60) : In each of the following words group, choose the correctly spelt word.

1. (a) Sattlite (b) Satellite (c) Sattelite (d) Satelite
2. (a) Embarasment (b) Embarassment (c) Embarrasment (d) Embarrassment
3. (a) Ocasion (b) Ocassion (c) Occasion (d) Occassion
4. (a) Distilry (b) Distillry (c) Distillery (d) Distilery
5. (a) Efflorascence (b) Efflorescence (c) Efllorescence (d) Eflorescence
6. (a) Commettee (b) Committe (c) Comittee (d) Committee
7. (a) Posesion (b) Possession (c) Posession (d) Possesion
8. (a) Forefiet (b) Forefeit (c) Forfeit (d) Forfiet
9. (a) Aliennate (b) Allienate (c) Alienate (d) Alienatte
10. (a) Greivance (b) Grievance (c) Griveance (d) Grieveance
11. (a) Comemorate (b) Commemmorate (c) Comemmorate (d) Commemorate
12. (a) Exemple (b) Exampel (c) Example (d) Exampal

13. (a) Inteligensia (b) Inteligentsia (c) Intelligensia (d) Intelligentsia

14. (a) Beligrent (b) Belligerent (c) Belligrent (d) Belligerent

15. (a) Dielectic (b) Diallectic (c) Dilectic (d) Diallectic

16. (a) Coruppt (b) Curropt (c) Corrupt (d) Currupt

17. (a) Variegated (b) Varegated (c) Varigated (d) Variagated

18. (a) Psychology (b) Sycology (c) Psykology (d) Sychology

19. (a) Liesure (b) Leisure (c) Leasure (d) Lesiure

20. (a) Accesible (b) Accessibel (c) Accessible (d) Acessible

21. (a) Desicate (b) Desiccate (c) Dessicate (d) Dessiccate

22. (a) Tresspas (b) Trespass (c) Tresspas (d) Trwspas

23. (a) Pasanger (b) Pessenger (c) Pesanger (d) Passenger

24. (a) Argumant (b) Arguemant (c) Argument (d) Arguement

25. (a) Tariff (b) Tarriff (c) Tarif (d) Tarrif

26. (a) Mustach (b) Moustach (c) Mustache (d) Moustache

27. (a) Jewelery (b) Jewellry (c) Jwellry (d) Jewellery

28. (a) Sedantry (b) Sedentery (c) Sedentary (d) Sedantary

29. (a) Grametic (b) Grammetic (c) Grammatic (d) Gramatic

30. (a) Idiosynrcrecy (b) Idiosyncrasy (c) Idiosyncracy (d) Idiosyrcracy

31. (a) Blisfull (b) Blissful (c) Blisful (d) Blissfull

32. (a) Leftinent (b) Leutinent (c) Lieutenant (d) Liutenent

33. (a) Aproched (b) Aproached (c) Appraoched (d) Approached

34. (a) Amacher (b) Ameture (c) Amateur (d) Ametur

35. (a) Comentry (b) Commentry (c) Commentery (d) Commentary

36. (a) Itinerary (b) Itinerery (c) Itinery (d) Ittinerary

37. (a) Commission (b) Comision (c) Comission (d) Commision

38. (a) Appearent (b) Appareant (c) Apparant (d) Apparent

39. (a) Scripturi (b) Skripture (c) Scripture (d) Scripcher

40. (a) Nuisance (b) Neusense (c) Neusance (d) Nuisence

41. (a) Acquiescence (b) Aquicence (c) Acquisence (d) Acquissence

42. (a) Massenger (b) Messenger (c) Messanger (d) Massanger

43. (a) Guerila (b) Gurilla (c) Gorila (d) Gorilla

44. (a) Assignmante (b) Assignment (c) Asignment (d) Asienement

45. (a) Harasment (b) Harassment (c) Harrassment (d) Harrasment

46. (a) Sustinence (b) Sustenance (c) Sustenence (d) Sustinance

47. (a) Bizarre (b) Bizaree (c) Bizare (d) Bizzare

48. (a) Achievment (b) Acheivment (c) Achievement (d) Achevement

49. (a) Perseverance (b) Preservatance (c) Perseverence (d) Preserverence

50. (a) Coreander (b) Coriander (c) Coriandar (d) Coreandor

51. (a) Sovereignty (b) Soveriegnty (c) Sovereignity (d) Soveriegnity

52. (a) Kalidoscope (b) Kalaidoscope (c) Kaleidoscope (d) Kaliedoscope

53. (a) Addultration (b) Adultration (c) Addulteration (d) Adulteration

54. (a) Acurrate (b) Accurate (c) Acurate (d) Accuratte

55. (a) Gorgean (b) Georgian (c) Gorgian (d) Georgeaen

56. (a) Buisness (b) Bussiness (c) Business (d) Buisiness

57. (a) Examplary (b) Exemplary (c) Examplery (d) Exemplery

58. (a) Rapprochmant (b) Rapprochment (c) Raproachment (d) Rapproachement

59. (a) Sabotage (b) Sabbotage (c) Sabotaze (d) Sabatage

60. (a) Forecast (b) Forcaust (c) Forcast (d) Forecaste

Answers

1. (b)	**2.** (d)	**3.** (c)	**4.** (c)	**5.** (b)	**6.** (d)	**7.** (b)	**8.** (c)	**9.** (c)	**10.** (b)
11. (d)	**12.** (c)	**13.** (d)	**14.** (d)	**15.** (d)	**16.** (c)	**17.** (a)	**18.** (a)	**19.** (b)	**20.** (c)
21. (b)	**22.** (b)	**23.** (d)	**24.** (c)	**25.** (a)	**26.** (d)	**27.** (d)	**28.** (c)	**29.** (c)	**30.** (b)
31. (b)	**32.** (c)	**33.** (d)	**34.** (c)	**35.** (d)	**36.** (a)	**37.** (a)	**38.** (d)	**39.** (c)	**40.** (a)
41. (a)	**42.** (b)	**43.** (d)	**44.** (b)	**45.** (b)	**46.** (b)	**47.** (a)	**48.** (c)	**49.** (a)	**50.** (b)
51. (a)	**52.** (c)	**53.** (d)	**54.** (b)	**55.** (b)	**56.** (c)	**57.** (b)	**58.** (d)	**59.** (a)	**60.** (a)

7 SYNONYMS AND ANTONYMS

WORD	SYNONYMS	ANTONYMS
abbreviate	shorten, condense	lengthen, increase
ability	skill, aptitude	incompetence, inability
able	capable, qualified	incapable
above	overhead	below
abundant	ample, sufficient	scanty, insufficient
accurate	correct, right	wrong
achieve	accomplish, attain	fail
active	energetic, animated, lively	lethargic, idle, sluggish
add	increase, total	subtract
adequate	sufficient, enough, ample	insufficient, sparse
adjourn	postpone, recess	recommence, continue
adult	grown-up	child
after	following, next	before
afraid	frightened, scared	courageous, brave
aggressive	assertive, pushy, militant	passive, peaceful
always	forever	never
amateur	beginner, novice	professional
antagonize	provoke, embitter	soothe, tranquilize
apparent	obvious, evident	hidden, obscure
approve	accept, ratify, endorse	disapprove, censure
arrogant	haughty, stuck-up	humble, modest
artificial	fake, synthetic	real, authentic
ask	question, inquire	answer
atrocious	dreadful, contemptible, vile	kind, wonderful
authentic	genuine, real, factual	false, artificial
average	ordinary, fair	unusual, exceptional
awful	dreadful, atrocious	pleasant
awkward	clumsy,	gracefu
ban	prohibit, forbid, outlaw	allow, permit
barren	unproductive, infertile	fertile, productive
bashful	shy, timid	outgoing, assured
beautiful	pretty, attractive, lovely	ugly
before	prior,	after, behind
beginning	start, initiate	finish, end
believe	trust, accept	doubt, distrust
below	under, lower	above
beneficial	helpful,	harmful, adverse
best	finest, choice	worst
birth	beginning	death, end
blend	combine, mix	separate
bottom	base, foundation	top

WORD	SYNONYMS	ANTONYMS
brave	courageous, bold, heroic	cowardly, timid
break	fracture, burst	repair, heal
brief	short, concise	long
broad	wide,	narrow
busy	active, occupied, working	idle, inactive
buy	purchase	sell
calm	quiet, tranquil, still	excited, turbulent
capture	apprehend, seize, arrest	free, release
care	concern,	neglect
careful	cautious, watchful	careless, reckless
cease	stop, discontinue	continue, recommence
certain	positive, sure, definite	uncertain, unsure
charming	delightful, appealing, enchanting	obnoxious, gross, vulgar
chilly	cool, nippy	warm
chubby	plump, pudgy	thin, skinny
clarify	explain, simplify	confuse
close	shut, fasten	open
close	near,	far
coarse	bumpy, rough	fine, smooth
colossal	enormous, immense, mammoth	tiny, insignificant, trivial
combine	blend, unite, join	separate
comical	amusing, funny, humorous	tragic, sorrowful
complex	complicated, intricate	simple
competent	capable, qualified	incompetent, inept
comprehend	grasp	confuse, misinterpret
complete	conclude, finish	incomplete
complex	complicated, intricate	simple
compress	crush, condense, squeeze	expand
concrete	real, tangible, solid	abstract, flimsy
concur	cooperate	disagree
condemn	censure, denounce	approve
condense	compress, concentrate	expand, enlarge
confess	acknowledge	deny
confine	contain, enclose, restrain	free, release
conflict	differ, clash	agree
conflict	fight, battle, struggle	peace, harmony
conform	comply, submit	dissent, dispute
confuse	complicate, muddle, jumble	clarify
congested	stuffed	empty, unfilled
connect	attach	separate, disconnect
conscientious	scrupulous, virtuous	neglectful, careless
conscious	aware, cognizant	unaware, unconscious
consecutive	successive, continuous	interrupted
conservative	cautious, restrained	radical, extreme
considerate	mindful	thoughtless, selfish
constantly	always, continually	scarcely, seldom
contaminate	infect	purify
contented	satisfied, pleased	dissatisfied, unhappy
continue	persist, persevere	discontinue, stop
convalesce	recover, heal	relapse
convenient	handy, accessible	inconvenient

WORD	SYNONYMS	ANTONYMS
conventional	traditional	unusual
correct	accurate, right, proper	wrong, incorrect
courage	bravery, valor	cowardice
courteous	polite, civil	rude
cover	conceal, hide	expose
cozy	comfortable, snug, homey	uncomfortable
cranky	irritable	good-humored
crazy	daft, mad	sane
cruel	mean, heartless, ruthless	kind, humane
cry	sob, weep	laugh
dally	linger	rush
damage	hurt, impair, harm	remedy, repair
dangerous	unsafe, hazardous, perilous	safe
daring	bold, audacious	cautious
dark	black	light
dawn	daybreak, sunrise	evening
dead	lifeless, deceased	alive, active
decay	rot, spoil	bloom, flourish
deduct	subtract, remove	add
defend	shield	attack, assault
defy	resist, challenge	obey, comply
delicate	dainty	sturdy
demolish	destroy, wreck	restore
denounce	blame, censure, indict	commend
dense	thick, heavy, compressed	sparse, empty
depart	leave, exit	arrive
deposit	place	withdraw
desolate	barren, forsaken	dense, verdant
despise	detest, loathe	love
destitute	penniless	wealthy
destroy	ruin, wreck, devastate	restore
detach	unfasten, remove	attach
deter	hinder, prevent	encourage
determined	sure, convinced, resolute	doubtful
die	expire, perish	live
different	distinct, unlike	same, alike
difficult	hard, challenging	easy
dilute	thin	strengthen
diminish	curtail, lessen, decrease	increase, amplify
dirty	soiled, messy	clean
disagree	differ, dispute	agree
dispute	debate, oppose	agree
diverse	different, distinct	same, similar
divide	separate, split	unite
docile	tame, gentle	wild, stubborn
dormant	sleeping, inactive	awake, active
doubt	dispute	believe
drab	dull, lifeless	bright
drastic	severe, extreme, tough	mild, moderate
dreadful	unpleasant	splendid, super
dry	arid, parched	wet

WORD	SYNONYMS	ANTONYMS
dubious	doubtful, questionable	certain
dull	blunt, dreary	sharp, bright
dumb	stupid, dense	smart
early	beforetime	late
easy	simple	hard
eccentric	peculiar, unusual	normal
ecstasy	joy, rapture, elation	sadness, depression
empty	drain, unload	fill encourag
encourage	urge	discourage
enemy	opponent, foe	ally, friend
enjoy	appreciate	dislike, hate
enlarge	magnify	reduce, shrink
enormous	vast, immense, colossal	tiny, microscopic
enough	sufficient, ample, plenty	insufficient
entirely	wholly, completely, solely	partly
eternal	always, perpetual, everlasting	temporary, passing
evident	apparent, obvious, clear	doubtful, vague
evil	bad, wrong, wicked	good
exceptional	outstanding	ordinary, commonplace
excite	provoke, incite	compose, calm
exhilarated	ecstatic, elated	depressed, dejected, sad
explicit	exact, distinct, unmistakable	indefinite, unclear
exquisite	charming, lovely	revolting, repulsive
exterior	outside, outer	interior
extravagant	extreme, excessive, luxurious	meager
fabulous	marvelous, amazing	unexciting
face	confront, meet	avoid
fair	honest, just, impartial	unjust, unfair
fake	phony, artificial	real, genuine
false	incorrect, untrue	true
fancy	ornate, fussy	simple, plain
fantastic	incredible, outrageous	ordinary, usual
fast	quick, swift	slow
fat	chubby, plump, stout	thin
fatal	deadly, mortal, killing	
fatigue	tire, exhaust	
feasible	attainable, practical	impossible
feeble	weak, frail	strong
ferocious	savage, brutal, savage	tame, gentle
fertile	productive	unproductive, barren
fiction	fantasy, untruth, myth	truth
fill	pack	empty
fix	mend, repair	break
flaw	defect, fault, blemish	perfection
flimsy	frail, fragile, delicate	sturdy, strong
flippant	sassy	polite, respectful
fluid	liquid	solid
foe	adversary, opponent	friend
follow	succeed, trail	lead, precede
forbid	ban, bar	encourage
forgive	pardon, excuse, absolve	

WORD	SYNONYMS	ANTONYMS
former	earlier	latter
fraction	portion, segment	whole
frank	candid, straightforward, blunt	evasive
frenzy	fury, rage	serenity, calmness
fresh	unused, new	old, stale
friend	comrade, buddy	enemy
frigid	frosty	warm, hot
frivolous	trivial, unimportant, silly	important, serious
front	fore	back
full	stuffed	empty
furious	enraged, infuriated	calm, placid
future	tomorrow	past
gain	acquire, obtain, receive	lose
gallant	chivalrous, stately	ungentlemanly
gather	collect, accumulate, compile	scatter, disperse
gaudy	showy, garish, vulgar	tasteful, refined
gaunt	scrawny, skinny, thin	overweight, plump
generous	giving, selfless, big-hearted	selfish, stingy
gentle	tender, mild	rough, harsh
genuine	real, authentic, sincere	fake, phony
gigantic	immense, colossal, enormous	tiny, minute
give	donate, present, offer	take, receive
glad	happy, pleased, delighted	sad, unhappy
gloomy	dark, dismal, depressing	cheery, bright
glorious	splendid, magnificent, superb	terrible, awful
good	nice, fine, well-behaved	bad, awful
gorgeous	ravishing, dazzling, stunning	hideous, unattractive
gratitude	thankfulness, appreciation	ungratefulness
great	outstanding, remarkable	insignificant, unimportant
handy	useful, convenient, skillful	inconvenient, inept
hard	firm, solid, difficult	soft, easy
hate	loathe, detest	love
help	aid, assist	hinder, thwart
high	elevated, lofty	low
hold	grasp, grip, retain	release, discharge
honest	truthful, sincere, frank	untruthful, insincere
hospitable	welcoming, cordial, gracious	rude, unfriendly
hostile	antagonistic, aggressive, militant	friendly, cordial
huge	vast, immense, great	small, tiny
humble	modest, unpretentious	vain, showy
humiliate	embarrass, disgrace, dishonor	honor, dignify
identical	alike, duplicate	different, varied
idle	inactive, lazy	busy, ambitious
ignorant	uninformed, unaware	knowledgeable
immaculate	spotless, pure	dirty, filthy
immature	childish, inexperienced	mature, adult
immune	resistant, exempt	susceptible
impartial	neutral, unbiased, fair	prejudiced
impatient	eager, anxious, intolerant	patient
imperative	compulsory, crucial, mandatory	unnecessary, optional
imperfect	marred, defective, faulty	perfect, flawless

WORD	SYNONYMS	ANTONYMS
impetuous	impulsive, rash, reckless	restrained, careful
important	significant, meaningful	unimportant, meaningless
independent	self-reliant, autonomous	dependent, unsure
inferior	lesser, substandard	superior
infuriate	enrage, agitate, provoke	soothe, clam
ingenious	clever, creative, original	unoriginal, dull
innocent	guiltless, blameless	guilty
insane	crazy, deranged, mad	sane
insufficient	inadequate, deficient	adequate, enough
intelligent	bright, sensible, rational	ignorant, dense
interesting	provocative, engrossing	dull, boring
intermittent	sporadic, periodic	regular, continual
internal	inner, inside	external, outer
intolerant	bigoted, prejudiced	understanding, accepting
intriguing	fascinating, enthralling	uninteresting, dull
irrelevant	inappropriate, unrelated	relevant, pertinent, applicable
irritate	annoy, agitate, provoke	soothe, calm
join	connect, unite, link	separate, disconnect, detach
jolly	merry, jovial, joyful	sad, grim, glum
jubilant	overjoyed, delighted, elated	dejected, depressed
keep	save, protect, guard	discard, lose
kind	considerate, tender, thoughtful	mean, cruel, inconsiderate
lament	mourn, grieve	rejoice, celebrate
large	big, massive, huge	small, little
last	final, end	first, beginning
least	fewest, minimum, smallest	most, maximum
legible	readable, clear	illegible, unreadable
lenient	lax, unrestrained, easy	harsh, strict
listless	lethargic, tired	active, energetic
logical	sensible, sane, rational	illogical, unreasonable
long	lengthy	short
loose	slack, limp	tight
lure	attract, seduce, entice	repel
luxurious	extravagant, elegant	meager, scanty
magnify	expand, enlarge, exaggerate	reduce, minimize
mandatory	required, compulsory	optional
maneuver	manipulate, handle, scheme	
maximum	greatest, uppermost, highest	minimum, least
meager	scanty, sparse, poor	abundant, generous
mean	unkind, malicious, nasty	pleasant, nice
mediocre	fair, moderate, so-so	outstanding
mend	repair, fix	break
migrant	drifting, traveling, transient	stationary, immovable
militant	combative, aggressive, warlike	peaceful
minor	lesser, inferior, secondary	major
mirth	merriment, fun, laughter	gloom, sadness
mischievous	naughty, impish	well-behaved, angelic
misfortune	hardship, catastrophe, mishap	good luck, fortune
mobile	moveable, changeable	immobile, stationary
moderate	temperate, lenient, medium	extreme, harsh
momentous	important, powerful, outstanding	unimportant, insignificant

WORD	SYNONYMS	ANTONYMS
monotonous	boring, tedious dreary, humdrum	interesting
moral	ethical, virtuous, righteous	immoral, unethical
morbid	appalling, awful, ghastly	pleasant
morose	gloomy, sullen, moody, glum	cheerful, optimistic
mourn	grieve, lament, bemoan	rejoice
mysterious	elusive, occult, secret	obvious, known
naughty	bad, disobedient, wrong	good, appropriate
neat	clean, orderly, tidy	sloppy, disorderly
negligent	careless, derelict, inattentive	conscientious, careful
nervous	ruffled, flustered, perturbed	composed, calm
neutral	impartial, unprejudiced	prejudiced, partial
new	unused, fresh, modern	old, antique
nice	pleasing, desirable, fine	unpleasant, naughty
nonchalant	indifferent, lackadaisical, blase	concerned, apprehensive
normal	ordinary, typical, usual	abnormal, unusual
numerous	several, abundant, considerable	few, scanty
obey	mind, heed, comply	disobey, resist
oblivious	unconscious, preoccupied, dazed	mindful, aware
obnoxious	offensive, abominable, repulsive	pleasant, pleasing
observe	examine, study, scrutinize	ignore, disregard
obsolete	extinct, dated, antiquated	stylish, vogue, current
obstinate	stubborn, bullheaded, adamant	maneuverable, flexible
odd	peculiar, weird, strange	usual, ordinary
offend	displease, affront, disgust	please, delight
ominous	threatening, menacing	
opaque	obscure, murky, unclear	transparent, clear
open	begin, unfold, originate	close
opponent	enemy, rival, foe	ally, friend
optimistic	hopeful, confident	pessimistic
optional	voluntary, elective	required
ordinary	usual, average	unusual, remarkable
outrageous	preposterous, shocking	warranted, acceptable
outstanding	extraordinary, distinguished	insignificant, inconsequential
painstaking	meticulous, precise, fastidious	careless, negligent
passive	compliant, submissive, yielding	forceful
past	former, previous, preceding	future
patience	tolerance, perseverance	impatience
peculiar	weird, bizarre	normal, conventional
perfect	flawless, accurate	imperfect, faulty
permanent	enduring, lasting	temporary, changing
perpetual	eternal, endless, incessant	short-lived, fleeting
persuade	convince, influence	dissuade, deter
plausible	believable, reasonable, logical	unbelievable
plentiful	ample, enough, abundant	scarce, insufficient
pliable	supple, flexible, compliant	rigid, closed-minded
polite	gracious, refined, courteous	rude, discourteous
poor	destitute, needy, impoverished	rich, wealthy
portion	part, segment, piece	whole, total
possible	conceivable, feasible, plausible	impossible, unachievable
precarious	dangerous, uncertain, shaky	sure, safe
precious	cherished, valuable, prized	cheap, worthless

WORD	SYNONYMS	ANTONYMS
prejudiced	biased, opinionated, influenced	impartial
premature	early, hasty	late, delayed
premeditated	planned, intended, calculated	spontaneous, accidental
preserve	uphold, guard, save	destroy, neglect
pretty	lovely, beautiful, attractive	homely, unattractive
prevalent	customary, widespread	uncommon, unusual
prevent	thwart, prohibit, hinder	permit, allow
probable	likely, apt, liable	improbable, doubtful
proficient	skilled, adept, competent	inefficient, inept
profit	gain, earnings, benefit	loss
prohibit	forbid, bar, restrict	allow, permit
prominent	distinguished, eminent	unknown, not renowned
prompt	punctual, timely	late, slow
prosperous	thriving, successful, flourishing	unsuccessful, fruitless
proud	arrogant, elated	modest, ashamed
push	shove, propel	pull
qualified	competent, suited, capable	unfit, unsuited
question	interrogate, inquire, ask	answer
quiet	silent, hushed, tranquil	noisy, rowdy
quit	cease, stop, withdraw	continue, remain
racket	noise, commotion, disturbance	peace, quiet
radiant	luminous, shining, lustrous	dim, not illuminated
raise	hoist, elevate	lower
ratify	approve, confirm, endorse	veto, refuse
rational	logical, level-headed, sensible	irrational, crazy
ravage	devastate, ruin, damage	restore, revitalize
raze	destroy, demolish	build, construct
recreation	amusement, pleasure, pastime	work, labor
reduce	lessen, decrease, diminish	increase, enlarge, amplify
refute	contradict, dispute	agree, concur
regular	routine, customary, steady	irregular, abnormal
regulate	control, oversee, handle	decontrol
relentless	persistent, merciless, unyielding	lenient, sympathetic
relevant	pertinent, suitable, apropos	irrelevant, insignificant
reliable	trustworthy, steadfast, stable	undependable, unreliable
reluctant	unwilling, hesitant	willing, accommodating
remote	secluded, isolated, distant	close, accessible
repulsive	hideous, offensive, gruesome	pleasing, alluring
reputable	honorable, upstanding, honest	dishonest, untrustworthy
resist	oppose, withstand, defy	comply, conform
retaliate	avenge, revenge, reciprocate	
reveal	show, disclose, divulge	hide, conceal
ridiculous	nonsensical, foolish, preposterous	sensible, believable
risky	hazardous, perilous, chancy	safe, sound
rowdy	boisterous, rambunctious	well-mannered, genteel
rude	impolite, discourteous	polite, mannerly
sad	unhappy, dejected, gloomy	happy, glad
same	identical, alike, equivalent	different, diverse

WORD	SYNONYMS	ANTONYMS
savage	uncivilized, barbarous	civilized, gentle, tame
save	preserve, conserve, keep	spend, discard
scarce	scanty, rare, sparse	plentiful, abundant
scrawny	skinny, gaunt, spindly	husky, chubby
scrupulous	meticulous, ethical, fastidious	unethical, careless
seize	apprehend, grab, snatch	release, free
separate	divide, segregate, partition	unite, join
serene	peaceful, tranquil, calm	disturbed, upset
serious	grave, solemn, pensive	flighty, fickle
shrewd	clever, cunning, crafty	unthinking, careless
shy	bashful, timid	bold, aggressive
sick	ill, ailing	well, healthy
slim	slender, thin, svelte	stout, stocky
sluggish	listless, lethargic, inactive	quick, speedy
small	little, insignificant, trivial	large, important
smooth	slick, glossy, level	rough
sociable	friendly, cordial, gregarious	unfriendly, aloof
sorrow	woe, anguish, grief	joy, ecstasy
special	exceptional, notable, particular	ordinary, usual
spontaneous	instinctive, automatic, natural	planned, rehearsed
stable	steady, unchanging, settled	unsettled
stationary	fixed, immobile, firm	movable, portable
stimulate	rouse, stir, motivate	stifle, suppress
stop	quit, cease, terminate	start, begin
strenuous	vigorous, laborious	effortless, easy
strict	stringent, severe, stern	lenient
strong	powerful, mighty, potent	weak
stupid	unintelligent, dense, foolish	knowledgeable, smart
subsequent	following, succeeding, latter	preceding, previous
successful	thriving, prosperous, triumphant	failing, unsuccessful
sufficient	ample, enough, adequate	lacking, insufficient
superb	magnificent, exquisite	inferior, mediocre
suppress	restrain, inhibit, squelch	foster, encourage
surplus	excess, additional, extra	lack, deficit
swift	fast, speedy, hasty	slow, sluggish
synthetic	man-made, artificial	natural
tall	high, lofty	short
tangible	concrete, definite	vague, ambiguous
taut	tense, tight, stiff	relaxed

WORD	SYNONYMS	ANTONYMS
tender	delicate, gentle, affectionate	harsh, rough
terrible	dreadful, horrible, vile	wonderful, superb
thaw	melt, defrost	freeze
thrifty	economical, frugal, prudent	wasteful, extravagant
thrive	prosper, flourish, develop	fail, fade, shrivel
total	whole, entire, complete	partial
trivial	insignificant, worthless	important, crucial
turbulent	tumultuous, blustering, violent	clam, peaceful
turmoil	commotion, disturbance, fracas	quiet, tranquility
unbiased	impartial, unprejudiced, fair	prejudiced, partial
upset	perturb, ruffle, agitate	soothe, calm
urgent	crucial, important, imperative	unimportant, trivial
vacant	unoccupied, empty	filled, occupied
vague	unclear, obscure, indistinct	clear, definite
valiant	courageous, brave, heroic	cowardly, fearful
vibrate	shake, quiver, tremble	firm, steady
vicious	malicious, spiteful, ferocious	kind, humane
victory	triumph, win, success	defeat
virtuous	moral, righteous, angelic	sinful, wicked
vulgar	offensive, uncouth, coarse	refined, tasteful
wealth	riches, prosperity, assets	poverty
weary	tired, fatigued, lethargic	energetic, lively
wholehearted	earnest, sincere	insincere
wild	uncivilized, savage, reckless	tame, calm
win	triumph, succeed, prevail	lose
wise	knowing, scholarly, smart	dull, uneducated
wonderful	marvelous, incredible, splendid	ordinary, blah
worn	used, impaired, old	new, fresh
wrong	incorrect, untrue, mistaken	correct, right
yield	produce, bear, provide	keep, retain
zenith	peak, pinnacle, apex	bottom, base

Exercise-1

Directions : (Q. No. 1-50) Choose the correct synonym for the word given in capital letters.

1. TRIUMPH
   (a) Joy (b) Excitement
   (c) Gain (d) Victory
2. APPORTIONMENT
   (a) Allotment (b) Bestowal
   (c) Delivery (d) Presentation
3. PREDICT
   (a) Explain (b) Foretell
   (c) Assert (d) Observe
4. DOCILE
   (a) Stubborn (b) Stupid
   (c) Gentle (d) Vague
5. KID
   (a) Regulate (b) Divert
   (c) Entertain (d) Cheat

6. ARTIFACT
(a) Synthetic (b) Man-made
(c) Natural (d) Exact copy

7. AMPLE
(a) Sufficient (b) Swift
(c) Detailed (d) Huge

8. PILFER
(a) Destroy (b) Damage
(c) Steal (d) Snatch

9. RESILIENT
(a) Flexible (b) Proud
(c) Separable (d) Rigid

10. CAVIL
(a) Appreciate (b) Amuse
(c) Quibble (d) Munch

11. LOQUACIOUS
(a) Sad (b) Secretive
(c) Quiet (d) Talkative

12. CELIBATE
(a) Saint (b) Widower
(c) Bachelor (d) Teetotaller

13. LUDICROUS
(a) Absurd (b) Clear
(c) Simple (d) Dismal

14. LETHAL
(a) Dreary (b) Dreadful
(c) Deadly (d) Strange

15. GAMBIT
(a) Expression (b) Trick
(c) Explanation (d) Appeal

16. EXPOSE
(a) Open (b) Revel
(c) Declare (d) Conceal

17. DELETERIOUS
(a) Morose (b) Devious
(c) Harmful (d) Remorseful

18. AUTHENTIC
(a) Apparent (b) Intricate
(c) Stable (d) Factual

19. INFINITE
(a) Strange (b) Endless
(c) Indefinite (d) Vague

20. BAULK
(a) Identify (b) Prevent
(c) Encourage (d) Verify

21. ADMONISH
(a) Threaten (b) Praise
(c) Appeal (d) Support

22. PENCHANT
(a) Like (b) Eagerness
(c) Disability (d) Dislike

23. BARTER
(a) Deal (b) Return
(c) Lend (d) Exchange

24. RANGE
(a) Level (b) Expanse
(c) Grade (d) Standing

25. HAGGLE
(a) Postpone (b) Accept
(c) Bargain (d) Reject

26. REVISE
(a) Edit (b) Alter
(c) Correct (d) Reconsider

27. ACCUSE
(a) Absolve (b) Exonerate
(c) Vindicate (d) Impeach

28. UNICONSCIONABLE
(a) Distasteful (b) Unmanageable
(c) Excessive (d) Unmindful

29. DANK
(a) Dangerous (b) Ugly
(c) Plunder (d) Damp

30. DIVVY
(a) Selfless (b) Foolish
(c) Follower (d) Pioneer

31. APOGEE
(a) Climax (b) Beginning
(c) Middle (d) Bottom

32. ADVERSITY
(a) Crisis (b) Misfortune
(c) Failure (d) Helplessness

33. LIMP
(a) Kneel (b) Bend
(c) Falter (d) Stoop

34. MASSACRE
(a) Stab (b) Slaughter
(c) Murder (d) Assassinate

35. COMBAT
(a) Quarrel (b) Fight
(c) Conflict (d) Feud

36. ABSCOND
(a) Turn (b) Flee
(c) Manage (d) Avoid

37. PROFOUND
(a) Profuse (b) Boundless
(c) Deep (d) Fathomless

38. OVERSEE
(a) Supervise (b) Glance
(c) Contest (d) Look

39. COMPUNCTION
(a) Anger (b) Appreciate
(c) Regret (d) Wonder

40. DILETTANTE
(a) Opponet (b) Specialist
(c) Amateur (d) Expert

41. HOODLUM
(a) Pioneer (b) Criminal
(c) Devotee (d) Scholar

42. FOSTER
(a) Encourage (b) Fabricate
(c) Foment (d) Nurture

43. FILTHY
(a) Healthy (b) Ugly
(c) Dirty (d) Angry

44. SOPORIFIC
(a) Lethargic (b) Merry
(c) Soothing (d) Impressive

45. ABOMINATION
(a) Revulsion (b) Disgust
(c) Criticism (d) Attack

46. BURLESQUE
(a) Insult (b) Irritate
(c) Mock (d) Annoy

47. SOLICIT
(a) Beseech (b) Demand
(c) Claim (d) Require

48. PRUNE
(a) Lend (b) Reduce
(c) Expand (d) Prolong

49. VOGUE
(a) Fashion (b) Rejection
(c) Order (d) Satisfaction

50. DELEGATE
(a) Officer (b) Participant
(c) Member (d) Representative

Answers

1. (d)	**2.** (a)	**3.** (b)	**4.** (c)	**5.** (d)	**6.** (b)	**7.** (a)	**8.** (c)	**9.** (a)	**10.** (c)
11. (d)	**12.** (c)	**13.** (a)	**14.** (c)	**15.** (b)	**16.** (b)	**17.** (c)	**18.** (d)	**19.** (b)	**20.** (b)
21. (a)	**22.** (a)	**23.** (d)	**24.** (b)	**25.** (c)	**26.** (b)	**27.** (d)	**28.** (c)	**29.** (d)	**30.** (d)
31. (a)	**32.** (b)	**33.** (c)	**34.** (b)	**35.** (b)	**36.** (b)	**37.** (c)	**38.** (a)	**39.** (c)	**40.** (c)
41. (b)	**42.** (d)	**43.** (c)	**44.** (c)	**45.** (b)	**46.** (c)	**47.** (a)	**48.** (c)	**49.** (a)	**50.** (d)

Exercise-2

Direction : (Q. No. 1-58) In each of the following question, choose the alternative which is opposite in meaning to the given word.

1. OUTMODED
(a) Polished (b) Practicable
(c) Stylish (d) Fashionable
2. BRIDGE
(a) Divide (b) Bind
(c) Release (d) Open
3. TRANQUIL
(a) Impatient (b) Agitated
(c) Vociferous (d) Noisy
4. MALFORMED
(a) Fetid (b) Sketchy
(c) Curvaceous (d) Shapely
5. KNOWLEDGE
(a) Ignorance (b) Illiteracy
(c) Foolishness (d) Backwardness
6. NADIR
(a) Progress (b) Liberty
(c) Zenith (d) Modernity
7. HOLY
(a) Offesive (b) Orthodox
(c) Simple (d) Obnoxious
8. LISSOME
(a) Ungainly (b) Huge
(c) Pungent (d) Crude
9. ALLEVIATION
(a) Exaggeration (b) Exasperation
(c) Magnification (d) Intensification
10. MINION
(a) Master (b) Quorum
(c) Majority (d) Host
11. LANGUID
(a) Smart (b) Energetic
(c) Fast (d) Ferocious
12. BAULK
(a) Admire (b) Strengthen
(c) Clamour (d) Encourage
13. STRINGENT
(a) Magnanimious
(b) Lanient
(c) Vehement
(d) General
14. IGNORE
(a) Support (b) Favour
(c) Redress (d) Accept
15. WRECK
(a) Make (b) Build
(c) Restore (d) Relieve
16. FLACCID
(a) Upright (b) Taut
(c) Uneven (d) Tough
17. AVOIDANCE
(a) Possession (b) Passion
(c) Pursuit (d) Power
18. RESPITE
(a) Tension (b) Exertion
(c) Regularity (d) Delay
19. GRATUITY
(a) Annuity (b) Grave
(c) Discount (d) Wages
20. ALIENATE
(a) Gather (b) Identify
(c) Assemble (d) Unite
21. EVANESCENT
(a) Blooming (b) Growing
(c) Twinkling (d) Teasing
22. MALICIOUS
(a) Boastful (b) Indifferent
(c) Kind (d) Generous
23. SAGACIOUS
(a) Casual (b) Cunning
(c) Foolish (d) False
24. PERSUASIVE
(a) Demoralizing (b) False
(c) Discouraging (d) Unconvincing
25. ZEST
(a) Restive (b) Callous
(c) Indifference (d) Distaste
26. REPEL
(a) Attract (b) Concentrate
(c) Attend (d) Continue
27. BANISH
(a) Abandon (b) Harbour
(c) Intrude (d) Drop
28. REWARD
(a) Demotion (b) Forfeiture
(c) Penalty (d) Retribution
29. FOSTER
(a) Repress (b) Curb
(c) Check (d) Control
30. AUSPICIOUS
(a) Spicy (b) Unfavourable
(c) Conspicuous (d) Condemnatory
31. CONVEX
(a) Flat (b) Protuberant
(c) Full (d) Indented
32. MANAGE
(a) Direct (b) Avail
(c) Bungle (d) Wild
33. ARID
(a) Plentiful (b) Productive
(c) Humid (d) Agreeble
34. TENTATIVE
(a) Immediate (b) Urgent
(c) Developed (d) Final
35. STUBBORN
(a) Willing (b) Consenting
(c) Pliable (d) Easy
36. LIABILITY
(a) Treasure (b) Debt
(c) Assets (d) Property
37. JEER
(a) Mourn (b) Praise
(c) Mock (d) Sneer
38. ADEQUATE
(a) Profuse (b) Abounding
(c) Scanty (d) Abundant
39. CONTENTED
(a) Rash
(b) Narrow-minded
(c) Gloomy
(d) Disappointed
40. CONCEAL
(a) Unfold (b) Revel
(c) Open (d) Discover
41. ROUGHLY
(a) Exactly (b) Completely
(c) Pointedly (d) Largely
42. LIBERALISM
(a) Humanism
(b) Dynamism
(c) Sectarianism
(d) Totalitarianism
43. MISERLY
(a) Generous (b) Liberal
(c) Spendthrift (d) Charitable
44. SELDOM
(a) Rarely (b) Daily
(c) Often (d) Never
45. AMALGAMATE
(a) Generate (b) Repair
(c) Materialise (d) Separate

46. FRAILTY
(a) Emaciation (b) Strength
(c) Health (d) Boldness

47. PROHIBIT
(a) Accept (b) Permit
(c) Agree (d) Grant

48. EMBRACE
(a) Suspect (b) Harm
(c) Reject (d) Hurt

49. BASHFUL
(a) Daring (b) Boastful
(c) Upright (d) Confident

50. WONDER
(a) Stock (b) Amusement
(c) Expectation (d) Surprise

51. DENSITY
(a) Brightness (b) Clarity
(c) Intelligence (d) Rarity

52. APPOINTMENT
(a) Disappointment
(b) Suspension
(c) Dismissal
(d) Discharge

53. ALLURE
(a) Repulse (b) Develop
(c) Entice (d) Decoy

54. CRASS
(a) Gross (b) Refined
(c) Coarse (d) Dense

55. REPRAISAL
(a) Relief (b) Forgiveness
(c) Exemption (d) Relaxation

56. FRIEND
(a) Rival
(b) Acquaintance
(c) Foe
(d) Competitor

57. JUSTIFY
(a) Regular (b) Infuriate
(c) Absolve (d) Vindicate

58. MONOLOGUE
(a) Dialogue (b) Prologue
(c) Epilogue (d) Catalogue

Answers

1. (d)	**2.** (d)	**3.** (b)	**4.** (d)	**5.** (a)	**6.** (c)	**7.** (c)	**8.** (a)	**9.** (b)	**10.** (a)
11. (b)	**12.** (d)	**13.** (b)	**14.** (c)	**15.** (c)	**16.** (b)	**17.** (c)	**18.** (b)	**19.** (d)	**20.** (b)
21. (a)	**22.** (d)	**23.** (c)	**24.** (d)	**25.** (d)	**26.** (a)	**27.** (b)	**28.** (c)	**29.** (a)	**30.** (b)
31. (d)	**32.** (c)	**33.** (c)	**34.** (d)	**35.** (c)	**36.** (c)	**37.** (b)	**38.** (c)	**39.** (d)	**40.** (b)
41. (a)	**42.** (d)	**43.** (a)	**44.** (c)	**45.** (d)	**46.** (b)	**47.** (b)	**48.** (c)	**49.** (d)	**50.** (c)
51. (d)	**52.** (c)	**53.** (a)	**54.** (b)	**55.** (b)	**56.** (c)	**57.** (a)	**58.** (a)		

❑❑

8 ONE WORD SUBSTITUTION

One word substitution questions are designed to test a candidate's vocabulary as well as his ability to express in fewer words. The candidate is required to select the alternative which can be substituted for the given words/sentence.

Words and their Substitutes

Word/Sentence	Substitute
Voluntary giving up of throne in favour of someone	Abdication
Allowance paid to wife on legal separation	Alimony
A lover of others	Altruist
One who can use either hand with ease	Ambidextrous
Animals which live both on land and in water	Amphibian
One who is out to destroy all government law and order	Anarchist
One who studies the evolution of mankind	Anthropologist
A person appointed by two parties to solve a dispute	Arbitrator
A place for ammunition and weapons	Arsenal
A person who does not believe in God	Atheist
The life history of a person written by himself	Autobiography
A nation that is in a war-like mood	Belligerent
The practice of having two wives or two husbands at a time	Bigamy
The act of speaking disrespectfully about sacred things	Blasphemy
Government by the officials	Bureaucracy
A person who is bad in spelling	Cacographist
One who feeds on human flesh	Cannibal
One who draws maps	Cartographer
One who teaches dancing	Choreographer
A critical judge of any art and craft	Connoisseur
Persons living at the same time	Contemporaries
Nursery where children are cared for while their parents are at work	Creche
A religious war	Crusade
Centre of attraction	Cynosure
A room for several people to sleep in, especially in a college or public institution	Dormitory
Fit to be eaten	Edible
A poem of lamentation	Elegy
A person who leaves his own country and goes to live in another	Emigrant
Lasting one day	Ephemeral
Words which are inscribed on the grave or the tomb in the memory of the buried	Epitaph
One who is very selective in one's taste	Fastidious
One who believes in fate	Fatalist
One who works for welfare of the women	Feminist
The plants of particular region	Flora
Easily broken	Fragile
One who runs away from justice or the law	Fugitive

Murder of race	Genocide
Animals which live in flocks	Gregarious
A place for housing aeroplanes	Hangar
One who acts against religion	Heretic
A place for bees	Hive
Holding office without any remuneration	Honorary
Incapable of being read	Illegible
A person who comes to one country from another in order to settle there	Immigrant
A person who cannot be easily approached	Inaccessible
A sound that cannot be heard	Inaudible
Incapable of being corrected	Incorrigible
That cannot be erased	Indelible
One who is free from all mistakes and failures	Infallible
Murder of an infant	Infanticide
Liable to catch fire easily	Inflammable
A person who is unable to pay his debts	Insolvent or bankrupt
One who supervises in the examination hall	Invigilator
One who is too strong to be overcome	Invincible
A place for dogs	Kennel
One who cuts precious stones	Lapidist
One who is skilled in foreign language	Linguist
One who, talks continuously	Loquacious
The first speech delivered by a person	Maiden speech
One who dies for a noble cause	Martyr
Murder of mother	Matricide
A place where money is made	Mint
A hater of mankind	Misanthrope
A hater of womankind	Misogynist
The practice of marrying one at a time	Monogamy
A place where dead bodies are kept for post mortem	Mortuary
A person having same name as another	Namesake
A strong desire to return home, home sickness	Nostalgia
One new to anything, inexperienced	Novice or tyro
An account of one's achievements in the newspaper after one's death	Obituary
One who is all powerful	Omnipotent
One, who knows everything	Omniscient
One who eats everything	Omnivorous
One who has lost parents	Orphan
The study of ancient writing	Paleography
A remedy for all diseases	Panacea
Murder of father	Patricide
A person who looks at the dark side of things	Pessimist
A lover of mankind	Philanthropist
One, who does not care for art and literature	Philistine
Literary theft or passing off an author's original work as one's own	Plagiarism
The practice of marrying more than one husband at a time	Polyandry
The practice of marrying more than one wife at a time	Polygamy
One who speaks many languages	Polyglot
That can be carried easily	Portable
Child born after the death of his father, or the book published	

after the death of writer	Posthumous
Fit to drink	Potable
An act of separation from other persons to avoid infection	Quarantine
Murder of a king or queen	Regicide
Violating or profaning religious things/places	Sacrilege
A place for the sick to recover health	Sanatorium
A person who walks in sleep	Somnambulist
A person who talks in sleep	Somniloquist
Murder of sister	Sororicide
One who is habitual drunkard	Sot, toper
A place for horses	Stable
Murder of oneself	Suicide
One who does not take any intoxicating drink	Teetotaller
Government by religious principles	Theocracy
A person/student who absents himself from class or duty without permission	Truant
Murder of wife	Uroxicide
One extremely fond of one's wife	Uxorious
A fault that may be forgiven	Venial
Able to adapt oneself readily to many situations	Versatile
One who offers one's services	Volunteer

Exercise

Directions (Q. 1–52) : In each of the following questions, choose the alternative which can be substituted for the given words/ sentence.

1. A man who does a thing for pleasure and not as a profession
(a) Veteran (b) Player
(c) Connoisseur (d) Amateur

2. That which can be interpreted in any way
(a) Ambient (b) Ambivalent
(c) Amphibious (d) Ambiguous

3. A light sailing boat built especially for racing.
(a) Dinghy (b) Canoe
(c) Yacht (d) Frigate

4. A person who rarely speaks the truth
(a) Scoundrel (b) Liar
(c) Crook (d) Hypocrite

5. The practice of marrying more than one wife at a time
(a) Polyandry (b) Polygamy
(c) Matrimony (d) Celibacy

6. Animals living on land and in water as well
(a) Ambiguous (b) Amphibian
(c) Amorphous (d) Ambivalent

7. An instrument for viewing objects at a distance
(a) Microscope (b) Telescope
(c) Periscope (d) Keleidoscope

8. Be the embodiment or perfect example of
(a) Signify (b) Characterise
(c) Personify (d) Masquerade

9. A man who operates on sick people
(a) Physician
(b) Operator
(c) Surgeon
(d) Physiotherapist

10. A man of odd habits
(a) Eccentric (b) Cynical
(c) Introvert (d) Moody

11. One whose attitude is : eat, drink and be merry
(a) Epicurean (b) Cynic
(c) Materialistic (d) Stoic

12. One who pretends illness to escape duty
(a) Truant (b) Malingerer
(c) Hypocrite (d) Concubine

13. Use of more words than needed to express the meaning
(a) Circumlocution (b) Verbatim
(c) Ventriloquism (d) Pleonasm

14. A person who is always dissatisfied
(a) Heretic (b) Felon
(c) Malcontent (d) Surrogate

15. Loss of power to move in any or every part of the body
(a) Rheumatism (b) Paralysis
(c) Eczema (d) Leprosy

16. A group of three novels or plays, each complete in itself
(a) Triplet (b) Triumvir
(c) Trilogy (d) Trivet

17. A house for storing grains
(a) Cellar (b) Store
(c) Godown (d) Granary

18. A person claiming to be superior in culture and intellect to others
(a) Intellectual (b) Aristocrat
(c) Elite (d) Highbrow

19. Responsible according to law
(a) Liable (b) Eligible
(c) Legalised (d) Legitimate

20. Decision made upon a political question by the votes of all qualified persons
(a) Veto (b) Suffrage
(c) Pubiscite (d) Franchise

21. A person who is made to bear the blame due to others
(a) Innocent (b) Scapegoat
(c) Ignoramus (d) Nincompoop

22. Person holding a scholarship at a university
(a) Intellectual (b) Pedant
(c) Scholar (d) Bursar

23. Member of a band of robbers
(a) Dacoit (b) Brigand
(c) Thief (d) Pirate

24. A speech by an actor at the end of a play
(a) Epilogue (b) Monologue
(c) Duologue (d) Prologue

25. The line which a plough cuts in the ground
(a) Vale (b) Trench
(c) Furrow (d) Trough

26. A person who forsakes religion
(a) Charlatan (b) Apostle
(c) Renegade (d) Apotheosis

27. To mediate between two parties in a dispute
(a) Interfere (b) Interact
(c) Interrups (d) Intercede

28. The place where bricks are baked
(a) Foundry (b) Mint
(c) Cemetery (d) Kiln

29. The branch of medical science which deals with the problems of the old
(a) Oncology
(b) Geriatrics
(c) Obstetrics
(d) Endocrinology

30. Indifference to pleasure or pain
(a) Docility (b) Stoicism
(c) Patience (d) Reticence

31. Equal in rank, merit or quality
(a) Chum
(b) Contemporary
(c) Peer
(d) Colleague

32. A field or a part of a garden where fruit-trees grow
(a) Park (b) Nursery
(c) Yard (d) Orchard

33. A woman of lax moral
(a) Prostitute (b) Harlot
(c) Concubine (d) Hostess

34. Present opposing arguments or evidence
(a) Rebut (b) Criticise
(c) Rebuff (d) Reprimand

35. A person who makes and sells ladies' hats, etc.
(a) Draper (b) Tinker
(c) Milliner (d) Farrier

36. A person who enters without any invitation
(a) Burglar (b) Intruder
(c) Thief (d) Vandal

37. The period between two reigns
(a) Lapse (b) Interregnum
(c) Stasis (d) Anachronism

38. Lack of enough blood
(a) Amnesia (b) Insomnia
(c) Anaemia (d) Allergy

39. A man who is having the qualities of woman
(a) Loquacious (b) Celibate
(c) Effeminate (d) Epicurean

40. One who does not know how to save money
(a) Reckless (b) Lavish
(c) Careless (d) Spendthrift

41. One who comes from a country area and is often considered to be stupid
(a) Villager (b) Rustic
(c) Bumpkin (d) Philanderer

42. Walk in a vain, self-important way
(a) Jog (b) Trek
(c) Trudge (d) Strut

43. A person working in the same place with another
(a) Comrade (b) Colleague
(c) Assistant (d) Contemporary

44. Place which provides both board and lodging
(a) Cafe (b) Inn
(c) Restaurant (d) Motel

45. A small shop that sells fashionable clothes, cosmetics etc.
(a) Booth (b) Stall
(c) Boutique (d) Store

46. A short journey made by a group of persons together
(a) Hike (b) Excursion
(c) Picnic (d) Stroll

47. Creature having both male and female organs
(a) Sodomite
(b) Homosexual
(c) Masochist
(d) Hermaphrodite

Direction (Q. 48–52) : In each of the following questions, find out which one of the words given below the sentence can most appropriately replace the group of words italicised in the sentence.

48. He does unpaid work for the Red Cross.
(a) honorific (b) honest
(c) honorary (d) honourable

49. The education in primitive Gurukuls comprised mainly of telling the stories of old time Gods or heroes.
(a) ode (b) epic
(c) allegory (d) legend

50. In the olden days the king was considered all powerful.
(a) veteran (b) omnipotent
(c) omnivorous (d) omniscient

51. Those who pass through this gate without permission will be prosecuted.
(a) Bypassers (b) Culprits
(c) Absconders (d) Trespassers

52. The shelter for cow ought to be clean and well ventilated
(a) hutch (b) byre
(c) hangar (d) kennel

Answers

1. (d)	**2.** (d)	**3.** (c)	**4.** (b)	**5.** (b)	**6.** (b)	**7.** (b)	**8.** (c)	**9.** (c)	**10.** (a)
11. (a)	**12.** (b)	**13.** (d)	**14.** (c)	**15.** (b)	**16.** (c)	**17.** (d)	**18.** (d)	**19.** (d)	**20.** (c)
21. (b)	**22.** (c)	**23.** (b)	**24.** (a)	**25.** (c)	**26.** (c)	**27.** (d)	**28.** (d)	**29.** (b)	**30.** (b)
31. (c)	**32.** (d)	**33.** (d)	**34.** (a)	**35.** (c)	**36.** (b)	**37.** (b)	**38.** (c)	**39.** (c)	**40.** (d)
41. (c)	**42.** (d)	**43.** (b)	**44.** (b)	**45.** (c)	**46.** (b)	**47.** (d)	**48.** (c)	**49.** (d)	**50.** (b)
51. (d)	**52.** (b)								

9 DIRECT AND INDIRECT SPEECH

Direct Speech

When we convey the words of a person in his actual words, this is called Direct Speech. We use inverted commas to mark off the exact words of the speaker.

Indirect Speech

When we convey the words of a person without using his exact words, this is called Indirect Speech.

Reporting Verb : It is the verb of the sentence which is outside inverted commas.

Reported Speech : It is the matter quoted within inverted commas.

When Direct Speech is transformed into Indirect Speech, changes are made in the following :

1. Reported verb
2. Inverted commas
3. Tense
4. Reported verb the Reported Speech
5. Adverbs of Time and Place

1. Change of Reporting Verbs

(a) In **Assertive sentences** the Reporting verb is changed into **tell** or **told**.

(b) In **Interrogative sentences** the Reporting verbs is changed into **asked** or **inquired of.**

(c) In **Imperative** sentences the Reporting verb is changed into **ordered, advised, requested, forbade, suggested** etc. according to the sense of the sentence.

(d) In **Exclamatory sentences** the reporting verb is changed **into exclaimed with joy, exclaimed with sorrow, exclaimed with surprise** etc. according to the sense of the sentence.

(e) In **Optative** sentence (prayers and wishes) the Reporting verb is changed into **wished** and **prayed.**

2. Removal of Inverted Commas

(a) In **Assertive** sentences **that** is used in place of inverted commas.

(b) **Interrogative** sentences

(i) In the sentences which start with **Auxiliary verbs** (do, did, is, are, was, were, can, may etc) if or whether is used in place of inverted commas.

(ii) In sentences which start with **question words** (who, by, what, where, etc), inverted commas are replaced by question word itself.

(c) In **Imperative** sentences to or not to is used in place of inverted commas.

(d) In **Exclamatory** sentences **that** is used in place of inverted commas.

(e) In **Optative** sentences **that** is used in place of inverted commas.

3. Change of Tense

(a) If the **Reporting verb** is in **Present** or **Future Tense,** the tense of Reported speech does not change.

(i) She will say to me, "I need your help".
She will tell me the she needs my help.

(b) If the **Reporting verb** is in the **Past Tense,** the tense of Reported Speech changes as

Direct	**Indirect**
Simple Present	Simple Past
Present Continuous	Past Continuous
Present Perfect	Past Perfect
Present Perfect Continuous	Past Perfect Continuous
Simple Past	Past Perfect
Past Continuous	Past Perfect Continuous
Past Perfect	No change
Past Perfect Continuous	No change

(i) He said to me, "I don't believe you".
He told me that he didn't believe me.

(ii) He said to the mother, "I have done my home work".
He told the mother that he had done his home work.

(iii) He said, "I wrote a letter".
He said that he had written a letter".

(iv) He said, "I shall meet her".
He said that he would meet her.

(v) We said to them, "We can defeat you".
We told them that we could defeat them.

4. Change of Pronoun

(a) First person of the Reported speech changes according to the subject of the Reporting verb.

(b) Second person of the Reported speech changes according to the object of the Reporting verb.

(c) Third person does not change.

Remember it as

1	2	3
First Person	Second Person	Third Person
S (Subject)	O (Object)	N (No Change)
1 →	First Person	S → Subject
2 →	Second Person	O → Subject
3 →	Third Person	N→No change

e.g.,

(i) They say to me, " We help you".
They tell me that they help me.

(ii) I said to Manoj, "You can meet her".
I told Manoj that he could meet her.

(iii) Rani said to me, "He is my friend".
Rani told me that he was her friend.

5. Change of Adverbs of Time and Place

Word expressing nearness in time or place are generally changed into words expressing distance. As

Now	becomes	**Then**
ago	comes	**before**
this	becomes	**that**
today	becomes	**that day**
yesterday	becomes	**the day before**
last night	becomes	**the night before**

e.g.,

(i) She said to me, "I shall do it next month".
She told me that she would do it the following month.

(ii) They said, "It is not so humid today as it was yesterday".
They said that it was not so humid that day as it had been the day before.

Exercise

Directions (Q. 1–30) : In each of the following questions, a sentence has been given in Direct/ Indirect Speech. Out of the given alternatives choose the one which best expresses the same sentence in Indirect/Direct Speech.

1. He said, "I saw a book here."
(a) He said that he saw a book here.
(b) He said that he saw a book there.
(c) He said that he had seen a book here.
(d) He said that he had seen a book there.

2. He said, "I have often told you not to waste your time."
(a) He said that he had often told not waste your time.
(b) He said that he had often told him not to waste his time.
(c) He said that he had often suggested to him not to waste his time..
(d) He told that he had often told him not to waste his time.

3. Pinki said to Gaurav, "Will you help me in my work just now?"
(a) Pinki asked Gaurav if he would help her in her work just then.
(b) Pinki questioned to Gaurav that will you help me in my work just now.
(c) Pinki told Gaurav whether he will help her in her work just now.
(d) Pinki asked to Gaurav that will he help her in her work just now.

4. He said to me, "What time to the officer close?"
(a) He wanted to know that time the offices close.
(b) He asked me what time the offices closed.
(c) He asked me what time the offices closed.
(d) He asked me what time the offices did close.

5. He said, "What a beautiful scene!"
(a) He said that what a beautiful scene it was.
(b) He wondered that it was a beautiful scene.
(c) He exclaimed what a beautiful scene it was.
(d) He exclaimed that it was very beautiful scene.

6. Rajan said, "O that I were a child against!"
(a) Rajan exclaimed with wonder that he was a child again.
(b) Rajan wondered that were he a child again
(c) Rajan strongly wished that he had been a child again.
(d) Rajan prayed that he were a child again.

7. Sarita said to me. "I will do it now or never."
(a) Sarita told me that I would do it then or never
(b) Sarita told me that she would do it now or never
(c) Sarita told me that she will do that now or never
(d) Sarita told me that she would do it then or never

8. I said to my brother, "Let us go to some hill station for a change."
(a) I asked my brother to go to some hill station for a change.
(b) I asked my brother if he would go to some hill station for a change.
(c) I permitted my brother to go to some hill station for a change.
(d) I suggested to my brother that we should go to some hill station for a change.

9. The Manager said, "Well, what can I do for you?"
(a) The Manager asked what he could do for him.
(b) The Manager wondered what he could do for him.
(c) The Manager wanted to know what he could do for him.
(d) The manager said that he couldn't to anything for him.

10. She said to him, "Why don't you go today?"
(a) She said to him that why he don't go today
(b) She asked him if he was going that day
(c) She asked him why he did not go today
(d) She asked him why he did not go that day

11. He said, "May God grant peace to the departed soul!"
(a) He wished by God to grant peace to the departed soul.
(b) He wished that God may grant peace to the departed soul
(c) He prayed that might God grant peace to the departed soul
(d) He prayed that God would grant peace to the departed soul

12. Mahendra Singh Dhoni said, " Sachin, you have done well".
(a) Mahendra Singh Dhoni exclaimed with joy that Sachin had done well
(b) Mahendra Singh Dhoni called Sachin and exclaimed that he had done well
(c) Mahendra Singh Dhoni congratulated Sachin, saying that he had done well
(d) Mahendra Singh Dhoni praised Sachin for his having done well

13. "Are you alone, my son?" asked a soft voice close behind me.
(a) A soft voice from by back asked if I was alone.
(b) A soft voice said to me are you alone son.
(c) A soft voice asked that what I was doing there alone.
(d) A soft voice behind me asked if I was alone.

14. He said to me, "Where is the post office?"
(a) He wanted to know where the post office was.
(b) He asked me that where the post office was.
(c) He asked me where the post office was.
(d) He asked me where was the post office.

15. He said, "I must go next week."
(a) He said that he must go next week.
(b) He said that he must go the following week.
(c) He said that he would have to go the following week.
(d) He said that he was to go the following week.

16. He said, "The mice will play, when the cat is away".
(a) He said that the mice will play when the cat is away.
(b) He said that the mice would play when the cat was away.
(c) He said that the mice would play when the cat would be away.
(d) He said that the mice shall play, when the cat is away.

17. He said to her, "Don't read so fast."
(a) He told her not to read so fast.
(b) He advised her don't read so fast.
(c) He requested her not to read so fast.
(d) He ordered her not to read so fast.

18. The sage said, "God helps those who help themselves."
(a) The sage said that God helps those who help themselves.
(b) The sage said that God helped those whose helped themselves.
(c) The sage said that God helps those who helped themselves.
(d) The sage said that God helped those who help themselves.

19. He said, "I clean my teeth twice a day."
(a) He said that he cleaned his teeth twice a day.
(b) He said that he cleans his teeth twice a day.
(c) He said that he used to clean his teeth twice a day.
(d) He said that he is used to cleaning his teeth twice a day.

20. "Please don't go away", she said.
(a) She said to please her and not go away.
(b) She told me not to go away.
(c) She begged that I not go away.
(d) She begged me not to go away.

21. He said, "Will you listen to such a man?"
(a) He asked them will you listen to such a man.
(b) He asked them are you listening to such a man.
(c) He asked them whether they would listen to such a man.
(d) He asked them whether they will listen to such a man.

22. The teacher said, "Be quiet, boys."
(a) The teacher said that they boys should be quiet.
(b) The teacher called the boys and ordered them to be quiet.
(c) The teacher urged the boys to be quiet.
(d) The teacher commanded the boys that they be quiet.

23. He said to them, "Don't make a noise."
(a) He told them that don't make a noise.
(b) He told them not to make noise.
(c) He told them not to make a noise.
(d) He asked them not to make a noise

24. "If you don't keep quiet I shall shoot you", he said to her in a calm voice.
(a) He warned her to shoot if she didn't keep quiet calmly.
(b) He said calmly that I shall shoot you if you don't be quiet.
(c) He warned her calmly that he would shoot her if she didn't keep quiet.
(d) Calmly he warned her that be quiet or else he will have to shoot her.

25. My friend said to me, "Has your father returned from Kolkata?"

(a) My friend said to me that my father has returned from Kolkata.

(b) My friend asked me if my father had returned from Kolkata.

(c) My friend told me that his father had returned from Kolkata.

(d) My friend enquired me if his father had returned form Kolkata.

26. Rajesh said, "I bought a car yesterday."

(a) Rajesh said that I have bought a car the previous day.

(b) Rajesh told that he had bought a car yesterday.

(c) Rajesh said that he bought a car the previous day.

(d) Rajesh said that he had bought a car the previous day.

27. He said, "Where shall be I be this time next year!"

(a) He asked that where should he be that time next year.

(b) He wondered where he should be that time the next year.

(c) He contemplated where shall he be that time the following year.

(d) He wondered where he would be that time the following years.

28. The employer said to the workman, "I cannot pay you higher wages."

(a) The employer told the workman that he could not be paid higher wages.

(b) The employer told the workman that he could not pay him higher wages.

(c) The employer forbade the workman to pay higher wages.

(d) The employer warned the workman that he cannot pay him higher wages.

29. "I don't know the way. Do you?" he asked.

(a) He said that he didn't know the way and did I know it.

(b) He told that he was not knowing the way, but wondered if I knew.

(c) He said that he didn't know the way and asked me if I did.

(d) He asked me if I knew the way which he didn't.

30. My cousin said, "My room-mate snored throughout the night."

(a) My cousin said that her room-mate had snored throughout the night.

(b) My cousin told me that her room-mate snored throughout the night.

(c) My cousin complained to me that her room-mate is snoring throughout the night.

(d) My cousin felt that her room-may be snoring throughout the night.

Answers

1. (d)	**2.** (b)	**3.** (a)	**4.** (c)	**5.** (d)	**6.** (c)	**7.** (d)	**8.** (d)	**9.** (c)	**10.** (d)
11. (d)	**12.** (c)	**13.** (d)	**14.** (c)	**15.** (c)	**16.** (a)	**17.** (a)	**18.** (a)	**19.** (b)	**20.** (d)
21. (c)	**22.** (c)	**23.** (d)	**24.** (c)	**25.** (b)	**26.** (d)	**27.** (d)	**28.** (b)	**29.** (c)	**30.** (a)

❑❑

10 ACTIVE AND PASSIVE VOICE

Voice is the form of a verb that shows whether the subject of the verb does something or has something done to it. The verb has two voices—Active and Passive.

In a sentence, when the subject acts, the verb is said to be in Active Voice.

Active Voice, A Verb is said to be in the Active Voice when the person or thing denoted by the subject acts.

For example

(i) Aryan writes a letter. The sentence indicates the subject 'Aryan' does something. So, it is in Active Voice.

Passive Voice, A Verb is said to be in the Passive Voice when the person or thing denoted by the subject does not act, but suffers the action done by something/someone.

for example

(i) A letter is written by Aryan. In this sentence, the written verb indicates that something is done by Aryan. So, the verb here is in Passive voice.

Rules to Change the Voice

To change a sentence from Active to Passive Voice the following steps are involved:

- To change the object into a subject: if object is the pronoun change it as follows

  me = I
  you = you
  her = she
  us = we
  him = he
  it = it
  whom = who

- Change the subject into object by using 'by'

  I = by me
  We = by us
  You = by you
  He = by him
  She = by her
  It = by it
  They = by them
  Who = by whom

- The verb is changed according to the tense.

Rules for Change of Voice Exemplified

Present Indefinite Tense

(Change into–Is/Am/Are + Past Participle of Verb)

Active	Passive
He speaks French	French is spoken by him.
Does he speak French?	Is French spoken by him?
He does not speak French?	French is not spoken by him.
Does he not' speak French?	Is French not spoken by him

Past Perfect Tense

(Change into–Is/Am/Are+Being+Past participle of Verb)

Active	Passive
He is painting the wall.	The wall is being painted by him
Is he painting the wall?	Is the wall being painted by him?
He is not painting the wall.	The wall is not being painted by him
Is he not painting the wall?	Is the wall not being painted by him?

Present Perfect Tense

(Change into—Has/Have + Been + Past Participle of Verb)

Active	Passive
You have spoken the truth.	The truth has been spoken by you.
Have you spoken the truth?	Has the truth been spoken by you?
You have not spoken the truth.	The truth has not been spoken by you.
Have you not spoken the truth?	Has the truth not been spoken by you?

Past Indefinite Tense

(Change into–Was/Were + Past Participle of Verb)

Active	Passive
England won victory.	Victory was won by England.
Did England win victory?	Was victory won by England?
England did not win victory.	Victory was not won by England
Did England not win victory	Was victory not won by England?

Past Continuous Tense

(Change into–Was/Were + Being + Past Participle of Verb)

Active	Passive
Rohit was reading a book.	A book was being read by Rohit.
Was Rohit reading a book?	Was a book being read by Rohit?
Rohit was not reading a book.	A book was not being read by Rohit
Was Rohit not reading a book?	Was a book not being read by Rohit?

Past Perfect Tense

(Change into–Had + Been + Past Participle of Verb)

Active	Passive
Students had purchased Bags.	Bags had been purchased by students.
Had students purchased Bags?	Had Bags been purchased by students?
Students had not purchased Bags.	Had Bags not been purchased by students?
Had students not purchased Bags?	Had Bags not been purchased by students?

Future Indefinite Tense

(Change into–Shall be/Will be + Past Participle of verb)

Active	Passive
War will destroy everything.	Everything will be destroyed by war.
Will war destroy everything?	Will everything be destroyed by war.
War will not destroy everything.	Everything will not be destroyed by war.
Will war not destroy everything.	Will everything not be destroyed by war?

Future Perfect Tense

Active	Passive
Shila will have completed work.	Work will have been completed by Shila.
Will Shila have completed work?	Will work have been completed by Shila?
Shila will not have completed work.	Work will not have been completed by Shila.
Will Shila not have completed work?	Will not work have been completed by Shila?

Verb followed by modals:

In those sentences which carry modals like can, could, should, would, must etc., 'be' is used between the modal and the third form of verb the passive voice.

Active voice : I can do this work.
Passive voice : This work can be done by me.
Active voice : May I help you ?
Passive voice : May you be helped by me?

Imperative Sentence

In changing imperative sentence to passive voice, the following rules are observed :

(i) Let + new object + be/not be + 3rd form
(ii) According to the idea of the sentence, we use phrases like you are requested to/advised to/ordered to, etc.
(iii) Kindly or please is deleted.

Active Voice	Passive Voice
Shut the door.	Let the door be shut.
Do not starve the man.	Let the man not be starved.
Get out of my sight.	You are ordered to get out of my sight.

Exercise

Direction (Q. 1–15): In each of the following questions a sentence has been given in Active or Passive Voice. Out of the four alternatives you have to select the one which best expresses the same sentence in Passive or Active Voice.

1. Poverty obliged him to steal.
   (a) He was by poverty obliged to steal.
   (b) He was to steal obliged by poverty.
   (c) He was obliged by poverty to steal.
   (d) He was obliged to steal.
2. People speak different languages in India.
   (a) Different languages have been spoken in India.
   (b) Different languages are spoken in India.
   (c) Different languages were spoken in India.
   (d) Different languages had been spoken in India.
3. Darjeeling grows tea.
   (a) Tea grows in Darjeeling.
   (b) Tea is grown in Darjeeling.
   (c) Let the tea be grown in Darjeeling.
   (d) Tea is being grown in Darjeeling.
4. Do not insult the weak.
   (a) The weak should not be insulted.
   (b) Let the weak not be insulted.
   (c) The weak you should not insult.
   (d) The weak insulted should not be.
5. Mona was writing a letter to her rather.
   (a) A letter was written to her father by Mona.
   (b) A letter has been written to her father by Moan.
   (c) A letter was being written by Mona to her father.
   (d) A letter was written by Mone to her father.
6. Who taught her such things ?
   (a) Who was she taught such things by ?
   (b) She was taught such things by who ?
   (c) By whom she was taught such things ?
   (d) By whom was she taught such things ?
7. I shall order the carriage.
   (a) The carriage will be ordered.
   (b) The carriage by me order.
   (c) The carriage I will ordered.
   (d) The carriage ordered by me.
8. You will have finished this work by tomorrow.
   (a) This work will have been finished tomorrow.
   (b) This work will be finished by tomorrow.
   (c) This work will finished tomorrow.
9. The manager will give you a ticket.
   (a) A ticket the manager will give you.
   (b) A ticket will be given by manager.
   (c) A ticket by the manager will be given to you.
   (d) A ticket will give you the manager
10. A tiger may be helped even by a little mouse.
   (a) A little mouse may even help a tiger.
   (b) Even a little mouse may help a tiger.
   (c) A little mouse can even help a tiger.
   (d) Even a little mouse-ought to help a tiger.
11. The passive voice of 'We make Ice cream from milk' is
   (a) Ice cream is being made from milk
   (b) Ice cream has been made from milk
   (c) Ice cream was made from milk
   (d) Ice cream is made from milk by us
12. Which is the correct passive voice of the following sentence?
   You have painted the window.
   (a) The window was painted
   (b) The window has been painted by you
   (c) The window is painted
   (d) The window be painted
13. A communication technique that requires the listener to feedback what they have heard in their own words, to confirm the understanding of both parties, is............. listening.
   (a) passive
   (b) active
   (c) appreciative
   (d) informative
14. Change the following into Passive Voice
   'Do not insult your elders'.
   (a) Let not your elders be insulted
   (b) Your elders let not be insulted
   (c) Let your elders not be insulted by you
   (d) Let us not insult your elders.
15. Point out the sentence in passive voice
   (a) The striking students were throwing stones
   (b) Twenty lessons have been finished
   (c) The murderer hide the knife
   (d) The enemy will have sunk the ship by now

Answers

1. (d) **2.** (b) **3.** (b) **4.** (b) **5.** (c) **6.** (d) **7.** (a) **8.** (d) **9.** (b) **10.** (c)
11. (d) **12.** (b) **13.** (c) **14.** (c) **15.** (b)

11 PREFIX AND SUFFIX

A Prefix is a letter or a group of letters that is attached at the beginning of the base word to form a new word.

Prefix	:	Examples
A	:	Alive, Afoot, Asleep, Arise, Awake, Alight
Ab	:	Absence, Abuse, Absolve
Be	:	Below, Before, Betimes, Beside, Besmear
By	:	Bystander, Byword, Bypass
Cata	:	Catalogue, Catastrophe
Dia	:	Diameter, Diagonal
Dy	:	Dyspepsia, Dysentery
Dis	:	Dismiss, Dissolve, Displace
Em	:	Empower, Embolden, Embitter
Ex	:	Ex-governor
Extra	:	Extraordinary, Extravagant, Extrawork
Epi	:	Epilogue
En	:	Entomology
Eu	:	Euphony, Euphemism
For	:	Forlorn, Forbid
Fore	:	Foreground
Fro	:	Froward
Gain	:	Gainsay
In	:	Ineffect, Inexperienced
Mai	:	Malevolent, Maltreat, Malpractice, Maladminister, Malnutrition
Non	:	Nonessential, Nonconformist
Hem	:	Hemisphere
Hyper	:	Hyperbole, Hypercritical
Hypo	:	Hypothesis, Hypocrite
Mono	:	Monologue, Monoact, Monopoly
Syn	:	Synonym
Tele	:	Telegram, Telephone
Mis	:	Mistranslated, Misleading, Mistake
Peri	:	Perimeter, Period

Prefix	:	Examples
Poly	:	Polygamy, Polygiot
Pro	:	Prologue, Proboscis
Over	:	Overactive, Overheated
Off	:	Offspring, Offset
Out	:	Outrun, Outfield
Un	:	Uneducated, Uncovered
Un	:	Untie, Unload, Undo, Unfold
Wei	:	Welcome, Welfare
With	:	Withstand, Withdraw
Preter	:	Preternatural
Pro	:	Pronoun
Re	:	Refund, Reclaim, Renew, Return
Retro	:	Retrospect, Retrograde
Super	:	Superline, Superstructure
Se	:	Separate, Secede, Seduce

Suffix

A suffix is a letter or a group of letters, that is attached at the end of the base word to form a new word.

Suffix	:	Examples
-able,	:	Unmentionable
-acious	:	Tenacious, Pugnacious
-acy-cy	:	Inaccuracy, Secrecy
-al	:	International, Annual
-an, -ian	:	Artisan, Musician
-ant, -ent	:	Claimant, Agent
-ar, -er, -or	:	Oiler, Bursar, dictator
-ate, -ite	:	Temperate, Favourite
-cle, -cule	:	Spectacle, Molecule
-eer, -ier	:	Auctioneer, Cashier
-ess, -trix	:	Laundress, Executrix
-hood (-head)	:	Priesthood, Womanhood
-ferous	:	Odoriferous, Auriferous

Suffix	:	Examples
-fic, -ific	:	Terrific, Specific
-ic, -ical	:	Heroic, Comical
-ice	:	Cowardice, Mallice

Noun Suffixes

-aid, -art	:	to form nouns: drunkard, braggart
-er : male agent	:	painter, gardener
-hood	:	state or rank, nature: manhood, likelihood, falsehood, neighbourhood
-kin : diminutive	:	napkin, lambkin
ling : diminutive	:	duckling, codling
-ledge, lock	:	state: knowledge, wedlock
-ness	:	state: mildness, redness
-ock diminutive	:	bullock
-red	:	state: kindred
-scape, -ship,	:	condition: landscape,
-ster	:	(one who), agent: spinster, huckster
-ther	:	agent of instrument: feather, father
-wright	:	a workman : wheelwright
-y	:	state or quality place of:smithy, dirty

Adjective Suffixes

-fold	:	repetition : manifold, twofold.
-less	:	without : shoeless, fearless
-ly	:	like, in manner of: manly, silently.
-some	:	same, full of: gladsome, frolicsome.
-wise	:	manner of position: lengthwise Heroine, Farmerette
-worth	:	worth : stalworth.

Verb Suffixes

-ate	:	to make: capativate, invalidate
-en, -er	:	to make of : broaden, lighten, hinder, potter
-el, -le	:	turning into frequentative verbs : orovel, nipple
-fy (Fr.)	:	to make : clarify, mollify
-ize (Gr.)	:	to make : patronize, monopolize, dogmatize, philosophize, Christianize
-ine	:	Canine, Masculine
-ine, -ette	:	Heroine, Farmerette
-ion	:	Depletion, Rebellion
-ity, -ty	:	Sanity, Inhumanity
-ive	:	Inactive, Progressive
-lent, -ulent	:	violent. Turbulent
-ment	:	Impediment, Sediment
-mony	:	Testimony, Alimony
-ory	:	Dormitory, Compulsory
-ose, -ous	:	Bellicose, Furious
-try	:	Ministry, Dentistry
-tude	:	Plenitude, Magnitude
-ty	:	Safety, Scarcity
-ure	:	Tenure, Picture
-way (ways)	:	Noway, Anyway, Always
-ward (-wards)	:	Sidewards, Homeward, Northward
-wise	:	Otherwise

Derivations : When we derived the new word by changing in root word is called **derivation**. We use suffixes and prefixes to derive a word.

Exercise

Direction (Q. 1–18) : In the questions given below, each sentence has one or two words italicised. Below are placed four alternatives from which you have to select the correct form of the word in italicised.

1. The culprit was sentenced to death because he was a trait.
(a) traiter (b) traitor
(c) traitar (d) traitour

2. The come solar radiation is called 'insolation.'
(a) oncoming
(b) downcoming
(c) becoming
(d) incoming

3. The Bank refused the payment because the cheque was dated.
(a) postdated (b) predated
(c) ondated (d) indated

4. Finally the democracy was established and the selfish king was throne.
(a) athroned (b) dethroned
(c) bethroned (d) unthroned

5. They don't believe him because he is sincere fellow,
(a) an unsincere
(b) an insincere
(c) a dis-sincere
(d) a mis-sincere

6. The police do not have powers to caption a person in lieu of warrant.
(a) caption
(b) captioned
(c) captivate
(d) captivise

7. Till the entire processing is over, this substance will go many changes.
(a) overgo (b) ongo
(c) bego (d) undergo

8. In summer, the water kept in earth pots become cold,
(a) earthly (b) earthy
(c) earthed (d) earthen

9. You have successfully completed this project. Your brilliance is really appreciable.
(a) brilliant
(b) brilliantness
(c) brilliancy
(d) it is the correct form

10. The nutritious food causes many diseases among poor children.
(a) unnutritious
(b) innutritious
(c) malnutritions
(d) disnutritious

11. During the transportation of crockery, the break is born by the transport owner.
(a) breakings
(b) breakness
(c) breakance
(d) breakage

12. Columbus was a sail and he discovered America,
(a) sailer (b) sailar
(c) sailor (d) sailur

13. The sense of patriot should be developed among the young generation.
(a) patriotism
(b) patrioticness
(c) patriotality
(d) patrioticity

14. He could have faced the debits, but his coward did not allow him to do so.
(a) cowardness
(b) cowardice
(c) cowardity
(d) cowardhood

15. Choose the correct prefix for the following words belief, respect.
(a) mis (b) non
(c) dis (d) un

16. Never wake a sleeping person.
(a) awake (b) in wake
(c) upwake (d) bewake

17. I went up the roof and found that the water tank was flow.
(a) upflown
(b) fulflowing
(c) overflowing
(d) onflowing

18. Choose the word to which 'un' cannot be prefixed to form a new word.
(a) conscious (b) able
(c) fortunate (d) fertile.

Answers

1. (b) **2.** (d) **3.** (b) **4.** (b) **5.** (b) **6.** (c) **7.** (d) **8.** (d) **9.** (d) **10.** (c)
11. (d) **12.** (c) **13.** (a) **14.** (b) **15.** (c) **16.** (a) **17.** (c) **18.** (d)

❑❑

12 IDIOMS AND PHRASES

It will not be wrong to say that Idioms and phrases are the soul of a language. The idiomatic words and phrases are usually independent of the dictionary definitions and often go against grammatical rules. Candidates generally commit errors in the use of idioms and phrases because they do not know their exact meaning. Every student, therefore should try to do the best of his/her capacity to achieve excellence in this field.

Important Idioms and Phrases along with their meaning are given below:

- **At daggers drawn** (*having open enmity*): These days the two friends are at daggers drawn.
- **At home in** (*familiar*): He is at home i n English.
- **At one's finger ends** (*ready with knowledge of something*): The names of all boys in the class are at my finger ends.
- **At the eleventh hour** (*at the last moment*): He came to me for help at the eleventh hour.
- **A white lie** (*a harmless lie*) : To save the child from a beating by the father, the mother had to tell a white lie.
- *Well-to-do* (*rich*): He belongs to a well-to-do family.
- **At a stone's throw** (*very near*) : My house is at a stone's throw from the college.
- **At sea** (*weak*): He is at sea in all subjects.
- **Break out** (*spread*): Cholera breaks out in a dirty city.
- **Bag and baggage** (*completely leaving nothing behind*) : Last year he left his village bag and baggage.
- **To bell the cat** (*to face risk*): All cry against the officer but nobody has the courage to bell the cat.
- **To bring up** (*to rear*): Parents bring up their children.
- **To burn the midnight oil** (*to work hard till late in night*) : He bums the midnight oil and must win a scholarship.
- **By leaps and bounds** (*quickly*) : India can progress by leaps and bounds if we work together.
- **Bone o f contention** (*cause of quarrel*): Parental property often becomes a bone of contention between brothers.
- **Carry out** (*to obey*): The servant must carry out the orders of his master.
- **Come off** (*to happen*): His marriage comes on next Monday.
- **Call off** (*to withdraw*) : The workers have called off then strike.
- **To cut a sorry figure** (*to feel insulted*): He had to cut a sorry figure in his first speech.
- **To call a spade a spade** (*to be frank and truthful*): Political leaders never call a spade a spade.
- **A child's play** (*easy job*) : To win a scholarship in the Matriculation Examination is not a child's play.
- **Dispose of** (*to sell*): He has disposed of his old cycle.
- **Drawn game** (*in which no party wins*): The well-contested match turned out to be a drawn game.
- **To deal with** (*to behave*): He deals kindly with his friends. **To deal in** (to have trade in): My father is a doctor and his father deals in cloth.
- **To do without** (*to dispense with*) : I cannot do without tea.
- **Heart and soul** (*with full energy*) : He threw himself heart and soul into work.
- **Hale and hearty** (*very healthy*): Mohan was ill yesterday but today he is hale and hearty.
- **Hard and fast** (*strict*): There are no hard and fast rules in English grammar.
- **Hand in glove with** (*to have close relationship*): The two cousins are hand in glove with each other.
- **Hue and cry** (*a loud noise*): On seeing a snake he raised a hue and cry.
- **Hard up** (*in difficulties of money*): Help him because he is hard up these days.
- **A hair breadth escape** (*a narrow escape*) : He had a hair breadth escape in the car accident.
- **To hold good** (*to be true*) : The law of gravitation holds good everywhere.
- **In the long run** (*in the end*): Honesty pays in the long run.
- **In the nick of time** (*just in time*): The doctor reached the patient in the nick of time and saved him.
- **In full swing** (*in good progress*): Spring is in full swing these days.
- **In cold blood** (*without incitement from the other party*): Gandhiji was killed in cold blood.
- **Ins and outs** (*full details*): The head-clerk knows the ins and outs of office work.

- **In a fix** (*in confusion*): I am in a fix and want your help.
- **Get through** (*pass*) : An intelligent boy always gets through an examination.
- **To give a piece or a bit of one's mind** (*to scold*): The teacher gives the late comers a bit of his mind.
- **To get rid of** (*to be relieved of*) : I soon got rid of bad friends.
- **A mare's nest** (*seeming interesting but of no value; a complicated situation*) : A good number of innovations turn out to be mare's nests on investigation.
- **A moot point** (*a matter that is undecided and open to discussion*) : Whether the menace of terrorism can be settled by offence or dialogue is a moot point.
- **To make a clean breast of** (*to tell the whole thing without concealing anything*): The best way to relieve yourself of mental tension is to make a clean breast of yourself.
- **To make a mess of something** (*to spoil*): If you try to do too many things too soon, you shall make a mess of everything.
- **To make a mountain of a molehill/To make much ado about nothing** (*to exaggerate something trivial*): Political business works upon thc principle of making a mountain of a molehill.
- **To make both ends meet** (*to sustain one's life*) : In a well-structured society making both ends meet is the minim guarantee.
- **To fight with one's back to the wall** (*to make a desperate attempt in a no-way-out situation*): Even the most timid of persons wages a fierce battle when he has to fight with his back to the wall.
- **To flog a dead horse** (*to try in a hopeless condition*): Those who are reactive flog a dead horse when the calamity has actually struck.
- **Gift of the gab** (*eloquence*): An imposter always uses the gift of the gab to deceive innocent people.
- **To get into hot water** (*To be caught into trouble*): Why to blame others?
  You got into hot water yourself.
- **To get on one's nerves** (*to irritate*) : The actor had decided to look composed, but media persons got on his nerves with their personal questions.
- **To get the jitters** (*to become nervous*) : Even the most well-prepared of the students get the jitters on examination day.
- **To give someone a rope** (*to give someone freedom of action or initiative*): If a manager wants innovation talent to bud, he will have to give them a rope.
- **To go begging/go to dogs** (*to do in vain*): At one stroke of misfortune, your entire effort could go a begging/go to dogs.
- **To go** (at something) **hammer and tongs** (*to try at something with full energy*): Piecemeal steps will not solve the problem of population; the government must go at it hammer and tongs.
- **To go berserk** (*to become uncontrolled and violent*): Mob psychology works in a way that the entire gathering will go berserk if just a few turn violent.
- **Hush money** (*bribe*) : The secret cameras of the investigators have revealed the deep penetration of the hush money into the system.
- **Left-handed compliment** (*criticism in the form of praise*) : Indian Cricket team is a bunch of individually talented players.lt is a left-handed compliment.
- **Long and short** (*summary*): The long and short of every holy book is that man should realise his worth.
- **Man of parts** (*having great qualities*) : A man of parts always acts as a source of inspiration to many.

Exercise

1. Find the meaning of the following idiom given in option
   The read between the lines
   (a) to suspect
   (b) to read carefully
   (c) to understand the hidden meaning of the word
   (d) to do useless things
2. Select the most appropriate meaning of the given idiom
   A bird of passage
   (a) A person of great importance
   (b) An evil person
   (c) A person who travels widely
   (d) A weak person
3. He is in the habit of fishing in troubled waters.
   (a) putting others in trouble
   (b) indulging in evil conspirancies
   (c) aggravating the situation
   (d) taking advantage of troubled for personal profit

Direction : In each of the following questions, some alternatives are given or suggested for the idiom/phrase in italics in the sentence. Choose the one which best expresses the meaning of the idiom/phrase in italics.

4. She rejected his proposal of marriage point-blank.
   (a) directly (b) pointedly
   (c) abruptly (d) briefly
5. We should guard against our green-eyed friends,

(a) rich (b) jealous
(c) handsome (d)enthusiastic

6. The leader was popular with the audience as he had the gift of gab.
(a) a charismatic personality
(b) the ability to speak impressively
(c) pleasing manners
(d) an attractive appearance

7. He is under duress to finish the work in time.
(a) under pressure
(b) under request
(c) under orders
(d) under obligation

8. By signing this bond I have burnt all my boats.
(a) relieved myself of worries
(b) risked everything
(c) utilized all my resources
(d) tried my best

9. If you rub him the wrong way, he is bound to react,
(a) annoy him (b) abuse him
(c) flatter him (d) encourage him

10. He is in the habit of chewing the cuds.
(a) accusing others
(b) crying oVer split milk
(c) forgetting things
(d) to muse on

11. There was opposition to the new policy by the rank and file of the Government.
(a) the majority
(b) the ordinary members
(c) the cabinet members
(d) the official machinery

12. Bappi Lahiri's orchestra brought the house down.
(a) disappointed the audience
(b) was liked by the audience
(c) evoked tremendous applause
(d) created noise pollution

13. Dowry is a burning question of the day.
(a) a relevant problem
(b) a dying issue
(c) an irrelevant problem
(d) a widely debated issue

14. There is no love lost between the two neighbours.
(a) close friendship
(b) intense dislike
(c) a love-hate relationship
(d) cool indifference

15. He was cut to the quick when he leamt that his best friend had betrayed him.
(a) parted suddenly
(b) collapsed immediately
(c) was deeply hurt
(d) became angry

16. If you pass this difficult examination, it will be a feather in your cap.
(a) you will get a very good job
(b) you will feel proud of it
(c) your parents will be very happy
(d) you will get a scholarship for higher studies

17. I did not mind what he was saying, he was only talking through his hat.
(a) talking insultingly
(b) talking irresponsibly
(c) talking ignorantly
(d) talking nonsense

18. We should give a wide berth to bad characters,
(a) keep away from
(b) publicly condemn
(c) give publicly to
(d) not sympathise with

19. The boy turned a deaf ear to the pleading of all his well-wishers.
(a) listened carefully
(b) was deadly opposed
(c) posed indifference
(d) did not pay any attention

20. Sumit had to look high and low before he could find his scooter key.
(a) nowhere (b) always
(c) everywhere (d) somewhere

21. He is a plain, simple and sincere man. He will always call a spade a spade.
(a) say something to be taken seriously
(b) resist from making controversic statement
(c) find meaning or purpose in your action
(d) be out spoken in language

22. At a party, he is always in high spirits.
(a) talkative
(b) cheerful
(c) drunk
(d) uncontrollable

Answers

1. (c) **2.** (c) **3.** (d) **4.** (a) **5.** (b) **6.** (b) **7.** (a) **8.** (b) **9.** (a) **10.** (d) **11.** (b) **12.** (c) **13.** (d)
14. (b) **15.** (c) **16.** (b) **17.** (d) **18.** (a) **19.** (d) **20.** (c) **21.** (d) **22.** (b)

❑❑

13 TRANSFORMATION OF SENTENCES

The process of changing a sentence into various forms without changing its meaning is called Transformation.

Some Types of Transformation

1. Removal of 'Too'
2. Interchange of the Degrees of Comparison
3. Interchange of Affirmative and Negative Sentences
4. Interchange of Interrogative and Assertive Sentences
5. Interchange of Exclamatory and Assertive Sentences

Removal of 'Too'

The adverb 'too' is used in negative sense and it is followed by a infinitive (to + first form of verb). When we remove 'too'

(a) Too is replaced by so and that is placed after the adjective.
(b) Cannot or could not is used according to the tense of the original sentence. e.g.,

(i) He drove too fast for the police to catch.
He drove so fast that the police could not catch him.

(ii) She is too shy to ask for help.
She is so shy that she cannot ask for help.
(She is so shy that she will not ask for help.)

(iii) He is too slow to come in time.
He is so slow that he cannot come in time.
(He is so slow that he will not come in time.)

(iv) To box is too heavy for me to lift.
The box is so heavy that I cannot lift it.

Interchange of the Degrees of Comparison

The degree of comparison of an adjective or adverb in a sentence can be changed, without changing the meaning of the sentence. e.g.,

(i) No other city in England is as good as London. *(Positive)*
London is better than any other city in England. *(Comparative)*
London is the best city in England. *(Superlative)*

(ii) No other Indian poet is so great as Tagore. *(Positive)*
Tagore is greater than any other Indian poet. *(Comparative)*
Tagore is the greatest Indian poet. *(Superlative)*

Interchange of Affirmative and Negative Sentences

Affirmative and Negative sentences can be interchanged without changing the meaning of the original sentence. e.g.,

(i) Every body was present. *(Affirmative)*
Nobody was absent. *(Negative)*

(ii) I am innocent. *(Affirmative)*
I am not guilty. *(Negative)*

Interchange of Interrogative and Assertive Sentences

We can transform Interrogative sentences into Assertive sentences and Assertive sentences into Interrogative sentences, without changing the meaning of the original sentence. e.g.,

(i) Who has seen God? *(Interrogative)*
No one has seen God. *(Assertive)*

(ii) The blind cannot see. *(Assertive)*
Can the blind see? *(Interrogative)*

Interchange of Exclamatory and Assertive Sentences

Exclamatory sentences express surprise, grief, anger, joy and other emotions. Alas! Wow!, What! How! Bravo! etc terms are used to express these emotions. These feelings can be expressed in a simple manner in Assertive sentences. e.g.,

(i) How dark the night is! *(Exclamatory)*
The night is very dark. *(Assertive)*

(ii) It is a matter of joy that we have won. *(Assertive)*
Hurrah! We have won. *(Exclamatory)*

Exercise

Directions (Q. 1–20) : In each question below, there are two sentences. These two sentences are to be combined into one sentence. Beginnings of such three sentences are given below each pair of sentences. You have to find out which one, two, three or none of them is the correct, appropriate and logical way to combine the pair of sentences.

1. He is short-sighted. Otherwise he is fit for the post.
(A) Except that the ....
(B) If he was not ....
(C) Despite being ....
(a) Only A (b) Only B
(c) Only C (d) A and B

2. He can walk fast. He is tall.
(A) He is tall because ....
(B) Because he is tall ....
(C) Since he can ....
(a) Only A (b) Only B
(c) Only C (d) A and B

3. He could afford to lose something. He lost somewhat more.
(A) He lost ....
(B) What he could ....
(C) Despite ....
(a) Only A (b) A and B
(c) Only B (d) A and C

4. The thief entered the room. He found it empty.
(A) Entering ....
(B) Although the thief ....
(C) As soon as ....
(a) Only A (b) A and B
(c) Only C (d) B and C

5. She is very simple. She cannot see through his plans.
(A) She is too ....
(B) Being very ....
(C) She is so ....
(a) Only A (b) Only C
(c) A and B (d) A, B and C

6. You are drunk. That aggravates your offence.
(A) As you are ....
(B) That you ....
(C) What aggravates ....
(a) Only A (b) Only B
(c) Only C (d) B and C

7. The boy got his leg badly injured. He was playing hockey.
(A) While the boy was ....
(B) While playing ....
(C) Since his leg was ....
(a) Only A (b) Only B
(c) Only C (d) A and B

8. He is in great troubles. He is cheerful.
(A) Beside being ....
(B) Since he ....
(C) For all ....
(a) Only A (b) Only B
(c) Only C (d) A and B

9. He worked hard. He did not succeed.
(A) Although he ....
(B) Notwithstanding ....
(C) Besides working ....
(a) Only A (b) A and B
(c) B and C (d) A and C

10. He is rich. He is kind.
(A) Although he ....
(B) Rich as ....
(C) Inspite of ....
(a) Only A (b) A and B
(c) B and C (d) A, B and C

11. The watchman waved his cane. In the nick of time the barking dog ran away.
(A) As soon as the barking ....
(B) Hardly was the watchman ....
(C) No sooner does the watchman ....
(a) Only A (b) Only B
(c) Only C (d) None of these

12. You will not recover fast. Refrain from smoking.
(A) Unless you recover ....
(B) If you want to refrain from smoking ....
(C) Inspite of refraining from ....
(a) Only A (b) Only B
(c) Only C (d) None of these

13. The match was over. We left for home.
(A) Match ....
(B) We left ....
(C) Besides the match ....
(a) Only B (b) A and B
(c) B and C (d) A and C

14. You run fast. You can win the race.
(A) Provided ....
(B) In case ....
(C) Supposing that ....
(a) Only A (b) Only B
(c) A and B (d) A, B and C

15. He finished his exercise. He put away his books.
(A) Having finished ....
(B) As he finished ....
(C) Finishing ....
(a) Only A (b) A and B
(c) Only B (d) A and C

Answers

1. (a) **2.** (b) **3.** (a) **4.** (a) **5.** (d) **6.** (d) **7.** (d) **8.** (c) **9.** (b) **10.** (d)
11. (d) **12.** (d) **13.** (b) **14.** (d) **15.** (d)

❑❑

14 ENGLISH LITERATURE

Some Important Quotations

- Imitation is suicide. **Emerson**
- Love is the business of the idle, but the idleness of the busy. **Bulwer Lytton**
- Necessity is the mother of invention. **Latin Proverb**
- Obedience alone gives the right to command. **Emerson**
- The greater the power, the more dangerous the abouse. **Edmund Burke**
- Prejudice is the child of ignorance. **William Hazlitt**
- Common people do not pray: they only beg. **Bernard Shaw**
- The greatest remedy for anger is delay. **L.A. Seneca**
- Take care to get what you like, or you will be forced to like what you get. **G.B. Shaw**
- Reading maketh a full man; conference a ready man; and writing an exact man. **Francis, Bacon**
- We are but dust and shadow. **Horace**
- I am a man more sinned against than sinning. **Shakespeare**
- In charity there is no excess. **Francis Bacon**
- Whom the gods love die young. **Byron**
- A sound mind in a sound body (Mens sana in corpore sano). **Juvenal**
- Tears are the silent language of grief. **Voltaire**
- I can resist everything except temptation. **Oscar Wilde**
- Men love to wonder, and that is the seed of science. **Emerson**
- Government of the people, by the people, for the people. **A Lincoln**
- Time heats but reason can not. **Seneca**
- To regret deeply is to live afresh. **Thoreau**
- Religion is the opium of the people. **Karl Marx**
- Proper study of mankind is man. **Pope**
- I came, I saw, I conquered. **Shakespeare**
- Uneasy lies the head that wears a crown. **Shakespeare**
- One may smile, and smile, and be a villain. **Shakespeare**
- Earth is the right place for love. **Robert Frost**
- Brevity is the soul of wit. **Shakespeare**
- Man is bom free but everywhere he is in chains. **J J. Rousseau**
- Be absolute for death; either death or life shall there be the sweeter. **Shakespeare**
- All animals are equal, but some animals are more equal than others. **George Orwell**
- April is the cruelest month. **T.S. Eliot**
- Art lies i n concealing art. **Ovid**
- When ignorance is bliss Tis folly to be wise. **Thomas Grey**
- If music be the food of love, play on. **Shakespeare**
- What I aspired to be, and was not, comforts me. **Shakespeare**
- Frailty, Thy name is woman. **Shakespeare**
- I must be cruel, only to be kind. **Shakespeare**
- Rumour is a pipe blown by surmises, jealousies, conjectures. **Shakespeare**
- The history of the world is but the biography of great men. **Thomas Carlyle**
- The best sauce for food is hunger. **Socrates**
- No man is a hypocrite in his pleasures. **Samuel Johnson**
- The devil can cite scripture for his purpose. **Edmund Burke**
- Man is the only creature that consumes without producing. **George Orwell**
- Man is the measure of all things. **Pythagoras**
- If there be a hell upon earth, it is to be found in a melancholy man's heart. **Burton**
- Misery acquaints a man with strange bed-fellows. **Shakespeare**
- When sorrows come, they come not in single spies. But in Battalions. **Shakespeare**
- Yet each man kills the thing he loves. **Oscar Wilde**
- What is home without a mother. **Alice Hawthrone**
- The place of justice is a hallowed place.
- let justice be done, though the heavens fall. **Mansfield**
- Be good and you will be lonesome. **Mark Twain**
- It's noble to be good. **Tennyson**
- Beware the fury of a patient man. **John Dry den**

- Philosophy is the highest music. **Plato**
- Poverty is no vice but an inconvenience. **JohnFlorio**
- A liar needs a good memory. **Quintilian**
- Nature never did betray
- The heart that loved her. **Wordsworth**
- To whom nothing is given, of him can nothing be required.' **Henry Fielding**
- The river is with in us, the sea is all about us. **T.S. Eliot**
- They can do all because they think they can. **Virgil**
- Civilized people can not fully satisfy their sexual instinct without love. **Bertrand Russell**
- Familiarity breeds contempt and children. **Mark Twain**
- Fortune means love. **Robert Browning**

The Works which Enriched the English Literature

S.N.	Work	Date	Poet/Author
1.	The English Bible-Authorised version	1611	King James
2.	More's Utopia	1516	Thomas More
3.	The Faerie Queen	1590, 1596	Edmund Spenser
4.	The Arcadia	1580	Sir Philip Sidney
5.	Euphues	1578	John Lyly
6.	Areopagitica	1644	John Milton
7.	Ralph Roister Doister (Controversy in date)	1541 or 1553	Nicholas Udall
8.	Gorboduc	1565	Thomas Norton and Thomas Sackville
9.	The Pilgrim's Progress	1678	Bunyan
10.	The Rape of the Lock	Not known	Alexander Pope
11.	The Deserted Village	1770	Oliver Goldsmith
12.	The Traveller	1764	-do-
13.	Robinson Crusoe		Daniel Defoe
14.	Gulliver's Travels	1726	Jonathan Swiff
15.	Tom Jones	1749	Henry Fielding
16.	The Vicar of Wakefield	1766	Oliver. Goldsmith
17.	The way of the world (Comedy)	—	Congreve
18.	Leviathan	1651	Thomas Hobbes
19.	The Lives of the Poets	1779—1781	Samuel Johnson
20.	The Decline and fall of the Roman Empire	1776—1788	Edward Gibbon
21.	The Idylls of the King	—	Lord Tennyson
22.	On the Origin of the Species	1859	Charles Darwin
23.	A Dotf's House	1879	Ibsen
24.	Vanity Fair	—	Thackeray
25.	Withering Heights	—	Emily Bronte
32.	Tess of the D'urbervilles (A Pure Woman)	—	Thomas Hardy
26.	Don Juan (an epic satire)	—	Bryon
27.	Oliver Twist	—	Olf Dickens
28.	Jane Eyre	—	Charlotte Bronte
29.	The Egoist	—	George Meredith
30.	The vision of Piers the Plowman	—	William Langland
31.	Atlanta in Calydon	1865	Swinburne
32.	The Strange Case of Dr. Jekyll and Mr. Hyde	—	R.L.Stevenson
33.	The Knight of the Burning Pestle	—	Beaumont

34.	The Shoe-maker's Holiday	—	Dekker
35.	The Spanish Tragedy	—	Thomas Kyd
36.	The Prelude	1814	Wordsworth
37.	The Lyrical Ballads	1798	Wordsworth and Coleridge
38.	Lady Windermere's Fan	—	Oscar Wilde
39.	Great Expectations	1860—1861	Dickens
40.	Middlemarch	—	George Eliot and others
41.	The Egoist	—	George Meredith
42.	Hard Times	—	Charles Dickens
43.	The Adventures of Roderick Random	1748	Smollett
44.	The play-boy of the Western world	1907	Synge
45.	Shit Joan	—	Shaw
46.	Justice	1910	Galsworthy
47.	Tono - Bungay	—	H.G Wells
48.	Ulysses	1922	James Joyce
49.	Brave New World	1932	Huxley
50.	The Waste Land	—	T.S. Eliot
51.	Riders to the Sea	—	John M. Synge
52.	A Passage to India	—	E.M. Forster
53.	Brighton Rock	1938	Graham Greene
54.	The Ambassadors	Written during 1900—19	Henry James
55.	Nineteen Eighty-Four	1949	George Orwell
56.	The Rainbow	1915	D.H. Lawrence
57.	Women in Love	—	—do—
58.	The Old Wives Tale	1903	Arnold Bennett
59.	Of Human Bondage	1915	W. Somerset Maugham
60.	Mrs. Dalloway	—	Virginia Woolf
61.	The Waves	—	Virginia Woolf
62.	The Testament of Beauty	1929	Robert Bridges
63.	Waiting for Godot	—	Samuel Beckett
64.	I Lucky Jim	1954	Kingsley Ami
65.	The Lady's Not For Burning	1949	Christopher Fry
66.	Loyalties	1922	John Galsworthy

Exercise

1. "Indian Weavers" is a poem written by which of the following?
(a) Sarojini Naidu
(b) Cecil Spring Rice
(c) Charles Mackay
(d) Ralph Waldo Emerson

2. 'King Lear' was written by
(a) Tennyson
(b) William Shakespeare
(c) G.B. Shaw
(d) T.S.Eliot

3. "Poos Ki Raat" is written by which famous author?
(a) Munshi Premchand
(b) Sarojini Naidu
(c) Jai Shankar Prasad
(d) R.K. Laxman

4. The poem "On his Blindness" is composed by which of the following poets?
(a) P.B. Shelley (b) John Keats
(c) John Milton (d) Robert Frost

5. Name the famous poet who wrote the following lines "Where the mind is without fear and the head is held high"
(a) Sarojini Naidu
(b) Tom Dutt
(c) Rabindranath Tagore
(d) John Milton

6. Name the famous Poet who wrote the following line:
They also serve who only stand and wait.'

(a) Shelley
(b) Keats
(c) Milton
(d) Wordsworth

7. The poem "The Nation Builders" is composed by which of the following poets?
(a) H.W. Longfellow
(b) William Wordsworth
(c) Ralph Waldo Emerson
(d) Ben Jonson

8. 'Julius Ceaser' was written by
(a) Bernard Shaw
(b) Galsworthy
(c) Prem Chand
(d) William Shakespeare

9. Who said: "Heading makes a full man, writing an exact man and conference a ready man"?
(a) C.C. Fries
(b) Francis Bacon
(c) Prof. Jesperson
(d) W.S. Gray

10. Name the poet who wrote the poem 'stopping by the woods on a snowy evening'.
(a) William Wordsworth
(b) Robert Lynd
(c) Robert Frost
(d) P.B. Shelley

11. 'On Big Words' is written by
(a) Bacon (b) Lamb
(c) Guardian (d) Lynd

12. "Biography is the painting of portraits and it is impossible to paint them without a touch of art." Who said so ?
(a) Philip Guedalla
(b) Philip Larkin
(c) Osbert Sitwell
(d) Edith Sitwell

13. Dr. Aziz is a character of
(a) Passage to England
(b) Animal farm
(c) Passage to India
(d) Waiting for Godot

14. Shakespeare belongs to
(a) 15th century
(b) 16th century
(c) 17th century
(d) 18th century

15. "Though this be madness, yet there is a method in't." Who said so ?
(a) Latin Proverb
(b) Emerson
(c) William Hazlitt
(d) Shakespeare

16. 'Blindness' (1929) is a book written by
(a) Henry Wood
(b) Henry Green
(c) Rex Warner
(d) Anthony West

17. Tack My Bag/ (1940) is a creation of
(a) Henry Green
(b) Henry Wood
(c) Angus Wilson
(d) William Golding

18. The Georgian Literary Scene' is work by
(a) Hugh Wolpole
(b) P.D. James
(c) Frank Swinnerton
(d) J.B. Priestly

19. Who among the following is an intellectual figure of Blomsbury groups
(a) James (b) Huxley
(c) Bayley (d) Bainbridge

20. 'Maurice Guest' is a work by
(a) H.H. Richardson
(b) James Joyce
(c) P.D. James
(d) John Bayley

21. Who among the following was an advocate of 'Womar. Movement?
(a) Iris Murdoch
(b) Sarah Grand
(c) Ivy Compton
(d) Elizabeth Bowen

22. ldda' is a novel by
(a) Sarah Grand (b) Paul Scott
(c) Iris Murdoch (d) Burnett

Answers

1. (a) **2.** (b) **3.** (a) **4.** (c) **5.** (b) **6.** (c) **7.** (c) **8.** (d) **9.** (b) **10.** (c)
11. (c) **12.** (a) **13.** (c) **14.** (b) **15.** (d) **16.** (b) **17.** (a) **18.** (c) **19.** (b) **20.** (a)
21. (b) **22.** (a)

15 COMPREHENSION

PASSAGE-1

Read the following passage and answer the questions that follow.

The superintendence, direction and control of preparation of electoral rolls for, and the conduct of, elections to Parliament and State Legislatures and elections to the offices of the President and the Vice - President of India are vested in the Election Commission of India. It is an independent constitutional authority.

Independence of the Election Commission and its insulation from executive interference is ensured by a specific provision under Article 324 (5) of the Constitution that the Chief Election Commissioner shall not be removed from his office except in like manner and on like grounds as a Judge of the Supreme Court and conditions of his service shall not be varied to his disadvantage after his appointment.

In C.W.P. No. 4912 of 1998 (Kushra Bharat Vs. Union of India and Others), the Delhi High Court directed that information relating to Government dues owed by the candidates to the departments dealing with Government accommodation, electricity, water, telephone and transport etc. and any other dues should be furnished by the candidates and this information should be published by the election authorities under the commission.

1. The text of the passage reflects or raises certain questions:
   (a) The authority of the commission cannot be challenged.
   (b) This would help in stopping the criminalization of Indian politics.
   (c) This would reduce substantially the number of contesting candidates.
   (d) This would ensure fair and free elections.

2. According to the passage, the Election Commission is an independent constitutional authority. This is under Article No.
   (a) 324 (b) 356
   (c) 246 (d) 161

3. Independence of the Commission means:
   (a) have a constitutional status.
   (b) have legislative powers.
   (c) have judicial powers.
   (d) have political powers.

4. Fair and free election means:
   (a) transparency
   (b) to maintain law and order
   (c) regional considerations
   (d) role for pressure groups

5. The Chief Election Commissioner can be removed from his office under Article :
   (a) 125 (b) 352
   (c) 226 (d) 324

ANSWERS

1. (d) 2. (a) 3. (a) 4. (b) 5. (d)

PASSAGE-2

All political systems need to mediate the relationship between private wealth and public power. Those that fail risk a dysfunctional government captured by wealthy interests. Corruption is one symptom of such failure with private willingness-to-pay trumping public goals. Private individuals and business firms pay to get routine services and to get to the head of the bureaucratic queue. They pay to limit their taxes, avoid costly regulations, obtain contracts at inflated prices and get concessions and privatised firms at low prices. If corruption is endemic, public officials – both bureaucrats and elected officials – may redesign programmes and propose public projects with few public benefits and many opportunities for private profit. Of course, corruption, in the sense of bribes, pay-offs and kickbacks, is only one type of government failure. Efforts to promote 'good governance' must be broader than anti-corruption campaigns. Governments may be honest but inefficient because no one has an incentive to work productively, and narrow elites may capture the state and exert excess influence on policy. Bribery may induce the lazy to work hard and permit those not in the inner circle of cronies to obtain benefits. However, even in such cases, corruption cannot be confined to 'functional' areas. It will be a temptation whenever private benefits are positive. It may be a reasonable response to a harsh reality but, over time, it can facilitate a spiral into an even worse situation.

1. The governments which fail to focus on the relationship between private wealth and public power are likely to become:
   (a) Functional (b) Dysfunctional
   (c) Normal functioning (d) Good governance

2. One important symptom of bad governance is:
   (a) Corruption
   (b) High taxes
   (c) Complicated rules and regulations
   (d) High prices
3. When corruption is rampant, public officials always aim at many opportunities for:
   (a) Public benefits (b) Public profit
   (c) Private profit (d) Corporate gains
4. Productivity linked incentives to public/private officials is one of the indicatives for:
   (a) Efficient government
   (b) Bad governance
   (c) Inefficient government
   (d) Corruption
5. The spiralling corruption can only be contained by promoting:
   (a) Private profit
   (b) Anti-corruption campaign
   (c) Good governance
   (d) Pay-offs and kick-backs

ANSWERS

1. (b) **2.** (a) **3.** (c) **4.** (a) **5.** (a)

PASSAGE- 3

After almost three decades of contemplating Swarovski-encrusted navels on increasing flat abs, the Mumbai film industry is on a discovery of India and itself. With budgets of over 30 crore each, four soon to be released movies by premier directors are exploring the idea of who we are and redefining who the other is. It is a fundamental question which the bling-bling, glam-sham and disham-disham tends to avoid. It is also a question which binds an audience when the lights go dim and the projector rolls: as a nation, who are we? As a people, where are we going?

The Germans coined a word for it, zeitgeist, which perhaps Yash Chopra would not care to pronounce. But at 72, he remains the person who can best capture it. After being the first to project the diasporic Indian on screen in Lamhe in 1991, he has returned to his roots in a new movie. Veer Zaara, set in 1986, where Pakistan, the traditional other, the part that got away, is the lover and the saviour. In Subhas Ghai's Kisna, set in 1947, the other is the English woman. She is not a memsahib, but a mehbooba. In Ketan Mehta's The Rising, the East India Englishman is not the evil oppressor of countless cardboard characterisations, which span the spectrum from Jewel in the Crown to Kranti, but an honourable friend.

This is Manoj Kumar's Desh Ki dharti with a difference: there is culture, not contentious politics; balle balle, not bombs: no dooriyan (distance), only nazdeekiyan (closeness).

All four films are heralding a new hero and heroine. The new hero is fallible and vulnerable, committed to his dharma, but also not afraid of failure - less of a boy and more of a man. He even has a grown up name: Veer Pratap Singh in Veer-Zaara and Mohan Bhargav in Swades. The new heroine is not a babe, but often a babe, dressed in traditional Punjabi clothes, often with the stereotypical body type as well, as in Bride and Prejudice of Gurinder Chadha.

1. Which word Yash Chopra would not be able to pronounce?
   (a) Bling + bling (b) Zeitgeist
   (c) Montaz (d) Dooriyan
2. Who made Lamhe in 1991?
   (a) Subhash Ghai (b) Yash Chopra
   (c) Aditya Chopra (d) Sakti Samanta
3. Which movie is associated with Manoj Kumar?
   (a) Jewel in the Crown (b) Kisna
   (c) Zaara (d) Desh Ki dharti
4. Which is the latest film by Yash Chopra?
   (a) Deewar
   (b) Kabhi Kabhi
   (c) Dilwale Dulhaniya Le Jayenge
   (d) Veer Zaara
5. Which is the dress of the heroine in Veer-Zaara?
   (a) Traditional Gujarati Clothes
   (b) Traditional Bengali Clothes
   (c) Traditional Punjabi Clothes
   (d) Traditional Madras Clothes

ANSWERS

1. (b) **2.** (b) **3.** (d) **4.** (d) **5.** (c)

PASSAGE-4

Gandhi's overall social and environmental philosophy is based on what human beings need rather than what they want. His early introduction to the teachings of Jains, Theosophists, Christian sermons, Ruskin and Tolstoy, and most significantly the Bhagavad Gita, was to have profound impact on the development of Gandhi's holistic thinking on humanity, nature and their ecological interrelation. His deep concern for the disadvantaged, the poor and rural population created an ambience for an alternative social thinking that was at once far-sighted, local and immediate. For Gandhi was acutely aware that the demands generated by the need to feed and sustain human life, compounded by the growing industrialization of India, far outstripped the finite resources of nature. This might nowadays appear naive or commonplace, but such pronouncements were as rare as they were heretical a century ago. Gandhi was also concerned about the destruction, under colonial and modernist designs, of the existing infrastructures which had more potential for keeping a community flourishing within ecologically–sensitive traditional patterns of subsistence, especially in the rural areas, than did the incoming Western alternatives based on nature-blind technology and the enslavement of human spirit and energies.

Perhaps the moral principle for which Gandhi is best known is that of active non-violence, derived from the traditional moral restraint of not injuring another being. The most refined expression of this value is in the great epic of the Mahabharata, (c. 100 BCE to 200 CE), where moral development proceeds through placing constraints on the liberties, desires and acquisitiveness endemic to human life. One's action is judged in terms of consequences and the impact it is likely to have on another. Jainas had generalized this principle to include all sentient creatures and biocommunities alike. Advanced Jaina monks and nuns will sweep their path to avoid harming insects and even bacteria. Non-injury is a non-negotiable universal prescription.

1. Which one of the following have a profound impact on the development of Gandhi's holistic thinking on humanity, nature and their ecological interrelations?
   (a) Jain teachings (b) Christian sermons
   (c) Bhagavad Gita (d) Ruskin and Tolstoy
2. Gandhi's overall social and environmental philosophy is based on human beings':
   (a) need (b) desire
   (c) wealth (d) welfare
3. Gandhiji's deep concern for the disadvantaged, the poor and rural population created an ambience for an alternative:
   (a) rural policy (b) social thinking
   (c) urban policy (d) economic thinking
4. Colonial policy and modernization led to the destruction of:
   (a) major industrial infrastructure
   (b) irrigation infrastructure
   (c) urban infrastructure
   (d) rural infrastructure
5. Gandhi's active non-violence is derived from:
   (a) Moral restraint of not injuring another being
   (b) Having liberties, desires and acquisitiveness
   (c) Freedom of action
   (d) Nature-blind technology and enslavement of human spirit and energies

ANSWERS

1. (c) **2.** (a) **3.** (b) **4.** (d) **5.** (a)

PASSAGE-5

The phrase "What is it like?" stands for a fundamental thought process. How does one go about observing and reporting on things and events that occupy segments of earth space? Of all the infinite variety of phenomena on the face of the earth, how does one decide what phenomena to observe? There is no such thing as a complete description of the earth or any part of it, for every microscopic point on the earth's surface differs from every other such point. Experience shows that the things observed are already familiar, because they are like phenomena that occur at home or because they resemble the abstract images and models developed in the human mind.

How are abstract images formed? Humans alone among the animals possess language; their words symbolize not only specific things but also mental images of classes of things. People can remember what they have seen or experienced because they attach a word symbol to them.

During the long record of our efforts to gain more and more knowledge about the face of the earth as the human habitat, there has been a continuing interplay between things and events. The direct observation through the senses is described as a percept; the mental image is described as a concept. Percepts are what some people describe as reality, in contrast to mental images, which are theoretical, implying that they are not real.

The relation of Percept to Concept is not as simple as the definition implies. It is now quite clear that people of different cultures or even individuals in the same culture develop different mental images of reality and what they perceive is a reflection of these preconceptions. The direct observation of things and events on the face of the earth is so clearly a function of the mental images of the mind of the observer that the whole idea of reality must be reconsidered.

Concepts determine what the observer perceives, yet concepts are derived from the generalizations of previous percepts. What happens is that the educated observer is taught to accept a set of concepts and then sharpens or changes these concepts during a professional career. In any one field of scholarship, professional opinion at one time determines what concepts and procedures are acceptable, and these form a kind of model of scholarly behaviour.

1. The problem raised in the passage reflects on
   (a) thought process
   (b) human behaviour
   (c) cultural perceptions
   (d) professional opinion
2. According to the passage, human beings have mostly in mind
   (a) Observation of things
   (b) Preparation of mental images
   (c) Expression through language
   (d) To gain knowledge
3. Concept means
   (a) A mental image
   (b) A reality
   (c) An idea expressed in language form
   (d) All the above
4. The relation of Percept to Concept is
   (a) Positive (b) Negative
   (c) Reflective (d) Absolute
5. In the passage, the earth is taken as
   (a) The Globe
   (b) The Human Habitat
   (c) A Celestial Body
   (d) A Planet

6. Percept means
   (a) Direct observation through the senses
   (b) A conceived idea
   (c) Ends of a spectrum
   (d) An abstract image

PASSAGE-6

It should be remembered that the nationalist movement in India, like all nationalist movements, was essentially a bourgeois movement. It represented the natural historical stage of development, and to consider it or to criticise it as a working-class movement is wrong. Gandhi represented that movement and the Indian masses in relation to that movement to a supreme degree, and he became the voice of Indian people to that extent. The main contribution of Gandhi to India and the Indian masses has been through the powerful movements which he launched through the National Congress. Through nation-wide action he sought to mould the millions, and largely succeeded in doing so, and changing them from a demoralised, timid and hopeless mass, bullied and crushed by every dominant interest, and incapable of resistance, into a people with self-respect and self-reliance, resisting tyranny, and capable of united action and sacrifice for a larger cause.

Gandhi made people think of political and economic issues, and every village and every bazaar hummed with argument and debate on the new ideas and hopes that filled the people. That was an amazing psychological change. The time was ripe for it, of course, and circumstances and world conditions worked for this change. But a great leader is necessary to take advantage of circumstances and conditions. Gandhi was that leader, and he released many of the bonds that imprisoned and disabled our minds, and none of us who experienced it can ever forget that great feeling of release and exhilaration that came over the Indian people.

Gandhi has played a revolutionary role in India of the greatest importance because he knew how to make the most of the objective conditions and could reach the heart of the masses, while groups with a more advanced ideology functioned largely in the air because they did not fit in with those conditions and could therefore not evoke any substantial response from the masses.

It is perfectly true that Gandhi, functioning in the nationalist plane, does not think in terms of the conflict of classes, and tries to compose their differences. But the action he has indulged and taught the people has inevitably raised mass consciousness tremendously and made social issues vital. Gandhi and the Congress must be judged by the policies they pursue and the action they indulge in. But behind this, personality counts and colours those policies and activities. In the case of very exceptional person like Gandhi the question of personality becomes especially important in order to understand and appraise him. To us he has represented the spirit and honour of India, the yearning of her sorrowing millions to be rid of their innumerable burdens, and an insult to him by the British Government or others has been an insult to India and her people.

1. Which one of the following is true of the given passage?
   (a) The passage is a critique of Gandhi's role in Indian movement for independence.
   (b) The passage hails the role of Gandhi in India's freedom movement.
   (c) The author is neutral on Gandhi's role in India's freedom movement.
   (d) It is an account of Indian National Congress's support to the working-class movement.
2. The change that the Gandhian movement brought among the Indian masses was
   (a) Physical (b) Cultural
   (c) Technological (d) Psychological
3. To consider the nationalist movement or to criticise it as a working-class movement was wrong because it was a
   (a) historical movement
   (b) voice of the Indian people
   (c) bourgeois movement
   (d) movement represented by Gandhi
4. Gandhi played a revolutionary role in India because he could
   (a) preach morality
   (b) reach the heart of Indians
   (c) see the conflict of classes
   (d) lead the Indian National Congress
5. Groups with advanced ideology functioned in the air as they did not fit in with
   (a) objective conditions of masses
   (b) the Gandhian ideology
   (c) the class consciousness of the people
   (d) the differences among masses
6. The author concludes the passage by
   (a) criticising the Indian masses
   (b) the Gandhian movement
   (c) pointing out the importance of the personality of Gandhi
   (d) identifying the sorrows of millions of Indians

ANSWERS

1. (b) **2.** (d) **3.** (b) **4.** (b) **5.** (a) **6.** (c)

PASSAGE-7

All historians are interpreters of text if they be private letters, Government records or parish birthlists or whatever. For most kinds of historians, these are only the necessary means to understanding something other than the texts themselves, such as a political action or a historical trend, whereas for the intellectual historian, a full understanding of his chosen texts is itself the aim of his enquiries. Of course, the intellectual history is particularly prone to draw on the focus of other disciplines that are habitually interpreting texts for purposes of their own, probing the reasoning that ostensibly connects premises and conclusions. Furthermore, the boundaries with adjacent subdisciplines are shifting and indistinct: the history of art and the history of science both claim a certain autonomy, partly just because they require specialised technical skills, but both can also be seen as part of a wider intellectual history, as is evident when one considers, for example, the common stock of knowledge about cosmological beliefs or moral ideals of a period.

Like all historians, the intellectual historian is a consumer rather than a producer of 'methods'. His distinctiveness lies in which aspect of the past he is trying to illuminate, not in having exclusive possession of either a corpus of evidence or a body of techniques. That being said, it does seem that the label 'intellectual history' attracts a disproportionate share of misunderstanding.

It is alleged that intellectual history is the history of something that never really mattered. The long dominance of the historical profession by political historians bred a kind of philistinism, an unspoken belief that power and its exercise was 'what mattered'. The prejudice was reinforced by the assertion that political action was never really the outcome of principles or ideas that were 'more flapdoodle'. The legacy of this precept is still discernible in the tendency to require ideas to have 'licensed' the political class before they can be deemed worthy of intellectual attention, as if there were some reasons why the history of art or science, of philosophy or literature, were somehow of interest and significance than the history of Parties or Parliaments. Perhaps in recent years the mirror image of this philistinism has been more common in the claim that ideas of any one is of systematic expression or sophistication do not matter, as if they were only held by a minority.

1. An intellectual historian aims to fully understand
   (a) the chosen texts of his own
   (b) political actions
   (c) historical trends
   (d) his enquiries
2. Intellectual historians do not claim exclusive possession of
   (a) conclusions
   (b) any corpus of evidence
   (c) distinctiveness
   (d) habitual interpretation
3. The misconceptions about intellectual history stem from
   (a) a body of techniques
   (b) the common stock of knowledge
   (c) the dominance of political historians
   (d) cosmological beliefs
4. What is philistinism?
   (a) Reinforcement of prejudice
   (b) Fabrication of reasons
   (c) The hold of land-owning classes
   (d) Belief that power and its exercise matter
5. Knowledge of cosmological beliefs or moral ideas of a period can be drawn as part of
   (a) literary criticism
   (b) history of science
   (c) history of philosophy
   (d) intellectual history
6. The claim that ideas of any one is of systematic expression do not matter, as if they were held by a minority, is
   (a) to have a licensed political class
   (b) a political action
   (c) a philosophy of literature
   (d) the mirror image of philistinism

ANSWERS

1. (a) **2.** (d) **3.** (d) **4.** (d) **5.** (d) **6.** (d)

PASSAGE-8

The catalytic fact of the twentieth century is uncontrollable development, consumerist society, political materialism, and spiritual devaluation. This inordinate development has led to the transcendental 'second reality' of sacred perception that biologically transcendence is a part of human life. As the century closes, it dawns with imperative vigour that the 'first reality' of enlightened rationalism and the 'second reality' of the beyond have to be harmonized in a worthy state of man. The de facto values describe what we are, they portray the 'is' of our ethic, they are est values (Latin est means is). The ideal values tell us what we ought to be, they are esto values (Latin esto 'ought to be'). Both have to be in the ebb and flow of consciousness. The ever new science and technology and the ever-perennial faith are two modes of one certainty, that is the wholeness of man, his courage to be, his share in being.

The materialistic foundations of science have crumbled down. Science itself has proved that matter is energy, processes are as valid as facts, and affirmed the non-materiality of the universe. The encounter of the 'two cultures', the scientific and the humane, will restore the normal vision, and will be the bedrock of a 'science of understanding' in the new century. It will give new meaning to the ancient perception that quantity (measure) and quality (value) coexist at the root of nature. Human endeavours cannot afford to be humanistically irresponsible.

1. The problem raised in the passage reflects overall on
   (a) Consumerism
   (b) Materialism
   (c) Spiritual devaluation
   (d) Inordinate development
2. The 'de facto' values in the passage means
   (a) What is (b) What ought to be
   (c) What can be (d) Where it is

3. According to the passage, the 'first reality' constitutes
   (a) Economic prosperity
   (b) Political development
   (c) Sacred perception of life
   (d) Enlightened rationalism
4. Encounter of the 'two cultures', the scientific and the human implies
   (a) Restoration of normal vision
   (b) Universe is both material and non-material
   (c) Man is superior to nature
   (d) Co-existence of quantity and quality in nature
5. The contents of the passage are
   (a) Descriptive (b) Prescriptive
   (c) Axiomatic (d) Optional
6. The passage indicates that science has proved that
   (a) universe is material
   (b) matter is energy
   (c) nature has abundance
   (d) humans are irresponsible

ANSWERS

1. (d) **2.** (a) **3.** (d) **4.** (a) **5.** (d) **6.** (b)

PASSAGE-9

James Madison said, "A people who mean to be their own governors must arm themselves with power that knowledge gives". In India, the Official Secrets Act, 1923 was a convenient smokescreen to deny members of the public access to information. Public functioning has traditionally been shrouded in secrecy. But in a democracy in which people govern themselves, it is necessary to have more openness. In the maturing of our democracy, right to information is a major step forward; it enables citizens to participate fully in the decision-making process that affects their lives so profoundly. It is in this context that the address of the Prime Minister in the Lok Sabha is significant. He said, "I would only like to see that everyone, particularly our civil servants, should see the Bill in a positive spirit; not as a draconian law for paralyzing Government, but as an instrument for improving Government-Citizen interface resulting in a friendly, caring and effective Government functioning for the good of our People." He further said, "This is an innovative Bill, where there will be scope to review its functioning as we gain experience. Therefore, this is a piece of legislation, whose working will be kept under constant reviews."

The Commission, in its Report, has dealt with the application of the Right to Information in Executive, Legislature and Judiciary. The judiciary could be a pioneer in implementing the Act in letter and spirit because much of the work that the Judiciary does is open to public scrutiny, Government of India has sanctioned an E-governance project in the Judiciary for about '700 crores which would bring about systematic classification, standardization and categorization of records. This would help the judiciary to fulfil its mandate under the Act. Similar capacity building would be required in all other public authorities. The transformation from non-transparency to transparency and public accountability is the responsibility of all three organs of State.

1. A person gets power
   (a) by acquiring knowledge
   (b) from the Official Secrets Act, 1923
   (c) through openings
   (d) by denying public information
2. Right to Information is a major step forward to
   (a) enable citizens to participate fully in the decision making process
   (b) to make the people aware of the Act
   (c) to gain knowledge of administration
   (d) to make the people Government friendly
3. The Prime Minister considered the Bill
   (a) to provide power to the civil servants
   (b) as an instrument for improving Government-citizen interface resulting in a friendly, caring and effective Government
   (c) a draconian law against the officials
   (d) to check the harassment of the people
4. The Commission made the Bill effective by
   (a) extending power to the executive authorities
   (b) combining the executive and legislative power
   (c) recognizing Judiciary a pioneer in implementing the act in letter and spirit
   (d) educating the people before its implementation
5. The Prime Minister considered the Bill innovative and hoped that
   (a) It could be reviewed based on the experience gained on its functioning.
   (b) The civil servants would see the Bill in a positive spirit.
   (c) It would not be considered as a draconian law for paralyzing Government
   (d) All the above

ANSWERS

1. (a) **2.** (a) **3.** (b) **4.** (c) **5.** (d)

❑❑

16 ENGLISH TEACHING PEDAGOGY

"What an Indian student at the secondary school stage requires is competence in the language of a degree which would enable him to use the language with a fair amount of command and ease in all the domains where he needs to use it. Therefore, the primary objective of teaching English should be to help the students to acquire Practical Command of English so that it may be useful to them in their ordinary life."

1 The National Curriculum Framework 2005 states : "The goals for a second language curriculum are twofold : attainment of a basic proficiency, such as is acquired in natural language learning, and the development of the language into an instrument for abstract thought and knowledge acquisition through (for example) literacy."

Broadly speaking the desired result which we aim at in our English lessons is to train our pupils :

(i) to hear and understand
(ii) to speak and be understood
(iii) to read and understand
(iv) to write and be understood. When we have finished our teaching, our pupils should be able to use English with ease and confidence demonstrating automatic control of the required vocabulary and structures. Their comprehension and expression of both oral and written English should be developed enough to serve their purposes in life.

The Specific Objectives of Teaching English

The objectives involve :

(i) an analysis of the complex skills of language into simpler elements so that all the aspects are taken care of in teaching.
(ii) the specific objectives based on this analysis
(iii) resources and transactional strategies to achieve the objectives.

Let us now take up the four skills of language one by one.

Listening

Correct hearing is an essential step. Language is learnt by imitation; that is true of both the baby learning its mother tongue and the student learning a foreign language. Before a learner can understand the meaning of the word or a construction, before he can speak it, he must be allowed to hear it. The training to hear accurately and understand when it is spoken as a second language in one's country or as an international language, involves the ability to

(i) recognize English speech sounds both in isolation and in combination readily and quickly;
(ii) differentiate the speech sounds of English;
(iii) distinguish between English speech sounds and almost similar speech sounds in the mother tongue;
(iv) understand the vocabulary and sentence patterns used in speech;
(v) derive meaning from stress, pitch and intonation of English language;
(vi) understand English speech sounds at normal speed as in conversation or movies.

Specific Objectives

To develop the ability to

(i) get the sense of what an educated speaker is speaking on a general subject at normal speed;
(ii) receive orders or instructions;
(iii) understand conversation of average tempo, lectures, talks on the radio, news broadcasts, and running commentaries on matches etc.;
(iv) follow closely and with ease all types of standard speech such as rapid or group conversation, extended dialogues, documentary films, plays and movies etc.;
(v) pay attention to and value the other people's point of view.

Resources and Transactional Strategies

(i) Making greater use of English in the classroom for both teaching the text and the activities surrounding the text
(ii) Giving commands, asking questions and getting responses
(iii) Telling stories with brief questions based on them
(iv) Reciting poems
(v) Listening to music, especially popular compositions and community singing (vi) Watching dramas being performed in a theatre

(vi) Listening to recorded material on the tape recorder
(vii) Listening to various programmes in English on TV and radio

Speech

Speech is the foundation of all language work. The purpose of learning English is to use it as a second language or as an international language and on most occasions it implies the ability to speak to someone. It has been argued on both linguistic and psychological grounds that spoken English should be the principal objective in language teaching. The training to speak confidently and be understood by fellow countrymen and foreigners involves the ability to

(i) produce English speech sounds both in isolation and in combination readily and quickly;
(ii) distinguish between English speech sounds and almost similar speech sounds in the mother tongue;
(iii) recall appropriate words, sentence and phrase patterns readily and quickly, according to needs and situations;
(iv) speak sentences with correct speed, pause, pronunciation and intonation keeping the sense groups in view;
(v) select and organize one's ideas on a subject readily and express them correctly;
(vi) read a passage aloud with correct pauses, accent and intonation.

Specific Objectives

To develop the ability to ·

(i) talk on prepared topics in simple and correct sentences (e.g. in classroom situations) without obvious faltering and speaking with a pronunciation readily understandable to others;
(ii) hold ordinary everyday conversation, asking conversational questions and responding to such questions, exchanging greetings, receiving or giving orders or directions, making a request for something etc.;
(iii) speak without making glaring mistakes, and with a command of vocabulary and syntax sufficient to express one's thought in sustained conversation, speak at a normal speed with good pronunciation and intonation, read a passage or report aloud; give short talks recounting experiences or something seen; provide commentary, tell stories, give explanations that are properly sequenced and linked; make a short presentation in formal English;
(iv) Participate in school debates, group talks, plays etc.;
(v) exchange ideas and to be at ease in social situations;
(vi) speak freely, naturally, idiomatically with ease and facility at home, at school and in society;
(vii) Promote fluency-based communication.

Resources and Transactional Strategies

(i) Encouraging child's talk in the classroom
(ii) Making learners participate in group discussions on given issues
(iii) Asking questions
(iv) Reciting poems
(v) Narrating stories and experiences
(vi) Holding discussions based on pictures containing total scene
(vii) Using dialogues
(viii) Making announcements in the school assembly
(ix) Organising speech contests, debates etc.
(x) Telephoning
(xi) Encouraging learners to participate in dramatic performances.

Training in speech is associated with the expressive and participatory functions of language. The teachers should see the child's talk as a resource rather than a nuisance. They should encourage children to explore different issues with small group talk and undertake activities that nurture the abilities to compare and contrast, to wonder and express, to guess and challenge, to judge and evaluate.

Reading

The confident reader is one who can recognize instantaneously the word or word group in front, without dividing it into parts or looking at individual letters. The more we read the more we increase our ability to read. Training to read and understand implies the ability to

(i) sound out and syllabify words;
(ii) take in whole phrases and sense groups at once without inwardly pronouncing single words when reading silently;
(iii) read a passage with speed without losing the general meaning and important details;
(iv) gather the meaning of unknown words and expressions from the context, pictures or diagrams in the book and, if necessary, with the help of a dictionary;
(v) understand the meaning communicated by the syntax, punctuation and various linking and reference devices;
(vi) recognize the relationships of ideas in a passage and draw appropriate inferences;

(vii) know how to locate sources for a given task and find out relevant information in them using skimming, scanning, contents, index, glossary etc.

Specific Objectives To develop the ability to

(i) grasp directly (i.e. without translating) the meaning of simple and non-technical prose (reading daily newspapers, magazines, simple and general books for pleasure or for information, letters received etc.
(ii) read with immediate comprehension prose and verse of average difficulty and mature content;
(iii) locate the central idea and the supporting details;
(iv) compare and contrast ideas by finding out similarities and dissimilarities;
(v) identify the suggested or hidden meaning of the text;
(vi) infer the mood of the writer – humorous, sarcastic , joyous or sad;
(vii) recognise the bias and objectively distinguish facts from opinions;
(viii) appreciate the emotional and aesthetic aspects of the text;
(ix) read as a habit.

Resources And Transactional Strategies

(i) Model reading by the teacher in meaningful units with appropriate stress and intonation.
(ii) Use of recorded material for reading texts at a stretch.
(iii) Loud reading by the students with correct pronunciation especially at lower levels.
(iv) Correction of errors in pronunciation.
(v) Practice in silent reading with speed regulating regressions and fixations.
(vi) Providing supplementary reading material
(vii) Practice in skimming and scanning
(viii) Reading comprehension exercises with focus on interpretative, inferential, evaluative and appreciative level questions
(viii) Using a library and consulting reference books

Writing

Writing is the graphical representation of spoken language. It comes last as it is the most difficult aspect of language learning. Training to write correctly with confidence and without error implies the ability to

(i) write legibly with reasonable speed even under pressure;
(ii) spell words correctly;
(iii) use the capital letters and punctuation marks correctly;
(iv) recall and use appropriate words, phrase and sentence patterns readily;
(v) identify and correct wrongly constructed sentences;
(vi) select relevant ideas and organize them into paragraphs and essays;
(vii) present the matter logically and avoid unnecessary repetitions;
(viii) stick to the point and reach an effective conclusion;
(ix) compare the structure of English with that of the mother tongue and improve one's language facility by following relational approach;
(x) use a dictionary, reference books and such other source materials.

Specific Objectives to develop the ability to

(i) write letters to relatives and friends that we cannot speak to about everyday experiences and needs;
(ii) write invitations, complaints and offer condolences;
(iii) write business letters;
(iv) write applications for leave, testimonial, jobs etc.;
(v) write notices, telegrams and advertisements;
(vi) write cohesive paragraphs on familiar topics, using appropriate linkers and reference devices;
(vii) write reports of committees and minutes of meetings;
(viii) write short descriptive essays or simple stories heard or read elsewhere;
(ix) record things we wish to remember ourselves or things that we think other people would like to know later;
(x) make notes with speed and accuracy on subjects being studied for our future reference;
(xi) summarise longer texts;
(xii) take examinations;
(xiii) write freely and independently on a variety of subjects with idiomatic naturalness, ease of expression and some feeling for the style.

Besides correctness, teachers should insist that children express their own thoughts and feelings in writing. At middle and senior levels of schooling, note-making should receive special attention as a skill development training exercise. It will discourage mechanical copying from the blackboard, textbooks and guides. Imagination and originality should be allowed to play a more prominent role.

Resources And Transactional Strategies

(i) Pre-writing exercises at initial stages
(ii) Transcription
(iii) Dictation

(iv) Reordering words/sentences/paragraphs
(v) Fill-in exercises
(vi) Completion type exercises
(vii) Questions and Answers
(viii) Developing an outline
(ix) Changing the person or tense in a paragraph
(x) Picture composition
(xi) Free expression—describing persons, places, objects and events
(xii) Letter writing–both formal and informal
(xiii) Summarizing
(xiv) Skill of note making and note taking
(xv) Practice in writing notices, telegrams and advertisements
(xvi) e-mail

It is desirable to follow the integrated approach to the teaching of different skills of language. NCF 2005 states "Children appear to learn much better in holistic situations that make sense to them rather than in a linear and additive way that often has no meaning. Rich and comprehensible input should constitute the site for acquisition of all the different skills of language. In several communicative situations, such as taking notes while listening to somebody on the phone several skills may need to be used together." Adequate practice in different aspects of the four skills in imaginary or real life situations has to be ensured to develop the mastery over them.

Cognition, Concepts and Elements

Cognition refers to the process by which knowledge is acquired. Perception, memory, thinking, imaging all contribute to it. A Concept is generalized meaning. It is a symbol which stands for a class or group of objects or events with common characteristics. We are all familiar with many concepts like chair, book, orange etc. They stand for groups of objects with common properties. Concepts, therefore, enable us to group objects or events that share common properties and respond in a similar manner to each example of the concept. Obviously for each concept a rule defines which concepts are examples of that particular concept. In fact, the acquisition of concepts depends on the reciprocal process of generalisation and discrimination. Generalization enables the learner to incorporate two or more separate experiences into a more comprehensive new meaning. Discrimination enables the learner to distinguish between classes of events and experiences. Actually we can't develop generalization without discrimination nor can we go far in forming discrimination establishing some generalizations.

The meaning and implication of cognitive maps for learning of languages

It was Tolman who conceived of the organism knowledge as organized into a sort of 'cognitive maps of the environment rather than being a simple listing of stimulus-response pairs. In fact, the world in which behavior goes on is a world of paths and tools, obstacles and bypaths with which the organism has commerce. The manner in which the organism makes use of path and tools in relation to its goals characterizes behavior as planful as well as purposive. Actually knowledge of the world is used in planning out efficient action sequences. Learning a new subject, therefore, should begin by getting a view of it as a whole and should proceed by analysing it into parts, each to be studied in greater detail. In fact, this is in line with the Gestalt view that the primary emphasis is to be placed on the whole. It is in line with the integration movement because seeing the subject as a whole facilitates integration. It is also in line with the experimental evidence which shows that learning is accomplished more rapidly and efficiently if we have a clear understanding of what we are attempting. Actually a definition of 'whole' depends upon the learning capacity to see relationship. In general, we learn by wholes when the activity that results from the learning is unified, integrated, functional and independent. So far as languages are concerned at its most elementary level psycholinguistics describe the nature of speech sounds called phonemes and how phonemes combine to form words. A higher level of analysis called grammar discusses the rules by which words combine to form plurals and sentences. The highest level of study deals with semantics and pragmatics. Semantics is the study of meaning and pragmatics concerns everyday use of the language. Phrases cannot be randomly combined to form a sentence. Rules govern the formation of sentences and rules determine how phonemes are grouped to form words and how words are combined to express various ideas.

Grammar rules establish the ways that words can be combined into meaningful phrases, clauses and sentences. Words must be arranged to indicate mutual relations, they cannot be grouped haphazardly. In fact, Tolman who talked about 'cognitive maps' visualized the potential of cognitive approach to learning languages to recreate, to use the rules to develop competence which is basic, a prerequisite to acquiring the skills of listening, speaking, reading and writing. Actually, cognitive map is knowledge of the environment and the knower makes maps of what he learns and they in turn help him know more about the environment and with the elements form concepts. Obviously, this implies that the teacher should structure his teaching strategies in view of the knowledge the learner has already had which means follow a spiral approach for easy understanding and longer retention.

The following are the perceptual features emphasized by advocates of cognitive theory :

1. A learning problem should be so structured and presented that the essential features are open to the inspection of the learner.
2. The function of knowledge should be an essential thing for the teacher or educational planner. He should proceed from simplified wholes to more complex wholes.

3. Emphasis should be on meaningful learning.
4. Cognitive feedback confirms correct knowledge and also corrects faulty learning.
5. Goal-setting is as important as motivation for learning.
6. Development of thinking leads to inventive solutions of problems or to the creation of novel and valid points nurtured alone with concept thinking which leads to correct answers.

Concept Maps and Curricular Elements

Some psychologists believe that cognitive maps are, in fact, mind maps. Mind maps are based on content analysis (analysis of idea/s). Mind maps essentially facilitate understanding which is based on curricular elements (content),

(i) What are the curricular elements in English?
(ii) How can learners apply the concepts to learning the subject?
(ii) How can a teacher develop an understanding of the curricular elements in the learners?
These are some of the basic questions which we are going to discuss in the following paragraphs :

The curricular elements in the English Language are generally as follows:

(i) Pronunciation (Sounds)
(ii) Lexical Items
(iii) Structural items
(iv) Reading texts
(v) Composition (oral and written)
(vi) Grammar (Formal)
(vii) Comprehension (through listening and reading)
(viii) Expression/Communication (spoken and written)

Steps for Concept Mapping

The general steps for concept mapping are as follows:

(i) Analyse the content to be taught.
(ii) Find out a concept in each curricular element/area.
(iii) Sequence them (in terms of difficulty level, abstract and concrete abstract, i.e. concept from the abstract world and from the physical world?
(iv) Prepare a flow diagram/chart.
(v) Establish relationships/a hierarchy (That is usually like a map)
(vi) Prepare a concept map keeping in view the 'objectives' of the subject (why to teach?) and 'the content' of the subject (what to teach?)
(vii) Try not to select topics without a strong rationale.

Stages of Preparing Concept Mapping

The following are the general stages of curricular transaction:

(i) Rationale (Why to teach the subject?)
(ii) Objective (Why to teach the curricular element)
(iii) Content (What to teach?)
(iv) Mode (How to teach?)
(v) Evaluation (Application) Cognitive maps should essentially show the above mentioned things.

Different Approaches and Methods of Teaching English Approach, Method and Technique

In English Language Teaching, the key words are techniques, methods and approach. Edwin Anthony made a distinction among these three levels with specific reference to language learning. An approach is a set of assumption dealing with the nature of language and language learning. Approaches are axiomatic. A method is an overall plan for the orderly presentation of language material, no part of which contradicts, and all of which is based on the selected approach. In other words, it is a specification of strategies for language learning. Within one approach, there could be several methods. Methods are procedural. A technique is that which happens within the classroom and is consistent with the method. It may be described as a particular trick or strategy used to accomplish an immediate objective for example: drills, pair work. Techniques are implementational. The relationship among these three concepts may be stated as follows: Techniques carry out a method which is consistent within an approach. While questions of approach are of concern to theorists, course designers and syllabus makers, methods and techniques are of more immediate relevance to teachers in the classroom.

The Grammar Translation Method

The Grammar – Translation Method is not new. It has had different names, but it has been used by language teachers for many years. Earlier in this century, this method was used for the purpose of helping students read and appreciate foreign language literature. It was also hoped that, through the study of the grammar of the target language, students would become more familiar with the grammar of their native language and that this familiarity would help them speak and write their native language better. Finally, it was thought that foreign language learning would help students grow intelectually; it was recognized that students would probably never use the target language, but the mental exercise of learning it would be beneficial anyway.

In Grammar Method the primary skills to be developed are reading and writing. Little attention is given to speaking and listening, and almost none to pronunciation. The teacher is the authority in the classroom. It is very important that students get the correct answer. It is possible to find native language equivalents for all target language words. Learning is facilitated through attention to similarities between the target language and the native language. It is important for students to learn about the form of the target language. Deductive application of an explicit grammar rule is a useful pedagogical technique. Language learning provides good mental exercise. Students should be conscious of the grammatical rules of the target language. Whenever possible, verb, conjugations and other grammatical paradigms should be committed to memory.

The Direct Method

The Direct Method is not new. Its principles have been applied by language teachers for-many years. Most recently, it was revived as a method when the goal of instruction became learning how to use a foreign language to communicate. Since the Grammar – Translation Method was not very effective in preparing students to use the target language communicatively, the Direct Method became popular. The Direct Method has one very basic rule. No translation is allowed. In fact, the Direct Method receives its name from the fact that meaning is to be connected directly with the target language, without going through the process of the beginning of language instruction; however, the reading skill will be developed through practice with speaking. Language is primarily speech. Culture consists of more than the fine arts (e.g., in this lesson we observed the students studying geography and cultural values). Objects (e.g., realia or pictures) present in the immediate classroom environment should be used to help students understand the meaning. The native language should not be used in the classroom. The teacher should demonstrate, not explain or translate. It is desirable that students make a direct association between the target language and meaning. Students should learn to think in the target language as soon as possible. Vocabulary is acquired more naturally if students use in full sentences, rather memorizing word lists. The purpose of language learning is communication. (therefore, students need to learn how to ask questions as well as answer them. Pronunciation should be worked on right from the beginning of language instruction. Self-correction facilitates language learning. Lessons should contain some conversational activity-some opportunity for students to use language in real contexts. Students should be encouraged to speak as much as possible. Grammar should be taught inductively. There may never be an explicit grammar rule given. Writing is an important skill, to be developed from the beginning of language instruction. The syllabus is based on situations or topics, not usually on linguistic structures. Learning another language also involves learning how speakers of the language live.

The Structural Approach

The Structural Approach, which consists of selecting and grading the structures of a language rather than the words. Of course, words are also selected and graded, but the main emphasis is put on teaching the students a command of the structures. Once they know these frames or patterns, they can fit words into them easily enough. For instance, once they know the pattern If……had been….. would have (done), they can easily learn words to put into the blanks and brackets; but if they only know lists of words, they cannot possibly speak, understand, read or write a sentence. Strictly speaking, the Structural Approach should deal not only with sentence pattern (syntactical structures), but also with such things as the sound patterns of a language (phonological structures), the patterns of words (how they are built up from smaller pieces, or morphological structures), different meanings of words and patterns, and idioms. All these should be selected and graded. The Structural Approach is not a method of teaching: it is an approach. Any method can be used with it. Once the structures have been selected and graded, it would be possible to teach them by grammar and translation, or by the Direct Method, or by any other method one could think of.

Uses and Limitations of the Structural Approach

Now that we know what the Structural Approach is and also what it is not, we can examine it to see how far it fits into our aims and means. The mere selection and grading of structures will not solve the problems we have. It will help us to prepare materials for the teacher, because it will help us to take one thing at a time, to have the easier things before the more difficult ones, and to have those which can serve as a good basis for teaching other things, coming before the latter. It will also make it much easier for us to keep track of what we have taught at any given point so that we can know. (i) What we can expect the pupils to have no difficulty with and (ii) What we should revise. But the structural approach will not provide the teacher with advice on how to present each new teaching point, nor with drills for consolidating it nor with reading material, nor with material for written exercise. All this has to be prepared, in great detail. If we are to provide the average teacher with what he desperately needs if he is to break the vicious circle. And we must never forget that it is the pupil that should be the centre of our interest, not the material. If an order of grading the structures is excellent in theory, but does not work in practice, because the material which one can write on the basis of it is nonsensical, or terribly boring or psychologically unsuited to pupils of the target level, we have to change the order of grading.

The Situational Approach

The Structural Approach is often combined with the Situation Approach, which means that everything that is taught should be taught in a situation or context that links the words with the thing they refer to. If you want to teach 'This is a book', you should actually take a book and demonstrate to the pupils what you are talking about. The utterance, 'This is a book' should grow out of the situation of having a book and wanted to tell the pupils what its name is in English. The meaning of words and of structures are only the situations in which they can be used. Without the situational approach, teachers are liable to fall into the mistake of thinking that there is some advantage in drilling words and structures without reference to meaning, which means without putting them in any context.

The Drill Method

Besides the Oral Approach, the Structural Approach is usually linked with the Drill Method. Followers of the Drill Method believe that we learn a thing by hearing it, speaking it, reading it or and/or writing it many times. A thing cannot usually stick in our heads if we hear, speak, see or write it only once: only repetition can ensure retention. Until the thing to be learnt is so well known that we can instantaneously recall it when we need it, it is not really known. In the case of weak, unimaginative teachers, this sometimes degenerates into mechanical repetition of what they want their students to learn: This is a book, This is a book, This is a book, etc. But such drill is both extremely boring and inefficient. The brain just ceases to register after a time: the words roll mechanically out of the pupils' minds without any real impression on the brain. Furthermore, the words cease to be associated with any meaning, or any situation in the students' minds.

Bilingual approach

This method was invented by Pro. C J Dodson of Wales. It is a midway approach between the grammar translation method and the direct method. This method believes that while learning the mother tongue, the child has already established the concept of so many objects and things in his mind. This method teaches us a foreign language with the help child's native language.

Chief characterstics

1. Mother tongue equallent of English wods are told to the class.

2. The word by word translation is not done by the teacher. Translation is used only when the meaning of a particular word is difficult to explain through direct method. English passeges are explain in English and not in the student's mother tongue.

3. The mother tongue is used only at the initial stage. This practice is dropped as soon as students develop sufficient vocabulary of foreign language.

4. Rules of grammar are not taught seperately as is done in Grammar Translation Method.

5. Sentences is a unit of teaching.

Communicative Approach

The Communicative Approach also known as communicative language teaching (CLT) emphasizes interaction and problem solving as both the means and the ultimate goal of learning English. As such, it tends to emphasize activities such as role play, pair work and group work. It switched traditional language teaching's emphasis on grammar and the teacher-centred classroom, to that of the active use of authentic language in learning and acquisition. CLT is interested in giving students the skills to be able to communicate under various circumstances. As such, it places less emphasis on the learning of specific grammatical rules and more on obtaining native-speaker like fluency and pronunciation. Students are assessed on their level of communicative competence rather than on their explicit knowledge. It is more of an approach or philosophy than a highly structured methodology. David Nunan listed five key elements to the communicative approach. 1- An emphasis on learning to communicate through interaction in the target language. 2- The introduction of authentic texts into the learning situation. 3- The provision of opportunities for lcarners to focus not only on the language but also on the learning process itself. 4- An enhancement of the learner's own personal experiences as important contributing elements to classroom learning. 5- An attempt to link classroom language learning with language activation outside the classroom.

Dr. West's new method

Dr. Michael West during his long stay in India an association with Indian Education, studied carefully the problem of teaching in India. After a considerable thinking he came to the conclusion that by far the greater number of Indians required only a passive knowledge of English Indian children need to be able to read English then to write it and lastly to speak it and understand it when spoken. Therefoere, the main purpose of Indian child according to Dr. West, should be purposeful silent reading not oral reading. He also suggested that for the first two years Indian pupil should be engaged in learning to read English because.

1. Learning to read English is rather easy. 2. Teaching of reading English is also easy. 3. Reading creates joy and interest among children. 4. The major emphasis of teaching of speech that was laid in the direct method, considered useless by Dr. West. He wanted to lessen it and to lay it on the reading aspect. The new method is based on 1. priority of reading . 2. separate provision for reader with controlled vacabulary. 3. a judicious use of mother tongue.

Objectives

1. By teaching to read English the children may be able to understand not only English people but also the people of other countries, their customs, tradition etc. They may be able to collect information in connection with future vocation by reading English books on science, technology, medicine etc.
2. Since most of the Indian children will not be required to go to England and to speak English, nor will they need to write English in their practical life, they should be able only to have a practical passive knowledge of English that is reading with comprehension. In order to develop the reading ability of English adequate provision for reading material needs to be made with controlled vocabulary.

The Audio-Lingual Method

The Audio-Lingual Method, like Direct Method has a goal very different from that of the Grammar Translation Method. The Audio-Lingual Method was developed in the United States during World War II. At that time there was a need for people to learn foreign languages rapidly for military purposes. The Grammar Translation Method did not prepare people to use the target language. While communication in the target language was the goal of the Direct Method, there were at the time exciting new ideas about language and learning emanating from the disciplines of descriptive linguistics and behavioural psychology. These ideas led to the development of the Audio-Lingual Method. Some of the principles are similar to those of the Direct Method, but many are different, having been based upon conceptions of language and learning from these two disciplines. In the Audio-Lingual Method language forms do not occur by themselves; they occur most naturally within a context. The native language and the target language have separate linguistic systems. They should be kept apart so that the students' native language interferes as little as possible with the students' attempts to acquire the target language. One of the language teacher's major roles is that of model of the target language. Teachers should provide students with a native speaker-like model. By listening to how it is supposed to sound, students should be able to mimic the model. Language learning is a process of habit formation. The more often something is repeated, the stronger the habit and the greater the learning. It is important to prevent learners from making errors. Errors lead to the formation of bad habits. When errors do occur, they should be immediately corrected by the teacher. The purpose of language learning is to learn how to use the language to communicate. Particular parts of speech occupy particular "slots" in sentences. In order to create new sentences, students must learn which part of speech occupies which slot. Positive reinforcement helps the students to develop correct habits. Students should learn to respond to both verbal and non-verbal stimuli. Each language has a finite number of patterns. Pattern practice helps students to form habits which enable the students to use the patterns. Students should be like an orchestra leader conducting, guiding, and controlling the students' behavior in the target language. The major objective of language teaching should be for students to acquire the structural patterns; students will learn vocabulary afterwards. The learning of a foreign language should be the same as the acquisition of the native language. We do not need to memorize rules in order to use our native language. The rules necessary to use the target language will be figured out or induced from examples. The major challenge of foreign language teaching is getting students to overcome the habits of their native language. A comparison between the native and target language will tell the teacher in what areas her students-will probably experience difficulty. Speech is more basic to language than the written form. The "natural order" the order children follow when learning their native language – of skill acquisition is: listening, speaking, reading, and writing. Language cannot be separated from culture. Culture is not only literature and the arts, but also the everyday behavior of the people who use the target language. One of the teacher's responsibilities is to present information about that culture.

Learner and teacher roles

Communicative language emphasizes "self direction for the learners". As the teacher won't be around to guide them the whole time, especially not when the learners speak the language outside the classroom. They are expected to take on a greater degree of responsibility for their own learning. This is essential for the active development of the new language. The learner should enter into situations where communication takes place as much as possible to increase his or her communicative proficiency. Teachers no longer rely on activities that require repetition, accruals and memorization of sentences and grammatical patterns jested. They require the learners to negotiate meaning and to interact meaningfully in the new language. Learners have to participate in classroom activities based on a cooperative rather than individualistic approach to learning. They need to listen to their peers in order to carry out group work successfully. The teacher adopts different rules. On the one side she is a facilitator and guide on the other hand a coordinator, an ideal – person and a co-communicator. She talks less and listen more to the students output. In addition to that, the teacher also identifies the students, learning strategies and helps the students to improve them if necessary and show them how to work independently. Instructional task become less important. That doesn't mean that they aren't used at all, but with less significance. There changes give the teacher more scope for variety and creativity and she gives up her status as a person of authority in a teacher-learner hierarchy. It is teacher responsibility to be creative and prepare appropriate material at home.

Materials

Materials play an important role in communicative language teaching. They provide the basis for communication among the learners. There are three basic types of materials. 1- Text-based materials 2- Task-based materials 3- Realia Text-based material like text books will if designed on CLT. Principles on which they can build up conversations. They may contain visual cues, pictures and sentences fragments which the learners can use as a starting point for conversation. Other books context of different text the teacher can use for pair work. Both learners get texts with different information and task is to ask each other question to get to know the content of the missing piece.

Task- based material consists of exercise hand-books, cue cards activity cards pair communication practice materials and student-interaction practice booklets pair communication practice material contains material for a pair of students. It is similar to a task using text based material. Both students have different kinds of information and through communication they need to put the part together. Other pair work tasks involve one student as an interviewer and the other one as interviewee. Topics can range from personal experience and telling the other person about one's own life and preferences to talking about a topic that was discussed in the news recently.

Using radio in communicative language teaching means using authentic material, for example newspaper article, photos, maps, symbols and many more. Material which can be touched and held makes speaking and learning more concrete and meaningful. Maps can used to describe way from one point to be another and photos can be used for describing where things are placed. In front of, on top and undermean something, and so on.

A classic example of a communicative classroom activity in the jigsaw activity. Functional communication activities require students to use their language resources to overcome an information or solve a problem. Usually the class is divided into several groups and each group has a different piece of information needed to complete an activity. The task of the class is to fit all the pieces together to complete the hole they must use their language resources and communicative strategies to communicate with each other in order to get the information the group do not have.

Advantage and Disadvantage

The most obvious advantage in communicative language teaching is that of the increases of fluency in the target language.

This enables the learners to be more confident when interaction with other people and they also enjoy talking more. The approach also leads to gains in the areas of grammatical sociolinguistic/discourse / strategic/competence through communication.

Classroom activities : Classroom activities are used in communicative language teaching that includes the following :

1. Role play
2. Interviews
3. Information gaps
4. Games
5. Language exchanges
6. Surveys
7. Pair-hole
8. Learning by teaching

Language Games

Looking at the importance, richness and the usefulness of English Language, it is necessary to make teaching/learning process enjoyable, interesting and easy. In language learning enjoyment and success go together. That's why a great emphasis is on the teacher to create a more informal atmosphere and enjoyment as a positive factor in overcoming anxiety. Language games are an admirable way to practice language because they place language in a social context. The child is encouraged to use all his linguistic knowledge/ capacity actively. Language games performed in groups or team activity create rivalry and cooperation hand in hand. There is hardly any difference between work and play. There is a pleasant, informal and often relaxed atmosphere. Through games a language is learnt by using it in situations and communicatively. Isolated sounds, words, phrases and sentences, however, governed with rules do not carry language learning far, although it is helpful upto a point. Through games, students consolidate and supplement the language they have learnt in an informal manner. The boredom of ordinary repetitive devices are removed through participation of the students/children in a high competitive spirit. In games, language material is presented with more dynamic stimulation. Games bring the teacher and the learner into more agreeable and intimate relationship which helps to make the process of learning/teaching more easy.

Organization of games in the classroom

As the success of the game depends on its organization, the teacher has to be very careful while organizing games in the classroom. He has to be careful about :

- the division of teams or groups a fresh or new division as far as possible should be made.
- the groups should be evenly matched in abilities and numbers.
- games must be very well explained beforehand in the class.

- if necessary mother tongue may be used.
- one or two examples must be given by the teacher.
- the teacher must take part as a leader.
- teacher's own participation can bring better result.
- games should be within the linguistic capacity of the child.
- scoring is also necessary to arise real team spirit.
- the teacher can name the teams also.

Any effort that makes the learning go with an extra swing is worthwhile. It is essential, however, that the language game lessons should be well prepared and pleasantly and brightly conducted so that the learners actively use the language most of the time. Examples of a few games are given below but the teacher should always be imaginative and in search of new games. Some games are recognition games, word building games. Chain spelling, word ladder, etc. Reading and writing development games.

Recognition Games

Divide the class into two teams. Place a large tray of objects/ flashcards with pictures on them in front of the class. Then the teacher asks in turn each member of the alternative team to name the object or pictures of objects on the flash cards. As such one is named correctly e.g. ball, it should be written on the blackboard. No object should be repeated. As the learner's linguistic capacity increases, detailed description may be demanded.

Example: ball, a ball, a red ball, a small ball, an old ball, smaller than a tennis ball. The team which names more number of object wins.

Word building/Word Ladder/Chain Spelling

The words used in this game may be limited to a category such as verbs, nouns, adjectives, prepositions and words of similar sounds. One player begins by spelling or writing a word in the category decided upon. The next player must spell or write a word in the same category, but beginning with the last letter of the word spelt/written e.g. laugh, hate employ, yawn, and so on. Any player beginning with the wrong letter, mis-spell his words or giving a word out-side the category is dropped from the game.

e.g.
at - cat, rat, mat, bat, hat
in – pin, bin, tin, sin
en - pen, ten, hen, zen
all - ball, tall, call, hall
est - rest, test, nest, best, west, chest
op - stop, hop, top, shop
sure - pleasure, measure, treasure
ear - near, bear, wear, tear, clear, fear, clear, year
are - care, hare, dare, bare
ost - host, most, lost, cost, post

Conversation "Conversation is a dialogue between two persons" It is very important way to know each/ one another and convey our ideas and thoughts with the help of words. It develops our language learning skills. It helps in creating a proper atmosphere for better understanding of person, place or things and some general greetings.

Teaching method

Activity-1

To prepare a chart, write some sentences and read loudly before the children. For eg. How are you? I am fine, thank you, how are you?

- What is your name? My name is Rohit.
- Note- Prepare more conversational sentences and read it again and again before children.

Activity-2

Teacher will call two children with English text books. Instruct them to give their books to each other respectively. After receiving books they will say "Thank you."

- Teacher should explain that we should say thank you when someone gives us something .

Importance of Reading Skill

Teaching and learning of English language aim at making English language a library language, and this directly involves reading skills. By achieving mastery over reading skills of English language we will be able to get the latest and most advanced knowledge of every field and it also:

Helps the learners to widen the horizon of their knowledge and understanding.

- Gives them a rapid sense of achievement and less regress programming for the productive activities like writing skills. It gives more variety to their experience.
- Uses as source of feedback.
- Helps the learner to acquire speed which he would needs in future.
- What do we mean by ability to read. Reading ability means reading with understanding and speed. Helping the students to read in sense group- deducing meaning in sense groups and in isolation.
- Combining sense groups in meaningful units.
- Guessing the meaning of unfamiliar words.
- Making prediction regarding the meaning of the text as a whole and also of isolated words and sentences. Understanding the text organisation by locating places, identifying main ideas, facts, events, figures and characters, dealing with most relevant ideas and unfamiliar words.
- Ignoring unnecessary language items and ideas.4 Overall reading with understanding involves recognizing, memorizing, recalling and organizing.

What is natural process of reading? The principle of the second language approach for developing reading skills are:

- In the beginning the same matter should be given to read which has been4 practiced orally.
- The units of subject matter should be in sequence.
- There must be progressive system.
- Known to unknown.
- Simple to complex.
- Whole to part.
- Easy to difficult.
- Familiar to unfamiliar.
- Frequent before less frequent.
- Subject matter should be presented in meaningful situations and in small units. Content should appeal the child to develop interest.
- Children should enjoy what they read.
- Interest should be kept high.
- Motivation is very important with adequate drill and exercises.

How does a good reader read ?

What are undesirable things which should be avoided for making our students a good reader.

- Learners should not read aloud to solve they should not make visible articulatory movements while reading silently.
- There should be no head waving.
- They should not be tongue wobbler.
- they should not be sub vocalizer (whisper)
- They should not look at each word separately.
- The eye doesn't take much of a pause to make the recognition.

How to make a speedy reader-

1. A beginner is compel, to read almost every letter, to be sure of its shape. It is the teacher's work to make this stage as short as possible. The learner should not look letters separately and not even words one by one.

- A good reader moves quickly making long gaps and very short holds.
- He must be trained to look in groups.
- Good reader does not follow the print with his finger.
- It is a wrong habit.
- In this beginning he can be given a pencil instead of the finger and finally it should be totally removed. Good reader doesnt look back frequently.
- He should not always read at the same speed. i.e. more slowly at the beginning of the story because he hasnt got into yet.
- He may go faster through the parts where all the matter is known to him and where he doesnt have to make the detailed of the passage.

Reading Retardation

The reasons responsible for reading retardation are:

- lack of practice
- lack of proper guidance
- lack of good teachers miss implementation of methods
- reading skills are avoided
- to underestimate reading skills

Innovations in the Teaching of English with Futurist Vision

Conceptualizing innovations

The classic definitions of 'innovation' are as follows:

(1) "The introduction of new things, ideas or ways of doing something." (Oxford Advanced Learner's Dictionary (2000)

(2) "a new idea, method, or invention,"(Longman Dictionary of Contemporary English (2004),

(3) "the act of introducing something new: something newly introduced" (The American Heritage Dictionary)

(4) "the successful exploitation of new ideas" (Dept. of Trade and Industry, U K)

(5) change that creates a new dimension of performance.

Types, sources and goals of innovation

Scholars have identified numerous types of innovations in general. However, innovations in ELT may be categorized as follows:

Process Innovation involvesthe implementation of a new idea, procedure, technique, method or approach.

Product Innovation involves the introduction of a new idea, procedure, technique, method, or approach.

Simply speaking, a process innovation is an idea which you implement and you see to it that it works. A product innovation is an idea which has been successfully tried out or implemented and it is the one which you want to use or introduce in your own setting.

There are two main sources of innovation :

Producer Innovation: This is where an agent (person, etc.) innovates in order to sell the innovation.

End-User Innovation: This is where an agent (person, etc.) develops an innovation for their own (personal or in-house) use because the existing ideas, methods, etc. do not meet their needs.

The goals of innovation are to improve quality, create new and meaningful procedures, resources and devices, etc. Innovation in language education is achieved by formal research, practice, experience, etc. Technology, particularly, ICT [Information Communication Technology] has been useful in generating and implementing new ideas in ELT. We will discuss some of them in this Unit. Innovations and Technology affect each other. For example behaviorism caused programmed learning. Internet online learning and teaching.

Innovations in ELT

We have discussed the concept, types, sources and goals of innovation. New we are going to discuss the major areas of innovations in ELT.

Major areas of innovations in ELT

Generally speaking the major areas of innovations in ELT are as follows:

(i) Teaching Approach
(ii) Teaching Method
(iii) Teaching Procedure
(iv) Curriculum Construction
(v) Resources
(vi) Testing and Evaluation
(vii) ICT, Multimedia
(viii) Other Allied Aspects

Major innovations in ELT

Every new approach, method, procedure, device, resource, etc. is largely an improvement on the previous or existing one. Thanks to this particular reason we have had the emergence of Grammar-Translation Method, Direct Method(s), Structural Approach, Situational Approach, StructuralSituational Approach, Bilingual Method, the Communicative Approach, etc. Presently the Communicative Approach is in great use and demand, notwithstanding some genuine objections. Let us briefly discuss some of the alternative methods in and approaches to ELT.

Total Physical Response (TPR)

This method is built around the coordination of speech and action: it attempts to teach language through physical (motor) activity. Developed by James Asher, TPR reflects a grammar-based view of language. Oral proficiency is stressed at the beginning. Comprehension is a means to the end, and the ultimate aim is to teach basic speaking skills. TPR regards reduction of stress as a key to successful language acquisition.

The Silent Way

The Silent Way is the name of a method of language teaching devised by Caleb Gattengo. It is based on the premise that the teacher should be silent as much as possible in the classroom but the learner should be encouraged to produce as much language as possible. The elements of the Silent Way are the use of colour charts and colored Cuisenaire rods. The general objective of the method is to provide beginning level students with oral and aural facility in basic elements of the target language.

Community Language Learning (CLL)

CLL was developed by Charles A. Curran and his associates. CLL represents the use of counselingLearning theory to teach languages. CLL combines innovative learning tasks and activities with conventional ones, which include translation, group work, and recording transcription, analysis, reflection and observation, listening and free conversation. Learners become members of a community- their follow learners and the teacher, and learn through integrating with the community. Learning is not viewed as an individual accomplishment but as something that is achieved collaboratively. Teachers function as counselors.

Suggestopedia (Desuggestopedia)

This method was developed by Georgi Lozanov, a Bulgaria Psychiatrist-educator. "Suggestopedia is a specific set of learning recommendations derived from suggestology, which Lozano describes as," Science.... concerned with the systematic study of the non-rational and/or non-conscious influences that human beings are constantly responding to." Suggestopedia tries to harness these influences and redirect them as to optimize learning. The most conspicuous characteristics of suggestopedia are the decoration, furniture and arrangement of the classroom, the use of music and the authoritative behavior of the teacher. Conversational proficiency, mastery of prodigious lists of vocabulary pairs, suggesting to the students for setting such goals for themselves are some of the objectives of Suggestopedia. Learning activities include imitation, question and answer, role play and listening. Silence is also part of the lesson.

The Whole Language

In this approach developed by a group of US educators, language is seen as a whole entity. The approach is implemented by each individual teacher keeping in view the needs and relevant activities of the learners. Authentic materials are used for teaching language. The approach aims at helping learners to read and write naturally with a focus on real communication. The teacher is seen as a facilitator and the learner is a collaborator. The whole language instruction activities comprise individual and small group reading and writing, ungraded dialogue, journals, writing portfolios, story writing, etc. There is a particular focus on using literature.

Multiple Intelligences (MI)

MI is a learner based philosophy propounded by Howard Gardner. According to this view, human intelligence has multiple dimensions. Gardner is of the opinion that all humans have these types of intelligences but people differ in the strengths and combination of intelligences. All of them can be enhanced through practice and training. 50 Gardner mentions eight native "intelligences" which are

(1) linguistic
(2) logical/mathematical
(3) spatial
(4) musical

(5) bodily/kinesthetic
(6) interpersonal
(7) interpersonal and
(8) naturalist.

Gardener believes that there is more to language than linguistic intelligence. A multisensory view of language helps us construct an adequate theory of language as well as an effective design for language learning. MI based language teaching consists of four stages:

(1) awaken the intelligence,
(2) amplify the intelligence,
(3) teach with/for the intelligence and,
(4) transfer of the intelligence.

The activities for MI based learning are lectures, small and large group discussions, demonstrations, charts, maps and other visual awareness activities, role plays, music appreciation, peer teaching, group brainstorming, individualized projects, inventories, checklists, etc.

The Lexical Approach

The fundamental belief of this approach is that the building blocks of language learning and communication are not grammar, functions, noting, or some other unit of planning and teaching but lexis, that is words and words combination. This approach reflects the centrality of the lexicon, language structure, second language learning and language use and in particular to multiword lexical units or "chunks" that are learned and used as single units. The lexical syllabus is used in this approach. The learners take on the role of 'discourse analyst'. Classroom procedures involve the use of activities that draw student attention to lexical collocations and seek to enhance their retention and use of collocations, add exercises and focus explicitly on lexical phrases.

Competency-Based Language Teaching [CBLT]

CBLT stresses the outcomes or outputs of learning in the development of language programme. It advocates defining educational goals in terms of precise measurable descriptions of knowledge, skills, and behaviours student should posses at the end of a course of study. CBLT is based on a functional and international perspective on the nature of language. It seeks to teach language in relation to the social contexts in which it is used. The following are the eight key features of Competency Based Education programme in English as a second language :

1. A focus on successful functioning in society.
2. A focus on life skills.
3. Task-or performance centered orientation .
4. Modularized instruction.
5. Outcomes that are made explicit a priori.
6. Continue and ongoing assessment.
7. Demonstrated mastery of performance objectives.
8. Individualized, student-centered instruction.

The following are the four domains of competency descriptions at each stage of twelve core competencies:

1 Knowledge and learning outcomes
2 Oral competencies
3 Reading competencies 4 Writing competencies

The Natural Approach

In this approach there is an emphasis on exposure, or input, rather than practice; optimizing emotional preparedness for learning; a prolonged period of attention to what the language learners hear before they try to produce language; and a willingness to use written and other materials as a source of comprehensible input. Krashan and Terrell see communication as the primary function of language. In the Natural Approach, emphasis is also given to the use of visual aids, listening and reading, speaking, and a relaxed classroom atmosphere. Academic learning skills are also focused.

Cooperative Language Learning (CLL)

It is a learner centered approach that makes maximum use of cooperative activities involving pairs and small groups of learners in the classroom. Cooperative learning advocates draw heavily on the theoretical framework of development psychologists Jean Piaget and Lev Vygotsky, both of whom stress the central role of social interaction in learning. A central premise of CLL is that learners develop communicative competence in a language by conversing in socially or pedagogically structured situations. CLL also seeks to develop learners' critical thinking skills, which are seen as central to learning of any sort.

Content Based Instruction

In this approach, teaching is organised around the content or information that student will acquire, rather than around a linguistic or other type of syllabus. Content is the subject matter or substance that students learn or communicate through language rather than language to convey it. The two central principles of CBI are as follows:

People learn a second language more successfully when they use the language as a means of acquiring information rather than as an end in itself. (ii) Content Based Instruction better reflects learners' needs for leaning a second language. The CBI aims at activating and developing learners' existing language skills, their general academic skills and helping them to acquire learning skills and strategies that could be applied in future language development opportunities.

Task- Based Language

Teaching This approach is based on the use of tasks as the core unit of planning and instruction in language teaching. Learners learn language by interacting communicatively and purposefully while engaged in the activities and tasks. A task is an activity or goal that is carried out by using language, such as finding out a solution to a puzzle, reading a map and giving directions, writing a letter or reading a set of instruction, etc. Tasks are done individually, in pairs in peers and in groups also. The procedure includes pre-tasks, task and post-task activities, planning, reporting, analysis and practice.

Notional Functional Approach (NFA)

NFA refers to that approach to teaching language in which instruction is organised in terms of 'notions' and 'functions'. Thus the focus is on 'content', rather than on 'forms' of the language. In this approach language is categorised on the basis of notions such as quantity, location, and time, and functions such as making requests, making offers, apologising, etc. A notion is a particular context in which people communicate and a function is a specific purpose for a speaker in a given context.

More Models of Language

Teaching Language teaching especially ELT, has been very a fascinating area for researchers and practiceners who have propagated and advocated new ideas and models. We have discussed many of them above. Some of the new models are briefly discussed below:-

(i) PPP (Presentation, Practice, and Production) Model:

In this model, the teacher 'presents' new language materials in meaningful contexts, the students have 'practice' and then they 'produce' language.

(ii) ESA (Engage, Study and Activate) Model:

In this model, the students are 'engaged' in a meaningful task. They 'study' the material provided to them. The teacher 'activates' them by way of questions, exercises, activities, etc

(iii) TTT (Test, Teach and Test) Model :

In the TTT model, the teacher first of all conducts a 'test', then 'teaches' on the basis of student performance on the text, and thereafter gives another 'test' based on the teaching.

Exercise

1. According to Dr. West's new method reading can be divided into:
(a) Two parts (b) Three parts
(c) Four parts (d) Five parts

2. Which one of the following is demerit of situational approach?
(a) It is not suitable for lower class
(b) Trained teachers are not required for it
(c) Text-books cannot be taught by this method
(d) Any sentence patterns can be taught by this approach

3. One of the main disadvantages of Dr. West's method is :
(a) Pronunciation of the students cannot be improved because undue emphasis is given on reading
(b) Reading and writing are ignored
(c) It developes the habit of translation in thinking
(d) It needs trained teachers

4. Which one of the following is the main feature of phonetic method :
(a) It is easy to apply
(b) It is logical, economical and graded
(c) It is complete as regards the phonetic elements
(d) Above all

5. Substitution table method was adopted by :
(a) Dr. West
(b) Prof.C.J. Dodson
(c) H.E. Palmer
(d) Dalton

6. Which one of the following is the method used in Remedial teaching opinion by Yoakam and Simpson :
(a) Incidentally. as in the past
(b) By the case-study or clinical method in which individual pupils are segregated for treatment
(c) Both (a) and (b)
(d) None of the above

7. In which teaching method, words of one sentence are substituted by other words :
(a) Direct method
(b) Translation-Cum-Grammar method
(c) Subsitution-table method
(d) Bilingual method

8. Which method is also known as spelling method :
(a) Alphabetic method
(b) Phonetic method
(c) Syllabic method
(d) Word method

9. Which one of the following is not characteristics of Bilingual method?
(a) Word for word translation is not done
(b) Translation is done by the teacher only to explain the subject matter
(c) Situations are created by giving the mother tongue equivalent of English words
(d) In the initial stage it lays emphasis, purely on oral work

10. Which one of the following is not merit of Bilingual method ?

(a) It gives emphasis on speech practice
(b) It develops the habit of independent reading
(c) Audio-visual aids are not much needed
(d) It is suited to all the types of school located in rural or urban areas

11. Which method is fairly common is England and is some of the European schools in India :
(a) A.B.C. or Alphabetic method
(b) Phonetic method
(c) Word method
(d) Syllabic method

12. The sentence method has :
(a) It is a psychological and natural method
(b) It develops fluency in speaking and reading
(c) It streses the meaning of what is read and thus it develops intelligent reading
(d) Above all

13. Which one of the following method is also called look and say method (or) see and say method :
((a) the syllabic method
(b) the word method
(c) the phase method
(d) the sentence method

14. Which one of the following is the main limitation of the substitution method :
(a) There is no sequence and there fore children learn any isolated sentences
(b) This method cannot be used for teaching grammar systematically
(c) It lays a greater stress in oral work than on written work. which in equally important
(d) Above all

15. Which one of the following is the merit of Direct Method ?
(a) A natural Method
(b) Easy understanding of English
(c) Fluency of Speech and bases of writing
(d) Above all

16. According to whom, "Substitution is a process by which any model sentence may be multiplied indefinitely substituting for any of its words of word-groups and other words of the same grammatical family"
(a) Palmer
(b) Ogden and Richards
(c) Bhardwaj and Suri
(d) P. Gurrey

17. Direct Methods makes only an :
(a) aural oral appeal
(b) written appeal
(c) both (a) and (b)
(d) none of these

18. The substitution method was devised to :
(a) Supplement the Direct method
(b) Supplement the Translate Method
(c) Both (a) and (b)
(d) None of above

19. Which method is strictly in conformity with the educational principles particular before general concrete before abstract, practice before theory :
(a) Translate Method
(b) Direct Method
(c) Indirect Method
(d) None of these

20. The chief advantage of the translation method is :
(a) in the sphere of vocabulary getting
(b) a strong memory bond is established
(c) the develops an attitude of exactness and definiteness
(d) above all

21. Who say that "Only the clever child can profit by Direct Method"
(a) Dr. West
(b) Dr. Breton
(c) Wyatt
(d) none of these

22. The word method is criticized because :
(a) It associates picture with the word
(b) It combines the words into sentence
(c) It is a burden of learning so many words individually and then combining them
(d) It needs several visual aids

23. Free composition, if introduced too early produces bad results because :
(a) It gives rise to writing skill
(b) The child is unable to make up his own throughts
(c) It gives birth to speaking power
(d) None of the above

24. The rapid reading has the aims :
(a) Recreational aim
(b) Literary and Linguistic aim
(c) Intellectual aim
(d) All the three mentioned above

25. The colour words cannot be taught to the beginners by showing :
(a) red pen (b) yellow ribbon
(c) water (d) blue bag

26. The best method of teaching a language specially English is :
(a) Word or phrase method
(b) Sentence method
(c) Story method
(d) Mixed method

27. A story is always written in the following tense :
(a) Present tense
(b) Past tense
(c) Future tense
(d) None of these

28. Demerits of word-method are :
(a) uneconomical
(b) burden of learning
(c) placing emphasis on meaning
(d) all the above

29. Important types of letters are :
((a) Personal or private letters
(b) Business letters
(c) Official letters or applications
(d) All the above

30. In sentence method, the evaluation takes place :
(a) After reading from false card
(b) After reading from the black-board
(c) After comprehending the subject matter
(d) All the three mentioned above

31 . The Lexical Items, with which language teaching is concerned may be :
(a) Dictionary head words
(b) Group of words
(c) Idioms and pharases
(d) All the above

32 . Story should be written :
(a) According to its outline
(b) Different to its outline
(c) Not similar to its outline
(d) Just opposite to its outline

33 . Teaching and Testing are important activities from the point of view that they are :
(a) similar to each other
(b) same
(c) alike
(d) different from each other

34 . Importance of oral composition lies in the fact that :
(a) The students cannot learn to write sentences
(b) The student cannot learn to collect good ideas to write
(c) It is useful for giving practice in using the language already learnt
(d) It enables the students to misuse the words

35 . Description in English teaching should be :
(a) Easy and clear
(b) Based on facts
(c) Impresive
(d) All of the above

36 . The necessary element which helps is learning English is :
(a) imitation
(b) oral production
(c) reading with understanding
(d) all the above

37 . Written composition can be improved by :
(a) Checking the written composition seriously
(b) Pointing out the errors and mistakes
(c) Asking questions in the oral preparation stages
(d) All the above

38. Speaking and writing are :
(a) Confidential skills
(b) Receptive skills
(c) Productive skills
(d) Non-creative skills

Answers

1. (a)	**2.** (c)	**3.** (a)	**4.** (d)	**5.** (c)	**6.** (c)	**7.** (c)	**8.** (a)	**9.** (d)	**10.** (b)
11. (b)	**12.** (d)	**13.** (b)	**14.** (d)	**15.** (d)	**16.** (a)	**17.** (a)	**18.** (a)	**19.** (b)	**20.** (d)
21. (b)	**22.** (c)	**23.** (b)	**24.** (d)	**25.** (c)	**26.** (d)	**27.** (b)	**28.** (d)	**29.** (d)	**30.** (d)
31. (d)	**32.** (a)	**33.** (d)	**34.** (c)	**35.** (d)	**36.** (d)	**37.** (d)	**38.** (c)		

❑❑

गणित

1 संख्या पद्धति

संख्यांक (Numerals) – किसी भी संख्या को व्यक्त करने के लिए हम दस संकेतों 0, 1, 2, 3, 4, 5, 6, 7, 8, 9, का प्रयोग करते हैं, इन दस संकेतों को अंक (digit) तथा संख्या को व्यक्त करने वाले समूह को संख्यांक कहते हैं।

स्थानीय मान (Place value) : किसी संख्या में किसी अंक का वह मान जो उसके स्थान विशेष की स्थिति के अनुसार बदलता है स्थानीय मान कहलाता है।

संख्या 57216 में-

6 का स्थानीय मान $= 6 \times 1 = 6$

1 का स्थानीय मान $= 1 \times 10 = 10$

2 का स्थानीय मान $= 2 \times 100 = 200$

7 का स्थानीय मान $= 7 \times 1000 = 7000$

5 का स्थानीय मान $= 5 \times 10000 = 5{,}0000$

जातीय मान या अंकीय मान (Face value) : किसी संख्या में किसी अंक का जातीय मान उसका स्वयं का अपना मान है चाहे वह किसी भी स्थान पर हो।

संख्या 72516 में-

6 का जातीय मान = 6

2 का जातीय मान = 2

5 का जातीय मान = 5

7 का जातीय मान = 7

प्राकृतिक संख्याएँ (Natural numbers) : वे संख्याएँ, जो वस्तुओं की गणना के लिए प्रयुक्त की जाती हैं, प्राकृतिक संख्याएँ कहलाती हैं। इन्हें '*N*' से प्रदर्शित करते हैं।

N = {1, 2, 3, 4, ... }

पूर्ण संख्याएँ (Whole numbers) : यदि प्राकृतिक संख्याओं में शून्य को भी सम्मिलित कर लिया जाए, तो संख्याएँ पूर्ण संख्याएँ कहलाती हैं। इन्हें W से प्रदर्शित करते हैं।

W= { 0, 1, 2, 3, 4, ...}

पूर्णांक (Integers) : पूर्ण संख्याओं में यदि ऋणात्मक संख्याओं को भी सम्मिलित कर लिया जाए, तो प्राप्त संख्याएँ पूर्णांक कहलाती हैं। इन्हें 'I' से प्रदर्शित करते हैं।

I = {– 4, – 3, – 2, – 1, 0, 1, 2, 3, 4 .....}

सम संख्याएँ (Even numbers) : वे संख्याएँ जो 2 से पूर्णत: विभक्त हो जाती है। समसंख्याएँ कहलाती हैं।

जैसे– 2, 4, 6, 8, 10, 12, 14 .....

विषम संख्याएँ (Odd numbers) : ऐसी संख्याएँ जो 2 से पूर्णत: विभाजित नहीं होती हैं। विषम संख्याएँ कहलाती है।

जैसे– 1, 3, 5, 7, 9, 11, 13 ......

भाज्य संख्याएँ (Composite numbers) : ऐसी संख्याएँ जिनका 1 और स्वयं के अतिरिक्त कम से कम एक गुणनखण्ड अवश्य होता है। भाज्य संख्याएँ कहलाती हैं।

जैसे– 4, 6, 8, 9, 10, 12, 14 ....

अभाज्य संख्याएँ (Prime numbers) : ऐसी संख्याएँ जिनका 1 और स्वयं के अतिरिक्त कोई अन्य गुणनखण्ड नहीं होता है। अभाज्य संख्याएँ कहलाती हैं।

जैसे– 2, 3, 5, 7, 11, 13, 17, 19, 23, 29, 31..........

नोट- *1 न तो भाज्य संख्या है न ही अभाज्य*

परिमेय संख्याएँ (Rational numbers) : वे संख्याएँ जिन्हें $\frac{P}{q}$ के रूप में प्रदर्शित किया जा सकता है, परिमेय संख्याएँ कहलाती हैं। (जहाँ p व q पूर्णांक हैं तथा $q \neq 0$)

जैसे– $\frac{1}{2}, \frac{3}{4}, \frac{5}{7}, \frac{3}{7}$......

अपरिमेय संख्याएँ (Irrational numbers) : वे संख्या जिन्हें p/q के रूप में व्यक्त नहीं किया जा सकता है। अपरिमेय संख्याएँ कहलाती हैं। (जहाँ p व q पूर्णांक है तथा $q \neq 0$)

जैसे– $\sqrt{2}, \sqrt{3}, \pi, e$ आदि

विभाज्यता की जाँच (Test of divisibility) :

- **2 से विभाज्यता :** यदि किसी संख्या में इकाई के स्थान पर शून्य या कोई सम संख्या हो, तो वह संख्या 2 से पूर्णत: विभाजित होती है।
  जैसे– 216, 3018, 46,532 आदि।
- **3 से विभाज्यता :** यदि किसी संख्या के अंकों का योग 3 से विभाज्य हो, तो वह संख्या भी 3 से पूर्णत: विभाजित होती है।
  जैसे– 375, 11634, 167853 आदि।
- **4 से विभाज्यता :** यदि किसी संख्या के अंतिम दो अंक 4 से विभाज्य हो, तो वह संख्या भी 4 से पूर्णत: विभाजित होती है।
  जैसे– 428, 373, 675428 आदि।
- **5 से विभाज्यता :** यदि किसी संख्या में इकाई का अंक '0' या 5 हो, तो वह संख्या 5 से पूर्णत: विभाजित होती है।
  जैसे– 210, 570, 68325 आदि।
- **6 से विभाज्यता :** यदि कोई संख्या 2 या 3 से विभाज्य हो, तो वह संख्या 6 से भी पूर्णत: विभाजित होगी।
  जैसे– संख्या 67326, 3 व 2 दोनों से विभाज्य है। अत: संख्या 67326 6 से पूर्णत: विभाजित होगी।
- **7 से विभाज्यता :** यदि किसी संख्या के अंतिम अंक को दोगुना करके बची संख्या को घटाने पर प्राप्त संख्या 0 या 7 से विभाज्य हो,

तो वह संख्या 7 से पूर्णतः विभाजित होती है।
जैसे– 343, 2401 आदि।
343 में अंतिम अंक = 3
$\therefore$ 3 को दोगुना करने पर प्राप्त संख्या = 6
$\therefore$ $(34 - 6) = 28$
अतः 28, 7 से पूर्णतः विभाज्य हैं।
$\therefore$ संख्या 343, 7 से पूर्णतः विभाजित होगी।

- **8 से विभाज्यता :** यदि किसी संख्या के अंतिम तीन अंक 8 से विभाज्य हों, तो वह संख्या भी 8 से पूर्णतः विभाजित होगी।
जैसे– 5688, 578192 आदि।
- **9 से विभाज्यता :** यदि किसी संख्या के अंकों का योग 9 से विभाज्य हो, तो वह संख्या भी 9 से पूर्णतः विभाजित होती है।
जैसे– 116253, 278154 आदि।
- **10 से विभाज्यता :** यदि किसी संख्या में इकाई का अंक शून्य हो, तो वह संख्या 10 से पूर्णतः विभाजित होती है।
जैसे– 11620, 10000, 15750 आदि।
- **11 से विभाज्यता :** यदि किसी संख्या के सम स्थान के अंकों व विषम स्थान के अंकों के योग का अंतर 0 या 11 से विभाज्य हो, तो वह संख्या 11 से अवश्य विभाजित होती है।
जैसे– संख्या 14641 में
सम स्थानों के अंकों का योग $= (4 + 4) = 8$
विषम स्थानों के अंकों का योगफल
$= (1 + 6 + 1) = 8$
अंतर $= (8 - 8) = 0$

$\therefore$ अतः संख्या 14641, 11 से पूर्णतः विभाज्य होगी।

संख्याओं का भाग (Division of numbers) :

(*i*) भाज्य = भाजक × भागफल + शेषफल

(*ii*) $\text{भाजक} = \dfrac{\text{भाज्य - शेषफल}}{\text{भागफल}}$

(*iii*) $\text{भागफल} = \dfrac{\text{भाज्य - शेषफल}}{\text{भाजक}}$

समांतर श्रेणी (Arithmetic progression) : यदि कोई श्रेणी $a, a + d, a + 2d, a + 3d$ ..... के रूप में दी गई हो, तो इसे समांतर श्रेणी कहते हैं।

अतः श्रेणी $a, a + d, a + 2d, a + 3d, a + 4d, ...$ में
प्रथम पद $= a$ सर्वान्तर $= (a + d - a) = d$
$\therefore$ nवाँ पद, $t_n = a + (n - 1)d$
श्रेणी के n पदों के योग के लिए

$$S_n = \frac{n}{2}[2a + (n-1)d]$$

गुणोत्तर श्रेणी (Geometric progression) : यदि कोई श्रेणी a, ar, ar^2, ar^3.... के रूप में दी गई हो, तो गुणोत्तर श्रेणी कहते है।

श्रेणी $a, ar, ar^2, ar^3, ...$ में
प्रथम पद $= a$, सर्वान्तर $= r$
$\therefore$ nवाँ पद, $G_n = ar^{n-1}$
x श्रेणी के n पदों का योगफल
nपदों के योगफल के लिए–

$$S_n = \left[\frac{a(r^n - 1)}{r - 1}\right] \text{ जबकि } r > 1$$

$$S_n = \left[\frac{a(1 - r^n)}{(1 - r)}\right] \text{ जबकि } r < 1$$

कुछ महत्त्वपूर्ण परिणाम

(*i*) प्रथम 'n' प्राकृतिक संख्याओं का योगफल $= \dfrac{n(n+1)}{2}$

(*ii*) प्रथम 'n' सम संख्याओं का योगफल $= n(n + 1)$

(*iii*) प्रथम 'n' विषम संख्याओं का योगफल $= n^2$

(*iv*) प्रथम 'n' प्राकृतिक संख्याओं के वर्गों का योगफल

$$= \frac{n(n+1)(2n+1)}{6}$$

(*v*) प्रथम 'n' प्राकृतिक संख्याओं के घनों का योगफल

$$= \left[\frac{n(n+1)}{2}\right]^2$$

हल सहित उदाहरण

उदाहरण 1. $(7^{71} \times 6^{59} \times 3^{65})$ में इकाई का अंक ज्ञात कीजिए।

हल – $(7^{71} \times 6^{59} \times 3^{65})$ में इकाई का अंक
$= (7^4)^{17} \times 7^3 \times (6^4)^{14} \times 6^3 \times (3^4)^{16} \times 3^1$ में इकाई का अंक
$= (1 \times 7^3) \times (6 \times 6^3) \times (1 \times 3^1)$ में इकाई का अंक
$= (3 \times 6 \times 3)$ में इकाई का अंक
$= 54$ में इकाई का अंक $= 4$

उदाहरण 2. किसी संख्या को 32 से भाग देने पर शेषफल 29 बचता है। तो इसी संख्या को 8 से भाग देने पर शेषफल क्या बचेगा?

हल – माना संख्या को 32 से भाग देने पर भागफल $= K$
$\therefore$ संख्या $= (32K + 29)$
$= (8 \times 4K + 8 \times 3 + 5) = 8(4K + 3) + 5$
अतः इस संख्या को 8 से भाग देने पर शेषफल 5 प्राप्त होगा।

उदाहरण 3. भाग के एक प्रश्न में भाजक, भागफल का दस गुना तथा शेषफल का 5 गुना है। यदि शेषफल 46 हो, तो भाज्य ज्ञात कीजिए।

हल – माना भागफल $= x$
तब, भाजक $= 10x$
$\therefore$ $10x = (5 \times 46)$
$\Rightarrow$ $x = 23$
$\therefore$ भागफल = 23, भाजक $= (23 \times 10) = 230$,
शेषफल = 46
$\therefore$ भाज्य $= (23 \times 230 + 46) = 5336$

उदाहरण 4. 74522 में 7 के स्थानीय मान तथा जातीय मान में अंतर ज्ञात कीजिए।

हल – संख्या 74522 में 7 का स्थानीय मान
$= (7 \times 10000) = 70000$

संख्या 74522 में 7 का जातीय मान = 7

∴ अभीष्ट अंतर = ₹ (70000 – 7) = ₹ 69993

उदाहरण 5. पाँच अंकों की सबसे बड़ी संख्या तथा छः अंकों की सबसे छोटी संख्या के बीच अंतर क्या होगा?

हल – पाँच अंकों की सबसे बड़ी सख्या = 99999

छः अंकों की सबसे छोटी सख्या = 100000

∴ अभीष्ट अंतर = (100000 – 99999) = 1

प्रश्नमाला

1. निम्नलिखित चार संख्याओं को अवरोही क्रम में लिखिए।

(1) 4203567 (2) 4203657

(3) 4203756 (4) 4203675

(a) 1, 2, 3, 4 (b) 3, 4, 2, 1

(c) 1, 2, 4, 3 (d) 3, 2, 4, 1

2. एक करोड़ बराबर है–

(a) 100 लाख के (b) 1000 लाख के

(c) 10 लाख के (d) 100 हजार के

3. शून्य में 60 का भाग देने पर भाज्य, भाजक, भागफल एवं शेषफल क्रमशः हैं–

(a) 0, 60,0,0 (b) 60, 0, 1, 0

(c) 0, 60, 0,1 (d) 60,0,0, 1

4. संख्या 5 करोड़ 9 लाख 4 हजार 9 सौ अट्ठासी को अंकों में लिखने पर प्राप्त होता है

(a) 59004988 (b) 590400988

(c) 509049088 (d) 50904988

5. निम्नलिखित में से कौन-सा कथन सही है?

(a) 1 अभाज्य संख्या नहीं है

(b) 1 अभाज्य संख्या है

(c) 1 संयुक्त संख्या है

(d) 2 अभाज्य संख्या नहीं हैं

6. एक गाँव की कुल जनसंख्या 78692 है। इनमें से 29642 पुरुष हैं 28167 महिलाएं हैं तथा शेष बच्चे हैं, तो बच्चों की संख्या है

(a) 20883 (b) 21883

(c) 20893 (d) 20783

7. 496 योग 318 का निकटतम सैंकड़ा में मान है–

(a) 814 (b) 800

(c) 178 (d) 700

8. 999 तथा 3000 के बीच 4 अंकों वाली कितनी संख्याएँ हैं–

(a) 2001 (b) 2000

(c) 1999 (d) 1998

9. 4 अंकों वाली वृहत्तम तथा न्यूनतम संख्याओं का योगफल है–

(a) 9999 (b) 10000

(c) 10999 (d) 11999

10. संख्या 12345 में 3 के स्थानीय मान तथा अंकित मान में अन्तर है–

(a) 305 (b) 0

(c) 295 (d) 297

11. 11 इकाइयाँ + 11 दहाइयाँ + 11 सैंकड़े बराबर हैं–

(a) 111111 (b) 144

(c) 1221 (d) 12321

12. पाँच सौ नौ और तीन हजार अट्ठाईस का योग है–

(a) 387 (b) 3537

(c) 3087 (d) 837

13. n के विषम पूर्णांक होने पर निम्नवत् संख्याओं में कौन एक सम पूर्णांक है?

(a) $3n - 8$ (b) $5n^2 + 4$

(c) $3n^2 + 5$ (d) $4n^2 + 5$

14. यदि संख्या 5132416?, 3 से विभाज्य है, तो प्रश्नवाचक के स्थान पर सबसे बड़ा अंक होगा–

(a) 8 (b) 6

(c) 7 (d) 9

15. दो अंकों वाली संख्या के दोनों अंकों का योग 9 है। यदि संख्या में 27 जोड़ दिया जाए, तो अंकों का क्रम उलट जाता है। वह संख्या है

(a) 54 (b) 27

(c) 63 (d) 36

16. 2424 में 2 के स्थानीय मानों का योगफल है–

(a) 4 (b) 220

(c) 2002 (d) 2020

17. 121012 को 12 से भाग करने पर शेषफल है–

(a) 0 (b) 2

(c) 3 (d) 4

18. संख्या 273045 में अंक '0' का स्थानीयमान है–

(a) 1000 (b) 0

(c) 100 (d) 10

19. LXXXVI का हिन्दू-अरबी अंक है–

(a) 95 (b) 56

(c) 86 (d) 126

20. संख्या 49532 का सन्निकट हजारवाँ मान होगा–

(a) 41000 (b) 50000

(c) 49000 (d) 49500

21. 4079 28 को पढ़ा जाएगा–

(a) चालीस हजार नौ सौ अट्ठाईस

(b) चार लाख सात हजार नौ सौ अट्ठाईस

(c) चार लाख उनासी हजार अट्ठाईस

(d) सैंतालिस हजार नौ सौ अट्ठाईस

22. हिन्दू-अरबी संख्यांकन पद्धति में 4-अंक वाली कितनी संख्याएँ हैं ?

(a) 9999 (b) 9000

(c) 99 (d) 8999

23. निम्नलिखित चार संख्याओं में अंक 5 अंक का स्थानीय मान

5821, 8521, 2851, 1285

क्रमशः हैं–

(a) पाँच हजार, पाँच सौ, पचास, पाँच

(b) पचास हजार, पाँच हजार, पाँच सौ, पचास

(c) पाँच सौ, पचास हजार, पचास, पाँच

(d) पचास सौ, पाँच हजार, पाँच, पचास

24. एक गाँव की कुल जनसंख्या (स्त्री तथा पुरुष) 4054 है। यदि पुरुषों की संख्या 2896 हो, तो स्त्रियों की संख्या है–

(a) 5940 (b) 1068

(c) 1158 (d) 1148

25. एक विद्यालय की 6 कक्षाओं में कुल विद्यार्थियों की संख्या 642 है। यदि प्रत्येक कक्षा में विद्यार्थियों की संख्या समान है, तो प्रत्येक कक्षा में कितने विद्यार्थी हैं?

(a) 17 (b) 107

(c) 71 (d) 170

26. 25 पैसे के 10 सिक्कों का मूल्य निम्न में से किसके बराबर नहीं है?

(a) 1 रु. के 2 सिक्के + 50 पैसे का 1 सिक्का

(b) 1 रु. का 1 सिक्का + 50 पैसे के 3 सिक्के

(c) 1 रु. के 2 सिक्के + 25 पैसे का 2 सिक्के

(d) 1 रु. के 2 सिक्के + 50 पैसे का 1 सिक्का + 25 पैसे का एक सिक्का

27. संख्या 4 में संख्या 6 से भाग देने पर भाज्य, भागफल एवं शेषफल क्रमशः है–
(a) 4, 6, 0, 4 (b) 6, 4, 0, 6
(c) 4, 6, 4, 0 (d) 6, 4, 6, 0

28. यदि x और y दो गुणांक इस प्रकार हैं कि $\sqrt{xy}=10$, तो $(x+y)$ का मान नहीं हो सकता है–
(a) 20 (b) 25
(c) 29 (d) 50

29. मोहन ने अपनी माँ से कहा कि उसकी गुल्लक है ग्यारह हजार ग्यारह सौ ग्यारह रुपये जमा हो गये हैं। यह धनराशि है–
(a) ₹ 11111.00 (b) ₹ 12111.00
(c) ₹ 11121.00 (d) ₹ 111111.00

30. सबसे छोटी अभाज्य संख्या है–
(a) 0 (b) 1
(c) 2 (d) 3

31. यदि x के x% का मान 36 हो, तो x है–
(a) 45 (b) 50
(c) 60 (d) 75

32. किसी पूर्णांक का वर्ग करने पर इकाई के स्थान पर कौन-सी संख्या नहीं हो सकती है?
(a) 0 (b) 1
(c) 2 (d) 5

33. एक खम्भे का $\frac{1}{3}$ भाग कीचड़ में, $\frac{2}{5}$ भाग पानी में तथा 10 मीटर पानी में तथा 10 मीटर पानी के ऊपर है खम्भे की लम्बाई है–
(a) 40 मी. (b) 35 मी.
(c) 32.5 मी. (d) 37.5 मी.

34. 1 डेकामीटर में डेसीमीटर होते हैं–
(a) 0.4 (b) 10
(c) 100 (d) 1000

35. एक पंक्ति में मनोज का क्रमांक प्रारम्भ से 18वाँ और अन्त से 13वाँ है। यदि पंक्ति में 6 लड़कियाँ हैं तो पंक्ति में लड़कों की संख्या होगी–
(a) 23 (b) 24
(c) 25 (d) 30

36. विभाजन के एक प्रश्न में रवि ने गलती से 3 के स्थान पर 8 से भाग दे दिया और उत्तर 15 प्राप्त किया। सही उत्तर होगा–
(a) 24 (b) 32
(c) 40 (d) 48

37. बिना कोई शेषफल के निम्न में से कौन-सी संख्या 9361 को विभाजित करती है?
(a) 19 (b) 17
(c) 13 (d) 11

38. मार्टिन के पास कुछ मार्बल हैं। उनमें से 14 खो गए फिर भी 6 शेष रह गए। आरम्भ में उसके पास कितने मार्बल थे?
(a) 8
(b) 20
(c) 84
(d) इनमें से कोई नहीं

39. दो भाइयों की आयु का योग तथा अन्तर दोनों ही रूढ़ संख्याएँ हैं यदि बड़े की उम्र 23 वर्ष हो, तो छोटे की उम्र हो सकती है–
(a) 8 वर्ष
(b) 12 वर्ष
(c) 18 वर्ष
(d) 21 वर्ष

40. गुणनफल 1109 × 505 में से कौन-सी संख्या घटाई जाए, ताकि 505050 प्राप्त हो?
(a) 55005
(b) 54995
(c) 59495
(d) 49495

41. 10 इकाई + 10 दहाई + 10 हजार बराबर है–
(a) 101010
(b) 10110
(c) 11011
(d) 11100

42. 35362 में 5 के स्थानीय मान तथा इसके अंकित मान में अन्तर है–
(a) 495 (b) 4995
(c) 5005 (d) 0

43. छब्बीस और छब्बीस शतांक को लिखा जाता है–
(a) 26.26 (b) 262.6
(c) 2.626 (d) 2626

44. 19009 ÷ 11 और 9090 ÷ 11 से प्राप्त शेषफलों का गुणनफल है–
(a) 5 (b) 8
(c) 12 (d) 4

45. 4 अंकों वाली सबसे बड़ी संख्या और 3 अंकों वाली सबसे छोटी संख्या का योगफल है–
(a) 9899
(b) 10099
(c) 10999
(d) 7000

46. 1715.271 में 7 के स्थानीय मानों का अन्तर है–
(a) 0 (b) 700
(c) 700.07 (d) 699.93

47. यदि संख्या 62532915a, 6 से पूर्णतः विभाज्य है, तो 'a' के स्थान पर सबसे बड़ा अंक होगा–
(a) 5 (b) 6
(c) 8 (d) 9

48. प्रथम पाँच धन रूढ़ (अभाज्य) संख्याओं का योग है–
(a) 20 (b) 39
(c) 28 (d) 18

49. किन्हीं दो परिमेय संख्याओं के बीच–
(a) कोई परिमेय संख्या नहीं होती है
(b) केवल एक परिमेय संख्या होती है
(c) अनंत परिमेय संख्याएँ होती हैं
(d) केवल एक परिमेय संख्या और कोई अपरिमेय संख्या नहीं होती है

50. (10 दहाई + 11 सैकड़ा +12 इकाई) बराबर है–
(a) 101112 (b) 1212
(c) 1213 (d) 111012

51. 70560 में 5 और 6 के स्थानीय मानों का गुणनफल है–
(a) 30000 (b) 30
(c) 300 (d) 3000

52. 3010301 को 43 से भाग करने पर भागफल है–
(a) 7077 (b) 7007
(c) 70707 (d) 70007

53. गुणनफल 3001 × 101 में से क्या घटाया जाए जिससे कि 300311 प्राप्त हो?
(a) 2970 (b) 270
(c) 2790 (d) 2090

54. 3488 को 12 से भाग करने पर प्राप्त शेषफल और 2478 को 11 से भाग करने पर प्राप्त शेषफल में अन्तर है–
(a) 7 (b) 3
(c) 5 (d) 6

55. दो अंकों वाली संख्या के दोनों का योग 7 है। यदि संख्या में 27 जोड़ दिया जाए, तो अंकों का क्रम उलट जाता है वह संख्या है–
(a) 25 (b) 52
(c) 34 (d) 43

उत्तर (हल/संकेत)

1. (c) संख्याओं का आरोही क्रम :
4203567 < 4203657 < 4203675 < 4203756

2. (a) 1 करोड़ = 100, 00000
= 100 लाख

3. (a) 60) 0 (0
0
0

अत: भाज्य = 0
भाजक = 60
भागफल = 0, शेषफल = 0

4. (d) अभीष्ट संख्या = 50904988

5. (a) संख्या 1 अभाज्य संख्या नहीं है।

6. (a) ∵ गाँव की कुल जनसंख्या = 78692
पुरुषों की संख्या = 29462
महिलाओं की संख्या = 28167
∴ गाँव में बच्चों की संख्या
= कुल जनसंख्या –
(पुरुषों की संख्या + महिलाओं की संख्या)
= 78692 – (29642 + 28167)
= 78692 – 57809
= 20883

7. (a) (496 + 318) = 814
अत: निकटतम सैकड़ा में मान = 800

8. (b) 999 तथा 3000 के बीच 4 अंकों वाली संख्याएँ
संख्याएँ 1000, 1001, 1002, ..., 2999 श्रेणी क्रम में हैं।
यहाँ प्रथम पद $a = 1000$,
सार्वअन्तर $d = (1001 - 1000) = 1$
अंतिम पद Tn = 2999
∵ $Tn = [a + (n-1)d]$
$\therefore \Rightarrow 2999 = 1000 + (n-1) \times 1$
$\Rightarrow 2999 = 1000 + n - 1$
$\Rightarrow 2999 = n + 999$
$\Rightarrow n = (2999 - 999) = 2000$

9. (c) 4 अंकों वाली वृहत्तम संख्या = 9999
4 अंकों वाली न्यूनतम संख्या = 1000
अभीष्ट योगफल = (9999 + 1000) = 10999

10. (d) ∵ संख्या 12345 में 3 का स्थानीय मान = 300
3 का अंकित मान = 3
अभीष्ट अन्तर = (300 – 3) = 297

11. (c)
∵ 11 इकाईयाँ + 11 दहाइयाँ + 11 सैंकड़े
11 + 11 × 10 + 11 × 100
= (11 + 110 + 1100) = 1221

12. (b) (590 + 3028) = 3537

13. (c) n के विषम होने पर केवल $(3n^2 + 5)$ एक सम पूर्णांक होगी।
$n = 1$, तब $3 \times (1)^2 + 5 = 8$ (समपूर्णांक)
n = 2, तब $3 \times (2)^2 + 5 = (3 \times 4 + 5)$
= 17 (समपूर्णांक)

14. (a) कोई भी संख्या 3 से तभी विभाज्य होती है जबकि उसके सभी अंकों का योगफल 3 से विभाज्य हो।

यहाँ दिए गए विकल्पों में से 8 एक ऐसी संख्या है जिसे यदि दी गई संख्या के अंकों में जोड़ा जाए, तो वह 3 से विभाज्य होगी।

अर्थात् 5 + 1 + 3 + 2 + 4 + 1 + 6 + 8 = 30 जो कि 3 से विभाज्य है।

15. (d) माना संख्या का दहाई का अंक है $= x$
तब इकाई का अंक $= (9 - x)$
∴ संख्या $= 10x + (9 - x) = 9x + 9$
प्रश्नानुसार, $10x + (9 - x) + 27 = 10(9 - x) + x$
$\Rightarrow 10x + 9 - x + 27 = 90 - 10x + x$
$\Rightarrow 9x + 36 = 90 - 9x$
$\Rightarrow 18x = 54 \Rightarrow x = 3$
∴ संख्या = 9 × 3 + 6 = 36

16. (d) दी गई संख्या में 2424 के दहाई व हजार के स्थान का स्थानीय मान क्रमश: 20 व 2000 होगा।
∴ अभीष्ट योगफल = (2 + 2000)
= 2020

17. (d) 121012 को 12 से भाग करने पर ,

12) 121012 (10084
12
101
96
52
48
4 शेषफल

18. (b) किसी भी संख्या में 0 का स्थानीय मान सदैव शून्य होता है। चाहे वह किसी भी स्थान पर हो।

19. (c) (50 + 10 + 10 + 10 + 6) = 86

20. (b) 49532 का सन्निकट हजारवाँ
= 50,000

21. (b) 407928 = चार लाख सात हजार नौ सौ अट्ठाईस

22. (b) चार अंकों वाली संख्याएँ
= (9999 – 999)
= 9000

23. (a) 5821 में 5 का स्थानीय मान = 5000
8521 में 5 का स्थानीय मान = 500
2851 में 5 का स्थानीय मान = 50
1285 में 5 का स्थानीय मान = 5

24. (c) गाँव में स्त्रियों की संख्या
= (4054 – 2896) = 1158

25. (b) ∵ प्रत्येक कक्षा में विद्यार्थियों की संख्या समान है

∴ प्रत्येक कक्षा में विद्यार्थी $= \frac{642}{6} = 107$

26. (d) ∵ 1 रु. के 2 सिक्के + 50 पैसे का 1 सिक्का + 25 पैसे का एक सिक्का
= ₹ (2 + 0.50 + 0.25)
= ₹ 2.75
जबकि 25 पैसे के 10 सिक्कों का मूल्य
= ₹2.50

27. (a)

28. (d) दिया है, x तथा y को पूर्णांक है, तब
$\sqrt{xy} = 10$
$xy = 100$
तब, $x = 10$ तथा $y = 10$, $x = 20$ तथा $y = 5$, $x = 25$ तथा $y = 4$
∴ $(x + y)$ का मान 50 नहीं हो सकता

29. (b) कुल धनराशि = ₹ (11000 + 1111)
= ₹ 12111.00

30. (c) सबसे छोटी अभाज्य संख्या 2 है।

31. (c) $\because \frac{x \times x}{100} = 36$
$\Rightarrow x^2 = 36 \times 100$
$\Rightarrow x = 60$

32. (c) किसी पूर्णांक का वर्ग करने पर इकाई के स्थान पर संख्या 2 नहीं हो सकती।

33. (d) माना खम्भे की कुल लम्बाई
= x मीटर

तब $x - \left(\frac{x}{3} + \frac{2x}{5}\right) = 10$

$x - \left(\frac{5x + 6x}{15}\right) = 10$

$x - \frac{11x}{15} = 10$

$(15x - 11x) = 150$

$$4x = 150$$

$$x = \frac{150}{4}$$

$= 37.5$मीटर

34. (c) $\because$ 1 डेकामी = 10 मीटर

1 मी. = 10 डेसीमी

1 डेकामी = 100 डेसीमी

35. (b) $\because$ पंक्ति में कुल सदस्य

$= 18 + 13 - 1 = 30$

पंक्ति में लड़कियाँ = 6

$\therefore$ पंक्ति में लड़कों की संख्या

$= 30 - 6 = 24$

36. (c) सही संख्या $= 8 \times 15 = 120$

तब 3 से भाग देने पर सही उत्तर

$= 120 \div 3 = 40$

37. (d) दी गई संख्या में सम स्थानों पर आये अंकों का योग-विषम स्थानों पर आये अंकों का योग $= (9 + 6) - (1 + 3) = 15 - 4 = 11$ जोकि 11 से विभाज्य है।

अत: संख्या 9361 बिना कोई शेषफल के 11 से विभाजित है।

38. (b) माना मार्टिन के पास x मार्बल है।

तब प्रश्नानुसार, $x - 14 = 6$

$x = 6 + 14 = 20$

39. (c) विकल्प (c) से $23 + 18 = 41$

तथा $23 - 18 = 5$

जो कि दोनों ही रूढ़ संख्याएँ हैं जबकि अन्य किसी विकल्प के साथ योग व अन्तर रूढ़ संख्याएँ प्राप्त नही होती हैं।

40. (b) माना x घटाया जाय तब,

$1109 \times 505 - x = 505050$

$560045 - x = 505050$

$x = 560045 - 505050$

$= 54995$

41. (b) 10 इकाई + 10 दहाई + 10 हजार

$= 10 \times 1 + 10 \times 10 + 10 \times 1000$

$= 10 + 100 + 10000 = 10110$

42. (b) 35362 में 5 का स्थानीय मान

$= 5 \times 1000$

$= 5000$

5 का अंकित मान = 5

$\therefore$ अन्तर $= 5000 - 5 = 4995$

43. (a) $26 + \frac{26}{100} = 26 + 0.26 = 26.26$

44. (d) 11)19009(1728 और 11) 9090 (826

```
11)19009(1728        11) 9090 (826
   11                    88
   80                    29
   77                    22
   30                    70
   22                    66
   89                     4
   88
    1
```

$\therefore$ शेषफलों का गुणनफल $= 1 \times 4 = 4$

45. (b) प्रश्नानुसार,

चार अंकों की सबसे बड़ी संख्या + 3 अंकों की सबसे छोटी संख्या $= 9999 \times 100$

$= 10099$

46. (d) दी गयी संख्या 1715.271 में 7 के स्थानीय मान

1715.271

→ $7 \times 0.01 = 0.07$

→ $7 \times 100 = 700$

$\therefore$ दोनों मानों का अन्तर $= 700 - 0.07$

$= 699.93$

47. (b) दी गई संख्या 6 से तभी विभाज्य होगी, यदि वह 2 और 3 दोनों से विभाज्य हो, अर्थात् 62532915 a में a के स्थान पर अंक 6 होगा।

48. (c) प्रथम पाँच अभाज्य संख्याओं का योग $= 2 + 3 + 5 + 7 + 11 = 28$

49. (c) किन्हीं दो परिमेय संख्याओं के बीच अनंत परिमेय संख्याएँ होती हैं।

50. (b) प्रश्नानुसार,

```
  1100
   100
+   12
  1212
```

51. (a) 70560 में 5 का स्थानीय मान

$= 5 \times 100 = 500$

6 का स्थानीय मान $= 6 \times 10 = 60$

$\therefore$ गुणनफल $= 500 \times 60 = 30000$

52. (d)

```
43) 3010301 (70007
    301
    0000301
        301
        000
```

$\therefore$ भागफल $= 70007$

53. (c) माना घटायी जाने वाली संख्या $= x$

प्रश्नानुसार,

$3001 \times 101 - x = 300311$

$303101 - x = 300311$

$303101 - 300311 = x$

अत: $2790 = x$

54. (c)

```
12) 3488 (290
  - 24
    108
  - 108
      8 शेषफल
```

और

```
11) 2478 (225
  - 22
     27
    -22
     58
    -55
      3 शेषफल
```

दोनों शेषफलों में अन्तर $= 8 - 3 = 5$

55. (a) माना संख्या के अंक x तथा y हैं।

तो वह संख्या $= 10x + y$

प्रश्नानुसार, $x + y = 7$ ...(i)

$10x + y + 27 = 10y + x$

$9x - 9y = -27$ ...(ii)

$9x + 9y = 63$ ...(i)

$18x = 36$

$x = 2$

समी. (i) में x का मान रखने पर,

$2 + y = 7$

$y = 5$

अत: वह संख्या $= 10 \times 2 + 5 = 25$

❑❑

2 भिन्न और दशमलव भिन्न

भिन्न (Fraction)

ऐसी संख्या, जिसे p/q के रूप में व्यक्त किया जा सके, जहाँ $q \neq 0$, भिन्न कहलाती है। p को भिन्न का अंश तथा q को भिन्न का हर कहते हैं। जैसे- 3/5 एक भिन्न है जिसमें 3 भिन्न का अंश तथा 5 भिन्न का हर है।

साधारण भिन्न (Simple fraction)

जिस भिन्न का हर 10 की घात न होकर कोई अतिरिक्त संख्या होती है, उसे सौधारण भिन्न कहते हैं।

जैसे— $\frac{3}{4}, \frac{5}{11}, \frac{4}{7}$ आदि।

भिन्नों के प्रकार (Types of fractions)

1. **संक्षिप्त भिन्न (Lowest term fraction):** वे भिन्न, जिनके अंश व हर परस्पर अभाज्य हों अर्थात् दोनों में कोई और संख्या उभयनिष्ठ न हो,

   जैसे- $\frac{3}{4}, \frac{4}{11}$ आदि।

2. **उचित व अनुचित भिन्न (Proper and Improper Fraction):** वे भिन्न जिनमें हर, अंश से अधिक हों, उचित भिन्न कहलाती हैं।

   जैसे- $\frac{2}{5}, \frac{3}{7}$ आदि।

   वे भिन्न जिनका अंश, हर से अधिक होता है, अनुचित भिन्न कहलाती हैं।

   जैसे- $\frac{7}{4}, \frac{11}{9}$ आदि।

3. **मिश्र भिन्न (Mixed fraction):** वे भिन्न, जो एक पूर्णांक तथा एक भिन्न से मिलकर बनती हैं, मिश्र भिन्न कहलाती हैं

   जैसे- $3\frac{2}{3}, 7\frac{1}{6}$ आदि।

4. **व्युत्क्रम भिन्न (Inverse fraction):** किसी भिन्न के अंश को हर तथा हर को अंश बनाकर प्राप्त भिन्न, पहले भिन्न का व्युत्क्रम भिन्न कहलाती है।

   जैसे- 5/8 का व्युत्क्रम भिन्न 8/5 है।

5. **सतत् भिन्न (Continuous fraction):** निम्न रूप से लिखी जाने वाले भिन्न सतत् भिन्न कहलाती है।

   जैसे- $2 + \cfrac{2}{4 + \cfrac{1}{1 + \cfrac{5}{6}}}$

   नोट- *इस प्रकार की भिन्न को हल करने के लिए नीचे से सरल करना प्रारम्भ करते हैं।*

6. **संयुक्त भिन्न (Compound fraction):** वे भिन्न, जिनके अंश या हर या दोनों भिन्न होते हैं, संयुक्त भिन्न कहलाती हैं।

   जैसे- $\frac{1}{7/9}, \frac{11/9}{13}, \frac{1/4}{7/13}$ आदि।

दशमलव भिन्न (Decimal fraction)

वह भिन्न जिसका हर 10 या 10 की घातों में हो, दशमलव भिन्न कहलाती हैं।

जैसे- $\frac{2}{10}, \frac{3}{10}, \frac{11}{10}$ आदि

दशमलव भिन्नों के प्रकार (Types of decimal fraction)

1. पुनरावृत्त दशमलव भिन्न (Recurring Decimal fraction): वे दशमलव भिन्न, जिनमें दशमलव के बाद एक से अधिक अंकों की पुनरावृत्ति हो, पुनरावृत दशमलव भिन्न कहलाती है।

ऐसी भिन्नों को प्रदर्शित करने के लिए पुनरावृत अंकों पर रेखा खींच देते हैं।

जैस- $\frac{2}{3} = 0.6666... = 0.\overline{6}$,

$\frac{22}{7} = 3.142857142857 = 3.\overline{142857}$

2. शुद्ध पुनरावृत्त दशमलव भिन्न (Pure recurring decimal fraction): ऐसी पुनरावृत्त दशमलव भिन्न, जिनमें दशमलव बिन्दु के बाद के सभी अंकों की पुनरावृत्ति हो, शुद्ध पुनरावृत्त दशमलव भिन्न कहलाती है।

इन भिन्नों को साधारण भिन्न में बदलने के लिए, दशमलव भिन्न को बिना दशमलव के अंश में लिखा जाता है। तथा हर में 9 उतनी ही बार लिखा जाता है जितने अंकों की पुनरावृत्ति होती है।

जैसे- $0.\overline{3} = \frac{3}{9} = \frac{1}{3}$

$\therefore$ पुनरावृत्त अंकों की संख्या '1' है। अत: हर में 9 एक बार होगा।

$0.\overline{57} = \frac{57}{99} = \frac{19}{33}$

$\therefore$ पुनरावृत्त अंकों की संख्या 2 है। अत: हर में 9 दो बार होगा।

3. मिश्रित पुनरावृत्त दशमलव भिन्न (Mixed recuring decimal fraction): ऐसी दशमलव भिन्न, जिनमें दशमलव बिन्दु के बाद कुछ अंकों की पुनरावृत्ति होती है तथा कुछ की नहीं होती, मिश्रित पुनरावृत्त दशमलव भिन्न कहलाती हैं।

जैसे- $0.1\overline{9}.3.22\overline{3}$ आदि।

इन्हें साधारण भिन्न में बदलने के लिए दशमलव बिन्दु के बाद के सभी अंकों की संख्या में से अपुनरावृत्त भाग को घटाकर अंश के रूप में रख लेते हैं तथा हर में जितने पुनरावृत्त अंक हैं उतने ही बार 9 लेकर उसके बाद उतने ही शून्य लगाते हैं, जितने अपुनरावृत्त अंक हैं।

जैसे- (i) $0.2\overline{7} = \frac{(27-2)}{90} = \frac{25}{90}$

(ii) $0.29\overline{56} = \frac{(2956-29)}{9900} = \frac{2927}{9900}$

(iii) $0.3\overline{71} = \frac{(371-3)}{990} = \frac{368}{990}$

भिन्नों पर संक्रियाएँ (Operations on fractions)

1. **भिन्नों का योग (Addition on fractions)**

(i) **जब हर समान हों** यदि दिए गए भिन्नों के हर समान हों, तो भिन्नों के अंशों का योग ज्ञात करके हर से भाग देते हैं।

जैसे- $\frac{1}{4}+\frac{2}{4}=(1+2)\frac{1}{4}=\frac{3}{4}$

मिश्र भिन्नों का योग जब हर समान हों

$$a\frac{b}{c}+d\frac{e}{c}=(a+d)+\left(\frac{b+e}{c}\right)$$

उदाहरण : $14\frac{2}{17}+29\frac{3}{17}$ का मान ज्ञात कीजिए।

हल: $14\frac{2}{17}+29\frac{3}{17}=14+29+\frac{2+3}{17}$

$=43+\frac{5}{17}=43\frac{5}{17}$

2. **भिन्नों का अन्तर (Difference of fractions)**

जब हर समान हों यदि दिए गए भिन्नों के हर समान हों, तो भिन्नों के अंशों का अन्तर ज्ञात करके हर से भाग करते हैं। यही प्राप्त भिन्न दिए गए भिन्नों का अन्तर होता है।

जैसे- $\frac{3}{4}-\frac{1}{4}$, का मान होगा।

$=(3-1)\times\frac{1}{4} \Rightarrow \frac{2}{4}=\frac{1}{2}$

मिश्र भिन्नों का अन्तर, जब हर समान हों

$$a\frac{b}{c}-d\frac{e}{c}=(a-d)+\left(\frac{b-e}{c}\right)$$

उदाहरण : $31\frac{1}{9}-17\frac{1}{9}$ का मान ज्ञात कीजिए।

हल: $31\frac{1}{9}-17\frac{1}{9}=(31-17)+\left(\frac{1}{9}-\frac{1}{9}\right)=14$

3. **भिन्नों का गुणा (Multiplication of fractions)**

भिन्नों की गुणा करते समय भिन्नों के संगत अंशों की गुणा तथा संगत हरों की गुणा करते हैं। यदि भिन्न मिश्र रूप में हो, तो भिन्न को अनुचित भिन्न में परिवर्तित करके भिन्नों की गुणा ज्ञात करते हैं।

जैसे- $\frac{1}{2}\times\frac{3}{4}$ का मान

$=\frac{(1\times3)}{(2\times4)}=\frac{3}{8}$

मिश्र भिन्नों का गुणा

$$a\times b\frac{c}{d}=(a\times b)+\left(a\times\frac{c}{d}\right)$$

$$a\frac{b}{c}\times d\frac{e}{f}=a\times d+a\times\frac{e}{f}+d\times\frac{b}{c}+\frac{b}{c}\times\frac{e}{f}$$

उदाहरण : $4\frac{1}{2}\times2\frac{4}{5}$ को सरल कीजिए।

हल: $4\frac{1}{2}\times2\frac{4}{5}=\frac{9}{2}\times\frac{14}{5}=\frac{9\times14}{2\times5}=\frac{9\times7}{5}=\frac{63}{5}=12\frac{3}{5}$

4. **भिन्नों का भाग (Division of fractions)**

जब एक भिन्न को किसी दूसरी भिन्न से भाग करते हैं, तब इसके लिए पहली भिन्न की गुणा दूसरी भिन्न के व्युत्क्रम से करते हैं। इस प्रकार, प्राप्त परिणाम की अभीष्ट भिन्न होती है।

जैसे- $\frac{2}{5}\div\frac{3}{5}$ का मान होगा।

$=\frac{2}{3}\times\frac{5}{3}=\frac{10}{9}$

उदाहरण : $1190\frac{1}{2}\div8\frac{1}{2}$ को सरल कीजिए।

हल: (d) $1190\frac{1}{2}\div8\frac{1}{2}=\frac{2381}{2}\div\frac{17}{2}$

$=\frac{2381}{2}\times\frac{2}{17}=\frac{2381}{17}=140\frac{1}{17}$

हल सहित उदाहरण

उदाहरण-1: $18\frac{3}{11}+7\frac{4}{3}+17\frac{1}{6}$ का मान ज्ञात कीजिए।

हल- $18\frac{3}{11}+7\frac{4}{3}+17\frac{1}{6}=18+7+17+\left(\frac{3}{11}+\frac{4}{3}+\frac{1}{6}\right)$

$=42+\left(\frac{18+88+11}{66}\right)=42+\frac{117}{66}=43\frac{51}{66}$

उदाहरण-2: $\frac{4}{7}$ व $\frac{3}{8}$ में से कौन-सा भिन्न बड़ा है?

हल- $\therefore 4\times 8 > 7\times 3 \ \therefore \frac{4}{7} > \frac{3}{8}$

उदाहरण-3: $\frac{2}{3}, \frac{3}{4}, \frac{4}{3}, \frac{5}{4}$ में से कौन-सा भिन्न बड़ा है?

हल- सर्वप्रथम दो-दो भिन्नों को लेकर बड़ा भिन्न ज्ञात करेंगे

$\frac{2}{3}, \frac{3}{4}$ $\qquad$ $\frac{4}{3}, \frac{5}{4}$

$\therefore \ 3\times 3 > 4\times 2 \quad \Rightarrow \quad 4\times 4 > 5\times 3$

$\therefore \ \frac{3}{4} > \frac{2}{3} \quad \Rightarrow \quad \frac{4}{3} > \frac{5}{4}$

अब दोनों बड़े भिन्नों को लेकर अभीष्ट भिन्न ज्ञात करेंगे

$\frac{3}{4}, \frac{4}{3}$

$\therefore \ 4\times 4 > 3\times 3 \quad \Rightarrow \quad \frac{4}{3} > \frac{3}{4}$

अत: अभीष्ट भिन्न $\frac{4}{3}$ है।

उदाहरण-4: निम्न भिन्नों को आरोही क्रम में व्यवस्थित कीजिए।

$\frac{2}{3}, \frac{1}{2}, \frac{3}{4}$

हल- $\therefore$ 2, 1 व 3 का ल.स. $= 6$

$\therefore \ \frac{2}{3} = \frac{3\times 2}{3\times 3} = \frac{6}{9}$

$\frac{1}{2} = \frac{6}{6\times 2} = \frac{6}{12}$ तथा $\frac{3}{4} = \frac{3\times 2}{4\times 2} = \frac{6}{8}$

यहाँ, तीनों भिन्नों के अंश समान हैं तथा छोटे हर वाली भिन्न सबसे बड़ी होगी। अत: आरोही क्रम निम्न होगा

$\therefore \ \frac{6}{12}, \frac{6}{9}, \frac{6}{8}$ अर्थात् $\frac{1}{2}, \frac{2}{3}, \frac{3}{6}$

प्रश्नमाला

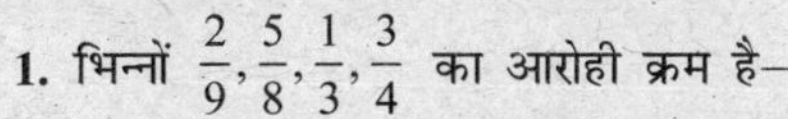

1. भिन्नों $\frac{2}{9}, \frac{5}{8}, \frac{1}{3}, \frac{3}{4}$ का आरोही क्रम है–

(a) $\frac{2}{9}, \frac{1}{3}, \frac{5}{8}, \frac{3}{4}$ (b) $\frac{3}{4}, \frac{5}{8}, \frac{1}{3}, \frac{2}{9}$

(c) $\frac{1}{3}, \frac{3}{4}, \frac{5}{8}, \frac{2}{9}$ (d) $\frac{2}{9}, \frac{1}{3}, \frac{3}{4}, \frac{5}{8}$

2. भिन्नों को आरोहीक्रम में सजाने का विन्यास है–

(a) $\frac{3}{8}, \frac{5}{6}, \frac{2}{3}, \frac{5}{9}$ (b) $\frac{5}{6}, \frac{2}{3}, \frac{5}{9}, \frac{3}{8}$

(c) $\frac{3}{8}, \frac{5}{9}, \frac{2}{3}, \frac{5}{6}$ (d) $\frac{3}{8}, \frac{2}{3}, \frac{5}{9}, \frac{5}{6}$

3. $1\frac{1}{2}$ में कितने आधे हैं?

(a) 1 (b) 2

(c) 3 (d) इनमें से कोई नहीं

4. $10\frac{1}{2}$ मी लम्बी एक रस्सी से $4\frac{5}{8}$ मी काटा गया। शेष रस्सी की लंबाई है–

(a) $5\frac{3}{8}$ मी (b) $5\frac{1}{8}$ मी

(c) $5\frac{7}{8}$ मी (d) $5\frac{1}{4}$ मी

5. काजोल एक घण्टे में एक किताब का $\frac{1}{3}$ भाग पढ़ती है। वह किताब को $2\frac{1}{5}$ घण्टे पढ़ती है। इस किताब का कितना भाग पढ़ने को शेष बचता है?

(a) $\frac{1}{3}$ (b) $\frac{1}{5}$

(c) $\frac{4}{15}$ (d) $\frac{7}{15}$

6. यदि एक संख्या से $\frac{1}{2}$ घटाया जाता है और तत्पश्चात् A से गुणा किया जाता है, संख्या $\frac{1}{8}$ में बदल जाती है। वह संख्या है–

(a) $\frac{3}{4}$ (b) $\frac{1}{4}$

(c) $\frac{4}{5}$ (d) $\frac{3}{5}$

7. निम्न संख्या को दशमलव रूप में लिखें।

$90 + 9 + \frac{9}{100} + \frac{9}{1000} + \frac{9}{100000}$

(a) 99.999 (b) 90.9999

(c) 99.9099 (d) 99.90909

8. निम्नलिखित भिन्नों $\frac{1}{3}, \frac{3}{4}, \frac{2}{5}, \frac{6}{7}$ का आरोही क्रम है–

(a) $\frac{1}{3}, \frac{3}{4}, \frac{2}{5}, \frac{6}{7}$ (b) $\frac{6}{7}, \frac{2}{5}, \frac{3}{4}, \frac{1}{3}$

(c) $\frac{1}{3}, \frac{2}{5}, \frac{3}{4}, \frac{6}{7}$ (d) $\frac{6}{7}, \frac{3}{4}, \frac{2}{5}, \frac{1}{3}$

9. संख्या 35.507 का विस्तारित रूप है–

(a) $30 + 5 + \frac{5}{10} + \frac{7}{100}$

(b) $35 + 5 + \frac{7}{100}$

(c) $30 + 5 + \frac{5}{10} + \frac{7}{1000}$

(d) $30 + 5 + \frac{5}{100} + \frac{7}{1000}$

10. $\frac{2}{3}; \frac{3}{5}, \frac{5}{8}$ में सबसे बड़ी तथा सबसे छोटी भिन्न का अन्तर है–

(a) $\frac{1}{15}$ (b) $\frac{1}{24}$

(c) $\frac{1}{40}$ (d) इनमें से कोई नहीं

11. एक व्यक्ति अपनी यात्रा का दो पाँचवाँ भाग ट्रेन से, एक-तिहाई बस द्वारा एक-चौथाई कार तथा शेष 3 किमी दूर पैदल चला, तो उसकी यात्रा की कुल दूरी है–

(a) 118 किमी (b) 108 किमी
(c) 180 किमी (d) 80 किमी

12. यदि $\frac{1}{36.18} = 0.0276$ हो, तो

$\frac{1}{0.0003618}$ का मान होगा–

(a) 276 (b) 2760
(c) 27600 (d) 0.000276

13. पानी की एक टंकी 11 मीटर लम्बी, 10 मीटर चौड़ी और 9 मीटर ऊँची है। इसमें 6 मीटर की ऊँचाई तक पानी भरा गया है। टंकी का कितना भाग खाली है?

(a) $\frac{1}{3}$ (b) $\frac{1}{6}$
(c) $\frac{2}{3}$ (d) $\frac{1}{4}$

14. $3\frac{1}{3}$ में कितने $\frac{1}{6}$ हैं?

(a) 15 (b) 18
(c) 20 (d) 12

15. एक परिमेय संख्या $\frac{5}{19}$ व इसके योज्य प्रतिलोम के गुणनफल का गुणात्मक प्रतिलोम होगा–

(a) $-\frac{361}{25}$ (b) $\frac{361}{25}$
(c) $\frac{381}{25}$ (d) $-\frac{381}{25}$

16. किसी पिजा का एक-चौथाई भाग रेनु ने खा लिखा
शेष पिजा को 12 बच्चों में बराबर बाँट दिया गया।
इनमें से प्रत्येक बच्चे को पिजा का कितना भाग मिला?

(a) $\frac{3}{16}$ (b) $\frac{1}{8}$
(c) $\frac{1}{16}$ (d) $\frac{1}{32}$

17. $\frac{1}{4}$ को निरूपित करने का कौन-सा तरीका गलत है?

(a) 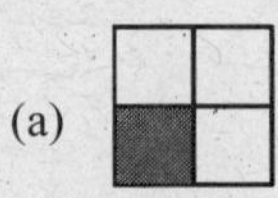 (b) 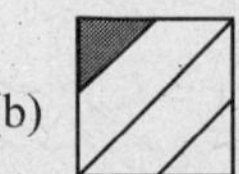

(c) 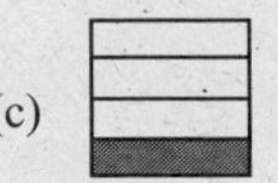 (d) 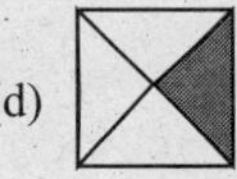

18. जतिन और प्रिया के पास मिलाकर ₹ 41 है। जतिन के पैसों का $\frac{1}{4}$ प्रिया के पैसों के $\frac{1}{7}$ से ₹ 2 अधिक है। प्रिया के पास हैं–

(a) ₹ 20 (b) ₹ 27.5
(c) ₹ 21 (d) ₹ 19.5

उत्तर (हल/संकेत)

1. (a) दी गई भिन्नें $= \frac{2}{9}, \frac{5}{8}, \frac{1}{3}, \frac{3}{4}$

संख्याएँ 9, 8, 3, 4 का ल. स. = 72

$$= \frac{16, 45, 24, 54}{72} = \frac{16}{72} < \frac{25}{72} < \frac{45}{72} < \frac{54}{72}$$

$$= \frac{2}{9} < \frac{1}{3} < \frac{5}{8} < \frac{3}{4}$$

2. (a) 8, 6, 3, 9 का ल. स.

$= 2 \times 2 \times 2 \times 3 \times 3 = 27$

2	8, 6, 3, 9
2	4, 3, 3, 9
2	2, 3, 4, 9
3	1, 3, 3, 9
3	1, 1, 1, 3
	1, 1, 1, 1

$$\frac{3}{8} = \frac{3 \times 9}{8 \times 9} = \frac{27}{72}$$

$$\frac{5}{6} = \frac{5 \times 12}{6 \times 12} = \frac{60}{72}$$

$$\frac{2}{3} = \frac{2 \times 24}{31 \times 24} = \frac{48}{72}$$

$$\text{तथा } \frac{5}{9} = \frac{5 \times 8}{9 \times 8} = \frac{40}{72}$$

$$\frac{27}{72} < \frac{40}{72} < \frac{48}{72} < \frac{60}{72}$$

∴ भिन्नों का आरोही क्रम $\frac{3}{8}, \frac{5}{9}, \frac{2}{3}, \frac{5}{6}$

3. (c) $1\frac{1}{2} = \frac{3}{2} = 3\frac{1}{2} = 3$ आधे

4. (c) शेष रस्सी की लम्बाई

$$= \left(10\frac{1}{2} - 4\frac{5}{8}\right)$$

$$= \frac{21}{2} - \frac{37}{8}$$

$$\left(\frac{84 - 37}{8}\right) = \frac{47}{8} = 5\frac{7}{8} \text{ मी.}$$

5. (c) काजोल द्वारा 1 घण्टे में चढ़ा गया भाग $= \frac{1}{3}$

∴ काजोल द्वारा $2\frac{1}{5}$ घण्टे में पढ़ा गया भाग

$$= \frac{1}{3} \times 2\frac{1}{5} = \frac{1}{3} \times \frac{11}{5} = \frac{11}{15}$$

अतः किताब को शेष भाग

$$= \left(1 - \frac{11}{15}\right) = \frac{4}{15}$$

6. (a) प्रश्नानुसार, माना संख्या $= x$

$$\frac{1}{2}\left(x - \frac{1}{2}\right) = \frac{1}{8}$$

$$\Rightarrow \quad x - \frac{1}{2} = \frac{1}{4}$$

$$\Rightarrow \quad x = \frac{1}{4} + \frac{1}{2} = \frac{3}{4}$$

7. (d) व्यंजक

$$= 90 + 9 + \frac{9}{10} + \frac{9}{1000} + \frac{9}{100000}$$

$= 99 + 0.9 + 0.009 + 0.00009$
$= 99.90909$

8. (c) दी गई भिन्नों के अंश समान करने पर

$$\frac{1}{3} = \frac{1}{3} \times \frac{6}{6} = \frac{6}{18}$$

$$\frac{3}{4} = \frac{3}{4} \times \frac{2}{2} = \frac{6}{8}$$

$$\frac{2}{5} = \frac{2}{5} \times \frac{3}{3} = \frac{6}{15}$$

$$\frac{6}{7} = \frac{6}{7}$$

अतः आरोही क्रम $= \frac{6}{18} > \frac{6}{15} > \frac{6}{8} > \frac{6}{7}$

$\therefore$ दी गई भिन्नों का आरोही क्रम

$$= \frac{1}{3}, \frac{2}{5}, \frac{3}{4}, \frac{6}{7}$$

9. (c) विस्तारित रुप

$$= 30 + 5 + \frac{5}{10} + \frac{7}{1000}$$

10. (a) दी गई भिन्न $= \frac{2}{3}, \frac{3}{5}$ तथा $\frac{5}{8}$

$$= \frac{80, 72, 75}{120} = \frac{80}{120}, \frac{72}{120}, \frac{75}{120}]$$

$\because$ सबसे छोटी भिन्न $= \frac{3}{5}$

सबसे बड़ी भिन्न $= \frac{2}{5}$

$\therefore$ अभीष्ट अंतर $= \left(\frac{2}{3} - \frac{3}{5}\right)$

$$= \left(\frac{10-9}{15}\right) = \frac{1}{15}$$

11. (c) प्रश्नानुसार माना यात्रा की कुल दूरी $= x$ किमी

$$\therefore \quad \frac{2x}{5} + \frac{x}{3} + \frac{x}{4} + 3 = x$$

$$\frac{59x + 180}{60} = x$$

$$59x + 180 = 60x$$
$$60x - 59x = 180$$
$$x = 180 \text{ किमी}$$

12. (b) यदि $\frac{1}{36.18} = 0.0276$

$$\frac{1}{0.00003618} = 0.0276 \times 100000$$
$$= 2760$$

13. (a) टंकी का भरा हुआ भाग $= \frac{6}{9} = \frac{2}{3}$

$\therefore$ टंकी का खाली भाग

$$= 1 - \frac{2}{3} = \frac{1}{3}$$

14. (c) $3\frac{1}{3} = \frac{10}{3} = \frac{10}{3} \times \frac{2}{2}$

$$= \frac{20}{6} = 20 \times \frac{1}{6}$$

अतः 20, $\frac{1}{6}$ होंगे।

15. (a) दी गई संख्या के योज्य प्रतिलोम के गुणनफल का गुणात्मक प्रतिलोम $= -\left[\frac{19 \times 19}{5 \times 5}\right]$

$$= -\frac{361}{25}$$

16. (c) माना पिजा का भाग $= 1$

रेनु द्वारा खाया गया भाग

$$= 1 \times \frac{1}{4} = \frac{1}{4}$$

प्रश्नानुसार, शेष भाग

$$= \left(1 - \frac{1}{4}\right) = \frac{3}{4}$$

प्रत्येक बच्चे का भाग $= \frac{3}{4 \times 12} = \frac{1}{16}$

17. (b) उत्तर आकृति (*b*) गलत है। क्योंकि इसमें वर्ग का चौथाई भाग नहीं दिखाया गया है।

18. (c) माना जतिन और प्रिया के पास क्रमशः ₹x तथा ₹y हैं।

प्रश्नानुसार,

$$x + y = 41$$

$$\frac{x}{4} = \frac{1}{7}y + 2 \quad \text{...(i)}$$

$$\frac{x}{4} - \frac{y}{7} = 2$$

$$7x - 4y = 56 \quad \text{....(ii)}$$

समीकरण (i) और (ii) को हल करने पर,

$x = 20$ तथा

$y = 21$

अतः प्रिया के पास ₹ 21 हैं।

❑❑

3 जोड़ना और घटाना

जोड़ना (Addition)

जब एक या एक से अधिक संख्याओं को किसी दूसरी संख्या में सम्मिलित किया जाता है, तो इस क्रिया को योग कहते हैं। इसे '+' चिन्ह से प्रदर्शित किया जाता है। जिन संख्याओं का योग करना होता है, उन्हें योज्य कहते हैं तथा प्राप्त परिमाप योगफल कहलाता है।

विभिन्न प्रकार की संख्या श्रेणियों का योग निम्नवत् है

- प्रथम n सम संख्याओं का योग $= n(n+1)$
- प्रथम n विषम संख्याओं का योग $= n^2$
- प्रथम n प्राकृतिक संख्याओं का योग $= \frac{n(n+1)}{2}$
- प्रथम n प्राकृतिक संख्याओं के वर्गों का योग $= \frac{1}{6}n(n+1)(2n+1)$
- प्रथम n प्राकृतिक संख्याओं के घनों का योग $= \frac{3}{4}n^2(n+1)^2$

घटाना या अन्तर (Subtraction)

जब किसी संख्या में से एक या एक से अधिक संख्याओं को अलग किया जाता है, तो इसे घटाव या अन्तर कहते हैं। इसे '–' चिन्ह से प्रदर्शित करते हैं। जिसे संख्या में से घटाया जाता है उसे व्यवकल्य (minuend) कहते हैं तथा जिस संख्या को घटाया जाता है, उसे व्यवकलित (difference) कहते हैं तथा प्राप्त परिणाम अन्तर (Subtractend) कहलाता है।

हल सहित उदाहरण

उदाहरण-1 रीमा ने ₹ 491 की एक घड़ी खरीदी तथा ₹612 का एक पर्श खरीदा। रीमा ने दुकानदार को ₹ 1500 दिए, तो दुकानदार उसको कितने रुपए वापस करेगा?

हल: रीमा द्वारा सामान खरीदने में खर्च किया गया धन
= ₹ (491 + 612) = ₹ 1103

∴ दुकानदार द्वारा रीमा को वापस मिले रुपए = ₹(1500 – 1103)
= ₹ 397

उदाहरण-2 9999 + 999 + 99 + 9 का मान ज्ञात कीजिए।

हल– (9999 + 999 + 99 + 9) = 11,106

उदाहरण-3 101 को 10 बार जोड़कर उसमें चार अंकों की सबसे छोटी संख्या घटाने पर परिणाम क्या प्राप्त होता है?

हल: 101 को 10 बार जोड़ने पर परिणाम = (101 × 10) = 1010

∴ चार अंकों की सबसे छोटी संख्या = 1000

∴ अभीष्ट उत्तर = (1010 – 1000) = 10

प्रश्नमाला

1. रमा के पास ₹100 हैं, उसने ₹ 40 की रसमलाई खाई, ₹ 20 के गोलगप्पे खाए और ₹ 35 की मिठाई खरीदी तो ज्ञात करो कि रमा के पास कितने ₹ बचे?
(a) 95 (b) 85
(c) 05 (d) 15

2. 5 अंकों की सबसे बड़ी संख्या में 43 जोड़ने पर प्राप्त संख्या में से 53 घटाने पर क्या संख्या प्राप्त होती है?
(a) 99999 (b) 99989
(c) 94976 (d) 99066

3. अगर 2 अंकों की सबसे बड़ी संख्या में 22 जोड़ने पर 121 प्राप्त होता है तो तीन अंकों की सबसे छोटी संख्या में 10 घटाने पर क्या प्राप्त होगा?
(a) 200 (b) 100
(c) 10 (d) 90

4. रितु ने 1 जोड़ी चप्पल 180 रु. में खरीदी और कौशिकी ने 2 जोड़ी चप्पल 200 रु. में खरीदी तो कुल मिलाकर रितु और कौशिकी ने कितने रुपये दुकानदार को दिए?
(a) 380 (b) 280
(c) 710 (d) 670

5. 1002 में से क्या घटाएँ कि हमें 986 प्राप्त हो जाएँ?
(a) 17 (b) 16
(c) 29 (d) 12

6. राज 100 संतरे एक फलवाले से खरीदता है, परंतु जब वह संतरों को घर लाकर देखता है तो पाता है कि केवल दो अंकों की सबसे बड़ी संख्या से 5 कम, संतरे खराब नहीं हैं, खराब संतरों की संख्या होगी–
(a) 5 (b) 4
(c) 6 (d) 9

7. एक विद्यालय द्वारा आयोजित पुस्तक प्रदर्शनी की टिकटें पहले दिन चार अंकों की सबसे छोटी संख्या के बराबर बिकीं, तथा अगले दिन टिकटों की बिक्री की संख्या में 20 की वृद्धि हुई, तो दो दिन में कुल कितनी टिकटें बिकीं?
(a) 1003 (b) 1020
(c) 9920 (d) 3430

8. रेखा के द्वारा परीक्षा में प्राप्त किए गए अंकों का योग मनु के द्वारा प्राप्त किए गए अंकों से 10 कम है, यदि मनु के द्वारा प्राप्त अंक चार अंकों की सबसे छोटी संख्या से 2 अधिक हैं तो रेखा के द्वारा प्राप्त अंक बताओ?
(a) 1002 (b) 1004
(c) 992 (d) 991

9. राम प्रथम चार अभाज्य संख्याओं का योग करता है, तथा श्याम प्रथम चार प्राकृत

संख्याओं का योग करता है, दोनों के द्वारा किए गए योग का अंतर बताओ।

(a) 9 (b) 11
(c) 10 (d) 7

10. रिषभ के पास कुछ विशेष तरह के पेन (कलम) हैं, जिनकी संख्या प्रथम 4 अभाज्य संख्याओं के योग से 3 अधिक है । यदि रिषभ 5 पेन चमन को दे दे तो उसके पास बचे पेनों की संख्या होगी–

(a) 13 (b) 9
(c) 15 (d) 17

11. 4 अंकों की सबसे बड़ी संख्या में 3 अंकों की सबसे बड़ी संख्या जोड़ने से क्या प्राप्त होगा ?

(a) 10898 (b) 10998
(c) 10988 (d) 1998

12. 4 अंकों की सबसे छोटी संख्या में 2 अंकों की सबसे बड़ी संख्या जोड़ने के बाद उसमें 45 घटाने पर क्या अंक प्राप्त होगा?

(a) 1054 (b) 1044
(c) 1034 (d) 1024

13. इंडिया ने क्रिकेट मैच में 300 रन बनाए। न्यूजीलैंड ने इंडिया द्वारा बनाए गए रनों के आधे से 45 रन अधिक बनाए। न्यूजीलैंड कितने रनों से हारा?

(a) 115 (b) 105
(c) 125 (d) 135

14. रीमा ने सीमा से पूछा कि 3 अंकों की सबसे बड़ी संख्या में से कौन-सा अंक घटाया जाए कि 899 संख्या प्राप्त हो?

(a) 101 (b) 102
(c) 120 (d) 100

15. 4 अंकों की सबसे बड़ी संख्या में से 4 अंकों की सबसे छोटी संख्या को घटाने से क्या प्राप्त होगा?

(a) 8999 (b) 7999
(c) 8099 (d) 8909

16. जोया ने एक आकृति बनाने के लिए 2 अंकों की सबसे बड़ी संख्या के बराबर माचिस की तीलियाँ लीं। रीना ने उनमें से 2 अंकों की सबसे छोटी संख्या के बराबर तीलियाँ ले लीं। अब जोया के पास कितनी तीलियाँ बचीं?

(a) 79 (b) 99
(c) 89 (d) 69

17. नेहा के पास 90 रु. हैं। टीना के पास नेहा के प्राप्त रुपयों का आधे से 13 अधिक है। टीना के पास नेहा से कितने रुपये कम हैं ?

(a) 22 (b) 32
(c) 42 (d) 12

18. गोपाल ने अपने बेटे हरीश को 100 रु. देकर बाजार भेजा। 1 दर्जन केले 30 रु. के हैं। हरीश ने कुल 30 केले खरीदे। हरीश के पास कितने रुपये बचे?

(a) 35 (b) 15
(c) 45 (d) 25

19. रमा को अपना कुर्ता सिलवाने के लिए ढ़ाई मीटर कपड़ा चाहिए। बाजार में 100 सेमी. कपड़े की कीमत 46 रुपये है तो ढ़ाई मीटर कपड़े के लिए रमा को कितने पैसे चाहिए?

(a) 105 (b) 216
(c) 100 (d) 115

20. सात अंकों की सबसे बड़ी संख्या में कौन-सी संख्या घटाएँ कि दो अंकों की सबसे छोटी संख्या प्राप्त हो?

(a) 9999 (b) 9999989
(c) 999989 (d) 99989

21. एक फूलों की माला में 13 फूल हैं। ऐसी ही 12 और मालाएँ हैं जिनमें से 2 मालाओं के 2-2 तथा तीन मालाओं के चार फूल टूट गए। बचे फूलों की संख्या है?

(a) 243 (b) 145
(c) 161 (d) 151

22. छः अंकों की सबसे बड़ी संख्या में चार अंकों की सबसे छोटी संख्या जोड़ने पर प्राप्त योगफल में दो अंकों की सबसे छोटी संख्या घटाने पर संख्या प्राप्त होगी?

(a) 20049 (b) 1000989
(c) 1000981 (d) 100981

23. एक डिब्बे में 18 काली गेंद हैं तथा नीली गेंद काली की दुगुनी हैं। रमेश ने थैले में से 10 नीली तथा 2 काली गेंदें निकाल लीं। थैले में बची गेंदों की संख्या ज्ञात कीजिए।

(a) 36 (b) 44
(c) 52 (d) 42

24. राम अपने घर से उत्तर की ओर 4 किमी. गया फिर दाएँ मुड़कर 8 किमी. गया फिर वह वहाँ से बाएँ मुड़ा और 4 किमी. गया तो बताएँ वह अब अपने घर से कितने किमी. की दूरी पर है?

(a) 30 (b) 16
(c) 18 (d) 20

25. एक टेस्ट मैच 5 दिन तक चला जिसमें कुल 660 रन बने। क्रमानुसार पहले, दूसरे व तीसरे दिन 90, 90 व 88 रन बने तो ज्ञात करो कि बाकी दो दिनों में कितने रन बने?

(a) 401 (b) 402
(c) 406 (d) 407

उत्तर (हल/संकेत)

1. (c) रमा के पास कुल रुपये = 100
कुल खर्च = 40 + 20 + 35
= ₹ 95
∴ रमा के पास शेष रुपये
= 100 – 95 = ₹ 5

2. (b) 5 अंकों की बड़ी से बड़ी संख्या
= 99999
प्रश्नानुसार,
99999 + 43 = प्राप्त संख्या – 53
प्राप्त संख्या = 99999 – (53 – 43)
= 99999 – 10
= 99989

3. (d) 2 अंकों की सबसे बड़ी संख्या = 99
∴ 99 + 22 = 121
3 अंकों की सबसे छोटी संख्या = 100
∴ 100 – 10 = 90

4. (a) रितु और कौशिकी के द्वारा खरीददारी में खर्च = 180 + 200 = ₹ 380

5. (b) माना x घटाया जाता है।
∴ प्रश्नानुसार,
$1002 - x = 986$
$x = 1002 - 986 = 16$

6. (c) दो अंकों की सबसे बड़ी संख्या
= 99
∴ संतरों की संख्या = 99 – 5 = 94
∴ खराब संतरों की संख्या = 100 – 94
= 6

7. (b) चार अंकों की सबसे बड़ी संख्या
= 1000
∴ प्रदर्शनी के टिकटों की संख्या
= 1000
20% वृद्धि होने पर टिकटों की संख्या
= 1000 + 20 = 1020

8. (c) चार अंकों की सबसे छोटी संख्या
= 1000

∴ प्रश्नानुसार,

रेखा के द्वारा प्राप्त अंक = (1000 + 2) – 10
= 1002 – 10
= 992

9. (b) प्रथम चार अभाज्य संख्यायें
= 2, 3, 5, 7
प्रथम चार प्राकृत संख्यायें
= 0, 1, 2, 3
प्रश्नानुसार,
(2 + 3 + 5 + 7) –(0 + 1 + 2 + 3)
= 17 – 6
= 11

10. (c) प्रथम चार अभाज्य संख्यायें
= 2, 3, 5, 7
संख्याओं का योग = 17
∴ प्रश्नानुसार,
रिषभ के पास बचे पेनों की संख्या
= 17 + 3 – 5
= 20 – 5
= 15

11. (b) चार अंकों की बड़ी से बड़ी संख्या
= 9999
तीन अंकों की बड़ी से बड़ी संख्या
= 999
∴ प्रश्नानुसार,
= 9999 + 999
= 10998

12. (a) चार अंकों की सबसे छोटी संख्या
= 1000
दो अंकों की सबसे बड़ी संख्या
= 99
∴ प्रश्नानुसार,
= 1000 + 99 – 45
= 1099 – 45
= 1054

13. (b) इंडिया के द्वारा मैच में बनाये गये रन
= 300
न्यूजीलैंड के द्वारा मैच में बनाये गये रन

$= 300 \times \frac{1}{2} + 45$
= 150 + 45
= 195

∴ इंडिया के रन – न्यूजीलैंड के रन
= 300 – 195
= 105

14. (d) तीन अंकों की सबसे बड़ी संख्या
= 999
माना x घटाया जाये, तो
$999 - x = 899$
$x = 999 - 899$
= 100

15. (a) चार अंकों की सबसे बड़ी संख्या
= 9999
चार अंकों की सबसे छोटी संख्या
= 1000
∴ घटाने पर = 9999 – 1000
= 8999

16. (c) माचिस की तीलियों की संख्या
= दो अंकों की सबसे बड़ी संख्या
= 99
रीना के पास तीलियों की संख्या
= दो अंकों की सबसे छोटी संख्या
= 10
∴ जोया के पास बची तीलियों की संख्या
= 99 – 10 = 89

17. (b) टीना के पास रुपये

$= 90 - 90 \times \frac{1}{2} + 13$
= 90 – 45 + 13
= 90 – 58
= ₹ 32

18. (d) हरीश के पास रुपये = 100

1 दर्जन (12) केलों का मूल्य = ₹ 30

हरीश के द्वारा खरीदे गये केलों की संख्या
= 30
= दो दर्जन + आधा दर्जन

$= 2 \times 12 + 12 \times \frac{1}{2}$
= 24 + 6
= 30

∴ 30 केलों का मूल्य = 30 × 2 + 15
= 60 + 15
= ₹ 75

∴ शेष रुपये = 100 – 75
= ₹ 25

19. (d) रमा द्वारा कपड़े सिलवाने में खर्च
= ₹ x

∵ 100 सेमी कपड़े का मूल्य = ₹ 46

∴ 2.5 मीटर कपड़े का मूल्य = 2.5 × 100
= 250 सेमी कपड़े का मूल्य

∴ रमा के द्वारा खर्च $= 2 \times 46 + 46 \times \frac{1}{2}$
= 92 + 23
= ₹ 115

20. (b) माना x संख्या घटायें
प्रश्नानुसार,
सात अंकों की सबसे बड़ी संख्या $-x$
= दो अंकों की सबसे छोटी संख्या
$9999999 - x = 10$
$x = 9999999 - 10$
= 9999989

21. (c) 1 फूल की माला में फूलों की संख्या
= 13

12 मालाओं में फूलों की संख्या = 13 × 12
= 156

2 मालाओं के दो-दो तथा 3 मालाओं के चार फूल टूट जाने पर बचे फूलों की संख्या
= 156 + 2 + 3
=161

22. (b) माना संख्या = x
प्रश्नानुसार,
x = (छः अंकों की सबसे बड़ी संख्या + चार अंकों की सबसे छोटी संख्या)
x = 999999 + 1000 – 10 – दो अंकों की सबसे छोटी संख्या
= 1000999 – 10
= 1000989

23. (d) काली गेंदों की संख्या
= 18
∴ नीली गेंदों की संख्या = 2 × 18 = 36
कुल गेंदों की संख्या = 18 + 36 = 54
∴ थैली में बची गेंदों की संख्या
= 54 – 10 – 2
= 54 – 12
= 42

24. (b) राम की घर से दूरी = 4 + 8 + 4
= 16 किमी.

25. (b) दो दिन में बने रनों की संख्या
= 660 – (90 + 90 + 88)
= 660 – 268
= 402

❑❑

4 गुणा तथा भाग

भाग (Division)

यदि किसी एक संख्या को दूसरी संख्या से विभाजित किया जाता है, तो इस क्रिया को भाग कहते हैं। इसे '÷' चिन्ह से प्रदर्शित करते हैं। जिस संख्या को विभाजित किया जाता है, उसे भाज्य (dividend) कहते हैं। जिस संख्या से विभाजित किया जाता है, उसे भाजक (divisor) कहते हैं। वह संख्या, जो यह बताती है कि भाज्य में भाजक कितनी बार है, भागफल (quotient) कहलाती है। यदि भाज्य, भाजक का गुणक नहीं है, तो अन्त में जो संख्या प्राप्त होती है, उसे शेषफल (remainder) कहते हैं।

भाज्य = भाजक × भागफल + शेषफल

गुणा (Multiplication)

यदि एक संख्या दूसरी संख्या में उतनी ही बार जोड़ी जाए, जितनी दूसरी संख्या है या दूसरी संख्या उतनी ही बार जोड़ी जाए, जितनी पहली संख्या दी गई है, तो यह क्रिया गुणन कहलाती है। इसे '×' चिन्ह से प्रदर्शित करते हैं। दो संख्याओं को आपस में गुणा करने पर प्राप्त परिणाम उन दोनों संख्याओं का गुणनफल (product) कहलाता है। जिस संख्या में गुणा की जाती है, गुणज (multiplicand) कहलाता है तथा जिस संख्या से गुणा की जाती है, यह संख्या गुण्य (multipliers) कहलाती है।

हल सहित उदाहरण

उदाहरण-1 यदि किसी संख्या को 32 से भाग देने पर 29 शेषफल बचता है, तो उसी संख्या को 8 से भाग देने पर शेषफल ज्ञात कीजिए।

हल: माना भागफल = x

तब संख्या $= 32x + 29$

$= 8 \times 4x + (8 \times 3) + 5$

$= 8(4x + 3) + 5$

अत: शेषफल = 5

उदाहरण-2 संख्या 2 * 425, यदि 9 से पूर्णत: विभाजित हो, तो * के स्थान पर कौन-सा अंक आयेगा?

हल: यदि किसी संख्या के अंकों का योग 9 से विभाज्य हो, तो वह संख्या सदैव 9 से विभाज्य होती है।

अत: (2 + * + 4+ 3 + 5) = (14 + *), ∵ 14 से निकटतम 9 से विभाज्य संख्या 18 है।

अत: (14 + *) = 18 ⇒ * = (18 – 14) = 4

उदाहरण-3 : 4 अंकों की सबसे छोटी संख्या तथा तीन अंकों की सबसे बड़ी संख्या का गुणनफल ज्ञात कीजिए।

हल: 4 अंकों की सबसे छोटी संख्या = 1000

3 अंकों की सबसे बड़ी संख्या = 999

∴ अभीष्ट गुणनफल = (999 × 1000) = 999000

प्रश्नमाला

1. मोनी के पास 10 रिक्शे हैं, इस सभी रिक्शों को वह ₹ 12 प्रतिदिन रिक्शा के हिसाब से किराए पर देती है तो वह 2 सप्ताह में कितना कमाएगी?
(a) ₹ 2100 (b) ₹ 300
(c) ₹ 1680 (d) ₹ 1900

2. रूबी बाजार गई, उसके पास ₹ 40 थे। उसने बाजार में कटहल ख़रीदने की सोची। कटहल का भाव ₹ 10 प्रति 1/4 किलो था। वह ₹ 40 में कितना कटहल खरीद सकती है?
(a) 1 ½ किलो (b) $1\frac{1}{3}$ किलो
(c) 1 किलो (d) $1\frac{1}{4}$ किलो

3. अगर विपिन एक दिन में ₹ 45 कमाता है तो वह अगस्त महीने में कितने पैसे कमाएगा?
(a) ₹ 1750 (b) ₹ 1395
(c) ₹ 1695 (d) ₹ 1650

4. निक्की के पास 9 रिक्शा हैं। एक रिक्शे से उसे ₹ 15 प्रतिदिन मिलते हैं। उसे एक दिन में 9 रिक्शों से कितने रुपये मिलेंगे?
(a) ₹ 180 (b) ₹ 150
(c) ₹ 135 (d) ₹ 100

5. रोशनी ने एक किलो आम ₹ 50 के खरीदे। 3 किलो आम का दाम 2 किलो आम से कितना अधिक है?
(a) ₹ 50 (b) ₹ 10
(c) ₹ 1 (d) ₹ 100

6. यदि आरती का दिल एक मिनट में 72 बार धड़कता है, तो वह 2 घंटे में कितनी बार धड़केगा?
(a) 7640 (b) 8640
(c) 720 (d) 7200

7. ललित गाँव की 20 भेड़ों को रोज चराता है। एक भेड़ के लिए उसे ₹ 1.50 मिलते हैं। 20 दिनों में उसे कितने रुपये मिलेंगे?
(a) ₹ 6000 (b) ₹ 800
(c) ₹ 150 (d) ₹ 600

8. 8 दर्जन कॉपी की कीमत ₹ 1248 है, तो 48 कॉपियों की कीमत कितनी होगी?
(a) 500 (b) 546
(c) 624 (d) 540

9. एक बक्से में 4 कप आते हैं। हमारे पास 24 बक्से हैं। अगर हमें इन सभी बक्सों के कप निकालकर 6 कप वाले बक्सों में रखना हो, तो कितने बक्सों की आवश्यकता होगी?
(a) 15 (b) 16
(c) 24 (d) 20

10. 6242 पूरी तरह से किस संख्या से भाग हो जाएगा?
(a) 4 (b) 2
(c) 3 (d) 5

11. कौन-सी संख्या जो 2, 3, 5 से विभाजित है पर 25 और 50 के बीच में हो, वह संख्या है–
(a) 30 (b) 25
(c) 40 (d) 42

12. 5 * 25 को 5 से भाग करने पर 1085 मिलता है, तो * का मान क्या होगा?
(a) 4 (b) 3
(c) 7 (d) 2

13. यदि 650 को 1000 से भाग दिया जाये तो हमें प्राप्त होता है–
(a) 0.650 (b) 6.50
(c) 65.0 (d) 0.0650

14. कौनसी संख्या 1 से और स्वयं से विभाजित है?
(a) 19 (b) 21
(c) 15 (d) 121

15. 5.420 किस संख्या से पूरी तरह विभाजित है?
(a) 2, 5, 10 (b) 3, 7, 4
(c) 5, 9, 6 (d) 2, 7, 5

16. कौन-सी संख्या से 12 और 21 विभाजित है?
(a) 3 (b) 4
(c) 7 (d) 6

17. एक कुम्हार को एक सप्ताह में 105 घड़े बनाने हैं। वह प्रत्येक दिन बराबर घड़े बनाना चाहता है तो वे एक दिन में कितने घड़े बनाएगा?
(a) 14 (b) 13
(c) 12 (d) 15

18. रामू के पास 112 सीपियाँ हैं। वह अपने दोस्तों के लिए 28.28 सीपियों की माला बनाना चाहता है। वह 112 सीपियों में कितनी मालाएँ बना सकता है?
(a) 2 (b) 4
(c) 5 (d) 6

19. प्रार्थना सभा में 294 बच्चे स्कूल के मैदान में 7 कतारों में खड़े हैं। हर कतार में कितने बच्चे हैं?
(a) 28 (b) 24
(c) 42 (d) 44

20. सगुन 2 घंटे में 32 मी. दूरी तय करती है तो वह 30 मिनट में कितनी दूरी तय करेगी?
(a) 10 मी. (b) 8 मी.
(c) 9 मी. (d) 7 मी.

21. राधा के पास 20 बिल्लियाँ थीं, जब वह बाजार गई तो जाने से पहले बिल्लियों को लकड़ी के बक्से में छोड़कर गई, परंतु जब वह लौटी तो उसने उन्हें गिनने के लिए डिब्बे में झाँका तो उनके सिर्फ पैर नजर आए। उसने गिना तो 56 पैर थे। अब उसके पास कितनी बिल्लियाँ हैं?
(a) 15 (b) 13
(c) 14 (d) 12

22. एक मेंढक 0 से शुरु करके एक छलांग में 6 कदम आगे कूदता है तथा दूसरी छलांग में 2 कदम पीछे कूदता है। अगर वह 48 पर है तो वह कितनी बार कूदा?
(a) 6 (b) 8
(c) 12 (d) 14

23. सुबह प्रार्थना करने के लिए सभी बच्चे कतारों में खड़े होते हैं। बच्चों की 8 कतारें बनती हैं। हर कतार में 25 बच्चे खड़े होते हैं। स्कूल में कुल कितने बच्चे हैं?
(a) 160 (b) 100
(c) 200 (d) 120

24. एक वर्गमीटर खेत की कीमत ₹ 20,000 है तो 14.5 × 16 वर्ग कि. मी. खेत की कीमत----रुपये होगी।
(a) ₹ 46, 40,000000000
(b) ₹ 64, 60,0000
(c) ₹ 66, 40, 00000
(d) ₹44, 60, 0000000

25. चीकू की बहन बाजार में चूड़ियाँ खरीदने गई। एक चूड़ी की कीमत 2 ½ रुपये है। चीकू की बहन को 4 दर्जन चूड़ियाँ खरीदनी हैं, तो वह कितने रुपये देगी?
(a) ₹ 64 (b) ₹ 48
(c) ₹ 120 (d) ₹ 84

उत्तर (हल/संकेत)

1. (c) ∵ 1 दिन में 10 रिक्शों से आय
= ₹ 10 × 12
= ₹ 120
∴ 14 दिन 10 रिक्शों से आप
= ₹ 120 × 14
= ₹ 1680

2. (c) ∵ ₹ 10 में रूबी कटहल खरीदती है
$= \frac{1}{4}$ किग्रा
∴ ₹ 1 में रूबी कटहल खरीदती है
$= \frac{1}{4 \times 10}$ किग्रा
∴ ₹40 में रूबी कटहल खरीदती है $= \frac{40}{40}$
= 1 किग्रा

3. (b) अगस्त महीने में 31 दिन होते हैं,
∵ विपिन 1 दिन में कमाता है
= ₹ 45
∴ विपिन 31 दिन में कमाता है
= ₹ 45 × 31
= ₹ 1395
अत: विपिन ₹ 1395 कमाता है।

4. (c) ∵ 1 रिक्शा का किराया = ₹15
∴ 9 रिक्शा का किराया = ₹15 × 9 = ₹ 135

5. (a) 1 किलो आम का दाम = ₹50
2 किलो आम का दाम = ₹50 × 2 = ₹100
3 किलो आम का दाम = ₹ 50 × 3 = 150
अन्तर = 150 – 100 = ₹ 50

6. (b) 1 घण्टा = 60 मिनट
2 घण्टा = 2 × 60 मिनट = 120 मिनट
1 मिनट में दिल धड़कता है
= 72 बार
∴ 120 मिनट में दिल धड़कता है
= 72 × 120
= 8640 बार

7. (d) 20 भेड़ों को चराने का 1 दिन का दाम = 20×1.50
= ₹ 30

∴ 20 दिन में= ₹ 30 × 20 = ₹ 600

8. (c) ∵ 8 दर्जन कॉपियों की कीमत = ₹ 1248

∴ 48 कॉपियाँ= $\frac{48}{12} = 4$दर्जन

∴4 दर्जन कॉपियों का दाम

$= \frac{1248 \times 4}{8}$ = ₹ 624

9. (b) ∵ 1 बक्से में 4 कप रखे जाते हैं।

∴ 24 बक्सों में कपों की संख्या

$= 4 \times 24 = 96$ कप

∵ अब 6 कप रखे जाते हैं 1 बक्से में

∴ 96 कप रखे जाते हैं $= \frac{96}{6} = 16$ बक्सों में

10. (b) 6242 एक सम संख्या है जो 2 से विभाज्य है।

11. (a) 2, 3, 5 का ल. स. प. $= 2 \times 3 \times 5 = 30$ यह संख्या 25 और 50 के बीच में है।

12. (a) $1085 \times 5 = 5425$

अत: * का मान है = 4

13. (a) $\frac{650}{1000} = 0.650$

14. (a) 19

15. (a) 2, 5, 10 हो पूर्णत: विभाज्य है।

16. (a) 3 से 12 और 21 विभाज्य है।

17. (d) 1 सप्ताह = 7 दिन

∵ 7 दिन में घड़े बनाता है = 105 घड़े

1 दिन में घड़े बनाता है $= \frac{105}{7} = 15$

18. (b) $112 \div 28$

```
28) 112 (4
    112
     ×
```

अत: रामू 4 माला बनाता है।

19. (c) प्रत्येक कतार में बच्चों की संख्या

$= \frac{294}{7} = 42$

प्रत्येक पंक्ति में बच्चे = 42

20. (b) 2 घंटे में तय दूरी= 32 मी

∴1 घंटे में तय दूरी $= \frac{32}{2} = 16$

∴ $\frac{1}{2}$ घंटे में तय दूरी

$= 16 \times \frac{1}{2} = 8$ मी

21. (c) एक बिल्ली के चार पैर होते हैं

56 पैर होंगे $= \frac{56}{4} = 14$ बिल्लियाँ

22. (c) $6 - 2 = 4$ कदम

कूदने की संख्या= $\frac{48}{4} = 12$

23. (c) एक कतार में बच्चों की संख्या = 25

∴8 कतारों में बच्चों की संख्या
$= 8 \times 25$
$= 200$

24. (a) 1 वर्गमीटर खेत की कीमत = ₹ 20,000

∴14.5 × 16 वर्ग कि.मी.

= ₹20,000 × 14.5 × 16 × 1000 × 1000
= 232.0 × 2 × 100,00,00,00,00
= ₹ 4640000000000

25. (c) एक चूड़ी का दाम = ₹2.50

4 दर्जन= 4 × 12 = 48 चूड़ियाँ

48 चूड़ियों का दाम = 48 × 2.50
= ₹120.00

❑❑

5 लघुत्तम समापवर्त्य एवं महत्तम समापवर्तक

समापवर्त्य (Common multiple) : दो या दो से अधिक संख्याओं का समापवर्त्य वह संख्या है, जो दी गई संख्याओं से पूर्णत: विभाजित हो जाती है।

जैसे— 4, व 8 के समापवर्त्य 16, 24, 48, 72 आदि हैं।

लघुत्तम समापवर्त्य (Least common multiple) : दो या दो से अधिक संख्याओं का लघुत्तम समापवर्त्य वह छोटी से छोटी संख्या है, जो दी गई सभी संख्याओं से पूर्णतय: विभाजित हो जाती है।

जैसे— 16, 12, 20 का ल. स. = 60

लघुत्तम समापवर्त्य ज्ञात करने की विधियाँ—

(i) अभाज्य गुणनखण्ड विधि (ii) भाग विधि

(i) अभाज्य गुणनखण्ड विधि (Prime factorisation method) : इस विधि में सर्वप्रथम दी गई संख्या के अभाज्य गुणनखण्ड प्राप्त करते हैं। प्रत्येक गुणनखण्ड में आने वाली सभी अभाज्य संख्याओं को उनकी अधिकतम घातों के रूप में लिखते हैं। तथा अधिकतम घातों वाले सभी पदों का गुणनफल करने पर जो परिणाम प्राप्त होता है. वह उन संख्याओं का ल.स. कहलाता है।

उदाहरण— 32, 75 व 60 का ल. स. ज्ञात कीजिए।

हल-32 के अभाज्य गुणनखण्ड $= 2 \times 2 \times 2 \times 2 \times 2 = 2^5$

75 के अभाज्य गुणनखण्ड $= 3 \times 5 \times 5 = 3^1 \times 5^2$

60 के अभाज्य गुणनखण्ड $= 2 \times 2 \times 3 \times 5 = 2^2 \times 3^1 \times 5^1$

$\therefore$ 32, 75 व 60 का ल. स. $= (2^5 \times 3^1 \times 5^2)$

$= 32 \times 3 \times 25$

$= 32 \times 75 = 2400$

(ii) भागविधि (Division method) : सर्वप्रथम दी गई संख्याओं को एक पंक्ति में व्यवस्थित करते हैं, अब हम दी गई संख्याओं को ऐसी छोटी से छोटी संख्या से विभाजित करते हैं, जो दी गई संख्याओं में से कम से कम दो संख्या को पूर्णत: विभाजित करें। यह क्रिया तब तक दोहराते हैं जब तक कि सभी अभाज्य संख्याएँ प्राप्त न हो जाएँ। सभी भाजकों व अंतिम पंक्ति की संख्याओं को आपस में गुणा करने पर प्राप्त परिणाम ही दी गई संख्याओं का ल. स. कहलाती है।

उदाहरण— 6, 12, 18, 36 का ल. स. भागविधि द्वारा ज्ञात कीजिए।

हल-

2	6	12	18	36
2	3	6	9	18
3	3	3	9	9
	1	1	1	1

अत: 6, 12, 18 व 36 का ल. स. $= (2 \times 2 \times 3 \times 3) = 36$

समापवर्तक (Common factor) : दो या दो से अधिक संख्याओं का समापवर्तक वह संख्या है, जो दी गई प्रत्येक संख्या को पूर्णत: विभाजित करती हो, उन संख्याओं का समापवर्तक कहलाती है

जैसे- 6, 12, 18 के समापवर्तक 2 व 3 हैं।

महत्तम समापवर्तक (Highest common factor) : दो या दो से अधिक संख्याओं का महत्तम समापवर्तक वह बड़ी से बड़ी संख्या है, जो दी गई प्रत्येक संख्या को पूर्णत: विभाजित करती है।

जैसे- 15, 20 व 25 का म. स. = 5

महत्तम समापवर्तक ज्ञात करने की विधियाँ— (i) अभाज्य गुणनखण्ड विधि (ii) भाग विधि

(i) अभाज्य गुणनखण्ड विधि (Prime factorisation method) : सर्वप्रथम दी गई संख्याओं के अभाज्य गुणनखण्ड प्राप्त करते हैं। इस प्रकार प्राप्त परिणाम ही दी गई संख्याओं का म. स. है।

उदाहरण-40, 80 व 120 का म. स. ज्ञात कीजिए।

हल- संख्याओं के अभाज्य गुणनखण्ड करने पर-

$40 = 2 \times 2 \times 2 \times 5$

$80 = 2 \times 2 \times 2 \times 2 \times 5$

$120 = 2 \times 2 \times 2 \times 3 \times 5$

$\therefore$ संख्याओं का म. स. $= 2 \times 2 \times 2 \times 5 = 40$

(ii) भागविधि (Division method) : इस विधि में सर्वप्रथम दी गई संख्याओं में से सबसे छोटी संख्या से उससे बड़ी संख्या में भाग दिया जाता है तथा प्राप्त शेष से भाजक को विभाजित किया जाता है। यह क्रिया तब तक चलती है जब तक शेष शून्य प्राप्त न हो जाए, इस प्रकार प्राप्त अंतिम भाजक को ही दी गई संख्याओं का म. स. कहते हैं।

उदाहरण-36, 64 व 144 का म. स. ज्ञात कीजिए।

हल-

```
36)64(1
   36
   28)36(1
      28
       8)28(3
         24
          4)8(2
            8
            ×
```

अत: 36, 64 व 144 का म. स. = 4

महत्वपूर्ण सूत्र

(i) भिन्नों का म.स. $= \dfrac{\text{अशों का म. स.}}{\text{हरों का ल. स.}}$

(ii) भिन्नों का ल.स. $= \dfrac{\text{अशों का ल. स.}}{\text{हरों का म. स.}}$

(iii) दो संख्याओं का गुणनफल = उनका ल.स. × उनका म.स.

(iv) संख्याओं का ल.स. × म.स. = पहली संख्या × दूसरी संख्या

(v) पहली संख्या $= \frac{\text{उनका ल. स.} \times \text{उनका म. स.}}{\text{दूसरी संख्या}}$

(vi) दूसरी संख्या $= \frac{\text{उनका ल. स.} \times \text{उनका म. स.}}{\text{पहली संख्या}}$

हल सहित उदाहरण

उदाहरण-1: $\frac{1}{3}, \frac{2}{9}, \frac{5}{6}$ व $\frac{4}{27}$ का लघुत्तम समापवर्त्य ज्ञात कीजिए।

हल- $\frac{1}{3}, \frac{2}{9}, \frac{5}{6}$ व $\frac{4}{27}$ का ल. स.

$= \frac{\text{1, 2, 5, व 4 का ल.स.}}{\text{3, 9, 6 व 27 का म.स.}}$

$= \frac{20}{3} = \frac{20}{3} = 6\frac{2}{3}$

उदाहरण-2: वह छोटी से छोटी संख्या ज्ञात कीजिए जिसमें 8 जोड़ने पर प्राप्त संख्या 24, 32, 36, व 54 में से प्रत्येक से पूर्णत: विभाजित हो जाए।

हल- अभीष्ट संख्या = (24, 32, 36 व 54 का ल.स.) – 8

= (864 – 8) = 856

उदाहरण-3: 6 घंटियाँ एक साथ बजना आरम्भ करती हैं। यदि वे घंटियाँ क्रमश: 2, 4, 6, 8, 10, व 12 सेकण्ड के अंतराल से बजे, तो वे कितने मिनट पश्चात् पुन: एक साथ बजेगी?

हल- अभीष्ट समय = 2, 4, 6, 8, 10 व 12 का ल. स. = 120 सेकेण्ड = 2 मिनट

उदाहरण-4: दो संख्याओं का योग 721 तथा महत्तम समापवर्तक 103 है। सम्भावित संख्याओं के जोड़ों की संख्या कितनी है?

हल- माना संख्याएँ क्रमश: $103a$ तथा $103b$ हैं, जहाँ a और b सह अभाज्य संख्याएं है।

तब, प्रश्नानुसार,

$$103a + 103b = 721$$
$$103\,(a + b) = 721$$
$$\Rightarrow \quad a + b = 7$$

अत: (a व b) के सम्भव जोड़े (1, 6), (2, 5), (3, 4) है।

सम्भावित संख्याओं के जोड़े (1 × 103, 6 × 103), (2 × 103, 5× 103), (3 × 103, 4 × 103)

अर्थात् (103, 618), (206, 515) तथा (309, 412) होंगे।

प्रश्नमाला

1. संख्याओं 425 तथा 476 का महत्तम समापवर्तक (म.स.प.) है–
(a) 4 (b) 5
(c) 17 (d) 51

2. संख्याओं 90, 60, 75 तथा 35 का लघुत्तम समापवर्त्य (ल.स.प.) है–
(a) 2700 (b) 6300
(c) 4250 (d) 2750

3. 108 और 144 का ल.स. क्या होगा?
(a) 3888 (b) 432
(c) 648 (d) 216

4. 5, 10 और 35 के सबसे छोटे सार्वगुणज और सबसे बड़े सार्वगुणनखंड का अन्तर है–
(a) 75 (b) 30
(c) 35 (d) 65

5. संख्या 105 के गुणनखण्डों की संख्या है–
(a) 8 (b) 3
(c) 4 (d) 6

6. दो प्राकृत संख्याएँ 6 : 11 के अनुपात में हैं। यदि इसका ल.स. हो तो इनका म.स. है–
(a) 17 (b) 5
(c) 66 (d) 7

7. संख्या 100 के सभी गुणनखण्डों का योगफल है–
(a) 115 (b) 216
(c) 217 (d) 223

8. गुणनफल 140 × 101 में क्या जोड़ा जाए जिससे कि 14414 प्राप्त हो?
(a) 264 (b) 274
(c) 278 (d) 364

9. 315, 447, 357 का म.सं. प. है–
(a) 17 (b) 19
(c) 21 (d) 16

10. निम्नलिखित में से कौन-सी महत्तम संख्या है?
(a) $[(2 + 2)^2]^2$ (b) $(2 + 2 + 2)^2$
(c) $(4)^2$ (d) $(2 \times 2 \times 2)^2$

11. दो लगातार प्राकृत संख्याओं का लघुत्तम समापवर्त्य तथा महत्तम समापर्वतक क्रमश: है–
(a) उनका गुणनफल, उनका अनुपात
(b) उनका जोड़, पहली संख्या
(c) दूसरी संख्या, पहली संख्या
(d) उनका गुणनफल, संख्या 1

12. प्रथम क्रमागत तीन सम संख्याओं का म. स. तथा ल.स. होगा–
(a) 1 और 6 (b) 2 और 6
(c) 1 और 12 (d) 2 और 12

13. 4, 5 और 6 का सबसे छोटा सार्व गुणज और 5, 6 और 9 का सबसे छोटा सार्व गुणज का अन्तर है–
(a) 45 (b) 48
(c) 60 (d) 30

14. यदि 65 और 117 का HCF ($65\,m$–117) के रूप में दर्शाने योग्य हो, तो m का मान है–
(a) 4 (b) 2
(c) 1 (d) 3

15. संख्या 720 के अभाज्य गुणनखण्ड हैं–
(a) 2 × 2 × 3 × 3 × 2 × 5
(b) 2 × 3 × 4 × 5 × 6
(c) 3 × 3 × 4 × 4 × 5
(d) 2 × 2 × 2 × 2 × 3 × 3 × 5

16. संख्या 840 के अभाज्य गुणनखण्ड हैं–
(a) 7 × 5 × 4 × 3 × 2
(b) 7 × 5 × 3 × 2 × 2 × 2
(c) 7 × 5 × 3 × 3 × 2
(d) 7 × 5 × 3 × 2 × 2

17. 210 के धनात्मक गुणनखण्डों का योगफल है–
(a) 575 (b) 573
(c) 366 (d) 547

18. दो असहभाज्य संख्याओं का महत्तम समापवर्तक होगा–

(a) 0 (b) 1
(c) 2 (d) 3

19. दो संख्याओं का महत्तम समापवर्तक – 35 और उनका लघुत्तम समापवर्तक 525 है। यदि उनमें एक संख्या 175 है, तो दूसरी संख्या है–

(a) 75 (b) 85
(c) 95 (d) 105

20. 42 के गुणनखण्डों की संख्या है–

(a) 9 (b) 6
(c) 7 (d) 8

21. (36 और 60 का सबसे छोटा सार्व गुणज) ÷ (18 और 45 का सबसे बड़ा सार्व गुणनखण्ड) बराबर है–

(a) 40 (b) 10
(c) 20 (d) 30

उत्तर (हल/संकेत)

1. (c) 425 व 476 का म.स., भागविधि द्वारा:

```
425) 476 (1
     425
     51) 425 (8
         408
         17) 51 (3
             51
              ×
```

अतः 425 व 476 का म.सं. = 17

2. (b) संख्याएँ 90, 60, 75 तथा 35 का ल.स.

2	90,	60,	75,	35
2	45,	30,	75,	35
3	45,	15,	75,	35
3	15,	5,	25,	35
5	5,	5,	25,	35
	1,	1,	5,	7

अभीष्ट ल.सं. = $2 \times 2 \times 3 \times 3 \times 5 \times 5 \times 7 = 6300$

3. (b) $108 = 12 \times 9 = 2 \times 2 \times 3 \times 3 \times 3$

$144 = 12 \times 12 = 2 \times 2 \times 2 \times 2 \times 3 \times 3$

ल.स. = $2 \times 2 \times 2 \times 2 \times 3 \times 3 \times 3 = 432$

4. (d) ∵ संख्याएँ 5, 10 और 35 का ल.स. = 70

नोट–सबसे छोटे सार्वगुणज को ल.स. कहते हैं।

सार्वगुणनखण्ड = संख्याओं का म.स. = 5

∴ दोनों का अन्तर = (70 – 5) = 65

5. (a) संख्या 105 के गुणनखण्ड

1×105
3×35
5×21
7×15

अतः गुणनखण्ड क्रमशः 1, 3, 5, 7, 15, 21, 35 व 105 हैं।

6. (d) भाग संख्याएँ क्रमशः $6x$ व $11x$ हैं।

∴ $6x$ व $11x$ का ल.स. = $66x$

प्रश्नानुसार, $66x = 462 \Rightarrow x = 7$

अतः संख्याएँ क्रमशः 42 व 77 होंगी।

∴ इनका म.सं. = 7

7. (c) 100 के गुणनखण्ड

= 1, 2, 4, 5, 10, 20, 25, 50, 100

∴ सभी गुणनखण्डों का योग

= (1 + 2 + 4 + 5 + 10 + 20 + 25 + 50 + 100) = 217

8. (b) माना 140×101 में x जोड़ने पर परिणाम 14414 प्राप्त होता है

तब, $140 \times 101 + x = 14414$

$\Rightarrow 14140 + x = 14414$

$\Rightarrow x = (14414 - 14140) = 274$

9. (c) $315 = 3 \times 3 \times 5 \times 7$

$= 3^2 \times 5 \times 7$

$447 = 3 \times 3 \times 1 \times 7 \times 7$

$= 3^2 \times 7^2$

$357 = 3 \times 1 \times 1 \times 7 \times 17$

$= 3 \times 7 \times 17$

म.सं. = $3 \times 7 = 21$

10. (a) विकल्प (a) से,

$[(2+2)^2]^2 = [(4)^2]^2 = (16)^2 = 256$

विकल्प (b) से,

$(2+2+2)^2 = (8)^2 = 64$

विकल्प (c) से,

$(4)^2 = 16$

विकल्प (d) से,

$(2 \times 2 \times 2)^2 = (8)^2 = 64$

अतः $[(2+2)^2]^2$ महत्तम है–

11. (d) दो क्रमागत संख्याओं का लघुत्तम समापवर्त्य तथा महत्तम समापवर्तक क्रमशः उनका गुणनफल तथा संख्या 1 होता है। क्योंकि दो क्रमागत संख्याओं का 1 के अतिरिक्त कोई अन्य अभाज्य गुणनखण्ड नहीं होता।

12. (d) ∵ प्रथम तीन क्रमागत सम संख्याएँ = 2, 4, 6

संख्याओं का म.सं. = 2

संख्याओं का ल.सं. = 12

13. (d) 4, 5 व 6 का सबसे छोटा सार्वगुणज = 60

5, 6 व 9 का सबसे छोटा सार्वगुणज = 90

∴ अभीष्ट अन्तर = (90 – 60) = 30

14. (b) उपरोक्त विकल्पों से $m = 2$ रखने पर संख्या 65 और 117 दोनों संतुष्ट होगी।

अतः $65m - 117 = (65 \times 2 - 117) = 13$

∵ 65, 117 का HCF = 13

15. (b)

2	720
2	360
2	180
2	90
3	45
3	15
5	5

अतः 720 के अभाज्य गुणनखण्ड

= $(2 \times 3 \times 4 \times 5 \times 6)$

16. (b)

2	840
2	420
2	210
3	105
5	35
7	7

840 के अभाज्य गुणनखण्ड
$= 2 \times 2 \times 2 \times 3 \times 5 \times 7$

17. (d) 210 के गुणनखण्ड
$= 1 \times 210$
$= 2 \times 105$
$= 3 \times 70$
$= 5 \times 42$
$= 6 \times 35$
$= 7 \times 30$
$= 10 \times 21$

अतः अभीष्ट योगफल
$= (210 + 105 + 70 + 42 + 35 + 30 + 21 + 10 + 7 + 6 + 5 + 3 + 2 + 1) = 547$

18. (b) दो असहभाज्य संख्याओं का महत्तम समापवर्तक सदैव 1 होता है।

19. (d) $\because$ पहली संख्या × दूसरी संख्या
= ल.स. × म. सं.

$$\Rightarrow \text{दूसरी संख्या} = \frac{\text{ल.सं.} \times \text{म.सं.}}{\text{पहली संख्या}}$$

$$= \frac{525 \times 35}{175} = 105$$

अतः दूसरी संख्या = 105

20. (d) 42 के गुणनखण्ड 1, 2, 3, 6, 7, 14, 21, 42

अतः गुणनखण्डों की संख्या = 8

21. (c) 36 के गुणज = 36, 72, 108, 144, 180, 216, ...

60 के गुणज = 60, 120, 180, 240, ...

अतः 36 और 60 का सबसे छोटा सार्वगुणज = 180

18 के गुणनखण्ड = 1, 2, 3, 6, 9, 18

45 के गुणनखण्ड = 1, 3, 5, 9, 45

अतः 18 और 45 का सबसे बड़ा सार्वगुणनखण्ड = 9

$$\therefore \text{अभीष्ट मान} = \frac{180}{9} = 20$$

❑❑

6 वर्गमूल तथा घनमूल

महत्वपूर्ण बिंदु

- **वर्ग (Square) :** किसी संख्या को स्वयं से गुणा करने पर प्राप्त संख्या दी गई संख्या का वर्ग कहलाती है।

  जैसे– (*i*) 15 का वर्ग = $(15 \times 15) = 225$

  (*ii*) 8 का वर्ग = $(8 \times 8) = 64$

- **वर्गमूल (Square root) :** किसी संख्या का वर्गमूल वह संख्या है जिसे स्वयं से गुणा करने पर दी गई संख्या प्राप्त होती है। इसे '$\sqrt{\ }$' से प्रदर्शित करते हैं।

  उदाहरण–

  (*i*) 25 का वर्गमूल = $\sqrt{5\times5} = 5$

  तथा 5 का वर्ग = $(5 \times 5) = 25$

  (*ii*) 16 का वर्गमूल = $\sqrt{4\times4} = 4$

  तथा 4 का वर्ग = $(4 \times 4) = 16$

महत्वपूर्ण स्मरणीय बिंदु

- किसी संख्या का वर्ग करने पर प्राप्त संख्या में अंकों की संख्या, दोगुनी या दोगुने से 1 कम होती है।
- किसी भी संख्या के वर्ग में इकाई के स्थान पर 2, 3, 7 व 8 कभी नहीं आता है।
- 1 से छोटी संख्या का वर्गमूल सदैव उस संख्या से बड़ा होता है।
- किसी संख्या में दशमलव के बाद जितने अंक होते हैं; वर्गमूल में दशमलव के बाद उसके आधे अंक होते हैं।

  जैसे– (*i*) $\sqrt{0.0016} = 0.04$, (*ii*) $\sqrt{0.09} = 0.3$
- सम संख्या का वर्गमूल सम तथा विषम संख्या का वर्गमूल विषम होता है।
- किसी पूर्ण वर्ग संख्या के अंत में शून्यों की संख्या कभी भी विषम नहीं होती है।
- सम संख्या का वर्ग सम तथा विषम संख्या का वर्ग विषम होता है।

कुछ महत्त्वपूर्ण परिणाम

(*i*) $\sqrt{ab} = \sqrt{a}\times\sqrt{b}$ (*ii*) $\sqrt{\frac{a}{b}} = \frac{\sqrt{a}}{\sqrt{b}} = \frac{a^{\frac{1}{2}}}{b^{\frac{1}{2}}}$

- **घन (Cube) :** किसी संख्या को स्वयं से तीन बार गुणा करने पर प्राप्त संख्या दी गई संख्या का घन कहलाती है।

  जैसे– 5 का घन = $(5 \times 5 \times 5) = 125$

- **घनमूल (Cube root) :** किसी संख्या का घनमूल वह संख्या है, जिसकी तीसरी घात से दी गई संख्या प्राप्त होती है। इसे '$\sqrt[3]{\ }$' से प्रदर्शित करते है। दूसरे शब्दों में हम कह सकते हैं–

  ''किसी संख्या m का घनमूल n होगा, यदि $n^3 = m$ तब हम लिख सकते हैं।

  $n = \sqrt[3]{m}$

  जैसे– (*i*) $\sqrt[3]{27} = 3$ (*ii*) $\sqrt[3]{64} = 4$

महत्वपूर्ण स्मरणीय बिंदु

- यदि किसी संख्या में इकाई के स्थान पर 0, 1, 2, 3, 4, 5, 6, 7, 8 व 9 हो, तो उस संख्या के घनमूल में इकाई के स्थान पर 0, 1, 8, 7, 4, 5, 6, 3, 2 अथवा 9 होगें।
- 1, 2, व 3 अंकों वाली संख्या का घनमूल एवं अंक वाली संख्या होती है। इसी प्रकार 4, 5 व 6 अंकों वाली संख्या का घनमूल दो अंकों वाली संख्या होती है।
- किसी संख्या में दशमलव के बाद जितने अंक होते हैं। उस संख्या के घनमूल में दशमलव के बाद उसके एक तिहाई अंक होते हैं।

  जैसे– $\sqrt[3]{0.000064} = 0.04$

हल सहित उदाहरण

उदाहरण 1. 6561 का वर्ग मूल ज्ञात कीजिए।

हल: $\sqrt{6561} = \sqrt{9\times9\times9\times9} = (9 \times 9) = 81$

उदाहरण 2. $\sqrt{\frac{576}{529}}$ का मान ज्ञात कीजिए।

हल: $\sqrt{\frac{576}{529}} = \frac{\sqrt{2\times2\times2\times2\times2\times2\times3\times3}}{\sqrt{23\times23}}$

$= \frac{2\times2\times2\times3}{23} = \frac{24}{23}$

उदाहरण 3. यदि $\sqrt{1+\frac{x}{144}}=\frac{13}{12}$ हो, तो x का मान ज्ञात कीजिए।

हलः $$\sqrt{1+\frac{x}{144}} = \frac{13}{12}$$

दोनों ओर का वर्ग करने पर

$$1+\frac{x}{144} = \frac{169}{144}$$

$$\Rightarrow \frac{x}{144} = \frac{169}{144}-1$$

$$\Rightarrow \frac{x}{144} = \frac{25}{144} \Rightarrow x = 25$$

उदाहरण 4. 294 को किसी छोटी से छोटी संख्या से गुणा किया जाए, कि प्राप्त परिणाम एक पूर्ण वर्ग संख्या बन जाए?

हलः $294 = 2 \times 3 \times 7 \times 7$

स्पष्ट है, 294 को पूर्ण वर्ग बनाने के लिए एक 2 व एक 3 की आवश्यकता है।

$\therefore$ अभीष्ट संख्या $= 2 \times 3 = 6$

उदाहरण 5. 19683 का घनमूल ज्ञात कीजिए।

हलः $\sqrt[3]{19683} = \sqrt[3]{3\times3\times3\times9\times9\times9}$

$= 3 \times 9 = 27$

उदाहरण 6. चार अंकों की बड़ी से बड़ी पूर्ण घन संख्या ज्ञात कीजिए।

हलः चार अंकों की बड़ी से बड़ी संख्या $= 9999$

$\because \quad 9261 < 9999 < 10648$

$\therefore \quad (21)^3 < 9999 < (22)^3$

अतः चार अंकों की बड़ी से बड़ी पूर्ण घन संख्या $= 9261$

उदाहरण 7. 3600 को किसी छोटी से छोटी संख्या से भाग दिया जाए, कि भागफल एक पूर्ण घन हो जाए?

हलः $3600 = 5 \times 5 \times 3 \times 3 \times 2 \times 2 \times 2 \times 2$

स्पष्ट है 3600 को पूर्ण घन बनाने के लिए $(5 \times 5 \times 3 \times 3 \times 2)$ से भाग दिया जायेगा।

$\therefore$ अभीष्ट संख्या $= 450$

उदाहरण 8. संख्या 0.000001 का घनमूल ज्ञात कीजिए।

हलः $$\sqrt[3]{0.000001} = \sqrt[3]{\frac{1}{1000000}}$$

$$= \frac{1}{100} = 0.01$$

प्रश्नमाला

1. सरल कीजिए $\sqrt{64} - \sqrt[3]{64}$ का मान है–

(a) 4 (b) 8
(c) 16 (d) 32

2. –0.008 घनमूल क्या है?

(a) –2 (b) – 0.2
(c) –0.02 (d) – 0.002

3. वह सबसे छोटी संख्या ज्ञात करें जिससे संख्या 81 में भाग देने पर भागफल एक पूर्ण घन प्राप्त हो जाए।

(a) 27 (b) 81
(c) 9 (d) 3

4. संख्या 9801 के वर्गमूल में इकाई के अंक की क्या सम्भावना है?

(a) 1, 9 (b) 3, 9
(c) 3, 3 (d) 0, 1

5. 4096 का घनमूल है–

(a) 24 (b) 14
(c) 16 (d) 12

6. $(272^2 - 128^2)$ का वर्गमूल है–

(a) 400 (b) 240
(c) 225 (d) 144

7. $\sqrt{0.0016}$ का मान क्या होगा?

(a) 0.4 (b) 0.04
(c) 0.8 (d) 4

8. $\frac{\sqrt{4356}\times\sqrt{?}}{\sqrt{6084}} = 11$, तो प्रश्नवाचक (?) का मान है?

(a) 196 (b) 125
(c) 169 (d) 225

9. $(43)^2 + 841 = (?)^2 + 1465$

(a) 15 (b) 65
(c) 45 (d) 35

10. यदि $\sqrt{15625} = 125$ हो, तो $\sqrt{156.25} + \sqrt{1.5625} - \sqrt{0.015625}$ का मान होगा?

(a) 2.375 (b) 13.625
(c) 13.6 (d) 12.5

11. 3, 4, 5, 6 और 8 से विभाज्य न्यूनतम पूर्ण वर्ग संख्या है ?

(a) 3600 (b) 900
(c) 1600 (d) 2500

12. यदि $\sqrt{1+\frac{x}{9}} = \frac{13}{3}$ हो, तो x का मान कितना होगा?

(a) $\frac{1439}{9}$ (b) 160
(c) $\frac{1443}{9}$ (d) 169

13. दो संख्याओं का योग 24 है और उनका गुणनफल 143 है। तद्नुसार उनके वर्गों का योग कितना होगा?

(a) 296 (b) 295
(c) 290 (d) 228

14. यदि $\sqrt{0.03\times0.3\times a} = 0.3 \times 0.3 \times \sqrt{b}$ हो, तो $\frac{a}{b}$ का मान कितना होगा?

(a) 0.009 (b) 0.03
(c) 0.9 (d) 0.08

15. $\sqrt{1521}+\sqrt{225} = ?$

(a) 56 (b) 58
(c) 54 (d) 62

16. $\sqrt{3\frac{33}{64}} \div \sqrt{9\frac{1}{7}} \times 2\sqrt{3\frac{1}{9}}$ का सरलीकृत मान है?

(a) $1\frac{17}{28}$ (b) $4\frac{3}{8}$

(c) $2\frac{3}{16}$ (d) $\frac{45}{256}$

17. यदि $(102)^2 = 10404$ तब $\sqrt{104.04}+\sqrt{1.0404}+\sqrt{0.010404}$ का मान बराबर है?

(a) 0.306 (b) 1.1

(c) 11.122 (d) 11.322

18. $\sqrt{\frac{(6.1)^2+(61.1)^2+(611.1)^2}{(0.61)^2+(6.11)^2+(61.11)^2}}$ का मान होगा?

(a) 0.1 (b) 1.1

(c) 10 (d) 100

19. $\sqrt{608\frac{4}{9}}$ के व्युत्क्रम का दो-तिहाई होगा?

(a) $\frac{3}{74}$ (b) $\frac{74}{3}$

(c) 37 (d) $\frac{1}{37}$

20. यदि $\sqrt{0.05\times0.5\times p} = 0.05\times0.5\times\sqrt{q}$ तो $\frac{p}{q}$ का मान होगा?

(a) 0.25 (b) 0.025

(c) 0.0025 (d) 0.00025

उत्तर (हल/संकेत)

1. (a) व्यंजक $= \sqrt{64} - \sqrt[3]{64}$
$= (8-4) = 4$

2. (b) -0.008 का घनमूल

$= \frac{-0.008\times1000}{1000}$

$= \frac{-8}{1000} = \frac{-2\times-2\times-2}{10\times10\times10}$

$\Rightarrow \sqrt[3]{-0.008} = \sqrt[3]{\frac{-2\times-2\times-2}{10\times10\times10}}$

$= \sqrt[3]{\frac{(-2)^3}{(10)^3}} = \frac{-2}{10} = -\frac{1}{5} = -0.2$

3. (d)

3	81
3	27
3	9
3	3
	1

अतः $81 = 3\times3\times3\times3$

स्पष्ट है, अभीष्ट संख्या = 3

4. (a) यदि किसी संख्या के इकाई अंक में 1 हो, तो उस संख्या के वर्गमूल में इकाई अंक पर सदैव 1 अथवा 9 आता है।

5. (c)

2	4096
2	2048
2	1024
2	512
2	256
2	128
2	64
2	32
2	16
2	8
2	4
	2

अतः $\sqrt[3]{4096} = \sqrt[3]{2^{12}}$
$= (2^{12})^{1/3}$
$= 2^4 = 16$

6. (b) व्यंजक $= (272^2 - 128^2)$

$\therefore$ $[(a+b)(a-b) = (a^2-b^2)]$
$= (272+128)(272-128)$
$= (400)(144)$
$= \sqrt{400\times144}$
$= 20\times12 = 240$

7. (b) $\sqrt{0.0016} = \sqrt{\frac{16}{1000}} = \frac{4}{100} = 0.04$

8. (c) $\frac{\sqrt{4356}\times\sqrt{?}}{\sqrt{6084}} = 11$

$\Rightarrow \frac{66\times\sqrt{?}}{78} = 11$

$\Rightarrow \sqrt{?} = \frac{11\times78}{66} = 13$

$\therefore$ $? = (13)^2 = 169.$

9. (d) $(43)^2 + 841 = (?)^2 + 1465$

$\Rightarrow 1849 + 841 = (?)^2 + 1465$

$\Rightarrow (?)^2 = 2690 - 1465$

$\Rightarrow (?)^2 = 1225$

$\therefore$ $? = \sqrt{1225} = 35$

10. (b) व्यंजक

$= \sqrt{156.25}+\sqrt{1.5625}-\sqrt{0.015625}$
$= 12.5 + 1.25 - 0.125$
$= 13.625$

11. (a) 3, 4, 5, 6 व 8 का ल०स०

2	3	4	5	6	8
3	3	2	5	3	4
2	1	2	5	1	4
	1	1	5	1	2

$\therefore$ 3, 4, 5, 6 व 8 ल०स० $= 2\times2\times2\times3\times5$

स्पष्ट है संख्या को पूर्ण वर्ग बनाने के लिए इसने $2\times3\times5$ का गुणा करना पड़ेगा।

$\therefore$ अभीष्ट न्यूनतम पूर्ण वर्ग संख्या
$= 2\times2\times2\times3\times5\times2\times3\times5$
$= 3600$

12. (b) $\sqrt{1+\frac{x}{9}} = \frac{13}{3}$

$\Rightarrow 1+\frac{x}{9} = \left(\frac{13}{3}\right)^2 \Rightarrow 1+\frac{x}{9} = \frac{169}{9}$

$\Rightarrow \frac{x}{9} = \frac{160}{9} \Rightarrow x = 160$

13. (c) माना संख्याएँ x व है।

तब, $x+y = 24$ ... (i)

$xy = 143$

$\therefore$ $(x-y)^2 = (x+y)^2 - 4xy$
$= 576 - 572$

$\therefore$ $(x-y)^2 = 4$

$\Rightarrow$ $x - y = 2$ ... (ii)

समीकरण (i) व (ii) से $x = 13$ तथा $y = 11$

∴ इसके वर्गों का योगफल $= (13)^2 + (11)^2$

$= (169 + 121)$

$= 290$

14. (c) $\sqrt{0.03 \times 0.3 \times a} = 0.3 \times 0.3 \times \sqrt{b}$

$\Rightarrow 0.03 \times 0.3 \times a = (0.3)^2 \times (0.3)^2 \times b$

$\Rightarrow \frac{a}{b} = \frac{0.3 \times 0.3 \times 0.3 \times 0.3}{0.03 \times 0.3} = 0.9$

15. (c) $? = \sqrt{1521} + \sqrt{225}$

$? = (39 + 15) = 54$

16. (c) $\sqrt{3\frac{33}{64}} \div \sqrt{9\frac{1}{7}} \times 2\sqrt{3\frac{1}{9}}$

$= \sqrt{\frac{225}{64}} \div \sqrt{\frac{64}{7}} \times 2\sqrt{\frac{28}{9}}$

$= \sqrt{\frac{225}{64} \times \frac{7}{64}} \times 2 \times \frac{2}{3}\sqrt{7}$

$= \left(\frac{15}{64} \times \frac{4}{3} \times 7\right) = \frac{35}{16} = 2\frac{3}{16}$

17. (d) $\because \quad (102)^2 = 10404$

या, $\sqrt{10404} = 102$

$\sqrt{104.04} + \sqrt{1.0404} + \sqrt{0.010404}$

$= 10.2 + 1.02 + 0.102$

$= 11.322$

18. (c) $\sqrt{\frac{(6.1)^2 + (6.11)^2 + (611.1)^2}{(0.61)^2 + (6.11)^2 + (61.11)^2}}$

$= \sqrt{100} = 10$

19. (d) $\sqrt{608\frac{4}{9}} = \sqrt{\frac{5476}{9}} = \frac{74}{3}$

संख्या $= \frac{3}{74} \times \frac{2}{3} = \frac{1}{37}$

20. (b) $\sqrt{0.05 \times 0.5 \times p} = 0.05 \times 0.5 \times \sqrt{q}$

$\therefore 0.05 \times 0.5 \times p = (0.05)2 \times (0.5)2 \times \sqrt{q}$

$\therefore \frac{p}{q} = \frac{(0.05)^2 \times (0.5)^2}{0.05 \times 0.5}$

$= 0.05 \times 0.5 = 0.025$

❑❑

7 सरलीकरण

जटिल गणितीय संक्रियाओं जैसे कोष्ठक, भाग, गुणा, योग व अंतर आदि से युक्त व्यंजक को सरल करने की क्रिया सरलीकरण कहलाती है।

सरलीकरण के लिए महत्त्वपूर्ण नियम 'BODMAS' का प्रयोग किया जाता है।

B $\rightarrow$ Bracket (कोष्ठक)

O $\rightarrow$ Of (का)

D $\rightarrow$ Division (भाग)

M $\rightarrow$ Multiplication (गुणा)

A $\rightarrow$ Addition (योग)

S $\rightarrow$ Subtraction (घटाव)

नोट : (*i*) सर्वप्रथम हम रेखा कोष्ठक (—), फिर छोटा कोष्ठक ( ) इसके बाद मँझला कोष्ठक { } व अंत में बड़ा कोष्ठक [ ] खोलते हैं।

(*ii*) कोष्ठकों की क्रिया के बाद हम सबसे पहले का, फिर भाग, इसके बाद गुणा, फिर योग तथा अंत में घटाव की क्रिया करते हैं।

इन सभी क्रियाओं को करने के बाद दिया गया व्यंजक अपने सरलतम पद में प्राप्त होता है।

सरलीकरण में प्रयुक्त होने वाली महत्वपूर्ण सर्वसमिकाएँ

(i) $(a + b)^2 = a^2 + 2ab + b^2$

(ii) $(a - b)^2 = a^2 - 2ab + b^2$

(iii) $(a + b)^2 - (a - b)^2 = 4ab$

(iv) $(a + b)^2 + (a - b)^2 = 2(a^2 + b^2)$

(v) $(a^2 - b^2) = (a + b)(a - b)$

(vi) $(a^4 - b^4) = (a^2 - b^2)(a^2 + b^2) = (a + b)(a - b)(a^2 + b^2)$

(vii) $(a^3 + b^3) = (a + b)(a^2 + ab + b^2)$

(viii) $(a^3 - b^3) = (a - b)(a^2 + ab + b^2)$

(ix) $(a - b^3) = a^3 - b^3 - 3ab(a - b)$
$= a^3 - b^3 - 3a^2b + 3ab^2$

(x) $(a + b)^3 = a^3 + b^3 + 3ab(a + b)$
$= a^3 + b^3 + 3a^2b + 3ab^2$

हल सहित उदाहरण

उदाहरण 1. $\dfrac{(0.576+0.324)^2-(0.576-0.32)^2}{4\times0.162\times0.288}$ का मान ज्ञात कीजिए।

हल – व्यंजक $= \dfrac{(0.576+0.324)^2-(0.576-0.32)^2}{4\times0.162\times0.288}$

माना यदि $a = 0.576$ तथा $b = 0.324$

$$\therefore \text{ व्यंजक } = \frac{(a+b)^2-(a-b)^2}{4\times\frac{0.324}{2}\times\frac{0.576}{2}} = \frac{4ab}{\left(4\frac{a}{2}\times\frac{b}{2}\right)} = 4$$

उदाहरण 2. $2+\cfrac{1}{2+\cfrac{1}{2+\cfrac{1}{2}}}$ का मान ज्ञात कीजिए।

हल –

$$2+\cfrac{1}{2+\cfrac{1}{2+\cfrac{1}{2}}} = 2+\cfrac{1}{2+\cfrac{2}{5}}$$

$$2+\cfrac{1}{\cfrac{12}{5}} = \left(2+\frac{5}{12}\right) = \frac{29}{12}$$

उदाहरण 3. $\dfrac{169\times169\times169-144\times144\times144}{169\times169+169\times144+144\times144}$ को सरल कीजिए।

हल – व्यंजक $= \dfrac{169\times169\times169-144\times144\times144}{169\times169+169\times144+144\times144}$

माना $a = 169$, व $b = 144$

$$\therefore \text{ व्यंजक } = \frac{a^3-b^3}{a^2+ab+b^2} = \frac{(a-b)(a^2+ab+b^2)}{(a^2+ab+b^2)}$$

$$= (a - b) = (169 - 144)$$

$$= 25$$

उदाहरण 4. कुछ मिठाईयाँ 175 बच्चों में बराबर-बराबर वितरित की जानी थी, परंतु 35 बच्चों के अनुपस्थित रहने के कारण प्रत्येक बच्चे को 4 मिठाईयाँ अधिक मिली, तो कुल कितनी मिठाईयाँ वितरित की गई?

हल – माना मिठाईयों की कुल संख्या $= x$

$$\frac{x}{(175-35)} - \frac{x}{175} = 4$$

$$\Rightarrow \quad \frac{x}{140} - \frac{x}{175} = 4$$

$$\Rightarrow \quad \frac{5x-4x}{700} = 4$$

$$\Rightarrow \quad x = 2800$$

प्रश्नमाला

1. सरल कीजिए $\frac{1}{3}+\frac{7}{9}\div\left(\frac{7}{10}\times1\frac{1}{4}\right)=?$

(a) $\frac{7}{9}$ (b) $1\frac{2}{9}$

(c) $\frac{17}{9}$ (d) $1\frac{4}{9}$

2. $(9 + 7) \div 4 \times 5 = ?$

(a) $\frac{187}{7}$ (b) $\frac{16}{20}$

(c) 20 (d) $\frac{4}{5}$

3. $2.6 \times 0.91 = ?$

(a) 2.366 (b) 0.2366

(c) 23.66 (d) 236.6

4. $44 - 6 + 43 \times 2 - 87 = ?$

(a) 37 (b) 38

(c) 73 (d) 83

5. $2\frac{1}{4}+\frac{3}{4}=?$

(a) $\frac{5}{4}$ (b) $\frac{10}{4}$

(c) $\frac{1}{3}$ (d) 3

6. $4-\frac{1}{7}=?$

(a) $\frac{3}{7}$ (b) $4\frac{1}{7}$

(c) $3\frac{6}{7}$ (d) $\frac{5}{7}$

7. मान निकालिए–

$(-2) \times (-3) \times (-4) \times (-5) \times (-6)$

(a) – 360 (b) 360

(c) –720 (d) 720

8. मान ज्ञात कीजिए–

$37.188 \div 3.6$

(a) 9.8 (b) 9.66

(c) 10.33 (d) 11.6

9. निम्न प्रतिरूप को देखिए–

$(9 - 1) \div 8 = 1$

$(98 - 2) \div 8 = 12$

$(987 - 3) \div 8 = 123$

$(9876 - 4) \div 8 = 1234$

इस प्रतिरूप के अनुसार

$(987654 - 6) \div 8 =$

(a) 123467 (b) 12345

(c) 123456 (d) 123465

10. $x+\frac{1}{x}=5$ के लिए $x^2+\frac{1}{x^2}$ का मान है–

(a) 25 (b) 24

(c) 23 (d) 20

11. निम्न विकल्पों में से कौन-सा विकल्प $(x + y)^3 - (x^3 + y^3)$ का गुणनखण्ड है?

(a) $x^2 + y^2 + 2xy$ (b) $x^2 + y^2 - xy$

(c) xy^2 (d) $3xy$

12. यदि $\frac{3+\sqrt{7}}{3-\sqrt{7}}=c+d\sqrt{7}$ है, तो $c + d$ का मान है–

(a) $\frac{52}{103}$ (b) $\frac{-52}{103}$

(c) $\frac{51}{103}$ (d) $\frac{-51}{103}$

13. $\sqrt{248+\sqrt{52+\sqrt{144}}}$ का मान है–

(a) 14 (b) 12

(c) 16 (d) 13

14. $(\sqrt{7}+\sqrt{6})(\sqrt{7}-\sqrt{6})+200$ का मान है–

(a) 201 (b) 202

(c) 0 (d) 199

15. यदि व्यंजक $x^2 - 2ax + a^2$ को $x + a$ से भाग दिया जाए तो 4 शेष बचता है तो a का मान है–

(a) 0 (b) ± 1

(c) ± 2 (d) ± 3

16. $1 + 2 + 3 + ... + 10 - 50$ का मान है–

(a) 4 (b) 5

(c) 10 (d) 55

17. संख्याओं $\sqrt{2},(4)^{1/3},(5)^{1/4},(3)^{1/6}$ में सबसे छोटी संख्या है–

(a) $\sqrt{2}$ (b) $(4)^{1/3}$

(c) $(5)^{1/4}$ (d) $(3)^{1/6}$

18. समीकरण $2^{x+5} = 2^{x+3} + 12$ में x का मान है–

(a) –1 (b) –2

(c) –3 (d) 3

19. $\frac{2}{3}$ में कितने $\frac{1}{6}$ हैं ?

(a) 2 (b) 3

(c) 4 (d) 6

20. यदि $a = 2, b = 3, c = 4$ हो, तो $a^3 + b^3 + c^3 - 3\,abc$ का मान ज्ञात कीजिए–

(a) 64 (b) 27

(c) 99 (d) 72

21. सरल कीजिए–

$25 \times 8358 \times 4$

(a) 837900 (b) 835100

(c) 835800 (d) इनमें से कोई नहीं

22. सरल कीजिए–

$\frac{2\times3^4\times2^5}{9\times4}$

(a) 108 (b) 72

(c) 18 (d) 144

23. सरल कीजिए–

$8.5-(4.07-\overline{1.2-0.9})$ का 1.6

(a) 2.468 (b) 24.68

(c) 68.24 (d) 6.824

24. समीकरण $2x^2 - 5x + 3 = 0$ के मूल ज्ञात कीजिए–

(a) $-1, \frac{3}{2}$ (b) $1, \frac{3}{2}$

(c) $1, -\frac{3}{2}$ (d) –1, 1

25. बहुपद $3x^4 - 4x^3 - 3x - 1$ को $x - 1$ भाग देने पर शेषफल प्राप्त होता है–

(a) –5 (b) 5

(c) 2 (d) –2

26. हल कीजिए : 501×502

(a) 152502 (b) 125502

(c) 251502 (d) 551202

27. यदि $x+\frac{1}{2}$, तो $x+\cfrac{1}{1+\cfrac{1}{1+\frac{1}{x}}}$ का मान होगा–

(a) $\frac{5}{4}$ (b) $\frac{4}{5}$

(c) $\frac{3}{4}$ (d) $\frac{11}{10}$

28. $2 \times [3 + 2 \times \{3 - (6 \div 2)\} + 7]$ का मान है–

(a) 14 (b) 20

(c) 30 (d) 34

29. $\frac{5.47 \times 5.47 - 4.53 \times 4.53}{0.94} - \frac{14.50}{7.25} = 0$ का सरलीकृत मान है–

(a) 10 (b) 9

(c) 8 (d) 7

30. $[\{((-2)^{-1})^{-1}\}]^{-1}$ का मान है–

(a) –2 (b) 2

(c) 1 (d) 16

उत्तर (हल/संकेत)

1. (b) दिया गया व्यंजक

$$\frac{1}{3}+\frac{7}{9}\div\left(\frac{7}{10}\times1\frac{1}{4}\right)$$

$$=\frac{1}{3}+\frac{7}{9}\div\left(\frac{7}{10}\times\frac{5}{4}\right)$$

$$=\frac{1}{3}+\frac{7}{9}\div\frac{7}{8}=\frac{1}{3}+\frac{7}{9}\times\frac{8}{7}$$

$$=\frac{1}{3}+\frac{8}{9}$$

$$=\frac{3+8}{9}=\frac{11}{9} \text{ या } 1\frac{2}{9}$$

2. (c) दिया गया व्यंजक

$(9 + 7) \div 4 \times 5 = 16 \div 4 \times 5$

$$=\frac{16}{4}\times 5 = 4 \times 5 = 20$$

3. (a) दिया गया व्यंजक

$$2.6 \times 0.91 = \frac{26}{10}\times\frac{91}{100}$$

$$=\frac{2366}{1000} = 2.366$$

4. (a) दिया गया व्यंजक

$44 - 6 + 43 \times 2 - 87$

$= 44 - 6 + 86 - 87$

$= 44 + 86 - 6 - 87$

$= 130 - 93 = 37$

5. (d) दिया गया व्यंजक

$$2\frac{1}{4}+\frac{3}{4}=\frac{9}{4}+\frac{3}{4}=\frac{12}{4}=3$$

6. (c) दिया गया व्यंजक

$$4-\frac{1}{7}=?$$

$$4-\frac{1}{7}=\frac{28-1}{7}=\frac{27}{7}=3\frac{6}{7}$$

7. (c) दिया गया व्यंजक

$(-2) \times (-3) \times (-4) \times (-5) \times (-6)$

$= 6 \times 20 \times (-6)$

$= 120 \times (-6)$

$= -720$

8. (c) दिया गया व्यंजक

$$37.188 \div 3.6 = \frac{37.188}{3.6}$$

$$=\frac{37188\times10}{36\times1000}$$

$$=\frac{6198}{6\times100}=\frac{1033}{100}=10.33$$

9. (c) क्योंकि इसमें 2 अंक की वृद्धि हुई है। अतः उत्तर में आगे के दो अंकों की वृद्धि होगी।

$(9 - 1) \div 8 = 1$

$(98 - 2) \div 8 = 12$

$(987 - 3) \div 8 = 123$

$(9876 - 4) \div 8 = 1234$

$(98765 - 5) \div 8 = 12345$

$(987654 - 6) \div 8 = 123456$

10. (c) $x+\frac{1}{x}=5$ ...(i)

समी. (i) का वर्ग करने पर

$$x^2+\frac{1}{x^2}+2=25$$

$$\Rightarrow \quad x^2+\frac{1}{x^2}=23$$

11. (d) $(x + y)^3 - (x^3 + y^3)$

$= x^3 + y^3 + 3xy(x + y) - x^3 - y^3 =$

$3xy(x + y)$

स्पष्ट है कि $3xy$, दिए गए व्यंजक का एक गुणनखण्ड है।

12. (b) $\frac{3+\sqrt{7}}{3-4\sqrt{7}}=c+d\sqrt{7}$

अब $\frac{3+\sqrt{7}}{3-4\sqrt{7}}\times\frac{3+4\sqrt{7}}{3-4\sqrt{7}}$

$$=\frac{9+15\sqrt{7}+28}{9-112}=\frac{37+15\sqrt{7}}{-103}$$

$$\therefore \quad c+d\sqrt{7}=-\frac{37}{103}-\frac{15\sqrt{7}}{103}$$

तुलना करने पर,

$$c=-\frac{37}{103} \text{ तथा } d=\frac{-15}{103}$$

$$c+d=\frac{-37}{103}-\frac{15}{103}=\frac{-52}{103}$$

13. (c) $\sqrt{248+\sqrt{52+\sqrt{144}}}$

$=\sqrt{248+\sqrt{52+12}}$

$=\sqrt{248+\sqrt{64}}$

$=\sqrt{248+8}=\sqrt{256}$

$= 16$

14. (a) $(\sqrt{7}+\sqrt{6})(\sqrt{7}-\sqrt{6})+200$

$=(\sqrt{7})^2-(\sqrt{6})^2+200 = 7-6$

$= 200$

$= 201$

15. (b) $x + a)x^2 - 2ax + a^2(x - 3a$

$x^2 + ax$

$- \quad -$

$-3ax + a^2$

$-3ax - 3a^2$

$+ \quad +$

$4a^2 \rightarrow$ शेषफल

परन्तु $4a^2 = 4$ (दिया है)

$\Rightarrow a^2 = 1$

$a = \pm 1$

16. (b) $1 + 2 + 3 + ... + 10 - 50$

माना $S = 1 + 2 + 3 + ... + 10 - 50$

$= (1 + 2 + 3 + ... + 10) - 50$

$= \frac{10(10+1)}{2} - 50$

$\left[\because \Sigma n = \frac{n(n+1)}{2}\right]$

$= 55 - 50 = 5$

17. (d)

$\sqrt{2} = (2)^{1/2} = (2)^{6/12} = (2^6)^{1/12} = (64)^{1/12}$

$(4)^{1/3} = (2)^{2/3} = (2)^{8/12}$

$= (2^8)^{1/12} = (256)^{1/12}$

$(5)^{1/4} = (5)^{3/12}$

$= (5^3)^{1/12} = (125)^{1/12}$

$(3)^{1/6} = (3)^{2/12} = (3^2)^{1/12} = (9)^{1/12}$

स्पष्ट है कि $(3)^{1/6}$ सबसे छोटी संख्या है।

18. (a) $2^{x+5} = 2^{x+3} + 12$

$\Rightarrow 2^x . 2^5 = 2^x . 2^3 + 12$

$\Rightarrow 32 . 2^x = 8 . 2^x + 12$

$\Rightarrow 24 . 2^x = 12$

$\Rightarrow 2^x = \frac{1}{2} = 2^{-1}$

$\therefore x = -1$

19. (c) $\frac{2}{3} \div \frac{1}{6} = \frac{2}{3} \times \frac{1}{6} = \frac{2}{3} \times \frac{6}{1} = 4$

20. (b) दिया है, $a = 2, b = 3, c = 4$

तो $a^3 + b^3 + c^3 - 3abc$

$= (2)^3 + (3)^3 + (4)^3 - 3 \times 2 \times 3 \times 4$

$= 8 + 27 + 64 - 72$

$= 99 - 72 = 27$

21. (c) दिया गया व्यंजक

$25 \times 8358 \times 4$

$= 100 \times 8358$

$= 835800$

22. (d) $\frac{2 \times 3^4 \times 2^5}{9 \times 4} = \frac{2 \times 3^4 \times 2^5}{3^2 \times 2^2}$

$= 2 \times 3^{4-2} \times 2^{5-2}$

$= 2 \times 3^2 \times 2^3$

$= 2 \times 9 \times 8 = 144$

23. (a) $8.5 - (4.07 + 1.2 - 0.9)$ का 1.6

$= 8.5 - (4.07 - 0.3)$ का 1.6

$= 8.5 - (3.77)$ का 1.6

$= 8.5 - [3.77 \times 1.6]$

$= 8.5 - 6.032$

$= 2.468$

24. (b) समीकरण $2x^2 - 5x + 3 = 0$

$\Rightarrow 2x^2 - 3x - 2x + 3 = 0$

$\Rightarrow x(2x - 3) - 1(2x - 3) = 0$

$\Rightarrow (2x - 3)(x - 1) = 0$

$x - 1 = 0$

$x = 1$

$2x - 3 = 0$

$x = 3/2$

अत: समीकरण के मूल 1, 3/2 हैं।

25. (a) बहुपद $3x^4 - 4x^3 - 3x - 1$ को $(x - 1)$ से भाग देने पर शेषफल

तब, $x - 1 = 0$

$x = 1$

$= 3(1)^4 - 4(1)^3 - 3(1) - 1$

$= 3 - 4 - 3 - 1$

$= 3 - 8 = -5$

26. (c) $501 \times 502 = 501 \times 502 = 501(500 + 2)$

$250500 + 1002 = 251502$

27. (d) यदि $x + \frac{1}{2}$, तो $x + \cfrac{1}{1 + \cfrac{1}{1 + \cfrac{1}{x}}}$

$= \frac{1}{2} + \cfrac{1}{1 + \cfrac{1}{1 + \cfrac{1}{2}}} = \frac{1}{2} + \cfrac{1}{1 + \cfrac{1}{\frac{3}{2}}}$

$= \frac{1}{2} + \cfrac{1}{1 + \frac{2}{3}} = \frac{1}{2} + \cfrac{1}{\frac{5}{3}} + \frac{1}{2} + \frac{3}{5}$

$= \frac{5+6}{10} = \frac{11}{10}$

28. (b) $2 \times [3 + 2 \times \{3 - (6 \div 2)\} + 7]$

$= 2 \times [3 + 2 \times \{3 - 3\} + 7] = 2 \times [3 + 2 \times 0 + 7]$

$= 2 \times [10] = 20$

29. (c) माना $5.47 = a$, और $4.53 = b$ तो,

$\frac{5.47 \times 5.47 - 4.53 \times 4.53}{0.94} - \frac{14.50}{7.25}$

$= \frac{a^2 - b^2}{0.94} - \frac{14.50}{7.50}$

$= \frac{(a+b)(a-b)}{0.94} - \frac{14.50}{7.25}$

$= \frac{(5.47 + 4.53)(5.47 - 4.53)}{0.94} - \frac{14.50}{7.25}$

$= \frac{10 \times 0.94}{0.94} - \frac{14.50}{7.25} = 10 - \frac{14.50}{7.25} = 10 - 2 = 8$

30. (a)

$\left[\left\{\left(\frac{-1}{2}\right)^{-1}\right\}^{-1}\right]^{-1} = [\{-2\}^{-1}]^{-1} = \left[-\frac{1}{2}\right]^{-1}$

$= -2$ मी/मिनट

8 औसत

औसत (Average) – दी गई राशियों के योगफल को राशियों की संख्या से भाग देने पर प्राप्त परिणाम औसत कहलाता है।

$$\text{औसत} = \frac{\text{राशियों की संख्या का योगफल}}{\text{राशियों की संख्या}}$$

यदि n_1 संख्याओं/राशियों का औसत x_1 तथा x_2 संख्याओं/राशियों का औसत n_2 हो, तब

$$\text{सभी संख्याओं/राशियों का औसत} = \frac{n_1x_1 + n_2x_2}{n_1 + n_2}$$

महत्वपूर्ण सूत्र

(1) प्रथम 'n' प्राकृतिक संख्याओं का औसत $= \left(\frac{n+1}{2}\right)$

(2) प्रथम 'n' विषम संख्याओं का औसत $= n$

(3) प्रथम 'n' सम संख्याओं का औसत $= (n+1)$

(4) प्रथम 'n' प्राकृतिक संख्याओं के वर्गों का औसत

$$= \frac{(n+1)(2n+1)}{6}$$

(5) प्रथम 'n' प्राकृतिक संख्याओं के घनों का औसत

$$= n\left(\frac{(n+1)}{2}\right)^2$$

(6) किसी संख्या के प्रथम 'n' गुणजों का औसत

$$= \frac{\text{संख्या} \times (n+1)}{2}$$

(7) एक व्यक्ति किसी निश्चित दूरी को जाते समय x किमी./घंटा की चाल से तय करता है तथा वापस आते समय y किमी./घंटा की चाल से तय करता है। तो पूरी यात्रा के दौरान व्यक्ति की औसत चाल $\left(\frac{2xy}{x+y}\right)$ किमी./घंटा होती है।

हल सहित उदाहरण

उदाहरण 1. राज और सीमा की शादी आज से 10 वर्ष पूर्व हुई थी। उस समय उन दोनों की औसत आयु 25 वर्ष थी। आज उनका एक लड़का है जिसकी आयु 5 वर्ष है। तो पूरे परिवार की औसत आयु ज्ञात कीजिए।

हल– 10 वर्ष पूर्व राज और सीमा की आयु का योग

$= (25 \times 2)$ वर्ष

$= 50$ वर्ष

वर्तमान में राज और सीमा की आयु का योग

$= (50 + 2 \times 10)$ वर्ष

$= 70$ वर्ष

$\therefore$ वर्तमान में परिवार की कुल आयु $= (70 + 5)$ वर्ष $= 75$ वर्ष

$\therefore$ परिवार की औसत आयु $= \frac{75}{3}$ वर्ष $= 25$ वर्ष

उदाहरण 2. किसी कक्षा के 30 लड़कों व अध्यापक की औसत आयु 15 वर्ष है। यदि अध्यापक की आयु हटा दी जाए, तो औसत आयु 1 वर्ष कम हो जाती है। तो अध्यापक की आयु कितनी है?

हल– कक्षा में 30 लड़कों व अध्यापक की कुल आयु

$= (15 \times 31)$

$= 465$ वर्ष

अध्यापक की आयु हटा देने पर कक्षा में लड़कों की कुल आयु

$= (30 \times 14)$ वर्ष $= 420$ वर्ष

$\therefore$ अध्यापक की आयु $= (465 - 420)$ वर्ष $= 45$ वर्ष

उदाहरण 3. एक बल्लेबाज अपनी 17वीं पारी में 75 रन बनाता है। जिससे उसका औसत 3 रन बढ़ जाता है। 17वीं पारी के बाद उसका औसत कितना होगा?

हल – माना 17वीं पारी से पहले बल्लेबाज के रनों का औसत

$= x$

$\therefore$ 17 पारियों के कुल रन $= (16x + 75)$

प्रश्नानुसार, $x + 3 = \frac{16x + 75}{17}$

$\Rightarrow 17x + 51 = 16x + 75$

$\Rightarrow x = 24$

$\therefore$ 17वीं पारी के बाद रनों का औसत

$= (x + 3) = (24 + 3)$

$= 27$ रन

उदाहरण 4. 50 संख्याओं का औसत 38 है। यदि इनमें से दो संख्याओं 45 तथा 55 को छोड़ दिया जाए, तो शेष संख्याओं का औसत क्या होगा?

हल – 50 संख्याओं का योग $= (50 \times 38) = 1900$

दो संख्याओं का छोड़ देने पर

शेष संख्याओं का योग $= 1900 - (45 + 55) = 1800$

$\therefore$ शेष संख्याओं को औसत $= \frac{1800}{48} = 37.5$

प्रश्नमाला

1. एक परीक्षा में चार विषयों में प्राप्त कुल अंक 200 हैं, यदि तीन विषयों में प्राप्त अंकों का औसत 48 है, तो चौथे विषय में प्राप्त अंक हैं–
(a) 50 (b) 144
(c) 152 (d) 56

2. यदि प्रेक्षणों $x, x+3, x+5, x+7, x+10$ का माध्य 9 है, तब अन्तिम तीन प्रेक्षणों का माध्य है–
(a) $10\frac{1}{3}$ (b) $10\frac{2}{3}$
(c) $11\frac{1}{3}$ (d) $10\frac{2}{3}$

3. यदि प्रथम n प्राकृत संख्याओं का माध्य 15 है, तो n का मान है –
(a) 26 (b) 27
(c) 28 (d) 29

4. किसी 5 सदस्यों वाले परिवार की औसत आयु 20 वर्ष है। परिवार का सबसे छोटा सदस्य 10 वर्ष का है। जब सबसे छोटा सदस्य पैदा हुआ तब परिवार की औसत आयु क्या थी?
(a) 10 वर्ष
(b) 10 वर्ष 6 महीने
(c) 12 वर्ष 6 महीने
(d) 8 वर्ष

5. राम के परिवार में 3 तथा मोहन के परिवार में 5 बच्चे हैं। प्रत्येक अपने बच्चों की शिक्षा पर ₹ 450 मासिक खर्च करता है। किसके परिवार का प्रत्येक बच्चे की शिक्षा पर औसत मासिक खर्च अधिक है और कितना?
(a) राम, ₹ 60
(b) मोहन, ₹ 90
(c) राम, ₹ 150
(d) दोनों का बराबर है, शून्य

6. छः विषयों के एक विद्यार्थी के औसत अंक 110 है। पुनर्मूल्यांकन के बाद यह पता चला कि एक विषय के अंक 112 से बदलकर 148 हो गए हैं और शेष विषयों के अंक में कोई परिवर्तन नहीं हुआ है। तो नए औसत अंक कितने हैं?
(a) 118 (b) 120
(c) 114 (d) 116

7. 4 लड़कों की औसत आयु 20 वर्ष है उनमें से एक नया लड़का शामिल होता है तब उनकी नई औसत आयु 21 वर्ष हो जाती है। तद्नुसार उस नए लड़के की आयु कितनी है?
(a) 25 वर्ष (b) 20 वर्ष
(c) 21 वर्ष (d) 23 वर्ष

8. 5 सदस्यों की एक जूरी की औसत आयु 40 वर्ष है। तद्नुसार यदि 35 वर्ष की आयु का एक सदस्य उसमें से त्याग पत्र दे दे और 25 वर्ष की आयु का एक अन्य सदस्य वहाँ आ जाए, तो नई जूरी की औसत आयु कितनी हो जाएगी?
(a) 30 वर्ष (b) 38 वर्ष
(c) 40 वर्ष (d) 42 वर्ष

9. 65 लड़कों की एक कक्षा में औसत आयु 14 वर्ष है उनमें से 20 लड़कों की औसत आयु 14 वर्ष और अन्य 15 लड़कों की औसत आयु 12 वर्ष है, तो शेष लड़कों की औसत आयु क्या है?
(a) $14\frac{1}{2}$ वर्ष (b) 15 वर्ष
(c) 17 वर्ष (d) 16 वर्ष

10. एक बल्लेबाज का 11 पारियों का एक निश्चित औसत है। उस बल्लेबाज ने 12वीं पारी में 90 रन बनाए जिससे उसका औसत 5 रन कम हो गया है। तद्नुसार 12वीं पारी के बाद उस बल्लेबाज का औसत कितना हो जायेगा?
(a) 127 (b) 145
(c) 150 (d) 170

11. एक क्रिकेट के खिलाड़ी का 64 पारियों का औसत 62 रन है। उसका अधिकतम स्कोर, उसके नयूनतम स्कोर से 180 रन अधिक है। उक्त दोनों पारियाँ छोड़कर उसकी शेष पारियों का औसत 60 रन आता है। तद्नुसार उस खिलाड़ी का अधिकतम स्कोर कितना है?
(a) 180 रन (b) 209 रन
(c) 212 रन (d) 214 रन

12. किसी क्रिकेट टीम के 11 खिलाड़ियों की औसत आयु 2 महीने बढ़ जाता है। जब उनमें से दो खिलाड़ियों जिनकी आयु 18 वर्ष और 20 वर्ष है, के स्थान पर दो नए खिलाड़ियों को ले लिया जाता है। तो नए खिलाड़ियों की औसत आयु है?
(a) 19 वर्ष, 1 महीना
(b) 19 वर्ष, 6 महीने
(c) 19 वर्ष, 11 महीने
(d) 19 वर्ष, 5 महीने

13. 25 प्रेक्षणों का औसत 13 है बाद में पता चला कि एक प्रेक्षण का 73 की बजाए 48 के रूप में शामिल कर लिया गया था। तद्नुसार नया औसत कितना होगा?
(a) 12.6 (b) 14
(c) 15 (d) 13.8

14. 60 औसत वाली 4 संख्याओं में पहली संख्या, बाद के तीनों संख्याओं के योग की $\frac{1}{4}$ है। तद्नुसार उनमें पहली संख्या कितनी है?
(a) 15 (b) 45
(c) 48 (d) 60

15. एक कक्षा के 30 विद्यार्थियों के औसत अंक 45 हैं। मूल्यांकन करने पर दो गलतियाँ पायी गईं। संशोधन के बाद यदि एक विद्यार्थी ने 45 अंक अधिक और दूसरे ने 15 अंक कम प्राप्त किए हों, तो संशोधित अंकों का औसत होगा?
(a) 45 (b) 44
(c) 47 (d) 46

उत्तर (हल/संकेत)

1. (d) चौथे विषय में प्राप्त अंक
= कुल अंक - तीनों विषयों के अंकों का औसत
$= 200 - 48 \times 3$
$= 200 - 144$
$= 56$

2. (c)
$$\frac{x+(x+3)+(x+5)+(x+7)+(x+10)}{5} = 9$$
$\Rightarrow 5x + 25 = 45 \Rightarrow x = \frac{20}{5} = 4$
अन्तिम तीन प्रेक्षणों का माध्य
$$= \frac{(4+5)+(4+7)+(4+10)}{3}$$
$= \frac{34}{3} = 11\frac{1}{3}$

3. (d) $\because$ n प्राकृतिक संख्याओं का माध्य
$$= \left(\frac{n+1}{2}\right)$$
$\therefore \left(\frac{n+1}{2}\right) = 15$
$\Rightarrow n = 30 - 1 = 29$

4. (c) 5 सदस्यों की औसत आयु
= 20 वर्ष
5 सदस्यों की आयु का योग
= 5 × 20 = 100 वर्ष
सबसे छोटे सदस्य की आयु
= 10 वर्ष
शेष 4 सदस्यों की आयु का योग
= 100 − 10 = 90 वर्ष
10 वर्ष पूर्व चारों सदस्यों की आयु का योग
= 90 − 4 × 10 = 50 वर्ष
$\therefore$ इनका औसत $= \frac{50}{4} = \frac{25}{2}$
= 12 वर्ष 6 महीने

5. (c) राम के परिवार में बच्चों की संख्या = 3
मोहन के परिवार में बच्चों की संख्या = 5
प्रत्येक का बच्चों की शिक्षा पर खर्च = ₹ 450
राम के परिवार के प्रत्येक बच्चे की शिक्षा पर औसत मासिक खर्च
$= \frac{450}{3} =$ ₹ 150
मोहन के परिवार के प्रत्येक बच्चे की शिक्षा पर औसत मासिक खर्च
$= \frac{450}{3} =$ ₹ 150
अत: राम के परिवार का शिक्षा पर मासिक खर्च अधिक है। तथा यह धनराशि
= 150 − 90 = ₹ 60

6. (d) एक विद्यार्थी के छः विषयों के कुल अंक
$= (6 \times 110) = 660$
$\therefore$ अभीष्ट नया औसत
$$= \frac{600 - 112 + 148}{6}$$
$$= \frac{696}{6} = 116$$

7. (a) नए लड़के की आयु = (20 + (21 × 5 − 20 × 4)]
= (20 + 5) वर्ष = 25 वर्ष

8. (b) नई जूरी की औसत आयु
$$= \frac{(5 \times 40 - 35 + 25)}{5}$$
$$= \left(\frac{200-10}{5}\right) \text{वर्ष}$$
= 38 वर्ष

9. (b) माना कक्षा के शेष लड़कों की औसत आयु = x वर्ष
प्रश्नानुसार,
$20 \times 14 + 15 \times 12 + 30 \times x = 65 \times 14$
$\Rightarrow 280 + 180 + 30x = 910$
$\Rightarrow 30x = 910 - 460$
$\Rightarrow x = 15$ वर्ष

10. (b) माना बल्लेबाज का निश्चित औसत = x रन
प्रश्नानुसार,
$12 \times (x-5) = 11 \times x + 90$
$\Rightarrow 12x - 60 = 11x + 90$
$\Rightarrow x = 150$
$\therefore$ 12 वीं पारी के बाद बल्लेबाज का औसत
= (150 − 5) रन = 145 रन

11. (d) माना खिलाड़ी का अधिकतम स्कोर = x रन
तब, खिलाड़ी का न्यूनतम स्कोर = $(x - 180)$ रन
प्रश्नानुसार,
$62 \times 60 + x + (x - 180) = 64 \times 62$
$\Rightarrow 3720 + 2x - 180 = 3968$
$\Rightarrow 2x = 248 + 180$
$\Rightarrow x = \frac{428}{2} = 214$ रन

12. (c) माना नए खिलाड़ियों की औसत आयु x वर्ष है।
प्रश्नानुसार,
$$2x - 20 - 18 = 11 \times \frac{2}{12}$$
$$\Rightarrow 2x = \left(\frac{11}{6} + 20 + 18\right)$$
$$\Rightarrow 2x = \left(\frac{11 + 120 + 108}{6}\right)$$
$$\Rightarrow x = \frac{232}{12} = 10\frac{11}{12} \text{ वर्ष}$$
= 19 वर्ष 11 महीने

13. (b) 25 प्रेक्षणों का कुल योग
$= (25 \times 13) = 325$
$\therefore$ नया औसत $= \left(\frac{325 + 73 - 48}{25}\right)$
$$= \left(\frac{325+25}{25}\right) = \frac{350}{25} = 14$$

14. (c) माना पहली संख्या = x
प्रश्नानुसार, बाद की तीनों संख्याओं का योग = $4x$
$\because x + 4x = 60 \times 4$
$\Rightarrow 5x = 240$
$\therefore x = 48$

15. (d) संशोधित अंकों का अभीष्ट औसत
$$= \frac{30 \times 45 + 45 - 15}{30} = \frac{30 \times 46}{30} = 46$$

❑❑

9 प्रतिशतता

प्रतिशत का अर्थ है प्रति सौ अर्थात् 'प्रत्येक 100 पर' अत: हम कह सकते हैं कि प्रतिशत वह भिन्न है जिसका हर 100 तथा अंश कोई अन्य संख्या होती है। अंश को प्रतिशत दर (Rate percent) कहते हैं। इसे '%' चिन्ह् से प्रदर्शित करते हैं।

उदाहरण : $x\% = \frac{x}{100}$

- किसी भिन्न $\frac{a}{b}$ को प्रतिशत में बदलना

$= \left(\frac{a}{b} \times 100\right)\%$

- प्रतिशत को दशमलव में बदलना

$$a\% = \frac{a}{100} = 0.0a$$

महत्वपूर्ण सूत्र

- माना एक शहर की वर्तमान जनसंख्या P है और शहर की जनसंख्या $r\%$ वार्षिक दर से बढ़ रही है। तब,

  (i) n वर्ष बाद शहर की जनसंख्या $= P\left[1 + \frac{r}{100}\right]^n$

  (ii) n वर्ष पहले शहर की जनसंख्या $= P\left[1 - \frac{r}{100}\right]^n$

- माना एक मशीन का वर्तमान मूल्य ₹ P है। माना मशीन की कीमत $r\%$ वार्षिक दर से घट रही है। तब,

  (i) n वर्ष बाद मशीन का मूल्य $= P\left[1 - \frac{r}{100}\right]^n$

  (ii) n वर्ष पहले मशीन का मूल्य $= P\left[1 - \frac{r}{100}\right]^{-n}$

- यदि किसी संख्या को $P\%$ बढ़ाया जाए, फिर $q\%$ बढ़ाया जाए और फिर $r\%$ बढ़ाया जाए, तो संख्या N प्राप्त होती है। तब, प्रारंभिक संख्या

  $= N\left(\frac{100}{100+P}\right)\left(\frac{100}{100+q}\right)\left(\frac{100}{100+r}\right)$

- यदि किसी शहर की जनसंख्या P पहले वर्ष $r_1\%$, दूसरे वर्ष $r_2\%$ तथा तीसरे वर्ष $r_3\%$ बढ़ जाती है। तब,
  3 वर्ष बाद शहर की जनसंख्या

  $= P\left(1 + \frac{r_1}{100}\right)\left(1 + \frac{r_2}{100}\right)\left(1 + \frac{r_3}{100}\right)$

हल सहित उदाहरण

उदाहरण 1. एक व्यक्ति के वेतन में 25% की वृद्धि हुई उसको पुराने वेतन स्तर लाने के लिए कितने प्रतिशत कटौती करनी चाहिए?

हल – वेतन में आवश्यक प्रतिशत कटौती

$$= \frac{x}{100+x} \times 100$$

$$= \frac{25}{100+25} \times 100 = 20\%$$

उदाहरण 2. यदि किसी संख्या के $\frac{4}{5}$ का $\frac{3}{4}$ का 40%, 48 है तो उस संख्या का एक प्रतिशत कितना है?

हल – माना संख्या x है।

x के $\frac{4}{5}$ का $\frac{3}{4}$ का $40\% = 48$

$$x \times \frac{4}{5} \times \frac{3}{4} \times \frac{40}{100} = 48$$

$$x = \frac{48 \times 5 \times 4 \times 100}{4 \times 3 \times 40} = 200$$

200 का $1\% = 200 \times \frac{1}{100} = 2$

उदाहरण 3. एक आयत की लम्बाई और चौड़ाई में 200% की वृद्धि करने पर, आयत के क्षेत्रफल में कितने प्रतिशत वृद्धि होगी?

हल – अभीष्ट प्रतिशत वृद्धि $= \left[x + y + \frac{xy}{100}\right]\%$

$$= \left[200 + 200 + \frac{200 \times 200}{100}\right] = 80\%$$

उदाहरण 4: किसी परीक्षा में 55% छात्र अंग्रेजी में तथा 45% छात्र गणित में उत्तीर्ण हुए। दोनों विषयों में 15% छात्र उत्तीर्ण हुए। कुल कितने प्रतिशत छात्र उत्तीर्ण नहीं हुए?

हल – अग्रेंजी में उत्तीर्ण छात्र $= 55\%$

गणित में उत्तीर्ण छात्र $= 45\%$

दोनों विषयों में उत्तीर्ण छात्र $= 15\%$

$\therefore$ कुल उत्तीर्ण छात्र = 55 + 45 – 15 = 85%

$\therefore$ कुल अनुत्तीर्ण छात्र = 100 – 85 = 15%

उदाहरण 5: यदि A की आय, B से 150% अधिक है तो B की आयु A की आय से कितना प्रतिशत कम है?

हल – माना B की आय = ₹ 100

$\therefore$ A की आय 100 + 150 = ₹ 250

$\therefore$ A की आय ₹ 250 है तो B की आय $= \frac{100 \times 100}{250}$

= ₹ 40

$\therefore$ A और B की आय में अन्तर = (100 – 40)

= ₹ 60

अर्थात् B की आय A की आय से 60% कम है।

संक्षिप्त विधि द्वारा

अभीष्ट प्रतिशत $= \frac{x}{100+x} \times 100$

$= \frac{150}{100+150} \times 100 = 60\%$

प्रश्नमाला

1. एक टिन के बर्तन में 20 लीटर पेट्रोल है। रिसाव के कारण 3 लीटर पेट्रोल की हानि हुई। टिन के बर्तन में कितने प्रतिशत पेट्रोल रह गया?

(a) $66\frac{2}{3}\%$ (b) 68%

(c) 82% (d) 85%

2. राधिका ने ₹ 25,000 में एक कार खरीदी। अगले वर्ष इसकी कीमत 10% गिर गई तथा पुनः अगले वर्ष इसकी कीमत 12% और गिर गई। इन दो वर्षों में कार की कीमत में सम्पूर्ण घटना का प्रतिशत है–

(a) 3.2% (b) 22%

(c) 20.8% (d) 8%

3. एक नगर की जनसंख्या 25000 से घटकर 24500 रह गई। घटने का प्रतिशत है–

(a) 5% (b) 2%

(c) 4% (d) 3%

4. A का मासिक वेतन B के वेतन से 20% अधिक है। B का वेतन C के वेतन का 30% है। यदि इन तीनों का सम्मिलित प्रतिमाह वेतन ₹ 74,700 हो, तो C का वेतन है–

(a) ₹ 50,000 (b) ₹ 45,000

(c) ₹ 25,000 (d) ₹ 35,000

5. दो संख्याएँ 4 : 5 के अनुपात में हैं। पहली संख्या में 20% की वृद्धि तथा दूसरी संख्या में 20% की कमी करने पर प्राप्त संख्याओं में अनुपात होगा?

(a) 4 : 3 (b) 3 : 4

(c) 5 : 6 (d) 6 : 5

6. यदि अनिल का वेतन सुनील के वेतन से एक-तिहाई अधिक है तो सुनील का वेतन अनिल के वेतन से कितने प्रतिशत कम है?

(a) 25% (b) 65%

(c) $33\frac{1}{3}\%$ (d) 20%

7. यदि एक भिन्न का अंश 150% और हर 350% बढ़ा दिया जाए, तो परिणामी भिन्न $\frac{25}{51}$ हो जाती है। तो मूल भिन्न क्या है?

(a) $\frac{13}{15}$ (b) $\frac{8}{17}$

(c) $\frac{5}{17}$ (d) $\frac{15}{17}$

8. तीन संख्याओं में पहली तथा दूसरी संख्याएँ तीसरी संख्या से क्रमशः 30% तथा 37% कम हैं। तो दूसरी संख्या पहली संख्या की तुलना में कितनी कम हैं?

(a) 7% (b) 4%

(c) 3% (d) 10%

9. चीनी की कीमत में 20% कमी हो जाने पर, मुझे ₹ 600 में 5 किलो अतिरिक्त चीनी खरीदने का अवसर मिल गया। तद्नुसार कीमत में कमी होने से पहले चीनी की कीमत कितने रुपये प्रति किलो थी?

(a) ₹ 24 (b) ₹ 30

(c) ₹ 32 (d) ₹ 36

10. यदि A का 90% = B का 30% तथा $B = A$ का x% हो, तो x का मान क्या होगा?

(a) 180 (b) 285

(c) 275 (d) 300

11. कमला के विज्ञान में प्राप्तांक, उसे विज्ञान, गणित और ड्राइंग में मिले कुल अंकों के 25% से 20 कम है। यदि उसे ड्राइंग में 56 अंक और गणित में 96 अंक मिलें, तो विज्ञान में उसे कितने अंक मिलें?

(a) 27 (b) 18

(c) 25 (d) 24

12. एक सेब की कीमत एक केले की दोगुनी है और एक केले की अमरुद की तुलना में 25% कम है। तद्नुसार यदि हर फल की कीमत में 10% की वृद्धि हो जाए, तो 4 केलों, 2 सेबों तथा 3 अमरुदों की कीमत कितने प्रतिशत बढ़ जाएगी?

(a) 10% (b) 12%

(c) 16% (d) 18%

13. चावल के मूल्य में $12\frac{1}{2}\%$ की वृद्धि हो जाने पर, किसी व्यक्ति को ₹ 54 में 250 ग्राम चावल कम मिलते हैं। तद्नुसार उस चावल का वर्तमान मूल्य प्रति किग्रा. कितना है?

(a) ₹ 24 (b) ₹ 25

(c) ₹ 26 (d) ₹ 27

14. एक शहर की जनसंख्या 10% की दर से, प्रत्येक वर्ष बढ़ रही है। तद्नुसार यदि वर्तमान जनसंख्या 4,84,0000 हो, तो 2 वर्ष पहले जनसंख्या कितनी थी?

(a) 41,00,000 (b) 42,00,000

(c) 36,00,000 (d) 40,00,000

15. वर्ष 2008 से 2009 तक, एक पुस्तक की बिक्री 80% कम हो गई। यदि 2010 में बिक्री उतनी ही हुई जितनी वर्ष 2008 में हुई थी, तो 2009 से 2010 में कितने प्रतिशत की वृद्धि हुई?

(a) 80% (b) 100%

(c) 120% (d) 400%

उत्तर (हल/संकेत)

1. (d) टिन के बर्तन में पेट्रोल प्रतिशत

$= \frac{20-3}{20} \times 100$

$= \frac{17}{20} \times 100 = 85\%$

2. (c) 10% तथा 12% दोनों गिरावटों के समान एकल गिरावट

$= \left[100 - \frac{(100-10)(100-12)}{100}\right]\%$

$= \left[100 - \frac{90 \times 88}{100}\right]\% = [100 - 79.2]\%$

$= 20.8\%$

3. (b) नगर की घटी जनसंख्या

$= 25000 - 24500 = 500$

$\therefore$ घटने का प्रतिशत

$= \frac{500}{25000} \times 100 = 2\%$

4. (b) माना C का मासिक वेतन $= x$

प्रश्नानुसार B का मासिक वेतन

$= \frac{x \times 30}{100} = \frac{3x}{10}$

A का मासिक वेतन B के वेतन से 20% अधिक

$= \frac{3x \times 20}{10 \times 100} = \frac{6x}{100}$

अत: A का मासिक वेतन

$= \frac{6x}{100} + \frac{3x}{10} = \frac{36x}{100}$

$\therefore \quad x + \frac{3x}{10} + \frac{36x}{100} = 74700$

$\frac{100x + 30x + 36x}{100} = 74700$

$x = \frac{74700 \times 100}{166} = 45,000$

अत: C का मासिक वेतन ₹ 45,000 है।

5. (d) माना पहली संख्या $4x$ तथा दूसरी संख्या $5x$ हैं

दूसरी संख्या में 20% कमी के बाद नई संख्या

$= \left(5x \times \frac{80}{100}\right)\% = 4x$

पहली संख्या में 20% वृद्धि के बाद नई संख्या

$= \left(\frac{4x}{100} \times 120\right)\% = 4.8\,x$

$\therefore$ अभीष्ट अनुपात $= \frac{48}{10}x : 4x$

$= 48 : 40 = 6 : 5$

6. (a) माना सुनील का वेतन = ₹ x

तब, अनिल का वेतन

$= ₹\left(x + x \times \frac{1}{3}\right)$

$= ₹\,\frac{4}{3}x$

$\therefore$ अभीष्ट प्रतिशत $= \frac{\frac{4}{3}x - x}{\frac{4}{3}x} \times 100\%$

$= \left(\frac{1}{3}x \times \frac{3}{4x} \times 100\right)\% = 25\%$

7. (d) माना मूल भिन्न $= \frac{x}{y}$

तब प्रश्नानुसार,

$\frac{x \times \frac{250}{100}}{y \times \frac{450}{100}} = \frac{25}{51}$

$\Rightarrow \quad \frac{x \times 250}{y \times 450} = \frac{25}{51}$

$\Rightarrow \quad \frac{x}{y} = \left(\frac{25}{51} \times \frac{45}{25}\right)$

$= \frac{45}{51} = \frac{15}{17}$

8. (d) माना तीसरी संख्या = 100

तब, पहली संख्या = 70

और दूसरी संख्या = 63

$\therefore$ अभीष्ट प्रतिशत

$= \left(\frac{70-63}{70} \times 100\right)\% = 10\%$

अत: दूसरी संख्या पहली संख्या से 10% कम है।

9. (b) माना चीनी की पहली कीमत = ₹ x प्रति किग्रा.

$\therefore \quad \frac{600}{80x} \times 100 - \frac{600}{x} = 5$

$\Rightarrow \quad \frac{6000}{8x} - \frac{600}{x} = 5$

$\Rightarrow \quad 6000 - 4800 = 40x$

$\Rightarrow \quad 40x = 1200$

$\therefore \quad x = 30$

अत: चीनी की प्रारंभिक कीमत = ₹ 30 प्रति किग्रा.

10. (d) $\because \quad \frac{A \times 90}{100} = \frac{B \times 30}{100}$

$\Rightarrow \quad B = 3A$

$\Rightarrow \quad B = \left(\frac{A}{100} \times x\right)$

$\therefore \quad \left(\frac{A}{100} \times x\right) = 3A$

$\therefore \quad x = 300$

11. (d) माना कमला के विज्ञान में प्राप्तांक $= x$

$\because \quad x = (56 + 96 + x) \times \frac{25}{100} - x$

$\Rightarrow \quad 4x = (152 + x) - 80$

$\Rightarrow \quad 3x = 72 \Rightarrow x = 24$

12. (a) माना एक अमरूद की कीमत = ₹ x

तब, एक केले की कीमत

$= ₹\left(x \times \frac{75}{100}\right) = ₹\,\frac{3}{4}x$

$\therefore$ एक सेब की कीमत $= ₹\left(2 \times \frac{3}{4}x\right) = ₹\,\frac{3}{2}x$

$\therefore$ 4 केलों, 2 सेबों तथा 3 अमरूदों की कुल कीमत

$= ₹\left(4 \times \frac{3}{4}x + 2 \times \frac{3}{2}x - 13x\right) = ₹\,9x$

10% वृद्धि के बाद
4 केलों, 2 सेबों तथा 3 अमरूदों की कुल कीमत

$= ₹\left(9x \times \frac{110}{100}\right) = ₹\ \frac{99}{10}\%$

$\therefore$ कीमत में प्रतिशत वृद्धि

$= \left(\frac{\frac{99}{10}x - 9x}{9x} \times 100\right)\% = 10\%$

13. (a) माना चावल का वर्तमान मूल्य = ₹ x प्रति किग्रा.
तब प्रश्नानुसार,

$$\frac{54}{x} - \frac{54 \times 100}{112.5x} = \frac{250}{1000}$$

$$\Rightarrow \left(\frac{54 \times 112.5 - 5400}{112.5x}\right) = \frac{250}{1000}$$

$$\Rightarrow \frac{6075 - 5400}{112.5x} = \frac{1}{4}$$

$$\Rightarrow x = ₹\left(\frac{4 \times 675}{112.5}\right)$$

= ₹ 24 प्रति किग्रा.

14. (d) माना दो वर्ष पहले शहर की जनसंख्या $= x$
तब, प्रश्नानुसार

$$4840000 = x\left(1 + \frac{10}{100}\right)^2$$

$$\Rightarrow 4840000 = x \times \frac{11 \times 11}{10 \times 10}$$

$x = 40,00,000$

15. (d) माना 2008 में बिक्री = ₹ x

$\therefore$ 2009 में बिक्री $= \left(x \times \frac{20}{100}\right) = ₹\ \frac{x}{5}$

प्रश्नानुसार,
2010 में बिक्री = ₹ x

$\therefore$ अभीष्ट प्रतिशत वृद्धि =

$\left(\frac{x - x/5}{x/5} \times 100\right)\%$

$= 400\%$

❑❑

10 लाभ एवं हानि

- **क्रय मूल्य (Cost price) :** वह मूल्य जिस पर कोई वस्तु खरीदी जाती है, उसे उस वस्तु का क्रय मूल्य कहते हैं।
- **विक्रय मूल्य (Selling price) :** वह मूल्य जिस पर कोई वस्तु बेंची जाती है, उसे उस वस्तु का विक्रय मूल्य कहते हैं।
- **लाभ (Profit) :** यदि किसी वस्तु का विक्रय मूल्य, क्रय मूल्य से अधिक हो, तो विक्रय मूल्य और क्रय मूल्य के अंतर को लाभ कहते हैं।

  विक्रय मूल्य – क्रय मूल्य = लाभ
- **हानि (Loss) :** यदि किसी वस्तु का विक्रय मूल्य, क्रय मूल्य से कम हो, तो क्रय मूल्य और विक्रय मूल्य के अंतर को हानि कहते हैं।

  क्रय मूल्य – विक्रय मूल्य = हानि
- **बट्‌टा (Discount) :** किसी वस्तु को खरीदते समय उस पर दी जाने वाली छूट को बट्‌टा कहते हैं।
- **अंकित मूल्य (Marked price) :** किसी वस्तु का सूची मूल्य या छपा हुआ मूल्य उस वस्तु का अंकित मूल्य कहलाता है।

  नोट– छूट, सदैव अंकित मूल्य पर ही दी जाती है।

महत्वपूर्ण सूत्र

- लाभ प्रतिशत $= \left(\frac{\text{लाभ}}{\text{क्रय मूल्य}} \times 100\right)\%$
- हानि प्रतिशत $= \left(\frac{\text{हानि}}{\text{क्रय मूल्य}} \times 100\right)\%$
- विक्रय मूल्य $= \frac{(100 + \text{लाभ}\%)}{100} \times$ क्रय मूल्य
- विक्रय मूल्य $= \frac{(100 - \text{हानि}\%)}{100} \times$ क्रय मूल्य
- क्रय मूल्य $= \frac{100}{(100 + \text{लाभ}\%)} \times$ विक्रय मूल्य
- क्रय मूल्य $= \frac{100}{(100 - \text{हानि}\%)} \times$ क्रय मूल्य
- बट्‌टा = अंकित मूल्य – विक्रय मूल्य
- बट्‌टा प्रतिशत $= \left(\frac{\text{बट्‌टा}}{\text{अंकित मूल्य}} \times 100\right)\%$
- विक्रय मूल्य = अंकित मूल्य $\left(1 - \frac{\text{बट्‌टा}\%}{100\%}\right)$
- फुटकर बट्‌टा $= \left(\frac{\text{अंकित मूल्य} \times \text{बट्‌टे की दर}}{100}\right)$

हल सहित उदाहरण

उदाहरण 1. एक टी. वी. को ₹ 8000 में बेचनें पर क्रय मूल्य के $\frac{1}{5}$ भाग के बराबर हानि होती है। तो टी. वी. का क्रय मूल्य ज्ञात कीजिए।

हल – माना टी.वी. का क्रय मूल्य = ₹ x

टी.वी. का विक्रय मूल्य = ₹ 8000

∴ हानि = ₹ $(x - 8000)$

प्रश्नानुसार, $(x - 8000) = \frac{x}{5}$

$\Rightarrow \quad 5x - 40,000 = x$

$\Rightarrow \quad 4x = 40,000$

$\Rightarrow \quad x =$ ₹ 10,000

उदाहरण 2. किसी वस्तु को ₹ 860 में बेचने पर उतना ही लाभ होता है, जितना कि उसे ₹ 640 में बेचने पर हानि होती है। तो वस्तु का क्रय मूल्य ज्ञात कीजिए।

हल – वस्तु का क्रयमूल्य= ₹ $\left(\frac{x+y}{2}\right)$

= ₹ $\left(\frac{860+640}{2}\right)$

= ₹ $\left(\frac{1500}{2}\right)$ = ₹ 750

उदाहरण 3. एक बेईमान दुकानदार 1 किग्रा. के स्थान पर 960 ग्राम बाँट का प्रयोग करता है। दुकानदार का लाभ प्रतिशत कितना होगा ? यदि वह सामान को क्रयमूल्य पर ही बेचता है?

हल – दुकानदार का लाभ प्रतिशत $= \left(\frac{1000 - x}{x} \times 100\right)\%$

(यहाँ $x = 960$ ग्राम)

∴ दुकानदार का लाभ प्रतिशत

$= \left(\frac{1000 - 960}{960}\right) \times 100\%$

$= \left(\frac{40}{960} \times 100\right)\% = 4\frac{1}{6}\%$

उदाहरण 4. यदि 7 वस्तुओं का विक्रयमूल्य, 6 वस्तुओं के क्रयमूल्य के बराबर हो, तो लाभ प्रतिशत ज्ञात कीजिए।

हल – $\therefore$ लाभ प्रतिशत $= \left(\frac{x-y}{y}\right)\times 100\%$

$$= \left(\frac{7-6}{6}\right)\times 100\%$$

$$= \left(\frac{1}{6}\times 100\right)\% = 16\frac{2}{3}\%$$

उदाहरण 5. दो घड़ियों का क्रयमूल्य ₹ 840 है। एक घड़ी को 16% लाभ पर तथा दूसरी को 12% हानि पर बेचा जाता है। कुल सौदे में न उसे लाभ होता है न ही हानि। जिस घड़ी को दुकानदार लाभ पर बेचता है तो उसका क्रय मूल्य कितना होगा?

हल – माना पहली घड़ी का क्रयमूल्य = ₹ x

तब, दूसरी घड़ी का क्रयमूल्य = ₹ $(840 - x)$

प्रश्नानुसार,

$$= \left(x\times\frac{116}{100}\right)+(840-x)\times\frac{88}{100} = 840$$

$\Rightarrow$ $116x - 88x = 8400 - 840 \times 88$

$\Rightarrow$ $28x = 10080$

$\Rightarrow$ $x =$ ₹ 360

प्रश्नमाला

1. एक व्यक्ति X, ₹ 100 की वस्तु को, 10% की हानि से व्यक्ति Y को बेच देता है। Y, उस वस्तु को 10% लाभ से व्यक्ति Z को बेच देता है, तो Y ने किस मूल्य पर वस्तु Z को बेची?
   (a) ₹ 100 (b) ₹ 99
   (c) ₹ 110 (d) ₹ 101
2. एक व्यक्ति ने एक साइकिल ₹ 935 में 10% लाभ पर बेची, तो उसने वह साइकिल कितने रुपये में खरीदी थी?
   (a) ₹ 945 (b) ₹ 850
   (c) ₹ 925 (d) ₹ 1,050
3. एक ताजा मछली को सुखाने पर उसका भाग 1/3 रह जाता है। सुनीता 1500 किलो ताजा मछली ₹ 25 प्रति किलो के भाव से खरीदकर, उनको सुखाकर, ₹ 80 प्रति किलो के भाव पर बेच देती है। इस प्रकार वह कमाती है–
   (a) ₹ 3,500 (b) ₹ 2,500
   (c) ₹ 2,700 (d) ₹ 3,000
4. किसी संख्या का 16% जब 21 से जोड़ा जाए तो स्वयं संख्या प्राप्त होती है। संख्या ज्ञात करो–
   (a) 81 (b) 25
   (c) 18 (d) 64
5. किसी वस्तु का अंकित मूल्य ₹ 500 है। दुकानदार 5% की छूट देता है और फिर भी 25% लाभ कमाता है। वस्तु का लागत मूल्य है–
   (a) ₹ 280 (b) ₹ 225
   (c) ₹ 425 (d) ₹ 380
6. ₹ 150 में दूध खरीदा गया। उसे कितने रुपये में बेचा जाए कि 20% का लाभ हो?
   (a) ₹ 170 (b) ₹ 180
   (c) ₹ 130 (d) ₹ 120
7. एक व्यक्ति किसी वस्तु को 10% नुकसान के साथ ₹ 90 में बेचता है तो उस वस्तु का क्रय मूल्य है–
   (a) ₹ 81 (b) ₹ 100
   (c) ₹ 99 (d) ₹ 101
8. एक व्यक्ति ₹ 90 की वस्तु को 10% लाभ पर बेचता है। उस वस्तु का विक्रय मूल्य है–
   (a) ₹ 90 (b) ₹ 80
   (c) ₹ 99 (d) ₹ 100
9. 100 सन्तरे ₹ 400 में खरीदे गए तथा ₹ 60 प्रति दर्जन की दर से बेच दिए गए। प्रतिशत लाभ है–
   (a) 15% (b) 20%
   (c) 25% (d) 30%
10. एक व्यापारी, अपने अंकित मूल्य पर 10% छूट देकर 25% लाभ प्राप्त कर लेता है। तदनुसार, यदि वस्तु का अंकित मूल्य ₹ 50 हो, तो उसका लागत मूल्य कितना होगा?
    (a) ₹ 25 (b) ₹ 55
    (c) ₹ 36 (d) ₹ 45
11. एक दुकानदार ने एक टी० वी० ₹ 2000 में और एक रेडियो ₹ 750 में खरीदा। वह टी० वी० को 20% लाभ पर और रेडियो को 5% हानि पर बेचता है। तो दुकानदार का कुल हानि या लाभ कितना होगा?
    (a) लाभ ₹ 352.50
    (b) लाभ ₹ 362.50
    (c) हानि ₹ 332
    (d) हानि ₹ 300
12. विक्रय मूल्य पर 20% की हानि लागत मूल्य की कितने प्रतिशत हानि के बराबर है?
    (a) 25% (b) 15%
    (c) $16\frac{2}{3}\%$ (d) $16\frac{1}{3}\%$
13. यदि बिजली के बिल का भुगतान निर्धारित तिथि से पहले किया जाए, तो बिल की राशि पर 4% की छूट मिलती है। निर्धारित तिथि से पहले भुगतान करने वाले किसी व्यक्ति को ₹ 13 की छूट प्राप्त हुई। तो उसके बिल की राशि थी–
    (a) ₹ 125 (b) ₹ 225
    (c) ₹ 325 (d) ₹ 425
14. एक व्यक्ति ने ₹ 34 में 8 की दर से संतरे खरीदे और उन्हे ₹ 57 में 12 की दर से बेचे। तदनुसार ₹ 45 का लाभ कमाने के लिए उसने कुल कितने संतरे बेंचे?
    (a) 90 (b) 100
    (c) 135 (d) 150
15. एक वस्तु का निर्धारित मूल्य उसके लागत मूल्य से 40% अधिक है और उस पर 30% छूट दी गई है। तदनुसार उस पर लाभ या हानि प्रतिशत कितना होगा?
    (a) 10% लाभ (b) 5% लाभ
    (c) 2% हानि (d) 12% हानि
16. यदि किसी अंकित मूल्य पर 30% के एक बट्टे तथा 20% व 10% के दो क्रमवार बट्टे देने पर प्राप्त विक्रय मूल्यों का अंतर ₹ 72 हो, तो अंकित मूल्य होगा–
    (a) ₹ 3600 (b) ₹ 3000
    (c) ₹ 2500 (d) ₹ 2400

17. यदि किसी वस्तु को 200% के लाभ से बेचा जाता है, तो इसके क्रय मूल्य का इसके विक्रय मूल्य से अनुपात होगा?

(a) 1 : 2 (b) 2 : 1
(c) 1 : 3 (d) 3 : 1

18. एक फुटकर विक्रेता ने एक थोक विक्रता से प्रति ₹ 400 मूल्य के रेडियो सेट खरीदे। उसने प्रत्येक सेट की कीमत 30% बढ़ा दी और उस पर 8% की छूट दी। तो उसे कितना लाभ होगा?

(a) 19% (b) 78.4%
(c) 22% (d) 19.6%

19. एक व्यापारी को 25 मीटर कपड़ा बेचनें पर 5 मीटर कपड़े के बिक्री मूल्य के बराबर लाभ प्राप्त होता है। तदनुसार, उस व्यापारी का लाभ कितने प्रतिशत है?

(a) 25% (b) 20%
(c) 28% (d) 29%

20. एक वस्तु को 15% लाभ पर बेचा गया है। यदि उसे ₹ 27 अधिक मूल्य पर बेचा जाता है, तो लाभ 20% हो जाता है। तदनुसार उस वस्तु का लागत मूल्य कितना है?

(a) ₹ 500 (b) ₹ 700
(c) ₹ 540 (d) ₹ 545

उत्तर (हल/संकेत)

1. (b) वस्तु का क्रय मूल्य = ₹ 100

Y के लिए वस्तु का क्रय मूल्य

$= \frac{90}{100} \times 100 =$ ₹ 90

∴ Y उसे पुन: Z को 10% लाभ पर बेच देता है।

तब उसका विक्रय मूल्य $= \frac{110}{100} \times 90$

= ₹ 99

2. (b) साइकिल का क्रय मूल्य

$= \left(\frac{100}{110} \times 935\right) =$ ₹ 850

3. (b) मछली को सुखाने पर भार

$= 1500 \times \frac{1}{3} = 500$ किलो

मछली का विक्रय मूल्य = 500 × 80

= ₹ 40,000

मछली का क्रय मूल्य = 1500 × 25

= ₹ 37,500

लाभ = 40,000 – 37,500 = ₹ 2,500

4. (b) माना वह संख्या x है–

तब $\frac{x \times 16}{100} + 21 = x$

$\Rightarrow \frac{4x}{25} - x = -21$

$\Rightarrow -21x = -21 \times 25$

$\Rightarrow x = 25$

5. (d) 5% छूट के बाद विक्रय मूल्य

$= \frac{500 \times 95}{100} =$ ₹ 475

25% लाभ पर वस्तु का लागत मूल्य

$= \frac{100}{125} \times 475 =$ ₹ 380

6. (b) ∴ दूध का क्रय मूल्य = ₹ 150

लाभ = 20%

∴ दूध का विक्रय मूल्य

$= \left(\frac{100 + \text{लाभ \%}}{100} \times \text{क्रय मूल्य}\right)$

$= \left(\frac{100 + 20}{100} \times 150\right)$

$= \frac{120}{100} \times 150 =$ ₹ 180

7. (b) माना वस्तु का क्रय मूल्य = ₹ x

तब विक्रय मूल्य = क्रय मूल्य – हानि

$90 = x - \frac{x \times 10}{100} \Rightarrow 90 = \frac{90x}{100}$

$\Rightarrow x =$ ₹ 100

8. (c) वस्तु का विक्रय मूल्य

$= 90 + \frac{90 \times 10}{100}$

= 90 + 9 = ₹ 99

9. (c) ∵ 1 सन्तरे का क्रय मूल्य $= \frac{400}{100}$

= ₹ 4

1 सन्तरे का विक्रय मूल्य $= \frac{60}{12}$

= ₹ 5

∴ लाभ = विक्रय मूल्य – क्रय मूल्य

= 5 – 4 = ₹ 1

लाभ % $= \frac{1}{4} \times 100 = 25\%$

10. (c) वस्तु का विक्रय मूल्य

= ₹ $\left(\frac{50 \times 90}{100}\right) =$ ₹ 45

∴ विक्रय मूल्य $= \frac{125}{100} \times$ लागत मूल्य

$45 = \frac{125}{100} \times$ लागत मूल्य

∴ लागत मूल्य $= \frac{4500}{125} =$ ₹ 36

11. (b) दुकानदार का कुल लागत मूल्य

= ₹ (200 + 250) = ₹ 2750

टी.वी और रेडियो ₹ का कुल बिक्री मूल्य

= ₹ $\left(\frac{2000 \times 20}{100} + \frac{750 \times 95}{100}\right)$

= ₹ 3112.50

कुल लाभ = ₹ (3112.50 – 2750)

= ₹ 362.50

12. (c) माना 1 वस्तु का विक्रय मूल्य

= ₹ 100

∴ 1 वस्तु का क्रय मूल्य = ₹ 120

∴ लागत मूल्य पर हानि प्रतिशत

$= \left(\frac{20 \times 100}{120}\right)\% = 16\frac{2}{3}\%$

13. (c) माना बिजली का बिल = ₹ 100

निर्धारित तिथि से पहले भुगतान करने पर छूट

₹ 4

∵ ₹ 4 की छूट मिलती है = ₹ 100 के बिल पर

∴ ₹ 13 की छूट मिलेगी

= ₹ $\left(\frac{100 \times 13}{4}\right)$

= ₹ 325 के बिल पर

14. (a) 1 संतरे पर लाभ $= \left(\frac{57}{12} - \frac{34}{8}\right)$

$= \left(\frac{114 - 102}{24}\right) = \frac{12}{24} =$ ₹ 0.50

∴ संतरों की अभीष्ट संख्या

$= \frac{45}{0.50} = 90$

15. (c) माना वस्तु का लागत मूल्य = ₹ 100

∴ बस्तु का निर्धारित मूल्य = ₹ 140

तथा वस्तु का विक्रय मूल्य

$= \left(\frac{140}{100} \times 70\right) =$ ₹ 98

∴ अभीष्ट हानि प्रतिशत

$= \left(\frac{100-98}{100} \times 100\right)\%$

$= 2\%$

16. (a) 20% और 10% के समतुल्य बट्टा

$= \left[20 + 10 - \frac{20 \times 10}{100}\right]\% = 28\%$

∴ वस्तु का अंकित मूल्य

$= ₹\left(\frac{72}{30-28}\right) \times 100$

$= \left(\frac{72}{2} \times 100\right) = ₹\,3600$

17. (c) माना वस्तु का क्रय मूल्य = ₹ 100

तब, वस्तु का विक्रय मूल्य = ₹ 300

∴ अभीष्ट अनुपात = 100 : 300 = 1 : 3

18. (d) रेडियो सेट का अंकित मूल्य =

$₹\left(\frac{400 \times 130}{100}\right) = ₹\,520$

∴ रेडियों सेट का विक्रय मूल्य

$= ₹\left(\frac{520 \times 92}{100}\right) = ₹\,478.4$

∴ लाभ प्रतिशत $= \left(\frac{78.4}{400} \times 100\right)\%$

$= 19.6\%$

19. (a) 24 मीटर कपड़े का विक्रय मूल्य

– 25 मीटर कपड़े का क्रय मूल्य

= 5 मीटर कपड़े का क्रय मूल्य

∵ 25 मीटर कपड़े का क्रय मूल्य

= 20 मीटर कपड़े का विक्रय मूल्य

∴ क्रय मूल्य ₹ 20 तथा विक्रय मूल्य

= ₹ 25

∴ लाभ प्रतिशत $= \left(\frac{5}{20} \times 100\right)\%$

$= 25\%$

20. (c) माना वस्तु का लागत मूल्य = ₹ x

तब, प्रश्नानुसार,

$$\frac{120}{100}x - \frac{115}{100}x = 27$$

$$\Rightarrow \quad 5x = 2700$$

$$\Rightarrow \quad x = ₹\,540$$

❑❑

11 अनुपात तथा समानुपात

अनुपात (Ratio) : दो समान प्रकार की राशियों/वस्तुओं के बीच सम्बन्ध को अनुपात कहते हैं। दो राशियों a व b के बीच अनुपात को $a : b$ से प्रदर्शित करते हैं

अनुपात में पहली संख्या a को अग्रपद (Antecedent) तथा दूसरी संख्या b को पश्चपद (consequent) कहते हैं।

महत्वपूर्ण बिन्दु

• **मिश्रनुपातः** दो अनुपात के अग्रपदों व पश्चपदों के गुणनफलों के अनुपात को अनुपातों का मिश्र अनुपात कहा जाता है।

जैसे-दो अनुपातों $a : b$ तथा $x : y$ का मिश्र अनुपात $ax : by$ होगा।

• **वर्गानुपातः** दो राशियों के वर्गों के अनुपात को उन राशियों का वर्गानुपात कहते हैं।

जैसे- दो राशियों a व b के बीच के अनुपात $a : b$ का वर्गानुपात $a^2 : b^2$ होगा।

• **वर्गमूलानुपातः** दो राशियों के वर्गमूलों के बीच अनुपात को उन राशियों का वर्गमूलानुपात कहते हैं।

जैसे- दो राशियों a व b के बीच के अनुपात $a : b$ का वर्गानुपात $\sqrt{a} : \sqrt{b}$ होगा।

• **घनानुपातः** दो राशियों के घनों के अनुपात को उन राशियों का घनानुपात कहते हैं।

जैसे- दो राशियों a व b के बीच के अनुपात $a : b$ का घनानुपात $a^3 : b^3$ होगा।

• **घनमूलानुपातः** दो राशियों के घनमूलों के अनुपात को उन राशियों का घनमूलानुपात कहते हैं।

जैसे- दो राशियों a व b के बीच अनुपात $a : b$ का घनानुपात $\sqrt[3]{a} : \sqrt[3]{b}$ होगा।

• **व्युत्क्रमानुपातः** यदि किसी अनुपात को उल्टा कर दिया जाए, तो इसे व्युत्क्रमानुपात कहते हैं।

जैसे- दो राशियों a व b के बीच अनुपात $a : b$ का व्युत्क्रमानुपात $b : a$ होगा।

समानुपात (Proportion) : जब दो अनुपात आपस में समान हों, तो समानुपात कहलाते हैं।

यदि $a : b$ व $c : d$ आपस में समान हों, तो यह कहा जाता है, कि दोनों अनुपात समानुपात में हैं। इन्हें $a : b : : c : d$ के रूप में प्रदर्शित करते हैं।

महत्वपूर्ण सूत्र

(1) **मध्यानुपातीः** यदि दो संख्याओं a व b के बीच का मध्यानुपाती x हो, तब

$a : x :: x : b$

$\Rightarrow \quad x^2 = ab \Rightarrow \quad x = \sqrt{ab}$

(2) **तृतीयानुपातीः** यदि दो संख्याओं a व b के बीच तृतीयानुपाती x हो, तब

$a : b :: b : x$

$\Rightarrow \quad ax = b^2 \Rightarrow \quad x = \frac{b^2}{a}$

(3) **चतुर्थानुपातीः** यदि तीन संख्याओं a, b व c का चतुर्थानुपाती x हो, तब

$a : b :: c : x$

$\Rightarrow \quad ax = bc \Rightarrow \quad x = \frac{bc}{a}$

हल सहित उदाहरण

उदाहरण-1 यदि A : B = 4 : 9 और A : C = 2 : 3 हो, तो $\frac{(A+B)}{(A+C)}$ का मान ज्ञात कीजिए।

हल- $\frac{A}{B} = \frac{4}{9} \Rightarrow B = \frac{9}{4}A$

इसी प्रकार, $\frac{A}{C} = \frac{2}{3} \Rightarrow C = \frac{3}{2}A$

$$\therefore \quad \frac{A+B}{A+C} = \frac{(A+\frac{9}{4}A)}{\left(A+\frac{3}{2}A\right)} = \frac{\frac{13A}{4}}{\frac{10A}{4}} = \frac{13}{10}$$

$\therefore$ (A + B) : (A + C) = 13 : 10

उदाहरण-2 यदि $3x = 2k$ तथा $5y = 8k$ हो, तो $x : y$ का मान कीजिए।

हल- $3x = 2k \Rightarrow x = \frac{2k}{3}$

इसी प्रकार, $5y = 8k \quad y = \frac{8k}{5}$

$$\therefore \quad x : y = \frac{2k}{3} : \frac{8k}{5} = 5 : 12$$

उदाहरण-3 एक बर्तन A में अम्ल तथा पानी को 5 : 2 के अनुपात में मिलाया जाता है और बर्तन B में 8 : 5 के अनुपात में मिलाया जाता है। तदनुसार, उन बर्तनों के मिश्रणों में से किस अनुपात में मिश्रण निकाले जाएं कि मिश्रण में अम्ल तथा पानी का अनुपात 9 : 4 हो जाए?

हल- माना A, B बर्तनों से क्रमशः x और y के अनुपात में मिश्रण निकाले जाएँ।

प्रश्नानुसार, $\left(\frac{5x}{7}+\frac{8}{13}y\right):\left(\frac{2}{7}x+\frac{5}{13}y\right)=9:4$

$\Rightarrow \quad \frac{20}{7}x+\frac{32}{13}y=\frac{18}{7}x+\frac{45}{13}y$

$\Rightarrow \quad \frac{2}{7}x=y$

$\Rightarrow \quad \frac{x}{y}=\frac{7}{2}$

$\Rightarrow \quad x:y=7:2$

उदाहरण-4 यदि A : B = 3 : 4, B : C = 5 : 6 व C : D, 6 : 7 तो A : D का मान ज्ञात कीजिए

हल- $\frac{A}{D}=\frac{A}{B}\times\frac{B}{C}\times\frac{C}{D}=\left(\frac{3}{4}\times\frac{5}{6}\times\frac{6}{7}\right)=\frac{15}{28}$

A : D = 15 : 28

प्रश्नमाला

1. यदि किन्हीं दो प्राकृत संख्याओं का योग 48 हो, तो उक्त संख्याओं का अनुपात कदापि नहीं होगा–

(a) 3 : 5 (b) 5 : 7
(c) 2 : 6 (d) 2 : 5

2. किसी विद्यालय की पुताई का कार्य, दो मजदूर 8 दिन में कर सकते हैं। उसी कार्य को 2 दिन में पूरा करवाने के लिए कितने मजदूर और लगाने पड़ेंगे?

(a) 8 (b) 6
(c) 2 (d) 16

3. एक मकान की पुताई 5 व्यक्ति, 8 घण्टा रोज काम करके 3 दिन में करते हैं, तो एक व्यक्ति, 4 घण्टा रोज काम करके उस काम को कितने दिन में करेगा?

(a) 20 (b) 25
(c) 35 (d) 30

4. 14 ली 280 मिली संतरे का जूस और 18 ली 830 मिली गाजर का जूस दोनों को एक साथ मिलाया गया। इस मिश्रण में से 15 बोतलों को, जिनमें से प्रत्येक में 1.5 लीटर मिश्रण आता है, भरा गया। शेष कितना मिश्रण बचा?

(a) 11 ली 605 मिली
(b) 10 ली 610 मिली
(c) 11 ली 105 मिली
(d) 9 ली 610 मिली

5. एक विद्यालय में लड़कों का 10% लड़कियों की संख्या $\frac{1}{4}$ भाग के बराबर है। तदनुसार उस विद्यालय में लड़कों तथा लड़कियों का अनुपात क्या है?

(a) 3 : 2 (b) 5 : 2
(c) 2 : 1 (d) 4 : 3

6. यदि C का 0.6 = B का 75% = A का $\frac{1}{3}$ हो, तो A : B : C का मान क्या है?

(a) 9 : 5 : 4 (b) 9 : 4 : 5
(c) 4 : 5 : 9 (d) 5 : 9 : 4

7. अनुपात $p : q$ प्राप्त करने के लिए $x : y$ अनुपात के प्रत्येक पद में किस संख्या को जोड़ा जाए?

(a) $\frac{px+qy}{p-q}$ (b) $\frac{qx-py}{p-q}$
(c) $\frac{px-qy}{p-q}$ (d) $\frac{py-qx}{p-q}$

8. यदि $(3x-2y):(x+3y)=5:6$ हो, तो $x : y$ का मान क्या होगा?

(a) $\frac{17}{13}$ (b) $\frac{5}{13}$
(c) $\frac{3}{13}$ (d) $\frac{27}{13}$

9. ₹ 450 को A, B तथा C में इस प्रकार बाँटिए कि A : B = 2 : 3 से और B : C = 6 : 5 हो, तो C का हिस्सा होगा–

(a) ₹ 150 (b) ₹ 120
(c) ₹ 90 (d) ₹ 100

10. A, B तथा C की आय का अनुपात 7 : 9 : 12 है और उनके खर्च का अनुपात 8 : 9 : 15 है. तदनुसार यदि A, अपनी आय का $\frac{1}{4}$ भाग बचत कर लेता है, तो A, B व C की बचतों का अनुपात कितना है?

(a) 69 : 56 : 48
(b) 47 : 74 : 99
(c) 37 : 72 : 49
(d) 56 : 99 : 69

11. यदि $x : y = 5 : 6$ हो, तो $(3x^2-2y^2):(y^2-x^2)$ किसके बराबर होगा?

(a) 7 : 6 (b) 11 : 3
(c) 3 : 11 (d) 6 : 7

12. तीन संख्याएँ 3 : 4 : 5 के अनुपात में हैं। उनमें से सबसे बड़ी व सबसे छोटी संख्या का योग दूसरी संख्या तथा 32 के योग के बराबर है। तद नुसार सबसे छोटी संख्या कौन-सी है?

(a) 20 (b) 27
(c) 24 (d) 52

13. एक संख्या का तीन-चौथाई, दूसरी संख्या के $\frac{5}{6}$ समान है, पहली संख्या का दूसरी संख्या से क्रमशः अनुपात क्या है?

(a) 12 : 11 (b) 11 : 9
(c) 10 : 9 (d) 5 : 8

14. यदि A = B का $\frac{2}{3}$ और C = B का $\frac{5}{4}$, तो A : B : C क्या होगा?

(a) 12 : 8 : 10 (b) 15 : 10 : 8
(c) 10 : 15 : 12 (d) 8 : 12 : 15

15. ₹ 76 की राशि, A, B व C में इस प्रकार विभाजित की जाती है कि A का B से ₹ 7 अधिक मिलते हैं और B को C से 6 अधिक मिलते हैं, तो उनके शेयर का अनुपात है–

(a) 19 : 24 : 33
(b) 32 : 25 : 19
(c) 32 : 24 : 20
(d) 19 : 25 : 33

उत्तर (हल/संकेत)

1. (d) दिए गए विकल्पों को लेकर हल करने पर,

(a) $3x+5x=48 \Rightarrow x=6$
$\therefore$ संख्याएँ 18 तथा 30

(b) $5x+7x=48 \Rightarrow x=4$
$\therefore$ संख्याएँ 20 तथा 28

(c) $2x+6x=48 \Rightarrow x=6$
$\therefore$ संख्याएँ 12 तथा 36

(d) $2x+5x=48 \Rightarrow x=\frac{48}{7}$
जिसमें दो पूर्णांक संख्याएँ ऐसी प्राप्त नहीं होती जिनका योग 48 हो।

2. (b) माना x मजदूरों की आवश्यकता और पड़ेगी।
प्रश्नानुसार,

समय (दिन में) 8↑ 2 ; मजदूर 2 ↓ $(2+x)$

$2 : 8 :: 2 : (2+x)$

$\Rightarrow \quad 2(2+x) = 8 \times 2$

$\Rightarrow \quad x = 6$

3. (d) माना 1 व्यक्ति उस काम को x दिन में करेगा।
प्रश्नानुसार,

व्यक्ति 5↑ 1 ; घण्टे 8↑ 4 ; दिन 3 ↓ x

$\begin{matrix}1:5\\4:8\end{matrix} :: 3 : x$

$\Rightarrow \quad 1 \times 4 \times x = 5 \times 8 \times 3$

$\Rightarrow \quad x = \dfrac{5 \times 8 \times 3}{4} = 30$ दिन

4. (b) दोनो जूस की कुल मात्रा
= 14 ली 280 मिली
+ 18 ली. 830 मिली = 33 ली. 110 मिली
15 बोतलों में भरा मिश्रण
= 15 × 1·5 = 22 ली. 50 मिली
∴ शेष बचा मिश्रण = 33 ली 110 मिली
– 22 ली 50 मिली
= 10 ली. 610 मिली

5. (b) माना लड़कियों की संख्या $= x$

∴ लड़कों की संख्या $\times \dfrac{10}{100} = \dfrac{x}{4}$

∴ लड़कों की संख्या

$= \left(\dfrac{x}{4} \times \dfrac{100}{10}\right) = \dfrac{5}{2}x$

∴ अभीष्ट अनुपात $= \dfrac{5}{2}x : x = 5 : 2$

6. (b) ∴ C का 0.6 = B का 75%

= A का $\dfrac{1}{3}$

$\Rightarrow \quad \dfrac{1}{3}A = 75\% \times B = 0.6 \times C$

$\Rightarrow \quad \dfrac{1}{3}A = \dfrac{3}{4}B = \dfrac{3}{5}C$

$\Rightarrow \quad A : B : C = A : \dfrac{4}{9}A : \dfrac{5}{9}A$

$= 9 : 4 : 5$

7. (b) माना प्रत्येक पद में k जोड़ा जाए,

प्रश्नानुसार, $\dfrac{x+k}{y+k} = \dfrac{p}{q}$

$\Rightarrow \quad qx - qk = qk - py$

$\Rightarrow \quad pk - qk = qx - py$

$\Rightarrow \quad k(pq) = qx - py$

$\Rightarrow \quad k = \dfrac{qx - py}{p - q}$

8. (d) $\therefore (3x - 2y) : (x + 3y) = 5 : 6$

$\Rightarrow \quad \dfrac{3x - 2y}{x + 3y} = \dfrac{5}{6}$

$\Rightarrow \quad 18x - 12y = 5x + 15y$

$\Rightarrow \quad 13x = 27y$

$\Rightarrow \quad \dfrac{x}{y} = \dfrac{27}{13}$

$\Rightarrow \quad x : y = 27 : 13$

9. (a) A : B = 2 : 3 = 4 : 6
B : C = 6 : 5
∴ A : B : C = 4 : 6 : 5
∴ C का हिस्सा

$= ₹\left(\dfrac{5}{15} \times 450\right) = ₹\, 150$

10. (d) माना A, B व C की आय क्रमश: ₹ $7x$, ₹ $9x$, व ₹ 12, है।

∴ A की बचत = ₹ $\dfrac{21}{4}x$

B का खर्च $= \left(7x - \dfrac{7}{4}x\right) = ₹\dfrac{21}{4}x$

∴ B की बचत

$= ₹\left(9x - \dfrac{189}{32}x\right) = ₹\dfrac{99}{32}$

C का खर्च

$= ₹\left(\dfrac{91}{4}x \times \dfrac{15}{8}\right) = ₹\, \dfrac{315}{32}x$

∴ C की बचत

$= ₹\left(12x - \dfrac{315}{32}x\right) = ₹\, \dfrac{69}{32}$

A, B, व C की बचतों का अनुपात

$= \dfrac{7}{4}x : \dfrac{99}{32}x : \dfrac{69}{32}x$

$= 56 : 99 : 69$

11. (c) $\because \dfrac{x}{y} = \dfrac{5}{6}$

∴ व्यंजक

$= \dfrac{3x^2 - 2y^2}{y^2 - x^2} = \dfrac{\dfrac{3x^2}{y^2} - 2}{1 - \dfrac{x^2}{y^2}}$

$= \dfrac{\left(3 \times \dfrac{25}{36} - \dfrac{2}{1}\right)}{1 - \dfrac{25}{36}} = \dfrac{3}{11}$

∴ $(3x^2 - 2y^2) : (y^2 - x^2) = 3 : 11$

12. (c) मान संख्याएं $3x$, $4x$, व $5x$ हैं।

∴ $3x + 5x = 4x + 32$

$\Rightarrow \quad 8x = 4x + 32$

$\Rightarrow \quad 4x = 32$

$\Rightarrow \quad x = 8$

अत: सबसे छोटी संख्या $= 3x$
$= 3 \times 8 = 24$

13. (c) मान संख्याएँ x और y हैं।
प्रश्नानुसार,

$\dfrac{3}{4}x = \dfrac{5}{6}y$

$\Rightarrow \quad \dfrac{x}{y} = \left(\dfrac{5}{6} \times \dfrac{4}{3}\right) = \dfrac{10}{9}$

$\Rightarrow \quad x : y = 10 : 9$

14. (d) $A = \dfrac{2}{3} \times B$ तथा $C = \dfrac{5}{4} \times B$

∴ $A : B : C = \dfrac{2}{3}B : B : \dfrac{5}{4}B$

$= 8 : 12 : 15$

15. (b) माना B का हिस्सा = ₹ x

∴ A का हिस्सा = ₹ $(x + 7)$

∴ C का हिस्सा = ₹ $(x - 6)$

प्रश्नानुसार,

$x + x + 7 + x - 6 = 76$

$\Rightarrow \quad 3x + 1 = 76$

$\Rightarrow \quad 3x = 75$

$\Rightarrow \quad x = ₹\, 25$

∴ A का हिस्सा = ₹ 32

C का हिस्सा = ₹19

∴ A, B व C के हिस्सों का अनुपात = 32 : 25 : 19

❑❑

12 काम और समय

महत्वपूर्ण सूत्र

- यदि कोई व्यक्ति किसी निश्चित कार्य को n दिनों में पूरा करता है। तो, उस व्यक्ति द्वारा 1 दिन में किया गया कार्य $= \frac{1}{n}$ भाग
- यदि कोई व्यक्ति 1 दिन में $\frac{1}{n}$ भाग कार्य करता है। तो पूरा कार्य समाप्त करने में व्यक्ति को लगा समय $= n$ दिन
- यदि X अपने कार्य में Y से n गुना कार्य कुशल है, तो X द्वारा उस कार्य को पूरा करने में लगा समय $= \frac{1}{n} \times Y$
- यदि x पुरुषों का कार्य $= y$ महिलाओं का कार्य
  तब,
  $$\frac{\text{एक पुरुष का कार्य}}{\text{एक महिला का कार्य}} = \frac{y}{x}$$
- एक दिन का कार्य
  $$= \frac{\text{पूरा कार्य}}{\text{कार्य पूरा करने में लगे दिनों की संख्या}}$$
- पूरा कार्य = एक दिन का कार्य × कार्य समाप्त करने में लगे दिनों की संख्या
- यदि M_1 व्यक्ति D_1 दिन में W_1 कार्य करते हों तथा M_2 व्यक्ति, D_2 दिन में W_2 कार्य करते हों, तो हम इसे एक सामान्य सूत्र से प्रदर्शित कर सकते हैं।
  $M_1 D_1 W_2 = M_2 D_2 W_1$
- यदि M_1 व्यक्ति H_1 घण्टे प्रतिदिन कार्य करके W_1 कार्य D_1 दिनों में तथा M_2 व्यक्ति H_2 घण्टे प्रतिदिन कार्य करके W_2 कार्य D_2 दिनों में पूरा कर सकता हो,
  तब, $M_1 H_1 D_1 W_2 = M_2 H_2 D_2 W_1$

हल सहित उदाहरण

उदाहरण 1. यदि 12 व्यक्ति किसी काम के $\frac{4}{5}$ भाग को 10 दिन में पूरा करें, तो कितने व्यक्ति पूरे कार्य को 15 दिन में पूरा कर सकेगें?

हल – सामान्य सूत्र-$M_1 D_1 W_2 = M_2 D_2 W_1$ से

$$12 \times 10 \times 1 = M_2 \times 15 \times \frac{4}{5}$$

$$\Rightarrow \quad M_2 = \left(\frac{12 \times 10 \times 5}{15 \times 4}\right) \text{व्यक्ति}$$

$= 10$ व्यक्ति

उदाहरण 2. P कोई काम Q की तुलना में दोगुनी गति से करता है। यदि दोनों मिलकर वह कार्य 12 दिनों में पूरा कर लें, तो अकेला Q उस काम को कितने दिनों में पूरा कर लेगा?

हल – माना P कोई काम x दिन में करता है।

$\therefore$ P उस काम को $2x$ दिन में करेगा।

तब, $(P + Q)$ का 1 दिन का काम

$$= \left(\frac{1}{x} + \frac{1}{2x}\right) = \frac{3}{2x}$$

$$\because \quad \frac{3}{2x} = \frac{1}{12}$$

$$\Rightarrow x = \left(\frac{12 \times 3}{2}\right) \text{ दिन} = 18 \text{ दिन}$$

अतः Q उस काम को (2×18) दिन $= 36$ दिन में पूरा करेगा।

उदाहरण 3. किसी काम को कुछ निश्चित व्यक्ति 25 दिनों में पूरा कर सकते हैं। यदि 5 व्यक्ति और काम पर लगा दिया जाए, तो वही काम 20 दिनों में पूरा हो जाता है। तो, प्रारम्भ में व्यक्तियों की संख्या कितनी थी?

हल – माना प्रारम्भ में व्यक्तियों की संख्या $= x$

तब, $x \times 25 = (x + 5) \times 20$

$\Rightarrow \quad 25x = 20x + 100$

$\Rightarrow \quad 5x = 100$

$\Rightarrow \quad x = 20$

अतः प्रारम्भ में व्यक्तियों की संख्या $= 20$

उदाहरण 4. A, B व C मिलकर किसी कार्य को 20 दिन में पूरा कर सकते हैं। तीनों ने मिलकर कार्य प्रारम्भ किया, परन्तु 8 दिन बाद A कार्य छोड़कर चला गया। शेष कार्य B तथा C ने मिलकर 20 दिन में पूरा कर लिया। तो, पूरे कार्य को A अकेला कितने दिन में पूरा कर सकता है?

हल – $(A + B + C)$ का 8 दिन का कार्य

$$= \left(\frac{1}{20} \times 8\right) \text{ भाग} = \frac{2}{5} \text{ भाग}$$

8 दिन के बाद, शेष कार्य

$$= \left(1 - \frac{2}{5}\right) \text{ भाग} = \frac{3}{5} \text{ भाग}$$

∵ $(B + C)$ द्वारा मिलकर $\frac{3}{5}$ भाग कार्य समाप्त होनें में लगा समय = 20 दिन

∴ $(B + C)$ द्वारा पूरा कार्य समाप्त होनें में लगा समय

$= \left(20 \times \frac{5}{3}\right)$ दिन

∴ A का 1 दिन का कार्य $= \left(\frac{1}{20} - \frac{3}{100}\right)$ भाग

$= \frac{2}{100} = \frac{1}{50}$

अत: अकेला A कार्य को 50 दिन में पूरा कर लेगा।

प्रश्नमाला

1. 3 : 21 PM से 3 घंटे 28 मिनट पहले क्या समय था?

(a) 9 : 53 A.M.
(b) 9 : 49 P.M.
(c) 9 : 07 P.M.
(d) 9 : 53 P.M.

2. गोरंग ने सोमवार को $4\frac{1}{2}$ घंटे, मंगलवार को 190 मिनट, बुधवार को 5 : 20 a.m. से 9 : 10 a.m. तक, और शुक्रवार को 220 मिनट काम किया। उसे एक घण्टा काम करने के ₹ 42 मिलते हैं। उसने सोमवार से लेकर शुक्रवार तक कुल कितना कमाया?

(a) ₹ 580 (b) ₹ 540
(c) ₹ 637 (d) ₹ 560

3. एक एलीवेटर किसी खदान में 6 मी/मिनट की गति से उतरता है। यदि एलीवेटर जमीन के स्तर से 10 मीटर ऊँचाई से उतरता है तो –350 मीटर उतरने में लगा समय है–

(a) 15 मिनट
(b) 1 घण्टा 30 मिनट
(c) 1 घण्टा
(d) 1 घण्टा 15 मिनट

4. दो पुरुष और 3 लड़के एक कार्य को 10 दिन में कर सकते हैं। जबकि 3 पुरुष और दो लड़के वही कार्य 8 दिनों में कर सकते हैं। तद्नुसार 2 पुरुष तथा 1 लड़का वही कार्य कितने दिनों में कर सकते हैं?

(a) 11.5 दिन (b) 12.5 दिन
(c) 11 दिन (d) 10.5 दिन

5. A और B मिलकर एक काम 20 दिन में पूरा कर सकते हैं। B और C मिलकर यही काम 30 दिन में पूरा कर सकते हैं। A और C मिलकर यही काम 40 दिन में पूरा कर सकते हैं। यह काम अकेले A को पूरा करने में लगे दिनों की संख्या का यही काम अकेले पूरा करने में C को लगे दिनों की संख्या से क्रमशः अनुपात क्या है?

(a) 2 : 5 (b) 2 : 7
(c) 3 : 5 (d) 1 : 5

6. A उतना कार्य अकेले कर सकता है। जितना B तथा C मिलकर कर सकते हैं। A तथा B मिलकर एक कार्य 9 घण्टे 36 मिनटों में कर सकते हैं। और C अकेला उसी को 48 घण्टों में कर सकता है। तद्नुसार B को अकेले वही कार्य करने में कितना समय लगेगा?

(a) 24 घण्टे (b) 30 घण्टे
(c) 12 घण्टे (d) 18 घण्टे

7. 3 पुरुष तथा 7 स्त्रियाँ एक कार्य को 5 दिनों में कर सकते हैं। जबकि 4 पुरुष तथा 6 स्त्रियाँ उसी कार्य को 4 दिनों में कर सकते हैं। तद्नुसार, 10 स्त्रियों के एक दल को उसी गति से वह कार्य पूरा करने में कितनें दिन लगेगें?

(a) 36 (b) 40
(c) 20 (d) 30

8. A और B मिलकर एक काम को 3 दिन में पूरा कर सकते हैं। वे एक साथ काम प्रारम्भ करते हैं, परन्तु 2 दिन के बाद B ने काम छोड़ दिया। यदि काम पूरा करने में 2 दिन और लगे, तो B अकेला उस काम को कितने दिन में पूरा कर सकता था?

(a) 8 दिन (b) 10 दिन
(c) 4 दिन (d) 6 दिन

9. A, B की तुलना में दोगुना सक्षम कामगार है। वे दोनों मिलकर एक कार्य 18 दिन में कर लेते हैं। तद्नुसार अकेला B वह कार्य कितने दिनों में कर सकता है?

(a) 9 दिन (b) 36 दिन
(c) 54 दिन (d) 27 दिन

10. A किसी कार्य का $\frac{1}{3}$ भाग 5 दिन में तथा B उसी कार्य का $\frac{2}{5}$ भाग 10 दिन में पूरा करता है। दोनों A तथा B मिलकर उस कार्य को कितने दिन में पूरा करेगें?

(a) 10 दिन (b) $9\frac{3}{8}$ दिन
(c) $8\frac{4}{5}$ दिन (d) $7\frac{1}{2}$ दिन

11. A और B मिलकर एक काम को 12 दिन में पूरा कर सकते हैं, A की कुशलता B से दोगुनी है। B अकेला उस काम को कितने दिन में पूरा कर सकता है?

(a) 36 (b) 12
(c) 18 (d) 9

12. A और B मिलकर एक काम को 12 दिन में पूरा कर लेते हैं, जबकि B अकेला उसे 30 दिन में पूरा कर सकता है। तो A अकेला उस काम को कितने दिन में पूरा कर सकता है?

(a) 15 दिन (b) 18 दिन
(c) 20 दिन (d) 25 दिन

13. दस आदमी एक दीवार को बनाने का काम 8 दिन में पूरा कर सकते हैं। इसी काम को आधे दिन में खत्म करने के लिए कितने आदमियों की आवश्यकता होगी?

(a) 80 (b) 100
(c) 120 (d) 160

14. दो पुरुष और तीन लड़के एक कार्य 10 दिनों में कर सकते हैं, जबकि 3 पुरुष और 2 लड़के वही कार्य 8 दिनों में कर सकते हैं। तद्नुसार, 2 पुरुष तथा 1 लड़का वही कार्य कितने दिनों में कर सकते हैं?

(a) $11\frac{1}{2}$ दिन (b) $12\frac{1}{2}$ दिन
(c) 11 दिन (d) $10\frac{1}{2}$ दिन

15. $(x - 1)$ व्यक्तियों द्वारा $(x + 1)$ दिनों में किया गया कार्य और $(x + 1)$ व्यक्तियों द्वारा $(x + 2)$ दिनों में किया गया कार्य 5 : 6 के अनुपात में है। तो x का मान क्या होगा?

(a) 16 (b) 10
(c) 8 (d) 6

उत्तर (हल/संकेत)

1. (a) 3 : 21 P.M. = 15 : 21
5 घंटे 28 मिनट पहले का समय
= 15 : 2
– 5 : 28
9 : 53
अत: 9 : 53 प्रात: का समयं था।

2. (c) 1 घण्टा = 60 मिनट
गोरंग द्वारा
सोमवार की कमाई = $4\frac{1}{2}$ घंटा × 42
$= \frac{270 \times 42}{60} =$ ₹ 189
मंगलवार की कमाई = $\frac{190 \times 42}{60}$
= ₹ 133
बुधवार की कमाई
$= \frac{230 \times 42}{60} =$ ₹ 161
शुक्रवार की कमाई
$= \frac{220 \times 42}{60} =$ ₹ 154
कुल कमाई = ₹ 637

3. (c) चाल = $\frac{\text{दूरी}}{\text{समय}}$
$6 = \frac{350}{\text{समय}}$
समय = $\frac{350}{6}$
= 59.34 मिनट
या 1 घण्टा

4. (b) प्रश्नानुसार,
10 × (2 पुरुष 3 लड़के) = 8 × (3 पुरुष + 2 लड़के)
⇒ 20 पुरुष + 30 लड़के = 24 पुरुष + 16 लड़के
⇒ 4 पुरुष = 14 लड़के
⇒ 2 पुरुष = 7 लड़के
∴ (2 पुरुष और 3 लड़के) = 10 लड़के
∵ 10 लड़के किसी कार्य को पूरा कर सकते हैं = 10 दिन में
∴ (2 पुरुष तथा 1 लड़का) = 8 लड़के उसी कार्य को पूरा कर सकते हैं
$= \left(\frac{10 \times 10}{8}\right)$ दिन में
= 12.5 दिन में

5. (d) $(A+B)$ का 1 दिन का काम = $\frac{1}{20}$ ...(i)
$(B+C)$ का 1 दिन का काम = $\frac{1}{30}$ ... (ii)
$(C+A)$ का 1 दिन का काम
$= \frac{1}{40}$ ... (iii)
समी० (i), (ii) व (iii) से,
$2(A+B+C)$ का 1 दिन का काम
$= \left(\frac{1}{20}+\frac{1}{30}+\frac{1}{40}\right) = \frac{13}{120}$
$(A+B+C)$ का 1 दिन का काम
$= \frac{13}{240}$
∴ A का 1 दिन का काम
$= \left(\frac{13}{240}-\frac{1}{30}\right) = \frac{1}{48}$
C का 1 दिन का काम
$= \left(\frac{13}{240}-\frac{1}{20}\right) = \frac{1}{240}$
∴ अभीष्ट अनुपात = 48 : 240 = 1 : 5

6. (a) माना A, कार्य को x मिनट में तथा B, y मिनट में कर सकता है।
A का 1 मिनट का कार्य = $\frac{1}{x}$
B का 1 मिनट का कार्य = $\frac{1}{y}$
∴ $\frac{1}{x}+\frac{1}{y} = \frac{1}{576}$ ... (i)
तथा $\frac{1}{x}-\frac{1}{y} = \frac{1}{2880}$ ... (ii)
समी० (i) व (ii) को हल करने पर,
$y = 1440$ मिनट = 24 घण्टे

7. (c) प्रश्नानुसार,
$5x$ (3 पुरुष + 7 स्त्रियाँ)= 4 × (4 पुरुष + 6 स्त्रियाँ)
⇒ 15 पुरुष + 35 स्त्रियाँ = 16 पुरुष + 24 स्त्रियाँ
⇒ 1 पुरुष = 11 स्त्रियाँ
∴ 3 पुरुष + 7 स्त्रियाँ= (3 ×11 + 7) = 40
∵ 40 स्त्रियाँ एक काम को करती हैं = 5 दिनों में
∴ 10 स्त्रियाँ एक काम को करेंगी
$= \left(\frac{5 \times 40}{10}\right)$ दिनों में
= 20 दिन में

8. (d) $(A+B)$ द्वारा 2 दिन में किया गया कार्य = $\frac{2}{3}$
शेष बचा कार्य = $\left(1-\frac{2}{3}\right) = \frac{1}{3}$.
∵ $\frac{1}{3}$ भाग कार्य A करता है = 2 दिन में
∴ पूरा कार्य A करेगा= 6 दिन में
B द्वारा अकेले कार्य करने में लगा समय
$= \left(\frac{1}{3}-\frac{1}{6}\right) = \frac{2}{12} = \frac{1}{6}$
अत: B अकेले उस कार्य को 6 दिन में पूरा कर लेगा।

9. (c) माना B अकेला काम x दिन में पूरा कर सकता है।
∴ A अकेला $\frac{x}{2}$ दिन में पूरा काम कर सकता है।
तब, प्रश्नानुसार
$\frac{2}{x}+\frac{1}{x} = \frac{1}{18}$
⇒ $\frac{3}{x} = \frac{1}{18}$
⇒ $x = 54$ दिन

10. (b) A द्वारा पूरा काम करने में लगा समय = (5 × 3) दिन = 15 दिन
B द्वारा पूरे काम को करने में लगा समय
$= \left(10 \times \frac{5}{2}\right)$ दिन
= 25 दिन

∴ A और B द्वारा मिलकर कार्य करने में लगा समय

$= \left(\frac{15 \times 25}{15+25}\right)$ दिन में

$= \left(\frac{15 \times 25}{40}\right)$ दिन में

$= 9\frac{3}{8}$ दिन में

11. (a) माना A काम को x दिन में कर सकता है।
तब, B काम को $2x$ दिन में कर सकता है।

∴ $(A + B)$ का 1 दिन का काम

$= \left(\frac{1}{x}+\frac{1}{2x}\right) = \frac{3}{2x}$

∵ $\frac{3}{2x} = \frac{1}{12}$

⇒ $2x = 36$

अतः B अकेला काम को 36 दिन में पूरा कर सकता है।

12. (c) $(A + B)$ का 1 दिन का काम $= \frac{1}{12}$

B का 1 दिन का काम $= \frac{1}{30}$

∴ A का 1 दिन का काम

$= \left(\frac{1}{12}-\frac{1}{30}\right)$

$= \frac{3}{60} = \frac{1}{20}$

अतः A अकेला उस काम को 20 दिन में कर सकता है।

13. (d) संक्षिप्त विधि द्वारा–सामान्य सूत्र–$M_1 D_1 = M_2 D_2$ से

$10 \times 8 = M_2 \times \frac{1}{2}$

⇒ $M_2 = (2 \times 80) = 160$

अतः आवश्यक आदमियों की संख्या $= 160$

14. (b) (2 पुरुष + 3 लड़के) × 10 = (3 पुरुष + 2 लड़के) × 8

⇒ 20 पुरुष + 30 लड़के = 20 पुरुष + 16 लड़के

⇒ 4 पुरुष = 14 लड़के ⇒ 2 पुरुष = 7 लड़के

∵ 10 लड़के एक कार्य को पूरा कर सकते हैं = 10 दिनों में

∴ (2 पुरुष + 1 लड़का) = 8 लड़के उसी कार्य को पूरा करेंगे

$= \left(\frac{10 \times 10}{8}\right)$ दिन

$= 12\frac{1}{2}$ दिन में

15. (a) प्रश्नानुसार,

$\frac{(x-1)(x+1)}{(x+1)(x+2)} = \frac{5}{6}$

⇒ $6x - 6 = 5x + 10$

⇒ $x = 16$

❑❑

13 समय, दूरी तथा चाल

चाल (Speed) : किसी व्यक्ति अथवा वस्तु द्वारा एकांक समय में तय की गई दूरी को चाल कहते हैं।

$$\text{चाल} = \frac{\text{दूरी}}{\text{समय}}$$

$$\text{दूरी} = \text{चाल} \times \text{समय}, \quad \text{समय} = \frac{\text{दूरी}}{\text{चाल}}$$

महत्वपूर्ण सूत्र

- यदि दो व्यक्ति क्रमशः a किमी./घण्टा व b किमी./घण्टा की चाल से समान दिशा में चल रहे हों, तो
  उनकी सापेक्ष चाल $= (a - b)$ किमी./घण्टा जबकि $a > b$
- यदि दो व्यक्ति क्रमशः a किमी./घण्टा व b किमी./घण्टा की चाल से विपरीत दिशा में चल रहे हो, तो
  उनकी सापेक्ष चाल $= (a + b)$ किमी./घ्रण्टा
- यदि किसी व्यक्ति / वस्तु की चाल किमी./घण्टा में दी गई हो, तो उसे मी./से. में बदलने के लिए $\frac{5}{18}$ का गुणा किया जाता है।
  जैसे- a किमी./घण्टा $= \left(\frac{a \times 5}{18}\right)$ मीटर/सेकण्ड
- यदि किसी व्यक्ति/वस्तु की चाल मीटर/से. में दी गई हो, तो उसे किमी./घण्टा में बदलने के लिए $\frac{18}{5}$ का गुणा किया जाता है।
  जैसे- b मीटर/सेकण्ड $= \left(\frac{b \times 18}{5}\right)$ किमी./घण्टा
- यदि किसी वस्तु द्वारा तय की गई दूरी नियत है, तो चाल समय के विलोमानुपात में होती है अर्थात् चाल कम होगी, तो समय अधिक होगा और चाल अधिक होगी, तो समय कम होगा।

हल सहित उदाहरण

उदाहरण 1. शहर A से B तक एक कार 75 किमी. प्रति घंटे की चाल से जाती है तथा शहर B से C तक उसकी चाल 50 किमी. प्रति घंटा होती है। यदि शहर A से B से C तक की दूरी समान हो तो कुल यात्रा में उसकी औसत चाल ज्ञात कीजिए।

हल : यदि A से B तथा B से C तक की दूरी d किमी. हो, तो

$$\text{औसत चाल} = \frac{\text{कुल दूरी}}{\text{कुल समय}} = \frac{d + d}{\frac{d}{75} + \frac{d}{50}} = \frac{2d}{d\left(\frac{2+3}{150}\right)}$$

$$= \frac{2d}{d \times 5} \times 150 = 60 \text{ किमी. प्रति घंटा}$$

उदाहरण 2. एक बस 80 किमी. दूरी 60 किमी. प्रति घंटे की चाल से, अगला 50 किमी. 40 किमी. प्रति घंटे की चाल से तथा अन्तिम 60 किमी. 80 किमी. प्रति घण्टे की चाल से तय करती है। उसकी औसत चाल क्या है ?

हल :

$$\text{औसत चाल} = \frac{\text{कुल दूरी}}{\text{कुल समय}} = \frac{80 + 50 + 60}{\left(\frac{80}{60} + \frac{50}{40} + \frac{60}{80}\right)} = \frac{190}{\left(\frac{4}{3} + \frac{5}{4} + \frac{3}{4}\right)}$$

$$= \frac{190}{\frac{40}{12}} = \frac{190 \times 12}{40} = 57 \text{ किमी. प्रति घंटा}$$

उदाहरण 3. एक लड़का जब 20 किमी. प्रति घंटे की चाल से स्कूल जाता है तो वहाँ 11 मिनट देर से पहुँचता है, लेकिन जब वह 30 किमी. प्रति घंटे की चाल से जाता है तो 9 मिनट पहले ही पहुँच जाता है। उसके स्कूल की दूरी क्या है तथा वह कितने समय में स्कूल पहुँचे कि वह समय पर कहलाये तथा यह भी ज्ञात करें कि वह किस चाल से चले कि समय पर पहुँचे?

हल : यदि स्कूल की दूरी x किमी. हो तो पहली स्थिति में स्कूल जाने में लगा वास्तविक या सही समय

$$= \left(\frac{x}{20} - \frac{11}{60}\right) \text{ घंटे}$$

दूसरी स्थिति में स्कूल जाने में लगा वास्तविक या सही समय

$$= \left(\frac{x}{30} + \frac{9}{60}\right) \text{ घंटे}$$

$$\text{अतः} \quad = \frac{x}{20} - \frac{11}{60} = \frac{x}{30} + \frac{9}{60}$$

$$\text{या,} \quad \frac{x}{20} - \frac{x}{30} = \frac{20}{60}$$

$$\text{या,} \quad \frac{x}{60} = \frac{20}{60}$$

$$\therefore x = \text{दूरी} = 20 \text{ किमी.}$$

सही या वास्तविक समय $\frac{x}{20}-\frac{11}{60}=\frac{20}{60}$ घंटा – 11 मिनट

= 1 घंटा – 11 मिनट = 49 मिनट

वास्तविक या सही चाल = $\frac{\text{दूरी}}{\text{समय}}=\frac{20}{\frac{49}{60}}=\frac{1200}{49}$

= 24.5 किमी. प्रति घंटा (लगभग)

उदाहरण 4. दो आदमी समान दूरी को क्रमशः 20 किमी. प्रति घंटा तथा 25 किमी. प्रति घंटे की चाल से तय किया। यदि उनके द्वारा लिए गए समय में $1\frac{1}{4}$ घंटे का अन्तर हो, तो दूरी ज्ञात कीजिए।

हल : यदि समान दूरी x किमी. हो तो

$$\frac{x}{20}-\frac{x}{25}=\frac{5}{4}$$

$$\Rightarrow \quad \frac{x}{100}=\frac{5}{4}$$

$$\Rightarrow \quad x=\frac{5}{4}\times 100=125 \text{ किमी.।}$$

उदाहरण 5. मनोज को 36 किमी. की दूरी तय करनी है। वह 20 किमी. पैदल तथा शेष दूरी को साइकिल से तय करता है। यदि वह पहले 20 किमी. को साइकिल से तथा शेष दूरी को पैदल तय करे तो अब आधा घंटा कम समय लगेगा। साइकिल की चाल ज्ञात कीजिए जबकि पैदल उसकी चाल 4 किमी. प्रति घंटा है ।

हल : यदि साइकिल की चाल x किमी. प्रति घंटा हो तो

$$\left(\frac{20}{4}+\frac{16}{x}\right)-\left(\frac{20}{x}+\frac{16}{4}\right)=\frac{1}{2}$$

या, $15+\frac{16}{x}-\frac{20}{x}-4=\frac{1}{2}$

या, $\frac{4}{x}=1-\frac{1}{2}=\frac{1}{2}$

अतः x = 8 किमी./घंटा।

उदाहरण 6. एक कार में बैठा एक व्यक्ति अपने आगे जा रही एक बस को 200 मीटर आगे देखता है तथा बस 2 मिनट बाद 700 मीटर पीछे हो जाती है। यदि कार की चाल 40 किमी. प्रति घंटा है तो बस की चाल क्या है?

हल : यदि बस की चाल x किमी. प्रति घंटा हो तो समान दिशा में सापेक्षिक चाल

= $(40 - x)$ किमी. प्रति घंटा

2 मिनट में सब की तुलना में कार द्वारा तय की गयी अधिक दूरी

= 200 + 700 = 900 मीटर

चूँकि चाल = $\frac{\text{दूरी}}{\text{समय}}$

अतः $(40-x)=\frac{900}{2\times 60}\times\frac{18}{5}$

$\Rightarrow \quad 40 - x = 27$

$\therefore \quad x = 40 - 27$

= 13 किमी. प्रति घंटा।

प्रश्नमाला

1. नदी में एक नाव की चाल 20 किमी. प्रति घंटा है और एक दूसरी नाव की चाल 23 किमी. प्रति घंटा है। ये दोनों नाव एक ही दिशा में एक स्थान से एक समय पर चलती हैं। साढे तीन घंटे पश्चात् उनके बीच की दूरी है–

(a) 11.5 किमी. (b) 10 किमी.
(c) 10.5 किमी. (d) 11 किमी.

2. यदि समय अब 2.17 P.M. है, तो अब से ठीक 11 घंटे और 59 मिनट के पश्चात् क्या समय होगा ?

(a) 2.17 A.M.
(b) 11.57 A.M.
(c) 9.59 A.M.
(d) 2.16 A.M.

3. एक रेलगाड़ी 75 किमी. प्रति घंटा की एक समान चाल से चल रही है। वह 20 मिनट में कितनी दूरी तय करेगी?

(a) 25 किमी.
(b) 20 किमी.
(c) 15 किमी.
(d) 7.5 किमी.

4. निम्नलिखित तालिका को ध्यान से देखिए –

स्टेशन		बस 1	बस 2	बस 3
नई दिल्ली	निगमन	19:15	12:30	16:45
फरीदाबाद	आगमन	20:22	13:25	19:10
	निगमन	20:37	13:35	19:22
मथुरा	आगमन	00:40	18:10	21:55

इनमें से कौन-सी बस नई दिल्ली से मथुरा पहुँचने में सबसे कम समय लेती है?

(a) बस 3
(b) बस 2 एवं बस 3 दोनों समान समय लेती हैं।
(c) 180 km
(d) बस 1

5. गीता 5 किमी. प्रति घंटा की एक समान चाल से चलकर 42 मिनट में घर से विद्यालय पहुँचती है। उसके घर से विद्यालय की दूरी–

(a) 3 किमी.
(b) 3.25 किमी.
(c) 3.5 किमी.
(d) 4 किमी.

6. एक व्यक्ति मोटर-साईकिल द्वारा एक निश्चित दूरी तय करता है। यदि वह 6 किमी./घण्टा धीरे चलता तो उसे 8 मिनट अधिक लगते। परंतु, यदि वह 4 किमी./घण्टा तेज चलता तो, उसे $4\frac{1}{2}$ मिनट कम लगते। दूरी कितनी है–

(a) 64 किमी. (b) 72 किमी.
(c) 84 किमी. (d) 108 किमी.

7. एक विद्यार्थी $2\frac{1}{2}$ किमी०/घण्टा की चाल से चलकर स्कूल 6 मिनट देरी से पहुँचता है। अगले दिन अपनी चाल 1 किमी./घण्टा बढ़ा देता है और स्कूल समय से 6 मिनट पहले पहुँच जाता है। तो उसका स्कूल, घर से कितनी दूर है?

(a) $\frac{2}{3}$ किमी. (b) $\frac{1}{5}$ किमी.

(c) $\frac{7}{4}$ किमी. (d) $\frac{5}{2}$ किमी.

8. सुमित 45 किमी./घण्टा की चाल से घर से रिसॉर्ट की ओर चला। उसी रास्ते से वापस आते हुए वह ट्रैफिक में फँस गया और उसे 1 घण्टा अधिक लगा एवं वह केवल 40 किमी./घण्टा की चाल से गाड़ी चला सका। उसनें प्रत्येक तरफ से कितने किमी. गाड़ी चलाई?

(a) 270 किमी. (b) 360 किमी.

(c) 280 किमी. (d) 450 किमी.

9. किसी बस टर्मिनल से बसें 10 मिनट के अन्तराल से 20 किमी./घण्टा की चाल से चलती हैं। विपरीत दिशा से बस टर्मिनल की ओर आने वाले एक आदमी की चाल कितनी होगी। यदि उसे बसें 8 मिनट के अन्तराल से मिलती रहें?

(a) 3 किमी./घण्टा

(b) 4 किमी./घण्टा

(c) 5 किमी./घण्टा

(d) 7 किमी./घण्टा

10. दो स्थानों A और B के बीच की दूरी 110 किमी. है। एक मोटर साईकिल सवार A से अपनी यात्रा 7 बजे प्रातः आरम्भ करता है और 20 किमी./घण्टा की गति से B की दिशा में चल देता है। दूसरा मोटर साईकिल सवार B से 8 बजे प्रातः यात्रा आरम्भ करता है और 25 किमी./घण्टा की गति से A की दिशा में चल देता है। तद्नुसार वे दोनों किस समय एक-दूसरे से मिल पाते हैं?

(a) 10 : 30 प्रातः (b) 11 प्रातः

(c) 10 प्रातः (d) 9 : 30 प्रातः

11. किसी निश्चित दूरी को किसी निश्चित समय में तय किया जाता है। यदि 40% अधिक दूरी को 37% कम समय में तय करना हो, तो दोनों स्थितियों में चालों का अनुपात है–

(a) 3 : 7 (b) 4 : 9

(c) 9 : 10 (d) 9 : 20

12. दो व्यक्ति किसी निश्चित स्थान पर 4 किमी./घण्टा व 3 किमी./घण्टा की गति से चलना प्रारम्भ करते हैं। यदि पहला व्यक्ति, दूसरे व्यक्ति से निश्चित स्थान पर 30 मिनट पहले पहुँच जाता है तो वह दूरी कितनी है?

(a) 6 किमी. (b) 9 किमी.

(c) 8 किमी. (d) 7 किमी.

13. एक विमान 2500 किमी., 1200 किमी. तथा 500 किमी. की यात्रा क्रमशः 500 किमी./घण्टा, 400 किमी./घण्टा तथा 250 किमी./घण्टा की गति से करता है। तद्नुसार, उस विमान की औसत गति कितनी है?

(a) 420 किमी./घण्टा

(b) 410 किमी./घण्टा

(c) 405 किमी./घण्टा

(d) 575 किमी./घण्टा

14. हरि अपने घर से 5 किमी./घण्टा की गति से चलकर अपने कार्यालय 3 मिनट देरी से पहुँचता है। अगले दिन वह अपनीं गति 1 किमी./घण्टा बढ़ा देता है और 3 मिनट पहले पहुँच जाता है। तद्नुसार उसके घर से कार्यालय की दूरी कितनी है?

(a) 1 किमी. (b) 2 किमी.

(c) 3 किमी. (d) $3\frac{1}{2}$ किमी.

15. एक जहाज 30 किमी./घण्टा की गति से चल रहा है। यदि जानने के लिए कि उसके नीचे का समुद्र कितना गहरा है, उससे एक रेडियो तरंग प्रसारित की जाती है, जो 200 मी./से. की गति से चलती है, तब जहाज को उसका सिग्नल 500 मीटर की दूरी तय कर लेने के बाद मिलता है। तद्नुसार समुद्र की गहराई कितनी हैं?

(a) $\frac{\sqrt{143}}{2}$ किमी.

(b) 12 किमी.

(c) $\sqrt{6}$ किमी.

(d) 8 किमी.

उत्तर (हल/संकेत)

1. (c) 20 किमी./घण्टा चाल वाली नाव द्वारा $3\frac{1}{2}$ घण्टे अर्थात् $\frac{7}{2}$ घंटे में तय की गई दूरी $= 20 \times \frac{7}{2} = 70$ किमी.

इसी प्रकार,

23 किमी./घण्टा चाल वाली नाव द्वारा $3\frac{1}{2}$ घंटे अर्थात् $\frac{7}{2}$ घंटे में तय की गई दूरी

$= 23 \times \frac{7}{2} = \frac{161}{2} = 80.5$ किमी.

अतः $\frac{7}{2}$ घण्टे पश्चात् उनके बीच की दूरी

$= 80.5 - 70 = 10.5$ किमी.

2. (d) समय = 2.17 PM = 14 : 17

कुल समय = 14 : 17 + 11:59

= 26 : 16

पहले का समय = 26 : 16 − 24 : 00

= 2 : 16

= 2:16 A.M.

3. (a) ∴ रेलगाड़ी की चाल

= 7 किमी./घण्टा

∴ रेलगाड़ी द्वारा 20 मिनट या $\frac{1}{3}$ घण्टे में तय की गयी दूरी $= 75 \times \frac{1}{3}$

= 25 किमी.

4. (a) बस (1) द्वारा मथुरा पहुँचने में समय

= 00 : 40 − 20 : 37

= 4 : 03

बस (2) द्वारा मथुरा पहुँचने में समय

= 18 : 10 − 13 : 35

= 4 : 35

बस (3) द्वारा मथुरा पहुँचने में समय

= 21 : 55 − 19 : 22

= 2 : 33

अतः बस (3) को मथुरा पहुँचने में सबसे कम समय लगेगा।

5. (c) गीता के घर से विद्यालय की दूरी

$= 5 \times \frac{42}{60} = 3.5$ किमी.

6. (b) माना अभीष्ट दूरी x किमी. तथा वास्तविक चाल y किमी./घण्टा है।

तब, प्रश्नानुसार,

$$= \frac{x}{(y-6)} - \frac{x}{y} = \frac{8}{60}$$

$$\frac{xy - xy + 6x}{y(y-6)} = \frac{8}{60}$$

$$\Rightarrow \frac{x}{y(y-6)} = \frac{1}{45} \quad \text{...(i)}$$

$$\frac{x}{y} - \frac{x}{(y+4)} = \frac{9}{2 \times 60}$$

$$\Rightarrow \frac{xy + 4x - xy}{y(y+4)} = \frac{3}{40}$$

$$\Rightarrow \frac{x}{y(y+4)} = \frac{3}{160} \quad \text{...(ii)}$$

समी० (i) को (ii) से भाग देने पर

$$\frac{x}{y(y-6)} \times \frac{y(y+4)}{x}$$

$$= \left(\frac{1}{45} \times \frac{160}{3}\right)$$

$\Rightarrow \quad \frac{y+4}{y-6} = \frac{32}{27}$

$\Rightarrow \quad 27y + 108 = 32y - 192$

$\Rightarrow \quad 5y = 300 \Rightarrow y = 60$

$\therefore$ अभीष्ट दूरी $(x) = \frac{y(y-6)}{45}$

$$= \frac{60(60-6)}{45}$$

$= \left(\frac{4}{3} \times 54\right)$ किमी. = 72 किमी.

7. (c) माना घर से विद्यालय के बीच की दूरी $= x$ किमी.

तब, प्रश्नानुसार, $\frac{x}{\frac{5}{2}} - \frac{x}{\left(\frac{5}{2}+1\right)}$

$= \frac{(6+6)}{60}$

$\Rightarrow \quad \frac{2}{5}x - \frac{2}{7}x = \frac{1}{5}$

$\Rightarrow \quad 14x - 10x = 35 \times \frac{1}{5}$

$\Rightarrow \quad 4x = 7$

$\therefore \quad x = \frac{7}{4}$ किमी.

8. (b) माना घर से रिसॉर्ट तक, एक तरह की दूरी $= D$ किमी.

माना सुमित यह दूरी तय करने में t घण्टे का समय लेता है।

तब, प्रश्नानुसार,

$45 \times t = 40 \times (t+1)$

$\Rightarrow \quad 45\,t = 40t + 40$

$\Rightarrow \quad 5t = 40$

$\Rightarrow \quad t = 8$ घण्टे

$\therefore$ प्रत्येक ओर की दूरी = (45 × 8) किमी. = 360 किमी.

9. (c) माना आदमी की चाल $= x$ किमी./घण्टा

तब, प्रश्नानुसार,

$(20 + x) \times 8 = 20 \times 10$

$\Rightarrow \quad 160 + 8x = 200$

$\Rightarrow \quad 8x = 40$

$\Rightarrow \quad x = 5$ किमी./घण्टा

10. (c) A द्वारा 1 घण्टे में चली गई दूरी = (1 × 20) किमी. = 20 किमी.

शेष दूरी = (110 – 20) किमी.

= 90 किमी.

सापेक्ष गति = (25 + 20) किमी./घण्टा

= 45 किमी./घण्टा

$\therefore$ समय $= \frac{90}{45}$ घण्टे = 2 घण्टे

$\therefore$ A और B के मिलने का समय = (7 + 2 + 1) = 10 बजे प्रातः

11. (d) माना निश्चित दूरी D किमी. तथा निश्चित समय t घण्टे हैं।

$\therefore$ प्रथम स्थिति में,

चाल $(V_1) = \frac{D}{t}$

द्वितीय स्थिति में,

चाल $(V_2) = \frac{\left(D + \frac{40D}{100}\right)}{\left(t - \frac{37}{100}t\right)}$

$$= \frac{20D}{9t}$$

$\therefore \quad V_2 = \frac{20}{9}V_1$

$\Rightarrow \quad \frac{V_1}{V_2} = \frac{9}{20} = 9 : 20$

12. (a) माना यात्रा की कुल दूरी $= x$ किमी.

तब, प्रश्नानुसार,

$$\frac{x}{3} - \frac{x}{4} = \frac{1}{2}$$

$\Rightarrow \quad 4x - 3x = \left(12 \times \frac{1}{2}\right)$

$\Rightarrow \quad x = 6$ किमी.

13. (a) कुल तय की गई दूरी = (2500 + 1200 + 500) किमी. = 4200 किमी.

दूरी तय करने में लगा समय = (5 + 3 + 2) घण्टे

= 10 घण्टे

$\therefore$ औसत चाल $= \frac{4200}{10}$ किमी./घंटा

= 420 किमी./घंटा

14. (c) माना हरि के घर से कार्यालय के बीच की दूरी

$= x$ किमी.

तब, प्रश्नानुसार,

$$\frac{x}{5} - \frac{x}{(5+1)} = \frac{(3+3)}{60}$$

$\Rightarrow \quad 6x - 5x = \left(30 \times \frac{1}{10}\right)$

$\Rightarrow \quad x = 3$ किमी.

15. (b) जहाज की चाल $= \left(\frac{30 \times 5}{18}\right)$ मी./से.

$= \frac{25}{3}$ मी./से.

$\because$ रेडियों तरंग की गति = 200 मी./से. = 500 मी./से. व जहाज द्वारा तय की गई दूरी

$\therefore$ समय $= \left(\frac{500 \times 3}{25}\right)$ सेकण्ड = 60 सेकण्ड

कुल चाल = (रेडियों तरंग की चाल + जहाज की चाल)

$= \left(200 + \frac{25}{3}\right)$ मी./से. $= \frac{625}{3}$ मी./से.

माना समुद्र की गहराई $= x$ मी.

तब, प्रश्नानुसार,

$$60 = \left(\frac{x+500}{625}\right) \times 3$$

$\Rightarrow \quad (x + 500) = \left(\frac{60}{3} \times 625\right) = 12500$

$\Rightarrow \quad x = 12000$ मी.

$\therefore \quad = 12$ किमी.

□□

14 साधारण ब्याज

महत्वपूर्ण बिन्दु

- **मूलधन (Principal) :** किसी बैंक, व्यक्ति, या साहूकार द्वारा उधार लिया गया धन मूलधन कहलाता है। इसे 'P' से प्रदर्शित करते हैं।
- **समय (Time period) :** धन जितने समय के लिए धन उधार लिया जाता है उसे ब्याज अवधि कहते हैं। इसे 'T' से प्रदर्शित करते हैं।
- **ब्याज की दर (Rate of interest) :** ₹ 100 पर एक वर्ष के लिए ब्याज को ब्याज दर या दर प्रतिशत वार्षिक कहते हैं। इसे 'R' से प्रदर्शित करते है।
- **साधारण ब्याज (Simple Interest) :** यदि सम्पूर्ण ऋण अवधि के दौरान मूलधन समान बना रहता हो, तो उस पर ब्याज, साधारण ब्याज कहलाता है।
- **मिश्रधन (Amount) :** ब्याज सहित लौटाई गई राशि को मिश्रध न कहते है। इसे 'A' से प्रदर्शित करते हैं।

  मिश्रधन = मूलधन + ब्याज

महत्वपूर्ण सूत्र

यदि मूलधन ₹ P ब्याज दर $R\%$ वार्षिक तथा समय T वर्ष हो, तब

साधारण ब्याज $(S.I) = \dfrac{P \times R \times T}{100}$

$(i)\ P = \dfrac{100 \times S.I.}{RT}$ $\quad (ii)\ R = \dfrac{100 \times S.I.}{PT}$

$(iii)\ T = \dfrac{100 \times S.I.}{PR}$

हल सहित उदाहरण

उदाहरण 1. ₹ 2000 की राशि का पहले 3 वर्षों में 4% साधारण ब्याज की दर से फिर बाद के 4 वर्षों में 7% की दर से तथा अंतिम 6 वर्षों में 8% ब्याज की दर से साधारण ब्याज ज्ञात कीजिए।

हल – अभीष्ट साधारण ब्याज

$$= \left(\frac{2000 \times 3 \times 4}{100} + \frac{2000 \times 4 \times 7}{100} + \frac{2000 \times 6 \times 8}{100}\right)$$

$$= (240 + 560 + 9610) = ₹\ 1760$$

उदाहरण 2. 12 प्रतिशत प्रतिवर्ष की दर से साधारण ब्याज पाने के लिए विमला 5 वर्ष के लिए ₹ 45,800 जमा करती है। 5 वर्ष के अन्त में विमला को कुल कितनी राशि मिलेगी?

हल – 5 वर्ष के अंत में विमला को ब्याज के रूप में प्राप्त राशि

$$= \frac{PRT}{100} = \left(\frac{45800 \times 12 \times 5}{100}\right)$$

$$= ₹\ 27480$$

$\therefore$ 5 वर्ष के अंत में विमला को प्राप्त कुल राशि

$$= ₹\ (45800 + 27480)$$

$$= ₹\ 73280$$

उदाहरण 3. ₹ 4200 के ऋण को 10% वार्षिक ब्याज की दर से 5 वर्षों में चुकाने के लिए प्रतिवर्ष किस्त के रूप में कितनी राशि देनी होगी?

हल – अभीष्ट वार्षिक किस्त $= ₹\left[\dfrac{100A}{100T + \dfrac{RT(T-1)}{2}}\right]$

$$= ₹\left[\frac{100 \times 4200}{100 \times 5 + \dfrac{10 \times 5(5-1)}{2}}\right]$$

$$= ₹\left[\frac{420000}{500+100}\right] = ₹\left[\frac{420000}{600}\right] = ₹\ 700$$

प्रश्नमाला

1. एक व्यक्ति ने बैंक से कुछ रुपया 15% वार्षिक ब्याज की दर से उधार लिया। अगर तीन साल बाद वह ₹ 7,250 वापिस करता है, तो उसने कितना रुपया उधार लिया था।

(a) ₹ 5000 (b) ₹ 4500

(c) ₹ 6500 (d) ₹ 5500

2. ₹ 500 का 6 महीने का 8% की छमाही दर से ब्याज होगा–

(a) ₹ 20 (b) ₹ 30

(c) ₹ 48 (d) ₹ 40

3. यदि किसी राशि का 5 वर्षों का सरल ब्याज ₹ 77.50 है, तो उसी दर से उस राशि पर 4 वर्षों का सरल ब्याज होगा–

(a) ₹ 124 (b) ₹ 15.50
(c) ₹ 387.50 (d) ₹ 62

4. ₹ 500 पर 1 वर्ष का सरल ब्याज 1% मासिकदर से क्या होगा (रुपये में)?

(a) 55 (b) 50
(c) 5 (d) 60

5. एक किसान ने मिनी बैंक में 10 पैसे प्रति रुपया छमाही साधारण ब्याज की दर से ₹ 200 जमा किये। डेढ़ वर्ष बाद बैंक द्वारा उसे वापस दी गयी कुल धनराशि होगी–

(a) ₹ 240 (b) ₹ 260
(c) ₹ 275 (d) ₹ 300

उत्तर (हल/संकेत)

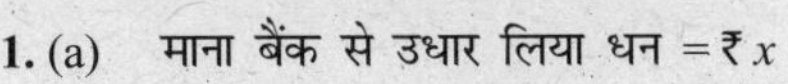

1. (a) माना बैंक से उधार लिया धन = ₹ x

दर = 15% वार्षिक

मिश्रधन = ₹ 7250

समय = 3 वर्ष

$$\text{ब्याज} = \frac{\text{मू.} \times \text{स.} \times \text{द.}}{100}$$

$$7250 - x = \frac{x + 3 \times 15}{100}$$

$$\frac{9x}{20} = 7250 - x$$

$$9x = 7250 \times 20 - 20x$$

$$29x = 7250 \times 20$$

$$x = \frac{7250 \times 20}{29}$$

$$= ₹\ 5000$$

2. (d) $$\text{ब्याज} = \frac{\text{मू.} \times \text{द.} \times \text{स.}}{100}$$

$$= \frac{500 \times 8 \times 1}{100}$$

$$= ₹\ 40$$

3. (d) माना वह धान ₹ x तथा दर r% है।

$$\text{तब } 77.50 = \frac{x \times r \times 4}{100}$$

$$\text{तब } y = \frac{x \times r \times 4}{100}$$

समी. (i) को (ii) से भाग करने पर

$$\frac{77.50}{y} = \frac{x \times r \times 5}{x \times r \times 4} = \frac{5}{4}$$

$$y = \frac{77.50 \times 4}{5} = ₹\ 62$$

4. (d) ₹ 500 पर 1 वर्ष्ज्ञ का (12 माह) का 1 प्रतिशत मासिक दर से ब्याज

$$\frac{500 \times 1 \times 12}{100} = ₹\ 60$$

5. (b) मूलधन ₹ 200, समय $1\frac{1}{2}$ वर्ष या $\frac{3}{2}$ वर्ष या 3 छमाही

दर = 10% प्रति छमाही

$$\text{तो साधारण ब्याज} = \frac{200 \times 3 \times 10}{100}$$

अत: बैंक द्वारा वापस दी गयी राशि

$$= 200 + 60$$

$$= ₹\ 260$$

❑❑

15 बीजगणित

गुणनखण्ड (Factor) : यदि कोई संख्या किसी दूसरी संख्या को पूरी-पूरी विभाजित कर दे, तो विभाजित करने वाली संख्या को विभाजित होने वाली संख्या का गुणनखण्ड कहते हैं।

जैसे: 16, 1, 2, 4, 8, व 16 से पूर्णत: विभाजित हो जाती हैं अत: 1, 2, 4, 8 व 16 को 16 के गुणनखण्ड कहेंगे।

गुणनखण्ड में प्रयोग होने वाले महत्त्वपूर्ण सूत्र–

(i) $(a+b)^2 = a^2 + 2ab + b^2$

(ii) $(a-b)^2 = a^2 + 2ab + b^2$

(iii) $(a+b)^2 - (a-b)^2 = 4ab$

(iv) $(a^2 - b^2) = (a+b)(a-b)$

(v) $(a^4 - b^4) = (a^2 - b^2)(a^2 + b^2)$
$= (a+b)(a-b)(a^2+b^2)$

(vi) $(a^3 + b^3) = (a+b)(a^2 - ab + b^2)$

(vii) $(a^3 - b^3) = (a-b)(a^2 + ab + b^2)$

(viii) $(a+b)^3 = a^3 + b^3 + 3ab(a+b)$

(ix) $(a-b)^3 = a^3 - b^3 - 3ab(a-b)$

हल सहित उदाहरण

उदाहरण 1. $16x^2 + 10yz - 25z^2 - y^2$ के गुणनखण्ड हैं–

हल. व्यंजक $= 16x^2 + 10yz - 25z^2 - y^2$
$=16x^2 - (y^2 - 10yz + 25z^2)$
$= (4x)^2 - (y-5z)^2$
$= 4x + y - 5z)(4x - y + 5z)$

उदाहरण 2. $x^5 + x^4y - xy^4 - y^5$ के गुणनखण्ड हैं–

हल. $x^5 + x^4y - xy^4 - y^5 = x^4(x+y) - y^4(x+y)$
$= (x+y)(x^4 - y^4)$

उदाहरण 3. $16(5a+6)^2 - 25(3a-4)^2$ के गुणनखण्ड हैं–

हल. $= 16(5a+6)^2 - 25(3a-4)^2 20a + 24)^2 - (15a-20)^2$
$= (20a + 24 + 15a - 20)(20a + 24 - 15a + 20)$
$= (35a+4)(5a+44)$

उदाहरण 4. यदि $x^3 + bx + c$ और $x^3 + cx + b$ का एक गुणनखण्ड उभयनिष्ठ हो, तो b और c में क्या सम्बन्ध है?

हल. माना उभयनिष्ठ गुणनखण्ड $(x - \alpha)$ है।

$\therefore x^3 + bx + c$ में $x = \alpha$ रखने पर

$0 = \alpha^3 + b\alpha + c$

इसी प्रकार $x^3 + cx + b$ में $x = \alpha$ रखने पर

$0 = \alpha^3 + c\alpha + b$

$\therefore \alpha^3 + b\alpha + c = 0$

और $\alpha^3 + c\alpha + b = 0$

घटाने पर, $(b-c)\alpha = b - c$

$\therefore \alpha = 1$

$(\alpha^3 + \alpha b + c)$ में $\alpha = 1$ रखने पर

$0 = (1)^3 + b(1) + c$

$\therefore b + c + 1 = 0$

प्रश्नमाला

1. $ab(c^2+1) + c(a^2+b^2)$ के गुणनखंड होंगे–

(a) $(ac+b)(bc+a)$
(b) $(a+b)(b+c)$
(c) $(b+c)(c+a)$
(d) $abc^2(a^2+b^2)$

2. $(x+y)^3 - x - y$ के गुणनखण्ड होंगे–

(a) $(x+y)(x-y+1)(x-y-1)$
(b) $(x+y)(x+y-1)(x+y+1)$
(c) $(x+y)(x-y+1)(x+y-1)$
(d) $(x-y)(x+y+1)(x+y-1)$

3. $a^2 + \left(b + \frac{1}{b}\right)a + 1$ के मान होंगे–

(a) $ab \times \frac{1}{2a}$
(b) $\left(a + \frac{1}{b}\right)\left(a + \frac{1}{b}\right)$
(c) $(a+b)\left(a + \frac{1}{b}\right)$
(d) $(a-b)\left(a - \frac{1}{b}\right)$

4. $\frac{220 \times 220 - 180 \times 180}{220 - 180}$ का मान होगा–

(a) 430 (b) 400
(c) 40 (d) 300

5. $a^4 + 2 + \frac{1}{a^4}$ का मान होगा जब $a = \sqrt{3}$ हो

(a) $11\frac{1}{9}$ (b) 100
(c) 130 (d) $44\frac{1}{2}$

6. यदि $2x^2 + 5xy + 3y^2 + x + ay - 10 = (2x + 3y + b)(x + y - 2)$ हो, तो a और b के मान हैं–
(a) 1 और – 5 (b) – 1 और – 5
(c) – 1 और 5 (d) – 2 और – 5

7. यदि $x^3 - 7x^2 - 4kx + 6k$ का गुणनखण्ड $(x + 3)$ हो तो k काम मान है–
(a) 6 (b) 2
(c) 8 (d) 5

8. $x^3 - (x - 1)^3$ के गुणनखण्ड होंगे–
(a) $(3x^2 - 3x + 1)(x - 1)$
(b) $(x - 1)(3x + 3)$
(c) $(3x - 1)(2x)$
(d) $(3x^2 - 3x + 1)$

9. व्यंजक $x^3 + 2x^2 + x + 2$ में $x + 2$ का भाग देने पर शेषफल क्या होगा–
(a) 4 (b) 3
(c) 5 (d) 0

10. व्यंजक $4k^3 + x - 1$ को $x + 2k$ से भाग देने पर शेषफल होगा–
(a) $-2k - 1$ (b) $4k^3 - 2k - 1$
(c) $k - 1$ (d) $-4k^2 + 2k - 1$

11. $(x + y)^2 + x + y + z - z^2$ के गुणनखण्ड होंगे–
(a) $(x - y - z)(x + y - z + 1)$
(b) $(x + y + z)(x + y - z)$
(c) $(x^2 + y^2 + z^2)(x + y - z + 1)$
(d) $(x + y + z)(x + y - z + 1)$

12. $x^2 + \frac{1}{x^2} + 2\left(x - \frac{1}{x}\right) - 5$ के गुणनखण्ड होंगे–
(a) $\left(x + \frac{1}{x} + 1\right)\left(x + \frac{1}{x} - 1\right)$
(b) $\left(x + \frac{1}{x} - 3\right)\left(x + \frac{1}{x} - 1\right)$
(c) $\left(x - \frac{1}{x} + 3\right)\left(x - \frac{1}{x} - 1\right)$
(d) $\left(x - \frac{1}{x} + 3\right)\left(x - \frac{1}{x} + 1\right)$

13. $x^3 - \frac{1}{x^3} - 36$ के गुणखण्ड होंगे–
(a) $\left(x + \frac{1}{x} - 3\right)\left(x + \frac{1}{x}\right)$
(b) $\left(x + \frac{1}{x} + 3\right)\left(x - \frac{1}{x}\right)$
(c) $\left(x - \frac{1}{x} - 3\right)\left(x^2 + \frac{1}{x^2} + 10 - \frac{3}{x} + 3x\right)$
(d) $\left(x + \frac{1}{x} + 3\right)\left(x^2 + \frac{1}{x^2} + 10 - \frac{3}{x} + 3x\right)$

14. $x(y^2 - z^2) + y(z^2 - x^2) + z(x^2 - y^2)$ के गुणनखण्ड होंगे–
(a) $(x - y)(y - z)(z - x)$
(b) $(x - y - z)(x + y)$
(c) $(x - y)(y + z)(z - x)$
(d) $(x + y)(y + z)(z + x)$

15. $(x + 1)(x + 2)(x + 3)(x + 4) - 35$ के गुणनखण्ड होंगे–
(a) $(x + 5)(x^2 + 3x + 1)$
(b) $(x^2 + 5x + 4)(x - 1)$
(c) $(x^2 + 5x - 1)(x^2 + 5x + 11)$
(d) $(x^2 + 5x + 1)(x^2 + 5x - 11)$

16. यदि $4a^2 - 4ab - c^2 - 2bc$ का एक घटक $(pa - 2b - c)$ है, तो p का मान क्या होगा?
(a) 1 (b) 2
(c) – 1 (d) – 2

17. $x^2 + x - (a + 1)(a + 2)$ के गुणनखण्ड हैं–
(a) $\{x + (a + 2)\}\{x - (a + 1)\}$
(b) $\{x + (a + 1)\}\{x - (a + 2)\}$
(c) $\{x - (a + 1)\} + \{x - (a + 2)\}$
(d) $\{x - (2a + 2)\}\{x + (2a + 4)\}$

18. $x^3 - y^3 - z^3 - 3xyz$ के गुणनखण्ड है–
(a) $(x + y + z)(x^2 + y^2 + z^2 - xy - yx - zx)$
(b) $(x + y + z)(x^2 + y^2 + z^2 + xy - z + zx)$
(c) $(x - y - z)(x^2 + y^2 + z^2 + xy - yz + zx)$
(d) $(x - y - z)(x^2 + y^2 + z^2 - xy - yz - zx)$

उत्तर (हल/संकेत)

1. (a) $ab(c^2 + 1) + c(a^2 + b^2)$
$= abc^2 + ab + a^2c + b^2c$
$= abc^2 + a^2c + b^2c + ab$
$= ac(bc + a) + b(bc + a)$
$= (bc + a)(ac + b)$

2. (b) $(x + y)^3 - x - y = (x + y)^3 - (x + y)$
$= (x + y)[(x + y)^2 - 1]$
$= (x + y)[(x + y)^2 - (1)^2]$
$= (x + y)(x + y - 1)(x + y + 1)$

3. (c) $a^2 + \left(b + \frac{1}{b}\right)a + 1$
$= a^2 + ab + \frac{a}{b} + \frac{b}{b}$
$= a(a + b) + \frac{1}{b}(a + b)$
$= (a + b)\left(a + \frac{1}{b}\right)$

4. (b) व्यंजक $= \frac{220 \times 220 - 180 \times 180}{220 - 180}$
$= \frac{(220)^2 - (180)^2}{(220 - 180)}$
$= \frac{(220 + 180)(220 - 180)}{220 - 180}$
$= (220 + 180) = 400$

5. (a) व्यंजक $= a^4 + 2 + \frac{1}{a^4}$
$= \left(a^2 + \frac{1}{a^2}\right)^2 = \left(3 + \frac{1}{3}\right)^2$
क्योंकि $a = \sqrt{3}$ दिया गया है)
$= \left(\frac{10}{3}\right)^2 = \frac{100}{9} = 11\frac{1}{9}$

6. (c) $\therefore (2x + 3y + b)(x + y - 2)$
$= 2x^2 + 5xy + 3y^2 + (b - 4)x + (b - 6)y - 2b$
$\Rightarrow 2x^2 + 5xy + 3y^2 + (b - 4)x + b(b - 6)y - 2b$
$= 2x^2 + 5xy + 3y^2 + x + ay - 20$
$\therefore -2b = -10$ तथा $b - 6 = a$
$\therefore b = 5$ तथा $a = -1$

7. (d) प्रदत्त व्यंजक में $x = -3$ रखने पर
$\therefore \quad (-3)^3 - 7(-3)^2 - 4K(-3) + 6K = 0$
$\Rightarrow \quad -27 - 63 + 12K + 6K = 0 = K = 5$

8. (d) व्यंजक
$= x^3 - (x - 1)^3$
$= [x - (x - 1)][x^2 - x(x + 1) + (x - 1)^2$

$= (x - x + 1)(x^2 + x^2 - x + x^2 - 2x + 1)$
$= 1(3x^2 - 3x + 1)$
$= 3x^2 - 3x + 1$

9. (d) व्यंजक में $x = -2$ रखने पर
शेषफल $= (-2)^3 + 2(-2)^2 + (-2) + 2$
$= -8 + 8 - 2 + 2 \quad = 0$

10. (b) $\therefore x + 2k = 0$
$\therefore x = -2k$
x का मान व्यंजक में रखने पर,
अभीष्ट शेषफल $= 4k^3 + (-2k) - 1$
$= 4k^3 - 2k - 1$

11. (d) व्यंजक $= (x + y)^2 + x + y + z - z^2$
$= (x + y)^2 - (z)^2 + x + y + z$
$= (x + y + z)(x + y - z) + (x + y + z)$
$= (x + y + z)(x + y - z + 1)$

12. (c) व्यंजक

$$= x^2 + \frac{1}{x^2} + 2\left(x - \frac{1}{x}\right) - 5$$

$$= x^2 + \frac{1}{x^2} - 2 + 2\left(x - \frac{1}{x}\right) - 3$$

$$= \left(x - \frac{1}{x^2}\right)^2 + 2\left(x - \frac{1}{x}\right) - 3$$

$$= a^2 + 2a - 3 \left(x - \frac{1}{x} = a \text{ रखने पर}\right)$$

$= a^2 + 3a - a - 3 = a(a + 3) - 1(a + 3)$
$= (a + 3)(a - 1)$

$$= \left(x - \frac{1}{x} + 3\right)\left(x - \frac{1}{x} - 1\right) (a \text{ का मान रखने पर})$$

13. (c) व्यंजक $= x^3 - \frac{1}{x^3} - 36$

$$= \left(x - \frac{1}{x}\right)^3 + 3 \cdot x \frac{1}{3}\left(x - \frac{1}{x}\right) - 27 - 9$$

$$= \left(x - \frac{1}{x}\right)^3 + 3\left(x - \frac{1}{x}\right) - 3^3 - 9 \left(x - \frac{1}{x} = a\right)$$

$= a^3 - (3)^3 + 3a - 9$
$= (a - 3)(a^2 + 3a + 9) + 3(a - 3)$
$= (a - 3(a^2 + 3a + 9 + 3)$
$= (a - 3)(a^2 + 3a + 12)$

$$= \left(x - \frac{1}{x} - 3\right)\left[\left(x - \frac{1}{x}\right)^2 + 3\left(x - \frac{1}{x}\right) + 12\right]$$

$$\left(a = x - \frac{1}{x} \text{ रखने पर}\right)$$

$$= \left(x - \frac{1}{x} - 3\right)\left(x^2 + \frac{1}{x^2} - 2 + 3x - \frac{3}{x} + 12\right)$$

$$= \left(x - \frac{1}{x} - 3\right)\left(x^2 + \frac{1}{x^2} + 10 - \frac{3}{x} + 3x\right)$$

14. (a) व्यंजक
$= x(y^2 - z^2) + y(z^2 - x^2) + z(x^2 - y^2)$
$= x(y - z)(y + z) + yz^2 + yx^2 + zx^2 - zy^2$
$= (y - z)(xy + zx) + yz(z - y) - x^2(y - z)$
$= (y - z)[xy + zy + yz - x^2]$
$= (y - z)[z(x - y) - x(x - y)]$
$= (y - z)(z - x)(x - y)$

15. (c) व्यंजक
$= (x + 1)(x + 2)(x + 3)(x + 4) - 35$
$= [x + 1)(x + 4)][(x + 2)(x + 3)] - 35$
$= (x^2 + 5x + 4)(x^2 + 5x + 6) - 35$
$= (a + 4)(a + 6) - 35$ ($x^2 + 5x = a$ रखने पर)
$= a^2 + 10a + 24 - 35$
$= a^2 + 10a - 11$
$= (a + 11)(a - 1)$
$= (x^2 + 5x + 11)(x^2 + 5x - 1)$

16. (b) व्यंजक $= 4a^2 - 4ab - c^2 - 2bc$
$= 4a^2 - 4ab - (c^2 + 2bc)$
$= 4a^2 - 4ab + b^2 - (c^2 + 2bc + b^2)$
$= (2a - b)^2 - (b + c)^2$
$= (2a - b - b - c)(2a - b + b + c)$
$= (2a - 2b - c)(2a + c)$

17. (a) $x^2 + x - (a + 1)(a + 2)$
$= x^2 + (a + 2)x - (a + 1)x - (a + 1)(a + 2)$
$= x[x + a + 2] - (a + 1)[x + (a + 2)]$
$= [x + (a + 2)][x - (a + 1)]$

18. (c) $x^3 - y^3 - z^3 - 3xyz$
$= (x - y)^3 + 3xy(x - y) - z^3 - 3xyz$
$= a^3 + 3xya - z^3 - 3xyz$ [$(x - y) = a$ मानकर]
$= a^3 - z^3 + 3xya - 3xyz$
$= (a - z)(a^2 + az + z^2) + 3xy(a - z)$
$= (a - z)(a^2 + az + z^2 + 3xy)$
$= (x - y - z)[(x - y)^2 + (x - y)z + z^2 + 3xy]$
(a का मान रखने पर)
$= (x - y - z)(x^2 + y^2 - 2xy + zx - yz + z^3 + 3xy)$
$= (x - y - z)(x^2 + y^2 + z^2 + xy - yz + xz)$

❑❑

16 क्षेत्रमिति

महत्वपूर्ण सूत्र

1. आयत (Rectangle)– यदि एक आयत की लम्बाई l इकाई व चौड़ाई b इकाई हो, तब

(i) आयत का क्षेत्रफल $= lb$ वर्ग इकाई

(ii) आयत का विकर्ण $= \sqrt{l^2+b^2}$ इकाई

(iii) आयत का परिमाप $= 2\,(l+b)$ इकाई

2. वर्ग (Square)– यदि एक वर्ग की प्रत्येक भुजा a इकाई हो, तब

(i) वर्ग का क्षेत्रफल $= a^2$ वर्ग इकाई

या

$\frac{1}{2}$ (विकर्ण)^2 वर्ग इकाई

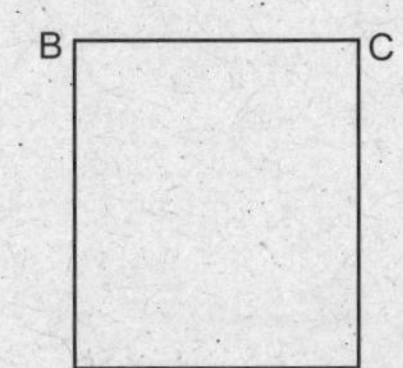

(ii) वर्ग का परिमाप $= 4a$ इकाई

(iii) वर्ग का विकर्ण $= \sqrt{2}a$ इकाई

3. समचतुर्भुज (Rhombus)– यदि एक समचतुर्भुज की प्रत्येक भुजा a इकाई हो, तब

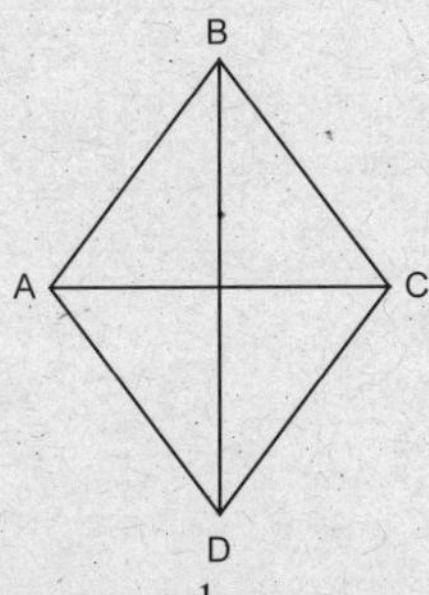

(i) समचतुर्भुज का क्षेत्रफल $= \frac{1}{2}d_1d_2$ वर्ग इकाई

(ii) समचतुर्भुज का परिमाप $= 4a$ वर्ग इकाई

(iii) समचतुर्भुज की भुजा $= \sqrt{\left(\frac{d_1}{2}\right)^2+\left(\frac{d_2}{2}\right)^2}$ इकाई

4. समानान्तर चतुर्भुज (Parallelogram)– यदि समानान्तर चतुर्भुज की समानान्तर भुजाएँ a तथा b इकाई हों, तो,

(i) समानान्तर चतुर्भुज का क्षेत्रफल = आधार × ऊँचाई

$= ah$ वर्ग इकाई

(ii) समानान्तर चतुर्भुज का परिमाप $= 2(a+b)$ इकाई

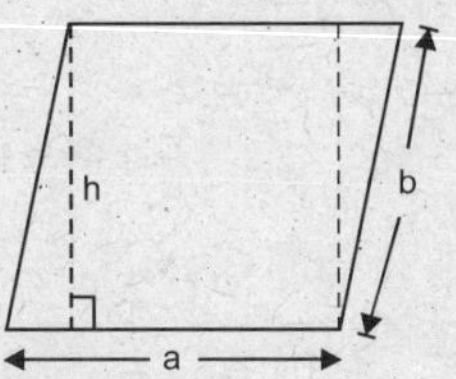

5. समलम्ब चतुर्भुज (Trapezium)– यदि समलम्ब चतुर्भुज की दोनों समान्तर भुजाएँ क्रमशः a इकाई व b इकाई हों, तथा उनके बीच की दूरी d इकाई हों, तब

(i) समलम्ब चतुर्भुज का क्षेत्रफल

$=\frac{1}{2}$ (समान्तर भुजाओं का योग) × (उनके बीच की दूरी)

$\frac{1}{2}(a+b)\times d$ वर्ग इकाई

(ii) समलम्ब चतुर्भुज का परिमाप

$= (AB+BC+CD+AD)$ इकाई

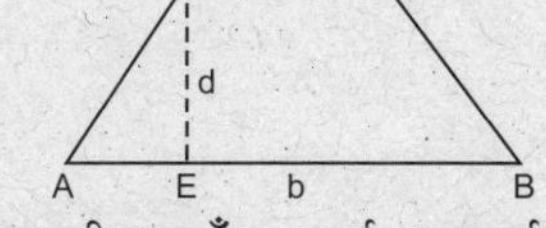

6. त्रिभुज (Triangle)– यदि एक त्रिभुज की भुजाएँ a इकाई, b इकाई व c इकाई हों, तब

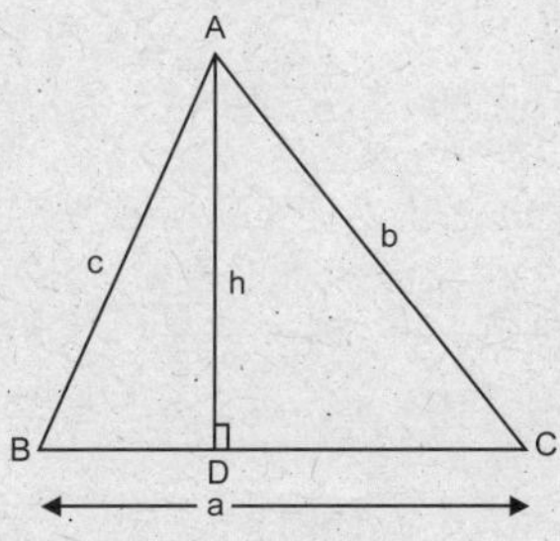

(i) त्रिभुज का अर्द्धपरिमाप (S) $= \frac{1}{2}(a+b+c)$ इकाई

(ii) त्रिभुज का क्षेत्रफल $= \frac{1}{2}$ × आधार × ऊँचाई

$= \left(\frac{1}{2}\times a\times h\right)$ वर्ग इकाई

नोट : यदि त्रिभुज की ऊँचाई न दी गई हो, तब

(iv) त्रिभुज का क्षेत्रफल $= \sqrt{S(S-a)(S-b)(S-c)}$ वर्ग इकाई जहाँ $3 = \frac{1}{2}(a+b+c)$

7. समकोण त्रिभुज (Right angled triangle)– यदि एक समकोण त्रिभुज का आधार b, लम्ब a तथा कर्ण h इकाई हो, तब

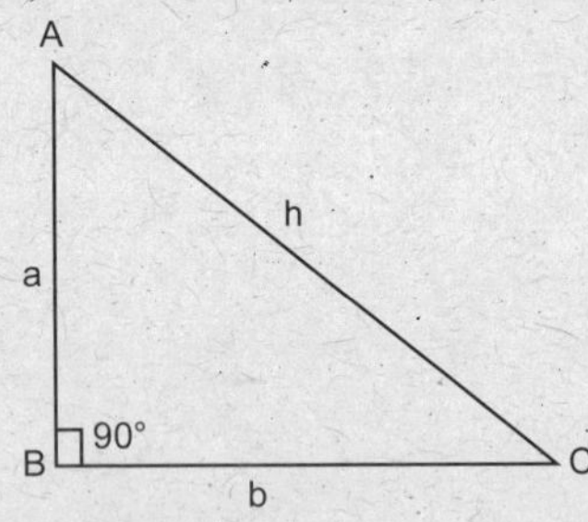

(*i*) समकोण त्रिभुज का क्षेत्रफल $= \frac{1}{2}ba$ वर्ग इकाई

(*ii*) समकोण त्रिभुज का परिमाप $= (a + b + h)$ वर्ग इकाई

(*iii*) समकोण त्रिभुज का कर्ण $(h) = \sqrt{a^2 + b^2}$ इकाई

8. समबाहु त्रिभुज (Equilateral triangle)– यदि समबाहु त्रिभुज की प्रत्येक भुजा a इकाई हो, तब

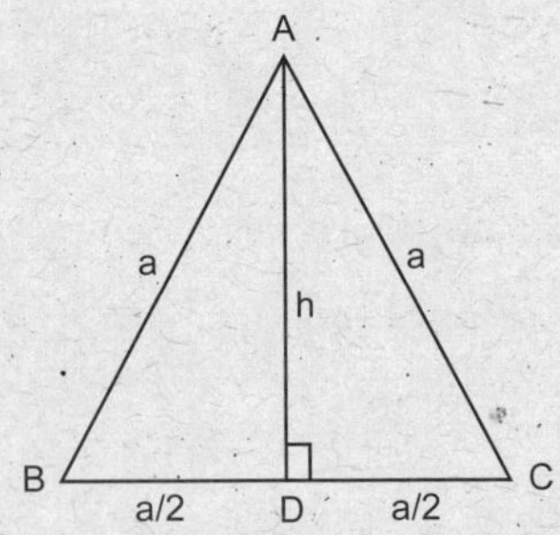

(*i*) समबाहु त्रिभुज का क्षेत्रफल $= \frac{\sqrt{3}}{4}a^2$ वर्ग इकाई

(*ii*) समबाहु त्रिभुज का परिमाप $= 3a$ इकाई

(*iii*) समबाहु त्रिभुज का शीर्ष लम्ब $= \frac{\sqrt{3}}{2}a$ इकाई

9. वृत्त (Circle)– यदि वृत्त की त्रिज्या r इकाई हो, तब

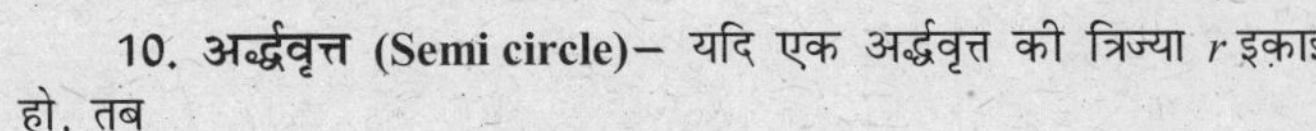

(*i*) वृत्त का क्षेत्रफल $= \pi r^2$ वर्ग इकाई

(*ii*) वृत्त की परिधि $= 2\pi r$ इकाई

(*iii*) वृत्त का व्यास $= 2r$ इकाई

10. अर्द्धवृत्त (Semi circle)– यदि एक अर्द्धवृत्त की त्रिज्या r इकाई हो, तब

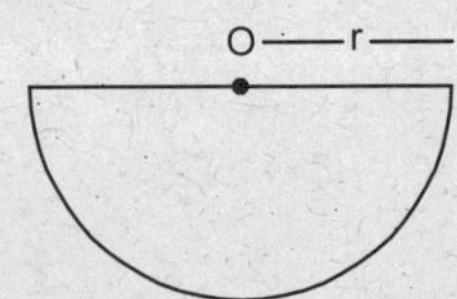

(*i*) अर्द्धवृत्त का क्षेत्रफल $= \frac{1}{2}\pi r^2$ वर्ग इकाई

(*ii*) अर्द्धवृत्त का परिमाप $= (\pi r + 2r)$ इकाई

11. त्रिज्य खण्ड (Sector)– यदि त्रिज्य खण्ड का कोण θ हो, तब

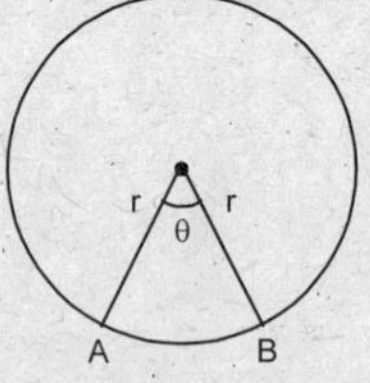

(*i*) त्रिज्य खण्ड का क्षेत्रफल

$= \left(\frac{\theta}{360} \times \pi r^2\right)$ वर्ग इकाई

(*ii*) त्रिज्य खण्ड का परिमाप $= \frac{\theta}{360°}(2\pi r + 2r)$ इकाई

12. समषट्भुज (Hexagon)– यदि समषट्भुज की प्रत्येक भुजा a इकाई हो, तब

(*i*) समषट्भुज का परिमाप $= 6a$ इकाई

(*ii*) समषट्भुज का क्षेत्रफल $= \frac{3\sqrt{3}}{2}a^2$ वर्ग इकाई

(*iii*) समषट्भुज के अंत:कोणों का योग $= 2(n - 2) \times 90°$

($\because$ समषट्भुज के लिए $n = 6$)

$\therefore$ अभीष्ट योग $= 2\,(6 - 2) \times 90° = 720°$

(*iv*) समषट्भुज का प्रत्येक बाह्य कोण $= 60°$

13. घनाभ (Cuboid) : माना एक घनाभ की लम्बाई l सेमी., चौड़ाई b सेमी. व ऊँचाई h सेमी. है। तब,

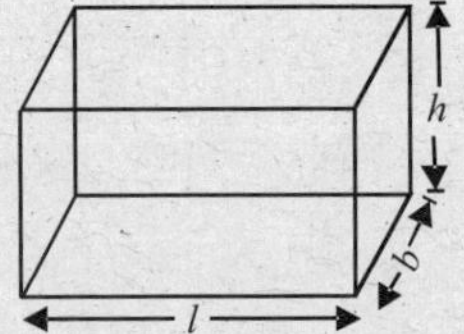

(*i*) घनाभ का आयतन $= lbh$ घन सेमी.

(*ii*) घनाभ का सम्पूर्ण पृष्ठीय क्षेत्रफल $= 2(lb + bh + hl)$ वर्ग सेमी.

(*iii*) घनाभ का विकर्ण $= = \sqrt{l^2 + b^2 + h^2}$ सेमी.

14. घन (Cube) : माना घन की प्रत्येक भुजा $= a$ सेमी., तब

(i) घन का आयतन $= a^3$ घन सेमी.

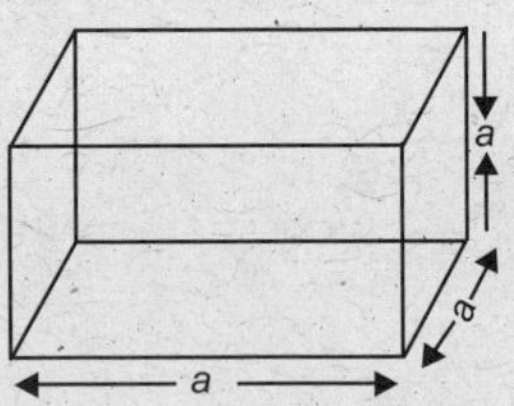

(*ii*) घन का सम्पूर्ण पृष्ठीय क्षेत्रफल $= 6a^2$ सेमी.^{2}

(*iii*) घन का विकर्ण $= \sqrt{3}a$ सेमी.

15. बेलन (Cylinder) : माना बेलन की आधार त्रिज्या r सेमी. व ऊँचाई h सेमी. है। तब,

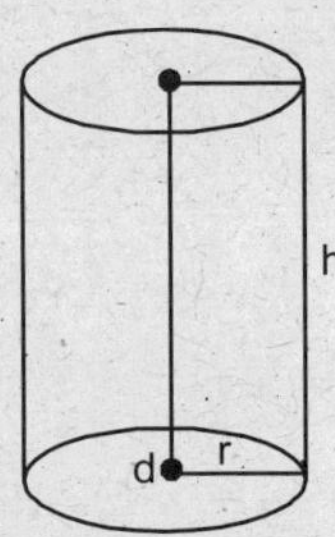

(*i*) बेलन का आयतन $= \pi r^2 h$ घन सेमी.

(*ii*) बेलन का सम्पूर्ण पृष्ठीय क्षेत्रफल $= 2\pi r\,(h + r)$ वर्ग सेमी.

(*iii*) बेलन का विकर्ण $= 2\pi rh$ सेमी.

16. शंकु (Cone) : यदि एक शंकु की आधार त्रिज्या r सेमी. व ऊँचाई h सेमी. व तिर्यक ऊँचाई l सेमी. हो, तब

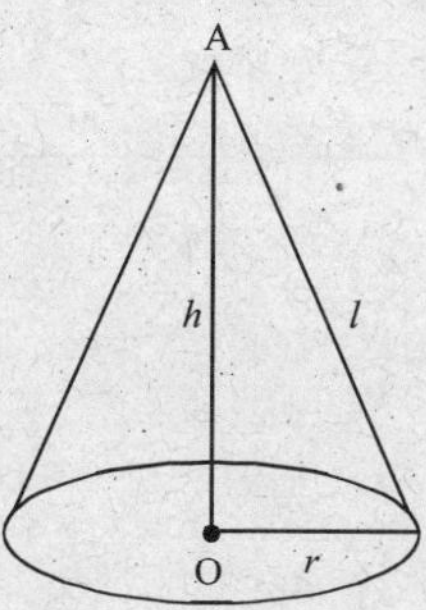

(*i*) शंकु का आयतन $= \frac{1}{3}\pi r^2 h$ घन सेमी.

(*ii*) शंकु का सम्पूर्ण पृष्ठीय क्षेत्रफल $= \pi r (l + r)$ वर्ग सेमी.

(*iii*) शंकु का वक्रपृष्ठीय क्षेत्रफल $= 2\pi rl$ वर्ग सेमी.

(*iv*) शंकु की तिरछी ऊँचाई $l = \sqrt{r^2 h^2}$ वर्ग सेमी.

17. गोला (sphere) : माना एक गोले की त्रिज्या r सेमी., तब

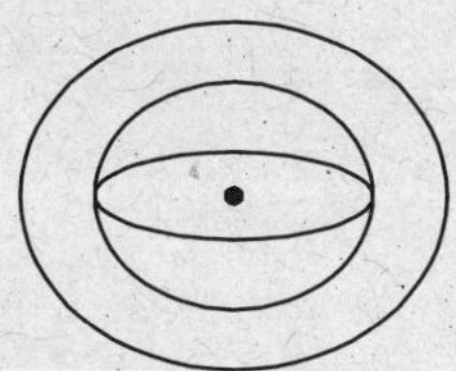

(*i*) गोले का आयतन $\therefore = \frac{4}{3}\pi r^3$ घन सेमी.

(*ii*) गोले का वक्रपृष्ठीय क्षेत्रफल $= 4\pi r^2$ वर्ग सेमी.

18. अर्द्धगोला (Hemi Sphere) : माना अर्द्धगोले की त्रिज्या $= r$ सेमी., तब,

(*i*) अर्द्धगोले का आयतन $= \frac{2}{3}\pi r^3$ घन सेमी.

(*ii*) अर्द्धगोले का सम्पूर्ण पृष्ठीय क्षेत्रफल $= 3\pi r^2$ वर्ग सेमी.

19. खोखला गोला (Hollow Sphere) : यदि एक खोखले गोले की बाह्य त्रिज्या $=$ R सेमी. व आन्तरिक त्रिज्या r सेमी. है तब,

(*i*) खोखले गोले का आयतन $= \frac{4}{3}\pi\left(R^3 - r^3\right)$ घन सेमी.

(*ii*) अर्द्धगोले का आन्तरिक पृष्ठीय क्षेत्रफल $= 4\pi r^2$ वर्ग सेमी.

(*iii*) खोखले गोले का बाह्यपृष्ठीय क्षेत्रफल $= 4\pi R^2$ वर्ग सेमी.

हल सहित उदाहरण

उदाहरण 1. किसी वर्ग का क्षेत्रफल तथा इसके विकर्ण पर खींचे गए वर्ग के क्षेत्रफल का अनुपात क्या होगा?

हल– माना वर्ग की प्रत्येक भुजा $= a$ सेमी.

$\therefore$ वर्ग का क्षेत्रफल $= a^2$ वर्ग सेमी.

वर्ग का विकर्ण $= \sqrt{2}a$ सेमी.

$\therefore$ विकर्ण पर बने वर्ग का क्षेत्रफल $= \left(\sqrt{2}a\right)^2$ वर्ग सेमी. $= 2a^2$ वर्ग सेमी.

$\therefore$ अभीष्ट अनुपात $= a^2 : 2a^2 = 1 : 2$

उदाहरण 2. 20 सेमी. लंबाई तथा 14 सेमी. चौड़ाई वाले आयत के अंतर्गत खींचे जाने वाले सबसे बड़े वृत्त का क्षेत्रफल ज्ञात कीजिए।

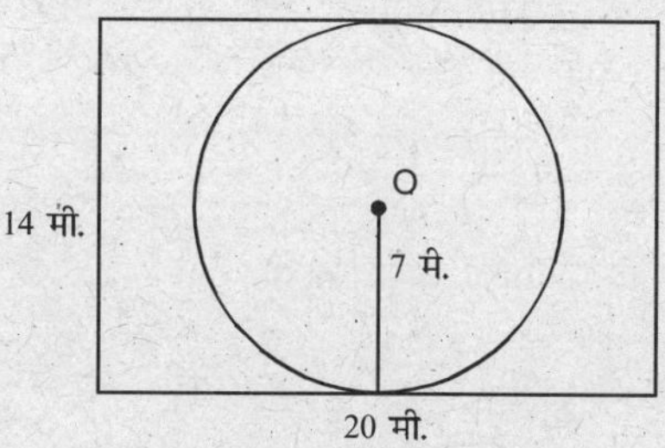

हल– चित्र से स्पष्ट है वृत्त का व्यास आयत की चौड़ाई होगी।

$\therefore$ वृत्त की त्रिज्या $= \left(\frac{1}{2}\times 14\right)$ सेमी.

$= 7$ सेमी.

वृत्त का क्षेत्रफल $= \pi r^2 = \left[\frac{22}{7}\times(7)^2\right]$ वर्ग सेमी.

$= 154$ वर्ग सेमी.

उदाहरण 3. यदि एक वृत्त की त्रिज्या में 25% की वृद्धि कर दी जाए, तो इसके क्षेत्रफल में कितने प्रतिशत की वृद्धि होगी?

हल– वृत्त के क्षेत्रफल में वृद्धि प्रतिशत $= \left[2x + \frac{x^2}{100}\right]\%$

$= \left[2\times 25 + \frac{(25)^2}{100}\right]\%$

$= \left[50 + \frac{625}{100}\right]\% = 56.25\%$

उदाहरण-4 : 7 सेमी. भुजा वाले घन से सबसे बड़ा गोला काटा गया है। गोले का आयतन (सेमी.³ में) ज्ञात कीजिए।

हल-गोले की त्रिज्या $= \frac{7}{2}$ सेमी.

$\therefore$ गोले का आयतन $= \frac{4}{3}\pi r^3$ घन सेमी.

$= \left[\frac{4}{3}\times\frac{22}{7}\times\left(\frac{7}{2}\right)^3\right]$ घन सेमी. $= 179.67$ सेमी.

उदाहरण-5: 15 सेमी. भुजा वाले किसी घन में से 3 सेमी. भुजावाले कुल कितने घन काटे जा सकते हैं?

हल-15 सेमी. भुजा वाले घन का आयतन $= (15 \times 15 \times 15)$ घन सेमी.

3 सेमी. भुजा वाले घन का आयतन $= (3 \times 3 \times 3)$ सेमी.³

घनों की अभीष्ट संख्या $= \left(\frac{15\times 15\times 15}{3\times 3\times 3}\right) = 125$

उदाहरण-6: 6 सेमी. त्रिज्या वाले एक धातु के गोले को पिघलाया गया है और जिसे पुन: 0.5 सेमी. त्रिज्या की गोलियों में ढाला जाता है। इस प्रकार तैयार गोलियों की संख्या कितनी होगी?

हल-गोले का आयतन $= \frac{4}{3}\pi r^3$ सेमी.

$\therefore$ 6 सेमी. त्रिज्या वाले गोले का आयतन

$= \left[\frac{4}{3} \times \frac{22}{7} \times (6)^2\right]$ घन सेमी.

$= \left(\frac{4}{3} \times \frac{22}{7} \times 6 \times 6 \times 6\right)$ घन सेमी.

0.5 सेमी. त्रिज्या वाली गोली का आयतन

$= \left(\frac{4}{3} \times \frac{22}{7} \times (0.5)^3\right)$

$= \left(\frac{4}{3} \times \frac{22}{7} \times 0.5 \times 0.5 \times 0.5\right)$ घन सेमी.

$\therefore$ गोलियों की अभीष्ट संख्या

$$= \frac{\frac{4}{3} \times \frac{22}{7} \times 6 \times 6 \times 6}{\frac{4}{3} \times \frac{22}{7} \times 0.5 \times 0.5 \times 0.5} = 1728$$

उदाहरण-7: एक ठोस गोलाकार ताँबे की गोली को जिसका व्यास 14 सेमी. है, गलाकर 14 सेमी. के बराबर व्यास वाले तार में बदला जाता है, तो तार की लम्बाई ज्ञात कीजिए।

हल- $\therefore$ तार एक बेलन होता है।

$\therefore$ गोलाकार ताँबे की गोली का आयतन = तार का आयतन

$\Rightarrow \frac{4}{3}\pi(7)^3 = \pi(7)^2 \times h$

$\Rightarrow \quad h = \left(\frac{4}{3} \times 7\right)$ सेमी. = 28 सेमी.

$\therefore$ तार की लम्बाई = 28 सेमी.

प्रश्नमाला

1. 8.2 सेमी लम्बी प्रत्येक भुजा वाले वर्ग की परिसीमा क्या है?
(a) 64.16 सेमी
(b) 67.24 सेमी
(c) 32.8 सेमी
(d) 16.2 सेमी

2. एक आयताकार मैदान की लम्बाई 60 मीटर तथा चौड़ाई 40 मीटर है। उसके चारों ओर बाहरी तरफ 5 मीटर चौड़ाई में घास लगाई जाए तो घास लगाने वाली जगह का क्षेत्रफल होगा–
(a) 1100 मीटर
(b) 525 वर्ग मीटर
(c) 1100 वर्ग मीटर
(d) 525 मीटर

3. एक आयताकार चित्र के फ्रेम X की लम्बाई 90 सेमी. तथा चौड़ाई 70 सेमी. है और एक वर्गाकर फ्रेम Y की भुजा 80 सेमी. है, तो निम्नलिखित में से कौन-सा कथन सत्य है?
(a) फ्रेम X का परिमाप 6300 वर्ग सेमी. होगा
(b) फ्रेम Y का परिमाप 6400 वर्ग सेमी. होगा
(c) दोनों फ्रेमों X तथा Y का परिमाप बराबर एवं 320 वर्ग सेमी. होगा
(d) दोनों फ्रेमों X तथा Y का परिमाप 320 सेमी. के बराबर होगा

4. एक आयताकार टंकी की लम्बाई 6 मी., चौड़ाई 2.4 मी. तथा गहराई 1 मी. है तो आधी भरी हुई टंकी में जल का आयतन होगा–
(a) 6 मी^{3} (b) 6.4 मी^{3}
(c) 6.8 मी^{3} (d) 7.2 मी^{3}

5. किसी वर्ग का परिमाप 24 सेमी. और किसी आयत की लम्बाई 8 सेमी. है। यदि वर्ग और आयत के परिमाप बराबर हों, तो आयत का क्षेत्रफल (वर्ग सेमी. में) है–
(a) 64 (b) 16
(c) 24 (d) 32

6. दो वर्गों के परिमाप 12 सेमी. तथा 24 सेमी. हैं। बड़े वर्ग का क्षेत्रफल छोटे वर्ग के क्षेत्रफल का कितने गुना है?
(a) 2 गुना (b) 3 गुना
(c) 4 गुना (d) 5 गुना

7. 10 मीटर लम्बाई वाले एक वर्गाकार कमरे के फर्श को वर्गाकार टाइलों से पूर्णतया ढकना है। यदि प्रत्येक टाइल की लम्बाई 50 सेंटीमीटर हो, तो आवश्यक टाइलों की न्यूनतम संख्या है–
(a) 200 (b) 300
(c) 400 (d) 500

8. किसी आयताकार बक्से की आन्तरिक लम्बाई, चौड़ाई तथा ऊँचाई क्रमश: 10 सेमी, 8 सेमी. और 6 सेमी. हैं। 6240 सेंटीमीटर घनों को पैक करने में कितने बक्सों की आवश्यकता है?
(a) 12 (b) 13
(c) 15 (d) 17

9. आकृति में, प्रत्येक वर्ग की भुजा 1 सेमी. है। छायांकित भाग का क्षेत्रफल, वर्ग सेमी. में है–

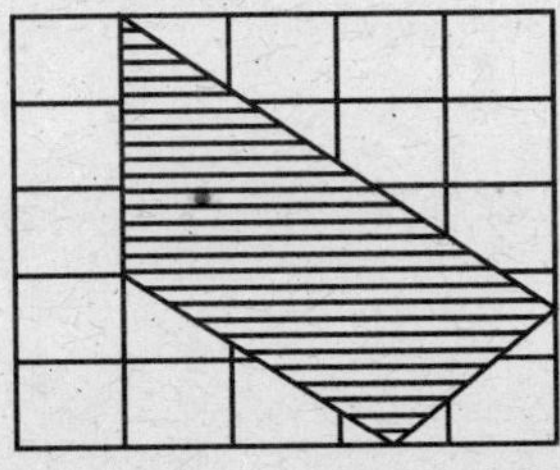

(a) 8 (b) 9
(c) 10 (d) 11

10. 21 सेमी व्यास वाले गोले का पृष्ठीय क्षेत्रफल ज्ञात कीजिए–
(a) 1386 सेमी.^{2}
(b) 693 सेमी.^{2}
(c) 66 सेमी.^{2}
(d) 462 सेमी.^{2}

11. 3.5 सेमी व्यास वाले वृत्त की परिधि है–
(a) 11.3 सेमी. (b) 11 सेमी.
(c) 10.1 सेमी. (d) 9.6 सेमी.

12. यदि एक वृत्त की परिधि 4π से 8π बढ़ाई जाती है, तो उसका क्षेत्रफल होगा–
(a) तीन गुना (b) आधा
(c) चार गुना (d) दो गुना

13. उस लम्बवृत्तीय शंकु का आयतन ज्ञात कीजिए जिसकी त्रिज्या 3.5 सेमी और ऊँचाई 12 सेमी है–

(a) 308 सेमी.^{3}
(b) 154 सेमी.^{3}
(c) 77 सेमी.^{3}
(d) 231 सेमी.^{3}

14. एक वृत्ताकार बगीचे का व्यास 9.8 मीटर है। इसका क्षेत्रफल ज्ञात होगा–
(a) 75.46 मी.^{2}
(b) 80.46 मी.^{2}
(c) 47.49 मी.^{2}
(d) 75.86 मी.^{2}

15. एक समचतुर्भुज के विकर्णों की लम्बाई 8 सेमी और 6 सेमी है। इसका परिमाप होगा–
(a) 24 सेमी. (b) 28 सेमी.
(c) 18 सेमी. (d) 20 सेमी.

16. एक आयत की लम्बाई 'l' है और इसकी चौड़ाई, लम्बाई की आधी है इस आयत का परिमाप क्या होगा यदि उसकी लम्बाई दुगुनी कर दी जाए एवं उसकी चौड़ाई को समान रखा जाए?
(a) $6l$ (b) $3l$
(c) $4l$ (d) $5l$

17. षड्भुजाकार पिरामिड के बारे में कौन-सा कथन सत्य है?
(a) इसके दो षड्भुजाकार फलक होते हैं और छ: आयताकार फलक होते हैं
(b) इसके छ: षड्भुजाकार फलक होते हैं जो छ: आयताकार फलकों से जुड़े हुए होते हैं
(c) इसके छ: फलक होते हैं और प्रत्येक फलक षड्भुज होता है
(d) एक बिन्दु पर मिलते हुए छ: त्रिभुजाकार फलक के साथ इसका षड्भुजाकार आधार होता है

18. एक आयताकार मैदान का परिमाप 1 किलोमीटर है। यदि इसकी चौड़ाई 200 मी हो, तो इसकी लम्बाई है–
(a) 250 मी. (b) 800 मी.
(c) 300 मी. (d) $\frac{1}{2}$ किमी.

19. यदि एक वृत्त की त्रिज्या को 1 सेमी बढ़ा दिया जाये, तो नये वृत्त की परिधि और उसके व्यास में अनुपात होगा–
(a) $\frac{\pi}{2}:1$ (b) $\pi:1$
(c) $\pi+1:2$ (d) $\pi+2:1$

20. एक घन का आयतन 9 सेमी. लम्बे, 6 सेमी. चौड़े तथा 4 सेमी. ऊँचे घनाभ के आयतन के बराबर है। घन की भुजा की लम्बाई होगी–
(a) 6 सेमी. (b) 8 सेमी.
(c) 5.6 सेमी. (d) 4 सेमी.

21. किसी मैदान का एक चक्कर लगाने में 250 मीटर दौड़ना पड़ता है। एक लड़की 75000 सेमी दौड़ चुकी है, तो उसने कितने चक्कर लगाए और 3 किमी की दौड़ पूरी करने के लिए उसे और कितने चक्कर लगाने होंगे ?
(a) 3, 9 (b) 30, 90
(c) 3, 90 (d) 30, 9

22. किसी घनाभ की तीन संलग्न फलकों के क्षेत्रफल क्रमशः a, b तथा c वर्ग मी. है। इसका आयतन होगा–
(a) abc मी.^{3}
(b) $\sqrt{a^2+b^2+c^2}$ मी.^{3}
(c) $\sqrt{abc}$ मी.^{3}
(d) $3\sqrt{abc}$ मी.^{3}

23. यदि झील की लम्बाई और चौड़ाई क्रमशः 40 मी. तथा 10 मी. हो तथा इसमें 1200 घन मीटर पानी है तो झील की गहराई है–
(a) 4 मी. (b) 3.5 मी.
(c) 3 मी. (d) 4.5 मी.

24. किसी आयताकार बक्से A की आंतरिक लम्बाई, चौड़ाई और ऊँचाई क्रमशः 20 सेमी, 18 सेमी. और 15 सेमी. हैं, तथा बक्से B की 18 सेमी., 12 सेमी. और 4 सेमी. हैं। बक्सा A का आयतन बक्सा B के आयतन का कितना गुना है?
(a) 6 (b) 3
(c) 4 (d) 5

25. किसी वर्ग का परिमाप 20 सेमी. है। एक आयत की चौड़ाई इस वर्ग की चौड़ाई के बराबर है और लम्बाई इसकी चौड़ाई की दुगुनी है। आयत का क्षेत्रफल, वर्ग सेमी. में है–
(a) 100 (b) 25
(c) 30 (d) 50

26. स्थान घेरने वाली आकृतियाँ होती हैं:
(a) ठोस (b) समतल
(c) सममित (d) एक विमीय

27. समतल आकृतियाँ होती हैं:
(a) द्विविमीय (b) त्रिविमीय
(c) एक विमीय (d) समतल

28. ठोस आकृतियाँ कहलातीं हैं:
(a) द्विविमीय (b) त्रिविमीय
(c) एक विमीय (d) समतल

29. समतल ज्यामितीय आकृति नहीं है:
(a) आयत (b) त्रिभुज
(c) वर्ग (d) शंकु

30. समतल ज्यामितीय आकृति है:
(a) बेलन (b) शंकु
(c) आयत (d) घन

31. ठोस आकृति का उदाहरण नहीं है:
(a) संतरा (b) पेन
(c) कीप (d) वर्ग

32. ठोस ज्यामितीय आकृति में शामिल नहीं है:
(a) घन (b) घनाभ
(c) वृत्त (d) गोला

33. समतल आकृतियों में होता है:
(a) केवल क्षेत्रफल
(b) केवल आयतन
(c) केवल भुजा
(d) क्षेत्रफल और आयतन दोनों

34. घन व घनाभ के कितने फलक होते हैं?
(a) 5 (b) 4
(c) 2 (d) 6

35. माचिस की डिब्बी के कितने तल हैं?
(a) 6 (b) 9
(c) 4 (d) 8

36. एक बच्चे के पास 5 घनाभकार चॉकलेट हैं, उस चॉकलेट के कितने तल होंगे?
(a) 8 (b) 5
(c) 6 (d) 3

37. लूडो का पासा किसका प्रतिरूप है?
(a) गोला (b) बेलन
(c) घन (d) घनाभ

38. 2-D में दो विमाएँ होती हैं जबकि 3-D में तीन विमाएँ अत: कमरे हैं एक:
(a) द्विविमीय आकृति
(b) त्रिविमीय आकृति
(c) चार विमाओं वाली आकृति
(d) छ: विमाओं वाली आकृति

39. ऐसी आकृति कौन सी है जो स्थान घेरती है तथा जिनकी तीन विमाएँ होती हैं :
(a) समतल आकृति
(b) ठोस आकृति
(c) बहुभुज आकृति
(d) चतुर्भुज आकृति

40. एक व्यक्ति बर्फ की सिल्ली के आधे बड़े टुकड़े को चिकने फर्श पर थोड़ी दूर तक ले जाना चाहता है। वह टुकड़े को अधिक सुगमता के साथ ले जा सकेगा, यदि वह:
(a) उठाकर ले जाए
(b) लुढ़काकर ले जाए
(c) सरकाकर ले जाए
(d) किसी कपड़े के हुक में बाँधकर खींचकर ले जाए

41. एक घनाभकार आकृति में भुजाओं और किनारों की संख्याओं का योग है :
(a) 18 (b) 20
(c) 19 (d) 17

उत्तर (हल/संकेत)

1. (c) वर्ग की भुजा = 8.2 सेमी
वर्ग का परिसीमा (परिमाप) = 4 × भुजा = 4 × 8.2
= 32.8 सेमी.

2. (c)

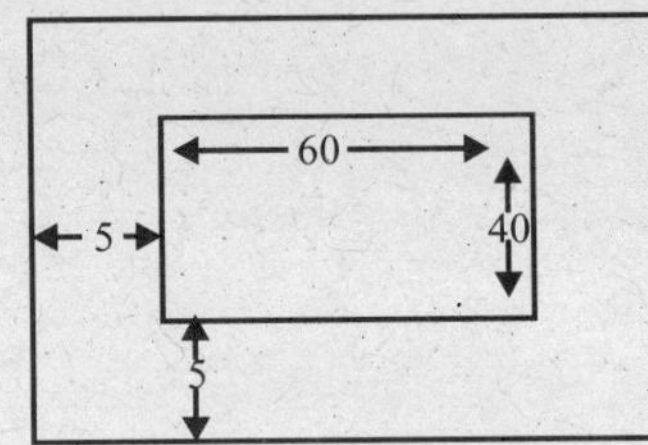

आयत की बाहरी लम्बाई
= 60 + 10 = 70 मी.
चौड़ाई = 40 +10 = 50 मी.
आयत का क्षेत्रफल = 70 × 50
= 3500 $मी^2$
आयत की आंतरिक लम्बाई = 60 मी.
चौड़ाई = 40 मी.
आयत का क्षेत्रफल = 60 × 40
= 2400 $मी^2$
∴ घास वाली जगह का क्षेत्रफल
= 3500 – 2400= 1100 $मी^2$

3. (d) आयताकार फ्रेम X की परिमाप = 2 (90 + 70) = 320 सेमी.
वर्गाकार फ्रेम Y की परिमाप
= 4 × 80 = 320 सेमी
अत: दोनों फ्रेमों X और Y की परिमाप बराबर होगी।

4. (d) आधी भरी टंकी में जल का आयतन
$= \frac{1}{2}$ × लम्बाई × चौड़ाई × ऊँचाई
$= \frac{1}{2} \times 6 \times 2.4 \times 1$
= 7.2 $मी.^3$

5. (d) प्रश्नानुसार
आयत की परिमाप = वर्ग की परिमाप
2 (लम्बाई + चौड़ाई) = 24
2 (8 + चौड़ाई) = 24
∴ चौड़ाई = 4 सेमी.
∴ आयत का क्षेत्रफल = 8 × 4
= 32 वर्ग सेमी.

6. (c) ∴ पहले वर्ग का परिमाप = 12 सेमी.
पहले वर्ग की भुजा $= \frac{12}{4} = 3$ सेमी.
∴ पहले वर्ग का क्षेत्रफल = 3 × 3 = 9 वर्ग सेमी.
∴ दूसरे वर्ग का परिमाप = 24 सेमी.
दूसरे वर्ग की भुजा $= \frac{24}{4} = 6$ सेमी.
∴ दूसरे वर्ग का क्षेत्रफल = 6 × 6
= 36 वर्ग सेमी.
प्रश्नानुसार,
दूसरे वर्ग का क्षेत्रफल = 4 × पहले वर्ग का क्षेत्रफल
इसीलिए बड़े वर्ग का क्षेत्रफल छोटे वर्ग के क्षेत्रफल का 4 गुना होगा।

7. (c) ∵ वर्गाकार कमरे की भुजा = 10 मीटर या 1000 सेमी.
अभीष्ट टाइलों की संख्या
$= \frac{\text{वर्गाकार कमरे के फर्श का क्षेत्रफल}}{\text{एक टाइल का क्षेत्रफल}}$
$= \frac{1000 \times 1000}{50 \times 50} = 20 \times 20 = 400$

8. (b) बक्सों की संख्या
$= \frac{\text{घनों की संख्या}}{\text{बक्से का आयतन}}$
$= \frac{6240}{10 \times 8 \times 6}$
$= \frac{6240}{480} = 13$

9. (c) ∵ प्रत्येक वर्ग की भुजा = 1 सेमी.

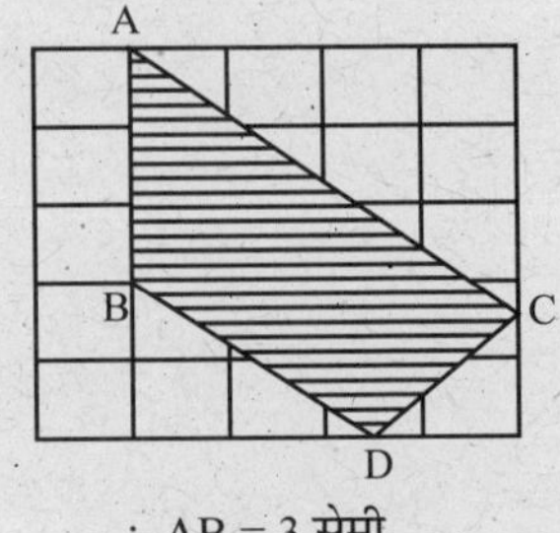

∴ AB = 3 सेमी.
BC = 4 सेमी.
DE = 2 सेमी.

छायांकित भाग का क्षेत्रफल
= Δ ABC का क्षेत्रफल + Δ BCD का क्षेत्रफल
$= \frac{1}{2} \times 4 \times 3 + \frac{1}{2} \times 4 \times 2$
= 6 + 4 = 10 वर्ग सेमी.

10. (a) ∵ गोले की त्रिज्या $= \frac{21}{2}$ सेमी.
गोले का पृष्ठीय क्षेत्रफल $= 4\pi r^2$
$= 4 \times \frac{22}{7} \times \frac{21}{2} \times \frac{21}{2} = 1386$ $सेमी.^2$

11. (b) वृत्त का व्यास = 3.5 सेमी.
त्रिज्या $= \frac{\text{व्यास}}{2} = \frac{3.5}{2} = 1.75$ सेमी.
वृत्त की परिधि $= 2\pi r$
$= 2 \times \frac{22}{7} \times 1.75$
$= \frac{2 \times 22 \times 175}{7 \times 100}$
$= \frac{2 \times 22}{4} = 11$ सेमी.

12. (c) वृत्त की परिधि = 4π
अर्थात् $2\pi r = 4\pi \Rightarrow r = 2$
∴ वृत्त का क्षेत्रफल $= \pi(2)^2 = 4\pi$ वर्ग इकाई
पुन: वृत्त की परिधि = 8π
$2\pi R = 8\pi \Rightarrow R = 4$
∴ वृत्त का क्षेत्रफल $= \pi(4)^2 = 16\pi$
$= 4 \times 4\pi$
स्पष्ट है कि वृत्त का क्षेत्रफल 4 गुना होगा।

13. (b) ∵ लम्बवृत्तीय शंकु की त्रिज्या
= 3.5 सेमी.
ऊँचाई = 12 सेमी.
लम्बवृत्तीय शंकु का आयतन
$= \frac{1}{3}\pi r^2 h$
$= \frac{1}{3} \times \frac{22}{7} \times 3.5 \times 3.5 \times 12$
= 11 × 3.5 × 4 = 154 $सेमी.^3$

14. (a) वृत्ताकार बगीचे का क्षेत्रफल $= \pi r^2$

$= \frac{22}{7} \times \frac{9.8}{2} \times \frac{9.8}{2}$

$= 75.46$ मी.^{2}

15. (d) समचतुर्भुज की परिमाप = 4 × भुजा

$= 4 \times \frac{1}{2}\sqrt{(8)^2 + (6)^2}$

$= 4 \times \frac{1}{2} \times 10$

= 4 × 5

= 20 सेमी.

16. (d) ∴ आयत की लम्बाई $= l$

आयत की चौड़ाई $= l/2$

प्रश्नानुसार, लम्बाई की दोगुना तथा चौड़ाई को समान रखने पर

आयत का परिमाप $= 2\left[2l + \frac{l}{2}\right]$

$= 2\left[\frac{5l}{2}\right] = 5l$.

17. (d)

18. (c) माना आयताकार मैदान की लम्बाई $= x$ मी.

तब $2(x + 200) = 1000$

[∵ 1 किमी. = 1000 मी.]

$\Rightarrow \quad x + 200 = 500$

$\Rightarrow \quad x = 300$

∴ मैदान की लम्बाई = 300 मी.

19. (b) माना वृत्त की त्रिज्या $= r$ सेमी.

1 सेमी. वृद्धि करने पर नये वृत्त की त्रिज्या $= (r + 1)$ सेमी.

∵ नये वृत्त की परिधि $= 2\pi(r + 1)$

नये वृत्त का व्यास $= 2(r + 1)$

∴ नये वृत्त की परिधि तथा व्यास में

अनुपात $= \frac{2\pi(r+1)}{2(r+1)} = \pi : 1$

20. (a) ∵ घनाभ का आयतन = 9 × 6 × 4 घन सेमी.

प्रश्नानुसार,

घन का आयतन = घनाभ का आयतन

$a^3 = 9 \times 6 \times 4$

$a = \sqrt[3]{9 \times 6 \times 4}$

$a = 6$ सेमी.

∴ घन की भुजा = 6 सेमी.

21. (a) ∵ 250 मीटर दौड़ना पड़ता है = 1 चक्कर में

∴ 75000 सेमी. या 750 मीटर दौड़ना

पड़ेगा $= \frac{750}{250} = 3$ चक्कर

कुल दौड़ की लम्बाई = 3 किमी. या 3000 मीटर

तय की गयी दूरी = 3000 – 750 = 2250 मीटर

अत: 2250 मीटर दूरी तय करने के लिए चक्कर लगाने पड़ेंगे।

$= \frac{2250}{250} = 9$ चक्कर

22. (c) माना घनाभ की तीन संलग्न फलकों का क्षेत्रफल क्रमश: A_1, A_2 तथा A_3 है।

प्रश्नानुसार, $A_1 = a$ वर्ग मी.

∵ $A_1 =$ भुजा^{2}

∴ भुजा$^2 = a$

भुजा $= \sqrt{a}$ मी. $= l$

इसी प्रकार,

$A_2 = b$ वर्ग मी.

$A_3 = c$ वर्ग मी.

भुजा $= \sqrt{c}$ मी. $= h$

अत: घनाभ का आयतन $= l \times b \times h$

$= \sqrt{a} \times \sqrt{b} \times \sqrt{c} = \sqrt{abc}$ मी.^{3}

23. (c) झील की लम्बाई $(l) = 40$ मी.

चौड़ाई (b) = 10 मी.

ऊँचाई $(h) = ?$

झील का आयतन = झील में उपस्थित पानी का आयतन

$l \times b \times h = 1200$

$40 \times 10 \times h = 1200$

$h = 3$ मी.

अत: झील की गहराई = 3 मी.

24. (d) बक्सा A का आयतन बक्सा B के आयतन का गुना

$= \frac{\text{A का आयतन}}{\text{B का आयतन}}$

$= \frac{20 \times 18 \times 15}{18 \times 12 \times 5} = 5$ गुना

25. (d) माना आयत की चौड़ाई $= x$ सेमी.

प्रश्नानुसार,

वर्ग की परिमाप = 20

$4 \times x = 20$

$x = 5$

आयत की लम्बाई = 2 × 5 = 10 सेमी.

∴ आयत का क्षेत्रफल = 10 × 5 = 50 सेमी.^{2}

26. (a) ठोस स्थान घेरने वाली आकृतियाँ होती हैं।

27. (a) द्विविमीय समतल आकृतियाँ होती हैं।

28. (b) द्विविमीय ठोस आकृतियाँ कहलाती हैं।

29. (d) शंकु समतल ज्यामितीय आकृति नहीं है।

30. (c) आयत समतल ज्यामितीय आकृति है।

31. (d) वर्ग ठोस आकृति का उदाहरण नहीं है।

32. (c) वृत्त ठोस ज्यामिति आकृति में शामिल नहीं है।

33. (a) समतल आकृतियों में केवल क्षेत्रफल होता है।

34. (d) घन और घनाभ में 6 फलक होते हैं।

35. (a) माचिस की डिब्बी में 6 तल होते हैं।

36. (c) क्योंकि घनाभ के 6 तल होते हैं इसलिये चॉकलेट के भी 6 तल होंगे।

37. (c) लूडो का पासा घन का प्रतिरूप है।

38. (b) कमरे में लम्बाई, चौड़ाई और ऊँचाई तीनों होती हैं। इसलिये यह त्रिवीमीय आकृति वाला या 3-D विमा वाला होता है।

39. (b) ठोस ऐसी आकृति होती है। जो स्थान घेरती है और तीन विमायें भी होती हैं।

40. (c) यदि व्यक्ति बर्फ की सिल्ली को एक स्थान से दूसरे स्थान तक ले जाता है तो उसे लुढ़काकर न ले जाना चाहिए बल्कि सरकाकर ले जाने में अधिक सुगमता होगी।

41. (b) एक घनाकार आकृति में भुजाओं की संख्या = 8

किनारों की संख्या = 12

∴ योग = 8 + 12 = 20

❑❑

17 ज्यामिति

परिभाषाएँ

बिन्दुः बिन्दु को इसके स्थान पर आधार पर परिभाषित किया जाता है जिसकी न लम्बाई, न कोई मोटाई और न ही कोई चौड़ाई होती है।

रेखाः एक रेखा पर असंख्य बिन्दु होते हैं इसकी लम्बाई होती है। परन्तु चौड़ाई नहीं।

समान्तर रेखाएँ: दो रेखाएँ एंक समतल पर तभी समान्तर होती हैं जब वे कभी भी एक-दूसरे को नहीं काटती चाहे वे कितनी ही दूरी तक खींची जाए। उदाहरण के लिए रेलवे ट्रैक

कोण

कोण वह आकृति है जो उभनिष्ठ बिन्दु से प्रारम्भ होने वाली दो किरणों से बनती है। उस प्रारम्भिक बिन्दु को शीर्ष और उन किरणों को कोण की भुजा कहते हैं। चित्र में शीर्ष बिन्दु O से दो किरणों OM और ON द्वारा ∠MON बनता है।

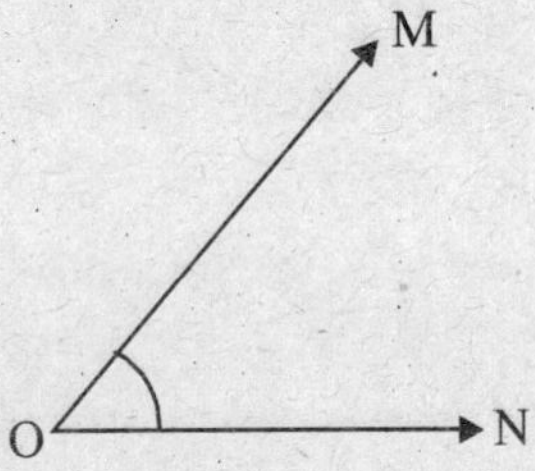

कोटिपूरक कोण

वे दो कोण, जिनकी मापों का कुल योग 90° हो, पूरक कोण कहलाते हैं तथा प्रत्येक कोण एक-दूसरे का पूरक कहलाता है।

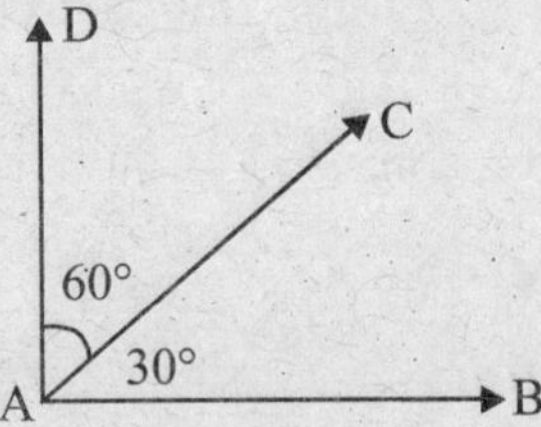

यहाँ पर कोण 60°, 30° का पूरक कोण है अथवा उपरोक्त दोनों एक-दूसरे के पूरक कोण हैं।

अतः $60° + 30° = 90°$

सम्पूरक कोण

जिन दो कोणों की मापों का कुल योगफल 180° के बराबर होता है, सम्पूरक कोण कहलाते हैं। दोनों एक-दूसरे के सम्पूक कोण होते हैं।

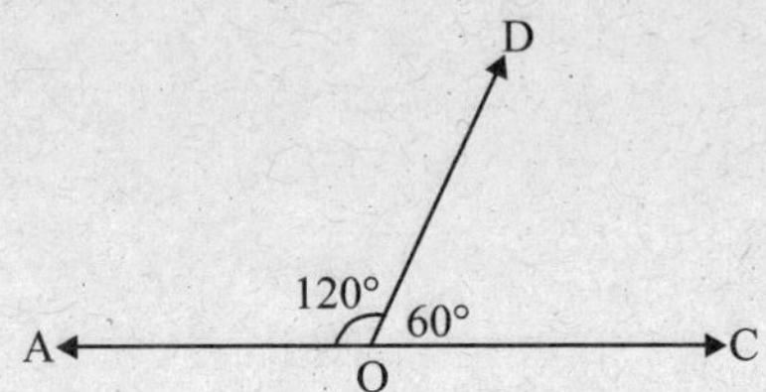

यहाँ 120° व 60° के कोण एक-दूसरे के सम्पूरक कोण हैं अतः $120° + 60° = 180°$

वृत्त पर स्पर्श रेखा की कुछ विशेषताएँ

प्रमेय 1: वृत्त पर स्पर्श रेखा, मिलान बिन्दु पर वृत्त की त्रिज्या के लम्बवत् होती है।

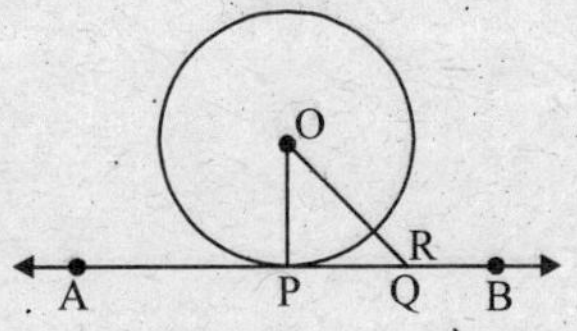

प्रमेय 2: त्रिज्या के अन्तिम बिन्दु से और इसके लम्बवत् खींची गई रेखा वृत्त की स्पर्श रेखा होती है।

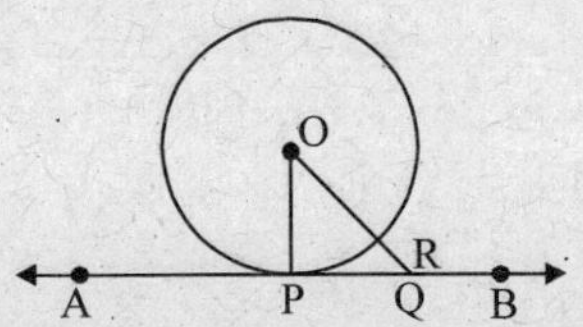

प्रमेय 3: वृत्त की किसी बाह्य बिन्दु से खीची गई स्पर्श रेखाओं की लंबाई समान होती है।

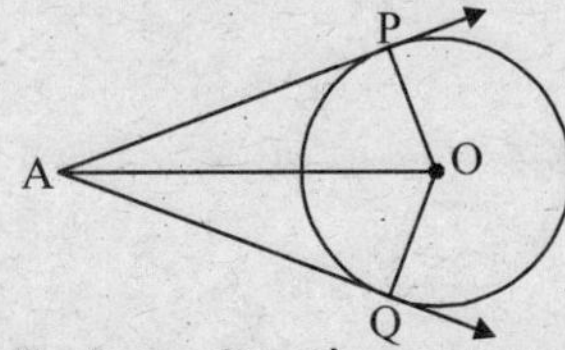

प्रमेय 4: यदि किसी बाह्य बिन्दु से वृत्त पर स्पर्श रेखाएँ खींची जाएं तो:

(i) ये केंद्र पर समान कोण बनाती हैं।

(ii) ये केंद्र और उस बिंदु को मिलाने वाली रेखा पर झुकी हुई होती हैं।

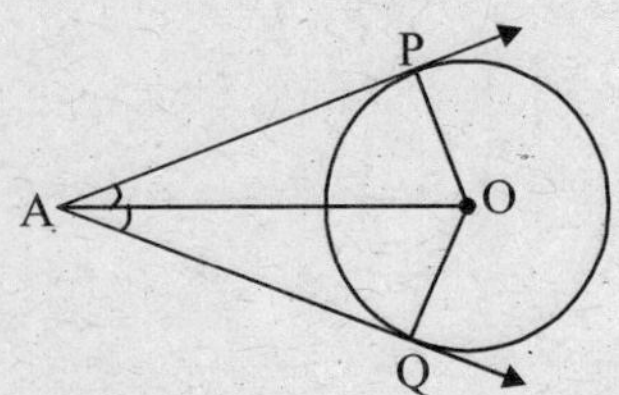

समरूप बहुभुज

परिभाषाः दो बहुभुज एक दूसरे के समरूप कहलाते हैं, यदि

(i) उनके सम्बन्धित कोण बराबर हों

(ii) उनकी सम्बन्धित भुजाओं की लम्बाई समान अनुपात में हों

यदि दो बहुभुज *ABCDE* और *PQRST* समरूप हों, तब उपरोक्त परिभाषा के अनुसार

कोण A = कोण, P कोण B = कोण Q,

कोण C = कोण R, कोण D = कोण S,

कोण E = कोण T

और $\frac{AB}{PQ} = \frac{BC}{QR} = \frac{CD}{RS} = \frac{DE}{ST} = \frac{EA}{TP}$

यदि दो बहुभुज, ABCDE और PQRST, समरूप हैं, तो हम $ABCDE \sim PQRST$ लिखते हैं। यहाँ संकेत '~' समरूपता दर्शाता है।

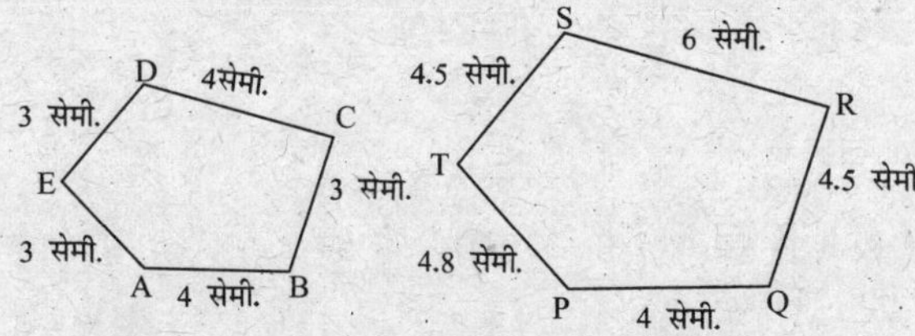

समरूप त्रिभुज और उनकी विशेषताएँ

परिभाषाः दो त्रिभुजों को समरूप कहते हैं, यदि उनके

(i) संबंधित कोण बराबर हों

(ii) संबंधित भुजाएँ समान अनुपात में हों।

इस परिभाषा से निरूपित होता है कि दो त्रिभुज ABC और DEF समरूप हैं, यदि

(i) $\angle A = \angle D, \angle B = \angle E = \angle F$ और

(ii) $\frac{AB}{DE} = \frac{BC}{EF} = \frac{AC}{DF}$

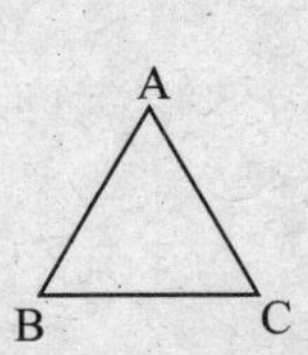

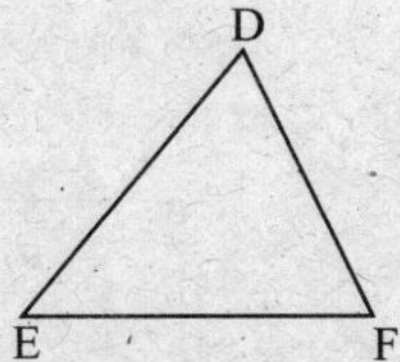

अनुपात पर आधारित कुछ मूलभूत परिणाम

प्रमेय 1: (मूलभूत अनुपातिक प्रमेय)

यदि त्रिभुज की एक भुजा के समान्तर दो भुजाओं को काटती हुई एक रेखा खींची जाए, तो यह दो भुजाओं को समान अनुपात में विभाजित करती है।

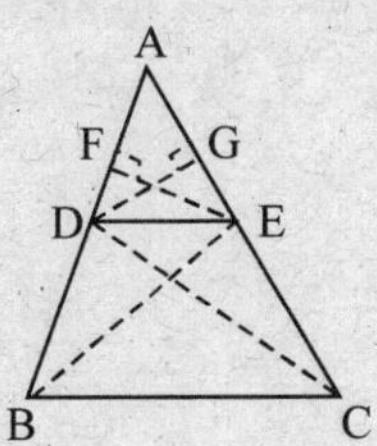

$$\frac{AD}{DB} = \frac{AE}{EC}$$

प्रमेय 2: (मूलभूत अनुपातिक प्रमेय का विपरीत)

यदि एक रेखा त्रिभुज की दो भुजाओं को समान अनुपात में विभाजित करती हो, तो रेखा तीसरी भुजा के समान्तर होनी चाहिए।

$\frac{AD}{DB} = \frac{AE}{EC}$, तब $DE \| BC$

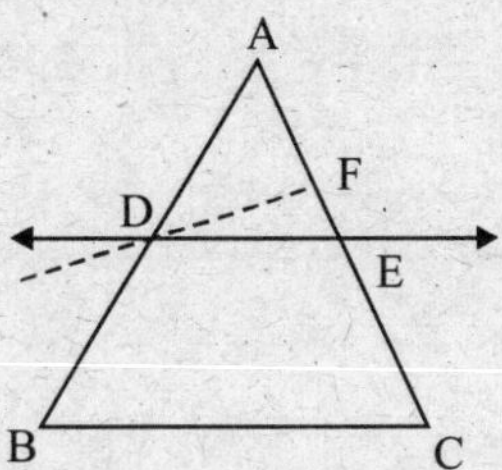

कुछ अन्य मूलभूत अनुपातिक प्रमेय

इस भाग में हम मूलभूत अनुपातिक प्रमेय की कुछ और अधिक विशेषताओं पर चर्चा करेंगे।

प्रमेय 1: त्रिभुज की एक भुजा के मध्य बिन्दु से किसी दूसरी भुजा के समान्तर खींची गई रेखा तीसरी भुजा को समद्विभाजित करती है।

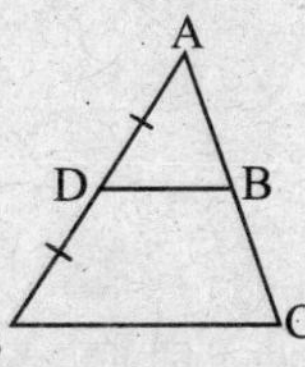

प्रमेय 2: त्रिभुज की दो भुजाओं के मध्य बिंदुओं को मिलाने वाली रेखा तीसरी भुजा के समान्तर होगी।

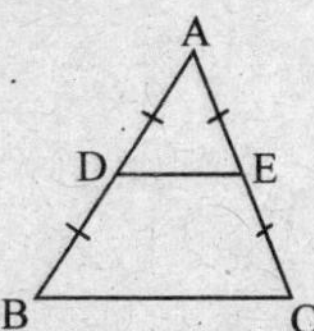

प्रमेय 3: समलम्ब चतुर्भुज के विकर्ण एक-दूसरे को समान अनुपात में विभाजित करते हैं।

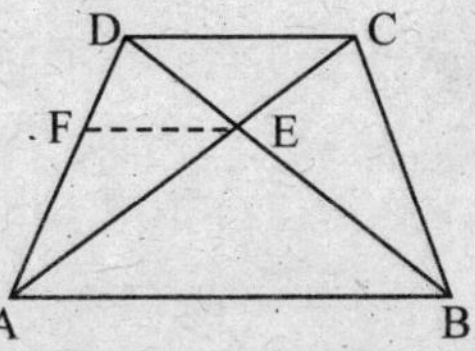

प्रमेय 4: यदि चतुर्भुज के विकर्ण एक-दूसरे को समान अनुपात में विभाजित करते हैं, तो यह एक समलम्ब चतुर्भुज होगा।

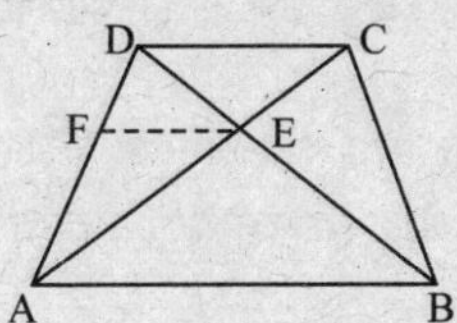

प्रमेय 5: समलम्ब चतुर्भुज की समान्तर भुजाओं के समान्तर कोई रेखा, असमान्तर भुजाओं को समान अनुपात में विभाजित करती है।

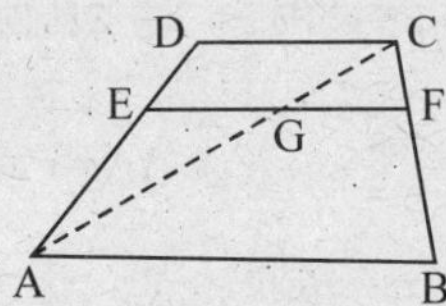

प्रमेय 6: यदि तीन या अधिक रेखाओं को दो तिर्यक रेखाओं द्वारा काटा जाता है, तो तिर्यकों पर उनके द्वारा विभाजित रेखाएँ समान अनुपात में होती है।

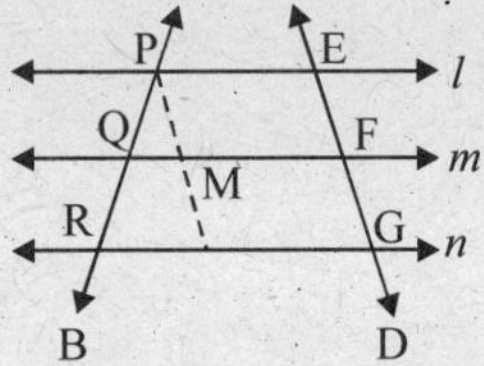

महत्त्वपूर्ण बिन्दु

- त्रिभुज की एक भुजा को आगे बढ़ाने पर बनने वाला बहिष्कोण दो सम्मुख अन्तः कोणों का योग होता है।
- किसी त्रिभुज का बहिष्कोण, किसी भी सम्मुख अन्तः कोण से बड़ा होता है।
- किसी समद्विबाहु त्रिभुज के समान कोणों वाले शीर्षों से सम्मुख भुजाओं पर डाले गए लम्ब बराबर होते हैं।
- यदि त्रिभुज की तीनों भुजाओं को क्रम से आगे बढ़ाया जाए, तब सभी बहिष्कोणों का योग 360° होता है।
- समबाहु त्रिभुज की माध्यिकाएँ समान होती हैं।
- त्रिभुज की किन्हीं दो भुजाओं का योग, तीसरी भुजा पर खींची गई माध्यिका के दोगुने से बड़ा होता है।
- समबाहु त्रिभुज का गुरुत्व केन्द्र, अन्तः केन्द्र, लम्ब केन्द्र तथा परिकेन्द्र एक ही बिन्दु होता है।
- किसी त्रिभुज के तीन शीर्षों से अलग-अलग खींची गई रेखाएँ जो सम्मुख भुजाओं के समान्तर हों, तो इनसे बने त्रिभुज का परिमाप, मूल त्रिभुज के परिमाप का दोगुना होता है।
- किसी समबाहु त्रिभुज में एक भुजा पर बने वर्ग का तीन गुना, उसके शीर्ष लम्ब पर बने वर्ग के चार गुने के बराबर होता है।
- यदि दो समरूप त्रिभुजों के क्षेत्रफल बराबर हों, तब त्रिभुज सर्वागसम होते हैं या बराबर और समरूप सर्वागसम होते हैं।
- दो समरूप त्रिभुजों का क्षेत्रफल उनकी संगत भुजाओं के वर्ग, माध्यिकाओं के वर्ग के समानुपाती होता है।
- तीन असरेख बिन्दुओं से होकर केवल एक ही वृत्त खींचा जा सकता है।
- केन्द्र से बराबर दूरी पर स्थित जीवाएँ बराबर होती हैं।
- स्पर्श बिन्दु से स्पर्श रेखा पर खींचा गया लम्ब, वृत्त के केन्द्र से होकर गुजरता है।

हल सहित उदाहरण

उदाहरण-1 दिए गए चित्र में *ABCD* एक समान्तर चतुर्भुज (||gm) है। भुजा AB को बिन्दु E तक बढ़ाया गया है। कोण α, β व θ ज्ञात कीजिए।

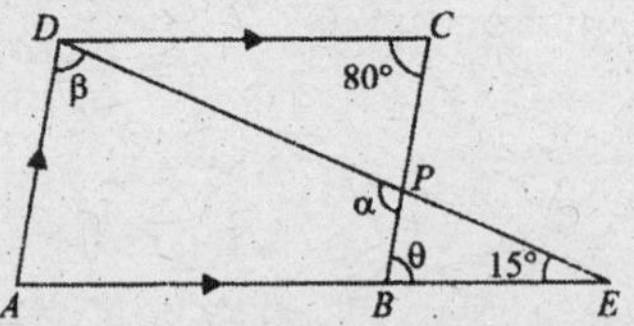

हल- प्रश्नानुसार, $AB \parallel CD$ (एकान्तर अंतः कोण)

$\angle C = \angle\theta = 80°$

तथा *ABCD*, || gm है।

अतः $\angle A = \angle C = 80°$ (सम्मुख कोण)

ΔBPE में बाह्य कोण प्रमेय द्वारा

$\alpha = \theta + 15° = 80° + 15° = 95°$

ΔADE में $\angle A + \angle E + \beta = 180°$

$\Rightarrow \quad \beta = 180° - 80° - 15°$

$\Rightarrow \quad \beta = 85°$

अतः $\alpha = 95°, \beta = 85°$ तथा $\theta = 80°$

उदाहरण-2: दिए गए चित्र में, $\angle AOB = 70°$ तथा AX, OB पर लम्ब है। $\angle OBC$ मान ज्ञात कीजिए।

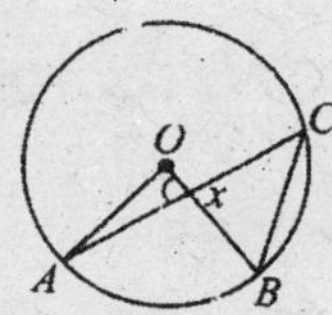

हल- हम जानते हैं कि एक ही आधार (*AB*) से केन्द्र पर बना कोण ($\angle AOB$) खण्ड में बने कोण ($\angle ACB$) का दोगुना होता है।

$\Rightarrow ACB = \frac{1}{2} \times \angle AOB = \frac{1}{2} \times 70° = 35°$

ΔBXC में $\angle BXC = \Delta AXO = 90°$ (शीर्षाभिमुख कोण)

तथा $\angle ACB = 35°$

अतः $\angle OBC = 180° - 35° - 90° = 55°$

उदाहरण-3: यदि *PQRS* एक वर्ग हो, तो चित्रानुसार x का मान क्या होगा?

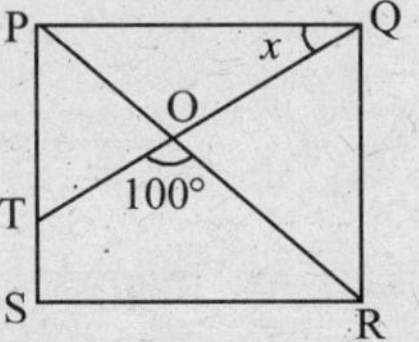

हल- प्रश्नानुसार, *PQRS* एक वर्ग है।

अतः *PR* $\angle P$ का कोणार्धक होगा

$\Rightarrow \angle QPR = \frac{1}{2} \times 90° = 45°$

$\Rightarrow \angle POQ = \angle TOR = 100°$ (शीर्षाभिमुख कोण)

ΔPOQ में

$\angle QPO + \angle POQ + x° = 180°$

$\Rightarrow \quad x° = 180° - 100° - 45°$

$\Rightarrow \quad x° = 35°$

उदाहरण-4: दी गई आकृति में x का मान क्या होगा?

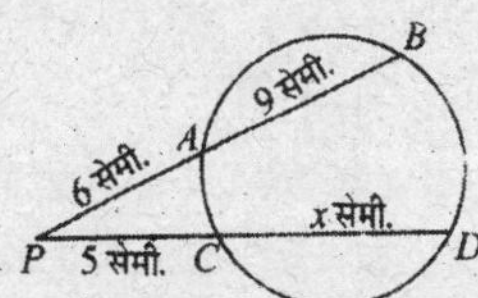

हल- हम जानते हैं,

$PA \times PB = PC \times PD$

$6 \times 15 = 5 \times (5 + x) \Rightarrow x = 13$ सेमी.

उदाहरण-5: दी गई आकृति में x का मान ज्ञात कीजिए

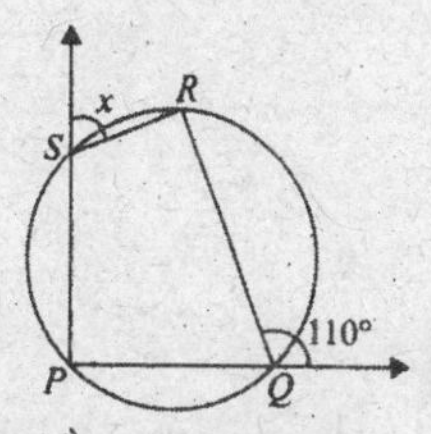

हल- PQ एक सरल रेखा है।

$\angle PQR = 180° - 110° = 70°$

$\angle x$, चक्रीय चतुर्भुज $PQRS$ का बाह्य कोण है।

$\Rightarrow \quad \angle x = \angle PQR = 70°$

प्रश्नमाला

1. श्याम ने माचिस की तीलियों की सहायता से एक त्रिभुज बनाया। सभी कोणों को नापने पर उसने पाया कि एक कोण त्रिभुज के सभी कोणों के जोड़ का 1/3 है। कोण का माप क्या होगा?
(a) 90º (b) 60º
(c) 120º (d) 70º

2. सान्या के पास एक कार्ड बोर्ड है जिसकी लम्बाई 18 से. मी. व चौड़ाई 10 से.मी. है। उसने बोर्ड के बीच से एक वर्ग जिसकी भुजा 6 से.मी. है, काटकर अलग कर दिया। शेष कार्ड बोर्ड पर कितना कागज चिपकाना पड़ेगा?
(a) 144 वर्ग से.मी.
(b) 56 वर्ग से.मी.
(c) 190 वर्ग से.मी.
(d) 92 वर्ग से.मी.

3. राजा ने 4 से.मी. भुजा के एक वर्ग को चार बराबर वर्गों में काटा। कटे हुए एक वर्ग व पूरे बड़े वर्ग के परिमाण में क्या अनुपात है?
(a) 2 गुना (b) 3 गुना
(c) 4 गुना (d) 16 गुना

4. राधा ने एक 6 से.मी. भुजा के घन के एक कोने से 1 से. मी. भुजा का एक घन काटा। शेष आकृति के कितने कोने होंगे?
(a) 15 (b) 16
(c) 8 (d) 14

5. राजा ने गिना 'चार और एक-तिहाई समकोण'। इसमें कितने डिग्री होंगे?
(a) 360º (b) 390º
(c) 450º (d) 90º

6. मानव ने एक आयत जिसकी लम्बाई 8 से. मी. व चौड़ाई 6 से.मी. है को एक कोने पर थोड़ा-सा अंदर की तरफ मोड़ा। मोड़ा हुआ टुकड़ा त्रिभुज जैसा हो। तत्पश्चात् उसने मोड़े हुए टुकड़े को काटकर अलग कर लिया। शेष आकृति के संबंध में निम्न में से क्या सही होगा?
(a) क्षेत्रफल व परिमाप में कोई बदलाव नहीं
(b) क्षेत्रफल कम व परिमाप कम
(c) क्षेत्रफल कम व परिमाप ज्यादा
(d) क्षेत्रफल व परिमाप दोनों बढ़ जाएंगे

7. वर्ग की क्या विशेषता होती है?
(a) आमने-सामने वाली भुजाएँ बराबर होती हैं।
(b) साथ वाली भुजाएँ बराबर होती हैं।
(c) चारों भुजाएँ बराबर होती हैं।
(d) चारों भुजाएँ अलग-अलग माप की होती हैं।

8. निम्न में से किस समय पर घड़ी की सुइयाँ 90º का कोण बनाएंगी?
(a) 7 बजे (b) 5 बजे
(c) 3 बजे (d) 10 बजे

9. वर्ग का त्रि-आयामी क्या होगा?
(a) घन (b) घनाभ
(c) आयत (d) शंकु

10. 60º कोण का 2/3 हिस्सा क्या होगा?
(a) 40º (b) 120º
(c) 20º (d) 90º

11. एक वृत्त के आकार के कागज को आधा मोड़ो। मिलने वाली आकृति को क्या कहेंगे?
(a) वर्ग (b) आयत
(c) घन (d) अर्द्ध-वृत्त

12. अर्द्ध-वृत्त में केन्द्र से कितने डिग्री का कोण बनता है?
(a) 60º (b) 180º
(c) 360º (d) 90º

13. समकोण की विशेषता क्या है?
(a) तीनों भुजाएँ समान होती हैं।
(b) तीनों भुजाएँ और कोण समान होते हैं।
(c) तीनों भुजाएँ भिन्न-भिन्न होती हैं।
(d) तीनों भुजाएँ और कोण भिन्न होते हैं।

14. समकोण के तीन कोणों का योग बताइए–
(a) 360º (b) 120º
(c) 160º (d) 180º

15. एक कमरे की पुताई करने के लिए क्या निकालना पड़ेगा?
(a) चारों दीवारों का क्षेत्रफल
(b) चारों दीवारों और छत का क्षेत्रफल
(c) चारों दीवारों और छत का परिमाप
(d) चारों दीवारों का परिमाप

16. पंकज, अंजलि, सीमा और राहुल ने अपने जागने के लिए अलार्म लगाए। पंकज ने 4 : 05 बजे का अलार्म लगाया, अंजलि ने 4 : 10 बजे का, सीमा ने 4 : 00 बजे का और राहुल ने 3 : 55 बजे का लगाया। किसकी घड़ी में सुबह अलार्म बजने पर समकोण बनेगा?
(a) पंकज (b) अंजलि
(c) सीमा (d) राहुल

17. निम्न आकृति में कितने कोण बन रहे हैं?

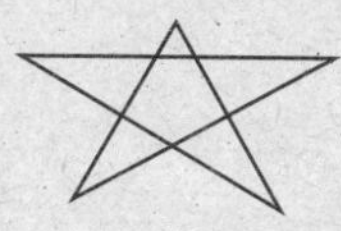

(a) 20 (b) 25
(c) 15 (d) 30

18. इस समद्विबाहु त्रिभुज में एक कोण 40º है तो अन्य कोण होंगे–

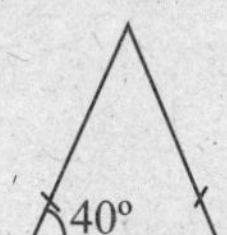

(a) 120º, 90º (b) 60º, 80º
(c) 100º, 40º (d) 40º, 40º

19. 5 और 1/2 समकोण में कितने डिग्री होंगे?
(a) 495 (b) 595
(c) 360 (d) 405

20. एक वृत्ताकार कागज को 2 बार मोड़ा जाता है, तो दो संलग्न भुजाओं के बीच कौन-सा कोण बनेगा?
(a) 90° (b) 180°
(c) 75° (d) 45°

21. कौन-सी आकृति प्राप्त होगी यदि एक घन की सभी तह खोली जाएँ?
(a)  (b)
(c) 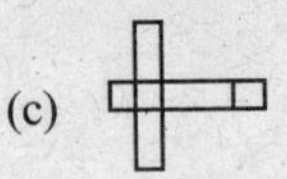 (d)

22. त्रिभुज की एक भुजा को जब बढ़ाया जाता है तो हमें प्राप्त होता है–
(a) समकोण (b) बाह्य कोण
(c) अंतःकोण (d) कोई नहीं

23. आकृति में यदि $\angle AOB = 68°$ और $\angle BOC = 42°$ हो, तो $\angle AOC$ की माप है–

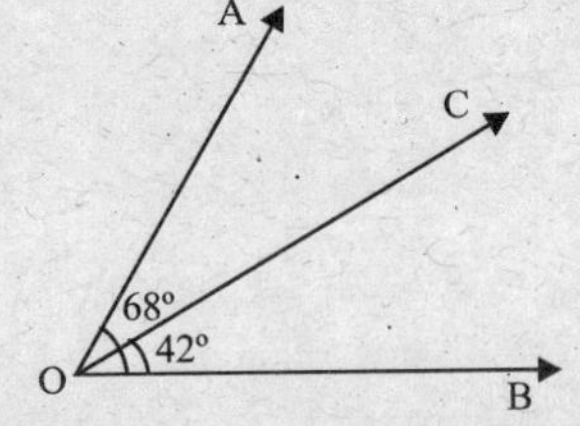

(a) 48° (b) 22°
(c) 26° (d) 110°

24. यदि $\angle XOY$ और $\angle YOZ$ दो आसन्न कोण हैं यदि $\angle XOY = 56°$ और $\angle YOZ = 34°$ हो, तो $\angle XOZ$ की माप है–

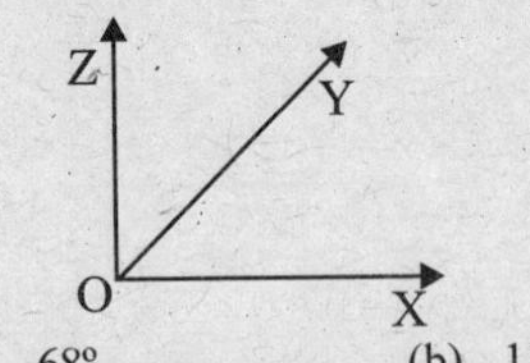

(a) 68° (b) 112°
(c) 90° (d) 22°

25. यदि एक कोण अपने पूरक कोण के बराबर हो, तो कोण का नाम क्या होगा?
(a) न्यूनकोण
(b) समकोण
(c) अधिक कोण
(d) सरल कोण

26. यदि किसी कोण का सम्पूरक कोण 98° हो, तो कोण की माप होगी–
(a) 82 (b) 102
(c) 112 (d) 72

27. रैखिक युग्म के कोणों का अनुपात 8 : 1 है। प्रत्येक कोण का माप क्या होगा?
(a) 80°, 10° (b) 120°, 15°
(c) 160°, 20° (d) 200°, 25°

28. दी गई आकृति में x का मान है–

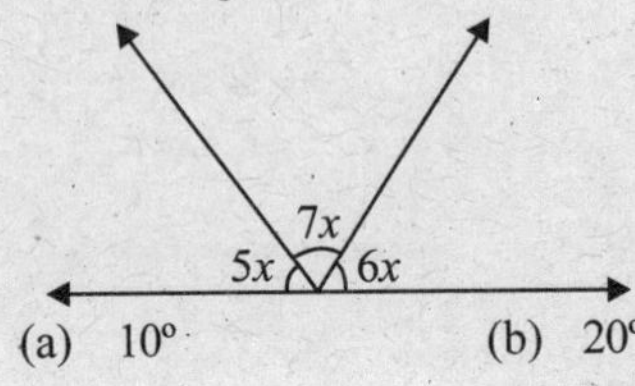

(a) 10° (b) 20°
(c) 15° (d) 12°

29. ....विधि द्वारा त्रिभुजों की सर्वांगसमता को जाँचा जा सकता है।
(a) मापन (b) आरोपण
(c) सर्वांगसमता
(d) उपरोक्त सभी

30. दी गई आकृति में $x + y$ का मान है–

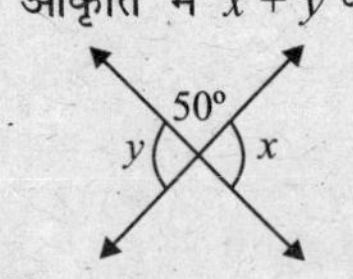

(a) 80° (b) 160°
(c) 260° (d) 180°

31. त्रिभुजों को निम्न के द्वारा सर्वांगसम सिद्ध नहीं किया जा सकता–
(a) भुजा-कोण-भुजा
(b) भुजा-भुजा-भुजा
(c) कोण-भुजा-कोण
(d) कोण-कोण-कोण

32. एक त्रिभुज में कितने विकर्ण होते हैं?
(a) दो विकर्ण
(b) तीन विकर्ण
(c) चार विकर्ण
(d) कोई विकर्ण नहीं

33. एक कोण में .... शीर्ष होते हैं।
(a) एक (b) दो
(c) एक भी नहीं
(d) कुछ कहा नहीं जा सकता

34. आकृति में $\angle CBD = 103°$ और $\angle BAC = 35°$ हो, तो x का मान है–

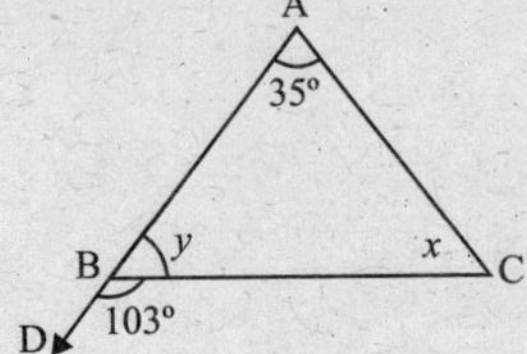

(a) 77° (b) 65°
(c) 68° (d) 103°

35. आकृति में $\angle PQR = 69°$, $\angle QPR = 25°$ हो, तो $\angle PRS$ का मान है–

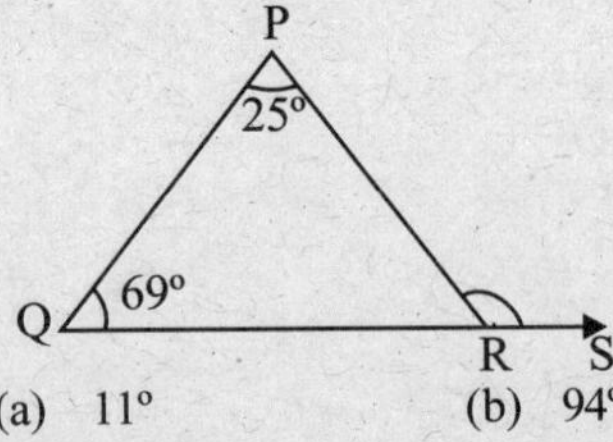

(a) 11° (b) 94°
(c) 55° (d) 111°

36. एक त्रिभुज के तीनों कोणों का अनुपात 2 : 3 : 4 है। त्रिभुज के तीनों कोणों की माप है–
(a) 40°, 60°, 80°
(b) 20°, 30°, 40°
(c) 30°, 40°, 60°
(d) 30°, 75°, 100°

37. एक त्रिभुज के तीनों कोणों का अनुपात 1 : 3 : 6 है। तीनों कोण की माप है–
(a) 15°, 45°, 90°
(b) 18°, 54°, 108°
(c) 20°, 60°, 100°
(d) 17°, 51°, 102°

38. आकृति में Ø ∥m। $\angle 1 : \angle 2 = 3 : 2$ हो, तो $\angle 3$ का मान है–

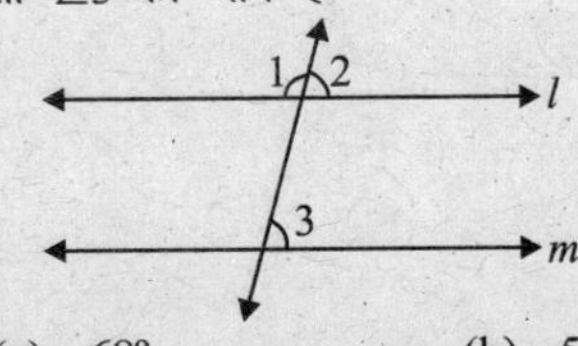

(a) 68° (b) 52°
(c) 72° (d) 96°

39. एक आयताकार पिरामिड में शीर्षों की संख्या.........होती है।
(a) 5 (b) 6
(c) 4 (d) 3

40. आकृति में $\angle SPR = 135°$ और $\angle PQT = 110°$ हो, तो $\angle PRQ$ का मान है–

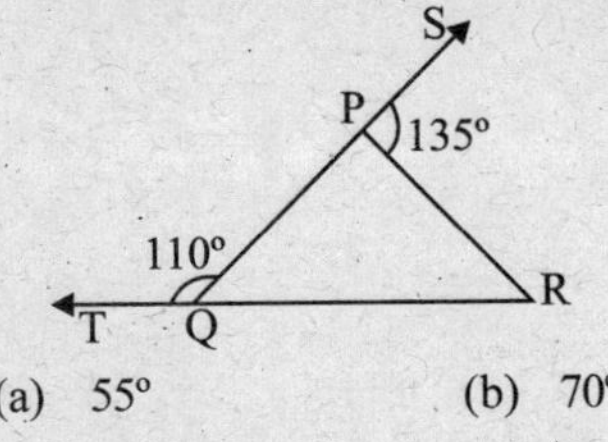

(a) 55° (b) 70°
(c) 65° (d) 45°

41. किसी कोण का पूरक कोण इसके तीन गुने से 2 अधिक है। कोण की माप है–

(a) 18º (b) 22º
(c) 20º (d) 24º

42. किसी कोण तथा उसके संपूरक कोण का अनुपात 2 : 3 है। प्रत्येक कोण का माप है–
(a) 72º, 108º
(b) 120º, 180º
(c) 62º, 118º
(d) 82º, 98º

43. यदि एक समान्तर चतुर्भुज के चारों कोण बराबर हैं, तो यह .... है।
(a) वर्ग (b) आयत
(c) समचतुर्भुज (d) पतंग

44. यदि पूरक कोण दिए गए कोण का दुगुना हो, तो कोण का मान है–
(a) 30º (b) 45º
(c) 60º (d) 90º

45. आकृति में $\angle BOP = 40°$, OQ, $\angle AOP$ का कोण समद्विभाजक हो, तो $\angle AOQ$ का मान है–

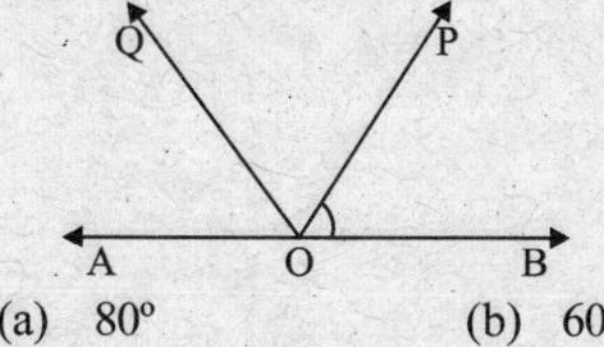

(a) 80º (b) 60º
(c) 70º (d) 50º

46. आकृति में $\angle ACD$, $\angle ACB$ का दुगुना है। यदि $\angle BAC = 50°$ हो, तो $\angle ABC$ का मान है–

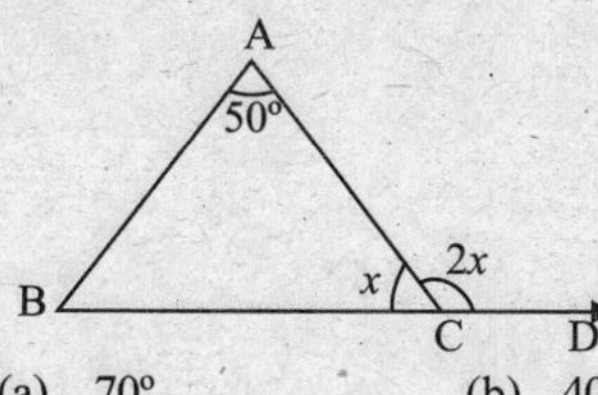

(a) 70º (b) 40º
(c) 130º (d) 80º

47. समकोण का पूरक कोण है–
(a) 0º (b) 90º
(c) 180º (d) 45º

48. आकृति में सबसे लम्बी भुजा कौन-सी है?

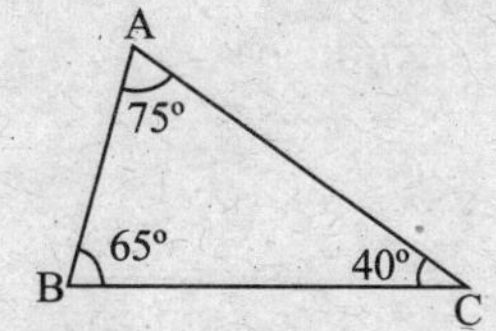

(a) B C
(b) AB
(c) AC
(d) AB तथा AC

49. ΔXYZ का कौन-सा कोण सबसे बड़ा है?

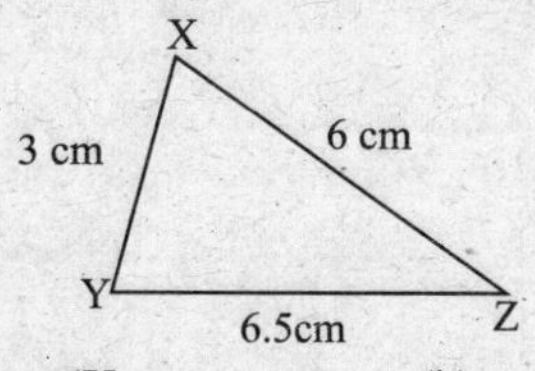

(a) $\angle X$ (b) $\angle Y$
(c) $\angle Z$
(d) $\angle X$ तथा $\angle Z$

50. त्रिभुज के सभी बाह्य कोणों का योग होता है–
(a) 540º (b) 180º
(c) 420º (d) 360º

51. 270º माप का कोण एक उदाहरण है–
(a) न्यूनकोण का
(b) अधिककोण का
(c) समकोण का
(d) प्रतिवर्ती कोण का

52. एक त्रिभुज की भुजाओं की माप 5 सेमी, 12 सेमी. तथा 13 सेमी. है। त्रिभुज का प्रकार बताइये:
(a) समबाहु त्रिभुज
(b) समद्विबाहु त्रिभुज
(c) अधिक कोण त्रिभुज
(d) समकोण त्रिभुज

53. साढ़े तीन समकोणों में डिग्रियों की संख्या है–
(a) 315º (b) 285º
(c) 295º (d) 305º

54. कोण ज्ञात कीजिए जो अपने कोटिपूरक के बराबर है–
(a) 90º (b) 60º
(c) 45º
(d) इनमें से कोई नहीं

55. कार्तीय तल में बिंदु (–2, –3) उसके किस पाद में स्थित हैं?
(a) प्रथम (b) द्वितीय
(c) तृतीय (d) चतुर्थ

56. चार और एक-तिहाई समकोण में डिग्रियों की संख्या है–
(a) 390º (b) 395º
(c) 400º (d) 405º

57. एक चाप द्वारा केन्द्र पर अंतरित कोण वृत्त के शेष भाग में किसी बिन्दु पर अंतरित कोण का.........होता है।
(a) दुगना (b) तीन गुना
(c) समान (d) चार गुना

58. यदि दो समान्तर रेखाओं को एक तिर्यक रेखा काटती है तो उनके बनने वाले कोणों के लिए निम्न में से कौन-सा कथन सत्य नहीं है?
(a) संगत कोण बराबर होते हैं।
(b) एकान्तर कोण बराबर होते हैं।
(c) तिर्यक रेखा के एक ओर बने अन्त:कोणों का योग दो समकोण के बराबर होता है।
(d) तिर्यक रेखा के एक ओर बने अन्त:कोणों का योग एक समकोण के बराबर होता है।

59. माचिस की डिब्बी के कितने तल होते हैं?
(a) 6 (b) 8
(c) 9 (d) 4

60. एक तल पर कितनी रेखाएँ खींची जा सकती हैं?
(a) तीन (b) दो
(c) अनन्त
(d) कुछ नहीं कह सकते।

61. 24 सेमी आधार वाले समकोण त्रिभुज का परिमाप 60 सेमी है। त्रिभुज की शेष दो भुजाएँ हैं–
(a) 16 सेमी. और 20 सेमी.
(b) 14 सेमी. और 22 सेमी.
(c) 12 सेमी. और 24 सेमी.
(d) 10 सेमी. और 26 सेमी.

62. x के किस मान के लिए AOB एक सरल रेखा हो जायेगी–

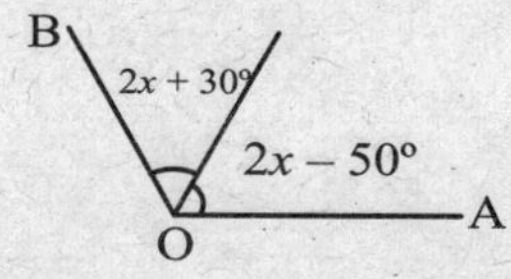

(a) 30º (b) 40º
(c) 45º (d) 50º

63. चित्र में $\angle ABD$ तथा $\angle CBD$ परस्पर हैं–

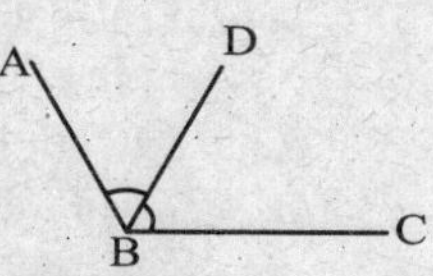

(a) आसन्न कोण
(b) पूरक कोण
(c) एकान्तर कोण
(d) संगत कोण

64. 30 मिनट में घड़ी की घण्टे वाली सुई द्वारा घूमा गया कोण होगा–
(a) 10º (b) 15º
(c) 30º d) 180º

65. किसी त्रिभुज के लिए निम्नलिखित में से कौन-सा कथन सत्य है?
(a) समस्त कोण सदैव न्यूनकोण होते हैं
(b) एक कोण सदैव समकोण होता है

(c) एक कोण सदैव अधिककोण होता है

(d) एक कोण सदैव न्यूनकोण होता है

66. निम्नलिखित चित्र में कितने त्रिभुज हैं?

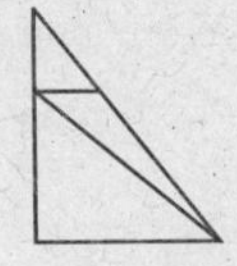

(a) 5 (b) 4

(c) 3 (d) 6

67. निम्नलिखित वस्तुओं में से कौन-सी समतल है?

(a) कागज (b) गिलास

(c) गेंद (d) बेलन

68. माना कि दिशाओं को इस प्रकार घुमाया जाए कि जहाँ दक्षिण-पूर्व दिशा है वहाँ उत्तर दिशा प्रदर्शित की जाए तब पश्चिम दिशा किधर दर्शायी जायेगी?

(a) उत्तर-पश्चिम

(b) दक्षिण-पश्चिम

(c) उत्तर-पूर्व

(d) पूर्व

69. यदि किसी चतुर्भुज के विकर्ण एक-दूसरे को समकोण पर द्विभाजित करते हैं तो यह है-

(a) समचतुर्भुज

(b) समलम्ब-चतुर्भुज

(c) आयत

(d) समद्विबाहु-चतुर्भुज

70. एक n भुजा वाले बहुभुज के किसी शीर्ष से खींचे गए विकर्णों की संख्या के लिए व्यंजक है-

(a) $2n+1$ (b) $n-2$

(c) $5n+2$ (d) $n-3$

71. दिये गये त्रिभुज में $\angle x$ का मान होगा-

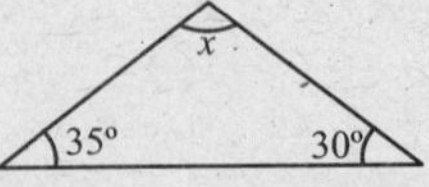

(a) 65° (b) 60°

(c) 115° (d) 145°

72. ऐसा कोण ज्ञात कीजिए जो अपने संपूरक कोण के समान हो-

(a) 45° (b) 180°

(c) 90° (d) 360°

73. पाइथागोरस ट्रिक लिखिए जिसके दो सदस्य 16 तथा 63 हैं-

(a) 79 (b) 32

(c) 65 (d) 126

74. दो समान्तर रेखाओं के बीच की दूरी-

(a) घटती है (b) बढ़ती है

(c) बराबर होती है

(d) घट या बढ़ सकती है

75. चार और दो-तिहाई समकोणों में डिग्रियों की संख्या है-

(a) 420° (b) 330°

(c) 400° (d) 310°

76. EF एक वृत्त की जीवा है जिसकी लम्बाई 10 सेमी है। यदि वृत्त की त्रिज्या 13 सेमी हो, तो केन्द्र से जीवा पर डाले गए लम्ब की लम्बाई है-

(a) 12 सेमी (b) 8 सेमी

(c) 7 सेमी (d) 5 सेमी

77. चित्र में $\angle B = 70°$, $\angle C = 60°$, E, BC मध्यबिन्दु है तथा F, AB का मध्यबिन्दु है। तब $\angle FEB$ का मान है-

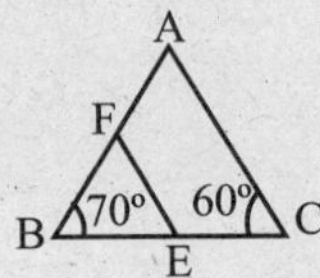

(a) 40° (b) 60°

(c) 70° (d) 50°

78. यदि ABCD एक समचतुर्भुज, है तब-

(a) $AC^2 + BD^2 = AB^2$

(b) $AC^2 + BD^2 = 2AB^2$

(c) $AC^2 + BD^2 = 4AB^2$

(d) $AC^2 + BD^2 = 3AB^2$

79. दी गई आकृति में x और y का मान क्रमशः है-

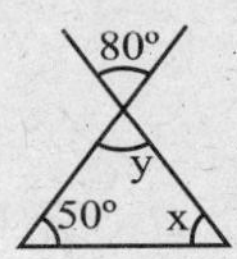

(a) 50°, 80° (b) 80°, 50°

(c) 70°, 50° (d) 40°, 80°

उत्तर (हल/संकेत)

1. (b) प्रत्येक कोण $= \frac{1}{3} \times 180° = 60°$

2. (a) बोर्ड का क्षेत्रफल = ल. × चौ.

= 18 × 10 = 180 वर्ग सेमी

वर्ग का क्षेत्रफल = $(\text{भुजा})^2$

$= (6)^2 = 36$ वर्ग सेमी

शेष बोर्ड का क्षेत्रफल = 180 − 36

= 144 वर्ग सेमी

3. (c) वर्ग का क्षेत्रफल $= (4)^2 = 16$

प्रत्येक कटे हुए वर्ग का क्षेत्रफल

$= \frac{1}{4} \times 16 = 4$

$\frac{\text{कटे हुए वर्ग का क्षे.}}{\text{पूरे वर्ग का क्षे.}} = \frac{4}{16} = \frac{1}{4}$

पूरे वर्ग का क्षेत्रफल = 4 × कटे हुए वर्ग का क्षेत्रफल

अतः अनुपात = 1 : 4

4. (d) घन से 1 सेमी भुजा का 1 घन काटा गया

कोनों की संख्या

= 8 + 6

= 14

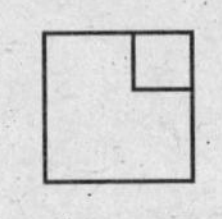

5. (b) चार और एक तिहाई $= 4 \times 90 + \frac{1}{3} \times 90$

$= 360° + 30°$

$= 390°$

6. (b) क्षेत्रफल कम व परिमाप कम हो जायेगा।

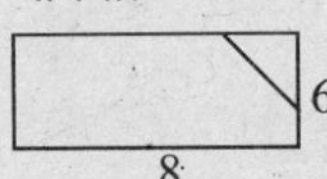

7. (c) वर्ग की चारों भुजाएँ बराबर होती हैं।

8. (c) तीन बजे 90° का कोण दोनों सुइयाँ बनायेंगी

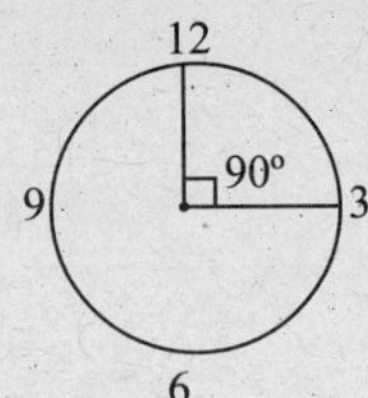

9. (b) घनाभ

10. (a) 60 का $\frac{2}{3} = 60 \times \frac{2}{3} = 40°$

11. (d) अर्द्धवृत्त

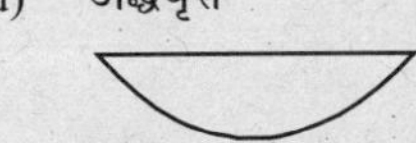

12. (b) 180°

13. (c) तीनों भुजायें भिन्न-भिन्न होती हैं।

14. (d) 180°

15. (b) चारों दीवारों और छत का क्षेत्रफल

16. (a) पंकज

17. (d) 30 कोण बनेंगे।

18. (c) आमने-सामने की भुजाओं के कोण समान होते हैं।

तीसरा कोण $= 180 - (40^o + 40^o)$
$= 180^o - 80^o = 100^o$

तब कोण 100°, 40°,

19. (a) $5 \times 90 + \frac{1}{2} \times 90^o = 450 + 45^o$
$= 495^o$

20. (a) 90° होगा

21. (c)

22. (b) बाह्य कोण

23. (c) $\angle AOC = 68 - 42 = 26^o$

24. (c) $\angle XOZ = \angle XOY + \angle YOZ$
$= 56^o + 34^o = 90^o$

25. (d) सरल कोण

26. (a) $180^o - 98^o = 82^o$

27. (c) माना कोण $8x$ तथा x है

$8x + x = 180^o$

[रेखिक युग्म कोण]

$9x = 180^o$
$x = 20^o$
$8x = 8 \times 20 = 160^o$

अतः कोण 160° तथा 20° हैं।

28. (a) $5x + 7x + 6x = 180^o$
$18x = 180^o$
$x = 10^o$

29. (c) सर्वांगसमता

30. (c) $x + 50^o = 180^o$

रेखिक युग्म कोण

$x = 180^o - 50^o = 130^o$

$\therefore$ $y = x = 130^o$

शीर्षाभिमुखकोण

$x + y = 130 + 130 = 260^o$

31. (d) कोण-कोण-कोण

32. (d) कोई विकर्ण नहीं होता है।

33. (a) एक

34. (c) $y = 180 - 103 = 77°$

बाहरी कोण $= x + 35^o$
$103 = x + 35^o$
$x = 103 - 35^o = 68^o$

35. (b) $\angle PRS = \angle P + \angle Q = 25^o$
$+ 69^o = 94^o$

36. (a) माना कोण $2x$, $3x$ तथा $4x$ हैं,

तब, $2x + 3x + 4x = 180^o$

(त्रिभुज के तीनों कोणों का योग 180° होता है।)

$9x = 180^o$
$x = 20^o$

अतः कोण $2 \times 20 = 40°$, $3 \times 20 = 60°$, $4 \times 20 = 80^o$ होंगे

37. (b) माना कोण x, $3x$ तथा $6x$ हैं।

$x + 3x + 6x = 180^o$
$10x = 180^o$
$x = 18^o$

पहला कोण $= 18^o$

दूसरा कोण $= 3 \times 18^o = 54^o$

तीसरा कोण $= 6 \times 18 = 108^o$

38. (c) $\angle 1$ व $\angle 2$ की माप $3x$ तथा $2x$ है।

तथा $3x + 2x = 180^o$
$5x = 180^o$
$x = 180^o/5 = 36^o$
$\angle 2 = 2x = 2 \times 36 = 72^o$
$\angle 3 = \angle 2 = 72^o$

39. (a) शीर्षों की संख्या 5 होती है।

40. (c) $\angle PRQ = 180^o - (70^o + 45^o)$
$= 180^o - 115^o = 65^o$

41. (b) माना कोण $= x$, पूरक $= 90x$

$90 - x = 3x + 2$
$88 = 4x$
$x = 22$

42. (a) माना कोण $= x$

सम्पूरक कोण $= 180 - x$

$$\frac{x}{180 - x} = \frac{2}{3}$$

$3x + 2x = 360^o$
$5x = 360^o$
$x = 72^o$

सम्पूरक कोण $= 180^o - 72^o = 108^o$

43. (a) वर्ग

44. (a) माना कोण $= x$

पूरक कोण $= 90 - x$
$90 - x = 2x$
$3x = 90^o \Rightarrow x = 30^o$

45. (c) $\angle AOQ = 180^o - 40^o = 140^o$

$\angle AOQ = \frac{1}{2} \times 140 = 70^o$

46. (a) $x + 2x = 180^o$
$x = 60^o$
$\angle ABC = 180^o - (60^o + 50^o)$
$= 180^o - 110^o = 70$

47. (a) 0°

48. (a) BC (बड़े कोण के सामने की बड़ी भुजा है।)

49. (a) $\angle X$ (बड़ी भुजा के सामने बड़ा कोण है।)

50. (d) 360°

51. (d) 270° माप का कोण प्रतिवर्ती कोण का उदाहरण है।

52. (d) त्रिभुज समकोण त्रिभुज होगा। क्योंकि, $(\text{बड़ी भुजा})^2$ = शेष छोटी दोनों भुजाओं के वर्गों का योग

$(13)^2 = (12)^2 + (5)$
$169 = 144 + 25 = 169$

अतः यह समकोण त्रिभुज होगा।

53. (a) $\because$ $3\frac{1}{2}$ समकोण $= 3 \times 90^o + 45^o$
$= 315^o$

54. (c) कोटिपूरक कोण वे होते हैं जिनका योग 90° होता है। अतः स्पष्ट है कि 45° का कोण ऐसा कोण है, जो स्वयं के कोटिपूरक के बराबर है।

55. (c) $(-2, -3)$ तृतीय चतुर्थांश में हैं।

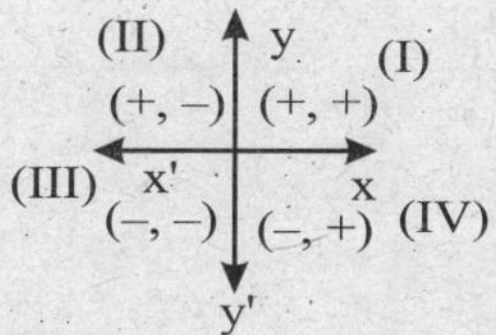

अतः $(-2, -3)$ तृतीय चतुर्थांश में होगा।

56. (a) $\because$ 1 समकोण $= 90^o$

4 समकोण $= 90 \times 4 = 360^o$

$\frac{1}{3}$ समकोण $= 90 \times \frac{1}{3} = 30^o$

अतः 4 और एक-तिहाई समकोण में डिग्री $= 360^o + 30^o$
$= 390^o$

57. (a) चाप द्वारा केन्द्र पर अन्तरित कोण वृत्त के शेष भाग के किसी बिन्दु पर अन्तरित कोण का दुगुना होता है।

58. (d)

59. (a) माचिस की डिब्बी घनाभ के आकार की होती है। अतः उसके 6 तल होंगे।

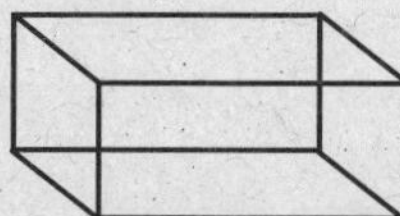

तलों की संख्या = 6

60. (c) एक तल पर अनन्त रेखाएँ खींची जा सकती हैं।

61. (d) माना त्रिभुज का कर्ण x तथा लम्ब y है।

तब, $24 + x + y = 60$

$x + y = 36$ ...(i)

तथा, $x^2 = (24)^2 + y^2$

$x^2 - y^2 = 576$ ...(ii)

$(x + y)(x - y) = 576$

समी. (i) से $x + y$ का मान (ii) में रखने पर

$x - y = 16$ ...(iii)

समी (i) एवं (iii) को हल करने पर

$x = 26$ तथा $y = 10$

अत: त्रिभुज का कर्ण 26 सेमी तथा लम्ब 10 सेमी है।

62. (d) सरल रेखा के लिए

$\angle AOB = 180^\circ$

$2x + 30 + 2x - 50 = 180^\circ$

$\Rightarrow 4x - 20 = 180^\circ$

$\Rightarrow 4x = 200$

$x = 50^\circ$

63. (a)

64. (b) ∵ घण्टे की सूई 1 घण्टा का 60 मिनट में 30° का कोण बनाती है।

अत: 30 मिनट में कोण बनायेगी

$= \frac{30^\circ}{2} = 15^\circ$

65. (d) **66.** (a) **67.** (a)

68. (c) उत्तर-पूर्व

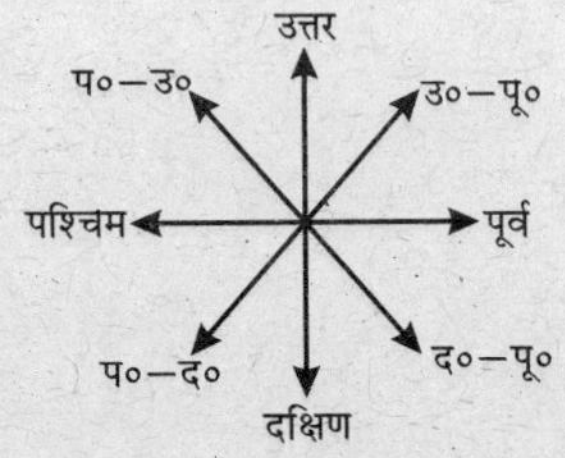

दिशाओं को घूमाने के पश्चात् उत्तर दिशा को दक्षिण-दूर्व दिशा से प्रदर्शित किया जाता है, तब दिशाओं की नई स्थिति इस प्रकार होगी

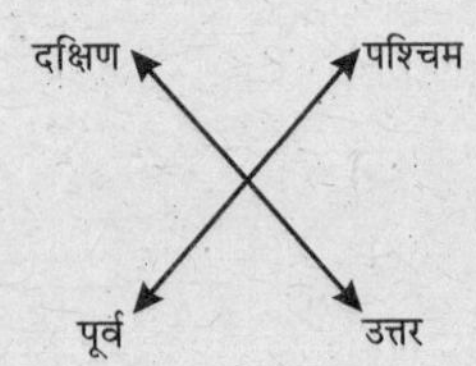

स्पष्ट है कि पश्चिम दिशा उत्तर-पूर्व की ओर है।

69. (a) समचतुर्भुज के विकर्ण परस्पर समकोण पर समद्विभाजित करते हैं।

70. (d) n भुजा वाले बहुभुज के किसी एक शीर्ष से खींचे गए विकर्णों की संख्या $(n - 3)$ होती है।

71. (c) ∴ त्रिभुज के तीनों कोणों का योग $= 180^\circ$

$\Rightarrow x + 35^\circ + 30^\circ = 180^\circ$

$\Rightarrow x + 65^\circ = 180^\circ$

$\Rightarrow x = 180^\circ - 65^\circ$

$\Rightarrow x = 115^\circ$

72. (b) 180° माप का कोण सम्पूरक कोण का उदाहरण है।

73. (c) पाइथागोरस के अनुसार,

ΔABC में,

$AC^2 = AB^2 + BC^2$

$AC^2 = (16)^2 + (63)^2$

$AC^2 = 256 + 3969$

$AC^2 = 4185$

$AC = \sqrt{4185}$

$= 65$

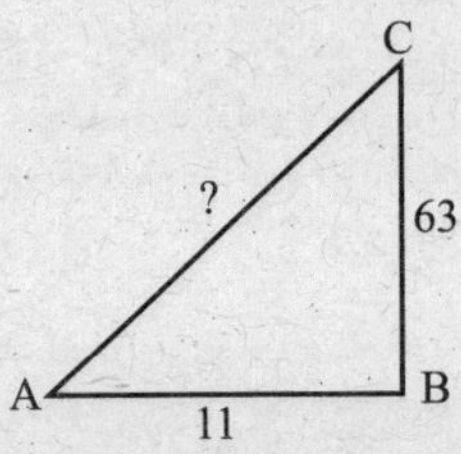

74. (c) दो समान्तर रेखाओं के बीच की दूरी बराबर रहती है।

75. (a) चार समकोणों में डिग्रियों की संख्या $= 90^\circ \times 4 = 360^\circ$

$\frac{2}{3}$ समकोणों में डिग्रियों की संख्या

$= \frac{90 \times 2}{3} = 60^\circ$

∴ चार और $\frac{2}{3}$ समकोणों में डिग्रियों की संख्या $= 360^\circ + 60^\circ = 420^\circ$

76. (a) वृत्त के केन्द्र O से जीवा EF पर डाले गये लम्ब OM, जीवा EF को समद्विभाजित कर देगी।

∴ $EM = \frac{1}{2} EF = \frac{1}{2} \times 100 = 5$ cm

EO = 13 सेमी

$EO^2 = EM^2 + OM^2$

$13^2 = 5^2 + OM^2$

$169 = 25 + OM^2$

$OM^2 = 169 - 25$

$OM = \sqrt{144}$

OM = 12 सेमी

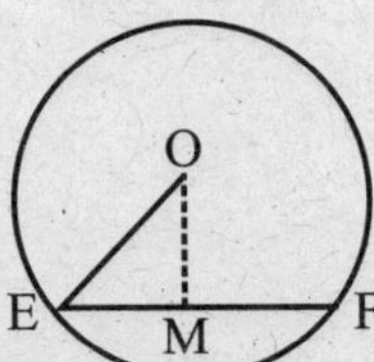

अत: लम्ब की लम्बाई 12 सेमी होगी

77. (b) दिया है

$\angle B = 7^\circ, \angle C = 60^\circ$

E, BC का मध्यबिन्दु है।

तथा F, AB का मध्यबिन्दु है।

∴ FE ∥ AC के FE,AC के समान्तर है

∴ $\angle ACE = \angle FEB$

$60^\circ = \angle FEB$ या $\angle FEB = 60^\circ$

78. (c)

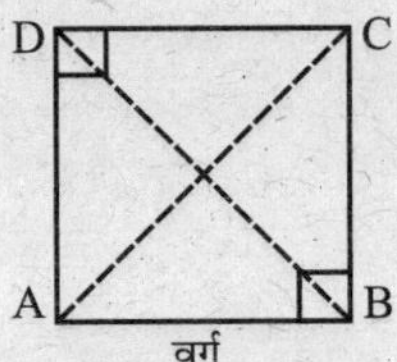

ΔACB में,

$AC^2 = AB^2 + BC^2$ ...(i)

ΔBCD में,

$BD^2 = BC^2 + DC^2$ ...(ii)

∵ $AB = BC = CD = AD$

∴ समी. (i) व (ii) को जोड़ने पर,

$AC^2 + BD^2 = AB^2 + BC^2 + BC^2 + DC^2$

$AC^2 + BD^2 = AB^2 + AB^2 + AB^2 + AB^2$

$AC^2 + BD^2 = 4AB^2$

79. (a) प्रश्नानुसार,

y तथा 80° आपस में शीर्षाभिमुख कोण हैं।

∴ $y = 80^\circ$

∵ $\angle y + \angle x + 50^\circ = 180^\circ$

$\angle x = 180^\circ - 130^\circ = 50^\circ$

∴ $x = 50^\circ, y = 80^\circ$

❑❑

18 मापन प्रणाली

लम्बाई मापने की इकाइयाँ (Units to Measure Lengths)

लम्बाई को मुख्यत: किलोमीटर, हेक्टोमीटर, डेकामीटर, मीटर, डेसीमी, सेमी तथा मिमी आदि भौतिक इकाइयों द्वारा मापा जाता है।

लम्बाई मापने की इकाइयाँ एवं उनमें सम्बन्ध		
1 मीटर	=	1000 मिलीमीटर
1 मीटर	=	100 सेंटीमीटर
1 मीटर	=	10 डेसीमीटर
1 मीटर	=	$\frac{1}{10}$ डेकामीटर
10 डेकामीटर	=	1 हेक्टोमीटर
10 हेक्टोमीटर	=	1 किलोमीटर
1 किलोमीटर	=	1000 मीटर
1 हेक्टोमीटर	=	100 मीटर
1 इंच	=	2.54 सेमी (लगभग)
1 फुट	=	0.3048 मीटर
1 यार्ड	=	0.9144 मीटर
1 मील	=	1760 यार्ड = 1.6 किमी

धारिता मापने की इकाइयाँ (Units to Measure Capacity or Volume)

धारिता को मुख्यत: लीटर,, सेंटीलीटर, मिलीलीटर आदि भौतिक इकाइयों द्वारा मापा जाता है।

धारिता मापने की राशियाँ एवं उनमें सम्बन्ध		
1 लीटर	=	1000 मिलीलीटर
1 लीटर	=	100 सेंटीलीटर
1 लीटर	=	10 डेसीलीटर
10 लीटर	=	1 डेकालीटर
10 डेकालीटर	=	1 हेक्टोलीटर
1 किलोलीटर	=	1000 लीटर
1 सेंटीलीटर	=	$\frac{1}{100}$ लीटर
1 मिली लीटर	=	$\frac{1}{1000}$ लीटर

द्रव्यमान मापने की इकाइयाँ (Units to Measure mass)

द्रव्यमान को मुख्यत: टन, क्विंटल, किलोग्राम, ग्राम, मिलीग्राम आदि भौतिक इकाइयों द्वारा मापा जाता है।

द्रव्यमान को मापने की इकाइयाँ एवं उनमें सम्बन्ध		
1 टन	=	10 क्विंटल = 1000 किलोग्राम
1 क्विंटल	=	100 किलोग्राम
1 किलोग्राम	=	10 हेक्टोग्राम
1 किलोग्राम	=	1000 ग्राम
1 किलोग्राम	=	10,000 डेसीग्राम
1 किलोग्राम	=	10,0000 सेंटीग्राम
1 किलोग्राम	=	10,00000 मिलीग्राम
1 औंस	=	28.35 ग्राम
1 पाउण्ड	=	454 ग्राम

समय मापने की इकाइयाँ (Units to Measure Time)

समय को मुख्यत: घंटा, मिनट तथा सेकण्ड आदि भौतिक इकाइयों द्वारा मापा जाता है।

समय मापने की इकाइयाँ तथा उनमें सम्बन्ध		
1 सामान्य वर्ष	=	365 दिन
1 लीप वर्ष	=	366 दिन
1 वर्ष	=	12 माह
1 दिन	=	24 घंटे
1 घंटा	=	60 मिनट
1 मिनट	=	60 सेकण्ड
1 सेकण्ड	=	$\frac{1}{60}$ मिनट

हल सहित उदाहरण

उदाहरण 1. 15 मीटर में कितने डेसीमीटर होंगे?

हल– ∵ 1 मीटर = 10 डेसीमीटर

∴ 15 मीटर = 10 × 15 डेसीमीटर = 150 डेसीमीटर

उदाहरण 2. 8 लीटर में कितने मिलीलीटर होंगे?

हल– 1 लीटर = 1000 मिलीलीटर

∴ 8 लीटर = 1000 × 8 = 8000 मिलीलीटर

उदाहरण 3. 1 लीप वर्ष में कितने दिन होते हैं?

हल– 1 लीप वर्ष में 366 दिन होते हैं।

उदाहरण 4. 15 टन में कितने किलोग्राम होंगे?

हल– 1 टन = 1000 किलोग्राम

∴ 15 टन = 1000 × 15 = 15,000 किलोग्राम

उदाहरण 5. 3 घंटे में कितने सेकण्ड होते हैं?

हल– 1 घंटा = 60 मिनट

1 मिनट = 60 सेकण्ड

$\therefore$ 1 घंटा = 60×60 = 3600 सेकण्ड

$\therefore$ 3 घंटा = 3×3600 = 10800 सेकण्ड

प्रश्नमाला

1. 12 मीट्रिक टन 8 क्विंटल में से 8 मीट्रिक टन 50 किग्रा घटाने पर प्राप्त होता है–

(a) 3 मीट्रिक टन 8 क्विंटल

(b) 4 मीट्रिक टन 7 क्विंटल 50 किग्रा

(c) 4 मीट्रिक टन 8 क्विंटल 50 किग्रा

(d) 3 मीट्रिक टन 8 क्विंटल 50 किग्रा

2. एक टंकी में 400 लीटर पानी है। इसमें से 12 लीटर 500 मिलीलीटर पानी काम में लाने के बाद शेष पानी को समान क्षमता के 25 डिब्बों में भरा जाए, तो प्रत्येक डिब्बे की क्षमता है?

(a) 12 लीटर 500 मिलीलीटर

(b) 13 लीटर 500 मिलीलीटर

(c) 15 लीटर 500 मिलीलीटर

(d) 14 लीटर 500 मिलीलीटर

3. निम्न में से कौन-सा सही नहीं है?

(a) 0.10 और 0.1 समान हैं

(b) 56.7 किलोग्राम = 56700 ग्राम

(c) एक घन के 6 फलक होते हैं

(d) 14 मिलीमीटर $\neq$ 0.1 सेमी

4. 8 किग्रा 350 ग्राम से 3 किग्रा 178 ग्राम को घटाइए।

(a) 5 किग्रा 172 ग्राम

(b) 4 किग्रा 272 ग्राम

(c) 4 किग्रा 172 ग्राम

(d) 5 किग्रा 472 ग्राम

5. शुरु में तापक्रम 18°C बढ़ता है। फिर 23°C घटता है। यदि प्रारम्भिक तापक्रम 27°C हो, तो अंतिम तापक्रम क्या होगा?

(a) 22°C (b) 23°C

(c) 24°C (d) 25°C

6. निम्न में से कौन-सा सही नहीं है ?

(a) 1 किलोग्राम 12 ग्राम = 1.012 किलोग्राम

(b) 10 मीटर 10 सेंटीमीटर = 1010 सेंटीमीटर

(c) $\frac{23}{100} = 2.30$

(d) 1 मिलीमीटर, 1 सेंटीमीटर का एक दशांश है।

7. 6 घण्टों में सेकेण्डों की संख्या कितने दिनों में मिनटों की संख्या के बराबर है?

(a) 15 दिन (b) 2 दिन

(c) 4 दिन (d) 10 दिन

8. 10 मी/सेकण्ड को किमी/घण्टा में बदलें।

(a) 30 (b) 25

(c) 20 (d) 36

9. अनिल रोज वैन से स्कूल जाता है। वैन 7 : 04 पर उसके घर से चलती है और 7 : 16 पर स्कूल पहुँचती है। लेकिन कभी-कभी वह बस से भी स्कूल जाता है। बस 6 : 58 पर उसके घर से चलती है और 7 : 09 तक स्कूल पहुँचती है। इनमें से कौन-सा वाहन उसे जल्दी स्कूल पहुँचाता है और कितना जल्दी?

(a) वैन, 12 मिनट

(b) बस, 11 मिनट

(c) वैन, 1 मिनट

(d) बस, 1 मिनट

10. एक परीक्षा 10 : 00 आरंभ होती है। विद्यार्थी 10 : 30 पर लिखना शुरू करते हैं। 1 : 15 pm पर उसकी उत्तर पुस्तिका ले ली जाती है। विद्यार्थियों को उत्तर लिखने का कितना समय मिला?

(a) 2 घंटे 45 मिनट

(b) 3 घंटे 15 मिनट

(c) 3 घंटे 10 मिनट

(d) 2 घंटे 30 मिनट

11. अनिल फरवरी, 2012 से 8 मार्च, 2012 तक रोज अतिरिक्त क्लास लेने गया। अतिरिक्त कक्षा का समय 2 घंटे था। उसने कुल कितने समय की अतिरिक्त कक्षाएँ लीं?

(a) 60 घंटे (b) 62 घंटे

(c) 58 घंटे (d) 56 घंटे

12. किसी कार्य का आरंभ 30 अगस्त को 20 : 00 बजे पर A द्वारा हुआ। 31 अगस्त को 11 : 00 a.m. पर A से लेकर B उसी कार्य को करने लगा। 1 मई को 2 : 00 a.m. पर B द्वारा कार्य समाप्त हुआ। किसने ज्यादा काम किया?

(a) A ने (b) B ने

(c) दोनों ने बराबर (d) C ने

13. एक घड़ी में बड़ी सुई '12' पर है व छोटी सुई के साथ समकोण बनाती है। उसी घड़ी में बड़ी सुई फिर से '12' पर आने और छोटी सुई के साथ समकोण बनाने में कम से कम कितना समय लेगी?

(a) 24 घंटे (b) 12 घंटे

(c) 6 घंटे (d) 3 घंटे

14. घड़ी 4 : 00 का समय दर्शाती हुई कितने डिग्री का कोण बनाती है?

(a) 30° (b) 120°

(c) 90° (d) 60°

15. 2 बजकर 20 मिनट पर दोनों सुईयों के बीच कितने डिग्री का कोण बनेगा?

(a) 40° (b) 60°

(c) 50° (d) 75°

16. यदि 50 पेजों वाली अभ्यास पुस्तिका को रवि 10 दिन में पूरी करता है तो वैसी ही 150 पेजों वाली अभ्यास पुस्तिका को वो कितने दिन में पूरा करेगा?

(a) अप्रैल के बराबर दिनों की संख्या

(b) फरवरी के बराबर दिनों की संख्या

(c) दिसम्बर के बराबर दिनों की संख्या

(d) अक्टूबर के बराबर दिनों की संख्या

17. यदि फरवरी की 1 तारीख का दिन सोमवार है तो 25 तारीख का दिन क्या होगा ?

(a) बुधवार (b) शुक्रवार

(c) शनिवार (d) रविवार

18. किसी दिन 7 : 10 am से 8 : 20 pm तक घंटे तथा मिनटों की संख्या है:

(a) 2 घंटे 15 मिनट

(b) 6 घंटे 50 मिनट

(c) 13 घंटे 10 मिनट

(d) 12 घंटे 10 मिनट

19. यदि 7 सितम्बर को शनिवार है, तो 27 सितम्बर को कौन-सा दिन होगा ?

(a) मंगलवार (b) बुधवार

(c) सोमवार (d) शुक्रवार

20. यदि 12 घंटे वाली घड़ी में 5 : 17 pm बजे हैं, तो 24 घंटे वाली घड़ी में कितना समय होगा?

(a) 15 : 17 (b) 17 : 17
(c) 5 : 17 (d) 19 : 17

21. एक लड़का 15 मई, 2006 को मक्खन खरीदने एक दुकान में गया। उसने देखा कि मक्खन खाने लायक है या नहीं। उस पैकेट पर लिखा था पैकिंग की तिथि से 180 दिनों के भीतर खा लिया जाए। फिर उसने देखा पैकिंग की तिथि 15-01-06 है। बताइए कि मक्खन खाने की तिथि कितनी दिन और बाकी रही?

(a) 20 दिन (b) 80 दिन
(c) 60 दिन (d) 40 दिन

22. राम ने क्रिकेट 82 मिनट तक खेला और साहिल ने क्रिकेट $3\frac{1}{2}$ घंटे तक खेला। बताइए साहिल ने राम से कितने समय और अधिक क्रिकेट खेला?

(a) 132 मिनट
(b) 128 मिनट
(c) 2 घंटे 12 मिनट
(d) 2 घंटे 7 मिनट

23. किसी दिन 2 : 59 am से 5 : 47 घंटे पहले का समय क्या होगा?

(a) 17 : 14 pm
(b) 17 : 14 am
(c) 9 : 12 am
(d) 9 : 12 pm

24. एक ट्रेन का स्टेशन से चलने का समय 7 : 45 का है और उसे 2 घंटे में अगले स्टेशन पर पहुँचना है लेकिन ट्रेन 25 मिनट लेट हो जाती है। ट्रेन कितने बजे स्टेशन पर पहुँचेगी ?

(a) 9 बजकर 12 मिनट
(b) 9 बजकर 18 मिनट
(c) 10 बजकर 10 मिनट
(d) 10 बजकर 15 मिनट

25. किसी घड़ी की बड़ी सुई 9 पर और छोटी सुई 3 पर हो तो वह कौन-सा कोण बनाएगी?

(a) 110° (b) 90°
(c) 160° (d) 180°

26. राधा रामपुर शुक्रवार को पहुँची। उसे पता चला कि वह समय से 4 दिन पहले आ गई है। यदि वह अगले सोमवार को पहुँचती है तो वह कितने दिन पहले या बाद में पहुँचती?

(a) 1 दिन पहले (b) 1 दिन बाद
(c) 2 दिन पहले (d) 2 दिन बाद

27. यदि आज होने वाली गणित की परीक्षा वर्षा के कारण 2 दिन के बाद हो और कल से अगला दिन सोमवार है तो परीक्षा किस दिन होगी?

(a) सोमवार (b) बुधवार
(c) मंगलवार (d) रविवार

28. घनश्याम एक दिन में 7 : 14 am से 8 : 02 pm तक एक फैक्ट्री में काम करता है। बताइए वह कितने घंटे व कितने मिनट कार्य करता है?

(a) 13 घंटे और 16 मिनट
(b) 12 घंटे और 48 मिनट
(c) 14 घंटे और 16 मिनट
(d) 15 घंटे और 12 मिनट

29. एक खाली बाल्टी का वजन 2 किग्रा. 50 ग्राम है, यदि इसे पाउडर से भरा जाता है, तो इसका वजन 16 किग्रा. 325 ग्राम हो जाता है। इसमें भरे पाउडर का वजन होगा:

(a) 20 किग्रा. 365 ग्राम
(b) 11 किग्रा. 270 ग्राम
(c) 14 किग्रा. 275 ग्राम
(d) 18 किग्रा. 375 ग्राम

30. मोहन ने 5 किग्रा. 300 ग्राम सेब और 3 किग्रा. 250 ग्राम आम खरीदे। राधा ने 4 किग्रा. 800 ग्राम संतरे और 4 किग्रा. 150 ग्राम केले खरीदे। किसने अधिक फल खरीदे?

(a) राधा ने
(b) मोहन ने
(c) दोनों ने
(d) दोनों में से किसी ने नहीं

31. सीमा ने सब्जियाँ खरीदीं जो इस प्रकार हैं:

सब्जियाँ	**मात्रा**
आलू	12 किग्रा. 225 ग्राम
मटर	4 किग्रा. 200 ग्राम
प्याज	8 किग्रा. 500 ग्राम

उसकी सारी सब्जियों का कुल भार कितना है?

(a) 19 किग्रा. 950 ग्राम
(b) 14 किग्रा. 720 ग्राम
(c) 20 किग्रा. 240 ग्राम
(d) 24 किग्रा. 925 ग्राम

32. दवाई की गोलियों के एक बक्से में 2,00,000 गोलियाँ हैं, जिनमें प्रत्येक का भार 20 मिग्रा है। इस बक्से में रखी सभी गोलियों का कुल भार ग्रामों में कितना है?

(a) 1500 ग्राम (b) 8000 ग्राम
(c) 4000 ग्राम (d) 6000 ग्राम

33. यदि 1 किग्रा. शुद्ध दूध में 0.245 किग्रा. वसा है, तो बताइए कि 100 किग्रा. दूध में कितनी वसा होगी?

(a) 34.6 किग्रा.
(b) 24.5 किग्रा.
(c) 0.35 किग्रा.
(d) 36.0 किग्रा.

34. एक कार्टून में कीलों के 16 डिब्बे हैं और प्रत्येक डिब्बे का भार $4\frac{3}{4}$ किग्रा. है। कार्टून का कुल भार कितना है?

(a) 70 किग्रा. (b) 56 किग्रा.
(c) 50 किग्रा. (d) 76 किग्रा.

35. विनोद के पास फलों के तीन डिब्बे हैं, जिनमें A का भार B के भार से 5 किग्रा. अधिक है और C का भार B से 10 किग्रा. अधिक है। तीनों डिब्बों का कुल भार 48 किग्रा. है, तो बताओ A डिब्बे का भार कितना है?

(a) 16 किग्रा. (b) 14 किग्रा.
(c) 20 किग्रा. (d) 11 किग्रा.

36. दवाइयों को बक्सों में भरा गया है और ऐसे प्रत्येक बक्से का भार 4 किग्रा. 500 ग्राम है। एक वैन में जो 800 किग्रा. से अधिक का भार नहीं उठा सकती, ऐसे कितने बक्से लादे जा सकते हैं?

(a) 177 बक्से (b) 800 बक्से
(c) 144 बक्से (d) 106 बक्से

37. एक बर्तन में 4 लीटर 500 मिली. दही है। 25 मिली. धारिता वाले गिलासों में इसे भरने पर कितने गिलास भरे जा सकते हैं तथा कुल गिलासों का वजन बताइए, यदि प्रत्येक गिलास 7.5 ग्राम का है?

(a) 280 गिलास, 1240 ग्राम
(b) 105 गिलास, 1130 ग्राम
(c) 215 गिलास, 1360 ग्राम
(d) 180 गिलास, 1350 ग्राम

38. गेहूँ के कुल बोरों का कुल भार 1743 किग्रा. है, यदि एक बोरे का भार 49.8 किग्रा. हो, तो बोरों की कुल संख्या ज्ञात कीजिए :

(a) 33 बोरे (b) 51 बोरे
(c) 40 बोरे (d) 35 बोरे

39. एक घोड़ा गाड़ी पर 100 किग्रा. की गेहूँ की बोरी है तथा एक 50 किग्रा. की अलमारी है। साथ ही 25 किग्रा. का एक गद्दा तथा 10 किग्रा. के बर्तन हैं। घोड़ा गाड़ी सिर्फ 150

किग्रा. सामान उठा सकता है। घोड़ा गाड़ी से कितना किलो बाहर निकालना पड़ेगा?

(a) 25 किग्रा. (b) 35 किग्रा.
(c) 40 किग्रा. (d) 50 किग्रा.

40. एक बच्चे का वजन 22 किग्रा. है। एक डिब्बे में 4 किग्रा., 10 किग्रा., 7 किग्रा., 1 किग्रा. का सामान है। दूसरे में 8 किग्रा., 7 किग्रा, 12 किग्रा., 6 किग्रा. का सामान है। तीसरे में 200 ग्राम, 1000 ग्राम, 10 किग्रा., 13 किग्रा. का सामान है। कौन से डिब्बे का वजन बच्चे के वजन के बराबर होगा?

(a) पहले डिब्बे (b) दूसरे डिब्बे
(c) तीसरे डिब्ब (d) कोई नहीं

41. एक थैले में एक किलो दाल (a), एक किलो सेब (b), एक किलो रुई (c) तथा एक किलो नमक (d) है। थैले में देखने पर किसकी मात्रा ज्यादा होगी, ज्यादा से कम के अनुसार लिखें :

(a) D, B, A, C (b) c, d, a, b
(c) a, c, b, d (d) d, b, a, c

42. एक बार किरन ने रमा को ₹ 2 का सिक्का दिया। जिसका वजन 4 ग्राम था। अब उसने एक पैसों का बैग दिखाया जिसमें ₹ 2 के सिक्के थे। इस बैग का वजन 8 किग्रा. था। उस बैग में कुल कितने सिक्के होंगे?

(a) 400 सिक्के
(b) 2000 सिक्के
(c) 800 सिक्के
(d) 600 सिक्के

43. मनीशा 30 किग्रा. सेब लेती है। दुकानदार के पास केवल 1500 ग्राम के दो बाट हैं। वे कितनी बार में 30 किग्रा. सेब तौल पाएगा?

(a) 10 बार (b) 20 बार
(c) 30 बार (d) 50 बार

44.

सब्जी	कीमत ₹ में (प्रति किलो)
टमाटर	12
आलू	10
प्याज	16
लौकी	18
गाजर	6

$4\frac{3}{4}$ किलो लौकी खरीदने के लिए कितनी कीमत देनी पड़ेगी ?

(a) ₹ 86.50 (b) ₹ 85.50
(c) ₹ 84.50 (d) ₹ 83.50

45. एक अंडे का मूल्य ₹ 2.50 है। एक ट्रे में 30 अंडे होते हैं। एक अंडे का वजन 200 ग्राम है। 2½ ट्रे का वजन कितना होगा?

(a) 2 किग्रा. 600 ग्राम
(b) 4 किग्रा. 400 ग्राम
(c) 1 किग्रा. 500 ग्राम
(d) 3 किग्रा. 500 ग्राम

46. एक साबुन का वजन 9 ग्राम है। 9 किलो साबुन का वजन करने के लिए कितने साबुनों की आवश्यकता पड़ेगी?

(a) 1021 साबुनों की
(b) 1011 साबुनों की
(c) 1000 साबुनों की
(d) 1022 साबुनों की

47. ₹ 5 के सिक्कों का वजन 9 ग्राम है। ₹ 5 के सिक्कों वाले बैक का वजन 9 किलो है। बैग में कुल कितने रुपये हैं?

(a) ₹ 5000 (b) ₹ 5500
(c) ₹ 7000 (d) ₹ 6000

48. एक साड़ी का वजन 900 ग्राम है। उसमें एक सितारा लगा है जिसका वजन 10 ग्राम है। ऐसे ही साड़ी में कुल मिलाकर 75 सितारे लगे हैं, तो साड़ी का कुल वजन कितना होगा?

(a) 2 किग्रा. 650 ग्राम
(b) 1 किग्रा. 650 ग्राम
(c) 3 किग्रा. 455 ग्राम
(d) 4 किग्रा. 460 ग्राम

उत्तर (हल/संकेत)

1. (b)

12 मीट्रिक टन	8 क्विंटल
– 8 मीट्रिक टन	0.5 क्विंटल
4 मीट्रिक टन	7.50 क्विंटल

2. (c) ∵ टंकी में कुल पानी = 400 लीटर

काम में लाया गया पानी =12 लीटर 500 मिलीलीटर

शेष पानी = 400 – 12.500

= 387.500 लीटर = 387 लीटर 500 मिलीलीटर

प्रत्येक डिब्बे की क्षमता = $\frac{387.500}{25}$

= 15 लीटर 500 मिली

3. (d) 0.10 और 0.1 समान मान रखते हैं।

56.7 किलोग्राम = (56.7 × 1000) ग्राम = 56700 ग्राम

एक घन के 6 फलक होते हैं।

14 मिलीमीटर = $\frac{14}{10}$ सेमी.

= 1.4 सेमी.

अतः 14 मिलीमीटर ≠ 0.1 सेमी.

4. (a)

8 किग्रा.	350 ग्राम
–3 किग्रा.	178 ग्राम
5 किग्रा.	172 ग्राम

5. (a) प्रारम्भिक तापक्रम = 27ºC

शुरू में 18ºC तापक्रम बढ़ता है

∴ कुल तापक्रम = 27ºC + 18ºC = 45ºC

पुनः 23º C तापक्रम घटता है, तब

अंतिम तापक्रम = 45ºC – 23ºC = 22ºC

6. (c) $\frac{23}{100} = 0.23 \neq 2.30$

7. (a) 6 घण्टों में सेकेण्डों की संख्या = 60 × 60 × 6

1 दिन में घण्टे = 24

1 दिन में मिनटों की संख्या (24 × 60) = 1440

दिनों की अभीष्ट संख्या

$= \frac{60 \times 60 \times 6}{1440} = 15$ दिन

8. (d) 10 मी/सेकेण्ड

$= \left(10 \times \frac{18}{5}\right)$ किमी/घंटा

= 36 किमी/घंटा

9. (b) वैन का प्रस्थान की समय = 7 : 04

स्कूल पहुँचने का समय = 7 : 16

वैन 12 मिनट लेती है

बस का प्रस्थान का समय = 6 : 58

बस पहुँचने का समय = 7 : 09

वैन तथा बस 11 मिनट लेती है

बस जल्दी पहुँचती है।

10. (a) परीक्षा आरम्भ होने का समय = 10 : 00

विद्यार्थी लिखना आरम्भ करते हैं = 10 : 30

उत्तर पुस्तिका देने का समय = 1 : 15 pm

उत्तर लिखने का समय
= 13 : 15 – 10 : 30 = 2 : 45
= 2 घंटे 45 मिनट

11. (b) क्लास लेने का समय = फरवरी 2012 से 8 मार्च 2012, 2 घंटे प्रतिदिन
= दिनों की संख्या × 2 घंटे
= (28 + 8 – 5) (रविवार) × 2 घंटे
= 31 × 2 घंटे
= 62 घंटे

12. (b) A ने कार्य का आरंभ 30 अगस्त को किया = 20 : 00 बजे
B ने उसी कार्य को 31 अगस्त को किया = 11.00 am बजे
B द्वारा कार्य समाप्त 2 मई को हुआ = 2 : 00 am
A द्वारा लिया गया समय = 4 + 11 = 15 घंटे
B द्वारा लिया गया समय = 8 महीने 15 घंटे
अतः दोनों में से B ने कार्य ज्यादा किया।

13. (c) (9-3) घंटे = 6 घंटे

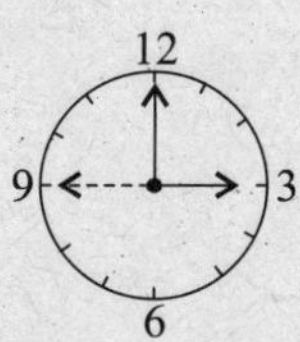

14. (b) 5 मिनट में = 30° को कोण बनाती है

∴ मिनट में $= \frac{30°}{5}$

∴ 20 मिनट में $= \frac{30° \times 20}{5}$

= 120°

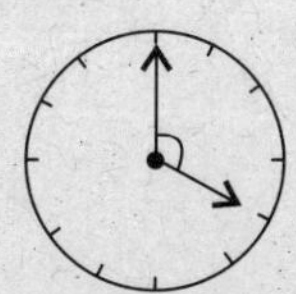

15. (b) ∵ 5′ में मिनट की सुई कोण बनाती है = 30°

∴ 1′ मिनट में बनाती है $= \frac{30°}{5}$

∴ 10′ में मिनट में बनाती है

$= \frac{30° \times 10}{5} = 60°$

16. (a) पेज दिन
50 ↓ 150   10 ↓ x

$\frac{x}{10} = \frac{150}{50}$

$x = \frac{150}{50} \times 10 = 30$

वह अप्रैल के बराबर दिनों की संख्या लेगा।

17. (b) शुक्रवार 25 ÷ 7 = 3 + 4
↓
सोमवार
मंगल बु. बृ. शु.

18. (c) 7 : 10 am से 8 : 20 pm
7 : 10 से 12 बजे तक = 4 घंटे 50 मिनट
12 से 8 : 20 तक
8 घंटे 20 मिनट = 13 घंटे 10 मिनट

19. (d) 27 ÷ 7 → 3 × 7 = 21 + 6 दिन
↓ ↓
शनिवार शनिवार

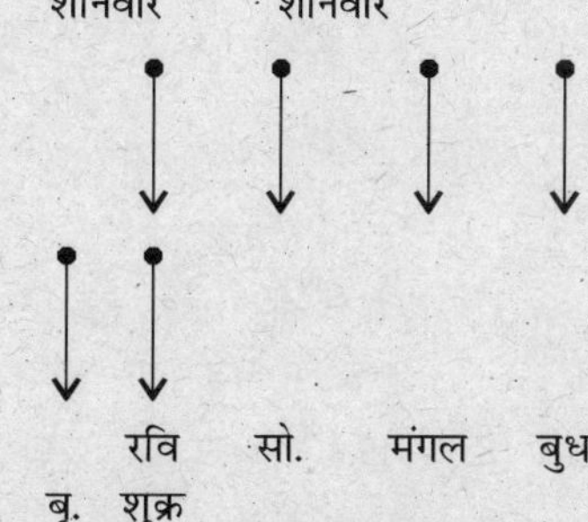

रवि सो. मंगल बुध बृ. शुक्र

20. (b) 24 घंटे बाली घड़ी में समय होगा
12 + 5 : 17 = 17 : 17

21. (c) खरीदने की तिथि = 2006 – 5 – 15
पैकिंग की तिथि 2006 – 1 – 15
4 महीने 00
4 महीने में दिनों की संख्या
= 4 × 30 = 120
मक्खन 180 दिनों के भीतर खा लिया जायेगा
अतः शेष दिन = 180 – 120 = 60

22. (b) 3½ घंटे में मिनटों की संख्या

$= 60 \times 3\frac{1}{2}$

$= 60 \times \frac{7}{2} = 210$ मिनट

साहिल 210 मिनट खेला
राम _82 मिनट खेला
साहिल 128 मिनट अधिक खेला

23. (d) पहले का समय

5 : 47	12 : 00
– 2 : 59	– 2 : 48
2 : 48	9 : 12 pm

24. (d) ट्रेन का प्रस्थान का समय = 7 : 45
ट्रेन को 2 घंटे में स्टेशन पहुँचना है तथा समय
= 7 : 45 + 2 घंटे
= 9 : 45 घंटे
लेकिन ट्रेन 25 मिनट लेती है
= 9 : 45 + 30
10 : 15
अतः ट्रेन 10 : 15मिनट पर स्टेशन पहुँचेगी।

25. (d) वह ऋजुकोण = 180° का होगा

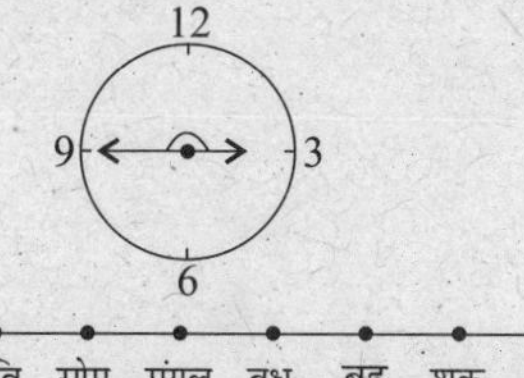

26. (a) रवि सोम मंगल बुध बृह. शुक्र शनि
↓
राधा पहुँची
तथा वह 1 दिन पहले पहुँची

27. (a) कल से अगले दिन सोमवार को ही परीक्षा है।

28. (b) घनश्याम 7 : 14 am से 8 : 02 pm तक फैक्ट्री में काम करता है
काम में 12 बजे तक लगा समय
= 12.00 – 7 : 14 = 14 : 46
12 से 8 : 2 समय = 8 : 02
कुल लगा समय = 4 : 46 + 8 : 02
= 12 : 48 मिनट

29. (c) भरे पाउडर का वजन = 16 किग्रा. 325 ग्राम – 2 किग्रा. 50 ग्राम = 14 किग्रा. 275 ग्राम

30. (a) मोहन के द्वारा खरीदे गये सेब की मात्रा = 5 किग्रा. 300 ग्राम
आम की मात्रा = 3 किग्रा. 250 ग्राम
कुल मात्रा = 8 किग्रा. 750 ग्राम
राधा के द्वारा खरीदे गये संतरे की मात्रा = 4 किग्रा. 800 ग्राम

केलों की मात्रा = 4 किग्रा. 150 ग्राम

कुल मात्रा = 8 किग्रा. 950 ग्राम

$\therefore$ राधा ने अधिक फल खरीदे।

31. (d) रेखा द्वारा खरीदी गयी सब्जियों की मात्रा

=12 किग्रा. 225 ग्राम

4 किग्रा. 200 ग्राम

8 किग्रा. 500 ग्राम

कुल भार = 24 किग्रा. 925 ग्राम

32. (c) बक्से में गोलियों की संख्या

= 200000

प्रत्येक गोली का भार = 20 मिग्रा.

$\therefore$ सभी गोलियों का कुल भार

= 200000 × 20 = 4000000

= 4000 ग्राम

33. (b) $\because$ 1 किग्रा. दूध में वसा की मात्रा

= 0.245 किग्रा.

$\therefore$ 100 किग्रा. दूध में वसा की मात्रा

= 0.245 × 100 = 24.5 किग्रा

34. (d) कार्टून का कुल भार

$= 16 \times 4\frac{3}{4}$ किग्रा.

$= 16 \times \frac{19}{4}$ किग्रा. = 76 किग्रा.

35. (a) प्रश्नानुसार

B का भार = A का भार + 5 किग्रा.

B का भार = C का भार + 10 किग्रा.

$\therefore$ तीन डिब्बों का भार

= A का भार + B का भार + C का

भार $\frac{48}{3}$ = A का भार

$\therefore$ A डिब्बे का भार $= \frac{48}{3} = 16$ किग्रा.

36. (a) बक्सों की संख्या

$= \frac{\text{800 किग्रा.}}{\text{4 किग्रा. 500 ग्राम.}}$

= 177.77

= 177 बक्से

37. (d) बर्तन में दही की मात्रा = 4 लीटर 500 मिली

गिलास की धारिता = 25 मिली

$\therefore$ गिलासों की संख्या

$= \frac{\text{4 लीटर 500 मिली}}{\text{25 मिली}} = 180$

प्रत्येक गिलास का वजन = 180 × 7.5 = 1350 ग्राम

38. (d) बोरों की संख्या

$= \frac{\text{कुल बोरों का भार}}{\text{एक बोरे का भार}}$

$= \frac{1743}{49.8} = 35$

39. (b) घोड़ागाड़ी पर कुल वजन = 100 + 50 + 25 + 10 = 185 किग्रा.

घोड़ागाड़ी द्वारा उठा सकने वाला वजन = 150 किग्रा.

$\therefore$ अधिक वजन = 185 – 150

= 35 किग्रा.

40. (a) एक बच्चे का वजन = 22 किग्रा

पहले डिब्बे में सामान का कुल वजन = 4 + 10 + 7 + 1 = 22 किग्रा.

दूसरे डिब्बे में सामान का कुल वजन = 8 + 7 + 12 + 6 = 33 किग्रा

तीसरे डिब्बे में सामान का कुल वजन = 0.200 + 1 + 10 + 13 = 24 किग्रा 200 ग्राम

इस प्रकार पहले डिब्बे का वजन बच्चे के वजन के बराबर होगा।

41. (b) ज्यादा से कम के अनुसार

एक किलो रुई (c), एक किलो नमक (d), एक किलो दाल (a), एक किलो सेब (b) ।

42. (c) बैग में सिक्कों की संख्या = 2 रुपया

= 200 पैसे

= 200 × 4 ग्राम

= 800 सिक्के

43. (b) मनीशा के द्वारा खरीदे गये सेबों का वजन = 30 किग्रा.

दुकानदार के पास बाँट = 1500 ग्राम के दो बाँट

$\therefore$ सेब की तौल $= \frac{1500}{30} = 50$किग्रा.

30 किग्रा. तौल के लिये दुकानदार द्वारा किये गये प्रयत्न

= 50 – 30 = 20 बार

44. (b) कुल सब्जियों की कीमत = 12 + 10 + 16 + 18 + 8 = 64

लौकी की कीमत = 18 रुपया प्रति किलो

$\therefore$ 1 किलो लौकी की कीमत = ₹ 18

$\therefore$ $4\frac{3}{4}$ किलो लौकी की कीमत

$= 4\frac{3}{4} \times 18 = \frac{19}{4} \times 18 =$ ₹ 85.50

45. (c) 1 अंडे का मूल्य = ₹ 2.50

1 ट्रे में अंडों का वजन = 30 × 200 ग्राम. = 6000 ग्राम.

$2\frac{1}{2}$ ट्रे में अंडों का वजन

= 2 × 6000 + 3000

= 15000 ग्राम.

= 1 किग्रा. 500 ग्राम.

46. (c) 9 किलो साबुन का वजन

= 9 × 1000 = 9000 ग्राम.

1 साबुन का वजन = 9 ग्राम.

$\therefore$ साबुनों की संख्या $= \frac{9000}{9} = 1000$

47. (a) बैग में रुपयों की संख्या

$= \frac{9 \times 1000 \times 5}{9} =$ ₹ 5000

48. (b) साड़ी का कुल वजन = 900 + 10 × 75 = 1650 ग्राम

= 1 किग्रा. 650 ग्राम.

❑❑

19 पैटर्न

पैटर्न के अन्तर्गत ऐसे प्रश्न दिए जाते हैं, जो चित्रों, संख्याओं अथवा अंग्रेजी अक्षरों की श्रेणी के रूप में होते हैं। ये सभी एक विशेष नियम का अनुसरण करते हैं, जिसके आधार पर उनके नियमों को पहचानकर परीक्षार्थी को उनके आगे के पैटर्न का पता लगाना होता है।

हल सहित उदाहरण

उदाहरण-1 दी गई संख्या श्रेणी का अगला पद ज्ञात कीजिए।

2, 4, 8, 16, 32, ?

हल–

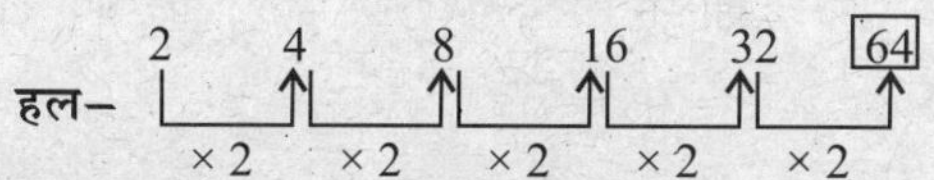

अतः संख्या श्रेणी की अगला पद = 64

उदाहरण-2 पैटर्न ज्ञात कीजिए।

ΔO⊕, ΔΔO⊕, ΔΔΔO⊕, ?

हल: दिए गए चित्रों की श्रेणी में प्रत्येक अगले पद में एक त्रिभुज बढ़ जाता है। अतः अभीष्ट लुप्त पद = ΔΔΔΔO⊕

उदाहरण-3 दी गई अक्षर श्रेणी का अगला पद ज्ञात कीजिए।

A, F, K, P, U, ?

हल:

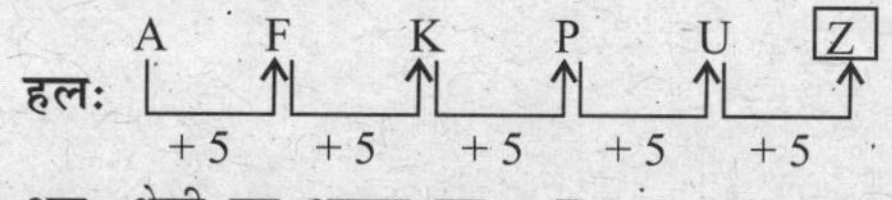

अतः श्रेणी का अगला पद = Z

प्रश्नमाला

1. इनमें से कौन-सी पैटर्न है।

(a) ☆–☆+×☆÷+×#

(b) ◎ ◎ ◎ ◎ ◎

(c) ∇ Δ /– ☆+#☆

(d) A B A C D F F M J

2. चार अलग-अलग रंग की टोपी हैं लाल, पीली, हरी, नीली अगर शुरुआत से 5वें नम्बर पर लाल टोपी आती है, तो 35वें नम्बवर पर कौन-सी टोपी आयेगी?

(a) हरी (b) नीली

(c) पीली (d) लाल

3. अगर (सुबह, दोपहर, शाम, रात)................ एक पैटर्न है, तो सुबह को हम B, दोपहर को A, और शाम को D और रात को C मानते हैं, तो CBAD एक पैटर्न है, तो इनमें से कौनसा पैटर्न सही है।

(a) BACD (b) ABCD

(c) CBDA (d) ADCB

4. निम्न में से चार आकृतियों के बाद कौन-सी आकृति आयेगी–

(a) (b)

(c) (d)

5. 21, 41, 61, 9 एक पैटर्न नहीं हैं तो प्रारम्भ से चौथे नम्बवर की संख्या को कितने से गुणा करें कि 21, 41, 61,.......... यह एक पैटर्न बन जाए।

(a) 21 (b) 8

(c) 9 (d) 10

6. 1, 3, 6, 10................, एक पैटर्न है, तो 10 के बाद कौन-सी संख्या आयेगी ?

(a) 15 (b) 11

(c) 12 (d) 13

7. इनमें से कौन-सा पैटर्न सही है ?

(a) 1, 2, 3, 5, 18

(b) 4, 8, 12, 16, 20

(c) 4, 8, 16, 24, 30

(d) 7, 48, 9, 3, 4

8. निम्न में से कौन-से डिजाइन को पाँचवें नम्बर पर स्थित किया जाए कि यह पैटर्न बन जाए?

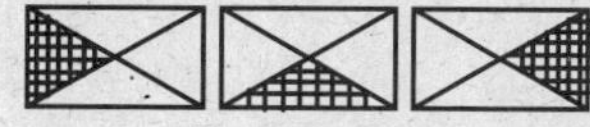

(a)

(b)

(c)

(d)

9. नीचे दिये गये पैटर्न में अगला पद क्या आयेगा?

1 + 3 = 2 × 2

1 + 3 + 5 = 3 × 3

.... = ...

(a) 7 + 8 + 9 = 1 × 1

(b) 2 + 3 + 5 = 5 × 5

(c) 1 + 2 + 3 + 4 = 4 × 4

(d) 1 + 3 + 5 + 7 = 4 × 4

10. इस पैटर्न में पता लगाओ कि अगला पद क्या आयेगा?

....

(a) 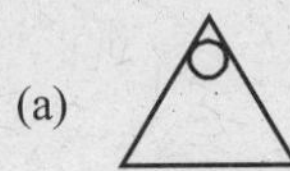

(b) 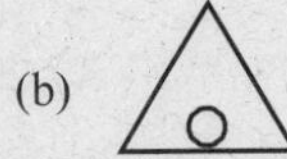

(c) 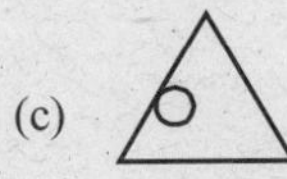

(d) 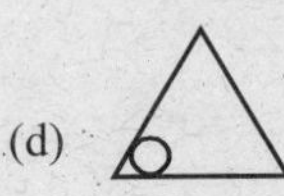

11. नीचे दिये गये पैटर्न को पूरा करो–

(9 – 1) ÷ 8 = 1
(98 – 2) ÷ 8 = 12
(987 – 3) ÷ 8 = 123
.... = ...

(a) (9867 – 4) ÷ 8 = 1235
(b) (9876 – 4) ÷ 8 = 1234
(c) (8967 – 2) ÷ 7 = 1896
(d) (9867 – 4) ÷ 7 = 1234

12. नीचे दिये गये पैटर्न को अगला पद क्या है?

1 = 1 × 1
121 = 11 × 11
1231 = 111 × 111
1234321 = ...

(a) 11 × 12
(b) 121 × 111
(c) 1111 × 1111
(d) 123 × 321

13. इस बढ़ते पैटर्न में पता लगाओ कि अगली संख्या को पाने के लिए कितना जोड़ा जाए?

1, 3, 6, 10, ...

(a) 5 (b) 12
(c) 10 (d) 8

14. नीचे दिये गये पैटर्न में अगला पद क्या है?

28 Z, 27Y, 26X, ...

(a) 25Y (b) 25W
(c) 25S (d) 25T

15. नीचे दिये गये पैटर्न में अगला पद क्या है?

N, Z, N..........................

(a) O (b) P
(c) Z (d) N

16. इस पैटर्न में अगला पद क्या आयेगा?

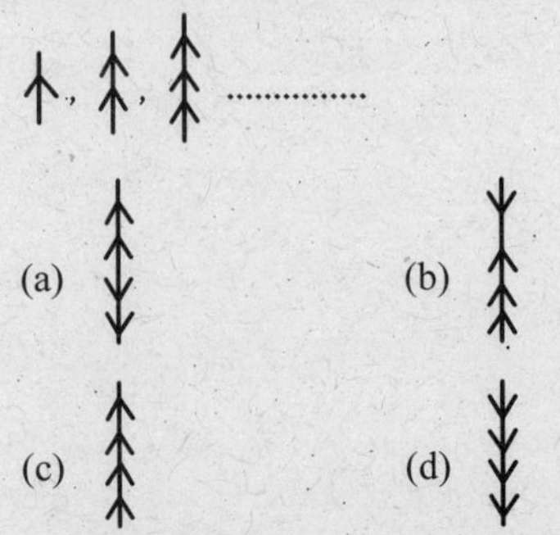

17. उचित संख्या से खाली स्थान भरिए–

3, 6, ...12, 15

(a) 18 (b) 9
(c) 21 (d) 7

18. इस बढ़ते पैटर्न में पता लगाओ कि अगली संख्या को ज्ञात करने के लिए कितना जोड़ा जाए।

1, 3, 7, 13..................

(a) 2 (b) 4
(c) 8 (d) 6

19. राधिका माचिस की तीलियों से खेल रही है वह उनको एक निश्चित क्रम में इस प्रकार लगाती है, इस क्रम को जारी रखते हुए आगे का क्रम क्या होगा।

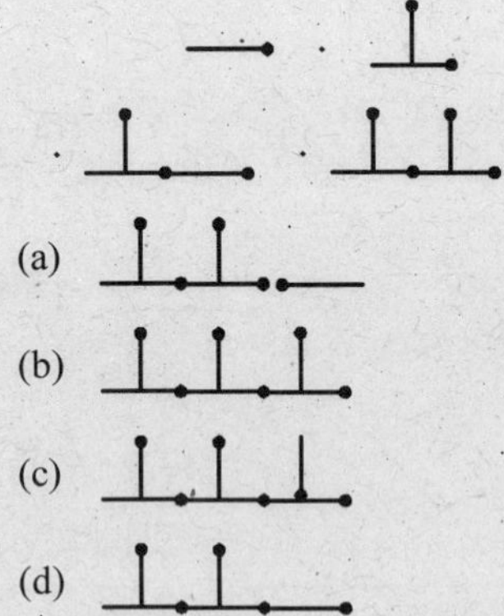

20. पैटर्न में अगली संख्या क्या होगी–

45, 37, 30, 24, 19

(a) 13 (b) 15
(c) 12 (d) 16

21. नीचे दिये गए पैटर्न का अगला पद क्या होगा?

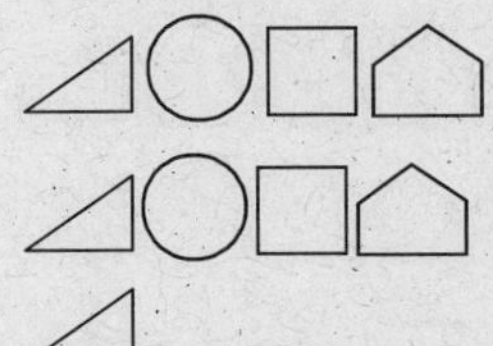

(a) 
(b) 
(c) 
(d)

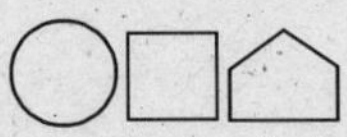

22. इस पैटर्न में पता लगाओ कि अगला पैटर्न क्या आयेगा

ABC, DEF, GHI...................

(a) BCD
(b) JKL
(c) MNO
(d) KLM

23. नीचे दिये गये पैटर्न अगला पद क्या होगा–

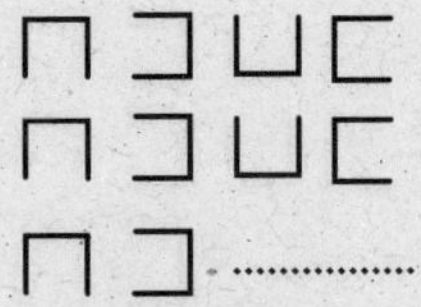

(a) 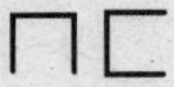 (b) 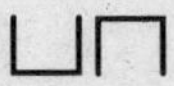
(c) 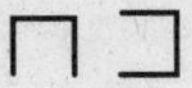 (d)

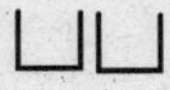

24. नीचे दिये गये पैटर्न का अगला पद क्या होगा–

(a) 
(b) 
(c) 
(d)

25. नीचे दिये गये पैटर्न को पूरा करो–

12 × 2 + 3 = 27
12 × 3 + 3 = 39
12 × 4 + 3 = 51
.... = ...

(a) 12 × 6 + 3 = 70
(b) 12 × 5 + 3 = 63
(c) 12 × 8 + 3 = 85
(d) 12 × 8 + 2 = 90

उत्तर (हल/संकेत)

1. (b) ◎ ◎ ◎ ◎ ◎ एक पैटर्न में है।

2. (a) लाल पीली हरी नीली
5
9
13
17
21
25
29
33 34 35 36
∴ 35वें नम्बर पर हरी टोपी आयेगी।

3. (d) सुबह दोपहर शाम रात
B A D C
C B A D एक पैटर्न है, तो ADCB पैटर्न सही होगा।

4. (b) यह एक ज्यामितीय पर आधारित पैटर्न है।

5. (c) 21, 41, 61, 9 एक पैटर्न नहीं है। तो प्रारम्भ से चौथे नम्बर की संख्या 9 से गुणा किया जाये, तो 21, 41, 61.........का पैटर्न बनेगा।

6. (a) 1, 3, 6, 10, 15
$1 \rightarrow 3 \rightarrow 6 \rightarrow 10 \rightarrow \boxed{15}$

7. (b) 4, 8, 12, 16, 20
$4 \xrightarrow{+4} 8 \xrightarrow{+4} 12 \xrightarrow{+4} 16 \xrightarrow{+4} 20$

8. (b) पैटर्न के अनुसार आकृति आयेगी।

9. (d) $1 + 3 = 2 \times 2$
$1 + 3 + 5 = 3 \times 3$
$1 + 3 + 5 + (b) = 4 \times 4$

10. (c) पैटर्न के अनुसार आकृति आयेगी।

11. (b) $(9 - 1) \div 8 = 1$
$(98 - 2) \div 8 = 12$
$(987 - 3) \div 8 = 123$
इसी प्रकार,
$(9876 - 4) \div 8 = 1234$

12. (c) $1 = 1 \times 1$
$121 = 11 \times 11$
$1231 = 111 \times 111$
$1234321 = 1111 \times 1111$

13. (a) $1, 3, 6, 10 \rightarrow 10 + 5 = 15$

14. (b) 28Z, 27Y, 26X, → 25W

15. (c) N, Z, N ....
पैटर्न के अनुसार अगला पद Z होगा।

16. (c) पैटर्न के अनुसार

17. (b) $3 \xrightarrow{+3} 6 \xrightarrow{+3} \boxed{9} \xrightarrow{+3} 12 \xrightarrow{+3} 15$
अत: लुप्त संख्या 9 होगी।

18. (c) 1, 3, 7, 13............
पैटर्न के अनुसार,
$1 \xrightarrow{+2} 3 \xrightarrow{+4} 7 \xrightarrow{+6} 13 \xrightarrow{+8} \boxed{21}$
अगला पद प्राप्त करने के लिये 8 जोड़ना होगा।

19. (d) पैटर्न के अनुसार पद आयेगा।

20. (b) $45 \xrightarrow{-8} 37 \xrightarrow{-7} 30 \xrightarrow{-6} 24 \xrightarrow{-5} 19 \xrightarrow{-4} \boxed{15}$
अत: लुप्त संख्या 15 होगी।

21. (d) पैटर्न के अनुसार,

22. (b) ABC +1 DEF +1 GHI +1 JKL
1 2 3 4 5 6 7 8 9 10 11 12
+1+1 +1+1 +1+1 +1 +1
अत: लुप्त पद JKL होगा।

23. (a) दिये गये पैटर्न के अनुसार अगला पद होगा।

24. (d) दिये गये पैटर्न के अनुसार अगला पद होगा।

25. (b) $12 \times 2 + 3 = 27$
$12 \times 3 + 3 = 39$
$12 \times 4 + 3 = 51$
$12 \times 5 + 3 = 63$
$12 \times 6 + 3 = 75$
$12 \times 7 + 3 = 87$
$12 \times 8 + 3 = 99$

20 सांख्यिकी

समान्तर माध्य : शृंखला के सभी पदों का एक औसत मान होता है। यह मान केन्द्रीय प्रवृत्तियों की सबसे सरल माप है। इसे समान्तर माध्य कहते हैं।

अर्थात् समान्तर माध्य वह संख्या है जो किसी शृंखला के सभी पदों के मूल्यों के जोड़ को उनकी कुल संख्या से भाग देने पर प्राप्त होती है।

समान्तर माध्य $(\bar{X}) = \dfrac{\text{पदों का कुल योग}}{\text{पदों की कुल संख्या}}$

$$= \frac{\Sigma X}{N}$$

या $$\bar{X} = \frac{x_1 + x_2 ...... + x_n}{n}$$

$$= \frac{\Sigma X}{N}$$

सामूहिक समान्तर माध्य (Combined Arithmetic Mean) : किसी शृंखला के दो या दो से अधिक भागों के समान्तर माध्य तथा पदों की संख्याओं की सहायता से सामूहिक समान्तर माध्य ज्ञात किया जा सकता है।

$$\boxed{\bar{X} = \frac{\bar{X}_1 N_1 + \bar{X}_2 N_2}{N_1 + N_2}}$$

माध्यिका (Median) : माध्यिका किसी शृंखला की वह संख्या है जो उस शृंखला को दो बराबर भागों में इस प्रकार बाँट देती है कि उसके ऊपर तथा नीचे पदों की संख्या बराबर होती है तथा उसके एक ओर के सभी तथ्य उससे कम मूल्य के होते हैं तथा दूसरी ओर के सभी तथ्य उससे अधिक मूल्य के होते हैं। जब N विषम संख्या हो, तो

माध्यिका (M) = $\left(\dfrac{N+1}{2}\right)$ वाँ पद,

यदि N सम संख्या हो, तो

माध्यिका (M) = $\left(\dfrac{N+2}{2}\right)$ वाँ पद

बहुलक (Mode) : किसी तथ्य का वह मूल्य जिसके वितरण में सबसे अधिक आवृत्ति हो, बहुलक कहलाता है।

परास (Range) : अधिकतम मान (H) = न्यूनतम मान (L)

R = H – L

1. सामूहिक आँकड़ों का माध्य : यदि किसी चर x में x_1, x_2, x_3..........., x_n के n मान हैं, तो इन आँकड़ों के समान्तर माध्य अथवा माध्य को $\bar{x}$ से प्रदर्शित करते हैं।

अर्थात्, $$\bar{x} = \frac{x_1 + x_2 + x_3 + ... + x_n}{n}$$

या, $$(\bar{x}) = \frac{\sum_{n=1}^{n} x_i}{n}$$

जहाँ, $$\sum_{n=1}^{n} x_i = x_1 + x_2 + x_3 ..... + x_n$$

इस भाग में, हम सामूहिक समान्तर माध्य या अवर्गीकृत बारम्बारता का अध्ययन करेगें। समान्तर माध्य की गणना करने के लिए हम तीन विधियों का प्रयोग करते हैं।

(i) प्रत्यक्ष विधि

(ii) लघु-रीति विधि

(iii) विक्षेपण विधि।

2. प्रत्यक्ष विधि : यदि चर x के मान $x_1, x_2, x_3,....x_n$ तथा उनकी बारम्बारताएँ क्रमशः $f_1, f_2, f_3,.......f_n$ होती हैं, तब इन मानों का समान्तर माध्य

$$\bar{x} = \frac{f_1x_1 + f_2x_2 + f_3x_3 + ... + f_nx_n}{f_1 + f_2 + f_3 + ... + f_n}$$

or $$\bar{x} = \frac{\sum_{i=1}^{n} f_i x_i}{N}$$

जहाँ, $$N = \sum_{i=1}^{n} f_i = f_1 + f_2 + ... + f_n$$

इस सूत्र के आधार पर हम समान्तर माध्य की गणना प्रत्यक्ष विधि द्वारा करते हैं जिसकी गणना लगभग पाँच चरणों में पूरी होती है।

पहला चरण : एक बारम्बारता सारणी इस प्रकार तैयार करते हैं कि एक स्तम्भ में चर के सारे मान तथा दूसरे स्तम्भ में इनसे सम्बन्धित सभी बारम्बारताएँ व्यवस्थित हों।

दूसरा चरण : सारणी में एक तीसरा स्तम्भ तैयार करते हैं जिसमें चर के मान तथा उनसे सम्बन्धित बारम्बारताओं का गुणनफल व्यवस्थित हो।

अर्थात् $f_i \times x_i$

तीसरा चरण : तीसरे स्तम्भ में सभी मानों के योग को प्राप्त करते हैं।

अर्थात्, $\Sigma f_i x_i$

चौथा चरण : इस चरण में दूसरे स्तम्भ की सभी बारम्बारताओं का योग प्राप्त करते हैं।

अर्थात्, $\Sigma f_i = \text{N}$

पाँचवा चरण : अब, सूत्र : $\bar{x} = \dfrac{\sum f_i x_i}{\text{N}}$ प्रयुक्त करते हैं।

$\therefore$ माध्य ($\bar{x}$) $= \dfrac{\sum f_i x_i}{\sum f_i} = \dfrac{360}{40} = 9$

हल सहित उदाहरण

उदाहरण 1. निम्न आँकड़ों का माध्य ज्ञात कीजिए।

x	:	4	6	9	10	15
f	:	5	10	10	7	8

हल : समान्तर माध्य की गणना

x_i	f_i	$f_i x_i$
4	5	20
6	10	60
9	10	90
10	7	70
15	8	120

$\text{N} = \Sigma f_i = 40, \quad \Sigma f_i x_i = 360$

3. माध्यिका : माध्यिका से तात्पर्य किसी दिए गए वितरण के मध्य का मान ज्ञात करना। यदि $x_1, x_2, x_3, ..., x_n$ किसी चर के मान हो, तो हम माध्यिका की गणना कर सकते हैं। माध्यिका की गणना करने के लिए लगभग तीन चरणों का प्रयोग करते हैं।

पहला चरण : एक चरण में, प्रेक्षणों $x_1, x_2, ...x_n$ को घटते अथवा बढ़ते क्रम में व्यवस्थित करते हैं।

दूसरा चरण : प्रेक्षणों की कुल संख्या को ज्ञात करते हैं।

तीसरा चरण : यदि प्रेक्षणों की कुल संख्या (n) का मान विषम हो, तो माध्यिका का मान $\left(\dfrac{n+1}{2}\right)$ वाँ प्रेक्षण होगा।

यदि n का मान सम हो, तो माध्यिका का मान $\left(\dfrac{n}{2}\right)$ वें तथा $\left(\dfrac{n}{2}+1\right)$ वें मानों के समान्तर माध्य के बराबर होगा।

उदाहरण 2. किसी 9वीं कक्षा के विद्यार्थी के अंक निम्न प्रकार से दिए गए हैं तो माध्यिका ज्ञात कीजिए।

34, 32, 48, 38, 24, 30, 27, 21, 35

हल : दिए गए आँकड़ों को बढ़ते हुए क्रम में रखने पर

21, 24, 27, 30, 32, 34, 35, 38, 48

यहाँ, प्रेक्षणों की संख्या = 9 (जो, विषम संख्या है)

अतः माध्यिका $= \left(\dfrac{9+1}{2}\right)$ वाँ प्रेक्षण

अर्थात् 32

4. बारंबारता बंटन की माध्यिका : बारंबारता बंटन की माध्यिका ज्ञात करने के लिए हम पाँच चरणों को प्रयुक्त करते हैं।

पहला चरण : बारंबारता बंटन को प्राप्त करते हैं।

दूसरा चरण : संचयी बारंबारता स्तम्भ तैयार करते हैं तथा $\text{N} = \Sigma f_i$ को प्राप्त करते हैं।

तीसरा चरण : N/2 का मान ज्ञात करते हैं।

चौथा चरण : सर्वप्रथम देखते हैं कि संचयी बारंबारता ठीक N/2 के मान से अधिक है, तो उससे सम्बन्धित वर्ग ज्ञात करते है। यह वर्ग, माध्यिका वर्ग कहलाता है।

पाचवाँ चरण : अब, निम्न सूत्र का प्रयोग करते हैं।

$$\text{माध्यिका} = l + \left(\frac{\frac{\text{N}}{2} - \text{F}}{f}\right) \times h$$

जहाँ, l = माध्यिका वर्ग की निम्न सीमा

f = माध्यिका वर्ग की बारंबारता

h = माध्यिका वर्ग का आकार

F = माध्यिका वर्ग $\text{N} = \Sigma f_i$ के पूर्व, निम्न सीमा वर्ग की संचयी बारंबारता।

उदाहरण 3. निम्न आँकड़ों के आधार पर माध्यिका ज्ञात कीजिए।

वर्ग	बारंबारता
5–10	5
10–15	6
15–20	15
20–25	10
25–30	5
30–35	4
35–40	2
40–45	2

हल : सर्वप्रथम, एक संचयी बारंबारता सारणी तैयार करते हैं।

वर्ग	बारंबारता	संचयी बारंबारता
5–10	5	5
10–15	6	11
15–20	15	26
20–25	10	36
25–30	5	41
30–35	4	45
35–40	2	47
40–45	2	49

चूँकि, $\text{N} = 49$

$\therefore \quad \text{N}/2 = \dfrac{49}{2} = 24.5$

संचयी बारंबारता, N/2 के मान से अधिक है अर्थात् 26 तथा इससे सम्बन्धित वर्ग 15 – 20 है।

इस प्रकार, $l = 15, f = 15, \text{F} = 11$ तथा $h = 5$

$$\therefore \quad \text{माध्यिका} = 15 + \frac{24.5 - 11}{15} \times 5$$

$$= 15 + \frac{13.5}{3} \times 19.5$$

प्रश्नमाला

1. 10 दुकानों का मासिक किराया निम्नांकित है—
45, 50, 23, 85, 75, 80, 82, 40, 90, 95
इनका परास क्या होगा?
(a) 72 (b) 70
(c) 65 (d) 60

2. यदि किसी कक्षा के 8 विद्यार्थियों का भार किग्रा. में निम्न होगा :
40, 45, 35, 48, 57, 56, 42, 50 तो उनके भारों का माध्य होगा—
(a) 45 (b) 46.62
(c) 47 (d) 47.62

3. मान लीजिए 5 पदों का माध्य 30 है। पहले चार पद क्रमश: 10, 15, 30, 35 हैं। पाँचवें पद का मूल्य मालूम कीजिए।
(a) 50 (b) 60
(c) 70 (d) 80

4. 25, 26, 27, 32, 20, 19, 35 की माध्यिका होगी:
(a) 32 (b) 26
(c) 19 (d) 35

5. समंकों 15, 20, 12, 18, 15 का माध्य होगा:
(a) 14 (b) 15
(c) 16 (d) 17

6. पहली सात सम संख्याओं का औसत ज्ञात करें।
(a) 8 (b) 9
(c) 7 (d) 10

7. नन्दू और विपिन के चार विषयों के प्राप्तांक क्रमश: 75, 45, 63, 70 एवं 65, 70, 40, 45 हैं, तो किसके औसत अंक कितने ज्यादा हैं?
(a) 8 नन्दू के (b) 9 विपिन के
(c) 8.25 विपिन के
(d) 8.25 नन्दू के

8. दी गई सारणी की माध्यिका ज्ञात करें—
30, 36, 39, 25, 34, 28, 38
(a) 38 (b) 39
(c) 34 (d) 25

9. किसी गाँव के 20 परिवारों के सदस्यों की संख्या है:
6, 8, 6, 3, 2, 5, 7, 8, 6, 5, 5, 7, 7, 8, 6, 6, 7, 7, 6, 5 इनकी औसत होगी।
(a) 4 (b) 5
(c) 6 (d) 3

10. पाँच लड़कों की औसत उम्र 20 वर्ष है। एक शिक्षक के आने से उन लड़कों की औसत उम्र 2 वर्ष बढ़ जाती है, तो शिक्षक की उम्र क्या होगी ?
(a) 32 वर्ष (b) 22 वर्ष
(c) 26 वर्ष (d) 38 वर्ष

11. प्रथत पाँच सम संख्याओं का औसत क्या होगा?
(a) 4 (b) 5
(c) 6 (d) 7

12. निम्नांकित आँकड़ों का माध्य ज्ञात करें।
x : 3 2 4 5 6 7
f : 4 3 2 6 5 1
(a) 4.43 (b) 4
(c) 5.43 (d) 5

13. दस विद्यार्थियों का प्रति महीने का जेब खर्च निम्नलिखित है :
15, 20, 30, 22, 25, 18, 40, 50, 55, 65 तो इनका समान्तर माध्य ज्ञात करें।
(a) 30 (b) 31
(c) 32 (d) 34

14. तीन व्यक्तियों की औसत आयु 123 वर्ष है तथा अन्य तीन व्यक्तियों की औसत आयु 96 है, तो उन सभी व्यक्तियों की औसत आयु कितने वर्ष होगी?
(a) 41 वर्ष (b) 100 वर्ष
(c) 109.5 वर्ष (d) 108 वर्ष

15. सात व्यक्तियों की औसत आयु 49 वर्ष है तथा अन्य चार व्यक्तियों की औसत आयु 48 वर्ष हैं, तो उन सभी व्यक्तियों की औसत आयु कितने वर्ष होगी—
(a) 48 (b) 48.6
(c) 47 (d) 49.6

16. एक मोहल्ले के आठ परिवारों की मासिक आय रुपये में निम्नलिखित है:
70. 10, 500, 75, 13, 250, 8, 42, तो समान्तर माध्य ज्ञात करें।
(a) ₹ 120 (b) ₹ 135
(c) ₹ 121 (d) ₹ 125

17. 5 विद्यार्थियों का जेब खर्च नीचे दिया गया है। उनका समान्तर माध्य है—
125, 75, 150, 175, 200
(a) 145 (b) 150
(c) 155 (d) 160

18. 6.5, 8.2, 9.4, 4.6, 7.8 और 4.9 का औसत ज्ञात करें।
(a) 7.9 (b) 5.9
(c) 4.9 (d) 6.9

19. 11वीं कक्षा के 11 विद्यार्थियों के अर्थशास्त्र में प्राप्त अंक दिए गए हैं। इनकी माध्यिका ज्ञात करें।
अंक : 17, 32, 35, 33, 15, 21, 41, 32, 11, 10, 20
(a) 21 (b) 20
(c) 19 (d) 23

20. किसी अस्पताल में एक दिन 260 रोगियों की आयु निम्नांकित थी—

आयु (वर्षों में)	10–20	20–30	30–40	40–50
रोगियों की संख्य	90	60	80	30

वर्ग-अंतराल 20–30 का वर्ग चिह्न है—
(a) 10 (b) 15
(c) 20 (d) 25

21. इस तालिका के लिए परास (Range) क्या होगा?
25, 28, 75, 98, 63, 62, 15
(a) 82 (b) 83
(c) 84 (d) 85

22. निम्नांकित आँकड़ों का माध्य ज्ञात करें—
x : 4 5 6
7 8 10
f : 3 4 6
5 2 8
(a) 6 (b) 7.107
(c) 8 (d) 8.107

23. सारणी 3.5, 4.5, 6.5, 3.5, 7.5, 3.5, 8.5 का बहुलक होगा—
(a) 4.5 (b) 3.5
(c) 6.5 (d) 8.5

24. किसी 15 व्यक्तियों के समूह की औसत आयु 29 वर्ष है। उनमें से दो व्यक्तियों की औसत आयु 55 वर्ष है। बाकी 13 व्यक्तियों की आयु का औसत है—
(a) 29 वर्ष (b) 27 वर्ष
(c) 26 वर्ष (d) 25 वर्ष

25. पाँच व्यक्तियों की औसत आयु 40 वर्ष है तथा अन्य तीन व्यक्तियों की औसत आयु 42 वर्ष है, तो उन सभी व्यक्तियों की औसत आयु कितने वर्ष होगी?

(a) 41 (b) 41.5
(c) 40.05 (d) 40.75

26. 10 लड़कों के वार्षिक परीक्षा के प्राप्तांकों का औसत 640 है। यदि उनमें से एक लड़का जिसका प्राप्तांक 760 है चला जाता है, तो शेष लड़कों के औसत अंक कितने होंगे?
(a) 628.89
(b) 629.87
(c) 629.80
(d) इनमें से कोई नहीं

27. 6 दुकानों का मासिक किराया दिया गया है : 75, 83, 125, 100, 95, 130 इनका माध्य ज्ञात करें—
(a) 102 (b) 101
(c) 100 (d) 101.33

28. 11 वीं कक्षा के 'A' सेक्शन के 60 विद्यार्थियों के अर्थशास्त्र के पर्चे में 40 माध्य अंक हैं तथा 'B' सेक्शन के 40 विद्यार्थियों के अर्थशास्त्र के पर्चे में 35 माध्य अंक हैं। 11वीं कक्षा के सभी 100 विद्यार्थियों के अर्थशास्त्र के पर्चे में सामूहिक माध्य अंक निकालिए।
(a) 38 (b) 39
(c) 40 (d) 37

29. 99, 108, 406 और 315 का औसत होगा—
(a) 232 (b) 235
(c) 231 (d) 234

30. निम्न तालिका का परास (Range) ज्ञात करें।
100, 120, 70, 75, 90, 60
(a) 50 (b) 60
(c) 80 (d) 90

31. सात विद्यार्थियों की ऊँचाई निम्नलिखित तालिका द्वारा प्रकट की गई है। इनकी माध्यिका ज्ञात करें।
140, 142, 144, 145, 147, 149, 151
(a) 142 (b) 145
(c) 151 (d) 140

32. एक फर्म के मजदूरों की प्रति महीने आय निम्नलिखित है—
50, 60, 225, 250, 400, 70, 85, 525 इनकी आय का परास ज्ञात करें—
(a) 425 (b) 450
(c) 475 (d) 480

33. इस तालिका का परास ज्ञात करें।
8, 6, 10, 12, 1, 3, 4, 4
(a) 8 (b) 9
(c) 10 (d) 11

34. 8 मजदूरों की आय : 30, 36, 34, 40, 42, 46, 54, 62 है, तो इनका समान्तर माध्य होगा—
(a) 40 (b) 43
(c) 47 (d) 50

35. रमेश ने एक महीने में 5, महेश 6 सुरेश 7, केशव 8 तथा मयंक 9 मैच खेलते हैं। उनके द्वारा खेले जाने वाले मैचों का समान्तर माध्य है—
(a) 6 (b) 4
(c) 8 (d) 7

36. किसी कक्षा में 30 विद्यार्थी हैं, पहले 10 विद्यार्थियों की औसत आयु 12.5 वर्ष है, बाकी 20 विद्यार्थियों की औसत आयु 13, 1 वर्ष है, पूरी कक्षा के विद्यार्थियों की औसत आयु है—
(a) 12.5 (b) 12.7
(c) 12.8 (d) 12.9

37. प्राप्तांक 8, 6, 10, 12, 1, 5, 6 तथा 6 के लिए समान्तर माध्य होगा :
(a) 6.85 (b) 6.40
(c) 6.75 (d) 7

38. दी हुई n संख्याएँ ($n > 1$) जिनमें से एक $1-\frac{1}{n}$ और अन्य सभी 1 हैं। तब n संख्याओं का माध्य है—
(a) $1-\frac{1}{n^2}$ (b) $1-\frac{1}{n}$
(c) 1 (d) $n-\frac{1}{n^2}$

39. 20 संख्याओं का माध्य 59 है। यदि प्रत्येक संख्या में 3 जोड़ दिया जाता है, तब नया माध्य होगा—
(a) 56 (b) 62
(c) 177 (d) 196

40. 9 संख्याओं का माध्य 50 पाया गया। बाद में, ज्ञात हुआ कि संख्या 72 के स्थान पर गलती से 27 लिख दिया गया था। तब संख्याओं का सही माध्य है।
(a) 53 (b) 55
(c) 58 (d) 59

41. 205, 170, 131, 174, 153, 142, 147, 157, 196, 148 की माध्यिका है—
(a) 155 (b) 157
(c) 170 (d) 174

42. संख्याओं 15, 8, 26, 25, 24, 15, 18, 20, 24, 15, 19, 15 का बहुलक है—
(a) 15 (b) 24
(c) 25 (d) 26

43. यदि दो धनात्मक संख्याओं a और b के बीच समान्तर माध्य तथा गुणोत्तर माध्य क्रमशः 10 तथा 8 हैं, तो संख्याएँ ज्ञात कीजिए—
(a) 2, 4 (b) 4, 16
(c) 4, 8 (d) 2, 16

44. निम्नलिखित रेखाचित्र से यह निर्धारित कर बताइए कि किस वर्ष में इससे ठीक पहले के वर्ष की तुलना में अधिकतम मूल्य वृद्धि का सामना करना पड़ा?
(a) 2008 (b) 2009
(c) 2010 (d) 2011

45. दिए गए आँकड़ों :
6, 15, 50, 120, 80, 100, 15, 10, 10, 8, 15 का माध्य बहुलक और माध्यिका क्रमशः है :
(a) 39, 15, 17
(b) 15, 15, 39
(c) 39, 15, 15
(d) 37, 15, 15

46. एक स्थान पर एक सप्ताह के लिए प्रतिदिन वर्षा सेमी में निम्न प्रकार है—
2.9, 2.8, 4.2, 3.3, 3.7, 4.6 और 3.7 तो सप्ताह में प्रतिदिन वर्षा का औसत (सेमी.) में है—
(a) 3.5 (b) 3.4
(c) 3.7 (d) 3.6

47. 9 संख्याओं का माध्य 25 है। यदि पहली पाँच संख्याओं का माध्य 26 है और अन्तिम पाँच संख्याओं का माध्य 23 है, तो पांचवीं संख्या होगी—
(a) 26 (b) 22.5
(c) 24.5 (d) 20

48. कक्षा में, 15-18, 19-22, 23-26,....., तब वर्गान्तर 19-22 की निम्न सीमा है—
(a) 19 (b) 20.5
(c) 18.5 (d) 22.5

49. संख्याएँ 6, 6, 9, 14, 8, 9, 9, 8 की माध्यिका, बहुलक और परास का माध्य है—
(a) 8.5 (b) 10.5
(c) 8.8 (d) 10.3

50. संख्याएँ 41, 39, 48, 52, 46, 62, 54, 40, 96, 52, 98, 42, 40, 60 की माध्यिका है—
(a) 48 (b) 49
(c) 50 (d) 51

निर्देश (51-53) : निम्न प्रश्नों का उत्तर देने के लिए, पाई-चार्ट को ध्यानपूर्वक पढ़ें।
परिवार के वार्षिक खर्चे प्रतिशत में एक वर्ष में खर्च कुल राशि = ₹ 600000

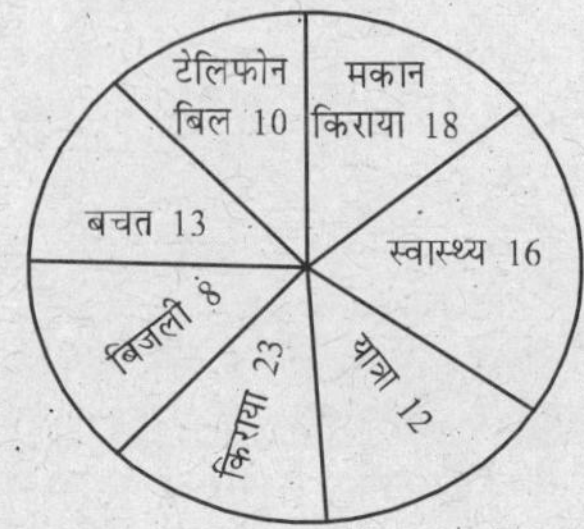

51. परिवार टेलीफोन बिलों, स्वास्थ्य और बिजली पर मिलाकर कितनी रकम खर्चा करता है?
(a) ₹ 204000 (b) ₹ 142000
(c) ₹ 100000 (d) ₹ 42000

52. परिवार द्वारा बचत में लगाई गई राशि स्वास्थ्य पर खर्च राशि का कितने प्रतिशत है?
(a) 75.75 (b) 81.25
(c) 101.50 (d) 111.25

53. परिवार यात्रा पर कितनी रकम खर्च करता है?
(a) ₹ 86000 (b) ₹ 84000
(c) ₹ 72000 (d) ₹ 60000

निर्देश (54-56) : नीचे दिए गए वृत्त चार्ट का ध्यानपूर्वक अध्ययन कीजिए, जिसमें किसी आदमी के परिवार का 2013 का खर्च एवं बचत का आँकड़ा दर्शाया गया है।

कुल आय = 10,000

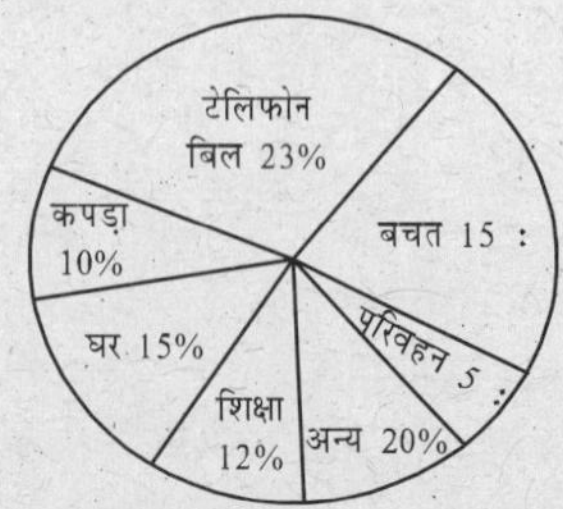

54. अगर आदमी की कुल आय 2013 में ₹ दस हजार हो, तो उस वर्ष उसने शिक्षा पर कितना खर्च किया?
(a) ₹ 1,500 (b) ₹ 800
(c) ₹ 1,200 (d) ₹ 1,300

55. ₹ दस हजार की आय पर 2013 में घर तथा परिवहन पर उस आदमी ने कितना खर्च किया?
(a) ₹ 4,000 (b) ₹ 3,000
(c) ₹ 2,000 (d) ₹ 1,000

56. कुल आय का कितना प्रतिशत अन्तर अन्य तथा परिवहन पर, वह आदमी खर्च करता है?
(a) 25% (b) 20%
(c) 15% (d) 10%

निर्देश (57-60) : नीचे दिया गया आयत चित्र में एक सर्वेक्षण द्वारा पाए गए किसी बस्ती के विभिन्न दैनिक आय वाले परिवारों की संख्या को प्रदर्शित किया गया है। ग्राफ को ध्यानपूर्वक अध्ययन करके तथा इस पर आधारित प्रश्नों के उत्तर दीजिए।

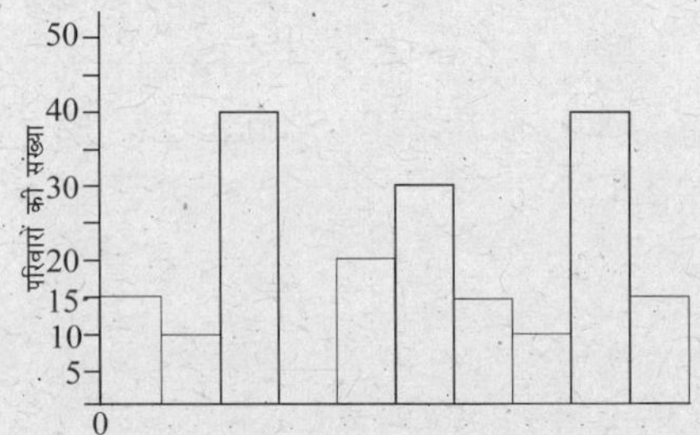

दैनिक आय रुपयों में →

57. कुल मिलाकर कितने परिवारों का सर्वेक्षण किया गया?
(a) 235 (b) 220
(c) 200 (d) 195

58. उन परिवारों, जिनकी दैनिक आय ₹ 800 अथवा अधिक है, की संख्या है :
(a) 50 (b) 55
(c) 65 (d) 80

59. उन परिवारों; जिनकी दैनिक आय ₹ 200 से कम हो, उनकी संख्या है:
(a) 25 (b) 20
(c) 15 (d) 10

60. उन परिवारों, जिनकी दैनिक आय ₹ 500 तथा ₹ 800 के मध्य है, की संख्या है:
(a) 35 (b) 40
(c) 45 (d) 55

उत्तर (हल/संकेत)

1. (a) परास = H – L = 95 – 23 = 72

2. (b) $\frac{40+45+35+48+57+56+42+50}{8}$

$= \frac{373}{8} = 46.62$

3. (b) $\overline{x} = \frac{x_1 + x_2 + x_3 + x_4 + x_5}{n}$

$\therefore\ 30 = \frac{10+15+30+35+x_5}{5}$

$\Rightarrow\ 30 \times 5 = 90 + x_5$

$\Rightarrow\ 150 - 90 = x_5$

$\therefore\ x_5 = 60$

4. (b) आरोही क्रम में लिखने पर

= 19, 20, 25, 26, 27, 32, 35

M = $\left(\frac{n+1}{2}\right)$वाँ पद

= $\left(\frac{7+1}{2}\right)$वाँ पद = 4वाँ पद = 26

5. (c) $\overline{x} = \frac{15+20+12+18+15}{5} = \frac{80}{5} = 16$

6. (a) $\frac{2+4+6+8+10+12+14}{7} = \frac{56}{7} = 8$

7. (d)

8. (c) आरोही क्रम में लिखने पर

25, 28, 30, 34, 36, 38, 39

$m = \frac{n+1}{2}$ वाँ पद $= \frac{7+1}{2}$ वाँ पद

= चौथा पद = 34

9. (c) $\overline{x} = \frac{x_1 + x_2 \text{ ....} + x_{20}}{N}$

$= \frac{6+8+6+3+2+5+7+8+6+5+5+7+7+8+6+6+7+7+6+5}{20}$

$= \frac{120}{20} = 6$

10. (a)

11. (c) $\overline{x} = \frac{2+4+6+8+10}{5} = \frac{30}{5} = 6$

12. (a)

x	f	fx
3	4	12
2	3	6
4	2	8
5	6	30
6	5	30
7	1	7
	$\Sigma f = 21$	$\Sigma fx = 93$

$\overline{x} = \frac{\Sigma fx}{\Sigma f} = \frac{93}{21} = 4.43$

13. (d)

$$\overline{x} = \frac{15+20+30+22+25+18+40+50+55+65}{10}$$

$\therefore \quad \overline{x} = \frac{340}{10} = 34$

14. (c)

$$\overline{x} = \frac{3\times123+3\times96}{3+3} = \frac{369+288}{6} = \frac{657}{6}$$
$= 109.5$

15. (b) $\overline{x} = \frac{47\times7+48\times4}{7+4}$

$= \frac{343+192}{11} = \frac{535}{11} = 48.6$

16. (c) समांतर माध्य

$$= \frac{70+10+500+75+13+250+8+42}{8}$$

$= \frac{968}{8} = ₹\ 121$

17. (a) $\overline{x} = \frac{125+75+150+175+200}{5}$

$= \frac{725}{5} = 145$

18. (d) $\overline{x} = \frac{6.5+8.2+9.4+4.6+7.8+4.9}{6}$

$= \frac{41.4}{6} = 6.9$

19. (a)

20. (d) वर्ग अन्तराल, 20—30 का वर्ग चिह्न

$= \frac{20+30}{2} = \frac{50}{2} = 25$

21. (b) परास = H – L = 98 – 15 = 83

22. (b)

x	f	fx
4	3	12
5	4	20
6	6	36
7	5	35
8	2	16
10	8	80
	$\Sigma f = 28$	$\Sigma fx = 199$

$\overline{x} = \frac{\Sigma fx}{\Sigma f} = \frac{199}{28} = 7.107$

23. (b) बहुलक = 3.5

24. (d)

25. (d) $\frac{40\times5+42\times3}{5+3} = \frac{200+126}{8}$

$= \frac{326}{8} = 40.75$

26. (d) शेष लड़कों का औसत अंक :

$= \frac{640\times10-760}{9} = \frac{6400-760}{9}$

$= \frac{5640}{9} = 626.66$ (लगभग)

27. (d) $\frac{75+83+125+100+95+130}{6}$

$= \frac{608}{6} = 101.33$

28. (a)

29. (a)

$$\overline{x} = \frac{99+108+406+315}{4} = \frac{928}{4} = 232$$

30. (b) (परास) R = H – L
= 120 – 60 = 60

31. (b) दी गई श्रेणी को अवरोही क्रम में लिखने पर,
151, 149, 147, 145, 144, 142, 140
यहाँ

$n = 7$

माध्यिका $= \left(\frac{n+1}{2}\right)$वाँ पद

$= \left(\frac{7+1}{2}\right)$वाँ पद = 145

32. (c) R = H – L
यहाँ H = 525, L = 50
R = H – L
= 525 – 50 = 475

33. (d) H = 12, L = 1
$\therefore$ R = H – L = 12 – 1 = 11

34. (b)

$$\overline{x} = \frac{30+36+34+40+42+46+54+62}{8}$$

$= \frac{344}{8} = 43$

35. (d) $\overline{x} = \frac{\Sigma x}{N}$

$= \frac{5+6+7+8+9}{5}$

$= \overline{x} = \frac{35}{5} = 7$

36. (d) पूरी कक्षा में विद्यार्थियों की औसत आयु

$= \frac{387}{30} = 12.9$ वर्ष

37. (c) समान्तर माध्य

$= \frac{8+6+10+12+1+5+6+6}{8}$

$= \frac{54}{8} = 6.75$

38. (a) माध्य $= \frac{\text{कुल संख्याओं का योग}}{\text{कुल संख्या}}$

$$= \frac{1-\frac{1}{n}+[1+1+\ldots\ldots+(n-1)]}{n}$$

$$= \frac{1-\frac{1}{n}+[(n-1)]}{n}\ \frac{n-\frac{1}{n}}{n}$$

$$= \frac{n}{n} - \frac{1}{n^2} = 1 - \frac{1}{n^2}$$

39. (b) नया माध्य = 59 + 3 = 62

40. (b) 9 प्रेक्षणों का योग = 50 × 9 = 450
नया औसत

$= \frac{450+72+-27}{9} = \frac{495}{9} = 55$

41. (a)

42. (a) 15, 8, 26, 25, 24, 15, 18, 20,24, 15, 19, 15 में सबसे अधिक बारम्बारता 15 है। अत: 15 बहुलक है।

43. (b)

44. (d) 2011 में अधिकतम मूल्य वृद्धि का सामना करना पड़ा।

45. (c) माध्य

$$= \frac{6+15+50+120+80+100+15+10+10+8+15}{11}$$

$= \frac{429}{11} = 39$

संख्याओं को आरोही क्रम में लिखने पर = 6, 8, 10, 10, 15, 15, 15, 50, 80, 100, 120

माध्यिका $= \left(\frac{n+1}{2}\right)$वाँ पद

$= \left(\frac{11+1}{2}\right)$वाँ पद = 6वाँ पद

$\therefore$ माध्यिका = 15
बहुलक = 15

46. (d) वर्षा का औसत

$$= \frac{2.9+2.8+4.2+3.3+3.7+4.6+3.7}{7}$$

$= \frac{25.2}{7} = 3.6$

47. (d) पाँचवीं संख्या
= [(26 × 5 + 23 × 5) – 9 × 25]
= 130+115 – 225 = (245 – 225)
= 20

48. (c) वर्ग अंतरात 19—22 की निम्न सीमा 18.5 है।

49. (a)

50. (c) संख्याओं का घटता हुआ क्रम
96, 96,62, 60, 54, 52, 52, 48, 46, 42, 41, 40, 40, 39
N = 14
माध्यिका

$$= \frac{\frac{n}{2}\text{वाँ पद} + \left(\frac{n}{2}+1\right)\text{वाँ पद}}{2}$$

$$= \frac{7\text{वाँ पद} + 8\text{वाँ पद}}{2}$$

$$= \frac{52+48}{2} = \frac{100}{2} = 50$$

51. (b) **52.** (d)

53. (c) अभीष्ट खर्च $= 600000 \times \frac{12}{100}$
$= ₹ 72,000$

54. (c) शिक्षा पर खर्च $= 10000 \times \frac{12}{100}$
$= ₹ 1,200$

55. (c) घर पर खर्च $= 10000 \times \frac{15}{100} = ₹ 1,500$

परिवहन पर खर्च $= 10000 \times \frac{15}{100}$
$= ₹ 500$

परिवहन तथा घर पर कुल खर्च
$= ₹(1500 + 500) = ₹ 2,000$

56. (c) प्रश्नानुसार 20% – 5% = 15%

57. (c) प्रश्नानुसार,
परिवारों की सख्या
= 15+ 10+ 40 +20 + 5 + 30 + 15 +10 + 40 + 15 = 200

58. (b) परिवारों की संख्या (₹ 800 अथवा अधिक)
= 40+ 15 = 55

59. (a) परिवारों की संख्या (₹ 200 से कम)
= 15+ 10 = 25

60. (d) परिवारों की संख्या (₹ 500 तथा ₹ 800 के मध्य) = 55

❑❑

21 गणित शिक्षण शास्त्र

गणित की प्रकृति

गणित का उद्देश्य (Objective of Mathematics)

सामान्य उद्देश्य को प्राप्त करने को हम संक्षेप में लक्ष्य कहते हैं। लक्ष्य आदर्श होते हैं, जिनका क्षेत्र असीमित होता है। इस प्रकार के लक्ष्यों को पूर्णरूप से प्राप्त करना असम्भव होता है। इस प्रकार के लक्ष्यों की प्राप्ति हेतु सम्पूर्ण स्कूल, समाज तथा राष्ट्र उत्तरदायी होता है।

उदाहरण –

1. बालक की तर्क शक्ति का विकास करना।

2. विद्यार्थी अपनी दैनिक जीवन सम्बन्धी समस्याओं को हल करने में वैज्ञानिक दृष्टिकोण का प्रयोग कर सकें। विशिष्ट उद्देश्य विभिन्न विषयों और उप-विषयों के लिए निश्चित किए जाते हैं। इनका प्रयोग केवल शिक्षण-कार्य (Teaching) के लिए ही नहीं होता, वरन छात्रों की उपलब्धियों की जाँच करने के लिए भी किया जाता है। इसमें दो भाग होते हैं, प्रथम भाग का सम्बन्ध छात्र में लाये जाने वाले वाँछनीय व्यावहारिक परिवर्तन से है। तथा दूसरे भाग का सम्बन्ध विषय वस्तु (content) से है। जिसके माध्यम से छात्र के व्यवहार में परिवर्तन लाना आवश्यक होता है।

व्यावहारिक उद्देश्य तथा वर्गीकरण (Behavioural Objectives and Classification)

व्यावहारिक पदों के सन्दर्भ में लिखे गये उद्देश्य व्यावहारिक उद्देश्य कहे जाते हैं। व्यावहारिक उद्देश्य से ही मनुष्यों के क्रियाकलापों का ज्ञान होता है।

अर्थात् "उद्देश्य वह बिन्दु अथवा अभीष्ट है, जिसकी दिशा में कार्य किया जाता है। वह व्यवस्थिति परिवर्तन है जिसे क्रिया द्वारा प्राप्त किया जाता है जिसके लिए हम कार्य करते हैं?"

"प्राप्य उद्देश्य वास्तव में वह लक्ष्य है, जिन्हें प्राप्त करने के लिए गणित शिक्षण की सम्पूर्ण क्रियायें केन्द्रित होती हैं।" आई. के. डेविस के अनुसार, "सीखने का उद्देश्य अपेक्षित परिवर्तन का वर्णन है।" (Learning objective is a statement of proposed change.)

बी. एस. ब्लूम ने इसे और अधिक ढंग से स्पष्ट किया है। "शैक्षिक उद्देश्य वह लक्ष्य मात्र ही नहीं होते जिनकी सहायता से पाठ्यक्रम को निर्मित किया जाता है या अनुदेशन के लिए निर्देशन दिया जाता है, अपितु वह मूल्यांकन की प्रक्रिया के विशिष्टीकरण में भी सहायक होते हैं।"

व्यावहारिक उद्देश्यों का वर्गीकरण (Classification of Behavioural Objectives)

इस प्रकार के उद्देश्यों का वर्गीकरण दो प्रकार से किया जाता है।

(1) वर्गीकरण का प्राचीन आधार (Old base of Classification)

(2) नवीन आधार (New Taxonomy)

1. वर्गीकरण का प्राचीन आधार (Old Bese Classification) – प्राचीन वर्गीकरण के आधार पर छात्र कक्षाओं में विभिन्न विषयों का अध्ययन करते समय हम निम्न विशिष्ट उद्देश्यों की प्राप्ति करते हैं–

1. अनुभूतियाँ (Appreciation)– विद्यार्थी दैनिक जीवन में गणित के महत्त्व की सराहना करता है।

अपेक्षित व्यवहारगत परिवर्तन (Specification or Learning Outcome)–

(i) विद्यार्थी विभिन्न गणितीय आकृतियों, लेखाचित्रों, संकेतों को देखकर खुश होता है;

(ii) आधुनिक गणित सभ्यता के विकास की सराहना करता है। गणित से प्राप्त आनन्द की अनुभूति की प्रशंसा करता है; तथा

(iii) गणना में कम्प्यूटर के उपयोग की सराहना करता है

2. कौशल (Skill)– विद्यार्थी गणना करने में ज्यामिति की आकृतियों एवं ग्राफ खीचने में, सारणी, चार्ट, लेखाचित्र आदि को पढ़ने में निपुणता प्राप्त करते हैं।

अपेक्षित व्यवहारगत परिवर्तन (Specification or Learning Outcome) –

(i) विद्यार्थी लेखाचित्रों को सही ढंग से शीघ्रता से उचित पैमाना मानकर विभिन्न आकृतियाँ एवं लेखाचित्र खींचता है; तथा

(ii) गणित की गणनाओं को मौखिक रूप से करता है।

3. अवबोधन (Understanding)– विद्यार्थी कक्षा में शब्दों, संकल्पनाओं, संकेतों, सिद्धान्तों, सूत्रों, विधियों, परिभाषाओं आदि के अर्थों को समझते हैं।

अपेक्षित व्यवहारगत परिवर्तन (Specification or Learning Outcome) –

(i) विद्यार्थी उदाहरण देता है, त्रुटियों का पता लगा लेता है तथा उन्हें सुधारने की कोशिश करता है;

(ii) तुलना करता है; तथा;

(iii) वर्गीकरण कर लेता है;

4. ज्ञान (Knowledge)– विद्यार्थी कक्षा में गणित के तथ्यों, शब्दों, संकेतों प्रक्रियाओं, सूत्रों, विधियों, सिद्धान्तों, आकृतियों, संकल्पनाओं आदि का ज्ञान प्राप्त करते हैं।

अपेक्षित व्यवहारगत परिवर्तन (Specification or Learning Outcome)–

(i) विद्यार्थी गणित के तथ्यों, शब्दों, संकेतों आदि का पुनः स्मरण करता है; तथा

(ii) पहचानता है, प्रतिस्थापन कर लेता है।

5. व्यक्तित्व के गुण (Personality Traits)– विद्यार्थी में गणित के अध्ययन से गुणों का विकास होता है। **अपेक्षित व्यवहारगत परिवर्तन (Specification or Learning Outcome)** – विद्यार्थियों में गणित के अध्ययन से निम्न गुण विकसित होते हैं–

(i) नियमितता (Regularity);

(ii) एकाग्रता (Concentration);

(iii) स्पष्ट कथन (Frank expression);

(iv) धैर्य (Tolerance);

(v) परिशुद्धता (Accuracy);

(vi) समय की पाबन्दी (Punctuality); तथा

(vii) क्रियात्मकता (Creativity);

6. रुचि (Interest)– विद्यार्थी में गणित के प्रति रुचि का विकास होता है।

अपेक्षित व्यवहारगत परिवर्तन (Specification or Learning Outcome) –

(i) विद्यार्थी गणित की पहेलियों को हल करता है;

(ii) गणित के साहित्य को पढ़ता है;

(iii) गणित के क्लब में सक्रिय भाग लेता है; तथा

(iv) गणितीय कार्य का संग्रह तैयार करता है;

7. ज्ञान का उपयोग (Application)– विधार्थी गणित के ज्ञान का उपयोग विभिन्न प्रकार की समस्याओं का हल करने में करते हैं।

अपेक्षित व्यवहारगत परिवर्तन (Specification or Learning Outcome) –

(i) विद्यार्थी समस्याओं का विश्लेषण करता है तथा यह ज्ञात करने की कोशिश करता है कि प्रश्न में क्या दिया हुआ है तथा क्या ज्ञात करना है;

(ii) तथ्यों की उपयुक्तता तथा अनुपयुक्तता की जाँच करता है;

(iii) गणितीय आकृतियों, लेखाचित्रों संकेतों को देखकर खुश होता है; तथा

(iv) विश्व की भावी प्रगति में गणित की क्षमता की सराहना करता है;

8. वैज्ञानिक दृष्टिकोण (Scientific Attitude)– विद्यार्थी में गणित के अध्ययन द्वारा वैज्ञानिक दृष्टिकोण का विकास होता है।

अपेक्षित व्यवहारगत परिवर्तन (Specification or Learning Outcome):

(i) विद्यार्थी गणित के सिद्धान्त को तर्क के आधार पर स्वीकार करता है;

(ii) नये सिद्धान्तों को स्वीकार करने में हिचकिचाता नहीं है;

(iii) समस्या का हल निकालने से पूर्व समस्या के प्रत्येक पक्ष का अध्ययन करता है; तथा

(iv) त्रुटियों को नि:संकोच स्वीकार करता है;

9. अभिरुचि (Aptitude)– विद्यार्थी में गणित के प्रति अभिरुचि का विकास होता है।

अपेक्षित व्यवहारगत परिवर्तन (Specification or Learning Outcome) –

(i) विद्यार्थी गणित के अध्यापक को पसन्द करता है;

(ii) गणित की परीक्षायें देता है;

(iii) गणित में कमजोर विद्यार्थियों को सीखने में मदद करता है; तथा

(iv) गणित का विद्यार्थी होने का गर्व करता है;

उद्देश्यों के वर्गीकरण का आधुनिक विचार (Present Taxonomy of Behavioural Objectives)

अनेक शिक्षकों ने सामान्य उद्देश्यों को वाँछित लक्ष्यों के रूप में स्वीकार किया, किन्तु इनकी अस्पष्टता ने शिक्षण कार्य में इनके प्रयोग में अधिक सहायता नहीं दी। मनोवैज्ञानिकों के एक समूह ने इस दोष को दूर करने के लिए सन् 1948 में मानव व्यवहार के समान तत्वों को वर्गीकृत करने के प्रयास किए हैं। मनोवैज्ञानिकों के संक्षिप्त अनुसंधान के पश्चात् उद्देश्यों को तीन भागों में बाँटा गया –

1. ज्ञानात्मक पक्ष (Cognitive Domain);
2. भावात्मक पक्ष (Affective Domain); तथा
3. क्रियात्मक पक्ष (Conative or Psychomotor Domain);

इस समूह ने एक नवीन वर्गीकरण (Taxonomy) का निर्माण किया जिसका आधार "स्थूल से सूक्ष्म की ओर (From concrete to abstract)" तथा सरल से कठिन की ओर (From simple to complex) था। बी.एस.ब्लूम (B.S. Bloom) ने अपने सहयोगियों के साथ शिकागो विश्व विद्यालय में **तीन** भागों में बाँट कर वर्गीकरण प्रस्तुत किया।

क्र.स.	ज्ञानात्मक पक्ष (Cognitive Aspect)	भावात्मक पक्ष (Affective Aspect)	क्रियात्मक पक्ष (Conative Aspect)
1.	ज्ञान (Knowledge)	ग्रहण करना (Receiving)	उत्तेजना (Impulsion)
2.	बोध (Comprehension)	प्रतिक्रिया (Responding)	कार्यवाही (Manipulation)
3.	प्रयोग (Application)	अनुमूल्यन (Valuing)	नियन्त्रण (Control)
4.	विश्लेषण (Analysis)	विचारना (Conceptualization)	समायोजन (Co-ordination)
5.	संश्लेषण (synthesis)	व्यवस्थापन (Organization)	स्वाभावीकरण (Naturalization)
6.	मूल्यांकन (Evaluation)	चरित्रीकरण (Characterization)	आदत या कौशल (Habit or skill)

9. ज्ञानात्मक पक्ष (Cognitive Domain)– इस पक्ष के अन्तर्गत प्रोफेसर बी.एस. ब्लूम के द्वारा वे उद्देश्य रखे गये हैं जिनका सम्बन्ध हमारे ज्ञान के पुन: स्मरण, पहचान, कौशलों तथा बौद्धिक क्षमताओं के विकास से होता है। (dealing with recall or recognition of knowledge and the development of skills and intellectual abilities come under this category.) उन्होंने इस पक्ष का विवरण निम्न प्रकार प्रस्तुत किया:

ज्ञानात्मक पक्ष से संबन्धित कार्य क्रियाओं की सूची
(A list of Associated Action Verbs for the Cognitive Domain)

उद्देश्य (बी.एस.ब्लूम के वर्गीकरण पर आधारित) (Objective Based on B.S. Bloom's Taxonomy)	सम्बन्धित कार्य क्रियायें (Associated Action Verbs)
1. ज्ञान (Knowledge)	परिभाषा देना, लिखना, मापन करना, पहचानना,रेखांकित करना, आदि।
उद्देश्य (बी.एस.ब्लूम के वर्गीकरण पर आधारित) (Objective Based on B.S. Bloom's Taxonomy)	सम्बन्धित कार्य क्रियायें (Associated Action Verbs)
2. बोध (Comprehension)	संकेत करना, प्रतिपादन करना, अनुवाद करना, निर्णय देना, उदाहरण देना, प्रस्तुत करना, औचित्य देना,रूपान्तरित करना, इत्यादि।
3. प्रयोग (Application)	अनुमान लगाना, परिवर्तित करना, उपयोग करना, निर्माण करना, उत्पन्न करना, संचालित करना, इत्यादि।
4. विश्लेषण (Analysis)	तुलना करना, संम्बन्धित करना, अन्तर बताना, निष्कर्ष निकालना, आलोचना करना (criticize), अलग-अलग करना, पुष्टि करना,चयन करना, इत्यादि।
5. संश्लेषण (Synthesis)	संगठित करना, सारांश देना सिद्ध करना (To prove), संक्षिप्त करना, इत्यादि।
6. मूल्यांकन (Evaluation)	जाँच करना, मूल्यांकन करना, अभिज्ञान करना, पहचानना, निष्कर्ष देना इत्यादि।

भावात्मक पक्ष (Affective Domain)

बालक के व्यवहार का भावात्मक पक्ष कक्षा में

उसकी रुचियों (Interests), संवेगों (Emotions) तथा मनोवृत्तियों (Attitudes) से संबंधित होता है। (Objective dealing with change in interests, attitudes, values, development of appreciations and adequate adjustments, come under this category.)

भावात्मक पक्ष को शिक्षा के आधार पर निम्नलिखित स्तरों में वर्णन किया गया है–

1. चरित्र का अंग बनाना (Characterization)– जो भी मूल्य ग्रहण किये जाते है उन्हें चरित्र का स्थायी अंग बनाया जाता है।

2. व्यवस्थापन (Organization)– इसके अन्तर्गत निश्चित किए हुए मूल्यों पर विचार किया जाता है तथा उसको व्यवस्थित रूप दिया जाता है।

3. धारणा (Conceptualization)– मूल्यों की विविधता के परिणामस्वरूप स्वीकार किए गए मूल्यों के प्रति एक निश्चित धारणा बनाने के लिए प्रत्यय निर्माण (Concept Formation) इसके अन्तर्गत आता है।

4. अनुमूल्यन (Valuing)– इसका सम्बन्ध मूल्यों के प्रति आस्था से होता है। इसके अन्तर्गत विशिष्ट मूल्यों के प्रति स्वीकृति, प्राथमिकता व निष्ठा आती है।

5. अनुक्रिया (Responding)– यह भावात्मक पक्ष का दूसरा स्तर है। यह तीन स्तरों में वर्णित किया गया है।

(i) प्रतिक्रिया में सहमति (Acquiescence in Respon-ding)

(ii) प्रतिक्रिया की इच्छा (Willingness to Responding)

(iii) प्रतिक्रिया में संतोष (Satisfaction in Responding)

6. **ग्रहण करना (Receiving)**– यह किसी उद्दीपक (stimulus) की उपस्थिति में संवेदनशीलता से सम्बन्धित है। इसके महत्त्वपूर्ण तीन स्तर हैं–

(i) चेतना (Awareness)

(ii) ग्रहण करने की चाह (Willingness to receive)

(iii) नियन्त्रित आकर्षण (Controlled attention)

भावपक्ष पक्ष से संबन्धित कार्य क्रियाओं की सूची
(A list of Action verbs for the Affective Domain)

उद्देश्य (Objective)	कार्य क्रियायें (Action Verbs)
1. आग्रहण (Receiving)	निरीक्षण करना, पक्ष लेना, ध्यान देना, आग्रह करना, प्रत्यक्षीकरण करना, सावधान होना, ध्यान देना, इत्यादि।
2. अनुक्रियाएँ (Responding)	सूची बनाना, चयन करना, अन्तर देना, कथन करना, वायदा करना, आलेख करना, आज्ञापालन करना, नाम देना आदि।
3. आकलन (Value)	विभेद करना, पहचानना, स्वीकार करना, वृद्धि करना, प्रदर्शन करना, भाग लेना इत्यादि।
4. संगठन (Organization)	जोड़ना, निर्णय करना, सामान्यकरण करना, सम्बन्ध स्थापित करना, तैयार करना इत्यादि।
5. विशेषीकरण (Characterisation)	हल करना, बदलना, जाँच करना, सेवा करना, विकसित करना, पहचानना, दोहराना इत्यादि।

क्रियात्मक पक्ष (Conative or Psychomotor Domain)

हमारे व्यवहार का क्रियात्मक पक्ष गतिवाही कौशल (Motor skill) ऐसी क्रियाओं में प्रकट होता है जिन्हें हमारे शरीर की मांशपेशीय (Muscular) एवं आंगिक गतियों की आवश्यकता होती है। क्रियात्मक पक्ष का निम्नलिखित स्तरों में वर्णन किया गया है–

1. आदत अथवा कौशल (Habit or skill) – इसमें विद्यार्थियों द्वारा कार्य करते रहने की शैलीं एक आदत बन जाती है।

2. स्वाभावीकरण (Naturalization) –इसके अन्तर्गत विद्यार्थियों द्वारा कार्य करने की एक शैली बन जाती है और विशेष गति एवं ढंग से कार्य संपादित होता है।

3. समायोजन (Co-ordination) – इसमें विद्यार्थी द्वारा कई क्रियाओं पर नियन्त्रण के आधार पर उनके मध्य समायोजन लाया जाता है।

4. नियन्त्रण (Control) – इसके द्वारा विद्यार्थी क्रियाओं को साधता है।

5. कार्यवाही (Manipulation) – इसमें विद्यार्थी उत्तेजना के आधार पर गत्यात्मक क्रिया सम्पादित करता है।

6. उत्तेजना (Impulsion) – इसमें कार्य के प्रति विद्यार्थियों द्वारा उत्तेजना लायी जाती है।

गणित शिक्षण की विधियाँ (Methods of Teaching Mathematics)

गणित शिक्षण करते समय अध्यापक मुख्यत: निम्न विधियों का प्रयोग करते हैं–

1. ह्यूरिस्टिक प्रणाली (Heuristic Method)

2. आगमन एवं निगमन विधि (Inductive and Deductive Method)

3. विश्लेषण एवं संश्लेषण विधि (Analytic and Synthetic or synthesis Method)

4. प्रयोगशाला विधि (Laboratory Method)

5. योजना विधि (Project Mehtod)

उपरोक्त दी गई शिक्षण विधियों का विस्तारपूर्वक वर्णन नीचे दिया गया है।

ह्यूरिस्टिक प्रणाली (Heuristic Method)

इस विधि को अनुसंधान या "स्वयं ज्ञान विधि" के नाम से भी जाना जाता है। इसका प्रयोग विज्ञान शिक्षण में किया गया, परन्तु बाद में इसकी उपयोगिता को देखकर इसका प्रयोग अन्य विषयों में भी सफलतापूर्वक किया जाने लगा जैसा कि इस विधि के नाम से ही स्पष्ट होता है। यहाँ छात्र को अन्वेषक की स्थिति में रखा गया है। इस विधि से छात्रों को कम-से-कम बताया जाता है तथा स्वयं अधिक से अधिक खोजकर सत्य को पहचानने के लिए प्रोत्साहित किया जाता है। इस तथ्य पर हरबर्ट स्पेन्सर (Herbert Spencer) भी बल देते हुए कहते हैं कि "छात्रों को कम-से-कम सम्भव हो बताया जाय और अधिक से अधिक सम्भव को खोजने के लिए प्रोत्साहित किया जाय।" इस विधि में अध्यापक छात्र को बहुत कम बताता है तथा अध्यापक छात्रों के सामने समस्यायें रख देता है जिनको छात्र पुस्तकों और यन्त्रों की सहायता से स्वयं के प्रयत्नों के द्वारा सरल करते हैं। लेकिन आवश्यकता पड़ने पर छात्र शिक्षकों से सम्पर्क कर सकते हैं। प्रोफेसर यंग के अनुसार– ''अध्यापक और पाठ्यपुस्तक का यह कार्य है कि जो काम करना है, जो प्रश्न/समस्यायें हल करनी हैं, उन्हें इस प्रकार रखें कि विद्यार्थी को वास्तव में खोज करनी पड़े, साथ ही साथ विद्यार्थी का इस बात का भी ध्यान रखा जाए कि समस्या उसके दिमाग से बाहर न हो, और अन्त में वह इस विषय में अच्छा ज्ञान प्राप्त कर सके।'' गणित के अध्ययन का मूल्य तभी प्राप्त किया जा सकता है जब विद्यार्थी मुख्य रूप से ह्यूरिस्टिक दृष्टिकोण अपनाता है। छात्रों को इस बात का ध्यान रखना चाहिए कि हम इस विधि की आत्मा (Spirit) को खोजकर उसके शरीर (Form) पर ही जोर न दें। इस विधि में "Practice makes a man perfect" तथा "Learning by doing" दो प्रमुख शिक्षण सूत्रों का प्रयोग किया जाता है। यह विधि निर्माणात्मक (formative) है, सूचनात्मक (Informative) नहीं। प्रोफेसर आर्मस्ट्रांग ने स्वयं ही इस विधि की निम्न परिभाषा दी हैं:

"अन्वेषण विधि वह विधि है, जिसमें हम छात्र को अन्वेषक की स्थिति में रखते हैं।"

विशेषताएँ (Merits) इस विधि की विशेषतायें निम्न है–

1. इस विधि द्वारा छात्रों में आत्मविश्वास, आत्म- निर्भरता एवं वैज्ञानिक दृष्टिकोण का विकास होता है।

2. विद्यार्थियों में सही प्रकार से आलोचना करने की क्षमता का विकास होता है।

3. विद्यार्थी तथ्यों एवं प्रमाणों के बारे में तर्क-वितर्क की कसौटी पर जाँचने के बाद ही स्वीकार करते हैं।

4. छात्रों को दी गई समस्या के बारे में सत्य जानने की उत्सुकता बनी रहती है तथा वे तथ्यों को ध्यानपूर्वक समझने की आदत डालते हैं।

5. इस विधि में छात्रों को गृहकार्य देने की आवश्यकता नहीं पड़ती है।

6. इस विधि से छात्र नवीन ज्ञान की खोज स्वयं करते हैं अत: ज्ञान स्थायी एवं व्यावहारिक होता है।

आगमन तथा निगमन विधि (Inductive and Deductive Method)

आगमन विधि में छात्र तर्क करते हुए, "विशिष्ट से सामान्य की ओर (From Specific to General) तथा स्थूल से सूक्ष्म की ओर (From Concrete to Abstract) बढ़ते हैं।" जबकि निगमन विधि में "सामान्य से विशिष्ट की ओर या नियम से उदाहरण की ओर (From rule to Example) की ओर चलते हैं।" इस प्रकार दी गयी दोनों विधियाँ एक-दूसरे के प्रति विपरीत हैं। सर्वप्रथम अध्यापक छात्रों को आगमन विधि का प्रयोग करना सिखायें उसके पश्चात् निगमन विधि के प्रयोग से वह विद्यार्थियों को बहुत कुछ सिखा सकते हैं। आगमन विधि द्वारा खोज किए गए नियमों तथा सिद्धान्तों का प्रयोग करने की क्षमता निगमन विधि से मिलती है।

आगमन विधि में छात्रों को स्वयं नियम और सिद्धान्तों की खोज करने का अवसर प्राप्त होता है। अध्यापक छात्रों के सम्मुख एक ही प्रकार की कुछ समस्यायें रखता है। विद्यार्थी उनको हल करके उसमें समानता देखते हैं। फिर एक नियम या सूत्र की खोज कर लेते हैं। प्रो. हॉब्स (Hobson) के अनुसार "अध्यापक को चाहिए कि वह अपने शिष्यों को ज्ञान का फल तोड़ने के लिए स्वयं पंजों पर उचकने दें।" (The teacher must make his pupils stand on tip-toe to pluck the fruit.... ")। उदाहरण के लिए–एक विद्यार्थी पके फल खाता है, उसे वह मीठा लगता है। दूसरे दिन वह पके फल खाता है। तब भी उसे मीठा लगता है। तीसरे दिन भी वह पके आम खाता है। फिर उसे मीठा लगता है। तब विद्यार्थी आगमन विधि द्वारा उदाहरणों से सीख जाता है कि पके फल मीठे होते हैं। दस दिन बाद जब वह पका फल देखता है तो स्वयं कहता है यह मीठा फल है। जो ज्ञान हम इस विधि द्वारा प्राप्त करते हैं वही ज्ञान हम आगमन विधि द्वारा प्राप्त करते हैं।

एक छात्र एक कागज का पेज ऊपर फेंकता है, तो वह भूमि पर गिरता है। फिर वह ईंट का टुकड़ा फेंकता है वह भी नीचे पृथ्वी पर गिरता है। इन उदाहरणों से स्पष्ट हो जाता है कि सारी वस्तुएँ पृथ्वी की ओर आकर्षित होती हैं।

इसके विपरीत निगमन विधि में बालकों को नियम पहले ही बता दिए जाते हैं। वह उन्हें रटकर प्रश्नों को हल करते हैं। तथा जाँच करते हैं कि उनका उत्तर सही है या नहीं। इस प्रकार बताये गए नियमों को उदाहरणों में प्रयोग करके उनकी पुष्टि कर लेते हैं।

उदाहरण 1. 800 रुपये का ब्याज 4 वर्ष के लिए 6% प्रतिशत वार्षिक दर से निकालो।

हल – आगमन विधि (By Inductive Method)

100 रुपये का 1 वर्ष का ब्याज = 26

$\therefore$ 1 रुपये का 1 वर्ष का ब्याज = ₹ $\frac{6}{100}$

$\therefore$ 1 रुपये का 4 वर्ष का ब्याज = ₹ $\frac{6 \times 4}{100}$

$\therefore$ 1000 रुपये का 4 वर्ष का ब्याज

$= \frac{6 \times 4 \times 1000}{100} =$ ₹ 240

निगमन विधि के द्वारा (By Deductive Method)

हम जानते हैं कि $S.I. = \frac{P \times R \times T}{100}$

जहाँ, P = मूलधन, R = दर, T = समय, S.I. = साधारण ब्याज सूत्र में मान रखने पर

$$S.I. = \frac{1000 \times 6 \times 4}{100}$$

निगमन विधि द्वारा (Using Deductive Method)

निगमन विधि में छात्रों को यह सूत्र पहले ही बता दिया जाता है। दोनों मानों में से एक मान ज्ञात होता है। दूसरा मान ज्ञात करना होता है। इस विधि में उन्हें प्रयोग करने तथा नियम को स्वयं खोजने के अवसर प्राप्त नहीं होते हैं।

आगमन विधि की विशेषतायें (Merits of Inductive Method)

इस विधि की विशेषतायें निम्नलिखित हैं:

1. विद्यार्थी नियमों, सूत्रों एवं सम्बन्धों को ज्ञात करने के आधारभूत सिद्धान्तों से परिचित बने रहते हैं।

2. यह विधि छात्रों को स्वयं काम करने के लिए प्रेरित करती है जिसके कारण उनमें आत्म-विश्वास बढ़ता है।

3. इस विधि से छात्रों में गणित के प्रति रुचि एवं उत्सुकता बनी रहती है।

4. इस विधि द्वारा प्राप्त ज्ञान स्थायी एवं उपयोगी होता है।

5. इस विधि द्वारा छात्र थकावट महसूस नहीं करते हैं तथा निष्कर्ष तक पहुँचने में धैर्य और प्रसन्नता का अनुभव करते हैं।

निगमन विधि की विशेषताएँ (Merits of Deductive Method)

इस विधि की मुख्य विशेषताएँ निम्नलिखित हैं–

1. इस विधि में छात्रों एवं अध्यापकों को कम मेहनत करनी पड़ती है।

2. नई समस्याओं को हल करने के लिए यह विधि उत्तम है।

3. सूत्र या नियम पहले से ही ज्ञात होने के कारण प्रश्नों को हल करने में एक विशेष सुविधा होती है।

4. इस विधि में छात्रों को प्रत्येक सूत्र, विधि, नियम या निष्कर्ष को खोजना नहीं पड़ता है।

आगमन और निगमन विधियों की तुलना
(Comparison Between Inductive and Deductive Method)

क्रम.	आगमन विधि (Inductive Method)	निगमन विधि (Deductive Method)
1.	यह अध्यापन की श्रेष्ठ विधि है।	यह अध्ययन की उत्तम विधि है।
2.	इसमें 'विशिष्ट से सामान्य' की ओर तथा 'स्थूल से प्रयोग किया जाता है।	इसमें 'सामान्य से विशिष्ट' की ओर शिक्षण-सूत्र का सूक्ष्म' की ओर दो प्रमुख शिक्षण-सूत्रों का प्रयोग किया जाता है।
3.	नियम का अनुसंधान बालक स्वयं करता है जिससे उसमें आत्म-विश्वास की भावना का विकास होता है।	नियम के लिए बालक दूसरों पर आश्रित रहता है।
4.	इसमें नियम के भूल जाने पर विद्यार्थी उसकी पुन: खोज कर सकते हैं।	इस नियम के भूल जाने पर विद्यार्थी उसें प्राय: फिर से याद नहीं कर पाते।
5.	इस विधि में छात्र सक्रिय रहते हैं	इस विधि में शिक्षक अधिक क्रियाशील रहते हैं।

विश्लेषण एवं संश्लेषण विधि (Analytic and Synthetic Method)

विश्लेषण एवं संश्लेषण गणित शिक्षण की दो विधियाँ हैं। इनका प्रयोग अधिकतर रेखागणित के शिक्षण में किया जाता है।

यह तर्कशास्त्र की विधियाँ हैं। विश्लेषण विधि में अज्ञात से अपना तर्क प्रारम्भ करके हम ज्ञात की ओर पहुँचते हैं। जबकि संश्लेषण विधि में हम ज्ञात से अपना तर्क प्रारम्भ करके अज्ञात पर पहुँचते हैं। इसलिए विश्लेषण एवं संश्लेषण विधि में हम क्रमश: "अज्ञात से ज्ञात की ओर" (From unknown to known) तथा "ज्ञात से अज्ञात की ओर" (From known to unknown) शिक्षण सूत्रों (Maxims of teaching) का उचित उपयोग करते हैं।

जब एक शिक्षक कक्षा में विभिन्न आकृतियाँ खींचता है, कोणों को नापता है और निरीक्षण करता है कि इस दशा में शीर्षाभिमुख कोण समान होते हैं। **वैन हीले (Van Hiele)** ने इसे विश्लेषण विधि के रूप में वर्णित किया।

इस विधि द्वारा किसी जटिल समस्या को सरल समस्याओं में विभक्त किया जाता है तथा इन सरल समस्याओं को छात्र सरलता से हल तथा समझ भी सकते हैं। विश्लेषण कार्य अधिक होने के कारण सुन्दर नहीं लगता, लेकिन यह एक ही ऐसी विधि है जो गणितीय क्रिया के प्रत्येक पहलू का पूरा वर्णन देती है। प्रारंभिक अवस्था में भले ही छात्र पहले कम सफलता प्राप्त करें फिर भी यह विधि सभी कमजोर विद्यार्थियों को अच्छी लगती है, क्योंकि इसमें अधिकतर कार्य विद्यार्थी स्वयं करते हैं। ऐसा ज्ञान उनके लिए स्थायी होता है।

गणित शिक्षण की प्रविधियाँ (Techniques of Teaching Mathematics)

मौखिक गणित (Oral Mathematics)

गणित में मौखिक कार्य अत्यन्त महत्त्वपूर्ण है। अफसोस की बात यह है कि वर्तमान शिक्षा-पद्धति में मौखिक गणित तथा मौखिक कार्य को महत्त्वपूर्ण स्थान नहीं दिया गया है। अधिकतर छात्रों का गणित में कमजोर

होने का कारण मौखिक गणित का उचित प्रयोग भी न करना है। मौखिक गणित को गणित में अध्यापन में गौण स्थान दिया जाना है। लेकिन मौखिक गणित न करने से गणित के लिखित कार्यों में भी त्रुटियाँ होती हैं।

मौखिक गणित के लाभ (Merits of oral Mathematics)

मौखिक गणित के महत्त्वपूर्ण लाभ निम्नलिखित हैं–

1. सामूहिक शिक्षण को प्रभावी बनाने के लिए मौखिक गणित का उपयोग लाभकारी होता है।

2. मौखिक गणित से विद्यार्थियों की योग्यता आसानी से जाँची-परखी जा सकती है।

3. मौखिक गणित का उपयोग गणित के आधारभूत सिद्धान्तों, नियमों आदि के अभ्यास में अत्यन्त सहायक होता है।

4. मौखिक गणित की सहायता से पाठ की पुनरावृत्ति शीघ्रता से की जा सकती है।

5. मौखिक गणित से छात्रों में गणना प्रक्रियाओं में परिशुद्धता आती है।

6. मौखिक गणित द्वारा छात्रों के सोचने के तरीकों में हिचकिचाहट, घबराहट या संकोच को दूर किया जाता है।

7. मौखिक गणित की गणना करने से समय की बचत होती है तथा छात्र अपनी त्रुटियों की जाँच कर स्वयं ठीक करते हैं।

8. मौखिक गणित से छात्रों में समस्याओं को हल करने के लिए आवश्यक याँत्रिक कुशलता आती है।

9. मौखिक गणित द्वारा विद्यार्थियों में विचारशक्ति, तर्कशक्ति तथा विवेक का विकास होता है।

10. गणित के सिद्धान्तों एवं संकल्पनाओं को मौखिक गणित द्वारा समझाकर धारणाओं को स्पष्ट किया जा सकता है।

लिखित गणित (Written Mathematics)

लिखित गणित और मौखिक गणित एक-दूसरे के पूरक हैं। मौखिक गणित की अपनी सीमायें हैं। जब प्रश्न कठिन होते हैं, इस स्थिति में उनकी संक्रियाएं मौखिक रूप से नहीं की जा सकती हैं। तो लिखित गणित के द्वारा करना अत्यन्त आवश्यक होता है। जब विद्यार्थी समस्याओं को कागज और पेंसिल या पेन के माध्यम से लिखकर हल करता है, तो हम उसे लिखित गणित कहते हैं। लिखित गणित को हल करने से मस्तिष्क को कम परिश्रम करना पड़ता है तथा समस्या का हल शीघ्रता से निकाला जा सकता है।

सीखे हुए नियमों, संकल्पनाओं, सिद्धान्तों, सम्बन्धों, प्रक्रियाओं तथा तथ्यों का अभ्यास करने के लिए लिखित गणित आवश्यक है। लिखित गणित तभी करना चाहिए जब छात्रों को आधारभूत सिद्धान्तों का स्पष्टीकरण भलीभाँति हो जाय। लिखित गणित करने में मानसिक तथा मौखिक गणित का उपयोग जरूरी है। प्रत्येक साधारण बात को लिखकर करने से लिखित गणित का महत्त्व नहीं रह जाता। लिखित गणित करते समय विद्यार्थियों को सावधानीपूर्वक एकाग्रचित्त होकर व्यक्तिगत कोशिश करने के अवसर प्राप्त होते हैं। समस्याओं के सही हल ज्ञात करने से विद्यार्थी में आत्मविश्वास का विकास होता है। और विद्यार्थी कठिन-से-कठिन समस्याओं का हल आसानी तथा सफलतापूर्वक करने लगते हैं।

लिखित गणित के लाभ (Merits of Written Mathematics)

1. लिखित गणित में छात्र अपनी तर्कशक्ति एवं रचनात्मक कल्पना का अत्यधिक प्रयोग कर सकते हैं।

2. लिखित गणित द्वारा छात्रों में गति के साथ शुद्धता से काम करने की भावना का विकास होता है।

3. किसी समय को निर्धारित समय में करने की क्षमता लिखित गणित के द्वारा ही विकसित हो सकती है।

4. लिखित गणित से छात्रों में विषय-सामग्री प्रस्तुत करने की शैली का विकास होता है।

5. गृह-कार्य कराने का उपयोगी माध्यम लिखित गणित ही है।

6. लिखित गणित द्वारा छात्रों के विचारों में क्रमबद्धता तथा तर्क का सही रूप प्रत्यक्ष में आता है।

7. लम्बी तथा बड़ी गणना के लिए लिखित कार्य आवश्यक है। लिखित कार्य में छात्रों को सूत्रों, विधियों आदि के प्रयोग करने के अवसर मिलते हैं।

8. लिखित गणित के माध्यम से अध्यापक को छात्रों के ज्ञान के स्तर के बारे में सही जानकारी मिल जाती है।

गणित में अभ्यास कार्य (Drill in Mathematics)

गणित में अभ्यास कार्य परम आवश्यक है। अंकगणित, बीजगणित तथा ज्यामिति की प्रक्रियाओं का स्पष्ट अवबोधन अभ्यास कार्य से ही संभव है। प्रारंभिक स्तर के गणित से लेकर उच्च स्तर के गणित को सीखने के लिए अभ्यास कार्य अति आवश्यक है। जोड़, घटा, गुणा तथा भाग की सही क्रियाओं को उचित ढंग से हल करने की क्षमता तथा योग्यता छात्रों में तभी पैदा होगी जब वे इन क्रियाओं का व्यवस्थित ढंग से अभ्यास करें जब तक अभ्यास कार्य नियमित तथा व्यवस्थित ढंग से नहीं किया जाता है तब तक उनके द्वारा छात्रों में वाँछनीय क्षमता का विकास नहीं संभव है।

जिस प्रकार शिक्षा के अन्य क्षेत्रों में कुशलता एवं निपुणता पाने के लिए अभ्यास कार्य आवश्यक एवं उपयोगी है उसी प्रकार गणित में दक्षता प्राप्त करने के लिए अभ्यास कार्य का महत्त्वपूर्ण स्थान है। बिना अभ्यास के विद्यार्थी या व्यक्ति अपने क्षेत्र में पारंगत हो ही नहीं सकता है।

अभ्यास कार्य का महत्त्व (Importance of Drill)

शिक्षा शास्त्रियों के अनुसार, अभ्यास कार्य एक मनोवैज्ञानिक सत्य है कि गणितीय सिद्धान्तों एवं प्रक्रियाओं का अवबोधन समुचित अभ्यास कार्य के बिना नहीं हो सकता। समुचित अभ्यास कार्य का अर्थ यह नहीं है कि गणित के सूत्रों को रटकर उनका प्रयोग किया जाय, बल्कि अभ्यास कार्य के द्वारा गणितीय प्रत्ययों, नियमों प्रक्रियाओं, सिद्धान्तों आदि का उचित अवबोधन में सहायता करता है।

1. सीखे हुए सिद्धान्तों, नियमों, प्रक्रियाओं, प्रत्ययों आदि का प्रयोग (Application) अभ्यास के द्वारा ही सम्भव किया जा सकता है। अन्यथा नियमों, सिद्धान्तों आदि का ज्ञान छात्रों के लिए बोझ बनकर रह जायेगा।

2. अभ्यास कार्य के द्वारा विद्यार्थियों में गणना सम्बन्धी कुशलताओं में विकास किया जा सकता है।

3. गणित के अभ्यास-कार्य के अभाव में, इसे एक नीरस तथा कठिन विषय माना जाता है जो असत्य है। अनेक सिद्धान्तों प्रत्ययों के बारे में अस्पष्टता के कारण ही छात्र नए उप-विषयों को सीखने में असमर्थ होते हैं तथा गणित उनको नीरस तथा कठिन विषय लगने लगता है।

अभ्यास कार्य में अध्यापक का स्थान (Role of teacher in Drill)

गणित के शिक्षक को अपने गुरुत्तर उत्तरदायित्वों के प्रति जागरूक रहना चाहिए। अन्य विषय तो किसी हद तक शिक्षक की सहायता के बिना छात्र सीख भी सकते हैं। किन्तु गणित के लिए यह बात सत्य नहीं है। गणित के शिक्षक का इस विषय को सिखाने की प्रक्रिया में महत्त्वपूर्ण योगदान होता है। छात्र जब अभ्यास कर रहे हों, तो अध्यापक का कर्तव्य होता है कि वह निरीक्षण कर उनकी समस्याओं का समाधान करें तथा यह भी जानने की कोशिश करें कि अधिकतर छात्र किस प्रकार की त्रुटियाँ कर रहे हैं, ताकि उनकी त्रुटियों का सामूहिक रूप से समाधान किया जा सके। अध्यापन पाठों की रूपरेखा अभ्यास कार्यों के लिए निश्चित करनी चाहिए।

गणित के शिक्षक को गणित की कक्षा में चिन्तन एवं तर्क की दिशा प्रदान करने के लिए अभ्यास कार्य का आयोजन करना उचित होगा। शिक्षक गणना-सम्बन्धी अभ्यास कार्य को अधिक समय दें, ताकि छात्रों में गणना सम्बन्धी दक्षताओं का विकास हो सके। गणित का कुशल एवं कर्तव्यपरायण अध्यापक कक्षा में अभ्यास-कार्य करते समय छात्रों को सही रूप से मार्गदर्शन कर सकता है।

गणित में गृहकार्य (Home Assignment in Mathematics)

गृहकार्य को अधिगम अनुभवों (Learning Experiences) का एक साधन माना जाता है। गृहकार्य की रचना इस प्रकार तय की जाती है कि शिक्षण उद्देश्यों की प्राप्ति की जा सके। अनेक शिक्षाशास्त्रियों का मत है कि छात्रों को कक्षा शिक्षण की क्रियाओं के आधार पर उत्पन्न अधिगम अनुभवों को संगठित करने के लिए गृहकार्य देना अत्यन्त आवश्यक तथा महत्त्वपूर्ण है। इस प्रकार गृहकार्य अनुभवों के अभ्यास तथा पुनर्बलन का कार्य करता है। अध्यापक कक्षा शिक्षण अधिगम कठिनाइयों में छात्र जो अनुभव प्राप्त करते हैं उन्हें अपने ढंग से सीखने और स्थाई बनाने के दृष्टिकोण से गृहकार्य का गणित में विशेष महत्त्व होता है। अत: गृहकार्य वह साधन है जो छात्रों को स्वयं अभ्यास करके सीखने का मौका प्रदान करता है। यह अधिगम अनुभवों का एक प्रमुख अंग है। गृहकार्य उस कार्य को कहते हैं जिसे विद्यार्थी शिक्षणोपरान्त घर पर पूरा करता है। इससे उसके द्वारा कक्षा में अर्जित ज्ञान एवं अनुभवों की पुष्टि भी हो जाती है।

लारेन फॉक्स (Lorene Fox) ने गृहकार्य की महत्ता पर प्रकाश डालते हुए लिखा है कि "गृहकार्य छात्रों के लिए चुनौतीपूर्ण होना चाहिए।"

गृहकार्य का महत्त्व (Importance of homework) गृहकार्य का महत्त्व निम्नलिखित बिन्दुओं के अन्तर्गत स्पष्ट किया जाता है–

1. इसके द्वारा छात्रों को समान रूप से सीखने के अवसर प्रदान किये जाते हैं।

2. गृहकार्य के माध्यम से छात्रों में नियमित अध्ययन तथा कार्य करने की आदत का विकास करता है।

3. गृहकार्य के द्वारा छात्रों को गणित के किसी प्रकरण, सूत्र या नियम से सम्बन्धित होता है।

4. गृहकार्य द्वारा छात्रों के समय का सदुपयोग होता है।

5. गृहकार्य के माध्यम से छात्रों में गणित के प्रति रुचि का सकारात्मक दृष्टिकोण उत्पन्न किया जा सकता है।

6. वैयक्तिक विभिन्नताओं के अनुरूप अध्ययन किया जाता है जो छात्रों की मानसिक क्षमता, स्मृति, सीखने की गति आदि में निहित होती है।

पर्यवेक्षित-अध्ययन (Supervised Study)

अध्यापक की पूर्ण देखरेख या पर्यवेक्षण (Supervision) में छात्रों द्वारा किया जाने वाला अध्ययन पर्यवेक्षित अध्ययन कहलाता है। इस प्रकार का अध्ययन स्वाध्याय (Self-study) अथवा समूह अध्ययन (Group Study) किसी भी रूप में सम्पन्न किया जा सकता है। शिक्षक यहाँ एक वास्तविक पर्यवेक्षक (Supervisor) के रूप में काम करता है तथा उसे व्यक्तिगत अथवा सामूहिक रूप से छात्रों का उनकी अपनी योग्यताओं और शक्तियों के आधार पर कठिनाइयों का समाधान ढूंढ़ना पड़ता है।

पर्यवेक्षण-अध्ययन की विशेषतायें (Characteristics of supervised-study)

पर्यवेक्षण-अध्ययन की निम्नलिखित विशेषतायें हैं:

1. अध्यापक छात्रों की प्रगति से परिचित होते रहते हैं।

2. छात्रों को उचित समय पर आवश्यकतानुसार मार्ग निर्देशन मिलता रहता है।

3. इस काल के दौरान, छात्रों को पुस्तकालय, प्रयोगशाला आदि क्षेत्रों में अधिक कार्य करने का अवसर दिया जाता है जिसमें छात्रों को गृहकार्य भी दिये जाते हैं।

4. पर्यवेक्षण अध्ययन का मूल उद्देश्य अनेक सम्बन्धों के आधार पर सामान्यीकरण कराना होता है जिससे छात्र पाठ्य-वस्तु का गहनता से अध्ययन कर सकें।

5. पर्यवेक्षण अध्ययन द्वारा छात्रों की पाठ्य-वस्तु की गहनता (Thoroughness) का विकास करता है।

6. पर्यवेक्षण अध्ययन के समय छात्रों की व्यक्तिगत क्रियाओं को अधिक प्रधानता दी जाती है।

सीमायें (Limitations)

इस प्रकार की अध्ययन-व्यवस्था की निम्न सीमायें हैं–

1. इस अध्ययन व्यवस्था का प्रयोग उच्च कक्षाओं के लिए अधिक उपयोगी है, परन्तु प्राथमिक और माध्यमिक कक्षाओं के छात्रों के अध्ययन में अधिक उपयोगी नहीं है।

2. पर्यवेक्षण अध्ययन की प्रमुख सीमा यह है कि इसमें छात्रों के मानवीय-व्यवहारों के विकास पर ध्यान नहीं दिया जाता है। पाठ्य-वस्तु के स्वामित्व को ही विशेष महत्त्व दिया जाता है।

3. इस शिक्षण, व्यवस्था में अधिकतर छात्र शिक्षक के निर्देशन पर ही आश्रित रहते हैं। प्रत्येक समस्या का समाधन शिक्षक से पूछते हैं। छात्र स्वयं इसका निर्णय नहीं लेते हैं।

स्वाध्ययन प्रविधि (Self-study Technique)

शिक्षा-शास्त्रियों का पिछले अनेक वर्षों से यह अटल विश्वास था कि परम्परागत प्रविधियों एवं शिक्षण-विधियों के माध्यम से विद्यार्थियों के मस्तिष्क में ज्ञान को जबरदस्ती ठूँस-ठूँसकर भरने से उनका स्वाभाविक विकास सम्भव नहीं है। इन परम्परागत शिक्षण-विधियों के विरोधस्वरूप एक नई शिक्षण-विधि का जन्म हुआ जिसे स्वतन्त्र अध्ययन या स्वाध्ययन प्रविधि के नाम से जाना गया है। तथा यह आलोचना की जाती है कि छात्रों को चम्मच से दूध पिलाने के समान ऊपर से ज्ञान प्रदान करने की परम्परा अच्छी नहीं है।

विशेषतायें (Characteristics)

स्वाध्ययन प्रविधि की विशेषतायें निम्नलिखित हैं:

1. स्वाध्याय बालकों में अनुसंधात्मक दृष्टिकोण (Heuristic Attitude) विकसित करने में सहायक होता है।

2. स्वाध्याय के माध्यम से खाली समय का सदुपयोग हो जाता है।

3. छात्र अपने प्रयत्नों द्वारा समस्याओं को हल करने तथा स्वयं पढ़ते रहने से विद्यार्थियों के आत्मविश्वास में वृद्धि होती है।

4. स्वाध्ययन से गणित के अध्ययन में बच्चों की स्वाभाविक रुचि विकसित होती है।

मस्तिष्क उद्वेलन गणित (Brainstorming Mathematics)

गणित एक प्रजातन्त्र और समस्या केन्द्रित तकनीक है इसके अन्तर्गत छात्रों को सामूहिक रूप से एक समस्या हल करने के लिए दी जाती है। यह तकनीक छात्रों में समस्या हल करने में और क्रियात्मकता को बढ़ाती है।

इस विधि के द्वारा छात्र ज्ञानात्मक के उच्च क्रम को पा सकते हैं, इसलिए भावात्मक वस्तुओं को प्राप्त किया जा सकता है। मस्तिष्क-उद्वलयन गणित (Brain-storming Mathematics) के लाभ इस प्रकार हैं:

1. इस प्रकार गणित शिक्षा में ब्रेनस्टार्मिंग आव्यूह रचना का विशेष महत्त्व है।

2. इसके द्वारा छात्रों में सामूहिक रूप से सोचने तथा कार्य करने की आदत का विकास होता है।

3. इसे शिक्षण की एक प्रजातंत्र प्रविधि कहा जाता है।

4. यह छात्रों में ज्ञानात्मक, उत्साहवर्धक आत्मविश्वास, वास्तविकता, सृजनात्मकता, तर्क-वितर्क जैसे गुणों को अधिक बढ़ाता है।

5. यह विद्यार्थियों के विचार, भाव और उद्देश्यों को व्यवस्थित करता है।

प्रश्न प्रकार	→	उदाहरण
नये प्रयोग (New uses)	→	**क्या इसे दूसरे तरीके से उपयोग किया जा सकता था?**
अनुकूलन (Adaptations)	→	**क्या यह राजनीतिज्ञ कुछ और कहना चाहता है?**
आंशिक परिवर्तन (Modifications)	→	**क्या परिवर्तन करने के लिए संभव हो सकते थे?**
विस्तार (Magnification)	→	**क्या यह लेखक इस लेख में जोड़ या घटाकर कुछ अच्छा कर सकता था?**
प्रतिस्थापन (Substitutions)	→	**क्या हमने इस के स्थान में कुछ रखा है?**
पुनर्व्यवस्थापन (Rearrangement)	→	**क्या यह तीन प्रश्नों के लिए अधिक अच्छा हो सकता था यदि हमने क्रम बदल दिया होता?**

गणित का पाठ्यक्रम में स्थान

प्रत्येक विषय के पाठ्यक्रम का निर्धारण समाज की आवश्यकताओं, मान्यताओं, मूल्यों एवं शिक्षा के उद्देश्यों को ध्यान में रखकर किया जाता है। गणित में भी गणित शिक्षा के उद्देश्यों को आधार मानकर ही गणित के पाठ्यक्रम का निर्धारण किया जाता है। पाठ्यक्रम वह साधन है जिसके द्वारा शिक्षा एवं जीवन के लक्ष्यों की प्राप्ति की जाती है। वास्तव में पाठ्यक्रम शब्द की उत्पत्ति अँग्रेजी के 'केरीकुलम' (Curriculum) शब्द से हुई है। 'केरीकुलम' एक लैटिन शब्द है जिसका अर्थ है "दौड़ का मैदान"। पाठ्यक्रम की तुलना उस "दौड़ के मैदान" से की गई है जिसको दौड़कर पार करने वाला प्रत्येक विद्यार्थी अपने गन्तव्य स्थान पर पहुँच जाता है। अन्य शब्दों में पाठ्यक्रम वह मार्ग होता है, जिसका अनुसरण करके विद्यार्थी शिक्षा के लक्ष्य को प्राप्त करता है। शिक्षा में किसी भी विषय का महत्त्व तथा स्थान इस बात पर निर्भर करता है कि विषय शिक्षा के उद्देश्यों को प्राप्त करने में कहाँ तक सहायक हो रहा है। प्राचीनकाल से ही गणित एवं अन्य विषयों की तुलना एवं शिक्षा के उद्देश्यों की प्राप्ति में अधिक सहायक सिद्ध हुआ है। अमेरिका की गणित परिषद् एवं गणित अध्यापकों की राष्ट्रीय परिषद् ने सन् 1933 में 'गणित का शिक्षा में स्थान' का अध्ययन करने हेतु एक आयोग का गठन किया जाए। आयोग को गणित के प्रचलित पाठ्यक्रमों में लचीलापन एवं क्रमबद्धता के अभाव के कारण राष्ट्रीय स्तर पर गणित के पाठ्यक्रम के निर्माण में कठिनाइयाँ हुईं।

आयोग ने निर्धारित किया कि पूर्व माध्यमिक स्तर पर छात्रों को निम्न बातों का ज्ञान होना चाहिए–

1. प्रमुख मापन की इकाइयों का ज्ञान

2. किसी अंक का विभिन्न संख्याओं में स्थानीय मान एवं दशमलव प्रणाली का ज्ञान

3. आधारभूत प्रत्ययों, प्रक्रियाओं एवं शब्दावली की जानकारी

4. पूर्ण संख्याओं, साधारण भिन्नों एवं दशमलव भिन्नों की प्रक्रियाओं का ज्ञान

5. आयत, वर्ग, वृत्त, त्रिभुज, आयताकार, ठोस, गोला, घन इत्यादि को पहचानना एवं इनकी आकृति खींचना

गणित का विद्यालय पाठ्यक्रम में महत्त्व (Importance of Mathematics in School Curriculum) –

गणित का विद्यालय के पाठ्यक्रम में एक महत्त्वपूर्ण स्थान होता है। अन्य विषयों की अपेक्षा गणित का हमारे दैनिक जीवन से घनिष्ठ सम्बन्ध है। प्रत्येक विद्यालय में शिक्षा के निर्धारित लक्ष्यों की प्राप्ति हेतु कुछ विशेष साधनों का उपयोग किया जाता है। पाठ्यक्रम भी एक ऐसा ही साधन है जिसकी सहायता से प्रत्येक विद्यार्थी को उसके समय के सदुपयोग तथा ज्ञानार्जन की दिशा में सजग रखा जा सकता है। प्रत्येक राष्ट्र तथा समाज की अनेक मान्यताएँ, आवश्यकताएँ एवं मूल्य होते हैं जिनकी प्राप्ति हेतु शिक्षा का आयोजन किया जाता है एवं उसके उद्देश्य निर्धारित किए जाते हैं। गणित पाठ्यक्रम के महत्त्व एवं आवश्यकता को निम्नलिखित बिन्दुओं की सहायता से अधिक स्पष्ट किया जा सकता है–

1. शिक्षा की प्रक्रिया व्यवस्थित करने में सहायक है (Helpful in Organising Educational Process) पाठ्यक्रम के द्वारा ही गणित की

शिक्षण-सामग्री का निर्धारण किया जा सकता है। अतः पाठ्यक्रम के आधार पर गणित शिक्षा के विभिन्न स्तरों पर विद्यालय में गणित का कितना ज्ञान दिया जाए एवं इन क्रियाओं में कितनी कुशलता विकसित की जाता है यह स्पष्ट किया जाता है। शिक्षा की प्रक्रिया प्रभावशाली ढंग से संचालित करने हेतु यह आवश्यक है कि पाठ्यक्रम का निर्माण भी उचित ढंग से किया जाता है।

2. समय का सदुपयोग करने में सहायक (Helpful in Proper Utilisation of Time) : गणित के पाठ्यक्रम का निर्धारण एवं सीमा निश्चित हो जाने पर अध्यापक को यह ज्ञात हो जाता है कि उसे क्या पढ़ाना है? इसी तरह विद्यार्थियों को भी यह पता चल जाता है कि उन्हें क्या एवं कितना पढ़ना हैं। अध्यापक तथा छात्र दोनों उनके पाठ्यक्रम के अनुसार अपना-अपना कार्य करते हैं जिससे कि वे अपने मार्ग से विचलित नहीं होते हैं।

3. छात्रों का मूल्यांकन करने हेतु आवश्यक है (Necessary for Pupil's Evaluation) : यदि किसी कक्षा स्तर पर कोई एक निश्चित पाठ्यक्रम नहीं होगा तो अध्यापक को बच्चों का मूल्यांकन करने में असुविधा होगी, क्योंकि वह यह निश्चय नहीं कर सकेगा कि बच्चों का मूल्यांकन किन-किन प्रकरणों या विषय-वस्तु की जाँच द्वारा किया जाये। अतः पाठ्यक्रम छात्रों का मूल्यांकन करने की दृष्टि से भी आवश्यक एवं महत्त्वपूर्ण है।

4. चरित्र-निर्माण में सहायक (Helpful in character-building) : पाठ्यक्रम एक व्यापक एवं वृहद अवधारणा है। इसके अन्तर्गत केवल पाठ्य-विषय ही नहीं, लेकिन विभिन्न पाठ्य सहायक गतिविधियां एवं पाठ्येत्तर क्रिया-कलाप भी सम्मिलित होते हैं। इसके अन्तर्गत विभिन्न खेलों का आयोजन, एन.सी.सी. एवं स्काउटिंग का निर्धारण और विभिन्न पर्वों व विशेष महत्त्व के दिवसों का आयोजन किया जाता है। इनका उद्देश्य बालकों का चरित्र-निर्माण एवं उचित नागरिकता का विकास करना है। अतः सही पाठ्यक्रम चरित्र विकास में सहायक होता है।

5. शिक्षा के उद्देश्य की प्राप्ति में सहायक (Helpful in achieving educational aims) : प्रत्येक अवधारणा का निर्माण कुछ निश्चित उद्देश्यों की पूर्ति हेतु किया जाता है। उद्देश्यों के अभाव में कोई भी प्रक्रिया सही मार्ग पर नहीं चल सकती है। पाठ्यक्रम के अभाव में गणित के अध्यापकों, लेखकों, पढ़ने वालों इत्यादि सभी को यह जानकारी नहीं रहेगी कि क्या? तथा कितना? पढ़ाना-पढ़ना या लिखना है। जब तक हमारा पाठ्यक्रम निश्चित नहीं होगा तब तक हमें सही मार्ग का निर्देशन नहीं मिलेगा। अतः गणित शिक्षा के उद्देश्यों की प्राप्ति में पाठ्यक्रम की महत्त्वपूर्ण भूमिका होती है।

इस प्रकार आधुनिक शिक्षा में गणित का एक महत्त्वपूर्ण स्थान होता है। शिक्षा-आयोग (कोठारी कमीशन, 1964-66) ने गणित के महत्त्व पर प्रकाश डालते हुए यह स्पष्ट किया है कि 'यह केवल भौतिक विज्ञानों के विकास में ही सहायक नहीं है, अपितु जैव विज्ञानों के विकास में भी महत्त्वपूर्ण योगदान देता है। अतः प्राथमिक स्तर पर अंकगणित तथा बीजगणित के पाठ्यक्रम को एकीकृत रखना चाहिए तथा गणित के उन नियमों, सिद्धान्तों तथा प्रत्ययों पर जोर दिया जाना चाहिए, जोकि बच्चों में तर्कशक्ति तथा चिन्तन का विकास कर सकें। माध्यमिक एवं उच्च माध्यमिक स्तर पर गणित के पाठ्यक्रम को आधुनिकतम बनाया जाए।

गणित का विद्यालय पाठ्यक्रम में स्थान (The Place of Mathematics in School Curriculum)

शिक्षा में किसी भी विषय का महत्त्व तथा स्थान इस बात पर निर्भर करता है कि वह विषय शिक्षा के उद्देश्यों को प्राप्त करने में कहाँ तक सहायक सिद्ध हो रहा है। वर्तमान समय विज्ञान तथा तकनीकी का युग है। इस युग में जो भी प्रगति विज्ञान के कारण हुई है उसका श्रेय गणित को ही दिया जाना चाहिए। विद्यालय पाठ्यक्रम में गणित की शिक्षा दसवीं कक्षा (माध्यमिक स्तर) तक अनिवार्य विषय बनाने के सम्बन्ध में कोठारी कमीशन ने यह कहा है कि- "गणित को सामान्य शिक्षा के अन्तर्गत सभी विद्यार्थियों हेतु पहली कक्षा से लेकर दसवीं कक्षा तक एक अनिवार्य विषय बना देना चाहिए।" गणित के महत्त्व पर प्रकाश डालते हुए महान गणितज्ञ श्री महावीराचार्यजी ने अपनी 'गणित सार-संग्रह' नामक पुस्तक में लिखा है कि "लौकिक, वैदिक एवं सामाजिक जो भी व्यापार हैं, उन सभी में गणित का प्रयोग होता है। अर्थशास्त्र, नाट्यशास्त्र, पाठशास्त्र, कामशास्त्र, छन्द, अलंकार, व्याकरण एवं अन्य कलाओं के समस्त गुणों में गणित अत्यन्त उपयोगी है। सूर्य इत्यादि अन्य ग्रहों की गति, दिशा, समय ज्ञात करने में गणित का ही काम पड़ता है। गुणा, भाग, संहिता एवं संख्या इत्यादि से सम्बन्धित सभी विषय गणित पर ही निर्भर हैं।" अतः गणित को अनिवार्य विषय बनाने के सम्बन्ध में कुछ तर्क निम्न प्रकार हैं–

1. गणित में सार्थक, अमूर्त तथा संगत रचनाओं का अध्ययन किया जाता है। (Mathematics deals with significant, abstract and consistent structures)

2. गणित का ज्ञान चरित्र निर्माण तथा नैतिकता के विकास में सहायक है। (Mathematics helps in character formation as well as morality)

3. गणित समस्त विज्ञान विषयों का आधार है (Mathematics is the basis of all Sciences)

4. गणित एक यथार्थ विज्ञान है। (Mathematics is an exact science)

5. गणित की भाषा सार्वभौमिक होती है। (The Language of Mathematics is universal)

6. गणित एक विशेष प्रकार से सोचने का दृष्टिकोण प्रदान करता है। (Mathematics provides a definite way of thinking)

7. गणित का मानव जीवन से घनिष्ट सम्बन्ध होता है। (Mathematics is much related to human life)

8. गणित मानसिक शक्तियों को विकसित करने का एक अवसर प्रदान करता है। (Mathematics provides chance to develop mental abilities)

तार्किक सोच (Logical thinking)

गणितीय शिक्षण में तार्किक सोच का बहुत महत्त्व होता है। पाठ्यक्रम का अन्य कोई भी विषय ऐसा नहीं है, जोकि गणित के समान छात्र के मस्तिष्क को क्रियाशील बनाता हो। गणित की प्रत्येक समस्या को हल करने के लिए मानसिक कार्य की आवश्यकता होती है। जब कभी भी गणित की कोई समस्या छात्रों के समक्ष आती है उनका मस्तिष्क उस समस्या को समझने एवं उसे हल करने हेतु क्रियाशील हो जाता है। गणित की प्रत्येक समस्या एक ऐसे क्रम से गुजरती है, जोकि एक रचनात्मक तथा सृजनात्मक प्रक्रिया (Constructive and Creative Process) के लिए आवश्यक होती है। अतः छात्रों की सम्पूर्ण मानसिक शक्तियों का विकास गणित पढ़ने से सरलता से हो जाता है। गणित के तार्किक मूल्य पर प्रकाश डालते हुए महान शिक्षा शास्त्री प्लूटो ने कहा है कि "गणित एक ऐसा विषय है जो मानसिक शक्तियों को प्रशिक्षित करने का अवसर प्रदान करता है। एक सुषुप्त आत्मा (Sleeping spirit) में चेतना एवं नवीन जागृति उत्पन्न करने का कौशल गणित ही प्रदान कर सकता है।"

संसार में ज्ञान का अथाह भण्डार विद्यमान है तथा इस ज्ञान भण्डार में दिन-प्रतिदिन वृद्धि हो रही है। ज्ञान की प्राप्ति करना अधिक महत्वपूर्ण नहीं है, अपितु महत्त्वपूर्ण यह है कि ज्ञान का वह तरीका सीखा जाए जिससे प्राप्त किया गया ज्ञान अत्यधिक उपयोगी सिद्ध हो सके। प्रोफेसर शल्ट्ज महोदय के अनुसार, "गणित की शिक्षा प्राथमिक रूप से मानसिक शक्तियों को प्रशिक्षित करने हेतु दी जाती है। गणित के विभिन्न तथ्यों का ज्ञान देना इसके बाद ही आता है।"

हब्श के अनुसार- "गणित मस्तिष्क को तीक्ष्ण एवं तीव्र बनाने में उसी प्रकार कार्य करता है जैसे किसी औजार को तीक्ष्ण करने में काम आने वाला पत्थर। इसके अध्ययन से स्पष्ट, तर्क सम्मत एवं क्रम बद्ध रूप से भली-भाँति सोचने की शक्ति आती है।" अत: गणित का अध्ययन करने से बच्चे को अपनी मानसिक शक्तियों को विकसित करने का पूर्ण अवसर प्राप्त होता है। xf.kr dk vè;;u cPpksa dks viuh fujh{k.k 'kfDr (Observation Power), तर्कशक्ति (Logical Power), स्मरण शक्ति (Memory), एकाग्रता (Concentration), मौलिकता (Originality), अन्वेषणशक्ति (Power of Discovery), विचार तथा तार्किकशक्ति (Thinking and Reasoning Power), आत्मनिर्भरता (Self-reliance) एवं कठिन प्ररिश्रम (Hard work) इत्यादि सभी मानसिक शक्तियों को पूर्णरूप से विकसित करने का अवसर प्रदान करता है।

गणित में तकनीकी उपकरणों की भूमिका (The Role of Technology in Mathematics)–

'तकनीकी' शिक्षा के क्षेत्र में तेजी से बढ़ता हुआ एक प्रभावशाली कारक है। कम्प्यूटर तथा मोबाइल फोन व्यापक रूप से विकसित देशों में शिक्षा प्रथाओं के पूरक हैं। शिक्षण के नए तरीके विकसित करने जैसे ऑनलाइन शिक्षा (Online education) (दूरस्थ शिक्षा का एक प्रकार) तकनीकी का प्रयोग न केवल प्रशासनिक कर्तव्यों में, अपितु छात्रों की शिक्षा में भी तेजी से बढ़ रहा है।

सूचना और संचार प्रौद्योगिकी (ICTs) संवाद करने के उपकरणों तथा संसाधनों का एक विविध सेट है जो स्टोर, प्रसार एवं जानकारी को प्रबंधित बनाने में प्रयोग किया जाता है। विकासशील देशों में कंप्यूटर का प्रयोग अधिक लागत तथा सीमित अवसंरचना का कारण वश अगर है भी तो अभी बुनियादी स्तर पर ही है। आमतौर पर, विभिन्न प्रौद्योगिकियाँ मात्र एक वितरण प्रणाली की अपेक्षा संयोजन के रूप में उपयोग की जाती हैं उदाहरण के लिए Kothmale सामुदायिक रेडियो इंटरनेट श्रीलंका में एक ग्रामीण समुदाय को सूचनाएं साझा करने तथा शिक्षा के अवसर प्रदान करने हेतु रेडियो प्रसारण तथा कम्प्यूटर तथा इंटरनेट प्रौद्योगिकी दोनों का प्रयोग करता है। इसी प्रकार भारत में इंदिरा गांधी राष्ट्रीय मुक्त विश्वविद्यालय, मुद्रण, अभिलिखित ऑडियो तथा वीडियो, रेडियो और टेलीविजन प्रसारण और ऑडियो कॉन्फ्रेसिंग प्रौद्योगिकियों के मेल का उपयोग करता है।

गणित सोच की एक निश्चित प्रणाली (A Definite system of Thinking Mathematics)

गणित एक प्रकार से सोचने का दृष्टिकोण प्रदान करता है। गणित पढ़ने वाले छात्रों में एक ऐसा दृष्टिकोण विकसित होता है कि जिसके द्वारा वे अपना कार्य, क्रमबद्ध, नियमित एवं शुद्धता के साथ करना सीख जाते हैं। साथ-ही-साथ उनमें तार्किक ढंग से सोचने तथा समझने का दृष्टिकोण भी विकसित होता है।

गणनात्मक भूमिका (Computational strategies) संप्रत्यय (Concept) तर्क-सम्बन्धी कुशलताओं के अधिगम में सहायक होते हैं तथा वे गणना सम्बन्धी कौशलों के विकास में भी अपना महत्वपूर्ण योगदान देते हैं। गणित शिक्षण के उद्देश्यों में अर्थपूर्ण अधिगम (Meaningful learning) पर बल दिए जाने का अर्थ गणित शिक्षण-अधिगम के संप्रत्यय पक्ष पर बल देना ही है।

समस्त विज्ञान का आधार गणित है (Basis of all Sciences is Mathematics)

विज्ञान की समस्त शाखाओं का आधार गणित होता है। गणित तथा उसके अनुप्रयोगों से ही आज की प्रौद्योगिकी विकसित हुई है। गणित-विज्ञान न केवल औद्योगिक क्रान्ति का, अपितु परवर्तीकाल में हुई वैज्ञानिक उन्नति का भी केन्द्र बिन्दु रहा है। बिना गणित के विज्ञान की कोई भी शाखा पूर्ण नहीं हो सकती है। भारत ने औद्योगिक क्रान्ति हेतु न केवल आर्थिक पूँजी प्रदान की, अपितु विज्ञान की नींव के जीवंत तत्व भी प्रदान किए। इसके बिना मानवता विज्ञान तथा उच्च तकनीकी के इस आधुनिक दौर में प्रवेश नहीं कर पाती।

गणित में विज्ञान की शुद्धता (Exactness of Science in Mathematics)

शुद्ध गणित पूरी तरह से तर्क पर आधारित होता है,

शुद्ध गणित, गणित की आधारशिला है। महान गणितज्ञ गाउस के अनुसार, गणित समस्त विज्ञानों की रानी है। गणित, विज्ञान एवं प्रौद्योगिकी का एक महत्वपूर्ण उपकरण (टूल) है। भौतिकी, रसायन विज्ञान, खगोल विज्ञान इत्यादि गणित के बिना नहीं समझे जा सकते।

ऐतिहासिक रूप से देखा जाय तो वास्तव में गणित की अनेक शाखाओं का विकास ही इसलिए किया गया कि प्राकृतिक विज्ञान में इसकी आवश्यकता आ पड़ी थी। गणित वास्तविक जगत को नियमित करने वाली मूर्त धारणाओं के पीछे काम करने वाले नियमों का अध्ययन करता है। ज्यादातर दैनिक जीवन का गणित इन मूल धारणाओं का ही सार होता है अत: इसलिए इसे आसानी से समझा-बूझा जा सकता है।

गणित की भाषा

गणित अपने चिन्हों, शब्दों तथा नियमों की व्यवस्था के साथ अपने-आप में एक भाषा है। यह एक निश्चित अपरिवर्तनीय समुच्चयों की संकल्पनाओं पर आधारित होता है एवं इसे तर्क के सिद्धान्तों पर बनाया गया है। अध्यापक गणित शिक्षण में गणितीय संकल्पनाओं की जानकारी प्रदान करते हैं तथा गणित के विचारों को स्पष्ट करने हेतु साधारण बोल-चाल की भाषा का प्रयोग करते हैं। भाषा अनुभव को यथाक्रम अन्तस्थ करने में सहायक होता है। गणित की संकल्पनाओं की शिक्षा देने हेतु प्रथम चरण में बालकों को प्रत्यक्ष साकार वस्तुओं के साथ-साथ क्रिया-कलाप हेतु प्रेरित किया जाता है। गणित की भाषा एक पद्धति है, जोकि गणितज्ञों द्वारा अपने-आप में बोलचाल हेतु प्रयोग की जाती है। इसे दूसरी प्राकृतिक भाषाओं की उपभाषा के रूप में भी देखा जाता है। इस भाषा को विशेष चिन्हों, अंकों तथा शब्दों के द्वारा इस प्रकार व्यक्त करते हैं।

रोजर बेकन (Roger Bacon) का कथन है, "गणित विज्ञान का प्रवेश द्वार और कुंजी है क्योंकि जो व्यक्ति गणित ज्ञान से अनभिज्ञ है वह अन्य

वैज्ञानिक विषयों और संसार की वस्तुओं का मानसिक पर्यवेक्षण नहीं कर सकता है।" गणित शिक्षा में छात्रों द्वारा अनुभव की कठिनाइयों पर अनेक महत्त्वपूर्ण अध्ययन हुए हैं:

1. गणित में हम सामान्य चिन्हों के माध्यम से वस्तुओं को जोड़ते, घटाते, गुणा करते, भाग देते एवं एक साथ सम्मिलित करते हैं।

2. गणित की भाषा में शब्दों के बजाय चिन्हों का प्रयोग किया जाता है।

3. इसमें +, –, ×, ÷ इत्यादि आधारित परिचालन चिन्हों का प्रयोग किया जाता है।

4. हम गणित की वस्तुओं को जैसे संख्याएँ, समुच्चय, फलन इत्यादि द्वारा व्यक्त करते हैं।

5. गणित में एक विचार को विभिन्न प्रकार से नामांकित कर सकते हैं, जैसे कि योग को जोड़िए, कुल कितने, मान ज्ञात कीजिए इत्यादि।

6. इसमें दस अंकों 0, 1, 2, 3, 4, 5, 6, 7, 8, 9 का प्रयोग किया जाता है।

7. कभी-कभी कुछ साधारण भाषा के शब्दों का प्रयोग परिभाषित पदों के रूप में, कई बार विभिन्न सन्दर्भों में किया जाता है।

8. गणितीय भाषा किसी वस्तु तथा नाम में अन्तर करती है। जैसे संख्या एवं संख्यांक, भिन्न एवं भिन्नात्मक संख्याएँ।

उदाहरण हेतु 'चर' का प्रयोग संज्ञा तथा विशेषण दोनों ही रूपों में किया जाता है। शब्द 'मूल' का प्रयोग समीकरण के मूल तथा वर्गमूल, घनमूल में प्रयोग किया जाता है।

गणितीय भाषा की परिभाषा (Definition of Mathematical Language)

जब एक अध्यापक के द्वारा कक्षा में गणित (विचारों, तथ्यों, सूत्रों, विधियों, कार्यों, वाक्यांशों या उपसर्गों) का वर्णन किया जाता है, तो वह हमेशा यह करने हेतु सरल, सुबोध एवं सामान्य भाषा का प्रयोग करता है। वास्तव में, प्रत्येक विचार, सिद्ध किए गए तथ्यों तथा सिद्धान्तों को बच्चों की सामान्य भाषा में ही व्याख्या की जा सकती है। उदाहरणतः , p + 8 = 8 + p की व्याख्या की जा सकती है। **जैसे**- "पी जमा आठ = आठ + पी"।

विश्वकोष के अनुसार, "भाषा ध्वनि प्रतीकों या संकेतों की ऐसी मान्य व्यवस्था है जिसके द्वारा एक समूह के लोग आपस में **विचार-विनिमय** करते हैं।" पीटर हिल्टन (Peter Hilton) के अनुसार, "गणित बिना याद किए हुए भी समझी जा सकती है, यह कंठस्थ याद किए हुए सूत्रों का मामला नहीं, अपितु क्रमबद्ध विचारों हेतु क्षमता प्राप्त करना है।"

भाषा और महत्त्व (Language and its Importance)

भाषा को नोऑम कोमस्की (Noam Chomsky) द्वारा इस प्रकार परिभाषित किया गया था। जैसे कि "एक समुच्चय (निश्चित या अनिश्चित) वाक्यों का, लम्बाई में प्रत्येक निश्चित और तत्त्वों के निश्चित समुच्चयों को इनमें से बनाया गया"।

भाषा को परिभाषित करने हेतु निम्नलिखित तत्त्वों की आवश्यकता होती है:

1. एक व्याकरण के नियमों सहित जिनमें इनके चिन्हों का प्रयोग किया जा सकता है।

2. अर्थों की एक लम्बी कतार जिससे इन चिन्हों के साथ बोलचाल की जा सकती है। इन तत्त्वों का प्रत्येक चिन्ह गणित की भाषा में पाया जाता है।

3. चिन्ह तथा शब्दों का एक शब्द कोश

4. लोगों का एक समुदाय जो इन चिन्हों को समझते तथा प्रयोग करते हैं।

गणित की भाषा के गुण (Characteristics of Language of Mathematics)

गणित की भाषा भावनाओं, विचारों के प्रकार तथा भावों को व्यक्त करने हेतु इसे अधिक सरल बनाती है तथा जो गणितज्ञ व्यक्त करना पसन्द करते हैं, जोकि–

1. यह बात अथवा सारांश को संक्षिप्त में कहने योग्य है।

2. यह सम्बन्धित मामलों के साथ जटिल विचारों को व्यक्त करने योग्य है।

पारंपरिक भाषा (Conventional language)

हम प्रायः (परन्तु सदैव नहीं) गणित में विशेष उपयोग हेतु विभिन्न अक्षरों का प्रयोग करते हैं:

1. प्रारंभिक अक्षर *a, b, c* ... को नियतांकों हेतु प्रयोग करते हैं।

2. अन्तिम अक्षरों .... *x, y, z* को अज्ञात राशियों के रूप में प्रयोग करते हैं।

3. *i* से *n* तक, *i, j, k* .... *n* को गिनती में धनात्मक संख्याओं के रूप में प्रयोग किया जाता है।

4. यह कोई नियम नहीं होता है, लेकिन ये प्रायः इसी तरह प्रयोग की जाती हैं।

संज्ञा (Noun) : हम गणितीय भाषा में वास्तविक संज्ञा (Noun) को शब्द के रूप में प्रयोग नहीं करते हैं। संज्ञा एक स्थिर वस्तु होती है, जैसे कि संख्या अथवा चिन्ह, प्रतीक अथवा संख्याओं के साथ अभिव्यक्ति (भाव) इत्यादि।

क्रिया (Verb) : गणित भाषा में, 'क्रिया' शब्द प्रमुखतः इन चिन्हों के साथ प्रदर्शित की जाती है। जैसे– = अथवा असमान चिन्ह– जैसे

$>$, or $<$ अर्थ होता है → अपेक्षा अधिक होता है अथवा अपेक्षा कम होता है।

$\geq$ → अपेक्षा अधिक अथवा बराबर होता है

सर्वनाम (Pronoun) : अंग्रेजी भाषा में, सर्वनाम इस प्रकार परिभाषित किया जाता है जो संज्ञा के स्थान पर प्रयुक्त होता है। गणित में सर्वनाम को *x, y* इत्यादि से व्यक्त किया जाता है।

वाक्य (Sentence) : गणित की भाषा में, वाक्य संज्ञा, सर्वनाम एवं क्रिया को एक साथ अर्थपूर्ण रखने को कहा जाता है।

गणितज्ञ जिन्होंने भाषा विकसित की (Mathematicians who Developed Language)

आधुनिक बीजगणित संकेतों का क्रमबद्ध परिचय 16 वीं शताब्दी में होने लगा। रैनी देकार्ते (1596–1650) ने सर्वप्रथम वर्णमाला के नियतांक हेतु प्रारंभिक अक्षरों का प्रयोग किया एवं अज्ञात हेतु वर्णमाला के अन्तिम अक्षरों का प्रयोग किया। उसने घात संकेतों (a^4, b^5) का भी परिचय दिया।

भाषा एवं विचार (Language and Thought)

पियाजे का मानना था कि मानसिक प्रतीकों में संसार को निरूपित करने का सबसे अच्छा साधन भाषा है। शब्दों में सोचने से हम तात्कालिक अनुभवों की सीमाओं के पार जा सकते हैं तथा हम सब मिलकर एक साथ अतीत, वर्तमान एवं भविष्य के बारे में सोच सकते हैं। मानना था कि बच्चों में इंद्रिक एवं चालन गतिविधियों के परिणामस्वरूप अनुभव की आन्तरिक छवियाँ निर्मित हो जाती हैं। जिन्हें पुनः बच्चे शब्दों से नामांकित कर देते हैं। पियाजे ने बच्चों के संज्ञान को तेजी से विकसित करने में भाषा की ताकत को कम करके आंकलन किया है। बच्चों की बढ़ती हुई शब्दावली उनके अवधारणात्मक कौशल की वृद्धि करती है।

बेंजामिन ली व्होर्फ (Benjamin Lee Whorf) इनका मत यह था कि भाषा विचार की अन्तरवस्तु का निर्धारण करती है। यह दृष्टिकोण भाषायी सापेक्षता प्राक्कल्पना (Linguistic Relativity Hypothesis) के नाम से भी जाना जाता है। ख्याति प्राप्त स्विस मनोवैज्ञानिक जीन पियाजे (Jean Piaget) का मानना है कि भाषा न केवल विचार का निर्धारण करती है, परन्तु यह इसके पहले भी उत्पन्न होती है। पियाजे ने यह भी सिद्ध किया था कि बच्चे संसार का आन्तरिक निरूपण, चिन्तन के माध्यम से ही करते हैं।

रूसी मनोवैज्ञानिक लेव वायोगोत्सकी (Lev Vyogotsky) ने यह प्रमाणित किया कि लगभग दो वर्ष की उम्र तक जहाँ भाषा तथा विचार दोनों मिल जाते हैं, बच्चों में विचार तथा भाषा का विकास अलग-अलग होता है। उनका मानना था कि इस अवस्था के दौरान भाषा एवं विचार का विकास एक दूसरे पर निर्भर हो जाता है।

खुला और बन्द अन्त समस्या (Open and Closed Ended Problem) : इन्हें निम्न प्रकार से परिभाषित किया गया है–

खुला अन्त समस्या (Open-ended problem) :

जिस समस्या के अनिश्चित (अनन्त) हल होते हैं उस समस्या को खुला अन्त समस्या कहा जाता है।

उदाहरण : 24 वी अभाज्य संख्याओं के गुणनखण्ड एक बन्द अन्त की समस्या है।

हल– 24 = 1, 2, 3, 4, 6, 8, 12, 24

∴ संख्या के निश्चित गुणन खण्ड हैं अतः संख्या 24 एक बन्द अन्त संख्या है।

शिक्षण की समस्याएं

प्राचीन समय में ज्ञान प्राप्त करने का एकमात्र साधन मौखिक था। गुरु अपने आश्रमों में शिष्यों को उपदेश दिया करते थे। परंतु आज जीवन के प्रत्येक क्षेत्र में ज्ञान का विस्तार हो रहा है। अतः किसी भी विषय का क्रमबद्ध एवं नवीन ज्ञान प्राप्त करने हेतु पुस्तकें अति आवश्यक हैं। गाँधीजी ने 1937 ई. में शिक्षा पर आधारित विचारों को व्यक्त तथा प्रतिपादित किया। जाकिर हुसैन समिति इस पर विस्तृत विचार करने हेतु नियुक्त की गई थी। इसने पुनः संशोधन किया कि "गणित का ज्ञान किसी भी पाठ्यक्रम का अभिन्न अंग है।" गणित का ज्ञान धारण करने हेतु, प्रत्येक बच्चे से सामान्य गणनाओं के आधार पर काम करने की आशा की जाती है, जोकि पाठ्यक्रम में निहित होती है। सर्वपल्ली डा. राधाकृष्णन (Dr. Radha Krishnan) ने भी कहा है कि ज्ञान किसी की बापौती नहीं है, उसका माध्यम केवल पुस्तक है," गणित शिक्षण का विश्लेषण हमारे स्कूलों में निर्गतों के समूह को पहचानेगा। जो समस्याओं का गणित कहा जाता है। हम समस्याओं के निम्न क्षेत्रों को पहचानते हैं:

1. एक पाठ्यक्रम जो एक ही समय योग्य/बुद्धिमान छोटा समूह तथा भाग लेने वाले बृहद् समूह दोनों को निराशित करता है।

2. निर्धारण की अशिष्ट विधियाँ जो यांत्रिक गणनाओं या गणित की संवेदनाओं को उत्साहित करती है।

3. गणित के शिक्षण में शिक्षक की तैयारी तथा समर्थन में कमी का अनुभव किया जाता है।

4. बच्चों के एक बृहद् समूह के मध्य गणित से सम्बन्धित डर तथा असफलताओं का ज्ञान।

शिक्षा की समस्या के बाह्य कारण

यह घरेलू कारक, स्कूल कारक और सामाजिक कारक के कारण हो सकते हैं:

1. घरेलू कारकों के कारण समस्या (Problems caused by domestic factors)

इस तरह की समस्या निम्नलिखित कारकों के कारण होती हैं:

(i) माता-पिता का अशिक्षित होना
(ii) माता-पिता का गरीब होना
(iii) बच्चे के प्रति माता-पिता का अनुचित बर्ताव करना
(iv) पारिवारिक सदस्यों का अलग होना

2. स्कूल कारकों द्वारा समस्या (Problem caused by school-factors)

(i) अस्वस्थ्य स्कूल वातावरण
(ii) अयोग्य और अशिक्षित अध्यापक
(iii) शिक्षण की अपर्याप्त विधियाँ
(iv) अनुशासनात्मक रहित कम उपस्थिति
(v) बच्चे जो कक्षा में मुश्किल से बात नहीं करते, उन्हें भी कक्ष-रूम में भाग लेने हेतु उत्साहित किया जाना चाहिए
(vi) सह-पाठ्यक्रम क्रिया-कलाप की कमी
(vii) अपर्याप्त पाठ्यक्रम, टैक्स बुक्स और दूसरी समस्याएं
(viii) अध्यापक का अशिष्ट व्यवहार

3. सामाजिक घटकों द्वारा समस्या (Problems due to social components)

ये समस्यायें निम्न कारकों से उत्पन होती हैं:

(i) विद्यार्थियों में सामाजिक असमानता की कमी होना
(ii) माता-पिता के सामाजिक चेतावनी की कमी होना
(iii) समाज में आपसी सम्बन्धों की कमी होना
(iv) विद्यार्थियों की गलत संगति होना
(v) समाज का अस्वस्थ्य वातावरण होना

आन्तरिक कारण (Internal Causes)

कुछ आन्तरिक कारण निम्नलिखित तरीकों में शिक्षण की समस्याओं को बढ़ा सकते हैं:

1. शारीरिक कारण (Physical causes)

हमारे देश में, विभिन्न प्रकार की शारीरिक बीमारियाँ तथा कमियाँ हैं, पिछड़ेपन का $\frac{1}{4}$% अल्पपोषण है एवं $\frac{1}{10}$% विभिन्न प्रकार की गम्भीर बीमारियों के कारण बीमार होते हैं। तथा दूसरे प्रभावों के कारण कष्ट में होते हैं।

2. मनोवैज्ञानिक कारण (Psychological causes) $\frac{1}{10}$ % बच्चे आवेग (उत्तेजकता) की अस्थिरता के कारण पीड़ित रहते हैं। उनके अध्ययन में रुचि की कमी होती है। इस प्रकार के बच्चे अल्प/मन्द बुद्धि के होते हैं तथा इनका आई. क्यू (I.Q.) चिन्तन, गुणात्मक व्यवहार, इत्यादि अल्प होता है। जिसके कारण ये अन्य कारणों से ग्रसित रहते हैं।

गणित-शिक्षण में सहायक-सामग्री की कमी की समस्या (Problems of lack of teaching aids in Mathematics Teaching)

गणित के अध्ययन में रुचि उत्पन्न करने हेतु गणित में अध्यापक को विभिन्न प्रकार के साधनों का प्रयोग करना पड़ता है। अत: वे साधन जो अध्यापक की उद्देश्य पूर्ति में सहायक होते हैं। सहायक साधन कहलाते हैं तथा इनको श्रव्य-दृश्य सामग्री (Audio-visual Aids) के नाम से भी जाना जाता है।

श्रव्य-दृश्य सामग्री के उपयोग पर प्रकाश डालते हुए भारतीय शिक्षा आयोग ने लिखा है कि "शिक्षक की गुणवत्ता में सुधार लाने हेतु प्रत्येक विद्यालय में सहायक सामग्री उपलब्ध करना अति आवश्यक है, सहायक सामग्री वास्तव में अपने देश में शैक्षिक क्रान्ति ला सकती है।

डेन्ट ई. सी (Daint E.C.) के अनुसार –

ऐसी समस्त सामग्री जो कक्षा में या किसी भी शिक्षक परिस्थिति में लिखित अथवा मौखिक शब्दों को समझने में सहायक सिद्ध होती है। श्रव्य-दृष्य सामग्री कहलाती है।

बर्टन (Burton) के शब्दों में– श्रव्य-दृश्य सामग्री, वह बोधगम्य पदार्थ या काल्पनिक छवि है जो अधिगम को प्रारम्भ एवं प्रेरित करती है। एवं उसे पुनर्बलन प्रदान करती है।

(श्रव्य-दृश्य सामग्री तीन प्रकार की होती हैं:)

(1) श्रव्य-सामग्री

(2) दृश्य-सामग्री

(3) श्रव्य-दृश्य सामग्री

1. श्रव्य-सामग्री (Audio or Auditory Aids) श्रव्य सामग्री ऐसी सहायक सामग्री एक होती है। जिसमें केवल श्रव्य इन्द्रियों या कानों का प्रयोग होता है। ये सामग्री निम्न हैं:

(i) रेडियो (Radio)

(ii) ग्रामोफोन (Gramophone)

(iii) टेपरिकार्डर (Tape-Recorder)

2. दृश्य सामग्री (Visual Aids) यह वह सामग्री होती है। जिसमें आँखों का प्रयोग होता है। इस प्रकार की सामग्री छात्रों में रुचि उत्पन्न करती है तथा सीखने में मदद करती है। इसमें निम्न सामग्री सम्मिलित की जाती है:

(i) श्याम पट (Blackboard)

(ii) चार्ट (Charts)

(iii) मॉडल (Models)

(iv) खाके व चित्र (Diagrams and Pictures)

(v) स्लाइड्स (Slides)

(vi) सूचना विज्ञप्ति (Bulletin-Boards)

(vii) फ्लैनल ग्राफ (Flannel graph or Board)

(viii) फिल्म पट्टिकाएँ (Film strips)

(ix) रेखाचित्र (Sketches)

(x) ग्राफ (Graph)

(xi) चित्र विस्तारक यंत्र (Epidiascope)

(xii) गणित सम्बन्धी साहित्य (Literature on mathematics)

(xiii) जादू की लालटेन (Magic lantern) Mathematics)

3. श्रव्य-दृश्य सामग्री (Audio-Visual Aids) श्रव्य-दृश्य वह सामग्री होती है। जिसमें श्रव्य तथा दृश्य दोनों ही में इंद्रियों का प्रयोग होता है। यह सामग्री बालकों को देखकर तथा सुनकर सीखने में सहायता प्रदान करती है। ये सामग्री निम्न रूप से दी गई है:

(i) **फिल्म (Cinema)**

— समाचार सम्बन्धी फिल्म (Documentary films)

— विद्यालय द्वारा निर्मित फिल्म (School made films)

— कक्षा-कक्ष फिल्म (Classroom films)

— औद्योगिक फिल्म (Industrial films)

(ii) **दूरदर्शन (Television)**– इन सामग्रियों की कमी से छात्रों की पढ़ाई में व्यवधान उत्पन्न होता है। उनका समय व्यर्थ होता है। इन सामग्रियों का प्रयोग गणित की शिक्षा प्रारंभ होने के साथ प्रारम्भ होता है।

(iii) **श्याम पट्ट (Blackboard)**–गणित शिक्षण को प्रभावशाली एवं उपयोगी बनाने हेतु कक्षा में श्याम पट्ट का प्रयोग करना अत्यन्त आवश्यक होता है यह काले रंग तथा चिकना होना चाहिए जिससे चाक द्वारा लिखे गये अक्षर स्पष्ट दिखायी दें, श्याम पट के बिना गणित शिक्षक एक कदम भी आगे नहीं बढ़ सकता है। पढ़ाई गयी विषय-वस्तु के प्रमुख बिन्दुओं को श्याम पट्ट पर दोहरा (Repeat) करके छात्रों का ध्यान आकर्षित किया जा सकता है।

(iv) **चार्ट या आरेख (Chart or graph)**– चार्ट सर्वाधिक प्रयोग होने वाली दृश्य सामग्री है।

यह संकेत, शब्द, चित्र एवं रेखा के समिश्रण से बनता है। इसमें गणितीय विचारों, सूत्रों अथवा नियमों को एक क्रमबद्ध तरीके से प्रस्तुत किया जाता है। शिक्षण प्रक्रिया को सफल बनाने हेतु चार्ट का ही प्रयोग किया जाता है। **वेबस्टर्स शब्द कोष (Dictionary) के अनुसार**- "गणितीय प्रयोजनों हेतु बनाये गए रेखांकनों, यॉंत्रिक रेखाचित्रों को रेखाचित्र कहते हैं।"

(v) **चित्रविस्तारक यन्त्र–** गणित पढ़ाते समय जब छपी हुई आकृतियों आंकड़ो, चित्रों इत्यादि को कक्षा में बृहद रूप में दिखाना चाहते हैं तब चित्र विस्तारक यन्त्र का प्रयोग किया जाता है। इसकी सहायता से श्रम और समय दोनों की बचत होती है।

(vi) **प्रत्यक्ष वस्तुएँ (Real Objects)**– गणित में सर्वाधिक महत्त्व प्रत्यक्ष वस्तुओं या सामग्री का होता है। इन वस्तुओं की सहायता से छात्रों को ज्ञान सरलता से दिया जा सकता है। इन वस्तुओं की सहायता से छात्रों को प्रत्यक्ष अनुभव प्राप्त होते रहते हैं, **जैसे** माप के बाट, मापन यंत्र, सिक्के, घड़ी, लीवर, ग्राफपेपर स्केल इत्यादि।

प्रयोगशाला की उपलब्धता न होना (Non- availability of Laboratory)

हमारे देश में अधिकतर स्कूल ग्रामीण क्षेत्रों में हैं। सी. बी.एस.सी. बोर्ड तथा राज्य बोर्डों ने स्कूल खोलने की आज्ञा प्रदान की है। सी.बी.एस.सी. बोर्ड को स्कूलों में प्रयोगशाला यंत्रों की आवश्यकताओं तथा उपलब्धताओं की जाँच करने का पूर्ण अधिकार है। कभी-कभी ऐसा भी होता है कि सामान्य प्रयोगशाला में उपकरण ही उपलब्ध नहीं होते हैं। प्रयोगशाला में छात्रों को उपकरण उपलब्ध कराना बोर्डों के द्वारा अनिवार्य और यह उनका अधिकार है।

माता-पिता से सहयोग मिलपाने में कठिनाई (Difficulty in Seeking Cooperation from Parents)

परीक्षाओं में सफलता पाने हेतु, विद्यार्थियों को पूर्णत: अध्यापकों पर निर्भर नहीं रहना चाहिए। यह माता-पिता का भी कर्तव्य होता है कि नियमित रूप से अपने बच्चों के प्रदर्शन को देखना चाहिए। माता-पिता को भी गणित के शिक्षकों तथा अपने बच्चों को सहयोग करना चाहिए जिससे उन्हें गणित की उन्नति के पथ पर लाकर सही दिशा में ले जाया जा सके।

त्रुटि विश्लेषण और शिक्षण अधिगम सम्बन्धित दृष्टिकोण

त्रुटि विश्लेषण की परिभाषायें (Definition of Error Analysis)

त्रुटि विश्लेषण प्रयोग की गई भाषाओं की एक शाखा होती है। यह पूर्णतः दूसरी भाषा सीखने वाले के द्वारा की गई त्रुटियों के विश्लेषण, तथा अध्ययन के संग्रह से सम्बन्धित है। यह दूसरी भाषा प्राप्ति के निरीक्षित पहलुओं पर आधारित है।

अतः यह अन्तःभाषा के विचारों के साथ त्रुटि विश्लेषण की नजदीकी से सम्बन्धित होती है। कुछ शोधकर्ता और प्रवक्ता परिवर्तन विश्लेषण एवं त्रुटि विश्लेषण में अन्तर समझते हैं।

पूर्ण और सापेक्ष त्रुटियाँ (Absolute and Relative Errors)

पूर्ण त्रुटि एक मापनकाल में शारीरिक त्रुटि की मात्रा होती है तथा जिसकी वही इकाई होती है जो अपने आप में दी गई मात्रा की थी। उदाहरण हेतु, यदि तुम मीटर स्केल का प्रयोग करते हुए एक दूरी नापते हो, तो यह 0.848 मीटर पाई जाती है। तो यहाँ गलती ± 1 मिमी होगी। यह मापन की पूर्ण त्रुटि होगी इसको (0.848 ± 0.001)मी के रूप में लिखा जायेगा एवं सापेक्ष त्रुटि (जिसे भिन्नात्मक त्रुटि कहा जाता है) को स्वयं द्वारा दी गयी मात्रा को, सापेक्ष त्रुटि से भागित पर प्राप्त की जाती है। सापेक्ष त्रुटिपूर्ण त्रुटि की अपेक्षा अत्यधिक महत्वपूर्ण है।

यादृच्छया त्रुटि (Random Errors) इस प्रकार की त्रुटियाँ अस्थिरता के कारण उत्पन्न होती हैं। यह त्रुटियाँ अधिकांशतः आसानी से दिए गए गणित मापन के द्वारा निरीक्षण कर ली जाती हैं।

गणितीय शिक्षण में त्रुटि विश्लेषण
(Error Analysis in Teaching of Mathematics)

छात्र को गणित के अध्ययन करने के लिए शुद्धता तथा सत्यता का ज्ञान होना अनिवार्य होता है। शुद्धता एवं सत्यता के अभाव में छात्र का ज्ञान यथार्थ रूप में निरर्थक होगा। विभिन्न गणितीय विश्लेषणों की कमी के कारण, छात्र की योग्यताओं का विकास होने में असमर्थ होगा। गणित शिक्षण में छात्रों द्वारा विभिन्न प्रकार की बहुत सी त्रुटियाँ पाई जाती हैं। जो निम्नलिखित हैं।-

1. छात्रों में दिए गए कार्य को समय पर पूरा न करने की समस्या होती है।
2. छात्रों में गणित के प्रति जागरूकता का अभाव होता है।
3. छात्रों में कल्पना एवं स्मरणशक्ति का अभाव होता है।
4. छात्रों में गणित शिक्षण के अन्तर्गत कार्य का निर्धारण करते समय उनकी रुचियों, आवश्यकताओं एवं मानसिक विकास पर ध्यान नहीं दिया जाता है।
5. गणित शिक्षण में छात्रों में आत्म-विश्वास एवं आत्मनिर्भरता का अभाव होता है।
6. छात्रों द्वारा भिन्नों में हर एवं अंश का गलत उपयोग किया जाता है।
7. छात्रों में गणितीय सम्बन्धी कुशलताओं का अभाव होता है।
8. छात्रों द्वारा समीकरण गलत बनाना, ज्ञात एवं अज्ञात राशियों का स्पष्ट न हो पाना आदि समस्याएं हैं।
9. अध्यापकों के द्वारा छात्रों की गलतियों को सुधारने हेतु पर्याप्त अवसर नहीं दिया जाता है एवं उपचारात्मक शिक्षण की व्यवस्था नहीं की जाती है।
10. छात्रों द्वारा भाग देने एवं गुणा करने में हासिल का गलत प्रयोग सही न कर पाना भी एक समस्या है।
11. छात्रों द्वारा गणना कार्य करते समय अधिक काट-पीट एवं अस्पष्ट लेखन किया जाता है।
12. छात्रों का गणित के प्रति अधिकतर नकारात्मक दृष्टिकोण होता है।
13. गणित शिक्षण में छात्रों में तत्परता एवं एकाग्रता का अभाव होता है।

मापन और मूल्यांकन की त्रुटियाँ (Errors of Measurement and Evaluation)

त्रुटियों के मापन तथा मूल्यांकन के छह खण्ड होते हैं। उद्देश्य या क्रियात्मकता जिसके व्यक्तित्व का त्रुटि मूल्यांकन होने पर हनन होता है।

टूल्स तथा डिवाइसेस जैसे मापन करने वाले सांख्यकी विधियों का प्रयोग और मापन परिणामों के विश्लेषणों का सामान्यतः मूल्यांकन किया जाता है। इसके बावजूद इनमें से यदि कोई त्रुटि इस स्तर पर मूल्यांकन विधि में की जाती है तो इसे मूल्यांकन तथा मापन की त्रुटि कहा जाता है।

त्रुटि विश्लेषण का विकास (Development of Error analysis)

1960 ई. में, त्रुटि विश्लेषण सर्वप्रथम द्वितीय भाषा प्राप्ति के अध्ययन की विधियों के रूप में प्रयुक्त की गई थी। कोर्डर ने कुछ संवाद-पत्र दिए हैं। उद्गम की त्रुटियों के महत्त्व (1967) ने शोधकर्ताओं का ध्यान शिक्षण दृष्टिकोण से उद्गम दृष्टिकोण की तरफ स्थानान्तरित कर दिया गया था।

प्रथम भाषा प्राप्ति के ज्ञान की रचना कोर्डर (Corder) ने स्थापित की थी। द्वितीय भाषा सीखने वालों ने इसे संकल्पना के द्वारा मुख्य भाषा की खोज की थी। उन्होंने बच्चों की तरह कम अथवा अधिक परीक्षण उनकी संकल्पनाओं पर किया। इस तरह की विधियाँ यादृच्छिक नहीं होती हैं। लेकिन वह सीखने वालों का पाठ्यक्रम का अनुकरण करता है। ताकि त्रुटि आवश्यक रूप से की जायेगी।

कोर्डर ने परिवर्तित योग्यता का भी प्रयोग किया जो पहले से ही विस्तृत रूप से स्वीकारणीय है तथा प्रायः विचारों का प्रयोग किया इस उद्देश्य के अनुसार, त्रुटियाँ यह संकेत करती हैं कि एक सीखने वाला लक्ष्य भाषा को सीखता है। इस प्रकार, ये सभी तीनों भाषा-पद्धति को प्रभावित करती हैं। जिस पर एक सीखने वाला सदैव त्रुटियाँ करता है। इसलिए अन्तर-भाषा तथा लक्ष्य-भाषा के बीच सदैव तीनों के महत्वपूर्ण तथ्यों पर विचार किया जाता है।

हमारा त्रुटि विश्लेषण का प्रमुख उद्देश्य त्रुटि या गलतियों के प्रारूपों को पहचानना होता है। जो छात्र अपने कार्य में त्रुटि करते हैं तथा हमें छात्रों को समझना है कि वे त्रुटियाँ क्यों करते हैं। हमें त्रुटियों को सही करने हेतु लक्ष्य किए गए निर्देशों को व्यवस्थित करना है। त्रुटि विश्लेषण का सम्पर्क करते करते शिक्षक सदैव गणित की समस्याओं का निरीक्षण करते हैं। वे लेख में विभिन्न त्रुटियों को वर्गीकृत करते हैं। नीचे त्रुटियों की एक सूची दी गई है। विद्यार्थी साधारणतया विभिन्न गणितीय क्षेत्रों में निम्न प्रकार त्रुटियाँ करते हैं। हम विद्यार्थियों को गणितीय समस्याओं को हल करते समय त्रुटियों हेतु निम्न तार्किक कारणों के उत्तरदायित्वों की ओर ध्यान देते हैं:

1. योग और घटाव (Addition and Subtraction)
   (i) पुनः समूहों के अवबोधन की कमी
   (ii) संख्या आधारित तथ्यों के ज्ञान की कमी

(iii) इकाई और दहाई हासिलों को सन्देहपूर्वक लिखना

(iv) पुनः समूहों (Regroup) को भूले ना जब दहाई और सैकड़े के स्थानों को घटाना होता है

(v) गणित में असत्य स्तरों के परिचालन में लिखना

(vi) जब आवश्यक न हो तो पुनः समूह बनाना

2. गुणा और भाग (Multiplication and division)

(i) संख्या आधारित तथ्यों के ज्ञान की कमी

(ii) स्तम्भों में काम के समायोजन की कमी

(iii) गुणा में हासिल भूल जाना

(iv) भाग में स्थानीय मानों को ध्यान न देना

(v) गुणा में बाएं से दाएं उत्तर की रिकार्डिंग करना

(vi) गुणा करने से पहले हासिल जोड़ना

3. भिन्नें (Fractions)

(i) असत्य पदों को निरस्त करना

(ii) असत्य रूप से भिन्नों को मिश्र भिन्नों में बदलना

(iii) शेषफल पर ध्यान न देना

(iv) सबसे छोटे सामान्य हर में, भिन्न को छोटा करना भूल जाना

4. शब्द समस्या (Word Problems)

(i) समस्या के संदर्भ से सम्बन्धित अयोग्यता

(ii) समस्या को पढ़ने में कठिनाई होना

(iii) सूचना से सम्बन्धित और न सम्बन्धित पहचानने में कठिनाई

(iv) समस्या के शब्दकोष और भाषा समझने की अयोग्यता

(v) गणितीय परिचालन (जोड़, घटाव, गुणा और भाग) करने में परेशानी महसूस करना

इन सभी तर्कों के पश्चात्, आगमन त्रुटि का विश्लेषण करना तथा अन्त में द्वितीय भाषा प्राप्ति एवं अन्तर भाषा, त्रुटियों के बारे में सामान्यीकरण पर पहुंचने के क्रम में ले जाया जाता था।

त्रुटि विश्लेषण का उद्देश्य (Aim of error analysis)

त्रुटि विश्लेषण का प्राथमिक उद्देश्य टेक्सोनोमीज त्रुटियों को स्थापित करना तथा त्रुटियों के प्रारूपों एवं प्रकारों का पहचानना होता है। इसका विकास तथा अन्तर-भाषा को वर्णन करने के उपयोग में माना जाता था द्वितीय भाषा प्राप्ति में सामान्य कठिनाइयों को पहचाना जाना था। इसी के आधार पर, त्रुटि विश्लेषण द्वितीय भाषा प्राप्ति के उपक्रम के बारे में बोधात्मक ज्ञान का वितरण करना माना जाता था। कोमस्की में कहा जाता है कि उनके पास कोई यन्त्र प्राप्ति भाषा की तरह उनके अन्दर एक भाषा को दूसरी भाषा में अनुवाद करने की क्षमता थी।

त्रुटि प्रबन्धन प्रशिक्षणों की प्रभावोत्पादकता (Effective- ness of Error Management Trainings) दिए हुए तथ्यों के बावजूद भी त्रुटियाँ अधिगम हेतु महत्त्वपूर्ण पहलुओं के रूप में मानी जाती हैं। गणित शिक्षा में शोध कुछ मदद करते हैं कि कक्षा में यह कार्य किस प्रकार पूरा किया जा सकता है। यह एक अपवाद है कि इटालिएन ग्रुप गारूटी घेरो तथा शियापिनी (Chiappini) के अवधारणात्मक त्रुटियों विशेष उपागम के रूप में "ध्वनि और परावर्तित ध्वनि खेलों" का प्रयोग किया। उसने इस अध्ययन की एक श्रेणी परिचालन की तथा पूँछताछ हेतु स्प्रिंगबोर्ड के रूप में त्रुटियों पर आधारित पूँजी का चक्रव्यूह विकसित किया। उसकी टेक्सोनोमी गणित लेख में सूक्ष्म अमूर्त के तीन स्तरों में वर्णित होती है।

व्यक्तिगत त्रुटियाँ (Personal Errors)

इस प्रकार की त्रुटियाँ मूल्यांकन कर्ता तथा मापन कर्ता द्वारा की जाती हैं। जब वह एक वस्तु या उद्देश्य की माप लेता है, तो इसका शारीरिक, मानसिक तथा उसकी रुचि के स्तर पर निरीक्षण भी किया जाता है। इस तरह की त्रुटियाँ प्रायः निबन्धात्मक प्रकार के उत्तरों में अंकित देखी जाती हैं। अतः इस तरह की त्रुटियाँ बने हुए परीक्षण उद्देश्य के द्वारा सही की जा सकती हैं।

सामान्य कार्य शैली के कारण त्रुटियाँ (Errors due to Norms)

कभी-कभी एक मापन कर्ता या मूल्यांकन कर्ता को परिणामों के मूल्यांकनों के विश्लेषणों की सामान्य स्थितियों का स्पष्ट ज्ञान नहीं होता है। तब वह विचार या विधियों की खोज करता है, जिसके कारण वह सही रूप से मापन के परिणामों का विश्लेषण कर सकता है। यदि मूल्यांकन कर्ता पूर्ण, स्पष्ट ज्ञान तथा कार्यशैली के तथ्यों को व्यवस्थित किया जाता है तो इन गलतियों को शुद्ध किया जा सकता है।

नियतांक त्रुटियाँ (Constant Errors)

एक नियतांक त्रुटि वह होती है जो चर की तरह नहीं बदलती है। जैसा कि आप परिवर्तनों को देख रहे हैं। उदाहरण हेतु स्केलों (तराजुओं) का एक समुच्चय होता है (समूह) जिसमें सदैव 0.2 किग्रा की छूट होती है इसका कोई अर्थ नहीं है, कि उस पर क्या रखा हुआ है, वह यही मान देगा कि 0.2 किग्रा अपने वास्तविक द्रव्यमान से अधिक होता है।

बोधात्मक त्रुटियाँ (Interpretative Errors)

कोई त्रुटि सांख्यिकी गणनाओं के मापन के अन्तर्गत होने वाली बोधात्मक त्रुटियों के रूप में जानी जाती हैं। ऐसे त्रुटियों को सामान्य कार्य शैली को विकसित करके तथा सही सांख्यिकी गणनाओं को लेकर हटाया जा सकता है। मापन तथा मूल्यांकन त्रुटियों को चार भागों में बाँटा गया है:

1. **अंकित करने में त्रुटियाँ** – विभिन्न उद्देश्य बिन्दुओं से अंकित करने के कारण जो त्रुटियां होती है। उन्हें अंकित त्रुटियाँ कहा जाता है। इस प्रकार की त्रुटियाँ निबन्धों के उत्तरों को अंकित करने में की जाती हैं।

2. **आकस्मिक त्रुटियाँ** – त्रुटियाँ जो अनजाने (Without knowing) में हो, तो आकस्मिक त्रुटियाँ कहलाती हैं।

3. **छात्र केन्द्रित त्रुटियाँ** – इस प्रकार की त्रुटियाँ छात्रों के बीमार होने, क्रोधित होने तथा अकस्मात भयभीत होने के कारण होती हैं।

4. **परीक्षण**- केन्द्रित त्रुटियाँ जो परीक्षण के कारण होती हैं। ये गलतियाँ मान्य (Valid),विश्वासनीय (Reliable) एवं उद्देशात्मक नहीं होती हैं। इस प्रकार की त्रुटियों को विद्यार्थियों हेतु उद्देशात्मक, परीक्षण मान्य तथा विश्वसनीय बनाकर हटाया जा सकता है।

सुव्यवस्थित/योजनानुसार त्रुटियाँ (Systematic Errors)

ये वे त्रुटियाँ होती हैं जो एक व्यक्ति द्वारा मापन तथा मूल्यांकन के दौरान की जांती हैं। इस तरह की त्रुटियाँ तीन प्रकार की होती हैं:

1. पक्षपात के कारण त्रुटियाँ (Errors due to bias) ऐसी त्रुटियाँ जो मापन कर्ता के द्वारा जाति, धर्म एवं पक्षपात के कारण होती हैं पक्षपात त्रुटियाँ कहलायी जाती हैं। इस प्रकार की त्रुटियों को उद्देश्यात्मक अवसरों को स्थानान्तरित करके तथा उद्देश्य पूर्ण विधियों में यंत्र मापन से हटाया जा सकता है।

2. भूलने के कारण त्रुटियाँ (Errors due to forgetfulness) कभी-कभी विद्यार्थी भ्रमित हो जाते हैं तथा वे 0.5 के स्थान पर 0.05 लिखते हैं अथवा 7.4 के स्थान पर 4.7 लिखते हैं इस प्रकार की त्रुटियों को आसानी से सावधानी पूर्वक नियंत्रित किया जा सकता है।

3. अज्ञानता के कारण त्रुटियाँ (Errors due to ignorace) इस प्रकार की त्रुटियों को विद्यार्थियों द्वारा उचित रूप से हस्त लिखित या दिए गए निर्देशों को बिना पढ़े हुए किया जाता है। इस प्रकार की त्रुटियों को सावधानी पूर्वक हटाया जा सकता है।

सांख्यिकीय त्रुटियाँ (Statistical Errors)

त्रुटियाँ जो सांख्यिकी विधियों की गणनाओं के द्वारा की जाती हैं उन्हें सांख्यिकीय त्रुटियाँ कहा जाता है। सांख्यिकी त्रुटियाँ दो प्रकार की होती हैं।

1. अनुमानिक त्रुटियाँ (Inferential Errors) जब सांख्यिकी गणनाओं, माध्य या केद्रीय प्रवृत्ति की मापें, प्रवृत्तिमापें एवं सह सम्बन्ध और प्रतीपगमन (regression) के मापों का गुणांक इत्यादि उचित तथा सही रूप से बनाने के योग्य नहीं होते तब सही गणनाएँ नहीं की जा सकती हैं। तब तो इस तरह की गणनाओं को अनुमानिक त्रुटियाँ कहा जाता है। इस तरह की त्रुटियों को सांख्यिकी गणनाओं में मूल्यांकन कर्ताओं में (दक्षता) अथवा निपुणता लाकर हटाया जा सकता है।

2. वर्णनात्मक सांख्यिकी त्रुटियाँ (Descriptive Statistical Errors) कुछ शोधकर्ता सदैव जनसंख्या के बजाय प्रारूपों को चुनते तथा सम्पर्क करते हैं। जब ये प्रारूप ध्यान पूर्वक चुने जाते हैं तो प्रारूपों का माध्य ($\bar{X}$) एवं मानक विचलन (S) भी भिन्न-भिन्न होता है। यह अन्तर माध्यिका, चतुर्थांश मानक विचलन (Q) एवं सह-सबंध S_x और प्रतीपगमन S_y (Regression) के गुणांक के माध्यम से उत्पन्न होती है। इस प्रकार की त्रुटियों को वर्णनात्मक सांख्यिकी त्रुटि कहा जाता है। यदि माध्य तथा प्रारूप दोनों ही कम त्रुटि वाले हैं तो यह अधिक जनसंख्या को निरूपित करेगा। इसलिए विभिन्न सांख्यिकी सूत्र इस प्रकार की त्रुटियों को ज्ञात करने हेतु प्रयोग किए जाते हैं। निम्न सूत्र माध्य विचलन त्रुटि ज्ञात करने हेतु प्रयोग किया जाता है।

इसे SEm द्वारा निरूपित किया जाता है।

गणितीय शिक्षण में शुद्धता विकसित करने के उपाय (Remedies to develop accuracy in Mathematical Teaching)

छात्रों में गणित के लिये रुचिकर एवं सकारात्मक दृष्टिकोण विकसित करने हेतु गणित शिक्षण में शुद्धता का होना अत्यन्त आवश्यक है। गणित शिक्षण के समय शिक्षक को छात्रों में शुद्धता से कार्य करने की आदत का विकास उत्पन्न करने हेतु कुछ महत्वपूर्ण सुझावों को ध्यान में रखना अति आवश्यक होता है। छात्रों के अन्दर शुद्धता विकसित करने हेतु कुछ महत्त्व पूर्ण उपाय निम्नलिखित हैं:

1. श्याम पट्ट में से सही-सही अंक उतारने अथवा लिखने की योग्यता विकसित करनी चाहिए।

2. छात्रों को सही अंक, संख्याएँ, शब्द तथा वाक्य लिखने हेतु प्रेरित करना चाहिए।

3. यदि कोई छात्र शीघ्रता से कार्य करने के कारण अधिक अशुद्धियाँ करता है तो उसे धीमी गति से गणनायें अथवा लेखन सम्बंधी कार्य करने चाहिए।

4. गलतियों का पता लगाने के पश्चात अध्यापक को छात्रों की गलतियों का सुधार करने हेतु उपचारात्मक शिक्षण की व्यवस्था करनी चाहिए।

5. अपने विचार तर्क-वितर्क, कल्पना शक्ति इत्यादि के आधार पर किए गए कार्य को लिखित रूप से व्यक्त करने को कहा जाय। लिखित कार्य द्वारा छात्र अपनी त्रुटियों को पहचान कर उनमें सुधार कर सकता है।

6. छात्रों को गणित में उचित गणना कार्य करने के लिए शिक्षकों द्वारा उन्हें प्रोत्साहित करना चाहिए।

7. गलत गणना कार्य करने पर छात्रों को हतोत्साहित करने के बजाय उन्हें पुनः उचित तरीके से समझाना चाहिए जिससे कि वे इस तरह की समस्याओं को पुनः गलत न करें।

8. शिक्षकों के द्वारा छात्रों से गणित में शुद्धता से कार्य करने हेतु अभ्यास कार्य (Drill work) पर विशेष बल देना चाहिए।

9. श्याम पट्ट या अभ्यास पुस्तिकाओं में विभिन्न गणितीय आकृतियों, चित्रों एवं रेखाचित्रों को यथार्थ रूप में तथा सही अनुपात में बनाने की आदत विकसित करनी चाहिए।

10. समस्या का हल करने से पूर्व शिक्षक को यह स्पष्ट करना चाहिए कि प्रश्न में क्या दिया गया है एवं क्या ज्ञात करना है, तथा उसे किस प्रकार ज्ञात किया जा सकता है?

शिक्षण और उद्‌गम शैली
(Learning and Teaching styles)

विद्यार्थी अपने उद्‌गम को अनेक तरीकों में अनुकरण करते हैं। वे भी देखने, सुनने, परावर्तित करने, क्रिया करके तार्किक रूप से एवं अर्न्तज्ञान से कठंस्थ याद करके, गणित प्रारूपों को बनाकर एवं कला रचनाओं की तुलनाएं एवं कल्पना करके याद करते हैं।

शिक्षण-विधियाँ भी वैज्ञानिक युग में सतत् रूप से बदलती हैं। अतः उनमें कुछ प्रायोगिक कौशल, व्याख्यान एवं प्रदर्शन कारी होते हैं जो उच्च क्रम, चिन्तन, कौशल (HOTS) पर आधारित प्रश्नों, तथ्यों का ज्ञान, सूत्र नियम इत्यादि की माँग करते हैं।

शिक्षण और उद्‌गम शैली में भी कुछ उपबिन्दु होते हैं जो ये नीचे दिए गए हैं:

1. उपागम शैली का आयाम (Dimensions of learning Styles) इस प्रकार का उपागम दो प्रकार से किया जाता है:

(i) ग्रहण स्तर (Reception level);

(ii) श्रृंखलान्तर सूचना।

श्रृंखलान्तर सूचना को वार्तालाप, क्रिया, प्रतिक्रिया, आगमन तथा निगमन तर्क के माध्यम से सरल प्रकार से कंठस्थ किया जा सकता है। एक उपागम शैली प्रारूप को विद्यार्थियों द्वारा वर्गीकृत किया जा सकता है। गणित में सबसे प्रभावशाली शिक्षण-सामग्री (खड़िया) चाक और बात (टाक) विधि है। अधिकतर शिक्षण-शैली और उपागम एक दूसरे के समान्तर होते हैं। सुझाव की गई उपागम शैली के आयाम न तो मूलभूत एवं न ही बोधात्मक होते हैं।

2. शिक्षार्थियों का ज्ञान और अन्तःज्ञान (Sensing and Intuitive learners) यह सिद्धान्त कार्लजंग (Carl Jung) द्वारा प्रतिपादित किया गया है, जोकि ज्ञान तथा अन्तःज्ञान पर आधारित हैं। इसके दो प्रकार हैं। जिससे लोग इंद्रियों द्वारा ग्रहण करके अपने संसार की ओर चलते हैं। ज्ञान निरीक्षण से सम्बंधित होता है। ज्ञान एवं अन्तःज्ञान के माध्यम से आँकडों को एकत्र करता है अन्तःज्ञान सचेत-अचेत, काल्पनिक, एवं मूर्त के तरीकों द्वारा आन्तरिक विचारों से सम्बन्धित होता है।

3. दृश्य-श्रव्य शिक्षार्थी (Visual auditory Learners) इसके द्वारा सूचनायें स्वीकार की जाती हैं। जिन्हें तीन वर्गीकृत भागों में बाँटा गया है। कभी-कभी ये प्रारूपिकाओं के रूप में भी वर्णित किए जाते हैं;

(i) दृश्य : दृश्य, तस्वीर, चित्र संकेत इत्यादि

(ii) श्रव्य : आवाज, शब्द, संगीत इत्यादि

(iii) काईनेस्थटिक : स्वाद, छूना, सुगन्ध इत्यादि

4. क्रिया और प्रतिक्रिया शिक्षार्थी (Active and Reflective Learners) ये वे जटिल मानसिक विधियाँ हैं जिन्हें सूचनाओं के माध्यम से ग्रहण एवं ज्ञान में परिवर्तित किया जाता है यह ज्ञान दो वर्गों में बाँटा जाता है।

(i) क्रियात्मक प्रयोगीकरण; तथा

(ii) प्रतिक्रियात्मक निरीक्षण;

क्रियात्मक सूचनाएं सदैव बाहरी दुनिया के साथ सूचना- वर्णन या व्याख्या धनात्मक तरीकों में कुछ-न-कुछ करने में लगे रहते हैं तथा प्रतिक्रियात्मक निरीक्षण परीक्षण की विधियों एवं कार्यकारी सूचनाओं से युक्त होते हैं। क्रियात्मक और प्रतिक्रियात्मक शिक्षार्थी क्रमशः बाह्य और अन्तः सम्बन्धों से जुड़े रहते हैं।

5. क्रमबद्ध और सारभौम शिक्षार्थी (Sequential and Global Learners) प्रारूप शिक्षा में तार्किक क्रमांकित श्रेणी में तत्वों का निरूपण होता है। सार्वभौम शिक्षार्थियों को भी एक प्राध्यापक की युद्धस्तर नीति को अपनाने के बजाय समस्या को हल करने की अपनी निजी विधियों को प्रयोग करने की पूर्ण स्वतंत्रता प्रदान की जानी चाहिए। कुछ विद्यार्थी अपनी पद्धति से सन्तुष्ट होते हैं। वे क्रमबद्ध रूप दिए गए विषय में कम अथवा अधिक दक्षता रखते हैं जैसा यह निरूपित किया जाता है।

लेकिन दूसरे इस तरीके से सीखने में सक्षम नहीं हो पाते हैं। वे इसे पुनरावृत्ति में रुक-रुक के याद करते हैं। उन्हें अपने सप्ताहों तथा दिनों को खोने वाला कहा जाता है। क्योकि वे सरल से सरल प्रश्न हल करने में असमर्थ होते हैं तथा प्राथमिक सूझ-बूझ (समझ) दिखाने में भी असमर्थ होते हैं (Jigsaw puzzle) क्रमबद्ध शिक्षार्थी रेखीय तार्किक उपक्रमों (विधियों) का अनुकरण करते हैं।

6. निष्कर्ष (Conclusions) अधिकतर विद्यार्थियों का अधिगम शैली तथा अधिकतर शिक्षकों की शिक्षण शैली एवं प्राध्यापक भी अनेक क्षेत्रों में असंगत हैं। बहुत से विद्यार्थी दृश्यात्मक, ज्ञानात्मक निगमन तथा क्रियात्मक होते हैं। और उनमें से सबसे अधिक छात्र सार्वभौम होते हैं जिनकी शिक्षा श्रव्य, अमूर्त (ज्ञानात्मक), आगमन, दृढ़ इरादों वाली तथा क्रमवद्ध होती है। इस प्रकार की असमानता, कम पूर्णता, व्यवसायिक रूप से टूट जाना एवं अनेक शक्तिशाली अद्वितीय विद्यार्थियों को समाज से खोने का नेतृत्व करता है।

हरबर्ट उपागम (The Herbartian Approach)

हरबर्ट के अनुसार छात्र अनुभवों के द्वारा ज्ञार्नाजन करता है। यह ज्ञान छात्र अथवा बालक को अनुभव के माध्यम से बाह्य संसार से संपर्क स्थापित करने से प्राप्त होता है। उस बालक के द्वारा प्राप्त किया गया यह ज्ञान धीरे-धीरे संचित होता रहता है। यह इन्हीं अनुभवों से छात्र के मन की रचना होती है। हरबर्ट ने यह स्पष्ट किया कि यदि छात्र का नवीन ज्ञान का सम्बन्ध पूर्व ज्ञान से सम्बन्ध स्थापित कर दिया जाय तो छात्र को ज्ञान सीखने में सरलता रहती है। बालक के ज्ञान सीखने की इन परिस्थितियों में इकाइयों को तर्कपूर्ण ढंग से प्रस्तुत करना चाहिए। इस स्थिति में अध्यापक को महत्वपूर्ण स्थान दिया जाता है, क्योंकि वह छात्र को बाह्य जगत् का अनुभव कराता है। छात्र के यही अनुभव जितने क्रमबद्ध तथा तर्कसंगत होंगे, छात्र के ज्ञान का स्तर भी उतना ही ऊँचा होगा।

इस प्रकार ज्ञान प्राप्त करने हेतु हरबर्ट ने "पाँच सोपान" दिए जिसे "हरबर्ट की पंचपदीय पाठयोजना" अथवा "पंच पदी शिक्षा क्रम" कहते हैं। हरबर्ट उपागम के औपचारिक पद (Formal steps) निम्न प्रकार है:

1. सामान्यीकरण (Generalization) जब छात्र दो या दो से अधिक तथ्यों में सम्मिलित तत्वों को बताने का प्रयास करते हैं इस प्रकार वे विभिन्न तथ्यों में उनकी विशिष्टताओं के आधार पर नियमों, सिद्धान्तों एवं सूत्रों का सामान्यीकरण (Generalization) करते हैं।

2. प्रस्तुतीकरण (Presentation) इसमें शिक्षक छात्रों के पूर्वज्ञान का सम्बन्ध नवीनज्ञान से कराते हुए पाठ का प्रस्तुतीकरण (Presentation) करता है। पाठ का प्रस्तुतीकरण विकासात्मक प्रश्नों (Developmental questions) की सहायता से किया जाता है। शिक्षकों को पाठों को अधिक प्रभावशाली बनाने हेतु विषय-वस्तु का प्रस्तुतीकरण, प्रदर्शन, प्रयोग एवं अन्य सहायक सामग्री का प्रयोग करते हुए करना चाहिए।

3. तैयारी (Preparation) इस पद में अध्यापक को यह जानना आवश्यक होता है कि पढ़ाये जाने वाले पाठ के सम्बन्ध में छात्र पहले से कितना जानते हैं। शिक्षक को नवीन ज्ञान एवं पूर्वज्ञान में सम्बन्ध स्थापित करके छात्रों को मानसिक रूप से तैयार करना पड़ता है। शिक्षक इस पद में निम्न बातों पर ध्यान देते हैं:

(i) नवीन प्रयोग अथवा क्रियाओं द्वारा जिज्ञासा उत्पन्न करना।

(iii) नवीन ज्ञान एवं पूर्व ज्ञान एवं अनुभवों में सम्बन्ध स्थापित करना।

(iii) पूर्व ज्ञान की परीक्षा

4. प्रयोग या व्यवहारीकरण (Application) शिक्षक के द्वारा ऐसी परिस्थितियाँ उत्पन्न कर दी जाती हैं कि जिनमें बालक अपने सीखे हुए ज्ञान तथा अनुभवों का प्रयोग कर सके। प्राप्त किए गए ज्ञान को छात्र वास्तविक एवं व्यवहारिक परिस्थितियों में प्रयोग में लाते हैं। जिससे प्राप्त ज्ञान अधिक स्पष्ट, सार्थक और उपयोगी हो जाता है।

निदानात्मक एवं उपचारात्मक शिक्षण

निदानात्मक परीक्षण (Diagnostic Test)

शैक्षिक मापन तभी पूरा समझा जाता है, जब उपलब्धि परीक्षा के पश्चात् कमजोर छात्रों को निदानात्मक परीक्षा भी दी जाए जिससे उनकी अधिगम कठिनाइयों के कारणों की जानकारी प्राप्त हो सके। निदानात्मक परीक्षाएँ उपलब्धि परीक्षण का ही एक रूप होती हैं जिनके अन्तर्गत विशिष्ट वस्तु अथवा अधिगम अनुभव के अर्जित ज्ञान की विशिष्टताओं एवं कमियों का मूल्यांकन किया जाता है। इन परीक्षाओं से विद्यार्थियों के स्तर का पता नहीं लगाया जाता, अपितु विद्यार्थी किसी विषय को समझने में क्या कठिनाई अनुभव कर रहा है?

गणित में विद्यार्थियों की कमजोरियों तथा कठिनाइयों का निदान करने हेतु जो परीक्षण किए जाते हैं उन्हें निदानात्मक परीक्षण कहा जाता है । विद्यार्थी की गणित में कमजोरी तथा पिछड़ेपन को दूर करने हेतु यह आवश्यक है कि वह किन परिस्थितियों में गलतियाँ करता है, गलती करने का कारण क्या है, एवं गलतियाँ किस प्रकार की हैं आदि। विद्यार्थियों की इन गलतियों को सुधारने हेतु जो परीक्षण किए जाते हैं उन्हें निदानात्मक परीक्षण कहते हैं।

निदानात्मक परीक्षण की सहायता से अध्यापक प्रत्येक विद्यार्थी को उनकी कमजोरियों एवं योग्यताओं के अनुसार, एक क्रमबद्ध रूप से विभिन्न वर्गों में वर्गीकृत कर सकता है।

गणित में निदानात्मक परीक्षण हेतु सोपान (Steps of Diagnostic testing in Mathematics)

1. प्रत्येक पद, प्रत्यय, तथ्य चिह्न आदि कक्षा के कितने विद्यार्थियों को स्पष्ट नहीं है, इसमें विद्यार्थियों का प्रतिशत ज्ञात करके उच्च प्रतिशत से निम्न प्रतिशत के रूप में दर्शाया जाता है। इसका कारण यह है कि यदि गणित के किसी तथ्य को अधिकांशत: विद्यार्थी नहीं समझ पाए हैं तो उसका उच्च प्रतिशत आएगा तथा उसी का सर्वप्रथम उपचार किया जाना चाहिए। इसके पश्चात् कम प्रतिशत वाले तथ्य का उपचार किया जाना चाहिए । यह प्रक्रिया इस प्रकार चलती रहेगी जब तक कि सभी तथ्यों (Facts) का विद्यार्थियों को सही ज्ञान न हो जाता है।

2. विद्यार्थियों का गणित में किन भिन्न-भिन्न पदों (Terms), प्रत्यय (Concepts) तथ्य (facts) एवं चिह्न (Symbols) इत्यादि जिनका उनको सही ज्ञान न हुआ हो उसका पता लगाना।

3. जो भी प्रत्यय तथा तथ्य, विद्यार्थियों को स्पष्ट नहीं हुए, उनके स्पष्ट न होने के कारणों को पहचाना जाना चाहिए।

निदानात्मक शिक्षण से सम्बन्धित कुछ प्रमुख परिभाषाएँ निम्नवत हैं–

'सी.वी.गुड' के मतानुसार – "निदान का अर्थ है -अधिगम सम्बन्धी कठिनाइयों और कमियों के स्वरूप का निर्धारण करना।"

'योकम व सिम्पसन' के मतानुसार – "निदान किसी कठिनाई का उसके चिन्हों या लक्षणों से ज्ञान प्राप्त करने की कला का कार्य है। यह तथ्यों के परीक्षण पर आधारित कठिनाई या स्पष्टीकरण है।"

'मरसेल' के मतानुसार – "जिस शिक्षण में बालकों की विशिष्ट त्रुटियों का निदान करने का विशेष प्रयास किया जाता है उसको बहुधा निदानात्मक शिक्षण या शैक्षिक निदान कहते हैं।"

'रॉस' (Ross) के मतानुसार – "निदान का उच्चतम स्तर रोकथाम है।"

निदानात्मक परीक्षाओं के उद्देश्य (Purposes of Diagnostic Tests)

निदानात्मक परीक्षाओं के प्रमुख उद्देश्य इस प्रकार हैं–

1. शिक्षण-अधिगम (Teaching - learning) की परिस्थितियों को प्रभावशाली बनाना।

2. मूल्यांकन प्रक्रिया को और अधिक सार्थक एवं प्रभावशाली बनाने में सहायता करना।

3. समस्याओं के निदान सम्बन्धी कारणों की जानकारी प्राप्त करने के लिए विभिन्न प्रकार के परीक्षणों, प्रविधियों तथा उपकरणों के चयन में सहायता प्रदान करना।

4. छात्र की विषय सम्बन्धी कमजोरियों, हीनताओं एवं कठिनाइयों की जानकारी प्राप्त करना।

5. अध्यापक को अपनी अध्यापन प्रक्रिया में उचित सुधार लाने के लिए परामर्श प्रदान करना।

निदानात्मक परीक्षाओं की विशेषताएँ (Characteristics of Diagnostic Tests) –

किसी निदानात्मक परीक्षा को अध्यापक तथा छात्रों की दृष्टि से उपयोगी होने हेतु उसमें निम्न गुणों का होना अपेक्षित है–

- ये परीक्षाएँ पाठ्यक्रम का अभिन्न अंग होती हैं।

1. ये परीक्षाएं बालक की योग्यता का मापन नहीं करती, अपितु विषय सम्बन्धी कमजोरी का निदान करके उसके उपचार की व्यवस्था करती हैं।

2. इन परीक्षाओं में समय सीमा निर्धारित नहीं की जा सकती।

3. ये परीक्षाऐं सीखने वाले (Learner) की मानसिक प्रक्रिया के स्वरूप को बिल्कुल स्पष्ट कर देती हैं।

4. इन परीक्षाओं में विद्यार्थी द्वारा प्राप्त अंकों को कोई महत्त्व नहीं दिया जाता है। इसमें तो केवल यह देखा जाता है कि विद्यार्थी किस स्तर की कठिनाई वाले प्रश्नों को हल कर सकता है।

निदान प्रक्रिया (Process of Diagnosis)

शैक्षणिक निदान की प्रक्रिया के महत्त्वपूर्ण पाँच पद निम्न हैं–

1. निदान हेतु उपयुक्त छात्रों का चयन (Selection of students who need diagnosis)– ऐसे विद्यार्थियों की खोज की जाती है जो विद्यालय में समायोजन कर पाने में परेशानी का अनुभव कर रहे होते हैं।

ये इस प्रकार के विद्यार्थी हैं जो किसी एक अथवा अधिक विषयों में कमजोर होते हैं एवं विद्यालय की कुछ अन्य क्रियाओं में ठीक से समायोजन नहीं कर पाते हैं। ऐसे विद्यार्थियों का पता लगाने हेतु निम्नलिखित विधियों का प्रयोग किया जा सकता है:

(i) सभी विद्यार्थियों को अपनी कमजोरी तथा प्राय: उसके कारण भी ज्ञात होते हैं। अत: ऐसे विद्यार्थियों को जिन्हें निदान की आवश्यकता हो, उन्हें स्वयं ही अध्यापक के समक्ष आना चाहिए।

(ii) जिन छात्रों की उपलब्धि (Achievement) असन्तोषजनक हो उन्हें साफल्य परीक्षा (Achieve-ment Test) एवं बुद्धि परीक्षाएँ (intelligence) देकर छाँट लिया जाना चाहिए।

(iii) विद्यालय में हुई विभिन्न परीक्षाओं के परीक्षाफलों के आधार पर भी ऐसे छात्रों का चयन किया जा सकता है।

(iv) ऐसे विद्यार्थियों के चयन में साक्षात्कार (Interview) प्रविधि काफी हद तक सहायक सिद्ध हो सकती है।

2. छात्रों की कठिनाई स्थलों की खोज करना (Identifying Difficulty points of students)– इस कथन की जानकारी प्राप्त करने हेतु किसी विषय को सीखने में बालक किस प्रकार की कठिनाइयों का अनुभव कर रहा है, उनके लिए नैदानिक(Diagnostic) एवं निष्पादन (Achievement) परीक्षाओं से सहायता ली जा सकती है। लेकिन इस कार्य हेतु नैदानिक परीक्षाएँ ही सर्वोत्तम हैं जो बालक की कमजोरियों तथा दक्षताओं का सही चित्र हमारे समक्ष प्रस्तुत करती हैं।

3. कठिनाई कारणों का विश्लेषण (Analysis of Difficult Points)– कोई बालक एक विशेष प्रकार की गलती निरंतर क्यों कर रहा है यह जानना अत्यंत कठिन है, क्योंकि सभी बच्चों का मस्तिष्क विलक्षण ढंग से कार्य करता है। बालक की विषयगत कमजोरी एवं कठिनाई के कारणों का पता लगाया जाता है। कभी-कभी वह इन कारणों का अन्दाजा अपने अनुमान अथवा अनुभव के आधार पर समक्ष भेंट (Interview) के आधार पर भी लगाता है।

4. उपचारात्मक प्रक्रियाएँ (Remedial Procedures)– बालक की कमी का निदान होने पर उन कमजोरियों को दूर करने के उपाय किए जाते हैं। बालक की कमजोरियों तथा त्रुटियों को दूर करने हेतु उपयुक्त कार्यक्रम की योजना बनाई जाती है जिसमें उसकी कमजोरियों तथा कारणों का ब्यौरा रहता है। उपचारात्मक विधियों का प्रयोग करते समय अध्यापक को निम्नलिखित बातें ध्यान में रखनी चाहिए–

(i) प्रत्येक छात्र की प्रगति का भिन्न ग्राफ एवं चार्ट होना चाहिए।

(ii) जो बालक प्रगति कर रहे हों उनकी प्रशंसा करके उन्हें प्रोत्साहित करना चाहिए।

(iii) अधिक प्रतिभाशाली छात्र के साथ ये परीक्षाएँ इतनी सफल नहीं हो सकती हैं जितनी कि मन्द बुद्धि बालकों के साथ होती हैं।

(iv) बुद्धिमान बच्चों की गलत आदतें छुड़ाने में समय लग सकता है, अत: अध्यापक धैर्य से काम लें।

5. त्रुटियों की रोकथाम के उपाय (Preventive Measures of errors)– यदि हम यह चाहते हैं कि छात्र विषय को सीखने में भविष्य में कोई भी गलती न करे तो हमें उसके स्कूली तथा घरेलू वातावरण में ऐसे परिवर्तन करने होते हैं जिससे उसकी समायोजन (Adjustment) की समस्या का स्थायी हल निकाला जा सके। इसके लिए हमें अतिरिक्त बहुमुखी योजना की भी तैयार करनी पड़ती है जिससे बालक को आपेक्षित अच्छा वातावरण मिल सके, **जैसे–** विद्यालय परिस्थितियों में सुधार, परीक्षा पद्धति में सुधार, व्यवहार परिवेश (Treatment Environment) में सुधार इत्यादि।

उपचारात्मक शिक्षण (Remedial Teaching)

उपचारात्मक शिक्षण के द्वारा कक्षा के वर्ग बनाते समय कमजोर बालकों को एक वर्ग में रखा जाये तो अध्यापक उनकी प्रगति में सहायक हो सकता है। कक्षा में कमजोर छात्रों में व्यक्तिगत परामर्श के द्वारा अध्यापन सम्बन्धी वाँछनीय आदतों का विकास किया जा सकता है। गणित में सफलता हेतु नियमित अभ्यास का कार्यक्रम आवश्यक है।

1. छात्रों में शुद्ध एवं बड़ा लिखने की आदत डाली जाये जिसमें उन्हें गणना करते समय सुविधा रहे।

2. कमजोर छात्रों हेतु मॉडल, चार्ट इत्यादि का प्रयोग कर प्रत्ययों को स्पष्ट किया जाता है।

3. कमजोर छात्रों को मौखिक एवं मानसिक गणित का पर्याप्त अभ्यास कक्षा में देना चाहिए।

4. कक्षा में गणित की समस्याओं को हल करते समय छात्रों का ध्यान मुख्य रूप में उन प्रत्ययों, सिद्धान्तों इत्यादि की ओर खींचा जाये जिनमें छात्र त्रुटियाँ करते हैं।

5. कमजोर छात्रों को कक्षा में आगे बैठाना चाहिए।

6. छात्रों को कक्षा में सोचने एवं तर्क करने के पर्याप्त अवसर मिलने चाहिए।

7. छात्रों को कक्षा एवं कक्षा के पश्चात् आवश्यकतानुसार व्यक्तिगत परामर्श देकर गणित के सीखने में सहायता की जानी चाहिए।

उपचारात्मक शिक्षण के सिद्धान्त (Principles Underlying Remedial Teaching)

उपचारात्मक शिक्षण को सफल बनाने हेतु शिक्षक को निम्न सिद्धान्तों पर ध्यान देना चाहिए–

1. प्रक्रिया के दौरान विद्यार्थी को अधिक से अधिक सक्रिय (Active) रखा जाये।

2. शिक्षक एवं विद्यार्थी में निकट सम्बन्ध (Rapport) स्थापित किया जाये।

3. उपचार की सम्पूर्ण व्यवस्था की योजना स्पष्ट रूप से बनाने तथा उसके कार्यान्वयन (Execution) में सावधानी से काम लिया जाए।

4. शिक्षक अपने अनुभवों के आधार पर विस्तृत दृष्टि कोण अपनाए।

5. शिक्षकों को भी निदानात्मक परीक्षणों के निर्माण में दक्ष होना चाहिए।

6. शिक्षक को अपने अनुभवों के आधार पर विस्तृत दृष्टि कोण अपनाएं।

निदानात्मक परीक्षणों के निर्माण में सावधानियाँ (Precautions Regarding construction of Diagnostic Tests)

निदानात्मक परीक्षणों का निर्माण करते समय अध्यापक को निम्नलिखित सावधानियाँ बरतनी चाहिए–

1. विद्यार्थियों के उत्तरों की जाँच बारीकी से की जाय तथा त्रुटियों पर विस्तार से टिप्पणी (Comments) दी जाए।

2. उपचारात्मक शिक्षण के पश्चात् यदि उचित लगे तो उसी निदानात्मक परीक्षा का फिर से प्रयोग किया जाए।

3. इस बात हेतु प्रयास किए जायें कि छात्र सुधारी गई त्रुटियों को भविष्य में न दोहराएं।

4. शिक्षण-प्रक्रिया के दौरान कठिन स्थलों पर विशेष ध्यान देना चाहिए।

5. जहाँ तक हो सके निदानात्मक परीक्षाओं का निर्माण अध्यापक स्वयं ही करें।

6. शिक्षण को प्रभावशाली बनाने के हर सम्भव प्रयास किए जाएं।

प्रतिभाशाली बालकों हेतु उपचारात्मक शिक्षण
(Remedial Teaching for Gifted children)

बुद्धिमान बालक पर्याप्त रूप से अपनी योग्यताओं को विकसित करने का अवसर प्राप्त न होने से परेशान रहते हैं तथा उनका मन कक्षा के वातावरण में न लगकर इधर-उधर भटकने लगता है। इसके अलावा यदि उन्हें आवश्यक परामर्श तथा मार्गदर्शन (Guidance and counselling) नहीं मिलता है तो वे असामाजिक कार्यों में भाग लेने लगते हैं एवं उनकी प्रवृत्ति बालापराध (Juvenile Delinquency) की ओर मुड जाती है। अत: प्रतिभाशाली बालकों की मानसिक तथा शारीरिक शक्ति के सदुपयोग हेतु प्रभावी एवं आकर्षक अध्यापन विधियों का प्रयोग आवश्यक है, ताकि उन्हें उपयोगी कार्यो में व्यस्त रखा जा सके।

प्रतिभाशाली बालकों को शिक्षण करते समय निम्न बिन्दुओं को ध्यान में रखना आवश्यक है-

1. प्रतिभाशाली बालकों को सुनियोजित कार्य क्रम के माध्यम से व्यवस्थित ढंग से कार्यरत रखा जाना चाहिए।

2. इन बालकों के मूल्यांकन के लिए विशेष परीक्षाओं (Tests) का आयोजन किया जाना चाहिए।

3. प्रतिभाशाली बालकों को एक ही समस्या को विभिन्न तरीकों से हल करने को प्रोत्साहित करना चाहिए।

4. शिक्षक को चाहिए कि वह ऐसे बालकों को गणित के पाठ्यक्रम के अलावा गणित सम्बन्धी इतिहास, गणित का विकास, पत्रिकाएं (Journals) एवं सम्बन्धित साहित्य को पढ़ने के लिए प्रोत्साहित करें।

5. इन बालकों को व्यवस्थित सामग्री (Programmed Material) के द्वारा पढ़ाना चाहिए।

पिछड़े बालकों के लिए उपचारात्मक शिक्षण
(Remedial Teaching for Backward children)

मन्द बुद्धि बालकों का ध्यान किसी भी कार्य में बहुत ही कम लगता है एवं उनके विचारों में व्यापकता का अभाव रहता है। इस प्रकार के छात्रों के लिए व्यक्तिगत अनुदेशन (Individualized Instruction) काफी लाभदायक सिद्ध हो सकता है। ये बालक किसी आसान से कार्य को सफलता पूर्वक कर लेने पर यह अपेक्षा करते हैं कि दूसरे लोग उनकी प्रशंसा करें। मन्द बुद्धि किशोरों (Adolescents) की शिक्षा में निम्नलिखित उद्देश्यों को निर्धारित किया जाना चाहिए:

1. खेल तथा दूसरी सांस्कृतिक क्रियाओं में भाग लेने की प्रवृत्ति।

2. स्वास्थ सम्बन्धी अच्छी आदतों का विकास करना।

3. रचनात्मक घरेलू कार्यों में रुचि, **जैसे** – घरेलू बजट, बच्चे की देखभाल, भोजन की व्यवस्था एवं दूसरी जिम्मेदारियाँ।

4. किसी सरल व्यवसाय सम्बन्धी प्रशिक्षण में दक्ष बनाना।

5. सामाजिक तथा नागरिक क्रियाओं में भाग लेने की प्रवृत्ति को प्रोत्साहन देना।

प्रश्नमाला

1. निम्न में से एक निश्चित आकृति तथा परिणाम व्यक्त करने के लिए उपयुक्त होता है–
   (a) फ्लेनेल बोर्ड (Flannel board)
   (b) ब्लेकबोर्ड (Blackboard)
   (c) पेग बोर्ड (Pegboard)
   (d) जियो बोर्ड (Geoboard)

2. सर्व प्रथम अन्तर्राष्ट्रीय गणितीय ओलम्पियाड की गई थी–
   (a) रोमानिया में (b) मास्को में
   (c) नारवे में (d) ब्राजील में

3. पंच सिद्धान्तिका के लेखक हैं–
   (a) ब्रह्मगुप्त (b) भाष्कराचार्य
   (c) वाराह मिहिर (d) आर्यभट्ट

4. निम्न में से कौन-सा विषय गणित से उच्चरूप से सम्बन्धित है?
   (a) रसायन विज्ञान
   (b) वनस्पति विज्ञान
   (c) भौतिक विज्ञान
   (d) जन्तु विज्ञान

5. गणित की सबसे उचित परिभाषा इस प्रकार दी जा सकती है–
   (a) समस्या हल करने की विधि
   (b) सामान्यीकरण का महत्त्वपूर्ण अर्थ
   (c) एक प्रायोगिक विज्ञान
   (d) तार्किक तर्क का विज्ञान

6. एक दी हुई संख्या को लगभग सैकड़े में निरूपित करने का अर्थ होता है कि–
   (a) 100 की सबसे बड़ी गुणित संख्या पाना, जोकि संख्या से कम अथवा बराबर हो
   (b) 100 की सबसे छोटी गुणित संख्या पाना, जोकि संख्या से बड़ी अथवा बराबर हो
   (c) 100 की गुणित संख्या पाना, जोकि संख्या के लगभग है। यदि संख्या 100 से गुणित दो क्रमागत संख्याओं के मध्य में नहीं होती है। और 100 से गुणित दो क्रमागत संख्याओं से बड़ी संख्या पाना यदि संख्या उनके मध्य होती है।
   (d) शून्य द्वारा प्रत्येक इकाई और दहाई के अंकों को विस्थापित करना

7. पाठ योजना (Lesson Plan) बनाई जाती है –
   (a) शैक्षिक अनुभवियों द्वारा
   (b) प्रमुख अध्यापक द्वारा
   (c) पाठ्य-विवरण समिति द्वारा
   (d) कक्षा अध्यापक द्वारा

8. एक कक्षा में एक गणित शिक्षक की महत्त्वपूर्ण भूमिका है–
   (a) विचार शिक्षण करके
   (b) उदाहरण देकर
   (c) बच्चों को तथ्यों को याद करने में सहायक के रूप में
   (d) लेख की इमला बोलकर लिखना

9. गणित में अच्छा होने के लिए आवश्यक है–
   (a) सूक्ष्म विचार और तार्किक तर्क के माध्यम से समस्याओं का सूत्रधार और निर्माण करना
   (b) गणनाओं में उच्च दक्षता प्राप्त करना
   (c) सूत्रों को कंठस्थ याद करना
   (d) हल याद करना

10. स्कूल गणित क्लब अधिक मददगार होता है–
(a) अध्यापक की योग्यता को सुधारने के लिए
(b) विभिन्न स्कूलों में रिकॉर्ड की तैयारी के लिए
(c) अध्यापक पाठयक्रम को अतिरिक्त घंटों में पूरा करने के लिए
(d) विद्यार्थी गणित में अपने सन्देहों की स्पष्टता और सुगमता लाने के लिए

11. एक छात्र ने तीन विभिन्न आकार के त्रिभुज डाले और त्रिभुज के तीनों कोणों को नापा और पाया कि प्रत्येक त्रिभुज के तीनों कोणों का योग 180° है। यह कौन-सी विधि की ओर संकेत करती है?
(a) निगमन विधि
(b) योजना विधि
(c) अधिगम सक्रियता
(d) आगमन विधि

12. इसी समस्या को छोटे-छोटे अंशें में विभाजिन के उपरांत उनके मध्य सम्बन्धों को स्थापित करना या पा जाना कहलाता है–
(a) विश्लेषण (b) आगमन
(c) संश्लेषण (d) निगमन

13. निम्नलिखित किस क्षेत्र में गणित की पुस्तक प्रयोग नहीं की जाती है?
(a) स्वाधिगम
(b) पाठ्य-टिप्पणी की तैयारी
(c) प्रश्नों की तैयारी
(d) समयतालिका की तैयारी

14. निम्नलिखित में कौन-सा तथ्य रेखा-संख्या में संख्या पहचानने के लिए आवश्यक नहीं होता है–
(a) रेखा-संख्या के बारे में तथ्य
(b) दिशा के धनात्मक और ऋणात्मक पर तथ्य
(c) एक सीधी रेखा पर तथ्य
(d) रेखा संख्या पर बिन्दु और संख्या के बीच सम्बन्ध

15. गणित का विषय नहीं है?
(a) विश्लेषण
(b) तार्किक
(c) वर्णन
(d) सामान्यीकरण

16. अधिकतर शिक्षण सहायता पाठ के लिए तैयार की जाती है, जोकि इस स्तर के अन्तर्गत प्रयोग की जाती है–
(a) परिचय
(b) प्रस्तुतीकरण
(c) सामान्यीकरण
(d) पुनरावलोकन

17. उद्देश्य "संश्लेषण" निम्न में से सम्बन्धित है–
(a) क्रियात्मक पक्ष
(b) भावात्मक पक्ष
(c) उत्तेजनात्मक विकास पक्ष
(d) ज्ञानात्मक पक्ष

18. निम्न में से कौन-सा कथन शिक्षण गणित की विधि के बारे में गलत है?
(a) विश्लेषण, अज्ञात ज्ञात की ओर
(b) आगमन, विशेष सामान्य
(c) निगमन, सिद्धान्त हल
(d) उपरोक्त में से कोई नहीं

19. निम्न की कौन-सी विधि ज्यामिति में तार्किक समस्या को हल करने के लिए अपनायी जाती है?
(a) विश्लेषण
(b) संश्लेषण
(c) पहले विश्लेषण और तब संश्लेषण
(d) नगमन विधि

20. योजना विधि द्वारा गणित शिक्षण में कौन-सा क्रम सही है?
(a) योजना → पहचान → अमल → मूल्यांकन
(b) पहचान → अमल → योजना → मूल्यांकन
(c) पहचान → योजना → अमल → मूल्यांकन
(d) योजना → पहचान → मूल्यांकन → अमल

21. कक्षा V के छात्र को समतल आकृति के क्षेत्रफल के तथ्य विचार से निम्न द्वारा परिचित किया जाता है।
(a) आयत और वर्ग के क्षेत्रफल के लिए सूत्र
(b) विभिन्न आकृतियों पेंसिल, गद्दी पत्ती इत्यादि की मदद से किसी भी आकृति का क्षेत्रफल नापना
(c) इकाई वर्ग की गिनती की मदद से आकृति का क्षेत्रफल ज्ञात करना।
(d) आयत के क्षेत्रफल का सूत्र प्रयोग करते हुए और आयत की लम्बाई तथा चौड़ाई ज्ञात कर आयत का क्षेत्रफल ज्ञात करना

22. शिक्षण की प्रभावोत्पादकता निर्भर होती है–
(a) शिक्षकों की विषय जानकारी
(b) शिक्षकों का अनुभव
(c) शिक्षक की विषय सूझबूझ
(d) शिक्षक का हस्तलेख

23. कक्षा II के शिक्षार्थियों का सरल आकृतियों, उसके लंबों और किनारों से परिचय कराने का सबसे सरल उपकरण है
(a) श्याम पट् का तल
(b) जियो-बोर्ड
(c) 3D सोलिड्स के नेट्स
(d) क्यूब्स

24. निम्नलिखित कक्षा III की पाठ्य-पुस्तक में से एक समस्या है: ''निम्नलिखित समस्या को हल करने के लिए कौन-सी गणितीय संक्रिया का प्रयोग किया जाएगा?
एक दूधवाला 10 दिन में 1410 लीटर दूध बेचता है। वह एक दिन में कितने लीटर दूध बेचता है?'' उपर्युक्त सवाल में ब्लूम के संज्ञानात्मक क्षेत्र की किस दक्षता की ओर संकेत है?
(a) संश्लेषण (b) ज्ञान
(c) बोधान (d) विश्लेषण

25. कक्षा में गणित अध्यापक द्वारा 'वृत्त की संकल्पना' को पढ़ाने के लिए निम्नलिखित में से सबसे बढ़िया तरीका होगा-
(a) वृत्तों और बहुभुजों की तस्वीरें दिखाकर
(b) एक वृत्त की तस्वीर दिखाकर
(c) विभिन्न मापों की वृत्तों की तस्वीरें दिखाकर
(d) वृत्तों और बेलन की तस्वीरें दिखाकर

26. मौखिक उदाहरण बच्चों में कौन-सी शक्ति विकसित करने में सहायता करती है?
(a) विचार
(b) तर्क
(c) कल्पनाएँ
(d) इनमें से सभी

27. पाठ योजना की पंचपदीय पद्धति किसने शुरू की?
(a) किलपैट्रिक (b) ब्लूम
(c) हरबर्ट (d) मॉरीसन

28. निम्न परिस्थितियों में बच्चों को गणित पढ़ाने के लिए कौन-सी शिक्षण की विधि उचित है?
(i) गणितीय सूचनाएँ प्रदान करनी हों।
(ii) गणित के किसी नए प्रकरण या पाठ को आरंभ करना हो।
(iii) गणित के ऐतिहासिक विकास से सम्बन्धित सूचनाएँ प्रदान करनी हों।
(a) योजना विधि
(b) व्याख्यान विधि
(c) समस्या समाधान विधि
(d) उपरोक्त में से कोई नहीं

29. एन.सी.एफ.(2005) मानता है कि गणित में 'सोचने एवं तर्क का एक निश्चित तरीका' निहित है।
नीचे दिए गए कथनों में से वह कथन चुनिए जो उपर्युक्त सिद्धांत का पालन नहीं करता :
(a) पाठ्य-पुस्तकों में प्रस्तुत सामग्रियों के लिखने का तरीका
(b) कक्षा के लिए चुने गए क्रियाकलाप एवं अभ्यास
(c) उसे पढ़ाने की विधि
(d) आंकिक प्रश्नों को हल करने के लिए विद्यार्थियों को निर्धारित सूत्र बताना

30. 'माप' की अवधारणा विकसित करने हेतु अपनाए गए निम्नलिखित कार्यों को क्रम से लगाइए :
(1) शिक्षार्थी लंबाई मापने के लिए मानक इकाइयों का प्रयोग करते हैं।
(2) शिक्षार्थी लंबाई मापने के लिए अमानक इकाइयों का प्रयोग करते हैं।
(3) शिक्षार्थी सरल अवलोकन द्वारा वस्तुओं को सत्यापित करते हैं।
(4) शिक्षार्थी मीटरी (मैट्रिक) इकाइयों के बीच के सम्बन्धों को समझते हैं।
(a) (1), (2), (3), (4)
(b) (2), (1), (3), (4)
(c) (3), (2), (1), (4)
(d) (4), (1), (3), (2)

31. गणित हल करने की मुक्ति के रूप में "सवाल हल करना" में शामिल है:
(a) व्यापक अभ्यास
(b) हल पर पहुँचने के लिए संकेतों का प्रयोग
(c) क्रियाकलाप आधारित उपागम
(d) अनुमान लगाना

32. एक ''अच्छा'' गणितज्ञ होने के लिए ---- जरूरी है।
(a) अधिकतर सूत्रों को याद करना
(b) बहुत जल्दी सवालों को हल करना
(c) सभी अवधारणाओं को समझना, लागू करना और उनमें सम्बन्ध बनाना
(d) सवालों के उत्तर देने की तकनीक में निपुणता

33. कक्षा IV के विद्यार्थियों को यह समझाने के लिए कि शेष हमेशा विभाजक से कम होता है, उचित उपागम है:
(a) विभाजन वाले सवालों को मिश्रित भिन्नों के रूप में निरूपित करना और यह स्पष्ट करना कि भिन्न का अंश शेष है
(b) वस्तुओं को विभाजक के गुणजों में समूहीकृत करना और प्रदर्शित करना कि वस्तुओं की संख्या, जो समूह में नहीं हैं, विभाजक से कम है
(c) श्यामपट पर विभाजन करने वाले बहुत सारे सवाल करना और दिखाना कि हर बार शेष विभाजक से कम है
(d) अनेक बार विद्यार्थियों को मौखिक रूप से स्पष्ट करना

34. सबसे उपमुक्त व्यूह-रचना, जिसका प्रयोग धनराशि योग की कुशलता को आत्मसात करने के लिए किया जा सकता है, --- है।
(a) बहुत सारे सवाल हल करना
(b) सूचना और संप्रेषण तकनीक (ICT) का प्रयोग करना
(c) प्रतिरूपों का प्रयोग करना
(d) भूमिका-निर्वाह (रोल प्ले)

35. कक्षा V के विद्यार्थियों को समतल आकृतियों के क्षेत्रफलों की संकल्पना से किसके द्वारा परिचित कराया जा सकता है?
(a) आयत और वर्ग के क्षेत्रफल का सूत्र बताना
(b) इकाई वर्गों के गणना की सहायता से आकृतियों के क्षेत्रफल की गणना करना
(c) विभिन्न वस्तुओं,- **जैसे** हथेली, पत्ती, पेंसिल, आदि की सहायता से किसी भी आकृति के क्षेत्रफल को मापना
(d) आयत की लंबाई और चौड़ाई का पता लगाते हुए और आयत के क्षेत्रफल के सूत्र का प्रयोग करके आयत के क्षेत्रफल की गणना करना

36. गणित में गणना करने सम्बन्धी कौशलों को किसके द्वारा बढ़ाया जा सकता है?
(a) संकल्पनाओं और प्रक्रियाओं को स्पष्ट करने के बाद अधिक से अधिक अभ्यास कराना
(b) केवल संकल्पनात्मक ज्ञान देकर
(c) केवल एल्गोरिथ्म (Algorithm) का वर्णन करके
(d) कक्षा में अभ्यास हेतु क्रियाशील गतिविधियों का आयोजन करके

37. छोटे बच्चों में गणितीय विचार निम्न क्रम में विकसित किए जा सकते हैं:
(a) चित्र, संकेत, ठोस वस्तुएँ
(b) संकेत, चित्र, ठोस वस्तुएँ
(c) ठोस वस्तुएँ, चित्र, संकेत
(d) ठोस वस्तुएँ, संकेत, चित्र

38. बीजगणितीय सूत्र का अधिगम है:
(a) विशिष्टीकरण
(b) व्यापकीकरण
(c) अमूर्तकरण
(d) इनमें से कोई भी नहीं

39. आयत का क्षेत्रफल ज्ञात करने हेतु आवश्यकता होती है:
(a) प्रक्रियात्मक ज्ञान
(b) अवधारणात्मक ज्ञान
(c) प्रक्रियात्मक एवं अवधारणात्मक ज्ञान
(d) उपरोक्त में से कोई नहीं

40. सामान्यत: गणित सीखना कठिन है क्योंकि :
(a) इसकी प्रकृति मूलत: अमूर्त है
(b) बच्चे इसे पढ़ना नहीं चाहते
(c) शिक्षण-पद्धति त्रुटिपूर्ण है
(d) गणित के अच्छे शिक्षक उपलब्ध नहीं हैं

उत्तरमाला

1. (b)	**2.** (a)	**3.** (c)	**4.** (c)	**5.** (d)	**6.** (a)	**7.** (d)	**8.** (c)	**9.** (a)	**10.** (d)	**11.** (d)
12. (a)	**13.** (d)	**14.** (d)	**15.** (c)	**16.** (c)	**17.** (d)	**18.** (c)	**19.** (b)	**20.** (c)	**21.** (d)	**22.** (c)
23. (b)	**24.** (c)	**25.** (a)	**26.** (d)	**27.** (b)	**28.** (a)	**29.** (b)	**30.** (d)	**31.** (c)	**32.** (c)	**33.** (d)
34. (d)	**35.** (d)	**36.** (d)	**37.** (a)	**38.** (c)	**39.** (c)	**40.** (a)				

❑❑

पर्यावरण अध्ययन

1 पर्यावरण-आवश्यकता महत्व एवं उपयोगिता

पर्यावरण की अवधारणा

पर्यावरण का अर्थ

पर्यावरण शब्द दो शब्दों से मिलकर बना है परि+आवरण इसमें परि का अर्थ होता है चारों तरफ से एवं आवरण का अर्थ है 'ढंके हुए'। अंग्रेजी में पर्यावरण को Environment कहते हैं इस शब्द की उत्पत्ति 'Envirnerl' से हुई और इसका अर्थ Neighbourhood अर्थात आस-पड़ोस है। पर्यावरण का शाब्दिक अर्थ है हमारे आस-पास जो कुछ भी उपस्थित है जैसे जल-थल, वायु, समस्त प्राकृतिक दशाएं, पर्वत, मैदान व अन्य जीवजन्तु, घर, मोहल्ला, गाँव, शहर, विद्यालय महाविद्यालय, पुस्तकालय आदि जो हमें प्रत्यक्ष या अप्रत्यक्ष रूप से प्रभावित करते हैं। **डगलस व रोमन हॉलेण्ड** के अनुसार ''पर्यावरण उन सभी बाहरी शक्तियों व प्रभावों का वर्णन करता है जो प्राणी जगत के जीवन, स्वभाव, व्यवहार, विकास एवं परिपक्वता को प्रभावित करता है।''

पर्यावरण के अवयव

पृथ्वी ही सौरमंडल का एक ऐसा ग्रह है जिस पर कि मानव जीवन, वनस्पति, जीवन और पशु जीवन विकसित हो सका। पृथ्वी पर मानव सभ्यता और संस्कृति की प्रगति हुई। पृथ्वी को भूमण्डल भी कहते हैं, इसके चार मण्डल निम्नलिखित हैं:

(1) स्थल मंडल
(2) जल मंडल
(3) वायु मंडल
(4) जैव मंडल

(1) स्थल मंडल (Lithosphere)

पृथ्वी के सबसे ऊपर की ओर ठोस परत पाई जाती है यह अनेक प्रकार की चट्टानों, मिट्टी तथा ठोस पदार्थो से मिलकर बनी होती है। इसे ही स्थल मंडल कहते हैं।

स्थल मंडल में भूमि भाग व समुद्री तल दोनों ही आते हैं। स्थल मंडल सम्पूर्ण पृथ्वी का केवल 3/10 भाग है शेष 7/10 भाग समुद्र ने ले लिया है।

(2) जल मंडल (Hydrosphere)

पृथ्वी के स्थल मण्डल के नीचे के भागों में स्थित जल से भरे हुए भाग को जल मण्डल कहते हैं जैसे झील, सागर व महासागर आदि। कुल जल का 97.3% महासागरों और सागरों में है। शेष 2.7 हिमनदों और बर्फ के पहाड़ों, मीठे जल की झीलों, नदियों और भूमिगत जल के रूप में पाया जाता है।

(3) वायुमंडल (Atmosphere)

भूमण्डल का तीसरा मण्डल वायुमण्डल है। स्थल मण्डल व जल मण्डल के चारों और गैस जैसे पदार्थों का एक आवरण है। इसमें नाइट्रोजन, ऑक्सीजन, कार्बनडाइआक्साइड व अन्य गैसें, मिट्टी के कण, पानी की भाप एवं अन्य अनेक पदार्थ मिले हुए हैं। इन सभी पदार्थों के मिश्रण से बने आवरण को वायुमण्डल कहते हैं।

वायुमण्डल पृथ्वी की रक्षा करने वाला रोधी आवरण है। यह सूर्य के गहन प्रकाश व ताप को नरम करता है। इसकी ओजोन $(O)_3$ परत सूर्य से आने वाली अत्यधिक हानिकारक पराबैंगनी किरणों को सोख लेती है। इस प्रकार यह जीवों का विनाश होने से रक्षा करती है।

(4) जैव मंडल (Biosphere)

जैव मण्डल का विशिष्ट लक्षण यह है कि वह जीवन को आधार प्रदान करती है। यह एक विकासात्मक प्रणाली है। इसमें अनेक प्रकार के जैविक व अजैविक घटकों का संतुलन बहुत पहले से क्रियाशील रहा है। जीवन की इस निरन्तरता के मूल में अन्योन्याश्रित सम्बन्धों का एक सुघटित तंत्र काम करता है। वायु, जल, मनुष्य, जीव जन्तु, वनस्पति, मिट्टी एवं जीवाणु ये सभी जीवन चरण प्रणाली में अदृश्य रूप से एक-दूसरे से जुड़े हुए हैं और यह व्यवस्था पर्यावरण कहलाती है। सौर ऊर्जा सूर्य से प्राप्त होती है। ये जैवमण्डल को सजीव बनाए रखती है।

जैव मण्डल को मिलने वाली कुल ऊर्जा का 99.98% भाग इसी से प्राप्त होता है।

पर्यावरण के प्रकार

विभिन्न पर्यावरणविदों ने पर्यावरण के विभिन्न प्रकार दिए। वैसे मुख्य रूप से पर्यावरण तीन रूपों में पाया जाता है :

(1) भौतिक पर्यावरण या प्राकृतिक पर्यावरण

इसके अंतर्गत वायु, जल व खाद्य पदार्थ भूमि, ध्वनि, ऊष्मा, प्रकाश, नदी, पर्वत, खनिज पदार्थ, विकिरण आदि पदार्थ शामिल हैं। मनुष्य इनसे लगातार सम्पर्क में रहता है इसलिए ये मनुष्य के स्वास्थ्य पर सीधा प्रभाव डालते हैं।

(2) जैविक पर्यावरण

जैविक पर्यावरण बहुत बड़ा अवयव है जो कि मनुष्य के इर्द-गिर्द रहता है। यहाँ तक कि एक मनुष्य के लिए दूसरा मनुष्य भी पर्यावरण का एक भाग है। जीव-जन्तु व वनस्पति इस घटक के प्रमुख सहयोगी हैं। जैविक पर्यावरण को दो भागों में बाँटा गया है :

(1) पौधों का वातावरण (2) जीवों का वातावरण

(3) जानवरों का वातावरण

मनो-सामाजिक पर्यावरण

मनो-सामाजिक पर्यावरण मनुष्य के सामाजिक संबंधों से प्रगट होता है। इसके अंतर्गत सामाजिक, आर्थिक, सांस्कृतिक, राजनैतिक एवं आध्यात्मिक क्षेत्रों में मनुष्य के व्यक्तित्व के विकास का अध्ययन करते हैं। मनुष्य

एक सामाजिक प्राणी है उसे परिवार में माता-पिता, भाई-बहन, पत्नी तथा समाज में पड़ोसियों के साथ संबंध बनाकर रहना पड़ता है। उसे समुदाय प्रदेश एवं राष्ट्र से भी सम्बन्ध बना कर रहना पड़ता है। मनुष्य सामाजिक व सांस्कृतिक पर्यावरण का उत्पाद है जिसके द्वारा मनुष्य का आकार तैयार होता है। रहन-सहन, खान-पान, पहनावा-औढ़ावा, बोल-चाल या भाषा शैली व सामाजिक मान्यताएँ मानव व्यक्तिगत का ढ़ाँचा बनाती हैं।

(2) **अजैविक घटक (Abiotic component) :** निर्जीव पदार्थ जो पर्यावरण में उपस्थित रहते हैं उन्हें पारिस्थितिकी तंत्र के अजैविक घटक (Abiotic component) कहते हैं। ये तीन प्रकार के होते हैं :

(i) जलवायवीय कारक
(ii) कार्बनिक पदार्थ
(iii) अकार्बनकि पदार्थ

(i) जलवायवीय कारक : वे कारक जो पर्यावरण में उपस्थित रहते हैं जैसे वायु, प्रकाश, ताप, वर्षा आदि।

(ii) कार्बनिक कारक : प्रोटीन्स, कार्बोहाइड्रेट्स, वसा आदि पदार्थ जीवों की मृत्यु के बाद उनके शरीर से अपघटित होते हैं।

(iii) अकार्बनिक पदार्थ : नाइट्रोजन, हाइड्रोजन, सल्फर, कार्बन आदि अकार्बनिक पदार्थों के द्वारा कार्बनिक पदार्थ संश्लेषित होते हैं। इसका उपयोग सर्वप्रथम उत्पादक द्वारा किया जाता है और यहाँ से ये उपभोक्ता में जाते हैं और अपघटकों द्वारा अपघटित होकर पुनः वातावरण में मुक्त हो जाते हैं। इस प्रकार ये पदार्थ चक्रीय पथ से गुजरते हैं तो इसे जैव-भू रसायनिक चक्र कहते हैं।

पारिस्थितिकी तंत्र

लिण्डमेन के अनुसार–"किसी भी आकार की किसी भी क्षेत्रीय इकाई में भौतिक-जैविक क्रियाओं द्वारा निर्मित व्यवस्था पारिस्थितिकी तंत्र कहलाती है।"

ओडम के अनुसार–"पारिस्थितिकी तंत्र पारिस्थितिकी की एक आधारभूत इकाई है जिसमें जैविक एवं अजैविक पर्यावरण परस्पर प्रभाव डालते हुए पारस्परिकी अनुक्रिया से ऊर्जा और रासायनिक पदार्थों के संचार से पारिस्थतिकी तंत्र की कार्यात्मक गतिशीलता को बनाए रखते हैं।"

पारिस्थितिकी तंत्र के प्रकार

क्रियाशीलता के आधार पर पारिस्थितिकी तंत्र निम्नलिखित प्रकार के होते हैं:

(1) **स्वयं समर्थ पारिस्थितिकी तंत्र (Self sufficient ecosystem) :** पारिस्थितिकी तंत्र में यदि कोई परिवर्तन आ जाता है तो उस तंत्र के अन्य घटक स्वयं स्थिति को नियंत्रण में कर लेते हैं।

(2) **अपूर्ण पारिस्थितिकी तंत्र (Incomplete Eco-system) :** सभी पारिस्थितिकी तंत्र में चार घटक उत्पादक, उपभोक्ता, अपघटक और अजैविक घटक होते हैं यदि इनमें से एक घटक की भी कमी हो जाती है तो इस तंत्र को अपूर्ण पारिस्थितिकी तंत्र (incomplete eco-system) कहते हैं।

(3) **विकृत पारिस्थितिकी तंत्र (Degraded Ecosystem) :** वह पारिस्थितिकी तंत्र जिसमें उत्पादक एवं उपभोक्ता के सामान्य अनुपात में कमी या वृद्धि हो जाती है जिससे पारिस्थितिकी तंत्र विकृत हो जाता है तो इसे विकृत पारिस्थितिकी तंत्र कहते हैं।

(4) **अनियंत्रित पारिस्थितिकी तंत्र (Uncontrolled Ecosystem) :** वह पारिस्थितिक तंत्र जिसमें मनुष्य के द्वारा क्रियाकलाप कर पारिस्थितिकी तंत्र असंतुलित हो जाता है। तो इसे अनियंत्रित परिस्थितिकी तंत्र कहते हैं।

मुख्य रूप से दो प्रकार हैं :

(1) **प्राकृतिक पारिस्थितिकी तंत्र (Natural Eco-system):** वे तंत्र जो कि स्वयं प्राकृतिक रूप से संतुलित रहते हैं, इन पर मनुष्य का अधिक हस्तक्षेप नहीं रहता है आवासीय स्थिति के आधार पर यह निम्न लिखित प्रकार के होते हैं :

(1) स्थलीय पारिस्थितिकी तंत्र (Terrestrill Ecosystem): वे पारिस्थितिकी तंत्र जो कि थल में पाए जाते हैं वे स्थलीय पारिस्थितिकी तंत्र कहलाते हैं, जैसे वन पारिस्थितिकी तंत्र, मरूस्थलीय एवं घास के मैदान का पारिस्थितिकी तंत्र।

(i) मरूस्थलीय पारिस्थितिकी तंत्र (Desert Ecosystem): पृथ्वी के लगभग 17% भाग पर उष्ण मरूस्थल है। यहाँ का पर्यावरण अल्प वर्षा व उच्च ताप के कारण विशेष होता है। यहाँ पर जल की कमी होती है जिससे यहाँ की वनस्पति भी विशेष प्रकार की होती है तथा शुष्कता के कारण बालू के स्तूपों का सर्वत्र विस्तार होता है। मरूस्थल क्षेत्र की प्राकृतिक वनस्पति कंटीली झाड़ियाँ छोटी घास व कुछ शुष्कता सहन करने वाले वृक्ष होते हैं। मरूस्थलीय क्षेत्र में रेंगने वाले व अन्य जीवों के साथ ऊँट, भेड़, बकरी की संख्या अधिकाधिक होती है जो कम वर्षा तथा अल्प भोजन पर जीवन व्यतीत कर सकें। इन क्षेत्रों में अपघटक क्रिया अपेक्षाकृत कम होती है। इन प्रदेशों में पशु पालन के साथ जहाँ जल उपलब्ध हो जाता है मोटे अनाज़ की खेती भी की जाती है।

(ii) वनीय पारिस्थितिकी तंत्र (Forest Ecosystem) पृथ्वी के विस्तृत क्षेत्रों में वनों का विस्तार है। एक ओर सदाबहार उष्ण कटिबन्धीय वन हैं तो दूसरी ओर शीतोष्ण के पतझड़ वाले एवं शीत-शीतोष्ण के सीमावर्ती प्रदेशों के कोणधारी वन हैं। वन या प्राकृतिक वनस्पति जहाँ एक ओर पर्यावरण के विभिन्न तत्वों जैसे ताप दाब वर्षा, आर्द्रता, मृदा आदि को नियंत्रित करते हैं वही उनका अपना पारिस्थितिकी तंत्र होता है। वनीय क्षेत्रों की मृदा में मिश्रित कई खनिज लवण व वायु मण्डल के तत्व इस प्रदेश के अजैविक तत्वों उत्पादक, उपभोक्ता व अपघटक के रूप में विभिन्न पौधे और जीव शामिल होते हैं। उत्पादक के रूप में वनीय प्रदेशों में विभिन्न प्रकार के वृक्ष होते हैं जो उष्ण शीतोष्ण व शीत दशाओं के साथ-साथ परिवर्तित होते हैं। इन सबके साथ-साथ विषुवतीय प्रदेशों में झाड़ियाँ लताएं आदि अधिक संख्या में पाई जाती हैं। प्राथमिक उपभोक्ताओं में विभिन्न प्रकार के जानवर जो वनस्पति का प्रयोग करते हैं कीट, वृक्षों पर रहने वाले पक्षी द्वितीय उपभोक्ता में माँसाहारी जीव-जन्तु पक्षी शामिल हैं।

मनुष्य भी एक हद तक भक्षक का कार्य करता है। वनस्पति लगातार गिरती रहती है और सड़ जाती है व मृदा में मिल जाती है। इस प्रकार जीव-जन्तु भी मृत्यु के बाद जीवाणुओं द्वारा सड़ा दिए जाते हैं और उनका शरीर अपघटित हो जाता है और अंत में वे मृदा में मिल जाते

हैं। विश्व के उष्ण कटिबन्धीय वनों की और वर्तमान में पर्याप्त ध्यान आकृष्ट है क्योंकि इनका तेजी से हो रहा विनाश विश्व पारिस्थितिकी तंत्र के लिए खतरा हैं।

(2) जलीय पारिस्थितिकी तंत्र (Aquatic Ecosystem) : जलीय स्रोतों के पारिस्थितिकी तंत्रों को जलीय पारिस्थितिकी तंत्र कहते हैं ये निम्न प्रकार के होते हैं–

(1) अलवणीय जलीय पारिस्थितिकी तंत्र : ये अलवणीय जलीय स्थान का पारिस्थितिकी तंत्र होता है इसे दो भागों में बांटा गया है:

(अ) बहते जल का पारिस्थितिकी तंत्र झरना, नदियाँ आदि का पारिस्थितिकी तंत्र।

(ब) रूके हुए जल का पारिस्थितिकी तंत्र झील, तालाब, पोखर, गंदा दलदल आदि का पारिस्थितिकी तंत्र।

(2) कृत्रिम पारिस्थितिक तंत्र (Artificial Ecosystem) : वह पारिस्थितिकी तंत्र जो मनुष्य द्वारा निर्मित किया जाता है वह कृत्रिम पारिस्थितिकी तंत्र कहलाता है। इस तंत्र में ऊर्जा प्रवाह नियोजन एवं प्राकृतिक संतुलन में व्यवधान रहते हैं। जैसे खेत की फसल का पारिस्थितिकी तंत्र, बाग का पारिस्थितिकी तंत्र।

कृषि क्षेत्र पारिस्थितिकी तंत्र

प्राकृतिक तंत्र के अलावा मनुष्य द्वारा भी पारिस्थितिकी तंत्र निर्मित किए जाते हैं। मनुष्य के तकनीकी व वैज्ञानिक ज्ञान के कारण प्राकृतिक पर्यावरण के साथ सामंजस्य स्थापित कर नए पारिस्थितिकी तंत्र का विकास किया गया है जैसे कृषि क्षेत्र का पारिस्थितिकी तंत्र। इसमें मनुष्य अधिक से अधिक उत्पादन प्राप्त करने के लिए विभिन्न प्रकार के रासायनिक तत्वों का प्रयोग करता है। मृदा में कृत्रिम उर्वरक डालकर उसमें खनिज लवणों की पूर्ति करता है। विशेष प्रकार के बीज, सिंचाई व्यवस्था व तकनीकी प्रयोग से न केवल कृषि क्षेत्र में विस्तार करता है वरन उत्पादन में वृद्धि उन्नमता में विकास नई-नई फसलों के उत्पादनं द्वारा अधिक विकास करता है। जब हम फसल लगाते हैं तो इन फसलों के साथ कई प्रकार के पौधे स्वत: ही उग आते हैं ये पौधे उपभोक्ता द्वारा उपभोग कर लिए जाते हैं इन फसलों से पत्ते-फल अनाज हम तथा पालतू जानवर भी खा जाते हैं, जब फसल पक जाती है तो विभिन्न कार्बनिक पदार्थ मृदा में मिल जाते हैं। इस प्रकार प्राकृतिक पर्यावरण में परिवर्तन के साथ-साथ पारिस्थितिकी तंत्र में परिवर्तन आ जाता है मानवीय प्रयास उसमें और अधिक समानुकूलन पैदा करते हैं जिससे कई नवीन पारिस्थितिकी तंत्र का विकास हो जाता है।

घटक

(1) स्थलीय पारिस्थितिकी तंत्र (Terristrial Eco-system) : घास के मैदान का पारिस्थितिकी तंत्र घास के मैदान में जैविक घटक के उत्पादक उपभोक्ता अपघटक और अजैविक घटक वायु, दाब, ताप और प्रकाश होते हैं–

(1) जैविक घटक : जैविक घटक निम्नलिखित हैं :

(i) उत्पादक (Producer) : हरी घास यहाँ उत्पादक है हरी घास सूर्य प्रकाश (sunlight) और क्लोरोफिल की उपस्थिति में अपना भोजन स्वयं बनाती है अर्थात् कार्बोहाइड्रेटस का निर्माण करती है इस क्रिया को प्रकाश-संश्लेषण कहते हैं और हरी घास को उत्पादक कहते हैं।

$$6CO_2 + 12H_2 \xrightarrow[\text{Chlorophyll}]{\text{Sunlight}} C_6H_{12}O_6 + 6O_2 + 6H_2O$$

(ii) जलीय पारिस्थितिकी तंत्र (Aquatic Eco-system) अजैविक दोनों घटक पाए जाते हैं जैविक में घटक उत्पादक, उपभोक्ता व अपघटक होते हैं।

(i) उत्पादक (Producer) : जलीय जैसे तालाब के पारिस्थितिकी तंत्र में उत्पादक छोटी छोटी हरी घास शैवाल होती है।

(ii) उपभोक्ता (Consumer) : 1. उपभोक्ता प्रथम (Consumer I) तालाब के पारिस्थितिकी तंत्र में छोटी छोटी शाकाहारी मछलियाँ होती हैं।

2. उपभोक्ता द्वितीय (Consumer II) : बड़ी बड़ी मछलियाँ जो कि छोटी मछलियों को अपना आहार बनाती हैं।

(iii) अपघटक (Decomposers) : सूक्ष्मकीट होते हैं जो उपरोक्त सभी के मृत शरीर को अपघटित कर देते हैं।

(2) अजैविक घटक : जल, ताप, दाब, वायु, आर्द्रता आदि।

खाद्य शृंखला

जब उत्पादक का उपभोग प्रथम उपभोक्ता द्वारा और फिर प्रथम उपभोक्ता का उपभोग द्वितीय उपभोक्ता द्वारा एक क्रम से किया जाता है कि एक शृंखला की समान रचना बन जाती है, इसे ही खाद्य शृंखला कहते हैं किसी पारिस्थितिकी तंत्र में उत्पादक-उपभोक्ता व्यवस्था को पोषण तल रचना (Tropic Structure) कहते हैं और पारिस्थितिकी तंत्र में उत्पादक तथा अलग-अलग श्रेणी के प्रत्येक स्तर को पोषण तल या पोषण स्तर या ऊर्जा स्तर (Tropic level or food level) कहते हैं। जैसे–

(1) उत्पादक हरे पौधे प्रथम पोषण स्तर।

(2) प्राथमिक उपभोक्ता शाकाहारी प्राणी जो कि प्रथम पोषण स्तर का उपभोग करते हैं इसे द्वितीय पोषण स्तर कहते हैं।

(3) द्वितीय उपभोक्ता मांसाहारी जो कि द्वितीय पोषण स्तर का उपभोग करते हैं इसे तृतीय पोषण स्तरं कहते हैं।

(4) मांसाहारी या पोषण स्तर 4 : इसके अन्तर्गत मनुष्य को सम्मिलित किया जाता है मनुष्य अपने पोषण के लिए उपरोक्त तीनों पोषण स्तर पर निर्भर रहता है। मनुष्य पेड़ पौधों से भोजन प्राप्त करता है, और शाकाहारी जीवों से भोजन व दूध तथा मांसाहारी से भोजन प्राप्त करता है। इसलिए मानव सर्वाहारी (Omni-Vorous) कहलाता है। उदाहरण घास के मैदान में घास → टिड्डी → मेढ़क → बाज। खाद्य शृंखला के प्रत्येक स्तर या कड़ी अथवा जीव की पोषण स्तर या ऊर्जा स्तर कहते हैं। इस शृंखला के एक किनारे पर हरे पौधे अर्थात् उत्पादक, जबकि दूसरे अपघटक होते हैं। इन दोनों के बीच विभिन्न स्तर के उपभोक्ता होते हैं।

प्रकृति में तीन प्रकार की खाद्य शृंखलाएँ पाई जाती हैं :

(1) **चारण आहार शृंखला (Grazing food chain) :** यह आहार शृंखला हरे पौधों से आरम्भ होती है हरे पौधों सूर्य के प्रकाश पर प्रत्यक्ष रूप से निर्भर रहते हैं अत: क्लोरोफिल और सूर्य प्रकाश की उपस्थिति में अपने भोजन का निर्माण स्वयं करते हैं इस प्रकार की क्रिया को प्रकाश संश्लेषण कहते हैं। सामान्यत: अधिकांश पारिस्थितिकी तंत्र में चारण शृंखला पाई जाती है। इस शृंखला में हरे पौधे जैसे-घास और इसके चरने वाले तथा माँसाहारी जीव आते हैं।

(2) **परजीवी आहार शृंखला (Detritus food chain) :** वह आहार शृंखला जो कि पौधों से आरम्भ होकर छोटे जीवों पर समाप्त होती है।

(3) **अपरदी आहार शृंखला (Lateritious food chain) :** आहार शृंखला सौर ऊर्जा पर निर्भर नहीं करती बल्कि इसमें मृत जैविक पदार्थ से सूक्ष्म पदार्थ और अपरदारी जीवों का क्रम पाया जाता है जैसे–मेंग्रोव वनों में पत्तियाँ गिरती रहती हैं। इनका भक्षण कवक, बैक्टीरिया शैवाल आदि जीव करते हैं।

घास के मैदान के पारिस्थितिकी तंत्र की आहार शृंखला

घास के मैदान का पारिस्थितिकी तंत्र में उत्पादक हरी घास होती है। इस प्रथम पोषण तल या पोषण स्तर (Tropic level or food level) कहते हैं। इसका उपभोग शाकाहारी जैसे खरगोश कर लेता है तो इसे द्वितीय पोषण स्तर कहते है। ये शाकाहारी होता है। इसके पश्चात् इसका उपभोग माँसाहारी जैसे लोमड़ी कर लेती है इसे तृतीय पोषण स्तर कहते हैं। लोमड़ी का उपभोग शेर कर लेता है। जो चतुर्थ पोषण स्तर कहलाता है।

जलीय तालाब का पारिस्थितिकी तंत्र की आहार शृंखला

(Food Chain of Aquatic Ponid)

जलीय तालाब एक पूर्ण पारिस्थितिकी तंत्र होता है इसमें चार प्रकार के घटक (component) पाए जाते हैं :

1. **अजैविक घटक (Abiotic component) :** तालाब के जल में विभिन्न खनिज पदार्थ ऑक्सीजन, कार्बन डाइआक्साइड घुले हुए रहते हैं।
2. **जैविक घटक** (Biotic component) **:** तालाब के जल में कमल, हाइड्रिला, बौल्फिया, स्पाइरोगाइरा आदि जलीय पौधे पाए जाते हैं। इनमें क्लोरोफिल पाया जाता है इसलिए ये सूर्य प्रकाश की उपस्थिति में अपना भोजन बनाते हैं अर्थात् प्रकाश ऊर्जा को रासायनिक ऊर्जा में परिवर्तित कर देते हैं।
3. **उपभोक्ता (Consumers):** तालाब के जल में शाकाहारी मछलियाँ मेंढक आदि पाए जाते हैं, जो जलीय शैवाल आदि छोटे-छोटे जलीय पौधों को ग्रहण करते हैं इन्हें प्राथमिक उपभोक्ता (First consumer) और तालाब में उपस्थित मांसाहारी मछलियाँ, केकड़े व जलीय सर्प पाए जाते हैं जो प्राथमिक उपभोक्ता का भक्षण करते हैं। द्वितीयक उपभोक्ता कहलाते हैं। जल के आस-पास रहने वाले पक्षी जैसे बगुला व सारस तथा तालाब में पाए जाने वाले कछुए बड़े आकार की मछलियाँ, द्वितीयक उपभोक्ता का भक्षण करते हैं इन्हें तृतीयक (Tertiary consumer) कहते हैं।
4. **अपघटक (Decomposer) :** तालाब की तह या सतह में जीवाणु (Bacteria) व कवक (fungus) पाए जाते हैं जो जन्तु और पौधों के मृत शरीर को अपघटित कर देते हैं।

खाद्य जाल

पारिस्थितिकी तंत्र में एक से अधिक खाद्य शृंखलाएँ आड़ी - तिरछी जुड़कर एक जाल के समान रचना बना लेती हैं, इसे खाद्य जाल कहते हैं अथवा खाद्य ऊर्जा का प्रवाह विभिन्न दिशाओं में होता है जिससे एक खाद्य शृंखला के जीव का सम्बन्ध दूसरी खाद्य शृंखला के जीव से हो जाता है तो इसे खाद्य जाल (Food web) कहते हैं। इस प्रकार से कोई भी जीव एक से अधिक पोषण स्तरों से अपना भोजन प्राप्त कर सकता है। जैसे घास के पारिस्थितिकी तंत्र में खरगोश के स्थान पर चूहे द्वारा घास का भक्षण कर लिया जाता है और चूहे का भक्षण सीधे बाज द्वारा भी हो सकता है तथा ऐसा भी हो जाता है कि पहले साँप चूहे को खाए और फिर साँप बाज के द्वारा खा लिया जाए तथा घास को टिड्डा खाए और इसे छिपकली, बाज सीधे छिपकली को खा जाए जिसके परिणामस्वरूप सभी खाद्य शृंखलाएँ मिलकर एक जाल बना लेती हैं यही खाद्य जाल (Food web) होता है। घास के पारिस्थितिकी तंत्र में खाद्य जाल के पाँच के वैकल्पिक जाल निम्नलिखित हो सकते हैं–

1. घास → खरगोश → बाज
2. घास → टिडडा → बाज
3. घास → टिडडा → छिपकली → बाज
4. घास → चूहा → बाज
5. घास → चूहा → सांप → बाज

खाद्य जाल के द्वारा पारिस्थितिकी तंत्र में स्थिरता और संतुलन बना रहता है।

जैव-भू-रसायन चक्र

अजैविक तत्वों के जैविक प्रावस्था में परिवर्तन तथा इनके अकार्बनिक या अजैविक रूप में परिवर्तित होने की प्रक्रिया को जैव-भू-रसायन चक्र (Bio-Geo-Chemical Cycle) कहते हैं। पौधे अपनी वृद्धि के लिए और सौर ऊर्जा जल व कार्बन डाइऑक्साइड के अतिरिक्त मिट्टी से भी अनेक खनिज प्राप्त करते हैं। पारिस्थितिकी तंत्र में पोषक तत्वों की गतिशीलता जीवों में जीवन का संचार करती है। जीवों के लिए आवश्यक पोषक तत्वों में गैस और खनिज महत्वपूर्ण हैं। पोषक तत्व का आशय उन जैविक व अजैविक पदार्थों से है जो जीवों की राशि उन जैविक व अजैविक पदार्थों से है जो जीवों की शारीरिक रचना व ऊतकों के निर्माण और संवर्धन में सहायक होता है। गैस वायुमंडल और खनिज मृदा से प्राप्त होते हैं। पौधों की प्रक्रिया सूर्य से और ऊर्जा और पौधों की जड़ो से खनिज प्राप्त होते हैं। पौधे प्रकाश संश्लेषण क्रिया द्वारा अपना भोजन बनाकर अपने अंगों की रचना व वृद्धि करते हैं। जिस चक्र के द्वारा यह क्रिया पूरी होती है उसे जैव-भू-रसायन चक्र (Bio-Geo-chemical cycle) कहते हैं। जीवितों में ऑक्सीजन की मात्रा 70% होती है। जीवों में हाइड्रोजन की मात्रा 10.5% तथा कार्बन डाइऑक्साइड की मात्रा 18% होती है। नाइट्रोजन, सल्फर व फास्फोरस प्रोटीन के निर्माण में उपयोगी रहते हैं। ये सभी पोषक तत्व पर्यावरण में ठोस, द्रव एवं गैस रूप में उपस्थित रहते हैं। जैव भू-रसायन चक्र में तीन प्रकार के तत्व होते हैं।

(1) **वृहद तत्व :** ऑक्सीजन, कार्बन डाइऑक्साइड, व हाइड्रोजन आदि वृहद तत्व होते हैं। इनके द्वारा जीवों में कोशिकाओं का निर्माण करते हैं।

(2) **गौण तत्व :** इन तत्वों के द्वारा कोशिका द्रव का निर्माण होता है जैसे–फास्फोरस, गन्धक, कैल्शियम, नाइट्रोजन, मैग्नीशियम, पोटेशियम आदि।

(3) **सूक्ष्म पोषक तत्व :** ये सूक्ष्म पोषण तत्व होते हैं, इनकी कम मात्रा में आवश्यकता होती है; जैसे–जिंक, आयरन, कॉपर, क्लोरीन, मैंगनीज आदि।

जैव-भू-रसायन चक्र के प्रकार

जैव-भू-रसायन चक्र दो प्रकार के होते हैं :

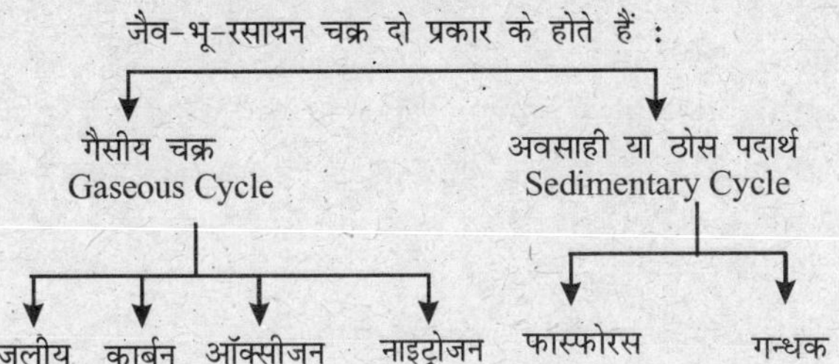

जल के बिना जीवन असम्भव है। जल जीवों के लिए बहुत महत्वपूर्ण है। जल एक उत्तम विलायक है इसलिए जीवों द्वारा तत्वों को ग्रहण करने में सहायता करता है। जीवद्रव्य (Protoplasm) जीवन का भौतिक आधार होता है इसका लगभग 80-90 प्रतिशत जल से बना होता है। सूर्य प्रकाश (ऊष्मा) से समुद्री जल तथा वनस्पतियों में निहित जल, वाष्प बनता है और ऊपर जाकर बादल बना लेती है बादल से वर्षा होती है। वर्षा जल का कुछ भाग पुन: वाष्प में बदल जाता है व कुछ भाग भूमिगत हो जाता है और शेष समुद्र में पहुँचकर चक्र पूरा करता है यह क्रिया लगातार चलकर चक्र पूरा करती है। इस प्रकार जल चक्र वर्षा तथा वाष्पीकरण व वाष्पोत्सर्जन की क्रिया से पूर्ण हो जाता है। सामान्य रूप से समुद्रीय जल का 1,09,000 घन मील जल वाष्पीकरण द्वारा जल वाष्प के रूप में वायुमण्डल में पहुँचता है और मिट्टी वनस्पतियों एवं विभिन्न जल स्रोतों से भी 15000 घन मील जल वाष्प के रूप में वायुमंडल में मिल जाता है। 98000 घन वाष्प के रूप में वायुमण्डल में मिल जाता है। 98000 घन मील जल वर्षा के द्वारा पुन: समुद्र में आ जाता है जबकि महाद्वीपों पर 26000 घन मील जल वर्षा द्वारा प्राप्त होता है।

ऑक्सीजन चक्र (Oxygen Cycle)

ऑक्सीजन को जीवनदायी गैस भी कहते हैं। हरे पौधों में जब प्रकाश संश्लेषण की क्रिया होती है तो जलीय अणुओं का विमोचन होता है और ऑक्सीजन मुक्त होती है। वायुमंडल में इसकी मात्रा 21 प्रतिशत होती है। ऑक्सीजन आणविक रूप में जल और ऑक्सीजन के रूप में पाई जाती है इसके अतिरिक्त कैल्सियम कार्बोनेट, आयरन ऑक्साइड, आदि विभिन्न रूपों में पाए जाते हैं। पौधों द्वारा उत्पन्न होती है तथा वायुमंडल में इसका संग्रह होता रहता है, और विभिन्न रूपों में वायुमंडल में लौटा दी जाती हैं। इसका एक चक्र लगभग दो हजार वर्ष में पूरा होता है एवं पुन: इसका चक्र प्रारम्भ हो जाता है। ऑक्सीजन आणविक रूप में कुछ समय ही रहती है और जल्दी ही अन्य तत्वों के साथ मिल जाती है और वायुमंडल में चली जाती है। अन्त में यह धरातलीय अवसादों में संचित हो जाती है।

कार्बन चक्र (Carbon Cycle)

कार्बन का स्थानान्तरण ठोस, द्रव व गैस के रूप में होता है। यह वायुमंडल के कुल संघटन में 0.033 प्रतिशत उपस्थित रहती है। जैविक पदार्थों के शुष्क भार का 50 प्रतिशत भाग कार्बन होता है। कार्बन का संचरण दो रूपों में पाया जाता है। हरे पौधों द्वारा प्रकाश संश्लेषण के समय गैसीय कार्बन का उपयोग कर कार्बोहाइड्रेटस का निर्माण होता है और श्वसन क्रिया में इसे त्यागा जाता है। पुन: इसे प्रकाश संश्लेषण की क्रिया में पौधे इसका उपयोग कर लेते हैं, तथा कार्बोहाइड्रेटस का निर्माण करते हैं। जीवों के द्वारा श्वसन क्रिया में कार्बोहाइड्रेटस का ऑक्सीकरण होता है जिससे कार्बन डाइऑक्साइड मुक्त हो जाती है। पुन: इसे पौधे ग्रहण कर लेते हैं। पौधों व जीव-जन्तुओं के मरने पर अपघटकों द्वारा इनका अपघटन होने पर कार्बन डाइऑक्साइड मुक्त हो जाती है। कार्बन की कुछ मात्रा धरातल की अवसादी चट्टानों व कोयले में संचित हो जाती है। जब चट्टानों का अवाच्छादन होता है तो कार्बन डाइऑक्साइड जीवों और वायुमंडल दोनों को प्राप्त हो जाती है। मनुष्य द्वारा वनों को जलाने ईंधन का भोजन तथा उद्योगों में ऊर्जा के रूप में उपयोग करने, कृषि के यंत्रीकरण कोयला, पेट्रोल के जलाने तथा औद्योगीकरण व परिणामस्वरूप कार्बन डाइऑक्साइड 290 पीपीए से बढ़कर वर्तमान समय में 330 पीपीएम हो गई है। प्रतिवर्ष कार्बन डाइऑक्साइड की वृद्धि लगभग 2 या 3 पीपीएम है। इसी प्रकार कार्बन डाइऑक्साइड की वृद्धि होने पर जल्दी ही वायुमंडल में तापमान बढ़ने लगेगा जिसका जीव जगत पर विपरीत प्रभाव पड़ेगा।

नाइट्रोजन चक्र (Nitrogen Cycle)

वायुमंडल की गैसों में 78 प्रतिशत नाइट्रोजन की मात्रा पाई जाती है। जीवों के विकास व वृद्धि के लिए नाइट्रोजन की आवश्यकता होती है। जीव नाइट्रोजन को प्रत्यक्ष रूप में प्राप्त न करके अप्रत्यक्ष रूप से प्राप्त करते हैं। नाइट्रोजन का एक भाग स्रोत वायुमंडल है। जीव इसे गैस के रूप में उपयोग नहीं ला सकते। पौधे मृदा से अमोनिया व नाइट्रेट के रूप में नाइट्रोजन प्राप्त करते हैं। जो जीव पौधों के ऊपर आश्रित रहते हैं वे पौधों से इसे ग्रहण करते हैं तथा मांसाहारी जीव इसे जन्तुओं से प्राप्त करते हैं। अंत में वियोजन क्रिया के परिणामस्वरूप नाइट्रोजन पुन: वायुमंडल में युक्त हो जाती है। नाइट्रोजन चक्र निम्नलिखित मुख्य चरणों में पूरा होता है।

1. **नाइट्रोजन यौगिकीकरण (Nitrogen Fixation):** वायुमंडल में उपस्थित नाइट्रोजन अन्य तत्वों के साथ क्रिया कर नाइट्रोजन के यौगिक बना लेती है इस प्रकार की क्रिया को नाइट्रोजन यौगिकीकरण कहते हैं ये क्रिया दो प्रकार से होती है–

   (i) **भौतिक रासायनिक यौगिकीकरण :** इस क्रिया में तडित विसर्जन द्वारा व वर्षा के कारण नाइट्रोजन ऑक्साइड (NO) वायुमंडल के रूप में परिवर्तित होकर मृदा में मिल जाती है।

   (ii) **जैविक यौगिकीकरण :** जीवधारियों द्वारा यौगिकीकरण की क्रिया होती है। इसमें मुक्त जीवी (Free Giving) जीवाणु, वायुजीवी (Aerobik Bacteria as Agroto-bacter) अवायवीय जीवाणु (An aerobic bacteria as clostridium) भाग लेते हैं। ये जीवाणु मृदा व जल में पाए जाते हैं। फलीदार, पौधों (Legumenous Plants) की जड़ों में ग्रन्थिकाएं (Nodules) पाई जाती हैं, जो कि सहजीवी (symbiotic bacteria) होते हैं। सहजीवी जीवाणु वे जीवाणु जो कि एक दूसरे को बिना किसी नुकसान पहुँचाए साथ-साथ जीवन व्यतीत करते हैं उन्हें सहजीवी जीवाणु कहते हैं। राइजोबियम जीवाणु वायुमंडलीय नाइट्रोजन को नाइट्रेट में बदल देते हैं और इस प्रकार पौधों से ये नाइट्रोजन अन्य जीवधारियों तक पहुँच जाती है।

2. **नाइट्रोजन का स्वांगीकरण (Nitrogen Assimilation) :** पौधे नाइट्रोजन को नाईट्रेट के रूप में ग्रहण करते हैं। तब नाइट्रेट का अपचयन होता

है तो पौधों की कोशिकाएँ अमोनिया-एमिनो के रूप में ग्रहण करते हैं। एक से अधिक एमिनो अम्ल मिलकर प्रोटीन बनाते हैं इस प्रकार बने प्रोटीन को जन्तु भोजन के रूप में ग्रहण करते हैं।

3. **अमोनीकरण (Ammonification)** : जब पौधों और जन्तुओं की मृत्यु हो जाती है तथा जन्तुओं द्वारा उत्सर्जित यूरिया, अम्ल, अमोनीकारी जीवाणुओं द्वारा अमोनिया में बदल दिए जाते हैं।
4. **नाइट्रोजन (Nitrification)** : नाइट्रोसोमोनास जीवाणु द्वारा नाइट्राइस में बदलती है तो इसे नाइट्रीकरण कहते हैं नाइट्रोबैक्टर जीवाणु नाइट्राइट को नाइट्रेट में बदल देते हैं अब पौधे नाइट्रेट आयन को भोजन के रूप में ग्रहण कर लेते हैं।
5. **विनाइट्रीकरण (Gentrification)** : मृदा में स्यूडोमोनास जीवाणु नाइट्रेट आयन को नाइट्रोजन में अपचयित कर देते हैं इस क्रिया को विनाइट्रीकरण कहते हैं। ये मुक्त हुई नाइट्रोजन पुनः वायुमंडल में चली जाती है।

ग्रीन हाऊस प्रभाव

ग्रीन हाऊस का अर्थ उस बगीचे या पार्क में उस भवन से है जिससे शीशे की दीवारें और छत होती तो तथा जिसमें उन पौधों को उगाते हैं जिन्हे अधिक ताप की आवश्यकता होती है उसे ग्रीन-हाऊस प्रभाव या पौधा घर प्रभाव कहते हैं। इस क्रिया द्वारा पृथ्वी का तापमान लगातार बढ़ता जा रहा है। सूर्य से आने वाली प्रकाश की किरणों में से परा-बैंगनी किरणों को ओजोन परत अवशोषित कर लेती है और अवरक्त कण पृथ्वी से टकराकर वायुमंडल में चले जाते हैं तथा वायुमंडल में कार्बन डाइऑक्साइड गैस द्वारा अवशोषित कर लिए जाते हैं जिससे वायुमण्डल गर्म हो जाता है। पृथ्वी के वातावरण में उपस्थित कार्बन डाइऑक्साइड गैस कम्बल का कार्य करती है जो हरित भवन की दीवारों की तरह पृथ्वी सतह से परावर्तित दीर्घ तरंग लम्बाई के अवरक्त किरणों को वायुमंडल में ही रोक लेती है। वातावरण में हरित भवन पैदा करने वाली प्रमुख गैसें निम्नलिखित हैं:

1. **कार्बन डाइऑक्साइड (CO_2)** : हरित भवन प्रभाव पैदा करने के लिए ये गैस सबसे अधिक जिम्मेदार है अर्थात ग्रीन हाऊस प्रभाव की मुख्य गैस CO_2 है। कार्बन डाइऑक्साइड मुख्य रूप से प्राणियों की श्वसन क्रिया द्वारा छोड़ी जाती है तथा ये यातायात के साधनों ताप, बिजलीघरों, कारखानों द्वारा भी प्रतिदिन छोड़ी जा रही है और वातावरण में इसकी मात्रा दिन-प्रतिदिन बढ़ती जा रही है।
2. **मीथेन गैस** : मीथेन गैस के कारण भी पौधा घर प्रभावित होता है। सन् 1870 से अब इसकी मात्रा 0.7 पी.पी.एम. से बढ़कर 1.65 पी.पी. एम हो गई है।
3. **नाइट्रस ऑक्साइड** : वायु प्रदूषण से इसकी मात्रा वातावरण में 25 प्रतिशत की दर से बढ़ रही है।
4. **क्लोरो फ्लोरो कार्बन गैस** : 3 प्रतिशत की दर से इसकी मात्रा वातावरण में बढ़ती जा रही है।

ग्रीन हाऊस के प्रभाव

(1) **पृथ्वी के ताप में वृद्धि** : पौधा घर प्रभाव से पृथ्वी के ताप में वृद्धि होती जा रही है जिससे दोनों ध्रुवों पर बर्फ पिघली जाती है और समुद्र के जलस्तर में वृद्धि हो जाएगी परिणामस्वरूप तमाम समुद्री दीप, सागर के जल में डूब जाएंगे। सन् 1996 में यूरोप के मौसम वैज्ञानिक ने भविष्य वाणी की सन् 2015 तक पृथ्वी के ताप में 1.5 से 4.5°C की वृद्धि हो जाएगी।

(2) **मौसम चक्र में परिवर्तन** : ऐसा अनुमान लगाया जा रहा है कि अगली शताब्दी के मध्य तक 1.5 से 4.5°C ताप में वृद्धि हो जाएगी तो समुद्रों में वाष्पीकरण की दर बढ़ जाएगी जिससे वायुमंडल में आर्द्रता बढ़ जाएगी और क्षेत्रीय वायुदाब में परिवर्तन आ जाएगा। ताप दाब, और आर्द्रता की स्थितियों में परिवर्तन से क्षेत्रीय जलवायु में परिवर्तन होगा जिससे फसलों के उत्पादन व फसल चक्रण में परिवर्तन होगा। इस सब कारणों से विभिन्न देशों की अर्थव्यवस्था भी बिगड़ जाएगी।

(3) **खाद्यानों के उत्पादन पर प्रभाव** : पृथ्वी का तापमान बढ़ने से अलग-अलग देशों में अलग-अलग प्रभाव देखा जा सकता है। भारत में ताप बढ़ने से खाद्यानों का उत्पादन बढ़ेगा जबकि अमेरिका में यदि ताप बढ़ता है तो खाद्यानों का उत्पादन घटने की सम्भावना बताई जा रही है।

(4) **पारिस्थितिकी तंत्र में बदलाव** : ताप वृद्धि से विभिन्न क्षेत्रों की वनस्पतियों पर भी प्रभाव पड़ेगा जैसे ताप बढ़ता है तो घास का पारिस्थितिकी तंत्र अर्थात् घास सूख जाएगी और उपभोक्ता प्रथम अर्थात पशु-पक्षी जानवर अनुकूल जलवायु वाले क्षेत्र में स्थानान्तरित हो जाएंगे जिससे इसके क्षेत्रीय पारिस्थितिकी तंत्रों में परिवर्तन हो जाएगा।

ग्रीन-हाऊस गैसों में वृद्धि के प्रभाव

वातावरण में ग्रीन हाऊस गैसों की लगातार वृद्धि हो रही है जिससे कि वातावरण पर इसके दुष्प्रभाव पड़ रहे हैं जो कि निम्नलिखित हैं :

(1) ग्रीन हाऊस गैसों के बढ़ने से पृथ्वी के ताप में लगातार वृद्धि होती जा रही है।
(2) ग्रीन हाऊस गैसों द्वारा वनस्पति जगत पर प्रतिकूल प्रभाव पड़ता है।
(3) इन गैसों से विभिन्न प्रकार के शारीरिक रोग होने की सम्भावना बढ़ जाती है।
(4) ग्रीन हाऊस गैसें, कृषि उपज पर प्रतिकूल प्रभाव डालती हैं।
(5) ग्रीन हाऊस गैसों में वृद्धि होने से जल-संसाधनों तक जलाऊ लकड़ी की उपलब्धता पर प्रतिकूल प्रभाव पड़ता है।
(6) इन गैसों के कारण ऊर्जा संकट की सम्भावना भी बढ़ जाती है।
(7) वर्षा कम होती है जिससे वनस्पति की कमी भी हो जाती है।

भूतापन (Global Warming)

मनुष्य के द्वारा पृथ्वी के तापमान में वृद्धि हो जाती है इसे ही भूतापन (Global warming) कहते हैं। वातावरण में ग्रीन-हाऊस गैसें लगातार बढ़ रही हैं जिससे कि भूतापन की समस्या उत्पन्न हो गई है। वैज्ञानिकों के अनुसार प्रति दशक विश्व के ताप में 0.2°C की होती जा रही है। ऐसा अनुमान लगाया जा रहा है, कि शताब्दी के अंत तक पृथ्वी के औसत तापमान में 1.5 से 4.5°C तक की वृद्धि हो सकती है। विश्व का तापमान लगातार बढ़ता जा रहा है जैसे विश्व मौसम संगठन ने खोज कर निकाला कि सन् 1990, 1995, 1997 व 1998 सर्वाधिक गर्म वर्ष रहे।

ग्लोबल वार्मिंग के प्रभाव

ग्लोबल वार्मिंग का पृथ्वी पर निम्नलिखित प्रभाव देखे गए हैं :

मनुष्य के ऊपर प्रभाव : पृथ्वी पर तापमान बढ़ने से मध्य एवं उच्च अक्षांशों में रहने वाली जनसंख्या के स्वास्थ्य पर बुरा प्रभाव पड़ेगा। अनेक लोगों की अकाल मृत्यु होगी व भविष्य में समुद्री तूफानों की संख्या में वृद्धि, बाढ़, अकाल, भुखमरी आदि से अधिक जनहानि की आशंका होगी।

जन्तुओं पर प्रभाव : जब वातावरण का ताप अधिक हो जाता है तो वे प्राणी जो अधिक ताप सहन नहीं कर पाते वे मर जाते हैं। तापमान अधिक होने

से समुद्री जल स्तर में वृद्धि तटवर्ती भागों के सघन वनों व द्वीपों पर निवास करने वाले प्राणियों का जीवन खतरे में पड़ जाएगा। अनावृष्टि के कारण प्राकृतिक चरागाहों के नष्ट होने से चरागाहों पर निर्भर जीवों की हानि होगी।

कृषि क्षेत्र पर प्रभाव : वातावरण का तापं बढ़ने से ध्रुवों पर बर्फ पिघल जाएगी और समुद्री जल-स्तर में वृद्धि होने तथा समुद्री तूफानों की आवृत्ति बढ़ने से समुद्र तटीय भागों की उपजाऊ भूमि में अनेक जहरीले लवण घुल जाएंगे और भूमि बंजर हो जाएगी।

समुद्रीय जल स्तर में वृद्धि : वायु प्रदूषण से वायुमंडल के ताप में लगातार वृद्धि होती जा रही है जिससे ध्रुवों पर बर्फ पिघल जाएगी और समुद्री जलस्तर में 1.5 मीटर तक की वृद्धि हो सकती है।

हिमनदों पर प्रभाव : विश्व के तापमान में वृद्धि होने से बर्फ के पिघलने की दर बढ़ती जा रही है और उनके आकार, लंबाई व चौड़ाई में कमी आती जा रही है। विश्वव्यापी तापमान बढ़ने से हिमालय के हिमनद हिम झीलों में बदलते जा रहे हैं। सन् 2025 तक हिमालय के सभी हिमनद नष्ट हो जाएंगे जिससे विकराल बाढ़ की स्थिति बन जाएगी अन्तर्राष्ट्रीय विज्ञान न्यू सांइसिस्ट के अनुसार मार्च 2002 में लंदन के वैज्ञानिकों ने सुदूर संवेदन उपग्रह से प्राप्त आंकड़ों के आधार पर बताया है कि अंटार्कटिका के पूर्वी प्रायद्वीपीय भाग से जुड़ा लार्सन बी हिमनद टूट गया है। विश्व तापमान बढ़ने से 1250 वर्ग मील क्षेत्रफल तथा 650 फुट मोटाई वाली बर्फ की इस चट्टान के टूटने को विश्व के लिए खतरा बताया जा रहा है।

प्रदूषण

प्रदूषण की परिभाषा

Pollution शब्द लेटिन भाषा के शब्द Pollutionem से व्युत्पन्न किया गया है, जिसका अर्थ होता है–अपवित्र करना या ''गन्दा करना'' पर्यावरण को प्रदूषित करने की क्रिया होती है।

प्रदूषण एक ऐसी अवांछनीय स्थिति है, जब भौतिक, रासायनिक एवं जैविक परिवर्तनों के द्वारा जल, वायु, मिट्टी, धरातल अपनी नैसर्गिक गुणवत्ता को खो देते हैं और जीवधारियों के लिए हानिकारक सिद्ध होने लगते हैं। मनुष्य के क्रियाकलापों के कारण हमारे पर्यावरण के प्रतिकूल परिवर्तन प्रदूषण कहलाता है।

प्रदूषण जल, वायु, मिट्टी, भूमि के भौतिक रासायनिक या जैविकी गुणों में अनैच्छिक परिवर्तन है जो मनुष्य, प्राणियों, पौधों के जीवन को, उद्योगों की प्रगति, रहन-सहन की दशाएं एवं सांस्कृतिक परिसम्पत्ति को हानिकारक रूप से प्रभावित करे।

अत: पर्यावरणीय प्रदूषण का अर्थ है – जैव मण्डल के किसी संघटक का प्रत्यक्ष परिवर्तन जो कि अवांछनीय होने के कारण मनुष्य, अन्य प्राणी, पौधों, पादपों के लिए संकट उत्पन्न करता है, जिससे कि मनुष्य की औद्योगिक, सांस्कृतिक परिसम्पत्ति तथा भौतिक सम्पत्ति को क्षति पहुँचाती है साथ ही साथ पर्यावरण की गुणवत्ता नष्ट होने लगती है। मनुष्य के द्वारा जिन वस्तुओं को उपयोग करने के पश्चात् फेंक दिया जाता है उनको प्रदूषक कहते हैं।

प्रदूषण के प्रकार

वर्तमान समय में मनुष्य स्वयं प्रदूषण का स्रोत है, क्योंकि प्रकृति में कोई भी ऐसी विधि नहीं पाई जाती है जो कि मनुष्य के द्वारा निर्मित पदार्थों को अपघटित कर सके, और उन तत्वों को प्रकृति के चक्र में कर दें। यह पदार्थ इसी रूप में पाए जाते हैं और जो भी वह क्षति पहुँचाना चाहते हैं, वह क्षति पहुँचा देते हैं या हानि उत्पन्न कर देते हैं, जब तक कि वह विस्तारित या तनुकृत न हो जाए अत: प्रदूषण निम्न प्रकार के होते हैं –

1. वायु प्रदूषण, 2. जल प्रदूषण ; 3. मिट्टी/मृदा प्रदूषण 4. समुद्री प्रदूषण, 5. ध्वनि प्रदूषण, 6. तापीय प्रदूषण, 7. आणविकीय संकट 8. जैव प्रदूषण 9. ठोस अपशिष्ट प्रदूषण।

वायु प्रदूषण (Air Pollution)

वायुमण्डल की रचना मूलत: विभिन प्रकार की गैसों से हुई है। वायु अनेक गैसों का आनुपातिक सम्मिश्रण है। इसमें गैसों का अनुपात इतना संतुलित है कि उसमें थोड़ा परिवर्तन भी संपूर्ण व्यवस्था अथवा चक्र को प्रभावित कर देता है और इसका प्रभाव पृथ्वी के जीव जगत पर पड़ता है। वायु में उपस्थित गैसों पर प्राकृतिक अथवा मानवीय प्रभाव ही वायु प्रदूषण के लिए उत्तरदायी है।

वायु प्रदूषण की परिभाषा

वायु मण्डल में किसी भी प्रकार की अवांछनीय वस्तु या गैस की उपस्थिति या मुक्त होना जो कि मनुष्य, प्राणियों एवं वनस्पतियों आदि को हानिकारक हो वायु प्रदूषण कहलाता है।

विश्व स्वास्थ्य संगठन ने वायु प्रदूषण को इस प्रकार परिभाषित किया है–

''वायु प्रदूषण एक ऐसी स्थिति है, जिसमें बाह्य वातावरण में मनुष्य और उसके पर्यावरण को हानि पहुँचाने वाले तत्व सघन रूप से एकत्रित हो जाते हैं।''

''वायु मण्डल में विद्यमान सभी अवांछनीय अवयव की वह मात्रा, जिसके कारण जीवधारियों को हानि पहुँचती है, वायु प्रदूषण कहलाता है।''

वायु प्रदूषण के स्रोत

वायु प्रदूषण के स्रोत मुख्यत: निम्न हैं–

(1) **वाहनों द्वारा वायु प्रदूषण :** विभिन्न वाहनों से निकलने वाला धुँआ वायु प्रदूषण में सबसे अधिक सहायक है। इस धुएँ में विभिन्न प्रकार की जहरीली गैसें होती हैं, जो वायुमण्डल को तो दूषित करती हैं वह साथ ही वायु की गुणवत्ता को भी नष्ट करती हैं। ये जहरीली गैसें - कार्बन मोनो ऑक्साइड, सल्फर ऑक्साइड, सल्फयूरिक एसिड आदि है। भारत में सभी बड़े शहर इस संकट से ग्रस्त हैं। वायुयान से सल्फर-डाई ऑक्साइड, नाइट्रोजन ऑक्साइड, हाईड्रोकार्बन, एल्डिहाइड आदि विषैली गैसें निकलती हैं, जो भी वायुमण्डल के लिए काफी हानिकारक हैं।

(2) **औद्योगिक प्रदूषण** – बड़े-बड़े शहरों में लगे विभिन्न उद्योग भी वायु प्रदूषण को बढ़ाते हैं। ऐसे उद्योग मुख्यत: सीमेन्ट, चीनी, इस्पात, रासायनिक खाद व कारखाना आदि हैं। उर्वरक उद्योग से नाइट्रोजन ऑक्साइड, पोटेशियम युक्त उर्वरक, पोटाश के कण, इस्पात उद्योग से कार्बन-डाइ -ऑक्साइड, सल्फर-डाइ-ऑक्साइड, धूल के कण, सीमेंट उद्योग से कैल्शियम, सोडियम, सिलिकॉन के कण, वायु में प्रवेश कर वायुमण्डल को खराब कर देते हैं।

(3) **कृषि क्रियाएँ** – कृषि की फसलों को अनेक हानिकारक जीव नुकसान पहुँचाते थे, लेकिन अब कीटनाशी रसायनों का आविष्कार होने से कीटों से तो राहत मिल गई है, लेकिन ये दवाएँ छिड़काव के दौरान वायु व मृदा दोनों को प्रदूषित करती हैं। यह प्रदूषित वायु मनुष्य एवं अन्य प्राणियों एवं सजीवों के लिए हानिकारक होती है।

(4) **घरेलू प्रदूषण** – भारत जैसे देशों में आज भी भोजन पकाने में प्रयुक्त ऊर्जा का 90 प्रतिशत भाग गैर वाणिज्यिक ऊर्जा स्रोतों से प्राप्त होता है इसके लिए लकड़ी, गोबर व कृषि कचरे का उपयोग होता है। इनसे उत्पन्न धुँआ वायु को प्रदूषित करता है।

वायु प्रदूषण का मानव स्वास्थ्य पर प्रभाव

वायु प्रदूषण द्वारा मनुष्यों के स्वास्थ्य पर निम्न प्रभाव पड़ते हैं–

1. कार्बन मोनोक्साइड मनुष्य के रक्त के हीमोग्लोबिन अणुओं से ऑक्सीजन की तुलना में 200 गुणा अधिक तेजी से संयुक्त हो जाती है एवं जहरीला पदार्थ कार्बोक्सी हीमोग्लोबिन बनाती है। जिस कारण ऑक्सीजन की वायु में पर्याप्त मात्रा रहने पर भी श्वास अवरोध, दम घुटन (suffocation) होने लगता है।
2. सल्फर-डाइ-ऑक्साइड के प्रदूषण द्वारा आँख, गले एवं फेफड़े का रोग भी होता है।
3. ओजोन की अल्पता होने पर गोरी चमड़ी के लोगों में चर्म कैंसर होने की आशंका व्यक्त की गयी है।
4. सल्फर-डाइ-ऑक्साइड से मिश्रित नगरीय धूम कोहरे के कारण मनुष्य के शरीर में श्वसन प्रणाली अवरुद्ध हो जाती है, जिस कारण लोगों की मृत्यु हो जाती है।
5. वायु में नाइट्रिक ऑक्साइड्स के सान्द्रण में वृद्धि होने से वह मनुष्य के शरीर में सांस द्वारा पहुँचती है तथा ऑक्सीजन की तुलना में एक हजार गुनी अधिक तेज गति से हीमाग्लोबिन से संयुक्त हो जाती है, जिस कारण सांस लेने में कठिनाई होने लगती है, मसूढ़ों में सूजन आ जाती है, शरीर के अंदर रक्त स्राव होने लगता है, ऑक्सीजन की कमी हो जाती है तथा निमोनिया एवं फेफड़े का कैन्सर हो जाता है।
6. अम्ल वर्षा के कारण धरातलीय सतह पर जलभण्डारों का जल तथा भूमिगत जल प्रदूषित हो जाता है (जल में अम्लता बढ़ जाती है), जो लोग इस तरह के प्रदूषित जल का सेवन करते हैं, उनका स्वास्थ्य दुष्प्रभावित होता है।
7. कारखानों एवं स्वचालित वाहनों से उत्सर्जित निलम्बित कणिकीय पदार्थों, जैसे-सीसा, एस्बेस्ट्स, जस्ता, ताँबा, धूलि आदि के कारण मानव शरीरों में कई प्रकार के प्राण घातक रोग हो जाते हैं।
8. रसायनों एवं जहरीली गैसों के सयंत्रों से हानिकारक विषाक्त गैसों के अचानक स्राव होने से वायु का प्रदूषण इतना अधिक हो जाता है कि पलक झपकते ही सैकड़ों लोग मौत के शिकार हो जाते हैं।

वायु प्रदूषण के रोकथाम के उपाय

वायु प्रदूषण को कम करने के लिए निम्न उपाय कारगर हो सकते हैं –

1. समाज के प्रत्येक वर्ग को वायु प्रदूषण के घातक परिणामों से जाग्रत करना।
2. **ऊपरी वायुमण्डल में विसरण के उपाय** – वायु प्रदूषकों को ऊपरी वायुमण्डल में विसरित एवं प्रकीर्ण करने के लिए ठोस कदम उठाए जाने चाहिए, ताकि धरातलीय सतह पर इन प्रदूषकों का सान्द्रण कम हो जाए।
3. **व्यापक सर्वेक्षण :** वर्तमान वायु प्रदूषण के स्तरों की जाँच के लिए व्यापक सर्वेक्षण तथा अध्ययन किया जाना चाहिए तथा प्रदूषण की नियमित मॉनीटरिंग की जानी चाहिए।
4. **मानव शरीर पर प्रभावों की जानकारी** – वायु प्रदूषण से मानव शरीरों पर पड़ने वाले घातक प्रभावों से आम जनता को परिचित कराया जाना चाहिए।
5. **सकल प्रदूषण भार को कम करना** – वायुमण्डल में सकल प्रदूषण भार को घटाने के लिए सक्रिय प्रयास किया जाना चाहिए।
6. **कम हानिकारक उत्पादों की खोज** – कम हानिकारक उत्पादों की खोज की जानी चाहिए, यथा-सौर चलित मोटर कार।
7. **प्राणघातक एवं प्रदूषण की सामग्रियों की समाप्ति**– प्राणघातक प्रदूषण करने वाली सामग्रियों तथा तत्त्वों के उत्पादन एवं उपभोग में तुरंत रोक लगानी चाहिए।

जल प्रदूषण (Water Pollution)

जल पर्यावरण का जीवनदायी तत्व है। वनस्पति से लेकर जीव जन्तु अपने पोषक तत्वों की प्राप्ति जल के माध्यम से करते हैं। जल पृथ्वी के 70 प्रतिशत भाग में पाया जाता है। जीवन पानी पर निर्भर करता है। मनुष्य एवं प्राणियों के लिए पीने के पानी के स्रोत नदियाँ, सरिताएँ, झीलें, नलकूप आदि हैं। मनुष्य ने स्वयं ही अपने क्रियाओं के द्वारा अपने ही जल स्रोतों को प्रदूषित कर दिया है।

जल प्रदूषण की परिभाषा – जल की भौतिक, रासायनिक तथा जीवीय विशेषताओं में हानिकारक प्रभाव उत्पन्न करने वाले परिवर्तन को जल प्रदूषण कहते हैं।

जल प्रदूषण के कारण – जल के प्रदूषित होने के कई कारण हैं। उन कारणों के पीछे या तो प्राकृतिक कारण या मानवीय कारण होते हैं–

1. **प्राकृतिक कारण**
2. **मानवीय कारण।**

(1) **प्राकृतिक कारण** – इसके अन्तर्गत मृदा अपरदन, भूमि स्खलन, ज्वालामुखी उद्धार तथा पौधों एवं जन्तुओं के विघटन एवं वियोजन को सम्मिलित किया जाता है। मृदा अपरदन के कारण उत्पन्न अवसादों के कारण नदियों के अवसाद भार में वृद्धि हो जाती है। इस अवसाद के कारण नदियों तथा झीलों के गंदेपन में वृद्धि हो जाती है।

(2) **मानव कारण** – इसके अन्तर्गत औद्योगिक, नगरीय, कृषि, सामाजिक स्रोतों (सांस्कृतिक एवं धार्मिक सम्मेलनों के समय एकत्रित जन समूह है। ज्ञातव्य है कि प्राकृतिक जल में प्राकृतिक प्रदूषकों को आत्मसात करने की क्षमता होती है अत: जल का प्रदूषण मानवजनित स्रोतों से उत्पन्न प्रदूषकों द्वारा ही होता है।

(अ) मनुष्य के दैनिक कृत्यों से गन्दगी – मनुष्य के प्रतिदिन स्नान से, कपड़े धोने से, बर्तन माँजने से जिस पानी का प्रयोग होता है, वो बाद में प्रदूषित हो जाता है।

(ब) औद्योगिक अपशिष्ट – औद्योगिक इकाइयों द्वारा लिए गए जल के उपयोग के बाद इसमें अनेक प्रकार के लवण, अम्ल, क्षार, गैसें तथा रसायन घुले होते हैं। जल में घुले हुए ये औद्योगिक अपशिष्ट सीधे ही इकाइयों से निकलकर नदी, तालाब, झील अथवा अन्य स्रोतों में प्रवाहित कर दिए जाते हैं, जिनसे मनुष्य, जीव-जन्तु वनस्पति सभी, जो उस जल का उपयोग करते हैं, प्रभावित होते हैं।

(स) कृषि रसायन – उत्पादन को बढ़ाने हेतु कृषक खेतों में रासायनिक खादों का प्रयोग दिन-प्रतिदिन बहुत तेजी से कर रहा है। वर्षा के जल के साथ नदी, तालाबों एवं अन्य स्रोतों झीलों का भी पानी इसी रासायनिक व कीटनाशी के छिड़काव के कारण प्रदूषित हो जाता है।

(द) अपमार्जक (डिटरजेण्ट) – बढ़ती हुई औद्योगिक इकाइयों के कारण सफाई व धुलाई के नये-नये अपमार्जक (डिटरजेण्ट) बाजार में आ रहे हैं। इनका उपयोग भी दिनोंदिन बढ़ता जा रहा है।

(य) औद्योगिक तापीय प्रदूषण – विभिन्न प्रकार के उद्योगों में संयंत्रों को ठण्डा रखने के लिए जल का उपयोग किया जाता है व फिर इस जल को वापिस नदी, तालाब, नाले, नाली में प्रवाहित

कर दिया जाता है। इससे जल स्रोतों का तापमान बढ़ जाता है और प्राकृतिक सन्तुलन के बिगड़ने से जीवों को क्षति होती है।

(र) खनिज तेल – समुद्रों के जल मार्ग में खनिज तेल ले जाने वाले जहाजों के दुर्घटनाग्रस्त होने से अथवा उनके द्वारा भारी मात्रा में तेल को जल सतह पर छोड़ने से तो जल प्रदूषण होता ही है, लेकिन भूमि पर भी तेलों के बिखरने से भू-प्रदूषण भी होता है।

(ल) शवों के जल प्रवाह से प्रदूषण – जीवाणुओं सहित मानव एवं पशुओं के शव नदियों में प्रवाहित कर देते हैं। इससे नदियों का जल प्रदूषित हो जाता है। शवों के कारण जल के तापमान में भी वृद्धि होती है।

जल प्रदूषण के प्रभाव

1. औद्योगिक बहिःस्राव – स्राव सजीव जीवों एवं मनुष्य पर हानिकारक प्रभाव डालते हैं, जिसके कारण मृत्यु हो जाती है या फिर किडनी, यकृत, फेफड़ों, मस्तिष्क एवं प्रजनन तंत्र पर कम घातक रोग जनित प्रभाव देते हैं।
2. औद्योगिक बहिःस्रावों के प्रदूषण द्वारा जल में ऑक्सीजन की कमी हो जाती है, जिसके कारण जलीय जीवजन्तु एवं जलीय प्राणी मर जाते हैं।
3. उद्योगों के बहिःस्रावों की जल में उपस्थिति के कारण मछलियों, पशु, मवेशी, जलीय जीव जन्तु एवं मनुष्य की मृत्यु हो जाती है। प्राणियों के अण्डे, लार्वा एवं अन्य अवस्थाएँ नष्ट हो जाती हैं। इसके अतिरिक्त इन प्राणियों में अनेक रोग उत्पन्न हो जाते हैं।
4. औद्योगिक बहिःस्रावों की जल में उपस्थिति के कारण जल के माध्यम में प्रकाश का प्रवेश अवरोधित होने से जलीय समुदाय में प्रकाश संश्लेषण की दर में कमी आ जाती है।
5. औद्योगिक बहिःस्रावों में पाये जाने वाले विषैले पदार्थों की उपस्थिति के कारण जल में पाये जाने वाले जीवाणु एवं जलीय प्राणी मर जाते हैं, जो कि जल के जैव-शुद्धिकरण (Bio-purification) के काम आते हैं।
6. औद्योगिक कूड़े-कचरे में विषैले रासायनिक एवं सूक्ष्म धातुयी कण पाये जाते हैं जिनसे यकृत, आमाशायिक एवं मस्तिष्क संबंधी अनेक रोग तथा कैंसर रोग उत्पन्न होते हैं।
7. घरेलू बाहित मल आदि से फास्फेट्स एवं नाइट्रेट्स (Nitrates) की मात्रा में अधिकता जल में हो जाती है और उर्वरकों, पेस्टिसाइड्स, कीटनाशी रसायन के अतिरिक्त, नाइट्रेट्स, फास्फेट्स आदि खेतों, तालाबों, जलाशयों, नदियों के जल में पहुँच जाते हैं, जिससे नील रहित शैवाल (Blue green algae) की संख्या अधिक हो जाती है, इसके कारण जल में ऑक्सीजन की मात्रा में कमी हो जाती है। इसके कारण नदियों एवं अन्य जलीय जीवजन्तु, प्राणी मर जाते हैं।
8. घरेलू बाहित मल, द्वारा प्रदूषित जल के कारण हैजा, टायफाइड, डायरिया, पैराटाइफाइड, सिस्टोसोमियोसिस, बैसिलर पेचिश, अतिसार, पीलिया तथा सवंमित हैपेटाइटिस आदि महामारी मनुष्य में संक्रमित हो जाती है।
9. भारी धातुओं (Heavy metals) –पारा (Mercury) सीसा (Lead), ताँबा (Copper) जस्ता, केडमियम, क्रोमियम, लोहा (Iron) द्वारा प्रभावित मछलियों को खाने से मनुष्य के मस्तिष्क एवं स्नायु तंत्र को क्षति पहुँचती है।
10. कीटनाशी (Insecticides) रसायन डी.डी.टी., B.H.C मछलियों के शरीर में एकत्रित हो जाता है, मनुष्य के द्वारा इन मछलियों के खाने से कैंसर, रक्त कैंसर (blood cancer/leukemia) मस्तिष्क विसंगति एवं अनेक अन्य रोग हो जाते हैं।
11. रेडियोधर्मी प्रदूषण द्वारा जलीय वनस्पति एवं प्राणियों और अप्रत्यक्ष रूप से मनुष्य में रोग उत्पन्न हो जाते हैं।
12, साइनाइड्स (cynides) अमोनिया एवं फीनोल जैसे विषाक्त पदार्थों द्वारा खाद्य श्रृंखला एवं परभक्षी प्रभावित होते हैं।

जल प्रदूषण का नियंत्रण

जल प्रदूषण के नियंत्रण के उपाय निम्नलिखित हैं–

1. मल, घरेलू त्याज्य पदार्थों एवं कूड़े कचरे का युक्त वैज्ञानिक परिष्कृत साधनों द्वारा निकास करना चाहिए।
2. कुओं, तालाबों एवं अन्य जल स्रोत के साधनों में कपड़े धोने, अन्दर घुसकर पानी लेने, पशुओं के नहलाने तथा मनुष्य के नहाने, बर्तनों को साफ करने पर प्रतिबंध लगाना चाहिए तथा नियम का कठोरता से पालन होना चाहिए।
3. संदूषित वाहित जल के उपचार की विधियों पर निरन्तर अनुसंधान होते रहना चाहिए।
4. विशिष्ट विषों, विषाक्त पदार्थों को निःस्पन्दन (Filtration) अवसादन एवं रासायनिक क्रियाओं द्वारा निकाल कर बहिःस्रावों को नदी एवं अन्य जल स्रोतों में मिलाना चाहिए।
5. पर्यावरण संरक्षण की चेतना का विकास, पर्यावरणीय शिक्षा के माध्यम के द्वारा करना चाहिए।
6. कुओं, तालाबों एवं अन्य जल स्रोतों से प्राप्त जल का जीवाणुनाशन/विसंक्रमण (sterilization) करना चाहिए।
7. मानव को जल प्रदूषण के कारणों, दुष्प्रभावों एवं रोकथाम की विभिन्न विधियों के बारे में जानकारी प्रत्येक स्तर पर देकर जागरुक बनाना चाहिए।
8. जल स्रोतों में इस प्रकार के मछलियों का पालन करना चाहिए जो कि जलीय खरपतवार (weeds) का भक्षण करती हों।
9. कृषि, खेतों, बगीचों में कीटनाशक, जीवनाशक एवं अन्य रासायनिक पदार्थों, उर्वरकों को कम से कम उपयोग करने के लिए उत्साहित करना चाहिए, जिससे कि यह पदार्थ जल स्रोतों में नहीं मिल सकें और जल को कम प्रदूषित करें।

ध्वनि प्रदूषण (Noise Pollution)

मानव के आधुनिक जीवन ने एक नये प्रकार के प्रदूषण को उत्पन्न किया है जो कि ध्वनि प्रदूषण कहलाता है। भीड़-भाड़ वाले शहर, गाँव, यान्त्रिकी प्रकार का परिवहन, मनोरंजन के नये साधन, उनके निरंतर शोर के द्वारा वातावरण (पर्यावरण) प्रदूषित हो रहा है। वास्तव में शोर जीवन की एक सामान्य प्रक्रिया है और यह मनुष्य के भौतिक वातावरण के लिए खतरे का संकेत है।

परिभाषा (Definition)

(Noise) ध्वनि - शब्द लेटिन के शब्द 'नॉजिला' (Nausea) से व्युत्पन्न किया गया है जिसका अर्थ होता है मिचली अर्थात् आमाशयिक रोग को उल्टी होने तक महसूस करना। शोर (Noise) को अनेक प्रकार से परिभाषित किया जाता है जैसे कि :

(i) शोर बिना किसी परिमाण/उपयोग की ध्वनि है।

(ii) शोर वह ध्वनि है जो ग्राह्यता के द्वारा पसन्द नहीं की जाती है।

ध्वनि प्रदूषण को भी विभिन्न प्रकार से परिभाषित किया जाता है।

(i) शोर प्रदूषण धूम कोहरे (smog) के समान मृत्यु का एक धीमा कारक है।

(ii) निरर्थक या अनुपयोगी ध्वनि ही शोर प्रदूषण है।

(iii) मेक्सवेल (Maxwell) के अनुसार शोर एक वह ध्वनि है जो कि अवांछनीय है और वायुमण्डलीय प्रदूषण का एक साधारण प्रकार है।

ध्वनि प्रदूषण के कारण (Causes of Noise Pollution)

सामान्यतया ध्वनि प्रदूषण के कारणों या स्रोतों को दो भागों में विभाजित किया जाता है–

(अ) **प्राकृतिक स्रोत :** इसके अंतर्गत बादलों की गड़गड़ाहट, तूफानी हवाएँ, भूकम्प, ऊँचे पहाड़ से गिरते पानी की आवाज, बिजली की कड़क, ज्वालामुखी के फटने (volcanoes eruptions) से उत्पन्न भीषण शोर, कोलाहल, वन्य जीवों की आवाजें, चिड़ियों की चहचहाहट की ध्वनि आती है।

(ब) **अप्राकृतिक स्रोत :** यह मनुष्य के द्वारा निर्मित शोर प्रदूषण होता है इसके अन्तर्गत उद्योग धन्धे, मशीनें, स्थल, वायु, परिवहन के साधन–मोटर, ट्रक, हवाई जहाज, स्कूटर्स, बसें, एम्बुलेंस आदि आते हैं।

ध्वनि प्रदूषण के प्रभाव (Effects of noise pollution)

ध्वनि प्रदूषण अवांछनीय होता है। शोर पर्यावरण प्रदूषण का एक सशक्त कारक है। **विक्टर ग्रूएन** ने लिखा है ''शोर मृत्यु का मन्दगति अभिकर्त्ता है। यह एक अदृश्य शत्रु है।'' यह ध्वनि मनुष्य के कार्यों, क्रियाओं को निम्न प्रकार से प्रभावित करता है।

ध्वनि प्रदूषण न केवल जीव जन्तु वातावरण को प्रभावित करता है बल्कि निर्जीव वस्तुओं के लिए घातक प्रदूषक है। सब प्रकार के प्रदूषकों में से यह अत्यधिक रूप से घातक प्रदूषक है।

1. ध्वनि प्रदूषक मनुष्य के स्वास्थ्य, आराम एवं कुशलता को प्रभावित करता है। इसके कारण रक्त धमनियों के संकुचन से शरीर पीला पड़ जाता है, रक्त प्रवाह में अत्यधिक मात्रा में एड्रीशन हार्मोन्स का होता है।
2. शोर के कारण हृदय, मस्तिष्क, किडनी एवं यकृत को क्षति होती है और भावनात्मक विसंगतियाँ उत्पन्न होती हैं।
3. ध्वनि पेशियों के संकुचन का कारण होता है जिससे तन्त्रिकीय क्षति, विसंगति, तनाव एवं पागलपन विकसित होता है।
4. अत्यधिक शोर को निरन्तर सुनने से मनोवैज्ञानिक (psychological) एवं रोगात्मक (Pathological) विकृति उत्पन्न होती है।
5. ध्वनि प्रदूषण मानसिक एवं शारीरिक दृष्टि से रोगी बनाकर, कार्यक्षमता को भी कम करता है तथा निरन्तर 100 dB से अधिक शोर आन्तरिक कान को क्षतिग्रस्त करता है।
6. ध्वनि प्रदूषण का प्रचण्ड प्रभाव सुनने की शक्ति में कमी, जो कि कान के किसी भी श्रवण तंत्र के भाग को क्षति पहुँचाता है।
7. गर्भवती स्त्री का अधिक शोर में रहना, शिशु में जन्मजात बहरापन हो सकता है क्योंकि कान गर्भ में पूर्णरूप से विकसित होने वाला प्रथम अंग होता है।
8. शोर के निरन्तर सम्पर्क एवं सुनने से कार्यकीय विकृतियाँ–विक्षिप्ति, मनस्ताप, नींद का नहीं आना, अत्यधिक तनाव अत्यधिक रूप से पानी आना यकृतीय रोग पेप्टिक अल्सर्स, अवांछनीय जठर- आन्त्रीय परिवर्तन एवं व्यावहारिक एवं भावनात्मक तनाव, उत्पन्न होता है।
9. शोर के कारण ईओसिनोफीलिया, हायपरग्लाइसेमिया, हायपोकेलेमिया, हायपोग्लाइसेमिया रोग रक्त एवं अन्य शारीरिक द्रव्यों में परिवर्तन के कारण उत्पन्न होते हैं।
10. पराश्रव्यकी (Ultrasonic sound) ध्वनि पाचन, श्वसन, हृदयी संवहनी तंत्र एवं आन्तरिक कान को अर्धवृत्ताकार नलिकाओं को प्रभावित करती है। शोर के कारण हृदय की धड़कन में तीव्रता या कमी आ जाती है।
11. शोर का घातक प्रभाव वन्यजीवों एवं निर्जीव पदार्थों पर भी होता है।
12. शोर स्वत: तंत्रिका तंत्र (Autonomic Nervous System) को प्रभावित करता है।
13. यकायक अत्यधिक तीव्र शोर–ध्वनिक धमाका/ध्वनि गरज (sonic boom) मस्तिष्क की विकृतियाँ उत्पन्न करता है।
14. लम्बे समय तक चलने वाले शोर के कारण दृष्टि एवं श्रवण क्षमता कम हो जाती है।

ध्वनि प्रदूषण का नियंत्रण (Control of Noise Pollution)

यह संभव नहीं है कि शोर पर पूर्णतया नियंत्रण किया जा सके। ध्वनि प्रदूषण को निम्न उपायों से कम किया जा सकता है–

1. शोर के स्रोत से ही नियंत्रण (control of noise at source) : कानून की सहायता से शोर करने वाले वाहन, मोटर, ट्रक, आदि पर रोक लगाकर शोर कम किया जा सकता है।
2. वायुयान, ट्रक, मोटरसाइकिल, स्कूटर, औद्योगिक मशीनों एवं इंजनों को शोर नियंत्रण कवच से ढँकना चाहिए जिससे इन उपकरणों से कम से कम शोर उत्पन्न हो सके।
3. उद्योगों, कल-कारखानों में शोर उत्पन्न करने वाली मशीनों वाले उद्योगों में कार्य करने वाले श्रमिकों के द्वारा कर्ण फोन (Ear-phone) (आकर्णक) एवं कर्ण कुण्डल (Ear plug) का उपयोग करना चाहिए।
4. मकानों, भवनों में कमरों के दरवाजों एवं खिड़कियों की उपयुक्त रूपरेखा या डिजाइन का बनाकर बहुत कुछ शोर को कम किया जा सकता है।
5. मशीनों में शोर कम करने के लिए स्तब्धक (silencer) का उपयोग करना चाहिए।
6. लम्बे एवं घने वृक्ष, झाड़ियाँ शोर ध्वनि को शोषित करते हैं। इस कारण नीम, नारियल, इमली, आम, पीपल आदि के लंबे घने वृक्ष स्कूल, अस्पताल, सार्वजनिक कार्यालयों, लायब्रेरीज के आसपास, रेल की पटरियों के किनारे, सड़क के दोनों ओर लगाना चाहिए।
7. घरों में पुताई हल्के हरे या नीले रंग के द्वारा करने से यह रंग ध्वनि प्रदूषण को रोकने में सहायक होते हैं।
8. धार्मिक, सामाजिक, चुनाव, शादी कार्यक्रमों, धार्मिक उत्सवों, मेलों आदि में ध्वनि विस्तारक यंत्रों (Loudspeakers) का उपयोग आवश्यक होने पर करना चाहिए और वह भी कम ध्वनि के साथ।
9. घरेलू शोर को कम करने के लिए टी.वी., रेडियो, ट्रांजिस्टर, टेपरिकार्डर, ग्रामोफोन्स आदि को धीमी गति से चलाना चाहिए।

मृदा प्रदूषण (Soil Pollution)

डोक्याशेव के अनुसार ''मृदा मात्र शैलों, पर्यावरण जीवों व समय की आपसी क्रिया का परिणाम है।''

मिट्टी में विविध लवण, खनिज, कार्बनिक पदार्थ, गैसें एवं जल एक निश्चित अनुपात में होते हैं, लेकिन जब इन भौतिक एवं रासायनिक गुणवत्ता में अतिक्रमण आता है, तो इससे मृदा में प्रदूषण हो जाता है।

मृदा प्रदूषण के कारण :
मृदा प्रदूषण के निम्नलिखित कारण हैं–

(1) भू-क्षरण द्वारा मृदा प्रदूषण : भू-क्षरण मृदा का भयानक शत्रु है, क्योंकि गौरी के अनुसार "भू-क्षरण मृदा की चोरी एवं रेंगती मृत्यु है।" भू-क्षरण द्वारा कृषि क्षेत्र की ऊपरी सतह की मिट्टी कुछ ही वर्षों में समाप्त हो जाती है, जबकि 6 से.मी. गहरी मिट्टी की पर्त के निर्माण में लगभग 2,400 वर्ष लगते हैं।

(2) कृषि द्वारा मृदा प्रदूषण : बढ़ती जनसंख्या की खाद्यान्त संबंधी आवश्यकता की पूर्ति की दृष्टि से गहन कृषि द्वारा अन्न उत्पादन पर बल दिया जा रहा है।

(3) कीटनाशक और कृत्रिम उर्वरक के द्वारा प्रदूषण : यद्यपि कीटनाशक तथा रासायनिक खाद फसल उत्पादन वृद्धि में सहयोग देते हैं, लेकिन धीरे-धीरे मृदा में जमाव से इनकी वृद्धि होने लगती है, जिससे सूक्ष्म जीवों का विनाश होता है तथा मृदा तापमान में वृद्धि से मृदा की गुणवत्ता नष्ट होने लगती है।

(4) वनोन्मूलन द्वारा मृदा प्रदूषण : वन मृदा निर्माण में जैविक तत्व प्रदान करते हैं और भू-क्षरण को नियंत्रित करते हैं। जिन क्षेत्रों में वनों का विनाश बड़े स्तर पर हुआ है, वहाँ की मृदा के जैविकीय गुण समाप्त होते जा रहे हैं।

(5) घरेलू तथा औद्योगिक अपशिष्ट : घरेलू तथा औद्योगिक संस्थानों से निकले अपशिष्ट पदार्थ, जैसे-सीसा, ताँबा, पारा, प्लास्टिक, कागज आदि मृदा में मिलकर इसे दूषित करते हैं।

(6) मरूस्थलीयकरण : मरूस्थलों की रेत हवा के साथ उड़ जाती है और दूर तक रेत भूमि पर बिछ जाता है। इस प्रकार बलुई धूल के फैलाव से मरूस्थलों का विस्तार होता है। इस प्रकार धूल उर्वरा भूमि का विनाश कर उसकी उत्पादकता को घटाती है।

(7) अधिक सिंचाई द्वारा मृदा प्रदूषण : कृषि में सिंचाई की नहरों का अधिक महत्व है, लेकिन कृषि के लिए वरदान देने वाली नदियाँ व नहरें ही अभिशाप सिद्ध हो रही हैं।

मृदा प्रदूषण के दुष्प्रभाव

भू-प्रदूषण के दुष्प्रभाव बहुआयामी हैं। एक ओर इससे पर्यावरण प्रदूषित होता है, तो दूसरी ओर मनुष्य के स्वास्थ्य पर दुष्प्रभाव पड़ता है। भू-प्रदूषण के दुष्प्रभाव निम्नलिखित हैं–

(1) भू-प्रदूषण अन्य प्रकार के प्रदूषणों का कारक है। विशेषकर वायु एवं जल प्रदूषण में इसके द्वारा वृद्धि होती है।

(2) विभिन्न प्रकार के अपशिष्ट पदार्थ शहर की नालियों से बहकर जल स्रोतों में पहुँच जाते हैं या सीधे ही इनमें डाल दिए जाते हैं, जिससे जल प्रदूषण अत्यधिक होता है।

(3) कूड़े-करकट के सड़ने-गलने से अनेक प्रकार की गैसें एवं दुर्गन्ध निकलती है, जो चारों ओर के वातावरण को प्रदूषित कर देती है। इस गन्दगी में यदि रसायन मिश्रित होते हैं, तो उनसे भी हानिकारक गैसें निकलती हैं।

(4) भू-प्रदूषण का विपरीत प्रभाव भूमि की उर्वरा शक्ति पर पड़ता है। विशेषकर औद्योगिक अपशिष्टों द्वारा, क्योंकि उसमें अनेक अघुलनशील एवं हानिकारक तत्व होते हैं।

(5) अपशिष्ट पदार्थों को समुद्रों में डाल देने की प्रवृत्ति सामान्य है, किन्तु इनका निरन्तर उनमें डालना एवं मात्रा में वृद्धि के कारण सामुद्रिक पारिस्थितिकी तंत्र में असंतुलन आता जा रहा है।

(6) कूड़ा-करकट के कारण अनेक बीमारियों को फैलाने वाले जीवाणुओं का जन्म होता है, जिनसे टी.बी., मलेरिया, हैजा, मोतीझरा, पेचिश, आँखों के रोग, आन्त्रशोथ आदि बीमारियों का जन्म होता है।

मृदा प्रदूषण को रोकने के कुछ उपाय : मृदा प्रदूषण को रोकने के कुछ उपाय निम्नलिखित हैं–

1. फसलों पर छिड़कने वाली विषैली दवाओं का प्रयोग प्रतिबंधित किया जाए।
2. गाँव तथा नगरों में मल एवं गन्दगी को एकत्रित करने के लिए उचित स्थान होने चाहिए।
3. भू-क्षरण को रोकने के सभी उपायों पर कार्य प्रारम्भ हो।
4. कृत्रिम उर्वरकों के स्थान पर परम्परागत खाद का प्रयोग कृषि भूमि में होना चाहिए।
5. खेतों में पानी के निकास की उचित व्यवस्था होनी चाहिए। नहरों व नालियों को पक्का किया जाए। नहरों के निर्माण के समय पारिस्थितिकी को ध्यान में रखा जाए।
6. वनों के विनाश पर प्रतिबंध लगाया जाए, साथ ही वृक्षारोपण को प्रोत्साहन देकर मिट्टी निर्माण प्रक्रिया में आए गतिरोध को दूर किया जाए।
7. बाढ़ नियंत्रण के लिए योजना बनाई जाए।
8. प्रदूषित जल का वृहत भूमि पर बहाव नियंत्रित करना चाहिए।
9. ढालू भूमि पर सीढ़ीनुमा कृषि पद्धति अपनाने पर बल देना चाहिए।

वन विनाश के कारण (Causes of Deforeststion)

हमारे देश में वन विनाश के लिए निम्न कारण उत्तरदायी हैं–

(1) ऊर्जा की प्राप्ति के लिए वनों का विनाश :
वर्तमान समय में ऊर्जा प्राप्ति के लिए वनों का विनाश तीन विधियों से किया जा रहा है :
(1) जलाऊ लकड़ी के रूप में
(2) वन विद्युत शक्तिगृहों के लिए
(3) वृक्ष हाइड्रोजन से कार्बन प्राप्ति के लिए

(2) बाँध परियोजनाओं के निर्माण द्वारा वनों का विनाश:
वर्तमान समय में बांध परियोजनाओं का निर्माण कार्य हिमालय क्षेत्र में अत्यधिक हो रहा है। जिससे बांध परियोजनाओं का निर्माण, सड़कों तथा जलाशयों के निर्माण से एवं वनों के विनाश के साथ-साथ डूबे क्षेत्र के विस्थापितों को पुनः बसाने के लिए भी वनों को काटा जा रहा है। टिहरी बांध परियोजना के निर्माण से, टिहरी शहर के आस-पास कई किलोमीटर दूर तक वन पूर्णरूप से समाप्त हो गए हैं।

(3) कृषि भूमि के विस्तार के लिए वनों का विनाश : स्वतंत्रता प्राप्ति के बाद से 8वें दशक तक कृषि भूमि के विस्तार के लिए अत्यधिक वन भूमि का अतिक्रमण किया गया।

(4) औद्योगिक कच्चे माल की आपूर्ति के लिए वनों का विनाश : देश में इमारती लकड़ी तथा फर्नीचर की बढ़ती हुई मांग के कारण भी वनों का विनाश हो रहा है। रोजन उद्योग, जड़ी-बूटियों का उद्योग तथा अन्य

वनों पर आधारित उद्योगों के लिए कच्चे माल की आपूर्ति के लिए भी वनों को काटा जा रहा है।

(5) **सड़कों व रेलवे-मार्गों के निर्माण में वनों का विनाश :** ब्रिटिश शासन काल में तथा स्वतंत्रता के बाद रेलवे लाइनों में स्लीपर बिछाने के लिए रेलवे लाइनों के सामने जो भी जंगल आते थे उन्हें काटा गया। इसी तरह से सड़क मार्गों के निर्माण से देश में सैकड़ों व हजारों हेक्टेयर वन क्षेत्रों का विनाश हुआ। सड़क के निर्माण में लाखों टन मलबा निकलता है। यह मलबा जब ढलान पर लुढकते हुए नीचे गिरता है तो हजारों पेड़-पौधे तथा अन्य प्रकार के वनस्पतियों को रौंदता हुआ नीचे गिरता है।

(6) **पशुचारण द्वारा वनों का विनाश**–चारागाहों की कमी के कारण हमारे देश में वन क्षेत्रों में भी अधिक पशु चारण होता है। पशुओं द्वारा अनियंत्रित चराई से एक ओर वनों का विनाश हो रहा है तो दूसरी ओर पशुओं के खुरों से मिट्टी उखड़कर मिट्टी अपरदन हो रहा है।

(7) **झूम कृषि द्वारा वनों का विनाश :** भारत के आदिवासी क्षेत्रों में झूम कृषि द्वारा लगभग 95 लाख हेक्टेयर वन भूमि का विनाश हो गया है। आज भी उत्तर-पूर्वी भारत में अरूणाचल प्रदेश, असम, नागालैण्ड, मणिपुर, मेघालय, मिजोरम तथा त्रिपुरा में लगभग 150 आदिवासी काबीले हैं जो झूम कृषि द्वारा वनों का विनाश कर रहे हैं।

(8) **अन्य कारणों से वनों का विनाश** – अनेक प्राकृतिक घटनाएँ जैसे भू-स्खलन, हिम-स्खलन, जंगलों में लगी आग तथा जंगली जानवरों द्वारा भी बड़े पैमाने पर वनों का विनाश होता है। आग द्वारा वन्य जीवों का भी अत्यधिक विनाश होता है।

वन विनाश का प्रभाव (Effects of Deforestation)

वन विनाश द्वारा निम्नलिखित या पारिस्थितिकी प्रभाव पड़ रहे हैं–

(1) **पर्यावरण असन्तुलन :** वायुमण्डल में कार्बन-डाइ ऑक्साइड की मात्रा में वृद्धि के साथ-साथ ऑक्सीजन जो शुद्ध वायु का प्रतीक है, का प्रतिशत घटता जा रहा है। इससे मानव स्वास्थ्य बिगड़ता जा रहा है। वातावरण में असंतुलन से मानवीय जीवन खतरे में पड़ सकता है। पारिस्थितिकी असन्तुलन तथा पर्यावरण प्रदूषण्म की रोकथाम में वन सबसे महत्वपूर्ण भूमिका निभाते हैं। यह वायुमण्डल में गैसों के अनुपात को बराबर रखते हैं। साथ ही बाढ़, भूस्खलन, भूक्षरण एवं वायुप्रदूषण के रूप में होने वाली तबाही से भी रक्षा करते हैं।

(2) **भू-क्षरण की समस्या** – मूसलाधार वर्षा का पानी जब मिट्टी सहित नदी-नालों में पहुँचता है तो पानी के साथ गाद अधिक होने से यह बाढ़ का स्वरूप धारण कर लेता है। इससे ना केवल ऊपरी मिट्टी की परत कट कर बह रही है अपितु ऐसी वनविहीन भूमि में वर्षा के पानी को सोखने की क्षमता भी समाप्त हो गई। वनस्पतियों के नष्ट होने से जलसमेत क्षेत्रों की चट्टानें नंगी हो जाती हैं। नंगी तथा खाली भूमि में बहते हुए पानी तथा वर्षा की बूंदों द्वारा भू-क्षरण प्रारम्भ हो जाता है।

(3) **हिमस्खलन की समस्या** – जिन पर्वतीय क्षेत्रों में सघन वन होते हैं वहाँ के वातावरण में नमी होती है। शीत ऋतु में यह नमी पर्वतीय क्षेत्र के ऊँचाई वाले भागों में, जहाँ वायुमण्डलीय दबाव कम रहता है, हिम में परिवर्तित हो जाती हैं। यही हिम फिर पृथ्वी पर गिरने लगती है जिसे हिमपात कहते है। इस प्रकार हिमपात होने में वनों का सघन होना आवश्यक है।

(4) **स्थानीय वातावरण का प्रभाव** – भूमि, जल एवं स्थानीय वातावरण के संरक्षण में वनों का अत्यधिक महत्व है। वन सम्पदा के नष्ट होने के फलस्वरूप मौसम में आसामायिक परिवर्तन, अनावृष्टि तथा अतिवृष्टि जैसे अनेक प्राकृतिक प्रकोप उत्पन्न हो रहे हैं।

(अ) तापमान तथा वर्षा प्रभावित – वन विनाश का प्रभाव वार्षिक वर्षा की मात्रा पर भी पड़ता है। जहाँ वन घने होते हैं वर्षा की मात्रा भी अधिक होती है, किन्तु जहाँ वनों का विस्तार कम होता है या छितरे वन मिलते हैं वहाँ वर्षा कम होती है।

(ब) सूर्य की किरणों से सुरक्षा – वन स्थानीय तापमान को नियन्त्रित करते हैं। इसका घना विस्तार सूर्य की किरणों को सीधे पृथ्वी पर नहीं पड़ने देता है जिससे भूमि गर्म नहीं हो पाती है।

(स) आर्द्रता प्रभावित – वनों का आर्द्रता पर भी प्रभाव पड़ता है। वृक्ष, जो जल भूमि से प्राप्त करते हैं उसकी अधिकांश मात्रा वाष्पीकरण की क्रिया द्वारा वायुमण्डल में निकाल देते हैं जिससे स्थानीय वातावरण में नमी की मात्रा अधिक हो जाती है। वन वायु की गति को नियंत्रित करके मिट्टी और फसलों की सुरक्षा करते हैं तथा वायुमण्डल की प्रदूषित वायु को छानकर उनको शुद्ध बनाते हैं।

(5) **वन्य जीवों पर प्रभाव :** वन्य जीव प्रकृति की धरोहर हैं जिनका वनों के साथ प्रत्यक्ष संबंध है। घने वनों में वन्य जीव जन्तु अधिक, किन्तु विरल वनों में वन्य जीव-जन्तुओं का अभाव रहता है। हमारा देश वन्य जीवों एवं पक्षियों की अनेकरूपता एवं अधिकता के लिए प्रसिद्ध है। वनों के विनाश के साथ-साथ वन्य जीव जन्तु भी बराबर कम होते जा रहे हैं।

(6) **कृषि पर प्रभाव** – हमारे देश में वन विनाश का विनाशकारी प्रभाव कृषि भूमि की दशाओं तथा कृषि उत्पादन पर पड़ रहा है। पर्वतीय क्षेत्रों में वन विनाश के फलस्वरूप जल के स्रोत पतले होते जा रहे हैं। तथा कहीं-कहीं सूख गए हैं। जल का अभाव होने के कारण कृषि के लिए सिंचाई की समस्या पैदा हो रही है। मैदानी क्षेत्रों तथा पठारी क्षेत्रों में भी वनस्पतियाँ अपनी जड़ों द्वारा वर्षा के पानी को रोककर भूमिगत जल के रूप में संचित करती हैं। वनों के विनाश तथा सिंचाई द्वारा भूमिगत जल के अतिदोहन से भूमिगत जल स्तर नीचे गिर रहा है।

(7) **चारागाहों पर प्रभाव** – वन क्षेत्र का चारागाह क्षेत्रों से प्रत्यक्ष संबंध है ज्यों-ज्यों वन क्षेत्र घटते जा रहे हैं त्यों-त्यों पशु चारागाह क्षेत्र भी घटता जा रहा है। वनों की सीमाओं के ह्रास होने तथा चारे व ईंधन देने वाली प्रजातियों के धीरे-धीरे कम होने के कारण यह समस्या औसतन बढ़ रही है।

भारतीय कृषि अनुसंधान परिषद् के वैज्ञानिकों ने सुझाव दिया है कि यदि पेड़-पौधों का उन्मूलन नहीं रोका गया तो इससे समस्त देश को गम्भीर परिस्थितियों का सामना करना पड़ सकता है।

हमारे देश में वनों के विनाश को रोकने के लिए तथा वनों के विकास के लिए निम्नलिखित सुझाव सहायक हो सकते हैं–

1. जलाऊ लकड़ी के स्थान पर अतिरिक्त वैकल्पिक ऊर्जा स्रोत विकसित किए जाएँ।
2. झूम कृषि का विकल्प तैयार किया जाए।
3. वे वृक्ष प्रजातियाँ जो पर्यावरण संरक्षण की दृष्टि से महत्वपूर्ण हैं, उनकी कटाई पर प्रतिबंध लगाकर उन्हें सुरक्षित वृक्ष प्रजातियाँ घोषित किया जाए।
4. चरागाह क्षेत्रों को विनाश होने से बचाया जाए। चारागाहों के संरक्षण व विकास से पशुओं द्वारा वनों की बर्बादी कम होगी।

5. तीव्र व मन्द ढालों में वनों के काटने पर पूर्ण रूप से प्रतिबन्ध लगाया जाए।
6. वृक्षारोपण कार्यक्रम में उन वृक्ष प्रजातियों को वरीयता दी जाए जिनकी पर्यावरणीय उपज, जैसे-ऑक्सीजन, जल, मृदा, फल, चारा-पत्ती व रेशा आदि उपज अधिक हो।
7. कृषि भूमि के विस्तार के लिए वनों के विनाश पर कठोर प्रतिबन्ध लगाया जाए।
8. सामाजिक वानिकी, कृषि वानिकी तथा वन खेती से वन क्षेत्रफल बढ़ाकर वनों की क्षतिपूर्ति पूरी कीजिए जाए।
9. पशु संख्या को नियंत्रित किया जाए तथा उनकी नस्लों में सुधार किया जाए।
10. वनों पर आधारित उद्योग-धन्धों के कच्चे मालों के लिए सामाजिक वानिकी की योजनाएँ प्रारम्भ की जाएं।
11. लकड़ी के शवदाह गृहों की अपेक्षा विद्युत शवदाह का विकास किया जाए।
12. वन्य जीव-जन्तुओं के संरक्षण व विकास के लिए अभ्यारण्य स्थापित किए जाएं।
13. इमारती लकड़ी के स्थान पर लोहे की बनी चीजों को वरीयता दी जाए।

अम्लीयं वर्षा (Acid Rain)

अम्लीय वर्षा वायु प्रदूषण का विनाशकारी प्रभाव है। विभिन्न उत्पादन क्रियाओं उद्योगों, कारखानों, वाहन एवं तेल शोधकों से निकली कार्बन डाइऑक्साइड, नाइट्रिक ऑक्साइड, सल्फर डाई ऑक्साइड (SO_2) वायु में घुल जाती है। वर्षा जब होती है जब सूर्य किरणों की ऊष्मा समुद्र की सतह, झीलों एवं नदियों की जल सतह पर वाष्पीकरण को उत्प्रेरित करती है। इस विधि के अंतर्गत जो जल वाष्प बनती है एक ऊँचाई तक वायुमंडल में जाती है, वहाँ यह आर्द्रता में संघनित हो जाती है। यदि अनुकूल परिस्थितियाँ होती हैं तब यह वर्षा के रूप में पृथ्वी पर आती है। अम्लीय वर्षा की स्थिति में जलवाष्प वायुमंडल में पहुँचकर संघनित होती और SO_2 NO_2 एवं CO_2 गैसों से जो वायुमंडल में पाई जाती हैं, उनसे अभिक्रिया करती हैं। यह गैस अभिक्रिया करके सल्फ्यूरिक अम्ल (Sulphuric Acid), नाइट्रिक अम्ल (Nitric Acid) एवं कार्बोनिक अम्ल (Carbonic Acid) का निर्माण करती है। जब यह वर्षा होती है तब यह वायुमंडलीय प्रदूषक मिट्टी वनस्पति, सतही जल या जलाशयों में संचित हो जाते हैं। इसके परिणामस्वरूप क्षति होती है, क्योंकि प्रदूषक अम्लीय होते हैं।

अम्लीय वर्षा (Acid rain) यह आज की घटना नहीं है अम्लीय वर्षा (Acid Rain) को सर्वप्रथम रोबर्ट एन्गज स्मिथ (Robart Angus Smith) ने 1852 में परिभाषित किया था। वर्तमान में औद्योगिक क्षेत्र अम्लीय वर्षा के कारण अधिक प्रभावित होते हैं, जबकि औद्योगिक क्रांति के पूर्व अम्लीय वर्षा का प्रभाव नहीं था।

भारत भी अम्लीय वर्षा के प्रभाव से पृथक नहीं हुआ है। भारतवर्ष में मानव जनित अनेक स्रोत पाये जाते हैं। जो SO_2 को निष्कासित करते हैं जैसे-ऊर्जा उत्पादन, परिवहन एवं घरेलू ऊर्जा जो कि खाना पकाने के लिए उपयोग होती है, अनेक प्रकार के जीवाश्म ईंधन का उपयोग। भारतवर्ष में उद्योगों के माध्यम से वर्षा की अम्लीयता में वृद्धि हुई है।

अम्लीय वर्षा का निर्माण

प्रदूषण इकाई के अंतर्गत तापीय ऊर्जा संयंत्र, उर्वरक, रासायनिक एवं कोयला खनन उद्योग के कारण वायु में CO_2, SO_2, NOX हाइड्रोकार्बन मुक्त होती है। यह गैसें वायुमण्डल की वायु में उपस्थित जलवाष्प से अभिक्रिया कर H_2CO_3, H_2SO_4, HNO_3 का निर्माण करती हैं। इन अम्लों से संदूषित वर्षा, पृथ्वी पर आती है जिससे मिट्टी का संगठन एवं उर्वरता नष्ट हो जाती है। मिट्टी के सूक्ष्मजीव नष्ट हो जाते हैं। भूमि बंजर हो जाती है एवं जलीय जीवन को नष्ट करती है। पौधों के ऑक्सीजन उत्पन्न करने की क्षमता को कम करती है। पौधों की वृद्धि, प्रजनन क्षमता को नष्ट करती है और अन्त में वनस्पति को पूर्णत: समाप्त करती है। प्राणी समूह भी इससे प्रभावित होता है।

अम्ल वर्षा का प्रमुख कारण SO_2 एवं NO_2 गैसों को माना जाता है। अम्लीय वर्षा के अतिरिक्त, नाइट्रोजन के ऑक्साइड्स, हाइड्रोकार्बन्स के साथ अभिक्रिया कर ओजोन (Ozone) को उत्पन्न करते हैं, जो कि एक दीर्घ प्रदूषक है।

अम्लीय वर्षा के प्रभाव

1. अम्लीय वर्षा का अधिकतम प्रभाव वनस्पतियों पर दिखाई देता है। वनस्पति नष्ट हो जाती हैं, पत्तों के रंग में परिवर्तन, वृक्षों के शिखर की सीमित वृद्धि, वनस्पति, वृक्षों की वृद्धि एवं प्रजनन में कमी, असमय फूलों, पत्तों एवं कलियों का गिरना।
2. अनेक देशों में वनों का क्षेत्र नष्ट होता जा रहा है।
3. जलीयकाय अनुपयोगी हो जाते हैं। झीलों, तालाब में उद्योगों से निकली SO_2, NO_2 अन्य हाइड्रोकार्बन्स के मिल जाने से इनकी जैविक सम्पदा नष्ट हो जाती है, इस कारण इन झीलों को जैविक सम्पदा की दृष्टि से मृत झीलें (Dead Lakes) कहा जाता है।
4. अम्लीय वर्षा के प्रभाव से जलीय जीव जोंक, कछुए, मछलियाँ, शैवाल एवं अन्य जलीय प्राणी नष्ट हो रहे हैं। मछलियाँ अपने शरीर में लवण के स्तर को संतुलित नहीं रख पाती हैं तथा हानिकारक विषाक्त तत्व, जैसे-जस्ता, सीसा, कैडमियम, मैगनीज, निकल, एल्यूमीनियम की सान्द्रता मछलियों के शरीर में अधिक हो जाती है जिसके कारण मछलियाँ एवं अन्य जीवों की मृत्यु हो जाती है। इन मछलियों के खाने से मनुष्य प्रभावित होता है।
5. अम्लीय वर्षा के कारण मिट्टी अम्लीय हो जाती है, इस कारण मृदा की उर्वरता, उत्पादकता समाप्त हो जाती है या कम हो जाती है।
6. अम्लीय वर्षा के कारण प्राचीन ऐतिहासिक भवनों/पुरातत्वीय दृष्टि से महत्त्वपूर्ण भवनों को क्षति पहुँचती है। उदाहरण: भारतवर्ष का ताजमहल, लाल किला, मोती मस्जिद, आगरा एवं ग्वालियर का किला, यूनान की एक्रियोपोलिस, अमेरिका का लिंकन स्मारक आदि की सुंदरता समाप्त हो रही है।

अम्लीय वर्षा का नियंत्रण : अम्लीय वर्षा के प्रभावों के नियंत्रण के लिए निम्न उपाय करना चाहिए–

1. पर्यावरण को स्वच्छ रखने की तकनीक का उपयोग, उद्योगों की चिमनियों से निकलने वाली सल्फर डाई ऑक्साइड गैस को कम करने वाली तकनीक का उपयोग करना चाहिए
2. उद्योगों की चिमनियों की ऊँचाई 200 मीटर एवं चिमनियों से निकलने वाली गैस की गति 80 किमी प्रतिघंटा रखी जाए जिससे 600 मीटर से अधिक ऊँचाई पर गैस वायुमण्डल में जाकर अधिक से अधिक क्षेत्र में विसर्जित हो सके।

3. सभी परिष्कृत शालाओं के द्वारा डीजल का उत्पादन किया जाए उसमें गंधक की मात्रा 0.25 प्रतिशत होना चाहिए। शहर में सभी टैक्सी, मोटरयान, दुपहिया वाहन एवं बसें CNG गैस का उपयोग कर परिचालित करें।

ओजोन क्षरण (Ozone Depletion)

हमारे सौरमण्डल में पृथ्वी ही संभवत ऐसा अनोखा ग्रह है, जिसका वायुमण्डल रासायनिक दृष्टि से सक्रिय तथा ऑक्सीजन से भरा हुआ है, अन्य ग्रह कार्बन डाइऑक्साइड, मीथेन तथा हाइड्रोजन जैसी निष्क्रिय गैसों से घिरे हुए हैं। हमारे वायुमण्डल की ऊपरी परत में 15 से 35 किमी के मध्य ओजोन गैसें (O_3) पाई जाती हैं। ओजोन गंधयुक्त हलके नीले रंग की गैस है, जो ऑक्सीजन के तीन परमाणुओं के संयोग से बनती है। ओजोन गैस का सर्वाधिक संकेन्द्रण धरातल से 20 से 25 किमी की ऊंचाई पर समतापमंडल (stratosphere) में मिलता है। इसमें ओजोन का विघटन एवं संयोजन होता रहता है। सूर्य से आने वाली पराबैंगनी किरणें ओजोन के साथ रासायनिक क्रिया कर ओजोन का आणविक तथा परमाणविक ऑक्सीजन में विखण्डित करती हैं।

सूर्य से आने वाली हानिकारक पराबैंगनी किरणों को ओजोन परत बीज में ही रोक देती है, जिससे ये पृथ्वी के धरातल पर नहीं पहुँच पाती तथा जीवमंडल को सुरक्षित बनाये रखती हैं। इसलिए ओजोन परत को 'ऊष्मा-सह' छतरी या 'जैवमंडल का सुरक्षा कवच' कहते हैं। वास्तव में सौर पराबैंगनी प्रकाश के घातक प्रभाव से ओजोन हमारी रक्षा करती है।

ओजोन परत का वायुमंडलीय विस्तार कई किमी है, किन्तु यदि इस परत को संपीड़ित कर पृथ्वी के वायु दाब पर मापी जाए तो यह केवल 3 मिलीमीटर मोटी होगी, लेकिन समतापमंडलीय हवा के कम दाब पर यह 35 किमी तक फैली है। धरातल से ओजोन परत की ऊंचाई मौसम एवं अक्षांश के अनुसार शीतकाल में नीचे तथा ग्रीष्मकाल में ऊँची हो जाती है। पराबैंगनी किरणों के अवशोषण से ओजोन परत का तापमान बढ़कर 170 फारेनहाइट तक हो जाता है।

ओजोन का क्षरण

ओजोन परत के क्षरण का वैज्ञानिक व प्रामाणिक ज्ञान सबसे पहले अमेरिकी वैज्ञानिक शेरवुड रॉलैंड और मेरिओं मोलिका ने 1973 में बताया। उन्होंने कहा कि ओजोन परत को मानव निर्मित गैस क्लोरो फ्लोरो कार्बन (CFC) नष्ट कर सकती है। 1983 और 1984 में अमेरिकी उपग्रह निम्बस ने ओजोन परत का काफी नजदीकी से अध्ययन किया। 1987 में शोध द्वारा यह सिद्ध हुआ कि क्लोरीन गैस ओजोन को नष्ट करती है। वैज्ञानिकों ने इस सन्दर्भ में पाया कि क्लोरीन का एक परमाणु एक लाख ओजोन अणुओं को जब्त कर लेता है। अप्रैल 1991 में नासा ने बताया कि गत एक दशक में ओजोन परत का 4.5 से 5 प्रतिशत तक ह्रास हुआ है।

ओजोन क्षरण के कारण

ओजोन परत के क्षरण में मुख्यतया निम्न कारकों की भूमिका होती है –

प्राकृतिक कारक – प्राकृतिक कारकों में सौर क्रिया, नाइट्रस ऑक्साइड, प्राकृतिक क्लोरीन, वायुमंडलीय संरचरण, पृथ्वी के रचनात्मक प्लेट किनारों से निकलने वाली गैस तथा केन्द्रीय ज्वालामुखी उद्गार से निकलने वाली गैसें प्रमुख हैं।

(क) **सौर क्रिया –** ओजोन को क्षति पहुँचाने वाली पराबैंगनी किरणों की मात्रा सौर स्थिरांक द्वारा प्रभावित होती है। सौर स्थिरांक धरातल से 1000 किमी की ऊँचाई पर मापी गयी सूर्याभिताप की पृथ्वी के वायुमंडल में प्रवेश करने की मात्रा है जो सामान्य रूप से 2 कैलोरी प्रति वर्ग सेमी प्रति मिनट होती है। सौर स्थिरांक, सौर क्रिया द्वारा प्रभावित होती है। सौर क्रिया के समय अधिक ऊर्जा निकलती है। एक सौर चक्र में कई सौर क्रियायें होती हैं। इस समय 21वां सौर चक्र चल रहा है, जिसमें 170 सौर क्रियाएँ हो चुकी हैं। सौर क्रिया के समय सौर स्थिरांक सामान्य से अधिक हो जाता है; जिससे ओजोन का प्राकृतिक विनाश बढ़ जाता है।

(ख) **नाइट्रस ऑक्साइड –** वायुमण्डल में आणविक नाइट्रोजन गैस प्राकृतिक रूप में उपस्थित रहती है, जिसके साथ सूर्यताप के संयोग से नाइट्रस ऑक्साइड बनता है, जिसे प्रकाश रसायन (Photo chemical) कहा जाता है।

(ग) **वायुमंडलीय संचरण –** वायुमंडल को त्रिकोशिकीय देशान्तरीय संचरण द्वारा शीतोष्ण कटिबन्धीय औद्योगिक देशों में विसर्जित ओजोन विनाशक तत्व 60-70 उत्तरी तथा दक्षिणी अक्षांशों के सहारे ऊपर उठाए जाते हैं, जो ओजोन का क्षरण करते हैं।

प्रश्नमाला

1. यदि जल प्रदूषण इसी गति से होता रहा तो अन्ततोगत्वा-
   (a) वर्षा में अवरोध आएगा
   (b) जल चक्र रुक जाएगा
   (c) जलीय जीवन के लिए नाइट्रेट अनुपलब्ध हो जाएगा
   (d) जलीय जीवन के लिए ऑक्सीजन अणु अनुपलब्ध हो जाएंगे

2. सरकार की 'बाघ परियोजना' का उद्देश्य है-
   (a) बाघ की आदतों का अध्ययन
   (b) विभिन्न प्रजातियों के सम्बन्ध में महत्वपूर्ण जानकारी एकत्र करना
   (c) भारतीय बाघ को समाप्त होने से बचाना
   (d) इनमें से कोई नहीं

3. निम्नलिखित में से कौन ''पक्षियों का महाद्वीप'' के नाम से जाना जाता है?
   (a) यूरोप
   (b) ऑस्ट्रेलिया
   (c) दक्षिण अमेरिका
   (d) एशिया

4. मैदानों में परिस्थितिकी सन्तुलन को कायम रखने हेतु आवरण का न्यूनतम प्रतिशत है-
   (a) 50 (b) 40
   (c) 33 (d) 25

5. पारिस्थितिकी तंत्र की संकल्पना को प्रतिपादित किया था-
   (a) ए.जी. टान्सले ने
   (b) चार्ल्स डार्विन ने
   (c) सी.सी. पार्क ने
   (d) ई.पी. ओडम ने

6. पारिस्थितिकी के जनक हैं-
   (a) अर्नस्ट हेकेल (b) चार्ल्स डार्विन
   (c) ई. वॉर्मिंग (d) चार्ल्स एल्टन

7. जीव मण्डल आरक्षित परिरक्षण क्षेत्र हैं-
(a) घास स्थल के
(b) कृषि उत्पादन के
(c) वायुमण्डलीय सन्तुलन के
(d) आनुवांशिक विभिन्नता के

8. किस नगर के प्रदूषण करने वाले उद्योगों को प्राकृतिक गैस-आधारित प्रौद्योगिकी में सर्वोच्च न्यायालय के आदेशानुसार परिवर्तित करना होगा-
(a) आबू (b) आगरा
(c) अमृतसर (d) औरंगाबाद

9. निम्नलिखित में से कौन-सा एक पारिस्थितिकीय तंत्र पृथ्वी के सर्वाधिक क्षेत्र पर फैला हुआ है?
(a) मरुस्थलीय (b) घास के मैदान
(c) पर्वतीय (d) सामुद्रिक

10. निम्नलिखित में से कौन-सा एक वृक्ष जो कभी सामाजिक वानिकी में लोकप्रिय था, अब एक पारिस्थितिक आतंकवादी माना गया है?
(a) बबूल (b) अमलतास
(c) नीम (d) यूकेलिप्टस

11. निम्नांकित कथनों में से कौन जी.डी.एम. के लिए सत्य नहीं है:
(a) यह हरितगृह गैस के उत्सर्जन को नियंत्रित करता है।
(b) यह ग्लोबीय तापीकरण को कम करता है।
(c) क्योटो प्रोटोकाल ने इसके सतत विकास के आंकलन के लिए सुझाव दिया है।
(d) यह विकसित देशों को विकासशील देशों की परियोजनाओं में पूंजी लगाने को निषेध करता है।

12. अम्ल वर्षा होती है-
(a) बादल तक पहुंच कर ठंडे होने वाले अम्ल वाष्प के कारण
(b) वर्षा के जल और कार्बन डाइआक्साइड प्रदूषकों के मध्य प्रतिक्रिया के फलस्वरूप
(c) बादल के जल एवं सल्फर डाइआक्साइड प्रदूषकों के मध्य प्रतिक्रिया के फलस्वरूप
(d) बिजली चमकने और बादल फटने के मध्य जलवाष्प और विद्युत आवेश के बीच प्रतिक्रिया के फलस्वरूप

13. सामाजिक वानिकी में, निम्न में से किस प्रकार के वृक्षों के रोपण को प्रोत्साहित किया जाता है?
(a) फल उत्पादक (b) चारा उत्पादक
(c) ईंधन उत्पादक (d) बहुउद्देशीय वाले

14. वायुमंडल में कार्बन डाइऑक्साइड का प्रतिशत बढ़ जाने पर निम्न में से क्या घटित नहीं होगा?
(a) पृथ्वी गरम हो जाएगी
(b) ध्रुवों पर बर्फ पिघलेगी
(c) समुद्र तट घट जाएगा
(d) वायु ताप बढ़ जाएगा

15. निम्नलिखित वृक्षों में से कौन-सा वृक्ष पर्यावरणीय संकट माना जाता है?
(a) बबूल (b) अमलतास
(c) नीम (d) यूकेलिप्टस

16. मानव-जनित पर्यावरणीय प्रदूषक कहलाते हैं-
(a) परजैविक (b) प्रतिजैविक
(c) ह्यूमेलिन (d) एनज्जेसिक

17. औद्योगिक मलबे से सर्वाधिक रासायनिक प्रदूषण होता है-
(a) चमड़ा उद्योग से (b) कागज उद्योग से
(c) रेयॉन उद्योग से (d) वस्त्र उद्योग से

18. निम्नलिखित में से किसका पारिस्थितिकी संतुलन से सम्बन्ध नहीं है?
(a) जल प्रबन्धन
(b) वन रोपण
(c) औद्योगिक प्रबन्धन
(d) वन्य जीव सुरक्षा

19. पर्यावरण अपकर्ष से अभिप्राय है-
(a) पर्यावरणीय गुणों का पूर्ण रूप से निम्नीकरण
(b) मानवीय क्रियाकलापों से विपरीत परिवर्तन लाना
(c) परिस्थितिकीय विभिन्नता के परिणामस्वरूप परिस्थितिकीय असन्तुलन
(d) उपर्युक्त सभी

20. 'भूमण्डलीय ऊष्मन' की आशंका किसकी बढ़ती हुई सांद्रता के कारण से बढ़ रही है?
(a) ओजोन की
(b) नाइट्रस ऑक्साइड की
(c) सल्फर डाई ऑक्साइड की
(d) कार्बन डाई ऑक्साइड की

21. धूल प्रदूषण रोकने के लिए उपयुक्त वृक्ष है-
(a) सीता अशोक (b) महुआ
(c) पॉपलर (d) नीम

22. मानवीय जनसंख्या के श्रेष्ठतर जीवनयापन के लिए निम्न में से कौन-सा कदम सर्वाधिक महत्वपूर्ण है?
(a) वनरोपण
(b) खनन कार्य पर रोक
(c) वन्य-वस्तुओं का संरक्षण
(d) प्राकृतिक संसाधनों के प्रयोग को कम करना

23. निम्नलिखित में से किसके क्षय होने में सबसे अधिक समय लगता है?
(a) सिगरेट का टुकड़ा
(b) चमड़े का जूता
(c) फोटो फिल्म
(d) प्लास्टिक का थैला

24. यूरो नार्म्स बनाए गए हैं-
(a) वाहनों के गति नियंत्रण के लिए
(b) वाहनों का आकार वर्गीकरण के लिए
(c) वाहनों से निकलने वाली हानिप्रद गैसों को नियंत्रित करने के लिए।
(d) इंजन की शक्ति बताने के लिए।

25. निम्न ग्रीन हाउस गैसों में से ऐसी कौन है, जिसके द्वारा ट्रोपोस्फियर में ओजोन प्रदूषण नहीं होता?
(a) मीथेन
(b) कार्बन मोनोआक्साइड
(c) नत्रजन ऑक्साइड्स (NOX)
(d) जल वाष्प

26. निम्नलिखित राज्यों में से उस राज्य को चुनिए जिस में सर्वाधिक संख्या में वन्य जीव अभयारण्य (नेशनल पार्क और अभयारण्य) हैं-
(a) उत्तर प्रदेश (b) राजस्थान
(c) मध्य प्रदेश (d) प. बंगाल

27. निम्नलिखित में से कौन-सी कृषि करने की प्रक्रिया पर्यावरण संरक्षण में सहायक है?
(a) अधिक उपज वाली किस्म की खेती
(b) ग्लास हाउस में पौधे उगाना
(c) शिफ्टिंग खेती
(d) जैविक खेती

28. निम्नलिखित दशाओं में से कौन वैश्विक ताप के असर को इंगित करती हैं?
1. हिमानी का पिघलना
2. सागरीय तल में उत्थान
3. मौसमी दशाओं में परिवर्तन
4. ग्लोबीय तापमान में वृद्धि

नीचे दिए गए कूट में से सही उत्तर का चयन कीजिए-
कूट :
(a) 1 और 2 (b) 1, 2 और 3
(c) 2, 3 और 4 (d) सभी चारों

29. विलुप्त होने वाली प्रजातियों की सूचीबद्धता होती है-
(a) डेड स्टॉक बुक में
(b) रेड डाटा बुक में
(c) लाइव स्टॉक बुक में
(d) उपर्युक्त में से किसी में नहीं

30. निम्नलिखित में से कौन-सा कारक जैवविविधता के ह्रास के लिए सर्वाधिक महत्वपूर्ण कारक है?
(a) आनुवंशिक आत्मसात्करण
(b) परभक्षियों का नियंत्रण
(c) प्राकृतिक वास का विनाश
(d) कीट नियंत्रण

31. पेरियार अभयारण्य प्रसिद्ध है-
(a) शेरों के लिए
(b) चित्तीदार हिरणों के लिए
(c) बाघों के लिए
(d) जंगली हाथियों के लिए

32. राष्ट्रीय पर्यावरण इंजीनियरिंग शोध संस्थान कहां स्थित है?
(a) नागपुर में (b) पूना में
(c) लखनऊ में (d) नई दिल्ली में

33. काजीरंगा किस लिए प्रसिद्ध है?
(a) गैंडा के लिए (b) बाघ के लिए
(c) पक्षी के लिए (d) शेर के लिए

34. पारिस्थितिकीय निकाय के रूप में आर्द्र भूमि (बरसाती जमीन) निम्नलिखित में से किस हेतु उपयोगी है?
(a) पोषक पुनर्प्राप्ति एवं चक्रण हेतु
(b) पौधों द्वारा अवशोषण के माध्यम से भारी धातुओं को अवमुक्त करने हेतु
(c) तलछट रोक कर नदियों का गादीकरण कम करने हेतु
(d) उपर्युक्त सभी हेतु

35. विश्व पर्यावरण दिवस मनाया जाता है-
(a) दिसम्बर 1 को (b) जून 5 को
(c) नवम्बर 14 को (d) अगस्त 15 को

36. निम्नलिखित में से कौन-सा सही सुमेलित नहीं है?
(a) पारिस्थितिकीय विज्ञानों का केन्द्र - बंगलुरु
(b) भारतीय वन्य प्राणी संस्थान - देहरादून
(c) भारतीय वन प्रबन्धन संस्थान - अहमदाबाद
(d) हिमालयी पर्यावरण एवं विकास का गोविन्द वल्लभ पन्त संस्थान - अल्मोड़ा

37. भूमिगत जल को दूषित करने वाले अजैविक प्रदूषक हैं-
(a) बैक्टीरिया (b) शैवाल
(c) आर्सेनिक (d) विषाणु

38. पारिस्थितिकीय तंत्र में तत्वों के चक्रण को क्या कहते हैं?
(a) रासायनिक चक्र
(b) जैव भूरासायनिक चक्र
(c) भूवैज्ञानिक चक्र
(d) भूरासायनिक चक्र

39. सर्वाधिक जैव विविधता कहां पायी जाती है?
(a) उष्ण कटिबन्धी वर्षा वनों में
(b) शीतोष्ण कटिबन्धी वनों में
(c) शंकुधारी वनों में
(d) उत्तर ध्रुवीय वनों में

40. 'इको मार्क' उन भारतीय उत्पादों को दिया जाता है, जो?
(a) शुद्ध एवं मिलावट रहित हों
(b) प्रोटीन-समृद्ध हों
(c) पर्यावरण के प्रति मैत्रीपूर्ण हों
(d) आर्थिक दृष्टि से व्यवहार्य हों

41. किस स्तर (डेसीबल में) से अधिक की ध्वनि ख़तरनाक ध्वनि प्रदूषण कहलाता है?
(a) 30 dB (b) 40 dB
(c) 60 dB (d) 80 dB

42. निम्नलिखित में से कौन-सी जैवविविधता के संरक्षण के लिए महत्वपूर्ण रणनीति है?
(a) जैवमण्डल रिजर्व
(b) वानस्पतिक उद्यान
(c) राष्ट्रीय पार्क
(d) जंगली जन्तु अभ्यारण्य

43. निम्नलिखित में से कौन पदार्थ सार्वधिक तापन उत्पन्न करने में योगदान नहीं करता है?
(a) सल्फर तथा नाइट्रोजन के ऑक्साइड
(b) मेथेन
(c) कार्बन डाइऑक्साइड
(d) जल वाष्प

44. अम्ल वर्षा, निम्नांकित द्वारा वायु प्रदूषण के कारण होती है-
(a) कार्बन डाइऑक्साइड
(b) कार्बन मोनोक्साइड
(c) मेथेन
(d) नाइट्रस ऑक्साइड एवं सल्फर डाइऑक्साइड

45. निम्नलिखित युग्मों में से कौन-सा एक सही सुमेलित है?
(a) बायोस्फीयर रिजर्व - एडवर्ड सुएस
(b) इको सिस्टम - ए.पी.डी. कन्डोल
(c) इकोलॉजी - ए.जी. टान्सले
(d) जैव विविधता - रीटर

46. कथन (A) : मरुस्थल शाश्वत ऊर्जा उत्पादन के प्रभावकारी स्रोत हो सकते हैं।
कारण (R) : जितनी ऊर्जा मानव जाति एक वर्ष में उपभोग करती है, उससे अधिक ऊर्जा मरुस्थल छह घंटों में सूर्य से प्राप्त कर लेते हैं।
नीचे दिए गए कूट से सही उत्तर चुनिए-
कूट :
(a) (A) तथा (R) सही हैं तथा (R), (A) की सही व्याख्या है।
(b) (A) तथा (R) दोनों सही हैं परन्तु (R), (A) की सही व्याख्या नहीं है।
(c) (A) सही है, परन्तु (R) गलत है।
(d) (A) गलत है, परन्तु (R) सही है।

47. निम्नलिखित में से कौन-सा गैस समूह "ग्रीन हाउस प्रभाव" में योगदान देता है?
(a) अमोनिया तथा ओजोन
(b) कार्बन मोनोक्साइड तथा सल्फर डाइऑक्साइड
(c) कार्बन टेट्राफ्लोराइड तथा नाइट्रस ऑक्साइड
(d) कार्बन डाइऑक्साइड तथा मेथेन

48. जलवायु परिवर्तन का कारण है-
(a) ग्रीन हाउस गैसें
(b) ओजोन पर्त का क्षरण
(c) प्रदूषण
(d) उपर्युक्त सभी

49. निम्नलिखित में से कौन-सा वायु प्रदूषण का एक जैव सूचक है?
(a) फर्न (b) लाइकेन
(c) मनी प्लांट (d) अमरबेल

50. पारिस्थितिक तंत्र के जैविक घटकों में कौन उत्पादक घटक हैं?
(a) गाय (b) मोर
(c) बाघ (d) हरे पौधे

उत्तरमाला

1. (d)	**2.** (c)	**3.** (c)	**4.** (c)	**5.** (a)	**6.** (a)	**7.** (d)	**8.** (b)	**9.** (d)	**10.** (d)
11. (d)	**12.** (c)	**13.** (d)	**14.** (c)	**15.** (d)	**16.** (a)	**17.** (a)	**18.** (a)	**19.** (d)	**20.** (d)
21. (c)	**22.** (a)	**23.** (d)	**24.** (c)	**25.** (b)	**26.** (c)	**27.** (d)	**28.** (d)	**29.** (b)	**30.** (c)
31. (d)	**32.** (a)	**33.** (a)	**34.** (d)	**35.** (b)	**36.** (c)	**37.** (c)	**38.** (b)	**39.** (a)	**40.** (c)
41. (d)	**42.** (a)	**43.** (a)	**44.** (d)	**45.** (a)	**46.** (a)	**47.** (d)	**48.** (d)	**49.** (b)	**50.** (d)

❑❑

2 परिवार एवं कार्य

परिवार

प्रत्येक व्यक्ति के जीवन में परिवार की भूमिका अत्यन्त महत्त्वपूर्ण होती है। परिवार ही वह सर्वप्रथम समुदाय है, जिसमें मनुष्य सामूहिक रूप से रहना सीखता है।

समाज की सर्वप्रथम सूक्ष्म इकाई परिवार होती है।

परिवार सामाजिक जीवन की प्रथम पाठशाला कहलाती है।

व्यक्ति परिवार में पारस्परिक स्नेह, सहयोग, सेवा की भावना, अनुशासन, आज्ञाकारिता इत्यादि सीखता है।

परिवार को वंश के आधार पर, विवाह के आधार पर, आकार के आधार पर, सम्बन्ध के आधार पर वर्गीकृत किया जा सकता है।

परिवार के आकार के अनुरूप परिवार को व्यक्तिगत परिवार, संयुक्त परिवार, विस्तृत परिवार एवं मिश्रित परिवार में पुनः वर्गीकृत किया जा सकता है।

वंश के आधार पर परिवार पितृवंशीय एवं मातृवंशीय परिवार होते हैं।

एकल परिवार आकार की दृष्टि से समाज की सबसे छोटी इकाई है. इस प्रकार के परिवार में केवल पति-पत्नी तथा उनके अविवाहित बच्चे आते हैं।

संयुक्त परिवार में सामान्यतः दो-तीन पीढ़ियाँ सम्मिलित होती हैं भारतवर्ष में संयुक्त परिवार अधिक देखने को मिलते हैं।

सम्बन्ध

नीचे कुछ अप्रत्यक्ष संबंधों की सूची दी गयी है। इन्हें अच्छी तरह याद कर लें इससे आपको संबंधों पर आधारित प्रश्नों को हल करने में काफी सुविधा होगी।

1.	माता या पिता का पुत्र	भाई (Brother)
2.	माता या पिता की पुत्री	बहन (Sister)
3.	पिता का भाई	चाचा (Uncle)
4.	माता का भाई	मामा (Maternal Uncle)
5.	पिता की बहन	बुआ या फुआ (Aunt)
6.	माता की बहन	मौसी (Aunt)
7.	पिता के पिता	दादा (Grand Father)
8.	माता के पिता	नाना (Grand Father)
9.	पिता की माता	दादी (Grand Mother)
10.	माता की माता	नानी (Grand Mother)
11.	दादा के पिता	परदादा (Great Grand father)
12.	दादा की माता	परदादी (Great Grand Mother)
13.	पुत्र की पत्नी	पुत्रवधु (Daughter-in-law)
14.	पुत्री का पति	दामाद (Son-in-law)
15.	पति का भाई	देवर (Brother-in-law)
16.	पत्नी का भाई	साला (Brother-in-law)
17.	पति की बहन	ननद (Sister-in-law)
18.	पत्नी की बहन	साली (Sister-in-law)
19.	भाई का पुत्र	भतीजा (Nephew)
20.	भाई की पुत्री	भतीजी (Niece)
21.	भाई की पत्नी	भाभी (Sister-in-law)
22.	बहन का पति	जीजा या बहनोई (Brother-in-law)
23.	बहन का पुत्र	भांजा (Nephew)
24.	बहन की पुत्री	भांजी (Niece)
25.	चाचा की पत्नी	चाची (Aunt)
26.	मामा की पत्नी	मामी (Aunt)
27.	चाचा/चाची का पुत्र/पुत्री	चचेरा भाई या चचेरी बहन (Cousin)
28.	मामा/मामी का पुत्र/पुत्री	ममेरा भाई या ममेरी बहन (Cousin)
29.	मौसा/मौसी का पुत्र/पुत्री	मौसेरा भाई या मौसेरी बहन (Cousin)
30.	फुफा/बुआ का पुत्र/पुत्री	फुफेरा भाई या फुफेरी बहन (Cousin)
31.	दादा का एकमात्र पुत्र	पिता (Father)

कार्य (Work : People at Work)

समाज में प्रत्येक व्यक्ति किसी न किसी कार्य को पूर्ण करके आजीविका कमा रहा होता है या वो उस कार्य को शौक के रूप में करता है। कुछ मुख्य कार्य निम्न प्रकार वर्णित किए जा सकते हैं।

1. दर्जी : कपड़े सिलाई करने वाला
2. मोची : जूते-चप्पलों का निर्माता या मरम्मत करने वाला
3. नर्तक : नृत्य करने वाला
4. गायक : गीत गाने वाला

5. बढ़ई : लकड़ी का सामान बनाने वाला
6. लेखक : पुस्तक लिखने वाला
7. मेसन : घर बनाने वाला
8. अध्यापक : विद्यार्थियों को ज्ञान देने वाला
9. डॉक्टर : रोगी का रोग निदान करने वाला
10. जोकर : सर्कस में लोगों को विभिन्न करतबों से हँसाने वाला
11. माली : बगीचे की देख-रेख करने वाला
12. लुहार : लोहे की विभिन्न वस्तुओं का निर्माता
13. किसान : खेत में अनाज उगाने वाला

कामगार एवं उत्पाद का सम्बन्ध

जिस प्रकार वास्तुकार डिजाइन (नक्शा) तैयार करता है, उसी शिक्षक शिक्षा प्रदान करता है।

कामगार	उत्पाद
वास्तुकार	अभिकल्प (डिजाइन)
मोची	जूते
सुनार.	जेवर
शिक्षक	शिक्षा
अखबारनवीस	समाचार
न्यायाधीश	न्याय
निर्माता	फिल्म
बढ़ई	फर्नीचर
लेखक	पुस्तक
कसाई	गोश्त
किसान	फसल/कृषि
संपादक	समाचार-पत्र
लुहार	लोहा

चालक	वाहन
नृत्यकार (कोरियोग्राफर)	नृत्य
शिकारी	शिकार
कवि	कविता
कर्मचारी	कार्यस्थल
अभिनेता	मंच
नाविक	जहाज
चित्रकार	चित्रदीर्घा
वैज्ञानिक	प्रयोगशाला
पंसारी	दुकान
कामगार	कारखाना
कलाकार	नाट्यशाला
बैरा	रेस्तरां
इंजीनियर	कारखाना
खानसामा	रसोई
प्राध्यापक	विश्वविद्यालय
अध्यापक	विद्यालय
अंपायर	पिच
ब्यूटीशियन	पार्लर
जुआरी	जुआघर/कैसीनो
डॉक्टर	अस्पताल
योद्धा	युद्ध भूमि
पायलट	कॉकपिट
मैकेनिक	गैराज
वकील	न्यायालय

प्रश्नमाला

1. निम्नलिखित में कौन एक समिति एवं संस्था दोनों का उदाहरण है?
(a) परिवार (b) क्लब
(c) विवाह (d) विश्वविद्यालय

2. अगर कोई व्यक्ति एक समय एक ही स्त्री से विवाह करता है परन्तु तलाक और पुनर्विवाह के मामले में पर्याप्त शिथिलता बरतता है तो यह व्यवहार कहलायेगा
(a) एकल विवाह
(b) क्रमिक एकल विवाह
(c) बहुभार्यता
(d) क्रमिक बहुभार्यता

3. निम्नलिखित में कौन-से कथन परिवार के सम्बन्ध में सही हैं?
1. परिवार एक प्रकार्यात्मक इकाई है।
2. परिवार केवल एक संस्था है।
3. परिवार केवल एक समिति है।
4. परिवार न्यूनतम पूर्ण सामाजिक इकाई है।

निम्नांकित कूट की सहायता से सही उत्तर का चयन कीजिए:
कूट :
(a) 1 तथा 3 (b) 2 तथा 3
(c) 1 तथा 4 (d) 2 तथा 4

4. निम्नांकित में से कौन-एक सम्बन्ध प्राथमिक वैवाहिक नातेदारी सम्बन्ध का उदाहरण प्रस्तुत करता है?
(a) पति और पत्नी
(b) पिता और पुत्र
(c) माता और पुत्री
(d) व्यक्ति और उसकी सास

5. सूची-I को सूची-II के साथ सुमेलित कीजिए और सूचियों के नीचे दिए गए कूट का प्रयोग कर सही उत्तर चुनिए:

सूची-I (जीवन-साथी के चयन के तरीके)	सूची-II (जनजाति)
(A) परिवीक्षा विवाह	1. गुजरात के भील
(B) हठ विवाह	2. खस
(C) सेवा विवाह	3. कुकी
(D) परीक्षा विवाह	4. बिरहौर

कूट :

	(A)	(B)	(C)	(D)
(a)	2	4	3	1
(b)	3	4	2	1
(c)	3	2	4	1
(d)	3	1	4	2

6. परिवार, पड़ोस तथा मित्रमण्डली में किस प्रकार का सहयोग पाया जाता है?
(a) मित्रवत (b) द्वितीयक
(c) प्राथमिक (d) उपरोक्त सभी

7. कृषक समाज की प्रमुख विशेषता है:
(a) शिकार करना एवं भोजन एकत्र करना
(b) स्थायी कृषि
(c) कृषि एक जीवन पद्धति
(d) उपरोक्त में से कोई नहीं

8. समान पूर्वज, चाहे पुरुष हों या महिला, के वंशक्रम से उत्पन्न हुए व्यक्तियों को क्या कहते हैं?
(a) कुल
(b) गोत्रज
(c) मातृ-पितृ सम्बन्धी
(d) द्विअंशक (मोइटी)

9. निम्नलिखित में से किस एक प्रकार के समाज में महिलाओं की प्रस्थिति अपेक्षाकृत बेहतर है?
(a) औद्योगिक समाज
(b) आदिवासी समाज
(c) कृषि समाज
(d) उत्तर-औद्योगिक समाज

10. औद्योगिक समाज में परिवार किस प्रकार की इकाई है?
(a) आर्थिक (b) उपभोग
(c) उत्पादन (d) लाभ

11. निम्नलिखित में से किसमें पितृवंशीय एवं प्रतिस्थानिक परिवार का व्यवहार होता है?
(a) नायर (b) टोडा
(c) नंबूदिरी (d) खासी

12. सूची-I को सूची-II के साथ सही सुमेलित कीजिए तथा सूचियों के नीचे दिए गए कूट का प्रयोग कर सही उत्तर चुनिए:

सूची-I	सूची-II
(A) वैवाहिक	1. असमष्टि स्वजन समूह (पुरुष और स्त्री दोनों वंश में) की कोटि
(B) रक्तसम्बन्धी	2. लोगों का एक समूह जो वंशावलिक पीढ़ी संबंध (पुरुष याा स्त्री वंश से) का दावा करते हैं
(C) जाति	3. जैविक संबंधी पर आधारित संबंध को निर्दिष्ट करता है
(D) वंश परम्परा	4. विवाह द्वारा स्थापित संबंध

कूट :

	(A)	(B)	(C)	(D)
(a)	2	3	1	4
(b)	4	1	3	2
(c)	2	1	3	4
(d)	4	3	1	2

13. सूची-I को सूची-II के साथ सही सुमेलित कीजिए तथा सूचियों के नीचे दिए गए कूट का प्रयोग कर सही उत्तर चुनिए:

सूची-I (नातेदारी)	सूची-II (लक्षण)
(A) पैतृक वंश	1. बहिर्विवाह
(B) गोत्र	2. पुरुष वंश में साझी पीढ़ी
(C) जाति	3. अंतर्विवाह
(D) उपजाति	4. कल्पित संबंध
	5. सबसे बड़ा खंड

कूट :

	(A)	(B)	(C)	(D)
(a)	3	5	4	1
(b)	2	1	3	5
(c)	3	1	4	5
(d)	2	5	3	1

उत्तरमाला

1. (a) **2.** (b) **3.** (c) **4.** (a) **5.** (b) **6.** (c) **7.** (c) **8.** (a) **9.** (d) **10.** (b)
11. (b) **12.** (d) **13.** (b)

❑❑

3 आवास

आवास

किसी जीव-जन्तु का वह परिवेश, आश्रय या आवास कहलाता है, जिसमें वह निवास करता है। आवास का शाब्दिक अर्थ वास स्थान होता है। भिन्न-भिन्न जीवों का आश्रय स्थल भिन्न-भिन्न होता है।

आश्रय/आवासों के प्रकार

जीव-जन्तुओं के आवास स्थलों को मुख्यतया दो वर्गों में विभाजित किया जा सकता है, स्थलीय आवास और जलीय आवास।

स्थलीय आवास

इसके अन्तर्गत स्थल (Terrestrial) पर पाए जाने वाले जीव-जन्तु निवास करते हैं। उदाहरण स्वरूप-घास स्थल, पर्वतीय स्थल, मरुस्थलीय, तटीय तथा वनीय स्थल इत्यादि। इनका संक्षिप्त विवरण निम्नलिखित है।

घासीय स्थल

घास स्थलों (Grassland Shelter) में वृक्ष घने एवं बड़े होते हैं। इन क्षेत्रों में मौसम एक निश्चित समयावधि के लिए आते-जाते रहते हैं। ग्रीष्म ऋतु में यहाँ गर्म हवाएँ तथा शीत ऋतु में यहाँ ठण्डी व शुष्क हवाएँ प्रवाहित होती हैं इन क्षेत्रों में पाए जाने वाले जन्तुओं में विशिष्ट लक्षण पाए जाते हैं; जैसे-घास के मैदानों में पाए जाने वाले जन्तु तेज गति से दौड़ते हैं तथा इनका रंग भूरा होता है।

पर्वतीय स्थल

पर्वतीय आवासों (Mountainous Land) में वृक्ष शंक्वाकार (conical) होते हैं जिनकी शाखाएँ तिरछी होती हैं क्योंकि इन क्षेत्रों में हिमपात होता है तथा हवाएँ तेज चलती हैं।

जलीय आवास

जलीय आवास (Aquatic Shelter) में तालाब, झील व समुद्र इत्यादि सम्मिलित होते हैं। इसके अंतर्गत कुछ विशिष्ट जलीय जीवों एवं वनस्पतियों को शामिल किया जाता है, जो जल के तलीय भागों में निवास करते हैं या जलीय भाग में तैरते हैं। इनका विवरण निम्नलिखित है-

जीव-जन्तु एवं उनके आश्रय स्थल

वातावरण में विभिन्न प्रकार के जीव-जन्तु पाए जाते हैं, जो विभिन्न प्रकार के आवासों में रहते हैं, जिनका विवरण निम्नलिखित है।

स्थल एवं जंगल में रहने वाले जीवः गाय, भैंस, कुत्ता, बिल्ली, गधा, घोड़ा, शेर, हाथी, हिरन, गैंडा, बाघ, मोर, चिम्पैंजी आदि।

पानी में रहने वाले जीवः मछली, साँप, मेंढक, मगरमच्छ, कछुआ आदि।

पेड़ पर रहने वाले जीवः बन्दर, पांडा, स्लॉथ, लंगूर, पक्षी आदि।

जमीन के अन्दर रहने वाले जीवः चूहा, साँप, चींटी, खरगोश, केंचुआ, बिच्छू आदि।

उभयचर (Amphibinas) **(स्थल एवं जल दोनों) जीव** साँप, मेंढक, मगरमच्छ आदि।

कुछ प्रमुख जीव एवं उनके रहने का स्थान	
जीव	**आश्रय**
शेर	माँद
घोड़ा	अस्तबल
गधा	अस्तबल
कुत्ता	कुक्कुरशाला
गाय, बैल	सायबान
बकरी	बाड़ा
बिल्ली	पिंजरा
चूहा	बिल
साँप	बिल
भेड़	बाड़ा
पक्षी	घोंसला
मनुष्य	घर
हाथी	जंगल
सूअर	शूकरशाला
जेबरा	जंगल
मुर्गी/मुर्गा	दड़बा
खरगोश	बिल

कुछ सूक्ष्म कीड़े-मकोड़े (जीव-जन्तु) एवं उनके आश्रय स्थल		
जीव	आश्रय	समूह में
मकड़ी	जाला	हाँ
चींटी	बिल	हाँ
मधुमक्खी	छत्ता	हाँ
दीमक	पेड़ के तनों में	हाँ
ततैया	छत्ता	हाँ
बिच्छू	–	नहीं
केंचुआ	बिल	नहीं

मनुष्य का आवास

मनुष्य के आवासों (Human Shelter) का स्वरूप समय के साथ परिवर्तित होता रहता है। कभी वह मिट्टी के घरों में रहता है तो वह कभी पक्के घरों में जो ईंटों से बना होता है। सामान्य रूप से मानवीय आवास दो प्रकार के होते हैं-स्थायी आवास और अस्थायी आवास।

- **स्थायी आवास** (Human Shelter) स्थायी आवास, आवास का वह रूप होता है, जिसमें मनुष्य निरन्तर एवं स्थायी रूप में निवास करते हैं। जीव-जन्तुओं के भी स्थायी निवास होते हैं; जैसे-जंगली जीव-जन्तुओं के लिए जंगल ही स्थायी निवास स्थान है। घर मनुष्य का स्थायी आवास स्थल होता है।
- **अस्थायी आवास** (Temporary Shelter) अस्थायी आवास में तात्पर्य ऐसे आवास से है जिसमें मनुष्य व जीव-जन्तु कुछ समय के लिए निवास करते हैं और कुछ दिनों बाद उन्हें छोड़कर चले जाते है। तम्बू और टैन्ट आदि मनुष्य के अस्थायी आवास के उदाहरण हैं।

विभिन्न प्रकार के घर

विभिन्न प्रकार के घर निम्नलिखित हैं-

मिट्टी के घर

मिट्टी के घर (Tatched House) ग्रामीण क्षेत्रों विशेषकर गाँवों में देखने को मिलते हैं। ये वैसे क्षेत्रों में अधिक देखने को मिलते हैं जहाँ गर्मी अधिक पड़ती है; जैसे-राजस्थान, उत्तर-प्रदेश, बिहार आदि। इनके कुछ विशेष लक्षण हैं, जो निम्नलिखित हैं-

- गर्मी अन्दर न जा सके इसलिए इन घरों की दीवारें मोटी होती हैं। इन घरों को समय-समय पर लीपा जाता है, ताकि मिट्टी टूटे नहीं तथा इन घरों में कीड़े न आएं इसके लिए इनको गोबर से भी लीपा जाता है।
- इन घरों की मिट्टी को मजबूत बनाने के लिए उनमें भूसा भी मिलाया जाता है। इनकी छतों को झाड़ियों आदि से बनाया जाता है जिसमें नीम या कीकर की लकड़ी का प्रयोग अधिक किया जाता है। ये इसलिए क्योंकि इसमें कीड़े नहीं लगते हैं।

लकड़ी/पत्थर के घर

इस प्रकार के घरों का निर्माण प्राय: पहाड़ी क्षेत्रों में देखने को मिलता है, जहाँ अधिक बारिश भी होती है और बर्फ भी पड़ती है। इस प्रकार के घर जम्मू-कश्मीर, हिमाचल प्रदेश आदि में देखने को मिलते हैं। इनके कुछ विशेष लक्षण अग्रलिखित हैं-

- इस प्रकार के घरों की छतें ढलवाँ होती हैं ताकि बारिश का पानी व बर्फ आसानी से नीचे गिर जाए, जबकि कुछ स्थानों पर इन घरों की छतें समतल भी होती हैं।
- पत्थर के घरों की पुताई चूने से की जाती है ताकि इनका बचाव कीड़ों से किया जा सके।
- ऐसे घर एक मंजिले व दो मंजिले दोनों होते हैं। लद्दाख के लोग अपने घरों के निचले हिस्से में पालतू जानवरों व सामानों आदि को रखते हैं। ये लोग अपने घरों की छत का उपयोग फसल आदि को सुखाने के लिए भी करते हैं।

बाँस/लकड़ी के घर

ये घर उन क्षेत्रों में बनाए जाते हैं, जहाँ वर्षा की मात्रा अधिक होती है। भारत के असम क्षेत्र में इस प्रकार के घर पाए जाते हैं। ये घर जमीन से दस से पन्द्रह फुट की ऊँचाई पर बनाए जाते हैं। इनके खम्भे मजबूत होते हैं ताकि बाढ़ आने पर इन घरों को कोई नुकसान न होने पाए।

बर्फ के घर/इग्लू

बर्फीले क्षेत्रों में बर्फ के बड़े-बड़े टुकड़ों को जोड़कर इस प्रकार के घर बनाए जाते हैं, जिसे इग्लू कहा जाता है। ये घर गुम्बद के आकार के होते हैं। इनका प्रवेश द्वार बहुत छोटा होता है जिससे बर्फीली हवाएँ इसमें प्रवेश नहीं करती हैं। यह एस्किमो शिकारियों का अस्थायी निवास होता है।

हाउस बोट

यह लकड़ी से निर्मित घर होता है, जो सदा पानी के ऊपर तैरता रहता है। यह पर्यटकों के लिए खासकर बनाए जाते हैं। इस प्रकार के घर कश्मीर और केरल में देखने को मिलते हैं। इसकी लम्बाई अस्सी फुट तक होती है। कश्मीरी हाउस बोट की कुछ विशेषता होती है, जैसे कि इनकी छतों पर लकड़ी की नक्काशी की गई होती है जिसको खतमबन्द कहा जाता है।

टैन्ट

- यह अस्थायी निवास का एक रूप है, जिसका निर्माण भिन्न-भिन्न क्षेत्रों में भिन्न-भिन्न वस्तुओं के द्वारा होता है; जैसे-शहरों में गरीब वर्ग प्लास्टिक का टैन्ट लगाते हैं तो कहीं यह कपड़ों से बने होते हैं।

- लद्दाख की चांगपा जनजाति के लोग याक के बालों की पट्टियों से टैन्ट बनाते हैं जिसे रेबो कहा जाता है।
- पर्वतारोहियो के टैन्ट दो तह वाले होते हैं, जो प्लास्टिक की शीट से बने होते हैं ताकि ठण्ड से बचाव हो सके।

ईंट के मकान/ऊँची इमारतें

इस प्रकार के घर या आवास समतल मैदानी क्षेत्रों में मिलते हैं जो एक मंजिला से लेकर बहुमंजिली तक होते हैं। भारत के मैदानी क्षेत्रों में इस प्रकार के घर बहुतायत में पाए जाते हैं। ऊँची इमारतें प्रायः बड़े-बड़े शहरों में मिलती हैं।

प्रश्नमाला

1. बर्फ के घर, जिसमें एस्किमो शिकारी निवास करते हैं उसको .... कहा जाता है?
(a) हाउस बोट (b) डोंगे
(c) इग्लू (d) टैन्ट

2. निम्नलिखित को सुमेलित कीजिए-

घर के प्रकार	सम्बन्धित स्थान
(A) हाउस बोट	(i) केरल
(B) डोंगे	(ii) कश्मीर
(C) टैन्ट	(iii) लद्दाख

	A	B	C
(a)	iii	ii	i
(b)	ii	i	iii
(c)	i	ii	iii
(d)	i	iii	ii

3. रैन-बसेरे के विषय में कौन-सा कथन सही है?
A. ये बेघर लोगों का आश्रय स्थल होता है।
B. रैन-बसेरों में बेघरों को निःशुल्क बिस्तर की सुविधा उपलब्ध कराई जाती है।
C. इनका संचालन स्वयं सेवी संगठनों के द्वारा भी होता है।
(a) A और B (b) A और C
(c) B और C (d) A, B और C

4. ग्रामीण क्षेत्रों में, गाय के गोबर से झोपड़ी की दीवारों और फर्श को लीपा जाता है–
(a) फर्श को प्राकृतिक रंग देने के लिए
(b) कीड़ों को दूर रखने के लिए
(c) घर की सुन्दरता बढ़ाने के लिए
(d) खुरदरा बनाकर घर्षण बढ़ाने के लिए

5. एक ही प्रकार की फसल बार-बार उगाने और बहुत से रसायनों के उपयोग करने से मृदा
(a) किसी विशेष फसल के लिए उपयोगी बन जाती है
(b) सिंचाई के लिए उपयुक्त बन जाती है
(c) उर्वर (उपजाऊ) बन जाती है
(d) बंजर हो जाती है

6. कोई पक्षी पेड़ की ऊँची डाल पर अपना घोंसला बनाता है। यह पक्षी हो सकता है–
(a) शकरखोरा (b) कलचिड़ी
(c) कौआ (d) फाख्ता

7. नीचे दिए गए अध्याय को पढ़िए जिसे गाँव के एक छात्र ने अपने घर के विषय में लिखा है–
"मैं गाँव से आया हूँ। हमारे गाँव में अत्यधिक वर्षा होती है इसलिए हमारे घर धरती से लगभग 10 से 12 फुट (3 से 3.05 मी.) ऊँचे बने होते हैं। इन्हें मजबूत बाँस के खम्भों पर बनाया जाता है। ये घर अन्दर से भी लकड़ी के बने होते हैं।" यह गाँव होना चाहिए।
(a) आन्ध्र प्रदेश में (b) असम में
(c) तमिलनाडु में (d) उत्तराखण्ड में

8. घरों को नीचे दी गई विशिष्टताओं पर विचार कीजिए।
A. निचली मंजिल में कोई खिड़की नहीं।
B. पेड़ के तनों की लकड़ी से बनी ढालू छतें।
C. पत्थर के खम्भों पर जमीन से लगभग 10-12 फुट ऊँचाई पर बने घर।
D. पत्थर, गोरा और चूने से बनी मोटी दीवारें।
E. लकड़ी के फर्श।
लेह और लद्दाख के घरों में ऊपर दी गई कौन-कौन सी विशिष्टताएँ पाई जा सकती हैं।
(a) B, C और D (b) C, D और E
(c) A, D और E (d) A, B और C

9. निम्नलिखित का अध्ययन कीजिए।
कौआ पेड़ की ऊँची डाल पर अपना घोंसला बनाता है। इस घोंसले को बनाने में कई प्रकार की वस्तुओं, यहाँ तक कि लकड़ी की शाखाएँ और लोहे के तार भी होते हैं। एक चालाक पक्षी भी है, जो अपना घोंसला नहीं बनाता और कौए के घोंसले में अण्डे दे देता है। बेचारा कौआ अपने अण्डों के साथ इन अण्डों को भी सेता है। यह पक्षी कौन-सा है?
(a) कलचिड़ी (b) बसन्त गौड़ी
(c) कोयल (d) शकरखोरा

10. ऐस्किमो अपने घर 'इग्लू' का निर्माण बर्फ से करते हैं। इसका क्या कारण है?
(a) बर्फ ठण्डी हवा और पानी को अन्दर नहीं आने देता।
(b) बर्फ की दीवारों के बीच मौजूद हवा अन्दर की गर्मी को बाहर जाने से रोकती है
(c) बर्फ मुफ्त में मिलती है, अन्य सामग्री की कीमत अधिक होगी
(d) ध्रुवीय क्षेत्रों में केवल बर्फ ही उपलब्ध है

11. निम्नलिखित में से कौन-सा कीट मधुमक्खियों की भांति कॉलोनी (बस्ती) में एक साथ नहीं रहता है?
(a) ततैया/बर्र (b) चींटी
(c) दीमक (d) मकड़ी

12. ग्रामीण क्षेत्र के मकानों के ढाँचे वहाँ की जलवायु (मौसम) की स्थिति से सम्बन्धित होते हैं। एक गाँव के मकानों के लक्षण नीचे दिए गए हैं–
A. मकान मजबूत बाँस के खम्भों पर बने होते हैं।
B. अन्दर से भी मकान लकड़ी से ही बने होते हैं।
C. मकान जमीन से लगभग 3 मी. से 3.5 मी. ऊँचाई पर बने होते हैं। मकानों की छतें ढालू होती हैं।
यदि इस गाँव में भारी वर्षा होती है, तो यह गाँव किस राज्य में होना चाहिए?
(a) असम (b) उत्तर प्रदेश
(c) राजस्थान (d) बिहार

13. प्रत्येक स्थान के नाम के साथ उस क्षेत्र में बनाए जाने वाले सामान्य घरों के सही विवरण का मिलान कीजिए।

स्थान	घर
(A) मनाली	(i) बाँस के खम्भों पर बने ऊँचे उठे हुए घर
(B) राजस्थान	(ii) पत्थर या लकड़ी से बने ढालू छतों वाले घर
(C) असम	(iii) हाउस बोट
(D) लद्दाख	(iv) मिट्टी के घर जिनकी छतें कंटीली झाड़ियों से छाई होती हैं
	(v) पत्थर के बने पर जिनके फर्श और छतें लकड़ी की बनी होती हैं

	A	B	C	D
(a)	iv	i	ii	iii
(b)	ii	v	i	iv
(c)	ii	iv	i	v
(d)	iii	iv	i	v

उत्तरमाला

1. (c) **2.** (b) **3.** (c) **4.** (b) **5.** (d) **6.** (c) **7.** (b) **8.** (c) **9.** (c) **10.** (b)
11. (d) **12.** (a) **13.** (c)

❑❑

4 यातायात

यातायात आवागमन का एक प्रमुख साधन माना जाता है। इसके माध्यम से व्यक्ति एक-स्थान से दूसरे स्थान पर आसानी से गमन कर सकता है। यातायात के अन्तर्गत सामान्य यात्रा के साथ ही परिवहन को भी सम्मिलित किया जाता है। यातायात एवं परिवहन के चार मुख्य साधन हैं-सड़क मार्ग, रेलमार्ग, जलमार्ग एवं वायुमार्ग।

सड़क मार्ग

- यातायात साधनों के रूप में सड़क मार्ग (Roadways) का विशेष योगदान है। किसी भी निकटस्थ गन्तव्य (Destination) स्थान तक पहुँचने के लिए सड़क मार्ग ही एकमात्र प्रासंगिक साधन माना जाता है।
- सड़कें पक्की एवं कच्ची दोनों प्रकार की होती हैं। मैदानी क्षेत्रों में सड़कों का घना जाल बिछा होता है। मरुस्थलो, वनों एवं ऊँचे पर्वतों जैसे स्थानों पर भी सड़कें बनी होती हैं।
- हिमालय पर्वत पर मनाली-लेह राजमार्ग विश्व के सबसे ऊँचे सड़क मार्गों में से एक है। भूमिगत सड़कों को भूमिगत मार्ग (सब-वे) कहते हैं। बड़े-बड़े शहरों में फ्लाई ओवर, उत्थित संरचनाओं के ऊपर बनाए जाते हैं। भारत में अनेक राष्ट्रीय एवं राज्य राजमार्ग हैं। भारत में एक्सप्रेस-वे का निर्माण नवीनतम है। भारत में सड़कों की सक्षमता के आधार पर इन्हें निम्न छः वर्गों में वर्गीकृत किया गया है।
    1. **स्वर्णिम चतुर्भुज महा राजमार्गः** यह दिल्ली-कोलकाता, चेन्नई-मुम्बई व दिल्ली को जोड़ने वाली छः लेन वाली महानगर राजमार्ग सड़क परियोजना है। यह राजमार्ग परियोजना भारत के राष्ट्रीय राजमार्ग प्राधिकरण (NHAI) के अधिकार क्षेत्र के अन्तर्गत आती है। पूर्व-पश्चिम और उत्तर-दक्षिण गलियारा भी इसी का एक विशेष भाग है। पूर्व-पश्चिम गलियारा (Corridor) पोरबन्दर से सिलचर को एवं उत्तर-दक्षिण गलियारा, श्रीनगर से कन्याकुमारी को जोड़ता है।
    2. **राष्ट्रीय राजमार्ग राष्ट्रीय राजमार्गः** देश के दूरस्थ भागों को जोड़ते हैं। ये प्राथमिक सड़क तन्त्र हैं, जिनका निर्माण व रख-रखाव केन्द्रीय लोक निर्माण विभाग (Central Public Works Department CPWD) के अधिकार क्षेत्र के अन्तर्गत आता है।
    3. **राज्य राजमार्गः** राज्यों की राजधानियों को जिला मुख्यालयों से जोड़ने वाली सड़कें राज्य राजमार्ग कहलाते हैं। राज्य तथा केन्द्रशासित क्षेत्रों में इनकी व्यवस्था तथा निर्माण का दायित्व राज्य के सार्वजनिक निर्माण विभाग (Public Works Department PWD) का होता है।
    4. **जिला मार्गः** ये सड़कें जिले के विभिन्न प्रशासनिक केन्द्रों को जिला मुख्यालय से जोड़ती हैं। इन सड़कों की व्यवस्था का उत्तरदायित्व जिला परिषद का होता है।
    5. **अन्य सड़कें:** इस वर्ग के अन्तर्गत वे सड़कें आती हैं, जो ग्रामीण क्षेत्रों तथा गाँवों को शहरों से जोड़ती हैं। 'प्रधानमंत्री ग्रामीण सड़क परियोजना' के तहत इन सड़कों के विकास हेतु विशेष प्रोत्साहन मिला है।
    6. **सीमान्त सड़कें:** उपरोक्त सड़कों के अतिरिक्त, भारत सरकार प्राधिकरण के अधीन सीमा सड़क संगठन (BRO) है, जो देश के सीमान्त क्षेत्रों में खासकर अन्तर्राष्ट्रीय सीमाओं के समीपवर्ती क्षेत्रों में सड़कों का निर्माण व उनकी देख-रेख करता है। इसकी स्थापना वर्ष 1960 में की गई थी।

रेलमार्ग

- रेलमार्ग (Railways) के द्वारा तीव्रता से एवं कम खर्च में लोगों का आवागमन एवं भारी सामान को ढोने का कार्य होता है। वाष्प के इंजन की खोज एवं औद्योगिक क्रान्ति ने रेल परिवहन के तीव्र विकास में सहायता प्रदान की। कालांतर में डीजल एवं विद्युत इंजनों ने व्यापक रूप से वाष्प के इंजनों का स्थान ले लिया।
- पिछले 150 वर्षों से भी अधिक समय से भारतीय रेल एक महत्वपूर्ण समन्वयक के रूप में भी जानी जाती है। इसकी शुरुआत 1853 ई. में मुम्बई और ठाणे के बीच हुई थी।
- भारतीय रेलवे देश की अर्थव्यवस्था, उद्योगों व कृषि के तीव्र गति से विकास के लिए उत्तरदायी है।
- भारतीय रेल परिवहन को 17 रेल जोनों में संकलित किया गया है।
- विश्व का सबसे लम्बा प्लेटफॉर्म उत्तर प्रदेश के गोरखपुर (1.3 किमी.) में है।
- भारत का सबसे लम्बा रेलमार्ग डिब्रूगढ़ (असम) से कन्याकुमारी (तमिलनाडु) के मध्य स्थित है, जिसकी लम्बाई 4286 कि.मी. है। इन दो महत्वपूर्ण स्टेशनों को विवेक एक्सप्रेस जोड़ता है।

जलमार्ग

लम्बी दूरी तक भारी सामानों को ढोने के लिए जलमार्ग (Waterways) सबसे सस्ता साधन होता है। ये मुख्यतः दो प्रकार के होते हैं-अन्तर्देशीय जलमार्ग एवं समुद्रीमार्ग।

अन्तर्देशीय जलमार्ग

इसका प्रयोग देश के अन्दर व्यापार आदि के लिए किया जाता। इसमें ऐसी नहरें, झीलें एवं नदियाँ सम्मिलित होती हैं, जो नौगम्य होती हैं, इसके कुछ उदाहरण हैं-

- ❖ इलाहाबाद से हल्दिया (गंगा नदी)
- ❖ सदिया से घुबरी (ब्रह्मपुत्र)
- ❖ कोल्लम से कोट्टापुरम (केरल)
- ❖ तालचर से पारादीप (ब्राह्मणी नदी)
- ❖ लखीमपुर से भागा (बराक नदी)
- ❖ काकीनाडा से पुदुचेरी
- ❖ उपरोक्त सभी को राष्ट्रीय अन्तर्देशीय जलमार्ग की संज्ञा दी जाती है।

अन्तर्राष्ट्रीय जलमार्ग

इसका प्रयोग सदैव दो देशों के बीच व्यापार के लिए किया जाता है। ये मार्ग अन्तर्राष्ट्रीय पत्तनों द्वारा एक-दूसरे से जुड़े होते हैं। भारत के कुछ प्रमुख अन्तर्राष्ट्रीय पत्तन के नाम निम्नलिखित हैं-

- ❖ कांडला-गुजरात
- ❖ न्हावाशेवा-मुम्बई
- ❖ मार्मागाओ-गोवा
- ❖ न्यूमंगलौर-कर्नाटक
- ❖ कोच्चि-केरल
- ❖ तूतीकोरिन-तमिलनाडु
- ❖ विशाखापत्तनम-आन्ध्र प्रदेश
- ❖ पारादीप-ओडिशा
- ❖ हल्दिया-कोलकाता (सहायक बंदरगाह)

वायुमार्ग

- ❖ 20वीं सदी के आरम्भ में विकसित यह परिवहन का सबसे तीव्र मार्ग है। ईंधन की लागत अधिक होने के कारण यह सर्वाधिक महँगा साधन है। इसकी सेवा दुर्गम क्षेत्रों में भी ली जाती है।
- ❖ वर्ष 1911 में वायु परिवहन का प्रारम्भ किया गया, जो इलाहाबाद से नैनो के बीच डाक सेवा के रूप में हुआ था। भारत में वायु परिवहन का राष्ट्रीयकरण वर्ष 1953 में हुआ।
- ❖ प्रारम्भिक समय में एयर इण्डिया अन्तर्राष्ट्रीय तथा इण्डियन एयरलाइन्स घरेलू एवं पड़ोसी देशों को हवाई सेवा उपलब्ध कराता था।
- ❖ लेकिन इन दोनों के विलय को संयुक्त रूप में एयर इण्डिया कहा जाता है, जो घरेलू एवं अन्तर्राष्ट्रीय दोनों प्रकार की वायु सेवाएँ उपलब्ध कराता है।
- ❖ इसके अलावा कुछ निजी कम्पनियाँ भी वायु परिवहन की सुविधा उपलब्ध कराती हैं; जैसे-जेट, इण्डिगो, विस्तारा एवं एयर एशिया आदि।
- ❖ पवन हंस हेलीकॉप्टर लिमिटेड तेल व प्राकृतिक गैस आयोग को इसकी अपतटीय संक्रियाओं तथा अगम्य व दुर्लभ भू-भागों; जैसे-उत्तरी- पूर्वी राज्यों तथा जम्मू-कश्मीर, हिमाचल प्रदेश व उत्तराखण्ड के आन्तरिक क्षेत्रों में हेलीकॉप्टर सेवाएँ उपलब्ध करवाता है।

प्रश्नमाला

1. मोहन चारों महानगरों को सड़क द्वारा देखना चाहता है। ऐसे में वह अपने शिक्षक से जानना चाहता है कि वह कौन-सी सड़क है जो इन चारों महानगरों को जोड़ती है, तो शिक्षक का क्या उत्तर होगा?

(a) NH1
(b) NH2
(c) स्वर्णिम चतुर्भुज
(d) NH1

2. रेलमार्ग अपने किस विशिष्ट गुण के लिए जाना जाता है?.

A. तीव्रता से एवं कम खर्च में लोगों के आवागमन के लिए उपयोग होता है।
B. रेलवे भारी सामान को ढोने में भी उपयोगी होता है।

(a) केवल A
(b) केवल B
(c) A और B
(d) न तो A और न ही B

3. निम्नलिखित कथनों पर विचार कीजिए-

A. औद्योगिक क्रांति ने रेल परिवहन के तीव्र विकास में सहायता प्रदान की है।
B. रेल अर्थव्यवस्था, उद्योगों व कृषि की तीव्र गति के विकास के लिए उत्तरदायी है।

(a) केवल A
(b) केवल B
(c) A और B
(d) न तो A और न ही B

4. संजू यात्रा पर गई थी। लौट कर उसने अपनी कक्षा में यह बताया कि वह भारत के सबसे लम्बे राष्ट्रीय राजमार्ग पर यात्रा करके आई है। वह कहां-से-कहां तक की यात्रा करके आई है।

(a) वाराणसी से कन्याकुमारी
(b) दिल्ली से अमृतसर
(c) दिल्ली से कोलकाता
(d) दिल्ली से मुम्बई

5. भारत में सबसे तेज गति से चलने वाली ट्रेन गतिमान एक्सप्रेस है, परन्तु सबसे ज्यादा दूरी विवेक एक्सप्रेस तय करती है। विवेक एक्सप्रेस कहाँ से कहाँ तक चलती है?

(a) जम्मू से कन्याकुमारी
(b) डिब्रूगढ़ से कन्याकुमारी
(c) डिब्रूगढ़ से मुम्बई
(d) सिलचर से पोरबन्दर

6. निम्नलिखित कथनों पर विचार कीजिए-

A. रेलवे की शुरुआत वर्ष 1853 ई. में मुम्बई और ठाणे के बीच हुई थी।
B. विश्व का सबसे लम्बा प्लेटफॉर्म गोरखपुर है।
C. मोनो रेल मुम्बई में चलती है।

उपरोक्त में से कौन-से कथन सही है?

(a) A और B
(b) A और C
(c) B और C\
(d) ये सभी

7. वायुमार्ग के विषय में कौन-सा कथन सही है?
   A. इसकी सेवा दुर्गम क्षेत्रों में ली जाती है।
   B. इसमें ईंधन की लागत अधिक होती है।
   C. यह सर्वाधिक महंगा साधन है।
   D. यह परिवहन का सबसे तीव्र साधन है।
   (a) A, B और C (b) A, C और D
   (c) A, B और D (d) ये सभी

8. निम्नलिखित कथनों पर विचार कीजिए-
   A. वायु परिवहन का राष्ट्रीयकरण वर्ष 1953 में हुआ।
   B. पवन हंस हेलीकॉप्टर सेवाएँ उपलब्ध करवाता है।
   C. एयर इण्डिया सिर्फ अन्तर्राष्ट्रीय सेवाएँ उपलब्ध कराता है।
   उपरोक्त कथनों में से कौन-सा कथन सही है?
   (a) A और B (b) A और C
   (c) B और C (d) A, B और C

9. राधिका अपनी दादी के साथ गाँव जाना चाहती है। इसके लिए उन्होंने रेलवे को चुना, रेलवे के टिकट काउण्टर पर बैठे अधिकारी आरक्षित टिकट काटने से सम्बन्धित कौन-सी जानकारी उनसे लेना चाहेंगे बताइए?
   A. आरक्षण की तिथि
   B. यात्रा प्रारम्भ व समाप्त करने का स्थान
   C. उनकी आयु, लिंग, बच्चों एवं वयस्कों की संख्या
   D. यात्रा की श्रेणी एवं ट्रेन का नाम
   (a) A और C (b) B और D
   (c) A, C और D (d) ये सभी

10. कोई रेलगाड़ी गाँधीधाम से 16 जुलाई, 2014 को प्रात: 5:15 बजे स्टेशन छोड़कर 18 जुलाई, 2014 को प्रात: 4:45 बजे नागरकोइल स्टेशन पर पहुंचती है। रेलगाड़ी द्वारा चली गई दूरी 2649 किमी है। इस रेलगाड़ी की औसत चाल (किमी/घण्टा) लगभग है-
   (a) 57 (b) 56
   (c) 55 (d) 54

11. भारत के मानचित्र में दिल्ली की स्थिति के सापेक्ष हिमाचल प्रदेश की राजधानी (शिमला) और मध्य प्रदेश की राजधानी (भोपाल) क्रमश: स्थित हैं दिल्ली के
   (a) उत्तर-पूर्व और उत्तर-पश्चिम में
   (b) दक्षिण-पश्चिम और दक्षिण-पूर्व में
   (c) उत्तर और दक्षिण में
   (d) दक्षिण-पूर्व और उत्तर-पश्चिम में

12. राधा विभिन्न प्रकार के यात्रा टिकटों का उपयोग करती है। ऐसे टिकटों के उपयोग से निम्नलिखित में से किस संकल्पना पर प्रभावपूर्ण ढंग से चर्चा की जा सकती है?
   A. अलग-अलग साधनों से यात्रा करने पर यात्रा की लागत भी भिन्न होती है।
   B. यात्रा की लागत उस वाहन द्वारा प्रयुक्त ईंधन पर निर्भर करती है।
   C. सार्वजनिक परिवहन से एक स्थान से दूसरे स्थान जाने के लिए हमें टिकट चाहिए।
   D. आरक्षण प्रक्रिया की समझ।
   सर्वाधिक उपयुक्त विकल्प चुनिए।
   (a) C और D (b) A और D
   (c) A और C (d) B और C

13. निम्नलिखित तालिका का अध्ययन कीजिए।

	जून 2007	दिसम्बर 2014
पेट्रोल का मूल्य रु. प्रति लीटर में	47.74	61.33
डीजल का मूल्य रु. प्रति लीटर में	35.21	50.51

उपरोक्त तालिका का अध्ययन करने के बाद कक्षा V के विद्यार्थी देवमीत ने अपनी नोटबुक में यह लिखा।
   A. पेट्रोल, डीजल की अपेक्षा अधिक महँगा ईंधन है।
   B. पेट्रोल की अपेक्षा डीजल के मूल्य में वृद्धि का प्रतिशत अधिक है।
   C. डीजल सस्ता है, इसलिए सार्वजनिक परिवहन इस पर चलता है।
   D. डीजल पेट्रोल से सस्ता ईंधन है। लोगों को डीजल वाली गाड़ियाँ खरीदनी चाहिए।
   निम्नलिखित में से कौन-से सही हैं?
   (a) B और C निष्कर्ष हैं
   (b) C और D निष्कर्ष हैं
   (c) A और D प्रेक्षण हैं
   (d) A और C प्रेक्षण हैं

14. कोई व्यक्ति 0.2.01.2017 को मड़गाँव से नागरकोइल जाने के लिए रेलगाड़ी में बैठा। रेलगाड़ी 07:45 बजे मड़गाँव से चली और अगले दिन अर्थात् 03.01.2017 को 04:45 बजें नागरकोइल पहुँची। यदि इन दोनों स्टेशनों के बीच की दूरी 1140 कि.मी. है, तो रेलगाड़ी की औसत चाल थी, लगभग
   (a) 54 किमी/घण्टा (b) 51 किमी/घण्टा
   (c) 59 किमी/घण्टा (d) 57 किमी/घण्टा

15. नई दिल्ली में रहने वाला कोई व्यक्ति पहले भोपाल (मध्य प्रदेश) और फिर राँची (झारखण्ड) का भ्रमण करना चाहता है। उसकी यात्रा की दिशा होगी, पहले
   (a) पूर्व दिशा में और फिर दक्षिण दिशा में
   (b) पश्चिम दिशा में और फिर दक्षिण दिशा में
   (c) दक्षिण दिशा में और फिर पूर्व दिशा में
   (d) दक्षिण दिशा में और फिर पश्चिम दिशा में

उत्तरमाला

1. (c) **2.** (c) **3.** (c) **4.** (a) **5.** (b) **6.** (d) **7.** (d) **8.** (a) **9.** (d) **10.** (b)
11. (c) **12.** (c) **13.** (b) **14.** (a) **15.** (c)

5 भोजन, स्वास्थ्य एवं स्वच्छता

- शरीर के ऊतकों के निर्माण, टूटी-फूटी कोशिकाओं की मरम्मत, आवश्यक ऊर्जा व ऊष्मा की प्राप्ति के लिए पोषक तत्त्वों की आवश्यकता पड़ती है जो प्रोटीन, कार्बोहाइड्रेट, वसा, खनिज-लवण, जल तथा विभिन्न प्रकार के विटामिन से प्राप्त होते हैं।

प्रोटीन

- प्रोटीन में कार्बन, हाइड्रोजन, ऑक्सीजन, नाइट्रोजन, फास्फोरस, सल्फर पाए जाते हैं।
- प्रोटीन छोटी इकाईयों से बने होते हैं, जिन्हें एमीनों अम्ल कहते हैं।
- मानव शरीर का लगभग 15 प्रतिशत भाग प्रोटीन से बना होता है।
- मनुष्य के शरीर में 20 प्रकार के प्रोटीन की आवश्यकता होती है जिनमें 10 का संश्लेषण शरीर स्वयं करता है एवं 10 की पूर्ति भोजन के द्वारा होती है।
- प्रोटीन की कमी से शारीरिक विकास अवरूद्ध हो जाता है।
- बच्चों में क्वाशियोर्कर एवं मैरेस्मस नामक रोग प्रोटीन की कमी से ही होता है।
- प्रोटीन आनुवंशिकी लक्षणों के विकास एवं वंशानुगतिकी पर नियंत्रण करता है।
- प्रोटीन गति एवं प्रचालन में सहायता करता है एवं आवश्यकता पड़ने पर शरीर को ऊर्जा भी प्रदान करता है।

प्रोटीन के प्रमुख कार्य

- ये जीवद्रव की भौतिक दशाओं को नियंत्रित करते हैं।
- ये कोशिकाओं के विभिन्न अंगों की रचना में प्रमुख भाग लेते हैं।
- ये बुद्धि तथा मरम्मत के लिए आवश्यक होते हैं।
- प्रोटीन हॉर्मोन्स के संश्लेषण में भाग लेते हैं।
- उपापचयी प्रतिक्रियाओं में रासायनिक उत्प्रेरक का कार्य करते हैं।
- हीमोग्लोबिन के रूप में शरीर में गैसीय संवहन करते हैं।
- एण्टीबॉडीज के रूप में ये शरीर की सुरक्षा करते हैं।
- न्यूक्लिओप्रोटीन्स आनुवंशिक लक्षणों के विकास और वंशानुगति का नियंत्रण करते हैं।
- प्रोटीन ऊतकों का परिवर्द्धन कर नई कोशिकाओं का निर्माण एवं टूटी-फूटी कोशिकाओं की मरम्मत करता है।
- इसकी प्राप्ति अंडे, दूध, पनीर, मांस, मछली, दाल, टमाटर, सेम, बादाम, मूंगफली, अखरोट इत्यादि से होती है।

प्रमुख पोषक तत्त्व न्यूनता के लक्षण

	पोषक तत्त्व	स्त्रोत	न्यूनता के लक्षण
•	विटामिन	अनाज, फल, सब्जियाँ, सूखे मेवे आदि।	अनेक प्रकार के न्यूनताजन्य रोग, सुस्ती, थकावट हो जाना।
•	कार्बोहाइड्रेटस	अनाज वाले खाद्य पदार्थ, मण्ड (Starch), गन्ना तथा ग्लूकोज एवं आलू तथा कंदजातीय सब्जियों में।	
•	प्रोटीन	सभी प्रकार की दालें, दूध, पनीर, मांस, मछली, अण्डा, सूखे मेवे आदि।	दुर्बलता, वजन कम होना, मानसिक तथा शारीरिक वृद्धि में कमी, दृष्टि का कमजोर
•	वसा	घी, तेल, मछली के यकृत का तेल, चरबी, मक्खन, दूध, दही, क्रीम, मूंगफली एवं सूखे मेवे आदि।	दुर्बलता, वजन में कमी, थकावट, सुस्ती, रतम्भित बुद्धि
•	लवण	अनाज, सब्जियाँ, फल, सूखे मेवे आदि।	अम्लरक्तता, शोफ, क्षारमयता, निर्जली-करण अपच, हाथ-पैर कांपना, घेंघा रोग
•	जल	शरीर के उपापचय के उपजात पदार्थ के रूप में अर्थात जो पानी के रूप में तरल पदार्थ हम पीते हैं उससे ही शरीर, जल प्राप्त करता है।	अम्लरक्ता, क्षारमयता, निर्जलीकरण, शोफ, आधत, अपच

कार्बोहाइड्रेट

- यह कार्बन, हाइड्रोजन तथा ऑक्सीजन का कार्बनिक यौगिक है।
- शरीर की आवश्यकता की 50-70 प्रतिशत मात्रा की पूर्ति इन्हीं के द्वारा होती है।
- कार्बोहाइड्रेट के द्वारा ही जंतुओं के बाह्य कंकाल का निर्माण होता है।
- कार्बोहाइड्रेट तीन प्रकार के होते हैं- (i) मोनो सैकराइड्स (ii) डाइ सैकराइड्स एवं (iii) पौली सैकराड्स।
- ग्लूकोज मुख्य रूप से अंगूर तथा शहद में मिलता है यह शरीर को तुरंत ऊर्जा प्रदान करने में सहायक होता है।
- सुक्रोस, माल्टोस एवं लैक्टोस डाइसैकराइड्स के उदाहरण हैं।
- पौलीसैकराइड्स का निर्माण अनेक मोनोसैकराइड्स अणुओं के मिलने से होता है।
- पौलीसैकराइड्स मुख्य रूप से पौधों में पाया जाता है, यह जल में अघुलनशील होता है।
- सेलुलोज, मण्ड या स्टार्च, काइटिन एवं ग्लाइकोजेन मुख्य रूप से पौलीसैकराइड्स के उदाहरण हैं।
- अंगूर, गन्ना, शहद एवं मीठे फल में मुख्य रूप से शर्करा पाई जाती है।
- फल एवं सब्जियों में सेलुलोज पाया जाता है।
- गेहूँ, चावल, आलू, मक्का, जौ, केला, साबूदाना में श्वेतसार पाया जाता है।

कार्बोहाइड्रेट के प्रमुख कार्य

- ये शरीर को ऊर्जा प्रदान करने वाला मुख्य स्रोत है।
- यह मण्ड के रूप में संचित ईंधन का कार्य करता है।
- यह वसा में बदलकर संचित भोजन का काम करता है।
- कार्बोहाइड्रेट RNA तथा DNA का घटक होता है।
- यह शर्कराओं के रूप में ऊर्जा उत्पादन के लिए ईंधन का काम करता है।

वसा

- सबसे अधिक ऊर्जा, वसा से प्राप्त होती है यह कार्बन, ऑक्सीजन तथा हाइड्रोजन का कार्बनिक यौगिक है।
- एक स्वस्थ व युवा व्यक्ति को प्रतिदिन 100 ग्राम वसा की आवश्यकता पड़ती है। वसा, घी, दूध, तेल, मांस से प्राप्त होती है।
- वसा को द्रव अवस्था में तेल कहते हैं। यह जल में पूर्णतया अघुलनशील होता है।

वसा के प्रमुख कार्य

- ऊर्जा उत्पादन के लिए ये भी ईंधन का कार्य करती है।
- इनका महत्त्व 'संचित भोजन' के रूप में अधिक होता है।
- वसीय ऊतकों के रूप में ताप नियंत्रण और सुरक्षा में सहायता करती है।
- आवश्यकता पड़ने पर कार्बोहाइड्रेट में परिवर्तित हो जाती है।
- कुछ वसाएं कोशिकाकला तथा अन्य झिल्लियों की रचना में भाग लेती हैं।
- व्युत्पन्न वसाएं विटामिन 'D' तथा अनेक हॉर्मोन्स के संयोजन में भाग लेती हैं।
- वसा ऊर्जा के लिए 'संचित भोजन' के रूप में महत्त्वपूर्ण है।

खनिज लवण

- इसका कार्य ऊतकों का निर्माण करना है, यह मांस, दूध, अनाज, हरी सब्जियों से प्राप्त होता है।

लवण के प्रमुख कार्य

- लवणों के आयनों के कारण जीवद्रव्य में विद्युत चालकता होती है। इसी से जीवद्रव्य में संवेदनशीलता होती है।
- अनेक रासायनिक प्रतिक्रियाओं में आयन बंधकों का कार्य करते हैं।
- कई ऊतक, रक्त हड्डियों, दांतों आदि की रचना में भाग लेते हैं।
- हृदय स्पंदन, चेतना-संवहन, पेशी संकुचन आदि में महत्त्वपूर्ण रूप से भाग लेते हैं।

जल

- पाचन-नली में पोषक तत्त्वों का खण्डन पोषक तत्त्वों का अवशोषण और विभिन्न अंगों में इनका वितरण, ऊतकों में उपापचय क्रिया का होना, शरीर से दूषित पदार्थों का बाहर निकलना इत्यादि इन सारी क्रियाओं के लिए जल की आवश्यकता होती है।
- एक स्वस्थ और युवा व्यक्ति के शरीर में 70 प्रतिशत तक जल रहता है।
- प्रतिदिन एक व्यक्ति को औसतन 2.5 लीटर जल की आवश्यकता पड़ती है।

जल के प्रमुख कार्य

- जल आहार का महत्त्वपूर्ण घटक है तथा भोजन के पाचन अवशोषण के लिए आवश्यक है।
- शरीर में यह घोलक (Solvent) का कार्य करता है जिसमें जीवद्रव्य के अधिकांश पदार्थ घुले रहते हैं, जिसमें शरीर की रासायनिक प्रतिक्रियाएँ घटित होती हैं।
- जल सभी कोशिका और शरीर पदार्थ का वाहक है।
- यह शरीर के तापक्रम को नियंत्रित करता है।
- यह शरीर के जोड़ों के स्नेहक का काम करता है।
- यह समस्त शरीर के ऊतकों व तरलों का अंगक है।

खनिज, लवण तथा उनका महत्त्व (Minerals, salts and Their Importance)

खनिज लवण	महत्त्व	स्रोत	आवश्यक मात्रा
कैल्शियम	दांत निर्माण तथा हृदय पेशी के संकुचन में, रक्त का थक्का (Blood Coagulation) बनाने में महत्त्वपूर्ण।	दूध, अण्डा, हरी सब्जियाँ	1200 mg
सोडियम	शरीर में रक्त तथा लिम्फ का महत्त्वपूर्ण घटक, तंत्रिका कोशिकाओं में संदेनताओं के परिवहन में आवश्यक।	सामान्य नमक, दूध	3500 mg

पोटैशियम	अन्तकोशिकीय परासरण, दाब, तंत्रिका संवेदना के संवहन में आवश्यक	मीट, सब्जी	1000 mg
आयोडीन	थाइरॉक्सिन हार्मोन के निर्माण के लिए आवश्यक।	समुद्री खाद्य नमक	0.15 mg
सल्फर	बाल, नाखून तथा त्वचा का एक घटक	अण्डा, मछली मांस,	–
क्लोरीन	शरीर में विभिन्न तरलों के परासरण दाब को नियंत्रित करने के लिए	दूध, नमक	3500 mg
फ्लोरीन	दांत के इनेमल बनाने में।	पीने का पानी, दूध	–
लोहा	हीमोग्लोबिन के निर्माण में आवश्यक।	मांस, अण्डा, हरी सब्जियाँ	18 mg
फास्फोरस	दाँत व हड्डी के लिए आवश्यक, पेशी न्यूक्लिक अम्ल व फास्फो लिपिड के निर्माण में रक्त के pH नियंत्रण में आवश्यक।	अण्डा, दूध	1200 mg

विटामिन

- विटामिन एक कार्बनिक यौगिक हैं, जो शरीर की रोगों से रक्षा तथा सामान्य वृद्धि के लिए अत्यावश्यक हैं।
- विटामिन 'बी' एवं 'सी' जल में तथा 'ए', 'डी', और 'के', वसा में घुलनशील है।

विटामिन के प्रमुख कार्य

- उपापचय में विटामिन आवश्यक सहकारी हैं।
- विटामिन विभिन्न ऑक्सीकारी एन्जाइम के भागों के रूप में विशिष्ट प्रोटीनों का संयोजन करते हैं।
- इनका सम्बन्ध शरीर में कार्बोहाइड्रेट्स, प्रोटीन और वसा के भंजन से होता है।

महत्वपूर्ण विटामिन

विटामिन	रासायनिक	स्रोत	शारीरिक क्रिया	कमी से उत्पन्न रोग	दैनिक आवश्यकता
ए	रेटिनॉल (Retinol)	मछली के यकृत तेल, दूध, मक्खन, घी, गाजर, पत्तेदार और हरी सब्जियाँ आदि।	चाक्षुक वर्णक का संश्लेषण, नेत्र और इसकी श्लेष्मा झिल्ली को स्वस्थ रखना।	रतौंधी, शुष्काक्षिपाक, शारीरिक वृद्धि का रुक जाना, पाचक नाल और नेत्र का संक्रामक रोग।	5,000 शुष्काक्षिपाक, यूनिट
बी-1	थायमीन (Thiamine)	खमीर, अंकुरित गेहूँ, शिंवी फल (सेम, मटर आदि), माँस, अण्डा और शाक-सब्जियाँ	कार्बोहाइड्रेट उपापचय	बेरी-बेरी	1.2 मिग्रा.
बी-2	राइबोफ्लेवीन (Riboflavin)	दुध, माँस, पत्तेदार सब्जियाँ	ऊतक-ऑक्सीकरण	जिह्वा में सूजन (Glossitis) त्वचा में सूजन (Dermatitis) दृष्टि की स्वच्छता में कमी, भ्रूण की अस्थियों का टेढ़ा-मेढ़ा होना।	1.7 मिग्रा.
बी-3	निकोटिन अम्ल, नियासीन (Niacin)	मछली, अण्डे	ऊतक-ऑक्सीकरण	प्लैग्रा	19 मिग्रा.
बी-12	सायनोकोबाल्मिन (Cynocobalmin)	यकृत	लाल रक्त कणों का निर्माण	अरक्ता (Anaemia)	0.001 मिग्रा.
सी	एस्कॉर्बिक अम्ल (Ascorbic acid)	नींबू कुल के फल, हरी सब्जियाँ	एन्जाइम सम्बन्धी कार्य	स्कर्वी (Scurvy)	70 मिग्रा.
डी	कैल्सिफेरॉल (Calciferol)	मछली का यकृत, तेल, अण्डे, यकृत, उपापचय	कैल्शियम और फॉस्फोरस का	रिकेट्स	0-400 यूनिट
ई	टोकोफेरोल (Tocoferol)	सलाद की पत्तियाँ, शिंवी फल (सेम, मटर) आदि	कोशिकाओं का निर्माण, विटामिन-ए के समुचित उपयोग में सहायता	बन्ध्यता, पेशी तथा तन्त्रिका सम्बन्धी गड़बड़ी	
के-1	फिलोक्विनोन (Phylloquinone)	हरी सब्जियाँ	रक्त का जमना	रक्त का दोषपूर्ण जमना	

संतुलित आहार (Balanced Diet)

- शरीर की समुचित वृद्धि, ऊर्जा और ऊष्मा के लिए सभी पोषक तत्त्वों-कार्बोहाइड्रेट, वसा, विटामिन, खनिज लवण, जल की अपेक्षित मात्रा तथा रोगों से रक्षा करने के लिए जिन खाद्य पदार्थों की आवश्यकता पड़ती है, उसे संतुलित आहार कहा जाता है।
- एक स्वस्थ एवं युवा व्यक्ति को प्रतिदिन लगभग 3500 कैलोरी की आवश्यकता पड़ती है। इसकी पूर्ति के लिए प्रतिदिन 500 ग्राम कार्बोहाइड्रेट, 100 ग्राम प्रोटीन की आवश्यकता पड़ती है।

मानव रोग (Human Diseases)

- शरीर में किसी भी प्रकार की रुकावट उत्पन्न होना ही रोग है।
- रोग को दो वर्गों में विभाजित किया गया हैं- जन्मजात रोग एवं उपार्जित रोग।
- जन्मजात रोग वैसे रोग होते हैं जो जन्म के समय से ही शरीर में होते हैं।
- उपार्जित रोग वैसे रोग कहलाते हैं जो जन्म के पश्चात् विभिन्न कारकों के कारण उत्पन्न होते हैं।

जीवाणु जनित रोग (Bacterial Diseases)

- तपेदिक रोग से यक्ष्मा या काक रोग भी कहते हैं।
- तपेदिक एक संक्रामक रोग है जो माइक्रोबैक्टीरिया ट्यबरक्यूलोसिस नामक जीवाणु के कारण होता है।
- तपेदिक रोग के उपचार के लिए स्टेप्टोमाइसीन का इन्जेक्शन दिया जाता है।
- बी.सी.जी. (Bacillus Calmette guerin) एक प्रतियक्ष्मिकीय टीका है।
- **प्लेग (Plague) :** यह छुआछूत की बीमारी है। जो बैसिलय पेस्टिस (Bacillus Pestis) नामक जीवाणु द्वारा फैलती है। यह रोग चूहों द्वारा फैलता है।
- प्लेग के उपचार के लिए सल्फाड्रग्स एवं स्ट्रप्टोमाइसीन दवाओं का उपयोग किया जाता है।
- **हैजा (Cholera) :** यह रोग मक्खियों द्वारा फैलता है जो विब्रियों कॉलेरा नामक जीवाणु के कारण होता है।
- **आंत्र ज्वर (Typhoid) :** इसे आंत के बुखार के नाम से जाना जाता है यह रोग सॉलमोनेला टाइफोसा नामक जीवाणु से होता है।
- **डिफ्थीरिया (Diptheria) :** यह रोग कोरोबेक्टीरियम डिफ्थीरिया नामक जीवाणु से होता है। यह अधिकांशतः संक्रमित दूध के माध्यम से फैलता है।
- **टिटनेस (Tetanus) :** सामान्यतः इसे धनुष्टंकार कहा जाता है। यह रोग बैसीलस टेटनी नामक जीवाणु से होता है। इस रोग के जीवाणु घाव से होकर शरीर में प्रवेश करते हैं।

विषाणु जनित रोग (Viral Diseases)

- **एड्स (AIDS) :** इस रोग का विषाणु एच.आई.वी. (HIV) है जिसका पूरा नाम 'एक्वायार्ड इम्यूनो डिफिसिएन्सी सिन्ड्रोम (Acquired Immuno Deficiency Syndrome) है। यह रोग अवैध यौन सम्बन्धो एवं संक्रमित रक्तदान से फैलता है। इस रोग से ग्रसित व्यक्ति की रोग प्रतिरोधक क्षमता समाप्त हो जाती है।
- **चेचक (Small Pox) :** यह एक संक्रामक रोग है इसका संक्रमण एक अति सूक्ष्म विषाणु के कारण होता है। इस रोग से ग्रसित को सारे शरीर में जोरों का दर्द होता है एवं बाद में लाल-लाल दाने निकल जाते हैं, जो बाद में फफोले का रूप धारण कर लेते हैं।
- **पोलियो (Poliomyelitis) :** यह रोग निस्यन्दी विषाणु के कारण होता है। इस रोग का प्रभाव केंद्रीय नाड़ी संस्थान पर होता है, यह प्रायः बच्चों को होता है।
- **हिपैटाइटीस या पीलिया जा जॉन्डिस (Jaundice) :** यह एक यकृत रोग है, जिसमें रक्त में पित्त वर्णक अधिक मात्रा में चला जाता है।
- **हाइड्रोफोबिया या रेबीज (Hydrophobia or Rabies) :** यह एक संघातिक रोग है जिसका संक्रमण केंद्रीय तंत्रिका तंत्र में होता है इसका संक्रमण पागल कुत्ते, भेड़िये, लोमड़ी आदि के काटने से होता है।
- **मेनिनजाइटिस (Meningitis) :** इस रोग में मस्तिष्क प्रभावित होता है। मस्तिष्क तथा मेरुरज्जू के ऊपर चढ़ी झिल्ली के नीचे रहने वाले द्रव सेरिब्रो स्पाइनल द्रव से संक्रमण होता है।
- **खसरा (Measles) :** इस रोग का कारक मोर्बेली विषाणु है। यह वायु वाहित रोग है। इस रोग के विषाणु नाक से स्राव द्वारा फैलती हैं।
- **पीत ज्वर (Yellow Fever) :** यह रोग सामान्यतः दक्षिणी अमेरिका और अफ्रीका में होता है। इस रोग के विषाणु जंगली जानवरों के शरीर में आश्रय लेते हैं। हेमोगोगस और इडीस जाति के अनेक मच्छर इस रोग के विषाणु को मनुष्य के शरीर में पहुँचाते हैं। इस रोग में अचानक ज्वर आ जाता है।

प्रोटोजोआ जनित रोग (Protozoan Diseases)

- **मलेरिया (Malaria) :** यह रोग प्लाज्मोडियम नामक परजीवी प्रोटोजोआ से होता है। प्लाज्मोडियम, मादा एनोफिलिज मच्छर के शरीर में आश्रम लेता है जिसे यह अपने डंक द्वारा मनुष्य के शरीर में पहुँचाकर उसे रुग्ण कर देती है।
- **पायरिया :** यह एन्टअमीबा जिन्जिवेलिस (Entamoeba gingivalis) नामक प्रोटोजोआ के कारण होता है। इसमें मसूढ़ों से पस निकलता है तथा दाँतों की जड़ों में घाव हो जाता है।
- **कालाजार (Kalazar) :** यह लीशमैनियां डोमोवानी (Leishmania domovani) नामक प्रोटोजोआ से फैलता है। इस परजीवी का वाहक बालू मक्खी (Sand Fly) है। इसमें रोगी को तेज बुखार आता है।

अन्य रोग (Other Diseases)

- **फाइलेरिया (Filaria) :** यह रोग अनेक प्रकार के सूत्र कृमियों के कारण होता है जिनमें प्रमुख हैं-वऊचेरिया बैंक्रोप्टाई इसकी रोकथाम के लिए सर्वप्रथम मच्छरों को नष्ट करना चाहिए। इसके लिए विरंजक चूर्ण, डी.डी.टी. तथा अन्य कीटनाशी दवाओं का उपयोग किया जाना चाहिए।
- **स्कर्वी (Scurvy) :** यह रोग भोजन में विटामिन C की कमी के कारण उत्पन्न होता है। मसूढ़ों से रक्त का स्राव, दाँतों का असमय टूटना, बच्चे के चेहरे और अन्य अंगों में सूजन, पेशाब में रक्त या एब्ल्यूमिन का अंश आना आदि इसके लक्षण हैं।
- **रिकेट्स या सुखण्डी (Rickets) :** विटामिन D की कमी के कारण होता है बच्चों को प्रतिदिन 0.015-0.02 मिग्रा० अयस्कों को 0.025 मिग्रा० विटामिन D की आवश्यकता होती है।

- **मधुमेह (Diabetes) :** यह अग्न्याशय से सम्बन्धित रोग है, जो इन्सुलिन का पर्याप्त स्राव नहीं होने के कारण होता है।
- **कैन्सर (Cancer) :** कोशिकाओं में असमान्य वृद्धि को कैंसर कहते हैं। कैंसर से शरीर के किसी भी भाग में दर्द न करने वाला पिंड बन जाता है।
- **पक्षाघात या लकवा (Hemiplegia) :** इस रोग में कुछ ही मिनटों में शरीर के आधे भाग को लकवा मार जाता है। इसका कारण अधिक रक्त-दाब के कारण मस्तिष्क की कोई धमनी का फट जाना अथवा मस्तिष्क को अपर्याप्त रक्त की आपूर्ति होना है।
- **साइजोफ्रेनिया (Schizophrenia) :** यह एक मानसिक रोग है जो प्राय: युवा वर्ग में होता है। ऐसा रोगी कल्पना को ही सत्य समझता है, वास्तविकता को नहीं।
- **मिर्गी (Epilepsy) :** इसे अपस्मार रोग कहते हैं। यह मस्तिष्क के आंतरिक रोगों के कारण होती है। इस रोग में जब दौरा पड़ता है, तो मुँह से झाग निकलता है और मल पेशाब भी निकलता है।

I. जीवाणु (Bacteria) जनित मानव रोग

रोग का नाम	जीवाणु का नाम	प्रभावित अंग
मियादी बुखार	सालमोनेला टाइफी	आंत का रोग
कुष्ठ रोग	माइकोबैक्टीरियम लेप्री	त्वचा तथा तंत्रिकाएँ
डिफ्थीरिया	कोरीनेबैक्टीरिया डिफ्थेरी	श्वास नली
काली खांसी	हेमोफिलस परटूसिस	श्वसन तंत्र
निमोनिया	डिप्लोकोकस न्यूमोनी सिफिलिस	फेफड़े ट्रेपोनेमा पॉलीडम जनन अंग, मस्तिष्क,
मेनिनजाइटिस	नीसेरिया	मस्तिष्क के ऊपर की झिल्लियाँ

II. कवक (Fungus) जनित मानव रोग

रोग का नाम	रोगकारक कवक का नाम	प्रभावित अंग
ऐस्पर्जिलस-आर्ति	ऐसपर्जिलस फ्लैक्स ऐ. फ्यूमिगेटस	कान तथा फेफड़ों पर प्रभाव
छाले होना	ऐ. नाइजर तथा मोनीलिया	गला व मुँह
क्रिप्टोकॉकसता	क्रिप्टोकॉकस नियोफार्मेन्स	स्नायु तंत्र
परागज ज्वर	आल्टर्नेरिया, हेल्मिन्थोस्पोरिम फोमा तथा ट्राइमोडर्मा जाति	समस्त शरीर

III. विषाणु (Virus) जनित मानव रोग

रोग का नाम	प्रभावित अंग	रोग का लक्षण
हरपीस	त्वचा, श्लेष्मकला	त्वचा में जलन, बेचैनी, शरीर पर फोड़े।
मस्तिष्क शोथ	तंत्रिका तंत्र	ज्वर, बेचैनी, दृष्टि-दोष, अनिद्रा, बेहोशी। यह
या एन्सेफेलाइटिस		घातक रोग है।
फ्लू या इन्फ्लुएंजा	श्वसन तंत्र	ज्वर, शरीर में पीड़ा, सिर-दर्द, जुकाम, खांसी।
गलसुआ	पेरोटिड लार ग्रंथियाँ	लार ग्रंथियों में सूजन, अग्न्याशय, अण्डाशय और वृषण (Testis) में सूजन, ज्वर, सिर-दर्द इस रोग से बंध्यता (Sterility) होने को भय रहता है।

IV. विषाणु (Virus) और उनसे उत्पन्न रोग

विषाणु का नाम	रोग का नाम
वैरिओला वाइरस	चेचक
वैरिसेला	चिकेनपॉक्स
आरबोवाइरस	वाइरल एन्सिफेलाइटिस
एन्टीरोवाइरस	पोलियोमेलाइटिस
रैब्डोवाइरस	रेबीज
आरबोवाइरस	डेंगूफीवर
हरपीस वाइरस	हरपीस

प्रश्नमाला

1. एक स्वस्थ व्यक्ति का सामान्य रक्त-चाप कितना होता है?
   (a) 100/50
   (b) 120/80
   (c) 150/100
   (d) 80/100

2. बी.सी.जी. का टीका नवजात शिशु को कितने दिन के भीतर लगाना चाहिए?
   (a) 6 माह
   (b) सात दिन
   (c) जन्म के तुरन्त बाद
   (d) 48 दिन

3. ब्राइट्स रोग शरीर के किस भाग को प्रभावित करता है?
   (a) गुर्दा
   (b) तिल्ली (Spleen)
   (c) हृदय
   (d) यकृत

4. वातोत्पाद (हिस्टीरिया) रोग सामान्यत: किस वर्ग में होता है?
(a) विवाहित महिलाएं
(b) बूढ़ी महिलाएं
(c) जवान महिलाएं
(d) जवान पुरुष, महिलाएं

5. मानव शरीर में रक्त का थक्का किस विटामिन से जमता है?
(a) विटामिन के (b) विटामिन डी
(c) विटामिन ई (d) विटामिन सी

6. मानव शरीर में पाचन का अधिकांश भाग किस अंग में सम्पन्न होता है?
(a) पैक्रियास (b) बड़ी आंत
(c) छोटी आंत (d) अमाशय

7. मानव शरीर में क्रोमोसोम की संख्या कितनी होती है?
(a) 23 (b) 46
(c) 44 (d) 42

8. ब्रेन की बीमारी को पहचाना जाता है-
(a) ई.ई.जी. (b) ई.ई.सी.
(c) ई.एम.जी. (d) ई.के.जी.

9. मनुष्य का औसत रक्त-चाप होता है-
(a) 60/100 (b) 20/80
(c) 60/140 (d) 140/80

10. सफेद रक्त कण का मुख्य कार्य हैं-
(a) ऑक्सीजन ढोना
(b) कार्बन डाइ-ऑक्साइड ढोना
(c) रोग प्रतिरोधक क्षमता धारण करना
(d) उपर्युक्त में से कोई नहीं

11. विटामिन D का स्रोत है-
(a) नींबू (b) सूर्य की किरणें
(c) संतरा (d) काजू

12. एड्स का कारण है-
(a) बैक्टीरिया (b) फफूंदी
(c) वायरस (d) अमीबा

13. इन्सुलिन एक प्रकार का-
(a) हॉर्मोन है (b) एन्जाइम है
(c) विटामिन है (d) नमक है

14. अधिकांश प्राणियों के जीवित पदार्थ का लगभग 80% पदार्थ है-
(a) प्रोटीन (b) वसा
(c) कार्बोहाइड्रेट (d) खनिज

15. ट्रिपल ऐण्टीजन एक बच्चे को दी जाती है-
(a) पोलियो, चेचक, डिफ्थीरिया को रोकने हेतु
(b) डिफ्थीरिया, कुकुरखांसी, टिटनेस को रोकने हेतु
(c) चेचक, कुकुरखांसी, टिटनेस को रोकने हेतु
(d) पोलियो, टिटनेस, कुकुरखांसी को रोकने हेतु

16. विटामिन C का सबसे उत्तम स्रोत है-
(a) सेब (b) आम
(c) आंवला (d) दूध

17. पोलियो का टीका सबसे पहले तैयार किया?
(a) पाल एहरलिव ने
(b) जोन्स साल्क ने
(c) लुई पास्चर ने
(d) जोसेफ लिस्टन ने

18. निम्नांकित जोड़ों में किसका सुमेल है?
(a) निमोनिया - फेफड़े
(b) मोतियाबिन्दू - थायरॉइड ग्रन्थि
(c) पीलिया - आंख
(d) मधुमेह - यकृत

19. पेथोजीन, जो सामान्य जुकाम के लिए उत्तरदाई है, फैलता है-
(a) आर्थोमिक्सो वायरस
(b) रिनो वायरस
(c) ल्यूकीमिया वायरस
(d) पोलियो वायरस

20. निम्नांकित में से कौन-सा रक्त के हीमोग्लोबिन के साथ अनुत्क्रमणीय संश्लिष्ट बनाता है?
(a) कार्बन डाइ-ऑक्साइड
(b) शुद्ध नाइट्रोजन गैस
(c) कार्बन मोनोऑक्साइड
(d) कार्बन डाइ-ऑक्साइड और हीलियम का मिश्रण

21. साइनोकोबालमिन है-
(a) विटामिन सी (b) विटामिन बी$_2$
(c) विटामिन बी$_6$ (d) विटामिन बी$_{12}$

22. पोलियो का वायरस शरीर में प्रवेश करता है-
(a) मच्छर के काटने से
(b) दूषित भोजन तथा जल से
(c) थूक से
(d) कुत्ते के काटने से

23. शरीर के किस भाग में पित्त का निर्माण होता है?
(a) यकृत
(b) तिल्ली
(c) पित्ताशय की थैली
(d) अग्न्याशय

24. सूची-I को सूची-II से सुमेलित कीजिए तथा नीचे दिए गए कूट से सही उत्तर चुनिए-

सूची-I	सूची-II
A. लैक्टिक अम्ल	1. नींबू
B. एसीटिक अम्ल	2. दुर्गन्धयुक्त मक्खन
C. साइट्रिक अम्ल	3. दूध
D. ब्यूटाइटिक	4. सिरका

कूट :

	A	B	C	D
(a)	1	4	3	2
(b)	3	1	4	2
(c)	2	3	4	1
(d)	3	4	1	2

25. सूची-I से सूची-II को सुमेलित कीजिए तथा नीचे दिए गए कूट से सही उत्तर चुनिए-

सूची-I	सूची-II
A. हॉर्मोन	1. लाइपेज
B. एन्जाइम	2. टेस्टोस्टेरोन
C. फॉस्फोलिपिड	3. लेसिथिन
D. बहुलक	4. पालीइथीन

कूट :

	A	B	C	D
(a)	2	1	3	4
(b)	4	1	2	3
(c)	2	3	4	1
(d)	1	2	3	4

26. मानव शरीर में विटामिन संचित रहता है-
(a) यकृत में (b) अमाशय में
(c) तिल्ली में (d) उदर में

27. विटामिन-डी के सृजन में निम्न में से कौन पाया जाता है?
(a) रेटिनॉल
(b) फोलिक अम्ल
(c) एस्कॉर्बिक अम्ल
(d) कैल्सिफेरॉल

28. मलेरिया तथा डेंगू में निम्नलिखित में से क्या उभयनिष्ठ नहीं है?
(a) ज्वर (b) मच्छर की काट
(c) मानव प्रजाति (d) मच्छर प्रजाति

29. गोलकृमि (निमटोड) से होने वाला रोग है-
(a) फाइलेरिया (b) फ्लुओरोसिस
(c) इन्सेफ्लाइटिस (d) कुष्ठ

30. मनुष्य के अंगों में से, हानिकारक विकिरणों से सबसे कम सुप्रभाव्य अंग है-
(a) आंत (b) हृदय
(c) मस्तिष्क (d) फेफड़ा

31. कथन (A) : कुछ जीवाणु अपना भोजन 'संश्लेषित' कर सकते हैं।
कारण (R) : इन जीवाणुओं में हरा पदार्थ जो हरित लवक कहलाता है, पाया जाता है।
कूट :
(a) A तथा R दोनों सही हैं तथा R, A की सही व्याख्या है।
(b) A तथा R दोनों सही हैं किन्तु R, A की सही व्याख्या नहीं है।
(c) A सही है, किन्तु R, गलत है।
(d) A गलत है, किन्तु R, सही है।

32. सूची–I को सूची–II से सुमेलित कीजिए तथा सूचियों के नीचे दिए गए कूट का प्रयोग करते हुए सही उत्तर चुनिए–

सूची–I (अणु)		सूची–II (उपस्थित तत्व)
A.	विटामिन बी$_{12}$	1. मैग्नीशियम
B.	हीमोग्लोबिन	2. कोबाल्ट
C.	क्लोरोफिल	3. तांबा
D.	पीतल	4. लोहा

कूट :

	A	B	C	D
(a)	2	4	1	3
(b)	2	1	3	4
(c)	4	1	2	3
(d)	3	4	2	1

33. असुरक्षित पेयजल एवं बुरी सफाई द्वारा विकासशील देशों में उत्पन्न तीन संचरणीय रोग हैं–
(a) तीव्र प्रवाहिका, कैन्सर तथा गाउट
(b) मलेरिया, तीव्र प्रवाहिका तथा सिस्टोसोमियासिस
(c) आन्कोसर्कता, ल्यूकीमिया तथा ऑर्थराइटिस
(d) कमेटिज्म, मलेरिया तथा एड्स

34. निम्नलिखित में से कौन पोटैशियम अल्पता से सम्बद्ध है?
(a) गुर्दा क्षति तथा पेशीय लकवा
(b) निम्न रक्तचाप
(c) रक्ताल्पता
(d) जोड़ों का दर्द तथा धूमिल दृष्टि

35. जिस विटामिन में कोबाल्ट होता है, वह है–
(a) b_1 (b) b_2
(c) b_6 (d) b_{12}

36. कोलेस्ट्रॉल है एक–
(a) कीटनाशी (b) विटामिन
(c) स्टेरॉयड (d) एन्जाइम

37. रुधिर वर्णिका के सम्बन्ध में निम्नलिखित कथनों पर विचार तथा नीचे दिए गए कूट से सही उत्तर चुनिए–
1. इसमें लौह होता है।
2. यह रक्त को लाल रंग प्रदान करता है।
3. यह कुछ रोगों से प्रतिरक्षा प्रदान करता है।
4. यह रक्त में ऑक्सीजन का वाहक है।
कूट :
(a) 1, 2 तथा 3 (b) 2, 3 तथा 4
(c) 1, 3 तथा 4 (d) 1, 2, 3 तथा 4

38. एक मनुष्य दुर्घटनाग्रस्त हो जाता है और उसे रक्ताधान की आवश्यकता होती है, किन्तु उसके रक्त समूह का परीक्षण करने का समय नहीं है–
निम्नलिखित में से कौन-सा रक्त समूह उसे दिया जा सकता है?
(a) O^+ (b) O^-
(c) AB^+ (d) AB^-

39. शरीर की वे कोशिकाएं जिनमें शरीर की किसी भी प्रकार की कोशिकाओं में विभाजन तथा विशिष्टीकरण की क्षमता है और जो कई गम्भीर बीमारियों पर शोध का केन्द्र बिन्दु है, उन्हें कहते हैं–
(a) बड कोशिकाएं
(b) रेड कोशिकाएं
(c) मीसेन्जियल कोशिकाएं
(d) स्टेम कोशिकाएं

40. सुअरों को मानव रिहायशी क्षेत्र से दूर रखना किसके उन्मूलन में सहायक है?
(a) मलेरिया के
(b) जापानी ऐन्सेफालाइटीज के
(c) फीलपांव के
(d) पोलियो के

41. सामान्य मानव शरीर का तापक्रम होता है–
(a) 98.4^o F
(b) 98° F
(c) 98.8^o F
(d) इनमें से कोई नहीं

42. निम्न में से किसे जांचने के लिए ELISA टेस्ट किया जाता है?
(a) मधुमेह को (b) तपेदिक को
(c) AIDS को (d) सूजाक का

43. दोषयुक्त वृक्क वाले व्यक्तियों के लिए अपोहन का उपयोग किया जाता है, इसमें निहित प्रक्रम है–
(a) अधिशोषण
(b) परासरण
(c) वैद्युतकण संचलन
(d) सक्रिय गमन

44. निम्नलिखित आनुवंशिक रोगों में कौन यौन-संबंधित है?
(a) हीमोफीलिया
(b) टे-सैक्स व्याधि
(c) सिस्टिक फाइब्रोसिस
(d) हाइपरटेन्शन

45. ई.ई.जी. से, जिस अंग की कार्य-प्रणाली प्रकट होती है, वह है–
(a) हृदय (b) मस्तिष्क
(c) कान (d) यकृत

46. जापानी एनसेफिलाइटिस का कारक होता है–
(a) जीवाणु
(b) विषाणु
(c) परजीवी प्रोटोजोआ
(d) फफूंद

47. निम्नलिखित युग्मों में, कौन-सा सुमेलित नहीं है?
(a) थायमीन - बेरी-बेरी
(b) विटामिन डी - सूखा रोग
(c) विटामिन के - वंध्यापन
(d) नियासिन - पेलैग्रा

48. निम्नलिखित में से कौन लौह का अच्छा स्रोत है?
(a) गाजर (b) मटर
(c) चावल (d) पालक

49. निम्नलिखित कथनों में से कौन-से सही हैं? सही उत्तर का चयन नीचे दिए कूट से कीजिए–
1. मानव शरीर में ऊर्विका (फीमर) सबसे लम्बी अस्थि है।
2. हैजा रोग जीवाणु के द्वारा होता है।
3. "एथलीट फुट" रोग विषाणु के द्वारा होता है।
कूट :
(a) 1, 2 और 3 (b) 1 और 3
(c) 1 और 2 (d) 2 और 3

50. सूची–I को सूची–II से सुमेलित कीजिए और सही उत्तर सूचियों के नीचे दिए गए कूटों की सहायता से चुनिए–

सूची–I (व्याधि)	सूची–II (कारण)
A. मेरैस्मस	1. दीर्घकालीन उपवास
B. क्वाशियोरकर	2. प्रोटीन अल्पता
C. टी.बी.	3. जीवाणु संक्रमण
D. हिपैटाइटिस बी	4. विषाणु संक्रमण

कूट :

	A	B	C	D
(a)	1	2	3	4
(b)	2	1	3	4
(c)	4	2	3	1
(d)	2	4	1	3

51. प्रोटीनों के पाचन में सहायक एन्जाइम है-
(a) यूरिएस (b) सल्फेट्रेस
(c) ट्रिप्सिन (d) प्रोटिएस

52. निम्न में से कौन एक ऐसा पदार्थ है जो समुद्र से बहुतायत से प्राप्त होता है और एक विशिष्ट कमी वाली व्याधि में दिया जाता है?
(a) लौह (b) विटामिन ए
(c) फ्लोरिन (d) आयोडीन

53. उन देशों में जहां के लोगों का मुख्य खाद्यान्न पालिश किया हुआ चावल है, लोग पीड़ित होते हैं-
(a) चर्मग्राह (पेलाग्रा) से
(b) बेरी-बेरी से
(c) स्कर्वी से
(d) ऑस्टोमैलेशिया से

54. एनोस्मिया कहते हैं-
(a) स्वाद संवेदना की कमी को
(b) घ्राण संवेदना की कमी को
(c) स्पर्श संवेदना की कमी को
(d) ऊष्मा संवेदना की कमी को

55. कथन (A) : यदि कोई व्यक्ति हरी सब्जियां खाना बंद कर दे तो उसे रतौंधी हो जाएगी।
कारण (R) : उसमें विटामिन ए की कमी हो जाएगी।
नीचे दिए गए कूट से सही उत्तर चुनिए-
कूट :
(a) (A) एवं (R) दोनों सही हैं एवं (R), (A) की सही व्याख्या है।
(b) (A) एवं (R) दोनों सही हैं परंतु (R), (A) की सही व्याख्या नहीं है।
(c) (A) सही है, परन्तु (R) गलत है।
(d) (A) गलत है, परन्तु (R) सही है।

56. किस शारीरिक प्रक्रम से थ्राम्बिन का संबंध है?
(a) उत्सर्जन (b) रक्त जमाव
(c) प्रजनन (d) वृद्धि

57. निम्नलिखित में से किसका निर्माण हमारे शरीर में नहीं होता है?
(a) विटामिन ए (b) प्रोटीन
(c) एंजाइम (d) हॉर्मोन

58. मनुष्य के अंगों में से कौन एक हानिकारक विकिरणों से सर्वाधिक सुप्रभाव्य है?
(a) आंख (b) हृदय
(c) मस्तिष्क (d) फेफड़े

59. आंख के रेटिना की परम्परागत कैमरा के निम्नलिखित में से किस भाग से तुलना की जा सकती है?
(a) फिल्म (b) लेन्स
(c) शटर (d) आवरण

60. एड्स होता है-
(a) जीवाणु से (b) फफूंद से
(c) कृमि से (d) विषाणु से

61. BMD परीक्षण किया जाता है पहचान करने के लिए-
(a) डेंगू की
(b) मलेरिया की
(c) ओस्टियोपोरोसिस की
(d) एड्स की

62. निम्नलिखित में से कौन स्कर्वी रोग के इलाज में उपयोगी है?
(a) आम (b) पपीता
(c) आंवला (d) बेर

63. सूची-I को सूची-II से सुमेलित कीजिए तथा सूचियों के नीचे दिए गए कूट से सही उत्तर का चयन कीजिए-

सूची-I	सूची-II
A. प्लेग	1. प्रोटोजोआ
B. एड्स	2. कवक
C. गंजापन	3. विषाणु
D. मलेरिया	4. जीवाणु

कूट :

	A	B	C	D
(a)	1	2	3	4
(b)	2	3	4	1
(c)	3	4	1	2
(d)	4	3	2	1

64. डेंगू बुखार में मानव शरीर में निम्नलिखित में से किसकी कमी हो जाती है?
(a) प्लेटलेट्स की (b) हिमोग्लोबिन की
(c) शर्करा की (d) जल की

65. 'सेरेब्रल पाल्सी' एक मस्तिष्क सम्बन्धी विकार है, जो सामान्यतया पाया जाता है-
(a) वृद्धों में
(b) ड्रग नशेड़ियों में
(c) छोटे बच्चों में
(d) केवल महिलाओं में

66. सूची-I को सूची-II से सुमेलित कीजिए तथा नीचे दिए गए कूट से सही उत्तर को चुनिए-

सूची-I	सूची-II
A. विटामिन $बी_{12}$	1. मैग्नीशियम
B. हीमोग्लोबिन	2. कोबाल्ट
C. क्लोरोफिल	3. तांबा
D. पीतल	4. लोहा

कूट :

	A	B	C	D
(a)	2	4	1	3
(b)	2	1	3	4
(c)	4	1	2	3
(d)	3	4	2	1

67. स्त्रियों में रजोनिवृत्ति के पश्चात निम्न में से किस हॉर्मोन का उत्पादन समाप्त हो जाता है?
(a) प्रोजेस्टेरोन
(b) टेस्टेस्टेरोन
(c) एस्ट्रोजेन
(d) इनमें से कोई नहीं

68. निम्नलिखित में से कौन-सा पौष्टिक तत्व अस्थि एवं दांतों के निर्माण एवं मजबूती के लिए आवश्यक नहीं है-
(a) कैल्सियम (b) फास्फोरस
(c) फ्लोरीन (d) आयोडीन

69. शरीर के अंदर लौह की कमी से उत्पन्न होने वाला रोग है?
(a) वर्णान्धता (b) रतौंधी
(c) रक्तहीनता (d) तपेदिक

70. मानव गुर्दे में पथरी निम्न में से किसकी वजह से बनती है?
(a) कैल्सियम एसीटेट
(b) कैल्सियम ऑक्जलेट
(c) सोडियम एसीटेट
(d) सोडियम बेंजोएट

71. यदि कोई मानवीय रोग विश्व के वृहत क्षेत्र में फैलता है, तो उसे क्या कहते हैं?
(a) पेडेमिक (b) एपिडेमिक
(c) एनडेमिक (d) एपिजटिक

72. निम्न में से कौन-सा जल-जनित रोग है?
(a) चेचक (b) मलेरिया
(c) हैजा (d) तपेदिक

73. मानव शरीर का तापक्रम-
(a) जाड़ों में घट जाता है।
(b) गर्मियों में बढ़ जाता है।
(c) न ही जाड़ों में घटता है और न ही गर्मियों में बढ़ता है।
(d) जाड़ों में बढ़ जाता है।

74. विटामिन E का महत्वपूर्ण स्रोत निम्नलिखित में से कौन है?
(a) ताड़ का तेल
(b) नारियल का तेल
(c) गेहूं अंकुर का तेल
(d) राई (सरसों) का तेल

75. निम्नलिखित में से किस युग्म में सही सुमेल नहीं है?
(a) थायमीन - बेरी-बेरी
(b) ऐस्कॉर्बिक अंम्ल- स्कर्वी
(c) विटामिन A - वर्णांधता
(d) विटामिन K - रक्त जमना

76. निम्न में से किसका उपयोग रक्त कैंसर के उपचार में किया जाता है?
(a) आयोडीन-131 (b) सोडियम-24
(c) फॉस्फोरस-32 (d) कोबाल्ट-60

77. निम्नलिखित भोज्य पदार्थों में से किसमें सभी अनिवार्य एमीनो अम्ल उपस्थित हैं?
(a) चावल (b) दूध
(c) अंडा (d) सोयाबीन

78. निम्नलिखित में से कौन-सा वायु प्रदूषक ऑक्सीजन की अपेक्षा अधिक शीघ्रता से रक्त के हीमोग्लोबिन में घुल जाता है?
(a) पैन
(b) कार्बन डाइ ऑक्साइड
(c) कार्बन मोनोक्साइड
(d) ओजोन

79. जो मनुष्य यह नहीं समझ पाता कि कब उसे भोजन करना रोक देना चाहिए, वह पीड़ित है-
(a) बुलीमिया से
(b) मधुमेह से
(c) ऐनोरेक्सिया नर्वोसा से
(d) अतिअम्लता से

80. मानव रक्ताधान के लिए कौन-सा रक्त समूह सार्वत्रिक दाता (यूनिवर्सल डोनर) होता है?
(a) B^+ समूह (b) O समूह
(c) AB समूह (d) A^+ समूह

उत्तरमाला

1. (b)	**2.** (b)	**3.** (b)	**4.** (c)	**5.** (a)	**6.** (1zc)	**7.** (b)	**8.** (a)	**9.** (d)	**10.** (c)
11. (b)	**12.** (c)	**13.** (a)	**14.** (c)	**15.** (b)	**16.** (c)	**17.** (b)	**18.** (a)	**19.** (b)	**20.** (c)
21. (d)	**22.** (b)	**23.** (a)	**24.** (d)	**25.** (a)	**26.** (a)	**27.** (d)	**28.** (d)	**29.** (a)	**30.** (c)
31. (c)	**32.** (a)	**33.** (b)	**34.** (a)	**35.** (d)	**36.** (c)	**37.** (c)	**38.** (b)	**39.** (d)	**40.** (b)
41. (a)	**42.** (c)	**43.** (b)	**44.** (a)	**45.** (b)	**46.** (b)	**47.** (c)	**48.** (d)	**49.** (c)	**50.** (a)
51. (c)	**52.** (d)	**53.** (b)	**54.** (b)	**55.** (d)	**56.** (b)	**57.** (a)	**58.** (a)	**59.** (a)	**60.** (d)
61. (c)	**62.** (c)	**63.** (d)	**64.** (a)	**65.** (c)	**66.** (a)	**67.** (c)	**68.** (d)	**69.** (c)	**70.** (b)
71. (a)	**72.** (c)	**73.** (c)	**74.** (c)	**75.** (c)	**76.** (d)	**77.** (c)	**78.** (c)	**79.** (a)	**80.** (b)

□□

6 हमारा देश

अवस्थिति

- भारतीय उपमहाद्वीप मूलत: गोंडवानालैंड का भाग था। ऑस्ट्रेलिया, अफ्रीका, दक्षिण अमेरिका, मेडागास्कर आदि इसी के भाग थे।
- भारत, एशिया महाद्वीप का एक देश है जो हिन्द महासागर के शीर्ष पर तीनों ओर समुद्र से घिरा है।
- **8°4' से 37°6'** उत्तरी अक्षांश तक तथा **68°7' से 97°25'** पूर्वी देशान्तर के मध्य स्थित है।
- भारत **उत्तरी** और **पूर्वी गोलार्द्ध** में स्थित है।
- सम्पूर्ण भारत का अक्षांशीय विस्तार **37°6' उत्तरी अक्षांश** के मध्य है।
- भारत का सबसे उत्तरी बिन्दु **इन्दिरा-कॉल** है जो जम्मू-कश्मीर राज्य में है तथा सबसे दक्षिण बिन्दु **इन्दिरा-प्वाइंट** है जो अंडमान-निकोबार द्वीप समूह में है।
- इन्दिरा प्वाइंट को **पारसन प्वाइंट** या **पिगमेलियन प्वाइंट** भी कहा जाता है।
- **क्षेत्रफल** की दृष्टि से भारत विश्व का **सातवाँ** सबसे बड़ा देश है जबकि **जनसंख्या** की दृष्टिकोण से **विश्व का** सबसे बड़ा देश है।
- भारत का **30% क्षेत्र राजस्थान, मध्य प्रदेश** एवं **महाराष्ट्र** राज्यों में समाहित है।

भारत के 28 राज्य

क्र.सं.	राज्य	राजधानी	क्षेत्रफल (वर्ग किमी.)	देश के कुल क्षेत्र का %
1.	राजस्थान	जयपुर	3,42,239	10.41
2.	मध्य प्रदेश	भोपाल	3,08,255	9.37
3.	महाराष्ट्र	मुंबई	3,07,713	9.36
4.	आंध्र प्रदेश	हैदराबाद	1,60,205	4.87
5.	उत्तर प्रदेश	लखनऊ	2,40,928	7.32
6.	गुजरात	गांधीनगर	1,96,024	5.96
7.	कर्नाटक	बेंगलुरु	1,91,791	5.83
8.	ओडिशा	भुवनेश्वर	1,55,707	4.73
9.	छत्तीसगढ़	रायपुर	1,35,191	4.11
10.	तमिलनाडु	चेन्नई	1,30,058	
11.	बिहार	पटना	94,163	2.86
12.	पश्चिम बंगाल	कोलकाता	88,752	2.69
13.	अरुणाचल प्रदेश	ईटानगर	83,743	2.54
14.	झारखंड	रांची	79,714	2.42
15.	असोम	दिसपुर	78,438	2.38
16.	हिमाचल प्रदेश	शिमला	55,483	1.69
17.	उत्तराखंड	देहरादून	53,483	1.62
18.	पंजाब	चंडीगढ़	50,362	1.53
19.	हरियाणा	चंडीगढ़	44,212	1.34
20.	केरल	तिरुवनंतपुरम	38,863	1.18
21.	मेघालय	शिलांग	22,429	0.68
22.	मणिपुर	इंफाल	22,327	0.67

23.	मिजोरम	आइजोल	21,081	0.64
24.	नागालैंड	कोहिमा	16,579	0.50
25.	त्रिपुरा	अगरतला	10,491	0.31
26.	सिक्किम	गंगटोक	7,096	0.21
27.	गोवा	पणजी	3,702	0.11
28.	तेलंगाना	हैदराबाद	1,14,840	3.49

- कर्क रेखा भारत के मध्य भाग तथा **8 राज्यों** से गुजरती है। ये 8 राज्य हैं–गुजरात, राजस्थान, मध्य प्रदेश, छत्तीसगढ़, झारखंड, पश्चिम बंगाल, त्रिपुरा एवं मिजोरम। भारत की आकृति पूर्णत: त्रिभुजाकार न होकर चतुष्कोणीय है। पूर्व से पश्चिम इसकी लम्बाई 2933 किमी. तथा उत्तर से दक्षिण 3214 किमी. है।
- भारत की स्थलीय सीमा की **लम्बाई 15200** किमी. है तथा समुद्रतट की लम्बाई **7516.6 किमी.** है।
- भारत की सबसे लम्बी स्थलीय सीमा **बांग्लादेश के साथ** तथा सबसे **छोटी भूटान** के साथ है।
- भारत का क्षेत्रफल **32,87,263 वर्ग किमी.** है। विश्व के क्षेत्रफल का **2.42%** जबकि इसकी जनसंख्या सम्पूर्ण विश्व की जनसंख्या का **17.5%** है।
- भारत की मुख्य भूमि की तटीय लम्बाई **6100 किमी.** है। भारतीय राज्यों में **गुजरात राज्य** की तटरेखा सर्वाधिक लम्बी (1200 किमी.) है। इसके बाद **आन्ध्र-प्रदेश** का स्थान आता है।
- **गोवा** की समुद्रतटीय सीमा सबसे छोटी है।
- भारत के **9 राज्य तट** रेखा से लगे हैं।
- **दक्षिण** में **श्रीलंका**, भारत से **पाक जलसन्धि** तथा **मन्नार की खाड़ी** द्वारा अलग होता है।
- **सियाचिन** भारत और पाकिस्तान के बीच का हिमनद सीमान्त क्षेत्र है।
- **पाकिस्तान** एवं **भारत** की सीमा को स्पर्श करने वाले भारतीय राज्य **जम्मू-कश्मीर**, **पंजाब**, **राजस्थान** तथा **गुजरात** हैं।
- भारत का सबसे बड़ा संघ राज्य क्षेत्र **अंडमान** और **निकोबार द्वीप** समूह है।

भारत की अन्तर्राष्ट्रीय सीमाएँ

भारत की अंतर्राष्ट्रीय सीमा

क्र. सं.	देश	लम्बाई (किमी.)	सीमा से सम्बद्ध भारतीय राज्य
1.	बांग्लादेश	4096.7	प. बंगाल, मेघालय, मिजोरम, त्रिपुरा, असोम
2.	चीन	3488	जम्मू-कश्मीर, हिमाचल प्रदेश, उत्तराखंड, सिक्किम, अरुणाचल प्रदेश
3.	पाकिस्तान	3323	गुजरात, राजस्थान, पंजाब, जम्मू व कश्मीर
4.	नेपाल	1751	उत्तर प्रदेश, बिहार, प. बंगाल, सिक्किम, उत्तराखंड
5.	म्यांमार	1643	अरुणाचल प्रदेश, नागालैंड, मिजोरम, मणिपुर
6.	भूटान	699	प. बंगाल, सिक्किम, अरुणाचल प्रदेश, असोम
7.	अफगानिस्तान	106	जम्मू व कश्मीर (पाक-अधिकृत)
	कुल		**भारत के कुल 17 राज्य पड़ोसी देश की सीमा से जुड़ते हैं।**

- भारत के **अन्य आर्थिक क्षेत्र** (Exclusive Economic Zone) के अन्तर्गत तट से **200 समुद्री मील** की दूरी शामिल है।
- उत्तर प्रदेश की सीमा सबसे अधिक **राज्यों (8)** को छूती है–**उत्तराखंड**, **हिमाचल प्रदेश**, **हरियाणा**, **राजस्थान**, **मध्य प्रदेश**, **छत्तीसगढ़**, **झारखंड** एवं **बिहार**।
- भारत में सर्वाधिक **नगरों** वाला राज्य **उत्तर प्रदेश** है जबकि **मेघालय** में सबसे **कम नगर** हैं।
- **जोजिला दर्रे** का निर्माण **सिन्धु नदी** द्वारा, **शिपकीला दर्रे** का **निर्माण सतलुज नदी** द्वारा एवं **जेलेप्ला** का निर्माण **तिस्ता नदी** द्वारा हुआ है। **जोजिला दर्रा** लेह को श्रीनगर से जोड़ता है।
- **बुर्जिल दर्रा** श्रीनगर से गिलगित को जोड़ता है।
- **बनिहाल दर्रा** से **जम्मू से श्रीनगर** जाने का मार्ग गुजरता है। जवाहर सुरंग इसी में स्थित है।
- **शिपकीला दर्रा शिमला से तिब्बत** को जोड़ता है।
- सिक्किम की सीमाएँ **नेपाल**, **भूटान** एवं **चीन** से मिलती है।
- **तुजू दर्रा** मणिपुर में है जो भारत को **म्यांमार** से जोड़ता है।
- **पुदुचेरी** एक ऐसा केन्द्र शासित प्रदेश है जिसका फैलाव तीन राज्यों में है। **माहे (केरल), कारैकाल (तमिलनाडु)** तथा **यनम** (आन्ध्र प्रदेश) में।
- भारत का एकमात्र जाग्रत ज्वालामुखी **बैरन द्वीप** है जो अंडमान के पूर्वी भाग में अवस्थित है।
- भारत का **प्रसुप्त ज्वालामुखी नारकोण्डम** (अंडमान निकोबार में स्थित) है।
- **डंकन दर्रा** दक्षिणी अंडमान और लघु अंडमान के बीच है।
- **पोर्ट ब्लेयर** दक्षिणी अंडमान में स्थित है।
- **10° चैनल** (10°N) **अंडमान को निकोबार** से अलग करता है।
- **कोको स्ट्रेट** कोको द्वीप समूह (म्यांमार) एवं उत्तरी अंडमान के मध्य है।
- **आदम ब्रिज** (Adam Bridge) तमिलनाडु एवं श्रीलंका के मध्य स्थित है। पम्बन द्वीप **आदम ब्रिज** (Adam Bridge) रामेश्वरम पम्बन द्वीप पर स्थित है। पम्बन चैनल भारत को रामेश्वरम् से अलग करता है।
- **अंडमान-निकोबार द्वीप समूह** मरकत द्वीप (Emerald Iseland) के नाम से भी प्रसिद्ध है।

भू-आकृति

❖ भारत के क्षेत्रफल का **11% भाग पर्वतीय**, **18% पहाड़ी**, **28% पठारी** एवं **43% मैदानी** है।

❖ भू-आकृति विज्ञान के आधार पर भारत को निम्न चार भागों में विभाजित किया गया है।

1. उत्तरी पर्वतीय प्रदेश
2. दक्षिण का पठार
3. विशाल मैदान
4. तटवर्ती मैदान एवं द्वीप समूह

भारत के भू-आकृतिक प्रदेश

क्र.सं.	भू-आकृतिक प्रदेश	क्षेत्रफल (किमी.^{2})	कुल क्षेत्रफल (%)
1.	उत्तरी पर्वत श्रेणियाँ	5,78,000	18.0
2.	विशाल मैदान	5,50,000	17.9
3.	थार मरुस्थल	2,59,000	8.4
4.	मध्यवर्ती उच्चभूमि	3,36,000	10.4
5.	प्रायद्वीप पठार	12,41,000	38.5
6.	तटीय मैदान	3,35,000	10.4
7.	द्वीपीय समूह	8,300	0.3

भारत भू-आकृतिक उप-इकाइयाँ

I. हिमालय पर्वत

1. पश्चिमी हिमालय
2. पूर्वी हिमालय
3. उत्तर-पूर्व पर्वत श्रेणी

II. विशाल मैदान

4. उत्तरी मैदान
5. पूर्वी मैदान
6. असोम का मैदान
7. थार मरुस्थल

III. मध्यवर्ती उच्चभूमि

8. उत्तर मध्यवर्ती उच्चभूमि
9. दक्षिण मध्यवर्ती उच्चभूमि

IV. प्रायद्वीपीय पठार

10. उत्तर दक्कन
11. दक्षिण दक्कन
12. पूर्वी पठार
13. पश्चिमी पहाड़ियाँ
14. पूर्वी पहाड़ियाँ

V. तटीय मैदान

15. पश्चिमी तटीय मैदान
16. पूर्वी मैदान

VI. द्वीप समूह

17. लक्षद्वीप
18. अंडमान व निकोबार द्वीप समूह

❖ भू-वैज्ञानिकों के अनुसार जहाँ आज हिमालय पर्वत स्थित है वहाँ कभी **टेथिस नामक समुद्र** था।

❖ हिमालय की उत्पत्ति का आधुनिक सिद्धान्त **प्लेट विवर्तनिकी** है। यह विश्व के नवीनतम मोड़दार पर्वतों में से एक है।

❖ हिमालय पर्वत श्रेणी को तीन भागों में बाँटा जाता है।

1. वृहद् हिमालय या हिमाद्रि (The Great Himalayas or Himadri)

♦ इसकी औसत **ऊँचाई 6000 मी.** है।

♦ विश्व की सर्वाधिक ऊँची चोटियाँ इसी श्रेणी में पाई जाती हैं। **माउंट एवरेस्ट** या सागरमाथा इसकी सबसे ऊँची चोटी है।

हिमालय के प्रमुख हिमनद

क्र.सं.	हिमनद	अवस्थिति	लम्बाई (मी.)
1.	सियाचिन	कराकोरम	75
2.	हिस्पारा	कराकोरम	61
3.	बियाफो	कराकोरम	60
4.	बाल्तोरा	कराकोरम	58
5.	बातुरा	कराकोरम	58
6.	चोगलुंग्मा	कराकोरम	50
7.	खार्दोपीन		41
8.	रिमो	कश्मीर	40
9.	पुन्माह	कश्मीर	27
10.	गंगोत्री	कुमाऊं	26
11.	जेमू	सिक्किम/नेपाल	25
12.	मिलाम	कुमाऊं	19
13.	स्थल	कश्मीर	16
14.	कंचनजंघा	नेपाल/सिक्किम	16

♦ अन्य चोटियाँ हैं, **कंचनजंघा**, **मकालू**, **धौलागिरि**, **नंगा पर्वत**, **अन्नपूर्णा**, **नन्दा देवी**।

♦ उत्तराखंड की **नन्दा देवी** चोटी कुमायूँ हिमालय का भाग है।

♦ भारत में हिमालय की सबसे ऊँची चोटी **कंचनजंघा** है, जो सिक्किम और नेपाल की सीमा पर स्थित है।

♦ भारत का सर्वोच्च शिखर-**माउंट K_2** (गॉडविन ऑस्टिन) है जो **कराकोरम श्रेणी** में है, न कि हिमालय में। यह पाक अधिकृत कश्मीर (PoK) में है।

♦ इसी श्रेणी में भारत के प्रमुख दर्रे स्थित हैं। जिनमें **शिपकीला** और **बारालाचाला** (हिमाचल प्रदेश), बुर्जिल एवं जोजिला (कश्मीर), **नीतिला**, **लिपुलेख** और **थागला** (उत्तराखंड) तथा **जैलेप्ला** और **नाथूला** (सिक्किम) प्रमुख हैं।

2. लघु हिमालय या हिमाचल श्रेणी (Middle Himalayas or Himachal)

♦ इसका विस्तार मुख्य हिमालय के दक्षिण में है। इसकी औसत ऊँचाई **3700–4500 मी.** है।

♦ पीरपंजाल, धौलाधर, नागटिब्बा, महाभारत आदि श्रेणियाँ इसी लघु हिमालय में हैं।

♦ कश्मीर, काठमाण्डू, काँगड़ा और कुल्लू घाटियाँ इसी श्रेणी में हैं (अर्थात् मध्य हिमालय और शिवालिक के बीच)।

♦ भारत के महत्वपूर्ण पर्यटन स्थल **शिमला**, **मसूरी**, **नैनीताल**, **चकराता**, **रानीखेत**, **दार्जिलिंग** इसी श्रेणी में हैं।

♦ लघु हिमालय के ढाल पर छोटे-छोटे घास के मैदान पाए जाते हैं जिन्हें कश्मीर में मर्ग **(यथा-सोनमर्ग, गुलमर्ग)** तथा उत्तराखंड में **बुग्याल या पयार** कहा जाता है।

3. **शिवालिक या बाह्य हिमालय (The Shiwaliks or Outer Himalayas)**

♦ यह हिमालय की सबसे दक्षिणी श्रेणी या पाद श्रेणी है। इसकी औसत ऊँचाई 600 से 1500 मी. है। इसमें मिट्टी और कंकड़ के बने ऊँचे मैदान मिलते हैं जिन्हें पश्चिम में दून (देहरादून) तथा पूर्व में द्वार (हरिद्वार) कहते हैं। इसके पश्चात् भारत के विशाल मैदान की शुरुआत होती है।

हिमालय का प्रादेशिक विभाजन

❖ **कुमायूँ हिमालय**–सतलुज तथा काली नदी के मध्य

❖ **नेपाल हिमालय**–काली तथा तीस्ता नदी के मध्य

❖ **पंजाब हिमालय**–सिन्धु तथा सतलुज नदी के मध्य

❖ **असोम हिमालय**–तीस्ता तथा दिहांग नदी के मध्य

पश्चिम हिमालय

❖ पश्चिमी हिमालय **80° पूर्वी देशांतर** के पश्चिम में **सिंधु नदी** से **काली नदी** तक विस्तृत है।

❖ पश्चिमी हिमालय की ऊँचाई पश्चिम में अधिक तथा पूर्व की ओर क्रमशः घटती जाती है। इसलिए नंगा पर्वत (जम्मू-कश्मीर) की ऊँचाई **नंदादेवी (उत्तराखंड)** की तुलना में अधिक है।

❖ पश्चिमी हिमालय में औसत वार्षिक वर्षा **100 सेमी.** से कम होती है।

❖ पश्चिमी हिमालय की वनस्पति के अन्तर्गत मुख्यतः **अल्पाइन** व **कोणधारी** प्रकार के वन पाए जाते हैं।

❖ पश्चिमी हिमालय क्षेत्र में जीवाश्म उपलब्ध नहीं हैं, इसलिए इस क्षेत्र में पेट्रोलियम तथा प्राकृतिक गैस जैसे प्राकृतिक खनिज संसाधन नहीं पाए जाते हैं।

❖ पश्चिमी हिमालय में हिमरेखा तुलनात्मक रूप से कम ऊँचाई पर ही पाई जाती है।

❖ पश्चिमी हिमालय हिमानी हेतु प्रसिद्ध है, इसलिए पश्चिमी हिमालय क्षेत्र से ही भारत की प्रमुख नदियों का उद्गम होता है।

❖ पश्चिमी हिमालय की चौड़ाई अत्यधिक है, क्योंकि इसका सम्बन्ध पामीर के पठार से है।

❖ जास्कर और लद्दाख श्रेणी (कश्मीर में) जिनके बीच सिन्धु नदी का बहाव क्षेत्र है, जो लद्दाख श्रेणी को बुंजी नामक स्थान पर काटकर भारत की सबसे गहरी गॉर्ज (5200 मी. गहरी) का निर्माण करती है।

❖ जम्मू-कश्मीर में पूर्व से पश्चिम की ओर पर्वत श्रेणियों का क्रम काराकोरम $\rightarrow$ लद्दाख $\rightarrow$ जास्कर $\rightarrow$ पीरपंजाल श्रेणी

पूर्वी हिमालय

❖ पूर्वी हिमालय **88° पूर्वी देशांतर** के पूर्व में तीस्ता नदी से ब्रह्मपुत्र नदी तक विस्तृत क्षेत्र में फैला हुआ है।

❖ पूर्वी हिमालय का मध्यवर्ती भाग पश्चिमी व पूर्वी हिमालय की तुलना में ऊंचा है, क्योंकि माउंट **एवरेस्ट व कंचनजंघा** मध्यवर्ती भाग में ही स्थित है। इसका पूर्वी भाग सबसे निम्न ऊँचाई का है।

❖ पूर्वी हिमालय में औसत वार्षिक वर्षा **200 सेमी.** से अधिक होती है।

❖ पूर्वी हिमालय के विस्तृत क्षेत्र पर **घने सदाबहार वन** पाए जाते हैं।

❖ पूर्वी हिमालय की संरचना में जीवाश्म उपलब्ध है, इसलिए इस क्षेत्र में **पेट्रोलियम** तथा **प्राकृतिक** गैस जैसे संसाधन प्रचुरता में पाए जाते हैं।

❖ पूर्वी हिमालय में हिमरेखा अपेक्षाकृत अधिक ऊँचाई पर ही पाई जाती है।

❖ पूर्वी हिमालय में हिमानी कम पाई जाती हैं, इसलिए इस क्षेत्र में कम नदियों का उद्गम होता है।

❖ पूर्वी हिमालय की **चौड़ाई** अत्यंत कम है।

❖ पाटकोई, लुशाई, ग़ारो, खासी, जयन्तिया, बोलू, मिकिर पर्वत श्रेणी (मेघालय) पूर्वी राज्यों में है।

भारत के प्रमुख दर्रे

❖ **कराकोरम दर्राः** यह दर्रा जम्मू-कश्मीर राज्य के लद्दाख क्षेत्र में कराकोरम पहाड़ियों के मध्य स्थित है। इस दर्रे से होकर **यारकन्द** तथा **तारिम बेसिन** का मार्ग जाता है। यह भारत का सबसे ऊँचा (56 मी.) दर्रा है। यहाँ से चीन को जाने वाली एक सड़क भी बनाई गई है।

❖ **जोजिला दर्राः** यह दर्रा जम्मू-कश्मीर राज्य की **जास्कर श्रेणी** में स्थित है। इससे **श्रीनगर लेह मार्ग** गुजरता है।

❖ **बुर्जिल दर्राः** यह **श्रीनगर** को **गिलगित** से जोड़ता है।

❖ **पीर पंजाल दर्राः** यह दर्रा **जम्मू-कश्मीर** राज्य के दक्षिण-पश्चिम में स्थित है। इस दर्रे का **कुलगांव** से **कोठी** जाने का मार्ग है।

❖ **बनिहाल दर्राः** जम्मू-कश्मीर राज्य के दक्षिण-पश्चिम में पीर पंजाल श्रेणियों में स्थित इस दर्रे से **जम्मू से श्रीनगर** में स्थित इस दर्रे से जम्मू से श्रीनगर जाने का मार्ग गुजरता है। **जवाहर सुरंग** भी इसी में स्थित है।

❖ **शिपकीला दर्राः** यह हिमाचल प्रदेश की **जास्कर श्रेणी** में स्थित है। यह **शिमला को तिब्बत** से जोड़ता है।

❖ **रोहतांग दर्राः** हिमाचल प्रदेश की **पीरपंजाल श्रेणियों** में स्थित इस दर्रे की **ऊँचाई 4,631 मी.** है। इस दर्रे का उपनाम लाशों का ढेर है। यह **मनाली को लेह सड़क मार्ग** से जोड़ता है। इसे हिमाचल प्रदेश के लाहौल स्पीति जिले का प्रवेश द्वार कहा जाता है।

❖ **बड़ालापचा दर्राः** हिमाचल प्रदेश में **जास्कर पहाड़ियों** में स्थित इस दर्रे से **लेह** व **मंडी** के बीच मार्ग जुड़ता है।

❖ **माना दर्राः** यह उत्तराखंड की **कुमायूँ पहाड़ियों** में स्थित है।

❖ **नीति दर्राः** 5,389 मी. ऊँचा यह **दर्रा उत्तराखंड** के **कुमायूँ** में स्थित है।

दक्षिण भारत की पर्वत श्रेणियाँ

अरावली पर्वत

❖ इसकी लम्बाई **1100 किमी.** है जो दिल्ली से अहमदाबाद तक फैली है। यह सबसे प्राचीन पर्वत श्रेणी है जो उत्तर-पश्चिम में है।

❖ अरावली पर्वत का सर्वोच्च शिखर **'गुरु शिखर'** है जो माउंट आबू की पहाड़ी पर स्थित है।

❖ **पीपली घाट** दर्रा इसी पर्वत में स्थित है।

पश्चिमी घाट या सह्याद्रि श्रेणी

❖ पश्चिमी घाट पर्वत का फैलाव ताप्ती नदी घाटी से नीलगिरि पहाड़ी तक है। पश्चिमी घाट एक भ्रंश कगार है।

❖ उत्तरी सह्याद्रि का सर्वोच्च शिखर **कालसुबाई** (1646 मी.) है जबकि दक्षिण सह्याद्रि का सर्वोच्च शिखर **कुद्रेमुख** (1892 मी.) है।

❖ इस श्रेणी में चार प्रमुख दर्रे हैं-

1. **थाल घाट** (नासिक को मुम्बई से जोड़ता है)
2. **भोर घाट** (मुम्बई को पुणे से जोड़ता है)
3. **पाल घाट** (यह केरल में है जो दक्षिण भारत के दो शहर कोच्चि और चेन्नई को जोड़ता है)
4. **सेनकोटा दर्रा** (तिरुवनंतपुरम एवं मदुरै को जोड़ता है।)

❖ पश्चिमी घाट पर्वत पर ही भारत का सबसे ऊँचा जलप्रपात शरावती नदी का गरसोप्पा (महात्मा गाँधी) जल प्रपात है।

❖ भारत और म्यांमार के बीच सीमा निर्धारण करने वाली तीन पर्वत श्रेणियाँ हैं–खासी, पटकोई, अराकानयोमा।

पूर्वी घाट पर्वत

❖ इसका विस्तार ओडिशा से तमिलनाडु तक है और यह श्रेणी लगभग **1300 किमी.** लम्बी है।

❖ पूर्वी घाट पर्वत का सर्वोच्च शिखर **जिनधागड़ा** (Jindhagada 1690 मी.) है। इसका दूसरा सर्वोच्च शिखर **महेन्द्रगिरि** (1501 मी.) है।

नीलगिरि पर्वतमाला

❖ नीलगिरि की पहाड़ियाँ पश्चिमी घाट व पूर्वी घाट की **मिलनस्थली** हैं।

❖ नीलगिरि का सर्वोच्च शिखर **डोडाबेट्टा** (2623 मी.) है जो दक्षिण भारत का दूसरा सर्वोच्च शिखर है।

❖ दक्षिण भारत का सर्वोच्च शिखर या चोटी **अनाईमुडी** (2695 मी.) है जो अन्नामलाई की चोटी है।

❖ अन्नामलाई पर्वत के दक्षिण में **कार्डेमम (इलायची)** की पहाड़ियाँ (केरल में) हैं।

❖ अन्नामलाई पर्वत के दक्षिण में पालनी पहाड़ी पर प्रसिद्ध स्वास्थ्यवर्द्धक स्थान **कोडाईकनाल** (तमिलनाडु) स्थित है जबकि ऊटी (उटकमंडलम) नीलगिरि पहाड़ी पर तमिलनाडु में स्थित है। शेवराय पहाड़ियाँ तमिलनाडु में स्थित हैं।

अनाईमुडी तीन पहाड़ियों का (इलायची, अन्नामलाई, पालनी) केन्द्र बिन्दु है।

मध्य भारत की पर्वत श्रेणियाँ

सतपुड़ा श्रेणी

❖ आन्तरिक पहाड़ियों में **सतपुड़ा** पर्वतमाला प्रमुख है।

❖ यह सतपुड़ा पहाड़ी, महादेव पहाड़ी तथा मैकाल पहाड़ी का समूह है।

❖ सतपुड़ा एक ब्लॉक पर्वत है जो नर्मदा एवं ताप्ती नदी के मध्य स्थित है।

❖ सतपुड़ा पर्वत शृंखला का सर्वोच्च शिखर धूपगढ़ (1350 मी.) है। जोकि महादेव पर्वत पर स्थित है।

❖ मध्य प्रदेश का प्रसिद्ध स्थल (Hill Station) पंचमढ़ी धूपगढ़ के पास ही अवस्थित है।

❖ सतपुड़ा पर्वत श्रेणी में नर्मदा नदी पर स्थित धुंआधार प्रपात प्रमुख है।

❖ मैकाल पहाड़ी का सर्वोच्च शिखर अमरकंटक है। इसी से नर्मदा और सोन नदी निकलती है।

विंध्याचल पर्वत श्रेणी

❖ यह विंध्याचल, भांडेर, कैमूर और पारसनाथ पहाड़ियों का समूह है जो उत्तर भारत को दक्षिण भारत से अलग करती है।

❖ विंध्याचल पर्वत श्रेणी नर्मदा की दरार घाटी की खड़ी ढाल मात्र है।

❖ नर्मदा और ताप्ती नदियाँ पूर्व की ओर न बहकर पश्चिम की ओर बहती हुई अरब सागर में गिरती है। इसका कारण, इन दोनों नदियों का दरार घाटी (Rift Valley) में बहना है।

पठार (Plateau)

❖ यह भू-भाग उत्तर में **गंगा सतलुज** मैदान से तथा शेष तीन दिशाओं में समुद्र से घिरा है।

❖ भ्रंश घाटी में बहने वाली नर्मदा इस पठार को मुख्य रूप से दो भागों में बांटती है–उत्तर में **मालवा का पठार** तथा **दक्षिण में दक्कन** का पठार।

❖ दक्कन का पठार क्रिटेशियस-इओसिना में लावा निकलने से निर्मित है। यह भारत का प्राचीनतम भू-भाग है।

❖ मालवा का पठार **मध्य प्रदेश** एवं **छत्तीसगढ़** राज्य में है। यह लावा निर्मित पठार है।

❖ बेतवा, पार्वती, काली सिन्ध, माही, चम्बल आदि नदियाँ मालवा के पठार से निकलती है।

❖ बुन्देलखंड पठार मालवा पठार के **उत्तर व उत्तर-पूर्व** में स्थित है। इसके पूर्व में छोटा नागपुर का पठार है जिसका सबसे बड़ा भाग राँची का पठार है। यहाँ खनिजों की भरमार है।

❖ दक्कन का पठार भारत में सबसे बड़ा पठार है। इसके अन्तर्गत **महाराष्ट्र, मध्य प्रदेश, गुजरात, कर्नाटक और आन्ध्र प्रदेश** राज्यों के भू-भाग आते है। यह काली मिट्टी का क्षेत्र है।

❖ काली मिट्टी को **रेगुर मृदा** भी कहते हैं जोकि कपास की कृषि के लिए प्रसिद्ध है।

❖ गोदावरी नदी इसे दो भागों-में बांटती है–**तेलंगाना** व **कर्नाटक** पठार। इसकी उत्तरी सीमा ताप्ती नदी बनाती है।

❖ मालवा का पठार **अरावली** एवं **विंध्य शृंखला** के मध्य स्थित है।

पर्वतों की ऊँचाई से सम्बन्धित कुछ तथ्य

भारत की सबसे ऊँची चोटी	**गॉडविन ऑस्टिन K2**
सतपुड़ा की सबसे ऊँची चोटी	**धूपगढ़**
अरावली की सबसे ऊँची चोटी	**गुरु शिखर (माउंट आबू में)**
पश्चिमी घाट एवं दक्षिण भारत की सबसे ऊँची चोटी	**अनाईमुदी**
नीलगिरि की सर्वोच्च चोटी	**डोडाबेट्टा**
नागा पर्वत की सर्वोच्च चोटी	**सारामती**
अंडमान-निकोबार की सर्वोच्च चोटी (अंडमान द्वीप समूह में स्थित है।)	**सैडलपीक**

भारत के प्रमुख पठार

	पठार		विवरण
1.	**दक्कन के पठार**	:	भारत का सबसे बड़ा पठार मध्य एवं दक्षिण भारत के राज्यों में विस्तारित विभिन्न भागों में भिन्न-भिन्न नामों से संबोधित आंध्र प्रदेश में तेलंगाना पठार, पूर्वोत्तर भाग में छोटा नागपुर पठार उपस्थित है।
2.	**छोटा नागपुर पठार**	:	दक्कन के पठार का पूर्वोत्तर विस्तार; 65 हजार वर्ग किमी. में झारखंड, ओडिशा, पश्चिम बंगाल, बिहार एवं छत्तीसगढ़ तक विस्तारित एक महाद्वीपीय पठार।
3.	**कार्बी आंग्लांग पठार**	:	पूर्वोत्तर राज्यों में विस्तारित; औसत ऊँचाई 30 मीटर।
4.	**मेघालय पठार**	:	मेघालय राज्य में अवस्थित, दक्कन पठार का एक भाग।
5.	**मालवा का पठार**	:	पश्चिमी मध्य प्रदेश, दक्षिण-पूर्वी राजस्थान और गुजरात में अवस्थित, काली मिट्टी और कपास की कृषि के लिए प्रसिद्ध।
6.	**शिलांग का पठार**	:	पूर्वोत्तर राज्य मेघालय के पूर्वी भाग में अवस्थित।
7.	**भांदेर पठार**	:	मध्य प्रदेश में अवस्थित, विंध्य शृंखला का भाग।
8.	**बघेलखंड का पठार**	:	विंध्याचल और सतपुड़ा का संक्रमण क्षेत्र; सिंगरौली तथा दुधी जैसी द्रोणियाँ अवस्थित।
9.	**मेवाड़ का पठार**	:	अरावली शृंखला और मालवा के पठार के बीच में विस्तारित; राजस्थान राज्य में अवस्थित।
10.	**दंडकारण्य का पठार**	:	ओडिशा, छत्तीसगढ़, एवं आंध्र प्रदेश राज्यों में अवस्थित; इसी पर बैलाडिला लोहे की खदान स्थित; दक्षिण-पश्चिमी भाग को मलकानगिरि पठार से जाना जाता है।
11.	**तेलंगाना का पठार**	:	आंध्र प्रदेश के पश्चिमी पठार भाग में अवस्थित; दक्कन के पठार का उत्तरी पूर्वी भाग।
12.	**कर्नाटक का पठार**	:	कर्नाटक राज्य में अवस्थित; दक्षिण भाग मैसूर। पठार नाम से प्रचलित; तुंगभद्रा, इसी पर कृष्णा और कावेरी नदी का प्रवाह तंत्र स्थित है।
13.	**महाराष्ट्र का पठार**	:	कोंकण तट और सह्याद्रि को छोड़कर सम्पूर्ण महाराष्ट्र राज्य में विस्तारित; दक्कन ट्रैप की बेसाल्ट शैलों की प्रधानता है।

मैदान (Plain)

उत्तरी मैदान

- ❖ मैदान की अवस्थिति हिमालय पर्वत श्रेणी और प्रायद्वीपीय भारत के बीच है।
- ❖ हिमालय से निकलने वाली नदियों **(जैसे-गंगा, यमुना, सिन्धु, ब्रह्मपुत्र आदि)** तथा प्रायद्वीपीय भारत से आने वाली नदियों **(जैसे-सोन, चम्बल आदि)** के द्वारा बहाकर लाई गई मिट्टी के जमा होने से उपजाऊ मैदान का निर्माण हुआ है।
- ❖ मिट्टी की विशेषता के आधार पर मैदान को मुख्यत: चार भागों में बाँटा गया है।
- ❖ **भाबर प्रदेश** इसका निर्माण हिमालयी नदियों द्वारा लाई गई बजरी (कंकड़-पत्थर) के निक्षेपण के फलस्वरूप हुआ है। इसे **शिवालिक का जलोढ़ पंख** भी कहा जाता है।
- ❖ **तराई प्रदेश** इसका विस्तार भाबर प्रदेश के ठीक दक्षिण में है। यह निम्न समतल मैदान है जहाँ नदियों का **पानी बहकर दलदली** क्षेत्रों का निर्माण करता है।
- ❖ **बांगर प्रदेश** यह नदियों द्वारा लाई गई **पुरानी जलोढ़ मिट्टी** से निर्मित है। गंगा-यमुना का दोआब एवं सतलुज का मैदान इसका उदाहरण है।
- ❖ **खादर प्रदेश** यह **नवीन जलोढ़** के जमा होने से बना है। इसकी उर्वरा शक्ति सबसे ज्यादा होती है।

तटीय मैदान

- ❖ **तटीय मैदान** का विस्तार प्रायद्वीपीय पर्वत श्रेणी तथा समुद्र तट के मध्य हुआ है।
- ❖ **पश्चिम तटीय मैदान** का विस्तार सूरत से कन्याकुमारी तक है। इसे पुन: 4 भागों में बाँटा जा सकता है। इसकी चौड़ाई गुजरात में नर्मदा एवं ताप्ती के मुहाने तक (80 किमी.) है।
- ❖ पश्चिमी तट (मालाबार) पर कुछ पश्चजल (Back water) पाए जाते हैं जिन्हें **केरल में कयाल** कहते हैं। उदाहरण, वेम्बनाद एवं अष्टमुडी।
- ❖ मंगलौर से कन्याकुमारी के बीच पश्चिमी तट को मालाबार तट कहा जाता है।
- ❖ **पश्चजल** एक प्रकार का लैगून है।
- ❖ पूर्वी तटीय मैदान पूर्वी घाट एवं समुद्री तट के बीच स्वर्णरेखा नदी से कन्याकुमारी तक फैला है।
- ❖ पूर्वी तटीय मैदान पश्चिम तटीय मैदान की अपेक्षा अधिक चौड़ा है जिसका कारण है **गोदावरी**, **कृष्णा** एवं **कावेरी** जैसी नदियों के द्वारा डेल्टा का निर्माण।
- ❖ तमिलनाडु का पूर्वी तट **'कोरोमण्डल तट'** कहलाता है जबकि गोदावरी और महानदी के बीच का पूर्वी तटीय मैदान **'उत्तरी सरकार'** के नाम से जाना जाता है।
- ❖ भारत में पश्चिमी तट के उत्तरी भाग को **कोंकण तट** कहते हैं।

द्वीप समूह

अंडमान एवं निकोबार द्वीप समूह

- ❖ यह द्वीप समूह **बंगाल की खाड़ी** में स्थित है।
- ❖ इस द्वीप समूह की सर्वोच्च चोटी **सैडल चोटी** (738 मी.) उत्तरी अंडमान में एवं दूसरी सर्वोच्च **चोटी माउंट थूलियर** (642 मी.) ग्रेट निकोबार में है।
- ❖ भारत का एकमात्र सक्रिय ज्वालामुखी **'बैरन'** इसी द्वीप समूह में है। नारकोण्डम सुषुप्त ज्वालामुखी भी इसी में है।
- ❖ भारत का सबसे दक्षिणी बिन्दु 'इन्दिरा प्वाइंट' ग्रेट **निकोबार** में स्थित है। यह भूमध्य रेखा के निकट है।
- ❖ **डंकन दर्रा** दक्षिण अंडमान एवं लघु अंडमान के बीच है।
- ❖ 10° **चैनल** अंडमान को निकोबार से अलग करता है।
- ❖ व्हीलर द्वीप का नया नाम अब्दुल कलाम द्वीप है। अंडमान एवं निकोबार द्वीप समूह के उत्तरी अंडमान में स्थित सैडिल पीक यहाँ की सर्वोच्च चोटी है।

लक्षद्वीप समूह

- यह द्वीप समूह अरब सागर में स्थित है। इस समूह में कुल 36 द्वीप हैं। ये सभी **प्रवाल भित्ति** (Coral Reefs) द्वारा बने द्वीप है।
- इसमें तीन द्वीप मुख्य हैं–**लक्षद्वीप** (उत्तर में), **मिनीकॉय** (दक्षिण में), कावारत्ती (मध्य में)
- मिनीकॉय लक्षद्वीप समूह का सबसे बड़ा द्वीप है।
- **9° चैनल** कावारत्ती को मिनीकॉय से अलग करता है। **8° चैनल** मिनीकॉय द्वीप (भारत) को मालदीव से अलग करता है।
- **श्रीहरिकोटा द्वीप** प्रवाल निर्मित यह द्वीप पुलीकट झील के अग्रभाग में (नेल्लौर के निकट) स्थित है।
- पम्बन द्वीप मन्नार की खाड़ी से भारत और श्रीलंका के मध्य स्थित है।
- **न्यू मूर द्वीप** यह द्वीप बंगाल की खाड़ी में बांग्लादेश तथा भारत की सीमा पर अवस्थित है। (हुगली के निकट) यह भारत और बांग्लादेश का विवादित क्षेत्र है।

नाम	अवस्थिति
8° चैनल	मालदीव व मिनिकॉय
9° चैनल	लक्षद्वीप व मिनिकॉय
10° चैनल	अंडमान व निकोबार
ग्रैण्ड चैनल	इण्डोनेशिया व भारत
पाक खाड़ी	भारत व श्रीलंका
कोको स्ट्रेट	कोकोद्वीप (म्यांमार) व उत्तरी अंडमान
लक्षद्वीप सागर	लक्षद्वीप व मालाबार

अपवाह-तन्त्र

एक निर्धारित जलमार्ग द्वारा जल के प्रवाह को अपवाह कहा जाता है। इस प्रकार के कई जलमार्गों के जाल को अपवाह-तन्त्र कहते हैं। इसका सन्दर्भ नदियों की उत्पत्ति तथा समय के साथ उनके विकास से है। उद्गम की दृष्टि से भारतीय अपवाह-तन्त्र को दो भागों में बाँटा जा सकता है।

(क) हिमालयी अपवाह तन्त्र

- हिमालयी नदियाँ वर्ष भर जल से परिपूर्ण होती हैं क्योंकि इनका स्रोत-ग्लेशियर से जुड़ा होता है।
- हिमालयी नदियाँ प्राय: अधिक लम्बी होती हैं और स्रोत क्षेत्र में गहरी घाटियों एवं गॉर्ज का निर्माण करती हैं। इसकी कुछ प्रमुख नदियाँ निम्न हैं–

1. **सिन्धु नदी-तन्त्र (Sindhu River System):**
   - उद्गम स्रोत तिब्बत (चीन) में मानसरोवर झील के पास स्थित सानोख्वाब हिमनद (Glacier) है।
   - इस नदी की कुल लम्बाई **2880 किमी.** है। भारत में इसकी लम्बाई **709 किमी.** है।
   - सिन्धु नदी चिल्लास के निकट पाकिस्तान में प्रवेश करती है तथा कराची के पास अरब सागर में मिल जाती है, सिन्धु की सहायक नदियाँ है–झेलम, चिनाब, रावी, व्यास, सतलुज
   - गंगा नदी और सिन्धु नदी तंत्र के बीच अंबाला जल क्षेत्र को पृथक करता है।

2. **गंगा नदी-तन्त्र (Ganga River System):**
   - उद्गम उत्तराखंड के उत्तरकाशी जिले में 'गोमुख' के निकट 'गंगोत्री हिमनद' से है। यहाँ गंगा भागीरथी कहलाती है।
   - देवप्रयाग में **भागीरथी नदी** अलकनन्दा नदी से मिलती है तो संयुक्त धारा का नाम गंगा हो जाता है।
   - **अलकनन्दा नदी** का उद्गम स्थल सतोपन्थ हिमानी है।

नदी	उद्गम स्थल	लम्बाई (किमी.)
झेलम	बेरीनाग के निकट शेषनाग झील (कश्मीर)	724
चिनाब	बारालाचाला दर्रा (लाहौल-स्पीति)	1180
रावी	रोहतांग दर्रे के समीप	725
व्यास	रोहतांग दर्रे के समीप	470
सतलुज	मानसरोवर झील के पास स्थित राकसताल झील	(भारत में 1050)

गंगा व इसकी सहायक नदियाँ

नाम	उद्गम स्थल	संगम/मुहाना	लम्बाई (किमी.)
गंगा	गंगोत्री ग्लेशियर	–	2525
यमुना	यमुनोत्री हिमानी	प्रयाग में गंगा	1375
चम्बल	मध्य प्रदेश में महू के समीप स्थित जनापाव पहाड़ी	यमुना नदी	1050
रामगंगा	गढ़वाल क्षेत्र	–	696
घाघरा	मानसरोवर के दक्षिण में गुर्ल मण्डोला (तिब्बत)	गंगा नदी	1080
गण्डक	नेपाल-तिब्बत सीमा	गंगा नदी	425
कोसी	सिक्किम-नेपाल-तिब्बत हिमालय	गंगा नदी	730
बेतवा	विंध्याचल पर्वत	यमुना नदी	480
सोन	अमरकंटक की पहाड़ियाँ	गंगा नदी	780

- गंगा की सबसे बड़ी सहायक **नदी यमुना** है। **चम्बल**, **बेतवा** और **केन** इसकी स्वयं की सहायक नदियाँ हैं।
- **बेतवा** दक्षिण से उत्तर की ओर बहती है। **नेत्रावती** नदी दक्षिण की ओर बहती है।
- गंगा को बांग्लादेश में पद्मा के नाम से जाना जाता है। पद्मा, ब्रह्मपुत्र (जिसको बांग्लादेश में जमुना कहते हैं) से मिल जाती हैं और बंगाल की खाड़ी में गिर जाती हैं। गंगा भारत की सबसे बड़ी नदी है।
- **गंगा व ब्रह्मपुत्र** नदियाँ बांग्लादेश में विश्व के सबसे बड़े डेल्टा 'सुन्दर वन' का निर्माण करती हैं।
- बंगाल की खाड़ी में गिरने से पहले **पद्मा** में से **मेघना** नामक एक प्रमुख वितरिका (Distributory) निकलती है।
- **क्षिप्रा नदी**, चम्बल की सहायक नदी है।

3. **ब्रह्मपुत्र नदी-तन्त्र (Brahmaputra River System):**
   - ब्रह्मपुत्र (2900 किमी. लम्बी) मानसरोवर झील के (तिब्बत) पास स्थित चीमायुंगदुग हिमानी से निकलती है।
   - तिब्बत में इसका नाम सांग पो (Sang Po) एवं भारत में प्रवेश करने पर अरुणाचल प्रदेश में दिहांग (Dihang) है।
   - असोम में इसे ब्रह्मपुत्र कहा जाता है और बांग्लादेश में जमुना कहा जाता है।
   - इसकी सहायक नदियाँ कामेंग, धनसीरी, मानस, तीस्ता, सुबनसीरी, कुलसी आदि हैं।
   - ब्रह्मपुत्र (जल की मात्रा के हिसाब से) भारत की सबसे लम्बी नदी है तथा विश्व की चौथी सबसे बड़ी नदी है।

गंगा की सहायक नदियाँ

1. **रामगंगा नदी:** यह नदी गैरसेण के निकट पौड़ी गढ़वाल की पहाड़ियों (दूधा टोली श्रेणी) से निकलने वाली अपेक्षाकृत छोटी नदी है। शिवालिक को पार करने के बाद यह अपना मार्ग दक्षिण-पश्चिम दिशा की ओर जिम कॉर्बेट राष्ट्रीय उद्यान (रामनगर नैनीताल) से बहती है और उत्तर प्रदेश में नजीबाबाद के निकट मैदान में प्रवेश करती है। अंत में कन्नौज (उत्तर प्रदेश) के निकट यह गंगा नदी में मिल जाती है।
2. **गौरी गंगा:** मिलाम ग्लेशियर से निकलकर नंदा देवी अभयारण्य से होकर भारत नेपाल सीमा पर अवस्थित जौल जेबी नामक स्थान पर काली नदी में मिलती है।
3. **धौली गंगा:** यह नीति दर्रे (चमोली) से निकलकर जोशी मठ से 25 किमी. ऊपर रैनी में ऋषि गंगा धौली गंगा में मिल जाती है। अन्त में विष्णु प्रयाग में अलकनंदा नदी में समाहित हो जाती है।
4. **ऋषि गंगा:** उत्तराखंड स्थित देश की दूसरी सबसे ऊंची चोटी नंदा देवी के चंग बंग ग्लेशियर से ऋषि गंगा नदी से निकलती है।
5. **लक्ष्मण गंगा:** इसका उद्गम हेमकुंड ग्लेशियर (चमोली)से होता है। हेमकुंड को हेम गंगा के नाम से भी जाना जाता है यह गंधारिया से पुष्पावदी नदी में मिल जाती है।
6. **वासुकी गंगा:** इसका उद्गम वासुकी ताल (केदारनाथ) से होता है। यह मंदाकिनी की सहायक नदी है।
7. **जाध गंगा:** इसको प्राय: जाह्नवी नदी के नाम से जाना जाता है यह भागीरथी नदी की सहायक है। इसका उद्गम जांन्दा कांउटी (तिब्बत) में होता है।
8. **बाण गंगा:** यह नदी जयपुर में बैराठ की पहाड़ियों से निकलकर भरतपुर जिले में बहती हुई आगरा जिले में फतेहाबाद के पास यमुना में मिल जाती है।

(ख) प्रायद्वीपीय अपवाह तन्त्र (The Peninsular River System)

- इसकी लगभग सभी नदियाँ मौसमी (Seasonal) होती हैं अर्थात् बारिश पर निर्भर करती हैं।
- इन्हें दो भागों में बाँटा जा सकता है–पूर्वी प्रवाह वाली तथा पश्चिमी प्रवाह वाली नदियाँ
- प्रायद्वीपीय भारत की एकमात्र बारहमासी नदी कावेरी है।
- भारत के दक्षिणी प्रायद्वीप में गोदावरी नदी देश के दूसरे सबसे बड़े नदी क्षेत्र का निर्माण करती है।

1. **पूर्वी प्रवाह वाली नदियाँ (East Flowing River):**
   - ये सभी नदियाँ बंगाल की खाड़ी में गिरती हैं और डेल्टा बनाती हैं। इनमें प्रमुख नदियाँ निम्न हैं:

नदी का नाम	उद्गम स्थल	लम्बाई (किमी.)	सहायक नदियाँ
महानदी	छत्तीसगढ़ के रायपुर जिले में सिंहावा के पास	815	शिवनाथ, हसदो, मान्द, ईव, जोकिंग और तेल
गोदावरी (वृद्ध गंगा या दक्षिण गंगा)	नासिक (महाराष्ट्र) के दक्षिण-पश्चिम में 64 किमी. दूर त्र्यम्बक गाँव की एक पहाड़ी।	1465	इन्द्रावती, पूर्णा, दुधना, मंजरा, प्राणहिता, सबरी, वेनगंगा, पेनगंगा, वर्द्धा आदि
कृष्णा	महाबलेश्वर के निकट पश्चिमी घाट से निकलती है।	1401	भीमा, तुंगभद्रा, घाटप्रभा, मालप्रभा, मूसी, कोयना, वर्णा पंचगंगा, दूधगंगा
कावेरी	कर्नाटक के कुर्ग जिले में स्थित ब्रह्मगिरि पहाड़ी।	800	हेरंगी, हेमावती, शिम्शा, अमरावती, भवानी, अक्रावर्ती, स्वर्णवती, कबिनी आदि
साबरमती	उदयपुर जिले में अरावली पर्वत पर स्थित जयसमन्द झील	371	साबर, हाथमती, सेधी, वकुल
माही	विंध्याचल पर्वत के पश्चिम में स्थित मेहद झील	585	–
नर्मदा	अमरकंटक पहाड़ी (मध्य प्रदेश)	1312	तवा, हिरन
तापी	मध्य प्रदेश के बैतूल जिले में	724	पूर्णा, गिरनार, पूँजीहारा अनेर, बेघर
लूनी	अरावली श्रेणी की नाग पहाड़ी से	320	बाड़ी, सूकड़ी, मिठड़ी

- ♦ इसके अलावा स्वर्ण रेखा और ब्राह्मणी नामक छोटी नदियाँ राँची के पठार से निकलकर बंगाल की खाड़ी में गिरती हैं। अन्य नदियाँ जैसे–वंशधारा, पेन्नार, पलार और वैगई आदि भी बंगाल की खाड़ी में गिरती हैं।
- ♦ महानदी एश्चुरी नहीं बनाती है।

2. **पश्चिमी प्रवाह वाली नदियाँ (West Flowing Rivers):** ये पश्चिम की ओर बहती हैं, ये डेल्टा नहीं बनाती हैं तथा अरब सागर में गिरती हैं। इनमें प्रमुख नदियाँ निम्न हैं:
   - ♦ नर्मदा भ्रंश घाटी से होकर प्रवाहित होती है। यह नदी अपने मुहाने पर डेल्टा की जगह एश्चुरी बनाती है।
   - ♦ सतपुड़ा एवं विंध्य शृंखला के मध्य पूर्व से पश्चिम की ओर नर्मदा नदी प्रवाहित होती है।
   - ♦ नर्मदा भेड़ाघाट (मध्य प्रदेश) में **धुआँधार** नामक झरने (कपिल धारा जलप्रपात) का निर्माण करती है। नर्मदा **ज्वारनदमुख** का निर्माण करती है। यह रिफ्ट घाटी से होकर बहती है।
   - ♦ ताप्ती या तापी नदी को नर्मदा की जुड़वाँ नदी के रूप में जाना जाता है तथा लूनी को लवण नदी (Salt River) के नाम से भी जाना जाता है।
   - ♦ शरावती (Shravati) नदी पश्चिमी घाट से निकलती है। यह प्रसिद्ध जोग या गरसोप्पा जलप्रपात बनाती है, जो भारत में सबसे ऊँचा जलप्रपात है।
   - ♦ नर्मदा एवं ताप्ती नदियाँ अरब सागर में गिरती हैं। लूनी नदी कच्छ के रन में गिरती (लुप्त हो जाती) है।

अन्तःस्थलीय नदियाँ

- ❖ जो नदियाँ सागर तक नहीं पहुँच पाती और रास्ते में ही लुप्त हो जाती है; वे अन्तः स्थलीय (Inland Drainage) नदियाँ कहलाती हैं।
- ❖ घग्घर नदी इसका उदाहरण है जो हिमालय की निचली ढालों से (कालका के समीप) निकलती है और हनुमानगढ़ (राजस्थान) में लुप्त हो जाती है। अन्य उदाहरण हैं–लूनी, कान्तली, सावी, काकनी आदि।

झील

- ❖ **चिल्का**, **पेरियार**, **पुलीकट** झीलें लैगून झीलें हैं।
- ❖ वुलर झील मीठे पानी की सबसे बड़ी झील है।
- ❖ चिल्का झील भारत की सबसे बड़ी झील है।
- ❖ लोनार झील ज्वालामुखी क्रिया से निर्मित हुई है।
- ❖ भारत की सबसे ऊँची हिमानी निर्मित झील देवताल झील है जो गढ़वाल हिमालय में स्थित है।
- ❖ भारत में मानव निर्मित सबसे बड़ी झील नागार्जुन सागर बाँध का जलाशय है जो कृष्णा नदी पर आन्ध्र प्रदेश के नालगोंडा जिले में है। यह विश्व की सबसे बड़ी मानव निर्मित झील है।
- ❖ हैदराबाद एवं सिकन्दराबाद के बीच हुसैन सागर झील स्थित है।

जलप्रपात

जलप्रपात गोकक नदी पर बेलगाँव में है। कपिलधारा या धुंआधार त नर्मदा नदी पर स्थित है।

भारत के सबसे ऊंचे जलप्रपात

क्र.सं.	जलप्रपात	ऊँचाई (मी.)	अवस्थित/राज्य	नदी
1.	कुंचिकल	455	शिमोगा/कर्नाटक	वराही
2.	बारेहीपानी	399	मयूरभंज/ओडिशा	बुधलांग
3.	लांग शियाँग	337	पं.खासी पहाड़ी/ मेघालय	किंशी
4.	नोहकालिकाई	335	पूर्वी खासी पहाड़ी/ मेघालय	–
5.	नोहसंबगी थियाँग	315	पूर्वी खासी पहाड़ी/ मेघालय	–
6.	दूध सागर	310	कर्नाटक/गोवा	मांडवी
7.	किम्रेस*	305	पूर्वी/खासी पहाड़ी/ मेघालय	–
8.	मीनमुट्टी	300	वायनाड/केरल	–
9.	थलईयार** (रै-टेल)	297	डिंडीगुल/तमिलनाडु	मंजालार
10.	बरकाना	259	शिमोगा/कर्नाटक	सीता
11.	जोग/महात्मा गांधी	253	सागर/कर्नाटक	शरावती
12.	खांड़ाधार	244	सुंदरगढ़/ओडिशा	कोरानाला
13.	वान्तावांग	229	सेरचिप/मिजोरम	–
14.	पेचालाकोना	219	सेरचिप/मिजोरम	–
15.	कुने	200	लोनावार/महाराष्ट्र	–
16.	सूचिंपारा	200	वायनाड/केरल	
17.	मगोड़	198	उ. कन्नड़/कर्नाटक	–
18.	हेब्बे	168	चिकमंगलुरु/कनार्टक	–
19.	डुडुमा	175	कोरापुट/ओडिशा	–
20.	जोरांड़ा	157	मयूरभंज/ओडिशा	–

नोट: 1. चित्रकूट जलप्रपात, इन्द्रावती नदी पर छत्तीसगढ़ में अवस्थित है। इसे 'भारत के नियाग्रा जल प्रपात' की उपमा प्राप्त है।

2. भारत का सबसे ऊंचा जल प्रपात कुंचिकल कनार्टक के शिमोगा जिले में वराही नदी पर अवस्थित है।

मिट्टियाँ

भारतीय कृषि अनुसन्धान परिषद् ने भारत की मिट्टियों को 8 वर्गों में बाँटा है।

1. जलोढ़ मिट्टी (Alluvial Soil)

- ❖ भारत के कुल क्षेत्रफल के **लगभग 22%** भाग पर इस मिट्टी का जमाव (सर्वाधिक) है।

- यह नदियों द्वारा लाई गई मिट्टी है जो भारत के मैदानी भागों तथा तटीय भागों में पाई जाती है।
- जलोढ़ मिट्टी में जब बालू के कणों और चीका की मात्रा लगभग बराबर होती है तो उसे **दोमट मिट्टी** कहते हैं।
- धान की खेती के लिए **दोमट मिट्टी** सबसे अच्छी होती है।
- इस मिट्टी में नाइट्रोजन, फॉस्फोरस एवं ह्यूमस की कमी होती है परन्तु इस मिट्टी में पोटाश एवं चूने की बहुलता होती है।
- नवीन जलोढ़ मिट्टी को खादर तथा पुरानी जलोढ़ मिट्टी को बांगर कहा जाता है। यह मिट्टी काफी उपजाऊ होती है। इसमें **गेहूँ**, **धान**, **मक्का**, **तिलहन**, **दलहन आदि फसलें** उगाई जाती हैं।

2. काली मिट्टी (Black Soil or Regur Soil)

- यह मिट्टी मुख्यत: दक्कन के लावा क्षेत्र में पाई जाती है। इसे रेगुर मृदा भी कहते हैं।
- इसका निर्माण ज्वालामुखी से निर्मित **बेसाल्ट चट्टानों** से हुआ है।
- इसे स्वत: **जुताई वाली मिट्टी** भी कहते हैं। क्योंकि इसमें नमी की समाप्ति के बाद दरारें पड़ जाती हैं।
- इसमें नमी धारण करने की क्षमता अधिक होती है।
- इस मिट्टी का रंग गहरा काला होता है क्योंकि इसमें लोहा, चूना, **एल्युमीनियम** एवं **मैग्नीशियम** की बहुलता होती है तथा जैव पदार्थ भी भरपूर होते हैं।
- कपास की खेती के लिए यह सर्वाधिक उपयुक्त है। अन्य फसलों में **गेहूँ**, **ज्वार**, **बाजरा** आदि हैं।

3. लाल मिट्टी (Red Soil)

- यह मिट्टी लाल-पीले रंग की होती है। **लोहे के ऑक्साइड** के मिले होने के कारण इसका **रंग लाल** होता है।
- इस मृदा में **नाइट्रोजन**, **फॉस्फोरस** एवं **ह्यूमस** की कमी होती है।
- यह मृदा मुख्य रूप से प्रायद्वीपीय भारत (आन्ध्र प्रदेश, तमिलनाडु) में पाई जाती है। इस मिट्टी में मुख्यत: **मोटे अनाज** (जैसे–ज्वार, बाजरा), **दलहन**, **तिलहन** एवं **तम्बाकू** की खेती होती है।

4. लैटेराइट मिट्टी (Laterite Soil)

- इसका निर्माण मानसूनी जलवायु की आर्द्रता एवं शुष्कता के क्रमिक परिवर्तन के परिणामस्वरूप उत्पन्न विशिष्ट परिस्थितियों में होता है।
- इसमें लोहा एवं एल्युमीनियम अधिक होता है। इसमें सिलिका की कमी होती है।
- यह मिट्टी मुख्य रूप से पूर्वी एवं पश्चिमी घाट पर्वत, मालाबार तटीय प्रदेश, राजमहल के पहाड़ी क्षेत्र, केरल, कर्नाटक, ओडिशा, छोटानागपुर एवं मेघालय के पठार में पाई जाती है।
- इस मिट्टी में **चूना**, **नाइट्रोजन**, **पोटाश** एवं **ह्यूमस** की कमी होती है। सूख जाने पर यह मिट्टी ईंट की तरह कठोर एवं गीली होने पर दही की तरह लिपलिपि हो जाती है।
- चूने की कमी के कारण यह मृदा अम्लीय है और अम्लीय होने के कारण इसमें चाय की खेती होती है किन्तु लोहे की अधिकता के कारण यह अनुर्वर होती जा रही है।

5. मरुस्थलीय मिट्टी (Desert Soil)

- अरावली श्रेणी के पश्चिम में जलवायु की शुष्कता तथा भीषण ताप के कारण नंगी चट्टानें विखण्डित होकर यह मिट्टी बनाती हैं।
- यह बलुई मिट्टी है जिसमें **लोहा** एवं **फॉस्फोरस** पर्याप्त मात्रा में होता है परन्तु **नाइट्रोजन** एवं **ह्यूमस** की कमी होती है।
- यह एक **अनुर्वर मृदा** है जो क्षारीय गुण वाली है।
- इस मिट्टी में मोटे अनाज, जैसे–**ज्वार**, **बाजरा**, **रागी**, **तिलहन** पैदा किए जाते हैं।

6. पर्वतीय या वनीय मिट्टी (Mountain or Forest Soil)

- ये मिट्टी पर्वतीय ढालों पर या वन्य क्षेत्रों की घाटियों में पाई जाती है।
- इस मिट्टी में जीवाश्म की अधिकता होती है परन्तु पोटाश, फॉस्फोरस एवं चूने की कमी होती है।
- इस मिट्टी में बागानी कृषि की जाती है। भारत में चाय, कहवा, मसाले एवं फलों की कृषि इसी मिट्टी में होती है।
- यह हिमालय के पर्वतीय भागों, तमिलनाडु, कर्नाटक, मणिपुर आदि जगहों पर पाई जाती है।

7. लवणीय एवं क्षारीय मिट्टी (Saline and Alkaline Soil)

- इस मिट्टी को रेह, ऊसर या कल्लर के नाम से जाना जाता है। इसका विकास शुष्क जलवायु वाले क्षेत्र में हुआ है। जहाँ जल निकास की समुचित व्यवस्था का अभाव है। इसमें **सोडियम**, **कैल्शियम** एवं **मैग्नीशियम** के लवण पाए जाते हैं परन्तु नाइट्रोजन एवं चूने की कमी होती है।
- इस मिट्टी का विस्तार दक्षिणी पंजाब, दक्षिणी हरियाणा, पश्चिमी राजस्थान, केरल तट, सुन्दर वन-क्षेत्र आदि में हुआ है। तटीय क्षेत्र में इस मृदा में नारियल के पेड़ बहुतायत में मिलते है।

8. पीट या जैविक मिट्टी (Peat or Marshy Soil)

- इस मिट्टी में कार्बनिक एवं जैविक पदार्थों की अधिकता होती है या काली, भारी एवं काफी अम्लीय होती है। यह मिट्टी **भारी वर्षा** और **उच्च आर्द्रता** वाले क्षेत्र में पाई जाती है।
- यह मिट्टी मुख्यत: केरल के **अलेप्पी जिला**, **उत्तराखंड के अल्मोड़ा**, **सुन्दरवन-डेल्टा** एवं अन्य निचले डेल्टाई क्षेत्रों में पाई जाती है।

प्रश्नमाला

1. भारत के कुल क्षेत्रफल में वनों का क्षेत्रफल कितना है?
   (a) 24.5 % (b) 33 %
   (c) 20 % (d) 22 %

2. भारत में सबसे कम वर्षा वाला स्थान है–
   (a) लेह (b) बीकानेर
   (c) जैसलमेर (d) चेरापूंजी

3. भारत का प्राचीनतम पर्वत कौन है?
   (a) हिमालय
   (b) विन्ध्याचल
   (c) अरावली
   (d) नीलगिरि

4. निम्न में अरब सागर में गिरने वाली नदी कौन है?
(a) गोदावरी (b) ताप्ती
(c) कृष्णा (d) महानदी

5. गुजरात के सब से पश्चिमी गांव और अरुणाचल प्रदेश के सब से पूर्वी छोर पर स्थित वालांग के समय में कितने घंटे का अन्तराल होगा?
(a) 1 घंटा (b) 2 घंटा
(c) 3 घंटा (d) 1/2 घंटा

6. सुमेलित कीजिए?

A.	कटक	1.	गोदावरी
B.	लुधियाना	2.	क्षिप्रा
C.	नासिक	3.	महानदी
D.	उज्जैन	4.	सतलुज

(a) A-3 B-4-C-1 D-2
(b) A-3 B-2 C-1 D-4
(c) A-4 B-1 C-3 D-2
(d) A-1 B-2 C-3 D-4

7. सर्वोत्तम किस्म का संगमरमर कहां पाया जाता है?
(a) मकराना (b) जबलपुर
(c) जैसलमेर (d) सिंहभूमि

8. सुमेलित कीजिए?

A.	सागोन	1. हिमालय की तराई
B.	देवदार	2. मध्य भारत
C.	सुंदरी	3. सुंदर वन
D.	सिनकोना	4. हिमालय के उच्च क्षेत्र

(a) A-1 B-4 C-3 D-2
(b) A-3 B-2 C-1 D-4
(c) A-4 B-1 C-3 D-2
(d) A-2 B-3 C-4 D-1

9. निम्न वाक्यों में कौन-सा सही है?
(a) मध्य प्रदेश की सीमा सात राज्यों से लगी है।
(b) भोपाल कर्क रेखा के उत्तर में स्थित है।
(c) पंजाब राज्य की सीमा कहीं भी जम्मू-कश्मीर से नहीं मिलती।
(d) अरुणाचल प्रदेश में कोई राष्ट्रीय पार्क नहीं है।

10. भारतीय मानक समय (IST) निम्नलिखित स्थानों में से किसके समीप से लिया जाता है?
(a) इलाहाबाद (नैनी)
(b) लखनऊ
(c) मेरठ
(d) मुजफ्फरनगर

11. सियाचिन-ग्लेशियर विवाद का विषय है-
(a) पाकिस्तान-चीन के बीच
(b) भारत-चीन के बीच
(c) भारत-पाकिस्तान के बीच
(d) भारत-श्रीलंका के बीच

12. भारत के उत्तरी मैदानों में शीत वर्षा होती है-
(a) पश्चिमी विक्षोभों से
(b) बंगाल की खाड़ी के मानसून से
(c) अरब सागर मानसून से
(d) लौटते मानसून से

13. सूची-I (राज्य) को सूची-II (राजधानियों) से सुमेलित कीजिए तथा नीचे दिए गए कूट से सही उत्तर का चयन कीजिए-

सूची-I		सूची-II	
A.	असम	1.	शिलांग
B.	नागालैंड	2.	कोहिमा
C.	अरुणाचल प्रदेश	3.	दिसपुर
D.	मेघालय	4.	ईटानगर

कूट :

	A	B	C	D
(a)	2	3	1	4
(b)	3	2	4	1
(c)	4	2	3	2
(d)	1	4	2	3

14. निम्न में से भारत के किन क्षेत्रों में औसत दो सौ मिलीमीटर वर्षा होती है?
(a) केरल, तमिलनाडु, कर्नाटक
(b) जम्मू और कश्मीर
(c) पश्चिम बंगाल, उड़ीसा, बिहार
(d) असम, मणिपुर, त्रिपुरा

15. भारत में वर्षा का आधिक्य होते हुए भी यह देश प्यासी धरती समझा जाता है। इसका कारण है-
(a) वर्षा के पानी का तेजी से बह जाना
(b) वर्षा के पानी का शीघ्रता से भाप बनकर उड़ जाना
(c) वर्षा का कुछ थोड़े ही महीनों में जोर होना
(d) उपर्युक्त सभी

16. निम्नलिखित में कौन अक्साई चिन का भाग है?
(a) कराकोरम श्रेणी (b) शिवालिक श्रेणी
(c) कश्मीर घाटी (d) लद्दाख पठार

17. चकमा निम्न में से किस देश के शरणार्थी हैं?
(a) पाकिस्तान (b) श्रीलंका
(c) बांग्लादेश (d) भूटान

18. निम्नलिखित राज्य समूहों में से किसमें वन कुल भौगोलिक क्षेत्र के 75% से अधिक क्षेत्र पर आच्छादित हैं?
(a) अरुणाचल प्रदेश, असम, नागालैंड
(b) अरुणाचल प्रदेश, मणिपुर, नागालैंड
(c) असम, मेघालय, नागालैंड
(d) अरुणाचल प्रदेश, नागालैंड, मध्य प्रदेश

19. निम्नांकित राज्यों में से किस में साइबेरियन सारस के लिए आदर्श प्राकृतिक निवास हैं?
(a) अरुणाचल प्रदेश
(b) असम
(c) आन्ध्र प्रदेश
(d) उड़ीसा

20. भारत और पाकिस्तान के बीच सीमा निर्धारण की गई थी?
(a) डूरण्ड रेखा द्वारा
(b) मैकमोहन रेखा द्वारा
(c) मैगीनॉट रेखा द्वारा
(d) रेडक्लिफ रेखा द्वारा

21. कथन (A) : भारत एक मानसूनी देश है।
कारण (R) : उच्च हिमालय इसे जलवायु सम्बन्धी विशिष्टता प्रदान करता है।
कूट :
(a) A तथा R दोनों सही हैं तथा R, A की सही व्याख्या है।
(b) A तथा R दोनों सही है परन्तु R, A की सही व्याख्या नहीं है।
(c) A सही है, परन्तु R गलत है।
(d) A गलत है, परन्तु R सही है।

22. उत्तर प्रदेशीय हिमाचल का सर्वोच्च शिखर है-
(a) चौखम्बा (b) धौलागिरि
(c) नन्दा देवी (d) त्रिशूल

23. निम्नांकित में से किसका सुमेल नहीं है?
(a) अहमदाबाद - साबरमती
(b) हैदराबाद - कृष्णा
(c) कोटा - चम्बल
(d) नासिक - गोदावरी

24. सूची-I तथा सूची-II को सुमेलित कीजिए तथा नीचे दिए गए कूट से सही उत्तर चुनिए-

सूची-I (राज्य)		सूची-II (पर्यटक केन्द्र)	
A.	जम्मू एवं कश्मीर	1.	उड़वाड़ा
B.	हिमाचल प्रदेश	2.	प्वाइन्ट कैलीमेयर
C.	गुजरात	3.	गुलमर्ग
D.	तमिलनाडु	4.	कसौली

कूट :

	A	B	C	D
(a)	1	2	3	4
(b)	3	4	1	2
(c)	4	3	2	1
(d)	3	2	4	1

25. वेम्बानाद झील है-
(a) आन्ध्र प्रदेश में
(b) केरल में
(c) उड़ीसा में
(d) तमिलनाडु में

26. कथन (A) : भारत के उत्तरी मैदान में जाड़ों में कुछ वर्षा हो जाती है।
कारण (R) : जाड़े में उत्तर-पूर्वी मानसून सक्रिय होते हैं।
कूट :
(a) A और R दोनों सही हैं तथा R, A की सही व्याख्या करता है।
(b) A और R दोनों सही हैं परन्तु R, A की सही व्याख्या नहीं करता है।
(c) A सही है, परन्तु R गलत है।
(d) A गलत है, परन्तु R सही है।

27. पुरातत्व चुम्बकीय साक्ष्य यह दर्शाता है कि भूतकाल में भारतीय भूखण्ड खिसका है-
(a) उत्तर की ओर
(b) दक्षिण की ओर
(c) पूर्व की ओर
(d) पश्चिम की ओर

28. कथन (A) : भारत एक मानसूनी देश है
कारण (R) : उच्च हिमालय इसे जलवायु सम्बन्धी विशिष्टता प्रदान करता है
कूट :
(a) A और R दोनों सही हैं तथा R, A की सही व्याख्या करता है।
(b) A और R दोनों सही हैं परन्तु R, A की सही व्याख्या नहीं करता है।
(c) A सही है, परन्तु R गलत है।
(d) A गलत है, परन्तु R सही है।

29. पाक की खाड़ी अवस्थित है-
(a) कच्छ की खाड़ी तथा खम्भात की खाड़ी के बीच
(b) अण्डमान तथा निकोबार द्वीपों के बीच
(c) मन्नार की खाड़ी तथा बंगाल की खाड़ी के बीच
(d) लक्षद्वीप तथा मालद्वीप के बीच

30. निम्नांकित युग्मों में से किसका सुमेलन नहीं है?
(a) बोमडीला-अरुणाचल प्रदेश
(b) नाथूला-सिक्किम
(c) भोरघाट-हिमाचल
(d) पालघाट-केरल

31. लावा मिट्टी पायी जाती है-
(a) छत्तीसगढ़ मैदान में
(b) सरयू पार मैदान में
(c) मालवा पठार में
(d) शिलांग पठार में

32. निम्नांकित में से कौन-सा जोड़ा गलत है?
(a) कोटा-चम्बल
(b) भुवनेश्वर-महानदी
(c) जबलपुर-नर्मदा
(d) कटक-महानदी

33. निम्नलिखित कथनों पर विचार कीजिए-
कथन (A) : प्रायद्वीपीय भारत की केवल दो प्रमुख नदियां हैं- नर्मदा एवं ताप्ती, जो अरब सागर में गिरती हैं।
कारण (R) : ये नदियां भ्रंश-जनित हैं।
नीचे दिए गए कूट से सही उत्तर चुनिए-
(a) A और R दोनों सही हैं तथा R, A की सही व्याख्या करता है।
(b) A और R दोनों सही हैं परन्तु R, A की सही व्याख्या नहीं करता है।
(c) A सही है, परन्तु R गलत है।
(d) A गलत है, परन्तु R सही है।

34. निम्नांकित नगरों में कर्क रेखा से निकटतम दूरी पर स्थित है-
(a) अगरतला (b) गांधीनगर
(c) जबलपुर (d) उज्जैन

35. कुल्लू घाटी निम्नलिखित पर्वत श्रेणियों के बीच अवस्थित है-
(a) धौलाधार तथा पीरपंजाल
(b) रणज्योति तथा नागटिब्बा
(c) लद्दाख तथा पीरपंजाल
(d) मध्य हिमालय तथा शिवालिक

36. कथन (A) : दक्षिणी ट्रैप की रेगुर मिट्टी काली होती है।
कारण (R) : उसमें ह्यूमस प्रचुर मात्रा में होता है।
कूट :
(a) A और R दोनों सही हैं तथा R, A की सही व्याख्या करता है।
(b) A और R दोनों सही हैं परन्तु R, A की सही व्याख्या नहीं करता है।
(c) A सही है, परन्तु R गलत है।
(d) A गलत है, परन्तु R सही है।

37. निम्नलिखित में कौन सुमेलित नहीं है?
(a) मध्य प्रदेश छत्तीसगढ़
(b) बिहार छोटानागपुर पठार
(c) महाराष्ट्र वृष्टिछाया प्रदेश
(d) आन्ध्र प्रदेश मलनाड

38. भारत का सबसे अधिक बाढ़ ग्रस्त राज्य है-
(a) असम (b) आन्ध्र प्रदेश
(c) बिहार (d) उत्तर प्रदेश

39. लैटेराइट मिट्टियों का प्राधान्य है-
(a) मालाबार तटीय प्रदेश
(b) कोरोमण्डल तटीय प्रदेश
(c) बुन्देलखण्ड में
(d) बघेलखण्ड में

40. निम्नलिखित में से क्या सुमेलित नहीं है?
(a) शिपकी ला - हिमाचल प्रदेश
(b) लिपु लेख - उत्तर प्रदेश
(c) नाथुला - सिक्किम
(d) जोजीला - कश्मीर

41. निम्न में से कौन धौलाधर श्रेणी क्षेत्र की प्रमुख जनजाति है?
(a) अबोर (b) गद्दी
(c) लेप्चा (d) थारू

42. सूची-I को सूची-II से सुमेलित कीजिए तथा नीचे दिए गए कूट से प्रयोग करके सही उत्तर चुनिए-

सूची-I (वन प्रकार)	सूची-II (प्रदेश)
A. उष्णकटिबंधीय आर्द्र पर्णपाती	1. अरूणाचल प्रदेश
B. उष्णकटिबंधीय शुष्क पर्णपाती	2. सह्याद्रि
C. अल्पाइन	3. मध्य गंगा मैदान
D. उष्णकटिबंधीय सदाबहार	4. तराई

कूट :

	A	B	C	D
(a)	4	3	1	2
(b)	4	2	1	3
(c)	1	3	2	4
(d)	3	1	4	2

43. यदि भारतीय मानक समय याम्योत्तर पर मध्याह्न है तो 120° व पूर्वी देशान्तर पर स्थानीय समय क्या होगा?
(a) 09.30 (b) 14.30
(c) 17.30 (d) 20.00

44. निम्नलिखित कथनों पर विचार कीजिए-
कथन (A): महाराष्ट्र के कोयना क्षेत्र के निकट, भविष्य में अधिक भूकम्प प्रभावित होने की संभावना है।
कारण (R): कोयना बांध एक पुराने भ्रंश-तल पर अवस्थित है जो कोयना जलाशय में जल-स्तर के परिवर्तन के साथ अधिक सक्रिय हो सकता है।

नीचे दिए गए कूट का प्रयोग करते हुए सही उत्तर चुनिए-
(a) A और R दोनों सही हैं तथा R, A की सही व्याख्या करता है।
(b) A और R दोनों सही हैं परन्तु R, A की सही व्याख्या नहीं करता है।
(c) A सही है, परन्तु R गलत है।
(d) A गलत है, परन्तु R सही है।

45. राष्ट्रीय वन नीति में भारत के कुल भौगोलिक क्षेत्र के कितने प्रतिशत पर वन रखने का लक्ष्य है?
(a) चौथाई (b) आधा
(c) पांचवा (d) एक-तिहाई

46. टिहरी बांध का उत्तराखंड प्रदेश में निर्माण किया जा रहा है-
(a) भागीरथी नदी पर
(b) रामगंगा नदी पर
(c) अलकनंदा नदी पर
(d) भीलांगना नदी पर

47. भारत में सर्वाधिक कोयला भंडार पाए जाते हैं-
(a) छत्तीसगढ़ में
(b) झारखण्ड में
(c) मध्य प्रदेश में
(d) उड़ीसा में

48. निम्न में से किस राज्य की सीमा बांग्लादेश से नहीं मिलती है?
(a) मेघालय (b) त्रिपुरा
(c) मणिपुर (d) मिजोरम

49. ह्वाइट पर्वत पाए जाते हैं-
(a) कनाडा में
(b) नार्वे में
(c) रूस में
(d) संयुक्त राज्य अमेरिका में

50. संसार का आर्द्रतम स्थान है-
(a) चेरापूंजी (b) मसिनराम
(c) सिंगापुर (d) वायलिल

51. राष्ट्रीय वन नीति के मुख्य उद्देश्य क्या थे? नीचे दिए गए कूट से अपना उत्तर चुनें-
1. पारिस्थितिक संतुलन को सुनिश्चित करना
2. सामाजिक वानिकी को प्रोत्साहन देना
3. देश की कुल भूमि का एक-तिहाई वनाच्छादित करना
4. वन प्रबन्धन में जन सामुदायिक सहभागिता को प्रोत्साहित करना

कूट :
(a) 1 और 2
(b) 1 और 3
(c) 1 एवं 4
(d) 2 एवं 3

52. भारतवर्ष के पश्चिमी तटीय निम्नांकित शहरों पर विचार कीजिए-
1. जंजीरा
2. कन्नूर
3. नागर कोइल
4. सिंधुदुर्ग

उत्तर से दक्षिण इन नगरों का सही क्रम होगा :

(a)	1	2	3	4
(b)	2	1	3	4
(c)	1	2	4	3
(d)	1	4	2	3

53. सर्वाधिक जैव विविधता पाई जाती है-
(a) कश्मीर घाटी में
(b) शान्त घाटी में
(c) सुरमा घाटी में
(d) फूलों की घाटी में

54. निम्नलिखित में कौन सुमेलित नहीं है?
(a) आइसोबार - वायु-दाब
(b) आइसोहाइट - वर्षा
(c) आइसोहेलाइन - बर्फ-वर्षा
(d) आइसोबाथ - गहराई

55. भू-वैज्ञानिक कालानुक्रम के अनुसार अधोलिखित का सही क्रम है-
1. अरावली 2. पूर्वी घाट
3. दक्कन ट्रैप 4. हिमालय

(a)	4	2	3	1
(b)	1	2	3	4
(c)	2	1	3	4
(d)	3	1	2	4

56. 'दण्डकारण्य' प्रदेश स्थित नहीं है?
(a) आन्ध्र प्रदेश में
(b) छत्तीसगढ़ में
(c) मध्य प्रदेश में
(d) उड़ीसा में

57. निम्नांकित राज्यों में से कौन छोटां नागपुर पठार का भाग है?
(a) बिहार (b) झारखण्ड
(c) उड़ीसा (d) पश्चिम बंगाल

58. श्रीहरिकोटा द्वीप अवस्थित है निकट-
(a) चिलका झील के
(b) गोदावरी मुहाने के
(c) महानदी मुहाने के
(d) पुलीकट झील के

59. भारत ने नई सहस्राब्दी के सूर्योदय की पहली किरण निम्नलिखित में से किस देशान्तर पर देखी?
(a) $2^o 3^o$ पश्चिम
(b) $82^o 3^{o'}$ पूर्व
(c) $92^o 3^{o'}$ पश्चिम
(d) $92^o 3^{o'}$ पूर्व

60. भारत का वह अभ्यारण्य जिसमें हाथियों की सबसे अधिक संख्या पायी जाती है, वह है?
(a) दुधवा (b) काजीरंगा
(c) मानस (d) नन्दादेवी

61. कथन (A) उड़ीसा तट भारत में सर्वाधिक चक्रवात-प्रवण क्षेत्र है।
कारण (R) : महानदी डेल्टा क्षेत्र में भारी मात्रा में मैनग्रोव का निर्वनीकरण हुआ है।
नीचे दिए गए कूट से सही उत्तर चुनिए-
कूट :
(a) A और R दोनों सही हैं तथा R, A की सही व्याख्या करता है।
(b) A और R दोनों सही हैं परन्तु R, A की सही व्याख्या नहीं करता है।
(c) A सही है, परन्तु R गलत है।
(d) A गलत है, परन्तु R सही है।

62. दस डिग्री चैनल पृथक करता है-
(a) अंडमान को निकोबार द्वीप से
(b) अंडमान को म्यांमार से
(c) भारत को श्रीलंका से
(d) लक्षद्वीप को मालदीव से

63. दक्षिण भारत की सबसे ऊंची चोटी है-
(a) अनाइमुडी (b) दोद्दाबेटा
(c) अमरकंटक (d) महेन्द्रगिरि

64. भारत का सर्वाधिक खनिज युक्त शैल तंत्र है-
(a) धारवाड़ तंत्र (b) विन्ध्य तंत्र
(c) कुडप्पा तंत्र (d) गोंडवाना तंत्र

65. निम्नलिखित भारतीय नदियों में से कौन इस्चुअरी बनाती है?
(a) गोदावरी (b) कावेरी
(c) ताप्ती (d) महानदी

66. भारत का निम्नलिखित में से कौन-सा क्षेत्र उच्च तीव्रता की भूकम्पीय मेखला में नहीं आता है?
(a) उत्तराखंड
(b) कर्नाटक पठार
(c) कच्छ
(d) हिमाचल प्रदेश

67. निम्नलिखित भारतीय द्वीपों में से कौन-सा द्वीप भारत एवं श्रीलंका के मध्य है?
(a) एलीफैन्टा (b) निकोबार
(c) रामेश्वरम (d) सलर्सेत

68. भारत के किस राज्य में मानसून का आगमन सबसे पहले होता है?
(a) असम
(b) पश्चिम बंगाल
(c) महाराष्ट्र
(d) केरल

69. दो राज्यों में पहली बार दो नदियों को जोड़ने की परियोजना के संबंध में समझौते के स्मृतिपत्र पर हस्ताक्षर किए गए हैं। राज्यों और नदियों के नाम हैं-

	राज्य	नदियां
(a)	पंजाब एवं राजस्थान	: व्यास एवं बनास
(b)	उत्तर प्रदेश एवं मध्य प्रदेश	: केन एवं बेतवा
(c)	कर्नाटक एवं तमिलनाडु	: कृष्णा एवं कावेरी
(d)	उत्तर प्रदेश एवं बिहार	: गोमती एवं शारदा

70. नाथूला दर्रा किस राज्य में स्थित है?
(a) अरुणाचल प्रदेश में
(b) असम में
(c) मेघालय में
(d) सिक्किम में

उत्तरमाला

1. (d)	**2.** (a)	**3.** (c)	**4.** (b)	**5.** (b)	**6.** (a)	**7.** (a)	**8.** (a)	**9.** (a)	**10.** (a)
11. (c)	**12.** (b)	**13.** (b)	**14.** (b)	**15.** (d)	**16.** (a)	**17.** (c)	**18.** (b)	**19.** (b)	**20.** (d)
21. (a)	**22.** (c)	**23.** (b)	**24.** (b)	**25.** (b)	**26.** (b)	**27.** (a)	**28.** (a)	**29.** (c)	**30.** (c)
31. (c)	**32.** (b)	**33.** (a)	**34.** (b)	**35.** (d)	**36.** (c)	**37.** (d)	**38.** (c)	**39.** (a)	**40.** (b)
41. (b)	**42.** (a)	**43.** (b)	**44.** (a)	**45.** (d)	**46.** (a)	**47.** (b)	**48.** (c)	**49.** (d)	**50.** (b)
51. (d)	**52.** (d)	**53.** (b)	**54.** (c)	**55.** (b)	**56.** (c)	**57.** (d)	**58.** (d)	**59.** (d)	**60.** (c)
61. (b)	**62.** (a)	**63.** (a)	**64.** (a)	**65.** (c)	**66.** (b)	**67.** (c)	**68.** (d)	**69.** (b)	**70.** (d)

❑❑

7 अध्यापन संबंधी मुद्दे

पर्यावरण अध्यापन की अवधारणा और व्याप्ति

पर्यावरण शिक्षा का अर्थ

(Meaning of Environment Education)

प्रत्येक मनुष्य यदि ये अच्छी प्रकार से समझे कि किए गये कार्यों से ही पर्यावरण प्रदूषित हो रहा है। हमारी पृथ्वी जो कि प्राकृतिक संसाधनों का भंडार है रिक्त होती जा रही है। भविष्य की बात तो छोड़ें वर्तमान जीवन भी कठिन हो गया है इसलिए यह सम्भव है कि एक तरह से नष्ट हो रही पृथ्वी की स्थिति पर कुछ नियंत्रण किया जा सकता है और उसे विनाश से बचाया जा सकता है।

पर्यावरण शिक्षा की परिभाषा

(Definition of Environment Education)

टेलर, चौपमेन के अनुसार : ''पर्यावरण शिक्षा का अभिप्राय सद्नागरिक विकसित करने के लिए सम्पूर्ण पाठ्यक्रम को पर्यावरणीय मूल्यों एवं समस्याओं पर केन्द्रित करना है ताकि सद्नागरिकता का विकास हो सके तथा अधिगमकर्ता पर्यावरण के सम्बंध में अनभिज्ञ प्रेरित व उत्तरदायी हो सके।''

पर्यावरण की आवश्यकता

प्रकृति का क्षेत्र अधिक विस्तृत तथा रहस्यमय है जो कि पर्यावरण के साथ जुड़ा हुआ है। मनुष्य विकसित तथा सामाजिक प्राणी है इसलिए वह प्राकृतिक घटनाओं का ज्ञान व उसके कारण ढूँढ़ता है। खेत, बगीचे, नदी, झरने आदि व जन्तु आदि पर्यावरण को सुन्दर व स्वच्छ बनाते हैं। प्रकृति की गोद में बालक जाकर प्राकृतिक दृश्यों का बोध करता है और आँखों से देखकर हाथों से स्पर्श कर उन्हें समझ लेता है। यूनिसेफ ने प्राथमिक स्तर पर एक योजना पर्यावरणीय शिक्षा विद्यालयों में शुरू कर दी है। इसके द्वारा विद्यार्थियों को शिक्षण दिया जाता है। जिससे वे पर्यावरण के प्रति जागरूक भी हो जाते हैं।

पर्यावरण का महत्व (Importance of Environment)

आज बढ़ते हुए प्रदूषण की दुनिया में पर्यावरण का निम्नलिखित महत्व है :

(1) जब विद्यार्थी प्रकृति के सम्पर्क में आता है तो उसकी निरीक्षण शक्ति बढ़ती है।
(2) पर्यावरण प्रदूषण से कौन-से रोग उत्पन्न हो सकते हैं तथा इससे क्या हानि है और उनसे बचाव के उपाय कौन-कौन-से हैं।
(3) विद्यार्थियों में प्रकृति के रहस्य जानने की स्वाभाविक लालसा रहती है उससे उनका व्यक्तिगत विकसित होता है।
(4) विद्यार्थियों में सामाजिक, सांस्कृतिक व ऐतिहासिक पर्यावरण के माध्यम से सामाजिक व सांस्कृतिक मूल्यों का विकास किया जा सकता है।
(5) वैज्ञानिक दृष्टिकोण को परिपक्व बनाने के लिए तथा उसे स्वस्थ बनाने के लिए प्रकृति का सम्पर्क छात्रों के लिए आवश्यक है।
(6) विज्ञान शिक्षण के लिए भी पर्यावरण का महत्वपूर्ण योगदान है।

पर्यावरण के प्रति शिक्षकों में जागरुकता

आज पर्यावरण प्रदूषण विश्वव्यापी ज्वलन्त समस्या है। इस समस्या के समाधान के लिए प्रत्येक आयु वर्ग के सभी स्त्री-पुरुषों में पर्यावरण के प्रति सकारात्मक संचेतना का होना अनिवार्य है। यह दायित्व शिक्षक ही निभा पाता है। शिक्षक देश के विकास व सामाजिक परिवर्तन में प्राय: महत्वपूर्ण भूमिका निभाता है। शिक्षा द्वारा महत्वपूर्ण कार्यों की क्रियान्विति के लिए शिक्षक की भूमिका ही सशक्त होती है। पर्यावरण जागरूकता के लिए शिक्षक निम्न प्रकार से अपना योगदान दे सकते हैं :

विद्यालय में शिक्षक द्वारा प्रवृत्तियों का आयोजन : शिक्षक पर्यावरण को प्रदूषित होने से रोकने के लिए विद्यालय की नियमित सफाई करवाता है।

(1) विद्यालय के छात्रावास में कमरों की सफाई तथा स्वच्छ पानी की व्यवस्था करना।
(2) विद्यालय तथा छात्रावास में पुस्तकालय तथा वाचनालय की व्यवस्था को व्यवस्थित ढंग से संचालित करना।
(3) विद्यालय में पीने के पानी की व्यवस्था करना।
(4) विद्यालय में मध्यांह भोजन या स्वल्पाहार की व्यवस्था करना।
(5) विद्यार्थियों को अपने शरीर बाल, तथा नाखून आदि से सम्बद्ध स्वच्छता के अभ्यास के लिए विद्यालय में दर्पण, नेल कटर कंध आदि सभी चीजों की व्यवस्था करना।
(6) छात्रावास में रसोईघर की व्यवस्था करना।

विभिन्न विद्यालयों में कार्यक्रम : विभिन्न विद्यालयों में विभिन्न प्रकार के कार्यक्रम आयोजित किए जाने चाहिए जिससे जनतांत्रिक भावना की दृष्टि का विकास होता है।

(1) विद्यार्थियों के लिए चुनाव कराना जिससे उनका ही अधिकार चुना जाए।
(2) बाल सभा का आयोजन।
(3) छात्र-संसद का बजट निर्माण, स्वीकृति एवं उपयोग की व्यवस्था की जाए।
(4) विद्यालय में अल्प-बचत व्यवस्था।
(5) विद्यालय में सामाजिक उत्सवों की व्यवस्था।

जनतंत्रात्मक प्रवृत्तियाँ : विद्यालय में निम्नलिखित माध्यम द्वारा पर्यावरण शिक्षा देना जिससे जनतंत्र में कौशल एवं दक्षताओं का विकास होता है ये निम्नलिखित हैं :

(1) वाद-विवाद प्रतियोगिताओं का आयोजन किया जाना चाहिए।

(2) निबन्ध लेखन प्रतियोगिता का आयोजन करना चाहिए जिसका कि विषय पर्यावरण प्रदूषण की समस्याओं के कारण तथा उन्हें कम करने के उपाय तथा पर्यावरण प्रदूषण को किस प्रकार रोका जा सकता है आदि होने चाहिए।

(3) रेडियो, समाचार सुनने की व्यवस्था की जाए।

पाठ्य-सहगामी क्रियाओं का आयोजना : शिक्षक द्वारा पर्यावरण शिक्षा के अन्तर्गत विद्यार्थियों द्वारा विभिन्न प्रकार की गतिविधियाँ करवायी जा सकती हैं जिससे पर्यावरण में सुधार हो सके जैसे (1) वृक्षारोपण करवाना तथा वनों का संरक्षण (2) जहाँ कहीं भी गन्दा दिखे वहाँ की सफाई करने एवं करवाने के लिए विद्यार्थियों को प्रेरित करना जैसे नदी, जलाशय, शहरों की गन्दी नालियों की सफाई, सड़क पर गन्दगी आदि।

पर्यटन : विद्यार्थियों को भ्रमण एवं पर्यटन के माध्यम से विशिष्ट स्थलों एवं आत्म विवृतियों तथा प्रदूषणों के दृष्टान्त बताकर, पर्यावरण प्रदूषण से सम्बन्धित स्थलों पर ले जाकर प्रदूषण द्वारा पड़ रहे प्रभावों का निरीक्षण करवाना चाहिए जिससे विद्यार्थी अवलोकन कर अनुभव प्राप्त कर सकें।

जनसंख्या नियंत्रण : जनसंख्या नियंत्रण के प्रयास हेतु शिक्षक अपने योग्य विद्यार्थियों के साथ गाँवों कस्बों तथा झुग्गी-झोपड़ियों में जाकर श्रव्य-दृश्य सामग्रियों एवं छोटे-छोटे नाटकों द्वारा जनसंख्या नियंत्रण संबंधी तथ्यों को जनसामान्य तक प्रभावी ढंग से पहुँचा सकते हैं।

आदतों का विकास : शिक्षक द्वारा अपने विद्यार्थियों में बाल्यावस्था से लेकर किशोरावस्था तक ऐसी आदतों का विकास किया जा सकता है जो आजीवन चिरस्थायी प्रभाव वाले होते हैं जैसे रात के समय पेड़ों के नीचे नहीं सोना चाहिए, वनों को नहीं काटना, पानी का दुरूपयोग नहीं करना, घर तक तथा उसके आस-पास के वातावरण को साफ रखना आदि।

प्रदूषण से हानि : पर्यावरण को समझने, प्रदूषण से हानि ज्ञात करने, हवा, जल के प्रदूषण को पहचानने, वन्य जीवन के विनाश के दुष्परिणामों को जानने, भूसंरक्षण पर निरन्तर ध्यान देने के लिए पर्यावरण शिक्षा आवश्यक है। विद्यार्थियों को 'चिपको आन्दोलन' जैसी घटनाओं को समझाना होगा जहाँ वन-विनाश को रोकने तथा वायु एवं जल प्रदूषण को नियंत्रित करने के लिए जन-आन्दोलन का सहारा लिया जाता है अतः पर्यावरणीय समस्याओं के समाधान के लिए ऐसी अभिप्रेरणा विकसित करनी होगी।

पर्यावरणीय संकट : पर्यावरणीय संकट को समझने तथा उसे कम करने के लिए शिक्षक निम्न साधनों का उपयोग भी कर सकता है, यह कार्य शिक्षा विभाग एवं पर्यावरणीय शिक्षा द्वारा राज्य एवं केन्द्र सरकार द्वारा किया जा रहा है। ये संचार के माध्यम निम्नलिखित रूप से अनुपयोगी हैं–

(1) **इकोलॉजी क्लब :** इस क्लब के अन्दर पारिस्थितिकी से संबंधित चार्टस, मॉडल्स आशुरचित उपकरण, प्रदर्शन की अन्य सामग्री, साहित्य, फिल्म स्ट्रिप्स, समाचार पत्र-पत्रिकाएं आदि होती हैं। यह पर्यावरणीय शिक्षा से जुड़े शिक्षक द्वारा चलाया जाता है। इससे पर्यावरण से संबंधित साहित्य का ज्ञान, पर्यावरण संरक्षण का ज्ञान, पर्यावरण की उपयोगिता, अच्छे स्वास्थ्य, नवीन सूचनाएं, पर्यावरण के बारे में आस्था बढ़ना आदि का लाभ होता है।

(2) **इकोलॉजी प्रयोगशाला :** यह पर्यावरण से संबंधित वस्तुओं का स्थल है। इसमें पर्यावरण के चार्ट्स, पोस्टर्स तथा अन्य प्रदर्शन सामग्री होती है। इसके द्वारा शिक्षक पर्यावरण के संरक्षण, स्वच्छता, पोषण तथा स्वास्थ्य सबंधी ज्ञान मिलता है।

(3) **पुस्तकालय :** शिक्षक द्वारा पुस्तकालय का उपयोग कर पर्यावरण शिक्षा दी जाती है।

(4) **दृश्य-श्रव्य उपकरणों का उपयोग :** पर्यावरणीय शिक्षा देने के लिए शिक्षक द्वारा टी.वी., वी.सी.आर., फिल्म स्ट्रिप, रेडियो टेपरिकार्डर आदि का उपयोग किया जाता है।

इस प्रकार शिक्षक एक कुम्हार के समान होता है जिसके द्वारा समाज एवं राष्ट्र के भावी कर्णधारों का निर्माण होता है। अतः शिक्षक पर्यावरण के प्रसार में प्रभावी एवं महत्वपूर्ण भूमिका निभा सकता है।

पर्यावरण के प्रति विद्यालय की भूमिका

पर्यावरण संबंधी संरक्षण में विद्यालय की भूमिका को निम्न माध्यमों द्वारा स्पष्ट किया जा सकता है या निम्नलिखित कार्यक्रम आयोजित किए जा सकते हैं :

(1) विद्यालय को समय-समय पर खेल, नाटक, कहानियों से विद्यार्थियों को परिचित करना चाहिए।

(2) समय-समय पर दूर-दर्शन, फिल्म एवं रेडियो के माध्यम से पर्यावरण संबंधी ज्ञान एवं विद्वानों के विचारों से विद्यार्थियों को अवगत कराना चाहिए।

(3) कविता पाठ, कवि-सम्मेलन, संगीत सम्मेलन आदि का आयोजन किया जाना चाहिए।

(4) विद्यालय में विद्यार्थियों को समय-समय पर संतुलित भोजन स्वच्छता एवं प्राकृतिक वातावरण के महत्व एवं उसकी उपयोगिता के विषय में बताना चाहिए।

(5) विद्यालय पुस्तकालय में पर्यावरण शिक्षा का साहित्य प्रचुर मात्रा में उपलब्ध होना चाहिए।

(6) रेडियो के माध्यम से विद्वानों के विचारों को विद्यार्थियों तक पहुँचाया जा सकता है।

(7) विद्यालय में संगोष्ठियों का आयोजन कर भी पर्यावरण शिक्षा दी जा सकती है।

(8) रेडियो पर आकाशवाणी के प्रमुख कार्यक्रमों का आयोजन विद्यार्थियों को सुनाया जा सकता है।

(9) विद्यालय में टी.वी. की व्यवस्था कर पर्यावरण संबंधी कार्टून, फिल्म, नाटक विद्यार्थियों को दिखाये जा सकते हैं। लोक संचार परिषद नई दिल्ली द्वारा कई अभिनयात्मक फिल्म ऐसी तैयार की गई हैं जो पर्यावरणीय बोध एवं संरक्षण द्वारा उनके रचनात्मक स्वरूप को दिग्दर्शन कराती हैं।

(10) संसद, विधान सभा या संयुक्त राष्ट्र संघ की सुरक्षा परिषद के कृत्रिम 'मोकसेशन' का प्रदर्शन किसी महापुरुष के कृतित्व के विषय में प्रदर्शन आदि चलचित्र में पूर्ण नाटकीकरण कर उसकी टेपिंग कर फिल्मांकन किया जा सकता है।

(11) विद्यालय में वाद-विवाद प्रतियोगिता एवं बाल सभा में पर्यावरण प्रदूषण एवं उसके नियंत्रण संबंधी उपायों पर चर्चा करना चाहिए।

(12) इस प्रकार वातावरण उत्पन्न करना चाहिए जिससे प्रत्येक विद्यार्थी पर्यावरण के प्रति जागरुक हो जाए।

अतः पर्यावरण संरक्षण, पर्यावरण प्रदूषण को रोकने के लिए, पर्यावरण को स्वस्थ बनाये रखने के लिए पर्यावरण शिक्षा बहुत महत्वपूर्ण है और पर्यावरण शिक्षा का आवश्यक माध्यम विद्यालय है। **प्रो. एस.के. दुबे** के अनुसार ''विद्यालय के सहयोग के अभाव में जन सामान्य तथा समाज में पर्यावरणीय जागरुकता पैदा नहीं की जा सकती है क्योंकि विद्यालय ही वह आधार है जिस पर पर्यावरणीय भवन खड़ा किया जा सकता है अन्यथा संपूर्ण प्रयास निरर्थक ही सिद्ध होंगे।''

पर्यावरणीय परिवेश में कार्यक्रम आयोजन एवं गतिविधियाँ

पर्यावरण विभाग में भारत सरकार ने सन् 1982-83 से प्रारम्भ किये हैं इन्हें पारिस्थितिकी विकास शिविर, व्याख्यान श्रृंखला, प्रशिक्षण कार्यक्रम, फिल्म प्रदर्शन, प्रदर्शनियों तथा कार्य गोष्ठियाँ आयोजन कर क्रियान्वित किया गया है। पर्यावरण को स्वच्छ एवं उसके प्रति जागरुकता उत्पन्न करने के लिए निम्न माध्यम होते हैं :

(1) **पर्यावरणीय खेल :** खेल बालकों के शारीरिक विकास के लिए जरूरी है। विद्यार्थियों की अभिवृत्ति एवं विषय वस्तु पर ध्यान केन्द्रित करने के लिए एक अच्छा साधन है। खेल उन गुणों को बढ़ाता है जिससे उसका व्यक्तित्व बनता है। खेल निम्नलिखित प्रकार से विद्यार्थियों के लिए उपयोगी है –

(1) **प्रतिरोधक क्षमता :** खेलों द्वारा प्रतिरोधक क्षमता बढ़ती है। जिससे स्वास्थ्य अच्छा बना रहता है।

(2) **तार्किक शक्ति का विकास :** खेलों द्वारा मानसिक विकास होता है और तार्किक तथा काल्पनिक शक्ति भी बढ़ती है।

(3) **अनुशासन :** खेलों द्वारा सामाजिक गुणों का विकास होता है जिससे अनुशासन उत्तरदायित्व तथा दूसरों की सहायता जैसे गुणों की वृद्धि होती है।

(4) **नियंत्रण क्षमता :** खेलों द्वारा विद्यार्थियों के संवेगों में नियत्रंण की क्षमता उत्पन्न करता है इसके द्वारा कायरता तथा चिड़चिड़ापन दूर होता है।

(5) **गतिविधियों द्वारा सूचना विश्लेषण :** खेलों की गतिविधियाँ द्वारा सूचना का विश्लेषण किया जाता है।

(6) **पर्यावरण संरक्षण :** खेल द्वारा पर्यावरण संरक्षण किया जा सकता है।

(7) **पर्यावरण संतुलन एवं प्राकृतिक विरासत :** पर्यावरण संतुलन एवं प्राकृतिक विरासत की महत्ता जैसे कठिन प्रयत्नों को सहजता एवं आसानी से समझाने का प्रयत्न किया जा सकता है।

(8) **चलचित्र या फिल्म :** शिक्षा की दृष्टि से मनोरंजन के साथ-साथ शैक्षिक क्रिया को पूरा करने का एक महत्वपूर्ण साधन होता है। इसके माध्यम से दूरस्थ परिस्थितियों को भी उसी रूप में प्रस्तुत किया जा सकता है। आजकल विद्यार्थियों में अच्छी आदतों के निर्माण तथा नैतिकता चारित्रिकी विकास और इसी प्रकार नागरिकता के गुणों से सम्बद्ध अनेक चलचित्र बनाये जाते हैं। लोक संचार नई दिल्ली द्वारा अनेक अभिनयात्मक फिल्म ऐसी तैयार की गई हैं जो पर्यावरणीय बोध उसके फलस्वरूप एवं संरक्षण द्वारा उसके रचनात्मक स्वरूप को स्पष्ट करती हैं।

(3) **अभिनय :** ऐतिहासिक प्रकरणों तथा कठिन पर्यावरणीय अध्ययन के सम्प्रत्ययों को अभिनय के रूप में बोधगम्य एवं सुगम बनाया जा सकता है। छोटी कक्षाओं में इन्हें वार्तालाप के रूप में प्रस्तुत करना अधिक उपयुक्त रहता है। पर्यावरण बचाओ जैसे अभिनय विद्यालय में कराये जा सकते हैं।

विज्ञान का सामाजिक और भौतिक वातावरण के साथ सह-सम्बन्ध (Correlation of Science with Social and Physical Environment)

विज्ञान हमारे जीवन में बहुत गहराई तक पहुँच चुका है, आज हम विज्ञान-युग में जी रहे हैं और सारी क्रियाएँ विज्ञान द्वारा नियंत्रित हैं एक कमरे में बैठकर हम देखते हैं कि विज्ञान हमें किस प्रकार आराम देता है। हमारे आस-पास की हर वस्तु प्रत्यक्ष या अप्रत्यक्ष पद्धति को विज्ञान ने बदल कर रख दिया है और इसने सामाजिक और भौतिक वातावरण को प्रभावित किया है। इन जटिल और परिवर्तित वातावरणों को समझने का श्रेय विज्ञान को ही दिया जाता है। अत: शिक्षक के लिए यह आवश्यक होगा कि वह कक्षा-कक्ष शिक्षण को सामाजिक और भौतिक वातावरण के साथ दैनिक जीवन के उदाहरण प्रस्तुत करके सम्बन्धित करे। शिक्षक विद्यार्थियों को किसी फैक्टरी, बाँध आदि पर ले जाकर वास्तविक ज्ञान प्रदान कर सकता है।

पर्यावरण शिक्षा में उपागम (Approacehs in EVS)

उपागम (पद्यति) : अर्थ एवं परिभाषा (Approach Meaning and Definition)

किसी कार्यक्रम के सम्बन्ध में मान्यताएँ विश्वास, कार्यक्रम क्रियान्वित करने का तरीका, उसकी पूरक क्रिया, उससे आपको अपेक्षाएं आदि ये सब मिलकर एक उपागम का चित्र स्पष्ट करती हैं। यह एक ऐसा शब्द है जिसमें किसी घटना या स्थिति सम्बन्धित सम्पूर्ण कार्यक्रम के विचार निहित होते हैं। लेकिन वे विचार तभी तक उपागम का अभिन्न अंग हैं जब तक वे सक्रिय हैं। किसी भी घटना या कार्यक्रम से संलग्न निष्क्रिय विचार उपागम को प्रभावित नहीं करता।

पर्यावरण शिक्षण का उपागम, पर्यावरण शिक्षण के सभी पक्षों संलग्न सक्रिय विचारों को सँजो लेता है। इस प्रकार पर्यावरण शिक्षण का उपागम समग्र शिक्षण कार्यक्रम के प्रति वह सक्रिय विधि तथा पूरक क्रियाओं के नियोजन और क्रियान्वयन में परिलक्षित की सुगन्ध है, वह शिक्षक की हर प्रक्रिया में फूटती है। शिक्षक किस प्रकार पढ़ाता है। किस तकनीक को प्रयोग में लाता है, तकनीक का किस प्रकार प्रयोग करता है, किस दृश्य-श्रव्य सामग्री को दिखाने के लिए किन बातों को अधिक स्पष्ट करता है, अर्थात् वह सम्पूर्ण दृष्टिकोण उसकी शिक्षण प्रक्रिया में समा जाता है, पर्यावरण शिक्षण उपागम कहलाता है।

प्रत्येक शिक्षक का पर्यावरण के प्रति तथा भौतिक विज्ञान शिक्षक के प्रति दृष्टिकोण भिन्न होता है। उसी के परिणामस्वरूप प्रत्येक शिक्षक का उपागम भी भिन्न होता है। सूक्ष्म तरीके से अगर देखें तो यह बात बिल्कुल सत्य प्रतीत होती है। लेकिन कभी-कभी यह भी देखने में आता है कि दो व्यक्तियों के दृष्टिकोणों में बहुत कम अन्तर होता है। इस प्रकार उन सभी दृष्टिकोणों को जिनमें बहुत कम अन्तर पाया जाता है, उन्हें एक ही वर्ग में रख दिया जाता है और सैद्धान्तिक विवेचना के लिए उसे एक लाक्षणिक उपागम (Characteristic approach) कहते हैं। यदि सभी सम्भव दृष्टिकोणों को कुछ ऐसे वर्गों में रख लिया जाए जो एक-दूसरे से स्पष्ट रूप से अलग प्रतीत हों तो ये वर्ग ही पर्यावरण शिक्षण का विभिन्न उपागम कहलाएंगे।

इस दृष्टि से पर्यावरण शिक्षण के निम्नलिखित उपागम हो सकते हैं :

(1) **ऐतिहासिक दृष्टिकोण (Historical Approach) :** इस दृष्टिकोण का तात्पर्य पर्यावरण के इतिहास से नहीं है। यह मानव चिन्तन के क्रमिक विकास से सम्बन्धित है और पाठ्यवस्तु के विषय में सूचनायें प्रदान करने के साथ-साथ चिन्तन की प्रक्रिया को भी दिशा देता है। कुछ लोग ऐतिहासिक क्रम का भी ऐतिहासिक विधि के रूप में विवेचन करते हैं। प्राय: स्कूलों में पर्यावरण शिक्षण दो प्रकार से होता है तथा दोनों ही तरीकों से प्रभावकारी शिक्षण सम्भव हुआ है।

प्रथम कार्यक्रम के अनुसार शिक्षक, पाठ्य-पुस्तक के माध्यम में तर्कसम्मत रूप से व्यवस्थित पाठ्यवस्तु को छात्रों तक सम्प्रेषित जाता है। प्रयोगशाला कार्य और पर्यटन आदि पाठ्य-पुस्तक के तथ्यों, धारणाओं को स्पष्ट करने के लिए नियोजित किये जाते हैं। इस कार्यक्रम के अनुसार शिक्षक

का मुख्य उत्तरदायित्व पाठ्यपुस्तक में की गई विषयवस्तु की अधिक से अधिक स्पष्ट व्याख्या प्रस्तुत करना है। इस कार्यक्रम को वर्णनात्मक उपागम (Descrip-tive approach) कहते हैं। इस पुराने उपागम के समालोचकों का कहना है कि ऐसे कार्यक्रमों से चिन्तनपरक विचारशक्ति के विकास में थोड़ा ही सहयोग है। ऐसे कार्यक्रमों में प्रयोगशाला पाठ्य-सहगामी क्रियायें वास्तव में दृश्य सामग्री हैं, जो रचनात्मक चिन्तन और जिज्ञासा को नहीं बढ़ाती। इस प्रकार के कार्यक्रम में अल्पकाल में पढ़ाया जा सकता है, लेकिन आत्मप्रेरित क्रियाओं को अधिक समय नहीं दिया जा सकता है और इस प्रकार छात्रों को सतही पुस्तकीय ज्ञान (Bookish knowledge) ही मिल पाता है। पाठ्यक्रमों में पढ़ाने के लिए अधिकतर समस्याएँ पाठ्यपुस्तकों से ली जाती हैं, जिनका वास्तविक जीवन की उन समस्याओं से बड़ा ही सम्बन्ध होता है जिन्हें वैज्ञानिक ज्ञान और प्रविधियों से किया जा सके। इस प्रकार के शिक्षण कार्यक्रम छात्रों के लिए रुचिकर और उनके स्कूलोत्तर जीवन अथवा कॉलेज की तैयारी लिए सर्वथा अयोग्य होते हैं, इसलिए ऐसे कार्यक्रम छात्रों में असक्रियता और लापरवाही की आदत डालते हैं।

दूसरे प्रकार के कार्यक्रमों में छात्रों को शिक्षण प्रक्रिया के निकटतम केन्द्र में रखा जाता है। छात्र, शिक्षण प्रक्रिया में भागीदारी रखते तथा शिक्षण प्रक्रिया के नियोजन, क्रियाओं के चयन और ज्ञान के रखने का उत्तरदायित्व वहन करते हैं। इस कार्यक्रम में शिक्षक का योगदान शोध-निर्देशक की तरह होता है। वह छात्रों को प्रोत्साहित करता है, निर्देश देता है, दिशा प्रदान करता है, व्याख्या करता है लेकिन उसकी ये सब क्रियाएँ एक निश्चित प्रयोजन से होती हैं। इस कार्यक्रम को अन्वेषणात्मक उपागम (Investigatory approach) कहते हैं। इसके माध्यम से छात्रों में वैज्ञानिक अभिवृत्ति, वैज्ञानिकश्लाघा और समस्या हल करने की वैज्ञानिक विधि का प्रशिक्षण प्रमुख है, ज्ञान प्राप्त करना गौण।

पर्यावरण शिक्षण में हम अभी तक पाठ्य-पुस्तक के तार्किक क्रम और विचार तारतम्य को अधिक महत्व देते रहे हैं, परन्तु ये दोनों ही क्रम वास्तविक विकास क्रम से भिन्न हैं जिसे हम ऐतिहासिक क्रम कहते हैं।

(2) **एकाधिकार दृष्टिकोण (Authoritarian Approach)**– अधिकांश शिक्षक पर्यावरण शिक्षण में एकाधिकार दृष्टिकोण का प्रयोग करते हैं और बिना सोचे-समझे व्याख्यान विधि पाठ्यपुस्तक या प्रयोगशाला प्रदर्शन विधि का उपयोग करने लगते हैं। इस उपागम के अन्तर्गत पाठ्य-सामग्री तेजी से समाप्त हो जाती है, साथ ही वह अधिक संगठित हो जाती है, जिसे छात्र सरलता से पुनः स्मरण करके प्रयोग में ला पाते हैं। इस दृष्टिकोण का प्रमुख दोष यह है कि अध्यापक का व्यक्तित्व छात्र पर हावी रहता है। छात्र अध्यापक इस दृष्टिकोण के सन्दर्भ में इतने अधिक निरंकुश हो जाते हैं कि वे छात्र के व्यक्तित्व को बिल्कुल महत्व नहीं देते। छात्र की रुचियाँ, योग्यताएं, क्षमताएं, सीमाएं, आवश्यकताएं आदि क्या हैं, इनसे उन्हें कोई सरोकार नहीं रहता है। वह छात्र की उपेक्षा करने में जरा भी हिचकिचाहट महसूस नहीं करते। ऐसी स्थिति में छात्र सहमे-सहमे तथा डरे-डरे से रहते हैं और वे अपनी क्षमताओं का ठीक से विकास नहीं कर पाते। अध्यापक इस दृष्टिकोण में तथ्यों के ग्रहण करने पर अधिक जोर देते हैं और यही कारण है कि छात्र ऐसी परिस्थिति में स्वयं निर्णय लेने की क्षमता खो बैठते हैं। उसकी विभिन्न मानसिक शक्तियों; यथा-तर्कशक्ति, विचार शक्ति, कल्पना शक्ति आदि के विकसित होने के उसे अवसर उपलब्ध नहीं कराए जाते और न ही उसे अपने विचारों को अभिव्यक्त करने की पूर्ण स्वतन्त्रता प्रदान की जाती है। छात्र का कार्य मात्र शिक्षक का अनुसरण करना होता है, उसके दिशा निर्देशों का पालन करना होता है। यहाँ शिक्षक इस बात पर ध्यान नहीं देता कि छात्रों ने पाठ्य वस्तु को कितनी गहराई से समझा है बल्कि उसका एकमात्र उद्देश्य तीव्र गति से निर्धारित समय सीमा में पाठय-वस्तु को पूर्ण करना होता है।

इस दृष्टिकोण का भी पर्यावरण शिक्षण में प्रभावी प्रयोग तभी सम्भव है यदि अध्यापक छात्र में व्यक्तिगत रूप से रुचि ले, वह छात्र की सीमाओं को समझे, उसकी व्यक्तिगत समस्याओं में झाँकने की कोशिश करे तथा उन्हें हल करने के लिए छात्र में दृढ़ इच्छा शक्ति, मनोबल व अन्तर्दृष्टि का विकास करें।

(3) **स्व-अनुदेशन दृष्टिकोण (Auto Instruction App-roach)** –पर्यावरण शिक्षण के क्षेत्र में स्व-अनुदेशन दृष्टिकोण कोई नवीन दृष्टिकोण नहीं है। वस्तुतः स्व-अनुदेशन दृष्टिकोण जिसका प्रयोग आज इस युग में किया जा रहा है, मनोवैज्ञानिकों द्वारा प्रयोगशालाओं में किये गये प्रयोगों पर आधारित है। 1920 में इस प्रकार के अनेक कार्यक्रमों पर कार्य किया गया। इनमें डाल्टन प्लान (Dalton Plan) तथा विनेटिका प्लान (Winnetika Plan) विशेष रूप से उल्लेखनीय हैं। 1926 में प्रेसी (Pressy) ने एक स्वशिक्षण मशीन का निर्माण किया जिसमें बहुविकल्पीय प्रश्नों के आधार पर मूल्यांकन किया जाता है। स्व-अनुदेशन व्यक्तिगत निर्देशन की वह विधि है जिसमें प्रत्येक छात्र स्वतंत्र रूप से शिक्षक की प्रत्यक्ष सहायता के बिना नियोजित पाठ्य-वस्तु के द्वारा अपेक्षित ज्ञान प्राप्त कर लेता है। यह विधि ठोस मनोवैज्ञानिक सिद्धान्तों पर आधारित है तथा वैज्ञानिक विधि की सम्यकता और सूक्ष्मता से सम्पन्न है।

इस प्रकार के दृष्टिकोण को अभिक्रमित अनुदेशन (Programmed Instruction) भी कहा जाता है। कुछ शिक्षा शास्त्री इसके अन्तर्गत शिक्षण मशीन (Teaching Machine) को भी मानते हैं, क्योंकि दोनों का मनोवैज्ञानिक आधार अधिगम में पुनर्बलन (Reinforcement) ही है। प्रयोगों के आधार पर मनोवैज्ञानिकों ने देखा कि पशुओं के व्यवहार को इच्छानुसार परिवर्तित किया जा सकता है जरूरत केवल इस बात की है कि उचित समय पर उचित प्रकार का पुनर्बलन दिया जाए। किसी भी भूखे पशु के व्यवहार को उचित समय पर उचित प्रकार के भोजन के माध्यम से इच्छानुसार नियन्त्रित किया जा सकता है। थॉर्नडाइक की बिल्ली और कोहलर का चिम्पांजी (सुल्तान) इसके परिणामस्वरूप माने जा सकते हैं। कहने का तात्पर्य यह है कि क्रमिक रूप से प्रदान किया गया उचित पुनर्बलन जटिल से जटिल व्यवहार में सुधार ला सकता है तथा इस परिवर्तन को जीवन-पर्यन्त स्थायी बनाया जा सकता है।

क्रियाकलाप विधियाँ (Activity Methods) : परम्परागत तरीके से हटकर कुछ शिक्षाविदों ने बालकों के शिक्षण में और अधिक सरलता लाने का प्रयास किया है। उनके मतानुसार शिक्षण में विद्यार्थियों का क्रियाकलापों की सुविधा देने से उनके ज्ञान, अभिव्यक्ति, उपयोग कौशल एवं अभिवृत्तियों में निश्चित ही शीघ्र और अधिक उपलब्धि होती है।

रूसो (Rousseau : 1712-1778) को इस विचार को शिक्षक क्षेत्र में स्थापित करने वाला प्रणेता कहा जा सकता है।

क्रियाकलाप (Activity) क्या है ? इसको सरल तरीके से निम्न प्रकार परिभाषित किया जा सकता है।

''क्रियाकलाप कोई ऐसी चीज है, जो किसी सामाजिक वातावरण में किसी उद्देश्य से की जाती है और जिससें शारीरिक तथा मानसिक कार्य होता है।''

चर्चा

स्ट्रक के अनुसार, ''समूह परिचर्चा में चार से आठ व्यक्तियों का समूह किसी समस्या पर आपसी विचार-विमर्श करता है। यह चर्चा जन-समूह या कक्षा के विद्यार्थियों के समक्ष की जाती है।'' **कार्टराइट** ने कहा है, ''समूह परिचर्चा विचार-विमर्श की आधुनिक विधि है जिसमें चर्चा का नियन्त्रण समूह द्वारा किया जाता है।''

समूह परिचर्चा के उपयोग (Uses of Group Discussion)

(1) इसमें सामाजिक अधिगम को प्रोत्साहन मिलता है।

(2) इसमें ज्ञानात्मक तथा भावात्मक पक्षों के उच्च उद्देश्यों की प्राप्ति की जाती है।

(3) ज्ञान वृद्धि के साथ छात्रों में समस्या समाधान, तर्कशक्ति, आलोचना करने की क्षमताओं आदि का विकास होता है।

(4) छात्रों में अभिरुचि तथा अभिवृत्तियों तथा दूसरों के विचारों के प्रति सम्मान की प्रवृत्ति का विकास होता है।

(5) पाठ्यक्रम तथा प्रकरण के बीच के साथ परिपाक को भी प्रोत्साहन मिलता है।

समूह परिचर्चा के लाभ (Merits of Group Discussion)

समूह परिचर्चा से होने वाले लाभों को निम्नलिखित रूप से स्पष्ट कर सकते हैं-

(1) जनतांत्रिक मूल्यों का विकास-एक अच्छे लोकतंत्र के लिए नागरिकों में समूह भावना, सहयोग, सद्भावना, सहकारिता, शान्ति, सहिष्णुता आदि सद्गुणों का होना आवश्यक है। समूह परिचर्चा में इन गुणों का विकास किया जाना संभव है।

(2) विद्यार्थी केन्द्रित-इस विधि में विद्यार्थी अध्यापक से ज्ञान प्राप्त करने की अपेक्षा वे जो कुछ जानते हैं उसको सबके समक्ष व्यक्त करते हैं। वे आपसी विचार-विमर्श करने के लिए सभी आवश्यक व्यवस्था करते हैं तथा लोकतांत्रिक विधि से चर्चा करते हैं। अध्यापक का कार्य केवल मार्गदर्शक का है। इस प्रकार यह एक ऐसी प्रविधि है जो कि छात्रों द्वारा संचालित तथा उनके विकास की दृष्टि पर मूलत: केन्द्रित है।

(3) निर्णय करने की क्षमता का विकास-बालक इसमें प्रकारण के पक्ष एवं विपक्ष में अनेक तर्क सुनता है। वह इन सब सूचनाओं का विश्लेषण एवं संश्लेषण कर सही तथ्यों के बारे में निर्णय लेना सीखता है।

(4) विचार व्यक्त करने की क्षमता का विकास-छात्र अपने मूल विचारों को अपने शब्दों में व्यक्त करता है। इससे उसमें विचार व्यक्त करने की क्षमता का विकास होता है।

(5) क्रियाशीलता द्वारा अधिगम-समूह परिचर्चा की सफलता विद्यार्थियों की क्रियाशीलता पर निर्भर है। यदि छात्र केवल मूकदर्शक रहेंगे तो समूह परिचर्चा में होने वाली चर्चाएँ नहीं हो पायेंगी। अत: इस प्रविधि में छात्रों का क्रियाशील होना आवश्यक है।

(6) उच्च मानसिक योग्यता का विकास-समूह परिचर्चा में बालक का उच्च स्तरीय मानसिक विकास होना संभव है। मानसिक क्रियाएँ जैसे चिन्तन एवं मनन करना, समस्या का विश्लेषण एवं संश्लेषण आदि करने का अवसर मिलता है।

(7) तर्क करने का अवसर-छात्र तथ्यों को ध्यानपूर्वक सुनते हैं व गहराई से समझने का प्रयास करते हैं। इसके उपरान्त वे इसे तर्क की कसौटी पर कसते हैं। इससे सम्बन्धित शंकाओं के निवारण के लिए प्रश्न पूछते हैं अथवा अपना तर्क प्रस्तुत करते हैं। इन सब प्रक्रियाओं से उनकी तर्क-शक्ति का विकास होता है।

हरबर्ट गुनी के अनुसार, ''परिचर्चा उस समय होती है जब व्यक्तियों का एक समूह आमने-सामने एकत्रित होकर मौखिक अन्त:क्रिया द्वारा सूचनाओं का आदान-प्रदान करते हैं या किसी सामूहिक समस्या पर कोई निर्णय लेते हैं।'' उपर्युक्त परिभाषाओं के आधार पर पैनल चर्चा की निम्नलिखित विशेषताएँ प्रकट होती हैं-

1. पैनल चर्चा में एक समूह शिक्षण का नेतृत्व करता है।
2. इनमें भाग लेने वाले समूह से सदस्य शिक्षक प्रकरण या समस्या से सम्बन्धित विभिन्न क्षेत्रों के विशेषज्ञ होते हैं।
3. भाग लेने वाले सदस्य अध्यापक बारी-बारी से अपनी-अपनी बात छात्रों के समक्ष रखते हैं।
4. इसका आयोजन प्रजातांत्रिक व्यवस्था के अनुरूप किया जाता है। यह माना जाता है कि समूह के प्रत्येक सदस्य में अपनी रुचि, योग्यता, मूल्य, अभिवृत्तियाँ तथा लक्ष्य होते हैं साथ ही उसमें निर्णय लेने की क्षमता भी होती है।
5. इसमें छात्र केवल सुनते हैं और किसी प्रकार की समस्या अथवा कठिनाई रहने पर चर्चा के अन्त में प्रश्न पूछते हैं।

पैनल चर्चा का स्वरूप (Structure of Panel Discussion)

पैनल चर्चा का आयोजन करते समय इसकी सहायता सफलता के लिए विभिन्न व्यक्तियों को विभिन्न भूमिकाएँ निभानी होती हैं। इन व्यक्तियों की भूमिका के अनुसार ही पैनल चर्चा क्रियान्विती यहाँ प्रस्तुत की जा रही है-

1. अनुदेशक (Instructor)-पैनल चर्चा में सर्वाधिक महत्त्वपूर्ण कार्य अनुदेशक का होता है। सर्वप्रथम इसका ही कार्य प्रारम्भ होता है। इसे ही वाद-विवाद अथवा पैनल चर्चा की सम्पूर्ण व्यवस्था करनी होती है। वाद-विवाद का प्रकरण क्या होगा, यह किस स्थान पर आयोजित किया जाएगा, इसमें भाग लेने वाले सदस्य कितने एवं कौन-कौन होंगे, अध्यक्ष कौन होगा, चर्चा में किन-किन उपकरणों की आवश्यकता होगी आदि का निर्धारण एवं व्यवस्था करने का कार्य अनुदेशक का ही होता है। इसके अतिरिक्त वह सम्पूर्ण कार्यक्रम की समयानुसार (कालांश का निर्धारण करके) व्यवस्था करता है। पैनल चर्चा की सफलता इसकी सूझबूझ एवं कुशलता पर अत्यधिक निर्भर करती है क्योंकि जितनी सूझबूझ के साथ इन सभी क्रियाओं का नियोजन एवं व्यवस्था करता है, उतनी ही यह चर्चा सुव्यवस्थित रूप से आयोजित हो सकेगी।

2. अध्यक्ष (Moderator)-अध्यक्ष का पद चर्चा के समय बहुत महत्त्वपूर्ण होता है। चर्चा या वाद-विवाद का संचालन अध्यक्ष ही करता है अध्यक्ष बीच-बीच में समूह के सदस्यों के द्वारा कही गयी बातों का स्पष्टीकरण

एवं संक्षिप्तीकरण भी करता रहता है अतः यह आवश्यक है कि अध्यक्ष ऐसा व्यक्ति होना चाहिए जिसे प्रकरण अथवा समस्या की विषय-वस्तु का पूर्ण ज्ञान हो। साथ ही उसमें नेतृत्व करने के लिए सभी गुण होने चाहिए। अर्थात् इन परिस्थितियों का ध्यान भी रखना चाहिए जिनमें छात्र सहज एवं रोचक ढंग से समझ सकें।

3. **विशेषज्ञ (Specialists)**-पैनल चर्चा में भाग लेने वाले सभी सदस्य अपने विषय के विशेषज्ञ होते हैं। चर्चा में इन विशेषज्ञों की संख्या बहुत अधिक भी नहीं होनी चाहिए और बहुत कम भी नहीं। साधारणतया इनकी संख्या 4 से 8 मध्य होनी चाहिए। चर्चा में भाग लेने वाले सदस्य छात्रों के सामने अर्द्ध चन्द्राकार रूप में बैठते हैं, बीच में अध्यक्ष बैठता है, अध्यक्ष द्वारा चर्चा को परिचय रूप में रखने के पश्चात् समूह के सभी सदस्य बारी-बारी से अपने क्षेत्र से सम्बन्धित विचार रखते हैं जिसका समय सभी सदस्यों का लगभग बराबर-बराबर होता है। सामान्यतया चर्चा लगभग आधे से एक घण्टे की होती है। प्रत्येक सदस्य के बोलने के पश्चात् अध्यक्ष उसमें सुधार करता हुआ उसका संक्षिप्तीकरण करता है।
4. **श्रोतागण या छात्र (Audience or Students)**-जब तक चर्चा चलती रहती है अर्थात् अध्यक्ष एवं विशेषज्ञ जब अपनी-अपनी बात प्रस्तुत करते हैं तो छात्र उन्हें चुपचाप बैठकर सुनते रहते हैं। यदि चर्चा से सम्बन्धित उन्हें किसी प्रकार की कोई समस्या या कठिनाई होती है तो चर्चा के अन्त में वे प्रश्न पूछते हैं। वे कुछ ऐसे सम्बन्धित बिन्दुओं को भी पूछते हैं जिन्हें वाद-विवाद या चर्चा में सम्मिलित नहीं किया गया था। छात्रों की समस्याओं का समाधान समूह के सदस्यों द्वारा करने का प्रयत्न किया जाता है, उनका साथ इस कार्य में अध्यक्ष भी देता है।

अन्त में अध्यक्ष वाद-विवाद के निष्कर्षों का संक्षेपीकरण करता है, विशेषज्ञों के प्रति आभार प्रकट करता है तथा छात्रों को धन्यवाद देता है।

पैनल चर्चा की विशेषताएँ अथवा गुण (Merots of Panel Discussion)

1. इस विधि में छात्रों को प्रकरण या समस्या के विभिन्न बिन्दुओं से सम्ब. न्धित विशेषज्ञों के विचार सुनने का लाभ प्राप्त होता है।
2. यह विधि उच्च कक्षाओं के विद्यार्थियों के लिए अत्यधिक उपयोगी है इस विधि से वे कम समय में अधिक ज्ञान प्राप्त कर लेते हैं।
3. इस विधि के द्वारा छात्रों में चिन्तन एवं तर्क शक्ति का विकास होता है।
4. इस विधि से शिक्षण करने से छात्रों में समस्या समाधान की क्षमताओं का विकास होता है।
5. प्रकरण अथवा समस्या को विभिन्न दृष्टिकोणों से समझने के लिए यह विधि छात्रों को पर्याप्त अवसर प्रदान करती है।
6. इस विधि के माध्यम से छात्रों में प्रजातंत्रात्मक गुणों का विकास किया जाना संभव है।
7. यह विधि शंकाओं का समाधान करने की एक उत्तम विधि है, इसमें चर्चा के अन्त में छात्रों की समस्याओं अथवा शंकाओं का निवारण किया जाता है।
8. समूह के सदस्यों के रूप में छात्रों को भी सम्मिलित किया जा सकता है जिसके लिए पूर्व अभ्यास की आवश्यकता होती है। छात्रों को इस प्रकार का अवसर मिलने पर उनमें अपने विचारों को रखने एवं तर्क करने की क्षमताओं का विकास होता है

प्रश्नमाला

1. पर्यावरण अध्ययन के शिक्षक के रूप में आप बच्चों को चिड़ियाघर ले जाने की योजना बनाते हैं। आप बच्चों को निम्नलिखित में से कौन-सी गतिविधि करने की अनुमति नहीं देंगे?
   (a) चिड़ियाघर के जानवरों के लिए बहुत सारी खाने की सामग्री ले जाना
   (b) चिड़ियाघर के विभिन्न जानवर कौन-सा भोजन खाते हैं यह पता लगाना
   (c) चिड़ियाघर में जिन जानवरों को देखेंगे उनकी फोटो एकत्रित करना
   (d) चिड़ियाघर में उन्होंने जो देखा उसका चित्र बनाने के लिए उनकी ड्राइंग की कॉपी का साथ ले जाना
2. 'बीज' अंकुरण की अवधारणा को इस तरह सबसे बेहतर तरीके से पढ़ाया जा सकता है।
   (a) बीज बोने, अंकुरण के विभिन्न चरणों का अवलोकन करने और उनका चित्र बनाने की गतिविधि को बच्चों को निष्पादित करने के लिए कहना
   (b) अंकुरित बीजों को फोटो दिखाना
   (c) कक्षा में अंकुरित बीजों को दिखाना और अंकुरण की प्रक्रिया को स्पष्ट करना
   (d) बोर्ड पर चित्र बनाते हुए अंकुरण के चरणों को प्रदशित करना
3. मीरा और दिव्या छोटी लड़कियाँ हैं। मीरा समोसे, कटलेट और डबलरोटी खाना पसन्द करती है, जबकि दिव्या ऐसा भोजन पसन्द करती है जिसमें लौह तत्व की कमी है। मीरा और दिव्य को निम्नलिखित बीमारियों में से क्रमशः कौन-सी बीमारी होगी?
   (a) मोटापा और स्कर्वी
   (b) स्कर्वी और ऐनीमिया
   (c) ऐनीमियां और रतौंधी
   (d) मोटापा और ऐनीमिया
4. बच्चों को विभिन्न प्रकार के ईंधनों से परिचित कराने के लिए शिक्षक
   (a) कक्षा में कुछ ईंधनों के नमूने दिखा सकता है
   (b) एक लघु फिल्म दिखाने के साथ खाना पकाने के लिए इस्तेमाल होने वाले संभावित ईंधन के प्रकारों पर बच्चों के साथ चर्चा कर सकता है
   (c) चार्ट पर ईंधनों के चित्र प्रदर्शित कर सकता है
   (d) बच्चों से विभिन्न प्रकार के ईंधनों की सूची बनाने के लिए कह सकता है
5. मानचित्र पढ़ने के लिए आवश्यक कौशल में शामिल है
   (a) अभिव्यक्तात्मक योग्यताओं को बाहर निकालने के लिए विलक्षण सम्प्रेषण सम्प्रेषण कौशल
   (b) स्थान, दूरी और दिशाओं की सापेक्षा स्थिति को समझने की योग्यता
   (c) ड्राइंग और पेंटिंग में विलक्षण कुशलता
   (d) ग्लोब पर स्थिति दर्शाने के लिए स्केच और गणनाओं का उपयोग करने की योग्यता

6. पर्यावरण अध्ययन की कक्षा में बच्चों के व्यक्तिगत अनुभवों को महत्व देना शिक्षक को लाभ पहुँचाता है।
   (a) विषय को बच्चों के अनुभव-संसार से जोड़ने और विमर्श व सीखने को बढ़ावा देने में
   (b) उसकी ऊर्जा बचाने में क्योंकि बच्चे बातचीत करना पसन्द करते हैं
   (c) बच्चों के विशिष्ट अनुभवों को जानने में
   (d) बच्चों की भाषा और सम्प्रेषण कुशलताओं को सुधारने और परिमार्जित करने में

7. यह देखा गया है कि पाचन क्रिया बाहर की अपेक्षा अमाशय के अन्दर अधिक तेजी से होती है, क्योंकि
   (a) पाचक रस जब अमाशय के बाहर रखते हैं तो निष्क्रिय हो जाते हैं
   (b) आमशय के अन्दर भोजन का मन्थन होता रहता है जिससे उसकी सतह का क्षेत्रफल बढ़ जाता है और एन्जाइम की क्रिया तेज हो जाती है
   (c) पाचक रस अमाशय के अन्दर अम्लीय होते हैं, जबकि बाहर वे क्षारीय होते हैं
   (d) अमाशय के अन्दर भोजन की उपस्थिति में पाचक रस का उत्पादन बहुत ज्यादा होता है

8. निम्नलिखित कथनों में से कौन-सा प्राथमिक स्तर पर पर्यावरण अध्ययन पढ़ाने का उद्देश्य नहीं है?
   (a) बच्चों पर आकलन के लिए शब्दावली और परिभाषाओं का बोझ डालना
   (b) जीवन ओर पर्यावरण से सरोकार रखने वाले मूल्यों को आत्मसात् करना
   (c) प्राकृतिक व सामाजिक वातावरण के बारे में उत्सुकता जगाना
   (d) बच्चों को खोजने की क्रियाओं में लगाना तथा व्यावहारिक क्रियाएँ करवाना जो संज्ञानात्मक और मनश्चालक कौशलों के विकास में सहायक होती हैं।

9. पर्यावरण अध्ययन की पाठ्य-पुस्तक में रेलवे टिकट का एक नमूना दिखाना।
   (a) निष्कर्ष पर पहुँचने की बच्चों की कुशलता का विकास करता है
   (b) बच्चों को वास्तविक जानकारी से अन्तःक्रिया करने का अवसर देता है, साथ ही अवलोकन की कुशलता का विकास करता है
   (c) बच्चों को रेल के किराये के बारे में बताता है
   (d) टिकट में प्रयुक्त विभिन्न संक्षिप्ताक्षरों का ज्ञान उपलब्ध कराता है

10. निम्नलिखित में से कौन-सा प्राथमिक विद्यालय में पर्यावरण अध्ययन पढ़ाने का उद्देश्य निरू. पित है?
   (a) अपने ज्ञान का विस्तार करने के लिए बच्चों को सूचना देना कि उन्हें कौन-सी पुस्तकें पढ़नी चाहिए
   (b) विद्यालय में बच्चों के अनुभवों को बाहरी दुनिया से जोड़ना
   (c) बच्चों को तकनीकी शब्दावली और परिभाषाओं से परिचित कराना
   (d) पर्यावरण अध्ययन से सम्बन्धित तकनीकी शब्दों को आकलन

11. दत्त कार्य के सम्बन्ध में निम्नलिखित में से कौन-सा कथन सही है?
   (a) दत्त कार्य बच्चों को सूचना खोजने, अपने विचारों का निर्माण करने और उन्हें उच्चारित करने का अवसर प्रदान करता है
   (b) दत्त कार्य अभिभावकों, भाइयों या बहनों द्वारा अपनी क्षमता के अनुसार किया जा सकता है
   (c) प्रतिदिन विविधता और अध्यास कराने के लिए कक्षा-कार्य और फिर गृह-कार्य के रूप में दत्त कार्य देने की आवश्यकता है
   (d) दत्त कार्य आकलन का एकमात्र तरीका है

12. पर्यावरण अध्ययन की कक्षा में सरल प्रयोग और निदर्शन किए जा सकते हैं।
   (a) बच्चों द्वारा पूछे गए प्रश्नों पर आधारित विचारों पर चर्चा करने, अवलोकनों को दर्ज करने तथा उनका विश्लेषण करने के लिए
   (b) कक्षा में अनुशासन को सुनिश्चित करने हेतु बच्चों को नियन्त्रित करने के लिए
   (c) बच्चों को स्वयं सीखने के योग्य बनाने और अवलोकन कौशलों को पैना करने के लिए
   (d) उच्च कक्षाओं में क्या किया जाता है उसका अनुकरण करने के लिए

13. दुर्गा एक गाँव में रहती है और लकड़ी या गोबर के उपले का ईंधन इस्तेमाल करते हुए चूल्हे पर खाना पकाती है। पिछले तीन महीनों से उसे तेज खाँसी आ रही है। इसका कारण हो सकता है।
   (a) जलते हुए ईंधन के धुएँ से उसे एलर्जी हो गई होगी
   (b) उसकी झोपड़ी के अन्दर और बाहर प्रदूषण तथा वृद्धावस्था
   (c) ईंधन के जलने से उत्पादित कार्बन मोनो. क्साइड जो उसकी श्वसन नली में जमा हो गई होगी
   (d) जलते हुए ईंधन से उत्पादित काला धुआँ जो उसकी श्वसन नली में जमा हो गया होगा

14. दोपहर के भोजन अवकाश के बाद पर्यावरण अध्ययन पढ़ाते समय आप यह पाते हैं कि बच्चे पाठ में रुचि नहीं ले रहे हैं। आप क्या करेंगे?
   (a) बच्चों को बाहर मैदान में खेलने के लिए ले जाएँगे
   (b) बच्चों से कहेंगे कि वे डेस्क पर सिर रखकर आराम करें
   (c) पाठ को राचक बनाने के लिए बहु. -आयामी बुद्धि पर आधारित दृश्य-श्रव्य सामग्रियों को प्रयोग करेंगे
   (d) प्रकरण को तुरन्त बदल देंगे

15. एक विद्यालय ने राजस्थान के लिए कक्षा–V के बच्चों के शैक्षिक भ्रमण की योजना बनाई। भ्रमण के दौरान बच्चों से आपकी क्या अपेक्षाएँ रहेंगी?
   (a) यदि उनके कोई प्रश्न हों तो उन्हें दर्ज कर लेना चाहिए और घर पहुँचने के बाद अभिभावकों से उन्हें पूछना चाहिए
   (b) चीजों के बारे में बिना कोई प्रश्न पूछे, सभी का अवलोकन करना चाहिए
   (c) उन्हें आनन्द उठाना चाहिए
   (d) उन्हें ध्यान से अवलोकन करना चाहिए, टिप्पणियाँ दर्ज करनी चाहिए और बाकी बच्चों तथा शिक्षक के साथ अपने अवलोकनों को बाँटना चाहिए

16. रीना अपने घर का कूड़ा नीचे दर्शाए तरीके से दो ढेरियों में अलग करती है

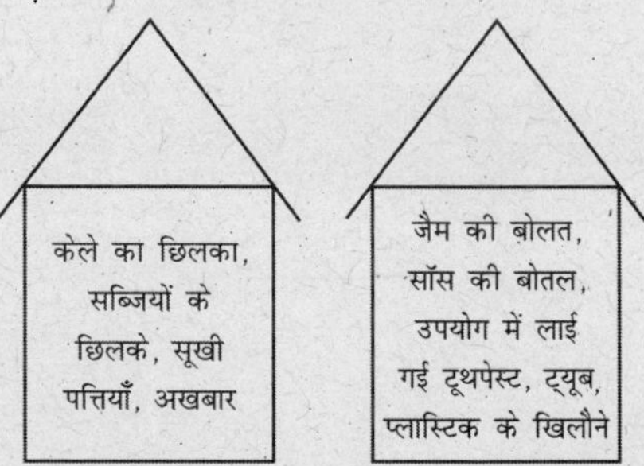

रीना ने दो ढेरियों में कूड़ा निम्न आधार पर अलग किया

(a) घरेलू कचरा/औद्योगिक कचरा है
(b) दुर्गंध है/दुर्गंध रहित है
(c) अपघटित होने वाले / अपघटित नहीं होने वाले
(d) पुनः चक्रण किया जा सकता है/ पुनः चक्रण नहीं किया जा सकता

17. पर्यावरण अध्ययन की पाठ्य-पुस्तक में पहेलियाँ शामिल करने का निम्नलिखित में से कौन-सा उद्देश्य नहीं है?
(a) बच्चों के मस्तिष्क को भ्रमित करना और उन्हें इस भ्रम का आनन्द उठाने देना
(b) सृजनात्मक चिन्तन की योग्यता और उत्सुकता का विकास करना
(c) बच्चों में आलोचनात्मक चिन्तन शक्ति विकसित करना
(d) बच्चों में तर्कणा शक्ति का विकास करना

18. प्राथमिक स्तर पर, आकलन में शामिल होना चाहिए।
(a) अर्द्ध-वार्षिक और वर्ष के अन्त में उत्तीर्ण परीक्षाएँ
(b) छोटे बच्चों को उत्तीर्ण अथवा अनुत्तीर्ण को श्रेणी के अन्तर्गत आँकने के लिए प्रत्येक सप्ताह कार्य और कक्षा-कार्य
(c) शिक्षक द्वारा सतत और असंरचनात्मक तरीके से किए गए अवलोकन को बच्चों और अभिभावकों के साथ बाँटना
(d) प्रत्येक सप्ताह औपचारिक परीक्षाएँ और खेल तथा उन्हें प्रगति पत्र में दर्ज करना

19. पर्यावरण अध्ययन की कक्षा में अवधारणाओं को स्पष्ट करने के लिए कविताओं और कहानी कथन का प्रयोग करना
(a) बच्चों में विद्यमान भाषिक एवं सांस्कृतिक विविधता को ध्यान में रखता है
(b) उचित दिशा में बच्चों की ऊर्जा को संकेन्द्रित करता है
(c) पाठ को आनन्ददायक और रोचक बनाने में मदद करता है
(d) स्थानीय एवं विश्व स्तर पर संसार की प्रकृति को खोजने और कल्पना करने की योग्यता का विकास करने में मदद करता है

20. शामिल करना (Engage), खोजबीन करना (Explore), व्याख्या करना (Explain), विस्तार देना (Elaborate) और मूल्यांकन करना (Evaluate), विज्ञान के प्रभावी शिक्षण से जुड़े पाँच महत्वपूर्ण 'Es' हैं।
'अंकुरण के लिए आवश्यक स्थितियाँ की संकल्पना से जुड़े व्यावहारिक अनुभवों को विद्यार्थियों को उपलब्ध कराते समय एक विज्ञान शिक्षक उनसे निम्नलिखित गतिविधियाँ करने के लिए कहती है।
(1) बीजों को रातभर पानी में रखें और उन्हें सूती गीले कपड़े में रखें।
(2) दो दिनों बाद बीजों का अवलोकन करें और आए परिवर्तनों को रिकॉर्ड करें।
(3) पुस्तक पढ़े और दिए गए कार्य-पत्रक (Work sheet) का काम करें।
शिक्षक द्वारा दी गई उपरोक्त गतिविधियों में इन पाँच 'Es' में से कौन-से शामिल नहीं होते हैं?
(a) Engage और Evaluate
(b) Explain और Elaborate
(c) Explore और Evaluate
(d) Engage और Explore

21. कक्षा V का समीर अक्सर समय पर पर्यावरण अध्ययन की शिक्षिक के पास दत्त-कार्य जमा नहीं कराता। इससे निबटने का सर्वात्तम सुधारात्मक उपाय हो सकता है।
(a) इस बात के विषय में प्रधानाचार्य को सूचित करना
(b) उसे खेल-कूद की कक्षा में जाने से रोकना
(c) अनियमितता के कारण पता करना और समीर को परामर्श देना
(d) उसकी अनियमितता के बारे में अभिभावकों के लिए एक नोट लिखना

22. यह पढ़ाते समय कि कुछ समय के लिए खाद्य पदार्थों को किस तरह ताजा रखा जा सकता है, राधा अपनी कक्षा में निम्नलिखित अनेक तकनीकों की परिगणना करती है।
(1) उसे कठोरी में रखती है तथा कठोरी को एक खुले बर्तन में रख देती है जिसमें ठण्ड पानी है।
(2) उसे एक गीले कपड़े में लपेट देती है।
(3) उसे धूप में खुला फैला देती है।
(4) उसे छोटे-छोटे टुकड़ों में काटती है और अँधेरे में रख देती है।
उपरोक्त तकनीक 'b' के लिए वह निम्नलिखित किस खाद्य पदार्थ की ओर संकेत कर रही है?
(a) पके हुए चावल
(b) प्याज, लहसुन
(c) हरा धनिया
(d) काजू बर्फी

23. कक्षा V के विद्यार्थियों को 'घर्षण' प्रकरण पढ़ाते समय शिक्षिका यह समझाने के लिए अनेक उदाहरण देती है कि घर्षण हमारे लिए कई तरीकों से उपयोगी है। उसके द्वारा दिए गए निम्नलिखित उदाहरणों में से कौन-सा गलत है?
(a) पेन की नोक (Tip) और पेपर के बीच होने वाले घर्षण के कारण ही हम लिख पाते हैं
(b) हमारे जूतों और जमीन के बीच होने वाले घर्षण के कारण ही हम चल पाते हैं
(c) ऊर्ध्वाधर रूप से ऊपर फेंकी गई वस्तु घर्षण के कारण हमेशा हमारे पास ही वापस आती है
(d) ब्रेक लगाने पर वाहन रुक जाता है

24. पानी के साथ प्रयोग करते हुए, ज्योति यह देखती है कि स्टील की खाली कटोरी पानी पर तैरती है लेकिन लोहे की एक छोटी कील डूब जाती है। इसे ____ तथ्य द्वारा व्याख्यायित किया जा सकता है।
(a) लौह पानी की तुलना में हल्का है और स्टील पानी की तुलना में भारी है
(b) स्टील की कटोरी पर लगने वाला बल उसके भार की तुलना में ज्यादा है जबकि लोहे की कील पर लगने वाला बल उसके भार की तुलना में कम है
(c) लोहे की कील पर लगने वाला बल उसके भार की तुलना में ज्यादा है जबकि स्टील की कटोरी पर लगने वाला बल उसके भार की तुलना में कम है
(d) लौह पानी की तुलना में भारी है और स्टील पानी की तुलना में हल्का है

25. 'वायु प्रदूषण' प्रकरण पढ़ाने के लिए चार अलग-अलग विज्ञान शिक्षक चार तरह की शिक्षण-पद्धतियों का प्रयोग करते हैं। निम्नलिखित में से कौन-सी पद्धति सबसे ज्यादा उचित है?
(a) प्रकरण पूरा करने के बाद अभ्यास में दिए गए सभी प्रश्नों के उत्तर लिखवाना
(b) विद्यार्थियों को 'वायु प्रदूषण' पर वृत्तचित्र दिखाना
(c) विद्यार्थियों से कहना कि वे दीपावली से पहले और बाद में वायु के नमूने इकट्ठे करें और उनकी गुणवत्ता का अध्ययन करते हुए निष्कर्षों को सारणीकृत करें।

(d) विद्यार्थियों को पाठ्य-पुस्तक में से प्रकरण का सस्वर पठन करने के लिए कहना और संकल्पना/शब्दावली का अर्थ स्पष्ट करना

26. अभिभावक-शिक्षक अन्त:क्रियाओं को उपलब्ध कराने का मुख्य उद्देश्य है।

(a) विद्यालय में हो रहे क्रियाकलापों के बारे में जानकारी को साझा करना
(b) पुनर्बलन और सुधार के लिए बच्चे की योग्यताओं और कमजोरियों के बारे में चर्चा करना
(c) एक-दूसरे के साथ सामाजिक सम्बन्ध विकसित करना
(d) एक-दूसरे की कमियों को उजागर करना

27. सभी बड़े शहर सड़कों पर भारी संख्या में वाहनों के कारण पर्यावरण-प्रदूषण की समस्या का सामना कर रहे हैं। पर्यावरण संरक्षण के लिए शहर के लोग व्यक्तिगत रूप से ______ के माध्यम से अपना सहयोग दे सकते हैं।

(a) पर्यावरण सुरक्षित सीमा के लिए व्यक्तिगत वाहन के इंजन की नियमित रूप से जाँच करवाने
(b) आने-जाने के लिए सार्वजनिक यातायात व्यवस्था का प्रयोग करने
(c) अक्सर घर से बाहर जाने से बचने
(d) व्यक्तिगत वाहन जैसे स्कूटर, कार, आदि नहीं रखने

28. 'वायु हर जगह है' प्रकरण पर पढ़ाते समय एक शिक्षक विद्यार्थियों से निम्नलिखित प्रश्न पूछता है।

1. क्या मृदा में वायु है?
2. क्या पानी के अन्दर वायु है?
3. क्या हमारे शरीर में वायु है?
4. क्या हमारी 'हड्डियों' में वायु है?

शिक्षक विद्यार्थियों में निम्नलिखित में से कौन-सा कौशल विकसित करने का प्रयास कर रहा है?

(a) वर्गीकरण कौशल
(b) चिन्तन कौशल
(c) संवेगात्मक कौशल
(d) अवलोकन कौशल

29. पर्यावरण अध्ययन (EVS) की शिक्षित 'वायु' प्रकरण को पढ़ाते समय यह प्रदर्शित करना चाहती है कि वायु में भार होता है और वह जगह घेरती है। उसके सहयोगी इस उद्देश्य के लिए उसे निम्नलिखित चार भिन्न गतिविधियाँ सुझाते हैं।

1. खाली उलटा बीकर पानी की सतह के ऊपर रखें और उसे नीचे धकेलें।
2. स्ट्रॉ के माध्यम से जूस को खींचना।
3. गुब्बारे में हवा भरना।
4. दो भरे हुए गुब्बारे एक छड़ से बाँधे तथा साम्यावस्था में ले आएँ, तब किसी एक गुब्बारे को फोड़ दें।

उपरोक्त गतिविधियों में से कौन-सी गति. विधियाँ वाँछनीय परिणामों को प्रदर्शित करेगी?

(a) 1 और 2 (b) 1 और 4
(c) 2 और 4 (d) 1 और 3

30. एक विज्ञान शिक्षिका 'श्वसन' प्रकरण पढ़ाने के बाद परीक्षा का आयोजन करती है और यह देखती है कि अधिकांश विद्यार्थी श्वसन और साँस लेने के बीच अन्तर को नहीं समझते हैं। यह किसके कारण हो सकता है?

(a) वह कक्षा में प्रभावी तरीके से सम्बन्धित संकल्पना को व्याख्यायित नहीं कर सकी
(b) वह उनकी कक्षा अध्यापिका नहीं है
(c) विद्यार्थी प्रश्न को सही तरीके से नहीं समझ सके
(d) शिक्षिका की कक्षा में प्राय: बहुत अनुशासनहीनता रहती है

उत्तरमाला

1. (a)	**2.** (a)	**3.** (d)	**4.** (b)	**5.** (b)	**6.** (a)	**7.** (b)	**8.** (a)	**9.** (b)	**10.** (b)
11. (a)	**12.** (c)	**13.** (d)	**14.** (c)	**15.** (d)	**16.** (c)	**17.** (a)	**18.** (c)	**19.** (d)	**20.** (d)
21. (c)	**22.** (c)	**23.** (c)	**24.** (b)	**25.** (b)	**26.** (b)	**27.** (b)	**28.** (b)	**29** (b)	**30.** (a)

❑❑